D1749833

Herders Theologischer Kommentar zum
Zweiten Vatikanischen Konzil

Herders Theologischer Kommentar zum Zweiten Vatikanischen Konzil

Herausgegeben von
Peter Hünermann und
Bernd Jochen Hilberath

unter Mitarbeit von
Guido Bausenhart, Ottmar Fuchs,
Helmut Hoping, Reiner Kaczynski,
Hans-Joachim Sander,
Joachim Schmiedl,
Roman A. Siebenrock

Band 5
Die Dokumente des Zweiten Vatikanischen Konzils:
Theologische Zusammenschau und Perspektiven

Die Dokumente des Zweiten Vatikanischen Konzils: Theologische Zusammenschau und Perspektiven

von
Guido Bausenhart
Ottmar Fuchs
Bernd Jochen Hilberath
Helmut Hoping
Peter Hünermann
Reiner Kaczynski
Hans-Joachim Sander
Joachim Schmiedl
Roman A. Siebenrock

HERDER
FREIBURG · BASEL · WIEN

Bibliographische Information der Deutschen Bibliothek:

Die Deutsche Bibliothek verzeichnet diese Publikation in der
Deutschen Nationalbibliographie; detaillierte bibliographische
Daten sind im Internet über ⟨http://dnb.ddb.de⟩ abrufbar.

Alle Rechte vorbehalten – Printed in Germany
© Verlag Herder, Freiburg im Breisgau 2006
www.herder.de
Umschlaggestaltung: Finken & Bumiller, Stuttgart
Satzherstellung: SatzWeise, Föhren
Gesetzt in der Minion und der Abadi
Gedruckt auf umweltfreundlichem, chlorfrei gebleichtem Papier
Druck und Bindung: Druckpartner Rübelmann GmbH, Hemsbach 2006
ISBN-13: 978-3-451-28563-9
ISBN-10: 3-451-28563-0

Vorwort

Mit diesem Band liegt „Herders Theologischer Kommentar zum Zweiten Vatikanischen Konzil" rechtzeitig zum 40. Jahrestag des feierlichen Konzilsabschlusses am 7. und 8. Dezember 1965 vor. Herausgeber und Kommentatoren sagen von Herzen Dank. Dieser Dank gebührt zunächst Gott, dessen Lob dieses Werk singen soll. Er hat uns selbst mit dieser Arbeit, den Einsichten und den anregenden, freundschaftlichen Diskussionen reich beschenkt und tiefer im Glauben begründet. Wir wünschen diese Erfahrung den Lesern dieser Bücher!

In diesen Dank an Gott gehören zahlreiche Menschen hinein: die Konsultoren mit ihrem vielfältigen Rat, die Mitarbeiterinnen und Mitarbeiter, die Sekretärinnen an den Lehrstühlen, die studentischen und wissenschaftlichen Hilfskräfte.[1] Besonders möchten wir die Projektassistenten Dr. Dirk Steinfort, Sabine Schmidt, Volker Sühs und Martin Kirschner nennen.

Finanzielle Unterstützung für die Arbeit am Projekt haben wir durch die Deutsche Forschungsgemeinschaft empfangen. Die Publikation wurde durch deutsche und österreichische Bischöfe tatkräftig unterstützt. Ohne diese großzügige finanzielle Förderung hätte dieses Vorhaben nur schwer realisiert werden können.

Ein besonderer Dank gilt dem Verlag Herder und seinem Lektor Herrn Dr. Peter Suchla für die engagierte Zusammenarbeit und die stets wohlwollende verlegerische Betreuung des Werkes.

Die Konzilsväter waren tief überzeugt: Gott wirkt in der Geschichte. Deswegen sind die Zeichen der Zeit zu lesen, in denen sein Geist zur Kirche spricht. Herausgeber und Kommentatoren hoffen, dass dieses Werk IHM als kleines Instrument seines Wirkens diene und Hilfen bietet, Seine Zeichen zu entschlüsseln.

Tübingen, im Oktober 2005

Peter Hünermann
Bernd Jochen Hilberath

---

[1] Die vollständige Liste der Mitarbeiter und Mitarbeiterinnen findet sich im Anhang dieses Bandes

Dankesworte

Für die großzügige Gewährung von Druckkostenzuschüssen danken wir sehr herzlich
dem Vorsitzenden der Deutschen Bischofskonferenz, Karl Kardinal Lehmann, Bischof von Mainz,
sowie dem Verband der Diözesen Deutschlands,
Friedrich Kardinal Wetter, Erzbischof von München und Freising,
Dr. Gebhard Fürst, Bischof von Rottenburg-Stuttgart,
Dr. Josef Homeyer, Bischof em. von Hildesheim,
Dr. Alois Kothgasser, Erzbischof von Salzburg,
Dr. Reinhard Marx, Bischof von Trier,
Dr. Manfred Scheuer, Bischof von Innsbruck,
Dr. Ludwig Schick, Erzbischof von Bamberg,
Dr. Robert Zollitsch, Erzbischof von Freiburg,
der Initiative Unità dei Cristiani e. V.

Bernd Jochen Hilberath   *Peter Hünermann*

Inhalt

Vorwort V

Dankesworte VI

Abkürzungen und Hinweise XVI

Einleitung
(Peter Hünermann) 1

1. Kapitel:
Der Text: Werden – Gestalt – Bedeutung. Eine hermeneutische Reflexion
(Peter Hünermann) 5

    I. Einleitung 7
        1. Intention, Gliederung, Methode 7
        2. Eine erste Annäherung: Der Konzilstext – ein konstitutioneller Text? 11
    II. Das Werden des Textes – Das Zustandekommen der Textintention . . 18
        1. Intention des Autors, des Lesers, des Textes 18
        2. Die „Convocatio" durch Johannes XXIII. – Entstehungsmomente der Textintention 20
        3. Die „praeparatio" des Konzils: ihr Einfluss auf die Genese der Textintention 26
            a) Die eingesandten Voten: Material der „Textintention" 26
            b) Bearbeitung und Zusammenfassung der Voten – ein Konzil der Definitionen, der Verurteilungen, der disziplinären Maßnahmen? . 27
            c) Einteilung und Arbeitsstil der Vorbereitungskommissionen 28
            d) Eine Lawine von Lehr- und Disziplinarschemata 29
            e) Einige modellhafte Ausnahmen 30
        4. Die erste Sitzungsperiode (1962): Die Umrisse der „Textintention" 34
            a) Die Botschaft der Konzilsväter an die Welt 35
            b) Ein erster „Text" des Konzils – die Billigung des Liturgieschemas . 36
            c) Eine Textform auch für dogmatische Sachverhalte? Die Debatte über die „Quellen der Offenbarung" 40

      d) Wesentliche inhaltliche und methodische Momente – die Debatte über das Kirchenschema und die Textgenese 44
   5. Die zweite und dritte Sitzungsperiode (1963, 1964): Die inhaltliche Ausgestaltung des Textes 47
      a) Die Eröffnungsrede Pauls VI. 48
      b) Pragmatische Engführung oder Option für ein umfassendes Textcorpus? 50

III. Die Gestalt des Textes: Einheit – Strukturen – Grundzüge 56
   1. Zur Frage nach der sachlichen Einheit und Zusammengehörigkeit der Texte 56
      a) Konstitutionen, Dekrete, Erklärungen 57
      b) 16 Dokumente – ein Textcorpus? 58
   2. Einheit durch Strukturen 60
      a) Wer sind die Adressaten dieser Dokumente? 61
      b) Die jeweilige „innere Spannweite" der Texte 62
   3. Einheit durch gemeinsame Grundzüge 68
      a) Wort und Geist der Schrift im Textcorpus 68
      b) Einbeziehung der patristischen Tradition und mittelalterlichen Theologien 69
      c) Referenzen: Konzilien und lehramtliche Texte 71
   4. Eine Textwerkstatt mit exemplarischem Charakter? 73

IV. Die Bedeutung des Textes 76
   1. Der Leser und der Text – zur Einführung 76
   2. Das Textcorpus des II. Vatikanums und die Angesprochenen . . . 78
   3. Text und Angesprochene in einem konstitutionellen Text 82
   4. Das Textcorpus des II. Vatikanums als konstitutioneller Text des Glaubens. Kirchliche und hermeneutische Konsequenzen 85

Anhang 88
   1. Inhaltsverzeichnis der „Sintesi finale" der Antepraeparatoria . . . 88
   2. Vorgegebene Fragen für die Vorbereitungskommissionen 89
   3. Liste der vorbereiteten Schemata 92

Bibliographie 96

2. Kapitel:
Offenbarung und Handeln Gottes in der Geschichte
(Moderator: Helmut Hoping) 103

Einführung *(Helmut Hoping)* 105
  I. Die Lehraussagen des Konzils zur Selbstoffenbarung Gottes und zu seinem Handeln in der Geschichte *(Helmut Hoping)* 107
   1. Die Geschichte und die christliche „interpretatio temporis" . . . 107
   2. Durchbruch zu einem personalen und geschichtlichen Offenbarungsdenken 110

3. Geschichtsmächtigkeit Gottes, Heilsuniversalismus und die
   Sendung der Kirche 113
4. Offenbarung und Geschichte – Gotteswort und Bibel 116

II. Die Wahrheit der Religionen und die Fülle der Selbstmitteilung
    Gottes in Jesus Christus *(Roman A. Siebenrock)* 120
    1. Zum Religionsbegriff des Konzils 122
    2. Kirche als Zeugin des Mysteriums des universalen Heilshandelns
       Gottes 124
    3. Die Wahrheit der Religionen im Heilsplan Gottes 128
    4. Die Wahrheit der Religionen im Blick von außen 131

III. Das singuläre Geschichtshandeln Gottes – eine Frage der pluralen
     Topologie der Zeichen der Zeit *(Hans-Joachim Sander)* 134
     1. Die Nicht-Relativierung der Geschichte durch die Theologie –
        der topologische Anspruch der Heilsgeschichte 135
     2. Geschichtstheologie aus den Zeichen der Zeit – die Einlösung des
        topologischen Anspruchs durch das Zweite Vatikanische Konzil . 137
     3. Die vielen Zeichen der Zeit und die eine Geschichte des Heils –
        die Zumutung von Pluralität am Ort Gottes in der Geschichte .. 140
     4. Der offenbarende Gehalt der Zeichen der Zeit – Anders-Orte der
        Menschwerdung in der Geschichte 142

Bibliographie 145

3. Kapitel:
Kirche entdeckt ihre Katholizität nach innen und außen
(Moderator: Bernd Jochen Hilberath) 149

Einführung *(Bernd Jochen Hilberath)* 151

I. Die „communio hierarchica" in der Verantwortung für die
   Katholizität der Kirche *(Guido Bausenhart)* 157
   1. Der Papst und das Bischofskollegium 158
   2. Der Papst und die Bischöfe – die Universalkirche und die
      Ortskirchen 163
   3. Der Bischof und das Bischofskollegium 169
   4. Der Bischof von Rom: Papst und Patriarch 173

II. Liturgie ortskirchlich – weltkirchlich *(Reiner Kaczynski)* 178
    1. Weltkirchliche Liturgie bedarf der Anpassung 178
    2. Ortskirchliche Eigenliturgien sind weitgehend aufgegeben 179
    3. Partikularkirchliche Liturgie wurde vom Zweiten Vatikanum
       eingeführt und geregelt 181
    4. Schwierigkeiten durch die römischen Institutionen bei der
       Anpassung der römischen Liturgie 182

Inhalt

III. Kirche versteht sich vom Außen her 186
  1. Der Ort der Ökumene für die Katholizität der Kirche –
     von der unmöglichen Utopie zur prekären Heterotopie
     (Hans-Joachim Sander) 186
     a) Das Konzil und drei Lernschritte in der Ökumene –
        die Suche nach dem angemessenen Ort für die Einheit der Christen 188
     b) Die Lerngeschichte von *Gaudium et spes* mit der ökumenischen
        Bewegung – eine Topologie der Stärken eines Außen 195
     c) Die Ökumene – eine Heterotopie für die kirchliche Identität . . . 198
  2. Die Herausforderung durch die ökumenischen Beobachter
     (Volker Sühs) 201
     a) Momente menschlicher Erfahrung: ein Schlüssel zur Interpretation? 202
     b) Die konziliare Erfahrung: Schlaglichter 204
     c) Herausforderung zu vollerer Katholizität 205

IV. Katholische Communio-Einheit der Kirche(n) – Vision ohne Modell?
    (Bernd Jochen Hilberath) 210
  1. Die Wechselbeziehung von Katholizität nach innen und nach außen 210
  2. Umrisse eines katholischen Modells 212
     a) Der Charakter des Textes 212
     b) Geistlicher Ökumenismus 213
     c) Hinweise in Genese und Gestalt des Textcorpus 214
     d) Fülle – der Katholizität und/oder der Heilsmittel? 225
     e) Ein konkretes Modell? 227
  3. Gemeinsam zum Zeugnis für das Evangelium herausgefordert . . 237
  Exkurs I: Einige Aspekte zum Bibelbezug des Zweiten Vatikanums
    (Ottmar Fuchs) 217
     a) Hinführung 217
     b) Am Beispiel einer Textentstehungsgeschichte 218
     c) Am Beispiel des Priesterdekrets 219
     d) Weitere Beobachtungen 221
     e) Resümee 224
  Exkurs II: Das Presbyteramt in ökumenischer Perspektive
    (Ottmar Fuchs) 229
     a) Annäherungen 229
     b) Habituelle Gratuität 231
     c) Mit Blick auf CA 234

Bibliographie 239

4. Kapitel:
Der Auftrag der Evangelisierung
(Moderator: Guido Bausenhart) 251

Einführung *(Guido Bausenhart)* 253

   I. Das Volk Gottes, die Evangelisierung und das Ministerium der Kirche
(Peter Hünermann) 260

  II. Evangelisierung in ihrer prophetischen und institutionellen Dimension
(Ottmar Fuchs) 266
     1. Gottes Geheimnis gegen Selbstvergötzung und Götzendienst . . . 266
     2. Institution und Prophetie 269
     3. Institution und Gnade 272

 III. Evangelisierung in der communio aller Getauften *(Guido Bausenhart)* 277
     1. Ursprüngliche Vielfalt und gemeinsamer Grund 277
     2. Konsens und Kooperation 280

 IV. Im Dienst am Dienst der Evangelisierung *(Guido Bausenhart)* 287

  V. Konkretionen des Charismas in der Evangelisierung der
nachkonziliaren Kirche *(Joachim Schmiedl)* 296
     1. Charisma in den Texten des Konzils 296
     2. Die Charismen der Orden 296
     3. Mitgeteilte Charismen 297
     4. Eine neue Wertschätzung der Laien 298
     5. Eine Theologie der Bewegungen 298
     6. Anfragen an die Bewegungen 300
     7. Pluralität der Bewegungen 301

Bibliographie 303

5. Kapitel:
Identität und Dialog. Die Gestalt des Gotteszeugnisses heute
(Moderator: Roman A. Siebenrock) 311

Einführung *(Roman A. Siebenrock)* 313
     1. Die konziliare Selbstverpflichtung zum Dialog 313
     2. Ist der Dialog am Ende? Eine Bestandsaufnahme 315
     3. Gliederung und Intention der Einzelbeiträge 318

   I. Theologische Grundlegung des Dialogs *(Roman A. Siebenrock)* . . . 319
     1. Philosophische Annäherung 319
     2. Elemente zu einem Verständnis des Dialogs im Verlauf des Konzils 322
       a) Was heißt „ökumenischer Dialog"? Die Intervention von
Bischof de Smedt 322
       b) Praxis und Theologie des Dialogs bei Paul VI. 323

c) Zur theologischen Begründung des Dialogs mit den Religionen.
Die fundierenden Aussagen von *Lumen gentium, Gaudium et spes*
und *Ad gentes (Peter Hünermann)* 329
3. Anweisungen zum Dialog in einigen Durchführungsbestimmungen
nach dem Konzil und Beispiele der theologischen Reflexion auf
seine Situation und Gestalt 333

II. „... die Sendung Christi fortsetzen" (AG 5): Struktur und Grenzen
des Dialogs 340
1. Was heißt „Dialog"? Versuch einer Explikation
(Roman A. Siebenrock) 341
  a) Das leitende Vorverständnis 341
  b) Der Kontext 342
  c) Allgemeine Voraussetzungen 343
  d) Bedingungen 344
  e) Mittel und Medien: Regeln, Sprache und Leib 346
  f) Ziele und Absichten 347
  g) Theologische Begründung und Anschauungsmodelle 348
  h) Abgrenzung zu anderen Handlungsformen der Kirche 348
2. Scheitern können. Ein Zeichen für die Qualität des Dialogs auf
dem Konzil *(Hans-Joachim Sander)* 349
  a) Das Problem des Dialogs – die Differenz von außen und innen . . 350
  b) Ein Kennzeichen konziliarer Dialoge – die Fähigkeit zum Scheitern 352
  c) Das Scheitern in Dialogen – ein Ortswechsel für die christliche
     Identität 354
3. Dialog im „Martyrium" der Wahrheit *(Ottmar Fuchs)* 357
  a) Unterscheidende Unterschiede sind meliore Unterschiede 357
  b) Integrale Wahrheit 359
  c) Kommunikative Basis der Eben-Bürtigkeit 360
  d) Komparative Ökumene nach innen wie nach außen 362
  e) Christliche Wahrheitsbehauptung in theologischer Relativität . . 364
  f) Christliches „Martyrium" in eschatologischer Relativität 365
  g) Wahrhaftigkeitspraxis christlicher Wahrheit im „Martyrium" . . 367
  Epilog 369

III. Dramatischer Dialog des Heils *(Roman A. Siebenrock)* 372

Bibliographie 375

6. Kapitel:
Von der Exklusion zur Wahrnehmung der pluralen modernen Welt
(Moderator: Hans-Joachim Sander) 381

Einführung: Von der kontextlosen Kirche im Singular zur pastoralen Weltkirche im Plural – ein Ortswechsel durch Nicht-Ausschließung prekärer Fragen *(Hans-Joachim Sander)* 383
  1. Ortskirche und Weltkirche – Differenzen eines Pluralitätsproblems 384
  2. Die vielen Zeichen der Zeit und kontextuellen Differenzen – die Suche nach der einen weltkirchlichen Strategie 385
  3. Die Nicht-Ausschließung der fremden Stärken und eigenen Schwächen – die pastorale Topologie einer Weltkirche 390

  I. Zwischen dem Geist des Ursprungs und der Anpassung an die Zeit – die „angemessene Erneuerung des Ordenslebens" (PC 2) *(Joachim Schmiedl)* 395

 II. Zur Einbeziehung des Gedenkens an die Schöpfung in den Gottesdienst *(Reiner Kaczynski)* 398

III. Die Konfrontation des kirchlichen Dienstes mit „den sehr oft so grundlegend veränderten pastoralen und menschlichen Umständen" (PO 1) – Ermutigung zu einer topopraktischen Pastoral *(Ottmar Fuchs)* 403
  1. Explikation impliziter Konsequenzen 403
    a) Relevanz durch Resonanz 403
    b) Wider den „Platonismus" in der Pastoral 404
    c) Mut zur „Mikrologie" 405
    d) Verlust pastoraler „Unschuld" 406
  2. Beispiele 408
    a) Überforderte Dogmatik? 408
    b) Pluralität der Ausbildungsorte 409
    c) Dialektik biblischer Texte 409
    d) Neuer Umgang mit „Prinzipien" 410
    e) Rehabilitierung „verfemter" Pastoral 411
    f) Strukturelle Pluralisierung der Pastoral 412

IV. „... die Juden weder als von Gott verworfen noch als verflucht" darstellen (NA 4) – die Kirche vor den verletzten Menschenrechten religiös andersgläubiger Menschen *(Roman A. Siebenrock)* 415
  1. „Buon pastore": Die Urintention Johannes XXIII. 417
  2. Wir im Spiegel der Erfahrung der anderen mit uns 419
  3. Verdankter Ort, geschenkte Sprache, andere Identität 420

 V. Wahrnehmung der Diachronie. Die Option des Konzils für Geschichtswissenschaft, historisch-kritische Exegese und Glaubenshermeneutik *(Helmut Hoping)* 424

Inhalt

VI. Moderne Welt und Mission? *(Peter Hünermann)* 430
VII. Ein Ortswechsel des Evangeliums – die Heterotopien der
Zeichen der Zeit *(Hans-Joachim Sander)* 434
Bibliographie 440

Schlusswort:
Eine „kalligraphische Skizze" des Konzils
(Peter Hünermann und Kommentatoren) 447
Einleitung: Das II. Vatikanum – Ein Ereignis in Geschichte 449
   I. Das II. Vatikanische Konzil resultiert aus der Geschichte 450
  II. Das Konzil schreibt sich ein in die Geschichte: die erneuerte Tradition 453
     1. Das WORT Gottes – Offenbarung und Glaube 453
     2. Kirche und Kirchen – Dimensionen und Beziehungen 456
     3. Sendung, Charismen, Dienste 458
     4. Evangelisierung und Leiturgia 461
     5. Welt – Kirche 462
 III. Das Konzil erwirkt eine Geschichte 465
Bibliographie 468

Anhang 471
   I. Wichtige Ansprachen während des Zweiten Vatikanischen Konzils
     (zusammengestellt und eingeleitet von Joachim Schmiedl) 473
     Johannes XXIII.: Rundfunkbotschaft vom 11. September 1962 476
     Johannes XXIII.: Ansprache anlässlich der feierlichen Eröffnung des
       Zweiten Vatikanischen Konzils am 11. Oktober 1962 482
     Das tägliche Gebet der Konzilsväter 490
     Wege zur Erneuerung der Kirche. Botschaft der Konzilsväter an die
       ganze Menschheit 491
     Johannes XXIII.: Ansprache zum Abschluss der ersten Sitzungsperiode
       des Zweiten Vatikanischen Konzils (8. Dezember 1962) 494
     Paul VI.: Ansprache bei der Eröffnung der zweiten Sitzungsperiode
       des Zweiten Vatikanischen Konzils (29. September 1963) 500
     Paul VI.: Ansprache zum Abschluss der zweiten Sitzungsperiode des
       Zweiten Vatikanischen Konzils (4. Dezember 1963) 515
     Paul VI.: Ansprache bei der Eröffnung der dritten Sitzungsperiode
       des Zweiten Vatikanischen Konzils (14. September 1964) 523
     Paul VI.: Ansprache zum Abschluss der dritten Konzilssession
       (21. November 1964) 533
     Paul VI.: Ansprache zur Eröffnung der vierten Sitzungsperiode des
       Zweiten Vatikanischen Konzils (14. September 1965) 542

Paul VI.: Ansprache vor der Generalversammlung der UNO
(4. Oktober 1965) 551
Paul VI.: Botschaft an die Vollversammlung der Vereinten Nationen
(4. Oktober 1965) 559
Paul VI.: Ansprache in der Öffentlichen Sitzung des
Zweiten Vatikanischen Konzils (18. November 1965) 560
Paul VI.: Ansprache in der Öffentlichen Sitzung des
Zweiten Vatikanischen Konzils (7. Dezember 1965) 565
Aufhebung der Bannbullen zwischen Rom und Konstantinopel
(7. Dezember 1965) 572
Paul VI.: Ansprache zum Abschluss des Zweiten Vatikanischen
Konzils (8. Dezember 1965) 573
Botschaften des Konzils an Stände und Gruppen (8. Dezember 1965) . 576
Paul VI.: Breve zum Abschluss des Zweiten Vatikanischen Konzils
(8. Dezember 1965) 583

II. Chronik des Zweiten Vatikanischen Konzils
(zusammengestellt von Joachim Schmiedl) 585

III. Corrigenda zu den Bänden 1–4 595

IV. Mitwirkende am gesamten Kommentarwerk 597

Register 599
  Personenverzeichnis 599
  Sachverzeichnis 603

Abkürzungen und Hinweise

Abkürzungen, die nicht eigens aufgeführt sind, richten sich nach: Lexikon für Theologie und Kirche, hg. v. Walter Kasper u. a. (Band 11), Freiburg u. a. ³2001 bzw. nach: Siegfried M. Schwertner, Internationales Abkürzungsverzeichnis für Theologie und Grenzgebiete (IATG²), Berlin – New York ²1992.

AD I	Acta et documenta concilio oecumenico Vaticano II apparando, series I (antepraeparatoria), 4 vol. in 15 partibus, Indices, Typis Pol. Vaticanis, 1960–1961.
AD II	Acta et documenta concilio oecumenico Vaticano II apparando, series II (praeparatoria), 4 vol. in 11 partibus, Typis Pol. Vaticanis, 1964–1995.
AD I/II App.	Acta et documenta concilio oecumenico Vaticano II apparando, series I, vol. II, Appendix in 2 partibus.
Apost. Konst.	Apostolische Konstitution
AS	Acta Synodalia sacrosancti concilii oecumenici Vaticani II, 6 vol. in 32 partibus, Appendix (2 vol.), Indices, Typis Pol. Vaticanis, 1970–1999.
COD	Conciliorum oecumenicorum decreta, hg. v. Giuseppe Alberigo u. a., zit. nach der dt. Ausg., hg. v. Josef Wohlmuth, 3 Bde., Paderborn u. a. 1998–2002.
DiH	Zweites Vatikanisches Konzil, Erklärung über die religiöse Freiheit *Dignitatis humanae*
DMC	Discorsi messaggi colloqui del Santo Padre Giovanni XXIII, 5 Bde. und Index, Rom 1960–1964.
VAS	Sekretariat der Deutschen Bischofskonferenz (Hg.), Verlautbarungen des Apostolischen Stuhls.

Zur leichteren Orientierung sind in der lateinisch-deutschen Studienausgabe der Dokumente des II. Vatikanischen Konzils die einzelnen Abschnitte der Artikel eines jeden Konzilsdokumentes nummeriert. Zum Beispiel: SC 5, 2 = zweiter Abschnitt von SC 5. Diese Zitationsweise wird – bei Bedarf – auch in den Kommentarbänden verwandt.

Die Bibliographien zu den einzelnen Beiträgen finden sich am Ende der jeweiligen Kapitel. Im laufenden Text werden die Literaturverweise in verkürzter Form gegeben.

Die Personen- wie die Sachregister der einzelnen Kapitel sind – um der Übersichtlichkeit willen – integriert und finden sich am Ende dieses Kommentarbandes.

Einleitung

von Peter Hünermann

Der vorliegende Band „Die Dokumente des II. Vatikanischen Konzils: Theologische Zusammenschau und Perspektiven" führt die Kommentierung der Texte in entscheidender Weise weiter und stellt einen neuen Schritt in der Kommentierung dar. In den voraufgehenden Bänden wurden die einzelnen Dokumente jeweils in den theologischen Diskurs und die kirchlichen Entwicklungen zwischen dem I. und dem II. Vatikanum eingerückt. Vor diesem Hintergrund wurde eine Schritt für Schritt den Artikeln folgende Auslegung vorgenommen. Der vorliegende Band ergänzt diese Kommentierung mit einer anderen Methode. Die behandelten Fragestellungen der einzelnen Dokumente berühren sich oft. In der Durchsicht der Dokumente ergeben sich weiterreichende, übergreifende Fragestellungen. Bereits von daher stellt sich die Aufgabe, die gegebenen Antworten zusammenzuschauen, auf ihre Kohärenz wie auf ihre Komplementarität hin abzuklopfen und ihre Aussagekraft für die gegenwärtige Situation aufzuzeigen. Der pastorale Charakter des Konzils, sein Programm einer Erneuerung, eines „aggiornamento" der Theologie und der Gestalt der Kirche, wird in dieser theologischen Zusammenschau aufgegriffen, um so – vierzig Jahre danach – die Dynamik des Konzils als „Anfang eines Anfangs" (Karl Rahner) lebendig werden zu lassen. Die Texte des Konzils bilden ein Textcorpus.

Die Probleme, die das Konzil aufgreift, sind keine ephemeren Fragen. Die theologischen Lösungen, die es bietet, sind keine raschen Patentlösungen. Die Fragen greifen grundlegende Probleme auf, die Antworten bestehen in grundsätzlichen Orientierungen. Das Nebeneinander der christlichen Kirchen und kirchlichen Gemeinschaften, die komplexe Relation der Religionen, die Stellung der Kirche im Rahmen der modernen Welt und ihrer Probleme, die Auseinandersetzung mit der eigenen Vergangenheit, mit einer engen gegenreformatorischen Ekklesiologie, einer erneuerungsbedürftigen Liturgie, mit einer Neufassung und Profilierung der Dienste in der Kirche und die völlig veränderte Position der Laien stellen eng miteinander verknüpfte Grundlagenfragen dar. Diese Grundlagenfragen sind wiederum aufs Intensivste mit dem Zeugnis von Gott und Jesus Christus, dem Verständnis der Offenbarung in der Moderne verwoben. Sieht man diese Zusammenhänge, dann kann sich ein Kommentar der Dokumente des II. Vatikanischen Konzils nicht mit einer Einzelexegese der Dokumente, noch viel weniger mit einer Auslegung der einzelnen Artikel und Sinneinheiten begnügen. Die Dokumente und ihre einzelnen Artikel empfangen ihre volle Bedeutung und Tragweite erst aus der zu erarbeitenden theologischen Zusammenschau.

Ein weiterer wichtiger Gesichtspunkt kommt hinzu. Das Konzil konnte in der Vorgabe seiner theologischen Orientierungen selbstverständlich nur erste grundsätzliche und programmatisch bleibende Weisungen vorgeben. Die Notwendigkeit der theologischen Vertiefung, der Entwicklung erneuerter kirchlicher und christlicher Lebensformen, die Umsetzung in institutionelle und rechtliche Regelungen, die Ausprägung entsprechender ortskirchlicher und regionalkirchlicher Formen werden von den Konzilsvätern ausdrücklich als Aufgaben der Zukunft benannt. Erst durch diese Umsetzungsarbeit wird das Konzil seiner ursprünglichen Intention gerecht. War das Konzil im Ganzen mit seinen Ergebnissen ein geistlicher Prozess, so gewinnt es seine Realität erst voll und ganz in der Wirkungsgeschichte. Damit aber kommen nochmals neue Fragen mit ins Spiel: Die pastorale Perspektive und das Deuten der Zeichen der Zeit bleiben als hermeneutische Leitlinien des Konzils auch dem Rezeptionsprozess je neu aufgegeben.

Es ist selbstverständlich, dass eine solche Art der Kommentierung die langjährige Beschäftigung mit den Dokumenten des II. Vatikanischen Konzils und ihre Einzelkommentierung voraussetzt. Zugleich stellt aber eine solche Zusammenschau einen neuen Schritt der Erschließung und Vergegenwärtigung dieses Konzils dar.

Eine solche Aufgabe ist ungemein schwierig. Soll sie nicht in eine beliebige Meta-Reflexion ausarten, die sich in luftigen Spekulationen ergeht, so ist die Rückbeziehung auf die Einzelkommentierung und die theologische wie kirchengeschichtliche Absicherung der zu erarbeitenden Gesamtsicht notwendig. Verbunden mit dem Wagnis einer solchen Arbeit aber ist zugleich auch eine Verheißung: durch eine solche Arbeit den Blick zu öffnen für die Botschaft und die erneuernde Kraft dieses Konzils. Die reiche Fülle von historischen Einzeluntersuchungen zum II. Vatikanischen Konzil ist zweifellos höchst verdienstvoll. Sie hat die in den früheren Bänden hier vorgelegte Einzelkommentierung erst ermöglicht. Zugleich aber sind damit eine solche Fülle von Einzelergebnissen verbunden, dass die theologische Bedeutsamkeit und Orientierungskraft dieses Konzils im Ganzen fast dem Blick zu entschwinden drohen. Diese Situation behindert zugleich die heutige „Aneignung" des Konzils. Man hört die Antwort auf jene Frage nicht mehr, die Paul VI. als die Kernfrage der konziliaren Arbeit bezeichnet hat: „Ecclesia, quid dicis de te ipsa?" Kirche, was sagst du von dir selbst – im Angesicht der Christenheit, auf der Bühne des *theatrum mundi*?

Mit diesem Konzept einer auf den Einzelkommentaren aufbauenden Gesamtkommentierung hoffen die Verfasser der theologischen Wissenschaft und ihrer kontinuierlichen Arbeit um die Aufarbeitung des Konzils zugleich einen innovatorischen Impuls zu geben. So weit zur grundlegenden Intention dieses abschließenden Kommentarbandes.

Die Umsetzung eines solchen Zieles bedarf selbstverständlich einer gegliederten Ordnung. In immer erneuten Anläufen, welche die langjährige Arbeit an den Einzelkommentaren begleitet hat, und in einem sich vertiefenden Reflexionsprozess haben die Kommentatoren folgende Sachkapitel für diese kommentierende Zusammenschau vorgesehen:

Einleitung

1. Der Text: Werden – Gestalt – Bedeutung;
2. Offenbarung und Handeln Gottes in der Geschichte;
3. Kirche entdeckt ihre Katholizität nach innen und außen;
4. Der Auftrag der Evangelisierung;
5. Identität und Dialog. Die Gestalt des Gotteszeugnisses heute;
6. Von der Exklusion zur Wahrnehmung der pluralen modernen Welt.

Das 1. Kapitel beabsichtigt nicht, die bereits existierenden hermeneutischen Beiträge um eine neue Variante zu bereichern. Es geht wesentlich um die Bestimmung des genus litterarium des vorliegenden Textcorpus und um die entsprechenden Implikationen.

Zum 2. Kapitel: Das Verhältnis von Offenbarung, Schrift und Tradition, wie es in *Dei Verbum* zur Sprache kommt, hat Parallelen in der Art und Weise, wie in den anderen Dokumenten vom Handeln Gottes in der Geschichte gesprochen wird. Hier ergibt sich eine Gesamtperspektive des Konzils, die unmittelbar mit der Frage nach der Präsenz Gottes in einer modernen, weitgehend säkularen Welt verbunden ist.

Zum 3. Kapitel: Nicht nur in der Kirchenkonstitution *Lumen gentium* und in der Pastoralkonstitution *Gaudium et spes*, sondern ebenso in der Liturgiekonstitution, den Ökumene-Dekreten, dem Missionsdekret wird Kirche in unterschiedlichen Sichtweisen thematisiert: als Mysterium und Volk Gottes, als messianische Pilgerin in den Bedrängnissen der Zeit, als Kirche in und aus Kirchen: insgesamt eine hochkomplexe, die unterschiedlichen Ebenen verbindende und zugleich auseinanderhaltende Größe. Die Verbindungslinien zur Christologie liegen hier auf der Hand.

Zum 4. Kapitel: Zahlreiche Dokumente des II. Vatikanischen Konzils, *Lumen gentium*, aber ebenso das Bischofsdekret, das Priesterdekret, das Missionsdekret, das Dekret zum Laienapostolat sowie *Gaudium et spes* behandeln die Sendung Jesu Christi, insofern das Volk Gottes und seine unterschiedlichen Glieder, alle Christgläubigen damit betraut sind. Das Ministerium, der von Christus autorisierte, öffentliche und sakramentale Dienst – in seinen unterschiedlichen Gestalten – wird davon abgesetzt. Gegenüber der Konzeption des Apostolats und der Evangelisierung im Verlauf des 2. Millenniums ergeben sich wesentlich vertiefte Sichtweisen. Das Konzil hat hier neue Weichenstellungen vorgenommen.

Zum 5. Kapitel: Unter dem Stichwort „Identität und Dialog" sind jene neuen Positionen zu reflektieren, die die Konzilsväter im Blick auf die anderen Religionen, insbesondere im Blick auf das Judentum, in verschiedenen Dokumenten bezogen haben. Ebenso geht es in enger Verknüpfung damit um die theologische Grundlegung des Rechtes auf Religionsfreiheit und die Diskussion mit dem Atheismus. Unmittelbar damit zusammen hängt die Frage nach der Mission, der Sendung der Kirche zur Evangelisierung und die Frage der Zusammenarbeit im Blick auf das Wohl der Menschheit. Die Kirche gibt sich damit eine neue Ortsbestimmung in der modernen, zusammenwachsenden Welt.

Zum 6. Kapitel: Nicht nur in *Gaudium et spes*, sondern in fast allen Dokumenten des II. Vatikanischen Konzils werden Fragen aufgegriffen, die von der modernen Gesellschaft, der einswerdenden Menschheit, den Kulturen in ihrer unterschiedlichen Stellung zur Moderne ausgelöst werden. Die Konzilsväter haben im Blick auf Vernunft und Wissenschaft wie im Hinblick auf die unterschiedlichen Dimensionen der Kultur von einer Autonomie der weltlichen Wirklichkeiten gesprochen. So ergeben sich hier, neben wechselseitigen Förderungen, eine Fülle von Einsprüchen gegen Traditionen und Selbstverständlichkeiten im kirchlichen Leben wie Herausforderungen zur wechselseitigen Korrektur. Zugleich ist diese Beziehung nicht selten von Anfeindungen geprägt. Kirchliches Leben wird so zum Unterscheiden der Geister und zur Interpretation der Zeichen der Zeit.

Ein Schlusswort soll dann versuchen, die Fäden der verschiedenen Sachkapitel zu bündeln. Es geht um ein gleichsam „verdichtetes Bild" der Kirche, ihrer Voraussetzungen und ihrer Lebensformen, um eine „kalligraphische Skizze", an der sich die Linienführungen des Konzils in kompakter Weise ablesen lassen.

Ergänzt wird diese theologische Zusammenschau durch einen Anhang, in dem die wichtigsten Reden der Päpste im Zusammenhang mit dem Konzil und seiner schrittweisen Entfaltung dokumentiert werden. Sie bilden gleichsam eine Gesamtsicht des Konzils aus der Sicht Johannes XXIII. und Paul VI., die sich beide als übergeordnete Moderatoren des gesamten Konzilsgeschehens verstanden haben, bei gleichzeitiger Betonung der Freiheit und Verantwortung der Konzilsväter.

Zu diesem Anhang gehört eine Chronik des II. Vatikanischen Konzils, die zur Intention hat, die Arbeitsschwerpunkte der verschiedenen Perioden herauszustellen. Auch hier geht es also nochmals um einen Blick auf das gesamte Konzilsgeschehen.

Angesichts der schwierigen Aufgabe dieses fünften Bandes haben sich die Kommentatoren, vertrauend auf den Beistand des Heiligen Geistes, die Devise der Tübinger Eberhard-Karls-Universität zu eigen gemacht: „Attempto!" „Ich wag's!"

1. Kapitel
Der Text: Werden – Gestalt – Bedeutung
Eine hermeneutische Reflexion

von Peter Hünermann

I. Einleitung[1]

1. Intention, Gliederung, Methode

Der Titel des Kapitels: „Der Text" könnte durch den Untertitel „Eine hermeneutische Reflexion" missverstanden werden. Es gibt zahlreiche Diskussionsbeiträge zur Hermeneutik des II. Vatikanischen Konzils.[2] Die Ansätze führen in unterschiedliche Richtungen, zu Auslegungen, die sich nicht nur durch unterschiedliche Akzentsetzungen unterscheiden.[3] Neben den Erörterungen von Theologen

---

[1] Für die Aufarbeitung des Stands der hermeneutischen Debatte zum Konzil danke ich Herrn Dr. Dirk Steinfort sowie Herrn Martin Kirschner. Herr Steinfort hat im Rahmen des Forschungsprojekts die Bedeutung der Literatur- und Rezeptionstheorie für eine Hermeneutik des Konzils in einem Aufsatz herausgearbeitet, auf den ich für die hier vorgelegte hermeneutische Reflexion dankbar zurückgreife.

[2] Die für den aktuellen Stand der Diskussion wichtigsten Beiträge in der Reihenfolge ihres Erscheinens: Ratzinger, Zur Lage; Kasper, Die bleibende Herausforderung; Pesch, Das Zweite Vatikanische Konzil 148–160; Alberigo, Criteri ermeneutici; ders., Treue und Kreativität; Ruggieri, Zu einer Hermeneutik; Lehmann, Hermeneutik; Rush, Still interpreting. Auf folgende Vorarbeiten des Verfassers sei verwiesen: Hünermann, Il concilio; ders., Das II. Vatikanum; ders., Zu den Kategorien; ders., Zur Rezeption. Übersichten zur Debatte um die Konzilshermeneutik bieten: Sieben, Katholische Konzilsidee 414–421; Wassilowsky, Universales Heilssakrament 15–37. Schärfe und kirchliche Relevanz des Konflikts um die Interpretation des II. Vatikanums spiegeln sich in der Beteiligung hoher und höchster Würdenträger der Kirche an dieser Debatte. Zur Aktualität der Debatte sei auf die vielbeachtete Auseinandersetzung zwischen Avery Dulles und John W. O'Malley in der Zeitschrift „America" im Jahr 2003 verwiesen: vgl. America 188 (2003), Heft 6 (24. Februar) 7–15, Heft 9 (17. März) 14f.29f., Heft 11 (31. März) 11–17.

[3] Deutlich unterschiedliche Auslegungsrichtungen ergeben sich nicht nur hinsichtlich der Extreme einer „traditionalistischen" und „progressistischen" Interpretation, wie sie etwa bei Menozzi, Das Antikonzil, und bei Komonchak, Interpreting, beschrieben sind, und von denen sich die in Anm. 1 genannten Autoren mit ihren Kriterien einhellig absetzen. Auch die Ansätze von Ratzinger, Kasper und Pesch – die ich exemplarisch herausgreife – setzen deutlich unterschiedliche Akzente. Zunächst die Gemeinsamkeiten: alle drei lehnen eine Interpretation des Konzils als „Bruch" ab, verlangen eine „integrale", nicht selektive Textlektüre und wenden sich gegen ein restauratives „Zurück" vor das II. Vatikanum und gegen ein vorschnelles „über das Konzil Hinausgehen".
Dennoch zeigen sich erhebliche Unterschiede: Kardinal Ratzinger – der neue Papst Benedikt – stellt den „Buchstaben" des Konzils in das Zentrum seiner Überlegungen. Von ihm her ist eine allzu freie Interpretation, vor allem aber die abstrakte Berufung auf den „Geist des Konzils" zu korrigieren. Vgl. Ratzinger, Zur Lage 32.38. Die Position verbindet sich mit einer Kritik an der „Willkür und dem Leichtsinn mancher nachkonziliarer Interpretationen". Ebd. 31; vgl. auch ders., Buchstabe und Geist 13–15, wo Ratzinger sich positiv auf Muggeridge, Desolate City, bezieht. Wie das Verhältnis von „Buchstabe" und „Geist" hermeneutisch zu bestimmen ist, bleibt offen: vgl. Ratzinger, Zur Lage 38.
Kardinal Kasper erinnert an den hermeneutischen Zirkel: „Man kann jede Aussage letztlich nur vom Geist des Ganzen her verstehen, wie umgekehrt sich der Geist des Ganzen nur aus einer gewissenhaften Auslegung der einzelnen Texte ergibt." Kasper, Die bleibende Herausforderung

stehen die Auslegungsprinzipien, welche auf der Bischofssynode von 1985 anlässlich des 20. Jahrestages des Konzilsschlusses formuliert wurden.[4]

Die unterschiedlichen Erörterungen zu dieser Diskussion um die hermeneutischen Prinzipien zur rechten Auslegung des II. Vatikanischen Konzils gehen zumeist in der Form vor, dass anfänglich auf die philosophischen und theologischen Prinzipien in einer theoretischen Weise Bezug genommen wird. Von diesem vorgegebenen Raster her, das mehr oder weniger umfangreich ist, wird dann eine entsprechende Applikation vorgenommen. Solche Anwendungen beziehen sich oftmals auf das Gesamtverständnis des Konzils, welches der Autor gegen andere, ihm einseitig scheinende Gesamtauslegungen abzugrenzen sucht. Einen zweiten Schwerpunkt dieser Applikation bilden zentrale Aussagen, die zumeist mit Hilfe des vorentwickelten Rasters in ihrer Wesentlichkeit und Gewichtigkeit ermittelt und entsprechend interpretiert werden.[5] Im Blick auf diese gewichtigen Sachver-

---

295. Kasper legt den Akzent auf die Kontinuität der katholischen Tradition, in der das Konzil steht und zu interpretieren ist (ebd. 295f.). Das „Aggiornamento" des Konzils war ein „Ressourcement" aus der größeren Tradition der Kirche gegenüber ihrer „neuscholastischen Verflachung und Simplifizierung". Die Minorität sorgte dafür, „dass die jüngere Tradition ... bei dieser Erneuerung aus den älteren Quellen nicht übergangen und vergessen wurde" (ebd. 294).
Otto Hermann Pesch schließlich greift die Interpretation des Konzils im Schema Majorität – Minorität auf und stellt die inneren Widersprüche im Text heraus. Max Seckler hatte bereits Anfang der 70er Jahre im Zusammenhang der Konzilstexte von einem „Kompromiß des unvermittelten kontradiktorischen Pluralismus" gesprochen (Seckler, Über den Kompromiß 56f.). Pesch greift diese Problematik auf und sucht Kriterien für einen hermeneutischen Umgang mit solchen Kompromissen und Widersprüchen. Dabei geht er aus vom Entstehungszusammenhang der Texte, fragt nach der „Autorenintention". Er begreift die Konzilstexte analog zu politischen Kompromissen als Formulierungen, die der Gegenseite Zustimmung ermöglichen und dafür Zugeständnisse machen oder Aussagen besonders betonen, auf denen der inhaltliche Akzent gar nicht liegt. Gegenüber den Endtexten ist daher nach Pesch eine gewisse „Hermeneutik des Verdachts" notwendig, die Gewichtung ist – u.U. auch gegen Textsignale des verabschiedeten Textes – unter Heranziehung der Vorgeschichte und des Diskussionsprozesses der Dokumente zu erheben. Bei einer solchen Lesart wird die „Autorenintention" von der „überwältigenden Mehrheit der Konzilsväter" her bestimmt, deren Wille mit dem „Geist des Konzils" identifiziert wird, auch wenn „er durch Einsprüche und manchmal auch unfaire Tricks einer kleinen Minderheit im einzelnen verwässert und abgeschwächt wurde". Vgl. Pesch, Das Zweite Vatikanische Konzil 150–160.
[4] Vgl. Zukunft aus der Kraft des Konzils 22f., dazu den Kommentar von Kasper, ebd. 60–64, sowie das Themenheft „Synode 1985 – eine Auswertung": Conc(D) 22 (1986) H. 6. Die Synode fordert eine „tiefere Rezeption des Konzils" und schlägt hierfür vier Schritte vor: „tiefere und eingehendere Kenntnis – innere Aneignung – eine von Liebe getragene Bekräftigung – Verlebendigung des Konzils" (a.a.O. 22). Die theologische Auslegung muss das Ganze der Konzilsaussagen im Blick haben, mit besonderer Gewichtung der vier Konstitutionen. Pastoraler Charakter und Lehraussagen sowie Geist und Buchstabe sind nicht gegeneinander auszuspielen. Das Konzil steht „in Kontinuität mit der langen Tradition der Kirche" und ist in die Gegenwart hinein auszulegen (a.a.O. 23).
[5] Ein Beispiel für eine solche Auswahl und Gewichtung der Dokumente für die Gesamtauslegung des Konzils bildet die Kontroverse um das Verhältnis der beiden Kirchenkonstitutionen *Lumen gentium* und *Gaudium et spes*. So bezeichnet Elmar Klinger *Gaudium et spes* als den entscheidenden hermeneutischen Schlüssel des Konzils, weil hier das „Aggiornamento", die Grundintention von Johannes XXIII., beispielhaft verwirklicht und dementsprechend eine induktive Methode versucht worden sei (vgl. Klinger, Armut 80–110; ders., Aggiornamento 171–173; ders., Die dogmatische Konstitution 74–78). Die Pastoralkonstitution sei das grundlegende Dokument des Zweiten Vatikanums und damit sein hermeneutischer Schlüssel, das Gesamtmotto des II. Va-

halte geht es dann – in den meisten Erörterungen dieser Art – um die genaue Bestimmung des Aussageinhaltes.

Das erste Kapitel des vorliegenden Bandes beabsichtigt nicht, die Reihe der vorgelegten hermeneutischen Untersuchungen zu verlängern. Die Intention ist eine andere: Sie ergibt sich aus der Zielsetzung dieses Kommentarbandes. Es gilt, eine Zusammenschau der Resultate des Konzils, eine Synthesis der verschiedenen Aussagen des Konzils zu gewinnen. Wie die Überschrift sagt, steht im Blick „Der Text" des II. Vatikanischen Konzils. Dies meint nicht unmittelbar die Einzeltexte. Sie sind in den voraufgehenden Kommentarteilen vorgestellt und analysiert worden. Das Auge wird vielmehr auf das Corpus der Texte des II. Vatikanischen Konzils gerichtet. Die verschiedenen Einzeltexte bilden Momente der einen Botschaft des Konzils. Sie beziehen sich vielfältig aufeinander und gehören trotz unterschiedlicher Eigenheiten zusammen. Vom Corpus der Texte wird der Blick folglich immer wieder zu den einzelnen Texten gehen müssen, und von dort aus wird wiederum das Corpus der Texte zu charakterisieren sein. Die unterschiedlichen Texte des Corpus verdanken sich der einen Zielsetzung des Konzils, sie stammen von einem Gremium, das sich gemeinsame, generelle Arbeitsweisen gegeben hat. Sie tragen von daher typische Strukturmerkmale und Qualitäten. Zu diesen Qualitäten gehören etwa das grundsätzliche *genus litterarium*, ihr Stil, die Adressaten, die Referenzpunkte, auf die in der Argumentation Bezug genommen wird.

Wenn infolgedessen im Untertitel das vorliegende Kapitel als hermeneutische Reflexion bezeichnet wird, dann nicht in dem Sinn, dass es hier um eine „Vorübung" für die Kommentatoren ginge, wie sie sich der Aufgabe ihrer Kommentierung unterziehen sollten. Es geht vielmehr um eine Analyse des gesamten Corpus der Texte unter „hermeneutischen Gesichtspunkten", um so das Verstehen und den Umgang mit diesem Textcorpus zu vermitteln.[6]

Die im Titel angegebenen Stichworte „Werden – Gestalt – Bedeutung" beziehen sich – entsprechend der vorgegebenen Zielsetzung – auf die *konstitutiven Schritte der Textgenese*. Sie führen – nach einer einleitenden, äußeren Annähe-

---

tikanums laute „Konzil des Aggiornamento der Pastoralkonstitution" (Klinger, Aggiornamento 173). Auch der Interpretation von *Lumen gentium* stellt Klinger dieses Prinzip voran: „Man hat Gaudium et spes vorrangig zu behandeln, wenn man das Konzil denn von sich selber her verstehen und nicht missbrauchen will zur Begründung eigener ... Interessen." (Klinger, Die dogmatische Konstitution 78). Die Gegenposition findet sich formuliert bei Joseph Ratzinger, der bereits 1976 dafür plädierte, das „Ganze" des Konzils „in der richtigen Zentrierung" zu rezipieren, und der dabei die Dogmatik als Richtschnur der Pastoral ansieht und besonders Passagen der dogmatischen Konstitution *Lumen gentium* hermeneutisch ins Zentrum stellt. Auch er beruft sich auf die Intention der Konzilsväter; vgl. Ratzinger, Weltdienst 36–57; ders., Theologische Prinzipienlehre 345–411, bes. 408; vgl. dazu auch: HThK Vat.II, Bd. 4, 838–841.
Es stellt sich bei einer solchen Kontroverse die Frage, auf Grund welcher Kriterien Texte als die „zentralen theologischen" erkannt und festgelegt werden. Will man eine hermeneutisch verantwortbare Textauslegung gewährleisten, darf es sich hierbei nicht um Kriterien handeln, die von außerhalb an den Text herangetragen werden oder dem allgemeinen theologischen Vorverständnis des Interpreten entspringen: sie müssen vielmehr vom Werden des Textes, von Struktur und Gestalt des Textcorpus her aufgewiesen werden – vgl. unten, bes. II.4 und III.1.

[6] Der Ausdruck „hermeneutische Gesichtspunkte" ist hier in einem weiten Sinne zu verstehen, insofern er sprachphilosophische und textanalytische Momente einschließt und sich nicht nur auf inzwischen klassische hermeneutische Normen zurückbezieht.

rung, dem Gewinn eines Vorbegriffs des Textprofils (I.2) – vom Zustandekommen der Textintention (II), der Abklärung der Textgestalt, Strukturen und Grundzüge der Textgestalt (III) bis zur Bedeutung, zum Aufweis der textlichen Herausforderungen und Aufträge für die Adressaten (IV).

Vom Werden und von der Gestalt des Textes her ergibt sich ein Einblick in die beanspruchte Bedeutung. Die Bedeutung umschließt nicht nur die Aussagen als solche, sondern auch die Weisung, wie mit dem Text umzugehen ist. Wie ein Text aus einer bestimmten Praxis, aus einem bestimmten Werden heraus seine Inhaltlichkeit gewinnt,[7] seine Gestalt ausbildet, so erschließt sich seine Bedeutung, sein Inhalt auch nur aus einer bestimmten Praxis in der Aufnahme des Textes. Diese Handlungsanweisung aber steckt im Text selbst. Sie erlaubt keine Beliebigkeit, wenngleich sie je nach Textart unterschiedliche Felder von Praxis aufschließt.

Aus der angegebenen Intention des vorliegenden Beitrages, das Textcorpus des II. Vatikanischen Konzils vor den Blick zu rücken, und aus der Charakteristik der Gliederung ergibt sich zugleich die im Folgenden einzuhaltende Methode.

Da es um den Text in seiner Genese geht, sind wir in jedem Schritt auf die faktische Konzilsgeschichte zurückverwiesen. In jedem Schritt ist das historische Material aufzunehmen, ist von ihm her zu argumentieren. Die Argumentation aber erfolgt in einer formalen Hinsicht, die nicht zu verwechseln ist mit der *historischen* Nachzeichnung der Entstehung der Texte. Dies wurde für die einzelnen Texte in den jeweiligen Kommentaren skizziert. In diesem Kapitel geht es darum, das historische Geschehen und die unterschiedlichen Geschehenszusammenhänge und Ereignisse in ihrer Bedeutung für die *konstitutiven* Schritte der Genese des Textes als Text zu erheben. Die Historie des Konzils kommt hier in einer neuen Weise in den Blick, und zwar nicht nur theoretisch, sondern zugleich höchst konkret, allerdings in einer spezifischen Betrachtungsweise.

Eine gewisse Ausnahme bildet lediglich die einführende Annäherung. Aristoteles verweist darauf, dass jede methodische Erforschung und Darstellung eines Sachverhaltes der angemessenen Fragestellung bzw. Zugangsweise bedarf. Thomas von Aquin greift in solchen Fällen immer wieder auf den allgemeinen Sprachgebrauch und die sich darin manifestierende generelle Erfahrung zurück.[8] Dem Ziel einer solchen Annäherung an den Text des Konzils dient der folgende Abschnitt. Er steht infolgedessen in der Einleitung.

---

[7] Vgl. Wittgenstein, Philosophische Untersuchungen Nr. 6, 7, 199, u. ö.; vgl. dazu Hünermann, Das II. Vatikanum 111 f.; zu Wittgensteins Sprachphilosophie ferner: Terricabras, Ludwig Wittgenstein.

[8] Vgl. Aristoteles, Lehre vom Beweis 71a: „alles vernünftige Lehren und Lernen geschieht aus einer vorangehenden Erkenntnis"; ders., De anima II, 5, 417b: Struktur des Verstehens als „epidosis eis hauto"; Hans-Georg Gadamer spricht vom notwendigen Vorbegriff, von dem her eine – diesen Vorbegriff dann korrigierende – Annäherung an die Sache erfolgt; vgl. Gadamer, Wahrheit und Methode 250–283.

Einleitung

2. Eine erste Annäherung: Der Konzilstext – ein konstitutioneller Text?[9]

Der Text des II. Vatikanischen Konzils steht neben den Texten des I. Vatikanums und denen des Trienter Konzils. Die Beschlüsse aller drei Konzilien bilden – in ihrer Wirkungsgeschichte – die Grundlage umfassender Neugestaltungen der Theologie, kirchlichen Lebens und kirchlicher Strukturen. Die Beschlüsse von Trient sind Canones, die Abgrenzungen vornehmen. Die nachtridentinische Kirche unterscheidet sich so faktisch in vielen Zügen von der voraufgehenden mittelalterlichen Gestalt. Theologie und Volksfrömmigkeit erhalten ebenso ein neues Gesicht wie die Amtsführung von Bischöfen und Klerus. Die Abgrenzung gegenüber den Reformatoren und den reformierten Gemeinden wirkt sich überall aus.

Das I. Vatikanum stellt einen nicht minder gewichtigen Einschnitt dar, wenn es auch – auf Grund äußerer Umstände – nur zwei Dokumente verabschieden konnte. Es bestimmt zum einen durch die Konstitution über den Glauben mit ihren Canones die Relationen von Kirche und Theologie zur modernen Wissensgesellschaft und durch die Konstitution über den Primat des Papstes die Beziehung zum modernen Souveränitätsgedanken und zur neuzeitlichen Öffentlichkeitsordnung. Zugleich gehen von beiden Beschlüssen zahlreiche innerkirchliche Innovationsvorgänge aus, die die Kurie ebenso wie die Bischöfe, die Priester, Orden und Laien betreffen.[10] Man wird die Neufassung des kanonischen Rechtes von 1917 noch dazu zählen dürfen, ebenso wie die Frömmigkeitsimpulse, die von den römischen Bischöfen in die gesamte Kirche ausgegangen sind. Mit dem I. Vatikanum ändert sich der Stil in der katholischen Kirche[11]. Diese Stiländerung bahnt sich zwar in den Jahrzehnten vor dem Konzil an, prägt sich aber erst danach markant aus.

Im Unterschied zu Trient und zum I. Vatikanum zielen die Beschlüsse des II. Vatikanums von vornherein auf ein „Aggiornamento", nicht auf Canones. Zur Konzilsidee gehört von vornherein eine auf den Konzilsbeschlüssen aufruhende Reform des kanonischen Rechtes. Die Dokumente des Konzils leiten umfangreiche Revisionsprozesse ein. Es werden ebenso die Weichen für die Liturgiereform wie für eine Neubesinnung der Orden oder eine Neuordnung der Priesterausbildung gestellt. Die Grundzüge des bischöflichen und priesterlichen Dienstes wie die Stellung und Sendung der Laien in der Kirche werden neu umrissen. Die Missionstätigkeit der Kirche wird auf den Prüfstand gestellt; ja die Offenbarung selbst, die Kirche in ihrer Eigenart, ihre Stellung in der Welt und ihr Verhältnis zu den anderen Kirchen und kirchlichen Gemeinschaften wie zum Judentum und den Religionen werden überdacht und in veränderter Form präsentiert. Es werden grundsätzliche Handlungsperspektiven und Zielsetzungen für die Gestaltung der jeweiligen Beziehungen vorgegeben. Die verschiedenen Kon-

---

[9] Der Begriff „konstitutioneller Text" wurde gewählt, um anzudeuten, dass es beim II. Vatikanischen Konzil um eine Versammlung geht, die eine *gewisse Ähnlichkeit* mit einer verfassungsgebenden Versammlung aufweist.
[10] Vgl. die Einleitungen der Kommentare zu OT und PO, in denen diese Veränderungen in Bezug auf die Priester aufgezeigt wurden: HThK Vat.II, Bd. 3, 326–334; Bd. 4, 346f.
[11] Vgl. Hünermann, Ekklesiologie 131–153, bes.139–146.

zilsdokumente verändern das Aussehen der Kirche und ihrer Lebensformen nachhaltig. Diese Erneuerungen werden nicht durch abgrenzende Canones und dogmatische Definitionen erwirkt. Sie werden unmittelbar intendiert.[12]

Sucht man im Sinne einer ersten Annäherung an das Profil des Textes des II. Vatikanischen Konzils nach einer Analogie, um die Beschlüsse zu charakterisieren, so ergibt sich eine gewisse Ähnlichkeit mit Verfassungstexten, die von repräsentativen verfassungsgebenden Versammlungen ausgearbeitet werden[13]. Diese Ähnlichkeit ist bei den Texten des II. Vatikanums besonders ausgeprägt und zeigt sich lediglich in stark vermittelter, abgestufter Form auch im Blick auf das Trienter Konzil und das I. Vatikanum.[14] Ähnlichkeiten sind keine Identitäten. Sie sind immer mit Differenzen verknüpft. Ähnlichkeiten und Differenzen wollen beachtet sein.

---

[12] Instruktiv dazu: Alberigo, Ekklesiologie im Werden, bes. 114–117.

[13] Vgl. zu Geschichte und Bedeutungswandel der Verfassung: Böckenförde, Geschichtliche Entwicklung; zu allgemeinen Merkmalen von Verfassungen, orientiert an geschriebenen Staatsverfassungen: Grimm, Verfassung. Zur Familie der Verfassungstexte gehören jedoch nicht nur Staatsverfassungen, sondern ebenso die Verfassungstexte der UNO oder Grundlagentexte der Europäischen Union u. ä. – vgl. Oppermann, Vom Nizza-Vertrag. Dort heißt es einleitend (1 f.): „Hier wird ‚Verfassung‘ in dem bekannten und einleuchtenden Sinne verstanden, dass es sich um die *oberste Grundordnung einer Organisation* handelt, welche gleichzeitig die Existenz dieser Organisation legitimiert. In diesem Sinne hat bereits *Alfred Verdross* 1926 vom Völkerbund als der ‚Verfassung der Völkergemeinschaft‘ gesprochen oder heute *Martin Nettesheim* von der Welthandelsorganisation WTO als einer ‚Erscheinung konstitutionalisierter Ordnung‘. (*Verdross*, Die Verfassung der Völkergemeinschaft, 1926; *Nettesheim*, Von der Verhandlungsdiplomatie zur internationalen Verfassungsordnung. Zur Entwicklung der Ordnungsformen des internationalen Wirtschaftsrechts, Liber Amicorum Oppermann, 2001, S. 381 ff.) Dieser Verfassungsbegriff wird ohne viele Umstände transnational verwendet. Verfassungsgebung braucht nicht mit Staatswerdung gleichgesetzt zu werden". Dem modernen Sprachgebrauch nach ist die Staatsverfassung allerdings das Analogiemodell für die übrigen Grundordnungen. Man wird – im kirchlichen Bereich – Grundordnungen wie die *Regula Benedicti* zu dieser Familie von Texten zählen dürfen.

[14] Die auffälligste Differenz zwischen dem Trienter Konzil und dem I. Vatikanum auf der einen Seite und dem II. Vatikanum auf der anderen Seite im Hinblick auf die Ähnlichkeit mit modernen verfassungsgebenden Versammlungen dürfte in Folgendem liegen:
Die Trienter dogmatischen Beschlüsse werden in Form von Canones ausgesprochen, d.h. in Form von Urteilen, die die Rechtgläubigkeit von bestrittenen katholischen Lehren und kirchlichen Lebensformen betreffen. Ergänzt werden die Canones durch Darlegungen, welche die betreffenden Sachverhalte kurz erläutern. Hinzu kommen Beschlüsse, die die Disziplin der Kirche betreffen. Beide Typen von Beschlüssen führen in den Auswirkungen dann zu erheblichen Veränderungen in der Sicht und den Lebensformen der Kirche. Die Trienter Texte als Texte weisen nur in einem entfernten Sinn eine Ähnlichkeit mit Verfassungstexten auf.
Die beiden dogmatischen Konstitutionen des I. Vatikanischen Konzils markieren in ihren Darlegungen und in den Canones zum einen den Charakter des Glaubens im Unterschied zum vernünftigen Wissen, zum anderen den Primat und die lehramtliche Kompetenz des römischen Bischofs. Beide Bestimmungen implizieren eine Ortsbestimmung der Kirche in der modernen Gesellschaft und Strukturvorgaben für die kirchliche Leitung und die Lebensformen der Kirche. Auch hier haben die Texte selbst nur eine entfernte Ähnlichkeit mit Verfassungstexten, zum einen wegen der eingegrenzten Thematik, zum anderen wegen der Textgestalt selbst, die den Charakter eines Urteils in Bezug auf die Orthodoxie von theologischen Sachverhalten hat. Die Ähnlichkeit mit einer verfassungsgebenden Versammlung resultiert auch hier aus der Wirkungsgeschichte der Beschlüsse.
Die Analogie des Textcorpus des II. Vatikanums zu Verfassungstexten ist hingegen in der Textintention und der Textgestalt in einer viel größeren Ausdrücklichkeit gegeben.

Einleitung

Zunächst zu einigen Ähnlichkeiten[15]:
1. Verfassungsgebende Versammlungen im staatlichen Bereich werden in der Moderne eingesetzt, wenn *Krisen* bzw. *geschichtliche Notwendigkeiten* die bisherige Form öffentlichen geregelten Zusammenlebens in den Staaten erschüttern und eine erneute, die Grundlagen des öffentlichen Gemeinwesens betreffende Konsensbildung unerlässlich ist.[16]
Von solchen Anlässen sind auch die Zusammenrufungen von Konzilien geprägt. Dabei dürften die kirchlichen Konzilien und ihr Synodalwesen weitgehend die geschichtlichen Wurzeln für die Herausbildung solcher konstituierender Versammlungen im zivilen Bereich gewesen sein.[17] Zur Kennzeichnung für die geschichtliche Notwendigkeit, das Konzil einzuberufen, hat Johannes XXIII. das Stichwort vom „Aggiornamento" verwendet und auf die epochal veränderte Situation von Menschheit und Kirche verwiesen.[18]
2. Verfassungstexte werden von repräsentativen Gremien verfasst, welche die Breite der politischen Positionen, die Breite der Bevölkerung inklusive ihrer Minderheiten vertreten. Diese Repräsentativität des Gremiums aber wird in einer verfassungsgebenden Versammlung in anderer Weise wichtig als in der Parlamentsarbeit. Entgegen der Aufsplittung in Regierungs- und Oppositionsparteien gilt es in dem verfassungsgebenden repräsentativen Gremium vermittels der Repräsentativität zu einem formulierten Konsens zu kommen, der die Chance bietet, ein von allen Volksangehörigen gebilligtes Grundgesetz zu werden, das langfristig dem friedlichen und rechtlichen Miteinander dient. Ein Verfassungstext wird für die Dauer der Zeit geschrieben, anders als ein Gesetz, das in der nächsten Legislaturperiode wieder modifiziert werden kann.
Ähnlich sind Konzilsbeschlüsse – gleich ob es sich um Glaubens- und Sittenfragen oder um kirchliche Reformbeschlüsse handelt – auf Dauer angelegte Beschlüsse, die einem noch höheren Anspruch an „Gültigkeit", Dauerhaftigkeit und Nachhaltigkeit sowie Übereinstimmung im Glauben genügen müssen: Sie sollen den überlieferten Glauben in einer für Alle geltenden aktuellen Verbindlichkeit auslegen.
3. Eine weitere Ähnlichkeit ergibt sich aus dem Arbeitsprozess beider Arten von Gremien. Verfassungsgebende Versammlungen müssen an geschichtliche und entscheidende Ereignisse und Erfahrungen, an die Tradition anknüpfen, sie sollen ja der kulturellen, gesellschaftlichen, politischen Identität eines Volkes dienen. Zugleich müssen sie die mit dieser Identität im Zusammenhang stehenden Probleme aufnehmen.
In dieser Hinsicht ergeben sich zahlreiche Berührungspunkte mit der Konzils-

---
[15] Bei diesen Ähnlichkeiten wird kein Anspruch auf eine Vollzähligkeit erhoben.
[16] Die Verfassung der Bundesrepublik Deutschland war nach dem verlorenen Krieg und dem Zusammenbruch des Deutschen Reiches ein erster grundlegender Schritt zur Überwindung dieser Krise. Ähnlich die neue Verfassung nach dem II. Weltkrieg in Italien. Die letzte Verfassungsreform in Frankreich wurde notwendig, um wiederum zu längerfristigen handlungsfähigen Regierungen zu kommen. Vgl. Pombeni, La dialettica 41–49.
[17] Vgl. Pombeni, La dialettica 17.
[18] Vgl. Pombeni, a. a. O. 49. Zur Kennzeichnung dieser neuen Situation von Kirche und Welt vgl. die Zitate bei Alberigo, Johannes XXIII. 143 f.

arbeit des II. Vatikanums, ihrer Verpflichtung auf die Glaubensüberlieferung, ihre geschichtlichen Ausprägungen und Erfahrungen auch krisenhafter Art.

Ebenso ergeben sich mannigfache Analogien in den Formen der Erarbeitung der Texte. Weder verfassungsgebende Versammlungen noch das Konzil kommen ohne die Hilfeleistung von Fachleuten aus, die Rahmenvorgaben machen, Konzepte vorbereiten. Sie bedürfen aber ebenso der mühseligen Kleinarbeit der einzelnen Mitglieder der verfassungsgebenden Versammlung – in Kommissionen und im Plenum – die allererst durch ihre Erfahrung und ihre Einzelarbeit am Text jenen Nuancenreichtum, jene Praktikabilität, jene Vorsichtigkeit und Behutsamkeit und nicht zuletzt jene Ausgewogenheit einbringen, die einen solchen Text zur Grundlage friedlichen Miteinanderseins für ein großes Gemeinwesen werden lassen. Die Intentionen des einzelnen Autors, seine Anliegen, treten damit hinter den sich herauskristallisierenden Intentionen und Aussagen des Textes selbst zurück.

Es liegt auf der Hand, dass sich hier mannigfache Berührungspunkte mit der Arbeit des Konzils, der Zuarbeit der Theologen, der Kommissionen, welche erste Vorgaben machen, mit Diskussionen und Modifikationen im Plenum ergeben. Auch hier treten die Intentionen der einzelnen Autoren hinter jenem eigenständigen Text und seinen Intentionen, den das Konzil als solches verantwortet, zurück.

4. Ein anderer Aspekt der Ähnlichkeit betrifft den Typus der behandelten Sachfragen und den Stil, in dem sie dargestellt werden. Eine verfassunggebende Versammlung muss sich auf Grundprobleme der öffentlichen Ordnung beziehen, sie darf lediglich Weichenstellungen für diese öffentliche Ordnung vorgeben. Ihr Ziel ist es, ein pulsierendes, initiativenreiches Leben in der staatlichen Gemeinschaft zu fördern, in dem die einzelnen Organe ihren Tätigkeiten sinnvoll nachkommen können. Dazu bedarf es verbindlicher Richtungsvorgaben, der Unterscheidung von Aufgabenfeldern, aber keiner Einzelregelungen, nicht der Ausarbeitung eines Rechts- oder Verfahrenskodex. Seine Bedeutung entfaltet der Verfassungstext gerade darin, dass er „Leerfelder" vorgibt, die durch die Bürger bzw. von den verschiedenen Organen des öffentlichen Gemeinwesens ausgefüllt werden müssen. Weil der Text einer Verfassung so ein „arbeitender", ein „generativer"[19] Text ist, der seine Bedeutung wesentlich in der Aufnahme entfaltet, kommt seinem Stil eine nicht unerhebliche, prägende Kraft zu. Wenn in der Textanalytik davon gesprochen wird, dass ästhetische Texte den Leser und seine Kreativität mit einschließen,[20] so gilt das in noch größerer Ausdrücklichkeit von einem gelungenen Verfassungstext.

Die Analogien liegen gerade beim II. Vatikanischen Konzil auf der Hand. Die Konzilsväter waren sich bewusst, dass die kirchenrechtliche Umsetzung ihrer Aussagen nicht ihre Aufgabe war. Ein Ähnliches galt für die Liturgiereform, aber auch in Bezug auf die Missionen, die Presbyter und ihre Probleme. Ebenso konnten sie aber auch zu den großen Fragen des Kirchenverständnisses, der Positio-

---

[19] Vgl. Eco, Lector in fabula 8.
[20] Vgl. Eco, a. a. O.

nierung der Kirche in der modernen Welt lediglich Grundaussagen treffen und Weichenstellungen vorgeben, die eine orientierende und regulierende Kraft für die Aneignung entfalten sollten. Diese Aussagen vermitteln Orientierung, aber treten weder an die Stelle von Ausführungsbestimmungen noch an die Stelle der Praxis. Auch sie implizieren den kreativen „Leser", d. h. Papst und Kurie, die im Sinne des Konzils wirken, Bischöfe, die sich ihrer kirchlichen Verantwortung und Sendung bewusst sind, ein Volk Gottes, das seiner Würde inne ist und die entsprechenden Lebensformen hervorbringt.

5. Zumeist wird eine Verfassung durch einen Volksentscheid angenommen. Aber es gibt in der Geschichte auch andere Formen der Zustimmung. Ähnlich ist es bei einem Konzil. Selbst wenn die Texte – wie beim II. Vatikanischen Konzil – vom Papst und den Bischöfen unterschrieben, promulgiert und damit gültig und in Kraft gesetzt sind, bedarf es der Rezeption durch das Volk Gottes, damit sie ihre orientierende Kraft entfalten können.[21]

Nach diesem kursorischen Durchgang im Hinblick auf Ähnlichkeiten – dieser Durchgang beansprucht keineswegs Vollständigkeit – abschließend ein kurzer Blick auf zwei wesentliche Differenzen.

Es bedarf keiner besonderen Betonung, dass die Legitimation eines Konzils und damit seine Autorität eine wesentlich andere ist als die einer verfassungsgebenden Versammlung im staatlichen Sinne.

Ebenso unterscheiden sich die Inhalte, um welche es im Konzil geht: Hier geht es um den auf Gottes Selbstmitteilung gegründeten Glauben, die gläubigen Lebensformen der einzelnen Glaubenden und der Kirche und deren entsprechenden Strukturen.

Gerade auf Grund der Sache, um welche es in einem Konzil geht, und auf Grund seiner eigentümlichen Autorität ergeben sich jedoch nicht nur im Hinblick auf alle genannten Punkte der Ähnlichkeit auch typische Differenzen. Es entspringen auch Gesichtspunkte ganz eigener Art im Hinblick auf den Text und seine Gestalt.

Im Sinne eines Vorgriffs seien wenigstens einige dieser theologischen Eigenhei-

---

[21] Sehr deutlich formuliert dies Joseph Ratzinger: Er hält fest, „dass das Konzil zwar seine Lehraussagen mit der ihm eigenen Vollmacht formuliert, dass aber seine geschichtliche Bedeutung doch erst durch den Prozess der Klärung und Ausscheidung bestimmt wird, der sich anschließend im Leben der Kirchen vollzieht: Auf diese Weise hat die ganze Kirche am Konzil teil" (Ratzinger, Theologische Prinzipienlehre 391 f.). So ist es den Menschen aufgetragen, im gelebten Glauben den Unterscheidungsprozess zu vollziehen „und damit dem Ganzen die Eindeutigkeit [zu] geben, die es von Worten allein her nicht gewinnen kann ... Nicht alle gültigen Konzilien sind auch kirchengeschichtlich zu fruchtbaren Konzilien geworden; von manchen bleibt am Ende nur ein großes Umsonst." Ebd. 395. Ratzinger lenkt dabei allerdings den Blick ganz auf die persönliche Heiligkeit. Überlegungen zur Rezeption hinsichtlich der Strukturen der Kirche werden nicht vorgetragen. „Was die Kirche braucht, um in jedem Zeitalter auf die Bedürfnisse des Menschen zu antworten, ist Heiligkeit und nicht Management." Ratzinger, Zur Lage 54. Zur Rezeption als theologischer Kategorie vgl.: Grillmeier, Konzil und Rezeption; Congar, Rezeption; Beinert (Hg.), Glaube als Zustimmung; Routhier, La réception; Rush, Reception of doctrine, bes. 125–174 (Lit.). Zur Rezeption des II. Vatikanums vgl. bes.: Pottmeyer – Alberigo – Jossua (Hg.), Die Rezeption; Latourelle (Hg.), Vaticano II; Hegge, Rezeption; Autiero (Hg.), Herausforderung Aggiornamento; Fisichella (Hg.), Il Concilio.

ten eines Konzilstextes – wiederum im Gegenüber zum Verfassungstext – angedeutet.

Die Autorität der Bischöfe, die zum Konzil versammelt sind, leitet sich von Jesus Christus, dem Herrn der Kirche, her, wenngleich die Bischöfe auch, und zwar wesentlich, im Namen der Gemeinschaft der Gläubigen zusammenkommen und ihre Arbeit leisten. Der Konzilstext besitzt von daher eine wesentlich andere Autorität als ein Verfassungstext. Er beansprucht, authentische Auslegung der Offenbarung Gottes zu sein und damit verbindliche Orientierung in grundlegenden Fragen zu vermitteln. Er beansprucht diese Autorität nicht auf Grund überragender Einsichten und brillanter Formulierungen, sondern kraft des Geistes und seines Beistandes für die Konzilsväter. Die Schlussformel der Konzilsdokumente bringt dies zum Ausdruck:

„… kraft der Uns von Christus übertragenen Apostolischen Vollmacht, billigen, beschließen und verordnen [Wir] es zusammen mit den Ehrwürdigen Vätern im Heiligen Geist und gebieten, dass das, was so in synodaler Weise verordnet worden ist, zur Ehre Gottes veröffentlicht wird".[22]

Der Text wird so eingerückt in die biblische Glaubensüberlieferung und in die Sendung Jesu Christi und der Apostel. Damit bekommt der Text nicht nur eine spezifische Würde und Autorität, es ist auch ein Rahmen gegeben für sein Verständnis, das er vermitteln will. Er kann nicht unter Absehung vom Geist des Evangeliums, unter Vernachlässigung der Sendung und Botschaft Jesu Christi aufgefasst werden. Es ist damit ein grundlegendes Koordinatenkreuz für die Orientierung im Text selbst gegeben. Denn die Sendung Jesu Christi ist eine messianische Sendung und der Geist Gottes ist kein Geist der Knechtschaft, sondern der Freiheit, ein Geist der Liebe, der Freundschaft.

Von der Autorität und dem Inhalt her kommt dem Text jeweils eine spezifische Komplexität zu. Während der Verfassungstext sich wesentlich auf die rechtliche Dimension des öffentlichen Lebens bezieht, spielt der Glaube wesentlich auf mehreren, klar unterscheidbaren Ebenen, die ein Zusammenspiel bilden:[23]

– Die grundlegende Ebene im Glauben ist die des Bekenntnisses und des Lobes Gottes, Jesu Christi, des Heiligen Geistes.
– Im Glauben wird das Heil der Welt, die Erlösung der Menschen proklamiert. Der Glaube schließt damit ausdrücklich den Wechselbezug mit der jeweiligen zeitgenössischen Welt und Menschheit ein.
– Von diesen beiden Ebenen sind die gemeinsamen kirchlichen Vollzüge zu unterscheiden, die Vollzüge dessen, was im Glauben bekannt wird – etwa in den großen Feiern, in der Liturgie, in Evangelisierung und Diakonie. Es sind die kirchlichen Lebensformen,

---

[22] Vgl. HThK Vat.II, Bd. 1, 56 (SC 130, 4).
[23] Damit ist der Begriff „Verfassung", konstitutioneller Text der Kirche, wie er hier gebraucht wird, abzuheben vom Projekt der Lex Ecclesiae Fundamentalis. Vgl. Aymans, Kanonisches Recht 2–23, hier 4: „Das Hauptziel der Lex Ecclesiae Fundamentalis bestand darin, die tatsächlich auch in *rechtlich-struktureller Hinsicht* bestehende Einheit der katholischen Kirche über die Eigenart der autonomen Rituskirchen hinaus durch ein auf die ganze Kirche bezogenes *Rechtsdokument* angemessen zum Ausdruck zu bringen." Der Entwurf der Lex Ecclesiae Fundamentalis wurde letztlich nicht angenommen und approbiert. Teile davon wurden in den CIC/1983 übernommen.

die vom Glauben inspiriert sind. Der Ausdruck, den der Glaube in den Organisationsformen und Institutionen kirchlichen Lebens findet, ist eng damit verknüpft. Er hat aber eine gewisse Selbstständigkeit. Eine weitere Ebene des Glaubens sind die persönlichen Vollzüge.

Alle diese Ebenen haben ihr eigenes Profil und müssen in ein diese Differenzen wahrendes Zusammenspiel gebracht werden, wenn anders grundlegende Fragen des Glaubens angemessen behandelt werden sollen.

Weil der Glaube, gründend auf der Offenbarung Gottes, eine sich durch die Zeiten hin durchhaltende Selbigkeit beansprucht, erfordern Konzilstexte, dass diese Selbigkeit in ihnen ebenso aufleuchte wie die Legitimation der neuen Ausdrucksgestalt, die der Glaube gerade in der Konzilsarbeit annimmt. Ein Konzilstext umschließt – auf Grund seiner Eigenart – notwendigerweise Textteile, die den Zeitenabstand in der Überlieferung repräsentieren. Konzilstexte nehmen selbstverständlich Bezug auf alt- und neutestamentliche, patristische oder mittelalterliche Formulierungen. In der jüngeren Moderne hat die Tiefenschärfe, mit der Zeitenabstände und -differenzen gesehen werden, ungemein zugenommen. Sie können und dürfen nicht negiert werden. Auf Grund der Eigenart des Textes erschließt sich die Bedeutung der Bezugnahmen folglich nur dort, wo über die Differenz und den Zeitenabstand hinweg nach jener Selbigkeit gefragt wird, die diese Glaubenszeugnisse vergangener Zeiten mit dem heutigen Glauben übereinkommen lässt. Die entsprechenden Zitate wären in ihrem kontextuellen Sinne verfälscht, wenn sie ohne Berücksichtigung des Zeitenabstandes zur Geltung gebracht würden.

Fazit dieser hinführenden Annäherung an den Text des II. Vatikanischen Konzils: Das Textcorpus dieses Konzils weist eine Ähnlichkeit mit den Texten einer verfassunggebenden Versammlung auf. Dabei ergeben sich zugleich tiefgreifende Differenzen aus der anderen Autorität und der Eigentümlichkeit der Sache, die in den Konzilstexten zur Sprache kommt. Auf Grund dieses Befundes kann der Text des II. Vatikanischen Konzils vorsichtig als „konstitutioneller Text des Glaubens" bezeichnet werden.

Ist dieser *Vorbegriff* vom Text des II. Vatikanischen Konzils triftig, dann ergibt sich daraus, dass eine ganze Reihe von Problemstellungen und Anfragen, Kritiken und nicht zuletzt Auslegungsweisen in unbegründeter, weil dem Textgenus nicht entsprechender Weise an das II. Vatikanische Konzil herangetragen werden.

II. Das Werden des Textes – Das Zustandekommen der Textintention

1. Intention des Autors, des Lesers, des Textes

In der heutigen Diskussion um Texte und Textanalysen ist das alte Schleiermacher'sche Schema vom Verständnis eines Textes im Ausgang von der Intention des Autors weitgehend abgelöst.[1] Eine Wandlung zeichnet sich bereits bei Dilthey ab. Natürlich spielt die Intention des empirischen Autors auch in der heutigen Diskussion eine Rolle, vor allem z. B. in Texten, denen es um die Übermittlung persönlicher Botschaften geht.[2] Aber selbst in persönlichen Botschaften steckt oft mehr als dem Abfasser des Briefes bewusst ist. Hegel hat in seiner Philosophie der Geschichte aufgezeigt, wie mit jedem intentionalen Handeln nicht intendierte Momente verbunden sind, so dass die Wirkungsgeschichte nie einfach aus dem intentionalen Handeln abzuleiten ist.[3] Handelt es sich beispielsweise um poetische Texte, so tritt die unmittelbare Intention des Autors fast gänzlich zurück. Der Text „verselbständigt sich", nimmt den Leser an die Hand und fordert dessen mitgebrachtes Verstehenspotential heraus, ohne ihn allerdings der einfachen Willkür zu überlassen.[4] So wird in der Textanalyse vom empirischen und vom idealen Leser oder Modell-Leser gesprochen, von der Textintention und der Leserintention. Der ideale Leser ist dabei die dialektische Gegenfigur zur voll ausgeloteten Textintention.[5]

---

[1] Vgl. Dilthey, Leben Schleiermachers, Bd. 2. Dilthey charakterisiert Schleiermachers Hermeneutik wie folgt: „[D]as Wesen der Interpretation ist Nachkonstruktion des Werkes als eines lebendigen Aktes des Autors; somit die Aufgabe der Theorie der Interpretation, diese Nachkonstruktion wissenschaftlich zu begründen aus der Natur des produzierenden Aktes, in seinem Verhältnis zu Sprache und Kunstform und für sich betrachtet. Indem dies Prinzip mit dem älteren System in vielfache polemische und umbildende Beziehung trat, entstand Schleiermachers System der Hermeneutik". Ebd. 689.
[2] Vgl. Eco, Zwischen Autor und Text 71–74.
[3] Vgl. Hegel, Vorlesungen über die Philosophie der Geschichte 43.
[4] Vgl. Eco, Lector in fabula; Lockwood, The reader's figure. Texte weisen einerseits „Leerstellen" auf, semantische Unbestimmtheiten, die der aktive Leser ausfüllen muss; andererseits enthalten sie bestimmte Strategien, die den Leser lenken und seine Interpretationsmöglichkeiten einschränken. Vgl. Eco, a. a. O. 61–82; Iser, Akt des Lesens.
[5] Eco weist darauf hin, wie der Modell-Leser bereits im Text selbst vorgesehen ist, da dieser „die Mitarbeit des Lesers als wesentliche Bedingung seiner Aktualisierung postuliert". Ein Text ist daher „ein Produkt ..., dessen Interpretation Bestandteil des eigentlichen Mechanismus seiner Erzeugung sein muss: einen Text hervorbringen, bedeutet, eine Strategie zu verfolgen, in der die vorhergesehenen Züge eines Anderen miteinbezogen werden ..." Eco, a. a. O. 65 f. Bezogen auf das Konzil lässt sich davon sprechen, dass die Textstrategien bereits im konziliaren Prozess selbst fortlaufender Prüfung unterzogen wurden, indem die Wirkung und Interpretation der Textentwürfe unter den Konzilsvätern zu Diskussionen, Änderungsvorschlägen, Überarbeitungen führ-

Das Werden des Textes – Das Zustandekommen der Textintention

Die Frage nach dem Verhältnis der Autorenintention zur Textintention stellt sich für das Corpus der Konzilstexte in einer anderen Weise als bei Briefen oder poetischen Texten. Die Überlegungen zum „Vorbegriff" der Konzilstexte des II. Vatikanums weisen die Richtung. Deutlich ist bereits eine grundsätzliche Abgrenzung. Man kann nicht im Ausgang von den einzelnen empirischen Autoren die Intention des Textcorpus des II. Vatikanischen Konzils zu erarbeiten suchen. Der Text ist ein Gemeinschaftswerk. Das, was er sagen, mitteilen, bewirken will, seine Intention lässt sich nicht von einzelnen empirischen Autoren her bestimmen. Dies geht offensichtlich nur im Ausgang vom Text selbst.

Eine solche Feststellung bedeutet selbstverständlich nicht, dass in Bezug auf diese oder jene Wendung des Textes der Rückgriff auf Autoren und deren Bezeugung der Intention nicht sehr wertvoll und hilfreich wären. Wenn Erzbischof Marty etwa als Relator der Kommission, die für die Erarbeitung von *Presbyterorum ordinis* zuständig ist, in der Erläuterung der integrierten Modi sagt, dass eine Wendung aus dem Trienter Konzil in den vorliegenden Text aufgenommen wird, ohne dass die damit verbundene Gesamtsicht, die sich von der Trienter Auffassung unterscheidet, in Frage gestellt würde, so ist eine solche abgrenzende Feststellung hinsichtlich der Intention der Kommissionsarbeit selbstverständlich eine Hilfe für die Interpretation.[6] Es ist aber schlichtweg unmöglich, den gesamthaften Sinn dessen, was das Textcorpus sagen und bewirken will, von den einzelnen empirischen Autoren her zu bestimmen. Die „Textsorte", um die es hier geht, lässt sich so nicht bestimmen. Die gesamthafte Textintention aber bildet den Rahmen für alle Details und ihr Verständnis, ihre Absichten.

Diese Textintention wird im Corpus der Texte natürlich auch explizit angesprochen. Man braucht dazu nur die jeweiligen Vorworte der Dokumente zu lesen. Zugleich aber stellt man fest, dass in den Zielangaben eine gewisse Vielfalt zutage tritt.[7]

Abgesehen von diesen ausdrücklichen, in sich aber unterschiedlichen Formulierungen der Textintention bietet der Text eine Fülle impliziter Hinweise auf die Absicht des Textes, auf das, was er sagen und bewirken will. Welcher Weg ist einzuschlagen, um hier zu einer genaueren, am Text selbst überprüfbaren Klärung der Textintention zu gelangen und so die Instrumente zu haben, um die Textgestalt selbst und die Bedeutung des Textes transparenter zu machen?

Der Weg führte durch die entsprechenden Etappen der Textgenese.

---

ten. Das Konzil als autoritative Selbstverständigung der Kirche über sich selbst generiert so Texte, deren Leserlenkungen einen hohen Grad an Verbindlichkeit beanspruchen und deren „Funktionieren" auf dem Konzil selbst exemplarisch erprobt wurde.

[6] Vgl. die Textgeschichte von PO: HThK Vat.II, Bd. 4, 398 f.

[7] So sagt SC 1, 1, dass sich das Konzil „vornimmt, das christliche Leben unter den Gläubigen von Tag zu Tag zu mehren, die Einrichtungen, die Veränderungen unterworfen sind, den Notwendigkeiten unserer Zeit besser anzupassen, was immer zur Einheit aller an Christus Glaubenden beitragen kann, zu fördern, und, was immer dazu führt, alle in den Schoß der Kirche zu rufen, zu stärken". In LG 1, 1 ist die Rede davon, dass die Kirche, „indem sie dem Thema der vorausgehenden Konzilien nachfolgt, ihr Wesen und ihre allumfassende Sendung ihren Gläubigen und der gesamten Welt eindringlicher erklären" möchte.

2. Die „Convocatio" durch Johannes XXIII.[8] – Entstehungsmomente der Textintention

Das Wort „Entstehungsmomente" soll darauf aufmerksam machen, dass das Ereignis der Zusammenrufung des Konzils durch Johannes XXIII., auf das im Folgenden Bezug genommen wird, ebenso wie das Phänomen der Vorbereitungsarbeiten die Intention des Corpus der Texte des II. Vatikanischen Konzils noch keineswegs als solche repräsentiert. Es beginnt vielmehr ein Prozess, in dem – wie in einem Kristallisationsvorgang – sich erste Momente der Textintention auszubilden beginnen.

Ein unübersehbares Zeichen für diese Differenzierung bildet das Faktum, dass Johannes XXIII. am 25. Januar 1959 bei der Ankündigung des Konzils in St. Paul vor den Mauern zugleich eine römische Diözesansynode und die Überarbeitung des Codex Iuris Canonici ankündigt. Die römische Diözesansynode, durchgeführt und abgeschlossen vor Beginn des II. Vatikanischen Konzils, ist in ihren Beschlüssen und Ergebnissen alles andere als ein Vorspiel zum Textcorpus des II. Vatikanischen Konzils.[9] Der Papst hat nie erklärt, dass sie seinen Vorstellungen nicht entsprochen hätte. Nimmt man hinzu, welche Erwartungen und Hoffnungen Johannes XXIII. mit der Arbeitsweise und der möglichen Dauer des Konzils verbindet, dann sieht man deutlich, welche Vorstellungen ihn beseelten. Im April 1962 – die Arbeiten in den verschiedenen Vorbereitungskommissionen laufen noch auf vollen Touren, wenige von diesen vorbereiteten Schemata sind inzwischen von der zentralen Vorbereitungskommission überprüft worden – sagt der Papst, dass seiner Einschätzung nach „der Konsens, die Zustimmung [zu den vorbereiteten Schemata, der Verf.] für die Bischöfe nicht mühselig sein wird und von allen angenommen wird"[10]. Am Tag der Konzilseröffnung sagt Johannes XXIII. der Menge auf dem Petersplatz:

„Das Konzil hat begonnen, und wir wissen nicht, wann es enden wird. Wenn es nicht vor Weihnachten abgeschlossen werden kann, weil wir bis dahin zu den verschiedenen Themen nicht alles gesagt haben, wird eine weitere Sitzung erforderlich sein."[11]

Der Papst erwartet eine große und überwältigende Zustimmung zu den 72 vorbereiteten Schemata, die im Wesentlichen lediglich Gesichtspunkte und Perspektiven der römischen und kurialen Theologie widerspiegeln. Er prognostiziert offensichtlich einen anderen Konzilsverlauf und wohl auch andere Texte als die, die

---

[8] Ich danke Herrn Dr. Dirk Steinfort für umfangreiche Vorarbeiten zur Bedeutung Johannes' XXIII. für das Konzil und seine Interpretation.

[9] Vgl. Primo Sinodo Romano; ferner: Manzo, Papa Giovanni; Marín de San Martín, Juan XXIII. 225–241. Marín de San Martín fasst zusammen: „Auch wenn die Römische Synode ein offensichtlicher Fehlschlag war, Reflex eines veralteten und überwundenen Juridismus, unternimmt Papst Johannes XXIII. eine entschiedene Verteidigung derselben, ihrer Arbeiten und Ergebnisse." A. a. O. 236. Der Papst sagt, dass die Synode ihm einen „großen Trost" bereitet, spricht von „hervorragenden Ergebnissen", die „wahrhaft hervorragende Arbeit [habe] seinen Optimismus noch übertroffen", a. a. O. 237.

[10] Zit. n. Komonchak, Kampf für das Konzil 380.

[11] Zit. n. ebd. 381. Die Erwartungen Johannes XXIII. zur Dauer des Konzils fasst zusammen: Alberigo, Johannes XXIII. 156–158.

faktisch das Ergebnis des Konzils bilden. Angesichts dieses Befundes ist zu fragen: Welche Faktoren in der convocatio und in der praeparatio werden zu Entstehungsmomenten der Textintention, die sich im Verlauf des Konzils herausbildet? Überblickt man die zahlreichen Stellungnahmen Johannes XXIII., mit denen er zum Konzil einlädt und zugleich das Konzil beschreibt, so lassen sich folgende Eckpunkte festmachen:[12]

1. Das Konzil, das Johannes XXIII. ansagt, wird von ihm zunächst als geistliches Ereignis gekennzeichnet, als Begegnung mit Christus im Heiligen Geist und eine daraus resultierende Erneuerung der Kirche und des christlichen Lebens.
2. Johannes XXIII. ruft zu einem „pastoralen Konzil" auf, das zu einem entsprechenden „aggiornamento" der Kirche führt.
3. Der Papst beruft ein Konzil ein, das der Einheit der Christen dienen soll: ein „Gastmahl der Brüderlichkeit".[13]
3. Papst Johannes lädt zu einem Konzil, das die „Zeichen der Zeit"[14] liest und kirchliche Welt-Verantwortung wahrnimmt.
5. Das Konzil soll aus dem freien und verantwortlichen Arbeiten der Bischöfe entspringen.

Zu 1.: Das Konzil als geistliches Ereignis

Johannes XXIII. charakterisiert bei der ersten Ankündigung in St. Paul das Ziel des Konzils mit zwei Wendungen: Das Konzil soll „Licht, Erbauung und Fröhlichkeit des ganzen christlichen Volkes" bewirken, und es stellt eine „freundliche und erneute Einladung an die Gläubigen der getrennten Kirche [dar], mit uns an diesem Gastmahl der Gnade und Brüderlichkeit teilzunehmen, das sich so viele Seelen aus allen Teilen der Erde sehnlich wünschen"[15]. Dieser geistliche Charakter des Konzils steht in den darauffolgenden Einladungen und näheren Charakterisierungen des Konzils unverändert an der Spitze: Es geht um eine vertiefte und lebendige Begegnung mit dem auferstandenen Herrn im Geiste Gottes. Die Früchte des Geistes sollen dieses Geschehen prägen.[16] Wichtig ist dabei, dass die Einladung zu diesem „Gastmahl der Gnade und Brüderlichkeit" sich von vornherein an die Gläubigen der getrennten Kirchen wendet und von den „vielen Seelen, aus allen Teilen der Erde" spricht, die sich nach dieser Teilnahme sehnen. Die fundamentale Intention des Konzils ist damit nicht die Abgrenzung gegenüber einer Gegenposition häretischer Art, es ist nicht die Antwort auf eine spezifische Gefährdung der Kirche oder des kirchlichen Lebens durch die Moderne. Die gläubige Grundintention, die Johannes XXIII. dem Konzil vorgibt, ist viel-

---

[12] Vgl. zum Folgenden Alberigo, Johannes XXIII.; ders., Die Ankündigung; Komonchak, Kampf für das Konzil; Marín de San Martín, Juan XXIII. 246–319.
[13] Ankündigung des Konzils (25.1.1959): Melloni, „Questa festiva ricorrenza" 641, Zeile 445–456.
[14] Vgl. die Einberufungsbulle des II. Vatikanums, *Humanae salutis*: AD II/I, 132–143, hier 133 und 140.
[15] Melloni, „Questa festiva ricorrenza" (Zeile 415–456). Das Zitat folgt dem Redemanuskript Johannes XXIII., der veröffentlichte Text spricht von der Einladung an die „Gläubigen der getrennten Gemeinschaften uns zu folgen, auch sie in dieser Suche nach Einheit und Gnade." Vgl. dazu auch Alberigo, Johannes XXIII. 147f.
[16] Vgl. Alberigo, Johannes XXIII. 146–152; die geistliche Motivation Johannes' XXIII. wird deutlich bei Marín de San Martín, a.a.O. 246–252; zum Zusammenhang von geistigem Charakter und ökumenischer Ausrichtung vgl. ebd. 258–262.

mehr die Begegnung mit dem erhöhten Herrn und die Freude im Geist. Der Papst spricht von einem „neuen Pfingsten"[17].

Zu 2.: Das II. Vatikanum als „pastorales Konzil"[18]

Bereits in der Ankündigung des Konzils vom Januar 1959 spricht Johannes XXIII. davon, dass dieses Konzil „dem Heil der Seelen" dienen soll. Wie ein roter Faden durchzieht dann die Charakteristik des kommenden Konzils als eines „pastoralen Konzils" die Ansprachen Johannes XXIII. Der Sinn dieser Qualifikation kommt wohl am deutlichsten zum Ausdruck in der Rundfunkbotschaft vom 11. September 1962[19] und in der Eröffnungsansprache des Konzils *Gaudet Mater Ecclesia*[20]. Die Rundfunkbotschaft geht davon aus, dass das Konzil wesentlich Begegnung mit Christus ist, der das nahegekommene Reich Gottes verkündet und seine Jünger, die Kirche, aussendet. Damit ist eine Erneuerung und Vertiefung gläubigen Lebens ebenso gegeben wie eine vertiefte Wahrnehmung der Verantwortung für die Nöte und Sorgen der Völker, denen die frohe Botschaft auszurichten ist. Der Papst nennt einige der schwerwiegenden Probleme der Welt, die der Kirche besonders am Herzen liegen: Gleichheit aller Völker, die Verteidigung des heiligen Charakters der Ehe, die Armen, die religiöse Freiheit. Er spricht von der Sehnsucht der Völker und dem Verlangen nach einem brüderlichen Sich-Wieder-Finden der Christen.

Die Eröffnungsansprache, die einen tiefen Eindruck auf die Konzilsväter macht und ein breites Echo in der Öffentlichkeit findet, spricht den pastoralen Charakter des Konzils noch präziser aus. Die Vorbereitungszeit sieht Johannes XXIII. gefüllt mit „Untersuchungen der Lage des Glaubens und des religiösen Lebens in der modernen Welt". So erhofft er sich aus den Vorbereitungsarbeiten eine angemessene „Erneuerung und kluge Organisation" der Kirche, damit die Menschen, die Familien, die Völker angeregt werden, ihren Sinn wieder den himmlischen Dingen zuzuwenden.[21] Die Kirche und das Konzil haben die Aufgabe, das Erbe der christlichen Lehre nicht nur zu bewahren, sondern wirksam zu verkünden, den Weg in die Zukunft zu gehen. Vom Konzil erhofft sich der Papst einen „Sprung vorwärts"[22], wobei zwar die Substanz der alten Lehre zu wahren sei, diese Substanz aber in der Sprache heutigen Denkens präsentiert werden müsse. Dabei gelte es, Irrtümer zurückzuweisen, vor allem aber durch das „Heilmittel der Barmherzigkeit"[23] die Gültigkeit der Lehre für die Menschen heute aufzuweisen, die bereits von sich aus häufig ein blindes Vertrauen in den technischen Fort-

---

[17] Ansprache an die römischen Seminaristen, 12.9.1960: DMC II, 469 u.ö.; vgl. A. und G. Alberigo, Giovanni XXIII. 74 f.; Alberigo, Die Ankündigung 46 f.; Marín, a.a.O. 279–284.
[18] Vgl. Alberigo, Ekklesiologie im Werden; Chenu, Concile pastoral; ferner: Alberigo, Il Vaticano II 600–602.
[19] Vgl. diesen Band S. 476 ff.
[20] Vgl. AS I/1, 166–175; deutscher Text in diesem Band S. 482 ff. Eine textkritische Edition bietet Melloni, Sinossi critica.
[21] Vgl. S. 483 f.
[22] Der ursprüngliche, italienische Text spricht von „balzo", Sprung. Vgl. Melloni, Sinossi critica 268 (Zeile 7,95)
[23] Vgl. S. 487.

schritt verurteilen und andere zeitgenössische Missstände ablehnen. Auch in Bezug auf die Einheit der Christen soll sich die Kirche als „liebende und geduldige Mutter" erweisen und im Blick auf die nicht-christlichen Religionen den universalen Heilswillen Gottes herausstellen.

Mit diesen Grundzügen wird deutlich, dass Johannes XXIII. sich von der gegenreformatorischen Differenzierung zwischen der Lehre einerseits und der Pastoral als Anwendung der Lehre auf die Praxis andererseits verabschiedet. Die Lehre wie die Haltung der Kirche werden durch die Bezugnahme auf die Menschen und den Sendungsauftrag der Kirche charakterisiert. Das Wort vom pastoralen Konzil spricht so von einer wesentlich evangelisierenden Kirche, die ihre Sendung und ihre Lehre nicht unter Absehung vom Bezug auf die Menschen, zu denen sie gesandt ist, reflektieren kann.[24] Das pastorale Konzil zielt auf eine Erneuerung, die Johannes XXIII. auch durch das Stichwort „Aggiornamento" charakterisiert hat. Es ist auffällig, wie die geistliche Dimension des Konzils die Fundierung für die pastorale Konzeption des Konzils bildet.

Zu 3.: Das Konzil als „Gastmahl der Brüderlichkeit"[25]

Weil das Konzil vom Papst als Begegnung mit dem erhöhten Herrn im Geiste gesehen wird, gehört die Einbeziehung der Christen, die nicht der katholischen Kirche angehören, von Anfang an zum Programm des Konzils.[26] Bei zahlreichen Ansprachen wiederholt Papst Johannes diese Einladung.[27] An die anderen Christen gewandt, nennt er die Kirche „euer Haus", sich selbst bezeichnet er als „Bruder".[28] Er sieht die „Schwierigkeiten und Unverständnisse", betont aber, dass sie die „geistlichen Verbindungen ... nicht annullieren" können.[29] Bereits 1959 fällt der Beschluss, Beobachter zum Konzil einzuladen. Im Frühjahr 1960 errichtet Johannes XXIII. das Einheitssekretariat und bestellt Augustin Bea zum Präsidenten.[30]

Zu 4.: Ein Konzil, offen für die „Zeichen der Zeit"

Die Ansprachen, in denen Johannes XXIII. vom kommenden Konzil spricht, sind ebenso wie die offiziellen Texte der Konzilseinberufung von der Überzeugung des Papstes geprägt, dass Gott in der modernen Geschichte mit ihrem epochalen Wandel heilbringend wirkt.[31] Deshalb gilt es für das Konzil, die Zeit und ihre Zeichen als Winke Gottes zu lesen[32], ohne die dunklen Seiten der Moderne

---

[24] Zur Rede vom „pastoralen Charakter des Konzils" bei Johannes XXIII. vgl. Alberigo, Criteri ermeneutici 112f.; Ruggieri, Bemerkungen; die andere Konzeption von „pastoral" in den Vorbereitungsarbeiten wird deutlich bei Komonchak, Kampf für das Konzil 202ff.
[25] Vgl. Alberigo, Ekklesiologie im Werden; ders., Il Vaticano II, 598–600.
[26] Schon die Antrittsenzyklika des Papstes bezieht sich im 3. Teil ganz auf die Ökumene, vgl. Johannes XXIII., *Ad Petri cathedram*: AAS 51 (1959) 497–531, hier 510–518; dazu auch: Marín de San Martín, Juan XXIII. 266.
[27] Ebd. 259–261.
[28] Vgl. ebd. 264.269.
[29] Ebd. 269.
[30] Vgl. dazu ebd. 269–274; Stransky, The Foundation.
[31] Vgl. Ansprache in der allgemeinen Audienz, 25.4.1962, DMC IV, 804; Ansprache an den Präsidenten der Republik Italien, 3.7.1962, AAS 54 (1962) 522.
[32] Vgl. *Gaudet Mater Ecclesia*, unten S. 484f.; Worte Johannes XXIII. vom 24. Mai 1963: Capo-

zu ignorieren.³³ Immer wieder spricht der Papst vom Verlangen der Menschen nach Frieden und Gerechtigkeit, der Notwendigkeit der Kirche, sich diesen Problemen zuzuwenden.³⁴ Das Konzil selbst sieht der Papst als großes und ausstrahlendes Exempel des Friedens und der Gemeinschaft der Menschen³⁵, das Gott selbst zum Urheber hat.

Zu 5.: Ein freies, verantwortliches Konzil

Es ist zweifellos ein Faktum, dass Johannes XXIII. ein freies, verantwortlich arbeitendes Konzil will. So lehnt er den Vorschlag der Kommission für die Antepraeparatoria ab, den Bischöfen wie den anderen zu konsultierenden Personen und Institutionen einen Fragebogen mit einer Liste möglicher Themen für das Konzil zuzusenden.³⁶

Ein solcher Fragebogen war zur Vorbereitung des I. Vatikanischen Konzils versandt worden. Erst auf Grund der eingegangenen Voten sollten mögliche Themen herausgefiltert und entsprechende Schemata zur Beantwortung vorbereitet werden.³⁷ Die rein aus kurialen Mitgliedern zusammengesetzte Kommission unter Leitung des Staatssekretärs neigt allerdings zur Fragebogen-Aktion.

Diese Aufforderung des Papstes an die Bischöfe, ihre Freiheit und Verantwortlichkeit einzubringen, steht allerdings in einem gewissen Kontrast zu anderen Vorgehensweisen des Papstes. Entgegen dem Faktum, dass sowohl in Trient wie im I. Vatikanischen Konzil die jeweilige Geschäftsordnung vom Konzil selbst beschlossen wurde, lässt Johannes XXIII. durch eine kleine römische Kommission den Entwurf einer Geschäftsordnung ausarbeiten, korrigiert sie und setzt sie durch ein Motu proprio in Kraft.³⁸ Das gesamte Regelwerk sichert dem Papst eine

---

villa, Giovanni XXIII. 475, dazu: Marín, a.a.O. 291–294. Wie stark die Sicht der Moderne in Vatikanischen Kreisen noch unmittelbar vor dem II. Vatikanischen Konzil von den Abgrenzungsbemühungen des Antimodernismus zu Beginn der Jahrhundertwende und unter Pius X. geprägt ist, zeigt die große Rede von Kardinal Pizzardo, dem Protektor der Päpstlichen Akademie aus Anlass der Fünfzigjahrfeier der Enzyklika *Pascendi Dominici Gregis* (1907). Pizzardo sieht *Humani generis* von Pius XII. als Fortschreibung von *Pascendi* und fordert die Fortsetzung einer solchen Theologie und Kirchenpolitik in der Gegenwart. Vgl. Divinitas 2 (1958) 3–8. Ferdinando Lambruschini diagnostiziert die zeitgenössische Spielart des Modernismus im „kirchlichen Progressismus": Lambruschini, Rifflessioni.

³³ Vgl. Ansprache an das Leitungsgremium von Pax Christi, 19.4.1960: DMC II, 640; Ansprache an die Gläubigen der Pfarrei Castelgandolfo, 15.8.1962: DMC IV, 479. Vgl. dazu auch Komonchak, Kampf für das Konzil 189–193.
³⁴ Vgl. Ansprache an den Kongress der Direktoren von Tageszeitungen, 28.5.1962: AAS 54 (1962) 455.
³⁵ Vgl. Ansprache an die römische Pfarrei Jesus Christus König, 23.9.1962: DMC IV, 740. Vgl. Ansprache an das Diplomatische Korps, 28.12.1961: AAS 54 (1962) 46.
³⁶ Vgl. das Anschreiben der Antepraeparatoria-Kommission an die Bischöfe: Die erbetenen Voten werden wie folgt charakterisiert: „Solcherart Sachverhalte und Argumente können sich auf gewisse Kapitel der Lehre beziehen, oder auf die Disziplin des Klerus und des christlichen Volkes, zu denen die Kirche heute verpflichtet ist, oder Vorhaben gewichtigeren Momentes, welche die Kirche in der heutigen Zeit angehen muss, oder schließlich alle jene Sachverhalte, welche Eure Exzellenz darlegen und erörtern möchte" (AD I/II 1, 10).
³⁷ Vgl. Alberigo, Ankündigung des Konzils 54.
³⁸ Vgl. Alberigo, La preparazione; Levillain, La mécanique 105–170.299–313; Aubert – Soetens, Vorbereitung 27–29.

starke Stellung zu: Er ernennt die Präsidenten der verschiedenen Konzilskommissionen, die ihrerseits wiederum die Sekretäre und die Relatoren der verschiedenen Kommissionen ernennen. Die Präsidenten bestimmen die Tagesordnung der Kommissionen, leiten die Diskussionen und haben so ein großes Gewicht in der Arbeit des Gesamtkonzils. Ein Drittel der Kommissionsmitglieder wird vom Papst ernannt, die anderen werden vom Konzil gewählt. Alle Theologen, welche als Periti zum Konzil eingeladen werden, werden vom Papst ernannt. Lediglich die persönlichen Berater der einzelnen Bischöfe werden von diesen ausgewählt.

In Bezug auf die große Anzahl der Konzilsteilnehmer und deren Bedürfnis nach Informationsaustausch und Kooperation wird keine Vorsorge getroffen. In den Plenarsitzungen wird die Redezeit auf zehn Minuten begrenzt, das Wort wird nach der kirchlichen Präzedenz erteilt. So sprechen zunächst Kardinäle, dann Patriarchen, Erzbischöfe, Bischöfe und andere Konzilsteilnehmer nach der jeweiligen Anciennität. Die Ordnung begünstigt eine Abfolge von Statements ohne die Möglichkeit der Bezugnahme aufeinander. Leitend ist die Vorstellung, dass das Konzil sich kurz und mit großer Einmütigkeit zu den Einzelheiten der vorbereiteten Texte äußern wird. Die Möglichkeit, dass von Konzilsvätern vorbereitete Texte verworfen und neue Projekte gestartet werden, findet in der vorgesehenen Ordnung keinen Niederschlag.

Ebenso wenig aber sind Instrumente vorgesehen, um eine effiziente Gestaltung der konziliaren Arbeiten und eine entsprechende Koordination zu ermöglichen. Auf diese Frage wird erst später mit der Einrichtung der Koordinierungskommission geantwortet.

Die Festschreibung der lateinischen Sprache als der Konzilssprache, die Ablehnung von Simultanübersetzungen, die von zahlreichen Seiten gefordert wurden, haben neben anderen Faktoren sicher dazu beigetragen, dass sich etwa zwei Drittel der Bischöfe nicht an den Diskussionen in der Aula beteiligt haben.[39]

So wird das Moment der Freiheit und Verantwortlichkeit des Konzils, das Johannes XXIII. im Blick hat, erst durch die Konzilsväter selbst, die sich zu organisieren beginnen und Änderungen des Verfahrens erreichen, real.

Es wurde eingangs[40] bereits angedeutet, dass die „Textintention" des II. Vatikanums nicht einfachhin mit der „Vorstellung" Johannes XXIII. vom kommenden Konzil identisch ist. Auf Grund der aufgezeigten Eigentümlichkeiten der „convocatio" ist jetzt zu präzisieren:

Konstitutive Momente in der Genese der „Textintention" sind die wesentlich spirituellen Zielsetzungen, die Johannes XXIII. dem Konzil vorgibt. Hinsichtlich der Pragmatik, d.h. in Bezug auf die Verfahrensweisen, solche Zielsetzungen in Handlungszusammenhänge umzusetzen, vertraut sich der Papst seinem Staatssekretär Tardini und der Kurie an. Die Organisation der Vorbereitungsarbeiten wird erweisen, dass der Papst als Niederschlag der Konzilsarbeit Texte erwartet, die in ihrem Genus früheren Konzilstexten entsprechen.

---

[39] Auch aus Gründen der Zeitersparnis bürgert es sich ein, dass einzelne Bischöfe im Namen einer großen Anzahl anderer Bischöfe ihre Reflexionen in der Aula vortragen.
[40] Vgl. oben, S. 19f.

3. Die „praeparatio" des Konzils: ihr Einfluss auf die Genese der Textintenion

Der folgende Abschnitt fragt, wie die Vorbereitungsarbeiten für das angekündigte Konzil die Genese der Textintention beeinflusst haben. Zu unterscheiden ist die Phase der „Antepraeparatoria" und der „Praeparatoria". Im Mittelpunkt der ersten Phase steht die Einholung der Voten und deren Auswertung.

a) Die eingesandten Voten: Material der „Textintention"

Die frei – ohne vorgegebene Frage – einzusendenden Vota der Bischöfe, Ordensoberen, Theologischen Fakultäten und kirchlichen Universitäten sowie der kurialen Behörden bilden als Grundlage der Vorbereitungsphase zweifellos ein Element für die Herausbildung der Textintention.[41] Aber wie geschieht dies? Welches sind die entscheidenden Momente?

Die historischen Untersuchungen zeigen die ungeheure Streuweite dieser eingehenden Stellungnahmen.[42] Sie reichen von hochtheologischen Fragen bis zu kirchenrechtlichen Einzelheiten. Zugleich ergeben sich einige Themenschwerpunkte. Es zeichnet sich der grundlegende Konsens ab, dass das II. Vatikanische Konzil – in Fortsetzung des abgebrochenen I. Vatikanischen Konzils – Fragen der Ekklesiologie, insbesondere der Stellung der Bischöfe und der Laien zu behandeln hat. Eine große Zahl von Eingaben betrifft den Diözesanklerus, die Exemtion der Orden, Liturgie, Ehe und Familie, die Sozialehre, Fragen der Ökumene. Es gibt relativ viele Voten zugunsten eines neuen Dogmas von Maria, der Mittlerin der Gnaden oder „Miterlöserin". Die Mehrzahl der einzelnen Voten bezieht sich auf praktische, zum guten Teil rechtliche Fragen, die das Alltagsleben der verschiedenen Diözesen bzw. der Missionen betreffen.

Die eingehenden Stellungnahmen der römischen Dikasterien sind ein Spiegelbild der gängigen Praxis und des spezifischen Problembewusstseins der römischen Kongregationen, ähnlich verhält es sich mit den Voten der römischen theologischen Fakultäten.[43]

Zusammenfassend lässt sich hinsichtlich der „Textintention" des Konzils sagen: Die eingegangenen Voten bilden eine *materiale* Grundlage der kommenden Kon-

---

[41] Die mehr als 2000 Dokumente füllen insgesamt 11 Bände der Acta et documenta Concilio Vaticano II apparando: vgl. AD I/II – I/IV. Ins Einzelne gehende Untersuchungen bieten: Lamberigts – Soetens (Hg.), À la veille. Der Band umfasst Analysen der bayerischen, belgischen, spanischen, italienischen, niederländischen, schweizer Voten der Bischöfe, ferner die Untersuchung der orientalischen Voten. Vgl. ferner zu den US-amerikanischen Voten: Komonchak, U.S. Bishops' Suggestions; zu den indischen Voten: Pulikkan, Indian Church 68–132; zu den lateinamerikanischen Voten: Beozzo (Hg.), Cristianismo. Eine Übersicht über die Vota, ihre unterschiedlichen Ausrichtungen und Zielsetzungen hat Étienne Fouilloux erarbeitet: Fouilloux, Die vor-vorbereitende Phase, bes. 108–157; Melloni, Per un approccio.

[42] Vgl. die analytische Übersicht über die eingegangenen Voten in: AD I/II App. 1 und 2, zwei gewichtige Bände.

[43] Lamberigts – Soetens (Hg.), a. a. O. 146–168; Indelicato, Difendere la dottrina 1–12.

zilsarbeit; die Schwerpunkte der Eingaben finden ihr Echo in den Themen der späteren Dokumente. Es zeichnet sich aber keine *formale* Einheit oder Perspektive der Konzilsarbeit[44] ab, wenn man von den allgemeinsten Orientierungen absieht, die durch die Stichworte „Pastorales Konzil" und „Kirche" gegeben sind.

b) Bearbeitung und Zusammenfassung der Voten – ein Konzil der Definitionen, der Verurteilungen, der disziplinären Maßnahmen?

Die Weise, wie die eingegangenen Voten erfasst und bearbeitet werden[45], prägt dem Material der Voten eine formale Ordnung auf. Sie ist aber der späteren Textform entgegengesetzt. Das Raster zur Katalogisierung der Voten und ihrer Themen entspricht der neuscholastischen Kapiteleinteilung dogmatischer und moraltheologischer bzw. sozialethischer Lehrbücher sowie dem Gliederungsschema des Codex Iuris Canonici. Es unterdrückt eigenständige Perspektiven in den eingegangenen Vota.[46] Die Katalogisierungsarbeit beginnt mit den italienischen Voten, die sich dem genannten Schema weitgehend einfügen lassen. Diesem Modell folgt man dann bei der Bearbeitung der nach nationaler Herkunft geordneten Eingaben.[47] Auf dieser Basis werden für den Papst zwölf Faszikel mit Zusammenfassungen der national gruppierten, thematisch geordneten Voten angefertigt.[48] Diese Schriftstücke von rund 300 Seiten werden am Ende auf eine Zusammenfassung von 18 Seiten verdichtet.[49] Kriterien für die Nennung von Themen und

---

[44] Im Ganzen zeichnet sich bei den Bischöfen eine Unsicherheit hinsichtlich der kommenden Konzilsarbeiten ab. Diese Unsicherheit manifestiert sich nicht zuletzt in den öffentlichen Stellungnahmen zum kommenden Konzil. Es ist auffällig, dass nur wenige Bischöfe die Gelegenheit wahrnehmen, in Gruppen bzw. in Bischofskonferenzen grundsätzliche Perspektiven für die Konzilsarbeit zu entwickeln.

[45] Die verantwortliche Kommission für die Antepraeparatoria steht unter Leitung des Kardinalstaatssekretärs Tardini, Mitglieder sind die leitenden Mitarbeiter und Sekretäre der Konsistorialkongregation, der Propaganda Fide, der Kongregation der außerordentlichen kirchlichen Angelegenheiten, der Kongregation für die orientalischen Kirchen, der Konzilskongregation, der Religiosenkongregation, der Kongregation für Seminare und Studien, der Ritenkongregation, der Kongregation des Hl. Offizes, der Romana Rota.
Die Aufgabe dieser reinen Kurienkommissionen besteht darin (vgl. AD I/II 1, 22 f.),
– die Voten, Ratschläge und Anregungen der künftigen Konzilsteilnehmer, der Kurie, theologischen Fakultäten und kath. Universitäten zu sammeln;
– die generellen Linien der Sachfragen auszuarbeiten, welche das Konzil behandeln soll;
– die Vorschläge für die Zusammensetzung und Organisation der Vorbereitungskommissionen zu erarbeiten.

[46] Im Vorwort zur analytischen Übersicht (Analyticus conspectus) der Voten, vgl. AD I/II App. 1, v, heißt es: „Die Karteikarten [der Voten, der Verf.] sind entsprechend der von den Theologen auferlegten Ordnung, anfangend bei den Kapiteln über die Lehre [des Glaubens, der Verf.] bis zu den verschiedenen Teilen der kirchlichen Disziplinen, zumeist nach dem Codex angeordnet, abgefasst worden". Vgl. Fouilloux, Die vor-vorbereitende Phase 159–162; Komonchak, U.S. Bishops' Suggestions 366 f.

[47] Vgl. Fouilloux, a. a. O.158–162.

[48] Komonchak (a. a. O. 367 f.) behandelt einlässlich die dabei auftretenden Verkürzungen der US-amerikanischen Voten: Aussagen zur Religionsfreiheit sind völlig ausgespart.

[49] Sintesi finale sui consigli e suggeramenti degli ecc.mi vescovi e prelati di tutto il mondo per il futuro concilio ecumenico. Der nicht veröffentlichte Text findet sich im Archiv des ISR Bologna.

Anliegen der Bischöfe sind 1. die Quantität der Nennungen, 2. die Internationalität der Nennungen, nationale Schwerpunkte werden nicht berücksichtigt, 3. die Bevorzugung „moderater" gegenüber „extremen" Stellungnahmen.[50] Stil und Formulierungen entsprechen weitgehend dem Faszikel über die italienischen Voten.

Das Inhaltsverzeichnis der Synthesis, gegliedert in Fragen der Lehre und der Disziplin, ist höchst aufschlussreich; es ist im Anhang zu diesem Kapitel aufgeführt.[51]

Das Textgenus, das aus der „Sintesi finale" entspringen würde, wäre vom Textgenus des Trienter Konzils oder des I. Vatikanums nicht unterschieden. Die an den Papst weitergeleiteten umfangreichen Stellungnahmen der römischen Universitäten und der Dikasterien führen in die selbe Richtung.[52]

c) Einteilung und Arbeitsstil der Vorbereitungskommissionen

Die Arbeit der vorbereitenden Kommissionen, die durch das Motu Proprio *Superno Dei nutu*[53] initiiert und strukturiert wird, schließt in inhaltlicher und operationaler Hinsicht unmittelbar an Ergebnisse und Arbeitsweisen der Antepraeparatoria an. Die wichtigsten Fakten, in denen sich dieser Sachverhalt manifestiert, sind:

1. Die Aufteilung der vorbereitenden Kommissionen orientiert sich an den gegebenen römischen Dikasterien.[54]

2. Die vorbereitenden Kommissionen werden jeweils von den Präfekten der entsprechenden Dikasterien geleitet.

Hinsichtlich der Sekretäre der Kommissionen wird bestimmt, dass sie nicht aus den entsprechenden Dikasterien stammen dürfen. Sie rekrutieren sich insgesamt aus den römischen theologischen Fakultäten und kirchlichen Universitäten und sind beratend und gutachterlich für die Dikasterien tätig.[55] Das Einheitssekretariat unter Kardinal Bea wird nicht mit einer korrespondierenden Kommission versehen. Es soll lediglich die Verbindung mit den getrennten Christen fördern

---

[50] Vgl. Sintesi finale 1.
[51] Vgl. S. 88.
[52] Vgl. Fouilloux, a. a. O. 168–172.
[53] AD I/I, 93–99.
[54] Es werden folgende Kommissionen bestellt: eine theologische Kommission (sie entspricht dem Heiligen Offiz); eine Kommission für Bischöfe und die Regierung der Diözesen (Konsistorialkongregation); eine Kommission für die Disziplin des Klerus und des christlichen Volkes (Konzilskongregation); eine Kommission für die Religiosen (Religiosenkongregation); eine Kommission für die Disziplin der Sakramente (Sakramentenkongregation); eine Kommission für die Heilige Liturgie (Ritenkongregation); eine Kommission für die Studien und Seminarien (Studienkongregation); eine Kommission für die orientalischen Kirchen (Kongregation für die orientalischen Kirchen); eine Kommission für die Missionen (Propaganda Fide); eine Kommission für das Apostolat der Laien (Päpstliches Komitee für Laienkongresse); zusätzlich wird ein Sekretariat für Schrifttum und Film eingesetzt. Nachträglich wird (am 17. November 1960) eine Kommission für die Zeremonien ernannt.
[55] Vgl. Indelicato, Formazione 45.

und auch im Konzil diese Funktion wahrnehmen. Schließlich wird ein Sekretariat für Massenmedien eingerichtet.

3. Diesen einzelnen Kommissionen werden jeweils Fragepunkte vorgegeben, die sie zu bearbeiten haben. Sie entsprechen der „Sintesi finale", wie sie dem Papst vorgelegt worden ist.[56] Die Kommissionen sind frei, ihrerseits weitere Fragen zu behandeln.

4. Die Rahmenbedingungen der Arbeit in den Kommissionen entsprechen dem kurialen Stil: Es findet eine strikte Trennung von Lehre und Disziplin statt.[57] Ferner gilt auch für die Kommissionen untereinander die Schweigepflicht.[58] Zwar markiert der Papst eine Differenz zwischen den Aufgaben der Kurie und der Aufgabe des Konzils[59], faktisch ist jedoch eine enge Kooperation gegeben.

5. Den einzelnen Vorbereitungskommissionen ist eine zentrale Vorbereitungskommission vorgeordnet.[60] Die Aufgabe der Zentralkommission ist es, die Arbeit der Kommissionen zu begutachten und zu koordinieren. Ferner soll sie die Geschäftsordnung des Konzils vorschlagen. Dieser Kommission wird ein Generalsekretär aus der Kurie an die Seite gestellt, Felici.[61]

d) Eine Lawine von Lehr- und Disziplinarschemata

Was sind die Ergebnisse der Arbeiten in den Vorbereitungskommissionen? Es werden 76, in der Mehrzahl kleinere Texte vorgelegt.[62] Die meisten dieser Texte beantworten die vorgegebenen Fragen. Einige Kommissionen haben zusätzliche Sachprobleme aufgegriffen. Die vorbereiteten Schemata betreffen entweder die Lehre oder die Disziplin. Die Lehrdokumente sind durchweg von einer neuscholastischen Theologie geprägt, die neuere theologische Ansätze nicht integriert und sich fast ganz an den jüngsten Lehrentwicklungen unter den Pius-Päpsten orientiert. Ökumenische Intentionen werden selten aufgegriffen. Die disziplinä-

---

[56] Diese Fragen sind veröffentlicht in AD II/II 1, 408–415 und im Anhang des Kapitels aufgeführt. Vgl. unten S. 89–92. In *Superno Dei nutu* wird versichert, dass sich diese Themen eindeutig aus den Voten der Bischöfe und den Vorschlägen der Kurie bzw. der kirchlichen Universitäten ergeben. Die Aufgabenstellungen für die Kommissionen sprechen für sich selbst.
[57] Das bedeutet, dass man vom Konzept einer Pastoral als der Applikation der Lehre ausgeht. Bezeichnenderweise spricht der Generalsekretär Felici davon, dass sich das Konzil in der Hauptsache mit der „pastoralen Technik" zu befassen habe. Vgl. Komonchak, Der Kampf 202.
[58] Vgl. die Ansprache Johannes XXIII. an die Vorbereitungskommissionen vom 14. November 1960: AD II/I, 37.
[59] „Etwas anderes ist die ordentliche Regierung der Kirche, mit der sich die römische Kurie befasst, etwas anderes ist das Konzil. Das schließt aber nicht aus, dass von Mal zu Mal eine Zusammenarbeit von erleuchteter Weisheit von Seiten kirchlicher Personen erfolgt, die im Blick auf ihre persönliche anerkannte und geschätzte Kompetenz eingeladen sind": AD II/I, 102.
[60] Sie zählt unter ihren 115 Mitgliedern „lediglich" 34 Mitglieder der Kurie, daneben zahlreiche Kardinäle, Patriarchen, Erzbischöfe und Bischöfe, die z. T. Vorsitzende von Bischofskonferenzen sind. Die 27 Berater stammen hingegen alle aus der Kurie. Vgl. AD II/II 1, 11–18; Indelicato, Formazione 55.
[61] Vgl. Fouilloux, Die vor-vorbereitende Phase 180.
[62] Die beigefügten Anhänge der Texte sind als eigene Texte gezählt.

ren Dokumente sind ungemein stark von der Bezugnahme auf den CIC geprägt. Sie behandeln eine Fülle von Einzelfragen. Eine gewisse, sehr knappe Verbindung von „Lehre und Disziplin" kommt allenfalls in einigen Vorworten zum Tragen. Was – abgesehen von wenigen Ausnahmen – ausfällt, ist eine Plausibilisierung der pastoralen Praxis von der Lehre her und eine Reflexion darauf, wie sich der Glaube selbst in der Praxis artikuliert.

Die von den Vorbereitungskommissionen erarbeiteten Schemata werden der zentralen Kommission vorgelegt. Die Arbeitsweise weist hier erhebliche Mängel auf. Die Mitglieder nehmen jeweils Stellung zu den einzelnen Abschnitten oder Teilen der vorgelegten Schemata. So kommen kritische Bemerkungen in Bezug auf den Gesamtduktus eines Schemas höchstens in Bezug auf das Vorwort vor. Die Unterkommissionen, welche die kritischen Anmerkungen aufnehmen sollen, werden nicht verpflichtet, ihren verbesserten Text nochmals zur abschließenden Begutachtung vorzulegen. Vielmehr werden die Texte sofort an die Konzilsväter versandt. Die Folge ist, dass die Verbesserungen sich meistens auf Details beziehen. Der Charakter der Schemata bleibt im Ganzen unverändert. Auf Grund dieser Arbeitsweise vermag die zentrale Kommission keine grundlegenderen Überarbeitungen in Gang zu bringen. Dabei schrumpft die Anzahl der Kommissionsmitglieder, welche mit Placet stimmen, öfter auf unter 10% der Stimmen, während die meisten mit Placet iuxta modum votieren.

Antonino Indelicato, der den vorbereiteten Schemata und ihrer Diskussion in der Zentralkommission eine einlässliche Untersuchung gewidmet hat, kritisiert zusammenfassend eine „hoffnungslos sektoriale Annäherung" an die Probleme[63], konstatiert ein „historisch-theologisches Ungenügen"[64] und die Abwesenheit der „sozialen, wirtschaftlichen, kulturellen Probleme" der verschiedenen großen Weltregionen.[65]

Generell lässt sich sagen, dass durch die Arbeit der Vorbereitungskommissionen eine materiale Ausweitung der zu behandelnden Sachverhalte erfolgt, und zwar vor allen Dingen im Hinblick auf disziplinär-kanonistische Fragen. Beiträge, die für die Textgenese der definitiven Konzilstexte konstitutiv sind, ergeben sich nur in wenigen Ausnahmefällen.

e) Einige modellhafte Ausnahmen

Dazu ist an erster Stelle das vorbereitete Schema der Kommission für die Liturgie zu nennen.

Im Unterschied zu anderen Vorbereitungskommissionen gehören hier zu den Mitgliedern bzw. den Beratern renommierte Liturgiewissenschaftler aus den Zentren der liturgischen Bewegung in Frankreich, Belgien, Holland, Österreich,

---

[63] Indelicato, Difendere la dottrina 322.
[64] Ebd. Das patristische Erbe fehlt ebenso wie das geistliche und theologische Erbe nachfolgender Jahrhunderte, die Tradition der östlichen Kirchen bleibt weitgehend ausgeschlossen (ebd. 330).
[65] Ebd. 330f.

Das Werden des Textes – Das Zustandekommen der Textintention

Deutschland. Der Sekretär Bugnini von der Ritenkongregation, selbst Kenner der Materie, bittet um Vorschläge und Gesichtspunkte für die Arbeit der Kommission. Damit werden die vorgegebenen Fragen von vornherein wesentlich erweitert. Bei der ersten Plenarsitzung und der Bestellung der Unterkommissionen wird beschlossen, eine umfangreiche und grundlegende Erörterung der Liturgie und der liturgischen Reformen vorzulegen. Im Vorwort wird die Intention der so erarbeiteten „Constitutio de Sacra Liturgia" wie folgt bestimmt:

„Die allgemeine Bedeutung der heiligen Liturgie im Leben der Kirche, in den Beziehungen mit den getrennten Brüdern und in Bezug auf die Missionen [ist] ins Licht zu rücken."[66]

Weiter wird festgestellt, die Konstitution wolle

„keine neue dogmatische Definition begründen. So wird den Wünschen jener Genüge getan, die nicht wollen, dass neue dogmatische Definitionen in diesem Konzil entstehen; es wird die große Inkonvenienz vermieden, die gesamte Angelegenheit der Liturgie, die vom Konzil zu behandeln ist, auf rein praktisch-juridische Entscheidungen zu begrenzen. Aus solcher Art Entscheidungen, die nicht ausdrücklich von Lehrdokumenten gestützt sind, kann kaum eine tiefe, über Jahrhunderte hin dauernde Frucht im geistlichen, pastoralen und apostolischen Leben der Kirche erhofft werden. Was aber in der vorliegenden Konstitution im Glauben zu halten ist wegen der Aussagen, die anderswo vom Lehramt der Kirche gemacht sind, und was nicht dazugehört, wird zu Recht der gewohnten Arbeit der Theologen zu bestimmen überlassen. Die Absicht dieser Konstitution ist es deswegen, nur allgemeine Normen und die höchsten praktischen Prinzipien vorzulegen. Es wird dem Heiligen Stuhl und den besonderen Expertenkommissionen, die aus der ganzen Welt zu delegieren sind und nach dem Konzil eingesetzt werden, überlassen, die einzelnen konkreten Dinge zu verwirklichen"[67].

Dieses Vorwort ist von hoher Bedeutung und hat formgebend für die anderen Dokumente gewirkt. Hier wird zunächst der Horizont bezeichnet, in welchem die Fragen des Konzils zu behandeln sind: Es geht um die allgemeine Bedeutung fundamentaler Sachverhalte im Leben der Kirche, in Bezug auf die ökumenische Situation und in Bezug auf die Evangelisierungsaufgabe der Kirche in der Welt. Die Bedeutung zentraler Sachverhalte des Glaubens kann aber in diesem Horizont nur herausgearbeitet werden, wenn die Aufmerksamkeit nicht auf praktisch-juristische Fragen eingeengt ist, sondern die ganze Plausibilität und Glaubwürdigkeit der Glaubenslehre in Bezug auf diese Sachverhalte entfaltet wird.

Eine solche Arbeit ist notwendig, um zu Entscheidungen zu kommen, die langfristige, über Jahrhunderte in Geltung befindliche Grundorientierungen vorgeben und Früchte im Leben der Kirche zeitigen, und zwar ebenso spirituelle wie pastorale und apostolische Früchte. Aus der Logik dieses Ansatzes ergibt sich notwendigerweise, dass die Konstitution eine komplexe, vieldimensionale Struktur besitzt. Sie behandelt die theologische Grundlage der Liturgie durch Offenbarung und Erlösungswerk Christi ebenso wie den Ort der Liturgie in der Sendung der Kirche und im geistlichen Leben der Glaubenden. Darauf werden die

---
[66] AD II/III 2, 10.
[67] Ebd.

praktischen Folgerungen und die Normen aufgebaut, schließlich allgemeine disziplinäre Orientierungen vorgeschlagen.[68]

Es geht nicht um die konkreten Einzelbestimmungen. Dies wird den zuständigen Organen überlassen.

Ausdrücklich wird von den Unterkommissionen verlangt, dass sich alle Aussagen auf eine solide Dokumentation stützen müssen. Neben der Schrift sollen die Väter und die Lehrer der Kirche aus Ost und West herangezogen werden, aber auch die Monita der Kongregationen, die Voten der Bischöfe und neuere Studien wie die Akten der liturgischen Kongresse.[69]

Obwohl Kardinal Larraona, der neuernannte Präsident der Kommission für die Liturgie[70], seine Kritik am vorgelegten Schema in der Relatio selbst vorträgt, findet das Schema breite Zustimmung. Kardinal Döpfner fasst sein Urteil so zusammen:

„Das Schema der Konstitution ‚Über die heilige Liturgie' ist sicher unter die herausragenden in Bezug auf alle, die bisher unserer Kommission vorgelegt worden sind, zu zählen. Es behandelt seinen Gegenstand in straffer, prägnanter und scharfer Form, es stützt sich auf tiefe theologische Forschungen, es wahrt die Tradition der Jahrhunderte in kohärenter Weise und entfaltet sie zugleich in umsichtiger Weise. Es ist der Sendung der Kirche in den Gegebenheiten der heutigen Zeit aufs Beste angemessen, und es entspricht sehr genau dem Ziel des II. Vatikanischen Konzils, wie es vom Papst bestimmt ist, das heißt, den Glauben der katholischen Gläubigen durch eine aktive Teilnahme an der heiligen Liturgie wirksam zu fördern und sie zugleich so zu erneuern, dass auch die getrennten Brüder den Wert der heiligen Liturgie stärker spüren und die Kirche höher schätzen."[71]

Ausdrücklich lobt Döpfner, dass sich das Dokument auf die allgemeinsten Regeln und Prinzipien bezieht und die Ausführung den damit betrauten Organen der Kirche überlässt. Hier ist offensichtlich ein Modell für die weitere konziliare Arbeit entstanden.

Einen weiteren starken Impuls für die Ausformung der „Textintention" des II. Vatikanischen Konzils bilden die Beiträge des Einheitssekretariats unter Leitung von Kardinal Bea im Vorbereitungsprozess des Konzils. Im Unterschied zu der Kommission für die Liturgie und den übrigen Vorbereitungskommissionen war dem Einheitssekretariat im Motu Proprio *Superno Dei nutu* nicht der Status einer Kommission zugewiesen worden.[72] Das Sekretariat sollte lediglich der Kontaktpflege mit nicht-katholischen Kirchen dienen. Auf Grund der geschickten Personalpolitik von Kardinal Bea[73] und dem vertrauensvollen Verhältnis zwischen Johannes XXIII. und dem Kardinal wird es für das Einheitssekretariat möglich, trotz erheblicher Widerstände von Seiten des Vorsitzenden der theologi-

---

[68] Vgl. AD II/III 2, 9–68.
[69] Vgl. Paiano, Il rinnovamento 93.
[70] Das Schema war noch von Kardinal Cicognani kurz vor seinem Tod unterzeichnet worden. Larraona, Jurist, wurde kurze Zeit später zu seinem Nachfolger ernannt.
[71] AD II/II 3, 71 f. Vgl. die Voten der Kardinäle Léger, a.a.O. 70, Alfrink, a.a.O. 74, Ottaviani, a.a.O. 76, der Bischöfe Hurley, a.a.O. 77 und Seper, a.a.O. 78.
[72] Vgl. oben S. 28; zu den folgenden Ausführungen vgl. die Einleitung zu UR: HThK Vat.II, Bd. 3, 80–84.88–93.
[73] Vgl. Grootaers, I protagonisti 67–81, bes. 71–73.

Das Werden des Textes – Das Zustandekommen der Textintention

schen Kommission, Kardinal Ottaviani, und seines Sekretärs, Pater Sebastian Tromp, umfassende theologische Fragen aufzuwerfen und in den Diskurs der Vorbereitungsarbeiten einzubringen. Im Verlauf der ersten Session der Zentralkommission im Juni 1961 erklärt Kardinal Bea, dass vom Herbst 1960 ab eine ungeheure Anzahl von Briefen, Voten, Artikeln an das Sekretariat geschickt worden seien mit Wünschen, Vorschlägen und Entscheidungen, die das Sekretariat dem Konzil vorlegen soll. Es seien deshalb im Sekretariat ab November 1960 kleine Unterkommissionen von drei bis vier Mitgliedern und Beratern gebildet worden. Sie behandeln folgende Themen: die Zuordnung der nicht katholischen Getauften zur katholischen Kirche; die hierarchische Struktur der Kirche; Förderung individueller Konversionen und Konversionen von Gemeinschaften; das Priestertum aller Gläubigen und die Stellung der Laien in der Kirche; das „Wort Gottes" und seine Bedeutung in Liturgie, Lehre und Leben der Kirche; liturgische Fragen; die Mischehen; die geeignete Weise, für die Einheit der Christen zu beten; das allgemeine ökumenische Problem und seine Bedeutung für die katholische Kirche (insbesondere die Beziehung zum Weltrat der Kirchen mit Sitz in Genf). Schließlich hätten nicht wenige Juden Wünsche und Vorschläge für das Konzil eingesandt. Auch hier ist eine besondere Sektion eingerichtet worden. Im April seien bereits vier Texte verabschiedet worden, der Rest werde im August 1961 behandelt. Dabei habe man jeweils darauf geachtet, die Fragen nicht hinsichtlich ihres gesamten Umfeldes zu behandeln, sondern unter dem Gesichtspunkt der Einheit der Christen und des Verhältnisses zu den Nicht-Christen. Die Texte würden den entsprechenden Vorbereitungskommissionen zugeleitet und sollten nach Möglichkeit in gemischten Kommissionen bearbeitet werden.[74] Die von Kardinal Bea gewünschte Koordination wird von Kardinal Ottaviani strikt abgelehnt. Die Theologische Kommission sei allein für Lehrfragen zuständig.[75] Obwohl die Texte des Einheitssekretariates fertig vorliegen, werden sie am Beginn des Konzils nicht mit den anderen Schemata an die Konzilsväter verschickt.

Worin liegt der modellhafte Charakter der Arbeiten des Einheitssekretariats? Zwei Momente sind hier besonders zu nennen: 1. Das Einheitssekretariat greift in besonderer Weise Momente der Convocatio Johannes' XXIII. auf: in seiner Pfingstpredigt 1960 zur Eröffnung der Vorbereitungsphase hatte Johannes XXIII. auf das Wort Epheser 4, 15 hingewiesen, die Wahrheit müsse in Liebe vollzogen werden. In den Arbeiten des Einheitssekretariats wird dieser Aufruf methodisch operational so umgesetzt, dass jeweils primär das Gemeinsame, Nicht-Katholiken und Katholiken sowie die Menschen anderer Religionen Verbindende herausgestellt und erst dann das Trennende thematisiert wird. Das Ziel ist jeweils die Konvergenz, die Einheit im Evangelium.[76] Zugleich demonstrieren die vom Ein-

---

[74] AD II/II 1, 164 f. – Johannes XXIII. hatte am 18. September 1960 Kardinal Bea in einer Audienz beauftragt, sich im Einheitssekretariat der Frage des Verhältnisses zu den Juden anzunehmen. Vgl. Velati, La proposta ecumenica 283.
[75] Eine Übersicht über die verschiedenen Versuche und die jeweiligen Ablehnungen bietet Burigana, Progetto dogmatico 203–206.
[76] So beginnt der Text über die Religionsfreiheit mit einem Kapitel darüber, wie die Güter des Glaubens in Liebe zu befördern sind. Der Text entwickelt ausgehend von Schrifttexten wie Ephe-

heitssekretariat vorgelegten Texte, wie diese Bezugnahme auf die anderen Menschen in ihrer freiheitlichen Eigenständigkeit zugleich bei der Bestimmung der Glaubensüberzeugungen zu Buche schlägt, welche die Kirche prägen. Die „Außenbeziehungen" der Kirche und ihre dem Evangelium entsprechende Anerkennung wirken sich aus in den „Innenbestimmungen" der Kirche.

4. Die erste Sitzungsperiode (1962): Die Umrisse der „Textintention"

Angesichts der Vorbereitung des Konzils herrscht zu Beginn der ersten Sitzungsperiode eine große Unsicherheit.[77] Es besteht eine erhebliche Diskrepanz zwischen der Ankündigung des Konzils, welche Johannes XXIII. in seiner Eröffnungsrede *Gaudet Mater Ecclesia*[78] in eindrucksvoller Weise vertieft, und den faktisch vorbereiteten Schemata. Die Frage stellt sich in zugespitzter Weise, was soll das Konzil erarbeiten und wie soll es arbeiten? Diese Fragen brechen bereits in der Vorbereitungszeit in den Diskussionen der Zentralkommission auf.[79] Kardinal Bea leitet dem Papst am Beginn der Konzilstätigkeiten ein Memorandum zu, er greift die Aussagen des Papstes in *Gaudet Mater Ecclesia* auf und fordert eine Neufassung der vorbereiteten lehrhaften Schemata. Nur so könne das Konzil seinen Auftrag erfüllen.[80] Kardinal Montini legt dem Papst ebenfalls einen Plan vor, der in der Linie des bereits in der Vorbereitungsphase mitgeteilten Planes von

---

ser 4, 15 den Gedanken der Religionsfreiheit als Freiheit von jedem äußeren Zwang und entfaltet von hier aus die Grundlagen der Religionsfreiheit sowohl im öffentlichen Gemeinwesen wie in der Zusammenarbeit von Katholiken und Nicht-Katholiken (vgl. AD II/III 2, 433–441).

[77] Vgl. Riccardi, Die turbulente Eröffnung.
[78] Vgl. oben S. 22 f.
[79] Vgl. beispielsweise die Intervention von Kardinal Frings AD II/II 3, 814 f.: „Es sei mir erlaubt, der ehrwürdigen Versammlung einen allgemeineren Vorschlag zu machen. Er ist geboren aus einer gewissen Angst, wie das Konzil die ganze Materie, vorbereitet von den einzelnen Kommissionen, behandeln kann. Ich folge dem, was gestern Herr Kardinal Suenens und andere Väter gesagt haben. Ich schlage vor, den Heiligen Vater zu bitten, dass er dieser Zentralkommission erlaube, eine neue Unterkommission einzurichten, welche größere Kompetenzen und Fakultäten hat in Bezug auf die Schemata, die von den Kommissionen vorbereitet sind, und eine Gestaltungsvollmacht im Namen und im Auftrag dieser Kommission. In dieser Unterkommission müssten unter anderem auch einige Mitglieder der existierenden Unterkommissionen vertreten sein. Die Aufgabe dieser Unterkommission wäre es: 1. Das Schema einer einführenden Konstitution vorzubereiten, in welcher das Ziel dieses Konzils klar und einleuchtend bezeichnet wäre, nämlich die Erneuerung des religiösen Lebens und die Anpassung des Apostolats der Kirche an die heutige Zeit. 2. Zusammenfügen und vereinfachen jener Schemata oder Teile der Schemata, welche von dieser Sache handeln. 3. Aus dem Material der zu behandelnden Sachfragen ist alles radikal zu eliminieren, was zur Anpassung des Codex gehört, was rein organisatorisch ist und was nicht zum Ziel des Konzils hinführt.
Wenn nicht auf diesem oder einem ähnlichen energischen Weg vorangegangen wird, ist zu fürchten, dass das Konzil von der Masse der zu behandelnden Dinge erstickt wird, die Auseinandersetzungen auf dem Konzil unendlich sind oder in nicht wünschenswerter Weise unterdrückt werden, so dass am Ende der ganze Aufwand des Konzils, das mit einer so großen Hoffnung und mit so viel Erwartungen aller Christen und der gesamten Welt verbunden ist, enttäuscht wird."
[80] Vgl. Alberigo, Concilio acefalo 219–224 (Text des Memorandums).

Kardinal Suenens[81] liegt, die „Kirche" zum Mittelpunkt der Konzilsarbeiten zu machen. Ausdrücklich merkt der Mailänder Kardinal an: „Keiner einheitlichen Form gelingt es, die großen Zielsetzungen widerzuspiegeln, die der Heilige Vater vorgegeben hat ...". Es fehle ein Plan für das Konzil und für seine Ausrichtung.[82] Beas Brief charakterisiert die formale Seite der künftigen Konzilsarbeiten, ausgehend von der Zielsetzung Johannes XXIII., deutlicher und markanter, als es dem Entwurf von Kardinal Montini, der eher Sachfragen nennt, zu entnehmen ist.

Die Aktivitäten führender Kardinäle und Bischöfe werden von Versuchen der Periti und Theologen begleitet, alternative Schemata für das Konzil zu entwerfen bzw. eine einleitende Konstitution auszuarbeiten, die Aufgaben und Form der anstehenden Konzilsarbeiten umreißt.[83]

Gibt es – abgesehen von diesen Initiativen von Einzelnen bzw. Gruppen – Fakten, in denen das Konzil als Konzil seine Aufgabenstellung und die Art, wie es seine Aufgaben angehen will, bestimmt?

Wesentlich profilieren und umrisshaft herausbilden wird sich die Textintention des II. Vatikanischen Konzils in den drei großen öffentlichen Diskussionen und Abstimmungen der ersten Sitzungsperiode: über die Liturgiekonstitution, über das Schema *De fontibus* und schließlich über das Kirchenschema. Ein Präludium bildet die Botschaft der Konzilsväter an alle Menschen und Völker, die bereits in der dritten Generalkongregation verabschiedet wird.

a) Die Botschaft der Konzilsväter an die Welt

Die Botschaft der Konzilsväter[84] weist einige beachtenswerte Züge auf, die sich als konstitutiv für die Textintention des II. Vatikanischen Konzils erweisen werden.

1. Abschnitt: Das Konzil leitet diese Botschaft mit einem Gruß an alle Menschen und an alle Völker ein. Der Gruß, der sich an alle richtet, ist ein Gruß der „Liebe und des Friedens, welche von Christus Jesus, dem Sohn des lebendigen Gottes, der Welt gebracht und der Kirche anvertraut ist."[85] Mit diesem Gruß und der nachfolgenden Selbstvorstellung der Konzilsväter vollzieht das Konzil im Namen der Kirche eine grundlegende Ortsbestimmung: Um der Liebe und des Friedens Christi willen weiß sie sich allen Menschen und allen Völkern zugewandt und bezieht sich freundlich auf sie.

2. Abschnitt: Es wird das Vorhaben des Konzils charakterisiert. Unter der Leitung des Geistes wollen die Konzilsväter fragen, „wie wir uns selbst erneuern sollen, um dem Evangelium Christi *mehr und mehr treu erfunden zu werden*".

---

[81] Vgl. Suenens, Souvenirs 72–79; beide Pläne sind abgedruckt bei Marín de San Martín, Juan XXIII 310–314.
[82] Zitiert nach Riccardi, Die turbulente Eröffnung 67.
[83] Vgl. Fogarty, Das Konzil beginnt 83–111. Vgl. ferner HThK Vat.II, Bd. 2, 320–322.
[84] Zum Hintergrund dieser von Chenu ausgehenden Initiative und der Überarbeitung des Textes vgl. Riccardi, Die turbulente Eröffnung 63–66. – Zum Text vgl. Anhang S. 491 ff.
[85] Vgl. AS I/1, 230.

Dazu gehört, dass die Kirche den Menschen dieser Zeit die gesamte und reine Wahrheit Gottes vorlegt, damit sie sie verstehen und ihr frei zustimmen können. Die Konzilsväter wollen „als Hirten" allen Gottsuchenden dienen, und zwar dadurch, dass sie selbst und die ihnen anvertraute Herde der Ort werden, auf dem den Heiden das Antlitz Christi entgegenleuchtet. In diesem Abschnitt wird deutlich, wie Lehre und Disziplin ebenso eine Einheit bilden wie die Darlegung des Evangeliums für Christen und Nichtchristen. Hier geht es um *einen geistlichen* Vorgang.

3. Abschnitt: Die Kirche ist zum Dienst gesandt (Joh 3,16), nicht zur Herrschaft. Deswegen hofft das Konzil, dass sich durch die Konzilsarbeiten aus der Erneuerung der Kirche positive Impulse für Gesellschaft und Welt ergeben.

4. u. 5. Abschnitt: Die Kirche teilt die Leiden, Ängste, Sehnsüchte der Menschen, bemüht sich, für ihre Würde einzutreten, und – so der fünfte Abschnitt – sieht sich insbesondere den Aufgaben des Friedens und der sozialen Gerechtigkeit verpflichtet. Ihr Vertrauen – so der Schlussabschnitt – setzt sie dabei nicht auf Reichtum und Macht, sondern auf die Kraft des Geistes.

Dieser Text, der nach 40 Wortmeldungen mit einigen wenigen Korrekturen mit überwältigender Mehrheit approbiert wird, wirkt wie ein Echo auf die Convocatio Johannes XXIII., wie eine eigenständige, den Willen des Konzils aussprechende Antwort auf die Eröffnungsansprache *Gaudet Mater Ecclesia*. Dies betrifft ebenso die Inhaltsbestimmung der kommenden Arbeiten wie den Stil der Konzilsaktivitäten: Thema ist die Erneuerung der Kirche, und zwar in der Orientierung am Evangelium, in der Kraft des Geistes und im Hinblick auf die Menschen und die Völker unserer Zeit. Der Stil ist durch freundliche Zuwendung, nicht durch Abgrenzung und Verurteilung gekennzeichnet, durch eine positive Darlegung der Plausibilität des Glaubens. Die Zuwendung ist geprägt vom Dienen-, nicht vom Herrschen-Wollen, vom Willen zum gemeinschaftlichen Tragen der Lasten und vom gemeinsamen Engagement für die drängenden Nöte der Menschen.

b) Ein erster „Text" des Konzils – die Billigung des Liturgieschemas

Angesichts der Unsicherheiten in Bezug auf Aufgabenstellung und Arbeitsstil des Konzils kommt der grundsätzlichen Billigung des Liturgieschemas in der ersten Sitzungsperiode eine besondere Bedeutung zu. Dieser Vorgang wirkt modellhaft. Der gebilligte Text wirkt wie der Kern eines Kristallisationsprozesses, an den sich andere Texte anfügen können. Die Debatte, welche am 22. Oktober 1962 beginnt und am 13. November ihr Ende findet, ist in sich gegliedert. In einem ersten Debattengang wird über das Schema als Ganzes gehandelt. Daran schließt sich eine ins Detail gehende Diskussion der einzelnen Kapitel an. Am Ende – am 14. November 1962 – steht eine erste Abstimmung. Der Abstimmungstext lautet:

„Das II. Vatikanische Konzil billigt hiermit, nach Prüfung des Schemas über die Heilige Liturgie, dessen allgemeine Direktiven, die mit gebührender Umsicht und Verstand darauf zielen und beabsichtigen, die verschiedenen Teile der Heiligen Liturgie für die Gläubigen immer lebendiger und lehrreicher zu machen, wie es die heutigen pastoralen Erfordernisse gebieten."[86]

2162 Konzilsväter stimmen mit Placet, 46 mit Non Placet, sieben Stimmen sind ungültig. Was verbirgt sich in diesem Faktum? Drei Aspekte, die Textgenese und Textintention des II. Vatikanums betreffend, zeichnen sich in der Debatte deutlich ab.

1. Die überwältigende Mehrheit der Konzilsväter *gewinnt ein Bewusstsein* von der eigentlichen Aufgabe des Konzils und der Form von Textgenese und Textintention.
2. Einzelne Konzilsväter bestimmen diese Form nach ihren Grundzügen.
3. Viele Konzilsväter entdecken im Text die mit dieser Form gegebenen stilistischen Eigentümlichkeiten ebenso wie organisatorische Konsequenzen.

Zu 1.: Die Einführung, welche der neuernannte Sekretär der Konzilskommission, Pater Antonelli, im Auftrag des Präsidenten, Kardinal Larraona, gibt, verrät noch nichts von dieser neuen Form. Nach einem kurzen Verweis darauf, dass auch vom Trienter Konzil und vom I. Vatikanum Impulse und Innovationen für die Liturgie ausgegangen sind, nennt Antonelli zwei Gründe, warum das II. Vatikanische Konzil sich mit liturgischen Fragen beschäftigen müsse: Zum einen hätten sehr viele Bischöfe und Fachleute, gestützt auf schwerwiegende Argumente, dafür votiert, die liturgischen Bücher, d. h. Texte und Riten, müssten verbessert und den Zeitumständen angepasst werden. Zum anderen habe bereits Pius X. mit solch einer Revisionsarbeit begonnen. Pius XII. habe eine entsprechende Kommission eingesetzt und einzelne Emendationen vorgenommen. So sei es angemessen, dass diese Arbeit auf dem Konzil fortgesetzt werde, wie Johannes XXIII. in seinem Motu Proprio vom 25. Juli 1960 angeordnet habe.[87] An diese Begründung schließt der Sekretär eine kurze Auflistung der Kapitelüberschriften des Schemas.

Diese Einleitung erweckt den Anschein, als handle es sich um die schlichte Fortsetzung jener Arbeit und jener Arbeitsformen, die von Pius X. bis Pius XII. praktiziert wurden, wenngleich dies jetzt im Rahmen des Konzils stattfindet. Hier ist von einer neuen Form nicht die Rede. Es geht um eine Revision liturgischer Bücher.

Während der Debatte werden eine Reihe von Einwänden gegen das vorgelegte Schema vorgetragen. Welche Einwände trägt Kardinal Ottaviani vor? Dieser Kardinal steht wie kaum ein anderer für die Einordnung des Konzils in die Linie der bisherigen pianischen Lehrtradition. Er versteht das II. Vatikanum als Fortführung des I. Vatikanums. Der Präfekt des Heiligen Offizes plädiert dafür, das Schema müsse von Theologen überarbeitet werden, weil ihm Klarheit und Einfachheit fehlten. Als Belege führt Kardinal Ottaviani u. a. an: Die Rede von der sichtbaren und unsichtbaren Kirche könne Missverständnisse auslösen; man könne von der Menschheit Christi nicht einfach sagen, dass sie in Einheit mit der Person des Wortes *Ursache* unseres Heils wäre, es handle sich um eine *causa instrumentalis*.

---

[86] AS I/3, 9–13.
[87] AS I/1, 304–306.

Wenn im Text gesagt werde, das Werk der Erlösung sei vor allem durch das Leiden, die Auferstehung von den Toten und die glorreiche Auffahrt des Herrn geschehen, so sei die Inkarnation des Wortes hinzuzufügen. Andere kritische Ausstellungen beziehen sich auf die häufig wiederkehrende Formel, dies oder jenes in der Liturgie sei zu überprüfen. Dem Papst dürfe man keine Befehle erteilen etc.[88] Ganz ähnliche Feststellungen lassen sich bei anderen Kritikern des vorliegenden Textes machen: Ihre *Kritiken* und Einwände beziehen sich jeweils auf genau bestimmte Einzelpunkte. Die Gesamtgestalt des Textes kommt ihnen kaum vor Augen.[89]

Solchen Äußerungen von Kritikern, die entweder, wie Ottaviani, einzelne Punkte kritisieren oder schlichtweg an der Erhaltung eines status quo interessiert sind, wobei sich der status quo vor allen Dingen auf die gegebenen Administrations- und Machtverhältnisse bezieht, stehen eine Fülle von Aussagen entgegen, in denen sich ein Bewusstsein von der neuen Form ausspricht, die mit diesem Schema zutage tritt. Kardinal Rugambwa, der im Namen aller afrikanischen Bischöfe wie der Bischöfe von Madagaskar und der afrikanischen Inseln spricht, begrüßt das Schema mit „großer Freude", weil es sowohl in seiner „Inspiration" wie in seinen „Worten" den Erwartungen der Völker entspreche und ein Fundament für die kommenden Zeiten bilden werde.[90] Ähnlich bestätigen andere Vorsitzende oder Sprecher von Bischofskonferenzen und Gruppen von Bischöfen, dass das vorgetragene Schema ganz der pastoralen Sorge entspreche.[91] Andere loben die angemessene Sprache und Bescheidenheit, den Geist der Schrift und der Väter, der aus dem Text spricht, das Gewicht der Sachfragen, die sich mit der Liturgie stellen, die in sich „das innerste Leben der Kirche enthält"[92].

Zu 2.: Solchen mehr allgemeinen Äußerungen, in denen sich ein Bewusstsein und eine Billigung der Form des vorgelegten Textes ankündigt, fügen einige Konzilsväter genauere Bestimmungen dieser Form des Textes nach ihren Grundzügen hinzu. Hier ist vor allen Dingen die Intervention Kardinal Lercaros zu nennen, der selbst Mitglied der Vorbereitungskommission war. Lercaro unterstreicht, dass die Folgerungen, welche in diesem Schema im Hinblick auf eine Reform der Liturgie vorgetragen würden, die theologische Lehre jeweils umschließen und implizieren. Im Vorwort und im ersten Kapitel würden die „theologischen Prinzipien" behandelt, aber nicht im Sinne eines „theologischen Traktats", sondern so, dass eine solide Grundlage für die nachfolgenden Erörterungen geboten werde. Lercaro spricht von einer „Summe" theologischer Prinzipien, die nicht auf eine „technische Definition" der Liturgie ausgerichtet sei, sondern jene Wesensmerkmale beschreibe, die von allen der Liturgie zuerkannt würden. Der Kardinal

---

[88] Vgl. AS I/1, 349–351.
[89] So listet etwa Erzbischof Dante, Zeremoniar des Papstes, eine Reihe von Sachverhalten auf, die beibehalten werden müssen. Hinsichtlich der generellen Form beschränkt er sich darauf anzumerken, das Konzil dürfe lediglich Prinzipien und allgemeine Regeln für die Liturgie aufstellen, die Vollmachten der bereits eingerichteten Kommissionen und die Prärogativen des Heiligen Stuhles müssten gewahrt bleiben. Vgl. AS I/1, 330–331.
[90] Vgl. AS I/1, 333.
[91] So Bischof Bekkers AS I/1, 441.
[92] Vgl. Kardinal Frings AS I/1, 309 f.

Das Werden des Textes – Das Zustandekommen der Textintention

weist darauf hin, dass sich in dieser Absicht das vorgelegte Schema mit der Enzyklika *Mediator Dei* berühre. Die darauffolgenden allgemeinen Normen hätten die ganze Breite der unterschiedlichen Überlieferungen der Völker und ihres Geistes als Referenzpunkt für die Anpassung der Liturgie vor Augen. Dies sei in der Gegenwart umso notwendiger, als die Völker insgesamt heute ihre kulturelle und staatlich-öffentliche Entfaltung suchten. Die Auslegung der allgemeinen Normen im Hinblick auf die liturgischen Felder (Messe, Sakramente, göttliches Offiz etc.) stehe in Übereinstimmung mit der Tradition und dem „gesunden Fortschritt", von dem auch Pius XII. in *Mediator Dei* häufig spreche. Ziel sei nicht ein steriler Archäologismus, sondern eine fruchtbare Teilnahme aller. Der Kardinal beschließt seine bewegende Intervention mit dem Hinweis auf seine eigenen pastoralen Erfahrungen und die Gemeinschaft im geistlichen Leben, die durch die Liturgie vermittelt wird.[93] Ähnlich wie Lercaro analysiert Döpfner die Form des Schemas. Andere Bischöfe heben einzelne Grundzüge besonders heraus, etwa die Lage der modernen Gesellschaft und die Aufgabe, die Liturgie so zu gestalten, dass sie sprechend und mitvollziehbar sei.[94]

Zu 3.: Die stilistischen Eigentümlichkeiten dieser Textform und ihre organisatorischen Implikationen: Es ist amüsant, in der Debatte nachzulesen, wie sehr der Stil des Schemas die wenigen Kritiker des Schemas irritiert, die darauf aufmerksam werden. Erzbischof Vagnozzi konstatiert: „Die Schemata dieser liturgischen Sektion erscheinen oft als wortreich, mehr in einer poetischen und aszetischen als einer strikt theologischen Rede verfasst, und es erscheint eher als liturgischer Traktat denn als konziliares Schema."[95] Demgegenüber konstatiert Bischof Hervás y Benet, ein Befürworter des Entwurfs: das Schema „hebt die theologische Substanz und Lehre, welche in der heiligen Liturgie enthalten ist, hervor und legt sie dar in einer lebendigen Weise (modo vitali) und gebraucht dazu Formulierungen aus der Heiligen Schrift und der kirchlichen Tradition."[96]

Bischof McGrath lobt ausdrücklich *Inhalt* und *Stil* des vorliegenden Schemas; er verweist darauf, dass sowohl im Konzil von Trient wie im I. Vatikanischen Konzil die Fragen von Glaube und Disziplin getrennt waren, hier aber verbunden seien. Gerade dies erscheine ihm wichtig, nicht nur für das vorliegende Schema, sondern ebenso für die kommenden Schemata, welche das II. Vatikanische Konzil zu behandeln habe. Er zieht daraus unmittelbar Konsequenzen für die Arbeit der Konzilskommissionen.[97] Erzbischof Hurley spricht vom „liebenswürdigen und lebendigen Affekt der Heiligen Schrift", von dem dieses Schema erfüllt sei, der luziden Darlegung der wahren Natur der Liturgie und ihrer Bedeutung im Leben der Kirche.[98]

Es ist ein Stil, der nicht abgrenzt, sondern einlädt, plausibel macht, nicht de-

---

[93] Vgl. AS I/1, 311–313. Nicht minder sorgfältig ausgearbeitet ist die Intervention von Kardinal Montini, dem späteren Papst, a. a. O. 313–316.
[94] Vgl. die Intervention von Bischof Volk, a. a. O. 355 f., oder Kardinal Léger, a. a. O. 371.
[95] AS I/1, 326.
[96] Ebd. 339.
[97] Ebd. 515 f.
[98] Ebd. 327.

finiert. Zu diesem Stil gehört es, dass die Darlegungen schriftgemäß sein müssen, dem Geist des Evangeliums und der Tradition der Väter zu entsprechen haben. Der Text wendet sich an Katholiken, aber auch an Christen überhaupt, ja an alle Menschen. Es ist ein Stil, der „Theorie und Praxis" verbindet, in der Praxis einen Ausdruck der Glaubenslehre sieht, in der Glaubenslehre einen Inhalt, der erst in der Praxis in seinem ganzen Sinn aufgeht.

Auf Grund dieser Verschränkung ergeben sich aus dem „Text" eine Reihe von Konsequenzen praktischer bzw. operationaler Art. In Bezug auf die so thematisierte Liturgie und ihre Erneuerung zeigt sich dies am Problem der Liturgiesprache und der Kompetenz der Bischofskonferenzen im Blick auf konkrete Maßnahmen zur Umsetzung.

Die Darstellung der Liturgie und ihrer Bedeutung im Leben der Kirche lässt die Frage nach der Liturgiesprache, der Verständlichkeit der Texte und Riten, ihrer Zugänglichkeit, als ein ganz zentrales Thema aufbrechen. Genau in dieser Weise präsentiert es sich in den Debatten, in denen diese Frage immer wieder aufgenommen wird.

Wo Liturgie in dieser Weise vorgestellt und entsprechend erneuert werden soll, kommt notwendigerweise die plurale Vielheit der Kulturen und Traditionen in den Blick, die dabei zu berücksichtigen sind. Von daher wird mit hoher Konstanz immer wieder die Notwendigkeit unterstrichen, den Bischofskonferenzen entsprechende Vollmachten zu geben. Dabei wird häufig betont, man wolle die Einheit des Ritus wahren. Zur Absicherung gegen möglichen Wildwuchs wird unterstrichen, dass eine päpstliche Approbation der von den Bischofskonferenzen vorgesehenen Anpassungen wichtig sei.

Die positive Abstimmung am 14. November 1962[99] zeigt, wie dieser Text mit seiner Intention jener Ort ist, an dem sich die Konzilsväter mit ihren Erwartungen wiederfinden, jener Ort, an dem sich zugleich eine Antwort auf die Fragen der Gläubigen, der pastoralen Mitarbeiter und Priester wie der Christen und der Menschen überhaupt findet.

c) Eine Textform auch für dogmatische Sachverhalte? Die Debatte über die „Quellen der Offenbarung"

Die Diskussion über das vorbereitete Schema „Die Quellen der Offenbarung" (14.–21. November 1962) wird zu einer entscheidenden Stunde des Konzils. Im Blick auf die „Textgenese" und die Konstitution der „Textintention" stellt sich die Frage: Kann ein Lehrdokument über die Offenbarung überhaupt im Stil und in der Textform, wie sie sich im Liturgieschema finden, verfasst werden? Kann ein Lehrdokument in pastoraler Perspektive geschrieben werden, im Blick auf die Stärkung und Erneuerung des Glaubens und seiner Plausibilisierung für die Menschen? Wie soll ein Lehrdokument ökumenische Züge aufweisen? Muss ein

---

[99] Vgl. oben S. 36f. Es handelt sich um eine erste, grundlegende Approbation des Schemas. Zugleich werden zahlreiche Emendationen eingereicht, die in der Folge bearbeitet werden.

Lehrdokument nicht klare Grenzen ziehen, das heißt Definitionen und Verurteilungen vorlegen? Ist der Stil der freundlichen Zuwendung, der Verständlichkeit, des Zugehens auf alle Menschen überhaupt sinnvoll?

Die zusammenfassende Antwort auf diese und ähnliche Fragen wird in der mehrheitlichen Ablehnung des vorbereiteten Schemas *De fontibus* und in der Entscheidung des Papstes gegeben, eine gemischte Kommission einzusetzen, um eine neue Vorlage erarbeiten zu lassen.[100] Wie kommt diese Entscheidung zustande und was ist ihre Bedeutung?

Drei hervorstehende Fakten sind hier zu nennen:

1. Die Vergegenwärtigung moderner theologischer und exegetischer Forschungsergebnisse in der Vorbereitung auf die Debatte sowie die fachtheologische Erörterung, wie die pastorale Perspektive eine theologische Darlegung bestimmen kann.
2. Die Meinungsbildung der Bischofskonferenzen vor der Diskussion.
3. Die Debatte in der Aula.

Zu 1.: Das im Sommer 1962 versandte Schema über die Quellen der Offenbarung löst bei zahlreichen Bischöfen Besorgnisse aus. Zugleich handelt es sich um hochkomplexe Sachfragen, die mit der Interpretation des Trienter Konzils und des I. Vatikanums zusammenhängen, mit Fragen der Exegese, der Lehramtstheologie etc. Es sind Fragen, die eine große Rolle im ökumenischen Dialog spielen. Zur Urteilsbildung für die Bischöfe werden von beratenden Theologen und Theologengruppen Stellungnahmen und eigene Entwürfe vorbereitet,[101] so von Martelet und Moeller[102], von Schillebeeckx und Rahner.[103] Vom Einheitssekretariat liegt bereits ein Text vor. Er trägt den bezeichnenden Titel: „Das Wort Gottes – Schema eines pastoralen Dekrets"[104]. Sowohl Yves Congar wie Rahner – in Zu-

---

[100] Zur historischen Darlegung der Debatte, ihres Hintergrundes und ihrer Bedeutung, vgl. Ruggieri, Der erste Konflikt; zur Grundlagenproblematik dieser Debatte vgl. Sauer, Erfahrung und Glaube 137–220.
[101] Vgl. Fogarty, Das Konzil beginnt; HThK Vat.II, Bd. 3, 722–725.
[102] Vgl. Ruggieri, Der erste Konflikt 277.
[103] Vgl. ebd. 277–283; Fogarty, Das Konzil beginnt 87–90; HThK Vat.II, Bd. 3, 724f. Die Gutachten Rahners zu den vorbereiteten Schemata von 1962 an Kardinal König geben einen Eindruck davon, wie sich die kritische Auseinandersetzung entwickelt: Zunächst äußert Rahner grundlegende Kritik an Stil und Schwerpunktsetzung der vorbereiteten Schemata sowie an dem, was sie *nicht* thematisieren. Vgl. Rahner, Konzilsgutachten 97–101. Nach einer Tagung in Mainz (mit Bischof Reuß, Weihbischof Volk, den Theologen Johannes B. Hirschmann, Eduard Stakemeier, Otto Semmelroth, Aloys Grillmeier, Heinrich Bacht, Joseph Ratzinger) und einer Unterredung mit dem Münchener Kardinal Döpfner formuliert Rahner seine Kritik an den Schemata schärfer und fordert unter Berufung auf Kardinal Döpfner, zumindest das zweite Schema zu Fall zu bringen (ebd. 156). Von der Kritik nimmt Rahner die vorbereiteten Schemata von der Kommission der Orientalischen Kirche, der Liturgiekommission und des Sekretariats Beas aus (ebd. 114.141). Von deren Dekreten hofft Rahner, „dass sie unbeabsichtigt durch die selige List des Heiligen Geistes Dinge ins Rollen bringen, von denen sich die Urheber dieser Dekrete nichts oder nur wenig haben träumen lassen" (ebd. 114).
[104] Vgl. AD II/III 2, 454–457. Bei der Diskussion des Textes in der zentralen Vorbereitungskommission (vgl. AD II/II 4, 816–834) hatte Kardinal Bea bereits erläutert, worin der pastorale Charakter dieses Textes besteht: Er geht von den allgemeinen Glaubensschwierigkeiten des modernen Menschen aus, der in der Gefahr steht, den Glauben im Ganzen aufzugeben. Die Glaubenswahrheiten müssen infolgedessen in einer solchen Weise präsentiert werden, dass sie diesem modernen Menschen zum Licht des Glaubens verhelfen. Dies geht nicht ohne eine lebendige Präsenta-

sammenarbeit mit Joseph Ratzinger – legen Entwürfe eines pastoralen Schemas vor.[105]

Die vorgetragenen kritischen Anmerkungen der Theologen aber umfassen nicht nur theologisch-sachliche Einwände gegen eine Reihe von Aussagen des Vorbereitungsschemas. Sie enthalten auch Reflexionen darüber, wie ein solches Schema als „pastorales Schema" zu konzipieren sei. So charakterisiert Rahner in seiner Disquisitio die Sprache eines in pastoraler Perspektive verfassten Lehrdokuments als eine Sprache, die sich von der scholastischen Sprache ebenso unterscheide wie von einer erbaulich-frommen Sprache, wie man sie in Predigten höre. Es sei eine Sprache, die auf der einen Seite die Genauigkeit in Fragen der Lehre mit einer Aufmerksamkeit für die Mentalität der heutigen Menschen vereine, und zwar aus pastoraler Sorge. In solcher Sprache gehe es nicht an, Zitate aus der Heiligen Schrift einfach als Beweismittel für scholastische Thesen zu zitieren. Der Vorrang der Schrift müsse auch im Stil erkennbar werden. In derselben Weise charakterisiert er den ökumenischen Geist, der solche Sprache durchwehen müsse, schließlich müsse man – auch in der Benennung der Irrtümer – sich lediglich auf jene beziehen, die die Gläubigen unmittelbar betreffen, während andere dem ordentlichen Lehramt bzw. den Enzykliken der Päpste überlassen werden sollten.

Diese Art Gutachten der Theologen, welche in den verschiedenen Bischofskonferenzen zirkulieren, rufen eine Gegenbewegung wach. So lässt die italienische Bischofskonferenz von eigenen Experten gleichfalls Anmerkungen zum vorgelegten Schema erarbeiten, die zugunsten des Schemas Stellung beziehen.[106]

Zu 2. Meinungsbildung der Bischofskonferenzen:

Die Tage der unmittelbaren Vorbereitung auf die Debatte über das vorbereitete Schema „Die Quellen der Offenbarung" finden vor allem innerhalb der verschiedenen Bischofskonferenzen statt. Anfang November 1962 wird die Idee geboren, dass Vertreter der verschiedenen Bischofskonferenzen sich treffen und sich über anstehende Fragen wechselseitig informieren. Die zweite solche Versammlung findet am 13. November statt. Anwesend ist das Präsidium des CELAM, vertreten sind ferner die zwei afrikanischen Bischofskonferenzen, die Konferenzen von Japan, Indien, Ceylon, Vietnam, Burma, Philippinen, Deutschland, Frankreich, England, Irland, Belgien, Spanien, Italien. Auch aus den USA und Kanada sind Bischöfe präsent. Bei der wechselseitigen Information über den Diskussionsstand zum Offenbarungsschema sprechen sich die Vertreter der deutschen, japanischen, indischen, ceylonesischen und philippinischen Bischofskonferenzen, der beiden

---

tion des Wortes und einen entsprechenden Umgang mit dem Wort Gottes im Leben der Kirche (vgl. ebd. 821 f.). Dazu gehört auch ein Ernstnehmen der Anliegen der Reformation. Beas Vorschlag stößt auf taube Ohren.
[105] Die Texte von Rahner, Ratzinger und Congar sind abgedruckt in: Klinger – Wittstadt (Hg.), Glaube im Prozess 33–64. Der Entwurf Rahners wurde in Kopien unter den Konzilsvätern verteilt, der Text Congars blieb privat, vgl. HThK Vat.II, Bd. 3, 724. Es gibt Überlegungen, die Entwürfe von Rahner, Ratzinger und von Congar – eventuell auch den Entwurf von Daniélou – zusammenzufügen, die jedoch scheitern. Vgl. Fogarty, Das Konzil beginnt 95 f.102–109; Ruggieri, Der erste Konflikt 277–283.
[106] Vgl. Ruggieri, Der erste Konflikt 286.

afrikanischen Konferenzen und des Präsidiums des CELAM für eine Ablehnung aus. Die französische Bischofskonferenz beurteilt das Schema als unzulänglich, wünscht aber eine Orientierungsabstimmung. In anderen Bischofskonferenzen sind die Meinungen geteilt. Der Vertreter der italienischen Bischofskonferenz erklärt, es müsse jeder Bischof selbst entscheiden.[107]

Dieses Treffen und die wechselseitige Information über die Beurteilung des Schemas bezeugen deutlich, wie die Bischöfe sich mit den schwierigen zugrunde liegenden theologischen Einzelfragen – mit Hilfe der theologischen Gutachten – auseinander gesetzt haben. Darüber hinausgehend aber haben sie sich auch über die Möglichkeit und den Sinn eines pastoralen Lehrschreibens und damit über Stil und Textintention des anzustrebenden Schemas eine fundierte Meinung gebildet.

Zu 3. Die Debatten in der Aula:

Kardinal Ottaviani benutzt seine Einführungsrede in das vorbereitete Schema zu einer Verteidigung des Schemas gegen die vorgetragenen Einwände, welche ihm aus den zirkulierenden Anmerkungen der genannten Theologen bekannt sind. Er greift insbesondere den Vorwurf eines Mangels im pastoralen Ton (defectus toni pastoralis) auf und verteidigt mit Vehemenz, dass die Lehre die Grundlegung allen pastoralen Wirkens sei. Die pastorale Ausdrucksform hingegen sei nicht Sache des Konzils, vielmehr Aufgabe der Seelsorge. Diese Eröffnungsansprache trägt sicherlich dazu bei, dass bei der Behandlung der strittigen Schwerpunkte der Debatte die allgemeinen Fragen nach der pastoralen Zielsetzung des Konzils und die Weise der Darstellung eine entscheidende Rolle spielen. Diese Schwerpunkte sind an sich Schrift und Tradition, ihr wechselseitiges Verhältnis und ihre Zuordnung, die Irrtumslosigkeit der Heiligen Schrift, die exegetischen Positionen zur Historizität der einzelnen Teile des Neuen und Alten Testamentes. Sehr häufig werden die Intentionen Johannes XXIII. in seiner Eröffnungsrede *Gaudet Mater Ecclesia* angeführt, oder es finden sich indirekte Anspielungen[108]. Häufig erfolgen von daher Erläuterungen dessen, was pastoral ist und pastoral heißt. Immer wieder klingt an, dass es um das Verstehen der Christen, um das Verstehen der Menschen geht, denen die Botschaft des Evangeliums auszurichten ist. Dabei rücken hinsichtlich der formalen Gesichtspunkte die pastorale und die ökumenische Ausrichtung eng zusammen. In seiner temperamentvollen Rede charakterisiert Bischof De Smedt die tridentinische und gegenreformatorische Situation dadurch, dass man, aus der eigenen Glaubenstradition herkommend, die jeweils eigenen Positionen dargestellt habe und sich damit nicht näher gekommen sei, vielmehr lediglich vom Anderen abgegrenzt

---

[107] Vgl. ebd. 291 f.
[108] Ruggieri (a.a.O. 296 f.) zählt 22 Interventionen, die sich direkt auf *Gaudet Mater Ecclesia* beziehen, elf Interventionen geben ihren Inhalt wieder, ohne die Eröffnungsansprache ausdrücklich zu nennen. Selbst die einführende Verteidigungsrede Ottavianis und Garofalos antizipieren diesen zentralen Referenzpunkt der Diskussion und suchen ihn abzuwehren: Ottaviani, indem er „pastoral" als nachträgliche Anwendung der zunächst klar und eindeutig darzulegenden Lehre charakterisiert, Garofalo, indem er in einer gewagten Interpretation der Eröffnungsrede deren Aussagen nahezu umkehrt und die Darlegung und Verteidigung der Lehre als Teil der pastoralen Aufgabe darstellt: vgl. AS I/3 27–31; Ruggieri, a.a.O. 293–295.

habe. Der ökumenische Dialog bestehe darin, die eigenen Glaubensüberzeugungen so zu sagen, dass die nicht-katholischen Christen sie verstehen könnten, auch wenn sie sich diese nicht zu eigen machten. Um ein solches verständliches Reden in pastoraler und ökumenischer Absicht zu erreichen, müssten die theologischen Sachverhalte einem neuen Studium unterzogen werden. Man habe sich ja nicht an die bekannten theologischen Schulen zu richten, sondern an den Menschen von heute, und dies erfordere einen anderen Stil.[109]

Was ist das Ergebnis in Bezug auf die Textgenese und in Bezug auf die Textintention, das sich in der Ablehnung des vorbereiteten Schemas manifestiert? Durch theologische Stellungnahmen und die Diskussionsbeiträge der Bischöfe wird reflex begründet, was die Textintention des II. Vatikanischen Konzils ist, gleich ob es sich um Dokumente lehrhaften oder stärker praktischen Charakters handelt. Der pastorale Stil will den Menschen von heute mit ihren Verstehensmöglichkeiten und ihren Mentalitäten, Katholiken, Christen wie Nichtchristen, die Botschaft des Evangeliums vor Augen stellen. Dazu bedarf es dringend der Hilfe der modernen Theologie. Eine von dorther gespeiste Revision, Differenzierung, Neuformulierung überlieferter Formeln ist unabdingbar. Der Stil muss vom Geist des Evangeliums und von einem umfassenden Ernstnehmen der Tradition geprägt sein.

Mit der Ablehnung des Schemas *De fontibus* ist über die Erarbeitung und Approbation eines ersten Modells solcher Texte, des Liturgieschemas, hinaus eine Grundsatzentscheidung getroffen. Es geht prinzipiell um pastorale – und ökumenische – Texte. Das Wort „pastoral" meint nicht einfach die seelsorgliche Applikation von Lehraussagen. Vielmehr bedarf die Darstellung des Glaubens der unmittelbaren Einbeziehung der Adressaten als mündiger Menschen der Moderne mit ihren Mentalitäten, Kulturen und den sich von dorther stellenden Fragen. Dass damit zugleich geistesgeschichtlich gesehen eine Zäsur im Blick auf die gegenreformatorische Theologie gesetzt ist, liegt auf der Hand.

d) Wesentliche inhaltliche und methodische Momente – die Debatte über das Kirchenschema und die Textgenese

Die Debatte über das Kirchenschema vom 1.–7. Dezember 1962, mit der die erste Sitzungsperiode des II. Vatikanischen Konzils abgeschlossen wird, bringt im Blick auf die Textgenese nochmals neue Elemente ins Spiel. Die Vorgänge im Vorfeld dieser Debatte weisen eine große Ähnlichkeit mit den Vorgängen um die Debatte des Offenbarungsschemas auf.[110] Wiederum gibt es kritische Stellungnahmen der Theologen, welche kursieren, es gibt Entwürfe für neue Schemata. Bischofskonferenzen diskutieren und tauschen sich mit anderen Bischofsgruppen aus. Kardinal Ottaviani klagt bei der Einführung die Kritiker an, er höre schon die gewohnten Litaneien der Konzilsväter: „Es ist nicht ökumenisch, es ist scholastisch, es ist

---

[109] Vgl. AS I/3, 184–186; dazu: Ruggieri a. a. O. 304 f.
[110] Vgl. dazu HThK Vat.II, Bd. 2, 314–326.

nicht pastoral, es ist negativ und andere solcher Dinge".[111] Die Relatio von Bischof Franić ist ganz auf die Verteidigung des vorbereiteten Textes abgestellt.[112]

Welche Elemente bringt die Debatte in Hinsicht auf die Textgenese neu ins Spiel? Während in der voraufgehenden Debatte um das Offenbarungsschema weitgehend formale Bestimmungen gegeben wurden, kommen hier wesentliche inhaltliche und konkrete methodische Momente ins Spiel. Es sind Momente, die zwar im Hinblick auf das zu erarbeitende Kirchenschema formuliert werden, die aber allgemeiner und grundsätzlicher Art sind. Wesentlich ist dabei, dass diese inhaltlichen und die methodischen Elemente eine unlösbare Einheit bilden.

1. Die Unterscheidung der unterschiedlichen Ebenen im zu erarbeitenden Text über die Kirche. Während das vorbereitete Schema sofort mit der hierarchisch verfassten Ecclesia militans beginnt, sehen die noch sehr skizzenhaften Entwürfe, die Philips im Auftrag von Kardinal Suenens zusammen mit anderen Theologen zu entwerfen beginnt, von vornherein als erstes Kapitel einen Abschnitt über das Mysterium der Kirche vor. Immer wieder kommt in den Debatten das Verlangen zum Ausdruck, mit dem Mysterium der Kirche zu beginnen. Bereits der erste Debattenredner, Kardinal Liénart, unterstreicht, dass das Mysterium der Kirche, von dem auszugehen ist, die Fassungskraft des menschlichen Geistes übersteigt. Es muss entsprechend der Offenbarung angemessen ausgelegt werden. Dieses Mysterium wird nicht „innerhalb der Grenzen der römischen Kirche total eingeschlossen. Die römische Kirche ist der Leib Christi, ohne dass sie ihn erschöpft"[113]. Zur Begründung verweist Liénart auf die gerechtfertigten Menschen, die nicht alle zur römischen Kirche gehören, und bezieht in seine Betrachtung ausdrücklich auch die nicht-katholischen Christen mit ein. Diese Thematik klingt häufig an. Die orientalischen Bischöfe entfalten diese Differenzen zwischen den unterschiedlichen Ebenen, auf denen von Kirche zu sprechen ist, mit großer Eindringlichkeit. Bischof Hakim konstatiert:

„Zunächst ist die Kirche nach den östlichen Vätern das sich fortsetzende Mysterium Christi. Diese mystische Wirklichkeit, in die man durch eine ‚Initiation' eintritt und die sich nährt von liturgischen Mysterien, gewinnt ihre Konsistenz und ihre Authentizität in einer sichtbaren Gesellschaft mit ihren Vollmachten und ihrem Lehramt. Aber diese wesentliche Sichtbarkeit absorbiert nicht die geheimnisvolle Substanz des kirchlichen Leibes."[114]

Auf Grund dieser Unterscheidung zwischen dem grundlegenden Mysterium, den sakramentalen Ausdrucksformen und schließlich dem organisatorischen, institutionellen Charakter der Kirche mit ihren Vollmachten und Gewalten unterscheidet er ebensolche unterschiedlichen Ebenen bei der Bestimmung dessen, was zum Wesen des bischöflichen Dienstes gehört. Bischöfe seien nicht zunächst zu definieren durch ihre autoritative Jurisdiktion.[115] Kardinal Ritter von St. Louis geißelt die Einseitigkeit des vorgelegten Kirchenschemas, weil hier eine Methode

---

[111] AS I/4, 121.
[112] AS I/4, 122–125.
[113] Ebd. 126.
[114] Ebd. 359.
[115] Ebd.

angewandt werde, die jeweils von der *potestas* magisterii, *potestas* iurisdictionis und der *potestas* ordinis ausgehe. Daraus resultiere ein völlig inadäquater Begriff der Kirche, weil die genannten Gewalten nicht „Prinzipien des Ganzen, sondern lediglich eines Teils der Aktivitäten und des Lebens der Kirche sind"[116]. Ausgehend von diesem Grundprinzip werde die Kirche fast gänzlich im Sinn einer Instrumentalursächlichkeit in Bezug auf die Heiligung der Mitglieder verstanden. Dagegen gelte:

> „Die Kirche selbst also – in Christus durch Christus und mit Christus – lehrt, bringt den Kult dar, heiligt und wird geheiligt und regiert in einer gewissen Weise und herrscht. Jedes Mitglied der Kirche hat seinen Teil an diesen Aktivitäten und dem Leben, ein jedes nach dem eigenen Maß."[117]

Man könne heute nicht zu den „Tridentinischen und Vatikanischen Teilbegriffen (conceptus partiales tridentinos et vaticanos) zurückkehren"[118].

2. Von zahlreichen Debattenrednern wird dem vorgelegten Schema vorgeworfen, dass es die östliche Tradition fast gänzlich ignoriere, die ältere lateinische Tradition kaum integriere, sich hingegen ganz an die Tradition der letzten zwei Jahrhunderte anschließe. Dies sei nicht nur ein methodischer Fehler, sondern führe in den unterschiedlichsten Bereichen zu einer inhaltlichen Verengung. Die Beispiele, die Kardinal Frings im Zusammenhang mit dieser grundlegenden Kritik anführt, sind schlagend. Er schließt mit den Worten:

> „Es scheint mir, dass dieses Schema jener Weite, Tiefe und Universalität entbehrt, in diesem Sinn der Katholizität, welche von einer Konstitution eines ökumenischen Konzils in Wahrheit und zu Recht verlangt werden muss."[119]

In diesen und ähnlichen Interventionen ist eingeschlossen, dass das Konzil vor der Aufgabe steht, angesichts der gegebenen neuen Situation eine grundlegende Distanz zu den bisherigen, auch theologischen „Selbstverständlichkeiten" einzunehmen und in einer neuen Weise auf die gesamte Botschaft der Schrift und der Tradition in Ost und West zu blicken, um so eine neue Weise der Integration dieser vielfältigen Stimmen zu erreichen.

Gerade auf Grund solcher Ausstellungen, wie sie Kardinal Frings und andere vorgetragen haben, sieht Kardinal Bea ein Verfehlen jener Zielvorgabe, die Johannes XXIII. dem Konzil gesetzt hat:

> „nicht die Professoren der Theologie und nicht alleine die Priester anzureden, ja nicht nur die katholischen Gläubigen, sondern alle Christen, ja auch alle Menschen, und ihnen die Lehre Christi in einer verständlichen Form, in einer annehmbaren Form auszulegen, so dass sie sie verstehen, sie lieben, sie annehmen."[120]

3. Ein weiteres Moment, das für die Textgenese des II. Vatikanums in dieser Debatte über das Kirchenschema herausgearbeitet wird, ist das Faktum, dass das

---

[116] Ebd. 137.
[117] Ebd.
[118] Ebd. 138.
[119] Ebd. 219 f.
[120] Ebd. 229.

Konzil sich als Konzil über die Kirche versteht. Kardinal Suenens entfaltet in seiner Rede am 4. Dezember 1962 dieses Thema in breiter Weise und schlägt zwei Teile vor: „De ecclesia ad intra – de ecclesia ad extra". Zugleich charakterisiert er die wesentlichen Dimensionen kirchlichen Lebens, die für ihn die Innen- und Außenbestimmung repräsentieren.[121]

Kardinal Montini greift dieses Votum am folgenden Tag auf, die Kirche müsse der primäre Gegenstand dieser Konzilsarbeiten sein. Er sieht die beiden Leitlinien, die alle Fragen und Arbeiten zu bestimmen haben, in den Fragen: „Was ist die Kirche? Was tut die Kirche?"[122] Im Blick auf diese Zielstellung trägt er dann seine Kritik am vorgelegten Schema vor.

Kardinal Lercaro schließt sich dem Votum von Suenens und Montini ausdrücklich an, plädiert gleichfalls für die Konzentration auf die Behandlung der Kirche, und zwar als Mysterium, als „großes Sakrament Christi, des Wortes Gottes, der sich offenbart, einwohnt, lebt und unter den Menschen am Werk ist".[123] Er sieht allerdings den zu setzenden Akzent bei der Reflexion auf die geschichtliche Gestalt der Kirche in der Gegenwart in der „Kirche der Armen" und entfaltet von dort her seine Gliederungsvorschläge.

Es ist höchst bezeichnend, dass sich am Ende dieser Debatte über das Kirchenschema ein Konsens über die notwendige Neufassung des Kirchenschemas so sehr aufdrängt, dass auf eine formelle Abstimmung verzichtet wird.[124]

Im Blick auf die Arbeiten der ersten Sitzungsperiode ist somit festzustellen, dass die geistlichen, pastoralen und ökumenischen Perspektiven der Convocatio des Konzils durch Johannes XXIII. in den Auseinandersetzungen der ersten Sitzungsperiode ein operationales Profil erhalten.

Es liegt ferner ein Modell vor: das Schema über die Liturgie. Die neuen grundlegenden methodischen Überlegungen sind von einem breiten Konsens getragen. Es ist deutlich, dass die Kirche die zentrale Thematik darstellt. Welche einzelnen Themen allerdings in diese Gesamtthematik zu integrieren sind und welche nicht, welche Gestaltung hier leitend sein soll, ist noch undeutlich.

5. Die zweite und dritte Sitzungsperiode (1963, 1964): Die inhaltliche Ausgestaltung des Textes

Durch die Convocatio und die Arbeiten der ersten Sitzungsperiode sind formale Gesichtspunkte der Textintention herausgearbeitet worden. Solche formalen Perspektiven aber gewinnen ihre eigentliche Bedeutung immer erst dort, wo sie sich mit Inhalten verbinden, und zwar so, dass einerseits der Inhalt eine adäquate Formung findet und damit erst seine ganze Inhaltlichkeit entfaltet und dass umgekehrt die Form eine angemessene Materialität gewinnt und sich so als konkrete

---

[121] Ebd. 222–227.
[122] Ebd. 292.
[123] Ebd. 327.
[124] Der Verzicht war sicher auch von dem Bemühen motiviert, die Mitglieder der Theologischen Vorbereitungskommission nicht nochmals zu brüskieren.

sinnvolle Form erweist. Dieser schwierige Prozess ereignet sich in der zweiten und dritten Sitzungsperiode. Es wird deutlich, dass es nicht um eine äußere Applikation einer am „Aggiornamento" und an der pastoralen Zielsetzung orientierten Bearbeitung von diesem oder jenem Inhalt geht, sondern um eine inhaltliche Ausgestaltung, die Kirche-Sein in dieser Zeit und zugleich in Treue zu Schrift und Tradition nach den Grundzügen thematisiert. Entscheidende Momente in diesem Prozess bilden:

- die Eröffnungsrede Pauls VI. zur zweiten Sitzungsperiode;
- die Entscheidungen Pauls VI., der Koordinierungskommission und des Generalsekretariates, sich auf wenige zentrale Themen zu beschränken und die übrigen Themen in einer kurzen Thesenform zur Abstimmung zu stellen. (Sie sollen nach dem Konzil von Kommissionen in entsprechende institutionelle Regelungen umgesetzt werden).
- Der entscheidende Vorgang ist schließlich die Option einer breiten Mehrheit der Konzilsväter für eine sorgfältige Diskussion der anstehenden Fragen sowie für die Erstellung eines umfassenden Textcorpus im regulären konziliaren Verfahren.

a) Die Eröffnungsrede Pauls VI.

Die Eröffnungsrede, die Paul VI. zu Beginn der zweiten Sitzungsperiode hält, ist für die Gesamtorientierung des Konzils von außergewöhnlicher Bedeutung.[125] Paul VI. selbst hat sie als eine Vorwegnahme seines „Regierungsprogramms" und zugleich als grundlegende Orientierung für die Konzilsväter verstanden. Der Papst bezieht sich ausdrücklich auf die Eröffnungsrede Johannes XXIII. *Gaudet Mater Ecclesia* und unterstreicht die dort vorgegebenen formalen Charakteristiken, insbesondere den pastoralen Charakter und die ökumenische Gesinnung.[126]

Nach dieser formalen Kennzeichnung der Methodologie charakterisiert Paul VI. Ausgangspunkt, Weg und Ziel des konziliaren Weges. Ausgangspunkt, Weg und Ziel aber sind für ihn im Namen Jesus Christus zusammengefasst. So ist, weil die Kirche im Mittelpunkt der Überlegungen und Absichten des Konzils steht, auszugehen vom „Christus totus", vom „ganzen Christus", Haupt und Leib, d. h. vom Mysterium der Kirche. So ist ihr Selbstverständnis zu erheben. Das zweite Ziel ist die Reform der Kirche, ihr „Aggiornamento". Als drittes Ziel nennt Paul VI. die anzustrebende Einheit aller Christen und als viertes schließlich das Gespräch der

---

[125] Vgl. AS II/1, 183–200, deutsch in diesem Band S. 500–514.
[126] Paul VI. charakterisiert diese pastorale Ausrichtung wie folgt: „Darüber hinaus hast du in jenen, aus denen das kirchliche Lehramt besteht, die Ansicht bekräftigt, die christliche Lehre sei nicht nur eine Wahrheit, die durch die Vernunft, welche der Glaube erleuchtet hat, zu erforschen ist, sondern sie sei ein Wort, das Leben und Handeln zeugt; und deswegen habe die Autorität der Kirche nicht nur danach zu trachten, die Irrtümer zurecht zu weisen, die sie beflecken, sondern sie müsse auch direkte und lebendige Dokumente verkünden, deren sie fruchtbare Trägerin sie ist. Weil also die Aufgabe des kirchlichen Lehramtes weder nur theoretisch ist, noch lediglich negierend, deswegen ist es notwendig, dass in diesem Konzil mehr und mehr jenes [Wort, der Verf.] der Lehre Christi Kraft und Wirkung zeigt, der gesagt hat: ‚Die Worte, die ich zu euch gesprochen habe, sind Geist und Leben.'" AS II/1, 186.

Das Werden des Textes – Das Zustandekommen der Textintention

Kirche mit der Welt. In Bezug auf das erste der genannten Ziele merkt Paul VI. an: Nach zwanzig Jahrhunderten des Christentums „scheint uns allerdings die Zeit gekommen, in der die Wahrheit über die Kirche Christi mehr und mehr erforscht, geordnet und ausgedrückt werden muss, nicht vielleicht mit jenen feierlichen Erklärungen, die man dogmatische Definitionen nennt, sondern unter Anwendung von Erläuterungen, durch die die Kirche sich selbst mit einem klareren und wichtigeren Lehramt erläutert, was sie von sich selbst denkt. Das Bewusstsein der Kirche klärt sich selbst, indem sie mit festestem Gehorsam den Worten und Entscheidungen Christi anhängt, indem sie in ehrfürchtiger Erinnerung die bewährten Weisungen der heiligen Tradition umfängt, indem sie dem inneren Licht des Heiligen Geistes folgt, der dies von der Kirche jetzt zu fordern scheint, dass sie alles tue, um als die, die sie ist, von allen Menschen deutlich anerkannt zu werden."[127]

Es geht um die „wirkliche und grundlegende Verfasstheit (vera et primaria constitutio) der Kirche" und „ihren vielfältigen und heilswirkenden Auftrag (multiplex salvificumque mandatum)". Als wichtige klärungsbedürftige Punkte nennt der Papst den Dienst der Bischöfe. Er nennt jene Gruppen, aus denen der „sichtbare und mystische Leib" des Herrn besteht, die Priester, die Ordensleute, die Gläubigen „wie auch die von uns getrennten Brüder, die ja auch berufen sind, ihr voll anzuhängen".

Die Erneuerung der Kirche sieht Paul VI. in der Heiligung der Kirche. Sie soll auf Christus wie in einen Spiegel schauen. In diesem Sinn soll das Konzil „ein frühlingshaftes Wiederaufleben", eine „Verjüngung, sei es ihrer inneren Kräfte, sei es der Normen, welche ihre rechtlichen Strukturen und rituellen Formen regeln", sein.

„Die Erneuerung, welche das Konzil im Sinn hat, ist deshalb nicht für etwas zu halten, was das gegenwärtige Leben der Kirche einstürzen lässt, noch seine Traditionen, in dem, was sie an Wichtigstem und Verehrungswürdigem hat, zerschneidet, sondern vielmehr diesen selben Traditionen Ehre erweist, indem hinfällige und fehlerhafte Formen abgelegt und dieselben [Traditionen, der Verf.] zu echten und fruchtbaren gemacht werden."[128]

In diesem Zusammenhang spricht der Papst die Liturgiereform an und verweist auf analoge Gebiete. Insgesamt gehe es bei dieser Reform darum, dass die Kirche sich „in diese wesentliche, von Christus gewollte Ordnung" stelle.

In Bezug auf die Ökumene sagt der Papst, dass Konzil strebe „eine Ökumenizität an, die voll und universal (plenam et universalem) sein möchte: wenigstens im Wunsche, wenigstens in Gebeten, die Gott dargelegt werden, wenigstens in der Vorbereitung. Heute eine Hoffnung, damit sie morgen Wirklichkeit sei."[129]

In Bezug auf die Beziehung der Kirche zur Welt, das vierte Ziel, sagt Paul VI.:

„Es ist ein seltsames Phänomen! Indem die Kirche nämlich ihre innere Kraft durch das Wirken des Heiligen Geistes mehr und mehr auffrischt, unterscheidet sie sich und hebt sie sich ab von der weltlichen Gesellschaft, von der sie umgeben ist, und dadurch erscheint

---

[127] Vgl. AS II/1, 190.
[128] Vgl. AS II/1, 192.
[129] AS II/1, 193.

sie als belebender Sauerteig und als Werkzeug des Heils für dieselbe menschliche Schicksalsgemeinschaft; ebenso entdeckt und bekräftigt sie die ihr aufgetragene missionarische Aufgabe, die ihre wesentlichste Pflicht ist, dahingehend, dass sie dem menschlichen Geschlecht, was auch immer seine Verfassung sein mag, das Evangelium wegen des empfangenen Auftrags mit frohem Eifer verkünde."[130]

In diesem Kontext verweist der Papst auf die Botschaft der Konzilsväter am Beginn der ersten Sitzung. Der Papst spricht die Repressionen und Verfolgungen von Christen an, er spricht vom Atheismus, gleichwohl beteuert er: „Wir blicken auf unsere Zeit und ihre verschiedenen und gegensätzlichen Äußerungen mit unermesslicher Sympathie (summa benevolentia) und dem Verlangen, den heutigen Menschen die Botschaft der Freundschaft, des Heils und der Hoffnung anzubieten, die Christus in die Welt gebracht hat". Dann schweift der Blick des Papstes gleichsam über die verschiedenen Gruppen von Menschen, die Armen, Bedürftigen, Hungernden und jene Menschen, die sich in besonderer Weise der Pflege der Kultur und der Wissenschaft widmen. Er nennt die Arbeiter, die Staatslenker, um schließlich die Angehörigen anderer Religionen anzusprechen.

Überblickt man die Ausführungen Pauls VI., so zeichnet sich hier deutlich eine Schau des Inhalts der konziliaren Arbeiten ab mit dem Ziel, die Kirche ebenso zu erneuern wie ihr zu einem wahrhaften Bewusstsein über sich selbst und über ihre Stellung in der Welt zu verhelfen. Es geht um die „wesentliche Ordnung", die Jesus Christus der Kirche unter Berücksichtigung der heutigen Zeitverhältnisse zugedacht hat. Hier ist ein wichtiger Schritt über die Diskussionen und die faktischen Ergebnisse der ersten Sitzungsperiode hinaus getan. Diese Rede bietet einen Schlüssel zum Verständnis der Textintention und zum Verständnis der Zusammengehörigkeit des gesamten Textcorpus des Konzils. Zugleich ist diese Rede eine Frucht der voraufgegangenen Arbeiten des Konzils. Mit der so beschaffenen Charakteristik der Aufgabenstellung, die „wesentliche Ordnung" der Kirche und ihre Beziehungen zu den nicht katholischen Christen, zu den anderen Religionen, zur Welt im Ganzen darzulegen – nicht zu definieren! –, zeichnet sich ein Corpus von Verfassungstexten ab.

b) Pragmatische Engführung oder Option für ein umfassendes Textcorpus?

Die Diskussionen der zweiten Sitzungsperiode führen den Konzilsvätern vor Augen, welche Problemstellungen sich mit dem genannten Programm des Konzils auftun. Es handelt sich um Fragen, die für sehr viele der Konzilsväter von „einer fast vollständigen Neuheit" und von „außergewöhnlichem Gewicht"[131] sind.

---

[130] AS II/1, 195.
[131] So die Bilanz von Etchegaray vom 10. Januar 1964, zitiert nach Soetens, L'impegno ecumenico 356. – Im Rahmen der Diskussionen um die Neufassung des Schemas über die Kirche wird das Verhältnis des Volkes Gottes und der Hierarchie behandelt, die Frage der Kollegialität polarisiert die Debattenredner. Die Entscheidung über die Einordnung des Kapitels über Maria ins Kirchenschema, die Einführung des Diakonats, die Fragen nach der Sakramentalität der Bischofsweihe sind spannungsreiche Probleme. Im Bereich der Ökumene ist das erste Kapitel be-

Obgleich Paul VI. auf Grund der Erfahrungen in der ersten Konzilsperiode zur Straffung und Koordination der Arbeit Veränderungen der Konzilsordnung vornimmt und im Verlauf der zweiten Sitzungsperiode die Zahl der Kommissionsmitglieder, die an der Ausarbeitung der entsprechenden Texte arbeiten, nochmals vermehrt, stellt sich gebieterisch die Frage, wie das Konzil seine Arbeiten zu Ende führen kann. In seiner Schlussansprache zur zweiten Konzilsperiode spricht Paul VI. von der Notwendigkeit, die Schemata zu kürzen, die Debatten wesentlich zu verringern und nach dem Konzil entsprechende Gesetze auf Grund einiger vom Konzil beschlossener Leitlinien auszuarbeiten.[132] Der von Kardinal Döpfner auf Grund einer Weisung Pauls VI. ausgearbeitete „Plan" zur Straffung der Konzilsarbeiten und zur Gewährleistung eines Abschlusses des Konzils nach der dritten Konzilsperiode sieht vor, dass ein Großteil der Schemata auf wenige Thesen reduziert werden soll. Die Koordinationskommission erwägt, dass diese verkürzten Schemata lediglich von einem Relator vorgestellt werden und dass die Abstimmung ohne vorausgehende Diskussion erfolgt.[133] Gegen den Protest von Kardinal Liénart in der Koordinierungskommission sollen die bereits in einem ersten Gang diskutierten Schemata über die Kirche, die Offenbarung und das Dekret über die Bischöfe gleichfalls ohne Diskussion zur Abstimmung gestellt werden.[134] In einem Schreiben werden die Kommissionen von diesen Beschlüssen informiert und beauftragt, entsprechende thesenförmige Zusammenfassungen der Schemata zu verfassen.

Es liegt auf der Hand, dass eine so drastische, verfahrenstechnische Maßnahme das Ergebnis des II. Vatikanischen Konzils und damit die Textintention dieses Konzils wesentlich verändert hätte. Dies betrifft nicht nur den Konsensbildungsprozess hinsichtlich der bereits diskutierten Dokumente und der darin angesprochenen grundlegenden Fragen. Durch die Reduktion eines Großteils der übrigen Dokumente auf wenige Thesen, die zudem nicht dem Klärungsprozess der allgemeinen Debatte unterworfen wären, wäre das Ziel, das sich am Ende der ersten Konzilsperiode herausgebildet hatte und das Paul VI. in seiner Eröffnungsrede zusammengefasst hatte, nämlich die „wesentliche Ordnung" der Katholischen Kirche und ihrer Stellung in der modernen Welt darzustellen, nicht zu erreichen gewesen. Für alle diese Bereiche hätte das Konzil lediglich einige Perspektiven für die Überarbeitung des Codex Iuris Canonici vorgegeben.

Was ist die Antwort des Konzils auf diese Vorgaben? Eine Antwort zeichnet sich zunächst in den Kommissionen ab, die die Thesen zu formulieren haben. Sie hatten sich während und nach der zweiten Sitzungsperiode die Grundlinien des

---

sonders strittig; die Klärung des Verhältnisses zu den Nichtchristen, insbesondere zu den Juden ist von hoher kirchlicher und kirchenpolitischer Bedeutung. Die Einrichtung der Bischofskonferenzen bzw. einer Bischofssynode bilden ebenso schwierige Fragen im Schema über die Bischöfe. Zu bedenken ist, dass am Ende der zweiten Sitzungsperiode die Schemata über die Liturgie und die Massenmedien zwar bearbeitet sind, die Mehrzahl der Entwürfe hingegen ist in den Debatten bisher überhaupt nicht angesprochen worden.

[132] Vgl. AS II/6, 567f.
[133] Zu den Verhandlungen in der Koordinierungskommission und zur Vorgeschichte des Planes von Döpfner vgl. Vilanova, L'intersessione (1963–1964) 370–382.
[134] Vgl. ebd. 381.

im Entstehen begriffenen Kirchenschemas sowie die Vorgaben aus der neu entstehenden Offenbarungskonstitution und dem Ökumenismusdekret zu eigen zu machen gesucht. Es ist auffällig, wie die in Arbeit befindlichen Texte durch die Einbeziehung dieser Diskussionsergebnisse und der schriftlichen Eingaben zu den versandten Texten einen Innovationsschub erleben.[135] Es ist kein Zufall, wenn sich eine Reihe von Kommissionen dazu entschließt, zwar die von ihnen geforderten Thesen auszuarbeiten, zugleich aber auch die von ihnen inzwischen erstellte Langfassung beizufügen.[136]

In Entsprechung zu den Vorgaben der Koordinierungskommission und in Abweichung vom Vorgehen der Kommissionen, die den Thesen ihre erarbeiteten Langfassungen beifügen, beschreibt Paul VI. in seiner Eröffnungsansprache zur dritten Session das eigentliche Ziel des II. Vatikanums in neuer Weise. Es gehe um „die hierarchische Gestalt der Kirche selbst (Ecclesiae ipsius hierarchicam constitutionem) und damit verbunden um den Ursprung (originem), das Wesen (naturam), die Aufgabe (munus) und die Vollmacht (potestatem) des Episkopats. Der Episkopat macht einen erhabenen und herausragenden Teil (pars celsa et eximia) der kirchlichen Hierarchie aus, den mit uns zusammen ‚der Heilige Geist bestellt hat, die Kirche Gottes zu leiten'"[137]. In diesem Sinne charakterisiert der Papst das II. Vatikanische Konzil als die Ergänzung des I. Vatikanischen Konzils. „Diese jetzige, gleichfalls ökumenische Synode schickt sich an, die Lehre des vorhergehenden Konzils über die Vorrechte des römischen Papstes zu bestätigen. Sie hat aber auch, und zwar als ihr Hauptziel dies: die Vorrechte des Episkopates zu beschreiben und zu ehren."[138] Diese Worte und die anschließenden Erläuterungen zeigen deutlich, wie die verfahrensmäßige Vorgabe die Gesamtintention des II. Vatikanischen Konzils, wie sie sich bisher abgezeichnet hat und wie Paul VI. sie in der Eröffnungsrede zur II. Sitzung skizziert hatte, modifiziert. Vor Augen steht jetzt eine speziell auf die Hierarchie und das Bischofsamt ausgerichtete Ergänzung des I. Vatikanums, flankiert von einer Reihe von kurzen Dekreten, die orientierenden Charakter für eine Codexreform und einige sonstige institutionelle Veränderungen bieten.

In der Debatte stellt sich heraus, dass die Konzilsväter die vorgeschlagenen Kurzfassungen ablehnen und auf Diskussionen und Langfassungen beharren.[139] Bereits am 13. Oktober werden nach der einführenden Relatio von Bischof Marty die vorgelegten Thesen über das Leben und den Dienst der Priester abgelehnt. Der Widerstand ist so groß, dass am 16. Oktober bei der 103. Generalkongregation von Seiten der Koordinierungskommission bekannt gegeben wird, dass man unmittelbar nach einer kurzen Diskussion über die jeweiligen Kurzschemata abstimmen werde, ob über die einzelnen Thesen abgestimmt werden solle oder ob das ganze Schema an die zuständige Kommission zurückzugeben sei. Am 6. No-

---

[135] Vgl. die Textgeschichte von OT, AG und PO: HThK Vat.II, Bd. 3, 368–371; Bd. 4, 245 f., 373 f. und 380 ff.
[136] So bei OT und PO, vgl. HThK Vat.II, Bd. 3, 368–371, Bd. 4, 373.
[137] Vgl. AAS 56 (1964) 810.
[138] Vgl. AAS 56 (1964) 811.
[139] Vgl. oben Anm. 135 f.

vember wird die Debatte über die Thesen zur Mission im Beisein des Papstes eröffnet. Der Papst hält eine kurze Rede, um dieses Schema zu stützen. Am Ende der Debatte wird auf die Initiative der Kommission selbst das vorgelegte Schema zur Neubearbeitung – dies heißt zur Ausarbeitung in Langform – zurückgezogen. Die von der Kommission für die Ausbildung der Seminaristen vorgelegten und versandten Thesen – sie werden zusammen mit einer vorher erstellten Langfassung versandt – erhalten so viel schriftlich eingereichte Kritik, dass die Kommission am 12. November eine überarbeitete lange Fassung vorlegt, die als Grundlage für die weitere Überarbeitung von den Konzilsvätern angenommen wird. Auf Grund solcher Vorgänge und angesichts des Faktums, dass an dem Entwurf zum Schema 13 noch grundlegend gearbeitet werden muss, fällt die Entscheidung für eine vierte Sitzungsperiode.

Es ist höchst interessant zu sehen, wie Paul VI. in seiner Schlussansprache für die dritte Sitzungsperiode Arbeit und Aufgabe des Konzils jetzt umreißt. Er schlägt auch hier den Bogen zum I. Vatikanischen Konzil, charakterisiert aber den Inhalt der Arbeit und die Aufgabe des Konzils wiederum in einer Weise, die seiner Eröffnungsansprache zur 2. Sitzungsperiode entspricht:

„Es wurde das Mysterium der Kirche und der göttliche Plan für ihre grundlegenden Ordnungen (primariis institutis) erforscht. Abermals sagen wir: Gott sei gedankt für dieses glückliche Ereignis und mit Recht ist unser Herz erfüllt von Freude: von nun an erkennen wir leichter die Gedanken Gottes, was den mystischen Leib Christi betrifft, und aus dieser Erkenntnis werden wir für das Leben der Kirche klarere und gewissere Normen schöpfen können, auch größere Kräfte …"[140]

Er erwähnt die hingebenden Studien, um die Wahrheit der Schrift und der Tradition ins Licht zu heben und damit „den innersten Sinn und die primäre Wahrheit des Verfassungsrechts der Kirche (primaria veritas iuris constitutivi Ecclesiae) selbst zu entdecken, damit unterschieden werden kann zwischen dem, was unveränderlich und sicher ist und dem, was aus Prinzipien durch natürlichen und legitimen Fortschritt entwickelt wird; über den Eifer schließlich, wie das Mysterium der Kirche nach allen Seiten in sein Licht gestellt worden ist, so dass das Leben des mystischen Leibes Christi in allen Teilen, in allen Ämtern (munera) und allen zu erlangenden Zielen mit angemessenen Gründen dargelegt wird."[141]
Der Papst spricht die Lehre vom Episkopat an, die Lehre vom Volke Gottes, dem „der gesamte Dienst der heiligen Hierarchie" dienen soll, er nennt die Religiosen, die verfolgten Christen und die Frage der Religionsfreiheit, schließlich bezieht er sich auf das Schema über die Ökumene und die nicht katholischen Christen. Ein größerer Abschnitt ist der Beziehung der Kirche zu der Welt, zu den Völkern und Menschen gewidmet. Das Schema sei diskutiert worden, müsse aber noch fertig gestellt werden. Am Ende seiner Ansprache bezieht sich der Papst auf die Mariologie und die katholische Lehre über die Stellung der Jungfrau Maria. Er hebt eindringlich hervor, dass dies das erste Mal sei, dass ein Konzil in dieser Weise von Maria gehandelt habe. Er fügt hinzu:

---

[140] Vgl. AAS 56 (1964) 1007–1018, hier: 1008f.
[141] AAS 56 (1964) 1009.

„Dies entspricht ganz den Absichten des Konzils, das ja das Antlitz der heiligen Kirche darzustellen sich bemüht. Mit ihr ist die Gottesmutter eng verbunden ... Die Kirche besteht nicht nur aus ihrer hierarchischen Ordnung (ordine hierarchico), der heiligen Liturgie, den Sakramenten und dem Gefüge ihrer Einrichtungen (compage institutorum suorum). Ihre innerste Kraft und Eigentümlichkeit (vis et proprietas), die Hauptquelle ihrer Wirksamkeit, durch die sie die Menschen heiligt, liegen in ihrer mystischen Einheit mit Christus. Und diese Einheit können wir nicht losgelöst betrachten von ihr, der Mutter des fleischgewordenen Wortes ..."[142]

Bei dieser Sicht bleibt es. In der Einleitungsrede zur vierten Sitzungsperiode versagt es sich der Papst, zu den Themen des Konzils Stellung zu nehmen.[143]

In der Schlussansprache am 7. Dezember 1965 greift Paul VI. wiederum jene Linie auf, die sich von der Convocatio durch Johannes XXIII. und die Arbeiten des Konzils selbst ergeben hat. Er bekräftigt die Sicht, wie er sie selbst in der Rede zur Eröffnung der zweiten Sitzungsperiode gekennzeichnet und in der Schlussansprache nach der dritten Sitzungsperiode wiederum aufgegriffen hat. Gleich eingangs stellt der Papst fest:

„Aber dieses Konzil hinterlässt den Nachfahren nicht nur das Bild der Katholischen Kirche, sondern das Erbe (patrimonium) ihrer Lehre und ihrer Gebote, das heißt die Hinterlassenschaft, die ihr von Christus anvertraut ist; diese haben die Völker durch den Verlauf der Jahrhunderte immer meditiert, gleichsam in ihren Saft und ihr Blut verwandelt, durch ihre Sitten in einer gewissen Weise ausgedrückt; diese [Hinterlassenschaft, der Verf.] ist nun in vielen Teilen erläutert in seiner Gänze statuiert und geordnet. Diese [Hinterlassenschaft, der Verf.], die lebendig ist wegen der göttlichen Kraft der Wahrheit und der Gnade, aus der heraus sie besteht, ist infolgedessen als geeignet anzunehmen, einen jeden Menschen zu beleben, der sie fromm annimmt und durch sie sein Leben nährt."[144]

Im Verlauf der Ansprache wehrt der Papst verschiedene Missverständnisse ab, etwa dass die göttlichen Wahrheiten nicht im Mittelpunkt gestanden hätten. Seine Antwort:

„Diese uralte Religionsgemeinschaft, das ist die Kirche, hat versucht, sich selbst zu denken, um sich besser zu erkennen, sich besser zu definieren und daraus ihre Absicht und ihre Weisungen zu ordnen. Das ist wahr. Aber diese Selbsterkenntnis war kein Ziel, das sie sich allein vorgenommen hatte, es war nicht der Erweis jenes irdischen Geniekultes. Die Kirche ist nämlich, indem sie sich zu sich selbst zurückrief, in die inneren Verborgenheiten ihres Gewissens eingedrungen, nicht um sich an wissenschaftlichen Forschungen zu ergötzen, durch welche sie die Religionspsychologie oder Geschichte ihrer Angelegenheiten erforschte oder damit sie durch ihre Arbeiten wiederum ihre Rechte erlange oder ihre Gesetze beschreibe. [Sie ist in sich zurückgekehrt, der Verf.] um in sich selbst lebend und durch den Heiligen Geist das wirksame Wort Christi besser zu verstehen, ferner um das Geheimnis tiefer zu durchdringen, das heißt den Ratschluss und die Gegenwart Gottes um sich herum und in sich, und damit sie das Feuer des Glaubens in sich mehr und mehr nähre, der

---

[142] Vgl. ebd. 1014.
[143] „Wie es euch offenkundig ist, haben wir keines der Themen berührt, über die ihr in dieser Sitzungsperiode zu disputieren und zu entscheiden habt; aber unser Schweigen entbehrt nicht der Bedeutung, es erklärt vielmehr offen, dass wir aus gegebenem Anlass geschwiegen haben, damit nämlich unsere Worte dem freien Lauf eurer Meinungen nicht ein Hindernis in den Weg legen könnten.": AAS 57 (1965) 794–805, hier: 803.
[144] Vgl. AS IV/7, 654–663, hier: 654f.

die geheime Kraft ist, auf der ihre Festigkeit und ihre Weisheit beruht, das Feuer der Liebe, durch welches sie ohne Unterlass angetrieben wird, das Lob Gottes zu singen. So nämlich sagt Augustinus: ‚Der Liebende singt'. Diese selbe und hauptsächliche Absicht leuchtet klar hervor aus den Dokumenten des Konzils, in erster Linie aus jenen, welche von der göttlichen Offenbarung, der Liturgie, der Kirche, den Priestern, den Religiosen, den Laien handeln; aus ihnen zeigt sich, wie rein, warm, reich und geistlich der Fluss ist, der wegen des lebendigen Kontaktes mit dem lebendigen Gott aus dem Schoß der Kirche hervorbricht und auf die ausgetrockneten Schollen unsrer Erde ausgegossen wird."[145]

Von hier aus charakterisiert der Papst nochmals die einlässliche Beschäftigung des Konzils mit dem modernen Menschen und wie dieses Teilen der Sorgen und Freuden der Menschen zur Sendung der Kirche gehört.

Die zitierten Texte aus der Schlussansprache Pauls VI. zeigen deutlich, dass hier – nach dem Urteil des Papstes – ein Textcorpus entstanden ist, das die Charakteristiken einer „Grundordnung" der Kirche in ihren unterschiedlichen geistlichen und weltlichen, ewigen und geschichtlichen Dimensionen aufweist. Wie ist diese Aussage vom Text selbst her zu bewähren?

---

[145] Vgl. a. a. O. 657.

III. Die Gestalt des Textes:
Einheit – Strukturen – Grundzüge

Das Werden des Textes und die Genese der Textintention wurde im voraufgehenden Abschnitt anhand der äußeren Fakten und Verfahren der Abstimmungen wie der sich abzeichnenden formalen Bestimmungen bis in die letzte Sitzungsperiode hinein verfolgt. Das Ergebnis wurde mit den Worten Pauls VI. zusammengefasst: Es handelt sich um eine von der gegenwärtigen zeitlichen Epochenschwelle geforderte Erhebung des Bildes der Kirche, in dem aus Schrift und Tradition in ihrer Vielfalt die wesentliche Ordnung der Kirche in umfassender Weise gezeichnet wird. Aus der Bewusstwerdung und der Vertiefung in dieses Bild erwächst der Kirche Erneuerung und Kraft vom Heiligen Geist. Dazu gehört das Abwerfen hinfälliger äußerer Formen ebenso wie die innere Umkehr.

Der vorliegende Abschnitt über die Gestalt des Textes dient der Bewährung dieses Ergebnisses, das sich im Prozess des Konzils selbst ergeben hat. Es muss sich dieses Ergebnis an und in den Texten selbst erweisen. Diese Bewährung soll in drei Schritten vollzogen werden. Im ersten Schritt wird die Frage angegangen, wie sich angesichts der unterschiedlichen Dokumente, ihrer differenzierten Kennzeichnung als Konstitutionen, Dekrete und Erklärungen und der je verschiedenen Themen die Zusammengehörigkeit der Texte, ihre innere Einheit erweisen lässt. Ein zweiter Schritt ist den gemeinsamen Strukturen der Texte gewidmet. Völlig strukturheterogene Texte können kein Textcorpus bilden. Der dritte Schritt zielt schließlich auf die gemeinsamen Grundzüge der Texte. Hier geht es um die gemeinsame biblische, patristische und theologische Ausrichtung, die Orientierung an der gegenwärtigen pastoralen Lage.

Abschließend soll die Weise der Erarbeitung dieser Texte im Konzil reflektiert werden, weil darin zugleich wichtige Momente für die Rezeption und Umsetzung dieser Texte gegeben sind.

1. Zur Frage nach der sachlichen Einheit und Zusammengehörigkeit der Texte

Die Frage nach der Einheit und Zusammengehörigkeit der Texte des II. Vatikanums spielt selbstverständlich auf unterschiedlichen Ebenen. In diesem ersten Reflexionsgang wird der Akzent auf die sachliche Einheit und Zusammengehörigkeit der verschiedenen Dokumente gelegt. Erst im folgenden Abschnitt werden dann die Strukturen und Grundzüge thematisiert, die den unterschiedlichen Texten gemeinsam zukommen und ihre Einheit bewirken.

Die Gestalt des Textes: Einheit – Strukturen – Grundzüge

a) Konstitutionen, Dekrete, Erklärungen

Eine erste Anfrage hinsichtlich der Einheit und Zusammengehörigkeit der Dokumente des II. Vatikanischen Konzils scheint sich aus der unterschiedlichen Bezeichnung der verschiedenen Dokumente zu ergeben. *Sacrosanctum Concilium* wird als Konstitution bezeichnet, *Lumen gentium* und *Dei Verbum* als dogmatische Konstitutionen, *Gaudium et spes* als pastorale Konstitution, daneben gibt es Dekrete und Erklärungen.

Orientiert man sich an der Konziliengeschichte, so werden in Trient sowohl die Lehr- wie die Disziplinardokumente durchgängig als Dekrete bezeichnet. Im I. Vatikanum werden beide Dokumente, *Dei Filius* und *Pastor aeternus*, als dogmatische Konstitutionen qualifiziert. Diese Sprechweise, die aber im Kirchenrecht keineswegs eindeutig festgelegt war, greift die theologische Kommission in der Vorbereitungsphase auf und beansprucht, allein für dogmatische Konstitutionen zuständig zu sein, während die anderen Kommissionen lediglich disziplinäre Dekrete verfassen dürfen. Es wurde oben in der Skizze der Textgenese aufgewiesen, wie diese Differenzierung durch die pastorale Methodologie des Konzils aufgehoben wird. Die Vorbereitungskommission, die das Schema über die Liturgie erarbeitet, nennt ihr Dokument von vornherein „Konstitution", obwohl es nicht einfach ein Lehrdokument ist. Im Hinblick auf *Gaudium et spes* melden sich eine Reihe von Stimmen, die die Qualifikation als pastorale Konstitution ablehnen. Das Konzil aber approbiert diese Kennzeichnung mit überwältigender Mehrheit.[1]

Die Dekrete umfassen ebenso wie die Konstitutionen, etwa die Liturgiekonstitution, lehrhafte *und* disziplinäre Momente. Sie stellen nicht einfach disziplinäre Applikationen der Konstitutionen dar. Vielmehr reflektieren sie kirchliche Sachverhalte im Einzelnen, welche in den Konstitutionen, vor allem in *Lumen gentium*, nur kurz angesprochen sind.

Auch die Erklärungen über die Religionsfreiheit, über die Haltung zu den anderen Religionen oder die Erziehung enthalten Lehr- und Disziplinarmomente. Sie unterscheiden sich darin nicht von den Dekreten oder den Konstitutionen. Man kann auch nicht behaupten, dass sie von geringerem theologischen Gewicht als die Dekrete seien. Die Frage der Religionsfreiheit ist ein zentraler Punkt des kirchlichen Lebens und der Positionierung der Kirche in der modernen Welt, ebenso wie ihr Verhältnis zu den anderen Religionen. Man könnte allenfalls sagen, dass der in diesen Erklärungen angesprochene Sachverhalt gleichsam konzentrierter, punktueller ist als der in den Dekreten behandelte jeweilige Inhalt.[2] In ihrer Vielzahl bezeugen diese Dokumente, dass das Konzil nicht beansprucht, das Mysterium der Kirche in allen wichtigen Ausprägungen und hinsichtlich aller

---
[1] Vgl. HThK Vat.II, Bd. 4, 685–689.704 ff.
[2] Auf Grund des „dogmatischen" Charakters einzelner Passagen wurden große Teile aus der Konstitution über die heilige Liturgie, aus dem Dekret über die katholischen Ostkirchen, aus dem Dekret über den Ökumenismus, aus der Erklärung über die Haltung der Kirche zu den nichtchristlichen Religionen, aus der Erklärung über die Religionsfreiheit und aus der Pastoralkonstitution in den „Denzinger" übernommen: vgl. DH 4001–4345.

bedeutenderen Fragestellungen erschöpfend und umfassend aufgegriffen zu haben. Es waltet hier eine gewisse Fragmentarität. Eine solche Fragmentarität ist für Konstitutionen bzw. Verfassungstexte charakteristisch.[3]

b) 16 Dokumente – ein Textcorpus?

Es wurde in der Nachzeichnung des Weges der Textgenese deutlich, wie die Intention des Textes, seine Form und die angemessene Inhaltlichkeit eine unlösliche Einheit bilden und sich schrittweise ausbilden. Die nachfolgenden Erörterungen gehen der Beziehung der Texte untereinander in textgenetischer und zugleich sachlicher Hinsicht nach.

Unmittelbar nach Abschluss des Konzils setzen die Versuche von Theologen ein, die innere Einheit und Zusammengehörigkeit der konziliaren Texte herauszustellen. Die Veranlassung dazu ist, dass sich die Texte insgesamt als Textcorpus präsentieren. Herbert Vorgrimler hat in seiner Einführung zu Bd. 1 der kommentierten Textausgabe des II. Vatikanischen Konzils im LThK[2] solche Entwürfe präsentiert.[4] Rahner legt in seinem Vortrag zum Ende des Konzils in München 1965 seiner Ordnung der Texte die von Suenens ins Spiel gebrachte Differenzierung von Kirche ad intra und ad extra zugrunde. Diesen beiden großen Teilen ordnet er die Kirchenkonstitution *Lumen gentium* vor, weil sie „das grundsätzliche Selbstverständnis der Kirche" entfaltet. Unter der Überschrift „Das innere Leben der Kirche" wird die Liturgie unter das „munus sanctificandi" der Kirche subsumiert, das Dekret über die Hirtenaufgabe der Bischöfe und das Dekret über die katholischen Ostkirchen unter das Stichwort „munus regendi". Die Offenbarungskonstitution und die Erklärung über die christliche Erziehung werden dem Stichwort „munus docendi" zugeordnet. Unter dem Titel „Stände in der Kirche" werden die Dekrete über den Dienst und das Leben der Priester, die Priesterausbildung, das Dekret über die zeitgemäße Erneuerung des Ordenslebens und das Dekret über das Laienapostolat aufgeführt.

Unter der Kapitelüberschrift „Sendung der Kirche nach außen" werden unterschieden:

– das „Verhältnis zur nichtkatholischen Christenheit" (Dekret über den Ökumenismus und das Dekret über die katholischen Ostkirchen);
– das „Verhältnis zu den Nichtchristen" (Erklärung über die nichtchristlichen Religionen und das Dekret über die Missionstätigkeit der Kirche);
– das „Verhältnis zur heutigen profanen Weltsituation im allgemeinen" (Pastoralkonstitution *Gaudium et spes* und das Dekret über die sozialen Kommunikationsmittel);
– das „Verhältnis zum weltanschaulichen Pluralismus der Gegenwart" (Erklärung über die Religionsfreiheit).

Es wird an diesem Schema deutlich, dass die grundlegende Unterscheidung: inneres Leben der Kirche – Sendung der Kirche nach außen kaum adäquat durch-

---

[3] Vgl. oben S. 14.
[4] Vgl. LThK.E 1, 7 f.; zur Übersicht von Rahner vgl. auch Rahner, Das Konzil 11 f.

zuhalten ist, da die Sendung der Kirche – besonders anschaulich etwa im Missionsdekret – aufs Engste mit dem inneren Leben der Kirche zusammenhängt. Und umgekehrt gilt ebenso, dass das innere Leben der Kirche nicht losgelöst von ihrer Sendung konzipierbar ist. Die Erklärung über die Religionsfreiheit berührt in ihrer Sachproblematik ebenso das innere Leben der Kirche wie ihre Sendung. Die systematisierenden Stichworte im Abschnitt über das innere Leben der Kirche (munus sanctificandi, regendi, docendi) erfassen die Inhalte etwa der Offenbarungskonstitution nur in einer begrenzten Perspektive.

Ist Rahners Vorschlag von der systematischen Ekklesiologie her bestimmt, so orientiert sich Alois Grillmeier am Aufbau der Theologie im Studienbetrieb.[5] Grillmeier sieht die Offenbarung als Basis. Darauf aufruhend steht im Mittelpunkt die Kirche mit ihrer wesentlichsten Äußerung, der Liturgie, und gleichsam als Corrolarium die Frage der katholischen Ostkirchen. Die nächsten Dokumente über den Ökumenismus, das Verhältnis zu den nichtchristlichen Religionen und die Missionstätigkeit werden offenbar unter dem Aspekt „Beziehungen zu Anderen" gesehen. Dabei verwundert etwas, dass die Missionstätigkeit nicht neben der Liturgie erscheint. Die nächsten drei Nummern beziehen sich auf Bischöfe, Priester und Ordensleute, d.h. auf die Stände in der Kirche. Die letzten Nummern bilden gleichsam Anhänge mit unterschiedlichen Themen. Dabei wird die Möglichkeit eingeräumt, das Laienapostolat enger an die anderen Aussagen über die Stände in der Kirche anzuschließen.

Sowohl der Entwurf Rahners wie der Grillmeiers helfen, sachlich-theologische Beziehungen zwischen den verschiedenen Dokumenten aufzudecken und die verschiedenen Dokumente in die Ordnungsschemata der dogmatischen Traktate einzuordnen. Diese Ordnung aber wird nicht einfach an den Texten als solchen abgelesen.

In jüngster Zeit hat Christoph Theobald eine Zuordnung der Texte vorgelegt, die durch eine vertikale Achse und zwei horizontale Ebenen gegliedert ist.[6] Er gibt damit eine dynamische, dreidimensionale Struktur vor, die nicht mehr wie bei Rahner und Grillmeier von kategorialen Einteilungsschemata dominiert ist. Bezeichnenderweise spricht Theobald vom *Textcorpus* des II. Vatikanischen Konzils.

Die vertikale Achse erstreckt sich von der Spitze (Gott hat sich persönlich geoffenbart) bis zum Gegenpol, der Spitze des Gewissens des Menschen (Glaubensakt: DV, religiöse Freiheit: DiH). Diese Achse durchläuft zwei horizontale Ebenen. Auf horizontaler Ebene unterscheidet er 1. Schrift und Tradition (DV), 2. die Kirche (LG, SC) mit ihren Entfaltungen (CD, PO, OT, PC, AA), im äußeren

---

[5] Die Abfolge, die sich bei Grillmeier ergibt: 1. Über die göttliche Offenbarung; 2. über die Kirche 3. über die heilige Liturgie; 4. über die katholischen Ostkirchen 5. über den Ökumenismus; 6. über das Verhältnis der Kirche zu den nichtchristlichen Religionen; 7. über die Missionstätigkeit der Kirche (oder 6 und 7 in umgekehrter Reihenfolge); 8. über die Hirtenaufgabe der Bischöfe; 9. über den Dienst und das Leben der Priester; 10. über die zeitgemäße Erneuerung des Ordenslebens; 11. über die Ausbildung der Priester; 12. über die christliche Erziehung; 13. über die Kirche in der Welt von heute; 14. über die Religionsfreiheit; 15. über das Laienapostolat (oder als Nummer 11); 16. über die sozialen Kommunikationsmittel. Zit. n. Vorgrimler, in: LThK.E 1, 8.

[6] Theobald, Le concile 488–510, hier: 494 (Tafelbild).

Umkreis der Kirche die Beziehungen zu den nichtkatholischen Christen (UR), den nichtchristlichen Religionen (NA), die Beziehungen zum Unglauben, zum Atheismus (GS und AG) wie zu den Fragen der Gesellschaft (IM und GE).

Indem Theobald so der Zuordnung eine Dreidimensionalität gibt, eine vertikale Achse und zwei unterschiedliche horizontale Ebenen, wird unterstrichen, dass alle Dokumente in sich eine Mehrdimensionalität besitzen, in dieser Mehrdimensionalität überein kommen und zugleich ihre jeweils spezifischen Themen entfalten, die auf den verschiedenen Ebenen unterschiedliche Nähen und Distanzen aufweisen. Zugleich bringt er durch die vertikale Achse eine Dynamik zum Ausdruck.

Theobald erläutert die polyzentrische Struktur des konziliaren Corpus durch unterschiedliche theologische Perspektiven, die er durch zwei große Typen der Zugangsweisen auf die jeweiligen theologischen Sachfragen charakterisiert: Er spricht zum Ersten von der „konfessionellen Zugangsweise" der Lehre, zentriert durch eine biblische und patristische Perspektive auf die innere Einheit des Mysteriums. In diesem Kontext spricht er von einer „pan-ekklesiologischen" Tendenz.

Er nennt zum Zweiten die „kulturelle Zugangsweise, die eher sensibel ist für die Vielheit der christlichen Sprachen"[7]. Hier sind die „kulturellen Gestalten der offenbarten Wahrheit" bestimmend. Beide Zugangsweisen sind nicht geeint. Von daher rühre die Auseinandersetzung in der nachkonziliaren Kirche.

Die Strukturen, welche Theobald im Textcorpus des II. Vatikanums aufdeckt, sind insgesamt systematisch-theologischer Art. In der Längsachse stehen an den beiden Enden Gott und der Mensch (in seinem Gewissen) einander gegenüber. Die Ebenen, die sich horizontal dehnen, betreffen die Strukturen der Überlieferung und die kirchlichen, gesellschaftlichen Artikulationen. Damit ist zweifellos gegenüber den früheren Konzeptionen eine wesentlich komplexere Struktur der Zusammengehörigkeit und der inneren Dimensionen der Texte entworfen. Im Gesamtverständnis berührt sich auch diese systematische Analyse mit der „Hermeneutik der Autoren", wie sie oben dargelegt wurde.[8] Die Pragmatik des Textcorpus spielt in der Entfaltung der sachlichen Einheit keine Rolle, einbezogen werden lediglich die Intentionen der unterschiedlichen Akteure des Konzils.

2. Einheit durch Strukturen

Die folgenden Überlegungen stehen in der Linie der Textanalyse. Sie suchen nicht wie die oben vorgestellten systematisch orientierten Entwürfe in einer theologisch-systematischen Weise die Einheit des Textcorpus zu erweisen.[9] Der Ausgangspunkt wird vielmehr von den vorliegenden 16 Texten genommen, die je-

---

[7] Ebd. 501.
[8] Vgl. S. 18 f.
[9] Dass solche Reflexionen höchst sinnvoll sind und auf zahlreiche Verbindungen innerhalb der verschiedenen Texte aufmerksam machen, ist unbestritten. Das hochkomplexe Schema von Christoph Theobald vermittelt hier besonders interessante Einsichten.

weils unterschiedliche Sachverhalte behandeln, Sachverhalte, die mit der Kirche in Beziehung stehen. Die Art der Behandlung dieser unterschiedlichen Sachverhalte aber ist durch Strukturen gekennzeichnet, die zugleich inhaltlicher und formaler Art sind und so durch ihre Gleichheit aus diesen Texten ein Corpus von Texten machen. Diese Zusammengehörigkeit der Texte, die sich aus den Textstrukturen inhaltlich-formaler Art ergibt, wird verstärkt durch die gemeinsamen Grundzüge,[10] die die Darlegungen prägen. Das Ergebnis dieser Untersuchungen ist die Feststellung, dass es sich hier um ein Bündel von Texten handelt, deren Strukturen und Grundzüge sie wie eine Familienähnlichkeit[11] charakterisieren und so zu einem Corpus von Texten in der Konziliengeschichte werden lassen. Ein solches Corpus bietet dann selbstverständlich die Basis für den Aufweis theologisch-systematischer Zusammenhänge, die aber jeweils von den eingenommenen Perspektiven und den Zugangsweisen abhängen.

a) Wer sind die Adressaten dieser Dokumente?

Es fällt auf, dass in den drei Konstitutionen *Lumen gentium*, *Dei Verbum* und *Gaudium et spes*, d.h. in den gewichtigsten Konstitutionen, die Adressaten, zu denen das Konzil spricht, in den jeweiligen Vorworten ausdrücklich genannt werden: In *Lumen gentium* wird unter Berufung auf die Sendung Christi, die sich auf alle Menschen erstreckt, gesagt, das Konzil wolle „Wesen und allumfassende Sendung" der Kirche „ihren Gläubigen und der gesamten Welt eindrücklicher erklären". In der Offenbarungskonstitution DV 1, 1 wird unter Berufung auf 1 Joh 1, 2 gesagt, das Konzil beabsichtige, „die echte Lehre über die göttliche Offenbarung und deren Weitergabe vorzulegen, damit die gesamte Welt im Hören auf die Verkündigung des Heiles glaubt, im Glauben hofft, im Hoffen liebt". Im Vorwort zu *Gaudium et spes* heißt es:

„Daher richtet das II. Vatikanische Konzil, nachdem es das Mysterium der Kirche tiefer erforscht hat, sein Wort ohne Zaudern nicht mehr allein an die Kinder der Kirche und an alle, die Christi Namen anrufen, sondern an alle Menschen, in der Absicht, allen darzulegen, wie es Gegenwart und Wirken der Kirche in der heutigen Welt auffasst".

Bei den folgenden Dokumenten wird in den Vorworten jeweils zum Ausdruck gebracht, dass sie sich als Konkretisierung bzw. Ergänzung zu *Lumen gentium* verstehen: so das Dekret über die Ostkirchen, OE 1, 1, das Dekret über den Ökumenismus, UR 1, 3, das Dekret über die Religiosen, PC 1, 1, OT im Vorwort, ebenso GE p, 3, AG 1, 1 und PO 1, 1. In Bezug auf CD erläutert der Relator, man habe das Vorwort vor der Fertigstellung der als Grundlage der Diskussion die-

---

[10] Vgl. unten S. 68–72.
[11] Vgl. Wittgenstein, Philosophische Untersuchungen 65–67. Wittgenstein fasst mit „Familienähnlichkeit" die Ähnlichkeiten, „Verwandtschaften" zwischen Phänomenen, die es ermöglichen, auf sie einen gemeinsamen Begriff anzuwenden, obgleich keine strenge Identität der Eigenschaften bzw. einer Gruppe von Eigenschaften besteht.

nenden Entwürfe von *Lumen gentium* bereits bearbeitet. So fehle hier die Bezugnahme auf *Lumen gentium*.[12]

Im Dokument über die Kommunikationsmittel IM 1,1, in NA 1,1, dem Dokument über die Haltung zu den Religionen, in DiH 1,1, der Erklärung über die Religionsfreiheit, ist jeweils die Rede von der Kirche, welche die gesellschaftlichen, technischen, kulturellen Entwicklungen etc. erwägt und von dorther Stellung nimmt.

Eine gewisse Sonderstellung nimmt die Konstitution über die Liturgie ein. SC 1, 1 spricht generell vom Vorhaben des Konzils, das „christliche Leben unter den Gläubigen von Tag zu Tag zu mehren, die Einrichtungen, die Veränderungen unterworfen sind, den Notwendigkeiten unserer Zeit besser anzupassen, was immer zur Einheit aller an Christus Glaubenden beitragen kann, zu fördern und was immer dazu führt, alle in den Schoß der Kirche zu rufen, zu stärken". Von dieser generellen Bestimmung der Konzilsarbeit her wendet es sich dann der Erneuerung und Förderung der Liturgie zu. Diese Einleitung ist verständlich auf Grund des Faktums, dass diese Konstitution die erste ist, welche das Konzil diskutiert, die erste auch, die es verabschiedet.

Indem sich das Konzil in seinen großen Konstitutionen an die katholischen Gläubigen, die übrigen Christen, schließlich an alle Menschen wendet, bezieht es grundsätzlich Position in der Weltöffentlichkeit. Es beansprucht Gehör bei allen. Dabei wird in der Kirchenkonstitution wie in der Offenbarungskonstitution, aber auch in *Gaudium et spes* für diese universale, alle Menschen einbeziehende Adressierung eine theologische Begründung gegeben.

Zugleich wird durch die Art der übrigen Vorworte bezeugt, dass sich eine Reihe von Dokumenten unmittelbar als Ergänzungen und Entfaltungen von Themen verstehen, die bereits in *Lumen gentium* angesprochen sind bzw. darin in einer gewissen Weise ihr Fundament finden. Drei Dokumente (IM, NA, DiH) sprechen von der Kirche, die sich zu gesellschaftlichen Entwicklungen verhält bzw. zu den übrigen Religionen. Dies ist eine Sichtweise der Kirche und ihrer Vollzüge, wie sie in *Gaudium et spes* in aller Ausführlichkeit thematisiert wird, in *Lumen gentium* aber bereits angesprochen ist.[13]

b) Die jeweilige „innere Spannweite" der Texte

Texte schlagen Bogen, bezeugen Verbindungen. Texte sind jeweils Syn-Thesen. Sprechen die Dokumente des II. Vatikanums insgesamt die katholischen Gläubigen, nicht-katholische Christen, alle Menschen in den unterschiedlichen Kulturen und Religionen an, so entspricht diesem weitesten Bogen der Adressaten die innere Spannweite des Gesagten. Gehen wir aus von den drei Konstitutionen LG, DV, GS und befragen anschließend noch SC und die Dekrete bzw. Erklärungen.

---

[12] Vgl. AS III/2, 45.
[13] Nicht zufällig sind DiH und NA aus Vorarbeiten des Einheitssekretariates im Zusammenhang mit Fragen über den Ökumenismus der Katholischen Kirche entstanden.

Die Gestalt des Textes: Einheit – Strukturen – Grundzüge

LG setzt im ersten Kapitel mit dem Schöpfungs- und Heilsratschluss Gottes ein. Er ist vermittelt durch seinen Sohn und das Wirken des Geistes in der Heilsökonomie. Dieses göttliche Geschehen reflektiert sich im geschichtlichen Werden des Volkes Gottes – alle Menschen guten Willens sind auf dieses Volk Gottes ausgerichtet und bezogen – bis hin zum Neuen Bund (Kap. 2). Die Abfolge der übrigen Kapitel nimmt dann den Weg durch die unterschiedlichen Ebenen, auf denen sich Kirche in der Geschichte bewegt: als institutionelle, verfasste Kirche mit Hierarchie und Laien, als Gemeinschaft der zur Heiligkeit berufenen Glaubenden und Gemeinschaften mit den jeweils spezifischen Charismen. Diese Berufung zur Heiligkeit ist in der Welt zu realisieren, in den Anfechtungen und Versuchungen. Kirche ist weiterhin pilgerndes, geschichtliches Gottesvolk, das in der Gemeinschaft mit den Verstorbenen und den bereits in die Vollendung Gottes eingegangenen Heiligen lebt. Schließlich wird Maria, die Magd aus Nazareth, die Mutter Jesu Christi, die geliebte Tochter des Vaters als Inbild der Kirche gezeichnet.

Diese „innere Spannweite" des Textes wird durch die Stichworte: Mysterium, Schöpfung, Geschichte, die einzelnen Menschen, geschichtliche Völker und Kirche als Sakrament, die gleichzeitig Zeugin und Instrument dieser Einheit des Menschen mit Gott ist, gekennzeichnet.

Der Bogen der Aussagen wird zugleich als von Gott her aufgespannte und vom Menschen und der kirchlichen Gemeinschaft zu vollziehende Spannweite gezeichnet. Insofern liegt in allen Aussagen eine Handlungsorientierung fundamentaler Art vor. Es ist eine Sicht der Wirklichkeit im Ganzen, die den Standort ihres Umblicks und Aufblicks gleichsam in der Kirche als vieldimensionalem Sakrament nimmt.

Die Offenbarungskonstitution DV ist von der gleichen inneren Spannweite gekennzeichnet, thematisiert sie aber von einem anderen Focus aus. Dadurch entsteht eine „Familienähnlichkeit" mit LG, obwohl die verbundenen Relate andere sind und in anderen Konfigurationen auftauchen. Das erste Kapitel von DV beginnt mit dem Heilsratschluss Gottes, sich selbst und das „sacramentum" – das mysterion – seines Willens kund zu machen, mit der Berufung der Menschen zur Anteilnahme an Gottes eigener Natur durch sein fleischgewordenes Wort im Heiligen Geist. Im diesem Ratschluss wurzelt die Schöpfung durch das Wort Gottes, mit diesem Ratschluss ist die heilsame Anwesenheit Gottes und seine Kundgabe an die Menschen – trotz der Sünde – von Anfang an gegeben. Die Offenbarungsgeschichte gewinnt durch Jesus Christus ihre endgültige Gestalt und wird von da an durch die Kirche weitergegeben. Diese geschichtliche Weitergabe in den Gestalten der apostolischen Überlieferung, der Schrift und Tradition mit den Funktionen der allgemeinen Bezeugung durch die Glaubenden und das Lehramt bildet den Inhalt des zweiten Kapitels. Daran schließen sich dann die ins Einzelne gehenden Abschnitte über Inspiration und Auslegung der Schrift, das Alte und Neue Testament und die Stellung und Bedeutung der Schrift im Leben der Kirche an. Auch hier reicht der Bogen vom frei sich offenbarenden Gott bis in die konkrete Praxis des Gebrauchs der Schrift im täglichen Leben der Gläubigen und der Gemeinden und bis in die exegetische Praxis der Theologen. Sorgfältig werden die unterschiedlichen Ebenen und Gestalten der heilsamen Erschlossenheit und Präsenz des Wortes Gottes in der Geschichte der Menschen unterschieden. Es zeigt sich, dass dieser Spannungsbogen nicht einfachhin identisch ist mit dem Spannungsbogen von LG, obwohl der eine nicht ohne den anderen zu verstehen ist.

Greift man zu *Gaudium et spes*, so zeigt sich dieselbe Spannweite. Allerdings wird die Weite in einer entgegengesetzten Bewegungsrichtung ausgemessen. GS setzt im Proömium ein mit der Charakteristik der innigsten Verbindung der Kirche mit der ganzen Völkerfamilie. Es folgt eine Beschreibung der gegenwärtigen Situation und Problemlage der Menschheit. Wo und wie aber soll nun konkret angesetzt werden, um in der unabsehbaren Vielfalt und Komplexität der irdischen Verhältnisse, ihren Schrecken und Freuden, eine Linie von der Welt hin zum erlösenden Mysterium Gottes zu ziehen, und zwar im Ausgang von weltlichen Phänomenen? *Gaudium et spes* wählt drei Eckpunkte aus. Die Konstitution beschreibt diese Eckpunkte inhaltlich als „einhellige Auffassung der Glaubenden und der Nicht-Glaubenden"[14] und sieht darin Zeichen der Zeit.[15] Das erste Eckdatum: „... alles, was auf der Erde ist, [ist, der Verf.] auf den Menschen als auf seinen Mittel- und Höhepunkt hinzuordnen". Im Hintergrund steht hier die weitgehend akzeptierte Lehre von der Menschenwürde, wie sie in den Menschenrechtskonventionen ausgesprochen ist.

Das zweite Eckdatum: Die „Vervielfältigung der gegenseitigen Beziehungen unter den Menschen, zu deren Entwicklung die heutigen technischen Fortschritte sehr viel beitragen. Doch das brüderliche Gespräch der Menschen verwirklicht sich nicht in diesen Fortschritten, sondern grundlegender in der Gemeinschaft von Personen, die die gegenseitige Ehrfurcht gegenüber ihrer vollen geistlichen Würde erfordert"[16]. Auch hier steht im Hintergrund das allgemeine Menschenrechtsethos.

Das dritte Eckdatum besteht in der Frage nach dem Sinn der modernen Tätigkeit, durch die der Mensch mittels seiner Geisteskraft und Arbeit „beinahe die gesamte Natur" beherrscht und sich seine vielen Güter beschafft.

In Bezug auf diese drei Eckdaten entfaltet die Pastoralkonstitution jeweils eine christliche Antwort, die bis in die eschatologische Vollendung durch Christus hinein führt. Der Glaube, der so von den Mysterien Gottes her aufbricht, wird als die Begründung für die hoffnungsvolle Beantwortung jener Fragen und Probleme charakterisiert, die sich im Ausgang von diesen drei Daten der modernen Gesellschaft stellen. Der große erste Teil von *Gaudium et spes* wird dann mit einer zusammenfassenden Überlegung über die Aufgabe der Kirche in der Welt dieser Zeit abgeschlossen (GS 40–45). Im Rahmen dieses Koordinatensystems bzw. dieser Spannungsbögen werden im zweiten Teil der Konstitution verschiedene schwerwiegende Probleme der modernen Welt aufgegriffen, nach ihren Grund-

---

[14] GS 12,1.
[15] Vgl. GS 11,1.
[16] GS 23,1.

zügen charakterisiert, und es wird eine Orientierung für den Umgang mit diesen Problemfeldern geboten.[17]

Zur Liturgiekonstitution ist anzumerken, dass im ersten Kapitel bei den Ausführungen über das Wesen der heiligen Liturgie und ihre Bedeutung im Leben der Kirche ebenso dieser große Bogen aufgespannt wird.[18] Aus diesem Zusammenhang werden dann die grundsätzlichen Reformvorschläge und Anweisungen für eine Verlebendigung und Neugestaltung der Liturgie entwickelt.

Während einige der Dekrete sich damit begnügen, sich auf die Kirchenkonstitution zu beziehen und auf diese Weise bezeugen, wie sie sich in den dort vorgegebenen Gesamtzusammenhang einordnen[19], greifen andere Dekrete in ihren Texten die gekennzeichnete Struktur der inneren Spannweite ihrerseits auf. So werden etwa im ersten Kapitel des Dekrets über den Ökumenismus die katholischen Grundsätze des Ökumenismus aus einer theologischen Reflexion entwickelt, die bis auf den Heilsratschluss Gottes zurückgreift und unter dem Gesichtspunkt der Einheit der Kirche Grundsätze des Verhaltens der Kirche entfaltet. Damit ist die Basis gelegt für die weiteren Ausführungen über die Ausübung des Ökumenismus und die Aussagen über die Verhältnisse in und zu den Kirchen der Reformation und des Ostens. In ähnlich intensiver Weise greift das Dekret über die Missionstätigkeit die Ausführungen in *Lumen gentium* auf und führt sie dann im Hinblick auf die missionarische Tätigkeit durch. Dabei werden gerade durch diese Fokussierung nochmals neue Aspekte im Blick auf das trinitarische Ursprungsgeschehen, aber auch im Blick auf die Beurteilung der Völker und der Religionen sichtbar bis hin zur eschatologischen Deutung des Missionsgeschehens. Ähnlich steht es um PO, wo – durch die Konzentration auf den priesterlichen Dienst und das priesterliche Leben – in vergleichbarer Weise auf *Lumen gentium* zurückgegriffen wird, die konkreten Schwierigkeiten und Lebensumstände der Presbyter aber, die nach *Lumen gentium* auch mit zum Leben der Kirche gehören, in größerer Eindringlichkeit und Differenziertheit zur Sprache kommen.[20]

Was ergibt sich aus dieser durchgängigen Struktur der Texte, die wir durch die innere „Spannweite" der Ausführungen charakterisiert haben? Es ist ebenso unmöglich vom einen Pol dieser Spannweite her, den wir durch das Stichwort „Mysterium" kennzeichnen können, noch vom anderen Pol, den grundsätzlich gefass-

---

[17] Es gehört zur Kühnheit dieses Dokumentes, dass es sich – anders als die voraufgehende kirchliche Soziallehre – nicht mit der eingegrenzten sozialethischen Beurteilung grundlegender moderner Phänomene und einzelner gesellschaftlicher Problemfelder begnügt, sondern sie einzufügen sucht in jene große Spannweite christlichen Glaubens, die ebenso die beiden anderen grundlegenden Konstitutionen bestimmt. Dass sozialethische Beurteilungsmomente in den Darlegungen der einzelnen Orientierungen ihren angemessenen Platz haben, ist selbstverständlich.
[18] Vgl. SC 5–13.
[19] Vgl. etwa PC 1, AA 1, 1.
[20] In der Diskussion um die Unzulänglichkeit der Behandlung des Dienstes und des Lebens der Priester in diesen Formen macht Kardinal Alfrink ausdrücklich geltend, dass die konkreten Schwierigkeiten und Probleme der Seelsorgearbeit in der modernen Gesellschaft, die das priesterliche Leben und den Dienst wesentlich prägen, nur in einer eigenständigen und umfassenden Reflexion dargestellt werden können. Vgl. HThK Vat.II, Bd. 4, 384.

ten Lebensformen der Kirche und der Gläubigen, der anderen Menschen in der Situation der modernen Welt her, die Fülle der angesprochenen Sachverhalte zu deduzieren. Hier herrscht keine logische Systematik, vielmehr wird unter Rückgriff auf die Erfahrung die jeweilige Plausibilität des Glaubens in den unterschiedlichen Zusammenhängen thematisiert. Zu diesen Plausibilitäten gehören auf den je unterschiedlichen Ebenen, die angesprochen werden, jeweils weitere Polaritäten, die sich nicht in einheitliche Begriffe auflösen lassen. Gleichwohl zeichnen sich jeweils Kohärenzen und glaubwürdige Zusammenhänge ab. Es sind weisheitliche und zugleich pragmatische Zusammenhänge. Es sind Texte, die zugleich Einsichten in grundlegende Züge kirchlichen, christlichen Lebens in der Welt, das heißt grundlegende Handlungsorientierungen vermitteln, und zwar für die kirchliche Gemeinschaft im Ganzen, für die Gemeinden wie für die Ortskirchen, für die unterschiedlichen Organe der Kirche wie für die verschiedenen Gruppen und das Volk Gottes im Ganzen.

Aus dieser Struktur des Textes ergibt sich, dass in diesen Dokumenten nicht mit Lehrdefinitionen gearbeitet werden kann. Lehrdefinitionen isolieren notwendigerweise einzelne Lehrpunkte, heben sie heraus, reflektieren sie in sich und bestimmen ihre Momente. Die Darstellung von Plausibilitäten gläubiger Lebensformen und Zusammenhänge ist so gerade nicht möglich. Ebenso ergibt sich aus dieser Struktur der Texte auch, dass die traditionelle Differenzierung von Lehre und Disziplin für diesen Typus von Texten unangemessen ist. Eine solche Differenzierung vorausgesetzt, kann sich gar nicht zeigen, was hier durch den Text intendiert wird. Schließlich ergibt sich eine dritte Konsequenz: Texte mit dieser Struktur, die von einem universalkirchlichen Gremium, dem Konzil, verabschiedet sind, können sich sinnvoller Weise nur auf typische Lebensformen und Grundzüge der Moderne – mit ihren jeweiligen Problemfeldern – beziehen, weil die Differenzen in den einzelnen großen Kulturbereichen nicht aufgearbeitet und einbezogen werden können. Ebenso werden Dokumente von dieser Prägung und Struktur das kirchliche Leben und Selbstverständnis wie seine Vollzugsformen nur nach generellen, grundlegenden Aspekten in den Blick nehmen können. Die Dokumente wurden nicht nur in dem Bewusstsein abgefasst, dass sie zur Grundlage für eine Überarbeitung des Kirchenrechtes dienen sollten. Es finden sich in ihnen an zahlreichen Stellen immer wieder Hinweise darauf, dass es sowohl vonseiten des Papstes und der römischen Kurie wie vonseiten der einzelnen Bischofskonferenzen bzw. der großen Gruppen von Gläubigen mit ihren jeweiligen unterschiedlichen Kompetenzen und Funktionen der Konkretionen und der kreativen Entfaltungen dieser Grundorientierungen bedarf. Am Ende des Konzils hat diese Sicht im Schlusswort von *Gaudium et spes* einen eindeutigen Ausdruck gefunden. Die Worte haben einen die unmittelbare Zielsetzung von *Gaudium et spes* überschreitenden Charakter. Sie greifen auf die Adressatenbestimmung des gesamten Textcorpus des II. Vatikanums zurück.[21] Es wird in diesem Schlusswort betont,

---

[21] Vgl. GS 91, 1: „Das, was von dieser heiligen Synode aus den Schätzen der Lehre der Kirche vorgelegt wird, beabsichtigt, allen Menschen unserer Zeiten, ob sie an Gott glauben oder ihn nicht ausdrücklich anerkennen, zu helfen, dass sie, indem sie ihre vollständige Berufung klar

dass die „unermessliche Verschiedenheit sowohl des Zustandes der Dinge, als auch der Formen der menschlichen Kultur" nur in allgemeiner Weise angesprochen werden kann. Zugleich gilt, dass die Dinge im Fluss sind und die Lehre der Kirche deshalb „noch weiter verfolgt und ausgebaut" werden müsse. Dazu gehört insbesondere die „Anpassung an die einzelnen Völker und Denkweisen von den Christgläubigen unter der Leitung der Hirten"[22].

Von solchen Handlungsorientierungen sind die Dokumente des II. Vatikanischen Konzils insgesamt durchzogen. Immer wieder münden die Darlegungen in Aufforderungen. Während in einem Dokument wie *Lumen gentium* die grundsätzlichen Sollensaussagen überwiegen, ergeben sich etwa in der Liturgiekonstitution detailliertere, gesamthafte Anweisungen[23], Kompetenzabgrenzungen und Aufträge für den Apostolischen Stuhl ebenso wie für die Bischöfe und die Bischofsversammlungen, die Diözesen und die Pfarreien, den Auftrag in der Liturgie die kulturelle Vielfalt zu wahren und zu entfalten etc.[24] Die Aufzählung der Prinzipien des katholischen Ökumenismus in UR stellt zugleich die Grundzüge einer zu gestaltenden Verhaltens- und Aktionsweise der Gläubigen, der Gemeinden der Ortskirchen und der Kirche im Ganzen dar.[25] Hinsichtlich des „Wie" dieses Ökumenismus finden sich die grundlegenden Weisungen im zweiten Kapitel von UR.[26]

Das Dekret über die Hirtenaufgabe der Bischöfe enthält über die zahlreichen kirchenrechtlich relevanten Orientierungen hinaus Verhaltensanforderungen und Weisungen für die Bischöfe, die ebenso Stil und Geist des zu realisierenden Verhältnisses zu den Presbytern bzw. zu anderen Bischöfen, zu den Laien und den kirchlichen Verbänden umschließen, als auch Hinweise, dass hier entsprechende Institutionalisierungen erfolgen müssen.[27]

Es liegt auf der Hand, dass die hier vorgegebenen Handlungsorientierungen nicht in einem einmaligen Rezeptionsprozess aufgearbeitet werden können, es handelt sich vielmehr um Leitlinien für eine kontinuierliche Ausübung der Praxis. So ergibt sich von dieser inneren Struktur her nicht nur eine Einheit der verschiedenen Dokumente. Es manifestiert sich eindrucksvoll der Charakter des Corpus als konstitutioneller Text der Kirche.

---

erfassen, die Welt mit der hervorragenden Würde des Menschen mehr in Einklang bringen, eine weltweite und tiefer gegründete Brüderlichkeit anstreben und unter dem Antrieb der Liebe in edelmütigem und gemeinsamem Bestreben den drängenden Forderungen unserer Zeit entsprechen".

[22] Vgl. GS 91, 2.
[23] Vgl. SC 14–20.
[24] Vgl. SC 22; 37; 41.
[25] Vgl. UR 2–4.
[26] Vgl. UR 5–12.
[27] Vgl. etwa CD 12–21; 37 u. ö.

3. Einheit durch gemeinsame Grundzüge

Die innere Spannweite der Texte, die in den voraufgehenden Erörterungen untersucht wurde, bezieht sich auf die Sachgehalte, die hier verbunden sind. Es handelt sich folglich um eine synchrone Struktur. Diese synchrone Struktur der inneren Spannweite der Texte wird in den Dokumenten durch diachrone Grundzüge ergänzt. Die Texte sind geprägt von Wort und Geist der Schrift, des Alten und Neuen Testamentes; es spiegelt sich in ihnen das Erbe der Patristik und des Mittelalters; es werden in ihnen die Konzilien der Neuzeit und die Dokumente des jüngeren Magisteriums einbezogen. Ermöglicht ist dies durch eine moderne Theologie, die in den Texten selbst aufleuchtet und ihrerseits eine moderne Philosophie, Philologie und moderne historische Wissenschaften voraussetzt.

Die Prägung des Konzilscorpus durch diese Grundzüge hängt konstitutiv mit der Struktur, der inneren Spannweite der Dokumente und dem universalen Adressatenkreis der Konzilstexte zusammen. Die Botschaft des Konzils könnte sich gar nicht glaubwürdig an alle katholischen Gläubigen, an alle Christen in Ost und West mit ihren Traditionen, an die Menschen in ihren unterschiedlichen Kulturkreisen wenden, wenn sie nicht die eigene, im Ratschluss Gottes wurzelnde Geschichte in ihren maßgeblichen Zeugnissen einbeziehen würde.

a) Wort und Geist der Schrift im Textcorpus

Giuseppe Alberigo hat belegt, in welchem Ausmaß die Konzilstexte von der Schrift geprägt sind.[28] Zum Gebrauch und zur Präsenz der Bibel in den Konzilsdokumenten merkt er an:

„Allein die biblischen Zitationen in den gesamten Konzilstexten [des II. Vatikanums, der Verf.] machen zahlenmäßig mehr als die Hälfte aller Schriftzitate aller ökumenischen Konzilien zusammengenommen aus, wobei eine deutliche Präferenz für das Neue Testament gegenüber dem Alten nicht zu übersehen ist".[29]

Um sich den Schriftgebrauch des II. Vatikanischen Konzils in Gegenüberstellung zu anderen Konzilien zu verdeutlichen, ist es nützlich, den Entwurf für das Schema über die Kirche des I. Vatikanums samt der dogmatischen Konstitution *Pastor aeternus* der Kirchenkonstitution des II. Vatikanischen Konzils *Lumen gentium* gegenüberzustellen. Die spärlichen Schriftzitate in den genannten Texten des I. Vatikanischen Konzils finden sich als Dicta probantia an jenen Stellen der Dokumente, an denen sie die völlig systematisch entwickelte Lehre von der Kirche gleichsam als bekräftigende Kernsätze bestätigen. Es sind Sätze, die aus ihrem Kontext im

---

[28] Vgl. Alberigo, Die Rezeption.
[29] Ebd. 315 – Legt man die Ausgabe „Conciliorum Oecumenicorum Decreta", Bologna ³1973, Paderborn 1998–2003 zugrunde, so bringt das II. Vatikanum 51 % aller Schriftverweise gegenüber allen übrigen Konzilien. Das Textcorpus des II. Vatikanums repräsentiert allerdings 30 % der Konzilstexte im Ganzen. – Das AT wird 84mal angeführt, das NT 1280mal. Vgl. HThK Vat.II, Bd. 1, 751–760.

Gebrauch der Heiligen Schrift herausgenommen sind und so in gleichsam geschichtsloser Weise eine geschichtsenthobene Wahrheit der Kirche bekräftigen.

Das II. Vatikanische Konzil hingegen stellt seine Aussagen von vornherein in einen heilsgeschichtlichen biblischen Zusammenhang und gewinnt damit die Möglichkeit, die alttestamentlichen Aussagen wie insbesondere die unterschiedlichen und mannigfaltigen neutestamentlichen Texte, ihrem eigenen Duktus entsprechend einzubeziehen. Die Artikel 2–4 von *Lumen gentium* sind in dieser Hinsicht ein Musterbeispiel.

In welchem Ausmaß die neuzeitliche exegetische Forschung den Hintergrund dieses Schriftgebrauches bildet, wird offenbar, wenn man die Anmerkungen studiert, welche die Redaktionskommissionen einzelnen Abschnitten der ausgearbeiteten Schemata beigegeben haben, oder die Texte der Relatoren aufmerksam durchsieht, in denen häufiger exegetische Abgrenzungen und nähere Erklärungen gegeben werden. Als Beispiel kann LG 7 dienen. Es wird darin das Bild vom Leib Christi, der die Kirche ist, aufgenommen. In der Debatte zum vorbereiteten Schema wurde scharfe exegetische Kritik an der Auslegung dieses Bildes geübt. Man unterscheide nicht zwischen dem paulinischen und dem deuteropaulinischen Sprachgebrauch und lege das Wort „corpus" in einem verengten, institutionellen Sinne aus.[30] Diese exegetischen Kritiken sind im neuen Text berücksichtigt worden. Ein anderes Beispiel bietet LG 19. Hier geht es um die Berufung des Zwölferkreises, der Apostel, die Bestellung des Petrus. In der Erklärung der Kommission zu diesem Artikel wird ausdrücklich angemerkt, man habe darauf verzichtet Lk 6,13 wörtlich zu zitieren, habe stattdessen lediglich den Verweis aufgenommen, um Kontroversen darüber zu vermeiden, ob Jesus selbst die Mitglieder des Zwölferkreises Apostel genannt habe. In Bezug auf die Einrichtung des Apostelkollegiums wird ausdrücklich bemerkt, dass hier nicht ein juridischer Sinn unterstellt werde.[31]

Man mag es bedauern, dass ein größerer Teil dieser kommentierenden Erklärungen und Abgrenzungen der Kommissionen bzw. der Relatores nicht ihren Weg in die offiziellen Fußnoten des konziliaren Textcorpus gefunden haben. Dies hätte den Text wahrscheinlich vor einer Reihe von Missverständnissen und Simplifikationen geschützt, die bei Unkenntnis dieser Erläuterungen leicht auftreten.

b) Einbeziehung der patristischen Tradition und mittelalterlichen Theologien

Die breite Aufnahme der patristischen Theologie und ihrer Quellen sowie eine gewisse daraus resultierende Differenzierung der mittelalterlichen theologischen Ansätze wurde oben als zweiter Grundzug des Textcorpus des II. Vatikanischen Konzils bezeichnet. Alberigo hat auch darüber eine Statistik aufgestellt. Die patristischen Zitationen in allen Konzilien zusammengenommen belaufen sich –

---

[30] Vgl. HThK Vat.II, Bd. 2, 362–365.
[31] Vgl. ebd. 409 f.

unter Zugrundelegung der Konzilsausgabe „Conciliorum Oecumenicorum Decreta" – auf insgesamt 471 Stellen. Davon befinden sich 286 (60 %) in den Texten des II. Vatikanischen Konzils.[32]

Die pure Anzahl der Zitationen veranschaulicht noch kaum die Tiefe der Einwirkung. So wird die Verwendung des Terminus „mysterion – sacramentum" zur Kennzeichnung der Kirche mitsamt der sich daraus ergebenden Gestaltung der einzelnen Kapitel in *Lumen gentium* ausdrücklich durch Berufung auf die frühere Patristik – bis etwa zum fünften Jahrhundert – begründet. Es wird damit die von zahlreichen Vätern vorgetragene Kritik am vorbereiteten Schema, die Kardinal Frings besonders pointiert dargelegt hatte, aufgegriffen: Frings hatte in seiner Stellungnahme das vorbereitete Schema deswegen abgelehnt, weil es die ekklesiologische Sicht der Patristik und der orientalischen Kirchen ignoriere.[33] In ähnlicher Weise sind es Argumente aus der Theologie der Patristik, die die Mehrheit der Väter dazu bestimmen, die Mariologie in die ekklesiologischen Erörterungen von *Lumen gentium* zu integrieren.[34] Es ist höchst bezeichnend, wie die Differenzierung und Korrektur, welche das II. Vatikanische Konzil an der Theologie des mittelalterlichen und gegenreformatorischen Bildes des Bischofs und der Sakramentalität seines Dienstes übt, aus einer Fülle von Texten der Patristik in Ost und West erhoben wird.[35]

Diese wesentlich aus der Patristik gewonnene Sicht des bischöflichen Amtes wirkt sich ebenso im Priesterdekret aus. Während im Trienter Konzil lediglich die Feier der Eucharistie und die Sakramentenspendung zum sakramentalen Dienst des Presbyters gehören, werden jetzt alle drei munera, die Verkündigung, die Pastoral und die seelsorgliche Leitung, aber auch der Vorsitz in der Eucharistiefeier und der Heiligungsdienst durch die Sakramentenspendung insgesamt zusammen genommen. Alle drei munera gehören zum sakramentalen Dienst des Presbyters. Es zeigt sich darin eine Auswirkung der Rezeption patristischer Theologie, wenngleich die Lehre vom Presbyterat in der Patristik noch nicht so weit entfaltet ist, wie die Lehre vom Episkopat.[36] Gegenüber der langen Liste von zitierten Kirchenvätern nehmen sich die Zitationen der großen mittelalterlichen Theologen bescheiden aus. Zweimal wird auf Albertus Magnus verwiesen, fünfmal auf Bonaventura, achtundzwanzigmal auf Thomas von Aquin. Höchst bezeichnend sind die Kontexte, in denen die mittelalterlichen Theologen angeführt

---

[32] Vgl. Alberigo, Die Rezeption 315. Vgl. ferner Pellegrino, L'étude.
[33] Vgl. AS I/4, 218 f.
[34] Vgl. die Rede von Kardinal König zugunsten dieser Lösung und die Argumentation, die er vorträgt: HThK Vat.II, Bd. 2, 349.
[35] Vgl. LG 20–22, 1.
[36] Von daher wäre das etwas apodiktische Urteil von Alberigo über *Presbyterorum ordinis* wie über *Optatam totius* und *Apostolicam actuositatem* zu differenzieren. Alberigo schreibt: „Diese Dokumente sind von der nachtridentinischen Theologie und Praxis beeinflusst, in deren Horizont ihre Argumentation konzipiert wurde. Diese und andere ähnliche Dokumente können als traditionell im Sinne der jüngeren, nach dem Bruch mit den Protestanten entstandenen und deutlich konfessionell akzentuierten Traditionen klassifiziert werden": Alberigo, Die Rezeption 316.

werden. In *Lumen gentium* 7 und 11 wird auf die Sakramentenlehre des Thomas von Aquin zurückgegriffen. Zitiert werden Texte, die in allgemeiner Weise von der Gnadenvermittlung durch die Sakramente und vom Zusammenhang der Eucharistie mit den übrigen Sakramenten und den kirchlichen Diensten wie der gesamten Tätigkeit der Kirche sprechen. An der letztgenannten Stelle (LG 11) fällt das berühmte Wort von der Eucharistie als Quelle und Höhepunkt kirchlichen Lebens. Wenn hier Thomas zitiert wird, so ist zu beachten, dass sich zwar der Kern dieser Aussage bei ihm findet, Begründung und Kontext aber in *Lumen gentium* gegenüber der mittelalterlichen Ämtertheologie erheblich verändert sind.

Das Gros der mittelalterlichen Zitationen, insbesondere des Thomas von Aquin, befindet sich im Kapitel über die Berufung zur Heiligkeit bzw. im eng damit verknüpften folgenden Kapitel über die Religiosen (LG 40.41.42.44). Schließlich werden Thomas und Bonaventura zitiert, wo es um das Eintreten der Heiligen für die pilgernde Kirche bei Gott geht (LG 49). In den gleichen Zusammenhang der kirchlichen Dienste und Werke des Apostolats mit der Eucharistie gehören drei Zitationen von Thomas in PO 5 und die geistliche Mahnung des Thomas in PO 13 bzw. von Bonaventura in OT 16. Einige wenige Zitationen des Thomas finden sich im Missionsdekret, wo es um die Einpflanzung und die Ausbreitung der Kirche geht, bzw. darum, dass die missionarische Aktivität zur eschatologischen Vollkommenheit hinführt. Alle übrigen Zitationen gehören strikt in den Bereich der Ethik. In DiH 3 ist vom Gesetz Gottes die Rede, in GS 25 von der menschlichen Person als der Trägerin und dem Ziel aller gesellschaftlichen Institutionen und in GS 69 schließlich, wo Albert, Bonaventura und Thomas zitiert werden, vom grundsätzlichen Verhältnis des Menschen zu den irdischen Gütern.

Man ersieht aus dieser knappen Skizze deutlich, dass die großen mittelalterlichen Synthesen nicht die Form abgeben, die die theologischen Aussagen des II. Vatikanischen Konzils prägt. Dies gilt auch für die Sakramentenlehre und die mittelalterliche Konzeption der kirchlichen Dienste.

c) Referenzen: Konzilien und lehramtliche Texte

Einen letzten wichtigen Referenzpunkt des Textcorpus des II. Vatikanischen Konzils bilden die lehramtlichen Dokumente und Veröffentlichungen. Die großen Konzilien des ersten Milleniums sind alle, wenngleich sehr sparsam, zitiert. Von den großen mittelalterlichen Generalsynoden werden das 4. Laterankonzil und das 2. Lyoner Konzil angeführt, aus der frühen Neuzeit Florenz – Ferrara und das 5. Laterankonzil. Das Trienter Konzil kommt etwas ausführlicher zur Geltung, die beiden Konstitutionen des I. Vatikanums werden in *Lumen gentium* und in *Dei Verbum* angeführt.

Auffallend ist die starke Bezugnahme auf päpstliche Lehrschreiben von den ersten Jahrzehnten des 19. Jahrhunderts an bis zur Zeit des Konzils: Es wird auf insgesamt 112 lehramtliche Texte Bezug genommen. Zusätzlich werden noch

97 Ansprachen von Leo XIII. bis zu Paul VI. angeführt.[37] Die ganz überwiegende Anzahl der zitierten Dokumente stammt – ebenso wie die hohe Zahl der zitierten Ansprachen – aus der Zeit nach dem I. Vatikanischen Konzil und verrät etwas über das Gewicht, das dem ordentlichen päpstlichen Lehramt in dieser Zeit faktisch zuerkannt wird. Dass sich so im Textcorpus des II. Vatikanums ein Übergewicht bemerkbar macht, ist offenkundig.[38]

Auf der anderen Seite sollte man nicht übersehen, in welchem Maß sich in den einzelnen Enzykliken ein Präludium jener Darstellungsart findet, welche die Dokumente des II. Vatikanums prägt. Zu Recht wird etwa in der Diskussion um das Liturgieschema darauf aufmerksam gemacht, dass der Stil des Schemas der Enzyklika *Mediator Dei* von Pius XII. entspricht.[39] Ähnliches gilt für Enzykliken wie *Mystici corporis*. Zugleich aber ist deutlich, dass die Aussagen des Konzils die Lehre der Päpste seit dem I. Vatikanum in vielfältiger Weise fortschreiben, differenzieren, mit neuen Akzenten versehen.

Stellt man in Rechnung, dass sich die Textgestalt des II. Vatikanischen Konzils durch einen Adressatenkreis auszeichnet, zu dem die katholischen Gläubigen, alle Christen und alle Menschen überhaupt gehören, zieht man ferner in Betracht, dass die innere Spannweite dieses Textcorpus durch den Spannungsbogen vom Mysterium bis zur charakteristischen Situation der Moderne als des Lebensraumes der heutigen Gläubigen gekennzeichnet ist, dann ist es keineswegs selbstverständlich, dass sich neben der Bezugnahme auf Geist und Wort des Alten und Neuen Testamentes, neben der Bezugnahme auf die Patristik und mittelalterliche Theologen sowie der starken Berücksichtigung des ordentlichen päpstlichen Lehramtes keine Bezugnahmen auf Dokumente und Texte finden, in denen die Lage der modernen Menschheit ihren Niederschlag gefunden hätte. So gehört zwar zu *Gaudium et spes* eine einführende Darlegung über die Situation der Menschen in der heutigen Welt, aber sie kommt gänzlich ohne entsprechende Verweise und Referenzen aus.[40] Solche Beobachtungen am Text selbst zeigen, wie sehr hier Neuland betreten wird, wie stark der Dialog „mit der Welt", aber auch der Dialog mit den anderen christlichen Kirchen und Gemeinschaften wie auch mit den Religionen erst programmatisch verkündet, aber noch keineswegs aufgenommen worden ist.[41]

---

[37] Vgl. dazu das Verzeichnis der zitierten Dokumente und Quellen in HThK Vat.II, Bd. 1, 939–945.
[38] Die Fülle der Verweise auf päpstliche Dokumente der jüngeren Zeit, ebenso wie die Heranziehung der zahlreichen Ansprachen der Päpste hängt mit der relativ starken Präsenz von Angehörigen der Kurie und Theologen der römischen Institutionen zusammen. Päpstliche Ansprachen werden in dieser Ausdrücklichkeit im Allgemeinen weder vom Weltepiskopat aufgenommen, noch spielen sie im außerrömischen theologischen Betrieb der Fakultäten eine so herausgehobene Rolle.
[39] Vgl. oben S. 38 f.
[40] Vgl. GS 4–10.
[41] Immerhin stehen Formulierungen wie die Basisformel des ÖRK, 1961 in Neu-Delhi trinitätstheologisch erweitert, hinter wichtigen Passagen in LG und UR. Vgl. HThK Vat.II, Bd. 3, 111–113.123.157.

Die Gestalt des Textes: Einheit – Strukturen – Grundzüge

4. Eine Textwerkstatt mit exemplarischem Charakter?

Die neue Gestalt des konziliaren Corpus, welches das II. Vatikanische Konzil zum ersten Mal entwickelt, setzt bestimmte Arbeitsformen voraus. Das II. Vatikanische Konzil wird so zu einer Textwerkstatt mit exemplarischem Charakter.

Inwiefern setzt die Textgestalt eine spezifische Erarbeitungsweise voraus? Es ist selbstverständlich, dass die reiche Einarbeitung alt- und neutestamentlicher Schriftstellen Fachleute voraussetzt, die über eine umfassende exegetische Bildung verfügen. Ein Gleiches gilt hinsichtlich der zahlreichen patristischen Texte und Verweise. Ähnliches ist von den mittelalterlichen Texten und päpstlichen Lehrdokumenten der jüngeren Zeit zu sagen.

Da hier auf zahlreiche Texte – sei es der Schrift, sei es der Patristik – Bezug genommen wird, die bislang in lehramtlichen Schreiben oder Ansprachen ebenso wenig vorkamen wie in den geläufigen theologischen Handbüchern[42], zeigt sich deutlich, wie die exegetischen, patristischen oder auch mediävistischen Fachleute mit übergreifenden modernen theologischen Fragestellungen vertraut sein mussten, um solche Texte gestalten zu können.

Die Präsenz solcher Fachleute in der Konzilsarbeit war insofern außergewöhnlich stark und einflussreich, als von den einzelnen Kommissionen, die im Prinzip für ein Dokument zuständig waren, zahlreiche Unterkommissionen gebildet wurden, die einzelne Kapitel oder Fragebereiche des betreffenden Dokumentes bearbeiteten und im Entwurf der Schemata wie in der laufenden Einarbeitung der verschiedenen Diskussionsbeiträge und Modi die wesentliche Arbeit leisteten.

Im Episkopat gab es eine kleinere Zahl von Bischöfen, die auf Grund ihrer vertieften theologischen Vorbildung bzw. ihrer früheren Tätigkeit als Theologieprofessoren wichtige Funktionen in den Kommissionsarbeiten wahrnehmen konnten. Andere arbeiteten sehr eng mit einem Kreis von Theologen zusammen, um sich entsprechend beraten zu lassen.

Insgesamt entsteht bereits in der ersten Sitzungsperiode vor allem anlässlich der Vorbereitungen auf die Diskussion über die Offenbarungskonstitution ein enger Kommunikationsprozess zwischen den Bischöfen und den Theologen.[43] Von daher ist das Urteil erlaubt, dass das Gros der Bischöfe nicht nur den „common sense" des Glaubensverständnisses der Kirche repräsentierte, sondern gerade durch die konziliaren Arbeiten und den engen Austausch mit den Theologen einen über die gegenwärtige theologische Problematik aufgeklärten, „gebildeten" „common sense". Hinzu kommt der Einfluss der Stellungnahmen der Beobachter, die ihre Voten und Argumentationen über das Einheitssekretariat in den Konzilsdiskurs einbringen konnten. Einen gewissen Einfluss hatten dann schließlich die nach Beginn des Konzils zugelassenen wenigen Vertreter der Priester und Laien.

---

[42] Man denke etwa an die Ausführungen über das gemeinsame Priestertum aller Gläubigen und die entsprechenden Aussagen der Väter, z.B. Augustins, wie Christen durch ihren Alltag am Opfer Jesu Christi Anteil nehmen und mit ihm priesterlich wirken; vgl. HThK Vat.II, Bd. 4, 388.
[43] Vgl. oben die erste Sitzungsperiode (1962): Die Umrisse der „Textintention".

Die Interventionen Pauls VI. wurden in den Kommissionen zum größeren Teil nochmals diskutiert und auf Grund theologischer Argumente in die erarbeiteten Schemata wie Modi aufgenommen oder auch zurückgewiesen.

Erleichtert wurde die umfangreiche Detailarbeit an den Texten zum einen durch den Zeitplan, zum anderen durch die Stellung, die den Sekretären der Kommissionen und Unterkommissionen zukam.

Zum Zeitplan: War in Trient der jeweiligen Debatte von Dekreten eine ausführlichere Debatte der Theologi minores vorgeordnet, so arbeiteten im II. Vatikanischen Konzil die Kommissionen bzw. Unterkommissionen nahezu durchgängig die ganze Konzilszeit hindurch. Auch Zeiten, in denen die Kommissionen nicht zu Plenarsitzungen zusammenkamen, waren mit schriftlichen Ausarbeitungen und der Anfertigung von Stellungnahmen in den Unterkommissionen etc. gefüllt.

Die Konzilsväter selbst nahmen zu den einzelnen Konzilsdokumenten vielfach in schriftlicher Form Stellung. Die öffentlichen Debatten boten dagegen eher die Möglichkeit zu Akzentsetzungen und Gesamtorientierungen der Dokumente, Abschnitte oder Kapitel.

Auf Grund dieses Zeit- und Arbeitsplanes mit relativ kurzen öffentlichen Sitzungsperioden und langen Zeiten der Ausarbeitung von einzelnen Stellungnahmen ist es selbstverständlich, dass den jeweiligen Sekretären der Kommissionen und der Unterkommissionen eine besondere Bedeutung zukommt. Sie waren – in enger Kooperation mit einem kleinen Kreis von Periti – jeweils für die Ausarbeitung der Texte, die Integration der Verbesserungsvorschläge und die Aufarbeitung der Modi zuständig. Dabei hatten sie einen großen Ermessensspielraum. Ein Verbesserungsvorschlag konnte in den unterschiedlichsten Formen aufgenommen werden: durch die Einfügung eines neuen Abschnitts, die Interpolation eines Satzes oder eines Nebensatzes, evtl. auch durch die Aufnahme eines Adjektivs.[44] Die Bischöfe hatten zwar durch ihre Abstimmungen die Möglichkeit, zu den Texten Stellung zu nehmen. Ihre Voten aber liefen immer über die Kommissionen. Die Kommissionen waren allerdings verpflichtet, über die Gründe für die Aufnahme oder die Ablehnung eines schriftlich eingereichten Modus bzw. über die Art der Aufnahme einer Textverbesserung Rechenschaft abzulegen.

Worin liegt der exemplarische Charakter des II. Vatikanischen Konzils, insofern es eine Textwerkstatt ist? Es zeigt sich an der Entstehung des Textcorpus des II. Vatikanischen Konzils, dass in einer Bildungsgesellschaft mit ihren jeweiligen hochgradigen Spezialisierungen eine adäquate, innovative Wahrnehmung des Magisteriums in der Kirche durch Papst und Bischöfe an intensive vorbereitende Kommunikations- und Konsultationsprozesse gebunden ist, bei denen die Theologie, die verschiedenen Repräsentationen der kirchlichen „Stände", aber auch die Konsultation von Fachleuten der anderen christlichen Kirchen und kirchlichen Gemeinschaften wie der anderen Religionen, bzw. die Einbeziehung von Fachleuten der verschiedenen Dimensionen gesellschaftlichen Lebens je nach dem zu bearbeitenden Thema, eine unerlässliche Rolle spielen. Dabei kommt dem Ma-

---

[44] Vgl. Hünermann, Ultime settimane.

gisterium des Papstes und der Bischöfe die verantwortliche Entscheidung zu. Dies bedeutet aber nicht, dass sie diese Entscheidung angemessen treffen können ohne die Inanspruchnahme der notwendigen Konsultationsprozesse, um zu einer konsensfähigen, der Situation nach bestem Wissen und Gewissen entsprechenden Auslegung des Glaubens oder einer entsprechenden Entscheidung in Sittenfragen zu gelangen. Diese Entscheidungskompetenz setzt allerdings eine solide, ja vertiefte theologische Bildung des Episkopats und ein ausgeglichenes Urteilsvermögen voraus.

Die Verheißung des Geistes für das Magisterium bezieht sich nicht auf die Substitution von Kenntnissen im Bereich von Fachwissen. Es ist eine Verheißung in Bezug auf das Glaubensverständnis, wie es der Gemeinschaft der Glaubenden im Ganzen entspricht und ihren Konsens wahrt. In diesem Sinn bezieht sich das Charisma veritatis auf den „common sense", den gemeinsamen sensus fidelium, und das Magisterium ist authentischer Zeuge dessen.

IV. Die Bedeutung des Textes

1. Der Leser und der Text – zur Einführung

Die moderne Hermeneutik und die Verfahren der Textanalyse nennen gemeinhin die „Bedeutung des Textes" den sich aus der Interaktion von Text und Leser konstituierenden Sinn. In diesem Verhältnis von Interaktion waltet keineswegs Beliebigkeit. Es herrscht vielmehr ein normatives Fundierungsverhältnis, obwohl der Leser als „aktives Prinzip der Interpretation ... zum generativen Rahmen ein und desselben Textes [gehört]"[1]. Wie ist dieses Verhältnis näher zu charakterisieren? Selbstverständlich wird der Leser bei der ersten Begegnung mit dem Text von seinem mitgebrachten Vorverständnis geleitet. Er wird so im Text Vertrautes, Selbstverständlichkeiten entdecken.[2] Bei näherem Sich-Einlassen auf den Text aber wird sich die Sperrigkeit des Textes bemerkbar machen. Die gesellschaftliche Funktion des Textes zeigt sich vielleicht als eine andere als vermutet, im Text selbst begegnet ein spezifischer Erwartungshorizont bzw. eine Bedeutungserwartung[3]. Die Konventionen, die das Welt- und Wirklichkeitsverständnis des Textes prägen, beginnen, sich in ihrer Differenz zu den Konventionen des Lesers zu zeigen. Es zeigen sich im Text selbst Strategien, die den Leser – zusammen mit den Konventionen – zu Sinnzusammenhängen hinführen. Es gibt Leerstellen und semantische Unbestimmtheiten, die ihn zu gewissen Verbindungen und Kombinationen veranlassen, zu Ergänzungen und Assoziationen, die vom Text her erforderlich sind.[4] Die Aktivität des Lesers ist so vom Text selbst gefordert und gesteuert. Diese verstehende Aktivität hat – bei aller implizierten Kreativität – ihre negativen, abgrenzenden Kriterien immer wieder am Text selbst: Die kreative

---

[1] Eco, Lector in fabula 8, ausführlicher ebd. 61–82. Zur Asymmetrie zwischen Text und Leser und ihren hermeneutischen Konsequenzen vgl. auch Hilberath, Theologie.

[2] Vgl. zum Begriff des Vorverständnisses Gadamer, Wahrheit und Methode 270–295 (1. Aufl.: 250–275).

[3] Wirklich dialogisch wird Verstehen nur, wenn die „Alterität des Textes vor dem Horizont der eigenen Erwartungen gesucht und anerkannt [wird], dass nicht eine naive Horizontverschmelzung vorgenommen, sondern die eigene Erwartung durch die Erfahrung des anderen korrigiert und erweitert [wird]": Jauß, Ästhetische Erfahrung 671. Gadamer formuliert als Konsequenz: „Wer einen Text zu verstehen sucht, hat auch etwas fernzuhalten, nämlich alles, was sich von seinen eigenen Vorurteilen aus als Sinnerwartung geltend macht, sobald es von dem Sinn des Textes selbst verweigert wird." Erst so wird die hermeneutische Erfahrung ein Akt „unbeirrten Hörens". Gadamer, Wahrheit und Methode 469 (1. Aufl.: 441).

[4] Vgl. Iser, Akt; ders., Appellstruktur; Eco, Lector in fabula; ders., Streit; ders., Grenzen. Was Iser und Eco für literarische Texte feststellen, gilt auch für andere Textgattungen. So wird etwa in der Auslegung eines Gesetzes der Erwartungshorizont eines Textes in Form des „allgemeinen Sprachgebrauchs" zur Zeit seiner Abfassung einbezogen; vgl. Bydlinski, Juristische Methodenlehre 438.

Interpretation bedarf der Überprüfung am Text und hat hier ihre zumindest negative, ausschließende Grenze.

Auf diese Weise entsteht bei Offenheit für den Text und Genauigkeit der Lektüre ein Gespräch zwischen Text und Interpret.

„Wo dieses Gespräch gelingt, kommt jedoch wieder das Gemeinsame von Text und Interpret zur Geltung. Mit dem Verstehen eines Textes entdeckt man immer schon Verstandenes und entdeckt es zugleich neu. Man bewegt sich im Spielraum des Textes und stellt ihn, wo das Verstehen gelingt, neu dar – was derart geschieht, ist die Wirkungsgeschichte des Textes. Doch entscheidend ist, dass so eigentlich die Tradition, zu der auch der Text gehört, weiter geführt wird und sich darin als das zeigt, was sie ist und immer schon gewesen ist."[5]

Im Gelingen dieses Gespräches offenbart sich die Bedeutung des Textes. In der sorgfältigen, d.h. auch kritisch ermittelten Bedeutung, zeigt sich das, was ist, in geschichtlicher Form. Deswegen spricht Günter Figal im zitierten Text von Tradition als Wahrheitsgeschehen. Dabei meint Tradition hier gerade nicht Traditionalismus, unbedachte Weitergabe früherer Selbstverständlichkeiten. Bedeutung als Weise des Wahrheitsgeschehens ergibt sich vielmehr nur in der zugleich offenen und kritischen Auseinandersetzung mit dem Text. Zugleich verändert sich damit auch der Leser. Seine Verstehensmöglichkeiten und sein Selbstverständnis werden durch den Text berührt und verändert: Die Verstehensmöglichkeiten erweitern sich, das Selbstverständnis wird – im Fall des Gelingens – authentischer.[6]

---

[5] Figal, Sinn 24.
[6] Vgl. die kritischen Anliegen von Tracy und Jeanrond: Tracy, Überlegungen; ders., Theologie; Jeanrond, Text. Tracy zielt eine *wechselseitig* kritische Konstellation zwischen Text und Interpreten an (Tracy, Überlegungen 99) und betont daher – gegenüber Gadamer – die ideologiekritischen Aspekte des hermeneutischen Prozesses stärker (ders., Theologie 98–120). Der kritischen Haltung des Lesers gegenüber dem Text muss eine selbstkritische Einstellung des Lesers korrespondieren. Verstehen bedarf in der Ambiguität der Geschichte einer „Hermeneutik der Wiedergewinnung" als auch einer „Hermeneutik des Verdachts" (ebd. 115). Gegenüber einem modernen Vernunftoptimismus, der Geschichte als fortschreitende Überwindung des Irrtums ansieht, stellt Tracy die geschichtliche Macht der Sünde heraus, die in christlichem Verständnis „kein bloßer Irrtum" ist, sondern „inauthentische Existenz", eine „Seinsweise und personale Verantwortung zugleich", die in Selbsttäuschung, radikale Entfremdung und systematische Verzerrung führt, aus der allein das Geschenk einer aus der Macht der Gnade Gottes ermöglichten Umkehr befreit. Ebd. 110f. Der hermeneutische Prozess berührt damit Fragen des Selbst-Verständnisses und der Selbstbehauptung: Ein echter Dialog ergibt sich nur dann, „wenn wir bereit sind, uns selbst aufs Spiel zu setzen, indem wir die Fragen, die der Text eröffnet, zulassen." Ebd. 37. Hermeneutik als Textverstehen steht damit im größeren Zusammenhang einer „Hermeneutik des Dialogs", der unabgeschlossen bleibt und jeweils ethisch zu verantworten ist. Vgl. Ott, Hermeneutische Problematik; Jeanrond, Text 7–72. „Interpretation ist ein ... Weg aus sich heraus und zu sich zurück, mit sich selbst durch den geschriebenen Ausdruck. Textinterpretation ist also ein Aus-Weg des Menschen aus sich selbst in die lernende Aus-ein-ander-setzung mit der Welt, aus der Verstehen und damit immer Selbstverstehen gewonnen werden kann, das aber stets schon nach Erklärung und Deutung ruft." Ebd. 72.

2. Das Textcorpus des II. Vatikanums und die Angesprochenen

In der Überschrift werden die beiden Pole für die Entstehung der Bedeutung des Konzilstextes genannt: das Textcorpus als Agens einer Wirkungsgeschichte und die Angesprochenen als aktive Subjekte, die für die Generierung der Bedeutung unerlässlich sind.

Wer diese Adressaten sind, wurde bereits oben erörtert. Es sind die katholischen Gläubigen, die nach ihren unterschiedlichen Gruppen und Funktionen angesprochen werden: der Papst mit der Kurie, die Bischöfe als Kollegium und die Bischofskonferenzen wie die einzelnen Bischöfe, die Presbyter und Diakone, beauftragte Laien, die am Ministerium Anteil gewinnen, Missionare und Religiosen, Laien; in einem zweiten Kreis richten sich die Texte des II. Vatikanischen Konzils an die Christen der nicht-katholischen Kirchen und kirchlichen Gemeinschaften, schließlich an alle Menschen, die unterschiedlichen Religionen, verschiedenen Kulturen und gesellschaftlichen Gruppierungen angehören. Diesen unterschiedlichen Kreisen der Angesprochenen – sie entsprechen der Art und Weise, wie in LG 14–16 die Zuordnung zum Volke Gottes charakterisiert wird – kommt dieser für die Bedeutung des Textes konstitutive Charakter in abgestufter Intensität zu. Dies geht deutlich aus den Texten selbst hervor, insofern an verschiedenen Stellen betont wird, wie das Sich-Einlassen der Gläubigen auf die Texte des II. Vatikanischen Konzils die Glaubwürdigkeit und Akzeptanz für die nicht-katholischen Gläubigen und die ferner Stehenden vergrößern wird.

Wie bei jeder Beziehung von Text und Leser gilt, dass sich die Aneignung des Textes und die Interpretation nicht von Vorurteilen, von scheinbaren Selbstverständlichkeiten leiten lassen darf. Im Blick darauf, dass es hier um ein Konzil geht, aber bis zum II. Vatikanischen Konzil jeweils Urteile gefällt bzw. Definitionen verkündet und Disziplinardekrete verabschiedet wurden, ist hier auf die andere Textintention zu achten. Definitionen, Dogmen stellen Wahrheiten aus dem Bereich des Glaubens und der Sitten fest. Disziplinardekrete geben rechtlich verbindliche Weisungen. Der Erwartungshorizont solcher Texte ist die objektive Klarstellung.

Der Erwartungshorizont des Textcorpus des II. Vatikanums erhellt aus der Gestalt der Texte, die wir oben durch ihre innere Spannweite und die damit verbundenen Grundzüge charakterisiert haben. Die Spannweite wurde gekennzeichnet durch die je anders fokussierten Momente des Mysteriums und der gegebenen geschichtlichen Situation mit der ganzen Abfolge der unterschiedlichen Ebenen, auf denen die Aussagen spielen. Die Grundzüge wurden durch die großen geschichtlichen Ausprägungen der Offenbarung und des korrespondierenden gläubigen Lebens in Schrift und Tradition charakterisiert. Aus diesen Merkmalen der Gestalt des Textes ergibt sich, dass der Erwartungshorizont des Textes, der die Angesprochenen herausfordert, ein universaler Erwartungshorizont ist. Es geht ebenso um die persönliche Umkehr und das Ernstnehmen des Glaubens der Einzelnen wie um eine korrespondierende Innovation in der Art und Weise, wie sich das gemeinsame Leben in den kirchlichen Gemeinschaften und im Zusammenleben von Gläubigen mit anderen Menschen artikuliert. Ebenso liegt eine entsprechende Verjüngung und Akkommodation der Institutionen, die dem Leben der Kirche dienen, in der Textintention.

Wenn Paul VI. in Bezug auf das Textcorpus des II. Vatikanums von einem „Bild der Kirche" spricht, von einer „wesentlichen Ordnung"[7], in die zur Orientierung hineinzuschauen ist, so spricht sich darin der Erwartungshorizont des Textes aus, der immer schon vertraute Vorurteile und Selbstverständlichkeiten der Angesprochenen aufbrechen will. In ähnlicher Weise hatte Johannes XXIII. bei seiner Zusammenrufung des Konzils von einem neuen Pfingsten gesprochen, das durch das Konzil vorbereitet werden sollte. Das Textcorpus des Konzils ist durch die Gestalt seines Textes von diesem Erwartungshorizont geprägt, es fordert zu einer solchen umfassenden Erneuerung heraus.

Die Texte des II. Vatikanischen Konzils aber sind nicht nur von einem Erwartungshorizont geprägt, der von den angesprochenen Adressaten erfüllt werden soll. Es manifestiert sich im Textcorpus zugleich auch eine jeweilige Textstrategie. Der Text gibt an zahllosen Stellen Hinweise, wo Leerstellen sind und wie ihre Ausfüllung von den Adressaten aussehen könnte. Greifen wir zunächst ein Beispiel aus PO 7 auf. Hier wird einleitend gesagt, dass „alle Presbyter" mit den Bischöfen zusammen „an ein und demselben Priestertum und Dienst Christi Anteil haben". Sie empfangen wie die Bischöfe den Heiligen Geist, um das Volk Gottes zu leiten. Weil der Bischof diese Aufgabe für das Volk Gottes gar nicht allein erfüllen kann, hat er sie „als notwendige Helfer und Ratgeber im Dienst und Amt, das Volk Gottes zu lehren, zu heiligen und zu weiden".

Wie ist dieses Verhältnis auszugestalten? Hier tun sich viele Möglichkeiten auf. Die Bischöfe werden aufgefordert, die Presbyter als „ihre Brüder und Freunde" anzusehen, sie „anzuhören", sie „um Rat zu fragen", einen Senat zu schaffen, der das Presbyterium repräsentiert, damit der Bischof in der Wahrnehmung der Leitung der Diözese effizient unterstützt wird. Es werden mit diesen Hinweisen unterschiedliche Ebenen der Beziehung von Bischöfen und Priestern bis hin zu institutionellen Ebenen angesprochen. Es werden Hinweise zur Konkretion gegeben bzw. Maßstäbe vorgegeben, ohne dass Einzelheiten ausgearbeitet würden. Ohne solche Konkretisierungen aber, die von der Berücksichtigung hier angedeuteter Maßstäbe für die Ernennung von Bischöfen über allgemein rechtliche Regelungen, diözesane Gebräuche bis hin zu persönlichen Initiativen der Bischöfe reichen können, bleibt ein solcher Text hohl und nichtssagend, bleibt es ein Text auf dem Papier.[8]

Einen erheblich verschiedenen Typus von Leerstelle bietet LG 8,1. Hier wird von der zunächst als Mysterium gekennzeichneten Kirche gesagt:

„Der einzige Mittler, Christus, hat seine heilige Kirche, die Gemeinschaft des Glaubens, der Hoffnung und der Liebe, hier auf Erden als sichtbares Gefüge verfasst und erhält sie als solches unablässig, durch sie gießt er Wahrheit und Gnade auf alle aus. Die mit hierarchischen Organen ausgestattete Gesellschaft aber und der mystische Leib Christi, die sicht-

---

[7] Vgl. oben S. 54f.
[8] Vgl. S. 15, Anm. 21.

bare Versammlung und die geistliche Gemeinschaft, die irdische Kirche und die mit himmlischen Gaben beschenkte Kirche, sind nicht als zwei Dinge zu betrachten, sondern bilden eine einzige komplexe Wirklichkeit, die aus menschlichem und göttlichem Element zusammenwächst".

Beide Realitäten – das Mysterium und die Institution – die so unterschiedlich beschrieben werden, werden in eins gesetzt. Das „Wie" dieser Identifikation bildet eine Leerstelle. Es ist theologisch nicht aufgearbeitet. Gleichwohl wird hier nicht einfach der Beliebigkeit Tor und Tür geöffnet, diese beiden Realitäten zusammen zu denken und zu vollziehen. Vielmehr wird eine Analogie ins Feld geführt, die eine bestimmte Richtung vorgibt, in der die Lösung zu suchen ist. Es heißt:

„Deshalb wird sie in einer nicht unbedeutenden Analogie mit dem Mysterium des fleischgewordenen Wortes verglichen. Wie nämlich die angenommene Natur dem göttlichen Wort als lebendiges, ihm unauflöslich geeintes Heilsorgan dient, so dient auf eine nicht unähnliche Weise das gesellschaftliche Gefüge der Kirche dem Geist Christi, der es belebt zum Wachstum seines Leibes (vgl. Eph 4, 16)."

Für die Art der Auslegung und der Realisierung ergeben sich von hierher Kriterien und Orientierungen. Werden diese Weisen der Verstehensmöglichkeiten und der Realisierungen nicht gesucht, so bleibt der voraufgegangene Text mit der pointierten Identifikation ein leeres Wort ohne Bedeutung und Sachgehalt.

Entsprechend der inneren Spannweite des Textes und der Vielzahl der Ebenen ist eine solche Leerstelle auch in Bezug auf die unterschiedlichen Ebenen zu reflektieren und zu realisieren.

Wenden wir uns schließlich den Leerstellen und der Textstrategie in *Gaudium et spes* zu. Hier taucht nochmals eine neue Art von Leerstellen und von strategischer Lenkung der Interpretation auf:

Es wurde oben im Zusammenhang mit der Erörterung der inneren Spannweite des Textes aufgewiesen, wie in *Gaudium et spes* die Bewegung, verglichen mit den übrigen Dokumenten, gleichsam in entgegengesetztem Richtungssinn verläuft. Im ersten Teil nimmt *Gaudium et spes* den Ausgangspunkt bei Phänomenen wie der Würde der menschlichen Person, die im Selbstverständnis der modernen Menschheit wie im Lichte des Glaubens in gleicher Weise als eine unbedingte Würde charakterisiert wird. Ausgehend von den so entworfenen und im Licht des Glaubens vertieften Einsichten – das Gleiche wird für die menschliche Gemeinschaft und das menschliche Schaffen aufgezeigt – werden dann einzelne drängende Probleme der gegenwärtigen Menschheit aufgegriffen, analysiert und gedeutet. Es ist selbstverständlich, dass GS nur einige Probleme herausgreifen kann. Das Proömium GS 46 verweist ausdrücklich auf diesen Auswahlcharakter. Dies bedeutet aber auch, dass es zu den Aufgaben der Glaubenden gehört, größere oder kleinere Probleme menschlichen Zusammenlebens in der modernen Gesellschaft in entsprechender Weise zu deuten und zu verstehen.

Indem Leerstellen gefüllt werden, wird der Text neu und lebendig. Er besagt das Gleiche, bezieht sich auf dieselben Sachverhalte, und zwar in neuer Weise. Es beginnt die Wirkungsgeschichte des Textes, und diese Wirkungsgeschichte ist die Herausbildung seiner Bedeutung.

Die Bedeutung des Textes

Es wurde in der Einführung[9] angemerkt, wie in diesem wechselseitigen, generativen Prozess Kritik impliziert sein muss. Es wurde bereits aufgewiesen, wie sich vonseiten des Textes der Erwartungshorizont wie die Strategie des Textes als eine kritische Instanz gegenüber den involvierten Gläubigen, d.h. Papst, Bischöfen, Presbytern, Diakonen, mit der Wahrnehmung ministerieller Funktionen beauftragter Laien, den Laien in ihrer eigenständigen gläubigen Verantwortung, erweist.

Indem auf der anderen Seite die Glaubenden die Leerstellen auffüllen, ist gleichfalls ein kritisches Moment erforderlich. Die Auffüllung bedeutet ja nicht das Hineingießen von Irgendetwas in Hohlräume, in leere Behälter. Durch die Strategie des Textes ist vorweg eine gewisse Weisung gegeben. Was hier in einem kreativen Vorgang ergänzt und aufgefüllt wird, muss nicht nur dieser strategischen Weisung entsprechen, es muss zugleich ins Ganze passen. Solche Einpassung ins Ganze ist keine theoretische Angelegenheit; sie fordert den Betreffenden vielmehr in einer ganzheitlichen Weise heraus. Es sind sein Glaube und sein Glaubensverständnis ebenso herausgefordert wie seine Vernunft, sein Gemüt und seine Vorstellungskraft. In solchem Geschehen aber muss ein kritisches Moment impliziert sein. Das Ganze ist für den herausgeforderten Leser nicht nur durch den vorliegenden Text repräsentiert. Es ist zum Teil fundamentaler durch das repräsentiert, was wir oben Grundzüge der Textgestalt genannt haben: nämlich die Schrift, nachgeordnet hingegen durch die Patristik und das Lehramt.

Vergegenwärtigt man sich, wie das vorliegende konziliare Textcorpus zustande gekommen ist – dies wurde oben im Abschnitt über das Werden des Textes und die Herausbildung der Textintention charakterisiert – so wurden gerade im Rückblick auf die gegenreformatorische Tradition der katholischen Kirche Einseitigkeiten festgestellt, die in einem umfassenden kritischen Prozess durch die Konzilsväter aufgearbeitet wurden. Es wurde damit die Tradition in einer neuen Form zur Sprache gebracht. Was sich hier durch eine Rückbesinnung auf die klassischen Topoi der Theologie, auf Schrift, Patristik, Theologie und das Lehramt, wie durch eine kritische Neubesinnung auf die Probleme und Analysen der modernen Welt und der geschichtlichen Verfassung der Menschheit ergab, führte zu diesem Text.[10] Das darin implizierte kritische Moment kann und muss selbstverständlich in der Hervorbringung der Bedeutung dieses Textes je neu vollzogen werden. Zugleich besteht ein wesentlicher Unterschied zwischen der Arbeit der Konzilsväter und der nachfolgenden Wirkungsgeschichte. Was das Konzil in der Vorbringung des Textes erarbeitet hat, repräsentiert in konsensueller Form die Tradition des Glaubens in der modernen Welt. Die Glaubenden haben infolgedessen an diesem Text die Vergewisserung, dass hier eine authentische Gestalt des Glaubens gefunden ist. Dies gilt von den einzelnen Schritten der Aneignung und Rezeption nicht in der gleichen Weise. Hier bereitet sich erst langsam und allmählich – durch die Entfaltung der Wirkungsgeschichte des Textes – jene Situa-

---

[9] Vgl. oben S. 76f.
[10] Vgl. Hünermann, Il concilio; ders., Dogmatische Prinzipienlehre.

tion vor, die irgendwann zu einer neuen großen konsensuellen Form, zu einem neuen „Text" führen wird.[11]

Durch die Vermittlung des Textes und seine Auslegung ergibt sich so eine Fortschreibung und Vertiefung der Tradition, ein sich jeweils erneuerndes und vertiefendes Eingehen in ihre Wahrheit, die damit zugleich geschichtliche Präsenz gewinnt. Damit schreibt sich das Konzil und seine Wirkungsgeschichte in die Weitergabe der göttlichen Offenbarung ein, wie sie in der dogmatischen Konstitution über die göttliche Offenbarung, DV 7 und 8, beschrieben ist.

3. Text und Angesprochene in einem konstitutionellen Text

Es wurde in der Einführung dieses Kapitels die Vermutung ausgesprochen, dass es sich beim Textcorpus des II. Vatikanischen Konzils möglicherweise um einen konstitutionellen Text handelt.[12] Diese Bezeichnung wurde gewählt, um Nähe und Differenz zu politischen Verfassungstexten zu verdeutlichen. Es ist jetzt – nach Erörterung von Werden, Gestalt und Bedeutung des Textcorpus – darauf zurückzukommen, um den bisherigen Aussagen ihre formelle Schärfe und Präzision zu geben. Greifen wir zunächst auf Texte der kirchlichen Tradition zurück, die den Charakter von konstitutionellen Texten haben. Man wird hier zu Recht etwa die *Regula Benedicti* anführen. Es ist ein Text, der seit 1500 Jahren die Grundordnung der Benediktinerklöster bestimmt. Das Ziel dieser Regel ist die Ermöglichung eines christlichen Lebens aus dem Glauben, allerdings in einer bestimmten Form, die sich in der Stabilitas loci, der Unterordnung unter den Abt, das Leben in der klösterlichen Gemeinschaft mit Gebet und Arbeit artikuliert. Zu dieser Form des Lebens gehören eine Reihe grundlegender Weisungen innerer und äußerer Art: die Verinnerlichung der Stufen der Demut ebenso wie die Beobachtung äußerer Regeln hinsichtlich der Arbeit, der Gastfreundschaft, der Gebetsformen. Die *Regula Benedicti* gehört zweifelsfrei zum Typus der konstitutionellen Texte, wenngleich sie sich nicht auf die politisch rechtliche Ordnung bezieht, sondern auf die christliche Lebensordnung der Mönche in ihren unterschiedlichen Dimensionen.[13]

Man wird solche kirchlichen Texte mit ebenso „spezialisierten" Verfassungstexten nichtkirchlicher Art vergleichen können, wie etwa die Verfassung der WTO, die sich auf die Grundordnung der modernen globalen Wirtschaft bezieht und entsprechende Leitlinien wie Organe zur Gewährleistung einer solchen Sozialform vorsieht. Auch hier wird gleichsam ein Sektor des Lebens, hier des gesellschaftlichen Lebens, in einer bestimmten Epoche der Geschichte geordnet. In der Benediktusregel hingegen wird für eine Gruppe von Gläubigen ein Typus christlichen gemeinschaftlichen und individuellen Lebens in seiner Grundordnung geprägt.

---

[11] Vgl. die Anliegen von Tracy und Jeanrond hinsichtlich der kritischen Funktion des Verstehens im Traditionsprozess, oben S. 77, Anm. 6.
[12] Vgl. oben S. 11 ff.
[13] Vgl. The Benedictine Handbook.

Die Bedeutung des Textes

Wie sind Nähe und Differenz der *Regula Benedicti* zum Textcorpus des II. Vatikanums zu charakterisieren? Die *Regula Benedicti* regelt zwar das ganze christliche Leben – nicht nur äußere rechtliche Aspekte –, und zwar in seiner individuellen und seiner gemeinschaftlichen Form, aber sie regelt dieses christliche Leben nicht für alle Christen, sondern nur für jene, die sich zu diesem Weg berufen wissen.

Das II. Vatikanische Konzil berührt ebenso wie die *Regula Benedicti* das gesamte christliche Leben der Kirche, zugleich aber bezieht es sich auf die einzelnen Gläubigen, die verschiedenen Stände in der Kirche und bestimmt die Beziehung dieser Kirche zu den nicht-katholischen Kirchen und kirchlichen Gemeinschaften sowie zu den übrigen Religionen, zur Menschheit im Ganzen. Dieser Text trifft alle. Er präsentiert diese prinzipielle Grundordnung für die ganze katholische Kirche. Kirche aber wird dabei ausdrücklich nicht als Konfessionskirche verstanden, neben der es selbstverständlich andere Konfessionskirchen gibt. Die Katholische Kirche meint hier die Kirche Jesu Christi. So liegt hier eine Differenz zu der Benediktusregel, neben der es selbstverständlich weitere Regeln für andere Orden gibt. Die katholische Kirche gibt sich im II. Vatikanum vielmehr erstmals eine Grundordnung, die beansprucht, die Grundordnung der Kirche Jesu Christi zu sein, bei gleichzeitiger Respektierung der nicht-katholischen Kirchen und Gemeinschaften. Ein solches Textcorpus gab es in der Kirchengeschichte bislang nicht.

Was ist die geschichtliche Veranlassung, überhaupt ein solches Textcorpus zu verfassen? Warum bildet sich ein solcher Text durch die Zusammenrufung des Konzils, die mannigfachen Dispute und Auseinandersetzungen, die praktische Konzilsarbeit überhaupt als großer, umfassender Konsenstext heraus? Mit der Wende vom 18. zum 19. Jahrhundert ist die 1500-jährige Geschichte christlichen Staatskirchentums zu Ende. Die katholische Kirche steht vor der Herausforderung, sich in der Weltöffentlichkeit gegenüber Nationalstaaten, Kolonialreichen etc. in Eigenständigkeit zu affirmieren. Während sich die modernen Nationalstaaten durch den souveränen Volkswillen, der sich in ihren Verfassungen niederschlägt, legitimieren, legitimiert sich die katholische Kirche durch göttliche Stiftung. Sie behält für ihre Autoritäten scheinbar jenen Legitimationsmodus bei, der die Grundlage der Staaten und Imperien der zu Ende gegangenen Epoche bildet. Hier ist allerdings von einem scheinbaren Festhalten zu reden, denn schon bei Pius VII., stärker bei Gregor XVI., ausdrücklich dann im I. Vatikanischen Konzil wird diese Legitimation der Kirche und ihrer Autoritäten von der geschichtlichen Offenbarung Gottes in Jesus Christus hergeleitet *und* damit gegenüber dem Gottesgnadentum von Kaisern und Königen differenziert. Diese Positionierung grundsätzlicher Art in der dogmatischen Konstitution *Pastor aeternus*, in der der Primat des Papstes in dieser Form charakterisiert wird[14], hängt aufs Engste mit der anderen dogmatischen Konstitution über den Glauben zusammen, weil hier deutlich die Eigenständigkeit des Glaubens im Unterschied zur Vernunft und

---

[14] Die Aussage über die Kompetenz des Papstes, wie die Konzilien definitive, unfehlbare Entscheidungen zu treffen, gehört in diesen Begründungszusammenhang hinein. Vgl. DH 3000 ff.

ihrer modernen Ausprägung in den Wissenschaften unterstrichen wird. Die Legitimation der öffentlichen Gewalt im modernen Verfassungsstaat stützt sich auf das Prinzip der Vernunft der Menschen, während die Legitimation der Autorität in der Kirche sich aus der göttlichen Stiftung und dem Glauben an die Offenbarung herleitet.

Dieser erste Schritt einer neuen Ortsbestimmung von Kirche innerhalb der modernen Weltöffentlichkeit wird durch das II. Vatikanische Konzil wesentlich ergänzt. Dies betrifft nicht einfach nur die Ausarbeitung der Lehre über den Episkopat.

Indem das Konzil ein „Bild der Kirche", eine „wesentliche Ordnung" der Kirche entwirft, die alle Formen christlichen Lebens umfasst, legt die Kirche in der Moderne einen konstitutionellen Text des Glaubens vor. Dieses Corpus von Verfassungstexten ist gestützt auf den Glauben und die vom Glauben erleuchtete Vernunft. Darin unterscheidet er sich von allen zivilen Verfassungstexten. Dieser konstitutionelle Text hat als feierliche Konzilsentscheidung eine verpflichtende und regulierende Kraft, auch für die Amtsausübung der Autoritäten in der Kirche. Darin berührt er sich mit zivilen Verfassungstexten, die ebenfalls die Kompetenzen und Grenzen der jeweiligen verfassungsmäßigen Organe bestimmen. Wenn zivile Verfassungstexte zugleich die Legitimation für die jeweiligen Autoritäten abgeben, so trifft dies auf diesen konstitutionellen Text des Glaubens nicht zu. Er erläutert lediglich diese Autorität. Ebenso überragt die verpflichtende Kraft dieses konstitutionellen Textes des Glaubens, der sich auf alle Bereiche christlichen Lebens erstreckt, die Reichweite ziviler Verfassungstexte.

Mit dieser Charakteristik ist zugleich die literarische Form und die spezifische Weise, in der die „Leser", die „Angesprochenen", im Text involviert sind, gegeben. Als Benedikt seine Regel verfasste, musste er das Leben im Kloster nach seinen Grundzügen *schildern*, weil es hier um Abläufe geht. Er konnte nicht einfach eine Serie von Definitionen vorlegen. So wäre keine Lebensregel des Klosters zustande gekommen, die dann in Consuetudines, in Gebrauchsrecht und in einzelne disziplinäre Regeln wie in praktische Verhaltensweisen etc. umzusetzen gewesen wäre.

Ein Gleiches gilt für das Textcorpus des II. Vatikanischen Konzils. Zur literarischen Form gehört die Schilderung von Grundvollzügen und entsprechenden Ordnungen kirchlichen Lebens. So finden sich im Konzilstext zwar Sachverhalte, die auch in dogmatischen Definitionen ausgedrückt werden könnten, etwa die Sakramentalität der Bischofsweihe. Da es aber insgesamt um einen konstitutionellen Text des Glaubens geht, werden solche Sachverhalte einfach genannt und werden so in den „Schilderungscharakter" des gesamten Textes eingepasst.

Wenn es in früheren Konzilien wesentlich um Definitionen und Disziplinardekrete ging, so waren damit die Glaubenden der Kirche in anderer Weise vom Text betroffen als durch das Textcorpus des II. Vatikanischen Konzils. Eine Definition hat die Form eines kategorialen Urteils. Ein Sachverhalt, zumeist ausgedrückt durch das Subjekt, wird durch einen Wasgehalt bestimmt, das Objekt. Ein kategoriales Urteil fordert von sich her Zustimmung. Jedes kategoriale Urteil ist eine Behauptung: „das ist so!" Handelt es sich um ein kategoriales Urteil in Fragen des

Glaubens, so ist eine Glaubenszustimmung erforderlich. Der Leser oder Hörer steht angesichts einer Definition vor der Frage, ob er zustimmt oder ablehnt.

Ein Text mit Schilderungscharakter, ein konstitutioneller Text des Glaubens hingegen beansprucht den Leser bzw. den Angesprochenen in einer ganz anderen Weise. Auch hier ist eine Zustimmung gefordert. Dazu wird der Text ja vorgetragen. Diese Zustimmung aber kann nicht einfach mit einem Ja oder Nein gegeben werden. Zustimmung meint hier ein Sich-Einlassen auf den Text. Gibt der Text lediglich eine Reihe von Prinzipien einer Lebensordnung vor, so ist die „Auffüllung der Leerstellen"[15] unabdingbar. So wie ein konstitutioneller Text „Grundvollzüge" und Abläufe schildert, so impliziert die zustimmende Aneignung eine Geschichte vonseiten der Leser bzw. Angesprochenen.

Insofern ist hier der Rückgriff auf das Instrumentarium der Textinterpretation, wie es oben vorgelegt wurde, notwendig.

4. Das Textcorpus des II. Vatikanums als konstitutioneller Text des Glaubens: Kirchliche und hermeneutische Konsequenzen

Ein konstitutioneller Text ist soviel wert, wie er eine verpflichtende, orientierende Kraft ausübt. Es gibt genügend Verfassungen, etwa von Nationalstaaten, die faktisch nur auf dem Papier stehen und mit der politischen und rechtlichen Realität eines Landes wenig zu tun haben. Auch die katholische Kirche ist vor solcher Art Missbrauch nicht gefeit. Es gibt genügend geschichtliche Zustände und faktische Verfassungen von Kirche, die eher als Zerrbilder denn als Erscheinungen und wahre Bilder der Kirche bezeichnet werden können. Eine solche Situation kann selbstverständlich auch beim Vorliegen eines konstitutionellen Textes der Kirche eintreten. Auf der anderen Seite bietet ein solcher Text eine Hilfe, um solchen Gefahren im Verlauf der Kirchengeschichte entgegen zu wirken. Dazu ist es allerdings erforderlich, dass ein solches Textcorpus 1. zur Kenntnis genommen wird und dass es 2. immer wieder Referenzpunkt bei allen möglichen Entscheidungen und Realisierungen kirchlichen Lebens ist.

In Benediktinerklöstern ist es ein unveränderlicher Grundsatz, dass die *Regula Benedicti* regelmäßig im Refektorium abschnittsweise vorgelesen wird, damit die Klostergemeinschaft immer wieder aufs Neue mit diesen Grundweisungen ihres Lebens konfrontiert wird. Die Frage stellt sich, wie die Kenntnis des Textcorpus des II. Vatikanums in das Volk Gottes, in die unterschiedlichen Gruppen und Stände hinein zu vermitteln ist. Dazu genügt es nicht, wenn Theologiestudenten, zukünftige Priester, Pastoral- oder Gemeindereferentinnen und -referenten während ihres Studiums diese Texte – oft genug oberflächlich – kennenlernen. Man braucht vielmehr auf allen Ebenen kirchlichen Lebens einen fortgehenden Dialog, eine fortgehende Auseinandersetzung und ein entsprechendes Durchdenken dieses Textcorpus. Als Rahmen bieten sich regelmäßige, etwa alle fünf bis zehn Jahre stattfindende Diözesansynoden bzw. regionale und nationale Synoden an.

---

[15] Vgl. oben S. 18 und 76.

Sie sind an sich der Ort, an dem für eine Ortskirche, eine Regionalkirche, gleichsam eine Revision des gesamten Zustandes der Kirche zu veranstalten ist und eine neue Maß-nahme an dem konstitutionellen Text vorgenommen werden kann. Erst in einem größeren Rahmen haben dann auch die möglichen anderen Bemühungen um die Kenntnisnahme und die jeweilige Bezugnahme auf diesen Text ihren Platz. Ein Gleiches gilt für regelmäßig abzuhaltende Generalsynoden der Bischöfe.

Es hat sich seit dem I. Vatikanum eine Art der Kontrolle für die Bischöfe und für die Wahrnehmung ihrer seelsorglichen Pflichten herausgebildet, eine sehr effiziente Leitung, die rein vertikal strukturiert ist. Die Ad-limina-Besuche in Verbindung mit den regelmäßigen, umfangreichen Berichten, die der Kurie vorzulegen sind, bilden das Rückgrat dieser Kontrolle. Dass es eine Art der Aufsicht gibt, ist prinzipiell zu begrüßen. Es müssten hier aber die Weisungen des II. Vatikanums als Maßstäbe fungieren. Zugleich stellt sich daher aber die Frage nach dem angemessenen Forum, auf dem umgekehrt die Ortskirchen und die Episkopate ihre Anliegen und Reformvorhaben auch in Bezug auf die römische Kurie vorbringen und geltend machen können. Die Argumentation, welche auf dem II. Vatikanum öfter vorgetragen wurde, eine Kurienreform und korrespondierende Maßnahmen gehörten allein in die Kompetenz des Papstes, übersieht völlig die Einbindung auch solcher Instrumente wie der Kurie in die Gesamtstruktur der Kirche, ihre Ausrichtung auf den Primat *und* auf die Kollegialität der Bischöfe. Auch hier muss das II. Vatikanum jeweils das Maß vorgeben.

Erst aus solchem Bemühen, diesen konstitutionellen Text des Glaubens, das Textcorpus des II. Vatikanums, in der Kirche lebendig und immer neu zu rezipieren, erwächst zugleich die Möglichkeit, dass die Kirche in der Weltöffentlichkeit Vertrauen gewinnt und Verlässlichkeit ausstrahlt. So wird allen sichtbar, dass die Kirche den eingeschlagenen Weg der ökumenischen Bemühungen als irreversiblen Prozess betrachtet, ebenso wie den Dialog mit den Religionen und das Engagement für die Menschenrechte in der ganzen menschlichen Gesellschaft.

Mit den beiden genannten Momenten der Kenntnisnahme und der Bezugnahme auf das Textcorpus des II. Vatikanischen Konzils als auf einen konstitutionellen Text des Glaubens verbindet sich ein drittes Moment: jenes der Verpflichtung auf dieses Corpus. Diese Verpflichtung bedarf einer institutionellen Ausdrucksform. Es gibt unter den modernen Verfassungsstaaten eine ganze Anzahl, die ein Verfassungsgericht haben. Es sind Gerichte, vor denen einzelne Bürger, Gruppen oder verfassungsmäßige Organe in Bezug auf ihre Grundrechte und Pflichten, die von der Verfassung garantiert werden, Einspruch einlegen können. Andere Staaten und durch Verfassungen geordnete Körperschaften kennen keine Verfassungsgerichtsbarkeit. Sie haben aber wohl Instanzen, denen die Überprüfung der Verfassungskonformität von Verhältnissen, Entscheidungen etc. anvertraut ist. Eine entsprechende angemessene kirchliche Institutionalisierung dieser Supervisionsfunktion zur Geltendmachung des Verpflichtungscharakters der Konzilstexte fehlt bislang. Die Glaubenskongregation ist in ihrer gegenwärtigen Verfassung kaum die geeignete Institution, um solch eine Funktion wahrzunehmen. Warum nicht? Ihre Aufgabenstellung und ihre Arbeitsweise ist immer noch – bis

Die Bedeutung des Textes

in Einzelheiten hinein – geprägt vom früheren Stil kirchlicher Lehrdefinitionen.[16] Wahrscheinlich müsste eine entsprechende Institutionalisierung dieser Funktion aus Diskussionen in der Bischofssynode erwachsen.

Zugleich scheint es, dass dem römischen Bischof als Primas der Kirche eine Funktion neu zuwächst, die Leo der Große im Kontext seiner Zeit wahrgenommen hat: „Anwalt des katholischen Glaubens und der Konstitutionen der Väter zu sein"[17].

Aus der Bestimmung des Textgenus und den Konsequenzen kirchlicher Art, die sich aus diesem Textgenus ergeben, resultieren spezifische Perspektiven für die Interpretation und den Umgang mit diesem Textcorpus.

Die bisherige Auslegungsgeschichte ist weitgehend geprägt von dem Umgang mit früheren konziliaren Texten und der Interpretation von Definitionen. So werden immer wieder Ambivalenzen beklagt, das Fehlen definitorischer Klarheit bedauert.[18] Bei zahlreichen dieser beklagten Ambivalenzen handelt es sich um Polaritäten.[19] Es sind in den allermeisten Fällen Polaritäten, die sich aus der nicht auflösbaren Spannung ergeben, die darin besteht, dass die Kirche einerseits Mysterium Gottes, auf der anderen Seite institutionell verfasste, konkrete Gemeinschaft ist. Sie ist die Gemeinschaft eschatologischer Vollendung, die hier als pilgernde, arme Kirche in der Zeit und damit in der Gebrechlichkeit wandelt.[20] Als konstitutioneller Text stellt dieses Textcorpus die Kirche, die Gesamtheit der Gläubigen ebenso wie ihre verantwortlichen Autoritäten, vor die Herausforderung, durch entsprechende Auslegungen und Realisierungen der Texte Balancen in diese Polaritäten zu bringen, so dass das Mysterium der Kirche in der geschichtlichen Bruchstückhaftigkeit aufleuchten kann.

In diesem Sinn gilt es, das „Konzil neu zu entdecken" und „zu den Texten"[21] dieses Konzils selbst zurückzukehren. Die obigen Ausführungen über Werden, Gestalt und Bedeutung des Textes bzw. des Textcorpus des II. Vatikanischen Konzils wollen diesem Ziel dienen.

---

[16] Vgl. *Pastor bonus*: AAS 80 (1988) 841–934; Regolamento generale della Curia Romana: AAS 84 (1992) 508–540.
[17] Vgl. Sieben, Konzilsidee der Alten Kirche 103–147, hier 133.
[18] Vgl. Pesch, Das Zweite Vatikanische Konzil 356: „Mehrfach hatten wir darauf hinzuweisen, dass etliche Konzilstexte durch die Hartnäckigkeit der Auseinandersetzung – und nicht selten durch den geschäftsordnungswidrigen und darum unfairen Widerstand konservativer Gruppen – nicht mit der Eindeutigkeit formuliert werden konnten, die glasklar nur *eine* Auffassung als die des Konzils hinzustellen gestattet."
[19] Pesch listet unter anderem folgende Ambivalenzen auf: „Und so sind wir auf die Ambivalenz gestoßen:
– bei der Frage nach der Kirche als universalem Sakrament des Heils, Volk Gottes und Communio einerseits und hierarchischer Institution andererseits;
– beim Thema der Kollegialität der Bischöfe mit dem Papst, die durch die bisherige Aussagen überschreitende Herausstellung der Oberhoheit des Papstes in nicht zu verharmlosender Weise überkreuzt wird; ...
– bei der Lehre vom Glaubenssinn der Gläubigen im Verhältnis zum Lehramt des Papstes und der Gemeinschaft der Bischöfe ...", a. a. O. 357.
[20] Vgl. zu dieser grundlegenden Spannung in der Kirche Hünermann, Anthropologische Dimensionen.
[21] Vgl. Ratzinger, Zur Lage 25.28.

Anhang

1. Inhaltsverzeichnis der „Sintesi finale" der Antepraeparatoria[1]

I. *Probleme der Lehre*: 1. Interpretation der Hl. Schrift; 2. Ekklesiologie (a. Natur der Kirche; b. Mystischer Leib; c. Episkopat); 3. Dogmatische Definitionen (universale Mittlerschaft Mariens); 4. Soziallehre, Verhältnis Staat-Kirche; 5. Irrtümer.

II. *Disziplin des Klerus*: A. Kleriker im Allgemeinen: 1. Verteilung des Klerus; 2. Pflichten des Klerus (a. Heiligkeit des Lebens; b. Zölibat; c. Priesterliche Kleidung).

B. Kleriker im Besonderen: 1. Römische Kurie; 2. Vollmachten der Bischöfe (a. Beziehung der Bischöfe mit den Kongregationen; b. Unversetzbarkeit der Pfarrer; c. Exemtion der Religiosen); 3. Pfarreien und Seelsorge; 4. Gefallene Priester.

III. *Seminare:* 1. Kirchliche Berufungen; 2. Leitung; 3. Ausbildung; 4. Studien.

IV. *Religiosen*

V. *Katholischer Laikat*: 1. Apostolat der Laien; 2. Katholische Aktion.

VI. *Sakramentale Disziplin*: 1. Taufe; 2. Firmung; 3. Eucharistie; 4. Buße; 5. Letzte Ölung; 6. Ordo; 7. Ehe.

VII. *Kirchliche Gebote*

VIII. *Göttlicher Kult*: 1. Reform des Kalenders; 2. Reform der Texte und Rubriken der Hl. Messe; 3. Reform einiger Riten; 4. Reform des Breviers; 5. Vereinfachung einiger liturgischer Gewänder; 6. Liturgische Sprache.

IX. *Kirchliches Lehramt*

X. *Kirchliche Benefizien*

XI. *Strafrecht*

XII. *Mission – Ökumene*

---

[1] Vgl. Alberigo, Passagi cruciali 28 f.

Anhang

2. Vorgegebene Fragen für die Vorbereitungskommissionen[2]

Theologische Kommission:

1. *Die Quellen der Offenbarung*: Entsprechend dem, was von den römischen Päpsten neuerdings veröffentlicht worden ist, soll die katholische Lehre von der Heiligen Schrift (d. h. von der Historizität der Heiligen Bücher; vom Gehorsam, durch welchen die Exegeten der heiligen Tradition und dem kirchlichen Lehramt verpflichtet sind) dargelegt werden: Neue Irrtümer in dieser Sache sollen verurteilt werden; Zugleich sollen angemessene Normen formuliert werden, durch welche die Exegeten in der Auslegung der Heiligen Schrift nach dem Sinn der Kirche geführt werden.
2. *Die katholische Kirche*: Die Konstitution über die katholische Kirche, vom I. Vatikanischen Konzil erlassen, soll ergänzt und vollendet werden vor allen Dingen hinsichtlich a) des mystischen Leibes Christi; b) des Episkopats; c) des Laikats.
3. *Die übernatürliche Ordnung, vor allem im Blick auf die Moral*: Die katholische Lehre soll vollständig dargelegt werden, die vornehmlichen heutigen Irrtümer sind zurückzuweisen, nämlich der Naturalismus, Materialismus, Kommunismus, Laizismus.
4. *Die Ehe*: Unter Beachtung der jüngsten Dokumente der römischen Päpste sollen die katholische Lehre von der Ehe erörtert und umlaufende Irrtümer des Naturalismus zurückgewiesen werden.
5. *Die Soziallehre*: Es soll eine gestraffte Darlegung der katholischen Soziallehre vorgelegt werden.

Kommission für die Bischöfe und die Leitung der Diözesen:

1. *Aufteilung der Diözesen*: Es soll eine Grundlage erarbeitet werden, um die Grenzen der Diözesen zu überprüfen, so dass nach Ende des Konzils ihre Aufteilung in angemessener Weise unter der Leitung der Konsistorialkongregation oder irgendeiner Kommission, die von ihr abhängt, vorbereitet wird.
2. *Die Vollmacht der Bischöfe*: Es sollen die Beziehungen bestimmt werden: a) Zwischen den Bischöfen und den Kongregationen der römischen Kurie. Es ist zu überprüfen, welche Kompetenzen zur Leitung der Diözesen den Bischöfen in stabiler Weise übertragen werden können; b) Zwischen Bischöfen und Pfarrern. Die Einrichtung der Unversetzbarkeit der Pfarrer werde überprüft, so dass den Bischöfen im Blick auf das Wohl der Seelen eine größere Möglichkeit zum Handeln zugestanden wird; c) Zwischen Bischöfen und Religiosen. Unter Wahrung des Privilegs der Exemtion soll dafür gesorgt werden, dass die Religiosen unter der Leitung der Bischöfe den apostolischen Werken nachgehen und eine erweiterte Zusammenarbeit zwischen dem Diözesanklerus und den Religiosen eintritt.
3. *Die hauptsächlichen Fragen der Seelsorge*: Am meisten ist heutigen Notwendigkeiten Aufmerksamkeit zu schenken. Neben den übrigen soll auch diese Frage bedacht werden: Der Opportunität in Großstädten mit zahlreicher Bevölkerung sogenannte Personalpfarreien einzurichten.
4. *Immigranten*: Es sollen geeignete Mittel vorgeschlagen werden, welche Immigranten eine Hilfe bieten, um Glauben und Sitte unverletzt zu bewahren.

Kommission für die Disziplin des Klerus und des christlichen Volkes:

1. *Die Verteilung des Klerus*: Es sollen Überlegungen angestellt werden, welche eine angemessenere Verteilung des Klerus begünstigen.

---

[2] AD II/II 1, 408–415.

2. *Die Unversetzbarkeit der Pfarrer*: Diese Einrichtung soll von der Kommission für die Bischöfe und die Regierung der Diözesen überprüft werden.
3. *Das geistliche Gewand*: Ob und wie – entsprechend den verschiedenen Regionen – dieses zu verändern ist.
4. *Die Kirchengebote*: Es soll das Gesetz der kirchlichen Feiertage, des Fastens und der Abstinenz, der Buße und der österlichen Kommunion überprüft werden, damit es besser den heutigen Tagen angepasst wird.
5. *Die katechetische Unterweisung*: a) Es soll ein neuer Katechismus herausgegeben werden, der auch die vornehmlichen Elemente der heiligen Liturgie, der Kirchengeschichte und der Soziallehre umfasst; b) Die Erwachsenenkatechese soll ein neues Wachstum erfahren.
6. *Kirchliche Benefizien*: Ob, wie weit und nach welchen Kriterien das Benefizialwesen zu verändern ist.
7. *Die Bruderschaften*: Ihre Bildung und ihre Statuten sollen so überprüft werden, dass sie den heutigen Notwendigkeiten wirksamer und geeigneter entsprechen.

Die Kommission der Religiosen:

1. *Die Erneuerung des Lebens der Religiosen*: a) Konstitutionen, „Direktorien", „Gebräuche" sind unseren Zeiten besser anzupassen; b) Es sollen Mittel vorgeschlagen werden zur Förderung der Bildung der Nonnen und Schwestern; c) Die Bildung der Novizen ist unseren Zeiten anzupassen und durch eine neue Förderung zu verbessern; d) Der religiöse Geist soll gefestigt und die Disziplin, vor allen Dingen in kleinen Gemeinschaften gefördert werden.
2. *Vereinigung und Zusammenschluss religiöser Institute*: a) Die Institute einer und derselben Religiosenfamilie sollen zur Einheit zurückgeführt oder wenigstens in Konföderationen verbunden werden; b) Zu Konföderationen sollen die Religioseninstitute geeint werden, welche dieselben oder ähnliche Ziele verfolgen.
3. *Das Privileg der Exemtion*: Es sollen Normen bestimmt werden, welche es gestatten, die Religiosen mehr in die Werke des Apostolates unter der Regierung der Bischöfe zu senden. (Das Institut der Exemption soll zusammen mit der Kommission für Bischöfe und für die Leitung der Diözesen überprüft werden).
4. *Das Gewand der Religiosen*: Das Gewand der Religiosen, sei es der Männer, sei es der Frauen, soll würdig sein, einfach, bescheiden und den Umständen der Zeiten und Orte sowie den Notwendigkeiten des Dienstes angepasst.

Kommission für die Sakramente:

1. *Die Firmung*: Es sollen die Fälle bestimmt werden, in welchen die Kompetenz, dieses Sakrament zu spenden, den Priestern gewährt wird, welche dem heiligen Dienst obliegen.
2. *Die Buße*: Es sollen die Fälle bestimmt werden, in welchen es angemessen ist, die Jurisdiktion zum Hören sakramentaler Beichten auszudehnen, die Frage hinsichtlich der reservierten Sünden soll überdacht werden.
3. *Die Weihe*: Es soll erörtert werden, ob und wie es angemessen ist, die alte Praxis hinsichtlich der niederen Weihen und des Diakonates zu erneuern; hinsichtlich des Alters, in welchem die höheren Weihen zu spenden sind und der zu beobachtenden Zwischenzeiten.
4. *Ehe*: Ob und wie die Zahl der Ehehindernisse zu verringern und der Eheprozess zu einer angemesseneren Form zurückzuführen ist.
5. *Priester, die gefallen sind*: Das unglückliche Leben der Priester, die gefallen sind, soll überdacht und – soweit möglich – ihrem ewigen Heil Sorge getragen werden.

Anhang

Kommission der Heiligen Liturgie:

1. *Überprüfung des Kalenders*: Geeignete Kriterien sollen hinsichtlich dieses Sachverhaltes vorgeschlagen werden.
2. *Heilige Messe*: Es sollen Überlegungen zur Überprüfung der Texte und Rubriken vorgelegt werden.
3. *Heilige Riten*: Die Pontifikalmesse soll zu einer einfacheren Form zurückgeführt werden, ebenso die Weihe der Kirchen, die Segnung der Glocken etc.
4. *Sakramente*: Die Riten der Taufe, der Firmung, der letzten Ölung, der Eheschließung sind so zu überprüfen, dass sie mehr das bezeichnen, was sie wirken.
5. *Das Brevier*: Das Brevier soll den Notwendigkeiten des heiligen Dienstes und den geistlichen Notwendigkeiten des Klerus angepasst werden.
6. *Die liturgische Sprache*: Sorgfältig soll überlegt werden, ob es angemessen ist, die Volkssprache in gewissen Teilen der Messe und der Spendung der Sakramente zu erlauben.
7. *Die liturgischen Gewänder* sind auf eine einfachere Form zurückzuführen.

Kommission für die Studien und Seminarien:

1. *Die kirchlichen Berufungen, die Natur der kirchlichen Berufungen*: Es sollen Maßnahmen vorgeschlagen werden, um die kirchlichen Berufungen bei Knaben und Heranwachsenden zu fördern.
2. *Studien*: Die Studienordnungen der Seminare jeden Grades und jeder Ordnung sollen überprüft werden. Vor allem soll das Augenmerk gerichtet werden auf die Integrität der zu überliefernden Lehre, zusammen mit dem vollen Gehorsam gegenüber dem Lehramt der Kirche und der Weise, die Heilige Schrift zu dozieren.
3. *Disziplin*: Unter Zurückweisung der wichtigsten Irrtümer in dieser Sache, welche mit glänzenden Namen und Gründen eine gewisse „Autonomie" proklamieren, sollen die geeigneteren Weisen, Kleriker zu erziehen, nach der Lehre der Kirche bestimmt werden.
4. *Geistliche Bildung*: Die geistliche Bildung der Kleriker soll nach den Notwendigkeiten der Zeiten intensiviert werden.
5. *Pastorale Ausbildung*: Das Studium der Pastoraltheologie soll zusammen mit geeigneten und häufigen praktischen Übungen gefördert werden.
6. *Katholische Schulen*: Folgende Sachfragen sollen umfassend behandelt werden: a) Vom Recht der Kirche, Schulen jeden Grades und jeder Ordnung zu errichten; b) das Recht der Eltern, Schulen für ihre Kinder auszusuchen; c) Die Pflicht des Staates, Ausgaben, die dazu notwendig sind, bereitzustellen. In solchen Schulen soll die religiöse wie die wissenschaftliche Bildung der Schüler sorgfältig gepflegt werden.

Kommission für die orientalischen Kirchen:

Die Kommission kann die Fragen untersuchen: a) Der Übergang zu einem anderen Ritus; b) Die „communcatio in sacris" mit orientalischen, nicht katholischen Christen; c) die Weise, die orientalischen Dissidenten zu versöhnen; d) Die hauptsächlichen disziplinären Fragen, welche für die anderen Kommissionen angegeben sind, sind in Bezug auf die orientalischen Kirchen zu erörtern.

Kommission über die Missionen:

1. *Die missionarische Pflicht*: Es sollen jene Maßnahmen bestimmt und gefördert werden, durch welche die Katholiken der missionarischen Pflicht bewusster werden und diese Pflicht treuer erfüllen.
2. *Die missionarischen Berufungen*: Es sollen geeignetere Normen vorgelegt werden, um missionarische Berufungen zu fördern und zu begünstigen.

3. *Missionare*: a) Die geistliche und wissenschaftliche Bildung der Missionare soll intensiviert und der „universale Geist" vor allem gefördert werden; b) Die Arbeiten der Missionare, welche zu verschiedenen Familien gehören, sollen zum größeren Wohl der Seelen in eine Ordnung gebracht werden.
4. *Der eingeborene Klerus*: Durch welche guten Maßnahmen der eingeborene Klerus vermehrt werden kann. In welchen katholischen Bereich jene Güter einzubeziehen sind, die aus dem zivilen Kult der einzelnen Völker zu akzeptieren sind. Mit welcher Verpflichtung jene Traditionen der Völker, welche dem Glauben und den katholischen Sitten nicht widersprechen, aufzunehmen sind.
5. *Das Verhältnis zwischen den Diözesen und den Missionen*: Es soll die Art und Weise studiert werden, durch welche Diözesen, die reicher an Klerus und Sachmitteln sind, den Missionen in einer gerechteren Weise helfen können.

Kommission über das Apostolat der Laien:

1. *Das Apostolat der Laien*: a) Der Umfang und die Ziele dieses Apostolates sollen bestimmt werden, aber auch die Unterwerfung unter die heilige Hierarchie; b) Durch welche angemesseneren Maßnahmen der Apostolat der Laien heutigen Notwendigkeiten entsprechen soll.
2. *Katholische Aktion*: a) Begriff, Umfang und Unterordnung unter die heilige Hierarchie sollen genauer bestimmt werden; b) Die Verfassung soll so überprüft werden, dass sie unseren Zeiten besser angepasst ist; c) Es sollen die Beziehungen zwischen der Katholischen Aktion und den übrigen Vereinigungen (marianische Kongregationen, fromme Unionen, Berufsverbände etc.) bestimmt werden.
3. *Die Vereinigungen*: Es soll versucht werden, dass die Tätigkeit der gegenwärtigen Vereinigungen in unseren Tagen den vorgegebenen Zielen mehr entsprechen (caritative und soziale Aktion).

Sekretariat für Schrifttum und Filme:

1. Es soll die kirchliche Lehre vom Schrifttum und von den Filmen vorgelegt und erläutert werden.
2. Jene Unternehmungen und Werke sollen gefördert werden, durch welche das Gewissen der Katholiken so gebildet wird, dass sie im Gebrauch dieser Mittel die katholischen Prinzipien immerfort beobachten.
3. Die rechten Versuche aller katholischen Künstler (Spezialisten, Produzenten, Künstler, Techniker, Geschäftsführer etc.) sollen in eine Ordnung gebracht werden, damit das, was sie hervorbringen und publizieren, dem Glauben und den Sitten entspreche.
4. Es sollen die Beziehungen geklärt werden, durch welche solcherart Medien den Werken des Apostolates in angemessener Weise dienen.

3. Liste der vorbereiteten Schemata[3]

a) Theologische Kommission:
1. Neue Formel des Glaubensbekenntnisses;
2. Quellen der Offenbarung;
3. die moralische Ordnung;
4. die reine Bewahrung der Glaubenshinterlassenschaft;

---
[3] Vgl. AD II/III 1, 559–565 und AD II/III 2, 459–465 (Inhaltsverzeichnis).

Anhang

5. Keuschheit, Jungfräulichkeit, Ehe, Familie;
6. die Kirche;
7. die selige Maria, Jungfrau, Mutter Gottes und Mutter der Menschen.

Anhang:
1. Die Gemeinschaft der Völker;
2. die gesellschaftliche Ordnung.

b) Kommission für Bischöfe und Leitung der Diözesen
1. Die Aufteilung der Diözesen;
2. die Versammlung oder Konferenz der Bischöfe;
3. das Verhältnis zwischen Bischöfen und den Kongregationen der römischen Kurie;
4. das Verhältnis zwischen Bischöfen und Pfarrern;
5. die Bischofskoadjutoren und Weihbischöfe, die Ablösung der Bischöfe von der Hirtenaufgabe;
6. die vornehmlichen Fragen der Seelsorge;
7. das Verhältnis zwischen Bischöfen und Religiosen, vor allem im Blick auf die Ausübung von Werken des Apostolats.

c) Kommission für die Disziplin des Klerus und des christlichen Volkes
1. Die Verteilung des Klerus;
2. die Heiligkeit des Lebens der Kleriker;
3. klerikale Kleidung und Tonsur;
4. die Verleihung von Pfarreien, Vereinigung und Trennung;
5. die Verpflichtungen der Pfarrer;
6. die Aufgaben und kirchlichen Benefizien und die Verwaltung der kirchlichen Güter;
7. das historische und künstlerische kirchliche Erbe;
8. die Pflichten der Pfarrer im Hinblick auf die Seelsorge;
9. die Kirchengebote;
10. die katechetische Bildung des christlichen Volkes;
11. die Seelsorge und der Kommunismus;
12. die vorgängige Zensur und das Verbot von Büchern;
13. kirchliche Zensuren und ihre Reservation;
14. die Vorgehensweise bei Strafen, die administrativer Weise zu verhängen sind;
15. Vereinigungen von Gläubigen;
16. Messstipendien, die Reduktion von Messverpflichtungen, letzte fromme Willenserklärungen;
17. die Erteilung von heiligem Wein an jene, die nicht katholische Pastoren oder Diener waren.

d) Kommission für Religiosen, der zu erwerbende Stand der Vollkommenheit

e) Kommission für die Disziplin der Sakramente
1. Das Sakrament der Firmung;
2. das Sakrament der Buße;
3. das Sakrament der Weihe;
4. Hinderungsgründe in Bezug auf die Ehe;
5. die Mischehe;
6. der eheliche Konsens;
7. die Form der Eheschließung;
8. der Eheprozess;
9. die Vorbereitung auf die Ehe;
10. die gefallenen Priester.

f) Kommission für die heilige Liturgie

g) Kommission für Studien und Seminarien
1. Die Förderung von kirchlichen Berufungen;
2. die Ausbildung der Alumnen;
3. die Förderung der akademischen Studien in katholischen und kirchlichen Universitäten;
4. die katholischen Schulen;
5. der Gehorsam gegenüber dem kirchlichen Lehramt in der Vermittlung der theologischen Disziplinen.

Anhang: Die rechte Pflege der lateinischen Sprache in den kirchlichen Studien.

h) Kommission für die orientalischen Kirchen
1. Die Riten in der Kirche;
2. die orientalischen Patriarchen;
3. die „communicatio in sacris" mit den nicht katholischen orientalischen Christen;
4. der Gebrauch der Volkssprachen in den Liturgien;
5. die Sakramente der Kirche;
6. die Kirchengebote;
7. die Kompetenzen der Bischöfe;
8. Katechismus und katechetische Ausbildung;
9. der immerwährende Kalender und die Feier der Ostern;
10. das göttliche Offiz der orientalischen Kirchen;
11. die Einheit der Kirche „dass Alle eins sind".

i) Kommission der Missionen
1. Vorwort
2. Die Leitung der Missionen;
3. die Disziplin des Klerus;
4. die Religiosen;
5. die Sakramente und die heilige Liturgie;

6. die Disziplin des christlichen Volkes;
7. die Studien der Kleriker;
8. die missionarische Zusammenarbeit.

j) Kommission für das Laienapostolat

k) Sekretariat für Schrifttum und Filme, von den Verbreitungsinstrumenten oder der sozialen Kommunikation

l) Sekretariat zur Förderung der Einheit der Christen
1. Die Religionsfreiheit;
2. die Notwendigkeit des Gebets für die Einheit der Christen, vor allem in unserer Zeit;
3. der katholische Ökumenismus;
4. das Wort Gottes.

Bibliographie

Alberigo, Angelina – Alberigo, Giuseppe, Giovanni XXIII. – Il concilio della speranza, Padova 1985.
Alberigo, Giuseppe, Die Rezeption der großen christlichen Überlieferung durch das II. Vatikanische Konzil, in: Werner Löser – Karl Lehmann – Matthias Lutz-Bachmann (Hg.), Dogmengeschichte und katholische Theologie, Würzburg 1985, 303–320.
Alberigo, Giuseppe, Ekklesiologie im Werden, in: ÖR 40 (1991) 109–128.
Alberigo, Giuseppe, Johannes XXIII. und das II. Vatikanische Konzil, in: ders. – Klaus Wittstadt (Hg.), Ein Blick zurück – nach vorn: Johannes XXIII. Spiritualität – Theologie – Wirken (Studien zur Kirchengeschichte der neuesten Zeit 2), Würzburg 1992, 137–176.
Alberigo, Giuseppe, Il Vaticano II nella tradizione conciliare, in: CrStor 12 (1992) 593–612.
Alberigo, Giuseppe, La preparazione del regolamento del Concilio Vaticano II, in: Étienne Fouilloux (Hg.), Vatican II commence ... Approches francophones, Leuven 1993, 54–72.
Alberigo, Giuseppe, Passagi cruciali della fase antepraeparatoria (1959/60), in: ders. – Alberto Melloni (Hg.), Verso il Concilio Vaticano II (1960–1962). Passaggi e problemi della preparazione conciliare, Genua 1993, 15–42.
Alberigo, Giuseppe – Melloni, Alberto (Hg.), Storia del concilio Vaticano II, 5 Bde., Bologna – Leuven 1995–2001.
Alberigo, Guiseppe, Concilio acefalo? L'evoluzione degli organismi direttivi del Vaticano II, in: ders. (Hg.), Il Vaticano II fra attese e celebrazioni, Bologna 1995, 193–238.
Alberigo, Giuseppe, Criteri ermeneutici per una storia del Concilio Vaticano II, in: Wolfgang Weiß (Hg.), Zeugnis und Dialog (FS Klaus Wittstadt), Würzburg 1996, 101–117.
Alberigo, Giuseppe – Wittstadt, Klaus (Hg.), Geschichte des Zweiten Vatikanischen Konzils (1959–1965), 5 Bde., bisher erschienen: Bde. 1–3, Mainz – Leuven 1997–2002.
Alberigo, Giuseppe, Die Ankündigung des Konzils. Von der Sicherheit des Sich-Verschanzens zur Faszination des Suchens, in: ders. – Wittstadt (Hg.), Geschichte des Zweiten Vatikanischen Konzils 1, 1–60.
Alberigo, Giuseppe, Treue und Kreativität bei der Rezeption des Zweiten Vatikanischen Konzils. Hermeneutische Kriterien, in: Autiero (Hg.), Herausforderung Aggiornamento 9–35.
Aristoteles, De anima. Recognovit brevique adnotatione instruxit William D. Ross, Oxford 1956.
Aristoteles, Lehre vom Beweis oder Zweite Analytik (Organon IV). Übers. u. mit Anm. versehen v. Eugen Rolfes, mit neuer Einl. u. Bibliogr. v. Otfried Höffe (Philosophische Bibliothek 11), Hamburg 1990.
Aubert, Roger – Soetens, Claude, Vorbereitung und Eröffnung des Konzils, in: Jean-Marie Mayeur u. a. (Hg.), Die Geschichte des Christentums. Religion – Politik – Kultur, Bd. 13: Krisen und Erneuerung (1958–2000), Freiburg – Basel – Wien 2002, 10–31.
Autiero, Antonio (Hg.), Herausforderung Aggiornamento – Zur Rezeption des Zweiten Vatikanischen Konzils (MThA 62), Altenberge 2000.
Aymans, Winfried, Kanonisches Recht. Lehrbuch aufgrund des CIC, begr. von Eduard Eichmann, fortgef. v. Klaus Mörsdorf, 13. völlig neu bearb. Aufl., Bd. 2, Paderborn 1997.

Bibliographie

Beinert, Wolfgang (Hg.), Glaube als Zustimmung. Zur Interpretation kirchlicher Rezeptionsvorgänge (QD 131), Freiburg – Basel – Wien 1991.
Beozzo, José O. (Hg.), Cristianismo e iglesias de America Latina en vísperas del Vaticano II, San José 1992.
Böckenförde, Ernst-Wolfgang, Geschichtliche Entwicklung und Bedeutungswandel der Verfassung, in: ders. (Hg.), Staat, Verfassung, Demokratie. Studien zur Verfassungstheorie und zum Verfassungsrecht (stw 953), Frankfurt/M. 1991, 29–52.
Burigana, Ricardo, Progetto dogmatico del Vaticano II. La commissione teologica praeparatoria (1960–1962), in: Alberigo – Melloni (Hg.), Verso il Concilio Vaticano II, 141–206.
Bydlinski, Franz, Juristische Methodenlehre und Rechtsbegriff, 2. erg. Aufl., Wien – New York 1991.
Capovilla, Loris, Giovanni XXIII. Quindici letture, Roma 1970.
Chenu, Marie-Dominique, Un concile pastoral, in: ders. (Hg.), La Parole de Dieu, II. L'Evangile dans le temps, Paris 1964, 655–672.
Conciliorum oecumenicorum decreta – Dekrete der ökumenischen Konzilien, hg. vom Istituto per le Scienze Religiose, besorgt v. Giuseppe Alberigo, dt. Ausg. nach der 3. Aufl. hg. v. Josef Wohlmuth, 3 Bde., Paderborn u. a. 1998–2002.
Congar, Yves, Die Rezeption als ekklesiologische Realität, in: Conc(D) 8 (1972) 500–514.
Dilthey, Wilhelm, Leben Schleiermachers, 2. Band: Schleiermachers System als Philosophie und Theologie. Aus dem Nachlass von Wilhelm Dilthey mit einer Einleitung hg. v. Martin Redecker, 2 Halbbände, Berlin 1966.
Dulles, Avery, Das II. Vatikanum und die Wiedergewinnung der Tradition, in: Klinger – Wittstadt (Hg.), Glaube im Prozeß 546–562.
Eco, Umberto, Lector in fabula. Die Mitarbeit der Interpretation in erzählenden Texten, München – Wien 1987.
Eco, Umberto, Streit der Interpretationen, Konstanz 1987.
Eco, Umberto, Grenzen der Interpretation, München 1992.
Eco, Umberto, Zwischen Autor und Text – Interpretation und Überinterpretation, München – Wien 1994.
Eco, Umberto, Einführung in die Semiotik. Autorisierte dt. Ausg. v. Jürgen Trabant, München [9]2002.
Figal, Günter, Der Sinn des Verstehens. Beiträge zu einer hermeneutischen Philosophie, Stuttgart 1996.
Fisichella, Rino (Hg.), Il Concilio Vaticano II. Recezione e attualità alla luce del giubileo, Milano 2000.
Fogarty, Gerald P., Das Konzil beginnt, in: Alberigo – Wittstadt (Hg.), Geschichte des Zweiten Vatikanischen Konzils 2, 83–127.
Fouilloux, Étienne, Die vor-vorbereitende Phase (1959–1960). Der langsame Gang aus der Unbeweglichkeit, in: Alberigo – Wittstadt (Hg.), Geschichte des Zweiten Vatikanischen Konzils 1, 61–187.
Frank, Manfred, Das Sagbare und das Unsagbare. Studien zur deutsch-französischen Hermeneutik und Texttheorie. Erw. Neuausgabe (stw 317), Frankfurt/M. 1990.
Fuchs, Ottmar, Praktische Hermeneutik der Heiligen Schrift (Praktische Theologie heute 57), Stuttgart 2004.
Gadamer, Hans-Georg, Wahrheit und Methode. Grundzüge einer philosophischen Hermeneutik, 6. durchges. Aufl. (Gesammelte Werke, Bd. 1: Hermeneutik I), Tübingen 1990.
Grillmeier, Alois, Konzil und Rezeption. Methodische Bemerkungen zu einem Thema der ökumenischen Diskussion der Gegenwart, in: ders. (Hg.), Mit ihm und in ihm. Christologische Forschungen und Perspektiven, Freiburg – Basel – Wien [2]1975, 303–334.
Grimm, Dieter, Art. Verfassung, in: StL 5 ([7]1989) 633–643.

Grootaers, Jan, I protagonisti del Vaticano II, Milano 1994.
Hegel, Georg W. F., Vorlesungen über die Philosophie der Geschichte (Werke 12), Frankfurt/M. 1986.
Hegge, Christoph, Rezeption und Charisma. Der theologische und rechtliche Beitrag kirchlicher Bewegungen zur Rezeption des Zweiten Vatikanischen Konzils (Forschungen zur Kirchenrechtswissenschaft 29), Würzburg 1999.
Hilberath, Bernd Jochen, Theologie zwischen Tradition und Kritik. Die philosophische Hermeneutik Hans-Georg Gadamers als Herausforderung des theologischen Selbstverständnisses (Themen und Thesen der Theologie), Düsseldorf 1978.
Hünermann, Peter, Ekklesiologie im Präsens. Perspektiven, Münster 1995.
Hünermann, Peter, Il concilio Vaticano II come evento, in: Maria T. Fattori – Alberto Melloni (Hg.), L'evento e le decisioni. Studi sulle dinamiche del concilio Vaticano II, Bologna 1997, 63–92.
Hünermann, Peter (Hg.), Das II. Vatikanum – christlicher Glaube im Horizont globaler Modernisierung (Programm und Wirkungsgeschichte des II. Vatikanums 1), Paderborn u. a. 1998.
Hünermann, Peter, Zu den Kategorien „Konzil" und „Konzilsentscheidung" – Vorüberlegungen zur Interpretation des II. Vatikanums, in: ders. (Hg.), Das II. Vatikanum 67–82.
Hünermann, Peter, Das II. Vatikanum als Ereignis und die Frage nach seiner Pragmatik, in: ders. (Hg.), Das II. Vatikanum 107–126.
Hünermann, Peter, Zur Rezeption des Zweiten Vatikanischen Konzils. Vorüberlegungen zu einer dringlich erforderlichen Bestandsaufnahme, in: Autiero (Hg.), Herausforderung Aggiornamento 81–94.
Hünermann, Peter, Anthropologische Dimensionen der Kirche, in: Walter Kern – Hermann J. Pottmeyer – Max Seckler (Hg.), Handbuch der Fundamentaltheologie, Bd. 3: Traktat Kirche, Tübingen – Basel ²2000, 109–128.
Hünermann, Peter, Le ultime settimane del concilio, in: Alberigo – Melloni (Hg.), Storia del concilio Vaticano II, Bd. 5, 371–491.
Hünermann, Peter, Dogmatische Prinzipienlehre. Glaube – Überlieferung – Theologie als Sprach- und Wahrheitsgeschehen, Münster 2003.
Indelicato, Antonino, Difendere la dottrina o anunciare l'evangelo. Il dibattito nella Commissione Centrale Preparatoria del Vaticano II (Testi e ricerche di scienze religiose 8), Genua 1992.
Indelicato, Antonino, Formazione e composizione delle commissioni praeparatorie, in: Alberigo – Melloni (Hg.), Verso il Concilio Vaticano II, 43–69.
Iser, Wolfgang, Die Appellstruktur der Texte. Unbestimmtheit als Wirkungsbedingung literarischer Prosa, Konstanz 1974.
Iser, Wolfgang, Der Akt des Lesens. Theorie ästhetischer Wirkung, München ²1984.
Jauß, Hans R., Ästhetische Erfahrung und literarische Hermeneutik, Frankfurt/M. 1982.
Jeanrond, Werner G., Text und Interpretation als Kategorien theologischen Denkens, Tübingen 1986.
Kasper, Walter, Die bleibende Herausforderung durch das II. Vatikanische Konzil. Zur Hermeneutik der Konzilsaussagen, in: ders. (Hg.), Theologie und Kirche [Bd. 1], Mainz 1987, 290–299.
Klinger, Elmar – Wittstadt, Klaus (Hg.), Glaube im Prozeß. Christsein nach dem 2. Vatikanum (FS Karl Rahner), Freiburg – Basel – Wien ²1984.
Klinger, Elmar, Armut – eine Herausforderung Gottes. Der Glaube des Konzils und die Befreiung des Menschen, Zürich – Einsiedeln – Köln 1990.
Klinger, Elmar, Das Aggiornamento der Pastoralkonstitution, in: Franz-Xaver Kaufmann –

Bibliographie

Arnold Zingerle (Hg.), Vatikanum II und Modernisierung. Historische, theologische und soziologische Perspektiven, Paderborn u. a. 1996, 171–187.
Klinger, Elmar, Die dogmatische Konstitution über die Kirche Lumen gentium, in: Franz X. Bischof – Stephan Leimgruber (Hg.), Vierzig Jahre II. Vatikanum. Zur Wirkungsgeschichte der Konzilstexte, Würzburg 2004, 74–97.
Komonchak, Joseph A., U.S. Bishops' Suggestions for Vatican II, in: CrStor 15 (1994) 313–371.
Komonchak, Joseph A., Interpreting the Council. Catholic Attitudes toward Vatican II, in: Mary J. Weaver – R. Scott Appleby (Hg.), Being Right. Conservative Catholics in America, Indiana 1995, 17–36.
Komonchak, Joseph A., Der Kampf für das Konzil (1960–1962), in: Alberigo – Wittstadt (Hg.), Geschichte des Zweiten Vatikanischen Konzils 1, 189–401.
Lamberigts, Mathijs – Soetens, Claude (Hg.), À la veille du Concile. Vatican II, Vota et Réactions en Europe et dans le Catholicisme Oriental, Leuven 1992.
Lambruschini, Ferdinando, Riflessioni sulla riapparizione del Modernismo come progressismo, in: Divinitas 2 (1958) 177–187.
Latourelle, René (Hg.), Vaticano II: balance y perspectivas. Veinticinco años después (1962–1987) (verdad e imagen 109), Salamanca ²1990.
Lehmann, Karl, Hermeneutik für einen künftigen Umgang mit dem Konzil, in: Günther Wassilowsky (Hg.), Zweites Vatikanum – vergessene Anstöße, gegenwärtige Fortschreibungen (QD 207), Freiburg – Basel – Wien 2004, 71–89.
Levillain, Philippe, La mécanique politique de Vatican II. La majorité et l'unanimité dans un concile (Theólogie historique 36), Paris – Beauchesne 1975.
Lockwood, Richard, The reader's figure, Genève 1996.
Manzo, Michele, Papa Giovanni, vescovo a Roma. Sinodo e pastorale diocesana nell'episcopato romano di Roncalli (Storia della Chiesa: Saggi 3), Milano 1991.
Marín de San Martín, Luis, Juan XXIII. Retrato eclesiológico, Barcelona 1998.
Melloni, Alberto, Sinossi critica dell'allocuzione di apertura del Concilio Vaticano II „Gaudet Mater Ecclesia" di Giovanni XXIII., in: Fede Tradizione Profezia. Studi su Giovanni XXIII. e sul Vaticano II, vol. 21, Brescia 1984, 239–283.
Melloni, Alberto, Per un approccio storico-critico ai consilia e vota della fase antepreparatoria del Vaticano II, in: RSLR 26 (1990) 556–576.
Melloni, Alberto, „Questa festiva ricorrenza". Prodromi e preparazione del discorso di annuncio del Vaticano II (25 Gennaio 1959), in: RSLR 28 (1992) 607–643.
Menozzi, Daniele, Das Antikonzil (1966–1984), in: Hermann J. Pottmeyer – Guiseppe Alberigo – Jean-Pierre Jossua (Hg.), Die Rezeption des Zweiten Vatikanischen Konzils, Düsseldorf 1986, 403–431.
Muggeridge, Anne Roche, The desolate city. Revolution in the Catholic Church, San Francisco 1986.
O'Malley, John W., The Style of Vatican II. The „how" of the church changed during the council, in: America 188 (2003) H. 6 (24. Februar) 12–15.
Oppermann, Thomas, Vom Nizza-Vertrag 2001 zum Europäischen Verfassungskonvent 2002/2003, in: Deutsches Verwaltungsblatt 2003, 1–2.
Ott, Heinrich, Die hermeneutische Problematik und das Entmythologisierungsprogramm, in: ThZ 44 (1988) 222–238.
Paiano, Maria, Il rinnovamento della liturgia. Dai movimenti alla Chiesa universale, in: Alberigo – Melloni (Hg.), Verso il Vaticano II, 67–140.
Pellegrino, Michele, L'étude des pères de l'Église dans la perspective conciliaire, in: Ricerche patristiche (1938–1980), Torino 1982, II, 129–137.
Pesch, Otto H., Das Zweite Vatikanische Konzil (1962–1965). Vorgeschichte – Verlauf – Ergebnisse – Nachgeschichte, Würzburg 1993.

Pombeni, Paolo, La dialettica evento-decisioni nella ricostruzione delle grandi assemblee. I parlamenti e le assemblee costituenti, in: Maria T. Fattori – Alberto Melloni (Hg.), L'evento e le decisioni. Studi sulle dinamiche del concilio Vaticano II, Bologna 1997, 17–49.

Pottmeyer, Hermann J., Vor einer neuen Phase der Rezeption des Vaticanum II. Zwanzig Jahre Hermeneutik des Konzils, in: ders. – Giuseppe Alberigo – Jean-Pierre Jossua (Hg.), Die Rezeption des II. Vatikanischen Konzils, Düsseldorf 1986, 47–65.

Primo Sinodo Romano A.D. MCMLX, Vatikanstadt 1961.

Pulikkan, Paul, Indian Church at Vatican II. A historico-theological study of the Indian participation in the Second Vatican Council (Marymatha Publications 1), Kerala 2001.

Rahner, Karl, Das Konzil – ein neuer Beginn. Vortrag beim Festakt zum Abschluss des II. Vatikanischen Konzils im Herkulessaal der Residenz in München am 12. Dezember 1965, Freiburg – Basel – Wien 1966.

Rahner, Karl, Aus den Konzilsgutachten für Kardinal König, in: Herbert Vorgrimler (Hg.), Karl Rahner, Sehnsucht nach dem geheimnisvollen Gott. Profil – Bilder – Texte, Freiburg – Basel – Wien 1990, 95–165.

Ratzinger, Joseph, Der Weltdienst der Kirche. Auswirkungen von Gaudium et spes im letzten Jahrzehnt, in: Andreas Bauch (Hg.), Zehn Jahre Vaticanum II, Regensburg 1976, 36–57.

Ratzinger, Joseph, Theologische Prinzipienlehre. Bausteine zur Fundamentaltheologie, München 1982.

Ratzinger, Joseph, Zur Lage des Glaubens, München 1985.

Ratzinger, Joseph, Buchstabe und Geist des zweiten Vatikanums in den Konzilsreden von Kardinal Josef Frings, in: „Pro hominibus constitutus": zum 100. Geburtstag von Kardinal Josef Frings, Kölner Beiträge (NF 12), Köln 1987, 13–33.

Riccardi, Andrea, Die turbulente Eröffnung der Arbeiten, in: Alberigo – Wittstadt (Hg.), Geschichte des Zweiten Vatikanischen Konzils 2, 1–81.

Routhier, Gilles, La réception d'un concile (Cogitatio fidei 174), Paris 1993.

Ruggieri, Giuseppe, Bemerkungen zu einer Theologie Roncallis, in: Alberigo – Wittstadt (Hg.), Ein Blick zurück – nach vorn: Johannes XXIII., 177–207.

Ruggieri, Giuseppe, Zu einer Hermeneutik des Zweiten Vatikanischen Konzils, in: Conc(D) 35 (1999) 4–17.

Ruggieri, Giuseppe, Der erste Konflikt in Fragen der Lehre, in: Alberigo – Wittstadt (Hg.), Geschichte des Zweiten Vatikanischen Konzils 2, 273–314.

Rush, Ormond, The Reception of Doctrine. An Appropriation of Hans Robert Jauss' Reception Aesthetics and Literary Hermeneutics (Tesi Gregoriana, serie Teologia 19), Rom 1997.

Rush, Ormond, Still interpreting Vatican II. Some Hermeneutical Principles, New York – Mahwah 2004.

Sauer, Hanjo, Erfahrung und Glaube. Die Begründung des pastoralen Prinzips durch die Offenbarungskonstitution des II. Vatikanischen Konzils (Würzburger Studien zur Fundamentaltheologie 12), Frankfurt/M. 1993.

Seckler, Max, Über den Kompromiss in Sachen der Lehre, in: Begegnung. Beiträge zu einer Hermeneutik des theologischen Gesprächs, Graz – Wien – Köln 1972, 45–57.

Sieben, Hermann J., Die Konzilsidee der Alten Kirche (Konziliengeschichte, Reihe B: Untersuchungen), Paderborn u. a. 1979.

Sieben, Hermann J., Katholische Konzilsidee im 19. und 20. Jahrhundert (Konziliengeschichte, Reihe B: Untersuchungen), Paderborn u. a. 1993.

Soetens, Claude, L'impegno ecumenico della chiesa cattolica, in: Alberigo – Melloni (Hg.), Storia del concilio Vaticano II, Bd. 3, 277–365.

Bibliographie

Stransky, Thomas F., The Foundation of the Secretariat for Promoting Christian Unity, in: Alberic Stacpoole (Hg.), Vatican II by those who were there, London 1986, 62–87.
Suenens, Léon J., Souvenirs et Espérances, Paris 1991.
Terricabras, Joseph-Maria, Ludwig Wittgenstein. Kommentar und Interpretation, Freiburg – München 1978.
The Benedictine handbook, Norwich 2003.
Theobald, Christoph, Le concile et la forme «pastorale» de la doctrine, in: Bernard Sesboüé – ders. (Hg.), La parole du salut (Histoire des dogmes IV), Paris 1996, 471–510.
Tracy, David, Hermeneutische Überlegungen im neuen Paradigma, in: Hans Küng – ders. (Hg.), Theologie – wohin? Auf dem Weg zu einem neuen Paradigma (Ökumenische Theologie 11), Zürich – Gütersloh 1984, 76–102.
Tracy, David, Theologie als Gespräch. Eine postmoderne Hermeneutik. Mit einer Einführung von Werner G. Jeanrond, Mainz 1993.
Velati, Mauro, La proposta ecumenica del Secretariato per l'Unità dei Christiani, in: Alberigo – Melloni (Hg.), Verso il Vaticano II, 273–350.
Vilanova, Evangelista, L'intersessione (1963–1964), in: Alberigo – Melloni (Hg.), Storia del concilio Vaticano II, Bd. 3, 367–512.
Wassilowsky, Günther, Universales Heilssakrament Kirche. Karl Rahners Beitrag zur Ekklesiologie des II. Vatikanums (ITS 59), Innsbruck – Wien 2001.
Wittgenstein, Ludwig, Philosophische Untersuchungen, hg. v. Gertrude E. M. Anscombe – Georg H. v. Wright – Rush Rhees, in: Werkausgabe, Bd. 1: Tractatus logico-philosophicus. Tagebücher 1914–1916. Philosophische Untersuchungen, Frankfurt/M. [4]1988, 234–580.
Zukunft aus der Kraft des Konzils. Die außerordentliche Bischofssynode '85. Die Dokumente mit einem Kommentar von Walter Kasper, Freiburg – Basel – Wien 1986.

2. Kapitel
Offenbarung und Handeln Gottes in der Geschichte

Moderator: Helmut Hoping

Einführung

von Helmut Hoping

Während das 1. Vatikanische Konzil in seinen Lehraussagen zum Verhältnis von Offenbarungsglaube und Vernunft gegenüber einem sich immer nachdrücklicher zu Wort meldenden Rationalismus die Notwendigkeit einer „übernatürlichen Offenbarung" betont und sich damit innerhalb der Problemkonstellation der damaligen Apologetik bewegt, bezieht sich das 2. Vatikanische Konzil auf die moderne Welt mit ihrer Herkunftsgeschichte, ihrer Säkularität und ihren Sorgen und Ängsten als dem umfassenden Adressat ihrer Lehrverkündigung.[1] In begrifflich reflektierter Weise formuliert es die authentische Lehre der katholischen Kirche[2] zur Offenbarung Gottes und seinem Handeln in der Geschichte.

Die entsprechenden Lehraussagen finden sich nicht nur in der Konstitution *Dei Verbum* über die göttliche Offenbarung, die gleichsam einen „Paradigmenwechsel im katholischen Offenbarungsverständnis"[3] vollzieht, sondern ebenso in anderen Konzilsdokumenten. Auf weite Strecken haben diese Lehraussagen den Charakter „heilsgeschichtlicher Erzählungen"[4]. In ihnen spricht sich die Glaubensüberzeugung aus, dass Gott in der Geschichte gehandelt hat. Im Unterschied zu fiktionalen Erzählungen beanspruchen die heilsgeschichtlichen Erzählungen nicht nur, tatsächliche geschichtliche Ereignisse zu repräsentieren. Sie erzählen eine *normative Geschichte der Selbstbekundungen Gottes*.

So deutet der Göttliches und Menschliches miteinander verbindende Begriff der „Heilsgeschichte"[5] die Geschichte als eine von Gott ermöglichte, durch ihn zum Heil und zur Vollendung bestimmte Geschichte, in der er geschichtsmächtig wirksam ist und in die er in seiner Menschwerdung in der Person seinen Sohnes schließlich selbst eingetreten ist.[6] Die „heilsgeschichtliche Erzählungen" betonen den personalen, kommunikativen bzw. dialogischen und geschichtlichen Charakter der Offenbarung Gottes, heben seine Geschichtsmächtigkeit hervor, rufen den biblisch verankerten universalen Heilswillen Gottes in Erinnerung und verpflichten die Kirche auf universale Sendung, die aus der geschichtlichen *Selbst-Mitteilung* Gottes in Jesus Christus erwächst. Die zentrierende Mitte der Aussagen über Gottes Offenbarung und Handeln in der Geschichte, die den Anspruch authentischer christlicher Lehre erheben, ohne dogmatisch definieren zu wollen, bilden das zweite Kapitel von *Dei Verbum* über die göttliche Offenbarung, die Hinweise

---

[1] Vgl. LG 1; NA 1; DV 1; AG 1.12; DiH 1; GS 1–2.10.
[2] Vgl. DiH 1.
[3] Werbick, Den Glauben verantworten 261.
[4] Vgl. Hünermann, Tradition – Einspruch und Neugewinn.
[5] Vgl. Koch, Heilsgeschichte.
[6] Vgl. Hünermann, Geschichte versus Heilsgeschichte 175.

zur Gegenwart Christi in der Kirche und ihrer Liturgie in den Konstitutionen *Sacrosanctum Concilium* und *Lumen gentium*, die behutsamen Formulierungen der Erklärung *Nostra aetate* zur Wahrheit in den Religionen außerhalb der biblischen Offenbarungsgeschichte sowie schließlich die Äußerungen zur Gemeinschaft und Berufung der Menschen in der Pastoralkonstitution *Gaudium et spes*. Mit seinen Lehraussagen zur Offenbarung und Geschichtsmächtigkeit Gottes liefert das Konzil eine Selbstverständigung über die christliche Interpretation der Geschichte, die das Thema des zweiten Kapitels des vorliegenden Schlussbandes bildet.

Der erste Beitrag (*Helmut Hoping*) gibt einen zusammenfassenden Überblick über die konziliaren Lehraussagen zur Offenbarung Gottes und seinem Handeln in der Geschichte. Dies geschieht vor dem Hintergrund der modernen Geschichtserfahrung, das heißt in der „transzendentalen" Perspektive der *einen* Geschichte. Dabei soll deutlich werden, dass es bei der christlichen Interpretation der Geschichte entscheidend darauf ankommt, dass die Geschichte als ganze von Gott herrührt und ihre Mitte in der Geschichte und Person seines Mensch gewordenen Sohnes besitzt.

Im zweiten Beitrag (*Roman A. Siebenrock*) wird die fundamentaltheologische Frage erörtert, wie sich die in der Vielfalt der Religionen anzutreffende Wahrheit zu Gottes Wirken in der einen Geschichte und der in Christus zu findenden „Fülle des religiösen Lebens" verhält. Dies geschieht ausgehend von den Aussagen über den universalen Heilswillen Gottes in der Erklärung *Nostra aetate* und der Konstitution *Dei Verbum*.

Ziel des dritten Beitrages (*Hans-Joachim Sander*) ist es schließlich aufzuzeigen, wie in den „Zeichen der Zeit" Gottes geschichtliche Gegenwart wahrnehmbar wird. Leitend ist dabei die Frage, wie und warum man sagen kann, dass sich Gottes Wille nicht nur durch seine geschichtliche Offenbarung in der „Fülle der Zeit", sondern zugleich in den „Zeichen der Zeit" zu erkennen gibt.

I. Die Lehraussagen des Konzils zur Selbstoffenbarung Gottes und zu seinem Handeln in der Geschichte

von Helmut Hoping

1. Die Geschichte und die christliche „interpretatio temporis"

„Dem biblischen Glauben ist es aber wesentlich, dass er sich auf ein Handeln Gottes in der Geschichte bezieht; ein der Geschichte beraubter Glaube wäre seiner eigenen Grundlagen beraubt. Aus Glaube würde ‚Gnosis': Der Glaube könnte sich nicht mehr auf die Geschichte beziehen, sondern wäre auf die Sphäre des Spirituellen beschränkt. Er wäre denaturiert."[1] Ein Gott, der nicht geschichtsmächtig ist und sich nicht in geschichtlichen Ereignissen zu erkennen geben vermag, ist nicht der Gott der biblischen Überlieferung. Doch seit der Aufklärung verblasste der Glaube an Gottes Geschichtsmächtigkeit mehr und mehr. Selbst im durchschnittlichen christlichen Glaubensbewusstsein steht heute der „Realismus" von Gottes geschichtlichem Handeln in Frage.[2] Wenn aber Gott „in die Geschichte eingreifen kann und eingegriffen hat", dann hat die Kirche die Verpflichtung, in der aus Gottes Selbstoffenbarung in Jesus Christus „erwachsenen Geschichte der späteren Zeit bis heute das Handeln Gottes wahrzunehmen und es als solches zu verkünden"[3].

Der christliche Glaube lebt von der Überzeugung, dass Gott die Geschichte des Menschen von Beginn an begleitet und sie in Jesus Christus, in dem sich Gottes endzeitliches Kommen vorweg ereignete, zu einer universalen Einheit zusammengefasst hat. So ist die Selbstoffenbarung Gottes in Jesus Christus ein Ereignis, das letztgültigen Sinn stiftet und als eine alle geschichtlichen Ereignisse umfassende Geschichte zu erzählen ist.[4] Während die säkulare Idee des Fortschritts für den Geschichtsprozess einen immanenten Sinn beansprucht, zielt der christliche Glaube auf ein Ende der Geschichte im Sinne ihrer Vollendung. Von der *einen* Geschichte, bezogen auf das „Menschgeschlecht" im Sinne der Aufklärung, spricht man erst seit dem 18. Jahrhundert. Bis dahin fehlte ein Begriff für das Gesamtgeschehen, das alle *res gestae*, *pragmata* und *vitae* umfasst. Die Herausbildung des Kollektivsingulars „Geschichte" stellt einen semantischen Vorgang dar, „der unsere neuzeitliche Erfahrung erschließt. Mit dem Begriff der ‚Geschichte schlechthin' wird die Geschichtsphilosophie freigesetzt, innerhalb derer die transzendentale Bedeutung von Geschichte als Bewusstseinsraum und von Geschichte als Handlungsraum kontaminiert werden"[5].

---

[1] Ratzinger (Benedikt XVI.), Skandalöser Realismus? 9f.
[2] Vgl. ebd. 14.
[3] Ebd. 15.
[4] Vgl. Hünermann, Geschichte 562.
[5] Vgl. Koselleck, Vergangene Zukunft 130.

Offenbarung und Handeln Gottes in der Geschichte

Der *ordo temporum* des christlichen Heils ist nicht einfach identisch mit der Gesamtgeschichte. Das heilsgeschichtliche Denken und die christlichen Weltalterlehren der Patristik haben dem Begriff der *einen* Geschichte aber insofern entscheidend vorgearbeitet, als sie eine universale Perspektive der Geschichtsinterpretation hervorbrachten. Gottes Geschichtshandeln setzt, ohne dass Gott einer Veränderung im mythologischen Sinne unterworfen wäre, sein Verhältnis zur Zeit und zum geschichtlichen Werden voraus. Ohne eine ewige Lebendigkeit Gottes wäre sein Geschichtshandeln ebenso denkbar, wie eine über Milliarden von Jahren durch ihn in Gang gehaltene kosmische und biologische Entwicklung, in deren Verlauf er den Menschen als sein Ebenbild hervorbrachte. Allerdings kann von einer dem Menschen voraus liegenden Geschichte des Universums und der Natur, einer „Naturgeschichte" als Voraussetzung der Menschheitsgeschichte, nur im übertragenen Sinne gesprochen werden, da zur Geschichte im Unterschied zur Natur ein Bewusstsein der Freiheit gehört.

Durch die millionenfache Vernichtung menschlichen Lebens in den Weltkriegen und Todeslagern des 20. Jahrhunderts ist die Idee einer fortschreitenden Humanisierung des Menschen ebenso in eine Krise gestürzt wie die Rede vom „Sinn der Geschichte". Mit der neuzeitlichen Theodizeedebatte wurde zugleich der Glaube an die Geschichtsmächtigkeit Gottes erschüttert. Die Erschütterung erfasste zunehmend auch das christliche Glaubensbewusstsein, für das aufmerksame Beobachter heute eine starke deistische Unterströmung diagnostizieren. Die Weltkriege und Genozide des letzten Jahrhunderts, das populärwissenschaftliche Weltbild der Naturwissenschaften und die großen Naturkatastrophen, die Hunderttausende von Menschenleben ausgelöscht haben, verstärken die deistische Versuchung des gegenwärtigen Christentums.

In dem Maße, wie der Glaube an Gottes Geschichtsmächtigkeit verblasste und geschichtsphilosophische Gesamtentwürfe ihre Plausibilität verloren, musste die eine Geschichte wiederum in eine Vielzahl von Einzelgeschichten zerfallen. Die „postmoderne" Rede vom „Ende der großen Erzählungen" bzw. „Ende der Geschichte"[6] ist dafür ein untrügliches Indiz. Die Konzilsväter konnten diese Entwicklung noch kaum erahnen. Zwar erkannten sie, dass sich „die Geschichte selbst beschleunigt"[7]. Doch ihre Hoffnung, dass mit der Beschleunigung der Geschichte zugleich die Zerstreuung „in gleichsam verschiedene Geschichten"[8] aufgehoben werde, hat sich nicht erfüllt, da mit der Globalisierung zugleich gegenläufige Bewegungen verbunden sind. Dagegen haben die Konzilsväter deutlich gesehen, dass sich mit der heutigen Weltentwicklung die großen Menschheitsfragen in ganz neuer Schärfe stellen: „Was ist der Mensch? Was ist der Sinn des Schmerzes, des Bösen, des Todes, die, obwohl ein solch großer Fortschritt erzielt wurde, weiter bestehen bleiben? Wozu jene um einen so hohen Preis erkauften Siege? Was kann der Mensch der Gesellschaft bringen, was von ihr erwarten? Was wird nach diesem irdischen Leben folgen?"[9]

---

[6] Vgl. Meyer, Das Ende der Geschichte?
[7] GS 5.
[8] Ebd.
[9] GS 10.

Das Ende der Geschichtsphilosophien der Aufklärung bedeutete den Verlust eines für alle einsehbaren „Sinnganzen" der Geschichte, im Sinne eines teleologischen Prozesses. Auch wenn historische Sinnbildung nicht auf Konstruktion reduziert werden darf, sondern immer auch Vorgabe für historische Sinnbildung darstellt, gehört es doch wesentlich zum Begriff von Geschichte, dass sie in der Form der Erzählung auftrifft.[10] Wer an der Idee der einen Menschheit festhält, für den ist die Frage nach dem Gesamtsinn der Geschichte unabweisbar, mag es im Zeitalter des Pluralismus auch keine universale Erzählung, für alle zustimmungsfähig erscheinende Erzählung über den Gesamtsinn der Geschichte mehr geben.

Der christliche Glaube findet „Schlüssel", „Mittelpunkt" und „Ziel" der ganzen menschlichen Geschichte in Jesus Christus.[11] In seiner *interpretatio temporis* bezieht der christliche Glaube die von Hoffnung bestimmte Dynamik der Geschichte auf eine letzte Erfüllung, die dem Menschen durch die Selbstoffenbarung des dreieinigen Gottes in der Person und Geschichte Jesu erschlossen wird.[12] Die Geschichte wird als ein von Gott gestiftetes Bundesverhältnis verstanden. Dies setzt die Glaubenserfahrung voraus, dass Gott den Menschen als sein Abbild geschaffen, ihn in seiner Freiheit ermächtigt und in seiner Selbstmitteilung in Jesus Christus als freien Partner seiner Liebe erwählt hat. Die christliche Geschichtstheologie deutet deshalb die Geschichte als ein Freiheitsgeschehen.[13] Gegenüber bestimmten Formen des Atheismus, die einen Gegensatz von göttlicher und menschlicher Freiheit behaupten, betonen deshalb die Konzilsväter, „dass die Anerkennung Gottes der Würde des Menschen keineswegs entgegengesetzt ist, da diese Würde in Gott selbst gründet und vollendet wird"[14]. Denn der Mensch ist von Gott „vernunftbegabt und frei" geschaffen und zur „Gemeinschaft mit Gott selbst"[15] berufen. Zur Geschichte der Menschen gehören aber auch Tragik, Schuld, Entfremdung, Tod und Zerstörung. Die Heilsgeschichte ist deshalb wie die gesamte Geschichte nicht ohne das Moment von Diskontinuität zu denken. Die Offenbarung zeigt dem Menschen aber, dass er von Gott zu einem Ziel „jenseits der Grenzen des irdischen Elends geschaffen ist"[16].

Damit ist in etwa der Kontext benannt, in dem sich geschichtstheologische Reflexionen heute zu bewegen haben und in dem auch die Konzilsaussagen zu Gottes Offenbarung und seinem Geschichtshandeln zu situieren sind. Diese Aussagen sind zum einen durch ein personales und geschichtliches Offenbarungsdenken, zum anderen durch die Überzeugung von Gottes Geschichtsmächtigkeit und dem Prinzip des Heilsuniversalismus charakterisiert.

---

[10] Vgl. Rüsen, Was heißt: Sinn der Geschichte?
[11] Vgl. GS 10.
[12] Vgl. Hünermann, Gottes Handeln in der Geschichte.
[13] Vgl. Essen, Geschichtstheologie 567.
[14] GS 21.
[15] Ebd.
[16] GS 18.

2. Durchbruch zu einem personalen und geschichtlichen Offenbarungsdenken

Mit seinen Aussagen zum Wesen der Offenbarung nimmt das Lehramt der katholischen Kirche Abschied von einem auf die Mitteilung übernatürlicher Glaubenswahrheiten konzentrierten „instruktionstheoretischen Offenbarungsverständnis" (Max Seckler). In der vom Konzil in seinen „heilsgeschichtlichen Erzählungen" vorgenommenen Bestimmung des Offenbarungsgeschehens setzt sich ein personales, das heißt kommunikatives bzw. dialogisches, und ein heilsgeschichtliches Offenbarungsdenken[17] durch, das ansatzweise in der Theologie der Vorkonzilszeit vorbereitet war.[18] „An die Stelle der gesetzlichen Sicht, die Offenbarung weithin als Erlaß göttlicher Dekrete betrachtet, ist eine sakramentale Sicht getreten, die Gesetz und Gnade, Wort und Tat, Botschaft und Zeichen, die Person und ihre Äußerungen in der umfassenden Einheit des Mysteriums ineins schaut."[19] Durch den Gedanken der Heilsökonomie wird die Vielfalt geschichtlicher Selbstbekundungen Gottes mit der einen Offenbarung Gottes in Jesus Christus verbunden. Dabei wird auch die Schöpfungsoffenbarung zu einem Moment der Heilsökonomie gerechnet.[20]

Gottes vollendete Offenbarung ist seine definitive Selbsterschließung (vgl. Hebr 1,1), seine *Selbstoffenbarung* in der Person Jesu Christi.[21] In seiner *Selbstmitteilung* an die Menschen redet Gott die Menschen wie Freunde an.[22] „Es ist diese Wahrheit des sich offenbarenden Gottes geschichtlicher Kommunikation, der in Jesus Christus endgültig zu uns gesprochen hat, die das Konzil gegenüber der Welt zur Sprache bringt."[23] Zur Offenbarung gehört nach christlichem Verständnis auch die Mitteilung und Erkenntnis der Ratschlüsse Gottes.[24] So verkündet Jesus die „neue Lehre" (Mk 1,27) und lässt Wirklichkeit werden, was er verkündet: die Selbstoffenbarung Gottes seiner Person und Geschichte. Zugleich geschieht durch die Selbstoffenbarung Gottes die Mitteilung der Heilsbestimmung des Menschen.

Die Konzilsväter gehen davon aus, dass es zwischen göttlicher Offenbarung und menschlicher Erfahrung keinen prinzipiellen Gegensatz gibt, sowenig wie zwischen Glaube und Vernunft. Denn greifbar ist Gottes Offenbarung nur in der menschlichen Erfahrung seines Handelns. Ansprechbar ist der Mensch auf

---

[17] Vgl. Schmitz, Das Christentum als Offenbarungsreligion 8.
[18] Vgl. Waldenfels, Offenbarung 120–121.
[19] Ratzinger (Benedikt XVI.), Kommentar 506f.
[20] Vgl. DV 2–6.
[21] Vgl. DV 2.6; DiH 10. – Den Ausdruck „Selbstoffenbarung", der durch die idealistische Philosophie bestimmenden Einfluss auf die christliche Offenbarungslehre gewann, wurde von F. W. J. Schelling eingeführt. Schelling war es wohl auch, der erstmals von der Freiheit Gottes in seiner „Selbstoffenbarung" sprach (vgl. Schelling, Über das Wesen der menschlichen Freiheit 86). In der katholischen Theologie hat schon Johann Sebastian Drey den Ausdruck „Selbstoffenbarung Gottes" aufgenommen (Drey, Apologetik 253–256). Vgl. dazu Näheres bei Pannenberg, Offenbarung und „Offenbarungen" 80.
[22] Vgl. DV 2.
[23] Hoping, Die Kirche im Dialog mit der Welt 91.
[24] Vgl. DV 6.

Die Lehraussagen des Konzils zur Selbstoffenbarung Gottes

das Zeugnis der Vergebungsbereitschaft des sich offenbarenden Gottes, weil und insofern er sich als innerlich zerrissen erfährt und in sich die Neigung zum Bösen verspürt.[25] So finden im Lichte der göttlichen Offenbarung „zugleich die erhabene Berufung und das tiefe Elend, die die Menschen erfahren, ihre letzte Begründung"[26].

Der Selbstoffenbarung Gottes in Jesus Christus voraus liegt die Liebe, mit der Gott die Welt begründet und erhält.[27] Den Menschen hat Gott als sein Ebenbild geschaffen, „fähig, seinen Schöpfer zu erkennen und zu lieben"[28]. Durch die geschaffenen Dinge gibt Gott ein ständiges Zeugnis von sich selbst.[29] Von der Pluralität der Offenbarungen Gottes im Alten Bund, in dem Gott auf vielfältige Weise durch die Offenbarung der Tora, durch die Propheten und durch Träume und Gesichte zu seinem Volk gesprochen hat,[30] unterscheidet das Konzil die Selbstoffenbarung Gottes in Jesus Christus, durch die Gott sein „Innerstes"[31] den Menschen offenbarte. Offenbarung wird im engeren Sinne verstanden und auf jene geschichtlich wirksam gewordenen heilsgeschichtlichen Ereignisse bezogen, die für die biblische Überlieferung konstitutiv sind.[32]

Offen lässt das Konzil die Frage, in welchem Sinn die „Wege" Offenbarungscharakter in einem weiteren Sinne haben, auf denen Gott Menschen, die das Evangelium noch nicht kennen, „zum Glauben führen kann"[33], Offenbarungscharakter haben, im Sinne eines breiteren religionsgeschichtlichen Bedeutungsspektrums von „Offenbarung". Unstrittig ist für die Konzilsväter aber, dass Gott sich auch außerhalb der biblischen Offenbarungsgeschichte nicht unbezeugt gelassen hat.[34] Wenn die Konzilsväter all das, was in den anderen Religionen „wahr und heilig"[35] ist, anerkennen, so gehen sie von einer „die ganze Welt, das heißt alle Geschichte, Kulturen und Religionen umspannenden Präsenz"[36] des einen Gottes aus, der sich in Jesus Christus vollkommen offenbart hat. „In den großen Religionen und Kulturen der Erde sieht die Kirche nicht mehr einfach das zu negierende Fremde."[37] Vielmehr entdeckt sie darin eine „verborgene Präsenz"[38] Gottes.

Wie das Verhältnis der Religionen untereinander vom christlichen Glaubensverständnis her zu beurteilen ist, hat Papst Paul VI. in seiner Osterbotschaft vom 29. März 1964 mit einem sprechenden Vergleich zum Ausdruck gebracht: „Jede

---

[25] Vgl. GS 13.
[26] Ebd.
[27] Vgl. GS 2.
[28] GS 13.
[29] Vgl. DV 3.6.
[30] Vgl. DV 4.
[31] Vgl. ebd.
[32] Zur Differenzierung zwischen Offenbarung im weiten und engen Sinne vgl. Bürkle, Art. Offenbarung. I. Religionsgeschichtlich.
[33] AG 7.
[34] Vgl. DV 3.6.
[35] NA 2.
[36] Hoping, Die Kirche im Dialog mit der Welt 91.
[37] Ebd.
[38] AG 9.

Religion enthält einen Strahl des Lichtes, den wir weder mißachten noch auslöschen dürfen". Jede echte Religion erhebt uns „zu dem transzendenten Wesen, dem Einzigen Grund aller Existenz, allen Denkens, alles verantwortlichen Tuns und aller illusionslosen Hoffnung. Jede Religion ist ein morgendliches Aufscheinen des Glaubens und wir erwarten seine Entfaltung im Abendlicht, im strahlenden Glanz der christlichen Weisheit"[39].

Die Konzilsväter scheuen sich nicht, die im Neuen Testament bezeugte Einzigartigkeit und Universalität der Offenbarung Gottes in Jesus Christus zu betonen. In seinem Sohn, den Gott in unser Fleisch sandte, ist er auf neue (novo) und endgültige (definitivo) Weise in die Geschichte eingetreten.[40] In Christus ist uns die „Fülle der ganzen Offenbarung"[41] Gottes gegeben. Deshalb bekräftigen die Konzilsväter, dass die „Fülle des religiösen Lebens" allein in Jesus Christus zu finden ist, „in dem Gott alle mit sich versöhnt hat"[42]. Auch wenn aufgrund der „verborgenen Gegenwart Gottes" bei den verschiedenen Völkern „Wahrheit und Gnade"[43] zu finden ist, so lassen die Konzilsväter in ihrer Erklärung über die Religionsfreiheit doch keine Zweifel daran, dass die „einzige wahre Religion"[44], im Sinne der Fülle des religiösen Lebens, den Menschen aller Völker durch die eine katholische und apostolische Kirche verkündet wird. Denn „es ist den Menschen kein anderer Name unter dem Himmel gegeben, in dem sie heil werden sollen"[45] (vgl. Apg 4,12).

Die christliche Religion wird vom Konzil also nicht relativistisch im Sinne einer Gleichwertigkeit religiöser Heilswege interpretiert. Den mit der christlichen Religion verbundenen Wahrheitsanspruch bringen die Konzilsväter ohne Abstriche zur Geltung. Auf der anderen Seite erklären sie, dass sich die „Wahrheit des Glaubens" nicht anders durchsetzen kann als „kraft der Wahrheit selbst"[46]. Jeder Mensch ist aber aufgrund seiner personalen Würde verpflichtet, „die Wahrheit zu suchen, vor allem jene, welche die Religion betrifft" und das eigene Leben der „erkannten Wahrheit"[47] gemäß auszurichten. Obschon das schriftliche Zeugnis der göttlichen Offenbarung kein ausdrückliches Zeugnis zur Religionsfreiheit enthält, mit der sich die Kirche lange sehr schwer getan hat, gründet die Religionsfreiheit doch in der Würde und Freiheit der menschlichen Person, die Gott in seiner Selbstoffenbarung in Jesus Christus unbedingt affirmiert hat.

Von daher gehört es zur Lehre der katholischen Kirche, dass der Glaube des Menschen, in dem dieser Kraft der Gnade Gottes auf seine Offenbarung antwortet, ein seiner Natur freier Akt ist. Daraus folgt (was die Kirche keineswegs immer beachtet hat), dass kein Mensch gegen seinen Willen zum Glauben gezwungen werden darf. Denn in Christus hat Gott die Menschen zur Freiheit der Kinder

---

[39] AAS 56 (1964) 394.
[40] Vgl. AG 3.
[41] DV 2; vgl. DV 7.
[42] NA 2.
[43] AG 9.
[44] DiH 1.
[45] GS 10.
[46] DiH 1.
[47] DiH 2; vgl. DiH 3.

Die Lehraussagen des Konzils zur Selbstoffenbarung Gottes

Gottes berufen. Ja, die „religiöse Freiheit"[48] ist der angemessene Weg, auf dem Menschen zum Glauben finden können. So nimmt Gott in seiner Selbstoffenbarung in Jesus Christus, in dem er „Sich selbst und seine Wege vollkommen kundgetan hat"[49], „Rücksicht auf die Würde der von Ihm selbst geschaffenen Person"[50]. Da Christus gestorben ist, um den Menschen „Heil und wahre Freiheit"[51] zu schenken, verbietet es das Konzil streng, dass jemand „zur Annahme des Glaubens gezwungen"[52] wird.

3. Geschichtsmächtigkeit Gottes, Heilsuniversalismus und die Sendung der Kirche

Die Lehraussagen des Konzils zur Offenbarung Gottes und seinem Handeln in der Geschichte sind von der Überzeugung getragen, dass sich Gott über die Pluralität der Offenbarungen im Alten Bund hinaus in Jesus Christus den Menschen im Sinne seiner Selbstoffenbarung mitgeteilt hat und als Herr der menschlichen Geschichte diese zu ihrem Ziel führen wird. Damit verbunden ist der Glaube an den universalen Heilswillen Gottes. In der von Gottes Selbstoffenbarung und seinem universalen Heilswillen bestimmten menschlichen Geschichte steht die Kirche in der universalen Sendung, allen Völkern das Evangelium zu verkünden.

Gottes Handeln in der Geschichte umfasst seine Selbsterweise in der Geschichte, die ihren Höhepunkt in der Selbstoffenbarung Gottes in Jesus Christus besitzen, durch den Gott „in die Geschichte auf neue und endgültige Weise"[53] eingetreten ist. Gottes Selbstoffenbarung in Jesus Christus ist ein geschichtliches Ereignis, das die zentrierende Mitte der Geschichte der Menschheit darstellt. Für die Kirche ist Jesus „der Schlüssel, der Mittelpunkt und das Ziel der ganzen menschlichen Geschichte"[54]. Indem Christus die ganze menschliche Natur annahm, hat er „das ganze Menschengeschlecht in einer gewissen übernatürlichen Solidarität"[55] geeint und durch seinen Tod und seine Auferweckung von den Toten neu mit Gott verbunden. Gottes Geschichtsmächtigkeit ist aber nicht auf sein Handeln in der Vergangenheit beschränkt. Gott handelt auch heute noch durch den auferweckten Gekreuzigten und seinen Geist.[56] So führt die Kirche bestimmte geschichtliche Entwicklungen auf das Wirken des Geistes Gottes zurück, wie z. B. die von der Sehnsucht nach der Einheit der Kirche Christi getragene ökumenische Bewegung.[57]

Die Konzilsaussagen über Gottes Offenbarung und sein Handeln in der Ge-

---

[48] DiH 9.
[49] DiH 11.
[50] Ebd.
[51] Ebd.
[52] AG 13; vgl. auch DiH 10.
[53] AG 3.
[54] Vgl. GS 10.
[55] AA 8.
[56] Vgl. LG 48.
[57] Vgl. UR 11f.

schichte sind des Weiteren geprägt vom Glauben an die Universalität des Heilswillens Gottes. Gott will, dass alle Menschen gerettet werden und zur Erkenntnis der Wahrheit gelangen (1 Tim 2, 1–4).[58] Dies entspricht dem Ratschluss Gottes, der alle Menschen „nach seinem Bild und seiner Ähnlichkeit schuf"[59]. Da alle Völker ihren Ursprung in Gott haben, erstreckt sich seine Vorsehung und Güte auf die Menschen aller Völker.[60] So verweigert die göttliche Vorsehung „auch denen die zum Heil notwendigen Hilfen nicht, die ohne Schuld noch nicht zur ausdrücklichen Anerkennung Gottes gelangt sind und nicht ohne göttliche Gnade ein rechtes Leben zu führen sich bemühen"[61]. Da Gott das „Heil des ganzen Menschengeschlechtes"[62] beabsichtigte, erwählte er sich ein auserwähltes Volk der Verheißung, aus dem der Messias Gottes hervorgehen sollte. Dieser aber hat, so unterstreicht es die Erklärung zum Verhältnis der Kirche zu den „nichtchristlichen" Religionen, „wegen der Sünden aller Menschen freiwillig sein Leiden und seinen Tod in unermesslicher Liebe auf sich genommen, damit alle das Heil erlangen"[63].

Mit der Universalität der Offenbarung, der Geschichtsmächtigkeit Gottes und seinem allgemeinen Heilswillen untrennbar verbunden ist die universale Sendung der Kirche, die in der Sendung der Apostel durch den Auferstandenen gründet.[64] Durch die Sendung des Geistes ist der Auferstandene beständig in der Welt wirksam, um die Menschen mit sich zu verbinden.[65] Das Ziel der Sendung der Kirche, die „allen Menschen das Mysterium des Heils zu verkünden"[66] hat, ist die volle Einheit der Menschheit in Christus, der das „Prinzip der Einheit der Kirche"[67] und das „Licht der Völker" (lumen gentium)[68] ist, das alle Menschen erleuchten will. Die Kirche ist von Gott zu den Völkern gesandt, „das allgemeine Sakrament des Heils zu sein"[69]. Ihre Sendung, das Evangelium allen Völkern zu verkünden, entspricht „ihrer eigenen Katholizität"[70]. So tritt die Kirche Christi, obschon sie „die Zeiten und Grenzen der Völker übersteigt", „in die Geschichte der Menschen ein" und wirkt in ihr „durch die Kraft der Gnade ihres Herrn"[71].

Aus dem allgemeinen Heilswillen Gottes resultiert für die Kirche die Aufgabe, „das Kreuz Christi als Zeichen der allumfassenden Liebe Gottes und als Quelle jeder Gnade zu verkünden"[72]. Zugleich hat sich das „messianische Gottesvolk", das die mit Christus, dem auferweckten Herrn, verbundene Kirche in der Welt

---

[58] Vgl. SC 5; DiH 11.14; NA 1; AG 7.
[59] AG 7.
[60] Vgl. NA 1.
[61] LG 16.
[62] DV 14.
[63] NA 4.
[64] Vgl. LG 19; CD 1 u. ö.
[65] Vgl. LG 48.
[66] GE 1; vgl. AA 2; AG 11.
[67] UR 2.
[68] Vgl. LG 1.
[69] LG 48; AG 1.
[70] AG 1.
[71] LG 10.
[72] NA 4.

Die Lehraussagen des Konzils zur Selbstoffenbarung Gottes

darstellt, als „Keimzelle der Einheit, der Hoffnung und des Heils" für das ganze Menschengeschlecht zu verstehen, auch wenn es noch „nicht alle Menschen umfasst"[73]. Denn von Beginn an war das Evangelium in der Geschichte der Menschen ein Sauerteig für die Freiheit, die Einheit und den Frieden der Menschen.[74] Die Offenbarung belehrt zwar den Menschen, dass er von Gott zu einem Ziel „jenseits der Grenzen des irdischen Elends geschaffen ist"[75]. Doch legitimiert dies keine Weltflucht. Aus der letzten Bestimmung des Menschen, zur Gemeinschaft mit Gott berufen zu sein, resultiert vielmehr die Verantwortung für die Welt und die Mitmenschen, auf die das Konzil sich selbst und die Kirche verpflichtet. So erklären die Konzilsväter: „Im Lichte Christi also, des Abbildes des unsichtbaren Gottes, des Erstgeborenen aller Schöpfung, beabsichtigt das Konzil, alle anzusprechen, um das Mysterium des Menschen zu erhellen und um dabei mitzuwirken, dass eine Lösung der wichtigsten Fragen unserer Zeit gefunden wird."[76]

Die Sendung der Kirche ist das „Heil der Menschen"[77]. Deshalb ist sie „ihrer Natur nach missionarisch"[78]. Ihrem Missionsauftrag, dessen Ziel die Evangelisierung und Inkulturation[79] darstellt, muss sie auch heute gerecht werden; Mission und Evangelisierung haben ihre Bedeutung nicht verloren.[80] Da zum neuen Gottesvolk alle berufen sind, erfüllt die Kirche ihre Sendung, wenn sie in ihrem Leben, in ihrer Verkündigung und in ihren Sakramenten allen Menschen und Völkern gegenwärtig ist.[81] So gehört es zur universalen Sendung der Kirche, sich über die „gesamte Welt und durch alle Zeiten hin" auszubreiten.

Doch ist die Universalität der Kirche nicht ihre eigene Leistung, sondern eine „Gabe des Herrn"[82]. Diese empfängt sie vor allem aus der Liturgie, insbesondere dem eucharistischen Opfer und den Sakramenten, um welche das „ganze liturgische Leben kreist"[83]. „Aus der Liturgie also, besonders aus der Eucharistie, wird wie aus einer Quelle die Gnade zu uns geleitet, und mit größter Wirksamkeit wird jene Heiligung der Menschen in Christus und die Verherrlichung Gottes erlangt, auf die alle anderen Werke der Kirche als auf ihr Ziel hinstreben."[84] Durch die Liturgie wird die Kirche gestärkt, Christus zu verkünden und in ihrer Verkündigung denen, die außerhalb der Kirche sind, „ein für die Völker aufgerichtetes Zeichen"[85] vor Augen zu stellen. Denn in der Liturgie ist Christus der Kirche in seinem Geist auch heute noch gegenwärtig.[86]

Neben der Verkündigung des Evangeliums gehört es zur Sendung der Kirche,

---

[73] LG 9.
[74] Vgl. AG 8.
[75] GS 18.
[76] Ebd.
[77] AA 6.
[78] AG 2.
[79] Vgl. AG 6.
[80] Vgl. AG 7.
[81] Vgl. AG 5.
[82] LG 13.
[83] SC 6.
[84] SC 10.
[85] SC 2.
[86] Vgl. SC 7.

die „Zeichen der Zeit" zu erforschen und im Lichte des Evangeliums auszulegen. Nur so kann sie auf die Fragen der Menschen in ihrer Zeit antworten. Vorausgesetzt ist dabei, dass der auferweckte Herr durch seinen Geist in der Geschichte auch heute noch wirksam ist. „Zeichen der Zeit" erkennt das Konzil etwa in der Stärkung der „Religionsfreiheit"[87] und dem wachsenden Sinn für die „Solidarität unter den Völkern"[88]. Die Entwicklung der Kirche Jesu Christi zu einer Gemeinschaft bischöflich verfasster Ortskirchen mit eigener Ordnung und liturgischer Tradition rechnet das Konzil zur göttlichen Vorsehung.[89]

4. Offenbarung und Geschichte – Gotteswort und Bibel

Zur Offenbarung gehört konstitutiv der Vorgang der Übersetzung. Gott übersetzt sich, seine Selbstmitteilung, seinen Willen, seine Zuwendung und sein Versprechen in geschichtliche Ereignisse, menschliche Erfahrungen und die Sprache der Menschen.[90] Nach biblischem Verständnis dürfen Offenbarung und Geschichte, Gotteswort und Heilige Schrift zwar nicht voneinander getrennt werden, doch sind sie nicht einfach dasselbe. So ist Gott Ursprung und Ziel aller Dinge und der Geschichte der Völker,[91] doch fallen Universalgeschichte und Heilsgeschichte nicht einfach zusammen. Das Offenbarungsgeschehen, von dem die beiden Testamente der christlichen Bibel handeln, begegnet uns in der Form schriftlicher Zeugnisse, Gotteswort und Schrifttext sind aber nicht differenzlos identisch.[92]

Charakteristisch für das christliche Offenbarungsverständnis ist die Tatsache, dass es sich beim schriftlichen Offenbarungszeugnis nicht um die Wiedergabe eines göttlichen „Originaltextes" handelt, sondern um Texte menschlicher Autoren, um menschliche, vom Geist Gottes inspirierte Glaubenszeugnisse, in die sich Gottes Wort an die Menschen übersetzt.[93] Die biblischen Schriftsteller sind „wahre Verfasser" (veri auctores).[94] Hans Urs von Balthasar formuliert es so: „an der [menschlichen] Antwort haben wir das Wort"[95]. Setzt sich die biblische Literarkritik nicht absolut, besteht deshalb auch kein Widerspruch zwischen Literarkritik, Kanonprinzip und biblischer Theologie.[96] Auch die Lehraussagen des Konzils sehen keinen Widerspruch zwischen Kanonprinzip, „Einheit der ganzen Schrift"[97], biblischer Theologie und der historisch-kritischen „Methode der Exe-

---

[87] DiH 15.
[88] AA 14.
[89] Vgl. LG 23.
[90] Vgl. Werbick, Den Glauben verantworten 405.
[91] Vgl. NA 1; DV 6.
[92] Vgl. Söding, Wissenschaftliche und kirchliche Schriftauslegung 91.
[93] Vgl. Werbick, Den Glauben verantworten 296 f. 355.
[94] DV 11. Vgl. dazu meinen Beitrag „Wahrnehmung der Diachronie. Die Option des Konzils für Geschichtswissenschaft, historisch-kritische Methode und Glaubenshermeneutik" in diesem Band.
[95] Balthasar, Gott redet als Mensch 98.
[96] Vgl. Söding, Einheit der Heiligen Schrift? 13.30.
[97] DV 12.

gese"⁹⁸. Denn auch wenn die Heilige Schrift im Unterschied zur nachfolgenden Glaubenstradition beanspruchen darf, Gottes Wort (verbum)⁹⁹ zu sein, so ist dies doch nicht im Sinne einer differenzlosen Identität. Der biblische Fundamentalismus und das zugrunde liegende Konzept einer Verbalinspiration, von dem sich das Konzil absetzt,¹⁰⁰ beruht auf einem Missverständnis des Offenbarungscharakters der Heiligen Schrift. Gotteswort und Menschenwort sind beim inspirierten und normativen Glaubenszeugnis der Schrift kein Gegensatz.

Ein literaturwissenschaftliches Verständnis biblischer Exegese, das Literarkritik, Kanonprinzip und biblische Theologie als Gegensätze versteht, steht in der Gefahr, die biblischen Texte als „heilige Texte", als von Gott inspirierte Offenbarungszeugnisse, aus den Augen zu verlieren. Heute besteht die Aufgabe Biblischer Hermeneutik darin, neue Ansätze, wie den kanongeschichtlichen, rezeptionsgeschichtlichen und traditionsgeschichtlichen Ansatz, die zur Zeit des Konzils noch nicht im Blick waren, mit den unverzichtbaren Methoden der historisch-kritischen Exegese zu verbinden.¹⁰¹ Was die Selbstoffenbarung Gottes in Jesus Christus betrifft, so hält das Konzil unmissverständlich an der „Geschichtlichkeit"¹⁰² der Evangelien fest. Gott handelt in der Geschichte und offenbart sich in geschichtlichen Ereignissen, die im biblischen Offenbarungszeugnis überliefert werden. Zugleich betont das Konzil die Notwendigkeit des von der Interpretationsgemeinschaft Kirche getragenen Auslegungsprozesses für das authentische Verstehen des Offenbarungszeugnisses der Heiligen Schrift.

Der geschichtliche Abstand zwischen der Heiligen Schrift und der Gegenwart macht „eine Hermeneutik der Bibelauslegung als einer umfassenden Theorie des Schriftverstehens"¹⁰³ notwendig. Die Traditionskrise, in der wir heute stehen, hat auch Auswirkungen auf die Schriftauslegung. „In dem Maße …, in dem uns die Tradition fragwürdig wird und in vieler Hinsicht zwischen den Händen zerbricht, löst sich gegenwärtig auch die Schrift als eine einheitliche und eindeutige Größe auf. Die Schriftauslegung ist fast zu einem Dschungel von kaum mehr überschaubaren Hypothesen geworden. Die Möglichkeit, sich angesichts der Krise der Tradition auf die Schrift und ihre historisch-kritische Auslegung zurückzuziehen, hat sich als Utopie erwiesen. Dies ist noch einmal ein Hinweis darauf, daß Schrift und Tradition nur miteinander stehen, sollen sie nicht miteinander fallen."¹⁰⁴

Dass Schrift und Tradition zusammengehören und die Schrift selbst ein Traditionszeugnis darstellt, gehört heute zum ökumenischen Konsens. Doch darf nicht übersehen werden, dass es zwischen den Konfessionen neben der abweichenden Zählung der kanonischen Bücher zum Teil gravierende Differenzen im Schrift- und Kanonverständnis gibt. Während etwa die römisch-katholische Kirche daran

---

[98] OT 16.
[99] Vgl. DV 9.14.17.24.
[100] Vgl. DV 11.
[101] Vgl. dazu Söding, „Mitte der Schrift" – „Einheit der Schrift" 72–80; ders., Einheit der Heiligen Schrift? 110–122.
[102] DV 19.
[103] Söding, Wissenschaftliche und kirchliche Schriftauslegung 75.
[104] Kasper, Das Verhältnis von Schrift und Tradition 337.

festhält, dass es sich beim biblischen Kanon um eine autoritative und letztverbindliche Festlegung der Kirche handelt, das Moment des „Dogmatischen" also schon in der Kanonbildung anzutreffen ist, wird von evangelischen Theologen gegen dieses Prinzip des „Katholischen" eine Kanonrevision nicht prinzipiell ausgeschlossen.[105] Auch bei der Frage nach dem Verhältnis von wissenschaftlicher und kirchlicher Schriftauslegung bestehen zwischen den Konfessionen zum Teil erhebliche Differenzen.[106]

Die größte Herausforderung christlicher Offenbarungstheologie liegt heute in monistischen, religionstheologischen, rationalistischen und religionspsychologischen Umdeutungen des Christentums, in denen der christliche Offenbarungsglaube in eine Erfahrung der Manifestationen des göttlichen Urgrundes, in rationalisierte Religion oder gelebte Psychotherapie aufgelöst wird. Wenn das Konzil an der Geschichtlichkeit der Offenbarung und der Historizität der schriftlichen Offenbarungszeugnisse, vor allem der Evangelien, festhält, so ist dies von eminenter Bedeutung. Denn seit längerem zeigen sich Tendenzen, Gottes Offenbarung auf seine Mitteilung in den Symbolen der menschlichen Psyche zu reduzieren, in den Offenbarungstexten den mythischen Ausdruck religiöser Erfahrungen zu sehen, in denen sich der göttliche Urgrund der menschlichen Seele erschließt, oder Gottes Geschichtsmächtigkeit an der Homogenität empirischer Erfahrung bzw. unserer Alltagserfahrung zu messen, die aber weder eine jungfräuliche Geburt noch eine leibliche Auferstehung kennt und die deshalb nur als mythische Poesie religiöser Erfahrungen gelten können, oder schließlich in der Offenbarung Gottes in der Person und Geschichte Jesu eine der vielen, an sich gleichwertigen Manifestationen des Transzendenten sehen wollen.

Die „heilsgeschichtlichen Erzählungen" in den Dokumenten des 2. Vatikanischen Konzils stellen an die katholische Fundamentaltheologie und Dogmatik die Anforderung, Gottes Offenbarung und sein Handeln in der Geschichte angemessen zur Sprache zu bringen, das heißt begreiflich zu machen, warum Gottes Selbstoffenbarung in der Person und Geschichte Jesu jenes Geschehen ist, „quo majus fieri non potest" (worüber hinaus Größeres nicht geschehen kann)[107], und die Wahrheit dieses Geschehens, an der sich alle andere Wahrheit bemisst, sich als Wahrheit durchzusetzen vermag. Dazu müsste gezeigt werden, dass der ewige Gott sich auf die Zeit wirklich einlassen kann, dass er geschichtlich handeln und schließlich in der Person Jesu selbst in die Geschichte eingehen kann.[108]

Denn die christliche Offenbarungs- und Inkarnationslehre besagt ja, dass in der Person und Geschichte Jesu, in der Botschaft seines Lebens, in seinem Sterben und seiner Auferweckung, Gott selbst den Menschen begegnet, Jesus also mehr ist als eine der vielen Manifestationen des göttlichen Absoluten, vielmehr Gottes Selbstmitteilung in Person: das *universale concretum*. In der Konkretion der Le-

---

[105] Vgl. Wenz, Die Kanonfrage als Problem ökumenischer Theologie 286 f.
[106] Vgl. Söding, Wissenschaftliche und kirchliche Schriftauslegung.
[107] Schelling, Philosophie der Offenbarung 257.
[108] So formuliert Jürgen Werbick, Den Glauben verantworten 342 f., die zentrale Aufgabe des fundamentaltheologischen Offenbarungstraktats.

bensgeschichte Jesu begegnet uns die Fülle der Gottheit (vgl. Kol 2,9).[109] Da sich die Selbstoffenbarung Gottes in der Person und Geschichte Jesu in das Glaubenszeugnis des Neuen Testaments übersetzt hat, besteht die zweifache Aufgabe einer christlichen Offenbarungstheologie darin, den Zusammenhang sowohl von *Offenbarung und Geschichte* wie von *Gotteswort und Bibel* zu bedenken.

---

[109] Vgl. Löser, „Universale concretum" 91.93.

II. Die Wahrheit der Religionen und die Fülle der Selbstmitteilung Gottes in Jesus Christus

von Roman A. Siebenrock

Weil die gegenwärtige, moderne Welt in ihrer Komplexität zum Adressaten der Verkündigung der Kirche im Konzil geworden ist, wurde die Kirche dazu geführt, aus ihrem innersten Selbstverständnis heraus sich zu den verschiedensten Gruppen, Bewegungen und weltanschaulichen Überzeugungen in Beziehung zu setzen, die ihre Gegenwart bestimmten und noch heute bestimmen. Die richtige Beziehung „ad extra" zu entwickeln, verlangte eine Vergewisserung „ad intra", wenn die entworfenen Verhältnisbestimmungen nicht als Taktik durch den Gang der Geschichte entlarvt werden sollten. Als Kirche in der Welt von heute hatte sie darauf zu antworten, wer sie selber sei und wie sie sich zu den anderen Christen, den Menschen anderen Glaubens, den Menschen guten Willens zu verhalten gedenkt, die sich keiner bestimmten religiösen Tradition zurechnen oder faktisch bzw. theoretisch eine Welt- und Selbstinterpretation in Offenheit für die Wirklichkeit Gottes ablehnen. Zudem war und ist die Frage in einem Kontext zu behandeln, der in hohem Maße sich wandelt, die Menschen in der Dynamik der durch Medien, Technik und Wissenschaft erzeugten Kräfte immer mehr zusammen zwingt, und seine eigene Problematik mit sich führt. Keine Gruppe kann sich selbst isolieren, die Gegensätze prallen mitunter tödlich aufeinander und der durch die Moderne entwickelte Lebensstil ist ebenso erfolgreich wie hoch riskant. Die Analytik der „Zeichen der Zeit" betont nachdrücklich die Ambivalenz der Entwicklung, in der der Mensch ebenso Täter wie Opfer ist.[1]

Die in den Konzilstexten entworfene wesentliche Grundordnung der Kirche hat die hier zu behandelnde Frage nicht in einem einzigen Dokument, sondern an verschiedenen Stellen angesprochen und reflektiert.[2] Hier stellt sich vor allem die Frage, wie sich unter der Vorgabe der Leitfrage nach der Wahrheit der Religionen und ihrem Verhältnis zur Fülle der Offenbarung in Jesus Christus die expliziten Aussagen in der Erklärung zu den nichtchristlichen Religionen (*Nostra aetate*) zu den Aussagen in den anderen Dokumenten verhalten. In der Wahrnehmung der Vielfalt der Religionen begegneten die Väter nicht allein den religiösen Traditionen der Gegenwart, sondern auch der Geschichte der Kirche; ja ihrer eigenen Herkunft in der Verheißung Gottes an Abraham und im Glauben des Volkes Israels, dem nicht nur ihr Gründer und Herr Jesus Christus, sondern seine Mutter Maria und alle Apostel des Anfangs zugehörten.

Die Weitung des Blicks war deswegen notwendig, weil in der Wahrnehmung der Lebensrealität der Kirchen außerhalb Europas das Thema der Religionen in

---

[1] GS 4–11.
[2] Zur Grundstruktur der Aussagen siehe oben: Hünermann 71.

Die Wahrheit der Religionen und die Fülle der Selbstmitteilung Gottes

die konziliare Lehrverantwortung rückte und dadurch zum Anliegen der Gesamtkirche werden konnte. Dieser faktische Vorgang erweist sich als systematisch wertvoll. Erst in dieser Begegnung konnte die Grundüberzeugung der universalen heilsgeschichtlichen Wirksamkeit Christi in ihrer Weite wahrgenommen werden konnte. Damals war das Bewusstsein noch nicht deutlich ausgeprägt, dass mit dieser offenen Wahrnehmung des religiösen Pluralismus, und nicht allein der konfessionellen Vielfalt, bald auch die Lebenssituation in Europa, ja überall in der Welt zum Thema wurde. Weil das Konzil in anderen Religionen nicht zuerst formale Systeme oder allgemeine Kulturen sah, sondern Menschen mit ihren Fragen, Hoffnungen und Ängste begegnete und mit Ihnen in Dialog treten wollte, wird die Frage nach dem Verhältnis des in der Schrift bezeugten Heilshandeln Gottes zu den anderen Religionen, nicht nur zu der Frage, welche Bedeutung andere Religionen im Heilsplan Gottes einnehmen[3], sondern unablösbar zu der Frage, wie begegne ich als Christ Menschen anderer Glaubensüberzeugung.[4] Die theologische Frage und die Haltung der Glaubenden tragen, bezeugen und korrigieren sich wechselseitig. Die Frage nach dem Verhältnis der in der Vielfalt der Religionen anzutreffenden Wahrheit in Beziehung zur Fülle des religiösen Lebens in Christus, ist damit immer mit der dieser Wahrheit entsprechenden Begegnung der an Christus Glaubenden mit Glaubenden so unterschiedlicher Traditionen zu vermitteln. Es geht also um die Frage nach der Wahrheit in der Begegnung, in der ich nicht über die anderen, sondern mit ihnen spreche, handle und hoffe; – und sogar auch mit- und füreinander im gleichen Anliegen, wenn auch an getrennten Orten, bete.[5]

Diese Frage wird hier in drei Schritten mit dem Konzil zu klären versucht.[6] Nach einer ersten Klärung des Religionsbegriffs wird die Selbstvergewisserung des Konzils „ad intra" dargestellt, die den Rahmen abgibt, von dem her diese Fragen beantwortet werden kann. Im dritten Abschnitt wird die im Konzil selbstverständlich gelehrte Universalität der Heilsgeschichte, die gerade von ihrer Fülle in Jesus Christus her als solche gedeutet werden muss, auf ihre konkrete Gestalt „ad extra" hin entfaltet. Dass diese Vermittlung beider Sichten einer Begründung bedarf, die sich in verschiedene Kontexte zu übersetzen hat, soll der letzte Abschnitt wenigstens kurz skizzieren. Dabei gehe ich von der nicht genug bedachten Beobachtung aus, dass für *Nostra aetate* die Möglichkeit des Heils für Nichtchristen positiv entschieden ist. Damit aber fordert uns das Konzil implizit auf, nicht

---

[3] So Kardinal König, der 1964 im Auftrag von Papst Paul VI. das erste interreligiöse Treffen in Bombay anlässlich des eucharistischen Weltkongresses leitete (Worte zur Zeit 117–131). Eine Zusammenfassung seiner Überlegungen in Open to God.
[4] Dies betont Arinze, Begegnung mit Menschen anderen Glaubens.
[5] Die darin zum Ausdruck kommende These, dass nur in der Weise der Begegnung angemessen von der Wahrheit der Religionen gesprochen werden kann, wird hier nicht weiter entfaltet, aber zustimmend vorausgesetzt. Das impliziert methodisch ein Wechsel der Kategorien und des Standpunktes. Nicht nur in ihrem Selbstverständnis werden die anderen zu Lehrerinnen der Zeugen des Evangeliums.
[6] Da die wesentlichen Aspekte und die entsprechende Literatur schon in den Beiträgen dieser Kommentarbände zu den jeweiligen Texten des Konzils angeführt und bearbeitet wurde, darf der Apparat hier auf das beschränkt werden, was über den jeweiligen Kommentar hinausweist.

nur von uns her auf die anderen hin zu denken, sondern auch den fremden Blick wahrzunehmen, und unsere Wahrheitsüberzeugung in der Erfahrung, die die anderen mit unseren Überzeugungen und Handlungsweisen sammelten, zu prüfen.[7]

1. Zum Religionsbegriff des Konzils

Das Konzil verwendet den Begriff „Religion" sehr unterschiedlich. Zum einen wird „religio" in einem allgemeinen Sinne für verschiedene Phänomene und Verhaltensweisen in der Kirche verwendet und nimmt dabei die allgemein alltägliche Bedeutung von „religiös" an. Dieser Sprachgebrauch ist wenig spezifisch. Bemerkenswert sind hingegen drei Leitbestimmungen, die hier auf ihre Kohärenz hin befragt werden sollen:
– In der Aufmerksamkeit dominiert die Erschließung des Religionsphänomens über die Fragen des Menschen.[8]
– Als Beziehungsgeschehen bestimmt ein anderer Text das Phänomen Religion. Als persönlicher, d.h. willentlicher und freier innerer Akt, ordnet sich der Mensch in der Ausübung der Religion auf Gott hin (DiH 2).[9]
– Dadurch aber transzendieren[10] religiöse Akte die irdische und zeitliche Ordnung der Dinge. Deshalb ist dieser Raum im Sinne der Religionsfreiheit zu schützen und vom Einfluss der staatlichen Gewalt frei zu halten; oder besser gesagt: Aus der Einsicht der eigenen Beschränkung hat der Staat diesen Raum zu ermöglichen und zu schützen.

Dass das Konzil auf den normativen Aspekt im Religionsbegriff nicht verzichtete, wird nicht nur an der Betonung deutlich, dass die Menschen in ihrer Suche nach der Wahrheit Pflichten gegenüber der wahren Religion und einzigen Kirche Christi haben.[11] Weil das Konzil einen inhaltlich bestimmten Religionsbegriff entwickelte, ist es möglich, mit seinen Bestimmungen Religion von „Pseudoreligion" zu unterscheiden. Dies ist nicht nur für unsere Fragestellung notwendig, sondern auch sachlich heute von hoher Bedeutung. Da das religiösen Phänomen höchst diffus geworden ist, und die religionswissenschaftliche Diskussion den Religionsbegriff funktional und damit wesentlich anthropologisch bestimmt ist[12], ist von den Texten des Konzils her sowohl die Anschlussfähigkeit an die

---

[7] Die dadurch begründete Bedeutung des Dialogs wird in diesem Band in Kapitel 5 behandelt und braucht deshalb hier nicht ausgeführt zu werden.
[8] NA 1,3.
[9] DiH 3,3.
[10] „transcendunt" (DiH 3,5).
[11] DiH 1,3.
[12] Siehe: Stolz, Grundzüge der Religionswissenschaft 9–44. Dass hier verschiedene Interessen mitspielen soll nicht verkannt werden. Auch deshalb kann die Theologie ihr kritisches Potential, als Erfahrung mit den Ambivalenzen des Religiösen einbringen, zumal der funktionale Religionsbegriff in sich selbst widersprüchlich wirkt. Insofern er funktional definiert wird, rekurriert er auf gemeinsame menschliche Erfahrung. Er wird also auf dem Feld der Anthropologie kon-

anthropologische Wende des Religionsbegriffs als auch das kritische Potential in den Texten des Konzils zu beachten. Das Konzil weigert sich, das Phänomen vom kleinsten gemeinsamen Nenner her zu bestimmen.

Wenn das Konzil das Religionsphänomen aus den Fragen des Menschen in *Nostra aetate* erhebt, dann sind das keine didaktischen Fragen. Es sind aber auch nicht Fragen, die der Mensch sich selbst stellt und daher bereits zuvor auf die mögliche Beantwortung hin selektiert, sondern es sind Fragen, die sich mit ihm in seiner Existenz stellen, und die den Menschen über sich hinaus rufen. Sie öffnen den Menschen auf eine andere Wirklichkeit hin. Alle weiteren Einzelaussagen in der Religionserklärung des Konzils betonen unter verschiedener Rücksicht dieses Transzendieren. Daher impliziert bereits die Bestimmung der Religion aus dem Fragephänomen eine ontologische Option, die sich heute im Kontext eines neuen Naturalismus[13], neuer politischer Religionen und religiöser Verbrämung aller Wirklichkeitsbereiche als wesentlich erweist. Religionen haben es auf höchst unterschiedliche Weise mit einer Wirklichkeit zu tun, die nicht mehr mit den Begriffen der Naturwissenschaft erreicht werden können und die sich auch im Kontext der Geisteswissenschaften als „nicht-naturalisierbar" ausweist. Daher kann Religion auch nicht als bloße Funktion hinreichend verstanden werden. Der Religionsbegriff ist von der möglichen Ankunft dieser anderen Wirklichkeit bestimmt. Er steht daher einerseits für die Nicht-Abschließbarkeit unsere Selbst- und Weltinterpretation; andererseits ist er im Blick auf die Definition in *Dignitatis humanae* als adventlich zu charakterisieren. Religionen sind nicht in sich abschließbar, haben nicht nur Anteil an der allgemeinen menschlichen Kulturentwicklung, sondern treiben diese in der Dynamik des unruhigen Herzens entscheidend voran.[14] Daher können als Religionen nur jene Formen menschlicher Welt- und Selbstinterpretation angesehen werden, die nicht in sich selbst geschlossen sind, die die genannte ontologische Option teilen und deshalb nicht erschöpfend funktional ausgelegt werden können. Religionen weisen daher eine Entwicklung auf, die sich immer auch selbstkritisch auswirkt.[15] Ohne Formen der Selbstkorrektur und Prüfung von Ansprüchen wäre keine Religionstradition in der Lage geschichtliche

---

stituiert. Aber da alle Religionswissenschaftlerinnen Menschen sind, ist die Forderung oder die Behauptung, dass sie selbst religiös unmusikalisch seien unverständlich. Sie müssen gewiss keiner Religionstradition ausdrücklich zugehören, aber sie werden, insofern sie die „conditio humana" teilen, auch die funktionalen Aspekte teilen. Hier wird unter der Hand Religion und ausdrückliche Glaubenskonfession verwechselt. Eine analoge Problematik hat sich in der Diskussion um die Religionsfreiheit ergeben. Verfassungsrechtlich und staatskirchenrechtlich wird mit einem Religionsbegriff operiert, der sich fast ausschließlich an der Wirklichkeit der christlichen Konfessionen als institutionalisierte Bekenntnisgemeinschaften gebildet hat, wie sie sich seit dem Augsburger Religionsfrieden (1555) entwickelt haben. Dadurch werden nicht nur Religionen aus nichteuropäischen Traditionen, wie Islam und Buddhismus nur schwer erfasst oder zu ihnen bislang fremden Institutionalisierungsformen aufgefordert, sondern vor allem werden gerade die in der funktionalen Religionsdiskussion erhobenen neuen Phänomene und die Durchdringung verschiedener Systeme mit „religiösem" Ansprüchen und Verhaltensweisen ausgeklammert.
[13] Quitterer, Der neue Naturalismus.
[14] NA 2, 1.
[15] Siehe: Schaeffler, Religionskritik 117 f.

Kontinuität zu stiften.[16] Der Religionsbegriff ist daher nicht einzuebnen, sondern zu profilieren. Nur den Wahrheitsansprüchen solcher religiösen Traditionen soll hier nachgegangen werden.[17]

2. Kirche als Zeugin des Mysteriums des universalen Heilshandeln Gottes

Nach der Wahrheit der Religionen kann nicht allein deshalb von einem neutralen Standpunkt aus nicht gefragt werden, weil es grundsätzlich kein neutrales Denken gibt, zumal nicht in handlungsrelevanten Fragen.[18] Vielmehr kann die Frage nach der Wahrheit der Religionen, insofern sie es mit der Wirklichkeit Gottes zu tun haben, nur von einem profilierten Gottesbegriff her geklärt werden. Denn die Menschen finden auf die Weise zu Gott, wie sie von ihm geführt und geleitet werden. Es gibt keinen Weg zu Gott außer mit ihm und durch ihn. Dieser Weg lässt sich aber nur innerhalb, nicht außerhalb einer Lebensform bedenken. Die Kirche wäre diese Frage niemals adäquat angegangen, wenn sie sie von der innersten Überzeugung abgelöst hätte.[19] Daher ist danach zu fragen, wie die Kirche von ihrem theologisch entfalteten Grundbekenntnis her ihre Beziehung zu den anderen entwirft. Der universale heilsgeschichtliche Horizont von *Nostra aetate* bedarf keiner Erläuterung. Ich verstehe die heilsgeschichtliche Sicht der Einheit der Menschheit sowohl als providentielle Gegenwart Gottes in Beziehung zu jedem Menschen als auch im Hinblick auf die gesamte Menschheit: Ursprung und Ziel, Zeugnisse der Güte und Heilsratschlüsse sind die entscheidenden Bestimmungen.[20] Getragen wird dieser Blick durch eine eschatologische Hoffnung für die Menschen aus allen Zeiten und Kulturen. Diese Aussagen bilden eine konkrete Ausdeutung der Grundlegung im Begriff der Offenbarung und der Kirche. Die Kirche wird immer in der Perspektive des Heilsratschlusses des dreifaltigen Gottes gesehen. Daher lautet das erste Kapitel von *Lumen gentium*: „De Ecclesiae Mysterio". Dieses Mysterium ist in ihrem Gründungsgeschehen, in der Sendung und Hingabe des Logos in der Geschichte Jesu von Nazareth verbürgt.[21] Diese christologische Mitte aber öffnet, weil das Christusgeschehen immer auf alle zielt

---

[16] Hier kann der Frage nicht nachgegangen werden, ob eine Religionstradition dadurch entscheidend gefährdet wird, dass sie Formen der Selbstkorrektur und -kritik entweder nicht entwickeln kann oder sträflich vernachlässigt. Nur in einem ersten, unzureichenden Verständnis besagt Selbstkritik Schwächung.

[17] Es lässt sich auch fragen, ob Pseudo- oder Ersatzreligionen überhaupt Wahrheitsansprüche erheben können und zudem bereit sind, diese einzulösen.

[18] Dazu ausführlich von philosophischer Seite: Sedmak, Katholisches Lehramt und Philosophie 425–441.

[19] Dass damit keiner Selbstabschließung das Wort geredet wird, wird der Abschnitt 4 dieses Beitrages erweisen.

[20] NA 1,2.

[21] In der Entwicklung des Konzils ist neben den Aussagen in LG vor allem auf Kapitel 1 von *Ad gentes* und auf die trinitarische Sendung des Volkes Gottes (GS 1) hinzuweisen. In der Lehrentwicklung des Konzils ist die trinitarische, d.h. vor allem pneumatologische Dimension deutlicher geworden.

Die Wahrheit der Religionen und die Fülle der Selbstmitteilung Gottes

und den gesamten Kosmos umfängt[22], die kirchliche Glaubensgemeinschaft auf die Weite dieses Geheimnisses des Heilsratschlusses Gottes hin. Dadurch ist ihre Katholizität grundgelegt. Und diesem ihrem Wesen hat sie zu entsprechen; oder besser formuliert: zu diesem ihrem eigenen grundlegenden Geheimnis wird sie trotz aller Irrwege und Widerstände immer wieder durch die Kraft des Geistes bekehrt. Insofern aber die universale Wirklichkeit Christi in ihren Anfang eingestiftet ist, muss die Kirche Christus als Licht der Völker verkünden. Insofern aber das Geheimnis Christi noch nicht in seiner eschatologischen Fülle offenbar ist, sind die Glaubenden wie Kirche immer noch Lernende. Die Kirche ist eine Pilgerin, die von verschiedener, auch überraschender Seite her Zeugnisse des Geheimnisses Christi empfängt.[23]

Diese Grundstruktur wird in der Kirchenkonstitution durch das Kreismodell der Kirchenzugehörigkeit ausgedeutet.[24] Zum Reich Gottes sind alle Menschen berufen. Diese Berufung besagt, dass alle Menschen zum Reich Gottes in Beziehung stehen und befähigt sind, es in verschiedener Weise zu realisieren. Als Sakrament der Welt steht die Kirche im Dienste dieser durch Jesus Christus verkündeten, gelebten und durch seinen Tod und seine Auferstehung in die Geschichte eingestifteten Heimholung und Erlösung der Welt. Deshalb bedeutet das Reich Gottes auch immer gesellschaftliche Realität im Volke Gottes. Daher umschließt die Berufung zum Reich Gottes immer auch eine Beziehung zur geschichtlichen Wirklichkeit der Kirche. Wer das Evangelium noch nicht empfangen hat, ist diesem Volk zugeordnet.

In dieser Zuordnung ist eine Differenzierung festzuhalten. In besonderer Form wird das Volk Israel angesprochen, von dessen Glauben her die Kirche jene Verheißung empfangen hat, die sie trägt und das in der Treue Gottes dessen „erste Liebe"[25] bleibt. In einer Logik heilsgeschichtlicher Nähe werden dann die Muslime genannt, weil sie den Glauben an den einen Gott teilen.[26] Die anderen Religionen werden in *Lumen gentium* sehr summarisch genannt, um dann alle Menschen guten Willens anzusprechen. Auch diese sind von der Vorsehung umfangen. Das bedeutet aber, dass auch die Nichtglaubenden eine Bedeutung für die Wahrheit der Religionen besitzen. Nirgends favorisiert das Konzil eine Gemeinsamkeit der Religionen gegen andere Menschen. Vielmehr fordert es als Konsequenz der Verkündigung des Reiches Gottes, alle Glaubenden dazu auf, ein Segen zu sein für alle Völker.[27]

---

[22] Siehe: Eph 1–2.
[23] Daher kann Kardinal Döpfner sagen, dass die Entwicklung und Veränderung der Kirche nicht allein wegen der ständigen Bekehrung aus der Sünde hin zu Gott notwendig ist, sondern entscheidend auch deswegen, weil sie nur in der Wandlung die Fülle des Geheimnisses Christ realisieren kann (Döpfner, In dieser Stunde der Kirche 28–30).
[24] Ich möchte hier mit der Einführung des Begriffs des Reiches Gottes, der sich aus der nachkonziliaren Lehrenwicklung ergibt, diese Zuordnung nicht nur differenzieren, sondern deutlicher an die Verkündigung Jesu zurück binden (siehe: Päpstlicher Rat für den interreligiösen Dialog, Dialog und Verkündigung 21–23).
[25] LG 16; NA 4. Siehe: Heer, Gottes erste Liebe.
[26] LG 16; NA 3.
[27] Die verschiedenen Aussagen (v. a. NA 2.3.5) lassen sich als geschichtliche Einlösungsgestalt der Verheißung an Abraham auslegen (Gen 12,2).

Eine solche Differenzierung ermöglicht jene Unterscheidung, die die Offenbarungskonstitution in Kapitel I und II entwickelt: „De ipsa revelatione" und „De divinae revelationis transmissione". Einerseits ist die Offenbarung ein Wortgeschehen in der Geschichte[28], das personal zentriert ist und „zum Heil aller Völker"[29] geschenkt ist. Diese Offenbarung bezeugt sich allgemein in der Schöpfung als auch in ausdrücklicherer Form an den Ureltern.[30] Dadurch ist in die Menschheit der Samen der Hoffnung gelegt. Nachhaltig und unwiderruflich geschichtlich manifest hat Gott sich dem Volk Israel seit Abraham kundgetan. Auch diese Tradition steht im Modus der Hoffnung und Verheißung auf den Erlöser. Die Offenbarung in Jesus Christus wird als abschließende Erfüllung formal bestimmt, inhaltlich vor allem dadurch, dass Gott in seiner erlösenden Tat wirklich mit uns ist. Durch diese eschatologische Offenbarung wird das von Anfang an von Gott her konstituierte Verhältnis von Gott und Mensch als Erlösung aus Sünde und Tod nicht irgendwie erneuert, sondern endgültig in der Geschichte besiegelt.[31] Der darin begründete Abschluss der Offenbarung beruht darin, dass in Jesus Christus das „Innerste Gottes"[32] ausgelegt wird. Damit aber wird für unsere Fragestellung die Wahrheit der Religion nicht durch einen Rekurs auf einen Gottesbegriff oder ein Gottesbild beantwortbar, sondern dadurch, welches Verhältnis von Gott her der Mensch zu Gott haben soll. Die Wahrheit der Religion entscheidet sich an der gelebten Gottesbeziehung und dem darin manifesten Gottesanspruch im Blick auf alle Menschen und den Kosmos.

Die Weitergabe der Offenbarung in Schrift und Tradition steht im Dienst des universalen Heilshandeln Gottes, damit es aus der Erinnerung der Menschheit nicht mehr verschwinde und deswegen auch die Hoffnung auf das Reich Gottes als geschichtsmächtige Kraft erhalten bleibe. Die Kirche hat in allen ihren Institutionalisierungs- und Lebensformen den Verweis auf diesen Gott und seine bereits geschehene Tat an allen zu bezeugen. Damit aber unterscheidet das Konzil einen seit dem Ursprung der Menschheit vorgegebenen Raum der Heilsmöglichkeit als Dynamik der Hoffnung und das geschichtliche Zeugnis dieser Tat Gottes.[33] Daher können in dieser Perspektive verschiedene Dimensionen des einen Bundes unterschieden werden. Weil der transzendentale Sinn der Wirklichkeit nur aus der Begegnung mit geschichtlich vermittelten Erfahrungen erschlossen werden kann und weil die Kirche ihr Mysterium dem Glauben Israels verdankt, ist als der grundlegende Bund, der Bund Gottes mit Abraham und dem Volk Israel zu bekennen.[34] Er bleibt Wurzel und Stamm der Verhei-

---

[28] „Taten und Worten" (DV 2).
[29] DV 7,1.
[30] DV 3,1.
[31] DV 4,2.
[32] DV 4,1.
[33] Daraus lässt sich zu Recht ein transzendentaler Aspekt der Geschichte entwickeln (siehe: Hoping, oben 122 f.).
[34] Die Diskussion um die Bezeichnungen Altes und Neues Testament im Vorschlag eines ersten und zweiten Bundes steht im Hintergrund dieses begrifflichen Vorschlages (siehe: Zenger, Das erste Testament). Beide Bezeichnungen haben ihre eigene Problematik. Die Unterscheidung zwischen altem und neuem Testament löst im Kontext der traditionellen Substitutionstheorie die

Die Wahrheit der Religionen und die Fülle der Selbstmitteilung Gottes

ßung.[35] Dieser Bund verweist sowohl auf den Bund Gottes mit der Schöpfung als weitesten Horizont, als auch auf den Bund mit allen Menschen, wie er vor allem im Bund mit Noah überliefert wird.[36] Der Bund in Jesus Christus ersetzt daher den grundlegenden Bund in seinen vielfachen Dimensionen nicht, sondern radikalisiert ihn auf seine universale, kosmische und menschheitsgeschichtliche Dimension hin.[37] Er setzt dadurch den einen Bund unwiderruflich als Zusage der Gnade Gottes an alle Welt universal, wie es die Verkündigung Reiches Gottes durch Jesus anzeigt und die Deutung seines Todes und seiner Auferstehung im Glauben der Kirche bezeugt. In diesem Bund hat sich Gott selbst im Schicksal dieses Menschen radikal engagiert.

Von diesem Horizont her kann die Frage nach der Wahrheit der Religionen erst beantwortet werden.[38] Sie lässt sich nur beantworten, wenn die Frage nach der Bedeutung des religiösen Pluralismus im Heilsplan Gottes gefragt wird.[39] Dabei ist das für das Konzil grundlegende Verhältnis „ad extra – ad intra" nicht zu übersehen. Das Bild vom „Neuen Pfingsten", das Johannes XXIII. teuer war, muss hier in Erinnerung gerufen werden, weil vom Pfingstereignis erzählt wird, dass die Predigt des Petrus in allen Sprachen der Anwesenden verstanden worden sei. Das soll ein Hinweis sein, dass der Geist dazu befähigt, die Botschaft des Glaubens prinzipiell in alle Sprachen zu übersetzen. Das Zweite Vatikanische Konzil hat sich grundlegend für diese Kraft des Geistes geöffnet und prinzipiell mit der Übersetzung in alle Kontexte der heutigen Welt begonnen.

---

nahe liegende Assoziation aus, dass der alte Bund aufgehört habe. Die Problematik einer numerischen Reihe liegt darin, dass sie nach vorne offen ist und deshalb einer Überholung des ersten durch das zweite, bzw. des dritten Testamentes nicht vorbauen kann. Auch ist es kaum möglich in der Zählung Einheit und Unterscheidung anzuzeigen. Mein Vorschlag rekurriert auf das ursprüngliche Anliegen der alten Bestimmung, wonach das Neue ohne das Alte nicht sein kann. Da aber die Substitutionstheorie, die das Konzil zurückgewiesen hat, noch in der Erinnerung der Worte lauert, ist eine begriffliche Arbeit so lange nötig, so lange diese Erinnerung aus den traditionellen Formulierungen, die das Konzil auch verwendet, nicht gereinigt ist.
[35] Dass in der Geschichte Israels dieser Bund sich in viele Bünde ausdifferenziert und in der prophetischen Verkündigung auf einen neuen Bund hin überboten wird, sollte nicht vergessen werden. Vor allem aus der prophetischen Tradition vermag die traditionelle Sprechweise eine Erneuerung gewinnen.
[36] Gen 9, 1–17. Nach Buber ist der Bund mit Abraham in diese vorangegangene Bundestradition hineingestiftet. Darin gehe es Gott um eine gottgefällige Lebensform der Menschheit (Buber, Abraham der Seher).
[37] Siehe dazu: Ratzinger, Die Vielfalt der Religionen und der Eine Bund.
[38] In einer rein philosophischen, und das heißt in der Tradition einer natürlichen Theologie ansetzenden Antwort, könnte weder die soteriologische Dimension der Frage, noch die ausdrückliche Selbstoffenbarung Gottes in dieser Geschichte zum Thema werden. Deswegen kann der heilsgeschichtliche Zugang von *Nostra aetate* auch systematisch als begründet ausgewiesen werden. Wegen des universalen Anspruchs ist jedoch diese theologische Grundlegung in philosophischen Kategorien des gemeinsamen menschlichen Verstehens zu übersetzen und darin zu begründen (siehe Abschnitt 4).
[39] Dazu der Entwurf: Dupuis, Toward a Christian Theology of Religious Pluralism. Dupuis weist darauf hin, dass diese Frage auch eine neue Methode verlange. Es ist nicht möglich, nur mit eigenen Kategorien eher deduktiv den anderen zu interpretieren, sondern vielmehr aus der Erfahrung und der Begegnung mit Menschen anderes Glaubens zunächst ein adäquates Verständnis zu entwickeln. Das verlange auch neue Kategorien (ebd., 18 f.198–201).

3. Die Wahrheit der Religionen im Heilsplan Gottes

Die Wahrheit der Religionen kann nur im Plural bedacht werden. Mit dem Konzil ist der jeweiligen Religionstradition eigens zu begegnen. Daher ist der Dialog die alleinige Form dieser Wahrheit gerecht zu werden. Auch wenn das Konzil noch nicht auf eine ausdrückliche Dialogerfahrung zurückblicken konnte, hat es einige Spuren für die Beantwortung der hier gestellten Frage gelegt. Bevor also die Frage zu beantworten versucht wird, soll zunächst auf das Konzil selbst gehört werden.

Die Wahrheit im Glauben Israels anzuerkennen hat für das Konzil zwei entscheidende Aspekte. Zum einen beinhaltet sie die radikale Revision einer langen Tradition von Vorurteil, Verfolgung und Misstrauen. Nirgends deutlicher als hier wird uns unsere geschichtliche Wahrheit als Spiegel vorgehalten; und dieses Bild ist im Vergleich zur Lehre des Konzils nur als Zerrbild zu bezeichnen. Zum anderen kann der christliche Glaube die Wahrheit Israels nicht hinter sich lassen, weil er davon nicht nur geschichtlich lebt.[40] Daher erweist sich gerade in der Beziehung zu Israel die Frage, wie mit einer anderen Deutung des gemeinsamen Erbes umzugehen ist. Die paulinische Theologie im Römerbrief, die das Konzil bevorzugt heranzieht, lebt nicht nur von der eschatologischen Hoffnung der Einheit des Volkes Gottes, sondern sieht in der Zwischenzeit eine Möglichkeit Gottes, sein Heil aller Welt zu verkünden. Deshalb kann das Christentum als Realisierung der Sendung Israels ad Gentes ausgelegt werden. Insofern lebt der christliche Glaube bleibend aus der Wahrheit des einen Bundes.

Auf der anderen Seite stellt sich die Frage, was die Fülle des Heils in Jesus Christus für Israel bedeuten könnte.[41] Diese Fülle kann aber nicht ohne die noch ausstehende eschatologische Einlösung und die unglaubwürdige Gestalt des Zeugnisses der christlichen Kirche gegenüber Israel bedacht werden. Deshalb ist die Wahrheit des messianischen Anspruchs Jesu im Blick auf Israel zuvörderst ein Anspruch an die Kirche selbst. Sie hat eine Glaubensgestalt gegenüber Israel zu leben, in der für Juden heute eine messianische Hoffnung aufleuchten kann. Zum anderen ist zu fragen, was in der heutigen Situation die Bergpredigt als Form der Friedenstiftung und der Verzicht Jesu auf eine Landtheologie bedeuten könnte.

Mit den Muslimen müssten alle abrahamitischen Glaubenswege heute mehr denn je den anderen erklären, was ihre Eigenart und Bedeutung ist. In diesem Sinne kann das Konzil den strengen Monotheismus würdigen und die sittliche Anstrengung der Muslime hervorheben. Vielleicht ließe sich die Gestalt des Propheten christlich nicht nur als Prophet Arabiens, sondern unter einem doppelten Aspekt würdigen. Einerseits ist bei ihm, nicht ohne historisch glaubwürdigen Einfluss von Juden und Christen, das Erwachen des monotheistischen Gewissens festzustellen. Dieses Erwachen ist nicht nur historisch in vergangenen Zeiten, sondern noch heute erfahrbar. Andererseits stellt sich die Rückfrage an unsere

---

[40] Das Konzil hat eine rein historische Beziehung zwischen christlichem Glauben und jüdischem Volk deshalb nicht im Auge, weil es zu einem bleibenden Dialog über die Anfänge und die Entwicklung einlädt.
[41] Angesichts der Geschichte scheint mir der Konjunktiv die angemessene Sprachform zu sein.

Die Wahrheit der Religionen und die Fülle der Selbstmitteilung Gottes

Glaubensgeschichte, welchem Christentum Mohammad begegnet ist, dass er wohl auch mit Recht der Meinung sein konnte, dass diese den ursprünglichen Glauben verraten hätten.[42] Andererseits stellt sich die Frage nach einer Glaubenswahrheit, die sich der historischen und allgemein rationalen Rückfrage weithin zu entziehen versucht.

In den mystischen und asketischen Traditionen Asiens werden sehr unterschiedliche Aspekte gewürdigt – insbesondere die Vielfalt der Sprachen und Denkschulen, die das religiöse Suchen als zentral für den Menschen und seine Kultur bezeugen. Vor allem werden verschiedene Aspekte der konkreten Heilswege gewürdigt, ohne sich in die entsprechenden Streitfragen einzumischen. In diesen wird deutlich, dass die Welt dem Menschen nicht genügen kann. In den mystischen Traditionen wird das Phänomen der Erleuchtung positiv genannt, ohne es näher zu bestimmen. In allen Traditionen wird die Kultivierung des religiösen Sinnes angesprochen, der das Organ der Wahrnehmung und Anerkennung des Göttlichen darstellt. Wie sind diese Aspekte nun generell zu werten?

Die Religionen können im Heilsplan Gottes von unterschiedlichen Blickwinkeln aus gedeutet werden. Sie können die Christen, das ist wohl das unproblematischste, an die vergessenen Wahrheiten des eigenen Glaubenslebens erinnern.[43] Die asketischen Traditionen Asiens und das sittliche Bemühen generell als Wege der Weltdifferenz und der strenge Glaubensbegriff der Muslime in Bezug auf die Unvergleichbarkeit Gottes können hier genannt werden. Zum zweiten können sie uns an die unzureichende Realisierung, ja sogar an das faktische Gegenzeugnis des Glaubens erinnern. Sie erweisen uns dadurch eine „correctio fraterna". Diese Korrektur ist nicht nur eine Aufgabe im Blick auf die Vergangenheit, sondern hat eine bleibende Bedeutung, weil wir uns nur vom anderen her zu erkennen vermögen, wer wir wirklich sind.

Im Kontext der europäischen Säkularisierung können uns andere Religionen zeigen, dass diese Interpretation keine unausweichliche Folge der Modernisierung ist. Sie zeigen auch die Kraft entschiedenen Glaubens, ohne eine Gegenwelt zu konstituieren. Mystik ist keineswegs nur eine historische Möglichkeit. Insofern können wir von den verschiedenen Religionen und Kulturen alternative Antworten auf jenen Prozess lernen, der einst in Europa begonnen hat. Auf der anderen Seite kann der christliche Glaube seine reiche Erfahrung im Umgang mit der Moderne an jene vermitteln, die die Wucht der Veränderung erst jüngst erleben.

Mit der Spitzenaussage, dass der Geist in Kulturen und Religionen eine Erkenntnis Christi erwecken könne, die für die Boten des Evangeliums von Bedeutung sei[44], hat Johannes Paul II. auf einen tiefgehenden Aspekt verwiesen. Dieser Aspekt wird dadurch besonders wichtig, als alle Menschen vor allem durch die

---

[42] Diese Rückfrage hat einen politischen Aspekt in Bezug auf das byzantinische Kaiserreich. Die politische Konnotation des Verhältnisses zwischen Christentum und Islam ist durch die jüngsten Entwicklungen im Irak höchst aktuell. Der theologische Aspekt betrifft zudem die Gestalt des trinitarischen Gottesbekenntnisses, das sich bis heute kaum der muslimischen Rückfrage stellt.
[43] Kardinal Arinze nennt aus eigener Erfahrung eine Reihe solcher Anstöße (Begegnung mit Menschen anderen Glaubens 78–82).
[44] Johannes Paul II, Novo millenio ineunte 56.

historisch-kritische Methode einen eigenständigen Zugang zur Kenntnis Jesu von Nazareth erhalten haben und sich aneignen können.[45] Dadurch wird Jesus zu einem Zeitgenossen aller Menschen und die Adressaten der Verkündigung der Kirche werden zu Subjekten der Verkündigung an die Kirche. Daher können die Menschen aus verschiedenen Religionen uns eine Seite Jesu erläutern, die wir vielleicht vergessen oder gar nie entdeckt haben.[46]

Den letzten Aspekt der Wahrheit der Religionen im Blick auf den christlichen Glauben möchte ich die apophatische Dimension nennen, in der das Wirken des Heiligen Geistes in seinen noch nicht entschlüsselbaren Formen anerkannt wird. Johannes Paul II. hat nach Assisi ausgeführt, dass jedes (wahrhaftige) Gebet vom Geist getragen sei. Das bedeutet die grundsätzliche Anerkennung einer pneumatologischen Dimension in der Mitte anderer Religionen. Daraus kann gefolgert werden, dass Gottes Wege in der Verwirklichung seines Heils auch für die ausdrücklich an Christus Glaubenden mitunter sehr verborgen sein können. Dass wir also nicht immer über andere urteilen können und dürfen, sondern in der mitunter stillschweigenden Anerkennung und auch Tolerierung des Fremden die angemessene Form leben, das Reich Gottes zu erwarten und ihm zu dienen. Deshalb steht die abschließende Beantwortung der Frage nach der Wahrheit in den Religionen noch aus. Und es bleibt die Aufgabe der Kirche in einer unaufhörlichen Unterscheidung der Geister den Geist wahrzunehmen, wo auch immer er weht. „Wir können keine Regeln aufstellen, wie Gott in den Menschen wirkt."[47]

Die hier versuchten Antworten versuchen die Weise darzulegen, wie Christen in Anerkennung und Förderung von Menschen anderen Glaubens Gott das letzte Wort überlassen können, ohne auf die nötige kritische Unterscheidung der Geister auf dem gemeinsamen Weg zu verzichten. Nur im Dialog und der wechselseitigen Korrektur der Religionen können nämlich jene Pathologien und Abgründe verhindert werden, die nicht nur, aber auch die Geschichte der Religionen begleitet haben. Darin bringt der christliche Glaube das Zeugnis jenes Gottes ein, der sich in seiner in sich selbst trinitarisch verfassten Liebe zum Heil aller Menschen in die Geschichte hinein mitteilen wollte. In seiner Öffnung zur Vielfalt der Religionen hat das Konzil es gewagt, diese das Geheimnis der Kirche bestimmende Öffnung Gottes in die Welt, in ihrer Zeugnisgestalt geschichtlich einzuholen. Deswegen sieht sie das adäquate Verhältnis des Menschen zu Gott in der Sprache der Freundschaft und einer Liebe, die sich zu einem freien Ja bewegt weiß. Weil dadurch alle Dimensionen des Menschen angesprochen sind, ist es unverzichtbar, anderen darüber Rechenschaft zu geben, welchem Gott jemand auf welche Weise glaubt. Deshalb müssen sich aber alle religiösen Ansprüche der allen Menschen gemeinsamen Vernunft stellen.[48]

---

[45] Siehe hierzu: Siebenrock, Das Geheimnis des Rabbi.
[46] Sowohl in der jüdischen, als auch in der hinduistischen und buddhistischen Tradition gibt es zahlreiche Beispiele hierfür (siehe: Pöhlmann, Wer war Jesus von Nazareth?).
[47] Arinze, Begegnung mit Menschen anderen Glaubens 66.
[48] Neben dem durch das vorausgehende Handeln Gottes erschlossene Freiheitsraum ist die hier erhobene Einlösungsforderung ein weiterer Aspekt jener Einheit der Geschichte, die aus der Wir-

4. Die Wahrheit der Religionen im Blick von außen

Wahrheitsansprüche sind von verschiedenen Blickwinkeln aus zu prüfen.[49] Während in Abschnitt 3 der Aspekt des Interreligiösen untersucht wurde, soll hier ein Blick von außen, also von den Nichtglaubenden her auf die religiösen Wahrheitsansprüche gewagt werden. Damit wird die Übersetzungsfähigkeit religiöser Tradition ebenso gefordert, wie die Bereitschaft der anderen sich für diese Lebensformen zu öffnen. Der grundlegende Übersetzungsvorschlag des Konzils zur Prüfung religiöser Ansprüche geschieht auf dem Boden der Anthropologie. Bereits im Fragephänomen liegt der Anspruch, dass der Mensch, der sich selber zur Frage wird, keine Antwortmöglichkeit in nur menschlichen Antworten finden kann. In der Pastoralkonstitution wird die Anthropologie mit der Christologie eng verflochten: „Tatsächlich wird nur im Mysterium des fleischgewordenen Wortes das Mysterium des Menschen wahrhaft klar."[50] Das Ringen um das adäquate Verständnis des Menschen, das heißt immer auch meiner selbst, in all seinen Abgründen, die Frage nach der *passio humana* ist der Ort, an dem alle Menschen die Botschaft des christlichen Glaubens und die Wahrheit der Religionen prüfen können. Diese Wahrheit aber hat nach dem Konzil eine normative Einlösungsgestalt, und kann nicht beliebig persönlich und gesellschaftlich entfaltet werden. Die Wahrheit Gottes erweist sich immer in der Begegnung mit Menschen.[51]

Deshalb findet die Anthropologie des Konzils in *Dignitatis humanae* ihren unverzichtbaren politisch-verfassungsrechtlichen Rahmen. Der in der Bundestheologie erschließbare transzendentale Geschichtsraum wird dadurch als persönlicher und gesellschaftlicher Freiheitsraum insofern konstituiert, als in diesem von staatlicher Gewalt freien und durch sie garantierten Rahmen, es möglich ist, dass „die Wahrheit sich nicht anders auferlegt als kraft der Wahrheit selbst"[52]. Ein Wahrheitsanspruch erweist sich daher in seiner Bereitschaft und seiner Fähigkeit, einen Freiheitsraum für alle Menschen zu begründen und nach Kräften zu schaffen. Zur Wahrheit gehört die Überzeugung, dass sie sich ohne Gewalt-Manipulationsmittel in Herz und Vernunft der Menschen erweist. Das Bekenntnis zum einen Schöpfer und die Anerkennung des anderen als Kind Gottes, dessen Würde darin liegt, dass er nach dem Bilde Gottes geschaffen von ihm in einem Dialog des Heils angesprochen wird, fordert ihre unzweideutige geschichtliche Realisie-

---

kung des jüdisch-christlichen Glaubens in der Begegnung mit der griechischen Philosophie entstand.
[49] Mit Hilfe der klassischen Kriterien (Widerspruchsfreiheit der Grundannahmen [Axiome] und Kohärenz der Aussagen, Ableitungsrichtigkeit [von diesen Annahmen her], sprachliche Verständlichkeit, intersubjektive Prüfbarkeit und Erfahrungsbezug) wird die Frage nach der Wahrheit der Religionen auf drei Ebenen („ad intra und ad extra") untersucht: die interne Überzeugungskraft, Bereitschaft und Fähigkeit zum Dialog mit seinen transzendentalen Bedingungen und Verlaufsregeln sowie Auseinandersetzung mit den modernen Wissenschaften.
[50] GS 22, 1.
[51] Mit Bedacht schließt *Nostra aetate* mit der Erinnerung an die Einheit von Gottes- und Nächstenliebe (NA 5, 1).
[52] DiH 1, 3.

rungsgestalt. Daher ist die Gewaltfrage ein zentrales Kriterium in der Beurteilung religiöser Ansprüche. Zur Wahrheit gehört nach christlicher Auffassung die Demutsgestalt Christi.[53] Daher fordert die Wahrheit des christlichen Glaubens die tägliche Bekehrung und auch das öffentliche Bekenntnis der Schuld. Die Wahrheit der Religionen steht immer im Anspruch täglicher Bekehrung. Weil die Begegnung von Menschen unterschiedlichen Glaubens stets in einer unfriedlichen, von tiefen Konflikten gezeichneten Welt stattfinden, ist die Erklärung über die Religionsfreiheit und die darin inkludierte Anthropologie und Theologie nicht nur für das Handeln der Kirche von höchster Bedeutung, sondern auch eine unverzichtbare Forderung in der Gegenwart.

Als letzte Dialog- und Übersetzungsaufgabe ist das Ringen um ein angemessenes Selbst- und Weltverständnis im Horizont der Wissenschaften im Kontext apokalyptischer Selbstbedrohung der Menschheit.[54] Einerseits gehört dazu die offene Bereitschaft sich den Fragen und der Kritik der Wissenschaften nicht zu entziehen. Wahrheit ist nur als geprüfte glaubwürdig. Dazu gehören nicht nur die Naturwissenschaften, sondern für alle Religionen auch die historische Rückfrage.[55]

Die Übersetzung des Glaubens in die gemeinsame Vernunft der Menschen bedeutet real immer auch die Übersetzung in verschiedene Kontexte und Kulturen. Ein universaler Wahrheitsanspruch ist daher als Ausweis seiner Glaubwürdigkeit verpflichtet, sich prinzipiell in alle Sprachen und Kulturen zu übersetzen. Die verschiedenen Anstöße des Konzils in der Reform der Liturgie, in der Neubestimmung der Mission und der Pastoralkonstitution werden in diesem Licht als erforderliche Einlösungsgestalten der behaupteten Katholizität verstehbar. Ohne diesen Mut bliebe der Anspruch leer. Die Weite der konziliaren Perspektive ist der theologische Grund der Reform. In dieser Reform ist die Sprache der Verkündigung nicht ausgenommen. In der Beziehung zum Judentum wurde die Reinigung der Wörter nachhaltig angegangen. Es stellt sich deshalb auch die Frage, ob nicht auch in der theologischen Reflexion auf die Besonderheit des Christentums auf Begriffe verzichtet werden soll, die keine biblische Wurzel aufweisen und die Assoziation von bloßer Herrschaft heute hervorrufen.[56] Wenn die Offenbarung zum Heil der Völker in der Kirche geschichtlich weitergegeben werden soll, dann muss sie auch heilsam sein. Kategorien, die der Demutsgestalt Christi und dem Evangelium der Menschenfreundlichkeit Gottes entsprechen, müssen erst noch gefunden werden. Sie müssten alle das Zeichen des Dienstes und Ermöglichung der Fülle des Gottesverhältnisses tragen.

Die Frage nach der Wahrheit der Religionen zeigt sich in der Übersetzung immer als Frage nach der Wahrheit des Menschseins in dieser Welt, als Frage nach dem letzten Fraglichen in unserem Fragen, Staunen und Zweifeln. Die Religionen

---

[53] DiH 11.
[54] Siehe: Ratzinger – Habermas, Dialektik der Säkularisierung.
[55] In dieser Frage hat das Christentum eine lange Erfahrung mit radikaler Kritik, die zu unterschiedlichen und unterschiedlich einzuschätzenden Folgen geführt hat. Daran können andere lernen.
[56] Begriffe wie „Absolutheitsanspruch" und „Überlegenheit" wären hier zu nennen.

Die Wahrheit der Religionen und die Fülle der Selbstmitteilung Gottes

haben die einmalige aber auch immer gefährdete Chance, heute diese Frage in freier und offener Begegnung miteinander in einem vierfachen Dialog zu leben und zu bedenken. Weil Religionen keine starre Einheiten sind, sondern auf vielfältige Weise der Entwicklung und der Begegnung fähig, lässt sich die hier gestellte Frage im Prozess der Begegnung und des Dialogs aufnehmen. Das Konzil hat sich in diesen Weg hineinbegeben. Die Religionen sind in Bewegung geraten, fangen an, sich mit den Augen und der Erinnerung der anderen zu sehen und zu verstehen und werden im Verstehen der anderen von ihnen geleitet. In diesem Prozess kommt es nicht nur zu neuen Differenzierungen, sondern vor allem auch zu einer Selbstabklärung der eigenen Geschichte. Deshalb ist jede Kategorie „ad extra" immer auch ein Unterscheidungskriterium „ad intra". Eine Kritik der Religionen nach außen ist immer nur als Selbstkritik glaubwürdig. Auf diesem Weg hat das Friedensgebet von Assisi ein äußerst wichtiges Zeichen gesetzt. Es beinhaltet nicht nur bei aller Differenz und auch rituellen Anerkennung dieser Unterscheidung eine ausdrückliche Anerkennung des Gebets der anderen. Es bezeugt auch, dass das Anliegen des Friedens alle Religionen, und darüber hinaus alle Menschen guten Willens, anzusprechen vermag. Nur im gemeinsamen Anliegen des Friedens, der unser Beten zu Gott zu einem Beten füreinander werden lässt, und der unser Handeln auf dieses bezeichnendste Indiz des messianischen Reiches hinlenkt, kann von Wahrheit gesprochen werden. Deshalb trägt dieser Versuch die Hoffnung, die uns das Volk Israel im Buch Jesaia anvertraut hat: Die Hoffnung, dass alle Völker zum Zion unterwegs sind, wo dann die Schwerter zu Pflugscharen werden[57] und Gott uns beim Festmahl die Tränen abwischen wird.[58] Die Wahrheit des Glaubens und der Religionen erweisen sich in der Passion je größerer Hoffnung für alle.

In diesen Rahmen des respektvollen Dialogs und der Anerkennung jeweiliger Werte und Wahrheitsmomente stellten die Konzilsväter abschließend die missionarische Sendung der Kirche. Ja, sie sehen gerade in dem offenen Gespräch jenen Rahmen und jene Atmosphäre, die der Verkündigung des Evangeliums zutiefst dient und förderlich ist.[59] Damit ist ebenso ein Umdenken und eine Korrektur traditioneller Missionspraxis gefordert wie eine entsprechende Offenheit in der Ausgestaltung des Glaubenslebens in den Gemeinden insbesondere der jungen Kirchen. Dass dies eine schwierige Aufgabe darstellt, die nur „im Geiste" des Herrn selbst zu lösen ist und zwar im Zugehen auf die konkreten Menschen in ihren jeweiligen Situationen zeigt der Text deutlich.

---

[57] Jes 2, 2–5.
[58] Jes 25, 6–12.
[59] DiH 14.

III. Das singuläre Geschichtshandeln Gottes – eine Frage der pluralen Topologie der Zeichen der Zeit

von Hans-Joachim Sander

Im Verhältnis zur Geschichte der Säugetiere bildet die Menschheitsgeschichte eine verschwindend geringe Zeitspanne; die frühesten Fossilien des *homo sapiens* sind gerade einmal 160.000 Jahre alt. Im Verhältnis zur Geschichte der Erde ist die Geschichte der Säugetiere ausgesprochen klein; es sind gerade einmal 200 Millionen Jahre. Und im Verhältnis zur Geschichte des Universums ist auch die Geschichte der Erde wiederum eine reduzierte Zeitspanne; es sind 4,5 Milliarden Jahre von den heute geschätzten 13,6 Milliarden Jahren seit dem Urknall. Insofern ist das, was man normalerweise „Geschichte" nennt und was die Existenzspanne der Menschheit meint, eine sehr relative Angelegenheit. Und ob es für die Menschheitsgeschichte in die Zukunft hinein viel besser aussieht, kann man angesichts der Gewaltbereitschaft des *homo sapiens* und der angehäuften ökologischen Probleme seines irdischen Habitats durchaus bezweifeln.

Die Menschheitsgeschichte taugt von sich her also nicht für jene Positionen im universalen Maßstab, die in unüberbietbarer Weise aus allem anderen herausragen, was es sonst noch gibt. Es muss sich erst noch zeigen, ob sie überhaupt eine Chance hat, über die Selbstbeschäftigung der Spezies *homo sapiens* mit sich hinaus bedeutend zu sein. Dass sich jemand anders für ein historisches Datum wie die Französische Revolution interessiert, kann man sich als moderner Mensch wünschen. Wenn man es nüchtern betrachtet, dann steht es in Frage. Außerhalb der Erde hat jedenfalls noch keine intelligente Spezies auf die menschlichen Kontaktanzeigen per Voyager oder Radiowellen reagiert. Vielleicht gibt es ja keine solche Spezies; dann wäre die Menschheit zwar einzigartig, aber mit ihrer solitären Geschichte ziemlich allein in einem gewaltigen kalten Universum, das sich keinen Deut um deren Kostbarkeit schert. Oder es gibt diese anderen intelligenten Spezies, aber wir sind ihnen einfach noch zu rückständig, zu dumm, zu gewalttätig oder was auch immer; denn es ist wenig wahrscheinlich, dass sie noch nicht um uns wissen oder es nicht mit uns aufnehmen können, wenn es sie gibt.

Das ist für die Menschheit und ihre Geschichte nicht sehr schmeichelhaft. Es liegt daher nahe, von der Geschichte nicht zu viel zu erwarten, wenn es um universale Gültigkeit, letzte Gewissheiten oder echte Offenbarungen geht. Naturgesetze, die zwar auch ihre – allerdings Milliarden von Jahren alte – Geschichte haben, scheinen da eine viel verlässlichere Basis zu sein. Sie gelten im kosmischen Maßstab, und ihre offenbarende Qualität für das, was die Welt im Innersten zusammenhält, ist schlechterdings nicht zu bestreiten.

1. Die Nicht-Relativierung der Geschichte durch die Theologie – der topologische Anspruch der Heilsgeschichte

Trotz dieser wenig erfreulichen Ausgangslage widerstreitet der christliche Glaube der Relativierung der menschlichen Geschichte. Er besteht darauf, dass menschliche Welt- und göttliche Heilsgeschichte in einem inneren Verhältnis stehen und dass deshalb über die Geschichte der Menschheit nicht als *quantité négligeable* gesprochen werden darf.[1] Gott wird von ihm nicht primär über die Naturgesetze begriffen, sondern über ein geschichtliches Ereignis. Er ist in Jesus Mensch geworden und hat der Geschichte die Perspektive jenes Heils gegeben, die der Glaube mit Christus verbindet. Von daher haben geschichtliche Ereignisse keinen vorläufigen oder vorübergehenden, sondern einen unwiederholbaren und bleibenden Wert. Sie sind mit Gott verbunden und zwar von Gott her.

Von daher kann es im Letzten auch keine christlichen Glaubensaussagen ohne einen geschichtlichen Sinn geben. Sogar die Aussage, dass Gott der Schöpfer des Universums sei, hat einen christologischen Charakter, auch wenn Schöpfungslehre, Christologie und Soteriologie dafür noch keine rundum überzeugende theologische Sprache entwickelt haben. Wird die geschichtliche Qualität der Rede von Gott schlechterdings geleugnet, dann übergeht man die Grammatik der Wahrheiten des christlichen Glaubens. Geschichte wird deshalb seit dem Beginn der dogmatischen Disziplin der Theologie als ein *locus theologicus* begriffen.[2] Sie hat eine Autorität für die Sprache, die Menschen über Gott nötig haben. Ohne sie wird man die Sprachlosigkeit, die mit Gott verbunden ist und die gläubige Menschen bedrängt, nicht überwinden.

Wenn Geschichte als ein Ort verstanden wird, um von Gott sprechen zu können, dann müssen zwei Größen verbunden werden: die Relativität geschichtlicher Ereignisse in der Zeit und die Nichtrelativierbarkeit Gottes in der Ewigkeit. Das scheint ein Gegensatz zu sein. Gleichwohl wurden in der Theologiegeschichte verschiedene überzeugende Möglichkeiten gefunden, um dieses Problem zu lösen: Mit der Prophetie wird der geschichtlichen Selbstherrlichkeit des Gottesvolkes das Gericht vor Augen geführt und der Machtverlust angesagt. Im Reich Gottes wird das, was bei Gott vollendet wird, als ein neuer Anfang zur Umkehr des Lebens erfahren. Das Christusereignis besetzt die Mitte der Zeit, also die Schnittstelle in den Ereignissen der Geschichte. In den Sakramenten treten Menschen aus der Zeit heraus in einen Raum der göttlichen Herkunft von allem. Mit der rechtfertigenden Gnade Gottes werden die geschichtlichen Schatten der unheilvollen Selbstrelativierung in der Erbschuld der Menschheit überwunden. Die Verbindung von Heilsgeschichte und Weltgeschichte wird im übernatürlichen Exis-

---

[1] „... so ist auch alle Weltgeschichte die Voraussetzung, die Gott der Heilsgeschichte geschaffen hat als Bedingung ihrer Möglichkeit und die sich selbst transzendiert in diese hinein und ist so der Raum und die Vorgeschichte Christi, die die Geschichte Gottes selbst ist, weil er zwar nicht als der Bedürftige, aber als die sich selbst *hingebende* Liebe Geschichte treibt." (Rahner, Heilsgeschichte 135).
[2] Vgl. Cano, Locis XI, 1, p. 253. Dogmatik kann auf der Basis begriffen werden als „die Kunst des Denkens der Geschichte" (Klinger, Neuzeit 19).

tential zu einem authentischen Existenzprojekt der Christen. Diesen Lösungen ist gemeinsam, dass sie indirekt auf die Relativität der Geschichte zugreifen und stattdessen die Gegenwart Gottes zu einer Deutekategorie der Geschichte machen. Das Konzil hat diese Position nicht verschwiegen, im Gegenteil, es bekennt sich ausdrücklich dazu: „Sie [die Kirche] glaubt ebenso, dass der Schlüssel, der Mittelpunkt und das Ziel der ganzen menschlichen Geschichte in ihrem Herrn und Meister gefunden wird. Die Kirche bekräftigt überdies, dass allen Veränderungen vieles zugrunde liegt, was sich nicht verändert und was seinen letzten Grund in Christus hat, der derselbe gestern, heute und in Ewigkeit ist." (GS 10, 2) Die Relativität in der Geschichte ist hier keine Basis der Theologie, wohl aber ist die Rede von Gott eine Basis, mit der der Wert der Geschichte aus der menschlichen Relativierung herausgenommen wird. Gottes Geschichte in Jesus, dem wahren Menschen, und mit der erlösungsbedürftigen Menschheit insgesamt steht für eine Entrelativierung der geschichtlichen Vorläufigkeiten.

Ergibt sich daraus, dass Gottes Präsenz in der Geschichte allein mit einem nicht-relativen Ort zu beschreiben ist und anders nicht auszusagen wäre? Muss man also stets Orte suchen, die im doppelten Sinn des Wortes ‚aus der Zeit' herausfallen, um den „locus theologicus" Geschichte zu beschreiben? Gibt es die Verbindung von Dogma und Geschichte nur auf dem Boden der Bedeutung des Dogmas für den Sinn der Geschichte?[3] Oder schlüsselt nicht auch der Sinn für Geschichte die Bedeutung des Dogmas auf? Auf dem Zweiten Vatikanischen Konzil wird dieser zweite Weg beschritten und eine prinzipielle Relativität zwischen Dogma und Geschichte erzeugt. Man darf das nicht mit einer Relativierung der Wahrheiten des Dogmas verwechseln. Es handelt sich vielmehr um eine elementare Wechselseitigkeit, um eine Sprache für die geschichtliche Bedeutung der Dogmen und für den Glaubenssinn der Geschichte zu entwickeln. Diese Relativität darf man auch nicht mit einer bloßen Dialektik vergleichen, so dass die Fragestellung zunächst vom einen und dann vice versa vom anderen her aufgezogen wird, um auf einer höheren Ebene dann entschieden zu werden. Es geht bei dieser Relativität um die Notwendigkeit, eine neue Sprache zu finden, die einen vorherigen Gegensatz auflöst, in diesem Fall den Gegensatz zwischen den bleibenden Wahrheiten der Dogmen und den veränderlichen geschichtlichen Situationen der Zeit.

Dieser Weg einer Relativität von Veränderung und Unwandelbarem tritt in der Pastoralkonstitution des jüngsten Konzils am klarsten hervor. Es ist der Weg der Pastoral, und dieser Weg greift die Relativität der Geschichte erstmals direkt und unmittelbar als den Ort auf, an dem in der Geschichte von Gott gesprochen werden kann. Die Relativität wird nicht umgangen, sondern geradezu zum Prinzip des theologischen Ortes Geschichte gemacht. Das sind die Zeichen der Zeit. In ihnen ringen Menschen um die gesellschaftliche Anerkennung ihrer Würde; es ist

---

[3] In diese Richtung weist die Position von Peter Hünermann. In den topoi, die der Glaube zur Sprache bringt, prägt sich „die geschichtlich greifbare Allgemeinheit mit ihrem Differenzierungspotential" (Hünermann, Dogmatik 582) aus; diese Allgemeinheit wie auch der Glauben haben damit einen historischen Sinn, der über den Ort ihrer Präsenz und den Ort seiner Repräsentation hinaus reicht.

geradezu eine Hoffnung des Glaubens, dass dieses Ringen erfolgreich ist und damit jene Zeichen einen relativ begrenzten, weil vorübergehenden Charakter haben. Dabei geschieht etwas im Hinblick auf die Geschichte, die Gott in Jesus mit den Menschen eingegangen ist: Sie wird an gegenwärtigen Orten greifbar, und aus der Geschichtstheologie wird eine topologische Wissensform.

2. Geschichtstheologie aus den Zeichen der Zeit – die Einlösung des topologischen Anspruchs durch das Zweite Vatikanische Konzil

Es ist ein unerhörter Vorgang, die Relativität der Zeit zum Ort der Geschichtstheologie zu machen. Er hat auch sofort Aufmerksamkeit erzeugt.[4] Selbst wenn man bestreiten würde, ob mit den Zeichen der Zeit überhaupt eine geschichtstheologische Position beabsichtigt war, bleibt der geschichtliche Handlungssinn dieser Position im Raum; denn die Zeichen der Zeit stehen in einem pastoralen Rahmen. Dieser Rahmen schneidet die Geschichtstheologie neu zu und das wird in der konziliaren Konzeption „Zeichen der Zeit" deutlich. In ihnen wird das Verhältnis zur Geschichte unter einer praktischen Rücksicht eingeführt: Es bedeutet eine Pflicht der Kirche, sie zu deuten. Der Geschichtsbezug des Glaubens findet darin eine Art pastorale Maxime. Die Kirche muss sie beachten, um ihrem ureigenen Auftrag zur Evangelisierung nachzukommen. „Zur Erfüllung dieser Aufgabe obliegt der Kirche durch alle Zeit die Pflicht, die Zeichen der Zeit zu erforschen und im Licht des Evangeliums auszulegen, so dass sie in einer der jeweiligen Generation angemessenen Weise auf die beständigen Fragen der Menschen nach dem Sinn des gegenwärtigen und des zukünftigen Lebens und nach ihrem gegenseitigen Verhältnis antworten kann." (GS 4)

Zwischen den Zeichen der Zeit, die in einer spezifischen Weise den Wandel der Geschichte repräsentieren, und dem Evangelium, das auf die beständigen Fragen der Menschen antwortet, die sich nicht so einfach wandeln, wird eine Parallele gezogen. Man könnte auf den Gedanken kommen, dass der Gottesgehalt dabei die Relativität der Geschichte von sich fern hält, so dass die Zeichen der Zeit keine geschichtstheologische Qualität besäßen. Aber wenn man genau hinsieht, dann werden zum einen die ‚beständigen Fragen der Menschen' mit einer Relativität versehen: ‚in einer der jeweiligen Generation angemessenen Weise'. Und zum anderen wird die Erforschung der Zeichen der Zeit als eine nicht relativierbare Aufgabe beschrieben: sie ist der Kirche ‚durch alle Zeit' hindurch auferlegt. Die Basis, auf der die Kirche zur Erfüllung ihrer Aufgabe gelangt, sind diese Zeichen; auf ihr stellt sie sich der Geschichte. Der „locus theologicus" Geschichte wird mit dem pastoralen Terminus Zeichen der Zeit konkretisiert; er gewinnt selbst einen Ort in der Geschichte. Die Parallelisierung zwischen den Zeichen der Zeit und dem Licht des Evangeliums kann also nicht genutzt werden, um die geschichtstheologische Bedeutung des Terminus zu übergehen.

Das wird an der zweiten Stelle noch deutlicher, die in der Pastoralkonstitution

---

[4] Vgl. Chenu, Signes.

den Zeichen der Zeit gewidmet ist. Ihre Perspektive verläuft umgekehrt zu jener von GS 4. Während dort von den Zeichen der Zeit her auf das Evangelium verwiesen wird, also gleichsam von unten nach oben, so kommt diese Stelle von Gott her auf die Zeichen der Zeit zu sprechen, also von oben nach unten. Es handelt sich dabei um den Satz, mit dem der erste Hauptteil der Pastoralkonstitution eröffnet wird. Mit ihm wird die Perspektive beschrieben, unter der die systematisch-theologischen Lehrstücke dieses Hauptteils behandelt werden. „Das Volk Gottes bemüht sich, vom Glauben bewegt, in welchem es glaubt, dass es vom Geist des Herrn geführt wird, der den Erdkreis erfüllt, in den Ereignissen, Bedürfnissen und Wünschen, an denen es zusammen mit den übrigen Menschen unserer Zeit Anteil hat, zu unterscheiden, was darin wahre Zeichen der Gegenwart oder des Ratschlusses Gottes sind." (GS 11) Der Begriff ‚Zeichen der Zeit' wird hier nicht benutzt. Aber sein Inhalt wird mit dem Ausdruck „Ereignissen, Bedürfnissen und Wünschen, an denen es zusammen mit den übrigen Menschen unserer Zeit Anteil hat", umschrieben. Aber nicht alle diese zeitlichen Phänomene sind Zeichen der Zeit. Das ergibt sich aus der Unterscheidung, die mit dem Verweis auf Gott eingeführt wird: „Zeichen der Gegenwart oder des Ratschlusses Gottes". Das Konzil unterscheidet also zwischen Geschehnissen in der Zeit, an denen das Volk Gottes unweigerlich Anteil hat, weil sie alle „Menschen unserer Zeit" betreffen, und den Größen in der Zeit, in denen Gott präsent oder wirksam ist. Die zweite Kategorie ist aus der ersten genommen, sie markiert keine unabhängige, in sich ruhende Realität. Vielmehr werden diese „Zeichen der Gegenwart oder des Ratschlusses Gottes" ausdrücklich „in den Ereignissen ..." gesucht.

Wie schon in GS 4 verbietet sich also auch hier eine Parallelisierung zwischen der Wirklichkeit Gottes und der Realität der Zeit. Sie laufen nicht unabhängig voneinander oder gleichsam in zwei getrennten Welten nebeneinander; sie sind in irgendeiner Weise am Ort der Geschichte verbunden. Es ist Aufgabe der Theologie, dieses Wie zu beschreiben. Sie kann sich dafür an dem Wo orientieren, an dem von Gottes Gegenwart zu sprechen ist. Es sind durchaus die schon erwähnten ‚Ereignisse, Bedürfnisse und Wünsche, an denen das Volk Gottes zusammen mit den übrigen Menschen unserer Zeit Anteil hat'. Man darf ihnen nicht ausweichen, wenn man auf die Identifizierung Gottes mit dem Schicksal der Menschen verweisen will. Die Identifizierbarkeit Gottes in der Zeit ist nicht unkonkret in einer nicht identifizierbaren zweiten geschichtlichen Ebene gegeben, und sie ist nicht einfach mit einer Universalgeschichte abgegolten, an deren Ende sich die Objektivität der Heilsgeschichte schon noch offenbaren wird. Gottes Identifizierbarkeit wird vom Konzil konkret an der jeweiligen Gegenwart der Menschen festgemacht, die es nun einmal nicht jenseits der alltäglichen Uneindeutigkeit der Geschehnisse gibt. Die Präsenz Gottes in der Geschichte liegt in der jeweiligen Gegenwart, die durch die Zeiten hindurch natürlich wechselt; aber diese Relativität bedeutet keine Relativierung der Präsenz Gottes. Die Identifizierbarkeit Gottes ist mit der Relativität der Gegenwart jeweils heutiger Menschen möglich.

Für das Wie der Verbindung Gottes mit der menschlichen Geschichte ergeben sich daraus zwei Hinweise. Zum einen orientiert sich die Unterscheidung an „Zeichen", so GS 11. Gegenwart und Ratschluss Gottes liegen nicht einfach als

Realitäten aus der Ewigkeit Gottes in der Geschichte vor. Sie werden in Zeichen repräsentiert, es gibt also einen Verweisungsvorgang. Nach dem muss man suchen. Dabei ist durchaus Vorsicht geboten, wie die Beifügung „wahre Zeichen" in dem Satz deutlich macht. Es gibt also auch „unwahre Zeichen", sprich: Repräsentationen, die man auf Gott hin deutet, die aber seine Wirklichkeit nicht erreichen. Das macht eine eigene Kriteriologie für diese Zeichen nötig; sie ist das Hauptproblem für eine Geschichtstheologie auf der Basis der Zeichen der Zeit.

Der zweite Hinweis wird am Anfang des zitierten Satzes gegeben: „vom Glauben bewegt, in welchem es [das Volk Gottes] glaubt, dass es vom Geist des Herrn geführt wird, der den Erdkreis erfüllt". Das Volk Gottes wird bei der unausweichlichen Durchsicht der zeitlichen Phänomene auf wahre Zeichen der Gegenwart und des Ratschlusses Gottes nicht alleingelassen; der Heilige Geist hilft ihm. Sein spezifischer Ort ist der irdische Raum in der Form von dessen jeweiliger Gegenwart. Das darf man nun nicht so verstehen, als würde das Volk Gottes von Gott vor jedem Fehler der Geschichtsdeutung bewahrt oder als wäre jede Tat des Volkes Gottes die reine Heilsgeschichte. Die gewundene Formulierung „vom Glauben geführt, in dem es glaubt" (fide motus qua credit) macht das deutlich. Der Beistand des Geistes ist eine Sicherheit, die vom christlichen Glauben gegeben wird, keine Erkenntnis, die von historischem Quellenmaterial zu erheben ist. Es handelt sich also um eine subjektive Verbindlichkeit, die keine objektive Gültigkeit unabhängig vom jeweiligen Ort der Subjekte beanspruchen kann. Gleichwohl ist diese Annahme eines göttlichen Beistandes nicht wenig; sie ist durchaus eine Wissensform, mit der man sich den objektiven Realitäten der Geschichte stellen kann. Immerhin besagt sie mindestens, dass Gott mit seinem Volk kein Verstecken in der Geschichte spielt. Er ist für es in der jeweiligen Zeit auffindbar und es kann sich auf die wahren Zeichen verlassen, die er dort hinterlässt. Es ist also nicht aussichtslos, in den zeitlichen Phänomenen der Geschichte, die ja unweigerlich eine relative Dimension haben, nach dem ewigen Gott zu suchen, dessen Gegenwart eine geschichtlich nicht relativierbare Dimension hat. Diese Suche hilft in konkreten zeitgeschichtlichen Problemlagen.

Damit wird eine Überschreitung im theologischen Begriff der Geschichte nötig; verlangt wird ein Ortswechsel zum pastoralen Problem der Geschichte, das sich in Form der jeweiligen Gegenwart stellt. Die Grammatik der Geschichtstheologie muss einen pastoralen Charakter haben. In der Geschichtstheologie geht es nicht allein um weltgeschichtliche, gesamtpolitische, den ganzen geschichtlichen Horizont auslotende Themen wie das endgültige Ziel von Geschichte, ihre apokalyptische Befristung wegen Zivilisationskatastrophen, den Humanisierungsfortschritt durch eine intensivierte Freiheitsgeschichte, das Symbol eschatologischer Hoffnung, das Subjekt von Geschichte.[5] Diese Größen bleiben der Geschichtstheologie durchaus erhalten; die Fragen, die sie stellen, fallen nicht einfach weg. Aber sie werden in einer anderen Weise qualifiziert; sie müssen sich als Orte zeigen lassen, die unausweichlich sind, weil in ihnen der fragile Gehalt der menschlichen Wür-

---

[5] Pannenberg, Weltgeschichte; Metz, Glaube; Essen, Historische Vernunft; Gruber, Reden; Werbick, Geschichte.

de hier und heute freigelegt wird. Es muss sich sagen lassen, was die Lösung dieser Probleme unter menschenrechtlichen Gesichtspunkten, in den Alltagssorgen von Menschen und für den Zugriff gegenwärtiger Mächte auf Menschen bedeutet. Der Fokus der Geschichtstheologie verschiebt sich damit. Er wechselt von dem einen zentralen, dominierenden geschichtlichen Thema zu einer Vielfalt von gegenwärtigen Herausforderungen, die nicht unter der Rücksicht nur eines Singulars zusammengefasst werden können. Vielmehr wird die Bedeutung jedes der genannten diskursiven Singularitäten erst in der Brechung durch die Pluralität gegenwärtiger Konfrontationen deutlich. Mit dem pastoralen Charakter der Zeichen der Zeit zieht ein Pluralisierungsfaktor in die theologische Auseinandersetzung mit der Geschichte ein. Das ist durchaus eine Zumutung für die Sprache über Gott.

3. Die vielen Zeichen der Zeit und die eine Geschichte des Heils – die Zumutung von Pluralität am Ort Gottes in der Geschichte

Wenn die Zeichen der Zeit eine Rolle für die Geschichte Gottes mit den Menschen spielen, dann kommt es zu einem markanten Ortswechsel für die Geschichtstheologie. Ihr Rahmen wechselt vom Singular zum Plural. Im Fokus ihrer bisherigen Sprache standen in der Regel Größen im Singular: die Mitte der Zeit, der „kairos" des Reiches Gottes, das „opus operatum" der Sakramente, die Freiheit des Menschen, die Befristung der Zeit, die endzeitliche Hoffnung, das Subjekt der Geschichte. Zeichen der Zeit gibt es aber nicht im Singular, sie treten immer im Plural auf. Es gibt nie nur ein Zeichen der Zeit in der Geschichte, weil es immer viele Mächte und Gewalten gibt, die Menschen bedrohen und wider die sie um die Anerkennung ihrer Würde ringen müssen. Das bringt eine geschichtliche Relativität ins Spiel, der man bei den Singular-Themen noch ausweichen konnte. Der räumliche Charakter geschichtlicher Ereignisse, also ihre Lokalität,[6] wird zu einem theologischen Thema.

Zeichen der Zeit treten lokal auf, aber machen etwas zum Thema, was Menschen auch an anderen Lokalitäten angeht. Sie verweisen auf Probleme von geschichtlicher Tragweite, ohne die der Verlauf der Geschichte nicht zu erklären ist. So ist die Frauenfrage erstmals in den sich demokratisierenden Gesellschaften am Ende des 19. Jahrhunderts als gesellschaftspolitische Größe aufgetreten. Sie hat sich an der Frage des Wahlrechts der Frauen entzündet – der Kampf der britischen Suffragetten – und wurde durch die beiden Weltkriege zu einer gesellschaftlichen Realität in allen Industriegesellschaften dynamisiert. Aber die Frage danach, ob Frauen wegen ihres Geschlechts in der Verteilung gesellschaftlicher Ressourcen benachteiligt sind, geht nicht nur diese Gesellschaften an, sondern zieht Kreise in alle anderen Kulturräume hinein. Diese werden davon nicht einfach deshalb erfasst, weil die nordamerikanisch-westeuropäische Zivilisation ein prägender Machtfaktor der heutigen Welt ist. Sie werden davon erfasst, weil ein Problem in

---

[6] Vgl. Schreiter, Local Theologies.

ihrem Lebensraum getroffen ist, dem sie nicht ausweichen können, selbst wenn sie es viel lieber täten. In dem Zeichen der Zeit der Frauenfrage tritt eine Herausforderung auf, die aus der traditionellen Ordnung der gesellschaftlichen Dinge ausgeschlossen war und die diese Ordnung verändert, sobald die Frage nicht mehr ausgeschlossen werden kann. Wenn die Frauenfrage zu einem Diskurs wird, werden Ausschließungsmechanismen sichtbar. Dann gerät die Ordnung der Dinge ins Wanken, die an ihnen hängt. Die Bedeutung der Frauenfrage hängt deshalb nicht an der Dominanz einer westlichen Zivilisation – die ja auch selbst durchaus noch an diesem Thema laboriert –, sondern an der Realität der Ausschließungsmechanismen, die verschwiegen, aber sehr präsent sind.

Das, was Menschen in ihrer Würde bedroht, tritt lokal auf und prägt in den diskursiven Räumen Ausschließungen ein, mit denen sie leben. Wenn eine Ausschließung aber zum Thema wird, dann zeigt sich die Problemlage auch dort, wo sie zuvor verschämt war. Die menschliche Würde ist ein Phänomen im Singular. Sobald Menschen für ihre Würde kämpfen und die gesellschaftliche Aufmerksamkeit auf Bedrohungen dieser Würde erzwingen, pluralisiert sich die Auseinandersetzung. Es gibt also einen Zusammenhang zwischen Singular und Plural in den Zeichen der Zeit.

Das zeigt sich auch an der bestimmenden Entwicklung der heutigen Gegenwart. Je mehr die Welt zur Globalität der einen Welt wird, werden die Differenzen ihrer vielen Welten sichtbar. Gerade in der Globalisierung unserer Tage kann man umso weniger davon sprechen, dass es ein und nur ein beherrschendes geschichtliches Thema gibt, das alle Menschen ergreift. Das Format ist vereinheitlicht, weil alle Menschen in direkte oder anonyme Wechselwirkungen der Finanzströme hineingezogen werden. Aber dieses eine, globalisierte Format offenbart die Bedeutung lokaler Räume, ohne die es keine Geflechte von Macht erzeugen kann. Dabei spielen Städte und Infrastrukturen entscheidende Rollen. Diese Wechselwirkung hat zugleich eine globale und lokale Dimension, weshalb der Begriff der Glokalisierung ja auch treffend ist. Er macht deutlich, dass es unter dem Gesichtspunkt der Macht kein Nullsummenspiel zwischen diesen beiden Ebenen gibt.[7]

Daran wird etwas Wichtiges für den Verlauf der Geschichte freigelegt. Sie ist gerade in ihren globalen zeitlichen Entwicklungen von der Bewältigung und Gestaltung lokaler Räume geprägt.[8] Das hat für die Geschichtstheologie eine markante Konsequenz. Sie darf nicht in den Gegensatz von Pluralität und Singularität verfallen, sondern kann die heilsgeschichtliche Singularität, von der sie ausgeht, Christus, als einen Ort begreifen, der sich in einer spezifischen Gestaltung von Lebensräumen zeigt, die sich nicht auf einen Nenner bringen lassen. Es handelt sich um Räume wie Katakomben oder Prozessionswege, Klöster oder Autobahnkirchen, Einsiedeleien oder Kräutergärten, Beichtstühle oder Sozialstationen, Wallfahrtsorte oder Jugendkirchen, Herrgottswinkel oder Weltjugendtagsfelder

---

[7] Vgl. Lefebvre, Production; Swyngedouw, Politics of scale.
[8] So war etwa das Mittelmeer eine entscheidende historische Realität für die europäische Neuzeit. Zur Bewältigung seines vielfältig gestalteten Raums haben sich gesellschaftliche Techniken entwickelt, die für die globale Macht der europäischen Zivilisation bedeutsam waren. Vgl. Braudel, Mittelmeer.

etc. In der einen Geschichte der Menschwerdung Gottes wird die Unausweichlichkeit der vielen Orte sichtbar, an denen Menschen um die Anerkennung ihrer Menschenwürde ringen und an denen sie alternative Lebensräume erzeugen. Die Basis, um die Singularität zur Sprache zu bringen, liegt in der Pluralität von historischen Räumen. Das führt zu dem offenbarenden Gehalt in den Zeichen der Zeit.

4. Der offenbarende Gehalt der Zeichen der Zeit – Anders-Orte der Menschwerdung in der Geschichte

Zeichen der Zeit gibt es nur im Plural, so wurde eben behauptet. Setzt man den Begriff in den Singular, dann repräsentiert er eine andere Größe. Das eine Zeichen der Zeit ist Christus, so ein biblischer Standpunkt (Lk 12,56 f.). Darin liegt zugleich das geschichtstheologische Problem: Wie kann man in den vielen Ereignissen der Geschichte die Bedeutung der einen Heilsgeschichte Christi deutlich machen? Dieser Zusammenhang von Singular und Plural ist eine Herausforderung der Geschichtstheologie.

Der Standpunkt liegt nahe, dass diese eine Heilsgeschichte auch nur eine unter vielen sei, sie also unter religiöser Rücksicht relativiert werden müsse. Dann würde sich der Singular auflösen und der Wahrheitsanspruch des christlichen Glaubens müsste abgelegt werden, weil er an der Singularität hängt. Das ist nicht die Option, die *Gaudium et spes* trifft. Der Plural der Zeichen der Zeit in GS 4 und 11 steht der geschichtstheologischen Singularität Christi nicht im Weg. Deshalb wird in GS 22 behauptet: „Tatsächlich wird nur im Mysterium des fleischgewordenen Wortes das Mysterium des Menschen wahrhaft klar. Denn Adam, der erste Mensch, war das Urbild des künftigen, nämlich Christi, des Herrn. Christus, der schlechthin neue Adam, macht eben in der Offenbarung des Mysteriums des Vaters und seiner Liebe dem Menschen selbst den Menschen voll kund und erschließt ihm seine höchste Berufung." Aber wie soll der Plural der Zeichen der Zeit diesen Singular des Zeichens der Zeit stärken, ohne ihn zu relativieren?

Das hängt an dem Ort dieser Zeichen. Sie gehören zur geschichtlichen Realität und legen zugleich etwas frei, was dort ausgeschlossen ist und Lebensräume einengt. Sie offenbaren verschwiegene Ausschließungen und damit soziale, politische, religiöse Zusammenhänge, die der göttlichen Berufung der Menschen widerstehen, die davon betroffen sind. Während Christus dem Menschen jeweils „seine höchste Berufung" erschließt, klären die Zeichen der Zeit darüber auf, was der Realisierung dieser Berufung im Leben vor Ort entgegensteht. Die Singularität Christi in der Geschichte und die Pluralität der Lebensräume sind dabei wie zwei Seiten einer Medaille verbunden. Was der Glaube an Christus positiv ermöglicht, hat als Pendant das Wissen um die Räume, in denen die Menschwerdung von Menschen gefährdet ist. Mit der Chalcedonensischen Formel kann man sagen, dass im Konzept der Zeichen der Zeit der Glaube an die geschichtliche Singularität Christi und das Wissen um die pluralen Räume des Lebens ungetrennt und unvermischt zueinander gestellt werden. Die Zeichen der Zeit gehören zur Offenbarung, indem sie einerseits darauf hinweisen, was ihr entgegensteht, andererseits ausdrücken, in welchen gegenwärtigen prekären Räumen die Bedeutung dieser Offenbarung sichtbar werden kann.

Das gibt einen Hinweis darauf, wie sich die Zeichen der Zeit zum „locus theologicus" Geschichte verhalten. Sie nehmen einen spezifischen Ort in diesem „locus" ein. Was sie freilegen, steht quer zu den Selbstverständlichkeiten jenes Diskurses, mit dem die Geschichte normalerweise zum Thema wird. Sie zeigen auf verschwiegene, verschämte, ausgegrenzte Probleme und damit auf die Schwachstellen dieses Diskurses. Das steht möglicherweise einer Fortschrittsperspektive auf die Geschichte entgegen, aber damit ist die Aufmerksamkeit auf die Zeichen der Zeit eben nicht deckungsgleich. Sie ist mit dem Evangelium verbunden, also einer Frohbotschaft über die Geschichte, aber nicht mit den frohen Botschaften aus der Geschichte. Eher zeigen die Zeichen der Zeit, warum diese frohen Botschaften nicht funktionieren und ihre Versprechungen nicht einlösen. Sie relativieren die Erfolgsgeschichten der Geschichte und bringen etwas ins Spiel, das mit dem Evangelium verbunden ist: die Umkehr von den Mächten und Gewalten, die der göttlichen Berufung der Menschen an deren Lebensräumen buchstäblich im Wege stehen.

Deshalb drücken die Zeichen der Zeit keinen fortschrittlichen Geist aus und beschreiben keine Utopien des Glaubens, auf die hin Geschichte sich zu entwickeln hätte. Sie markieren vielmehr zum einen Anders-Orte in der Geschichte, die die Fragwürdigkeit ihrer Heilserwartungen deutlich machen und die einen Fortschritt, der den Opfern seiner Entwicklungen nicht ins Auge sehen will, relativieren. Und sie zeigen zum anderen die Alternative einer Heilserwartung, die an den Opfern der Geschichte ansetzt, weil sie mit dem Gekreuzigten verbunden ist. Das verändert die Geschichte. Sie wird von einem unaufhaltsam fortschreitenden Verlauf zu einer Größe, die relativ zu den Unheilsgeschichten gesetzt werden muss, die die Lebensräume dieser Geschichte durchziehen. Das Wissen um dieses Unheil macht die christliche Heilshoffnung zu einer raumschaffenden Größe. Es gibt ihr eine Sprache, die der Geschichte standhält, weil sie ihr den Spiegel vor Augen hält, und die in der Geschichte eine Hoffnung aufzeigt, um die knechtende Macht dieses Unheils zu brechen. Diese Hoffnung ist mit der Umgestaltung von Lebensräumen im Sinne der Menschwerdung von Menschen verbunden.

In diesem Sinn gehören die Zeichen der Zeit zur Relativität der Geschichte, aber sie widerstehen der geschichtliche Relativierung der Hoffnung, von der im Glauben Rechenschaft gegeben wird. In ihnen zeigt sich der gegenwärtige Ort, an dem eine Erfahrung mit dem Geschichtshandeln Gottes gemacht werden kann, die relativ zur der Zeit steht, in der man sich selbst befindet. Der konfrontative und negative Gehalt in den Zeichen der Zeit relativiert auch die Einschätzung, die Menschheitsgeschichte sei eine so singuläre Geschichte, dass sie von allen anderen Geschichten im Universum herausgehoben wäre und über sie hinausgewachsen sei. Sie zeigen, wie lehrreich es ist, die Relativität der Menschheitsgeschichte im universalen Maßstab nicht aus den Augen zu verlieren, weil in ihr selbst genug Anlass besteht, am raumgreifenden Wachsen von Humanität zu zweifeln. Aber es bleibt nicht bei diesem Zweifel; denn in den Zeichen der Zeit liegt eine Wissensform vor, die im Hinweis auf die Relativität der Geschichte der Nicht-Relativierung menschlicher Würde in den Lebensräumen von Menschen das Wort redet. Die Offenbarung dieser Würde in der Menschwerdung Gottes wird darin zu einem Ort, an die Bedeutung der menschlichen Geschichte auf dieser Erde zu glauben.

Bibliographie

Arinze, Francis, Begegnung mit Menschen anderen Glaubens. Den interreligiösen Dialog verstehen und gestalten, München 1999.

Balthasar, Hans Urs von, Gott redet als Mensch, in: ders., Verbum Caro, Einsiedeln 1960, 73–99.

Braudel, Fernand, Das Mittelmeer und die mediterrane Welt in der Epoche Philipps II., Frankfurt 1990.

Buber, Martin, Abraham der Seher, in: ders., Werke, Bd. 2: Schriften zur Bibel, München – Heidelberg 1964, 871–893.

Bürkle, Horst, Art. Offenbarung. I. Religionsgeschichtlich, in: LThK³ 7, 983–985.

Cano, Melchior, De locis theologicis, in: Hyacintho Serry (ed.), Melchioris Cani Episcopi Canariensis ex Ordine Praedicatorum Opera, Padua 1762, xli-404.

Chenu, Marie-Dominique, Les signes des temps, in: Nouvelle Revue Théologique 97 (1965) 29–39.

Döpfner, Julius, In dieser Stunde der Kirche. Worte zum II. Vatikanischen Konzil, München 1967.

Drey, Johann S., Apologetik als wissenschaftliche Nachweisung der Göttlichkeit des Christentums in seiner Erscheinung II, Mainz (1842) ²1847.

Dupuis, Jacques, Toward a Christian Theology of Religious Pluralism, Maryknoll – New York ⁶2005.

Essen, Georg, Art. Geschichtstheologie, in: LThK³ 4, 564–568.

Essen, Georg, Historische Vernunft und Auferweckung Jesu, Mainz 1995.

Gruber, Franz, Von Gott reden in geschichtsloser Zeit. Zur symbolischen Sprache eschatologischer Hoffnung, Freiburg – Basel – Wien 1997.

Habermas, Jürgen – Ratzinger, Joseph (Benedikt XVI.), Dialektik der Säkularisierung. Über Vernunft und Religion, Freiburg – Basel – Wien ²2005.

Heer, Friedrich, Gottes erste Liebe. 2000 Jahre Judentum und Christentum. Genesis des österreichischen Katholiken Adolf Hitler, München – Esslingen 1967 (Frankfurt/M. 1986).

Hoping, Helmut, Die Kirche im Dialog mit der Welt und der sapientiale Charakter christlicher Lehre. Pragmatik und Programmatik des II. Vatikanums im Kontext der Globalisierung, in: Peter Hünermann – Jan-Heiner Tück (Hg.), Das II. Vatikanum – christlicher Glaube im Horizont globaler Modernisierung. Einleitungsfragen, Paderborn u. a. 1998, 83–99.

Hünermann, Peter, Tradition – Einspruch und Neugewinn, in: Dietrich Wiederkehr (Hg.), Wie geschieht Tradition? (QD 133), Freiburg – Basel – Wien 1991, 45–68.

Hünermann, Peter, Dogmatik – Topische Dialektik des Glaubens, in: Michael Kessler – Wolfhart Pannenberg – Hermann J. Pottmeyer (Hg.), Fides quaerens intellectum. Beiträge zur Fundamentaltheologie (FS Max Seckler), Tübingen 1992, 577–592.

Hünermann, Peter, Art. Geschichte. V. In der Theologie, in: LThK³ 4, 559–563.

Hünermann, Peter, Geschichte versus Heilsgeschichte, in: Josef Meyer zu Schlochtern – Dieter Hattrup (Hg.), Geistliche und Weltliche Macht. Das Paderborner Treffen 799 und das Ringen um den Sinn von Geschichte, Paderborn u. a. 2000, 167–180.

Hünermann, Peter, Gottes Handeln in der Geschichte. Theologie als *interpretatio temporis* (Manuskript 2005: Vortrag zur Verleihung der Ehrendoktorwürde der Theologischen Fakultät der Albert-Ludwigs-Universität Freiburg am 10. Juni 2005).

Johannes Paul II., Apostolisches Schreiben *Novo millenio ineunte* zum Abschluss des Großen Jubiläums des Jahres 2000 vom 6. Januar 2001, in: AAS 93 (2001) 266–309; dt.: hg. v. Sekretariat der Deutschen Bischofskonferenz (VAS 150), Bonn 2001.

Kasper, Walter, Das Verhältnis von Schrift und Tradition. Eine pneumatologische Skizze, in: Wolfhart Pannenberg – Theodor Schneider (Hg.), Verbindliches Zeugnis, Bd. 1: Kanon – Schrift – Tradition, Freiburg – Göttingen 1992, 335–370.

Klinger, Elmar, Ekklesiologie der Neuzeit. Grundlegung bei Melchior Cano und Entwicklung bis zum 2. Vatikanischen Konzil, Freiburg – Basel – Wien 1978.

Koch, Kurt, Art. Heilsgeschichte. III. Systematisch-theologisch, in: LThK³ 4, 1341–1343.

König, Franz, Worte zur Zeit. Reden und Aufsätze, Wien – Freiburg – Basel 1968.

König, Franz, Open to God, open to the world, hg. v. Christa Pongratz-Lippitt, London – New York 2005.

Koselleck, Reinhart, Vergangene Zukunft. Zur Semantik geschichtlicher Zeiten, Frankfurt/ Main ³1995.

Lefebvre, Henri, La production de l'espace, Paris 1974.

Löser, Werner, „Universale concretum" als Grundgesetz der *oeconomia revelationis*, in: Walter Kern – Hermann J. Pottmeyer – Max Seckler (Hg.), Handbuch der Fundamentaltheologie, Bd. 2: Traktat Offenbarung, Tübingen – Basel ²2000, 83–93.

Metz, Johann B., Glaube in Geschichte und Gesellschaft. Studien zu einer praktischen Fundamentaltheologie, Mainz ⁵1992.

Meyer, Martin, Das Ende der Geschichte?, München – Wien 1993.

Pannenberg, Wolfhart, Weltgeschichte und Heilsgeschichte, in: Reinhart Koselleck – Wolf-Dieter Stempel (Hg.), Geschichte – Ereignis und Erzählung, München 1973, 307–323.

Pannenberg, Wolfhart, Offenbarung und „Offenbarungen" im Zeugnis der Geschichte, in: Walter Kern – Hermann J. Pottmeyer – Max Seckler (Hg.), Handbuch der Fundamentaltheologie, Bd. 2: Traktat Offenbarung, Tübingen – Basel ²2000, 63–82.

Päpstlicher Rat für den Interreligiösen Dialog – Kongregation für die Evangelisierung der Völker, Dialog und Verkündigung. Überlegungen und Orientierungen zum Interreligiösen Dialog und zur Verkündigung des Evangeliums Jesu Christi, 19. Mai 1991 (VAS 102), Bonn 1991.

Pöhlmann, Horst Georg, Wer war Jesus von Nazareth? 50 Jesusbilder, aus den Religionen, der Philosophie, der Literatur und der Theologie, Gütersloh ⁸2002.

Quitterer, Josef (Hg.), Der neue Naturalismus. Eine eine Herausforderung an das christliche Menschenbild, Stuttgart – Berlin – Köln 1999.

Rahner, Karl, Weltgeschichte und Heilsgeschichte, in: ders., Schriften zur Theologie 5, Einsiedeln 1962, 115–136.

Ratzinger, Joseph, Kommentar zur Dogmatischen Konstitution „Dei Verbum" über die göttliche Offenbarung (Einleitung, Kap. 1–2 und Kap. 6), in: LThK.E 2, 498–528.571–581.

Ratzinger, Joseph (Benedikt XVI.), Die Vielfalt der Religionen und der Eine Bund (Urfelder Reihe 1), Bad Tölz ⁴2005.

Ratzinger, Joseph (Benedikt XVI.), Skandalöser Realismus. Gott handelt in der Geschichte, Bad Tölz ²2005.

Rüsen, Jörn, Was heißt: Sinn der Geschichte?, in: Josef Meyer zu Schlochtern – Dieter Hattrup (Hg.), Geistliche und Weltliche Macht. Das Paderborner Treffen 799 und das Ringen um den Sinn von Geschichte, Paderborn u. a. 2000, 64–75.

Schaeffler, Richard, Religionskritik, in: Walter Kern – Hermann J. Pottmeyer – Max Seckler

Bibliographie

(Hg.), Handbuch der Fundamentaltheologie, Bd. 1: Traktat Religion, Freiburg – Basel – Wien 1985, 117–135, Tübingen – Basel ²2000, 85–99.
Schelling, Friedrich W. J., Über das Wesen der menschlichen Freiheit (1809). Mit einem Essay von Walter Schulz: Freiheit und Geschichte in Schellings Philosophie, Frankfurt/Main 1975.
Schelling, Friedrich W. J., Philosophie der Offenbarung (1841/42), hg. u. eingel. v. Manfred Frank, Frankfurt/Main 1977.
Schmitz, Josef, Das Christentum als Offenbarungsreligion im kirchlichen Bekenntnis, in: Walter Kern – Hermann J. Pottmeyer – Max Seckler (Hg.), Handbuch der Fundamentaltheologie, Bd. 2: Traktat Offenbarung, Tübingen – Basel ²2000, 1–12.
Schreiter, Robert J., Constructing local theologies, Maryknoll, NY ⁸1999.
Sedmak, Clemens, Katholisches Lehramt und Philosophie. Eine Verhältnisbestimmung (QD 204), Freiburg – Basel – Wien 2003.
Siebenrock, Roman A., Das Geheimnis des Rabbi: Eine Christologie der Begegnung, in: KaBl 126 (2001) 333–338.
Söding, Thomas, Wissenschaftliche und kirchliche Schriftauslegung, in: Wolfhart Pannenberg – Theodor Schneider (Hg.), Verbindliches Zeugnis, Bd. 2: Schriftauslegung – Lehramt – Rezeption, Freiburg – Göttingen 1995, 72–121.
Söding, Thomas, „Mitte der Schrift" – „Einheit der Schrift". Grundsätzliche Erwägungen zur Schrifthermeneutik, in: Wolfhart Pannenberg – Theodor Schneider (Hg.), Verbindliches Zeugnis, Bd. 3: Schriftverständnis und Schriftgebrauch, Freiburg – Göttingen 1998, 43–82.
Söding, Thomas, Einheit der Heiligen Schrift? Zur Theologie des biblischen Kanons (QD 211), Freiburg – Basel – Wien 2005.
Stolz, Fritz, Grundzüge der Religionswissenschaft, Göttingen 1988.
Stubenrauch, Bertram, Dialogisches Dogma. Der christliche Auftrag zur interreligiösen Begegnung (QD 158), Freiburg – Basel – Wien 1995.
Swyngedouw, Erik, Neither global nor local: ‚glocalization' and the politics of scale, in: Kevin Cox (ed.), Spaces of Globalization, New York 1997, 137–166.
Verweyen, Hansjürgen, Gottes letztes Wort. Grundriß der Fundamentaltheologie, 3. vollständig überarbeitete Auflage, Regensburg 2000.
Waldenfels, Hans, Einführung in die Theologie der Offenbarung, Darmstadt 1996.
Waldenfels, Hans, Offenbarung. Das Zweite Vatikanische Konzil auf dem Hintergrund der Neueren Theologie, München 1969.
Wenz, Gunther, Die Kanonfrage als Problem ökumenischer Theologie, in: Wolfhart Pannenberg – Theodor Schneider (Hg.), Verbindliches Zeugnis, Bd. 1: Kanon – Schrift – Tradition, Freiburg – Göttingen 1992, 232–288.
Werbick, Jürgen, Den Glauben verantworten. Eine Fundamentaltheologie, Freiburg – Basel – Wien 2000.
Werbick, Jürgen, Art. Geschichte, in: Peter Eicher (Hg.), Neues Handbuch theologischer Grundbegriffe, München 2005, 494–511.
Zenger, Erich, Das erste Testament. Die jüdische Bibel und die Christen, Düsseldorf 1998.

3. Kapitel
Kirche entdeckt ihre Katholizität nach innen und außen

Moderator: Bernd Jochen Hilberath

Einführung

von Bernd Jochen Hilberath

Es war vor allem Karl Rahner, der schon in den Anfängen der Rezeptionsgeschichte immer wieder als ein „Ergebnis" des Konzils hervorhob, dass sich Kirche darin ihres Charakters als Weltkirche bewusst geworden sei. Was theologische Wissenschaft in Jahrzehnten nicht vermochte – man denke an lehramtliche Interventionen bis zum Vorabend des Konzils –, ermöglichte offenbar das Zusammentreffen von Bischöfen mit ihresgleichen aus aller Welt. Alle sind katholisch, ja Mitglieder des „ungeteilten Episkopats", auch wenn sie ihren Glauben auf verschiedene Weise äußern, unterschiedlich theologisch argumentieren und ihrer Verantwortung als Seelsorger unter je ihren Bedingungen nachkommen wollen! Vor allem die morgendlichen Eucharistiefeiern in den verschiedenen Riten scheinen ihre Wirkung nicht verfehlt zu haben. Ja, auch die „katholischen Ostkirchen" sind katholische Kirche – aber trotz ihrer Verbundenheit mit dem Papst nicht römisch-katholische Kirche! Auch in dem Maße, wie die Bischöfe sich trauen bzw. das Forum nutzen, die Erfahrungen und Anliegen ihrer Ortskirche einzubringen, entdecken Bischöfe den Reichtum der Katholizität.

Wenn diese Katholizität bedeutet „so viel Verschiedenheit wie möglich, so viel Einheit wie nötig", wenn diese „Katholizität nach innen" nicht nur widerwillig geduldet und in jedem Fall zentralistisch kontrolliert, sondern wirklich gelebt werden soll, erzwingt die Ekklesiologie eine Reform der Kirchenstrukturen. Deshalb stand das Verhältnis von Ortskirche und Universalkirche fast immer mit auf der Tagesordnung des Konzils, ja in den unterschiedlichen Verhältnisbestimmungen spiegeln sich die unterschiedlichen auf dem Konzil vertretenen Ekklesiologien.[1] Wenn Rahner am Konzilsende feststellt, dass „fast noch alles zu tun ist"[2], oder Walter Kasper einwirft, wir hätten mit der Rezeption des Konzils noch gar nicht recht begonnen[3], und jüngst Kardinal Lehmann seine Hoffnung auf eine weitere (ihm zufolge dann die vierte) Phase der Rezeption setzt, dann ist stets dieses Verhältnis von Ortskirche und Universalkirche im Blick.[4] Genauer müsste es heißen: Es geht um das Verhältnis der Ortskirchen, „in denen und aus denen die Kirche besteht", zu der zentralen Leitung der Kirche. Keine Ortskirche ist für sich allein Kirche, keine kann für sich beanspruchen, die „Mutterkirche" aller anderen zu sein. Historisch gesehen kann dies bestenfalls die Jerusalemer „Urgemeinde" von sich behaupten. Auch die zentrale Leitung einer Weltkirche ist nicht

---

[1] Vgl. Routhier, „Église locale".
[2] Rahner, Das Konzil – ein neuer Beginn 15.
[3] Kasper, Zukunft.
[4] Zum Disput Ratzinger – Kasper vgl. Walter, Ein Blick zurück (dort weitere einschlägige Primär- und Sekundär-Lit.).

eo ipso Repräsentantin der Universalkirche. Wenn theologisch gehaltvoll von einer Priorität der Universalkirche gesprochen werden soll, muss sich diese Rede auf die Idee Gottes von seiner Kirche beziehen. In dieser Richtung haben Kirchenväter neutestamentliche Aussagen (z. B. in Eph 1) von der Vorherbestimmung und Vorauserwählung der Gläubigen weiterentwickelt. Diese Idee realisiert sich im Netzwerk der Ortskirchen, in dem also die Universalkirche ihre konkrete Gestalt gewinnt. In diesem Netzwerk sind alle miteinander verknüpft, wobei Knoten unterschiedliche Bedeutung haben können. Sofern es einen zentralen Knotenpunkt gibt, ist er nicht zu verwechseln mit einem Knäuel, aus dem dann das gesamte Netz entwickelt wird, sondern zu verstehen als Verknüpfung, zu der die Netzteile und ihre Knoten Verbindung halten, um sich dadurch (über bi- und multilaterale Verbindungen hinaus) ihrer Verknüpfung mit allen und des universalen Zusammenhangs mit dem Ganzen zu vergewissern. Der Knoten, an dem das ekklesiale Netz aufgehängt ist, ist und bleibt Jesus Christus!

Die Entwicklung der römisch-katholischen Kirche hin zu einer Papstmonarchie[5] erfordert eine Revision nach Geist und Buchstabe des Zweiten Vatikanischen Konzils. In dieser Hinsicht schrieb Walter Kasper vor 20 Jahren: „Zweifellos wurden nicht alle legitimen Erwartungen erfüllt. Das gilt besonders von der Sicht der Kirche als Communio und von der Kollegialität."[6] Lehmann zufolge ist auch nach der Außerordentlichen Bischofssynode 1985 „das Bild ... uneinheitlich", wobei er das hier interessierende Strukturproblem so markiert: „Restriktive Maßnahmen, die z. T. auch auf Missbräuche zurückgehen, lähmen. Das Problem von Freiheit und Bindung ist weithin ungelöst."[7]

Die u. a. von den Kardinälen Kasper und Lehmann aufgezeigten ungelösten Probleme der Ekklesiologie und Ekklesiopraxis, die sich ja in dieser Grundstruktur der Katholizität konzentriert zeigen, beleuchtet *Guido Bausenhart* im I. Unterkapitel aus systematisch-theologischer Sicht.

Während in Sachen Liturgiereform vieles (über)fällig war und relativ problemlos in der ersten sessio realisiert werden konnte, wurde der Kampf um das Selbstverständnis und den Selbstausdruck von Kirche, wie er dem Evangelium, der Tradition der Kirche und zugleich den Zeichen der Zeit gerecht werden könnte, nicht eindeutig entschieden. Der relative Neuansatz in den beiden ersten Kapiteln von *Lumen gentium* wurde teilweise konterkariert durch die Denkstruktur des dritten, das freilich andererseits die erste Formulierung eines ortskirchlichen Ansatzes bzw. einer eucharistischen Ekklesiologie enthält. Und die *Nota praevia explicativa* liefert Konzilskritikern innerhalb wie außerhalb der katholischen Kirche den Vorwand, das Zweite Vatikanum sei vom Ersten her auszulegen, entweder weil es ein „bloßes" Pastoralkonzil gewesen sei[8] oder weil ja das Erste Vatikanum als „unfehlbares Konzil" nicht durch ein nachfolgendes korrigiert werden könnte.[9]

---

[5] Vgl. stellvertretend Fries, Wandel des Kirchenbilds.
[6] Kasper, Die bleibende Herausforderung 291.
[7] Lehmann, Hermeneutik 86.
[8] So in traditionalistischen Kreisen.
[9] Ich erinnere mich an dieser Stelle an das gemeinsame Seminar mit dem evangelischen Kollegen Eilert Herms zum „katholischen Offenbarungsverständnis".

Einführung

Nach dem Konzil entfaltete nicht nur die Liturgiereform eine Eigendynamik, auch die Kontrollinstanzen versuchten Terrain (wieder) zu gewinnen. In jüngster Zeit verstärken sich sogar diese Tendenzen, nicht nur von vatikanischer Seite, sondern auch in manchen Ortskirchen bzw. bei ihren Hirten. Vor diesem Hintergrund hat es *Reiner Kaczynski* übernommen, im II. Unterkapitel das problematische Verhältnis von Ortskirche und Weltkirche aus der Perspektive des Liturgiewissenschaftlers anzuschauen.

Karl Rahner hatte freilich nicht nur die Katholizität nach innen im Blick, als er von der Entdeckung des weltkirchlichen Charakters sprach. Vielmehr wollte er die Aufmerksamkeit auf das Verhältnis der Kirche zur Welt lenken. In dem nach dem Konzil von ihm herausgegebenen Lexikon mit dem bezeichnenden Titel „Sacramentum Mundi" schreibt er selbst einen ausführlichen Artikel „Kirche und Welt", den er so einleitet: „Die Reflexion und Lehre der Kirche über das Verhältnis der Welt und der Kirche zueinander sind durch das II. Vat. in ein neues Stadium getreten."[10] Noch programmatischer klingt ein Satz aus einem noch vor Konzilsende und vor der Erarbeitung des endgültigen Textes von *Gaudium et spes* gehaltenen Vortrags „Konziliare Lehre der Kirche und künftige Wirklichkeit christlichen Lebens": „Ein *erster Satz*, der das Herz des künftigen Christen treffen wird, ist der Satz, dass die Kirche das Sakrament des Heiles der *Welt* sei."[11]

Das ist noch ganz von LG her formuliert – und doch: Auch auf diesem Weg gelangt man zu der Erkenntnis, dass Kirche sich nicht länger nur von innen heraus verstehen kann, sondern dass sie sich auch von den Anderen („der Welt") her verstehen muss. Wie „bipolar" Rahner selbst die Ekklesiologie verortet hat, sei hier dahin gestellt.[12] Diese Bipolarität ist noch heute keineswegs Allgemeingut der Ekklesiologien.[13] Erkenntnistheoretisch kann Ekklesiologie nicht länger allein aus einer Binnenperspektive heraus entwickelt werden, auch wenn die Variationen dieser Binnensicht den Charakter der Katholizität nach innen zum Ausdruck bringen. Argumentationspragmatisch gilt, dass Kirche nur dann dem Evangelium treu bleibt, wenn sie es angesichts der (nicht in Auslieferung an die) Zeichen der Zeit ausrichtet. Dies ist nicht länger eine Frage der „Vermittlung" der im Binnenraum gewonnenen theologischen Einsicht oder kirchlichen Lehre. Vielmehr rechnet „Kirche in der Welt von heute" damit, das, was sie ist, auch jeweils von den Zeichen der Zeit her neu zu lernen. Auch der so „moderne" Satz, dass die Kirche Sakrament der Welt sei, bleibt abstrakt, wird er rein binnenkirchlich und innertheologisch bzw. in Fortschreibung kirchlicher Lehre gewonnen. Was dies konkret für das Selbstverständnis der Kirche und die Realisierung ihrer Sendung bedeutet, ist auf der Ebene der Reflexion und (in der Regel vorgängig dazu) der Praxis das Ergebnis einer Vermittlung von innen wie von außen her. Nicht in

---

[10] Hier zit. nach HTTL 4, 216.
[11] Rahner, Konziliare Lehre 482.
[12] Vgl. die Arbeit von Wassilowsky, Universales Heilssakrament.
[13] Siehe dazu neben Sanders Kommentar zu GS (in Bd. 4) auch das von ihm moderierte 6. Kapitel dieses Schlussbandes. Vgl. auch die Verhältnisbestimmung von Dogma und Pastoral bei Lehmann, Hermeneutik 79.

einseitiger Ableitung, sondern in wechselseitiger Herausforderung entsteht „in der Mitte" der evangeliums- und zeitgemäße Ausdruck dessen, „was wir glauben".[14]

Dies setzt auch voraus bzw. hat zur Konsequenz, dass das Erscheinungsbild von Kirche ihrem Selbstanspruch entspricht (wenigstens näherungsweise, da sie stets auch sündige Kirche ist). Eine zentralistisch geleitete Kirche kann kaum als adäquater Ausdruck einer Communio- oder Volk-Gottes-Ekklesiologie erfahren werden. Das ist nicht Anbiederung an moderne Demokratisierungsbestrebungen, sondern folgt aus dem sakramentalen Charakter der Kirche selbst, die als (äußeres) Zeichen und Werkzeug auf die (innere) Gnade hin transparent sein muss. Um „Freude und Hoffnung, Trauer und Angst" der Menschen aufzugreifen, ja sich mit ihnen zu identifizieren, braucht es Sensibilität und Solidarität, Einstellungen (habitus!), die ihrerseits durch Strukturen der Kommunikation und Entscheidung ermöglicht oder verhindert werden.

W. Kasper schrieb in der Auseinandersetzung mit J. Ratzinger[15] über das Verhältnis von Orts- und Universalkirche den Katholiken ins Stammbuch: „Diese Zielvorstellung [der Communio-Einheit der Kirche] können wir nur dann ökumenisch glaubwürdig vertreten, wenn wir in unserer eigenen Kirche das Verhältnis von Universal- und Ortskirche als Einheit in der Vielfalt und als Vielfalt in der Einheit exemplarisch verwirklichen."[16] Was wir eben im Hinblick auf das Verhältnis Kirche – Welt formuliert und postuliert haben, ist hier in ökumenischer Perspektive deklariert. Die Überschrift des III. Unterkapitels signalisiert, dass das Verhältnis der Bipolarität von Innen und Außen auch hier zu berücksichtigen ist. Eine Rückbesinnung auf die eigenen ekklesiologischen Wurzeln führt zu einer veränderten Einstellung gegenüber den anderen „Kirchen und kirchlichen Gemeinschaften". Freilich geschieht dies schon kaum ohne die Begegnung mit den Anderen. Mehrfach sind wir ja auf die Nähe der Weltkirchenkonferenz in Neu-Delhi und des Konzils aufmerksam geworden. Noch mehr war die Begegnung mit den Beobachtern eine Herausforderung für die katholischen Bischöfe und Theologen; sie konnten sich gar nicht unter Absehung der „getrennten Brüder" verstehen, so dass – wenigstens in einigen Textpassagen – aus den „getrennten" „mit der Kirche verbundene Brüder [und Schwestern]" wurden. Und dahinter steht letztlich die Überzeugung der gemeinsamen Verbundenheit mit Jesus Christus, eine Selbstverständlichkeit, die freilich ohne die Erfahrung der Begegnung so nicht für alle unübersehbar geworden wäre. Hier ist das Einheitssekretariat zum

---

[14] Die unter diesem Titel von Theodor Schneider veröffentlichte Auslegung des Apostolischen Glaubensbekenntnisses versuchte, wie schon sein Lehrbuch zur Sakramentenlehre „Zeichen der Nähe Gottes", diesen methodischen Ansatz zu verfolgen. Am deutlichsten ist dies vielleicht in dem von ihm hg. „Handbuch der Dogmatik" sichtbar geworden. – Dass Theologie in unserer Mitte je neu generiert (jedoch nicht neu erfunden) wird, ist Erfahrung und Anliegen der von M. Scharer und mir in Ansätzen entwickelten „Kommunikativen Theologie", an deren wissenschaftstheoretischer Fundierung derzeit gearbeitet wird.
[15] Vgl. dazu auch Walter, Ein Blick zurück; Kehl, Zum jüngsten Disput.
[16] Kasper, Das Verhältnis 802 f.

vielleicht wichtigsten Katalysator des Konzilsprozesses geworden. Darüber sind die Reisen und Begegnungen der Päpste nicht zu vernachlässigen.

Diese Überlegungen werden im III. Unterkapitel einer methodologischen Zwischenreflexion ausgesetzt: *Hans-Joachim Sander* bestimmt die Ökumene als Ort der Katholizität in der Perspektive einer Topologie, als deren Schlüsselbegriff die Heterotopie fungiert. *Volker Sühs* stellt den Beitrag der Beobachter zum konziliaren Lernprozess in die Perspektive einer von Gadamer her inspirierten Hermeneutik.

Schließlich fragt *Bernd Jochen Hilberath* im IV. Unterkapitel danach, ob sich aus den Konzilstexten schon eine Vorstellung, ein Modell oder wenigstens eine Vision von der Einheit der Kirche bzw. von Kirchengemeinschaft eruieren lässt. Beschränken sich die Aussagen darauf auszudrücken, dass es so jedenfalls nicht länger sein soll (Ausschluss aller Nichtkatholiken vom Heil; positive Würdigung bloß der Individuen, nicht ihrer Gemeinschaften; Nichtanerkennung und Würdigung des geistlichen, liturgischen, mystagogischen und diakonischen Lebens usw.)? In der ökumenischen Bewegung außerhalb der katholischen Kirche sind immer wieder Modelle entwickelt worden.[17] Katholische Theologen waren selten in offiziellem Auftrag[18] daran beteiligt, sie reagierten mehr auf die Vorschläge der anderen, z. B. der Leuenberger Kirchengemeinschaft. Wenn Papst Johannes Paul II. in der Enzyklika *Ut unum sint* dazu auffordert, mit ihm gemeinsam über die künftige Gestalt des Petrusdienstes nachzudenken, dann zeigt dies einerseits eine Offenheit und hinterlässt andererseits eine gewisse Ratlosigkeit, da ja doch die Substanz römisch-katholischer Primatsauffassung kaum zur Debatte steht. Wie viel Anerkennung des Primats und des unfehlbaren Lehramtes, wie viel an Amtstheologie und -struktur, welche Formen der apostolischen Sukzession verlangt „Rom"? Dies wird die weitere Rezeption einschlägiger Konzilstexte erweisen; gibt es dafür (hermeneutische) Leitlinien?

Nicht nur innerhalb der christlichen Ökumene gilt das Verhältnis der Bipolarität. Was für die katholische Kirche und ihr Selbstverständnis gesagt wurde, gilt auch im Blick auf die ökumenische Bewegung. Ja, diese gewinnt die Chance, sich richtig zu verorten, wenn die christlichen Kirchen gemeinsam sich der Herausforderung „der Welt" stellen und sich um ein gemeinsames Zeugnis bemühen. Dies relativiert manches „heiße" Problem binnenchristlicher Ökumene, vor allem aber entspricht dies dem Sendungsauftrag aller Kirchen. Kirche lebt nicht aus sich selbst und lebt nicht für sich selbst.[19] Dass Kirchen sich einander auf die fun-

---

[17] Vgl. z.B. Einheit vor uns, I. Teil (Vorstellung der verschiedenen Modelle); Oeldemann, Gestufte Kirchengemeinschaft. Nach Lehmann, Einheit der Kirche Nr. 16, sind die beiden derzeit am meisten urgierten Modelle „Versöhnte Verschiedenheit" und „Kirchengemeinschaft" „in gewisser Weise auf den Begriff gebrachte Aporien" (35; unter Hinweis auf Meyer, Versöhnte Verschiedenheit; ders., Ökumenische [nicht: ökonomische!] Zielvorstellungen; Thönissen, Gemeinschaft).

[18] Eine Ausnahme ist auf jeden Fall das in Anm. 16 genannte Dokument „Einheit vor uns" der Gemeinsamen katholisch-lutherischen Kommission auf Weltebene.

[19] Vgl. die Entwicklung dieses Gedankens in Hilberath, Zwischen Vision und Wirklichkeit, bes. im letzten Fragekreis: Wozu ist die Kirche gut?

damentale Abhängigkeit von Jesus Christus verweisen[20], war bislang das Hauptgeschäft ökumenischen Gegen- wie Miteinanders. Zwar steht am Beginn der modernen ökumenischen Bewegung auch die Erfahrung, als gespaltene Christenheit in der Missionsarbeit unglaubwürdig zu sein, doch ist erst im Zuge des Konziliaren Prozesses für Friede, Gerechtigkeit und Bewahrung der Schöpfung die Herausforderung zum gemeinsamen Zeugnis in der Breite aufgenommen worden. Es ist bezeichnend für das derzeitige Stadium der Ökumene, dass diese Basisökumene und die Ökumene der Theologen und Kirchenleitungen kaum in einem wechselseitigen Austausch stehen.[21] Ist „Ökumene des Lebens" eine Alternative zur „Konsens-Ökumene" oder ist sie dazu komplementär?[22] Indem der 3. Abschnitt diese Problematik wenigstens in Kürze anspricht, versuchen wir der geforderten Bipolarität einer (ökumenischen) Ekklesiologie gerecht zu werden.

---

[20] Nach Lima, Amt 8, Aufgabe des durch Ordination übertragenen, für die Kirche und ihr Zeugnis konstitutiven Dienstes (Amtes). Sollten die Amtsträger dieser auch prophetischen Aufgabe nicht nachkommen, sind Propheten und Prophetinnen, ist vielleicht das prophetische Gottesvolk gefragt.
[21] Ein erster Versuch auf der Ebene der Societas Oecumenica wurde auf dem Kongress 2004 in Sibiu unternommen.
[22] Dieser Frage wird die nächste wissenschaftliche Konsultation der Societas Oecumenica 2006 in Prag nachgehen.

I. Die „communio hierarchica" in der Verantwortung für die Katholizität der Kirche

von Guido Bausenhart

Es war verhängnisvoll gewesen, dass das I. Vatikanische Konzil nur die erste der beiden geplanten Kirchenkonstitutionen zur definitiven Beratung und Entscheidung bringen konnte: die das Papstamt betreffende *Pastor aeternus* (DH 3050–3075); die ergänzend gedachte zweite Konstitution (vgl. NR 387–394) vermochte so auch nicht eine ergänzende Wirkungsgeschichte entfalten. So verwundert es nicht, dass eines der stärksten, bereits in den Antepraeparatoria[1] dokumentierten und von Anfang an wirksamen Motive der Konzilsväter dahin ging, neben dem unbestrittenen Primat des Papstes die Position des Episkopats genauer zu bestimmen.[2]

In vier wesentlichen Klärungen erreicht dieser Impuls sein Ziel:
- in der nun positiv beantworteten Frage nach der Sakramentalität der Bischofsweihe (LG 21, 2);
- in der Betonung, dass die Bischöfe ihr Amt *nomine Christi*, als *vicarii et legati Christi* ausüben, nicht aber als *vicarii Romanorum Pontificium* (LG 27, 1.2);
- in der Lehre, „dass eine Ortskirche nicht eine Provinz oder ein Departement der Weltkirche ist; sie ist vielmehr Kirche am Ort"[3] (vgl. LG 26, 1; CD 11, 1);
- schließlich in der Lehre, dass nicht allein der Papst (LG 23; CD 2, 1), vielmehr – zusammen mit ihm (*una cum*) – auch das Bischofskollegium „Träger der höchsten und vollen Gewalt über die ganze Kirche" (LG 22, 2; CD 4, 1) ist.

Gegenüber den anspruchsvollen Intentionen und angesichts der in den Konzilsdebatten in diesem Sinne erreichten und weit reichenden Klärungen und Entscheidungen liest sich z. B. CD 2–5 als ein überraschend glatter Text, der nicht auf der stürmischen See der Auseinandersetzung zu segeln scheint; vielmehr greifen die Artikel im Wortlaut auf die Konstitutionen *Pastor aeternus* (1870) und *Lumen gentium* (1964) zurück, stellen Primat und Episkopat nebeneinander, ohne beider Verhältnis zueinander zu thematisieren. Ein möglicherweise konkurrierendes und so konflikträchtiges Verhältnis, etwa in der Frage der Vereinbarkeit der unmittelbaren primatialen Gewalt (CD 2, 1) zu der in derselben Terminologie beschriebenen potestas der Bischöfe (CD 8, 1), wurde „teils nicht gesehen, teils bewusst übersehen"[4].

---

[1] Vgl. die in AD I/II App. 1, 51–58 zusammengestellten Voten.
[2] In seiner Eröffnungsansprache zur zweiten Sessio (20. 9. 1963) unterstrich Papst Paul VI. selbst dieses Anliegen (AAS 55 [1963] 847–850): vgl. in diesem Band S. 506 f.
[3] Kasper, Das Verhältnis von Universalkirche und Ortskirche 796.
[4] Mörsdorf, in: LThK.E 2, 149 f. Programmatisch wird in jedem Fall betont, dass die Bischöfe im Kollegium „unbeschadet dessen (= des Bischofs von Rom) primatialer Gewalt" (LG 22, 2), „un-

Doch wird eine neue Größe bzw. eine Größe neu ins Spiel gebracht, können die bisherigen Momente der Konstellation davon nicht unberührt bleiben. Die Aufwertung des Episkopats verändert den Kontext des Primats: Er rückt aus einer tendenziell absoluten Position in Relationen. Damit stellt sich die Frage nach den Relationen innerhalb der „communio hierarchica", genauer nach den Relationen zwischen den drei je iuris divini begriffenen Instanzen Papst, Bischofskollegium und Bischof:
- der Relation zwischen Papst und Bischofskollegium (Nr. 1);
- der Beziehung zwischen der Universal- oder Gesamtkirche und den einzelnen Orts- oder Partikularkirchen bzw. der zwischen dem Papst und den Diözesanbischöfen (Nr. 2);
- schließlich nach dem Verhältnis zwischen den einzelnen Ortsbischöfen bzw. -kirchen und dem Bischofskollegium bzw. der Weltkirche (Nr. 3).

1. Der Papst und das Bischofskollegium

Mit der Erklärung, dass nicht nur der Papst allein,[5] sondern das Bischofskollegium „gemeinsam mit (seinem) Haupt, dem Bischof von Rom, und niemals ohne dieses Haupt, gleichfalls Träger der höchsten und vollen Gewalt über die ganze Kirche" (LG 22,2) ist,[6] stellt sich die Frage nach dem Verhältnis dieser beiden Subjekte derselben *suprema potestas*. Dass das Bischofskollegium diese Vollmacht „nur unter Zustimmung des Bischofs von Rom" (LG 22,2) ausüben kann, verhindert zwar eine rechtlich unlösbare Konkurrenz, nicht aber in jedem Fall auch bereits einen ‚politischen' Konflikt,[7] zumal der Papst seine potestas „immer frei (libere)" (LG 22,2), „nach eigenem Ermessen (secundum propriam discretionem)" (Nota explicativa praevia Nr. 3) bzw. „jederzeit nach Gutdünken (ad placitum)" (Nota Nr. 4) ausüben kann. So bleibt die Frage, „ob die Autorität und Initiative des Kollegiums nicht *praktisch* zu einer bloßen Fiktion wird, wenn der Papst sie jederzeit unterbinden kann, wenn aber umgekehrt er jederzeit auch ohne formelle Mitwirkung des Kollegiums – nicht als *persona privata*, sondern als Haupt dieses Kollegiums – entscheiden und handeln kann"[8].

---

ter treuer Wahrung des primatialen Vorrangs ihres Hauptes" (LG 22,2) wirken; dass die ordentliche, eigenständige und unmittelbare Gewalt der Bischöfe die Gewalt des Papstes „immer und in allem unangetastet" (CD 8,1) lasse.

[5] Vgl. LG 22,2; CD 2,1. Dies ist das Erbe des I. Vatikanums: vgl. *Pastor aeternus*, Kap. 2–3 (DH 3056–3064).

[6] Zum Bischofskollegium vgl. die Beiträge von J. Ratzinger, U. Betti, St. Lyonnet und G. Dejaifve in Baraúna (Hg.), De Ecclesia 2, ebenso: Bier, Rechtsstellung des Diözesanbischofs 326–350; Onclin, Kollegialität der Bischöfe; Congar u. a., La Collégialité épiscopale; Fagiolo – Concetti (Hg.), La collegialità episcopale; Vischer, Rezeption der Debatte über die Kollegialität; Mörsdorf, Zuordnung des Kollegialitätsprinzips; Lopez Ortiz – Blazquez (Hg.), El Colegio Episcopal.

[7] Der wäre aber auch ein Konflikt innerhalb des Bischofskollegiums, da ja das Haupt zwar Haupt, aber doch zugleich – auch als Haupt – Glied des Kollegiums ist (vgl. Nota explicativa praevia Nr. 3).

[8] Kasper, Zur Theologie und Praxis des bischöflichen Amtes 42. – Zumal der Papst auch ent-

Die „communio hierarchica" in der Verantwortung für die Katholizität der Kirche

Unmittelbar nach dem Konzil entspann sich eine Diskussion darüber, wer denn nun in welcher Weise *subiectum* dieser einen höchsten Vollmacht sei. Drei mögliche Lösungen wurden erörtert:[9]
- Nach der ersten, von manchen Kanonisten favorisierten ist der Papst allein Träger der „suprema potestas", der sie dann allein oder zusammen mit dem Bischofskollegium ausübt. Der Intention der Konzilsväter wird dies nicht gerecht; das Bischofskollegium *ist (exsistit)* Subjekt und wird es nicht von Fall zu Fall.
- Eine zweite, vor allem von Dogmatikern begründete Position sieht das (mit dem Papst als seinem Haupt geeinte) Bischofskollegium als das eine Subjekt, das wiederum auf zweifache Weise wirksam werden kann: auf streng kollegiale Art der beiden Träger der höchsten Hirtengewalt oder aber durch sein Haupt allein.[10] Hier wird ernst gemacht mit der Einsicht, dass der Papst – selbst ‚ex sese' – immer als Haupt der Kirche bzw. des Kollegiums der Bischöfe – ‚una cum' – handelt.
- Eine dritte Redeweise spricht von ‚zwei nicht adäquat voneinander zu unterscheidenden Trägern' der höchsten Hirtengewalt,[11] eben dem Papst allein und dann dem Bischofskollegium zusammen mit ihm.[12] Nahe am Wortlaut des Konzils (LG 22) teilt diese Position zugleich mit ihm das Offene dieses Textes, der die Frage nach dem Verhältnis der beiden Subjekte zueinander erst aus sich entlässt und nicht auch bereits beantwortet.

Der Papst ist Anwalt für die Einheit und die Vielfalt, „das immerwährende, sichtbare Prinzip und Fundament für die Einheit der Vielfalt" (LG 23, 1) der Gesamtkirche; das Bischofskollegium ist Anwalt der Vielfalt und der Einheit: „Insofern dieses Kollegium aus vielen zusammengesetzt ist, stellt es die Vielfalt und Universalität des Gottesvolkes, insofern es unter einem Haupt versammelt ist, die Einheit der Herde dar" (LG 22,2). Die jeweils primäre Perspektive: Einheit bzw. Vielfalt, birgt die Gefahren und Versuchungen eines Zentralismus oder aber eines Partikularismus, dispensiert aber gerade nicht von der jeweils komplementären Sicht der Vielfalt bzw. Einheit. Wie in einer Ellipse[13] müssen die beiden Brenn-

---

scheidet, ob er persönlich oder in Verbindung mit dem Bischofskollegium tätig werden will (can. 333 § 2 CIC/1983).

[9] Vgl. Bertrams, Papst und Bischofskollegium 30–71 (dazu: Aymans, Papst und Bischofskollegium); Weigand, Änderung der Kirchenverfassung 401–403; Semmelroth, Die Lehre von der kollegialen Hirtengewalt; Bier, Rechtsstellung des Diözesanbischofs 329–331; Acerbi, Die ekklesiologische Grundlage 210–215 (mit Darlegung der auf der Bischofssynode 1969 vorgetragenen Positionen).

[10] Diese Position hatten K. Rahner, P. Rusch, O. Semmelroth, A. Grillmeier und E. Schillebeeckx stark gemacht. In jüngerer Zeit: vgl. Kehl, Kirche 374 f., und Wiedenhofer, Kirchenverständnis 355 f.

[11] Schon J. Kleutgen spricht auf dem I. Vatikanum davon, „hanc potestatem in duplice subiecto esse, in episcoporum corpore papae coniuncto, et in papa solo" (Mansi 53, 321C). – Zur Theologie des 16. bis 19. Jh. vgl. Alberigo, Lo sviluppo della dottrina; Beumer, Die kollegiale Gewalt der Bischöfe.

[12] Im Umfeld des Konzils sind dafür W. Bertrams und K. Mörsdorf zu nennen.

[13] So das Bild von K. Koch, Primat und Episkopat 12.

punkte ‚Einheit der Gesamtkirche' und ‚Vielfalt der Ortskirchen' aufeinander bezogen das kirchliche Kräftefeld bestimmen. Das Bischofskollegium repräsentiert die communio ecclesiarum, die „Weltkirche" (Rahner[14]) in der Pluralität und im Reichtum ihrer kulturell und geschichtlich geprägten Gestalten, die „Katholizität der ungeteilten Kirche" (LG 23,4; vgl. LG 13) und in jeder der Ortskirchen die communio fidelium.[15] „Kollegialität der Bischöfe erfüllt erst dann ihren Sinn, wenn der jeweilige Bischof seine jeweilige Kirche wahrhaft repräsentiert und durch ihn ein Stück der kirchlichen Fülle wahrhaft ins Ganze der kirchlichen Einheit eingetragen hat."[16] Wird Einheit als eine solche in Vielfalt gedacht und Vielfalt als solche der einen Kirche, können Papst und Bischofskollegium auch in ihrem Dienst und Auftrag nicht als konkurrierende Größen verstanden werden. Der Papst muss den Reichtum und damit die Pluralität der Ortskirchen wollen, die Bischöfe des Kollegiums wiederum müssen, gerade weil ihr Amt ein kollegiales ist, die Vielfalt ihrer Ortskirchen über die Kommunikation mit den anderen Ortskirchen und ihren Bischöfen in der als „communio" gelebten Einheit der Kirche Jesu Christi verorten.

Wird bis zum II. Vatikanum das Verhältnis der beiden Instanzen Papst und Bischofskollegium – eigentlich ist weniger an das Bischofs*kollegium* als an *die* Bischöfe gedacht – als eines der Unterordnung beschrieben[17], lässt das „subiectum quoque", wonach der „ordo Episcoporum" *gleichfalls Träger* der höchsten und vollen Gewalt über die ganze Kirche" ist (LG 22,2), die Bestimmung dieses Verhältnisses zunächst offen. Wenn auch sogleich hinzugefügt wird, dass diese Gewalt „nur unter Zustimmung des Bischofs von Rom (consentiente) ausgeübt" werden kann, sind damit doch zwei Subjekte eingeführt, und „consentire" muss kein Synonym sein zu „subesse", „parere" oder „subordinatio".

Die dem 3. Kapitel der Dogmatischen Konstitution über die Kirche auf Veranlassung von Papst Paul VI. als Interpretationsschlüssel beigegebene Nota explicativa praevia[18] kennzeichnet – wie LG 21,2 und 22,1, dann auch CD 4,1 und 5 – die Beziehungen der Bischöfe innerhalb des Kollegiums und zum Haupt als *communio hierarchica*. Nur in ihr könnten die in der Bischofsweihe übertragenen „munera" ausgeübt werden. War ursprünglich allein von der „communio" die Rede gewesen, ist die „communio hierarchica" doch keine Neuauflage der „hierarchica subordinatio" des I. Vatikanums (DH 3060). „Hierarchisch" zielt in der

---

[14] Vgl. Rahner, Die bleibende Bedeutung des II. Vatikanischen Konzils; ders., Theologische Grundinterpretation.
[15] Die Konzilstexte verraten eine besondere Sensibilität für die kulturelle Vielfalt der Ortskirchen: SC 37–40. 123; OE 2.5; UR 14.16–18; LG 13.23; AG 9–11.16.22.26; GS 53–55.58.91. – Vgl. Komonchak, Ortskirchen sowie die Beiträge von A. Amato, D. Tracy, B. Adoukonou und D. Veliath in Fisichella (Hg.), Il Concilio Vaticano II. Papst Johannes Paul II. wird den Terminus ‚Inkulturation' in die lehramtliche Sprache einführen: *Catechesi tradendae* (1979) Nr. 53; *Familiaris consortio* (1981) Nr. 8.
[16] Ratzinger, Pastorale Implikationen 22. – Vgl. de Lubac, Quellen kirchlicher Einheit 43–54. Zur Sicht J. Ratzingers vgl. Heim, Joseph Ratzinger 402–417.
[17] Vgl. den Kommentar zu *Christus Dominus* in: HThK Vat.II, Bd. 3, 232–236.
[18] Vgl. Grootaers, Primauté et collégialité; Ghirlanda, „Hierarchica communio"; Ratzinger, in: LThK.E 1, 348–359; Hünermann, in: HThK Vat.II, Bd. 2, 539–547.

Abwehr eines bloßen Gemeinschaftsgefühls auf die Verbindlichkeit der Communio-Gestalt, „die eine rechtliche Gestalt verlangt und zugleich von der Liebe beseelt ist" (nota 2,3), durchaus zu lesen im Sinne der altkirchlichen Communio-Ekklesiologie. Die Ordnung regelt das Miteinander des kollegial angelegten und in vielen Trägern gelebten bischöflichen Amtes, ist also „aus der Natur der Sache gefordert" und unterliegt auch geschichtlicher Variabilität (nota 2,2). Wichtig ist, dass die im Interesse der Ordnung geforderte rechtliche Bestimmung (determinatio) der in der Ordination übertragenen Substanz des Bischofsamtes nichts hinzufügt, dass also – gegen den Entwurf der Vorbereitungskommission – die Zugehörigkeit zum Bischofskollegium nicht zuerst mit der Jurisdiktion in Verbindung gebracht wird, die nach der bis zum Konzil herrschenden theologischen Meinung die Bischöfe dem Papst verdankten, so dass eine diesbezügliche Abhängigkeit des Bischofskollegiums vom Papst entstünde. Die Nota erklärt, „consentiente" stehe dafür, dass „man nicht an eine Abhängigkeit wie von einem Außenstehenden denke" (4,1); mit anderen Worten: sie fügt den Papst ins Bischofskollegium ein, zumal in LG 22,2 statt „consentiente" ursprünglich „independenter" gestanden hatte, also ein Gegenüber beider Instanzen impliziert gewesen war.

Gesucht wird eine Weise, die beider Subjektsein wahrt: also weder das Haupt zum Delegierten mit imperativem Mandat der Glieder degradiert noch das Bischofskollegium zum rein passiven Rezipienten einsamer päpstlicher Entscheidungen herabsetzt. Beide Institutionen müssen einander anerkennen und fördern in ihrer je ursprünglichen und aufeinander verwiesenen eigenen Verantwortung für die Kirche Jesu Christi, so wie Papst Paul VI. zum Abschluss der dritten Konzilssession, also nach Verabschiedung der Kirchenkonstitution bekennt: „Wir fürchten nicht im geringsten, dass unsere Autorität gemindert oder beeinträchtigt wird, wenn Wir eure Autorität anerkennen und herausstellen. Im Gegenteil."[19]

Als Signal darf man die Formel lesen, mit der Paul VI. die Konstitutionen, Dekrete und Erklärungen des Konzils unterzeichnet hat: „Nos, Apostolica a Christo Nobis tradita potestate, illa, una cum Venerabilibus Patribus, in Spiritu Sancto approbamus, decernimus ac statuimus ..."[20] Paul VI. setzte mit der „una cum"-Formel auf das Miteinander von Papst und Konzilsvätern; der Papst handelt nicht als eine dem Konzil unabhängig gegenüberstehende Instanz, sondern als sein Haupt.

Natürlich ist mit der „una cum"-Formel kein Procedere für den konkreten Umgang im Verhältnis von Papst und Bischofskollegium beschrieben; doch taugt sie als sensible Antenne und negatives Kriterium dafür, sich weder gegenseitig aus dem Auge zu verlieren noch sich in eine konkurrierende Position zu bringen.

---

[19] AAS 56 (1964) 1011: „Dum ergo vestram agnoscimus et extollimus auctoritatem, minime timemus, ne minuatur vel impediatur Nostra; immo validiores fieri sentimus, ob animorum coniunctionem, per quam fratres efficimur".
[20] Vgl. Mörsdorf, Die Promulgationsformel; Hünermann, „Una cum".

Die Frage nach den Instrumenten und Organen der beiden für die Kirche konstitutiven Institutionen offenbart eine Asymmetrie:

Dem Papst steht mit der *Römischen Kurie* ein wirkungsvolles Instrument zur Verfügung, deren gründliche Reform zwar von den Konzilsvätern eindringlich angemahnt (CD 9–10), deren Existenz darum ja aber nicht in Frage gestellt wurde. Die angeregte und dann auch umgesetzte Internationalisierung der Kurialen (CD 10,2) bringt gewiss ein breiteres Spektrum von Stimmen und Perspektiven in Rom zur Geltung, macht die dortige Kurie darum aber nicht zu einem Organ der Weltkirche.[21]

Ein zweites Instrument hat sich der Papst in der *Bischofssynode* geschaffen (CD 5).[22] Ihre Einführung offenbart ihren Status: Der Papst verhindert mit seinem Motu Proprio *Apostolica sollicitudo* (15.9.1965) einen Meinungs- und Willensbildungsprozess des Konzils, immerhin der im strengen und eigentlichen Sinn realisierten Kollegialität der Bischöfe, bricht einen solchen Prozess mindestens ab, bevor daraus möglicherweise die Option auf ein ständiges Gremium mit Entscheidungskompetenz hätte werden können. Nun berät die Bischofssynode den Papst in Fragen, die dieser selbst vorgibt. K. Mörsdorf urteilt: „Eine Bischofssynode dieser Art hätte auch eingesetzt werden können, wenn es die Lehre vom Bischofskollegium nicht gäbe."[23] Paul VI. spricht in *Apostolica sollicitudo* zwar von den katholischen Bischöfen und dem katholischen Episkopat, nicht aber vom Bischofskollegium; so kann nicht der Eindruck entstehen, die Bischofssynode sei dessen repräsentatives Organ und könne so die diesem eigene „suprema potestas" beanspruchen. Auch dass der Papst, wiewohl Glied des Bischofskollegiums, nicht Mitglied der Bischofssynode ist, lässt diese schwerlich als Organ bischöflicher Kollegialität erscheinen, in dem die „suprema potestas" des Kollegiums ausgeübt wird. Gleichwohl bleibt eine gewisse Repräsentativität der Mitglieder der Bischofssynode – die Mehrheit sind als von den Bischofskonferenzen Gewählte keine ‚Kreaturen' des Papstes – sowie eine gewachsene Sensibilität für die bischöfliche Kollegialität.

Das Bischofskollegium übt seine „suprema potestas" strikt kollegial im vom Papst einberufenen *Konzil* aus. Eine zweite Variante beschreiben die Konzilsväter so, dass „das Haupt des Kollegiums sie (die Bischöfe) zu einer kollegialen Handlung ruft oder wenigstens die gemeinsame Handlung der räumlich getrennten Bischöfe billigt oder frei annimmt" (LG 22,2). Diese Akte sind, um im eigentli-

---

[21] Vgl. die Sorge des Erzbischofs von Bhopal, Eugene d'Souza: Congar – Küng – O'Hanlon (Hg.), Konzilsreden 98. – Zur Kurie vgl. Acerbi, Die ekklesiologische Grundlage 219–225; Quinn, Reform 140–161.

[22] Vgl. Alberigo, Institutionen 250 mit Anm. 14.

[23] Mörsdorf, Primat und Kollegialität 39. Wenn Paul VI. die Bischofssynode als Ausdruck der bischöflichen Kollegialität sieht und deren Ziel zugleich darin erblickt, „eine neue Unterstützung für die einzigartige Funktion des Nachfolgers Petri zu leisten" (vgl. Acerbi, Die ekklesiologische Grundlage 216, Anm. 17; a.a.O. 215–217), offenbart das auch ein Verständnis des Bischofskollegiums. – Zur Bischofssynode vgl. die Literatur in den Anmerkungen des Kommentars zu CD 5 (HThK Vat.II, Bd. 3, 256–258), außerdem: Tomko (Hg.), Sinodo dei vescovi; Reese, Im Inneren des Vatikan 63–91; Acerbi, Die ekklesiologische Grundlage; Grootaers, Kollegialität; Quinn, Reform 69–105.

chen Sinn kollegial zu sein, entweder an die Initiative des Papstes gebunden oder aber an seine freie Rezeption; letztere setzt aber eine Initiative der Bischöfe voraus. Dafür hat das Konzil selbst jedoch keine Pragmatik entworfen. Wenn die Nota explicativa praevia erklärt, dass das Bischofskollegium zwar immer bestehe (Nr. 4), darum aber nicht auch schon beständig in streng kollegialem Akt handle, sind nicht strikt kollegiale Vollzüge der Bischöfe nicht ausgeschlossen und ist das Bischofskollegium in seiner Existenz nicht zu Unwirksamkeit und Wirkungslosigkeit verurteilt. LG 23, 1 weist darauf hin, dass die kollegiale Einheit der Bischöfe auch in den wechselseitigen Beziehungen der einzelnen Bischöfe zu den Teilkirchen wie zur Gesamtkirche in Erscheinung trete. Hier wäre Raum für neue oder erneuerte Formen von Kollegialität; hier kommen auch die Bischofskonferenzen in den Blick.

Es muss möglich sein, Petrus ins Angesicht zu widerstehen (Gal 2, 11), er wiederum darf nicht gehindert sein, die Schafe Jesu Christi zu weiden (Joh 21, 17).

2. Der Papst und die Bischöfe – die Universalkirche und die Ortskirchen

„Über die Beziehung des römischen Bischofs in seinem Petrusdienst zum Weltepiskopat kann angemessen nur im Ausgang vom Verhältnis Gesamtkirche – Teilkirche gehandelt werden"[24], weil das bischöfliche Amt, auch das des Papstes, seinen rechten Ort allein in der Kirche hat und nicht isoliert davon betrachtet werden darf. Nun gibt es allein die eine heilige katholische und apostolische Kirche Jesu Christi, wie gerade diese aber zugleich in jeder Ortskirche „wahrhaft wirkt und gegenwärtig ist" (CD 11, 1). Jede dieser Ortskirchen ist nicht nur „nach dem Bild der Gesamtkirche gestaltet" (LG 23, 1), sie ist wahrhaft und heißt – wie schon im Neuen Testament – zu Recht ‚Kirche' (LG 26, 1), weil sie unter der Leitung des Bischofs der Ort ist, an dem Eucharistie gefeiert wird, „aus der die Kirche immerfort lebt und wächst", der Ort des ‚von Gott gerufenen neuen Volkes', an dem „durch die Verkündigung der Frohbotschaft Christi die Gläubigen versammelt" werden, an dem „Christus gegenwärtig" ist.

Solch sakramentales Kirche-Sein teilt jede der Ortskirchen mit allen anderen „eucharistisch begründeten und episkopal geleiteten Ortskirchen"[25]; die in und aus der *communio Christi* lebende *communio fidelium* ist in die „communio" all dieser Kirchen gestellt. Zwar findet sich der Ausdruck *Communio Ecclesiarum* in den Konzilstexten allein in AG 19, 3, doch ergibt sich dieser Gedanke notwendig aus der sakramentalen, nicht bloß juridischen Konstitution der Ortskirche als Kirche.[26] Die „communio" der einzelnen Ortskirche mit den anderen ist dabei nichts Nachträgliches oder „ihr Äußerliches, sondern die Bedingung ihres Kircheseins"[27]. In der Begegnung mit der jeweils anderen Kirche erkennt sie sich selbst und anerkennt so auch der anderen Kirchesein.

---

[24] Hünermann, Der römische Bischof 276.
[25] Riedel-Spangenberger, Communio als Strukturprinzip.
[26] Vgl. Aymans, Die Communio Ecclesiarum; Gerosa, Communio Ecclesiarum.
[27] Pottmeyer, Der mühsame Weg 305.

Die „Communio Ecclesiarum" ist so „das formale Prinzip der Verfassung der Kirche"[28], der Gesamtkirche, die ‚in und aus' den einzelnen Ortskirchen existiert (LG 23,1). Nach dieser fundamentalen Formel des Konzils ist „die Gesamtkirche ‚in der Zeit' nichts anderes als die Gemeinschaft der Ortskirchen, communio ecclesiarum"[29], „unterscheidet sich die Gesamtkirche nicht von der Gemeinschaft der Teilkirchen, ohne jedoch deshalb nur deren Zusammenschluß zu sein"[30]. Dieses Prinzip wehrt einer seit der gregorianischen Kirchenreform[31] offen oder latent wirksamen Sicht, nach der die Kirche nach dem Prinzip der Filiation als weltweit organisierte Stadtkirche Roms, als „gleichsam nur noch eine einzige Ortsgemeinde"[32] verfasst sei, und die Diözesen als „bloße Verwaltungsdistrikte der Universalkirche"[33] oder „abgetrennte Teilstücke eines größeren Verwaltungskörpers"[34] gedacht wären.

Jeder Gedanke der Priorität einer der beiden Größen Gesamtkirche und Ortskirchen muss aus dem „in quibus et ex quibus" herausfallen, indem er die Korrelation nach einer der beiden Relationen hin auflöst bzw. diese von einer der beiden dominiert wird. Wer die Gesamtkirche nur *in* den Ortskirchen sieht, läuft Gefahr, dass sich diese zu einer bloßen Idee verflüchtigt wie dass die Ortskirchen sich tendenziell in vermeintlicher Autarkie und Autonomie isolieren und die „Communio Ecclesiarum" verlassen. Die das Schreiben der Glaubenskongregation *Communionis notio* (1992)[35] bestimmende Sorge, die Gesamtkirche könnte „als Summe der Einzelkirchen" oder „als Zusammenschluß von Einzelkirchen"

---

[28] Werneke, Ius universale 79. Vgl. Tillard, Église d'Églises. – Auch in den ökumenischen Gesprächen spielt diese Struktur eine bedeutsame Rolle: Die Gemeinsame Lutherisch/Römisch-Katholische Kommission hat die Kirche als „eine Gemeinschaft (communio), die aus einem Netz von Ortskirchen besteht", beschrieben (Einheit vor uns [1984]: DwÜ 2, 454); im von der Gemeinsamen Arbeitsgruppe der Römisch-Katholischen Kirche und des Ökumenischen Rates der Kirchen in Auftrag gegebenen und entgegengenommenen Studiendokument „Die Kirche: lokal und universal" (1990) heißt es: „Die universale Kirche ist die Gemeinschaft aller lokalen Kirchen" (Nr. 19 [DwÜ 2, 740]).
[29] Pottmeyer, Der mühsame Weg 304.
[30] Kirche als Gemeinschaft: HerKorr 47 (1993) 407. Zur Geschichte der Beziehung zwischen Universal- und Partikularkirche vgl. Weigand, Die historische Dimension.
[31] Im Westen setzt schon seit dem 5. Jahrhundert eine Entwicklung zur unmittelbaren Jurisdiktion des Bischofs von Rom über die suburbikarischen Gebiete hinaus ein. Vgl. Marot, Strukturelle Dezentralisierung 551 f.; Ratzinger, Primat und Episkopat 135–139; Congar, Katholizität und Romanität 50–57: „Die Kirche von Rom als Inbegriff der Gesamtkirche"; ders., Von der Gemeinschaft 254–259. Dieser Prozess verlief jedoch nicht ohne Widerstand (vgl. Heiler, Altkirchliche Autonomie). Im Zuge der Kirchenreform des 11. Jh. wird die römische Kirche *cardo, caput, fons et origo, fundamentum et basis* der ganzen Kirche (vgl. Congar, Der Platz des Papsttums 199, Anm. 12). Dem Papst kommt die plenitudo potestatis zu, die einzelnen Bischöfe werden zu seinen Vikaren und Delegaten (vgl. Congar, Von der Gemeinschaft 257 f.), verteilt in partem sollicitudinis papae', eine Formel, mit der Leo I. von den Vollmachten seines Legaten oder Stellvertreters für Ostillyrien, Anastasius, des Bischofs von Thessalonich, gesprochen hatte (vgl. Rivière, In partem sollicitudinis). Vgl. auch Congar, L'Ecclesiologie du haut moyen age.
[32] Ratzinger, Primat und Episkopat 136.
[33] Kasper, Zur Theologie und Praxis des bischöflichen Amtes 43.
[34] Ratzinger, Die pastoralen Implikationen 18.
[35] Text in HerKorr 46 (1992) 319–323; dazu: Kehl, Wohin geht die Kirche 89–98; Pottmeyer, Kirche als Communio. Eine Art „halbamtliches" Einlenken in einem verdeutlichenden Artikel im Osservatore Romano (23.6.1993); Text in HerKorr 47 (1993) 406–411.

aufgefasst (Nr. 9) und so das theologische Gewicht der Universalkirche geschwächt werden (Nr. 8), mündet in die Feststellung der Priorität eben dieser Universalkirche gegenüber den Ortskirchen: sie sei „im Eigentlichen ihres Mysteriums eine jeder Einzelkirche ontologisch und zeitlich vorangehende Wirklichkeit" (Nr. 9).[36] Auch wenn hier mit der Universalkirche die präexistente Kirche verstanden werden soll,[37] wird man doch auch die Ortskirchen iuris divini nicht weniger im göttlichen Heilsplan verankert sehen dürfen.[38]

Allein eine „gegenseitige Innerlichkeit/wechselseitiges Ineinander (mutua interioritas)"[39], eine „vollkommene Korrelation"[40] von Gesamtkirche und Ortskirchen in einer „Communio Ecclesiarum" vermag ein konkurrierendes Verhältnis beider zu vermeiden. Ortskirchen sind nur, wenn sie in sich das Geheimnis der einen Kirche Jesu Christi entdecken und feiern, die Gesamtkirche lebt nur in den konkret-geschichtlichen Realisierungen „orbe terrarum". Einheit und Vielfalt bedingen einander. Allein dieses wechselseitige, nicht aufeinander rückführbare Ineinander kann auch die Gleichursprünglichkeit des ortskirchlichen und gesamtkirchlichen Engagements jedes Bischofs begründen.

Das Verhältnis von Universalkirche und Ortskirchen, wonach in und aus den Ortskirchen die eine Kirche besteht (LG 23, 1), muss sich spiegeln in der Beziehung von Primat und Episkopat, in der Relation zwischen dem Papst und den Diözesanbischöfen. Es bleibt die im I. Vatikanum erklärte (DH 3060), vom II. Vatikanum bestätigte (CD 2, 1) und im CIC/1983 (can. 333 § 1) kodifizierte[41] Unmittelbarkeit der Vollmacht des Papstes (potestas immediata) über die Ge-

---

[36] Die Kongregation für die Glaubenslehre will die konziliare Formel der ‚Gesamtkirche in und aus den Ortskirchen' ergänzt sehen durch die, dass auch die Ortskirchen „in und aus der Universalkirche" existierten (Nr. 9). Missverständlich, ja falsch wird diese Ergänzung erst, „wenn die eine universale Kirche unter der Hand mit der römischen Kirche, de facto mit Papst und Kurie, identifiziert wird" (Kasper, Zur Theologie und Praxis des bischöflichen Amtes 44).
[37] So Kardinal Ratzinger später präzisierend: Über die Ekklesiologie der Konstitution „Lumen Gentium", in: Die Tagespost Nr. 30 (11. 3. 2000), 4–6 (= Ekklesiologie der Konstitution *Lumen gentium*, in: Weggemeinschaft des Glaubens 116 f.). – Zur Präexistenz vgl. Congar, Ecclesia ab Abel; Beumer, Die altchristliche Idee.
[38] Um die Frage möglicher Prioritäten und des Verhältnisses von Universalkirche und Ortskirchen hatte sich eine Debatte zwischen Walter Kasper und Joseph Ratzinger entsponnen: vgl. Kasper, Zur Theologie und Praxis des bischöflichen Amtes (1999); Ratzinger, Ekklesiologie der Konstitution *Lumen gentium*; Kasper, Das Verhältnis von Universalkirche und Ortskirche (2000). Vgl. dazu: Pottmeyer, Der mühsame Weg 299–308; McDonnell, The Ratzinger/Kasper Debate; ders., Pentecost; Kehl, Zum jüngsten Disput (= Der Disput der Kardinäle); Heim, Joseph Ratzinger 325–346.
[39] Dies sei ein „hermeneutischer Schlüsselbegriff" des Schreibens von 1992; vgl. HerKorr 47 (1993) 407.
[40] De Lubac, Quellen kirchlicher Einheit 50.
[41] G. Bier (Rechtsstellung des Diözesanbischofs) résümiert seine Untersuchung: „Die allgemeinen kodikarischen Bestimmungen zum Episkopat und zum Diözesanbischofsamt sowie die normative Ausgestaltung dieses Amtes in den kodikarischen Bestimmungen zeichnen den Diözesanbischof rechtlich als päpstlichen Beamten." (376) Kritisch zu diesem Urteil: Müller, Der Diözesanbischof. Freiling listet die universalkirchlichen Einwirkungsmöglichkeiten auf die Leitung der Diözese auf (Subsidiaritätsprinzip 177–183), Werneke (Ius universale 147–155) die Reservationen zugunsten der universalkirchlichen Autorität.

samtkirche und alle Ortskirchen; dieselbe Vollmacht aber dürfen die Bischöfe für ihre Diözesen beanspruchen (LG 27, 2; CD 8, 1).[42] Auf die Frage der Vereinbarkeit beider Unmittelbarkeiten hat sich das Konzil nicht eingelassen.

Beantwortet wird diese Frage in der Beziehung zwischen dem Papst und den (anderen) Bischöfen. Diese ist in negativer Abgrenzung leichter zu beschreiben: Auch solange die bischöfliche Jurisdiktion noch von der päpstlichen abgeleitet galt – für Kardinal Ottaviani war dies eine „sententia certa"[43] – und die Bischöfe darum „zu hierarchischer Unterordnung und wahrem Gehorsam verpflichtet" (DH 3060; 3804) wurden, waren sie doch nicht Stellvertreter des Papstes.[44]

Dem I. Vatikanum ergab sich das Problem der *duae potestates eiusdem speciei* in der Frage, ob mit dem Jurisdiktionsprimat des Papstes und seiner „immediata potestas" nun jede Diözese zwei Bischöfe habe,[45] in der Sorge, dass die eine Jurisdiktion mit der anderen konkurriere;[46] in der Furcht, dass die Bischöfe so zu päpstlichen Vikaren, d. h. zu bloßen Befehlsempfängern und ausführenden Organen würden.[47] Die Glaubensdeputation antwortet unter Hinweis auf Thomas von Aquin (STh V. suppl. q.8 a.5 ad 3); Bischof Pie (Poitiers) sekundiert mit Hinweis auf Sent. IV dist. 17 q.3 a.3 q.5 ad 3[48], unterstützt von Bischof Zinelli (Treviso)[49]: zwei Jurisdiktionen würden dann nicht konkurrieren bzw. einander neutralisieren, wenn sich eine der anderen unterordne. Erzbischof Melchers (Köln) fasste den Unterschied zwischen der „potestas ordinaria et immediata" der Bischöfe und des Papstes in der Bezeichnung „subordinata" zusammen.[50] Die Dogmatische Konstitution *Pastor aeternus* schärft die Verpflichtung „zu hierarchischer Unterordnung und wahrem Gehorsam" ein (DH 3060).

Die Diskussionen auf dem Konzil waren jedoch weit differenzierter und reichen bisweilen bereits an die Klärungen des II. Vatikanums heran. Nach einem Hinweis, auch die Bischöfe trügen zusammen mit dem Papst die Sorge für die Gesamtkirche,[51] konzediert Bischof Zinelli im Namen der Glaubensdeputation: „Gewiß haben die in einem ökumenischen Konzil mit dem Haupte vereinten Bischöfe, in welchem Fall sie die ganze Kirche darstellen, oder zerstreut, aber in Einheit mit ihrem Haupt, in welchem Fall sie selbst die Kirche sind, wahrlich die

---

[42] Vgl. Krämer, Universales und partikulares Recht 59–62; Mörsdorf, Unmittelbarkeit der päpstlichen Primatialgewalt. Speziell zu can. 333 § 1 CIC/1983 vgl. Werneke, Ius universale 109–115.
[43] Vgl. Ottaviani, Institutiones Iuris Canonici Ecclesiastici 368. Ottaviani verweist auf *Mystici corporis* (1943): AAS 35, 211f.
[44] Die Enzyklika *Satis cognitum* Leos XIII. (1896) wiederholt, die Bischöfe seien „nicht Stellvertreter der römischen Bischöfe, denn sie haben ihre eigene Vollmacht" (DH 3307); ähnlich die Enzykliken *Mystici corporis* (1943 – AAS 35 [1943] 211f. [DH 3804]); *Ad sinarum gentem* (1954 – AAS 47 [1955] 9); *Ad Apostolorum Principis* (1958 – AAS 50 [1958] 610).
[45] Vgl. Mansi 52, 1096C-D: „ecclesiam particularem esse bicipitem".
[46] So Bischof Stroßmayer (Mansi 52, 393A).
[47] So Mansi 51, 969A-B. Vgl. Dewan, „Potestas vere episcopalis" 703–705.
[48] Mansi 52, 33A.
[49] Mansi 52, 1105C.
[50] Vgl. Mansi 51, 937B. Vgl. May, Ego 477–483.
[51] Mansi 52, 1092A.

Die „communio hierarchica" in der Verantwortung für die Katholizität der Kirche

Fülle der potestas inne."[52] Die Ausübung dieser beiden Vollmachten könnten „sehr gut miteinander in Einklang gebracht werden, ohne dass man in die Kirche einen Verwirrung stiftenden Dualismus hineinbringt. Dies wäre der Fall, wenn diese beiden obersten Gewalten voneinander unterschieden oder getrennt wären; hingegen trennen gerade diejenigen den Kopf von den Gliedern, welche den Papst unter die Bischöfe – als Gesamtheit genommen oder beim Konzil versammelt – stellen ... Wenn der Papst also mit den zerstreuten oder versammelten Bischöfen die oberste und volle Gewalt ‚in solidum' ausübt, ist jeder Konflikt ausgeschaltet"[53].

Ausgelöst durch eine Circular-Depesche des Reichskanzlers von Bismarck, in der er feststellte, mit dem I. Vatikanum sei die bischöfliche Jurisdiktion, weil der Papst „in jeder einzelnen Diözese die bischöflichen Rechte in die Hand zu nehmen" in der Lage sei, in der päpstlichen aufgegangen, so dass die Bischöfe lediglich noch seine „Beamten ohne eigene Verantwortlichkeit" seien, stellte der deutsche Episkopat in seiner berühmten ‚Collektiv-Erklärung' (1875) klar, dies alles treffe so nicht zu, denn die Bischöfe seien „vom heiligen Geiste gesetzt und an die Stelle der Apostel getreten, (sie) weiden und regieren als wahre Hirten die ihnen anvertrauten Herden", wie es in *Pastor aeternus* heißt (DH 3061).[54] Pius IX. bestätigt im selben Jahr diese Erklärung; er habe dem nichts hinzuzufügen (DH 3117).

Leo XIII. offenbart in seiner Enzyklika *Satis cognitum* (1896) ein Problembewusstsein, wenn er neben dem Papst den Stand der Bischöfe (ordo episcoporum) zur innersten Verfassung der Kirche (intima Ecclesiae constitutio) rechnet. Die Verbundenheit mit dem Papst kann aber auch Leo nur so denken, dass der „ordo Episcoporum" dem Petrus untertan ist und ihm gehorcht (Petro subsit eique pareat). (DH 3308) Ausdrücklich unterstreicht die Enzyklika, dass die Unterordnung nicht nur für die Bischöfe als einzelne gelte, sondern auch für sie in ihrer Gesamtheit. Die Begründung stützt sich erneut auf Thomas (DH 3309).

In der theologischen Diskussion wird gelegentlich auf eine innere Bindung des päpstlichen Jurisdiktionsprimats hingewiesen, die in der ausdrücklichen Intention der Konzilsväter liege, diesen Primat „gemäß dem alten und beständigen Glauben der gesamten Kirche" (DH 3052)[55] zu definieren. Bischof Zinelli, der Sprecher der Glaubensdeputation, hatte im I. Vatikanum wohl versichert, der Apostolische Stuhl werde nicht unnötig in die Belange der Bischöfe eingreifen, da der Primat nicht zur Zerstörung (in destructionem) der Ordnung der Kirche da sei, sondern zu ihrem Aufbau (in aedificationem).[56] Und dass der Papst „seine Vollmacht jederzeit nach Gutdünken ausüben" könne, wird in der Nota praevia explicativa mit dem Nachsatz versehen: „wie es von seinem Amt her gefordert

---

[52] Mansi 52, 1109C.
[53] Mansi 52, 1109D-1110B.
[54] Text und Kommentar bei Rousseau, Der wahre Wert des Bischofsamtes; DH 3112–3117.
[55] *Pastor aeternus*, Vorrede. Vgl. DH 3065, 3069.
[56] Vgl. Mansi 52, 1105D.

ist", worin man eine Bindung und Begrenzung dieser Vollmacht sehen darf.[57] Auch das eigene Urteil (propria discretio) ist „auf das Wohl der Kirche ausgerichtet (intuitu boni Ecclesiae)" (nota Nr. 3). Es sind demnach innere Bindungen, keine rechtlichen Begrenzungen der päpstlichen Vollmacht, die die Beziehung Primat – Episkopat zum Wohl der Kirche gedeihen lassen. Die in dieser Beziehung angelegte Spannung lässt K. Rahner auf „das rechtlich ungesicherte Vertrauen in den Beistand des Geistes der Kirche"[58] setzen. Auch die Kirchenkonstitution vertraut darauf, dass der Kirche „Struktur und Eintracht der Heilige Geist immerfort stärkt" (LG 22, 2).

Das darf das letzte Wort bleiben, muss aber nicht das einzige sein. Eine innere, theologisch zu bestimmende Begrenzung müsste sich ergeben aus der ratio dieser Beziehung als dem Kriterium ihrer Stimmigkeit, woraus dann eine rechtliche Formel gefunden werden müsste, die diese Beziehung in „communiter contingentibus" regelt und so diese Relation ausdrückt, motiviert und schützt. Lässt sich die hier zur Debatte stehende „ratio relationis" genauer bestimmen?

Pastor aeternus erklärt: „So wenig aber beeinträchtigt diese Vollmacht des Papstes jene ordentliche und unmittelbare Vollmacht der bischöflichen Jurisdiktion …, dass sie vielmehr vom obersten und allgemeinen Hirten bejaht, gestärkt und geschützt wird gemäß jenem Wort des heiligen Gregor des Großen: ‚Meine Ehre ist die Ehre der gesamten Kirche. Meine Ehre ist die ungebrochene Tatkraft meiner Brüder. Dann bin ich wahrhaft geehrt, wenn einem jeden einzelnen die gebührende Ehre nicht versagt wird'" (DH 3061). Das Gregor-Wort wird in diesem Kontext zum Standardzitat,[59] und der Zusammenhang ist aufschlussreich: Papst Gregor schreibt dem Patriarchen Eulogius von Alexandrien, veranlasst durch den unterwürfigen Stil, in dem der Patriarch von einem ‚Befehl' Gregors gesprochen und ihn ‚universalen Papst' (universalis Papa) genannt hatte. Der antwortet: „Eure Seligkeit sagt zu mir ‚wie Ihr befohlen habt'. Diesen Ausdruck bitte ich von mir fernzuhalten, denn ich weiß, wer ich bin und wer Ihr seid. Dem Bischofssitz nach seid Ihr mein Bruder, der Heiligkeit nach mein Vater. Ich habe also keine Befehle gegeben, sondern mich lediglich gemüht, zu sagen, was mir nützlich erscheint. … Wenn aber Eure Heiligkeit mich universalen Papst nennt, zieht sie sich etwas ab, indem sie mir das Universale zuschreibt. Das darf nicht sein."[60] Beachtenswert ist die Sensibilität, mit der der Papst darauf achtet, dass, was ihm zugeschrieben

---

[57] Auch J. Ratzinger liest dies so in seinem Kommentar zur Nota explicativa praevia (LThK.E 1, 356). Doch ist es ja wiederum ins „Gutdünken" des Papstes gelegt, die Forderungen seines Amtes zu beurteilen. Dass der CIC/1983 in can. 331 das „sicut ab ipso suo munere requiritur" weglässt, lässt darin doch eine Einschränkung des päpstlichen ‚Gutdünkens' vermuten. In der CIC-Reformkommission war der Antrag abgelehnt worden, das Eingreifen des Papstes in die Belange einer Ortskirche ausdrücklich an die Bedingung zu knüpfen, dass außerordentliche Umstände vorlägen und die Autonomie der orientalischen Kirchen gewahrt blieben (Communicationes 8 [1976] 89).
[58] Rahner, Episkopat und Primat 35.
[59] Vgl. die Rede von Kardinal Frings am 30. 9. 1963 in der 37. Generalkongregation (AS II/1, 344). Auch *Pastor aeternus* zitiert Gregor (DH 3061).
[60] PL 77, 933B-C; übersetzt bei: Ratzinger, Primat und Episkopat 141.

wird, keinem anderen abgehe. Er zielt auf eine Beziehung freier gegenseitiger Anerkennung, die den anderen nicht nur lässt, sondern ihn auch so will: auf eine Einheit in Liebe und Wahrheit.[61] (Ein) Medium dieser Einheit ist in der Tat der Papst in seinem Petrusdienst. Solcherart Einheit setzt ein Selbstverständnis von Papst und Bischöfen voraus, nach dem diese die unverwechselbare Stimme ihrer Ortskirche zu Gehör bringen und zugleich die Stimmen der anderen hören unter einem Dirigenten, der in der Vielstimmigkeit das gemeinsame Lied heraushört und zur Geltung bringt, damit die Welt mit ihren Menschen aufhorcht; das Lied selbst aber komponiert in der Tonart des einen Kreuzes Jesu Christi der Heilige Geist.

3. Der Bischof und das Bischofskollegium

Das Bischofsamt ist ein sakramentales, darum pastorales und auch kollegiales Amt: Die Bischofsweihe nimmt in den Dienst, den Christus selbst im Heiligen Geist als Hirte seiner Kirche an ihr tut, einen Dienst, den sich alle Bischöfe teilen.[62] Bis zum Ende des 12. Jahrhunderts betete die Präfation bei der Bischofsweihe: „Tribuas, Domine, cathedram episcopalem ad regendam Ecclesiam tuam et plebem universam"; dann hieß es: „plebem sibi commissam".[63] Diese ursprüngliche Sicht wurde vom Zweiten Vatikanischen Konzil in seiner Lehre vom Bischofskollegium rehabilitiert.

Die Autorität des Bischofskollegiums hat das Konzil umfassend als „suprema ac plena potestas" beschrieben, deren Ausübung aber restriktiv geregelt (LG 22,1). Zugleich eröffnet die Kirchenkonstitution aber der Praxis der Kollegialität diesseits des „actus stricte collegialis" ein breites Spektrum wechselseitiger Beziehungen der Bischöfe: Patriarchatskirchen, Bischofskonferenzen, gegenseitige Hilfeleistungen (LG 23).

Probleme bereitet die genaue Bestimmung des theologischen Status solch regionaler Bischofskooperationen, in denen sich zwar nicht *die*, aber doch immerhin Glieder des Bischofskollegiums versammeln. Wenn die darin realisierte Sorge für die Gesamtkirche auch „nicht durch einen Akt der Jurisdiktion ausgeübt wird", trägt sie „dennoch in höchstem Maß zum Nutzen der Gesamtkirche" bei (LG 23,2). Die gewisse Verlegenheit spiegelt sich in *Christus Dominus*, wenn darin die Gliederung zwar programmatisch die Unterscheidung zwischen strikter und nicht-strikter Kollegialität umsetzt, im dritten, der Kooperation der Bischöfe gewidmeten Kapitel aber nicht nur von den Bischofskonferenzen, sondern auch

---

[61] Dieselbe Logik verfolgt *Lumen gentium* in Nr. 27,2, wo die Stelle aus *Pastor aeternus* aufgenommen und wiederholt wird, dass die Vollmacht der Bischöfe durch den Papst nicht nur „nicht ausgeschaltet, sondern im Gegenteil bestätigt, gestärkt und in Schutz genommen" wird. Von hier findet diese Formel Eingang in can. 333 § 1 CIC/1983.
[62] Ein Antrag, die Aussage, wonach es Sache der Bischöfe sei, „sowohl das gemeinsame Wohl als auch das Wohl der einzelnen Kirchen zu fördern" (CD 36,1), zu ändern, weil deren Sorge direkt den Ortskirchen und nur indirekt dem „bonum commune" gelte, wurde von der Kommission als mit der Lehre von *Lumen gentium* nicht voll übereinstimmend abgelehnt (AS IV/2, 607).
[63] Vgl. de Lubac, Quellen kirchlicher Einheit 79, Anm. 51.

von der altkirchlichen Synoden- und Konzilienpraxis die Rede ist (CD 36), mit der *Lumen gentium* die Lehre des Bischofskollegiums gerade einführt (LG 22, 1), während die Bischofssynode konsequenterweise im ersten Kapitel behandelt wird (CD 5). H. J. Pottmeyer identifiziert zwei nicht miteinander versöhnte Konzepte von Kollegialität: „Für den patristisch-altkirchlichen Typ baut sich die Kollegialität organisch von unten her auf und betätigt sich zunächst regional, für den neuzeitlich-universalistischen Typ sind kollegiale Akte im eigentlichen Sinn nur jene, die das Bischofskollegium zusammen mit dem Papst als seinem Haupt setzt; weil nur das universale Bischofskollegium göttlichen Rechts sei, bestreitet diese Position der Bischofskonferenz eine theologische Grundlage."[64]

Paul Gouyon, Erzbischof-Koadjutor von Rennes, verwies in seiner Rede während der 46. Generalkongregation auf den gemeinsamen geschichtlichen Ursprung sowohl des päpstlichen Primats wie auch der Kollegialität der Bischöfe in der Tradition der Kirche des 2. und 3. Jahrhunderts.[65] Er machte auf drei dabei wirksame Faktoren aufmerksam: die rege briefliche Korrespondenz[66], die Kirchenversammlungen zur Klärung gemeinsamer Fragen, etwa des Osterfeststreites, schließlich den kollegialen Charakter der Bischofsweihen; can. 4 des Konzils von Nikaia bestimmt, dass Bischöfe von möglichst allen, mindestens aber drei Bischöfen der Provinz ordiniert werden sollten.[67] Das wache Bewusstsein gemeinsamer Verantwortung für die ganze Kirche fand seinen Ausdruck vor allem in den zahlreichen Treffen der Bischöfe untereinander, seit der Hälfte des 2. Jahrhunderts in den Synoden, in denen sie bemüht sind, sie alle betreffende Fragen (Osterfest, „lapsi", Montanismus, Novatian, Häretikertaufe, trinitarische und christologische Themen ...) einvernehmlich zu klären, wovon dann in Synodalbriefen den anderen Bischöfen Kenntnis gegeben wird.[68] Auffallend ist das in allem sich manifestierende Bewusstsein der Einheit und die besonders in den Briefen Cyprians zu findende Betonung der Einstimmigkeit der Synoden.[69]

Nachdem die Päpste seit Damasus (366–384) zunehmend die Leitung der Gesamtkirche beanspruchten, wird der Apostolische Stuhl mehr und mehr zu einer den Provinzialsynoden übergeordneten Instanz,[70] bis Leo I. in ihnen „nicht Organe der Selbstregierung der Ortskirchen" sehen wird, sondern „auch eine konkrete Form der Ausübung des päpstlichen Primats"[71]. Im Zuge der gregorianischen Reform schließlich werden alle Partikularsynoden unter römischer Kontrolle ste-

---

[64] Pottmeyer, Art. Bischofskonferenz 498. Vgl. Ratzinger, Die bischöfliche Kollegialität 56–58.
[65] Vgl. AS II/2, 461–464, übers. in Congar – Küng – O'Hanlon (Hg.), Konzilsreden 46–49. Vgl. auch die Rede von Kardinal Frings am 14.10.1963 (AS II/2, 493 f.; Übers. in Weiler, Volk Gottes 186–189).
[66] Dazu vgl. Seeliger, Netzwerk.
[67] Vgl. Mortari, Consacrazione episcopale.
[68] Zur Kollegialität in der Alten Kirche und ihren Formen: Geerlings, Dialogische Strukturen 84–91; Congar, Von der Gemeinschaft der Kirchen 249–253; Botte, Kollegialität im Neuen Testament; ders., Kollegialcharakter 76–85; Marot, Vornicäische und ökumenische Konzile; Colson, L'épiscopat catholique; de Vries, Der Episkopat auf den Synoden vor Nicäa.
[69] Vgl. Vogel, Einheit der Kirche.
[70] Vgl. Sieben, Selbstverständnis und römische Sicht der Partikularsynode 23–35.
[71] Sieben, Selbstverständnis und römische Sicht der Partikularsynode 31.

Die „communio hierarchica" in der Verantwortung für die Katholizität der Kirche

hen. Während das Konzil von Trient in seinem Reformbestreben Provinzialkonzilien alle drei Jahre vorgeschrieben hatte;[72] verlangte der CIC/1917 wenigstens alle 20 Jahre ein solches (can. 283). Das signalisiert ihren Bedeutungsverlust.[73] Demgegenüber darf man die National- bzw. Plenarkonzilien, Kirchenversammlungen, die umfangreichere Kirchengebiete umfassen als eine Kirchenprovinz, als Vorläufer der heutigen Bischofskonferenzen betrachten.[74]

Hält man sich das Gewicht der Idee des Bischofskollegiums bei den Konzilsvätern vor Augen, dann wundert man sich über die Zurückhaltung, mit der sie das Prinzip der Kollegialität verbindlich auf die Institution der Bischofskonferenzen anzuwenden bereit waren. So sehr das Konzil die Bischofskonferenzen mehrfach empfahl (SC 22,2; LG 23,4; UR 8,4; CD 38), so sehr sie von Anfang der Konzilsberatungen an Thema waren,[75] blieben sie doch Gegenstand bisweilen paradox anmutender Auseinandersetzungen. Im Vordergrund standen zwei heftig umstrittene Fragen: die einer möglichen theologischen Begründung der pastoral so nützlichen Institution in der Idee der bischöflichen Kollegialität sowie die nach ihrer spezifischen Autorität, die Klärungen verlangte hinsichtlich der Mitglieder einer solchen Konferenz und der rechtlichen Verbindlichkeit ihrer Entscheidungen.

Die Entwicklung des Textes (CD 37–38) allein ergibt kein umfassendes Bild der Position der Konzilsväter zum Thema Bischofskonferenz. Zu oft kapitulierte die Kommission vor den unvereinbaren Positionen, die wohl keine Mehrheiten, aber doch Einmütigkeit verhindert hätten. Die Diskussionen über eine mögliche Begründung der Bischofskonferenzen in der bischöflichen Kollegialität haben im

---

[72] Vgl. Mörsdorf, Das synodale Element 568.
[73] Provinzialsynoden als Konzilien für alle Teilkirchen einer Kirchenprovinz sind mit dem Rückgang der Bedeutung eben dieser Kirchenprovinzen weitgehend aus dem Leben der Kirche verschwunden. *Christus Dominus* (36,2) hatte gewünscht, sie möchten mit neuer Kraft aufblühen. Nach dem CIC/1983 haben sie Gesetzgebungsvollmacht (cann. 439 § 2 – 446; ihre Beschlüsse bedürfen vor der Promulgation der Überprüfung (Rekognition), nicht der Approbation durch den Apostolischen Stuhl; einzuberufen sind sie „in Vorsorge für die pastoralen Bedürfnisse des Gottesvolks zum Wachstum des Glaubens, zur Lenkung des gemeinsamen pastoralen Wirkens, zur Ordnung der Sitten und zur Bewahrung, Einführung oder zum Schutz der gemeinsamen kirchlichen Disziplin" (Fürst, Art. Partikularkonzil 672); vgl. HdbKathKR § 36 II (Maritz), 416 f.; MKCIC 2 (Stoffel [1993]); Aymans-Mörsdorf 2, § 70, 299–308; Gerosa, Kirchenprovinz.
[74] Vgl. auch die unter Johannes Paul II. durchgeführten Erdteilsynoden und die daraus resultierenden Nachsynodalen Apostolischen Schreiben *Ecclesia in Africa* (1995), *Ecclesia in America* (1999), *Ecclesia in Asia* (2000) sowie *Ecclesia in Europa* (2003).
[75] Vgl. den Kommentar zu CD 37–38 in HThK Vat.II, Bd. 3, 287–291. Zu den Konzilsberatungen und den entstehenden Texten: Feliciani, Le conferenze episcopali 353–443.565–577; Anton, Conferencias episcopales 87–117; Sobánski, Der Entwurf der römischen Bischofskongregation. – Zur Geschichte der Bischofskonferenzen bis zum Konzil, deren gute Erfahrungen die Konzilsväter dazu ermutigten, sie energisch überall zu empfehlen, vgl. Leisching, Die Bischofskonferenz; Lill, Die ersten deutschen Bischofskonferenzen; Feliciani, Le conferenze episcopali 15–350; Anton, Conferencias episcopales 37–87. – Diese Geschichte muss gesehen werden Aug in Aug mit episkopalistischen Tendenzen: vgl. Ganzer, Gallikanische und römische Primatsauffassung; Vigener, Gallikanismus. – Zum Rückenwind der Erfahrungen der Geschichte kamen die Erfahrungen mit der Rolle der Bischofskonferenzen auf dem Konzil selbst, angefangen mit der Besetzung der Konzilskommissionen: vgl. Riccardi, Die turbulente Eröffnung 38–49; Raguer, Das früheste Gepräge 223–231.

Kirche entdeckt ihre Katholizität nach innen und außen

Text nur eine indirekte Spur hinterlassen, indem dieses Thema im dritten und nicht im ersten Kapitel von *Christus Dominus* verhandelt wird.

Die Konzilskommission hatte sich außerstande gesehen, sich festzulegen, ob im Handeln der Bischofskonferenzen eine *potestas collectiva* der beteiligten Bischöfe oder aber deren *collegialitas* zur Geltung komme.[76] Die damit angedeutete Alternative gilt es genauer zu prüfen. Die unbestritten gemeinsame (coniunctim) Ausübung der in der Konferenz versammelten Bischöfe ist gewiss nicht der „actus stricte collegialis", in dem die „potestas suprema ac plena" des Bischofskollegiums wirksam wird; das wird bis zum MP *Apostolos suos* (Nr. 9–10) zurecht regelmäßig unterstrichen. Doch ist damit lediglich die formalrechtliche Dimension berührt, in der die kollegiales bzw. strikt kollegiales Handeln vom gemeinsamen unterschieden werden kann,[77] nicht jedoch bereits die sakramentale, in der das gemeinsame und kollegiale Handeln der Bischöfe gründet. Die Konzilskommission muss ihre Redeweise „coniunctim" verteidigen, und sie tut es mit Hinweis auf die jedem Bischof eigene „sollicitudo omnium Ecclesiarum", von der im ersten Kapitel des Bischofsdekrets gehandelt worden sei, stellt also selbst eine Verbindung her zum kollegialen Handeln des Bischofskollegiums. J. Ratzinger stellt in seinem Kommentar zu der Nota praevia explicativa fest, dass die „gesamtkirchlich-kollegialen Akte weder der Normalfall noch auch vielleicht überhaupt das Wichtigste an der Kollegialitätsidee bedeuten, die vielmehr gerade die wesentlich plurale Communio-Struktur der Kirche ins Gedächtnis rufen will, um so die Grenze des Zentralismus und die Bedeutung des teilkirchlichen Geschehens ins Bewußtsein zu rücken, also jener kollegialen Handlungen, die den Bedingungen des actus stricte collegialis nicht unterliegen."[78] Warum soll es aber keine analoge Praxis von Kollegialität geben, soll diese nicht ein analoger Begriff sein können – ‚analog' nicht als uneigentlich verstanden! –, warum nicht auch die „communio Ecclesiarum"? Das MP *Apostolos suos* anerkennt die Bischofskonferenzen nicht als Teilverwirklichungen der Kollegialität des Episkopats[79], was aber etwa J. Ratzinger unmittelbar nach dem Konzil genau so gesehen hatte[80] und die Außerordentliche Bi-

---

[76] So Erzbischof Schäufele in seiner Relatio: AS III/6, 197. Zur Frage der theologischen Begründung der Institution Bischofskonferenz vgl. Antón, Conferencias episcopales 205–306; Kasper, Der theologische Status; Kasper, Nochmals: Der theologische Status; Pottmeyer, Was ist eine Bischofskonferenz?; ders., Der theologische Status.

[77] Auch Bischofskonferenzen handeln nicht nur gemeinsam, vielmehr auch formalrechtlich kollegial in den ihr zugewiesenen Einzelkompetenzen (vgl. CD 38,4).

[78] Ratzinger, in: LThK.E 1, 357.

[79] Die Unterscheidung zwischen ‚affektiver' und ‚effektiver Kollegialität' scheint auf der Bischofssynode 1969 geboren worden zu sein (Angel, La collegialità 92 f.); vgl. Winterkamp, Bischofskonferenz. – Das MP *Apostolos suos* sieht in der ‚kollegialen Gesinnung' (collegialis affectus) die alleinige theologische Begründung für die Bischofskonferenzen, deren „sehr konkrete Anwendungsweise" diese seien (Nr. 12.14) Aber soll sich der „affectus" nicht ohne „fundamentum in re" entfalten, muss er in der Sakramentalität des Bischofsamtes gründen, das ein kollegiales ist, mit und ohne Affekt. Die kollegiale Einheit (collegialis unio) des Kollegiums tritt ja „in den wechselseitigen Beziehungen der einzelnen Bischöfe zu den Teilkirchen und zur Gesamtkirche in Erscheinung" (LG 23,1).

[80] Vgl. Ratzinger, Die pastoralen Implikationen 26: „Die Kollegialität der Bischöfe ist der Ausdruck dafür, dass es in der Kirche eine geordnete Vielheit (unter und in der durch den Primat gewährleisteten Einheit) geben soll. Die Bischofskonferenzen sind also eine der möglichen Spiel-

schofssynode 1985 tut.[81] Ein Amt, das dem Ganzen gilt, muss darum noch nicht auch in jedem Fall aufs Ganze gehen und wird sich darum noch nicht untreu, wenn Bischöfe sich in ihrer ja sakramental begründeten gesamtkirchlichen Verantwortung gemeinsam für verschiedene Ortskirchen einsetzen im Rahmen einer Kirchenprovinz, eines Landes oder im Horizont eines Erdteils.[82]

4. Der Bischof von Rom: Papst und Patriarch

Das Zweite Vatikanische Konzil differenziert in seinen Debatten und Texten nicht zwischen dem Papst als dem Nachfolger im Petrusdienst und dem Patriarchen des Abendlandes bzw. der lateinischen Kirche. Es baut auf den Erfahrungen im Verhältnis zum Bischof von Rom auf, wie es sich in der lateinischen Kirche des Westens in anderthalb Jahrtausenden entwickelt hat, und nimmt auch nur, wenigstens primär, diese in den Blick.

Die im ersten Jahrtausend der Kirche sichtbare und wirksame Unterscheidung von primatialer und patriarchaler Vollmacht[83] erübrigt sich, wenn zum einen – wie in der Kirche des Westens im zweiten Jahrtausend – eine universalistische Ekklesiologie zunehmend alle Autorität in der Kirche unmittelbar von der des Papstes ableitet und dabei alle möglichen Zwischeninstanzen tendenziell bedeutungslos werden; und wenn zum anderen die römische Ortskirche sich als „eine einzige Diözese von virtuell universalem Ausmaß"[84] exklusiv mit der einen, heiligen, katholischen und apostolischen Kirche des Credo identifiziert, solange also eine Einheit aller Christen nur unter der Perspektive einer „Rückkehrökumene" in den Blick kommt.[85] Jetzt aber spricht das Konzil von „Kirchen oder kirchlichen Gemeinschaften" (LG 15) bzw. „getrennten Kirchen und Gemeinschaften" (UR 3,4)[86] außerhalb der römisch-katholischen Kirche; seit Paul VI. reden die

---

formen der Kollegialität, welche darin Teilrealisierungen erfährt, die ihrerseits auf das Ganze verweisen." (= ders. Kollegialität der Bischöfe 222); ähnlich Onclin, Kollegialität der Bischöfe. Zum Wandel der Anschauungen Ratzingers vgl. Weiler, Volk Gottes 333–345, und Müller – Pottmeyer (Hg.), Die Bischofskonferenz, bes. 54–59, auch das Personenregister a. a. O. 304.
[81] Vgl. das Schlussdokument II. C. 4 (Zukunft aus der Kraft des Konzils 36).
[82] Vgl. Onclin, Kollegialität der Bischöfe. Zu denken ist hier etwa an die Internationalen Vereinigungen von Bischofskonferenzen wie CELAM, CCEE oder die anderen im Päpstlichen Jahrbuch verzeichneten Zusammenschlüsse. Vgl. Houtard, Die modernen Formen der bischöflichen Kollegialität 553–573.
[83] Vgl. die historischen Studien von P. Batiffol (Cathedra Petri 41–79) und H. Marot (Strukturelle Dezentralisierung; Einheit der Kirche).
[84] Congar, Von der Gemeinschaft 257.
[85] Papst Pius IX. hatte anlässlich der Einberufung des I. Vatikanums alle nicht-katholischen Christen eingeladen, ‚in den Schafstall Christi' bzw. den ‚Schoß der Mutter Kirche' zurückzukehren. (Vgl. Schatz, Vaticanum I, 126–132; DH 2997–2999). Dass mit den unierten Ostkirchen doch auch ein anderes Modell wirksam ist, wird im Folgenden noch deutlich.
[86] Auch die Enzyklika *Ut unum sint* (1995) spricht davon, dass, wo „diese Elemente [= der Heiligung und der Wahrheit; G. B.] in den anderen christlichen Gemeinschaften vorhanden sind, ... die eine Kirche Christi in ihnen wirksam gegenwärtig" ist (Nr. 11), und redet von „aus der Reformation hervorgegangenen Kirchen und Gemeinschaften" (Nr. 65). – Vgl. Neuner, Kirchen und kirchliche Gemeinschaften; Kasper, Der ekklesiologische Charakter der nichtkatholischen

Päpste, auch das Konzil (UR 14,1), von den „Schwesterkirchen" des Ostens und des Westens, den orthodoxen Kirchen und der römisch-katholischen Kirche,[87] und es ist zu wünschen, dass es einmal noch andere Kirchen geben wird, denen die Kirche von Rom den Ehrentitel „Schwesterkirche" nicht mehr verweigern zu müssen glaubt.[88]

Die terminologische Klärung der Note der Kongregation für die Glaubenslehre zum Begriff „Schwesterkirchen", nach der „im eigentlichen Sinn ... Schwesterkirchen ausschließlich Teilkirchen (oder Teilkirchenverbände, wie etwa Patriarchate oder Kirchenprovinzen) untereinander" sind (Nr. 10), man aber nicht sagen könne, „dass die katholische Kirche Schwester einer Teilkirche oder eines Teilkirchenverbandes ist" (Nr. 11), ist ohne Widersprüche mit der in derselben Note referierten Rede der Päpste von den „Schwesterkirchen des Ostens und des Westens" nur vereinbar, wenn man unterscheidet zwischen der ‚universalen, einen, heiligen, katholischen und apostolischen Kirche', die „nicht Schwester, sondern Mutter aller Teilkirchen ist"[89], von der man jedenfalls nicht im Plural sprechen kann, und eben der Kirche des Westens, man könnte sagen: zwischen der katholischen und der römisch-katholischen Kirche. Erstere wäre die im Credo bekannte „einzige komplexe Wirklichkeit, die aus menschlichem und göttlichem Element zusammenwächst" (LG 8,1), also durchaus als eine auch empirische Größe gedacht werden muss, die in letzterer subsistiert (LG 8,2). Entsprechend wäre zwischen dem primatialen und dem patriarchalen Dienst des Bischofs von Rom zu differenzieren.[90]

Kirchen; Stakemeier, Kirche und Kirchen. – Wichtig ist, dass in diesem Kontext ‚Kirche' ein analoger Begriff ist: Orthodoxe und aus der Reformation hervorgegangene Kirchen sind nicht in derselben Weise Kirche wie die römisch-katholische Kirche und wollen das auch gar nicht sein; vgl. das Interview Kardinal Ratzingers mit der FAZ (22.9.2000), in: Rainer (Red.), „Dominus Iesus" 31f.

[87] Vgl. Ut unum sint Nr. 56–60. – In der Erklärung von Balamand (1993) Nr. 14 „... erkennen sich die Katholische Kirche und die Orthodoxe Kirche gegenseitig als Schwesterkirche an" (DwÜ 3, 562).

[88] 1950 hatte das Heilige Offizium energisch die Ansicht verworfen, dass, fänden diese ‚Kinder' zurück, sie „der Kirche mit der Rückkehr zu ihr etwas Wesentliches bringen (würden), dessen sie bis dahin entbehrte" (Instruktion De motione oecumenica in: Rohrbasser, Heilslehre der Kirche Nr. 695). 1995 spricht die Enzyklika Ut unum sint behutsam davon, dass in den christlichen Gemeinschaften außerhalb der römisch-katholischen Kirche „gewisse Aspekte des christlichen Geheimnisses bisweilen sogar wirkungsvoller zutage treten" als in ihr, so dass diese von ihnen auch bereichert werden könne (Nr. 14).
Die Erklärung der Kongregation für die Glaubenslehre Dominus Iesus spricht den aus der Reformation hervorgegangenen kirchlichen Gemeinschaften das Kirchesein „im eigentlichen Sinn" ab, weil sie „den gültigen Episkopat und die ursprüngliche und vollständige Wirklichkeit des eucharistischen Mysteriums nicht bewahrt haben" (Nr. 17). Das Konzil hatte mit der Formel „Kirchen und kirchliche Gemeinschaften" den kirchlichen Status offen gelassen. – Vgl. auch die Note der Kongregation für die Glaubenslehre zum Begriff „Schwesterkirchen" vom 30.6.2000. Vgl. dazu: Rainer (Red.), „Dominus Iesus"; Brun, Schwesterkirchen; Neuner, Belastungsprobe für die Ökumene, bes. 727–736; Pannenberg, Die Einzigkeit Jesu Christi. Zur Position des Konzils vgl. Tück, Abschied von der Rückkehr-Ökumene. Vgl. auch die Erläuterung zum Ausdruck „Schwesterkirchen" von Lanne, Eglises unies ou Eglises-sœurs; ders., Eglises sœurs.

[89] Vgl. auch die Note der Kongregation für die Glaubenslehre zum Begriff „Schwesterkirchen" (30.6.2000) Nr. 10.

[90] Vgl. Ratzinger, Konkrete Formen bischöflicher Kollegialität 156–159; ders., Art. Primat.

Die „communio hierarchica" in der Verantwortung für die Katholizität der Kirche

Dem primatialen Petrusdienst gilt die Einladung Johannes Pauls II. in *Ut unum sint* (1995), „mit mir einen brüderlichen, geduldigen Dialog aufzunehmen" mit dem Ziel, „eine Primatsausübung zu finden, die zwar keineswegs auf das Wesentliche ihrer Sendung verzichtet, sich aber einer neuen Situation öffnet", „damit wir ganz offensichtlich miteinander die Formen finden können, in denen dieser Dienst einen von den einen und anderen anerkannten Dienst der Liebe zu verwirklichen vermag" (Nr. 96.95).[91] Dann könnte es auch konsequent sein, zwischen dem Dienst des römischen Bischofs innerhalb der westlichen, lateinischen Kirche – der römisch-katholischen Kirche – und seinem Dienst gegenüber den Kirchen der Orthodoxie wie auch der reformatorischen Tradition in einer künftigen Einheit der Christen zu unterscheiden.[92] Für die patriarchal geleiteten Kirchen des Ostens wäre der Bischof von Rom als Nachfolger des Petrus der erste der Patriarchen der ‚Pentarchie', der „im Liebesbund den Vorsitz führt"[93], für die Kirche des Westens hätte er überdies die Funktionen eines lateinischen Patriarchen.

Das Konzil trifft diese Unterscheidung zwischen dem primatialen und dem patriarchalen Dienst des Bischofs von Rom nicht explizit. Doch verabschiedet es ein eigenes Dekret über die katholischen Ostkirchen *(Orientalium Ecclesiarum)*, das zwischen Teilkirchen (particulares Ecclesiae) des östlichen und des westlichen Ritus unterscheidet (OE 2–3). Die Kirchen beider Riten sind „in gleicher Weise der Hirtenführung des römischen Papstes anvertraut", mit gleicher Würde und ohne Vorrang der einen gegenüber der anderen (OE 3). Und „die Kirchen des

---

[91] Vgl. den Forschungsbericht über die Reaktionen auf die Einladung des Papstes „Der Dienst des Bischofs von Rom an der Einheit der Christen", verschiedene Tagungsdokumentationen (Hünermann [Hg.], Papstamt und Ökumene; Hell – Lies [Hg.], Papstamt; Il primato del successore di Pietro; Acerbi [Hg.], Il ministero del Papa in prospettiva ecumenica; Brosseder – Sanders [Hg.], Der Dienst des Petrus; v. Aristi u. a., Das Papstamt) sowie Pottmeyer, Die Rolle des Papsttums.
[92] Für die evangelische Theologie: „Die Amtsgewalt des Papstes als Bischof von Rom und als Patriarch des Abendlandes ist zu unterscheiden von seiner gesamtkirchlichen Autorität, und gerade eine solche Unterscheidung würde die Anerkennung und Wirkung der Autorität des römischen Bischofs in der Ökumene nur fördern können." (Pannenberg, Das Papsttum 148) Vgl. Ratzinger, Das neue Volk Gottes 142.
[93] Ignatius von Antiochien, Ad Rom. Präskript. Dieser ‚Ehrenprimat' ist durchaus mit wirksamer Autorität ausgestattet, nicht jedoch im Sinne etwa eines Jurisdiktionsprimats des I. Vatikanums. Das Dokument von Valamo (1988), Frucht der Gemischten Internationalen Kommission für den theologischen Dialog zwischen der Römisch-Katholischen Kirche und den orthodoxen Kirchen, erinnert im Schlusskapitel an den Vorrang der Kirche von Rom im ersten Jahrtausend (DwÜ 2, 564).
Zur Geschichte, Idee und Theorie der erstmals bei den Kirchenhistorikern Sokrates und Sozomenos literarisch greifbaren, in Chalkedon konziliar wirksamen und unter Justinian juristisch fixierten Pentarchie vgl. Gahbauer, Die Pentarchietheorie. Auf dem Konzil hatte sich besonders Abt Hoeck (104. Generalkongregation [19.10.1964]: AS III/5, 72–74) für die Erneuerung dieses Modells von Kircheneinheit stark gemacht (vgl. dazu auch Gahbauer, Patriarchalstruktur).
Papst Johannes Paul II. erklärte selbst: „Der Nachfolger des Petrus, das heißt der Bischof von Rom, ... hat seine Stelle inmitten der alten Patriarchalkirchen" (Allocuzione di Giovanni Paolo II all'Assemblea Plenaria della Commissione per la Revisione del Codice di diritto canonico orientale: L'Osservatore Romano 13.11.1988; zit. n. Salachas, Ortskirche in der universalen Gemeinschaft der Kirchen 272).

Ostens wie auch des Westens haben das volle Recht und die Pflicht, sich jeweils nach ihren eigenen Grundsätzen zu richten, die sich durch ihr ehrwürdiges Alter empfehlen, den Gewohnheiten ihrer Gläubigen besser entsprechen und der Sorge um das Seelenheil angemessener erscheinen" (OE 5). In der Folge werden auch zwei verschiedene Gesetzbücher erlassen, der CIC/1983 für die lateinische Kirche und der CCEO/1990 für die 21 orientalischen Kirchen, deren Canones nur die jeweiligen Kirchen betreffen.[94]

Der *Codex Canonum Ecclesiarum Orientalium* ersetzt nun den Begriff der „Rituskirche (Ecclesia ritualis)" (can. 111 § 1 CIC/1983) durch den Terminus der „eigenberechtigten Kirche (Ecclesia sui iuris)" (can. 27 CCEO)[95]: Gemeint ist damit die durch eine Hierarchie geleitete Gemeinschaft von Gläubigen, zu der ein Ritus gehört, d. h. ein je eigenes liturgisches, theologisches, geistliches und disziplinäres Erbe, und die diesen Ritus selbständig bewahrt und weiterentwickelt, also ein Kirchenverband, wie er etwa in der orthodoxen Tradition der Patriarchatskirchen begegnet (can. 28 CCEO). Diesen kommt nun aber nicht lediglich eine Ehrenstellung zu (wie in der lateinischen Kirche des Westens: can. 438 CIC/1983), sondern eine Rechtsposition, womit die Verfassung der Kirche sich dann über drei Ebenen erstreckt: die universale Kirche mit dem Papst, die ‚eigenberechtigte Kirche' z. B. mit dem Patriarchen und die Ortskirche bzw. Eparchie mit dem Bischof.

Neben einer bestimmten Gemeinschaft von Gläubigen und einer Hierarchie kennzeichnet die ‚eigenberechtigte Kirche' ihre Anerkennung durch die höchste Autorität der Kirche, also den Papst bzw. das Bischofskollegium mit ihm, gerade in ihrer Eigenberechtigung, konkret der Selbstverwaltung dieser Teilkirchengemeinschaft (cann. 42–54 CCEO). Diese Anerkennung schließt eine Autokephalie aus, begründet wohl aber eine relative Autonomie, eine „papanome Autonomie"[96]. Auch die lateinische Kirche stellt eine solche Form der ‚eigenberechtigten Kirche' (Ecclesia ritualis sui iuris) dar[97], mit eigenem Gesetzbuch, einer besonders ausgeprägten Beziehung zum Bischof von Rom, der führenden Rolle des römischen Ritus, der geschichtlich-kulturell-theologischen Prägung fast zweier Jahrtausende.

Die besondere ökumenische Bedeutung der unierten Ostkirchen mit ihrem eigenen Gesetzbuch und dessen Konzept einer relativen Autonomie der ‚eigenberechtigten Kirchen' könnte darin liegen, dass hier eine mögliche plurale Gestalt der Beziehungen von Kirchen zum Bischof von Rom als dem Nachfolger Petri angezeigt ist. Der Widerstand der Orthodoxie wie auch der Kirchen der Reformation gegen die gegenwärtig im lateinischen Westen ausgeprägte Form des Petrusdienstes muss sich nicht gegen diesen als solchen richten.[98]

---

[94] So die jeweils einleitenden cann. 1 des CIC/1983 wie des CCEO. Vgl. Schon, Der Codex Canonum Ecclesiarum Orientalium; Potz, Der Codex Canonum Ecclesiarum Orientalium 1990.
[95] Vgl. zum Folgenden Demel, Die eigenberechtigte Kirche 249–257.
[96] Demel, Die eigenberechtigte Kirche 252.
[97] Vgl. cann. 111 f. CIC/1983; cann. 37.41.322 § 1.432.696 § 1.830 § 1.916 § 5.1465 CCEO.
[98] Vgl. Demel, Die eigenberechtigte Kirche 261–270.

Die „communio hierarchica" in der Verantwortung für die Katholizität der Kirche

Die Handlungsfähigkeit der beschriebenen, vom Konzil als iuris divini unterstrichenen drei Instanzen Papst – Bischofskollegium – Ortsbischof ist nicht einfach und in jedem Fall gegeben; sie hat sich vielmehr in konkreten Situationen immer neu zu bewähren. Dass sie alle ihren jeweiligen Ort nur innerhalb der communio (hierarchica) haben können[99], impliziert ein Aufeinander-hingeordnet-Sein und Aufeinander-angewiesen-Sein: keine der drei Instanzen lässt sich auf eine der anderen zurückführen, keine vermag auf Dauer ohne die anderen fruchtbar zu werden.

Die damit gegebenen Beziehungen realisieren sich in unterschiedlichsten Vollzügen, die nur im Bereich der Regularia (z.B. Bischofsernennungen ...) auch rechtlich geregelt werden können. In solchen Regelungen müssen die beschriebenen Prinzipien vermittelt werden und erkennbar bleiben, die dem Konzil zu entnehmen sind, ebenso aber in all den nicht juridisch zu fassenden und dennoch rechtsrelevanten Situationen und Anlässen. Diese Prinzipien orientieren die konkrete Praxis der communio hierarchica und sind zugleich deren kritischer Maßstab. Das bedeutet: Die Gestalt der communio hierarchica und ihre Praxis sind in dem Maße legitim, als darin alle drei Momente zur Geltung gebracht werden können. In dieser Perspektive wäre nicht nur die von Johannes Paul II. selbst gestellte Frage nach einer angemesseneren Gestalt des Petrusdienstes zu beantworten, auch die offenen Fragen nach der Form der Bischofssynode oder dem Status der Bischofskonferenzen könnten in diesem Licht betrachtet werden.

---

[99] Auch wenn das Papstamt in den Konzilstexten nicht so ausdrücklich als communial-kollegiales gekennzeichnet wird, handelt der Papst doch, selbst wenn er allein handelt, immer als Haupt des Kollegiums der Bischöfe; vgl. Kasper, Das Petrusamt 127.

II. Liturgie ortskirchlich – weltkirchlich

von Reiner Kaczynski

Das II. Vatikanische Konzil hat sich am Beginn des ersten von ihm ausführlich diskutierten und schließlich verabschiedeten Dokuments zu folgendem Sinn und Zweck des Konzils bekannt: das christliche Leben der Gläubigen zu vertiefen, sodann das Wandelbare an den kirchlichen Einrichtungen den Bedürfnissen der heutigen Zeit anzupassen, ferner, was immer zur Einheit aller Christgläubigen beitragen kann, zu fördern und schließlich alles zu stärken, was dazu helfen kann, alle Menschen in den Schoß der Kirche zu rufen. Aufgrund dessen hat es das Konzil als seine Aufgabe angesehen, sich in besonderer Weise um die Erneuerung und Förderung der Liturgie zu bemühen.[1] Selbstverständlich dachten die meisten Konzilsväter, ohne die verschiedenen orientalischen und abendländischen Liturgien und unterschiedlichen Liturgiefamilien, die besonderen Diözesan- und Ordensliturgien überhaupt in den Blick zu nehmen, an die Liturgie ganz allgemein, wobei den meisten von ihnen wohl nur die zentralistisch geregelte römische Liturgie in ihrer damals geltenden Form als die weltweit verbreitetste vor Augen stand, die oft genug auch in römischen Dokumenten so behandelt wurde und immer noch wird, als ob sie und nur sie die Liturgie der „Gesamtkirche" sei.

1. Weltkirchliche Liturgie bedarf der Anpassung

Dieser mögliche Eindruck benötigte nach Einschätzung der Konzilsväter eine Ergänzung und Korrektur. Sie wurde in SC 37 formuliert: „In den Dingen, die den Glauben oder das Allgemeinwohl nicht betreffen, wünscht die Kirche nicht eine starre Einheitlichkeit der Form zur Pflicht zu machen, nicht einmal in ihrem Gottesdienst; im Gegenteil pflegt und fördert sie das glanzvolle geistige Erbe der verschiedenen Stämme und Völker; was im Brauchtum der Völker nicht unlöslich mit Aberglauben und Irrtum verflochten ist, das wägt sie wohlwollend ab. Und wenn sie kann, sucht sie es voll und ganz zu erhalten. Ja, zuweilen gewährt sie ihm Einlass in die Liturgie selbst, sofern es grundsätzlich mit dem wahren und echten Geist der Liturgie vereinbar ist." Damit ist einer Uniformität der im römischen Ritus gefeierten Liturgie eine klare Absage erteilt und einer gewissen Anpassung grundsätzlich der Weg bereitet.

Die Väter legten ferner auf eine weitere Präzisierung der mit SC 37 gewährten Anpassungsmöglichkeiten wert; sie findet sich in SC 38: „Unter Wahrung der Einheit des römischen Ritus im Wesentlichen ist berechtigter Vielfalt und Anpas-

---

[1] Vgl. SC 1.

sung an die verschiedenen Gemeinschaften, Gegenden und Völker, besonders in den Missionen, Raum zu belassen, auch bei der Revision der liturgischen Bücher. Dieser Grundsatz soll entsprechend beachtet werden, wenn die Gestalt der Riten und ihre Rubriken festgelegt werden."

Eine derartige Festlegung hat nur für den in fast allen Gebieten der Erde gefeierten römischen Ritus Sinn. Die anderen noch bestehenden abendländischen Liturgien, die altspanische und die mailändische, sind lokal begrenzt, während die einst im Abendland am weitesten verbreitete Liturgie, die altgallische, im 8. Jahrhundert und die keltische Liturgie im 12. Jahrhundert untergegangen sind.[2] Ebenso brauchen im Hinblick auf die orientalischen Liturgien keine Anpassungsmöglichkeiten bestimmt zu werden, da nur wenige dieser Liturgien, vor allem infolge politischer Entwicklungen, heute über ihre althergebrachten Grenzen hinaus verbreitet sind, vor allem aber weil die Regelung der Liturgie grundsätzlich in die Kompetenz der Patriarchen und ihrer Synoden, gegebenenfalls in die der einzelnen Bischöfe, und nicht in die eines ökumenischen Konzils fällt, ähnlich wie auch die Reform der römischen Liturgie in die Kompetenz des Bischofs von Rom, nicht eigentlich als Papstes der Gesamtkirche, sondern vielmehr als Patriarchen des Abendlandes fällt.

Zu beachten ist, dass SC 37 eine Anpassung nur an verschiedene Stämme und Völker vorsieht, während SC 38 von einer berechtigten Vielfalt und Anpassung der römischen Liturgie an die verschiedenen Gemeinschaften, Gegenden und Völker spricht, womit auch eine Anpassung an verschiedene Kulturen gemeint ist, wie sie einige Väter in ihren Eingaben an die Vorbereitende Kommission wohl beabsichtigt haben.[3] Die vierte Instruktion zur ordnungsgemäßen Durchführung der Liturgiekonstitution *Varietates legitimae* vom 25. Januar 1994 hat zwar gemäß ihrer Überschrift „De Liturgia romana et inculturatione" in ihren Ausführungsbestimmungen zu SC 37–40 auch zur Inkulturation der Liturgie Hinweise gegeben,[4] bestreitet aber für die altchristlichen Länder der westlichen Kirche eine Notwendigkeit der Inkulturation.[5]

2. Ortskirchliche Eigenliturgien sind weitgehend aufgegeben

Die nach dem Zweiten Vatikanum in Rom erschienenen lateinischen liturgischen Bücher für die Gottesdienstfeier im römischen Ritus gelten für das Gebiet des römischen Ritus als ganzes, aber in ihren Übersetzungen auch für alle Ortskirchen dieses Gebietes. Ortskirchliche Eigenliturgien bestehen schon lange nicht mehr. Sie hatten sich im deutschen Sprachgebiet, was das Messbuch betraf, nur in Köln, Münster und Trier bis ins 19. Jahrhundert halten können. Darüber hi-

---

[2] Vgl. Heinz, Liturgien.
[3] Vgl. z. B. AD I/II App. 2, 253 (Nr. 27) und 258 (Nr. 65 und 66).
[4] Vgl. den Text der Instruktion: AAS 87 (1994) 288–314; sowie die anonymen Kommentare: Notitiae 30 (1994) 152–166 und 31 (1995) 161–181, ferner jene von H. Rennings und H. B. Meyer.
[5] Vgl. unten in Abschnitt 4, v. a. den Text in Anm. 13.

naus gab es bis zum Zweiten Vatikanum den Eigenritus für die Messfeier im Erzbistum Lyon.[6] Über das Zweite Vatikanum hinaus besteht nur noch der eigene Messritus des Erzbistums Braga (Portugal).[7] Ortskirchliche Eigenheiten in der römischen Liturgie gibt es im Übrigen nur noch im Hinblick auf die Feier der stets dem ortskirchlichen Prinzip folgenden Heiligengedenktage und -feste.

Inzwischen sind freilich ortskirchliche liturgische Bücher ganz anderer Art erschienen, nämlich für Gottesdienste, die in römischen liturgischen Büchern nicht zu finden sind bzw. als Alternativtexte zu den Texten der römischen Liturgie. Sie seien, ohne auf Vollständigkeit bedacht zu sein, hier angeführt. Es handelt sich um liturgische Bücher zur Wortgottesfeier, zur Feier des Fronleichnamsfestes (und der Bitttage), zur Feier der Heiligen Woche und zur Feier der Beerdigung.

– Zur Wortgottesfeier

Eine Pionierrolle kommt hierbei dem Heft zu:

Hugo Aufderbeck, Stations-Gottesdienste, Leipzig – Heiligenstadt 1972.

In Anlehnung an dieses Heft wurde aufgrund des längere Zeit hindurch vorbereiteten Beschlusses „Gottesdienst" der Gemeinsamen Synode der Bistümer in der Bundesrepublik Deutschland vom 21. November 1975 in das Katholische Gebet- und Gesangbuch „Gotteslob" unter Nr. 370 der Ritus für eine „Kommunionfeier" aufgenommen, der verstanden werden kann als „Wortgottesdienst mit anschließender Kommunion".

Später erschienen:

Hugo Aufderbeck, Stations-Gottesdienst. Kommunionfeier. Texte für den sonntäglichen Gottesdienst ohne Priester in den Außenstationen der Diaspora, Leipzig – Heiligenstadt 1979.

Hugo Aufderbeck, Wort-Gottesdienste. Kommunionfeiern am Sonntag. Mit einem Geleitwort von Erzbischof Karl Berg und einer Einführung von Philipp Harnoncourt, Graz 1979.

Auf private Initiative hin erschienen:

Bernhard Frei, Priesterloser Gottesdienst. Modelle und Anregungen, Regensburg 1976.

Ferner für alle Lesejahre: Karl Schlemmer, Gemeinde am Sonntag. Die Feier von Wortgottesdiensten ohne Priester, 3 Bde., Freiburg – Basel – Wien 1983, 1984, 1988.

25 Jahre nach der ersten Veröffentlichung von Bischof Hugo Aufderbeck haben sich nach längerem Zögern die Bischöfe des deutschen Sprachgebietes zu einschlägigen Veröffentlichungen entschlossen:

Liturgisches Institut Zürich im Auftrag der deutsch-schweizerischen Bischöfe (Hg.), Die Wortgottesfeier. Der Wortgottesdienst der Gemeinde am Sonntag. Vorsteherbuch für Laien, Freiburg/Schweiz 1997.

Liturgische Institute Deutschlands und Österreichs im Auftrag der Deutschen

---

[6] Vgl. Buenner, L'ancienne liturgie romaine. Roudil, La messe pontificale; Buenner, Liturgiefeier von Lyon.

[7] Vgl. Missal Bracarense, Ordinário da Missa, Secretaria Arquiepiscopal de Braga 1972; der Text wurde am 18. November 1971 konfirmiert: Notitiae 8 (1972) 114 f.

Bischofskonferenz, der Österreichischen Bischofskonferenz und des Erzbischofs von Luxemburg (Hg.), Wort-Gottes-Feier. Werkbuch für die Sonn- und Festtage, Trier 2004.
– Zur Feier des Fronleichnamsfestes
Die Feier des Fronleichnamsfestes, hg. im Auftrag der Österreichischen Bischofskonferenz, Salzburg 1979.
Die Feier des Fronleichnamsfestes und der Bittage, hg. im Auftrag der Berliner Bischofskonferenz von der Liturgiekommission der Berliner Bischofskonferenz, Leipzig 1992.
– Zur Feier der Heiligen Woche
Bischöfliches Generalvikariat Trier. Hauptabteilung Pastorale Dienste (Hg.), Manuale Trevirense. Heilige Woche – Karwoche und Ostern. Eigenfeiern des Bistums Trier. Studienausgabe, Trier 1999.
– Zur Feier der Beerdigung
Karl Wagner, Die Feier der Beerdigung, mit einem Vorwort v. Christoph Kardinal Schönborn, Freiburg – Basel – Wien 2001.

3. Partikularkirchliche Liturgie wurde vom Zweiten Vatikanum eingeführt und geregelt

Die römische Kirche hat die Möglichkeit eröffnet, anstelle ortskirchlicher Liturgiefeiern partikularkirchliche, d. h. solche für größere, mehrere Ortskirchen umfassende Gebiete (Länder, Provinzen, Territorien der Bischofskonferenzen) einzuführen.

Dem entspricht auch die Regelung der liturgischen Gesetzgebung in SC 22: § 1 nennt den Apostolischen Stuhl und den Bischof als Autoritäten, denen das Recht zusteht, die Liturgie zu ordnen. Erst in § 2 werden die Bischofskonferenzen genannt, denen nach allen späteren Dokumenten eine wesentlich höhere Kompetenz bei der Ordnung der Liturgie zukommt als dem einzelnen Bischof. Natürlich hat sich hier die Erfahrung aus der Geschichte niedergeschlagen. Während bis zur Erfindung und Nutzung des Buchdrucks liturgische Bücher Unikate waren, die jeweils in einer einzigen Kirche Verwendung fanden, konnten die Bischöfe im späten 15. Jahrhundert zur Verwendung in ihrer gesamten Diözese liturgische Bücher drucken lassen, die, falls man sich in den Gemeinden an sie hielt, für die ganze Ortskirche eine einheitliche Form der Liturgie garantierten.[8]

Der Wunsch der Vereinheitlichung vor allem der Messbücher zunächst innerhalb der Diözese, danach der Kirchenprovinz, später schließlich der weltweiten Kirche macht sich bemerkbar. Es ist im Grunde das gleiche Desiderat wie in der Alten Kirche, als Reisende in den großen Metropolen liturgische Texte abschrieben. Nun konnte in einer ganzen Kirchenprovinz Liturgie weitgehend in der gleichen Weise gefeiert werden.[9] Da freilich am Ende des 15. und zu Beginn des

---
[8] Vgl. Daschner, Die gedruckten Messbücher 21–23.
[9] Vgl. ebd. 648–656.

16. Jahrhunderts noch nicht in allen Teilkirchen eine jeweils einheitliche Liturgie gefeiert wurde und darüber hinaus vielerorts manche Missbräuche weiterbestanden, dekretierte das Konzil von Trient vor allem auf seiner 22. Sitzung am 17. September 1562 eine Reform der Liturgie, sah sich jedoch nicht in der Lage, sie in die Praxis umzusetzen, sondern vertraute auf seiner 25. und letzten Sitzung am 4. Dezember 1563 die Herausgabe von Missale und Brevier dem Papst an.

Papst Pius V. veröffentlichte daraufhin im Jahr 1568 das erneuerte Breviarium Romanum und im Jahr 1570 das reformierte Missale Romanum. Später erschienen Martyrologium Romanum (1584), Pontificale Romanum (1596), Caeremoniale Episcoporum (1600) und Rituale Romanum (1614).

4. Schwierigkeiten durch die römischen Institutionen bei der Anpassung der römischen Liturgie

Weil aber das Gebiet des römischen Ritus über die ganze Erde ausgedehnt ist, besteht trotz des Wunsches nach einer gewissen Vereinheitlichung der Liturgie die dringende Notwendigkeit der Anpassung der römischen Liturgie an bestimmte Gemeinschaften, Gegenden, Völker und Kulturen und möglicherweise die Entwicklung weiterer Liturgiefamilien, wie es die Väter des Konzils mit SC 4 grundsätzlich vorgesehen haben. Eine sprachliche Vielfalt ist derzeit in der Liturgie der Kirche durchaus vorhanden, während eine rituelle über erste Anfänge noch nicht hinausgekommen ist.[10]

In seinem Schreiben zum 25. Jahrestag der Verabschiedung der Liturgiekonstitution durch das Konzil hat Papst Johannes Paul II. am 4. Dezember 1988 ganz allgemein eine Anpassung der Liturgie im Sinn einer Inkulturation (accommodatio Liturgiae ad diversas culturas) gefordert und gleichzeitig festgestellt: „Die Anpassung der Sprachen ist schnell geschehen, wenn sie auch bisweilen schwer zu verwirklichen war. Ihr folgte die Anpassung der Riten, ein schwieriges, aber ebenso notwendiges Anliegen."[11] Die vom Papst geforderte Anpassung entsprach dem Willen des Konzils, das ebenfalls eine Anpassung nicht auf die Sprache beschränkt wissen wollte und auf dem verschiedene Bischöfe, etwa der chilenische Kardinal Raul Silva Henriquez, dafür gesorgt haben, dass die Worte „praesertim in missionibus" aus dem Schema der Konstitution an mehreren Stellen gestrichen wurden, „weil es Gegenden gibt, in denen Anpassungen ebenso dringend sind wie in den Missionsgebieten"[12].

Die vierte Instruktion zur ordnungsgemäßen Durchführung der Liturgiekonstitution hat dagegen erklärt, in den altchristlichen Ländern, die heute mehr oder

---

[10] Diese Anfänge sind dokumentiert in: Kaczynski, Ordo Missae, bes. 122–135.
[11] „Linguarum accommodatio celeris fuit, etsi aliquando effectu difficilis. Eam secuta est rituum accommodatio, diffilicilior quidem, sed pariter necessaria": Kaczynski 3, 6278; Klöckener 3, 6278.
[12] „Sunt regiones ubi aptationes tam urgentes sint ac in missionibus": AS I/1, 611 zu § 20; vgl. ebd. zu § 22.

Liturgie ortskirchlich – weltkirchlich

weniger entchristlicht sind, könne es keine Inkulturation geben. Hier habe es allein um liturgische Unterweisung zu gehen.[13]

Nicht allzu lange nach Beginn der Liturgiereform veröffentlichten Ritenkongregation und Liturgierat („Consilium ad exequendam Constitutionem de sacra Liturgia") am 23. Mai 1968 für den römischen Ritus drei neue Texte für das Eucharistische Hochgebet und acht Präfationen. Während die Anzahl der Präfationstexte nach einer rigorosen Beschränkung durch Gregor d. Gr. (gest. 604) im Lauf von Mittelalter und Neuzeit nur für wenige Diözesan- und Ordensliturgien erhöht wurde, für den ganzen Bereich des römischen Ritus aber erst im 20. Jahrhundert vier Präfationen hinzukamen (1919 zu Ehren des Hl. Josef und für Messfeiern für Verstorbene; 1925 für das Christkönigsfest; 1928 für das Herz-Jesu-Fest), galt es als eine unerwartete Überraschung, dass drei neue Hochgebetstexte für die ganze römische Kirche eingeführt wurden.

Die Bibelwissenschaft hatte inzwischen immer wieder darauf hingewiesen, dass die Abendmahlsworte, wie sie im römischen Kanon stehen, nicht wörtlich der Heiligen Schrift entnommen sind, ja dass die Heilige Schrift mehrere Formen dieser Einsetzungsworte kennt. Man hat daher zunächst versucht, in den vier Hochgebetstexten auch unterschiedliche Texte für die Einsetzungsworte zu verwenden.[14] Dieses Verfahren stieß von mehreren Seiten her auf Widerstand, so dass der Sekretär des Liturgierats in einer Erklärung darauf dringen musste, für die Herrenworte in allen Hochgebetstexten die gleichen Formulierungen zu verwenden.[15]

Hier zeigte sich bereits das Drängen auf einheitliche sprachliche Fassungen der liturgischen Texte, das bis zur 5. Instruktion zur ordnungsgemäßen Durchführung der Liturgiekonstitution *Liturgiam authenticam* vom 28. März 2001 immer groteskere Formen annehmen sollte.

Hinsichtlich der Übertragung lateinischer liturgischer Texte in die Volkssprachen sind seit dem Abschluss des II. Vatikanischen Konzils die rechtlichen Gegebenheiten mehrfach zum Nachteil der Bischofskonferenzen durch Rom verändert worden.[16] Während das Konzil SC 36 § 4 so formuliert hatte, dass die in der

---

[13] Vgl. Instructio *Varietates legitimae* vom 25. Januar 1994, 8: „Huiusmodi conditione attenta, minime loquendum est de Liturgiae inculturatione, cum hic minus agatur de assumendis atque evangelizandis valoribus praeexistentibus, quam de institutione liturgica assequenda mediisque aptioribus inveniendis ad spiritus et corda movenda": Notitiae 30 (1994) 85; vgl. für diese genannten Missionsgebiete z.B. die klaren Interventionen des damals einzigen schwarzafrikanischen Kardinals Laurean Rugambwa von Bukoba, Tansania, in dessen Diözese im Jahr 1961 von 421.918 Einwohnern 96.631 Katholiken waren, während im Jahr 2003 in der etwas anders umgrenzten Diözese 636.724 Katholiken unter 1.171.620 Einwohnern lebten (so nach dem Annuario Pontificio von 1961 bzw. 2004): AS I/2, 343 f. und 592 f.).
[14] Hochgebetstext II: „Nehmt und esst: Das ist mein Leib, der für euch hingegeben wird."
„Nehmt und trinkt alle daraus: Das ist der Kelch ..."
Hochgebetstext III: „Nehmt und esst alle davon: Das ist mein Leib, der für euch hingegeben wird.
Nehmt und trinkt alle daraus: Das ist der Kelch ..."
Hochgebetstext IV: „Nehmt und esst: Das ist mein Leib ...
Nehmt und trinkt: Das ist der Kelch ..." (vgl. Notitiae 4 [1968] 169–178).
[15] Notitiae 4 (1968) 356.
[16] Vgl. zum Folgenden: Kaczynski, Liturgie in der Weite der Catholica? 161–176.

Liturgie gebrauchten volkssprachigen Texte nur von der zuständigen territorialen Autorität approbiert werden mussten und eine Zuständigkeit des Apostolischen Stuhles bei der Approbation von Übersetzungen ausgeschlossen blieb, verfügte das Motu Proprio *Sacram Liturgiam* die Vorlage aller Übersetzungen liturgischer Texte zur Überprüfung und Billigung in Rom.

Die Zusammenarbeit des deutschen Sprachgebiets mit Liturgierat und Gottesdienstkongregation verlief jahrelang reibungslos, bis ein ärgerlicher Zwischenfall das gute Einvernehmen trübte: Ein an den Papst gerichteter Beschwerdebrief von acht Mitgliedern der Theologenkommission brachte deren Besorgnis zum Ausdruck „hinsichtlich der Einheit und Reinheit des katholischen Glaubens", der durch einige Übersetzungen liturgischer Texte gefährdet sei. Gleichzeitig ergaben sich Schwierigkeiten mit dem englischen Text des Begleitwortes zur Firmsalbung, woraufhin die Gottesdienstkongregation den Bischofskonferenzen am 25. Oktober 1973 mitteilen musste, die für die Gültigkeit der Feier der Sakramente nötigen Worte müssten in Zukunft von der Gottesdienstkongregation in Beratung mit den betreffenden Bischofskonferenzen übersetzt und vom Papst approbiert werden.

Damit wurde das vom Konzil den territorialen Autoritäten (Bischofskonferenzen) zugebilligte Approbationsrecht eingeschränkt.

Weitere zehn Jahre später spricht der am 25. Januar 1983 veröffentlichte CIC in can. 838 überhaupt nicht mehr vom Recht der Bischofskonferenzen, volkssprachige liturgische Texte zu approbieren. Entsprechend can. 838 § 2 werden liturgische Bücher vielmehr nur vom Apostolischen Stuhl herausgegeben, dessen Sache allein es ist, die Liturgie der Gesamtkirche (Ecclesiae universae!) zu ordnen. Damit hat sich der Apostolische Stuhl wieder angemaßt, was ihm die Mehrheit der Väter des Zweiten Vatikanums in zähem Ringen entzogen hatte. Der Konzilswille war eindeutig missachtet. Von bischöflichen Protesten gegen dieses antibischöfliche Verhalten hat man nichts gehört.

Erzbischof Bugnini war am 11. Juli 1975 abgelöst worden. Die vertrauensvolle Zusammenarbeit mit der römischen Kongregation für den Gottesdienst setzte sich jedoch auch nach deren Umstrukturierung zunächst in zufriedenstellender Weise fort. Inzwischen ist sie sehr belastet. Beispielsweise ist die erstmals am 1. September 1997 von den Bischöfen approbierte zweite Auflage des Buches „Die Feier der Kindertaufe" bis heute (Oktober 2005) immer noch nicht erschienen, und dies, obwohl den Ritus der Taufe im Notfall jeder Mensch vornehmen darf. Es ist klar, dass die fremdsprachigen Mitarbeiter der römischen Kongregation ihre Kompetenz überschreiten, indem sie von Bischöfen des deutschen Sprachgebietes approbierte Texte kritisieren und zurückweisen. Nicht immer liegt freilich die Schuld in Rom!

Die 5. Instruktion zur ordnungsgemäßen Durchführung der Liturgiekonstitution *Liturgiam authenticam* muss als Angriff auf die Liturgiekonstitution gewertet werden und hat sich sicher zum Nachteil des Fortgangs der liturgischen Erneuerung im deutschen Sprachgebiet ausgewirkt. Dazu sei verwiesen auf die Inhaltsangabe und kritische Wertung der Instruktion.[17] Die deutschen Bischöfe

---

[17] Vgl. Kaczynski, Angriff auf die Liturgiekonstitution? 658–668; ferner: Weakland, Liturgie.

gehen bisweilen über das hinaus, was von der Instruktion verlangt wird und legen nicht erst die von ihnen approbierten Texte in Rom vor, sondern senden – allzu betulich – bereits die Entwürfe der Übersetzungen nach Rom und fragen an, ob sie genehm seien. Zu solch unterwürfigem Verhalten hätten ihre Vorgänger kurz nach dem Konzil sich niemals herabgelassen.

***

Auch wenn man konstatieren zu müssen meint, die römische Kirchenleitung wolle den in SC 4 vom Zweiten Vatikanum prinzipiell erlaubten Weg der Entwicklung neuer Riten nicht gehen,[18] wird man sich mit dieser derzeitigen römischen Missachtung des Konzils dennoch keineswegs abfinden dürfen, sondern sie im Gegenteil immer wieder von neuem anprangern müssen, zumal solche Missachtung des Konzils durch kuriale römische Dienststellen auch fast 40 Jahre jüngeren päpstlichen Verlautbarungen widerspricht. Papst Johannes Paul II., der selbst bereits als Bischof am II. Vatikanischen Konzil teilgenommen hat, bekannte sich in der Abschlussrede eines Kongresses vor über 200 Bischöfen, Theologen und Historikern, bei dem über die Umsetzung der Beschlüsse des Zweiten Vatikanums diskutiert wurde, „zu den Ergebnissen dieses Konzils und warnte davor, es einseitig und voreingenommen zu interpretieren"[19]. Derzeit gehen leider kuriale Behörden und ihre Leiter mit bestem Beispiel auf dem Weg der Missachtung des Konzils voraus. Der Weg, den die Kirche von Zaire (Kongo), von Paul VI. darin bestärkt, gegen spätere immer neue Einwendungen der römischen Kurie gegangen ist,[20] verlangt Respekt. Die Titeländerung ihres Messbuches ist zwar bedauerlich, muss aber wohl nicht für alle Zeiten so bleiben. Man kann nur wünschen, dass die Bischöfe sich diese Bevormundung, in der es gar nicht um liturgische Riten und Texte geht, auf die Dauer nicht gefallen lassen und sich ihr widersetzen.

Andreas Heinz hat am 24. Oktober 2003 in seinem im Vatikan gehaltenen Vortrag zum Gregorius-Gedenkjahr 1400 Jahre nach dessen Tod (gest. 604) aufgezeigt, dass dieser große Papst sich gegen Kritiker zur Wehr setzen musste, die ihm die Einführung von Neuerungen in die römische Liturgie vorwarfen, und durch den großzügigen Verzicht auf Einheitlichkeit in der Liturgie keineswegs der Einheit der Kirche Schaden zugefügt hat.[21] Man sollte wohl auch heutigen Bischöfen die Fähigkeit zutrauen, selbst zu entscheiden, wie sie „die substantielle Einheit des römischen Ritus" waren können, ohne ihren Gemeinden „die starre Form eines einzigen Wortlautes" aufzuerlegen.

---

[18] Vgl. Haunerland, Vom „Gottesdienst" zur „Gemeindefeier"? 77.
[19] Bischöfe und Theologen diskutieren über das Konzil: L'Osservatore Romano. Wochenausgabe in deutscher Sprache, 30. Jg. Nr. 9 (3.3.2000) 1.
[20] Vgl. Bertsch, Entstehung und Entwicklung liturgischer Riten 209–256.
[21] Vgl. Heinz, Gregorio Magno e la Liturgia Romana; Papst Gregor der Große und die römische Liturgie.

III. Kirche versteht sich vom Außen her

1. Der Ort der Ökumene für die Katholizität der Kirche – von der unmöglichen Utopie zur prekären Heterotopie

von Hans-Joachim Sander

Für das Christentum ist die Ökumene eine der großen Entdeckungen der letzten hundert Jahre gewesen. In einer im Verhältnis zur gesamten Kirchengeschichte relativ kurzen Zeit haben sich internationale ökumenische Organisationen gebildet. Weltweit sind Kirchen aufeinander zugegangen, die sich über lange Zeiten hinweg eher entschieden ausgegrenzt als ernsthaft wahrgenommen hatten. Das gilt auch für die katholische Kirche. Mit dem Schritt zur Weltkirche auf dem Zweiten Vatikanischen Konzil hat sie so nachhaltig den Weg in die Welt der Ökumene gefunden, dass sich – unbeschadet aller Steine, die immer noch auf diesem Weg liegen oder neu auf ihn gelegt worden sind – die Frage stellt, inwieweit beides zusammenhängt.

Johannes XXIII. hatte dieses Konzil als ökumenisches Konzil einberufen und zugleich als Ausdruck eines Aggiornamento zur Welt verstanden. Das weckte ebenso überraschte wie entschlossene ökumenische Erwartungen,[1] in die dann die katholische Kirche während des Konzils hineinwachsen musste. Diesen Prozess kann man innerkirchlich und zwischenkirchlich noch nicht als abgeschlossen betrachten, aber er hat durch dieses Konzil eine für die katholische Kirche nicht mehr umkehrbare Autorität erhalten.

Die Öffnung zur jeweils gegenwärtigen Welt und das Anerkennen der christlichen Ökumene als kirchliche Aufgabe gehen historisch gesehen also Hand in Hand. Historisch gleichzeitige Entwicklungen müssen keiner zwangsläufigen inneren Logik folgen, aber sie finden hier am gleichen kirchlichen Ort statt. Dieser Ort ist das Zweite Vatikanische Konzil; es muss also in ihm etwas zu entdecken sein, was diese Gleichzeitigkeit erklärt. Die Welt und die anderen Christen sind zwei unterschiedliche Größen, aber sie werden beide mit einem diskursiven Dispositiv erfasst, das gleichsam wie eine Grammatik auf die konziliare Sprache wirkt. Diese Grammatik gibt die Basis dafür ab, dass sich sowohl die Öffnung zur Welt wie der Respekt vor der ökumenischen Aufgabe gemeinsam ausprägen. In ihr wird ein inneres Gefüge zu dem gestellt oder sogar dem ausgesetzt, das ihm von außen gegenübersteht und dem es nicht ausweichen kann. Das gilt für eine ganze Reihe von wichtigen Themen des Konzils: die Einheit der Menschen unter-

---

[1] Vgl. Alberigo, Die Ankündigung des Suchens 29–33.

einander (LG 1), das Menschenrecht auf Religionsfreiheit (DiH), der Atheismus (GS 19–21), die anderen Religionen (NA), die Völker der Welt (AG), die Eigenständigkeit der Laien in der Kirche (LG 30–38 und AA), die sozialen, politischen, kulturellen Phänomene in der Welt von heute (GS 46–90). Das gilt ebenso für die Ökumene. Sie wird auf dem Konzil zu einem Außen, dem der innere Diskurs über den Glauben der Kirche nicht mehr ausweichen kann. Sie wird zu einem eigenen *locus theologicus*. Die Merkmale dieses Ortes sind für den dogmatischen Fortschritt des Konzils signifikant und sollen hier näher untersucht werden. An der spezifischen Art dieses Ortes kann etwas Wichtiges für den heutigen Ort des Konzils entdeckt werden.

Die Differenz von Innen und Außen ist keine ökumenische Spezialaufgabe, sondern eine Strukturfrage im Glauben einer Religionsgemeinschaft. Eine solche Gemeinschaft kann stets zwischen den eigenen Wahrheiten und den anderen Wahrheitsansprüchen, zwischen den eigenen Geschwistern im Glauben und den Anders- oder Nicht-Gläubigen, zwischen dem eigenen Gott und den fremden Göttern, der eigenen Lebensform und den anderen Lebensweisen unterscheiden und auf diese Differenz abheben. Dabei wird Macht generiert und stellt sich als diskursive Ressource zur Verfügung. Dieser Vorgang kann sich ganz ohne ausdrückliche Machtabsichten einstellen; er kann auch einfach Ausdruck eines Wahrheitsanspruches sein oder aus Pflichtbewusstsein gegenüber bereits erreichten Wahrheiten geschehen. Gleichwohl stellt sich eine diskursive Macht durch die Differenz von Innen und Außen ein.

Normalerweise wird in einem Diskursraum, der von einer solchen Differenz geprägt ist, das Eigene über das Andere gestellt und so für den Bereich des Innen ein höherer Anteil an diskursiver Macht an dem Ort gesichert, an dem sich Innen und Außen aufschlüsseln. Bei diesem Vorgang wird eine Identität aufgebaut, mit der zugleich ein Ort in der jeweiligen Welt bezogen oder beansprucht werden kann. Deshalb prägen sich unterschiedliche Identitätsarten aus, wenn die Differenz von Innen und Außen unterschiedlich bearbeitet wird. Eine Identität verändert sich, wenn eine Alterität nun abgewertet oder aufgewertet wird, wenn die eigene Homogenität auf Kosten der anderen oder mit Hilfe der anderen aufgebaut wird. Hier lauert Selbstgerechtigkeit als eine nahe liegende Versuchung, weil sie eine leicht verfügbare Macht gewährt. Die Relativierung der anderen wegen der Schwächen, die bei ihnen offenkundig sind oder nachforschend festzustellen sind, lässt sich stets in Stellung bringen, um einer Selbstrelativierung durch die eigenen verschämten Schwachstellen auszuweichen, denen man nicht nachforschen will. Wer ein Außen für den Diskurs im Innen stark macht, kann sich Selbstgerechtigkeit nicht leisten. Umgekehrt ist die Auseinandersetzung mit den Stärken eines Außen eine Basis, um eigene Selbstgerechtigkeiten zu überwinden oder mindestens zu erkennen.

In einer Differenz von Innen und Außen wird eine Glaubensposition entsprechend auf einen prekären lebenspraktischen Prüfstand gestellt. In der Ökumene ist deshalb auch Selbstgerechtigkeit eine beständige Versuchung und ein probates Mittel, um das Problem der Differenzen nicht lösen zu müssen, in die die Christen im Verlauf ihrer Kirchengeschichten geraten sind. Wird der Selbstgerechtigkeit ein Raum gegeben, dann wird die ökumenische Vision von Identität: „dass alle eins sein sollen" (Joh 17,22) zu einer Utopie, einem Nicht-Ort. Sie lässt sich leicht sagen, zumal sie den Christen ins Stammbuch ihres Glaubens geschrieben ist, aber praktisch bleibt sie undurchführbar. Die Realität der Selbstgerechtigkeit verhindert das. Die Utopie steht dann als Appell an das jeweilige Außen weiter zur Verfügung, aber mit ihr lässt sich kein diskursiver Raum eröffnen, der dem jeweiligen Außen einen Wert beimisst. Es entsteht kein Ort, an dem sich Innen und Außen auf die jeweils vorhandenen Stärken besprechen können. Stattdessen wird eine Sprachlosigkeit über die Schwächen im eigenen Innen Raum greifen. Man kann die konziliare Lerngeschichte mit der Ökumene daraufhin befragen, ob sie eine Utopie verfolgt hat, die keinen Platz in den Verhältnissen dieser Welt finden kann, oder ob sie einen anderen Ort entdeckt hat.

a) Das Konzil und drei Lernschritte in der Ökumene – die Suche nach dem angemessenen Ort für die Einheit der Christen

Der ökumenische Anspruch, mit dem Johannes XXIII. das Zweite Vatikanische Konzil einberufen hatte, nötigte zu einem Diskurs, in dem die anderen Kirchen eine Rolle spielen mussten; denn in der Kennzeichnung ‚Ökumene' entstand ein Ort, dem die anderen Kirchen gegenüberstanden. Ein konziliarer Diskurs, der diese Realität ausschloss, war unmöglich geworden, weil die katholische Kirche dem selbst gesetzten Ort eines ökumenischen Konzils nicht ausweichen konnte. Selbst wenn man innerkirchlich die Kennzeichnung ‚Ökumene' nur auf die Katholiken bezogen hätte oder beziehen würde, so können sich die anderen Kirchen auf eben diesen Ort beziehen und ihn daraufhin befragen, ob sie darin überhaupt repräsentiert sind. Damit entsteht eine Konstellation aus Innen und Außen, die beide auf das hin, was Ökumene heißt, einen Diskurs führen. Das bedeutete innerkirchlich eine Auseinandersetzung mit einem bedrängenden Außen. Konnte man bis dahin die anderen Kirchen und ihre ökumenischen Bemühungen umgehen, wenn sie nicht in die eigene Positionierung hineinpassten, so war das jetzt unmöglich geworden. Allein schon der Anspruch, ein ökumenisches Konzils abzuhalten, schloss das aus. Verstärkt wurde dieser Umstand durch die Erwartungen der anderen Kirchen und kirchlichen Gemeinschaften und durch die eigene Positionierung in der Öffentlichkeit der Welt. Ein Aggiornamento zur Welt, das zugleich die anderen Kirchen in einem Diskurs zur Sachfrage der Ökumene ausschloss, hätte sich selbst unglaubwürdig gemacht.

Dieses Nicht-Ausweichen gegenüber dem Außen und anderen nötigte die Kirche zu einem Ortswechsel, der in dreifacher Weise tiefe Spuren auf dem Konzil hinterlassen hat: Die anderen Kirchen mussten in irgendeiner Weise ernsthaft wahrgenommen werden, diese Wahrnehmung musste für die katholische Kirche qualifiziert werden und die Autorität von deren Glaubenspositionen musste mit den eigenen Autoritätsansprüchen abgeglichen werden. Diese von der Sache her gegebenen Notwendigkeiten waren gleichwohl zu Beginn des Konzils undenkbar, weil sie auf eine Art von Vereinigung der Kirchen schließen lassen, die nicht einfach in einer Rückkehr zur katholischen Kirche besteht. Eine Vision für die kirchliche Identität, bei der das Außen dem Innen etwas Bedeutsames zu sagen hätte und ihm deshalb ein eigener Raum gegeben werden müsste, war bei der Einberufung noch ausgeschlossen. „Noch zu Beginn des Jahres 1959 erschien auf katholischer Seite ein ökumenisches Konzil, das die Kirchenspaltung zwischen Ost und West überwindet, als ein ‚Hirngespinst'. Das Utopische, d. h. die Ortlosigkeit eines solchen Unionskonzils ergab sich aus der römisch-katholischen Ekklesiologie. Ihr zufolge war die Einheit der Kirche, ja die una, sancta, catholica et apostolica ecclesia, schon sichtbar gegeben: die römisch-katholischen Kirche ist die Kirche Jesu Christi. Von daher konnte es ‚ökumenische Bewegung' nur außerhalb der eigenen Kirche geben – als Rückkehr zum ‚Vaterhaus' bzw. zur ‚Mutterkirche', während es umgekehrt selbst für getaufte Christenmenschen ‚außerhalb der (römisch-katholischen) Kirche kein Heil' gab."[2] In dieser Identitätsbestimmung war für die Ökumene kein eigener Ort vorgesehen, weil eine solche Identität die anderen Christen nicht nötig hatte; entsprechend mussten (und durften) die Anliegen der ökumenischen Bewegung keine Autorität erhalten. Um der Identität der katholischen Kirche mit der wahren Kirche Jesu Christi willen war kein „locus theologicus" Ökumene notwendig; er war mindestens entbehrlich und eigentlich sogar störend.

Von dieser Nicht-Ortsbestimmung ist das Konzil Stück um Stück abgerückt. Das zeigt sich an drei Etappen, die dem Problem der Ökumene einen eigenen Ort im Konzilsprozess gegeben haben. Die erste Etappe zeigt sich am Einheitssekretariat und dem Status von nicht-katholischen Christen auf dem Konzil und deutet sich mit der dogmatischen Kirchenkonstitution *Lumen gentium* auch lehramtlich aus. Mit dem Einheitssekretariat wurde von Johannes XXIII. 1960 ein kuriales Gegengewicht zum Heiligen Offizium geschaffen, das sich unweigerlich auch als konziliares Gegengewicht zur Theologischen Kommission des Konzils auswirken musste. Während das eine auf die Übereinstimmung der Beschlüsse mit der katholischen Tradition zu achten hatte, hatte das andere auf die Akzeptanz der Konzilsbeschlüsse bei den Christen zu achten, die gar keinen Sitz im Konzil hatten. Das eine war für die Innen-Anbindung, das andere für die Außen-Repräsentanz zuständig. Das eine musste Irrtümer im Innen des Konzils ausschließen, das andere durfte die Wahrnehmung anderer Positionen nicht ausschließen. Das eine musste das Innen stärken, das andere das Außen. Sobald das Innen auf Kosten des Außen – oder umgekehrt – gestärkt werden sollte, musste ein struktureller Konflikt zwischen beiden ausgelöst werden.

Mit dem Einheitssekretariat war ein Treffpunkt geschaffen, der der Ökumene einen vermittelten Ort in der Kirche gab, auch wenn die anderen Kirchen noch nicht von sich her auf dem Konzil zur Sprache kamen. Gleichwohl war nicht wenig erreicht, wie sich an dem heftigen Disput um das von der Theologischen Kommission eingebrachte Schema zur Offenbarung während der ersten Sessio des Konzils zeigte. Der spezifische Zugang der Kirchen der Reformation zur Bibel konnte als Argument in diesem Disput insofern nicht mehr ausgeschlossen werden, als die Vertreter des Einheitssekretariats ihr Anliegen verteidigen mussten,

---

[2] Hilberath, Kommentar zu UR 75 (Bd. 3).

Kirche entdeckt ihre Katholizität nach innen und außen

dass eine katholische Position zur Offenbarung den Dialog mit diesem Zugang nicht verhindern durfte. Das Konzil musste diesen Zugang nicht teilen, aber es musste verhindert werden, dass der Dialog damit durch seine Beschlüsse ausgeschlossen würde.

Ab diesem Zeitpunkt war Ökumene mit einem Nicht-Ausschließungsprinzip im Konzil verortet. Das geschah bezeichnenderweise in dem genannten Disput über die zwei Quellen der Offenbarung, mit dem das Konzil seine eigene Identität gegenüber den Vorgaben aus der Vorbereitungszeit gewann.[3] Eine veränderte Position zur Alterität dieses Außen bedeutete einen Ortswechsel für die eigene Identität. Die Ablehnung des Schemas *De fontibus revelationis* erfolgte nicht allein aus dem Grund, dass sein Begriff von Tradition eine katholische Wertschätzung des sola-scriptura-Prinzips der Reformation wegen der Unterstellung einer materialen Insuffizienz der Schrift verhindert hätte,[4] aber sie erfolgte eben auch aus diesem Grund. Spätestens als Johannes XXIII. die beiden Perspektiven von Einheitssekretariat und Theologischer Kommission in die Gemischte Kommission für die Neubearbeitung des Schemas zur Offenbarung zusammengeschnürt hatte, war die ökumenische Perspektive zu einem Machtfaktor in den konziliaren Diskursen geworden. Dabei wird nicht das reformatorische sola-scriptura-Prinzip zu einer Macht gegenüber der katholischen Tradition zur Tradition; das wäre dann der Fall, wenn man sich dieses Prinzip zu Eigen gemacht hätte. Die Macht liegt vielmehr darin, dass der Diskurs mit denjenigen, die dieses Prinzip für wahr halten, nicht ausgeschlossen werden durfte. Die Wahrheit der eigenen Tradition konnte sich nicht mehr auf dem Boden eines Ausschließungsprinzips gegenüber diesem Diskurs präsentieren. Das veränderte die Ordnung der Dinge im Konzil grundlegend. Es hatte sich entschieden, in seine Positionen einen Grundrespekt vor den Glaubensleistungen der nichtkatholischen Christen aufzunehmen. Es stellte sich den Stärken dieser Christen und hob nicht primär auf ihre Schwächen ab. Dieses Nicht-Ausschließungsprinzip ist charakteristisch für den konziliaren Ort der Ökumene.

Das wird auch an dem Zeichen deutlich, das die – allerdings noch indirekt ausgesprochene – Einladung des Papstes an Vertreter nichtkatholischer Kirchen, am Konzil als Beobachter teilzunehmen, zu Weihnachten 1961 gesetzt hat.[5] An diesem Zeichen ist zunächst das wichtig, was die Beobachter nicht waren: Sie traten nicht als Journalisten auf wie die Vertreter der katholischen Kirche bei Versammlungen der internationalen ökumenischen Organisationen. Die Beobachter kamen nicht einfach von außen, um außen vor zu bleiben. Sie kamen von außen, durften aber im Konzil nicht außen vor bleiben, weil das Konzil sich als ein ökumenisches Konzil begriff und durch die Beobachter zu einem Ort der Ökumene wurde. Deshalb gehörten sie auch sichtbar zum Konzil, obwohl sie nichts in der Aula zu sagen hatten. Sie saßen auch gut sichtbar in der Nähe des

---

[3] Vgl. Hoping, Kommentar zu DV 717–725 (Bd. 3).
[4] Das legt die Formulierung im Schema nahe: die „gesamte Offenbarung ist nicht in der Schrift allein (non sola scriptura), sondern in Schrift und Tradition als in einer zweifachen Quelle enthalten" (AS I/3, 15); vgl. dazu Hoping, Kommentar zu DV 721 (Bd. 3).
[5] Vgl. Komonchak, Kampf 359–369.

Präsidiums. Das gab ihnen einen Raum, dessen Autorität am inneren Teil des konziliaren Ortes noch unbestimmt war. Aber für seinen äußeren Teil war damit ein wichtiges Zeichen gesetzt. Das Konzil nahm die anderen Christen für seinen eigenen Ort in der Welt ernst.[6]

Mit dem Einheitssekretariat und den ökumenischen Beobachtern war die vorkonziliare Trennung von außen und innen in Sachen nicht-katholischer Kirchen aufgegeben. An die Stelle des Nicht-Kontaktes, der gut zu kontrollieren war, trat eine Nicht-Ausschließung, deren Konsequenzen nur bedingt zu kontrollieren sind. Denn in der Nichtausschließung tritt eine Differenz auf, die prekär ist und einen Veränderungsdruck erzeugt. Diejenigen, die im Außen sind, bleiben außen, aber sie bleiben nicht mehr außen vor. Damit wird die Kirche von ihrem eigenen Konzil genötigt, sich selbst zu dieser Differenz zu verhalten. Das geschieht bezeichnenderweise, sobald sie sich auf sich selbst bezieht. Dafür steht die erste der beiden Kirchenkonstitutionen des Konzils, die dogmatische *Lumen gentium*, die der *ecclesia ad intra* gewidmet ist. Die Konstitution macht deutlich, dass die ökumenische Problematik auf der diskursiven Ebene nicht mehr außen vor bleiben konnte, auch wenn die Kirche sich auf die Identifizierung vor sich selbst konzentrierte.

Besonders LG 15 ist dafür sprechend. Hier wird eine innere Verbindung der Kirche mit denen festgestellt, mit denen sie außerhalb von ihr eigentlich nicht verbunden ist: „Mit jenen, die als Getaufte mit dem christlichen Namen geziert werden, den vollständigen Glauben aber nicht bekennen oder die Einheit der Gemeinschaft unter dem Nachfolger des Petrus nicht wahren, weiß sich die Kirche aus mehreren Gründen verbunden." (LG 15) Es gibt eine Verbundenheit am Ort der Trennung. Die inhaltliche Ausführung dieser Verbundenheit, die von der einen Taufe her gegeben ist, und der traditionsgeschichtliche Kontext sind ein eigenes Thema; das Verhältnis der Kirche Jesu Christi zur katholischen Kirche spielt dafür eine Rolle.[7] Hier genügt es, den formalen Vorgang zu betrachten. Die Kirche konnte es sich nicht leisten, sich einen Begriff von sich zu machen, ohne den Ausschließungsmechanismus gegenüber den nichtkatholischen Kirchen und kirchlichen Gemeinschaften außer Kraft zu setzen, der für ihre neuzeitliche Tradition so wichtig gewesen war. Das Innen war ohne das Außen nicht mehr benennbar, gleich wie das Außen nun eigens qualifiziert wurde. Auf dem Hintergrund der vielfältigen Auseinandersetzungen um die berühmte subsistit-Stelle in LG 8 steht damit die Frage im Raum, ob die katholische Kirche sich mit der Kirche Jesu Christi identifizieren kann, ohne für diese Identität den theologischen Ort der nichtkatholischen Kirchen *in der Kirche Jesu Christi* selbst zu identifizieren.[8]

Die zweite Etappe des Lernprozesses mit dem Außen der Ökumene wird vom

---

[6] Die Beobachtung von Alberigo, Ekklesiologie, dass der pastorale Charakter und die ökumenische Beobachtung des Konzils zusammenhängen, spürt den neuralgischen Punkt auf, auch wenn er noch zu eng an der Historie des Konzils entlang geht. Das Pastoralkonzil erzeugt eine prinzipielle Wechselwirkung zwischen Ökumene und Weltkirche. Vgl. den Beitrag von Volker Sühs in diesem Band S. 201–209.
[7] Vgl. Hünermann, Kommentar zu LG 389–397 (Bd. 2).
[8] Etwa der bekannte ‚Streit der Kardinäle', vgl. Hoff, Passagen 90–102.

Ökumenismusdekret durchlaufen. UR gibt nicht allein der Suche nach einem Verhältnis zu den nichtkatholischen Christen einen konziliaren Ort, sondern versucht, den theologischen Ort der ökumenischen Bewegung selbst zu bestimmen. Das setzt insofern einen weiteren Schritt, als dabei deren Selbstbestimmung verwendet wird. Dieser Ort ist von zwei Größen geprägt: von Christus und den Zeichen der Zeit. Die Autorität Christi für den Glauben der Kirche lässt sich ohne die Einheit der Christen nicht hinreichend bestimmen; denn wenn diese Einheit nicht gegeben ist, tasten die an der Uneinigkeit beteiligten Kirchen die Autorität Christi an: „Diese Trennung freilich widerspricht offensichtlich dem Willen Christi, gereicht der Welt zum Ärgernis und fügt der heiligsten Sache, der ganzen Schöpfung das Evangelium zu predigen, Schaden zu." (UR 1) Die ökumenische Bewegung wird als Widerstand gegen dieses Ärgernis und auf die Einheit in Christus hin qualifiziert.

Das klingt selbstverständlich, ist es aber nicht, weil es eine Verschiebung des Ortes mit sich bringt, den die ökumenische Bewegung einnimmt. Sie wird zu einer eigenen Form von Autorität, weil sie etwas benennt, was auch der Autorität der katholischen Kirche im Wege steht. Deshalb wird diese Bewegung nicht mehr allein von der katholischen Kirche her qualifiziert, wie es in LG 15 noch für die nichtkatholischen Kirchen und kirchlichen Gemeinschaft der Fall ist. Das Konzil nimmt vielmehr an Christus Maß, um sie einzuschätzen. Daraus ergibt sich eine Offenheit auf die anderen hin; deren Beschreibung für ihr eigenes Selbstverständnis vor Christus kann und muss auch aufgegriffen werden. So wird für die Beschreibung der christologischen Ausrichtung der ökumenischen Bewegung in UR 1 die Basisformel des Ökumenischen Rates der Kirchen substantiell verwendet.[9] Das ist ein gravierender Vorgang, weil er die Differenz von Innen und Außen mit einer Sprache begreift, die von außen an die katholische Kirche herantritt. Sie lernt es, mit der Sprache der anderen ihre eigene Position zu beschreiben. Waren die ökumenischen Beobachter noch in gewisser Weise ein für die Aula in der Regel sprachloses Außen, das nicht mehr außen vor bleibt, so tritt nun eine theologische Sprache im Innen der Kirche auf, die im Außen bei den anderen Kirchen gesprochen wird. Das Außen wird mit seinem eigenen Anliegen als eine eigene Größe für das Verhältnis zu der Größe respektiert, an der sich die katholische Kirche selbst orientiert. „Die überwältigende Mehrheit der Konzilsväter und in jedem Fall das vorliegende Dekret (in Verbindung mit den einschlägigen Artikeln der Kirchenkonstitution) betrachten das Verhältnis der römisch-katholischen Kirche zu den anderen ‚Kirchen und Kirchlichen Gemeinschaften' in dogmatischer Hinsicht nicht mehr vom eigenen Standpunkt aus. Die Frage ‚In welchem Verhältnis stehen die Anderen zu uns?' wird prinzipiell (nicht in jeder einzelnen Formulierung) abgelöst durch die Frage ‚Wie stehen wir und die Anderen zu Jesus Christus, der unser Mittelpunkt ist?'"[10]

Das hat Rückwirkungen auf die katholische Kirche. Sie qualifiziert sich damit als eine Größe, die aufmerksam auf das wird, was man ihr im Außen ihrer selbst

---

[9] Vgl. Hilberath, Kommentar zu UR 111 (Bd. 3).
[10] Ebd. 103.

zu sagen hat. Sie begreift die Alterität der nichtkatholischen Christen nicht mehr nur von sich, sondern sich auch selbst von dieser Alterität her. Das bedeutet für sie selbst einen Ortswechsel. Sie wird von einer auf ihre eigene Katholizität konzentrierten Kirche zu einer Weltkirche, die ihre Katholizität als eine Aufgabe vor den anderen auffasst, mit denen es vor Christus und von Christus her eigentlich eine Einheit geben müsste. In diesem Sinn war der Respekt vor der Ökumene daran beteiligt, dass die katholische Kirche auf dem Konzil zur Weltkirche geworden ist.

Dafür steht die zweite Kennzeichnung des Ortes, den das Ökumenismusdekret für die ökumenische Bewegung vorsieht. Es ist der Hinweis auf die Zeichen der Zeit, die durch das Verhältnis zur ökumenische Bewegung zum Thema werden: „Da heute in ziemlich vielen Teilen des Erdkreises durch die Anhauchung der Gnade des Heiligen Geistes in Gebet, Wort und Werk viele Versuche gemacht werden, zu jener Fülle der Einheit zu kommen, die Jesus Christus will, ermahnt diese Heilige Synode alle katholischen Gläubigen, dass sie, indem sie die Zeichen der Zeiten erkennen, am ökumenischen Werk erfinderisch teilnehmen." (UR 4) Die Aussage ist in doppelter Hinsicht wichtig. Zum einen wird die Bedeutung der ökumenischen Bewegung zweifach hervorgehoben. Zunächst wird gesagt, dass die Versuche, eine Einheit der Christen zu schaffen, als ein Zeichen der Zeit gedeutet werden können. Sie sind folglich mit dem pastoralen Basisprogramm des Konzils verbunden. Was in den Einigungsversuchen unternommen wird, kann die Katholiken nicht gleichgültig lassen; sie sollen sich daran kreativ beteiligen. Es qualifiziert ihren Glauben. Und es ist eine Aktion, die von Gott her, genauer: vom Geist her, zu begreifen ist. Gott drängt also zur Einheit; wer dieser Aufgabe ausweicht, weicht Gott aus.

Zum zweiten gibt es in den Formulierungen aber auch zwei Relativierungen, von denen eine allerdings weiterführt. Es wird nicht einfach von „Versuchen" zur Einheit der Christen gesprochen, sondern von „vielen Versuchen"; das Adjektiv zeigt weniger auf ihre Bedeutung, als vielmehr auf ihr Problem. Es gibt durchaus eine Entschlossenheit zur Einheit, aber sie kann sich angesichts der vielen Bemühungen eben auch verlaufen. Die zweite Relativierung steckt im Begriff der Zeichen der Zeit. Es heißt nicht „indem sie dieses Zeichen der Zeit erkennen"; die Formulierung hebt vielmehr auf den Plural ab: „indem sie die Zeichen der Zeiten erkennen". Das Zeichen der Zeit, dass Christen vielfach versuchen, eine ökumenische Einheit zu erreichen, steht in Relation zu anderen Zeichen der Zeit. Die zwischenkirchliche Perspektive wird auf den Welt-Kontext hin erweitert, mit dem es die ökumenisch interessierten und engagierten Kirchen zu tun haben. Beidem können die Katholiken offensichtlich nicht mehr ausweichen.

Zeichen der Zeit sind ein tragender Begriff der Pastoralkonstitution; sie stehen für markante Zeitereignisse in der jeweiligen Welt von heute, in denen Menschen hier und jetzt um die gesellschaftliche Anerkennung ihrer Würde ringen. Mit dem Begriff wird also die jeweilige Gegenwart daraufhin qualifiziert, wo die Kirche nicht zurückscheuen darf, wenn sie ihren Glauben an das Evangelium zur Sprache bringen will. In den Zeichen der Zeit verbinden sich nüchterne Analyse der heutigen historischen Situationen und pastorale Präsenz von Heilsgeschichte. Die Versuche zur ökumenischen Einigung und die pastorale Präsenz unter den Menschen von heute stehen also nicht nur nicht gegeneinander, sondern qualifizieren einander. Sie sind ungetrennt und unvermischt, wie sich vom zentralen Ort Christi in beidem her nahe legt. Von den ökumenischen Aktivitäten gelangt man zur Präsenz in der Welt von heute und ebenso umgekehrt von dieser Präsenz zur Ökumene. In der Ökumene geht es nicht allein um bilaterale Begegnungen; sie vollzieht sich in einer Auseinandersetzung zwischen drei Größen: die katholische Kirche, die nichtchristlichen Kirchen oder kirchlichen Gemeinschaften und schließlich die Menschen in der Welt von heute.

Daraus ergeben sich wichtige Konsequenzen: Die Kirche kann nicht Weltkirche sein, wenn sie sich den ökumenischen Versuchen zur Einheit verweigert. Und sie wird ökumenisch bedeutungslos bleiben, wenn sie die Frage der Zeichen der Zeit von heute beiseite schiebt. Es ist deshalb kein Zufall, dass die Öffnung zur Ökumene und die Entwicklung zur Welt-Kirche gleichzeitig stattgefunden haben. Sie sind wie zwei Seiten derselben Medaille. Weder eine selbstgenügsame Ökumene noch ein ökumenisches Desinteresse bei der Globalisierung von Kirche können überzeugen. Nur zusammen kommen sie voran.

Die zweite Konsequenz betrifft den Ort der ökumenischen Bewegung. Autorität gewinnt sie in der Kirche nicht schon dadurch, dass sie innerkirchlich angesiedelt wird. Sie wird zu einer ausdrucksstarken Größe kirchlicher Identität, wenn sie die Kirche in der Welt von heute stärkt. Umgekehrt gilt das gleiche: Kirche wird am Ort der heutigen Welt geschwächt, wenn sie keine ökumenische Identität ausgebildet hat. Mit der Ökumene ist die Frage nach dem Ort in der Welt von heute gestellt, und mit der Präsenz der Kirche in den Problemen der heutigen Welt ist die Frage nach dem Respekt vor der Ökumene gestellt. Das Innen der Kirche und das Außen der Lebensfragen heutiger Menschen werden in der Ökumene aufeinander bezogen. Sie wird zu einem Ort, der Weltkirche mitbestimmt. Und umgekehrt stellen sich vom Außen der Ökumene her die prekären Anfragen heutiger Lebenssituationen im Innen der Kirche. Ökumene hat einen pastoralen Charakter und erschöpft sich nicht in innerkirchlichen Eigentümlichkeiten. Das ist besonders auch in der ökumenischen Praxis zu erfahren; Ökumene ist ein Projekt an der Basis der Kirche und stets mit pastoralen Projekten verbunden.

Das verweist auf die Identitätsform, die mit der Ökumene in der Kirche Einzug hält: Sie muss dazu fähig sein, die anderen in die eigene Glaubens- und Lebenspraxis aufzunehmen und ihre Stärken zu respektieren. Mit der Ökumene wird verschärft die Anfrage gestellt, wo die Kirche steht. Und wenn sie sich Rechenschaft darüber ablegen will, wohin sie unter den Menschen der Gegenwart tatsächlich will, dann hilft ihr die ökumenische Einheitsvision weiter. Eine Kirche, die sich der Ökumene verweigern würde, würde womöglich sogar eine innere Identität stärken, die sich mit der Kirche selbst begnügt. Aber das würde ihre Präsenz an den Orten schwächen, an die sie gestellt ist und an denen sie sich noch aufstellen will. Ökumene repräsentiert und stärkt eine Wo-Identität von Kirche; zugleich bedrängt sie eine Wer-Identität von Kirche und klärt über deren

Schwachstellen auf.¹¹ Keine Kirche kann sich weltweit präsentieren, ohne ein reales Verhältnis zu anderen Kirchen und kirchlichen Gemeinschaften zu entwickeln; denn diese sind schlichtweg in dieser Welt mit dem Anliegen des christlichen Glaubens präsent. Wenn die Kirchen kein Verhältnis zu sich selbst entwickeln, das ihre Probleme miteinander löst, was wollen sie dann zur Lösung der Probleme der Menschen in der Welt beitragen? Die alte Erfahrung der nichtkatholischen Kirchen, die die erste Weltmissionskonferenz in Edinburgh 1910 prägte, bestätigt sich hier: Wer die christliche Mission betreiben will, darf nicht gegen andere christliche Gemeinschaften agieren, die am gleichen Ort für die gleiche Mission eintreten. Dort, wo das geschieht, steht die Christlichkeit der Mission in Frage, und sie wird vor den Nicht-Christen unglaubwürdig.

Dieser Zusammenhang gilt für das Zweite Vatikanische Konzil nicht allein in dem abstrakt-theoretischen Sinn. Davon zeugt die dritte Etappe des doppelten Lernprozesses in Sachen Ökumene und weltweit präsenter Kirche. Die Etappe wird von einer wichtigen Phase der Textentwicklung der Pastoralkonstitution zurückgelegt. Dabei werden direkte Anregungen aus der Ökumene verarbeitet, ohne die dieser Text das Ziel, Kirche in der Welt ihrer eigenen Zeit zu positionieren, nicht hätte erreichen können.

b) Die Lerngeschichte von Gaudium et spes mit der ökumenischen Bewegung – eine Topologie der Stärken eines Außen

Der ökumenische Einfluss auf *Gaudium et spes* ist kein Zufall, sondern entspricht der elementaren Grammatik, welche die Pastoralkonstitution mit der Ökumene gemeinsam hat. Sie besteht darin, im Außen anzusetzen, wenn ein Verhältnis von innen und außen bestimmt werden muss. Die Pastoralkonstitution diente dem Konzil dazu, der *ecclesia ad extra* einen theologischen Ort zu geben. Dieses ‚extra' wurde damals als die Welt von heute begriffen und beschrieben. Die Kirche identifiziert sich mit *Gaudium et spes* selbst angesichts dieses Außen und identifiziert sich mit den Menschen in der Welt. Sie realisiert damit, wo sie sich befindet, und akzeptiert, dass sie sich selbst im Verhältnis zu diesem Außen bestimmen kann und dabei dieses Außen als ein Ausgangspunkt des Verhältnisses respektieren muss. Wer sie ist, wird von dem benannt, wo sie sich befindet. Das hat eine gravierende Konsequenz: Dieses Außen hat selbst eine Autorität, der die Kirche bei der Bestimmung ihrer Identität nicht ausweichen darf. Wenn sie ihren Glauben positioniert, spielt das Wo ihrer Präsenz eine entscheidende Rolle. Das ist der Vorgang einer Pastoral, die für die Kirche in der Welt von heute konstitutiv ist.

---

¹¹ Die Suche nach kirchlicher Identität, die Kardinal Kasper für das ökumenische Anliegen beklagt, vollzieht sich im Rahmen einer Wer-Identität: „In allen Kirchen gibt es eine neue Suche nach christlicher und kirchlicher Identität. Das wirkt sich ökumenisch zunächst retardierend aus und ist mit ein Grund mancher Rückschläge, welche wir ökumenisch in letzter Zeit zu verzeichnen hatten." (Kasper, Situation 187) Bei einer Wo-Identität sähe das anders aus. Aber diese zweite Identitätsform entgeht Kasper, weil er Ökumene nicht mit Pastoral im Sinne des Konzils verbindet.

Sie prägt eine Art Wo-Identität aus, welche für eine Wer-Identität der Kirche dann sehr bedrängend wird, wenn diese Identität, die im Innen geformt wird, auf Ausschließungsmechanismen gegenüber jenem Außen beruht.

UR 4, das die ökumenische Bewegung mit den Zeichen der Zeit verbindet, deutet an, dass die Ökumene ein wichtiger Bestandteil dieser Wo-Identität der Kirche ist. Die ökumenischen Bemühungen um Einheit der Christen über die Kirchen hinweg gehören zum Außen kirchlicher Selbstvollzüge, sie haben eine pastorale Qualität und sie sind für eine Selbstbeschreibung kirchlicher Identität unvermeidbar. Ökumene kann deshalb als ein *locus theologicus alienus* aufgefasst werden. Dafür gibt es ein wenig bekanntes, aber sprechendes Beispiel aus der Textgeschichte der Pastoralkonstitution.[12]

Lukas Vischer, einer der ökumenischer Beobachter auf dem Konzil, der vom ÖRK kam und seine Wurzeln in Faith and Order hatte, schrieb im April 1963 einen Brief an Bischof Guano, der in die Kommission für das Laienapostolat gewählt worden war. Nach der ersten Sessio hatte das Konzil entschieden, es werde einen Text zum Themenkomplex *ecclesia ad extra* geben und diese Kommission solle sich um das Schema kümmern. Vischer beschreibt darin, wie die ökumenische Bewegung Faith and Order einen solchen Text verfassen würde. Roberto Tucci und Bischof Willebrands waren Vischers informelle Kontaktpersonen auf diesen Brief hin.[13]

Das Schema zur *ecclesia ad extra* wurde später zur Pastoralkonstitution; es hat mehrere vollständige Neukonzeptionen erfahren. Als am Ende der zweiten Sessio entschieden wurde, das Schema neu zu konzipieren, griff Guano inhaltlich auf Vischers Angebot zurück. Vischers Brief hatte einen stark christologischen Charakter und griff auf eine Studie des Ökumenischen Rates von 1956 ‚Die Herrschaft Christi über die Kirche und über die Welt' zurück. Der Schlüsselgedanke war der dienende Aspekt der Kirche in der Welt: „De même que le Christ s'est comporté parmi ses disciples comme un serviteur, l'Église est placée dans le monde comme servante. Sa tâche ne consiste pas à placer le monde sous sa domination et sous son influence."[14] Guano hatte Vischers Brief von Anfang an sehr ernst genommen und schon während des Jahres 1963 für die Verteilung des Briefes an alle, die ihn nur irgend haben wollten, gesorgt. Aber er konnte ihn erst inhaltlich in die Grundperspektive des Schemas einbauen, als man sich für die Zeichen der Zeit als Basiskonzeption entschieden hatte. Das geschah Ende 1963 und führte auch sofort zu dem berühmten ersten Satz von *Gaudium et spes*. Eine Dreiergruppe aus der neu formierten Redaktionskommission (Bischof Guano, Charles Moeller und Bernhard Häring) traf sich mit Vischer Anfang Februar 1964 vor der Sitzung dieser Kommission in Zürich, bei der die neue Textperspektive realisiert werden sollte. Die Basis des Treffens waren Vischers Brief vom Jahr zuvor und die Vorfassung des neu zu erarbeitenden Schemas. Als Ergebnis wurde

---

[12] Vgl. Moeller, Geschichte 251 f.
[13] Turbanti, Un Concilio 229 f.
[14] Zit. n. Turbanti, Un Concilio 232, Anm. 97.

den katholischen Gesprächspartnern klar, dass man in den künftigen Text einen zentralen christologischen Ton hineinbringen musste.

Vischer riet damals dem Redaktionskomitee, die Verhältnisbestimmung von Kirche und Welt nicht naturrechtlich anzugehen, sondern den Zeichencharakter der kirchlichen Präsenz herauszustellen. „Zum Kapitel II des Züricher Textes meinte der reformierte Beobachter, man habe dem dramatischen Charakter der Geschichte nicht genug Rechnung getragen. Man sprach von Sünde und davon, daß die Natur verderbt sei, im Neuen Testament trete jedoch der Antichrist auf. In diesem Sinn ist das, was die Kirche in der zeitlichen Ordnung tut, *Zeichen*, nicht durch das Bemühen selbst, an dem sie sich beteiligt, sondern durch die Tatsache, daß das ‚zeitliche' Handeln der Kirche in einer Welt, die durch den Kampf zwischen Gut und Böse gekennzeichnet ist, Zeichen ihrer Berufung setzt. Man muß daher den Eindruck vermeiden, als habe man ein Programm. Was die Kirche tun kann und muß, ist *Zeugnis* zu geben. Eher als vom Versagen muß man daher vom ‚Zeichen der Hoffnung' sprechen, was der vorgeschlagene Text zu wenig tut."[15] Der Züricher Text wurde danach vom 1. bis 3. Februar 1964 erstellt; er nahm Vischers Anregungen zunächst nur insoweit auf, als er die biblische Perspektive auf die Welt herausstellte.

Vischer hat mit seiner Intervention etwas benannt, was entscheidend für die Auseinandersetzung zwischen Glauben und gegenwärtiger Zeit ist: die Ambivalenz der Geschichte und die Punktualität der Zeichen, die mit Glaubenspositionen dagegen gesetzt werden können. Wenn diese Zeit jenes Außen markiert, an dem sich die Sprache des Glaubens vor den Menschen von heute konstituiert, dann muss die Differenz von gut und böse, von Wohl und Wehe beachtet werden. Wer ihre signifikanten Ereignisse erheben will, wird mitten in diese Differenz geführt und kann sich nicht auf die positiven Seiten beschränken, die einen humanen Fortschritt anzeigen. Aber man kann diese Differenz zur Sprache bringen und darin einen Ort erzeugen, der dem Wehe widersteht und dem Wohl eine Perspektive gibt. Die Zeichen der Zeit sind von der Differenz zwischen Freude und Trauer, den großen Hoffnungen und den berechtigten Ängsten heutiger Menschen bestimmt. Diese Zeichen verweisen auf Wohl und Wehe der Zeit gleichermaßen. Sie stehen für Geschehnisse in der Gegenwart, in der Menschen sich nicht mit der Bedrohung ihrer Würde abfinden, sondern um ihre gesellschaftliche Anerkennung ringen. Das löst Solidarität aus; insofern gehört das Wissen um die Zeichen der Zeit zum Widerstand gegen diese Bedrohung. Mit dieser Differenz muss die Wo-Identität der Kirche arbeiten können; ihre pastoralen Aktivitäten bewegen sich an ihr entlang. Der Lernprozess, bei dem diese Differenz auch im Text ausgefaltet wurde, stand dem Konzil noch bevor; er wurde erst vor und während der vierten Sessio abgeschlossen. Vischers Intervention kann gleichsam als Vorausbote der Lehre angesehen werden, die *Gaudium et spes* dann gefunden hat.

In diesem Sinn hat die Pastoralkonstitution einen realen ökumenischen Charakter, auch wenn sie das Thema der Ökumene nicht ekklesiologisch behandelt.

---

[15] Moeller, Geschichte 258. Diese kritisch-dialektische Haltung zum pastoralen Ansatz des Textes hat sich Vischer bewahrt, vgl. Vischer, Zwei Jahrtausendwenden, bes. 77.

Aber sie macht Probleme zum Thema, vor denen die Kirchen bei ihren Bemühungen um Glaubenseinheit in Christus unweigerlich stehen. Denn sie erhalten die Glaubenseinheit nicht zum Geschenk für sich selbst. Sie haben sie vielmehr bitter nötig, um dafür Zeugnis geben zu können, was dem Glauben den Charakter einer Frohen Botschaft für alle Menschen gibt. An den Problemen heutigen Menschen zeigt sich, was die ökumenische Vision „dass alle eins sein sollen" tatsächlich bedeutet. Lukas Vischer hat das selbst auch so gesehen: „Die Konstitution ist tatsächlich vielleicht wie kaum ein anderer Text geeignet, der Ökumenischen Bewegung neue Wege zu eröffnen." Die neuen Möglichkeiten eröffnen sich, „weil sich die Fragen, die sie behandelt, allen Kirchen in gleichen Weise stellen."[16]

Mit diesem Lernprozess zeigt sich, wie Ökumene als „locus theologicus alienus" wirksam wird. An dem Ort, an dem ihre Autorität begriffen wird, legt sie etwas frei, für das es im Innen der gängigen Glaubensdarstellung noch keine Sprache gibt oder worüber nur unzureichende Vorstellungen herrschen. Das, was die anderen Kirchen und kirchlichen Gemeinschaften der katholischen Kirche zu sagen haben, ist nicht einfach etwas, das eine unmittelbare gemeinsame Basis zwischen ihnen abgibt. Es kann vielmehr etwas sein, das freilegt, was in dem eigenen Diskurs, also den Innenperspektiven der Kirche, zunächst ausgeschlossen ist. Was die anderen zu sagen haben, legt eine Sprachlosigkeit frei, die bedrängt und an der man arbeiten muss.

Das zeigt, wie dieser „locus theologicus alienus" Ökumene selbst ausgestaltet ist. Es handelt sich nicht um eine Utopie, auf die sich die Kirchen langsam, aber unausweichlich zu bewegen. Ökumene beschreibt keine Fortschrittsperspektive, sondern das, was den Kirchen fehlt und was sie von der Bedeutung der eigenen Glaubenswahrheiten fernhält. Sie verfügt über die Fähigkeit, etwas von Außen her zu benennen, was sonst aus dem bestimmenden Diskurs im Innen einer Kirche ausgeschlossen ist, weil es bedrängt, peinlich ist, sprachlos macht. Wenn man die Autorität des „locus theologicus alienus" Ökumene anerkennt, dann gerät eine bestehende Ordnung der Dinge ins Wanken und die Kirche, die sich zur Ökumene der Christen aufmacht, muss sich dem stellen, was ihre bisherige Ordnung der Dinge ausschließen muss. Deshalb ist die Ökumene eine wechselseitige Ohnmachtserfahrung für alle Kirchen, die sich an ihr beteiligen. Sie zeigt nicht einfach nur das, was eine gemeinsame Basis der Glaubenseinheit sein könnte, sondern beschreibt diese Einheit des Glaubens darüber, was jeweils als Basis noch ausgeschlossen ist und eine Veränderung in elementaren Bereichen des Diskurses verlangt. Ökumene ist keine Utopie, die es mit allen wohl meint; sie ist eine Heterotopie, die für alle einen prekären Charakter hat.

c) Die Ökumene – eine Heterotopie für die kirchliche Identität

Mit der Pastoralkonstitution trifft das Konzil eine elementare Ortsangabe: Kirche befindet sich in der Welt von heute. Dieses Wo ist eine Basis, um sich selbst mit

---

[16] Vischer, Konstitution 484 und 485.

dem zu identifizieren, was sie vor den Menschen von heute zu sagen und beizutragen hat. Das gilt in strukturell gleicher Weise auch von der Ökumene; sie trifft ebenfalls eine basale Ortsangabe, die zur Identität der Kirche gehört. ‚Ökumene' steht bei Herodot für den bewohnten Erdkreis und wird in dieser Weise für die Christen virulent. Der Begriff markiert, dass auch an anderen Orten Christen wohnen, mit denen man womöglich keinen unmittelbaren Kontakt hat, zu denen man aber um des Glaubens willen eine Beziehung suchen muss. Ökumene steht in diesem Sinn für alle, die wegen ihres Glaubenszeugnisses nicht ausgeschlossen werden dürfen, wenn ein Problem des christlichen Glaubens zu lösen ist.

Deshalb gelten seit der alten Kirche ökumenische Konzilien als Versammlungen, die sich an alle richten, wo immer sie leben. Ihre Glaubensbekenntnisse beanspruchen für alle Christen Gültigkeit, weil alle im Prinzip daran beteiligt sind oder sein können. Vor allem die kritischen Positionen, um die gestritten wird, dürfen dort nicht ausgeschlossen sein. Ökumenisch ist eine Versammlung nur, wenn sie unliebsame Gegenpositionen nicht ausschließt, sondern dazu einlädt, das jeweils bedrängende Glaubensproblem gemeinsam zu lösen. Jede Spaltung nach einem Konzil schädigt deshalb auch die Ökumene. Sie lässt sich als ein Ort beschreiben, der wider Ausschließungen steht und wegen der Einschließung kritischer Positionen prekär ist.

Ökumene beschreibt insofern keine Utopie, die noch keine der Kirchen erreicht hat, sondern eine Konfrontation der Kirchen mit jeweils dem, was die anderen zu sagen haben, wofür man selbst aber noch keine Sprache entwickelt hat. In der Ökumene treffen die Stärken von Glaubensgemeinschaften aufeinander, die jeweils im Innen der beteiligten Kirchen Schwächen freilegen. Aber darin liegt ihre spezifische Bedeutung; sie bildet einen Ort aus, an dem mit Hilfe der Stärken der jeweils anderen diese Schwächen bearbeitet und im Idealfall überwunden werden können. Das ist nötig, weil solche Schwächen der Bedeutung des christlichen Glaubens im Wege stehen. Dieser kreuzweise Verweis von Stärken im Außen und Schwächen im Innen gilt für alle Beteiligten an der Ökumene; keine Kirche und kirchliche Gemeinschaft hat nur Stärken oder nur Schwächen. Aber jede kann Hilfe gebrauchen, um die eigenen Schwächen zu überwinden und sich die Vision zumuten zu können, die darin liegt, „dass alle eins seien". Ökumene markiert deshalb für alle Beteiligten einen anderen Ort als den, den sie jetzt einnehmen. Sie legt Sprachlosigkeiten offen und markiert Ausschließungsmechanismen gegenüber realen Fragen, für die eine Kirche noch keine Antworten hat. Man kann diesen spezifischen Ort für die Glaubenssprache der Kirche als eine Heterotopie begreifen.

Mit diesem Begriff hat Michel Foucault reale Räume bezeichnet wie Friedhöfe und Gärten, Bibliotheken und Bordelle, Theater und Kolonien.[17] An solchen Orten herrscht jeweils eine andere Ordnung der Dinge, die machtvolle Größen freilegt, welche in der normalen Ordnung des Diskurses mit Ausschließungen belegt sind. In der Moderne war das Instrument schlechthin, um Heterotopien zu erreichen, das Schiff. Bezeichnenderweise ist das Schiff auch ein Kirchenbild, das auf

---

[17] Foucault, Espaces.

den veränderlichen Raum verweist, den das Volk Gottes auf seiner Wanderschaft durch die Zeit einnimmt. Man kann den Heterotopie-Gedanken auf den Glauben insoweit übertragen, als er an reale *topoi* gebunden ist, um eine Sprache zu finden, *topoi* wie die Heilige Schrift, die Kirchenväter, die Konzilien, das Zeugnis der Heiligen, auch den Papst und die Erkenntnisse der Vernunft. Heterotopien beschreiben keine Welt jenseits dieser Welt, sondern Orte, die sich in Differenz zur hiesigen Welt setzen. Die Bibel arbeitet mit vielen Heterotopien wie der Arche Noah und der Krippe Jesu, dem Exil und den Missionsreisen, dem Tempel und dem Kreuz, der blühenden Wüste und dem leeren Grab.

Wenn Ökumene keinen Nicht-Ort, keine Utopie, besetzt, sondern einen Heterotopos, einen Anders-Ort, ausbildet, dann wird sie zu einem entscheidenden Beitrag für die Sprache des Glaubens in der Welt von heute. Sie legt frei, was in den Glaubenspositionen von Kirchen ausgeschlossen ist, aber deren Fähigkeit schwächt, dem Evangelium eine Sprache zu geben. Sie markiert, worin eine herrschende Ordnung der Dinge in einer Kirche defizitär ist und sprachlos macht. Damit wird Ökumene zu einem elementaren Faktor für die Wo-Identität der Kirche, weil sie dem widersteht, was Kirchen in dieser Welt hindert, ihre Aufgabe zu erfüllen. Das erklärt auch den bedrängenden Faktor, der ökumenische Auseinandersetzungen kennzeichnet. Als Heterotopie legt sie eine jeweils eigene Ohnmacht im Glauben frei. Eine Ökumene, die eine bestehende Wer-Identität nur bestätigt, höbe ihre Bedeutung auf. Sie würde dann zwar zu einem zwischenkirchlichen Machtfaktor, weil die Differenzen im Glauben dann für Ausschließungsmechanismen genutzt werden können. Eine solche Selbstbestätigung der gängigen Wer-Identität nährte sich von der Freilegung der Schwächen der anderen. Das liegt zwar immer nahe, hilft aber am Ort der jeweiligen Gegenwart nicht weiter, weil man dort ja nicht an den Schwächen der anderen laboriert, sondern an den eigenen. Mit dem Heterotopos Ökumene ist dagegen stets das Risiko verbunden, dass eigene Schwächen offenkundig werden. Aber dafür bildet sich ein Ort aus, um die eigenen Schwächen von den Stärken der anderen her anzugehen. Dieser Vorgang verändert die kirchliche Identität von einer in sich ruhenden werbestimmten Identität zu einer wo-markierten Identität, die sich der Dynamik in der Welt von heute aussetzen kann.

Das ist ein prekärer Weg, aber er ist in einem markanten Sinn unausweichlich. Abgrenzungsvorgänge in der Ökumene der Kirchen verstärken das Wo-Problem der kirchlichen Identität. Sie legen die Defizite der Kirchen vor allen Menschen frei und bringen unweigerlich die Frage auf, was die Kirchen schon zur Lösung der großen Probleme der Menschheit beizutragen haben, wenn sie noch nicht einmal ihre kleinen Probleme miteinander lösen können. Als kirchliche Utopie ist Ökumene harmlos, als Heterotopie des Glaubens hat sie dagegen eine Autorität, der die Kirchen nicht ausweichen können. Mit dem Zweiten Vatikanischen Konzil hat die katholische Kirche Respekt vor dieser Autorität entwickelt und sie hat begriffen, dass sie ihr nicht ausweichen kann. Diese Zumutung tut ihr gut, gerade weil sie vor den Menschen dieser Welt stattfindet.

2. Die Herausforderung durch die ökumenischen Beobachter

von Volker Sühs

Kirche wird sich im Konzil ihres Charakters als Weltkirche bewusst. Ein Aspekt in diesem Prozess stellt die Tatsache dar, dass zum Zweiten Vatikanischen Konzil offizielle Beobachter der nicht-katholischen Kirchen, der Kirchenbünde auf Weltebene und des Ökumenischen Rates der Kirchen eingeladen waren. Gegenüber der Praxis, die noch auf dem Ersten Vatikanischen Konzil geübt wurde, bedeutet dies einen enormen Fortschritt, stand doch hinter der damaligen Einladung ganz unverblümt die Aufforderung zur Rückkehr „in den Schoß der römisch-katholischen Kirche".[18]

Nicht nur *über* die anderen Kirchen zu sprechen, sondern *mit* deren Vertretern bedeutete eine enorme Herausforderung. In der direkten Begegnung stellt sich die Spaltung der Christenheit noch einmal ganz anders dar. Dieser Zusammenhang wird heute mit Begriffen wie z. B. „Ökumene des Lebens"[19], die ihren Grund in der gemeinsamen Taufe hat, zu fassen und für die ökumenische Arbeit fruchtbar zu machen versucht.

Allein die *Tatsache* also, dass die Vertreter der anderen Kirchen auf dem Konzil wirklich, „leibhaftig" anwesend waren, ist in ihrer Tragweite für den ökumenischen Lernprozess[20] auf dem Konzil nicht genug zu würdigen und stellt nach Yves Congar ein „Hauptelement der konziliaren Konstellation"[21] dar, das – bedenkt man die vorkonziliare katholische Haltung gegenüber der Ökumenischen Bewegung – alles andere als selbstverständlich war: „Ich war den Tränen nahe, als ich den Beobachtern zum ersten Mal begegnete" (Congar).

Sie sind „zum Greifen nahe" und machen jedem deutlich: „über die katholische Kirche hinaus [berufen] sich eine Vielzahl christlicher Bekenntnisse auf Christus und die Schrift"[22]. Da sie über das Einheitssekretariat direkt (faktisch als Berater) in das Konzilsgeschehen eingebunden sind, geht es mit den Worten Kardinal Augustin Beas deshalb darum, Anwesenheit *und* Einfluss der Beobachter angemessen zu würdigen.[23]

Hier soll die Rolle der Beobachter jedoch nicht in historischer Hinsicht in den Blick genommen werden.[24] Vielmehr geht es darum, die Bedeutung dieser Tatsache unter einer systematischen Perspektive zu analysieren. Hierfür bietet sich die Kategorie der Erfahrung an. Denn: Die Konzilsväter machten mit den ökume-

---

[18] Vgl. Neuner, Dekret 121 f.
[19] Vgl. z. B. Kasper, Ökumene des Lebens.
[20] Vgl. die Kommentare zu *Orientalium Ecclesiarum* und *Unitatis redintegratio* von B. J. Hilberath, der die beiden Dokumente in dieser Perspektive interpretiert (in Bd. 3 dieses Werkes).
[21] Yves Congar, Bloc-notes, in: Informations Catholiques internationales Nr. 182 (15.12.1962) 2, zit. n. Raguer, Das früheste Gepräge 214.
[22] Neuner, Dekret 121.
[23] Vgl. Bea, Weg zur Einheit 9 f.
[24] Vgl. dazu die entsprechenden Abschnitte in Alberigo – Wittstadt (Hg.), Geschichte des Zweiten Vatikanischen Konzils 1–3 und ders. – Melloni (Hg.), Storia 4–5, sowie Hilberath, Kommentar zu UR 85–88.

nischen Beobachtern eine neue herausfordernde Erfahrung, die sie in ihrer Selbstbeschreibung der katholischen Kirche und in ihrem Blick auf die Anderen, auf die nicht-katholischen Kirchen zutiefst verändert hat.[25]

In einem ersten Schritt soll deshalb in grundsätzlichen Überlegungen Struktur und Bedeutung von Erfahrung beleuchtet werden. Daran anschließend werden die allgemeinen Beobachtungen im Hinblick auf die konkrete Situation auf dem II. Vatikanum spezifiziert. Schließlich soll in den abschließenden Überlegungen der Frage nachgegangen werden, in welcher Weise die Anwesenheit der Beobachter zur Bildung der eigenen Identität und zur Wahrnehmung der anderen christlichen Kirchen beigetragen hat. Was hat sich verändert? Was wurde (im Hinblick auf die ökumenische Zukunft) neu ermöglicht?

Es ist selbstverständlich, dass es sich nur um eine holzschnittartige Skizze handeln kann, die manches sehr grob, anderes dadurch aber auch deutlicher zum Vorschein kommen lässt.

a) Momente menschlicher Erfahrung: ein Schlüssel zur Interpretation?

Was lässt sich im Hinblick auf die zu erörternde Fragestellung zum Aspekt der menschlichen Erfahrungsdimension sagen?[26]

Erfahrung ist – in einem weiten, allgemeinen Sinn – ein Sicherschließen der Wirklichkeit, das man auch als ein „Widerfahrnis"[27] bezeichnen kann. Wirklichkeit gibt sich zu erfahren und zeigt sich dabei in einer neuen, tieferen und vollkommeneren Weise, so dass sich in einem fortschreitenden Prozess (Einzel-)Erfahrung an (Einzel-)Erfahrung reiht. Die Konstituierung von so genanntem Erfahrungswissen ist demnach charakterisiert durch prinzipielle Unabgeschlossenheit dieses Prozesses, der stets offen sein muss auf je neue Erfahrungen hin. Nur derjenige, der sich dem nicht verschließt, kann in einem ganz elementaren Sinn als ein „Erfahrener" bezeichnet werden, als einer, der „Lebenserfahrung" hat. Erfahrung ist folglich „ein stets neuer und nie abgeschlossener Lernprozeß"[28]. Zudem ereignet Erfahrung sich nie im luftleeren Raum, ist nie einfach unmittelbar. Sie wird immer schon mitbestimmt durch einen gesellschaftlichen, kulturellen, geschichtlichen usw. Horizont, durch den „Interpretationsrahmen"[29] dessen, der etwas erfährt. Eine neue Erfahrung wird immer im Licht dieses Interpretationsrahmens gedeutet und in Beziehung gesetzt zu bereits erworbenem Wissen, so dass Erfahrung eine dialektische Struktur aufweist: „Erfahrung ist in einem das

---

[25] Zur Bedeutung der Erfahrungskategorie im Zusammenhang der Ökumene vgl. Neumann, Ökumene und Erfahrung.
[26] Hier kann es nicht um eine umfassende Charakterisierung des Phänomens der Erfahrung gehen, vielmehr nur um jene Aspekte von „Erfahrung", die für die in diesem Beitrag zu verfolgende Fragestellung fruchtbar gemacht werden können. Die Darstellung geschieht also immer schon im Hinblick auf die zu analysierende Sache. Vgl. zum Phänomen der Erfahrung Mieth, Was ist Erfahrung?
[27] Kasper, Der Gott Jesu Christi 110f.
[28] Kasper, Der Gott Jesu Christi 111 (im Original kursiv).
[29] Vgl. Schillebeeckx, Erfahrung und Glaube 80.

Betroffensein durch die Wirklichkeit und die Interpretation dieses Widerfahrnisses in Worten, Bildern, Symbolen und Begriffen."[30]

Zum Phänomen der menschlichen Erfahrung gehört neben dem Aspekt der kontinuierlich durch neue Erfahrungen fortschreitenden „Bestätigung" gemachter, ehemaliger Erfahrungen jedoch ein zweiter, für unsere Überlegungen entscheidenderer Gesichtspunkt: Erfahrung kann ein die Grenzen des bisherigen Denkens sprengendes Moment in sich tragen, in dem sich für das erfahrende Subjekt wirklich Neues erschließt, das im gewohnten Interpretationsrahmen nicht mehr angemessen verstanden werden kann, nicht in ihn „hineinpasst" und ihn dadurch verändert und überschreitet. Nach Hans-Georg Gadamer kennzeichnet dieser Aspekt erst eine „richtige", die eigentliche Erfahrung: „Jede Erfahrung, die diesen Namen verdient, durchkreuzt eine Erwartung. So enthält das geschichtliche Sein des Menschen als ein Wesensmoment eine grundsätzliche Negation, die in dem wesenhaften Bezug von Erfahrung und Einsicht zutage tritt."[31] Der tradierte Interpretationsrahmen erfährt in einem Akt „bestimmter Negation"[32] durch neue Erfahrungen eine Korrektur und wird in einen neuen Zusammenhang gestellt.

Scheitert eine Anpassung des Interpretationsrahmens an die neu gewonnenen Erfahrungen, stellt sich aufgrund der aufgeworfenen Krise unweigerlich die Frage, inwieweit die Notwendigkeit einer grundlegenden Neuorientierung nicht zu umgehen ist. Dieses Phänomen lässt sich im Anschluss an Thomas S. Kuhn[33] als Paradigmenwechsel begreifen: Ein Verstehensmodell, das bisher in der jeweiligen Wissenschaft allgemein in Geltung war, wird durch ein neues abgelöst, das neue Erfahrungen und Erkenntnisse besser zu integrieren vermag als das traditionelle. Eine neue Sicht in einem veränderten Kontext bricht sich Bahn. Dabei ist daran zu erinnern, dass – gerade im Blick auf theologische Zusammenhänge – das alte Erklärungsmodell nicht vollständig ersetzt wird, es nicht zu einem totalen Bruch kommt. Bei aller Diskontinuität und Innovation einer solchen umfassenden Umwälzung ist das Moment der Kontinuität für einen Paradigmenwechsel wesentlich: „Dasselbe christliche *Ur*-Zeugnis ist für Theologie und Kirche auch bleibendes *Grund*-Zeugnis"[34] – letztlich das Evangelium Jesu Christi. Auf diese Zusammenhänge ist im Blick auf das Zweite Vatikanische Konzil zurückzukommen.

Die Skizze des Phänomens der menschlichen Erfahrung zeigt, dass „Erfah-

---

[30] Kasper, Der Gott Jesu Christi 111; vgl. dazu auch Schillebeeckx, Erfahrung und Glaube 86–91, der diesen Zusammenhang als Wechselspiel von Wahrnehmen und Denken beschreibt (90); außerdem ders., Menschen 38–40.
[31] Gadamer, Wahrheit und Methode 362.
[32] Gadamer, Wahrheit und Methode 359.
[33] Kuhn hat dieses Modell zur Erklärung von Umbrüchen in den Naturwissenschaften entwickelt; vgl. ders., Struktur. Vgl. zur Frage der „Applikationsmöglichkeiten im Raum der Geisteswissenschaften, näherhin der Theologie", die beiden im Zusammenhang eines Tübinger Symposiums entstandenen Bände Hans Küng – David Tracy (Hg.), Theologie – wohin? Auf dem Weg zu einem neuen Paradigma (Ökumenische Theologie 11), Zürich – Gütersloh 1984; dies. (Hg.), Das neue Paradigma von Theologie. Strukturen und Dimensionen (Ökumenische Theologie 13), Zürich – Gütersloh 1986.
[34] Küng, Paradigmenwechsel 193–195, 193.

rung" einen geeigneten Schlüssel für die Interpretation von Rolle, Einfluss und Bedeutung der ökumenischen Beobachter auf dem Zweiten Vatikanischen Konzil darstellen kann. Dies soll im nächsten Abschnitt in exemplarischer Weise gezeigt werden.

b) Die konziliare Erfahrung: Schlaglichter

Im Sinne des aufgezeigten Interpretationsschlüssels „provozierten" die beim Konzil anwesenden ökumenischen Beobachter bei den Vätern und Theologen eine neue Erfahrung. Inwiefern? Alle kommen ganz selbstverständlich aus der bis zum Vorabend des Konzils weithin dominierenden neuscholastisch geprägten Schultheologie, bei einigen von ihnen beginnt das fest gefügte Bild sicherlich zu bröckeln, aber viele erfahren in den Begegnungen auf dem Konzil (neben der innerkatholischen Vielfalt) zum ersten Mal hautnah die Spaltung der Christenheit und müssen feststellen: „Diese Männer vertreten mehrere hundert Millionen von Christen der ganzen Welt; sie sind hier mit uns zusammen, beten mit uns und nehmen an der heiligen Messe teil; sie wurden feierlich vom Papst begrüßt, sind getauft, glauben an Christus, lieben ihn, wollen für ihn Zeugnis ablegen und für ihn arbeiten. Warum sind sie dann von uns getrennt? Was für Folgen hat diese Trennung für die allgemeine Lage der Christenheit und der Welt?"[35]

In vielfältiger Weise boten sich Gelegenheiten zur direkten Begegnung, die ganz wesentlich zu einem veränderten Klima beitrugen, in dem dann eine aktive und produktive Mitarbeit der ökumenischen Beobachter möglich wurde. Dazu einige Beispiele: Zunächst ist ihre Anwesenheit auf vordersten Plätzen in der Konzilsaula auf einer Tribüne vor dem Präsidium zu nennen, von wo aus sie für jedermann sichtbar den Debatten in der Aula beiwohnen. So sind sie schon von daher ein permanenter Stachel für das Konzil. Man kann sie nicht (mehr) übersehen. Sie nehmen an den Generalkongregationen teil, erhalten alle Texte, in die sie jeweils Dienstagnachmittags ausführlich eingeführt werden und die sie untereinander diskutieren. Darüber hinaus finden – ganz zu schweigen von den unzähligen Begegnungen, Gesprächen usw. „am Rande" – in allen vier Sitzungsperioden eine Reihe weiterer offizieller Treffen statt, so z. B. Empfänge, Audienzen bei den Päpsten Johannes XXIII. und Paul VI. sowie die gemeinsame Feier des Wortgottesdienstes von Papst, Konzilsvätern und Beobachtern zu deren Verabschiedung am Schluss der vierten Periode am 4. Dezember 1965 in Sankt Paul vor den Mauern.[36]

Entscheidend sollte aber die Zusammenarbeit mit dem Einheitssekretariat werden, über das sie, insbesondere über Kardinal Bea selber, Anregungen zu den

---

[35] Bea, Der Weg zur Einheit 10
[36] Vgl. die beeindruckende Zusammenstellung bei Bea, Ökumenismus im Konzil. Bea bietet hier jeweils kurze Einführungen und Kommentare sowie Textzeugnisse von den offiziellen Begegnungen mit den ökumenischen Beobachtern, die im Zusammenhang des Konzils stattfanden. Vgl. auch den Untertitel dieses Buches, der den in diesem Beitrag verfolgten Ansatz geradezu auf den Punkt bringt: „Öffentliche Etappen eines überraschenden Weges".

Textvorlagen einreichen konnten – wichtige trug der Kardinal persönlich in der Konzilsaula vor. So konnten die Beobachter auch zur Stütze für die Position des Einheitssekretariats in den Auseinandersetzungen mit Konzilskommissionen und Kongregationen werden.

Lassen sich über die *Tatsache* der Begegnungen hinaus aber auch *Einflüsse* dieses direkten Austausches auf die Entstehung oder Veränderung bestimmter Textpassagen feststellen? Dies ist nur schwer messbar und kann hier nur summarisch genannt werden.[37] Nicht zu leugnen ist der Einfluss, den die persönlichen Begegnungen auf den Standpunkt von Bischöfen und Theologen ausübten: Die Beobachter bringen ihr Verständnis des christlichen Glaubens, ihre Art, Theologie zu treiben und ihre Spiritualität ein und geben Zeugnis vom kirchlichen Leben in ihren Gemeinschaften, davon, wie bei ihnen das Wort Gottes gehört und die Sakramente gefeiert werden. Darüber hinaus können aber auch eine Reihe von Punkten namhaft gemacht werden, an denen Stellungnahmen der Beobachter zu Verbesserungen der vorgelegten Schemata und zu ihrer ökumenischen Sensibilität beitrugen. Zu denken ist dabei u. a. an die Notwendigkeit einer Erklärung über die Religionsfreiheit, die zentrale Rolle des Wortes Gottes und der Heiligen Schrift, die Ekklesiologie der Kirchengemeinschaft, die Einheit der Kirche, das gemeinsame Priestertum, die Bedeutung der Laien, die Liturgie, die Beziehung Kirche – Welt. In der Diskussion um die Unterscheidung von „Kirchen" (des Ostens) und „Gemeinschaften" (aus der Reformation), wie sie im ersten Entwurf *De oecumenismo* vorgenommen wurde, spielten beispielsweise die anglikanischen Beobachter eine wichtige Rolle, weil für sie die theologische Charakterisierung als „Kirche" wesentlich war, aber auch Vertreter anderer Kirchen (sowie Konzilsväter und Theologen) meldeten ihre Bedenken an, so dass im endgültigen Text die Entscheidung, wer „Kirche" und wer „Kirchliche Gemeinschaft" ist, offen gelassen wird.[38] Der permanente Austausch mit den Beobachtern lässt das Argument „ökumenische Gründe" zu einem Maßstab werden für Rücknahme (*De fontibus*), Überarbeitung (*De Ecclesia*) oder positive Einschätzung (*De sacra Liturgia*) vorbereiteter Schemata.[39]

c) Herausforderung zu vollerer Katholizität

Die Konzilsväter sahen sich also in vielfacher Hinsicht durch die Anderen zu einem neuen Denken herausgefordert: So, wie die katholische Kirche sich selber und die anderen Kirchen in den vergangenen Jahrhunderten gesehen hat, kann heute von Kirchen und Ökumene nicht mehr gesprochen werden. Auch wenn das Konzil aus verständlichen Gründen noch keine fertige, in allem befriedigende Antwort vorlegen konnte, zeigen sich doch Ansätze und Richtmarken, hinter die

---

[37] Vgl. Aubert – Soetens, Das Konzil und die Ökumenische Bewegung 69f. (dort auch weitere Lit.!).
[38] Vgl. Hilberath, Kommentar zu *Unitatis redintegratio* 98–101.126f.133 (in Bd. 3).
[39] Vgl. Riccardi, Die turbulente Eröffnung 28.

nicht wieder zurückgegangen werden darf und die eben auch der Begegnung mit den ökumenischen Beobachtern zu verdanken sind.

Die Väter erfahren die Vertreter der anderen Kirchen, wobei sich zeigt, dass die Erfahrung mit dem herkömmlichen Interpretationsrahmen[40] der katholischen Kirche nicht angemessen gedeutet werden kann. Nach dem alten Modell konnte es nur die *eine* wahre Kirche – identisch mit der römisch-katholischen Kirche – geben. Wie sind die Anderen *jetzt* aber zu interpretieren? Sie können doch nicht einfach einzelne verirrte Schafe sein, die zur Mutterkirche, nach Rom zurückzukehren haben.

Die neue Erfahrung passt somit weder in die bisherige Selbstbeschreibung noch in die traditionelle Beschreibung der Anderen, so dass es zur Veränderung des Interpretationsrahmens, zur Überwindung des alten Modells kommen und ein neues gesucht werden muss, soll die neue Erfahrung nicht unterdrückt oder in irgendeiner Weise neutralisiert werden.

Dies gilt zum einen für die *Selbstbeschreibung der katholischen Kirche*. Dazu nur stichwortartige Hinweise: Für das bisherige ekklesiologische Verstehensmodell ist die in juridischen Kategorien beschriebene Sicht der Kirche als hierarchisch verfasste „societas perfecta" leitend. Kirche konstituiert sich wesentlich vom Amt her.[41] Exemplarisch findet man dieses christomonistisch verengte, durch mehrfache Vor- und Überordnungen gekennzeichnete Kirchenmodell in der Enzyklika *Mystici corporis* von Pius XII. (1943).[42]

Dagegen ist das Kirchenbild des Zweiten Vatikanums von der Einsicht geprägt, dass die Kirche als das Volk Gottes seinen letzten tragenden Grund nicht in sich selber, in seinen Strukturen, im Amt hat, sondern im dreieinen Gott: die Kirche ist „das von der Einheit des Vaters und des Sohnes und des heiligen Geistes her geeinte Volk" (LG 4).[43] Erinnert sei in diesem Zusammenhang an die nur kurz vor dem II. Vatikanum (1961) erfolgte trinitarische Erweiterung der Basisformel des Ökumenischen Rates der Kirchen in Neu-Delhi.[44] Wichtige Elemente des konziliaren Kirchenbildes sind ihre Kennzeichnung als „Zeichen und Werkzeug" (LG 1) für das Reich Gottes, die Unterscheidung von „irdischer und himmlischer" Wirklichkeit der Kirche, von „sichtbarer und verborgener Kirche" (vgl. LG 8) sowie die wieder entdeckte „wahre Gleichheit" (LG 32), das Kirchesein und die durch den Geist gewirkte Berufung aller Glieder des Volkes Gottes und somit das gemeinsame Priestertum aller Gläubigen (LG 10), dem das ordinierte Amt

---

[40] Vgl. zum „alten Interpretationsrahmen", wie er sich in der Zeit seit dem Vatikanum I in den unterschiedlichen Zusammenhängen darstellte, die Einleitungen zu den Kommentaren in den Bänden 2–4 dieses Werkes.
[41] Vgl. dazu Hünermann, Kommentar zu *Lumen gentium* 271–277 (in Bd. 2).
[42] Vgl. zum Christomonismus im Kirchendenken und seiner Überwindung Nitsche, Geistvergessenheit, bes. 113–127; außerdem: Hermann J. Pottmeyer, Der eine Geist als Prinzip der Einheit der Kirche in Vielfalt. Auswege aus einer christomonistischen Ekklesiologie, in: PThI 5 (1985) 253–284.
[43] LG zitiert hier Cyprian, domin. or. 23. Vgl. insgesamt die ersten beiden Kapitel der Kirchenkonstitution „Das Mysterium der Kirche" und „Das Volk Gottes".
[44] Vgl. Willem A. Visser't Hooft (Hg.), Neu-Delhi 1961. Dokumentarbericht über die Dritte Vollversammlung des Ökumenischen Rates der Kirchen, Stuttgart 1962, 170.

dienend zugeordnet ist. Ein signifikanter Wandel im Selbstverständnis der katholischen Kirche zeigt sich in der Aussage der Kirchenkonstitution, die Kirche Jesu Christi subsistiere in der katholischen Kirche (LG 8). Der Wechsel von „est" zu „subsistit in" enthält mehr als eine semantische Verschiebung. Er verweist auf die im Konzil gewachsene Sensibilität dafür, dass eine exklusive Identität der una, sancta, catholica et apostolica ecclesia mit der römisch-katholischen Kirche nicht länger behauptet werden kann.[45] Zu groß ist der Stachel, den die anderen christlichen Kirchen darstellen.

Letzteres leitet zum zweiten Aspekt des veränderten Interpretationsrahmens über: die *veränderte Sicht des Anderen*. Auch hier nur Stichworte: Gerade das „subsistit in" ermöglicht der katholischen Kirche eine Anerkennung ekklesialer Wirklichkeit außerhalb ihrer selbst. Warum sollte es ausgeschlossen sein, dass die Kirche Jesu Christi auch in anderen Gemeinschaften subsistiert?[46] *Mystici corporis* jedenfalls repräsentiert das traditionelle Verstehensmodell: Nur innerhalb des Gefüges der römisch-katholischen Kirche sei man „in Wirklichkeit" (reapse) Glied am Leibe Christi.[47] „Alle jene und jeden einzelnen von ihnen laden Wir mit liebendem Herzen ein, den inneren Antrieben der göttlichen Gnade freimütig und freudig zu entsprechen und sich aus einer Lage zu befreien, in der sie des ewigen Heiles nicht sicher sein können. ... Denn mögen sie auch aus einem unbewußten Sehen und Wünschen heraus schon in einer gewissen Beziehung stehen zum mystischen Leib des Erlösers, so entbehren sie doch so vieler wirksamer göttlicher Gaben und Hilfen, deren man sich nur in der katholischen Kirche erfreuen kann. Möchten sie also eintreten in den Kreis der katholischen Einheit und, alle mit uns in der gleichen Gemeinschaft des Leibes Jesu Christi geeint, an das eine Haupt sich wenden in ruhmreicher Liebesverbundenheit ... In unablässigem Flehen zum Geiste der Liebe und der Wahrheit erwarten Wir sie mit ausgebreiteten Armen, nicht als Fremde, sondern als Söhne, die in ihr eigenes Vaterhaus zurückkehren."[48] Für die römisch-katholische Kirche war also klar: Ökumene ist nur als „Rückkehr-Ökumene" denkbar.[49] Jedoch: Eine Rückkehr der Anderen bedeutet für die römisch-katholische Kirche nicht die Beseitigung eines eventuellen Mangels! Denn man müsse „vermeiden, davon so zu reden, daß in ihnen [den anderen Gemeinschaften; V. S.] die Meinung entsteht, sie würden der Kirche mit der Rückkehr zu ihr etwas Wesentliches bringen, dessen sie bis dahin entbehrte"[50].

In grundlegend veränderter Perspektive – „Wiederherstellung der Einheit aller Christen" statt „Rückkehr" – sieht das Zweite Vatikanum die Anderen. Sie sind nicht mehr nur als einzelne Christen im Blick, sondern als „Kirchen und kirchliche Gemeinschaften", die „keineswegs im Mysterium des Heiles der Bedeutung und des Gewichts beraubt [sind]. Der Geist Christi weigert sich nämlich nicht, sie als Mittel des Heils zu gebrauchen", so dass sie aufgrund von Taufe und Glaube

---

[45] Vgl. zum konziliaren Kirchenbild v. a. Hünermann, Kommentar zu *Lumen gentium*.
[46] Vgl. Neuner, Dekret 124 f.
[47] Vgl. DH 3802.
[48] Zit. n. Bea, Ökumenismus im Konzil (vgl. DH 3821).
[49] Vgl. Hilberath, Kommentar zu *Unitatis redintegratio* 75–78 (Bd. 3).
[50] Instruktion des Hl. Offizium *De motione oecumenica*, zit. n. Rohrbasser, Heilslehre Nr. 695.

„in eine[r] gewisse[n], wenn auch nicht vollkommene[n] Gemeinschaft mit der katholischen Kirche" stehen (UR 3). Von Christus her im Heiligen Geist kommen ihnen und der Kirche als Ganzer „Elemente oder Güter" zu, die als „innere Gaben des Heiligen Geistes und sichtbare Elemente" im Sinne einer communial-pneumatologischen Ekklesiologie Einheit in Vielfalt begründen. „Christ sein heißt: an der Bibel orientiert aus Gott und auf ihn leben, in der Kraft des Heiligen Geistes und seiner Gaben; wo so gelebt wird, ist Kirche sichtbar."[51]

Die grundlegende Umwälzung des Interpretationsrahmens im Zuge des Zweiten Vatikanums ist offenkundig. Sicherlich wird man nicht sagen können, dass der Interpretationsrahmen hauptsächlich oder gar ausschließlich durch die Begegnung mit den ökumenischen Beobachtern verändert worden wäre; vor einlinigen Erklärungen wird man sich hüten müssen. Vielfältige Entwicklungen in Theologie und Kirche spielen hier hinein, ebenso die Gründung des Sekretariats für die Einheit der Christen. Aber dennoch wird man ihren Einfluss angemessen würdigen müssen. Auch wenn er nicht direkt in den Texten zweifelsfrei nachweisbar sein sollte, so ist er unter dem Aspekt einer „Ökumene des Lebens" oder einer „Ökumene der Begegnung"[52] nicht hoch genug einzuschätzen. Schon allein durch ihre Anwesenheit wird das Konzil zu einer „ökumenischen Lehrstunde": Die Konzilsväter mussten lernen, ihre Redebeiträge in ökumenischer Sensibilität in einer Sprache zu formulieren, die auch von den Vertretern der anderen Kirchen verstanden werden konnte. Für das Konzil war es angesichts der direkten Begegnungen und der aktiven Beteiligung der Beobachter, die bei den Vätern eine Horizonterweiterung heraufführte, einfach unmöglich, in unveränderter Weise über Kirche und Kirchen zu sprechen. Die Charakterisierung des Konzils als „Ereignis" wird hier besonders augenfällig.[53]

Das Konzil stellt demnach in ökumenischer Hinsicht so etwas wie einen Paradigmenwechsel dar, der mit angestoßen wurde durch die Anwesenheit der ökumenischen Beobachter. Einerseits versagte das bisherige katholische Verstehensmodell angesichts der neuen ökumenischen Situation und der konkreten Erfahrungen, die die Korrektur bisheriger Anschauungen und die Bereitschaft zum Umdenken und zur Umkehr erforderten und neue Perspektiven eröffneten.[54] Andererseits bleiben aber auch wesentliche Momente des alten Vorstehensmodells erhalten, so dass die Spannung von Kontinuität und Innovation (Diskontinuität) gerade im Blick auf das Konzil als ein notwendiges Wechselverhältnis zu begreifen ist. Das Konzil steht selbstverständlich in der Tradition der katholischen Kirche, entdeckt aber vergessene Aspekte wieder oder andere neu.[55]

Die Erfahrung der Anderen stellt einen wichtigen Baustein für die durch das Konzil insgesamt vorgenommene neue Identitätsbestimmung der katholischen

---

[51] Vgl. Hilberath, Kommentar zu *Unitatis redintegratio* 119–127, 124.
[52] Vgl. Hilberath, Ökumene.
[53] Vgl. Alberigo, Ekklesiologie 121.123.
[54] Vgl. Kasper, Der Gott Jesu Christi 112.
[55] Vgl. auch die erste Interpretationsregel bei Pesch, Konzil 149 f.

Kirche dar.⁵⁶ Die Kirche entdeckt neu ihre Katholizität, die unvollständig und nur bruchstückhaft wäre, wenn die anderen Kirchen unberücksichtigt blieben oder nur zum Zweck der Abgrenzung eine Rolle spielten. Den Konzilsvätern und Theologen stand ganz real vor Augen, dass die Katholizität der Kirche, die sich ohne die Anderen nicht angemessen bestimmen lässt, vielfältiger und weiter ist als die der römisch-katholischen Kirche. Sie zeigt sich in der letztlich durch den Heiligen Geist gewirkten welt- (und zeit-)umspannenden Einheit in Vielfalt.

Die Erfahrungen auf dem Konzil boten in der unmittelbaren Phase danach, aber auch noch in der heutigen Situation der Ökumene eine ungeheure Chance: Wer eine Erfahrung gemacht hat – als Einzelner oder als Gruppe –, wird ein Zeuge für das, was ihm „widerfahren" ist, so dass dadurch auch für andere eine neue Lebensmöglichkeit eröffnet wird.⁵⁷ Als ein Spezifikum dieses Prozesses erweist sich jene „Offenheit für Erfahrung, die durch die Erfahrung selbst freigespielt wird"⁵⁸. Die weitere Entwicklung der ökumenischen Bewegung nach dem Konzil gibt davon eindrucksvoll Zeugnis – bei allen Schwierigkeiten und heutigen Tendenzen zur Profilierung der eigenen Identität, teilweise wieder auf Kosten des Anderen. Diejenigen, die in der ökumenischen Begegnung „erfahren" sind, müssen anderen davon Zeugnis geben, um ihnen die Erfahrung zu ermöglichen, dass Sich-Einlassen auf den Anderen nicht Verlust, sondern Bereicherung bedeutet. Keine Kirche, auch nicht die römisch-katholische, kann ihre Identität durch Abgrenzung von den anderen erlangen, so dass die Begegnung mit den anderen christlichen Kirchen nicht Relativierung oder gar Verrat der eigenen (konfessionellen) Identität bedeutet, sondern sie erst ermöglicht.

Die am Zweiten Vatikanischen Konzil Beteiligten, jedenfalls die Mehrzahl von ihnen, die Väter ebenso wie die Periti, zu dieser Erfahrung „genötigt" zu haben, ist ganz wesentlich der Anwesenheit und der aktiven Teilnahme der Vertreter der anderen Kirchen zu verdanken. Man mag sich nicht ausmalen, wo wir heute in den Beziehungen der christlichen Kirchen stünden, wäre aufgrund der starren Prinzipien vorkonziliarer katholischer Theologie diese Erfahrung nicht möglich gewesen. Hätte die römisch-katholische Kirche den durch das Konzil vollzogenen Paradigmenwechsel geschafft oder wäre sie dem gegenreformatorischen Denken verhaftet geblieben?

---

⁵⁶ Vgl. v. a. die beiden Kirchenkonstitutionen des Konzils *Lumen gentium* und *Gaudium et spes*.
⁵⁷ Vgl. Schillebeeckx, Erfahrung und Glaube 91.
⁵⁸ Gadamer, Wahrheit und Methode 361.

IV. Katholische Communio-Einheit der Kirche(n) – Vision ohne Modell?

von Bernd Jochen Hilberath

1. Die Wechselbeziehung von Katholizität nach innen und nach außen

Nach Kardinal Kasper ist „das Ziel des ökumenischen Prozesses ... die Communio-Einheit der Kirchen, oder besser: die Communio-Einheit der Kirche"[1]. Mit seinem damaligen Kardinalskollegen Joseph Ratzinger und heutigen Papst Benedikt XVI. stimmt der Präsident des päpstlichen Einheitsrates darin überein, „dass die Kirchen Kirchen bleiben und doch immer mehr eine Kirche werden"[2]. Im Blick ist also eine Einheit, die Eigenarten nicht aufhebt. Es ist beliebt, in diesem Zusammenhang die trinitarische Communio als Vorbild vor Augen zu stellen – als eine Einheit in Beziehungen, von „gleichberechtigten Verschiedenen"[3], „als das Modell eines jeden gesellschaftlichen Zusammenlebens..., das gerecht ist, Gleichheit verwirklicht und die Unterschiede achtet"[4]. Mit Kasper können wir eine Einheit dieser Art „Communio-Einheit" nennen; sie ließe sich auch als „katholische Einheit" charakterisieren. Gemeint ist eine theologische Unio, die von Gott geschenkte Einheit der Kirche als einer Communio von Kirchen. Hier verschränken sich Katholizität nach innen und nach außen, insofern die Einheit der Kirche als Einheit von Kirchen sich als eine Communio von Communiones darstellt bzw. ausbilden sollte. Kardinal Kasper hat zu Recht darauf hingewiesen, dass die Abkehr von der so genannten Rückkehr-Ökumene nur dann als glaubwürdiges Vorhaben erscheint, wenn auch die interne Einheit der römisch-katholischen Kirche nach diesem Modell gestaltet wird: „Diese Zielvorstellung können wir nur dann ökumenisch glaubwürdig vertreten, wenn wir in unserer eigenen Kirche das Verhältnis von Universal- und Ortskirche als Einheit in der Vielfalt und als Vielfalt in der Einheit exemplarisch verwirklichen."[5]

In vorausgehenden Unterkapiteln stand die Entwicklung dieser innerkatholischen Katholizität in wesentlichen Bereichen des kirchlichen Lebens auf dem Prüfstand. Ist die Bilanz so, dass Kaspers Bedenken schon ausgeräumt sind? Was „exemplarische Verwirklichung" heißt bzw. nicht heißt, formuliert der Kardinal nämlich so: „Eine einseitig universalistische Sicht dagegen weckt schmerzliche Erinnerungen und Misstrauen; sie wirkt ökumenisch abschreckend. So ist es für das Gespräch mit den orthodoxen wie mit den evangelischen Kirchen bzw. Kir-

---

[1] Kasper, Das Verhältnis 802.
[2] Ebd.
[3] Ganz plakativ formuliert bei Boff, Der dreieinige Gott 29: „Die Dreifaltigkeit ist unser wahres Gesellschaftsprogramm." Vgl. dazu Hilberath, Der dreieinige Gott 74–77.
[4] Boff, Der dreieinige Gott 24.
[5] Kasper, Das Verhältnis 802 f.

chengemeinschaften wichtig, aufzuzeigen, dass eine Partikularkirche (ebenso ein Patriarchat, eine evangelische Landeskirche wie jede andere konfessionelle Gruppierung) nur in universalkirchlicher Gemeinschaft in vollem Sinn Kirche Jesu Christi sein kann, dass aber auf der anderen Seite solche Communio-Einheit die Einzelkirchen und ihre legitimen Traditionen nicht unterdrückt und nicht aufsaugt, sondern ihnen Raum legitimer Freiheit gewährt, weil nur so die ganze Fülle des Katholischen konkret verwirklicht werden kann."[6]

Rückschläge in der Entwicklung innerkatholischer Katholizität sind eines der Motive dafür, dass von nicht-(römisch)-katholischer Seite immer wieder der Verdacht geäußert wird, letztlich ginge es „Rom" doch um eine „Rückkehr-Ökumene". Unser Kommentar zum Ökumenismusdekret hat diesen Verdacht, zumindest was das Zweite Vatikanische Konzil angeht, abgewiesen. Zugleich wurde u. a. in dem Kommentar zum Dekret über die katholischen Ostkirchen herausgestellt, wie schwierig ein Prozess ‚innerkatholischer Katholisierung' in Gang kommen und in der Dynamik gehalten werden kann. Nun gibt es gewiss erfreuliche Entwicklungen in dieser Richtung, deren man gewahr werden kann, wenn im Zusammenhang der Frage, was denn katholisch (im konfessionellen Sinn) sei, das vielfältige Leben in den Ortskirchen in den Blick genommen und sich nicht nur nach römischen Verlautbarungen orientiert wird. Und selbst da finden wir zumindest Bekundigungen eines Willens zur Communio, ja – etwa in der Enzyklika *Ut unum sint* – die Aufforderung zur gemeinsamen Suche der adäquaten Gestalt.

Orientierende Norm ist in jedem Fall das Zweite Vatikanische Konzil. Nach ihm fragen wir in der Gemengelage von gelungenen und verfehlten Versuchen einer gelebten Katholizität der Communio-Einheit zurück. Was gelungen ist, lässt sich von hierher nachvollziehen; was fehl gelaufen ist, lässt sich kritisieren. Welche Orientierung gibt uns nun aber das letzte Konzil hinsichtlich der ersehnten Communio-Einheit der Kirchen? Kann man sagen, das Modell der Rückkehr sei durch eine Vision abgelöst worden? Bleibt diese Vision vage, oder zeichnen sich Konturen eines Einheitsmodells ab? Das Lehramt der römisch-katholischen Kirche hat bislang kein Modell vorgelegt; am ehesten lässt sich erkennen, welche Konzeptionen von Kirchengemeinschaft nicht in Frage kommen. Deshalb ist es Aufgabe der Theologie, ausgehend vom Zweiten Vatikanischen Konzil die Gestalt eines ‚katholischen' Modells zu entwickeln und dessen innerkatholische Akzeptanz im Dialog mit dem Lehramt zu prüfen. Wissenschaftliche Theologie und bischöflich-päpstliches Lehramt haben dabei auf die Entwicklungen im Leben der Gemeinden und Gemeinschaften zu achten; diese sind nicht automatisch und für sich genommen die Norm, aber sie sind wichtige Zeugnisse eines gelungenen oder fehlgeschlagenen oder auch verweigerten Lernprozesses – und darin zugleich Spiegel zur eigenen Gewissensprüfung.

Im Folgenden unternehme ich den Versuch, die Umrisse eines solchen Communio-Modells römisch-katholischer Provenienz in Erwartung ökumenisch-ka-

---

[6] Ebd. 803 (mit Verweis auf UR 4).

tholischer Akzeptanz zu entwickeln. Wenigstens sollen hauptsächliche Fragen und notwendige Weichenstellungen benannt werden.

2. Umrisse eines katholischen Modells

Was können wir in dieser Hinsicht vom Zweiten Vatikanischen Konzil, speziell von *Lumen gentium* und *Unitatis redintegratio* erwarten?

a) Der Charakter des Textes

Hier greife ich zurück auf die grundlegenden Beobachtungen und Überlegungen von Peter Hünermann im 1. Kapitel dieses Bandes. Wenn das Textcorpus des Konzils als eine „Grundordnung der Kirche" bzw. als „konstitutioneller Text des Glaubens" bezeichnet werden kann, in welche ökumenische Richtung werden wir dann gewiesen? Lassen sich auch in dieser Hinsicht „Weichenstellungen für eine öffentliche Ordnung"[7] erkennen?

Zunächst erscheint mir von nicht zu unterschätzender Bedeutung, dass die Genese der mit diesem Textgenus verbundenen Intentionen dezidiert von ökumenischem Interesse und entsprechender Rücksicht geprägt war. Sodann kommt den fünf von Hünermann aufgezeigten Ähnlichkeiten des konziliaren Textcorpus mit Verfassungstexten unmittelbare Relevanz für die ökumenische Rezeption des Zweiten Vatikanischen Konzils zu. (1) Die Situationen, in der solche Texte (neu) verfasst werden, stehen im Zeichen von Krise und Umbruch. Hier hat sich viel verändert, aber die Zeitzeichen verweisen auch gegenwärtig unübersehbar auf Krise und Umbruch hin, und die Frage steht an, welche „Zeichen der Zeit" die Christen in ihren Kirchen erkennen. – (2) Das repräsentative „Verfassergremium" war die Versammlung der Bischöfe mit dem Papst. Dabei waren die Bischöfe auch Glaubenszeugen ihrer Ortskirchen, und die Arbeit konnte nicht bewältigt werden ohne das Expertentum der Theologen (3). Dieses Zusammenspiel der Kommunikationssubjekte außerhalb einer konziliaren Versammlung hat bis heute noch keine ausreichende strukturelle Gestalt gefunden. Dies erschwert den Glaubensgeschwistern in anderen Kirchen zur Kenntnis zu nehmen, dass katholisch (im konfessionellen Sinn) nicht nur das ist, was Papst und vatikanische Organe verlautbaren oder tun. – (4) Ein Text, der Weichenstellungen für die öffentliche Ordnung vornimmt, enthält „Leerstellen", er ist ein „arbeitender" bzw. „generativer" Text. Deswegen verfehlt ihren Charakter, wer den Mangel an juristischer Präzision beklagt, ebenso wie derjenige, der ihn durch Formulierungen des Trienter oder des Ersten Vatikanischen Konzils auffüllen will. Die Leserschaft eines solchen Textes ist in ihrer Kreativität eigens gefordert! War nicht die Enzyklika *Ut unum sint* eine Geste in diese Richtung? Lehramt, Theologie und das Volk Gottes in seinem vielfältigen Leben tragen Verantwortung und sind bei einer

---

[7] Vgl. Hünermann in diesem Bd. S. 15.

ökumenischen Bestandsaufnahme in den Blick zu nehmen. Auch gerade innerhalb der katholischen Theologie hält die Diskussion um die Bedeutung der Rezeption (5) an.[8]

b) Geistlicher Ökumenismus

Die von Hünermann herausgearbeiteten Differenzen zwischen Verfassungstexten und dem Textcorpus des Konzils betreffen vor allem den „Geist". Legitimation und Inhalt sind nicht von Menschen verliehen bzw. erfunden, sondern im Heiligen Geist Gottes gegeben. Zur christlichen Spiritualität gehört es, die damit gegebene Unverfügbarkeit zu wahren. In *Lumen gentium* 8 bringt die dogmatische Konstitution über die Kirche dies durch eine pneumatologische Korrektur der „nicht unbedeutenden Analogie" zwischen Inkarnation und Kirchewerdung zum Ausdruck: Der Geist ist es, der „das gesellschaftliche Gefüge der Kirche ... zum Wachstum seines Leibes [belebt]". Diese Priorität des Handelns Gottes, dieser Vorrang der Gnade ist im Leben der Kirche von all ihren Subjekten zu berücksichtigen, besser: zu beherzigen.

Insoweit kann auch das von Eilert Herms mit Nachdruck vorgetragene Anliegen der Priorität des „verbum internum", des vom Heiligen Geist im Innern des Menschen bezeugten Evangeliums, aufgenommen werden. Ökumenisch strittig bleibt die Verbindung von „verbum internum" und „verbum externum". Dieser theologische Streit wird auch innerhalb der konfessionellen Theologien ausgetragen, wie etwa die Diskussionen um die Leuenberger Konkordie auf evangelischer Seite[9] und um die Verhältnisbestimmung von gemeinsamem und durch Ordination (Weihe) übertragenem Priestertum auf katholischer Seite[10] illustrieren.

Angesichts einschlägiger Erscheinungen vor allem in der katholischen Kirche, aber auch in der weltweiten Ökumene möchte ich mit Nachdruck hervorheben, dass „Spiritualität" keine Angelegenheit der privaten Frömmigkeit darstellt. „Spiritualität" meint vielmehr die Gestaltung des (persönlichen wie gemeinschaftlichen) Lebens aus dem Heiligen Geist, so dass zu erkennen ist, „wes Geistes Kind ihr seid". In unserem Zusammenhang bedeutet dies, dass die Betonung der Priorität des Wirkens des Geistes nicht zu einer Vergleichgültigung der von Menschen auszubildenden äußeren Gestalt verleiten darf. Das käme wohl auch einer missverstandenen Zwei-Reiche-Lehre nahe bzw. katholischerseits einem ekklesiologischen Monophysitismus, der (seltener) durch die Autorität des Individuums selbst, (in der Regel) durch eine nicht mehr in Frage gestellte Bindung an eine bestimme Form der Tradition oder Autorität kompensiert wird. Überzogener Augustinismus bzw. Lutherianismus (oder ist es eher ein Schleiermacherianismus?) auf evangelischer Seite, ekklesiologischer Pelagianismus auf katholischer

---

[8] Beachte die Literaturhinweise bei Hünermann S. 15, Anm. 21.
[9] Ich erinnere an die z.T. polemischen Auseinandersetzungen zwischen Tübinger und Straßburger Theologen im Kontext der *Gemeinsamen Erklärung zur Rechtfertigung* (vgl. Brenner, Gemeinsame Erklärung).
[10] Vgl. hierzu jetzt Hilberath, Thesen zum Verhältnis.

Seite – so ließe sich plakativ im Sinne einer Problemanzeige formulieren. Für die ökumenische Bewegung liegt Zukunft darin, dass z. B. der katholische „Pelagianismus" kein gnadentheologischer ist: Die Priorität der Gnade steht schon für das Konzil von Trient nicht zur Debatte. Vielmehr zielt der Vorwurf des Pelagianismus, der auch innerkatholisch, etwa gegenüber der anthropologisch gewendeten Theologie Karl Rahners[11] erhoben wird, darauf, dass sich Menschen nicht länger als Subjekte von Glaubenserfahrung, die an der Glaubenskommunikation der Kirche partizipieren, an eine fraglos vorgegebene Lehre, vorgelegt durch eine ebenso wenig hinterfragte Autorität, fesseln lassen.[12] Das „Programm" des geistlichen Ökumenismus lautet: „Hören, was der Geist *heute* den Gemeinden sagt". Geistlicher Ökumenismus zielt auf die Umkehr der Einzelnen wie der Gemeinschaft, auf die geistgemäße Gestaltung des christlich-kirchlichen Lebens einschließlich der Strukturen. Leitfragen des geistlichen Ökumenismus sind: Was dient dem Geist des Evangeliums? Was schafft Raum dem Geist, „dem Herrn und Lebensspender, der aus dem Vater (dem Ursprung und Erhalter der guten Schöpfung) [und dem Sohn (dem Retter der ins Unheil verstrickten Schöpfung)] hervorgeht, der mit dem Vater und dem Sohn mitangebetet und mitverherrlicht wird (wodurch seine Unverfügbarkeit anerkannt wird)"?[13]

Der Eröffnungsrede Papst Pauls VI. zur zweiten sessio zufolge gilt die grundlegende geistliche Perspektive auch für die nachkonziliare Arbeit. Im Blick auf die Ökumene spricht Paul VI. von einer „vollen und universalen" Ökumenizität „wenigstens im Wunsche, wenigstens in Gebeten …, wenigsten in der Vorbereitung". Und er fügt hinzu: „Heute eine Hoffnung, damit sie morgen Wirklichkeit werde."[14] Was heißt das für unsere Suche nach einem „katholischen" Modell von Kircheneinheit? Es ist richtig, wenn kontinuierlich vor allem von Menschen in kirchenleitenden Positionen ermahnt wird, den Fortgang der ökumenischen Bewegung und das Erreichen ihres Ziels als Werk des Heiligen Geistes zu erwarten und zu erbeten. Dabei kommt gelegentlich zu kurz, dass es keineswegs bedeutet, dem Heiligen Geist ins Handwerk zu pfuschen, wenn Menschen sich fragen, was der Geist ihnen heute sagen und zu welchem „Werk" er sie antreiben will. Ansonsten droht der Ökumene ein ‚pneumatologischer Monophysitismus'!

c) Hinweise in Genese und Gestalt des Textcorpus

Von daher verbietet sich jede Alternative zwischen Geist und Buchstabe des Konzils. Freilich ist die Formel „Geist *und* Buchstabe" wenig aussagekräftig, weil vieldeutig. Das, was der Heilige Geist, wie wir glauben, in dem Vorgang des Konzils durch den Geist der Konzilsteilnehmer, der nicht selten einer Umkehr bedurfte,

---

[11] Zur Unhaltbarkeit dieses Vorwurfes vgl. Hilberath, Karl Rahner, v. a. 68–73.
[12] Interessanterweise verweisen Traditionalisten solange auf die kirchliche Autorität, als diese sich in der Gestalt präsentiert und ihre Lehren in genau der Form vorträgt, wie diese (unhistorisch, aber psychologisch erklärbar) als einzig orthodoxe behauptet werden.
[13] Vgl. DH 150.
[14] AS II/1, 193.

bewirkt hat, fand seinen Ausdruck in der Genese und der Endgestalt des Textes. Deshalb lässt sich nicht unter Berufung auf den Geist des Konzils das Gegenteil dessen behaupten, was der Buchstabe hergibt. Freilich, auf der anderen Seite ist eine ‚Grundordnung' keine Ausführungsbestimmung oder Gebrauchsanweisung, das sprichwörtliche Kleingedruckte fehlt fast ganz. Finden sich also Spannungen, ja Widersprüche im Text, ist zur Klärung ihrer Bedeutung die Genese zu berücksichtigen. Auch wenn man im Sinne einer ‚kanonischen Exegese' vom Endtext ausgeht, kann auf Interpretationshinweise in der Genese des Textes oder in den Vorlagen (Relationes) aus hermeneutischen Gründen nicht verzichtet werden. Dadurch wird nicht zwangsläufig vorgegeben, in welcher Richtung ein spannungsreicher Endtext zu rezipieren ist. Eine Änderung von Sichtweisen und Optionen kann sich von den gegenwärtigen Zeichen der Zeit her aufdrängen. In gravierenden Fällen sollte dies aber durch eine repräsentative universalkirchliche Entscheidung vorgenommen werden. Dem Charakter des Zweiten Vatikanischen Konzils würde es widersprechen, wenn einzelne Subjekte oder Organe (Papst, Kurie, Theologie) im Alleingang die Rezeption oder Re-rezeption[15] des Konzils vornähmen.

Folgende Beobachtungen an der Genese des Textcorpus bzw. an der Arbeitsweise des Konzils sollten Anregung für die ökumenische Rezeption sein:

Nach Hünermann ist die Arbeitsweise des Einheitssekretariats in zweifacher Hinsicht modellhaft. Zum einen durch die von Papst Johannes vorgegebene und seitdem regelmäßig vor allem im Kontakt mit der Orthodoxie zitierte Verbindung von Dialog der Wahrheit und Dialog der Liebe, konkret als Suche nach bzw. Vollzug der Wahrheit in Liebe. Das bedeutet für die Methode des ökumenischen Miteinanderarbeitens oder auch des konfessionsinternen, aber ökumenisch offenen Forschens die vorrangige Beachtung des Gemeinsamen. Damit öffnete Kardinal Bea mit seinem Sekretariat der katholischen Kirche offiziell[16] den Weg von einer Kontroverstheologie zu einer ökumenischen Theologie des differenzierten Konsenses. Als zweites Merkmal hebt Hünermann an der Arbeitsweise des Einheitssekretariats hervor, dass diese Aufmerksamkeit für die ‚Anderen' sich auf die Selbsterfahrung und Selbstdarstellung auswirkt. Katholizität nach außen und nach innen werden zu kommunizierenden Röhren! Weil dies in dem zunächst vorgelegten Schema *De ecclesia* ganz und gar nicht der Fall war, kritisierte Kardinal Frings zu recht, der Text entbehre „jener Weite, Tiefe und Universalität ..., in diesem Sinn der Katholizität"[17]. Texte eines ökumenischen Konzils brauchen auch unter den Autoren eine katholische Einheit in Vielfalt. Das haben viele Konzilsväter gespürt und deshalb die, auch von Papst Paul VI. ins Spiel gebrachte, Reduktion auf wenige Thesen, die dann auch noch ohne Diskussion angestimmt werden sollten, abgelehnt. Katholizität in diesem Sinn hat einen Preis: den anhal-

---
[15] Ein von Y. Congar hinsichtlich des Ersten Vatikanischen Konzils ins Spiel gebrachter Ausdruck für das Phänomen einer Rezeption, welche die seitherige Rezeption selbst noch einmal bewusst rezipiert, was eben neue Entscheidungen nicht ausschließt.
[16] Die führenden Ökumeniker praktizierten bereits dieses Vorgehen; vgl. meinen Kommentar zu UR in Bd. 3, A.I.2.
[17] AS I/4, 219 f.

tenden, mitunter mühsamen Prozess der Textwerdung. Wo Autoritäten dekretieren oder einzelne Theologen im Alleingang das Selbstverständnis ihrer Kirche definieren wollen, könnte die fehlende Rezeption auf einen Mangel an dieser Katholizität hinweisen.

Sowohl für die Wertung der Konzilstexte wie für die Erarbeitung ökumenischer Dokumente heute scheint mir eine Beobachtung von Christoph Theobald erhellend zu sein. Ihm zufolge[18] ist das Textkorpus des Konzils durch zwei Zugangsweisen geprägt, die er „pan-ekklesiologisch" und „kulturell vielfältig" nennt. Man könnte auch von einer hermeneutischen und einer analytischen Vorgehensweise sprechen. In jedem Fall stellt sich heutiger ökumenischer Arbeit die Aufgabe, die Hermeneutik klassischer Texte (allen voran der Bibel, dann der Tradition und der lehramtlichen Organe) mit einer Hermeneutik des Lebens zu verschränken. Möglicherweise ist die aktuelle Rede von einer ‚Ökumene des Lebens' ein Indiz in diese Richtung.[19] Was die Tradition angeht, so rekurrieren die Konzilstexte auf die Bibel und die patristische, sehr sparsam auf die mittelalterliche Theologie. Ganz offenbar führte die massive Kritik etwa am Kirchenschema dazu, die lehrmäßige Diktion der Schultheologie zurückzudrängen. Dass päpstliche Äußerungen so häufig zitiert werden, erklärt sich aus „der relativ starken Präsenz von Angehörigen der Kurie und Theologen der römischen Institutionen"[20]. Im Sinne einer ökumenischen Rezeption ist eine Internationalisierung theologischer Argumentationen anzustreben bzw. als schon gegeben zu beachten. Hünermanns Feststellung, dass „päpstliche Ansprachen ... in dieser Ausdrücklichkeit im Allgemeinen weder vom Weltepiskopat aufgenommen [werden] noch ... im außerrömischen Betrieb der Fakultäten eine besondere Rolle [spielen]"[21], erklärt zum einen, dass Visitatoren und Fragebögen zur Würdigkeit von Kandidaten die Aufnahme von (auch die Auseinandersetzung mit?) römischen lehramtlichen Dokumenten einfordern bzw. voraussetzen. Zum anderen kann sie nichtkatholischen Kolleginnen und Kollegen, die verständlicherweise sich an dem orientieren, „was offiziell gilt", zur Einordnung in die Vielfalt des Katholizismus ermutigen. So kommt der „Textwerkstatt Vatikanum II" exemplarischer Charakter zu, auch da, wo ökumenische Theologie heute Gründe hat, in Kenntnis anders zu verfahren. Wichtigste Erkenntnis ist die bereits aufgezeigte Verschränkung der verschiedenen Subjekte bzw. Gruppen von Subjekten der Kommunikation aus Glauben und in Theologie.

Da für das ökumenische Miteinander die Beachtung der Heiligen Schrift als „norma normans non normata" der entscheidende methodologische Testfall darstellt, gehen wir in einem eigenen Exkurs der Frage nach, wie das Konzil mit der Bibel umgeht.

---

[18] Vgl. Hünermann, 1. Kap., S. 59 f.
[19] Gerade Kardinal Kasper nennt regelmäßig dieses Stichwort: vgl. nur Kasper, Sakrament der Einheit IV.
[20] Hünermann, 1. Kap., S. 72, Anm. 38.
[21] Ebd.

Exkurs I: Einige Aspekte zum Bibelbezug des Zweiten Vatikanums

von Ottmar Fuchs

a) Hinführung

Das Anliegen des Zweiten Vatikanums, wie es bereits die Liturgiekonstitution programmatisch formuliert, nämlich dass der Tisch des Wortes reichlicher als bisher gedeckt sein möge, setzt sich im Zweiten Vatikanum auch als eine prinzipielle Hermeneutik der folgenden Dokumente durch, insofern darin das zunehmende Bestreben deutlich wird, sich nicht nur vermehrt auf biblische Texte zu beziehen, sondern auch die Geschichtlichkeit dieses Zusammenhangs ernst zu nehmen, nicht nur hinsichtlich einer heilsgeschichtlichen Perspektive,[22] sondern auch hinsichtlich der Zusammenführung von biblischen Geschichten und konzeptionellen Überlegungen.

Von ökumenischer Bedeutung ist also nicht nur die Tatsache, dass biblische Zitationen in den Konzilstexten zahlenmäßig mehr als die Hälfte der Schriftzitate aller ökumenischen Konzilien ausmachen,[23] sondern vor allem eine veränderte Hermeneutik: Insofern biblische Texte nicht mehr für überzeitliche prinzipielle Aussagen instrumentalisiert werden, sondern indem weitgehend ein Dialog eröffnet wird zwischen der jetzigen Kirche in ihrer gegenwärtigen Geschichte und den damaligen Geschichten und den darin zum Vorschein kommenden ebenfalls kontextuellen Glaubens- und Lebenserfahrungen. Der Bild- und Erfahrungsanteil biblischer Texte wird also nicht zu Gunsten abstrakter Aussagen wegdestilliert, was immer zur Folge hat, dass auch die gegenwärtigen Erfahrungen der Menschen gegenüber den Prinzipien sekundär sind. Vielmehr bestimmt das, was seit der Eröffnungsansprache von Johannes XXIII. zum Identitätszentrum des Konzils gehört, nämlich Glaube und Erfahrungen zusammen zu buchstabieren, nun auch die Begegnung mit dem Glauben der Vergangenheit, indem dieser im Kontext seiner damaligen Herausforderungen und Probleme ein wirkliches Gegenüber zur Gegenwart und in dieser Form der dialogischen Begegnung zur Erinnerung wird. Sicher geschieht dies noch nicht mit jeder Zitation in jedem Konzilstext, aber die angesprochene Dynamik eines „theologischen Paradigmenwechsels"[24] ist unverkennbar.[25] Was also inhaltlich beispielsweise OT und PO im Kontext der theologischen Studien, aber auch der Bibelmeditation zur Notwendigkeit exegetischer Forschung sagen, berücksichtigt das Konzil selbst in seiner Art und Weise, sich auf biblische Texte zu beziehen: Jedenfalls gilt dies tendenziell!

---

[22] Vgl. dazu Hünermann im ersten Kapitel, III.3.a: Wort und Geist der Schrift im Textcorpus.
[23] Vgl. ebd. mit Rekurs auf Alberigo, Rezeption 315.
[24] Vgl. Schmiedl in der übernächsten Anm. 26.
[25] Hünermann hat bereits einige Beispiele dieser Dynamik gegeben: Etwa von einer juridischen Auslegung hin zu einer Auslegung, die die exegetischen Informationen berücksichtigt und verengte kircheninstitutionelle Hermeneutiken aufbricht: vgl. oben im 1. Kapitel.

b) Am Beispiel einer Textentstehungsgeschichte

Man kann diese Tendenz zur Erweiterung des biblischen Fundaments (die übrigens mit einer Reduktion der lehramtlichen Traditionen in den Fußnoten einhergeht) am Vergleich[26] zwischen dem Vorbereitungstext zur Kirchenkonstitution *Schema constitutionis dogmaticae de Ecclesia* und *Lumen gentium* beobachten.[27] Die quantitative Steigerung an Bibelreferenzen gegenüber der Vorlage beläuft sich auf 225 Prozent! LG enthält drei Mal so viele alttestamentliche Zitate wie der Vorbereitungstext, womit der auf das Neue Testament bezogene ekklesiologische Standort mit prophetischen und weisheitlichen alttestamentlichen Texten verbunden wird. Auch der Tisch aus den Evangelien wird für LG bedeutend reicher, auch spannungsreicher gedeckt: Dies gilt für Teile der Bergpredigt (wie die Seligpreisungen Mt 5,39 und das Bildwort vom Salz der Erde und Licht der Welt Mt 5,13–16), für die missionarische Sendung der Jünger (Mt 10; Mk 3,13–19), für die Reich-Gottes-Botschaft Jesu (Mt 12,28; Mk 1,15) und für die Wachstumsvorstellungen des Himmelreichs (Mk 4,26–29). Auch aus dem Johannes-Evangelium werden bedeutend mehr Referenzen bemüht (aus den Kapiteln 4, 5, 7, 11, 12 und 20).

Auch die Zitation der paulinischen Briefe verändert sich. Während der Vorbereitungstext mit Röm 13 das Verhältnis zur staatlichen Ordnung thematisiert, fehlen die entsprechenden Hinweise in LG. LG weist dagegen stärker auf die eschatologische Bedeutung der Taufe (Röm 6), auf das Leben aus dem Heiligen Geist (Röm 8; Gal 5,22), auf die Feier des Herrenmahls (1 Kor 11,25–26) hin.

Die Kapitel 1 Kor 4–7 begegnen ebenfalls nur in LG. Beim Bezug auf die deuteropaulinischen Briefe fällt auf, dass die christologischen Hymnen aus Epheser- und Kolosserbrief und das Bekenntnislied 2 Tim 2,11–13 nur in LG zitiert werden. Das Gleiche gilt für das Glaubensvorbild der alttestamentlichen Patriarchen (Hebr 11), für die Hinweise auf das Priestertum Christi in Hebr 7, 17–26; 10, 5–7. Ein neuer Akzent wird auch dadurch gesetzt, dass mit Kol 3 der bzw. die Getaufte als neuer Mensch in Christus herausgestellt wird. Erweitert sind auch die Bezugnahmen auf die Offenbarung.

Joachim Schmiedl resümiert, dass es sich hier nicht nur um eine Vermehrung der biblischen Referenzen handelt, sondern dass sich darin auch die theologische Fundierung von LG verändert hat. Damit referiert LG nicht nur biblische Texte, sondern kommt mit biblischen Theologien selbst in einen die eigene Theologie erschließenden und prägenden Kontakt. „Durch die Vermehrung der biblischen Referenzen findet eine neue ekklesiologische Akzentsetzung statt: In den Mittelpunkt rückt die Theologie der Bergpredigt. Die Kirche wird in Beziehung gesetzt zur Reich-Gottes-Botschaft Jesu. Sie nimmt teil an der Sendung der Jünger. Um

---

[26] Die Angaben zu diesem Vergleich verdanke ich dem Manuskript von Joachim Schmiedl „Fußnoten als Standortbestimmung. Der theologische Paradigmenwechsel des Zweiten Vatikanischen Konzils, dargestellt an der Kirchenkonstitution Lumen gentium", 3. Abschnitt: Das biblische Fundament.

[27] Eine entsprechende zusammenhängende Forschung für solche Entstehungsprozesse aller Dokumente steht noch aus.

diesem Anspruch gerecht zu werden, muss sie stärker aus der Verbundenheit mit dem Heiligen Geist und der Kraft der Sakramente leben, darf aber auch die Eschatologie nicht aus dem Auge verlieren. Kurz gesagt: Kirche als Licht für die Völker der Erde – *lumen gentium*."[28]

c) Am Beispiel des Priesterdekrets

André Weers hat 1968 eine detaillierte Analyse der Schriftzitate in PO durchgeführt und kommt dabei zu folgendem Ergebnis: Es gibt darin 153 Bibelbezüge: 39 wörtliche Zitate, 84 Aufnahmen biblischer Formulierungen mit Referenzangaben in den Anmerkungen, neunzehnmal werden Bibelstellen in den Fußnoten angezeigt, ohne dass sie im Text oder in der Fußnote zitiert werden, viermal gibt es eine biblische Referenz nur in der Fußnote und siebenmal begegnen biblische Allusionen ohne expliziten Verweis auf die biblischen Texte. Weers beurteilt diese Quantität in einem relativ kurzen Text als exorbitant gegenüber bisherigen Priestertexten von Pius X. bis Johannes XXIII., noch mehr gegenüber den einschlägigen Texten zum Priesteramt auf dem Konzil von Trient.[29] Aber nicht nur diese Häufigkeit ist neu, sondern auch die Auswahl der Stellen, die Auslassungen gegenüber bisherigen lehramtlichen Texten zum Priestertum und die vielen zusätzlichen Texte, die in diesen Themenbereich aufgenommen werden.

Dazu kommen veränderte Perspektiven im Umgang mit auch bisher aufgenommenen Bibelreferenzen selbst, entweder durch neue Anschlusszitate, die den größeren Kontext zeigen, oder durch veränderte Gewichtung der beanspruchten Texte selbst. So wird Mal 2, 7, wo es um die Belehrung geht, mit 1 Tim 4, 11–13 verbunden, wo die Verkündigung auch mit dem Lebenswandel der Verkündiger in Verbindung gesetzt wird. Und beide Textstellen erschließen sich gegenseitig zu Gunsten einer entsprechenden priesterlichen Existenz und Pastoral.[30]

Weers bringt u. a. folgende Beispiele:

In PO 16 erfolgt in Anmerkung 35 ein Verweis auf 1 Tim 3, 2–5 und damit der Rekurs auf die Praxis der frühen Kirche, verheiratete Presbyter zu haben. Solche Stellen wurden in früheren lehramtlichen Texten überhaupt nicht erwähnt. PO dagegen will zwar ebenfalls am Zölibat festhalten, tut dies aber nun nicht durch Verschweigen dazu alternativer Texte im Neuen Testament, sondern in einem konstruktiven Dialog mit genau diesen Texten selbst, mit gleichzeitiger Anerkennung der Tradition der Ostkirchen, „hochverdiente Priester im Ehestand" zu haben. Der Diskurs mit dem biblischen Text ist zwar positionell, aber nicht hermetisch, sondern prinzipiell offen für neue Diskurse, selbst wenn sie jetzt noch nicht zugelassen sind.[31]

Während in früheren lehramtlichen Dokumenten Hebr 5, 1 die Mittlerstellung

---

[28] Schmiedl, ebd.
[29] Vgl. Weers, Les citations 327 ff.
[30] Vgl. meinen Kommentar zu PO 4 (in Bd. 4 dieses Werkes).
[31] Vgl. Weers, Les citations 329.

des Priesters herausstellen soll, wird nun mit den neuen zusätzlichen Zitaten von Hebr 2, 17 und 4, 15 das Zusammenleben des Gottessohnes mit den Brüdern und Schwestern als Vollzug der priesterlichen Verantwortung herausgestellt (in PO 3), womit nicht nur der Gottesbezug, sondern auch der Menschenbezug und damit der priesterliche Dienst insgesamt in den Blick kommt.[32] In der Tat wird das Vorbild des Hohenpriesters in PO unmissverständlich mit der Gestaltung eines ganz bestimmten christlichen und priesterlichen Lebens und Dienstes verbunden und damit aus einer kultischen Engführung herausgenommen, nicht um die Liturgie zu missachten, sondern um sie in einer gnadenschenkenden Weise mit dem Leben zu verbinden.[33]

Auch die Interpretationen von bisher bereits genannten Bibelstellen fallen auf: Wenn Pius XII. in seiner Enzyklika *Sacra virginitas* Joh 17, 14–16 bemüht, nämlich dass die Jünger nicht von der Welt seien, dann will er damit vornehmlich die Priester herausheben. PO 17 verbindet diesen Text aber zugleich mit 1 Kor 7, 31, worin eine Dialektik eröffnet wird: Das Herausgehobensein befähigt dazu, die Dinge der Welt so zu gebrauchen, als gebrauchte sie man nicht, und zwar mit einem ganz besonderen Ziel, nämlich für das alltägliche Leben ein entsprechendes Unterscheidungsvermögen zu lernen und zu einer Persönlichkeit heranzureifen, die zu einer qualifizierten Pastoral fähig ist. Das Nicht-von-der-Welt-sein hat also keinen Selbstwert, sondern befindet sich insgesamt in der Zielbestimmung der Kirche, Sakrament des Heiles für die Welt zu sein. Dazu gehört auch, dass äußere Gehorsamsvorstellungen mit inneren Haltungen verbunden werden, nämlich darin den Willen Gottes zu erfahren.[34]

Weers betont drei Charakteristika hinsichtlich der Art und Weise, wie die Schrift gelesen wird:

Erstens als Kraftquelle, die, herauskommend aus der Erfahrungsgeschichte der biblischen Erneuerung, gerade deswegen Quelle sein kann, weil ihre Texte in ihrem eigenen Sinn respektiert werden. Dies zeigt sich zum Beispiel darin, dass Texte, die vorher nur teilweise in ihren genehmen Aspekten zitiert wurden, jetzt ganzheitlich aufgenommen werden. Dabei wird deutlich, dass Pianische Texte Bibelstellen nicht nur „passend" benutzten, sondern sie auch oft restriktiv als pure moralische Ermahnungen weitergaben. Sie verkürzten den Text, während das Konzil die weiteren, vor allem auch ressourcenschenkenden Kontexte dieser Stellen beachtet und so solche Verkürzungen vermeidet.[35]

Zweitens besteht insgesamt ein starker Wille, die innovativen Inhalte des Konzils mit entsprechenden biblischen Texten in eine Verbindung zu bringen, die diese neue Sicht aus biblischer Sicht stützt, bei gleichzeitigem Anliegen, diese neue Sicht den biblischen Texten selbst entnommen zu haben. Die Kohärenz

---

[32] Vgl. ebd. 332 f.
[33] Vgl. Kommentar zu PO 11 und 12, auch zu PO 6, 2, v. a. auch PO 2 und 3, wo die Hebräerreplik mit einer neuen priesterlichen Praxis erschlossen wird.
[34] Vgl. Weers, Les citations 331.
[35] Vgl. ebd. 334, mit dem Beispiel der Benutzung von Mal 2, 7 in Verbindung mit 1 Tim 4, 11–13 in PO 4.

zwischen Konzeption und Schrift wird demnach auf dem Niveau eines gleichstufigen Begegnungszusammenhangs rekonstruiert. Das Neue bezieht sich vor allem auf Dienst und Leben der Priester zu Gunsten des Volkes Gottes in seinen verschiedenen Bedingungen, Notwendigkeiten und Möglichkeiten. Dies zeigt sich vor allem im programmatischen ersten Kapitel von PO, wo besonders viele biblische Referenzen begegnen, wovon zwölf gegenüber bisherigen einschlägigen lehramtlichen Texten völlig neu sind.[36]

Drittens stellt PO die entscheidende Bedeutung ganz bestimmter Schlüsseltexte heraus. So wird Lk 4, 18 (mit Bezug auf Jes 61, 1–2) das erste Mal in einen auf das Priesteramt bezogenen lehramtlichen Text aufgenommen, womit die messianische Sendung, den Armen das Evangelium zu verkünden, in das Zentrum priesterlicher Existenz gestellt wird.[37]

Entscheidende Texte für die inhaltliche Orientierung sind weiterhin Joh 10, 36, 1 Petr 2, 5 und 9 und Röm 15, 16 (in PO 2). Die ersten beiden Referenzen stammen aus LG. Die Aufnahme von Röm 15, 16 in PO bedeutet insofern einen Fortschritt gegenüber LG 21, als die Stelle dort nur als Referenz vorkommt, während sie hier (ohne Anführungsstriche) als inhaltliche Programmatik wiedergegeben ist. Dabei rekurriert PO 2, 4 in Anmerkung 12 ausdrücklich auf den griechischen Text von Röm 15, 16, weil diese Version, gegenüber der lateinischen Vulgata, zumindest in Ergänzung dazu, die kultische Seite eher mit dem spirituellen und pastoralen Handeln der Evangelisierung verbindet.[38] Genau dies verstärkt 1 Petr 2, 5 und 9, wo der Dienst zum Aufbau des Volkes Gottes von zentraler Bedeutung ist. Und Joh 10, 36 geht es darum, dass sich der Priester am Beispiel des vom Vater geheiligten Herrn in die Welt gesandt weiß und entsprechend handelt. 1 Petr 2, 5 und 9 bringen dabei gleichzeitig in Erinnerung, dass alle Gläubigen zu einer heiligen und königlichen Priesterschaft berufen sind und die Machttaten dessen verkünden, der sie berufen hat. In *diesem* Kontext gilt dann auch die Berufung der Priester und hat dort ihren konstitutiven Zusammenhang.

d) Weitere Beobachtungen

Die Art und Weise, wie in PO Bibelstellen gegenüber bisherigen Dokumenten erweitert und durch andere Bibelstellen in ihrem Bedeutungshorizont bereichert werden, lädt überhaupt dazu ein, die zitierten bzw. anderweitig eingebrachten biblischen Stellen selber nachzulesen, in ihren weiteren Kontexten zu begreifen und von daher wieder auf die Konzilstexte zuzugehen. Von einer solchen „weiterlesenden" biblischen Relecture der Dokumente kann sich dann auch ein noch intensiverer biblischer Bezugshorizont ergeben, der zugleich dazu einlädt, Aussagen eines Dekrets auf dem Hintergrund der erweiterten Bibellektüre nochmals

---

[36] Vgl. Weers, Les citations 337.
[37] Vgl. ebd. 336.
[38] Vgl. ebd. 338.

zu vertiefen, aber auch in ihrer argumentativen Reichweite zu begrenzen, wenn Ähnliches in biblischen Folgetexten selbst geschieht.[39]

Es kann sich auch erweisen, dass sich ein Dekretstext durch eine genauere exegetische Information über den dabei zitierten Bibeltext in einer eigenartigen Weise radikalisiert, wie dies beispielsweise mit der Replik von PO 2 auf Joh 20, 22–23 geschehen kann.[40] Umgekehrt kann es auch sein, dass zitierte Stellen durch ihre weiteren Kontexte in der Bibel bzw. durch die exegetischen Informationen in ihrem Dekretkontext gemildert werden können und damit ebenfalls mindestens implizit die Dynamik einer Selbstkritik in Gang setzen.

Da biblische Texte nicht mehr in einer dogmatistischen Glaubensargumentation eingeschweißt und damit nicht mehr in ihrer Verwendung immunisiert sind, sondern als Gegenüber ernst genommen werden, wird der Rezeption die Lizenz geschenkt, diese Gegenüberkonstellation einem Differenzdiskurs auszusetzen. So kann festgestellt und unter Umständen moniert werden, dass ein Dekret nicht ganzheitlich genug mit einem Zitat umgeht und einen ganz bestimmten Bedeutungsanteil unterschlägt. So verfolgt beispielsweise PO 16 die mit Mt 19, 12 eingebrachte doppelte Spur von treuer Ehe und treuer Ehelosigkeit nicht. Damit verschwindet das Geheimnis der Ehe hinter dem Geheimnis der Ehelosigkeit, wie gleichzeitig aus dem Bewusstsein gerät, dass die eheliche Treue ebenfalls ein Vollzug der Enthaltsamkeit ist, zwar anders, aber mit der gleichen Qualität wie die Keuschheit der Ehelosigkeit.[41]

Eine besondere Herausforderung ist für die biblische Theologie und auch für die Exegese überhaupt die freie Art und Weise, wie die Dekrete biblische Texte miteinander in Verbindung bringen, ohne auf ihre unterschiedlichen Autoren- und Situationsverhältnisse Rücksicht zu nehmen. Von dieser durchaus bedeutungserschließenden Praxis dürfte die biblische Theologie einiges lernen, vor allem die Herausforderung, sich zu diesem synchron-kanonischen Zugang in ein konstruktives Verhältnis zu setzen, um solche Bezugsarrangements nicht einfach ablehnen zu müssen, sondern um sie kritisch begleiten zu können.[42]

Das Dekret weiß, wie Paulus, sehr wohl um die Notwendigkeit, sich in die besten kulturellen Vorgegebenheiten einer Gesellschaft hineinzubegeben und, darin inkulturiert, einen guten Eindruck zu machen und die Differenzen an den Stellen zu markieren, wo sie inhaltlich notwendig sind, und nicht etwa schon vorher, wo sie eigentlich die Botschaft des Evangeliums schon im Vorfeld dadurch konterkarieren, dass nicht die besten Möglichkeiten einer Kultur angenommen und gelebt werden.[43] Hier lernt das Konzil ein Kapitel biblischer Wahrnehmung der Zeichen der Zeit.

In einer eindrücklichen Weise wird die akute Frage nach den Arbeiterpriestern, die ja bekanntlich in PO 8, 1 rehabilitiert werden, mit der Handarbeit des Paulus in 1 Kor 9, 15 in Verbindung gebracht, so dass auf einmal dieser auf den ersten

---

[39] Vgl. dazu den Exkurs zur Einheit im Leib Christi im PO-Kommentar 516 f. (Bd. 4).
[40] Vgl. Kommentar zu PO 2.
[41] Vgl. Kommentar zu PO 16.
[42] Vgl. Fuchs, Praktische Hermeneutik 42.
[43] Vgl. Kommentar zu PO 3.

Blick theologisch weniger bedeutsame Satz eine eminente generative Bedeutungskraft für die Lebensgestaltung der Priester entfesselt.[44]

Mit dem mehrmaligen Verweis auf Gal 1 und 2 in PO wird die implizite Brisanz nicht gescheut, dass es sich hier um einen Konflikt innerhalb der jungen Kirche handelt. Damit wird prinzipiell in den Diskurs die im Text bislang noch nicht explizit gewordene, sondern eher verschwiegene Möglichkeit induziert, dass es zum Beispiel zwischen Bischöfen und Priestern einen solchen innerkirchlich notwendigen Konflikt um „die Wahrheit des Evangeliums" in einer bestimmten Situation geben kann.[45] Über die biblischen Referenzen kann man sich also auch eine gewisse Konfliktlizenz einholen, obwohl man dies im Text noch gar nicht thematisiert. Damit werden aber bereits entsprechende Dynamiken für künftige Rezeptionen freigesetzt, die später einmal Dekrettext und zitierte Texte derart miteinander in Verbindung bringen.[46]

Die Rezeption konziliarer Texte gewinnt eine zusätzliche Spannung, als man darüber streiten kann, ob biblische Texte sachlich, umfassend und angemessen genug aufgenommen wurden, oder ob man (noch) andere hätte bemühen müssen bzw. bemühen könnte. Die Art und Weise, wie die Dokumente mit der Bibel umgehen, lädt zu solchem kreativen Weitersuchen ein.[47] Ein weiterer Bewandtniszusammenhang ist sicher immer auch mit Bezug auf einen erweiterten Begriff des „Wortes" gegeben, wenn damit nicht nur der Schrift-, sondern auch der Traditionsbezug gemeint ist, so dass man in der Rezeption immer wieder neu und kontrovers erörtern kann, in welchem Verhältnis die Schriftbezüge zu den dazugehörig behaupteten Traditionsbezügen (z.B. der Väter) stehen. Auch von hierher können sich interessante hermeneutische Perspektiven für das Dekret selbst ergeben.[48]

Interessanterweise verliert PO genau da seine pastorale Freiheit im Umgang mit biblischen Texten, wo es sie auch nicht in der Pastoral selbst zulässt. Die Art und Weise, wie PO 16, im Abschnitt zum Zölibat des Priesters in der lateinischen Kirche, mit biblischen Texten umgeht, ist signifikant dafür. Hier müssen wirklich erst einmal die biblischen Texte genauer angeschaut werden, ob sie denn tatsächlich das tragen, wofür sie als Argumentation beansprucht werden. Dabei entlarven sich eher ganz bestimmte kirchliche Machtstrukturen, die dann auch in entsprechend herrschaftlicher Weise mit biblischen Texten umgehen.[49] So ist es dann auch nicht möglich, gerade von biblischen Texten die gleiche Vorsicht, Sensibilität und Offenheit zu lernen, die diese gerade in ihrer pastoralen Absicht auch für die Gegenwart ausstrahlen.[50] Gegenwärtige Wahrnehmungsverzerrungen produzieren auch hermeneutische Wahrnehmungsverzerrungen und umgekehrt. So

---

[44] Vgl. Kommentar zu PO 8,1. – So kann von den neutestamentlichen Briefen her die Kontextinformation eingeholt werden, dass beim Vaterbegriff in Mt 23,9 die familiale Dimension nicht ausgeklammert werden kann: vgl. Kommentar zu PO 9, Anm. 193.
[45] Vgl. Kommentar zu PO 4 und zu PO 6,1.
[46] Vgl. Kommentar zu PO 7,2.
[47] Vgl. Kommentar zu PO 10,1.
[48] Vgl. Kommentar zu PO 13,2, Anm. 242.
[49] Vgl. Kommentar zu PO 16.
[50] Vgl. ebd. Anm. 304.

kann man leider nicht aus biblischen Texten die Ermutigung nehmen, was damals möglich war, angesichts der Herausforderungen der gegenwärtigen Zeit auch wieder möglich sein zu lassen, nämlich dass Presbyter und Bischöfe heiraten. Von der enormen amtlichen Bedeutung von Frauen in neutestamentlichen Gemeinden ganz zu schweigen.[51]

Biblische Texte bringen auch neue Horizonte ein, die im Dekret nicht realisiert sind, aber auf eine entsprechende Realisierung hindeuten, wie etwa die Thematik der Stellvertretung im Zusammenhang mit Kirche, mit Christsein und mit dem priesterlichen Amt.[52]

e) Resümee

Der hier insbesondere in PO etwas genauer betrachtete, aber damit bei weitem noch nicht gründlich genug erforschte konziliare Schriftgebrauch ist eigentlich nicht mehr „Gebrauch" zu nennen, sondern eher eine kreative Begegnung zwischen Gegenwart und biblischer Vergangenheit. Denn aus der gegenwärtigen Epoche der Kirche stellt sich das Zweite Vatikanum die Frage, wie es auf die Fragen und Erfahrungen der gegenwärtigen Menschen antwortet bzw. reagiert und geht mit diesem pastoralen Ziel anders auf biblische Texte zu als bisherige lehramtliche Dokumente zum priesterlichen Amt. In dem angezielten Verhältnis von Dogma und Pastoral, in dem die Pastoral die Kirche erfahrungsmäßig erschließt, in dem die Pastoral auch den priesterlichen Dienst erschließt, kann es nicht mehr den deduktionistischen Umgang mit der Schrift geben, dass mit ihr auf der Behauptungsebene etwas prinzipiell untermauert wird, was dann als zu erfüllende Moralisierung anzunehmen und zu verwirklichen ist. Mit der neuen missionarischen bzw. pastoralen Hermeneutik hinsichtlich der Kirche in einer bestimmten geschichtlichen Situation und Herausforderung entspricht das Konzil in einer geradezu kongenialen Weise der inneren pastoralen Hermeneutik der meisten biblischen Texte, insofern auch diese ihre Entstehung ganz bestimmten Krisen und pastoralen Notwendigkeiten verdanken.

Deswegen kann sich das Konzil nun auch vornehmlich auf solche Texte beziehen, die diese pastorale Orientierung zeigen. Das Konzil kann biblische Texte nun nicht mehr nur aus dogmatischer, sondern auch aus pastoraler Perspektive lesen und fruchtbar machen. Denn es verdankt sich den gleichen Entstehungsprozessen wie die biblischen Texte selbst: nämlich dass es damals wie heute notwendig wurde bzw. wird, in einer bestimmten Zeit das Evangelium kontextbezogen zu verkünden und die dabei entstehenden Probleme und Möglichkeiten zu bearbeiten. Die aktuelle pastorale Perspektive begegnet sich in den biblischen Texten selbst, erkennt sich in ihnen wieder und kann es deswegen auch stellenweise wagen, biblischen Texten gegenüber, weil sie in einer anderen Zeit sind, nun in dieser Zeit andere pastorale Konsequenzen in den Blick zu nehmen. Mit der Pastoral-

---

[51] Vgl. ebd. Anm. 307.
[52] Vgl. Kommentar zu PO 22, Anm. 368.

ausrichtung ereignet sich in den Konzilstexten, zumindest tendenziell, ein authentisches Verhältnis mit biblischen Texten, gewissermaßen eine *pastorale* „Horizontverschmelzung".[53]

Die ökumenische Valenz der reichhaltigen Begegnung der Konzilstexte mit biblischen Texten scheint mir noch lange nicht ausgelotet, wie es auch zu dieser biblischen Konzilshermeneutik im katholischen Bereich noch gründliche theologische Forschungen nötig hätte. Obgleich hier nur einiges angedeutet werden konnte, und dies weitgehend nur im Zusammenhang mit PO, zeigt sich darin doch bereits eine legitime hermeneutische Vielfalt und Kreativität, die auch in der Ökumene die Begegnung mit biblischen Texten vertiefen, erweitern und entfalten könnte, vor allem auch gegenüber restriktiv-unterwerfenden Bibelbezügen, die biblischen Texten mehr Bedeutungsmacht zuweisen als der in der Freiheit des göttlichen Geistes sich entfaltenden gegenwärtigen kirchlichen und christlichen Existenz, eines Geistes, der seine Kriterien in biblischen Texten findet, aber in seinen immer wieder neuen Auslegungen und Ausformungen die Zeichen der Zeit zu Gunsten der Evangelisierung wahrnimmt und entsprechend handelt.

Und vor allem ist dafür einzustehen, dass künftige lehramtliche Texte nicht unterhalb des bibelhermeneutischen Niveaus der Konzilstexte zu liegen kommen. Die geschichtliche Erfahrung zeigt und es ist auch für die Zukunft zu vermuten, dass Bibelbezug und Pastoralbezug sich gegenseitig entsprechen. Denn wie man sich auf die Erfahrungen der Vergangenheit einlässt, so geht man auch mit den Erfahrungen der Gegenwart um. Und wie die jetzigen Zeichen der Zeit nicht wahrgenommen werden, so können auch nicht die Zeichen der Bibel mit der Gegenwart in Verbindung gebracht werden. Die geradezu explosionsartige Art und Weise, wie sich das Pastoralkonzil in die Dynamik eines vielfältigen Bibelbezugs begibt, ist signifikant dafür.

***

d) Fülle – der Katholizität und/oder der Heilsmittel?

Als Paradebeispiel einer „Leerstelle" führt Hünermann LG 8,1 an.[54] Die – pneumatologisch korrigierte – „nicht unbedeutende Analogie" lässt das Wie der Verbindung von mystischem Leib und organisierter Gesellschaft, von „geistlicher Gemeinschaft" und „sichtbarer Versammlung" offen. Hier gewinnen wir eine erste Erkenntnis hinsichtlich des gesuchten ‚katholischen Modells': Dieses geht von einer Verbindung von ‚verborgener' und ‚sichtbarer' Kirche aus, ist aber nicht auf eine einzige Form dieses gewiss „wesensmäßigen" Zusammenhangs fixiert, also ‚nur' ein Modell. Die dadurch geöffnete Tür wird im folgenden Abschnitt 8,2 nicht wieder zugeschlagen, wenn es heißt, dass „diese Kirche, in der Welt als Gesellschaft verfasst und geordnet, ... in der katholischen Kirche [existiert]".

---

[53] Vgl. dazu Fuchs, Praktische Hermeneutik 17–30.
[54] Hünermann, 1. Kap., 79 f.

Mit der Ersetzung des ‚est' durch das ‚subsistit' wird die Tür offen gelassen, d. h. die Möglichkeit nicht ausgeschlossen, dass zumindest „Elemente" dieser Kirche Jesu Christi auch außerhalb der (römisch-)katholischen Kirche existieren.[55] Hünermann zufolge bezieht sich die konziliare Grundordnung nicht auf die römisch-katholische Kirche, sondern auf die katholische Kirche Jesu Christi. Damit richtet sich die Konfessionskirche an einem ökumenischen Maßstab aus, relativiert sie ihre eigene Ordnung als eine zwar adäquate, aber nicht in jeder Hinsicht vollkommene, sondern „stets der Reinigung bedürftige"[56]. Auf dem Konzil selbst wurde verdeutlicht, dass erstens dem ‚subsistit' diese Offenheit innewohnt und dass zweitens ‚Elemente' nicht minimalistisch im Sinne einer ‚Erbsenzählerei' (miss)verstanden werden dürfe.[57] Ziehen wir die Unterscheidung im Sinne der „Hierarchie der Wahrheiten" hinzu, so handelt es sich bei den „Elementen" um die Heilsmittel, deren Fülle nur in der (römisch-)katholischen Kirche gegeben sein soll. Zugleich wird aber kein Zweifel daran gelassen – und diese Innovation kirchlicher Lehre auf dem Konzil darf nicht nach dem Konzil relativiert oder gar rückgängig gemacht werden –, dass das Heilsziel auch außerhalb der verfassten (römisch-)katholischen Kirche erlangt werden kann.

Konsequenterweise hat Kardinal Kasper die schon von seinem Vorvorgänger Kardinal Willebrands geprägte Rede von den „Kirchen verschiedenen Typs" wieder aufgegriffen.[58] Die nichtkatholischen Kirchen sind Kirchen. Oder sind das nur die Orthodoxen Kirchen, während die aus der Reformation hervorgegangen Kirchen ‚eigentlich' nur „kirchliche Gemeinschaften" wären? Das Konzil macht diese Unterscheidung nicht, legt sich also nicht fest: Leerstelle! Wie kann sie in der Perspektive des Konzils ausgefüllt werden? Indem ökumenische Theologie konsequent herausstellt und auf entsprechende Rezeption durch das Volk Gottes und seine Leitung drängt, dass die schon auf dem Konzil getroffene Feststellung, was uns eint, sei größer als das, was uns trennt, sich in der Bestimmung der „Elemente" im Sinn der „Hierarchie der Wahrheiten" niederschlagen muss.

Welche Station haben wir in unserer Suche nach einem Modell erreicht? (1.) Die Katholizität der Kirche Jesu Christi reicht weiter als die Katholizität der (römisch-)katholischen Kirche. – (2.) Deshalb kann auch die römisch-katholische Kirche nicht vollkommen, nicht in der Fülle der Katholizität sein, solange sie von anderen Kirchen getrennt ist. – (3.) Die Vollkommenheit bzw. Fülle meint nicht die vollendete Realisierung des Kircheseins; sonst wären die Aufrufe zur Umkehr nicht nur der einzelnen Glieder der Kirche, sondern auch der Kirche als ganzer überflüssige Rhetorik. – (4.) Eine Betrachtung der (nicht vollständigen) Aufzählung der „Elemente" ergibt, dass die Gegenwart des heilwirkenden dreieinigen Gottes in den anderen Kirchen nicht bestritten wird. Also sind diese hineingenommen in die Gemeinschaft der Trinität und damit ein bestimmtes Abbild trinitarischer Communio. – (5.) Was fehlt bzw. anders gestaltet ist als in

---

[55] Vgl. den Kommentar Hünermanns zur Stelle in Bd. 2.
[56] LG 8,3.
[57] Vgl. an Hand des Sachregisters die Kommentare zu den einschlägigen Stellen in LG und UR.
[58] Vgl. Kasper, Situation 184f.

der römisch-katholischen Kirche, sind die „Heilsmittel", also die „Zeichen und Werkzeuge" (LG 1) des Heilshandelns Gottes. Wenn diese das Wirken Gottes jedenfalls prinzipiell, d. h. ungeachtet ihrer jeweiligen konkreten Wahrnehmung bzw. Anwendung nicht verhindern, dann können sie nur danach geistlich beurteilt werden, wie weit sie das Heilshandeln Gottes unverstellt anzeigen und in seiner Wirkung verdeutlichen.

e) Ein konkretes Modell?

In der ökumenischen Theologie werden gegenwärtig vor allem zwei Modelle von Kircheneinheit oder Kirchengemeinschaft diskutiert bzw. vertreten und weiterentwickelt: das Modell der Leuenberger Kirchengemeinschaft und das „katholisch-orthodoxe" Modell einer bischöflich verfassten Kirche. Deutlich wird, was die römisch-katholische Kirche nicht will: eine Kirchengemeinschaft, in der zwischen Grund und Gestalt so unterschieden wird, dass der Bezug auf den gemeinsamen Grund ausreicht und alle Gestalten möglich, weil relativ sind. Freilich interpretieren nicht alle Theologinnen und Theologen der „Gemeinschaft Evangelischer Kirchen in Europa" die Unterscheidung von Grund und Gestalt in diesem alternativen Sinn, vergleichbar der strikten Trennung von „verbum internum" und „verbum externum". Zwar konnte 1973 auf dem Leuenberg Gemeinschaft erklärt bzw. präziser: festgestellt werden, weil die beteiligten Kirchen sich der gemeinsamen Basis bewusst wurden. Aber schon dies setzte die theologisch erarbeitete (und eventuell am Leben der Gemeinden abgelesene?) Erkenntnis voraus, dass die traditionellen Kontroversen nicht mehr als kirchentrennend gegeben sind. Und erst recht setzte nach 1973 ein theologischer Reflexionsprozess ein, der u. a. auch zu dem ekklesiologischen Grundsatzpapier der Leuenberger führte.[59] Das heißt, dass auch für diese Kirchen die konkrete Gestalt weder überflüssig noch beliebig ist.[60] Damit ist das anschauliche Bild, das Dietrich Ritschl von dem katholischen bzw. evangelischen Kirchenmodell gezeichnet hat, zwar als hinsichtlich der jeweiligen Tradition aufschlussreich und das Problembewusstsein fördernd anzusehen, aber – ja auch bei Ritschl – nicht das letzte Wort. Ritschl hatte das katholische Modell ein Haus mit dicken Wänden, tragenden Säulen und geschlossenen Türen genannt. Demgegenüber erscheine das reformatorische Modell als ein Haus ohne Wände.

Die Anglikanische Gemeinschaft kann mit diesen Kirchen Kirchengemeinschaft aufnehmen, erachtet diese aber als unvollkommene Gemeinschaft, sofern nicht „der historische Episkopat" (wieder) eingeführt wird.[61] Die römisch-katholische Kirche, auch ein Teil ihrer durchaus ökumenisch engagierten Theologen, kann sich nicht für das Modell einer „gestuften Kirchengemeinschaft" erwärmen.

---

[59] Leuenberger Kirchengemeinschaft, Die Kirche Jesu Christi. Vgl. auch die weiteren in dieser Reihe erschienen Texte, bes. Sakramente, Amt, Ordination.
[60] Vgl. Ritschl, Kirche aus evangelischer Sicht.
[61] Vgl. dazu v. a. die Texte von Meißen und Porvoo. Vgl. meinen Kommentar zu UR in Bd. 3 (C.II.2).

Auf der anderen Seite wird nicht in unüberhörbarer Deutlichkeit gesagt, welche Ausdrücklichkeit an „Heilsmitteln" gegeben sein muss, damit eine Kirche als authentische Ausprägung der einen Kirche Jesu Christi angesehen werden kann. Die bischöfliche Verfassung gehört in jedem Fall dazu. Eine Anerkennung des Papsttums in seiner derzeitigen Gestalt aber nicht, sonst wären die Aussagen des Konzils zu einer entsprechenden „communicatio in sacris" unverständlich. Über die ökumenisch akzeptable und römisch-katholisch geforderte Form des Petrusdienstes ist also noch zu verhandeln, auch mit den Orthodoxen Kirchen. Ob der gegenwärtig wieder geäußerte Optimismus seitens des neuen Papstes und seines „Ökumene-Ministers"[62] berechtigt ist, wird sich erst erweisen müssen. Lässt sich auch über die konkrete Gestalt der episkopé verhandeln? Wie können hier personale, kollegiale und synodale Verantwortung so vernetzt werden, dass jede Kirche, wenn auch auf unterschiedliche Weise, ein Grundmodell von episkopé realisiert?

Eine Rückkehr-Ökumene kommt nicht in Frage. Damit ist auch das Modell einer „organischen Union" jedenfalls im Sinne einer organisatorischen Vereinheitlichung bzw. Zusammenführung ad acta gelegt. Was auf dem Konzil hinsichtlich der verschiedenen Hierarchien bzw. der Doppel- oder gar Mehrfachbesetzung von Bischofssitzen im Osten diskutiert und im Sinne einer Pluralität entschieden wurde[63], kann auch für die Kirchengemeinschaft mit den Orthodoxen und den aus der Reformation hervorgegangenen Kirchen gelten: Es muss nicht, aber es kann an einem Ort (dessen Größe wir hier offenlassen) mehrere „Riten" im Sinne des Ostkirchendekrets geben, also mehrere Konkretisierungen des kirchlichen Lebens, unterschieden in Liturgie, Theologie, Spiritualität, Formen der Diakonie und der Verkündigung. Wenn die katholische Kirche selbst das Modell einer Communio von Communiones entwickelt hat, werden diese Erfahrungen einer innerkatholischen Katholizität auch die Bedenken gegenüber einer ökumenisch-katholischen Katholizität überwinden helfen. So wie die römisch-katholische Kirche als eine Gemeinschaft von Kirchen „subsistiert", so findet die ökumenische Kircheneinheit ihre „Existenz, ihre konkrete Realisierung"[64].

Die Frage des Amtes ist gewiss entscheidend, geht es doch hier (1.) um den Primat der Gnade (sozusagen vorrangig das reformatorische Anliegen) und (2.) um eine benennbare und nicht im Unsichtbaren oder der Beliebigkeit verbleibende Gestalt (das vorrangig katholische Anliegen). Deshalb gehen wir diesem Problem in einem Exkurs eigens nach:

---

[62] Vgl. das Interview von Kardinal Kasper im Focus v. 13.8.2005: Während die Ökumene mit den Reformationskirchen vor einer „Steilwand" stehe, seien im Verhältnis zu den Orthodoxen „in den nächsten Monaten wichtige Schritte zu erwarten …, weil wir uns dogmatisch sehr nahe sind".
[63] Vgl. meinen Kommentar zu OE in Bd. 3.
[64] So wird „subsistit" u. a. übersetzt. Vgl. Bd. 1, 84 und Pesch, Das Zweite Vatikanische Konzil.

Exkurs II: Das Presbyteramt in ökumenischer Perspektive

von Ottmar Fuchs

a) Annäherungen

Die ökumenische Relevanz eines innerkatholischen Zusammenhangs ist auch dann zu explizieren, wenn sie in Konzilstexten nicht eigens genannt wird. Dies gilt auch für die konziliare Theologie des presbyteralen Amtes. Es kann hier nicht der Ort sein, das insbesondere in *Presbyterorum ordinis* zutage tretende Verständnis des presbyteralen Amtes in einer umfassenden Weise mit dem Ordinationsverständnis in den anderen christlichen Kirchen in Korrelation zu setzen. Hierzu gibt es bereits einen jahrzehntelangen Diskurs, der hier vorausgesetzt werden darf.[65] Ich konzentriere mich im Folgenden nur auf die Frage, inwiefern nicht gerade eine ganz bestimmte Gnadentheologie jener Horizont sein könnte, in dem sich die Amtsverständnisse der christlichen Kirchen aufeinander zu zu bewegen in der Lage sind. Ein solches Gespräch ist sehr schwierig, weil die bemühten Begriffe in den unterschiedlichen Konfessionen auch unterschiedliche Bedeutungen haben, nicht nur zwischen den evangelischen Kirchen und der katholischen Kirche, sondern auch zwischen den Kirchen der Reformation selbst. Dies gilt vor allem für den Begriff der Sakramentalität, in dem allerdings ein Konsens deutlich ist, nämlich dass darin die Vorgegebenheit der Gnade Gottes theologisch benannt und erlebnismäßig zur Erfahrung kommt.

Die Theologie des presbyteralen Dienstes, wie sie das Zweite Vatikanum und insbesondere auch PO darstellen, kann von Seiten reformatorischer Theologie in entscheidenden Punkten als die eigenen Anliegen identifiziert werden. Um nur einige aufzuzählen: der heilsvermittelnde Dienst am Wort des Evangeliums (nicht als Heilsmittler, sondern als dienende Werkzeuge für die Heilsvermittlung[66]), der amtliche Dienst am gemeinsamen Priestertum aller Gläubigen und an seiner praktischen Entfaltung, das nicht hierarchische Verhältnis zwischen presbyteralem Dienst und Volk Gottes, die wesentliche Bedeutung der Dienstaufgaben im Gegensatz zu einem diesen gegenüber behaupteten Eigenstatus des Wesens, die Ausräumung des Missverständnisses, dass die Presbyter in persönlicher Hinsicht mehr begnadet seien als andere durch die Klarstellung, dass ihnen die Gnade, die sie im Ordo empfangen, nicht für sich selbst, sondern für die anderen im Dienst am Wort und im Volk Gottes gegeben ist.[67] Nicht zuletzt ist auch daran zu denken, dass die Väter Abstand davon nehmen, den presbyteralen Dienst in idealistischer Überhöhung zu zeichnen, sondern dass sie vielmehr seine realistischen Grenzen, Gefährdungen und Versuchungen sehen.[68]

Im Kontext dieser Klärungen bleibt insbesondere eine Frage offen: Wenn in der

---

[65] Vgl. Kommission, Konvergenzerklärungen Nr. 8; vgl. Hilberath, Amt in der Kirche.
[66] Vgl. Pree, Kernprofil 75.
[67] Vgl. dazu Hilberath, Amt in der Kirche.
[68] Eine aktuelle Version dieser ungeschminkten Sicht bietet Cozzens, Priesteramt.

Ordination der evangelischen Kirchen um den Heiligen Geist gebetet wird, dann zeigt sich darin der Glaube, dass die Person in diesem Amt für ihr öffentliches Ministerium ein dafür notwendiges Gnadengeschenk bekommt. Die Promissio, die Gnadenzusage, die für alle Gläubigen gilt,[69] gewinnt in der Handauflegung ein eigenes Profil: „Ich bin mit dir, damit und indem du für andere da bist!" Erst damit lässt sich die Ansicht Luthers verbinden, dass das Amt von Gott eingesetzt sei. Zwar ist in jedem Fall die Ordination auf die Taufe zu beziehen. Sie ist das Grundsakrament, in dem die Promissio allen in gleicher Weise gesagt ist. Doch realisiert der Vollzug der Ordination in dieser Promissio eine eigene wesentliche Zusage, nämlich der Promissio aller zu dienen. In der allgemeinen Promissio gibt es also nochmals diese *eigene* Promissio, die im Ritual der Beauftragung mit dem Gebet damit verbunden wird, dass Gott *dafür* seinen Geist und seine Gnade schenkt. Das Ritual der Handauflegung verkörpert gewissermaßen diesen für diesen Dienst geschenkten Indikativ der Gnade (vgl. 1 Tim 4,14). Kann dann nur noch von einem graduellen Unterschied (hinsichtlich der Professionalisierung) die Rede sein, wenn es einen Unterschied in der Gnadengabe gibt, der nicht nur unterschiedliche Charismen unterscheidet, sondern den in der Gnadengabe selbst noch einmal zu differenzierenden Zuspruch, im Gegenüber zu den Gläubigen das Evangelium zu verkünden, als wesentliche Differenz qualifiziert?

Jedenfalls ist damit die Lizenz verbunden, ein Geschenk, das allen gehört, nun in einer besonderen Weise gebrauchen zu dürfen, nämlich in der Verantwortung, diesem Geschenk, das allen gehört, amtlich zu dienen, in einer besonderen Verantwortung dem Wort gegenüber wie auch in einer besonderen Verantwortung, dies in der Öffentlichkeit zu sagen. Damit auch in einer besonderen Verantwortung, vom Dienst am Wort her nicht nur mit der Gemeinde mitzugehen, also nicht nur das auszusprechen, was die Gemeinde glaubt, sondern auch ihr gegenüber einzuklagen, wenn sie diesbezüglich Defizite aufweisen sollte (was gegebenenfalls auch umgekehrt gilt!). So gilt die Dialektik: „innerhalb dieser Repräsentation der Gemeinde gibt es das besondere Zeichen des sakramentalen Amtes als eigenständiges Zeichen der Rückbindung der Gemeinde an den Ursprung, an Jesus Christus, an die apostolische Erstbezeugung"[70].

Das Charisma des Amtes dient der Entfaltung der allen in der Taufe geschenkten Charis in der Gemeinde und gewinnt auf dem Niveau des Charismas die Kontur einer eigenen Beschenktheit von Gott her. Ob sich nun das, was katholischerseits Sakramentalität ist, bei der Handauflegung ereignet, oder bereits im Geschenk dieses Charismas vorhanden ist, das durch die Ordination bestätigt wird, ist zwar von wesentlicher Bedeutung, verhindert aber nicht die Einsicht, dass die Verbindung von besonderem Charisma und offizieller Ordination *zusammen* eine sekundäre oder abgeleitete Sakramentalität auch im protestantischen Selbstverständnis sein kann. Denn in der Ordination wird das Charisma zum Dienst zum Amtscharisma, indem es nun öffentlich ausgeführt werden darf. Die Ordination bestätigt und erlaubt damit die Ausübung eines Charismas, das

---

[69] Vgl. Bayer, Luthers Theologie 49.53.310f. und auf das Amt bezogen 248f.
[70] Pree, Kernprofil 71.

auf der Ebene des Charismas selbst auf die Charis, also auf das bezogen wird, was die Gnade allen Gläubigen schenkt. Es würde ja auch der protestantischen Gnadentheologie widersprechen, die Tätigkeiten der Gläubigen wie auch die Funktionen der Amtsträger/innen von ihrer Gnadenbezogenheit abzutrennen. Genau darum geht es auch der katholischen Ämtertheologie.

b) Habituelle Gratuität

Deshalb ist, jedenfalls in einem beträchtlichen Teil der evangelischen Theologie, die Ordination nicht revozierbar, wenngleich das Kanzelrecht verboten werden kann. Dies würde auf der Ebene des nicht durch Handauflegung bestätigten Charismas nicht der Fall sein können. Die Unwiderrufbarkeit der Ordination, indem sie nicht rückgängig gemacht werden kann,[71] kann im katholischen Sprachspiel als Quasi-Character-indelibilis interpretiert werden. Es geschieht ja eine Prägung, die zwar nicht auf dem Niveau der in der Taufe geschehenden Einstempelung angesiedelt ist, aber doch von einer Natur ist, die den Positivismus der reinen Funktionen überbietet.[72] Es handelt sich dabei nicht um die rechtfertigende Gnade, die in der Taufe vermittelt wird, wohl aber um eine Gnade, die im Dienst des rechtfertigenden Wortes und seiner Gestaltung steht. Diese Dienstgnade kann in ihrer inneren Struktur nicht anders angelegt sein als die Gnade, für deren Verkündigung und Erfahrung sie eine besondere Verantwortung trägt: Indem auch sie umsonst ist und nicht durch Leistung hergestellt werden kann. Es ist allerdings eine Gnade, die sich in die Funktionen hinein verausgabt. Auch hier gilt: Was eine Gabe wert ist, erfährt man erst, wenn man sie teilt! Joachim Heubach spricht deshalb von einer habituellen Dignität,[73] die nicht in den Funktionen aufgeht, sondern den AmtsträgerInnen als solchen anhaftet.[74] In diesem Sinn gehört das Amt auch in den reformatorischen Kirchen konstitutiv zur Kirche dazu.[75] Es sorgt für die inhaltliche Gestaltung der Kirche in ihrem Dienst am Heil der Menschen. Im Dienst daran, dass Gottes Heil auf die Menschen zukommt, sind Glaube, Kirche und kirchliches Amt notwendig.

Im Kommentar zu PO 2 (Bd. 4) wurde schon angedeutet, dass sich nicht nur der Einzelne, sondern auch die Gemeinschaft der Gläubigen der Gnade Christi

---

[71] Vgl. Heubach, Ordination.
[72] Wie weit die Funktionen der Amtsperson auch sein Sein berühren, vor allem wenn sie auf der Basis eines eigenen kirchlich legitimierten Charismas beruhen, wäre eine weitere Frage: vgl. Hilberath, Amt in der Kirche 286.
[73] Ob für diese Sicht einer doch zumindest impliziten Sakramentalität des Amtes in der evangelischen Kirche die normalisierte Delegation des Predigt- und Sakramentendienstes auf die so genannten Lektoren hilfreich ist, sei dahingestellt. Befremdlich ist aus katholischer Perspektive jedenfalls, dass kirchliche Amtshandlungen wie Trauung und Bestattung eine größere Ermächtigung durch den Oberkirchenrat benötigen als Predigtdienst und Vorsitz der Abendmahlsfeier: vgl. Klueting, Öffentliche Wortverkündigung 210–212.
[74] Vgl. Heubach, Ordination. Die Sukzessionsfrage hinsichtlich der Apostolizität des Amtes sowie die Frage seines apostolischen Ursprungs seien hier ausgespart, vgl. dazu Hilberath, Amt in der Kirche.
[75] Vgl. Hilberath, Amt in der Kirche 286 f.

verdanken. Die dem Einzelnen geschenkte Gratia iustificans ist zwar auch hier zu unterscheiden von der Gratia gratis data, die dem kirchlichen Amt zur Gestaltung der Gemeinschaft der Gläubigen geschenkt ist, doch ist auch dieser Dienst nur dann Gnade, wenn er in sich selber die Rechtfertigungsgnade widerspiegelt. Eine zum Dienst geschenkte Gnade kann nicht mit Bedingungen und strukturellen Konditionen auf Menschen zukommen, die der Rechtfertigungsgnade widersprechen. Das funktional wirksame Amt ist füglich kein gnadenloses Amt,[76] weil es auf einer eigens geschenkten Gnade aufruht, auf der Amtsgnade nämlich, die nicht zum eigenen Heil, sondern zum Heil der Gläubigen und ihrer Gemeinschaft geschenkt ist.

In der Confessio Augustana erkennt die Reformation die Taufe und das Heilige Abendmahl als Grundsakramente, weiß aber auch um andere Vollzüge kirchlichen Handelns, die in unterschiedlicher Nähe zu dem in CA formulierten Sakramentsbegriff stehen.[77] So hat auch die evangelische Kirche die Möglichkeit, „in einem ihrem Verständnis entsprechenden Sinn ‚sakramental' zu handeln und auf diese Weise die Ganzheitlichkeit zum Ausdruck zu bringen, auf die das Evangelium zielt"[78].

Nach Wilfried Härle ist eben nicht zutreffend, dass es im evangelischen Bereich auf Grund des allgemeinen Priestertums gar kein ordiniertes Amt mit besonderen Befugnissen, Rechten oder Aufgaben geben könne. „Bemerkenswerterweise ergibt sich aber gerade aus einer konsequent durchdachten Lehre vom Allgemeinen Priestertum eine überzeugende Begründung für das ordinierte Amt. Das zeigt, dass Allgemeines Priestertum und ordiniertes Amt einander weder aufheben noch einschränken, sondern bedingen und ergänzen."[79] Denn es sind nicht alle in gleicher Weise dazu geeignet, „diese Aufgaben der *öffentlichen* Evangeliumsverkündigung und Darreichung der Sakramente wahrzunehmen"[80]. Mit der Amtsübertragung verleiht die Gemeinde „die Berechtigung und die Verpflichtung zur öffentlichen Ausübung des Dienstes am Evangelium innerhalb der Kirche. Damit ist nicht nur die Übertragung bestimmter *Funktionen* gemeint, sondern mit dieser Übertragung verbindet sich zurecht die Hoffnung, dass Menschen, die so für den Dienst am Evangelium freigestellt werden, eher in der Lage sind, ein geistliches Leben zu führen, als diejenigen Gemeindeglieder, die sich zeitlich und kräftemäßig anderen beruflichen Aufgaben widmen müssen und sich *darin* als Christen zu bewähren versuchen".

Aus der Perspektive des Zweiten Vatikanums müsste man diesem Zitat ent-

---

[76] Vgl. Fritzsche, Lehrbuch der Dogmatik 123: „Bedenklich an der These, dass das Wort *alles* sei, ist allerdings, dass damit auf den evangelischen Prediger ein Leistungsdruck gelegt wird, dem er nicht standhalten kann … das Bewusstsein, dass jetzt alles auf das *Zünden* des Wortes der Predigt ankommt, (bringt) mitunter etwas Verkrampftes in den evangelischen Predigtgottesdienst – besonders wo es von theologischen Theorien wie vom ‚Wort- oder Sprachereignis' unterstützt wird, die die eigentliche Koordinierung von Wort und Sakrament als Etablierung einer gewissen ‚Wortmagie' wollen".
[77] Vgl. Barth, Dogmatik 581.
[78] Ebd. 583.
[79] Härle, Dogmatik 585.
[80] Ebd.

gegenhalten, dass es zwar der Fall sein kann, dass derart freigestellte Menschen „eher" ein geistliches Leben führen können als die anderen Gemeindeglieder, doch dürfte dieser Satz niemals prinzipiell gemeint sein, als könnten die Gemeindeglieder in ihrem eigenen Leben nicht ein qualitativ genauso geistliches Leben führen wie die „Freigestellten". Denn es geht ja gerade nicht um einen solchen Komparativ leistungsfähiger Geistlichkeit, sondern um die andere Form, die eigene Geistlichkeit in den Dienst der Pastoral zu stellen. Nach Härle dürften also Arbeiterpriester nicht zum Pfarramt geeignet sein, weil sie andere berufliche Aufgaben haben. Hier kommt auch nicht in den Blick, dass sich die Evangelisierung, die der apostolische Dienst repräsentiert, nicht nur auf die binnenkirchliche Seite bezieht, sondern auch auf verschiedene Formen, die Beziehung zwischen Kirche und Welt persönlich und institutionell zu leben und zu gestalten.

Diese „andere Form" im Sinne einer spezifischen Dienstausrichtung der eigenen Charismen ist nach katholischem Verständnis kein Akzidenz, sondern deswegen von wesentlicher Art, weil nicht nur die Charismen, sondern auch diese Ausrichtung nicht einem Komparativ in der Realisierung bestimmter Charismen zu verdanken ist, sondern einem eigenen Gnadenzuspruch, der seinerseits die angesprochene Richtung ermöglicht und trägt. Auch wenn es sich dabei nicht um jene Gratia gratis data handelt, die zur eigenen Heiligung geschenkt ist, sondern um eine Gnade, die für andere gegeben ist, kann man Letztere gleichwohl in einer gegenüber der Taufe „sekundären" Weise als eine sakramentale Wirklichkeit begreifen, in der die eigenen Gnadengaben auf eine ganz bestimmte Richtung hin, durchaus in Richtung der entsprechenden Kompetenzen, zur Entfaltung kommt. Eine Gnade ist dies übrigens, die auch, analog zur Taufgnade, dann nicht zurückgenommen wird, wenn der betreffende Mensch in diesem Amt scheitert oder sündigt. Denn was für die Rechtfertigungstheologie im Zusammenhang der Taufe gilt, kann im sakramentalen Amt nicht einfach konterkariert werden, handelt es sich doch immer um die gleiche Person, für die die Rechtfertigungsgnade in allen ihren Vollzügen gilt.[81]

Allerdings stellt Härle fest, dass die Ordination nicht der Akt ist, durch den die „*Befähigung* zur Amtsausübung zugeeignet wird" (mit Bezug auf die römisch-katholische Priesterweihe). Vielmehr wird darin die „vorhandene geistliche und theologische Eignung zur öffentlichen Amtsausübung anerkannt und verliehen"[82]. Es stellt sich hier allerdings auch die Frage, ob die *öffentliche* Amtsausübung nicht, im Unterschied zu dem doch auch öffentlichen Wirken der anderen Christen und Christinnen, einen spezifischen Charakter hat, insofern sie den Dienst der Kirche in dieser Welt nach innen wie nach außen in öffentlicher Amt-

---

[81] Diese Überlegungen können auch mit dem katholischen Sakrament der Ehe parallelisiert werden: Denn dort ist das Sakrament die neue Form und Ausrichtung der Charismen von Mann und Frau auf ihr nunmehr gemeinsames Leben, das als solches von der Gnade und Treue Gottes getragen und garantiert ist, das also die Eheleute niemals selbst herstellen und sichern könnten, es auch nicht müssen, weil es auch durch Durststrecken, Scheitern und Sünde hindurch getragen ist und deshalb immer wieder einen neuen Anfang in diese Richtung ermöglicht.
[82] Ebd. 586. Vgl. Rössler, Grundriss der Praktischen Theologie 339: „Der Ordinationsakt selbst begründet die Legitimation des Pfarrers nicht, aber er macht sie ausdrücklich, insofern er der Vokation und der Introduktion liturgische Gestalt gibt."

lichkeit repräsentiert.[83] Härle betont, dass diese öffentliche Wahrnehmung des kirchlichen Auftrags die zu erwerbende theologische Qualifikation benötigt.[84]

c) Mit Blick auf CA

Gunther Wenz klärt hinsichtlich des Amtsverständnisses in der Confessio Augustana den Zusammenhang, dass die Beauftragung nicht in den Funktionen aufgeht, auch seinerseits damit, dass das öffentliche Predigtamt selbst eine Einrichtung des göttlichen Rechts ist und damit nicht „als eine bloße Funktion des allen Gläubigen eigenen Priestertums begriffen werden" kann.[85] Dass das Amt seine Funktionen mit dem allgemeinen Priestertum teilt, bedeutet noch nicht, dass es aus dem allgemeinen Priestertum hervorgeht.[86] Vielmehr kommt darin zum Ausdruck, dass sie aus der Perspektive der gleichen Inhaltlichkeit, nämlich des Evangeliums (in PO sind es die drei Munera als Repräsentanzen der Grundvollzüge der Kirche), füreinander da sind, „damit das eine sich in dem anderen verliert"[87]. Hier ist also nicht nur vom amtlichen Priestertum die Rede, sondern von einem *besonderen*: „Die Allgemeinheit des Priestertums aller und die Besonderheit des ordinationsgebundenen Amtes stehen sonach in einem wechselseitigen Verweisungs- und Begründungszusammenhang." Dabei ist es, und diese Bemerkung ist sehr interessant, die Aufgabe des besonderen Amtes, die eigene Institutionalität „als eine Funktion geregelter Dauerhaftigkeit, die Wort und Sakrament dem Auftrag Christi gemäß innewohnen," zu begreifen, „damit die ‚Congregatio sanctorum' allezeit und allenthalben bestehe"[88]. Hier wird gar nicht mehr indirekt formuliert, dass nicht nur in den Funktionen des kirchlichen Amtes, sondern in seiner dauerhaften Konstitution die unverbrüchliche Treue der Gnade Gottes, die nie aufhört, treu zu sein, präsent und erfahrbar wird.[89]

---

[83] Diese amtliche öffentliche Repräsentanz bezieht sich auf die Kirche in jener dreifachen Weise, in der das sakramentale Amt der Kirche dient: in der Sorge um das Öffentlichwerden der Offenbarung in der Predigt, in den Gläubigen und in ihren Gemeindeformen, in der Sorge darum, dass die Inhalte des Evangeliums, getragen von einer entsprechenden kirchlichen Zeugenschaft, gesellschaftlich erfahrbar werden, und in der Sorge darum, dass mit der Wichtignahme des Glaubens der Gläubigen gleichzeitig auch gesellschaftlich ein Öffentlichkeitsbegriff vertreten wird, der immer darauf schaut, dass die Repräsentanzen tatsächlich auf ihre Basis hören und von dieser her und für sie öffentlichen Einfluss geltend machen: vgl. dazu Fuchs, Kirche – Kabel – Kapital 34ff.135–178.
[84] Vgl. ebd. 587.
[85] Wenz, Ekklesiologie 106.
[86] Vgl. ebd. 99f.
[87] Ebd. 100. So heißt es im 5. Artikel von CA: „Solchen Glauben zu erlangen, hat Gott das Predigtamt eingesetzt, Evangelium und Sakramente gegeben, dadurch er, als durch Mittel, den Heiligen Geist gibt, welcher den Glauben wirkt, wo und wenn er will, in denen, so das Evangelium hören, welches lehrt, dass wir durch Christus' Verdienst, nicht durch unser Verdienst, einen gnädigen Gott haben, so wir solches glauben."
[88] Wenz, Ekklesiologie 101.
[89] Zum Verständnis des dauerhaften „Charakters" vgl. Hünermann, Kommentar zu LG 11, 380 (in Bd. 2): Nach Thomas ist darunter eine relationale Wirklichkeit zu verstehen, die „in der durch die Taufe vermittelten öffentlichen und zugleich eschatologischen Beauftragung und Be-

Katholische Communio-Einheit der Kirche(n) – Vision ohne Modell?

Wenz kann in diesem Zusammenhang auch die vikarische Christusrepräsentation aufnehmen, wenn damit zugleich klar ist, dass sie nicht gegenüber den Gläubigen exklusiv gedacht ist. Doch hat sie amtstheologisch ein eigenes Profil, insofern die Amtsträger „die Sakramente in Stellvertretung Christi darreichen"[90]. Von daher vertritt CA auch die Auffassung, dass die Wirksamkeit der Sakramente nicht von der persönlichen Würdigkeit des Spenders abhängt, denn man darf die Verlässlichkeit der Gnadenzusage Gottes nicht von der Unwürdigkeit der kirchlichen Diener abhängig machen.[91] Auch die weiteren Ausführungen von Wenz lesen sich fast wie eine Explikation entsprechender Aussagen von PO: Indem also auch im evangelischen Bereich das kirchliche Amt göttlichen Rechts ist, kann es nicht nur ein weltlich Ding „iure humano" sein,[92] sondern es verbindet nach Karin Bornkamm im Wortamt beides, „die Zweiheit der königlichen und priesterlichen Vollmacht", die „der doppelten Grundrelation [entspricht], die menschliches Sein ausmacht: der Relation zur Welt wie zu Gott"[93]. So betont Wenz, dass die Stellvertretung Christi, wie sie allen Gläubigen im Taufsakrament geschenkt ist, im ordinationsgebundenen Amt einem besonderen Gericht verfällt, wenn die Amtsperson dieses Amt zum Gegenteil dessen missbraucht, was die Gnade des Evangeliums verkündet.[94] So hat als „Antichrist ... zu gelten, wer unter Berufung auf das Evangelium, mit dessen Dienst er beauftragt ist, das Evangelium des Heils heillos verkehrt"[95].

Von daher ist die Dialektik zu sehen zwischen einer vom Geist Gottes geschenkten und in der Ordination bestätigten Gnadengabe auf der einen und ihrem Vollzug auf der anderen Seite. Zwar zerstört der Vollzug nicht die Unbedingtheit der im Wort und Sakrament zugesagten Gnade, doch kann Christusrepräsentanz von daher nicht einfach so gesehen werden, als gäbe es eine „differenzlose Gleichschaltung von Christus und kirchlicher Amtsautorität ohne diese Dialektik"[96]. Zu-

---

fähigung zur christlichen Gottesverehrung" besteht. Der „Charakter" ist Ausdruck für die sakramentale Vereinigung mit Christus. Ekklesiologisch ist er ein Unterscheidungsmerkmal, indem er die Getauften in die Kirche inkorporiert. Hinsichtlich des sakramentalen Amtes ist der Charakter Ausdruck einer vermittelten geistlichen Ermächtigung zum öffentlichen Dienst. Bei Bonaventura ist der Charakter das Zeichen für sakramental vermittelte Gnade, welches für die Gnadenwirksamkeit disponiert. Zugleich ist er Unterscheidungsmerkmal zwischen Gläubigen und Nichtgläubigen bzw. zwischen Ordinierten und Laien.
[90] Wenz, Ekklesiologie 102.
[91] Vgl. ebd. 102–103.
[92] Vgl. ebd. 106.
[93] Bornkamm, Christus 41.
[94] Es kann hier nicht näher die Differenz oder auch die Konvergenz zwischen dem evangelischen und katholischen Konzept des kirchlichen Amtes hinsichtlich des Verhältnisses von Predigt und Leitung erörtert werden. Hier nur soviel: Gerade wenn die Gnadentheologie aus keiner Funktion des Amtes exkludierbar ist, dann hat sie auch eine Bedeutung für die Leitung selbst, einmal dass sie sich inhaltlich am Evangelium orientiert, zum anderen aber auch, dass sie in einer geistlichen Leitung die Gegebenheit der Charismen *und* ihrer Einheit, wie sie im Abendmahl gefeiert wird, voraussetzt. So verbindet auch Wenz den Auftrag zur Verkündigung des Evangeliums und zur Verwaltung der Sakramente nach Maßgabe der Heiligen Schrift mit dem Konsensus in dieser Lehre des Evangeliums, „der für die Einheit der Kirche als ebenso notwendig wie hinreichend zu gelten hat" (Wenz, Ekklesiologie 108).
[95] Wenz, Ekklesiologie 102.
[96] Vgl. ebd. 104.

gleich wird von Wenz her jener Aspekt unterstrichen, den auch PO enthält, nämlich dass Gottes Gnade vom Vollzug der Amtspersonen nicht abhängig gemacht werden kann. Dies wiederum hat Auswirkungen auf die theologische Rekonstruktion des kirchlichen Amtes als eines in den Funktionen von einem speziellen Charisma, also von einer besonderen Gnade getragenen und in der Ordination bestätigten Zusammenhangs, der durchaus auf diesem gnadentheologischen Hintergrund auch für protestantische Perspektiven sakramentale Qualität hat.[97]

In einem solchen Amtsverständnis ist es dann auch konsequent, dass das ordinationsgebundene Amt der Kirche nicht dazu verpflichtet ist, „den jeweiligen gemeindlichen Mehrheitswillen zu repräsentieren; in diesem Sinne verdankt sich das besondere Amt der Kirche nicht der Delegation der Gemeinde und steht als Institution nicht in gemeindlicher Verfügungsgewalt". Gleichzeitig ist genauso festzuhalten: „Die Bindung des Amtes an das Evangelium bedeutet aber andererseits ebenso, dass amtliche Autorität niemals unterschiedslos mit der evangelischen Botschaft gleichgesetzt werden darf." Demgegenüber und vor allem wenn das Amt gegen das Evangelium ausgeführt wird, hat die Gemeinde nicht nur das Recht, sondern auch die Pflicht, „den Dienst des kirchlichen Amtes auf der Basis des Schriftwortes auf seine Angemessenheit hin zu überprüfen"[98]. Hier beansprucht Wenz die reziproke Kritikfähigkeit der Gläubigen aus ihrer eigenen Stellvertretung Christi heraus gegenüber den Amtspersonen.

Damit wird mit der Handauflegung in der Ordination nicht etwa ein gesonderter, „die Taufgnade steigernder Gnadenstand begründet", wohl aber geht es um eine Besonderheit, die sich ebenfalls der Gnade Gottes verdankt, wofür die Handauflegung das symbolische Zeichen ist. So kann Wenz formulieren: „Wenn das Amt nicht zum sacerdotalen Priestertum verkehrt wird, welches Gott durch Opfergaben gnädig zu stimmen sucht, anstatt die göttliche Gnadengabe verbindlich zuzusagen, hätte es nach Urteil der Reformatoren ‚kein Beschwerung, die Ordination ein Sacrament zu nennen'."[99]

Was hier nur angedeutet wurde, kann vielleicht in Zukunft die Diskussion um weitere ökumenische Konvergenzen im kirchlichen Amtsverständnis vertiefen und weiterbringen. Vor allem zeigt sich, dass PO hier gerade mit diesbezüglichen neueren Überlegungen in der evangelischen Ämtertheologie durchaus anschlussfähig ist, so dass von einer intensiveren Begegnung der Konzilstheologie des priesterlichen Amtes auf der einen und dem neueren Diskurs in der evangelischen

---

[97] Hierzu gibt es in der Tradition der protestantischen Theologie durchgehende Ansätze, wie etwa bei Melanchthon gegenüber Luther, wie bei A. Vilmar: „Den *ordo* ein Sacrament zu nennen, lässt sich die Apologie [hier ist Melanchthons Apologie der Confessio Augustina gemeint, O. F.] aus dem Grunde herbei, weil derselbe ein Mandat Gottes sei und göttliche große Verheißungen habe ... er bleibt allerdings eine *sacramentale* Handlung d. h. eine solche, in welcher nicht der Mensch, sondern Gott etwas thut für die Erlösung der Welt, ... und zwar ersten Ranges, nach Maßgabe der apostolischen Uebung und der Einsetzung des Amts durch Christum selbst." (Vilmar, Dogmatik 277).
[98] Wenz, Ekklesiologie 108.
[99] Ebd. 108–109 (mit Bezug auf AC XIII, 11).

Ämtertheologie auf der anderen Seite vor allem aus gnadentheologischer Perspektive einiges zu erwarten wäre.[100]

***

3. Gemeinsam zum Zeugnis für das Evangelium herausgefordert

Jedes Amt in der Kirche, auch das durch Ordination (Weihe) übertragene Amt ist diakonia, Dienst. Es gehört nicht nur zu den Aufgaben dieses Dienstes, die Kirche als ganze zur Diakonie zu befähigen, die Wahrnehmung dieses Dienstes ist selbst Vollzug des Diakonischen. Kirchliche Amtsträger tun nicht etwas für die Kirche als ganze Wesentliches, womit andere nichts zu tun hätten. Zu Verkündigung, Liturgie und Diakonie sind alle berufen und gesendet. Aber die durch die Ordination in Gnade in Dienst genommenen Amtsträger realisieren im Verweisen und Zusprechen des Extra nos des Heils die Diakonie Christi an den Menschen, die ihrerseits zur Diakonie befähigt werden. Auch in Liturgie und Verkündigung realisiert sich die diakonische Sendung der Kirche(n). Gerade heute ist die Befähigung zu einem Menschsein fördernden Gottesdienst und die Konfrontation mit einem das Leben in Fülle verheißenden Evangelium wahrhaft Dienst an den Menschen in unseren verschiedenen Gesellschaften. Diakonie im engeren Sinn ist nicht lediglich Ausweis der Glaubwürdigkeit, weil dann „hehren" Worten auch Taten folgen. Diakonie ist nicht nur Folge, Konsequenz des Christseins, Nächstenliebe in der Tat ist nicht nur Konsequenz der Gottesliebe, sondern eine ihrer wesentlichen Gestalten. Kirche ist nur dann „Zeichen und Werkzeug" des Reiches Gottes, wenn sie die Gestalt dieses Reiches wenigstens fragmentarisch realisiert. Diakonie ist nicht der Anhang zum Eigentlichen, was dann Liturgie und Verkündigung wären, sie gehört selbst zum „Kerngeschäft".

Für die ökumenische Bewegung bedeutet dies, dass die Kirchen sich durch „Freude und Hoffnung, Trauer und Angst" der Menschen von heute herausfordern lassen müssen. In diese Situationen hinein geht ihre Sendung, in ihnen haben sie Zeichen und Werkzeug zu sein. Das wird Auswirkungen haben auf die Gestalt der Liturgie und auf die Kommunikationsformen der Verkündigung. Dieses sich „von außen" einfordern lassen, weil das Außen zugleich das Innen ist, hat Konsequenzen für das eigene Selbstverständnis und damit Auswirkungen auf den ökumenischen Prozess. Traditionelle oder aktuelle theologische Kontroversen[101] stehen hier nochmals auf dem Prüfstand. Im Blick auf die gemeinsame Herausforderung zum Zeugnis in Wort, Symbol und Tat wird zu fragen sein: Welchen Gestalten oder fehlenden „Elementen" kommt (noch) kirchentrennende Wirkung zu? Dass die Kirchen apostolisch sind, d.h. „an der Lehre der Apostel festhalten und an der Gemeinschaft, am Brechen des Brotes und an den Gebeten"

---

[100] Vgl. dazu auch Sattler, Sakramentalität.
[101] Die ergeben sich ausgerechnet auch in (sozial)ethischen Fragen. Wie viel „Katholizität" ist hier möglich?

(Apg 2,42), ist von ihrem Selbstverständnis her unverzichtbar. Dass diese Apostolizität Gestalt annehmen muss, dürfte auch auf breiten ökumenischen Konsens stoßen. Es wird sich um einen „differenzierten Konsens" handeln; welche Heilsrelevanz kommt den Differenzen zu? Die Menschheit braucht Kirchen, die das apostolische Evangelium im Zeugnis angesichts der Zeitzeichen weitergeben. Ist es im Rückblick auf das apostolische Erbe und im Hinblick auf die geistigen, geistlichen und leiblichen Nöte der Menschheit nicht relativ (d.h. in seiner Bezogenheit zu würdigen), in welcher Gestalt dieses Zeugnis begegnet? Wird die „Ökumene des Lebens" zu methodologischen Konsequenzen in der ökumenischen Theologie[102] und zu Konsequenzen bezüglich der Rezeption theologischer Arbeit und geistlicher Erfahrung führen?

---

[102] Dies ist Thema der wissenschaftlichen Konsultation der Societas Oecumenica 2006 in Prag (für weitere Informationen s. www.societas-oecumenica.de).

Bibliographie

Acerbi, Antonio, Die ekklesiologische Grundlage der nachkonziliaren Institutionen, in: Giuseppe Alberigo – Yves Congar – Hermann J. Pottmeyer (Hg.), Kirche im Wandel. Eine kritische Zwischenbilanz nach dem Zweiten Vatikanum, Düsseldorf 1982, 208–240.

Acerbi, Antonio (Hg.), Il ministero del Papa in prospettiva ecumenica (Scienze Religiose 10), Milano 1999.

Alberigo, Giuseppe, Lo sviluppo della dottrina sui poteri nella Chiesa universale. Momenti essenziali tra il XVI e il XIX secolo (Testi e ricerche di scienze religiose 1), Roma u. a. 1964.

Alberigo, Giuseppe, Institutionen für die Gemeinschaft zwischen dem Gesamtepiskopat und dem Bischof von Rom, in: ders. – Yves Congar – Hermann J. Pottmeyer (Hg.), Kirche im Wandel. Eine kritische Zwischenbilanz nach dem Zweiten Vatikanum, Düsseldorf 1982, 241–274.

Alberigo, Giuseppe, Ekklesiologie im Werden. Bemerkungen zum „Pastoralkonzil" und zu den Beobachtern des II. Vatikanums, in: ÖR 40 (1991) 109–128.

Alberigo, Giuseppe – Wittstadt, Klaus (Hg.), Geschichte des Zweiten Vatikanischen Konzils (1959–1965), 5 Bde., bisher erschienen: Bde. 1–3, Mainz – Leuven 1997–2002.

Alberigo, Giuseppe, Die Ankündigung des Suchens – von der Sicherheit des Sich-Verschanzens zur Faszination des Suchens, in: ders. – Wittstadt (Hg.), Geschichte des Zweiten Vatikanischen Konzils 1, 1–60.

Alberigo, Guiseppe, Die Rezeption der großen christlichen Überlieferung durch das II. Vatikanische Konzil, in: Werner Löser – Karl Lehmann – Matthias Lutz-Bachmann (Hg.), Dogmengeschichte und katholische Theologie, Würzburg 1985, 307–341.

Antón, Angel, Conferencias Episcopales – instancias intermedias? Et estado teólogico de la cuestión, Salamanca 1989.

Aristi, Vasilios von u. a., Das Papstamt. Dienst oder Hindernis für die Ökumene?, Regensburg 1985.

Aubert, Roger – Soetens, Claude, Das Konzil und die Ökumenische Bewegung, in: GCh 13, 67–71.

Aymans, Winfried, Die Communio Ecclesiarum als Gestaltgesetz der einen Kirche, in: AKathKR 139 (1970) 69–90 (= ders., Kirchenrechtliche Beiträge zur Ekklesiologie [KStT 42], Berlin 1995, 17–39).

Aymans, Winfried, Papst und Bischofskollegium als Träger der kirchlichen Hirtengewalt. Gedanken zu einer Schrift gleichen Titels von W. Bertrams, in: ders., Beiträge zum Verfassungsrecht der Kirche, Amsterdam 1991, 35–46 (= AKathKR 135 [1966] 136–147).

Baraúna, Guilherme (Hg.), De Ecclesia. Beiträge zur Konstitution „Über die Kirche" des Zweiten Vatikanischen Konzils, Bd. 2, Freiburg – Basel – Wien – Frankfurt 1966.

Barth, Hans-Martin, Einander Priester sein. Allgemeines Priestertum in ökumenischer Perspektive (Kirche und Konfession 29), Göttingen 1990.

Barth, Hans-Martin, Dogmatik. Evangelischer Glaube im Kontext der Weltreligionen. Ein Lehrbuch, Gütersloh 2001.

Batiffol, Pierre, Cathedra Petri. Études d'Histoire ancienne de l'Église (Unam Sanctam 4), Paris 1938.

Bayer, Oswald, Martin Luthers Theologie. Eine Vergegenwärtigung, Tübingen 2003.
Bea, Augustin Kardinal, Der Weg zur Einheit nach dem Konzil, Freiburg – Basel – Wien 1966.
Bea, Augustin Kardinal, Der Ökumenismus im Konzil. Öffentliche Etappen eines überraschenden Weges, Freiburg – Basel – Wien 1969.
Bertrams, Wilhelm, Papst und Bischofskollegium als Träger der kirchlichen Hirtengewalt, München – Paderborn – Wien 1965.
Bertsch, Ludwig (Hg.), Der neue Meßritus im Zaire. Ein Beispiel kontextueller Liturgie (Theologie der Dritten Welt 18), Freiburg – Basel – Wien 1993.
Beumer, Johannes, Die altchristliche Idee einer präexistierenden Kirche und ihre theologische Anwendung, in: WiWei 9 (1942) 13–22.
Beumer, Johannes, Die kollegiale Gewalt der Bischöfe für die Gesamtkirche nach der Theologie des 18. Jahrhunderts, in: Gr 45 (1964) 280–305.
Bier, Georg, Die Rechtsstellung des Diözesanbischofs nach dem Codex Iuris Canonici von 1983 (Forschungen zur Kirchenrechtswissenschaft 32), Würzburg 2001.
Boff, Leonardo, Der dreieinige Gott, Düsseldorf 1987.
Bornkamm, Karin, Christus – König und Priester. Das Amt Christi bei Luther, in: Friedrich O. Scharbau (Hg.), Jesus Christus – Gott für uns (LAR 34), Erlangen 2003, 22–42.
Botte, Bernard, Der Kollegialcharakter des Priester- und Bischofsamtes, in: Jean Guyot (Hg.), Das apostolische Amt, Mainz 1961, 68–91.
Botte, Bernard, Die Kollegialität im Neuen Testament und bei den Apostolischen Vätern, in: Das Konzil und die Konzile. Ein Beitrag zur Geschichte des Konzilslebens der Kirche, Stuttgart 1962, 1–21.
Brenner, Beatus, Gemeinsame Erklärung zur Rechtfertigung. Entstehung – Diskussion – Dokumente, in: Dokumente zum kirchlichen Zeitgeschehen (Kirchliches Jahrbuch 1998) 55–160.
Brosseder, Johannes – Sanders, Wilm (Hg.), Der Dienst des Petrus in der Kirche. Orthodoxe und reformatorische Anfragen an die katholische Theologie, Frankfurt a. M. 2002.
Brun, Maria, Schwesterkirchen – im Namen Jesu. Zwei vatikanische Dokumente – aus orthodoxer Sicht betrachtet, in: US 56 (2001) 59–69.
Buenner, Denys, L'ancienne liturgie romaine. Le rite lyonnais, Lyon – Paris 1934 (Nachdruck 1969).
Buenner, Denys, Die Liturgiefeier von Lyon, in: Eucharistiefeiern in der Christenheit (Liturgie und Mönchtum 26), Maria Laach 1960, 71–78.
Colson, Jean, L'épiscopat catholique. Collégialité et primauté dans les trois premiers siècles de l'église (Unam Sanctam 43), Paris 1963.
Congar, Yves, Ecclesia ab Abel, in: Marcel Reding (Hg.), Abhandlungen über Theologie und Kirche (FS Karl Adam), Düsseldorf 1952, 79–108.
Congar, Yves, Der Platz des Papsttums in der Kirchenfrömmigkeit der Reformer des 11. Jahrhunderts, in: Jean Daniélou – Herbert Vorgrimler (Hg.), Sentire Ecclesiam. Das Bewußtsein von der Kirche als gestaltende Kraft der Frömmigkeit (FS Hugo Rahner), Freiburg – Basel – Wien 1961, 196–217.
Congar, Yves – Küng, Hans – O'Hanlon, Daniel (Hg), Konzilsreden, Einsiedeln 1964.
Congar, Yves, Von der Gemeinschaft der Kirchen zur Ekklesiologie der Weltkirche, in: ders. (Hg.), Das Bischofsamt und die Weltkirche, Stuttgart 1964, 245–282.
Congar, Yves M.-J. u.a., La Collégialité épiscopale. Histoire et théologie (Unam Sanctam 52), Paris 1965.
Congar, Yves M.-J., L'Ecclesiologie du haut moyen age. De Saint Grégoire le Grand à la désunion entre Byzance et Rome, Paris 1968.
Congar, Yves, Die Rezeption als ekklesiologische Realität, in: Conc(D) 8 (1972) 500–514.
Congar, Yves, Katholizität und Romanität – Das wechselvolle Miteinander zweier Dimen-

Bibliographie

sionen der Kirche im Wandel der Zeiten, in: Werner Löser (Hg.), Die Römisch-katholische Kirche (Die Kirchen der Welt XX), Frankfurt a. M. 1986, 47–87.

Cozzens, Donald B., Das Priesteramt im Wandel. Chancen und Perspektiven, Mainz 2003.

Daschner, Dominik, Die gedruckten Meßbücher Süddeutschlands bis zur Übernahme des Missale Romanum Pius V. (1570) (Regensburger Studien zur Theologie 47), Frankfurt a. M. 1995.

Dejaifve, Georges, Primat und Kollegialität auf dem Ersten Vatikanischen Konzil, in: Congar (Hg.), Das Bischofsamt und die Weltkirche 665–688.

Demel, Sabine, Die eigenberechtigte Kirche als Modell für die Ökumene, in: Libero Gerosa u.a (Hg.), Patriarchale und synodale Strukturen in den katholischen Ostkirchen (Kirchenrechtliche Bibliothek 3), Münster – Hamburg – London 2001, 243–270.

Der Dienst des Bischofs von Rom an der Einheit der Christen. Reaktionen auf die Einladung des Papstes zum Dialog über die Form der Primatsausübung nach UT UNUM SINT von 1995. Forschungsbericht, in: Cath(M) 55 (2001) 269–309.

Dewan, Wilfried F., „Potestas vere episcopalis" auf dem Ersten Vatikanischen Konzil, in: Congar (Hg.), Das Bischofsamt und die Weltkirche 689–717.

Fagiolo, Vincenzo – Concetti, Gino (Hg.), La collegialità episcopale per il futuro della Chiesa, Firenze 1969.

Feliciani, Giorgio, Le conferenze episcopali (ReSo 3), Bologna 1974.

Fisichella, Rino (Hg.), Il Concilio Vaticano II. Recezione e attualità alla luce del Giubileo, Mailand 2000.

Foucault, Michel, Des espaces autres, in: ders., Dits et Écrits, vol. IV, Paris 1994, 752–762 (dt. in: Jan Engelmann (Hg.), Michel Foucault. Botschaften der Macht, Stuttgart 1999, 145–157).

Freiling, Paul-Stephan, Das Subsidiaritätsprinzip im kirchlichen Recht (MKCIC.Beih. 13), Essen 1995.

Fries, Heinrich, Wandel des Kirchenbilds und dogmengeschichtliche Entfaltung, in: MySal IV/1, 223–285.

Fritzsche, Hans-Georg, Lehrbuch der Dogmatik, Teil IV, Göttingen ¹1988.

Fuchs, Ottmar, Kirche – Kabel – Kapital. Standpunkte einer christlichen Medienpolitik. Mit einem Vorwort von Peter Düsterfeld, Münster 1989.

Fuchs, Ottmar, Praktische Hermeneutik der Heiligen Schrift, Stuttgart 2004.

Fürst, Carl G., Art. Partikularkonzil, in: LThK³ 8, 672 f.

Gadamer, Hans-Georg, Hermeneutik, Bd. 1: Wahrheit und Methode. Grundzüge einer philosophischen Hermeneutik (Gesammelte Werke 1), Tübingen ⁵1986.

Gahbauer, Ferdinand R., Die Patriarchalstruktur auf dem Zweiten Vatikanischen Konzil, in: Albert Rauch – Paul Imhof (Hg.), Das Dienstamt der Einheit in der Kirche. Primat – Patriarchat – Papsttum (Koinonia 9), St. Ottilien 1991, 377–410.

Gahbauer, Ferdinand R., Die Pentarchietheorie. Ein Modell der Kirchenleitung von den Anfängen bis zur Gegenwart (FTS 42), Frankfurt a. M. 1993.

Ganzer, Klaus, Gallikanische und römische Primatsauffassung im Widerstreit. Zu den ekklesiologischen Auseinandersetzungen auf dem Konzil von Trient, in: HJ 109 (1989) 109–163.

Geerlings, Wilhelm, Dialogische Strukturen in der Alten Kirche, in: Gebhard Fürst (Hg.), Dialog als Selbstvollzug der Kirche? (QD 166), Freiburg – Basel – Wien 1997, 71–92.

Gemeinsame römisch-katholische/evangelisch-lutherische Kommission, Einheit vor uns. Modelle, Formen und Phasen katholisch/lutherischer Kirchengemeinschaft, Frankfurt/ M. – Paderborn 1985.

Gerosa, Libero, Communio Ecclesiarum. Die wechselseitigen Beziehungen zwischen Universalkirche und Partikularkirchen in ekklesiologisch-kanonistischer Sicht, in: Krämer u. a. (Hg.), Universales und partikulares Recht 1–19.

Gerosa, Libero, Die Kirchenprovinz. Ein Ausweg für die Zukunft aus dem Spannungsfeld von Demokratisierung und Zentralismus?, in: AKathKR 166 (1997) 401–416.

Ghirlanda, Gianfranco, „Hierarchica communio". Significato della formula nella „Lumen Gentium" (Analecta Gregoriana 216), Roma 1980.

Grootaers, Jan, Primauté et collégialité. Le dossier de Gérard Philips sur la Nota Explicativa Praevia (Lumen gentium, Chap. III). Présenté avec introduction historique, annotations et annexes par Jan Grootaers, Leuven 1986.

Grootaers, Jan, Die Kollegialität auf den Bischofssynoden. Ein ungelöstes Problem, in: Conc(D) 26 (1990) 275–283.

Härle, Wilfried, Dogmatik, Berlin – New York ²2000.

Haunerland, Winfried, Vom „Gottesdienst" zur „Gemeindefeier"? Prinzipien und Herausforderungen nachkonziliarer Liturgiereform, in: ThPQ 153 (2005) 67–81.

Heiler, Friedrich, Altkirchliche Autonomie und päpstlicher Zentralismus (Die katholische Kirche des Ostens und Westens, Band II: Die römisch-katholische Kirche, 1. Teil), München 1941.

Heim, Maximilian H., Joseph Ratzinger – Kirchliche Existenz und existentielle Theologie unter dem Anspruch von Lumen gentium. Ekklesiologische Grundlinien (Bamberger theologische Studien 22), Frankfurt ²2005, 325–346.

Heinz, Andreas, Art. Abendländische Liturgien, in: LThK³ 6, 980–984.

Heinz, Andreas, Gregorio Magno e la Liturgia Romana, in: Accademia Nazionale dei lincei. Pontificio commitato di scienze storiche (Hg.), Atti dei Convegni Lincei 209, Roma 2004, 281–290.

dt.: Papst Gregor der Große und die römische Liturgie. Zum Gregorius-Gedenkjahr 1400 Jahre nach seinem Tod († 604), in: LJ 54 (2004) 69–84.

Hell, Silvia – Lies, Lothar (Hg.), Papstamt – Hoffnung, Chance, Ärgernis. Ökumenische Diskussion in einer globalisierten Welt, Innsbruck – Wien 2000.

Herms, Eilert, Von der Glaubenseinheit zur Kirchengemeinschaft II, Marburg 2003.

Heubach, Joachim, Die Ordination zum Amt der Kirche, Berlin 1956.

Hilberath, Bernd Jochen, Der dreieinige Gott und die Gemeinschaft der Menschen, Mainz 1990.

Hilberath, Bernd Jochen, Karl Rahner. Gottgeheimnis Mensch, Mainz 1995.

Hilberath, Bernd Jochen, Zwischen Vision und Wirklichkeit. Fragen nach dem Weg der Kirche, Würzburg 1999.

Hilberath, Bernd Jochen, Das Amt in der Kirche nach (römisch-) katholischem Verständnis, in: Konrad Raiser – Dorothea Sattler (Hg.), Ökumene vor neuen Zeiten (FS Theodor Schneider), Freiburg – Basel – Wien 2000, 281–291.

Hilberath, Bernd Jochen, Zum Verhältnis von Ortskirchen und Weltkirche nach dem II. Vatikanum, in: Albert Franz (Hg.), Was ist heute noch katholisch? Zum Streit um die innere Einheit und Vielfalt der Kirche (QD 192), Freiburg – Basel – Wien 2001, 36–49.

Hilberath, Bernd Jochen, Ökumene – Bewegung oder Stehempfang?, in: ThQ 182 (2002) 189f.

Hilberath, Bernd Jochen, Thesen zum Verhältnis von Gemeinsamem Priestertum und dem durch Ordination übertragenen priesterlichen Dienst, in: FS Peter Neuner, erscheint 2006.

Hoff, Gregor Maria, Ökumenische Passagen – zwischen Identität und Differenz. Fundamentaltheologische Überlegungen zum Stand des Gesprächs zwischen römisch-katholischer und evangelisch-lutherischer Kirche (Salzburger Theologische Studien 25), Innsbruck – Wien 2005.

Houtart, François, Die modernen Formen der bischöflichen Kollegialität, in: Congar (Hg.), Das Bischofsamt und die Weltkirche 537–576.

Bibliographie

Hünermann, Peter, Der römische Bischof und der Weltepiskopat. Systematisch-theologische Überlegungen, in: ThQ 169 (1989) 272–286 (= ders., Ekklesiologie im Präsens. Perspektiven, Münster 1995, 248–265).

Hünermann, Peter (Hg.), Papstamt und Ökumene. Zum Petrusdienst an der Einheit aller Getauften, Regensburg 1997.

Hünermann, Peter, „Una cum". Zu den Funktionen des Petrusdienstes aus katholischer Sicht, in: ders. (Hg.), Papstamt und Ökumene 80–101.

Il primato del successore di Pietro. Atti del simposio teologico (Roma dicembre 1996), Vatikanstadt 1998.

Kaczynski, Reiner, Der Ordo Missae in den Teilkirchen des römischen Ritus, in: LJ 25 (1975) 99–136.

Kaczynski, Reiner, Liturgie in der Weite der Catholica? Fortschreitende Mißachtung und endgültige Aufhebung eines Konzilsbeschlusses, in: Albert Franz (Hg.), Was ist heute noch katholisch? Zum Streit um die innere Einheit und Vielfalt der Kirche(QD 192/ Schriften der Europäischen Gesellschaft für Katholische Theologie 5), Freiburg – Basel – Wien 2001, 160–188.

Kaczynski, Reiner, Angriff auf die Liturgiekonstitution? Anmerkungen zu einer neuen Übersetzer-Instruktion, in: StZ 126 (2001) 651–668.

Kasper, Walter, Der ekklesiologische Charakter der nichtkatholischen Kirchen, in: ThQ 145 (1965) 42–62.

Kasper, Walter, Der Gott Jesu Christi, Mainz ²1983.

Kasper, Walter, Das Petrusamt als Dienst der Einheit. Die Lehre des I. und II. Vatikanischen Konzils und die gegenwärtige Diskussion, in: von Aristi u. a., Das Papstamt 113–138.

Kasper, Walter, Zukunft aus der Kraft des Konzils. Die außerordentliche Bischofssynode '85. Die Dokumente mit einem Kommentar von W. Kasper, Freiburg – Basel – Wien 1986.

Kasper, Walter, Der theologische Status der Bischofskonferenzen, in: ThQ 167 (1987) 1–6.

Kasper, Walter, Die bleibende Herausforderung durch das II. Vatikanische Konzil. Zur Hermeneutik der Konzilsaussagen, in: ders., Theologie und Kirche (1), Mainz 1987, 290–299.

Kasper, Walter, Nochmals: Der theologische Status der Bischofskonferenzen, in: ThQ 168 (1988) 237–240.

Kasper, Walter, Zur Theologie und Praxis des bischöflichen Amtes, in: Werner Schreer – Georg Steins (Hg.), Auf neue Art Kirche sein. Wirklichkeiten – Herausforderungen – Wandlungen (FS Joseph Homeyer), München 1999, 32–48.

Kasper, Walter, Das Verhältnis von Universalkirche und Ortskirche. Freundschaftliche Auseinandersetzung mit der Kritik von Joseph Kardinal Ratzinger, in: StZ 218 (2000) 795–804.

Kasper, Walter, Situation und Zukunft der Ökumene, in: ThQ 181 (2001) 175–190.

Kasper, Walter Kardinal, Ökumene des Lebens und Eucharistiegemeinschaft, in: ders., Sakrament der Einheit. Eucharistie und Kirche, Freiburg – Basel – Wien 2004, 55–79.

Kasper, Walter, Wege der Einheit. Perspektiven für die Ökumene, Freiburg – Basel – Wien 2005.

Kehl, Medard, Die Kirche. Eine katholische Ekklesiologie, Würzburg ²1993.

Kehl, Medard, Wohin geht die Kirche? Eine Zeitdiagnose, Freiburg – Basel – Wien ⁶1997.

Kehl, Medard, Der Disput der Kardinäle. Zum Verhältnis von Universalkirche und Ortskirchen, in: StZ 212 (2003) 219–232.

Kehl, Medard, Zum jüngsten Disput um das Verhältnis von Universalkirche und Ortskirchen, in: Peter Walter u. a. (Hg.), Kirche in ökumenischer Perspektive (FS Walter Kasper), Freiburg – Basel – Wien 2003, 81–101.

Kirche als Gemeinschaft: Ein vatikanischer Kommentar zum Communio-Schreiben der Glaubenskongregation, in: HerKorr 47 (1993) 406–411.

Klueting, Harm, Öffentliche Wortverkündigung und Sakramentsverwaltung im Ehrenamt, Stuttgart 2002.

Koch, Kurt, Primat und Episkopat in der Sicht einer trinitätstheologischen Ekklesiologie, in: Libero Gerosa u. a. (Hg.), Patriarchale und synodale Strukturen in den katholischen Ostkirchen, Münster – Hamburg – London 2001, 9–30.

Kommission für Glauben und Kirchenverfassung, Konvergenzerklärungen über Taufe, Eucharistie und Amt („Lima-Papier"), Frankfurt/M. – Paderborn 1983.

Komonchak, Joseph A., Ortskirchen und Gesamtkirche, in: Hermann J. Pottmeyer – Giuseppe Alberigo – Jean-Pierre Jossua (Hg.), Die Rezeption des Zweiten Vatikanischen Konzils, Düsseldorf 1986, 107–123.

Komonchak, Joseph A., Der Kampf für das Konzil während der Vorbereitung, in: Alberigo – Wittstadt (Hg.), Geschichte des Zweiten Vatikanischen Konzils 1, 189–401.

Kongregation für die Glaubenslehre, Schreiben an die Bischöfe der katholischen Kirche über einige Aspekte der Kirche als Communio *Communionis notio* (VAS 107), Bonn 1992.

Kongregation für die Glaubenslehre, Erklärung *Dominus Iesus*. Über die Einzigkeit und die Heilsuniversalität Jesu Christi und der Kirche, 6. 8. 2000 (VAS 148), Bonn 2000.

Krämer, Peter u. a. (Hg.), Universales und partikulares Recht in der Kirche. Konkurrierende oder integrierende Faktoren?, Paderborn 1999.

Krämer, Peter, Universales und partikulares Recht. Zur Mehrstufigkeit im kirchlichen Rechtssystem, in: ders. u. a. (Hg.), Universales und partikulares Recht 47–69.

Kuhn, Thomas S., Die Struktur wissenschaftlicher Revolutionen, Frankfurt a. M. [14]1997.

Küng, Hans, Paradigmenwechsel in Theologie und Naturwissenschaft. Eine grundsätzliche historisch-theologische Klärung, in: ders., Theologie im Aufbruch. Eine ökumenische Grundlegung, München – Zürich [2]1992, 153–207.

Lanne, Emmanuel, Eglises sœurs. Implications ecclésiologiques du Tomos Agapes, in: Istina 29 (1975) 47–74.

Lanne, Emmanuel, Eglises unies ou Eglises-sœurs: un choix ineluctable, in: Irénikon 48 (1975) 322–342.

Lehmann, Karl, Einheit der Kirche und Gemeinschaft im Herrenmahl. Zur neueren ökumenischen Diskussion um Eucharistie- und Kirchengemeinschaft, Eröffnungsreferat bei der Herbstvollversammlung 25. 9. 2000 (Der Vorsitzende der Deutschen Bischofskonferenz 21), Bonn 2000.

Lehmann, Karl Kardinal, Hermeneutik für einen künftigen Umgang mit dem Konzil, in: Wassilowsky (Hg.), Zweites Vatikanum 71–89.

Leisching, Peter, Die Bischofskonferenz. Beiträge zu ihrer Rechtsgeschichte, mit besonderer Berücksichtigung ihrer Entwicklung in Österreich (WRGA 7), Wien – München 1963.

Leuenberger Kirchengemeinschaft/Gemeinschaft reformatorischer Kirchen in Europa (Hg.), Die Kirche Jesu Christi. Der reformatorische Beitrag zum ökumenischen Dialog über die kirchliche Einheit (Leuenberger Texte 1), Frankfurt/M. 1995.

Lill, Rudolf, Die ersten deutschen Bischofskonferenzen, Basel – Freiburg – Wien 1964.

Lopez Ortiz, Jose – Blazquez, Joaquin (Hg.), El Colegio Episcopal, 2 Bde., Madrid 1964.

Lubac Henri de, Quellen kirchlicher Einheit, Einsiedeln 1974.

Marot, Hilaire, Einheit der Kirche und geographische Verschiedenheit in den ersten Jahrhunderten, in: Congar (Hg.), Das Bischofsamt und die Weltkirche 581–608.

Marot, Hilaire, Vornicäische und ökumenische Konzile, in: Das Konzil und die Konzile. Ein Beitrag zur Geschichte des Konzilslebens der Kirche, Stuttgart 1962, 23–51.

Marot, Hilaire, Strukturelle Dezentralisierung und Primat in der Alten Kirche, in: Conc(D) 1 (1965) 548–555.

Bibliographie

May, Georg, Ego N.N. Catholicae Ecclesiae Episcopus. Entstehung, Entwicklung und Bedeutung einer Unterschriftsformel im Hinblick auf den Universalepiskopat des Papstes (KStT 43), Berlin 1995.

McDonnell, Kilian, The Ratzinger/Kasper Debate. The Universal Church and the Local Churches, in: Theological Studies 63 (2002) 227–250.

McDonnell, Kilian, Pentecost in Relation to the Ontological and Temporal Priority of the Universal Church. The Ratzinger/Kasper Debate, in: Peter Walter – Klaus Krämer – George Augustin (Hg.), Kirche in ökumenischer Perspektive (FS Walter Kasper), Freiburg – Basel – Wien 2003, 102–114.

Meyer, Hans B., Die Instruktion „Varietates legitimae" über die römische Liturgie und Inkulturation, in: HlD 48 (1985) 186–192.

Meyer, Harding, Ökumenische Zielvorstellungen (Bensheimer Hefte 78), Göttingen 1996.

Meyer, Harding, Versöhnte Verschiedenheit. Aufsätze zur ökumenischen Theologie I, Frankfurt/M. – Paderborn 1998.

Mieth, Dietmar, Was ist Erfahrung?, in: ders., Moral und Erfahrung, Bd. 1: Grundlagen einer theologisch-ethischen Hermeneutik (SThE 2), Freiburg/Schweiz – Freiburg/Br. ^{4}1999, 13–26.

Moeller, Charles, Die Geschichte der Pastoralkonstitution, in: LThK.E 3, 242–280.

Mörsdorf, Klaus, Primat und Kollegialität nach dem Konzil, in: Paolo Kardinal Marella u. a., Über das bischöfliche Amt (Veröffentlichungen der Katholischen Akademie der Erzdiözese Freiburg 4), Karlsruhe 1966, 39–48

Mörsdorf, Klaus, Über die Zuordnung des Kollegialitätsprinzips zu dem Prinzip der Einheit von Haupt und Leib in der hierarchischen Struktur der Kirchenverfassung, in: Leo Scheffczyk (Hg.), Wahrheit und Verkündigung (FS Michael Schmaus), Paderborn 1967, 1435–1445 (= ders., Schriften zum Kanonischen Recht, Paderborn u. a. 1989, 273–283).

Mörsdorf, Klaus, Das synodale Element in der Kirchenverfassung im Lichte des Zweiten Vatikanischen Konzils, in: Remigius Bäumer – Heimo Dolch (Hg.), Volk Gottes. Zum Kirchenverständnis der katholischen, evangelischen und anglikanischen Theologie (FS Josef Höfer), Freiburg – Basel – Wien 1967, 568–584.

Mörsdorf, Klaus, Die Promulgationsformel des Zweiten Vatikanischen Konzils, in: AKathKR 147 (1978) 456–462 (= ders., Schriften zum Kanonischen Recht, Paderborn u. a. 1989, 339–345).

Mörsdorf, Klaus, Die Unmittelbarkeit der päpstlichen Primatialgewalt im Lichte des kanonischen Rechtes, in: ders., Schriften zum Kanonischen Recht, Paderborn u. a. 1989, 241–255.

Mortari, Luciana, Consacrazione episcopale e collegialità. La testimonianza della Chiesa antica, Firenze 1969.

Müller, Hubert – Pottmeyer, Hermann J. (Hg.), Die Bischofskonferenz. Theologischer und juridischer Status, Düsseldorf 1989.

Müller, Ludger, Der Diözesanbischof – ein Beamter des Papstes?, in: AKathKR 170 (2001) 106–122.

Neumann, Burkhard, Ökumene und Erfahrung. Zur Bedeutung des Erfahrungsaspekts für Theologie und Ökumene, in: Peter Neuner – Peter Lüning (Hg.), Theologie im Dialog (FS Harald Wagner), Münster 2004, 415–429.

Neuner, Peter, Kirchen und kirchliche Gemeinschaften, in: MThZ 36 (1985) 97–109.

Neuner, Peter, Belastungsprobe für die Ökumene. Anmerkungen zum Kirchenverständnis in einem Dokument der Glaubenskongregation, in: StZ 218 (2000) 723–737.

Neuner, Peter, Das Dekret über die Ökumene *Unitatis redintegratio*, in: Franz Xaver Bischof – Stephan Leimgruber (Hg.), Vierzig Jahre II. Vatikanum. Zur Wirkungsgeschichte der Konzilstexte, Würzburg 2004, 117–140.

Nitsche, Bernhard, Geistvergessenheit und die Wiederentdeckung des Heiligen Geistes im

Zweiten Vatikanischen Konzil, in: ders. (Hg.), Atem des sprechenden Gottes. Einführung in die Lehre vom Heiligen Geist, Regensburg 2003, 102–144.

Oeldemann, Johannes, Gestufte Kirchengemeinschaft als ökumenisches Modell? Überlegungen aus römisch-katholischer Perspektive, in: US 60 (2005) 135–147.

Onclin, Willy Hubert Josef, Die Kollegialität der Bischöfe und ihre Struktur, in: Conc(D) 1 (1965) 664–669.

Ottaviani, Alaphridus, Institutiones Iris Canonici Ecclesiastici, Vol. I: Ecclesiae constitutio socialis et potestas, Vatikanstadt ⁴1958.

Pannenberg, Wolfhart, Das Papsttum und die Zukunft der Ökumene. Anmerkungen aus lutherischer Sicht, in: von Aristi u. a., Das Papstamt 139–149.

Pannenberg, Wolfhart, Die Einzigkeit Jesu Christi und die Einheit der Kirche. Anmerkungen zu der Erklärung der vatikanischen Glaubenskongregation „Dominus Jesus", in: KuD 47 (2001) 203–209.

Pesch, Otto Hermann, Das Zweite Vatikanische Konzil (1962–1965). Vorgeschichte – Verlauf – Ergebnisse – Nachgeschichte, Würzburg ³1994.

Pesch, Otto Hermann, Hermeneutik des Ämterwandels?, in: Peter Walter u. a. (Hg.), Kirche in ökumenischer Perspektive (FS Walter Kasper), Freiburg – Basel – Wien 2003, 417–438.

Pottmeyer, Hermann J., Was ist eine Bischofskonferenz? Zur Diskussion um den theologischen Status der Bischofskonferenz, in: StZ 206 (1988) 435–446.

Pottmeyer Hermann J., Kirche als Communio. Eine Reformidee aus unterschiedlichen Perspektiven, in: StZ 210 (1992) 579–589.

Pottmeyer, Hermann J., Art. Bischofskonferenz. II. Systematisch-theologisch, in: LThK³ 2, 497 f.

Pottmeyer, Hermann J., Die Rolle des Papsttums im Dritten Jahrtausend (QD 179), Freiburg – Basel – Wien 1999.

Pottmeyer, Hermann J., Der mühsame Weg zum Miteinander von Einheit und Vielfalt im Verhältnis von Gesamtkirche und Ortskirche, in: Albert Franz (Hg.), Was ist heute noch katholisch? Zum Streit um die innere Einheit und Vielfalt der Kirche (QD 192/Schriften der Europäischen Gesellschaft für Katholische Theologie), Freiburg – Basel – Wien 2001, 291–310.

Potz, Richard, Der Codex Canonum Ecclesiarum Orientalium 1990 – Gedanken zur Kodifikation des katholischen Ostkirchenrechts, in: Hans Paarhammer – Alfred Rinnerthaler (Hg.), Scientia canonum (FS Franz Pototschnig), München 1991, 399–414.

Pree, Helmuth, Das kirchenrechtliche Kernprofil des hierarchischen Amtes, in: Sabine Demel (Hg.), Mehr als nur Nichtkleriker: Laien in der katholischen Kirche, Regensburg 2001, 57–91.

Quinn, John R. Die Reform des Papsttums (QD 188), Freiburg – Basel – Wien 2001.

Raguer, Hilari, Das früheste Gepräge der Versammlung, in: Alberigo – Wittstadt (Hg.), Geschichte des Zweiten Vatikanischen Konzils 2, 201–272.

Rahner, Karl, Episkopat und Primat, in: ders. – Joseph Ratzinger, Episkopat und Primat (QD 11), Freiburg – Basel – Wien 1961, 13–36.

Rahner, Karl, Das Konzil – ein neuer Beginn. Vortrag beim Festakt zum Abschluß des II. Vatikanischen Konzils im Herkulessaal der Residenz in München am 12. Dezember 1965, Freiburg 1966.

Rahner, Karl, Kirche und Welt, in: HTTL 4, 216–233.

Rahner, Karl, Die bleibende Bedeutung des II. Vatikanischen Konzils, in: ders., Schriften zur Theologie, Bd. 14: In Sorge um die Kirche, Zürich – Einsiedeln – Köln 1980, 303–332.

Rahner, Karl, Konziliare Lehre der Kirche und künftige Wirklichkeit christlichen Lebens, in: ders., Schriften zur Theologie 6, Einsiedeln ²1968, 479–498.

Bibliographie

Rainer, Michael J. (Red.), „Dominus Iesus". Anstößige Wahrheit oder anstößige Kirche? Dokumente, Hintergründe, Standpunkte und Folgerungen (Wissenschaftliche Paperbacks 9), Münster 2001.
Ratzinger, Joseph, Art. Primat, in: LThK² 8, 761–763.
Ratzinger, Joseph, Das neue Volk Gottes. Entwürfe zur Ekklesiologie, Düsseldorf 1969.
Ratzinger, Joseph, Primat und Episkopat, in: ders., Das neue Volk Gottes 121–146.
Ratzinger, Joseph, Die bischöfliche Kollegialität. Theologische Entfaltung, in: Baraúna (Hg.), De Ecclesia 2, 44–70.
Ratzinger, Joseph, Konkrete Formen bischöflicher Kollegialität, in: Johann Ch. Hampe (Hg.), Ende der Gegenreformation? Das Konzil. Dokumente und Deutung, Stuttgart – Berlin – Mainz 1964, 155–163.
Ratzinger, Joseph, Die pastoralen Implikationen der Lehre von der Kollegialität der Bischöfe, in: Conc(D) 1 (1965) 16–29.
Ratzinger, Joseph, L'ecclesiologia della Costituzione „Lumen gentium", in: Fisichella (Hg.), Il Concilio Vaticano II, 66–81.
Ratzinger, Joseph, Theologische Prinzipienlehre. Bausteine zur Fundamentaltheologie, München 1982.
Ratzinger Joseph, Über die Ekklesiologie der Konstitution „Lumen Gentium". Was sagte das Konzil über die Kirche?, in: Die Tagespost Nr. 30 (11.3.2000) 4–6.
Ratzinger, Joseph Cardinal, Die Ekklesiologie der Konstitution *Lumen gentium*, in: ders., Weggemeinschaft des Glaubens. Kirche als Communio, Augsburg 2000, 107–131.
Reese, Thomas J., Im Inneren des Vatikan. Politik und Organisation der katholischen Kirche, Frankfurt ²1998.
Rennings, Heinrich, In vielen Kulturen. Die Instruktion über Inkulturation vom 25.1.1994, in: Gd 28 (1994) 65–67.
Riccardi, Andrea, Die turbulente Eröffnung der Arbeiten, in: Alberigo – Wittstadt (Hg.), Geschichte des Zweiten Vatikanischen Konzils 2, 1–81.
Riedel-Spangenberger, Ilona, Die Communio als Strukturprinzip der Kirche und ihre Rezeption im CIC/1983, in: TThZ 97 (1988) 217–238.
Ritschl, Dietrich, Kirche aus evangelischer Sicht, in: Peter Neuner – ders. (Hg.), Kirchen in Gemeinschaft – Gemeinschaft der Kirche. Studie des DÖSTA zu Fragen der Ekklesiologie (ÖR.B 66), Frankfurt/M. 1993, 122–133.
Rivière, Jean, In partem sollicitudinis ... Évolution d'une formule pontificale, in: RevScRel 5 (1925) 210–231.
Rohrbasser, Anton (Hg.), Heilslehre der Kirche. Dokumente von Pius IX. bis Pius XII., Freiburg/Schweiz 1953.
Rössler, Dietrich, Grundriss der Praktischen Theologie, Berlin – New York ²1994.
Roudil, J. B., La messe pontificale lyonnaise, Lyon 1939.
Rousseau, Oliver, Der wahre Wert des Bischofsamtes in der Kirche nach wichtigen Dokumenten von 1875, in: Congar (Hg.), Das Bischofsamt und die Weltkirche 739–764.
Routhier, Gilles, „L'Église locale" ou „L'Église particuière": querelle sémantique ou option théologique?, in: Studia canonica 25 (1991) 277–334.
Salachas, Dimitri, Die Ortskirche in der universalen Gemeinschaft der Kirchen nach der alten kanonischen Gesetzgebung, in: Conc(D) 37 (2001) 262–274.
Sattler, Dorothea, Die Sakramentalität des kirchlichen Amtes. Ökumenische Anliegen, in: Sabine Demel u.a. (Hg.), Im Dienst der Gemeinde. Wirklichkeit und Zukunftsgestalt der kirchlichen Ämter, Münster 2002, 49–63.
Scharer, Matthias – Hilberath, Bernd Jochen, Kommunikative Theologie. Eine Grundlegung, Mainz ²2003.
Schatz, Klaus, Vaticanum I, Bd. 1: 1869–1870, Paderborn 1992.
Schillebeeckx, Edward, Erfahrung und Glaube, in: CGG 25 (1980) 73–116.

Schillebeeckx, Edward, Menschen. Die Geschichte von Gott, Freiburg – Basel – Wien 1990.
Schneider, Theodor, Zeichen der Nähe Gottes. Grundriß der Sakramententheologie, Mainz ⁷1998.
Schneider, Theodor (Hg.), Handbuch der Dogmatik, 2 Bde., Düsseldorf ²1995 (ppb-Ausgabe ²2002).
Schneider, Theodor, Was wir glauben. Eine Auslegung des Apostolischen Glaubensbekenntnisses, Düsseldorf ¹1992 (ppb-Ausgabe ²2002).
Schon, Dietmar, Der Codex Canonum Ecclesiarum Orientalium und das authentische Recht im christlichen Orient. Eine Untersuchung zur Tradition des Kirchenrechts in sechs katholischen Ostkirchen (Das östliche Christentum NF 47), Würzburg 1999.
Schuegraf, Oliver, Preconditions for Church Communion from a Lutheran Point of View – A Question of Perspective, in: Martien E. Brinkman u. a. (Hg.), On the Way to Koinonia – Church Communion in Transition (erscheint 2005/6).
Seeliger, Hans R., Das Netzwerk der *communio*. Überlegungen zur historischen Soziologie des antiken Christentums und ihrer Bedeutung für die Ekklesiologie, in: Bernd J. Hilberath (Hg.), Communio – Ideal oder Zerrbild von Kommunikation? (QD 176), Freiburg – Basel – Wien 1999, 19–38.
Semmelroth, Otto, Die Lehre von der kollegialen Hirtengewalt über die Gesamtkirche „unter Berücksichtigung der angeführten Erklärungen", in: Schol 40 (1965) 161–179.
Sieben, Hermann J., Selbstverständnis und römische Sicht der Partikularsynode. Einige Streiflichter auf das erste Jahrtausend, in: Müller – Pottmeyer (Hg.), Die Bischofskonferenz 10–35.
Stakemeier, Eduard, Kirche und Kirchen nach der Lehre des Zweiten Vatikanischen Konzils, in: Remigius Bäumer – Heimo Dolch (Hg.), Volk Gottes. Zum Kirchenverständnis der katholischen, evangelischen und anglikanischen Theologie (FS Josef Höfer), Freiburg – Basel – Wien 1967, 503–517.
Thönissen, Wolfgang, Gemeinschaft durch Teilhabe an Christus. Ein katholisches Modell für die Einheit der Kirchen, Freiburg – Basel – Wien 1996.
Tillard Jean-Marie R., Église d'Églises. L'ecclésiologie de communion (Cognitio fidei 143), Paris 1987.
Tomko, Jozef (Hg.), Sinodo dei Vescovi. Natura, Metodo, Prospettive, Città del Vaticano 1985.
Tück, Jan H., Abschied von der Rückkehr-Ökumene. Das II. Vatikanum und die ökumenische Öffnung der katholischen Kirche, in: Helmut Hoping (Hg.), Konfessionelle Identität und Kirchengemeinschaft. Mit einem bibliographischen Anhang zu „Dominus Iesus", Münster – Hamburg – London 2000, 11–52.
Turbanti, Giovanni, Un concilio per il mondo moderno, Bologna 2000.
Vigener, Fritz, Gallikanismus und episkopalistische Strömungen im deutschen Katholizismus zwischen Tridentinum und Vaticanum, München – Berlin 1913.
Vilmar, August F. C., Dogmatik. Zweiter Theil, Gütersloh 1874.
Vischer, Lukas, Die Bedeutung der Konstitution für die ökumenische Bewegung, in: Guilherme Baraúna (Hg.), Die Kirche in der Welt von heute. Dt. Bearb. v. Viktor Schurr, Salzburg 1967, 484–488.
Vischer, Lukas, Die Rezeption der Debatte über die Kollegialität, in: Hermann J. Pottmeyer – Giuseppe Alberigo – Jean-Pierre Jossua (Hg.), Die Rezeption des Zweiten Vatikanischen Konzils, Düsseldorf 1986, 293–312.
Vischer, Lukas, Zwei Jahrtausendwenden, in: Carmen Krieg – Thomas Kucharz – Miroslav Volf – Steffen Lösel (Hg.), Die Theologie auf dem Weg in das dritte Jahrtausend (FS Jürgen Moltmann), Gütersloh 1996, 69–79.
Vogel, Cyrill, Einheit der Kirche und Vielheit der geschichtlichen Kirchenorganisations-

Bibliographie

formen vom dritten bis zum fünften Jahrhundert, in: Congar (Hg.), Das Bischofsamt und die Weltkirche 609–662.

Vries, Wilhelm de, Der Episkopat auf den Synoden vor Nicäa, in: ThPQ 111 (1963) 263–277.

Walter, Peter, Ein Blick zurück und nach vorne aus dem Abstand von fast vierzig Jahren am Beispiel des Verhältnisses von Orts- und Universalkirche, in: Wassilowsky (Hg.), Zweites Vatikanum 116–136.

Wassilowsky, Günther, Universales Heilssakrament Kirche. Karl Rahners Beitrag zur Ekklesiologie des II. Vatikanums (ITS 59), Innsbruck – Wien 2001.

Wassilowsky, Günther (Hg.), Zweites Vatikanum – vergessene Anstöße, gegenwärtige Fortschreibungen (QD 207), Freiburg – Basel – Wien 2004.

Wassilowsky, Günther, Karl Rahners gerechte Erwartungen ans II. Vatikanum (1959, 1962, 1965), in: ders. (Hg.), Zweites Vatikanum 31–54.

Weakland, Rembert, Liturgie zwischen Erneuerung und Restauration, in: StZ 127 (2002) 475–487.

Weers, André, Les citations scripturaires du décret sur le ministère et la vie des prêtres: „Presbyterorum Ordinis", in: Jean Frisque – Yves Congar (Hg.), Les prêtres. Décrets „Presbyterorum ordinis" et „Optatam Totius". Textes latins et traditions françaises, préface par S. E. Marty, commentaires par J. Frisque et al. (Unam Sanctam 68), Paris 1968, 327–342.

Weigand, Rudolf, Änderung der Kirchenverfassung durch das II. Vatikanische Konzil?, in: AKathKR 135 (1966) 391–414.

Weigand, Rudolf, Die historische Dimension des Beziehungsverhältnisses zwischen Universal- und Partikularkirche, in: Krämer u. a. (Hg.), Universales und partikulares Recht 21–38.

Weiler, Thomas, Volk Gottes – Leib Christi. Die Ekklesiologie Joseph Ratzingers und ihr Einfluß auf das Zweite Vatikanische Konzil, Mainz 1997.

Wenz, Gunther, Ekklesiologie und Kirchenverfassung. Das Amtsverständnis von CA V in seiner heutigen Bedeutung, in: Reinhard Rittner (Hg.), In Christus berufen. Amt und allgemeines Priestertum in lutherischer Perspektive (Bekenntnis 36), Hannover 2001, 80–113.

Werneke, Michael, Ius universale – Ius particulare. Zum Verhältnis von Universal- und Partikularrecht in der Rechtsordnung der lateinischen Kirche unter besonderer Berücksichtigung des Vermögensrechtes, Paderborn 1998.

Wiedenhofer, Siegfried, Das katholische Kirchenverständnis. Ein Lehrbuch der Ekklesiologie, Graz – Wien – Köln 1992.

Winterkamp, Klaus, Die Bischofskonferenz zwischen ‚affektiver' und ‚effektiver Kollegialität' (Studien zur systematischen Theologie und Ethik 43), Münster 2003.

4. Kapitel
Der Auftrag der Evangelisierung

Moderator: Guido Bausenhart

Einführung

von Guido Bausenhart

Das Zweite Vatikanische Konzil darf in seiner Intention, seinem Prozess und seinen Ergebnissen verstanden werden als Versuch einer Selbstvergewisserung der Kirche in einer neuen geschichtlichen Situation („Aggiornamento"), als Bemühen, die eigene Identität zu behaupten vor dem Hintergrund radikaler gesellschaftlicher Veränderungen in Europa und in der Welt. In seiner Eröffnungsansprache zur 2. Sitzungsperiode erklärte Paul VI. „das Selbstverständnis der Kirche" zum ersten Ziel des Konzils. In dieser Rede, in der der Papst sein Konzilsprogramm entfaltete, wies er auch auf unterschiedliche Gruppen in der Kirche hin:

> „Von den vielen verschiedenen Fragen, die auf dem Konzil zur Beratung kommen werden, gehört zu den ersten eine, die euch selbst, die Bischöfe der Kirche Gottes, angeht ... Wenn diese Lehre verabschiedet sein wird, muss ihr die Diskussion eines weiteren Kapitels folgen, das den Aufbau des sichtbaren und mystischen Leibes Christi betrifft, die kämpfende und pilgernde Kirche auf Erden, d.h. die Priester, die Ordensleute, die Gläubigen und auch die von uns getrennten Brüder, da auch sie zur vollen Mitgliedschaft in ihr berufen sind."[1]

Fünf Dokumente des Konzils werden sich schließlich den genannten Personengruppen innerhalb der Kirche gewidmet haben, als „Dekrete" ausdrücklich in Beziehung zu und betonter Abhängigkeit von der Dogmatischen Konstitution über die Kirche *Lumen gentium* entworfen: das Dekret über das Hirtenamt der Bischöfe in der Kirche *Christus Dominus*, das über die angemessene Erneuerung des Ordenslebens *Perfectae caritatis*, das über die Ausbildung der Priester *Optatam totius*, das über das Apostolat der Laien *Apostolicam actuositatem*, schließlich das Dekret über den Dienst und das Leben der Presbyter *Presbyterorum ordinis*.

Diese Dekrete haben – mit Ausnahme von OT und PO – in *Lumen gentium* unmittelbare Referenztexte in den Kapiteln III, IV und VI und waren in Arbeitsteilung zwischen *doctrina* und *disciplina* in der Logik der Anwendung gegenüber der Dogmatischen Konstitution als noch einmal konkretere Zwischenglieder gedacht gewesen auf dem Weg zu nachkonziliaren Instruktionen bzw. zur Novellierung des CIC. Diese Logik erwies sich im Prozess der Genese der Texte zunehmend als zu einfach, ja als un-realistisch, d.h. der Wirklichkeit nicht angemessen, da der vermeintliche Anwendungsfall aus sich selbst heraus theologiegenerierend seine intelligible Kraft zu entfalten begann. Die zunächst eher unverstandene

---

[1] AAS 55 (1963) 849f. Der Text der Ansprache findet sich im Anhang: S. 506f.

Konzeption von „Pastoral" als einem wechselseitigen Ineinander von Theorie/ Theologie und (Glaubens-)Praxis hatte ihre Bewährungsprobe zwar noch nicht bestanden, aber doch begonnen.

Das in den genannten Dekreten ins Auge gefasste Spektrum kirchlicher Personengruppen spiegelt die innere personale Differenzierung der einen Kirche. Diese eine Kirche nimmt das Konzil in mehreren Anläufen und in unterschiedlicher Perspektive in den Blick. Programmatischen Charakter haben dabei die beiden Kennzeichnungen der Kirche als ‚Volk Gottes' und als „sacramentum".

Der Motivkreis bzw. Leitbegriff des „Volkes Gottes" (LG 9–17) zielt auf das allen Gliedern der Kirche Gemeinsame[2] und sucht – im Unterschied zur ‚societas perfecta'-Ekklesiologie, die die Kirche als ‚societas inaequalium' begreift – die allen Differenzierungen voraus- und zugrunde liegende Gemeinsamkeit aller Getauften zu benennen[3]: ‚Volk Gottes' meint „die Gesamtheit aller, die zur Kirche gehören, Hirten wie Gläubige"[4].

„Eines ist also das auserwählte Volk Gottes: ‚Ein Herr, ein Glaube, eine Taufe' (Eph 4,5); gemeinsam die Würde der Glieder aufgrund ihrer Wiedergeburt in Christus, gemeinsam die Gnade der Kindschaft, gemeinsam die Berufung zur Vollkommenheit, ein Heil, eine Hoffnung und ungeteilte Liebe ...

Wenn auch einige nach dem Willen Christi als Lehrer, Spender der Geheimnisse und Hirten für andere eingesetzt werden,[5] waltet dennoch unter allen wahre Gleichheit hinsichtlich der Würde und dem Tun, das allen Gläubigen in Bezug auf die Auferbauung des Leibes Christi gemeinsam ist." (LG 32,2.3)[6]

---

[2] So beschreibt die Relatio die Intention des 2. Kapitels von *Lumen gentium*: „In hoc capite ... tractari possunt omnia quae cunctis fidelibus communia sunt." (AS III/1, 209) – Fast einhellig hatten die deutschen Bischöfe vor dem Konzil für die Sicht der Kirche als Volk Gottes plädiert (vgl. Hödl, „Die Kirche ist nämlich ..." 169f.). – Zur Kirche als ‚Volk Gottes' nach dem Konzil vgl. Werbick, Kirche 45–94.135–181; Estrada, Volk Gottes; Ratzinger, Ekklesiologie 48–51; Berg, „Volk Gottes"; Congar, Le Concile 109–122; Meyer zu Schlochtern, „Das neue Volk Gottes".

[3] Den entscheidenden Impuls, das ursprünglich im Kirchenschema geplante eine Kapitel über ‚das Volk Gottes und besonders die Laien' zu teilen und das eine ‚de populo Dei in genere' dem über den hierarchischen Aufbau der Kirche voranzustellen, brachte Kardinal Suenens in einem schriftlichen Vorschlag zur Emendatio des 2. Schemas ein; vgl. AS II/1, 324–329. Vgl. Wittstadt, Léon-Joseph Kardinal Suenens; Suenens, Das II. Vatikanische Konzil 188f. Das Ganze war „alles andere als ein bloß redaktioneller Vorschlag, es war vielmehr – gerade unter dem unschuldigen Vorwand einer kleinen redaktionellen Änderung – die definitive Überwindung des klerikalen Kirchenbildes auf dem Konzil." (Pesch, Konzil 147).

[4] So die Relatio: „‚Populus Dei' hic non intelligitur de grege fidelium, prout ab Hierarchia contradistinguitur, sed de toto complexu omnium, sive Pastorum sive fidelium, qui ad Ecclesiam pertinent." (AS III/1, 209) Hier sollte nicht gemeint sein, dass die *Pastores* nicht zu den *fideles* gehörten.

[5] Hier wird nicht erwähnt, dass auch den genannten „anderen" die munera docendi, sanctificandi et regendi übertragen sind (vgl. LG 34–36; AA 2).

[6] In den beiden Jahrzehnten nach dem Konzil geht dann die besonders von J. Ratzinger (vgl. Weiler, Volk Gottes 292–316; Heim, Joseph Ratzinger 346–359) geführte Klage über die missverstandene, weil aus dem heilsgeschichtlichen Kontext gelöste und in politischem Sinn interpretierte Bezeichnung ‚Volk Gottes'. Zur nachkonziliaren Auseinandersetzung über die Kirchenbilder und -begriffe vgl. Meyer zu Schlochtern, „Das neue Volk Gottes".

Einführung

Damit ist eine innerkirchliche Differenzierung nicht untergraben, wohl aber unterlegt durch ein gemeinsames und gemeinsam bleibendes Fundament.

Soll das Beschriebene gelten, dann kann keine der angesprochenen Personengruppen in ihrem jeweiligen Selbstverständnis und Selbstvollzug ohne Rücksicht auf die jeweils anderen oder in Konkurrenz zu ihnen agieren, schon gar nicht zu deren Lasten oder auf deren Kosten. „So geben in Vielfalt alle Zeugnis von der wunderbaren Einheit im Leibe Christi: denn gerade die Verschiedenheit der Gnaden, Dienstleistungen und Tätigkeiten sammelt die Kinder Gottes in eins, weil ‚dies alles ein und derselbe Geist wirkt' (1 Kor 12,11)" (LG 32,3). Die Relatio hierzu vermerkt: „So wird die Verschiedenheit zu einem Element der Einheit."[7] Maß und Sinn, Kriterium und Legitimität der Verschiedenheit kann darum auch nur wiederum die Einheit der Kirche in der einen Sendung sein.

Ein zweites Grunddatum konziliaren Kirchenverständnisses begegnet in der Bestimmung, die Kirche sei „gleichsam Sakrament (veluti sacramentum)" (LG 1; vgl. LG 48,2).[8] Wiederum in bewusster Absetzung von der nachtridentinischen Sicht der Kirche als einer ‚societas perfecta' und doch dabei vor ihrer Sichtbarkeit und Greifbarkeit die Augen nicht verschließend kennzeichnet das 1. Kapitel von Lumen gentium die Kirche als „mysterium" (LG 1–8)[9] und damit als geistliche Größe.[10]

Mit der Bestimmung der Kirche als sacramentum sind drei Bestimmungen mit gegeben, die für die ganze Kirche gelten, aber zugleich alle ihre Subjekte und Personengruppen und deren Vollzüge kennzeichnen, in denen sich die Kirche ereignet und auch erneuert, will man das Incipium ‚optatam totius Ecclesiae renovationem' ernst nehmen.

– Die Wirklichkeit der Kirche als *sacramentum* zu denken heißt zunächst, eine gegenreformatorische Ekklesiologie, die ihren Akzent auf äußerlich feststellbare Merkmale legt und gleichsam die ‚Infrastruktur' thematisiert, die gewährleistet,

---

[7] „Diversitas est elementum unitatis" (AS III/1, 283).
[8] Mit den Textentwürfen von G. Philips und der deutschsprachigen Bischöfe ist der Sakramentsbegriff als Kennzeichnung der Kirche von 1963 an fest in der Textgeschichte von *Lumen gentium* etabliert. Kardinal Frings verhalf ihm in seiner Rede vom 30.9.1963 zum Durchbruch: „... tam elementum visibile quam invisibile, tam iuridicum quam mysteriosum Ecclesiae exprimit" (AS II/1, 343). Zum Verständnis der Kirche als Sakrament vgl. Werbick, Kirche 407–431; Beinert, Sakramentalität der Kirche; Hödl, „Die Kirche ist nämlich ..."; Kasper, Kirche als universales Sakrament; Meyer zu Schlochtern, Sakrament Kirche; Semmelroth, Kirche als Ursakrament; Döring, Ekklesiologie 100–166; Boff, Kirche als Sakrament.
[9] „Le terme mystère peut être considéré à peu près comme le mot-clef de toute la Constitution." (Philips, L'Église II, 214).
[10] Die Relatio erklärt ‚mysterium': „Vox ‚mysterium' non simpliciter indicat aliquid incognoscibile aut abstrusum, sed, uti hodie iam apud plurimos agnoscitur, designat realitatem divinam transcendentem et salvificam, quae aliquo modo visibile revelatur et manifestatur. Unde vocabulum, quod omnino biblicum est, ut valde aptum apparet ad designandam Ecclesiam." (AS III/1, 170).

dass den Gläubigen die Mittel zur Verfügung stehen, deren sie im Blick auf ihr übernatürliches Ziel bedürfen, auf die gnadenhafte Dimension göttlichen Heilshandelns und so auch auf eine Versöhnung mit legitimen Intuitionen reformatorischer Theologie hin zu öffnen.

Nach Bellarmin ist die Kirche „die Gemeinschaft von Menschen, die durch das Bekenntnis desselben Glaubens und durch die Teilnahme an denselben Sakramenten vereinigt sind unter der Leitung der rechtmäßigen Hirten und besonders des einen Stellvertreters Christi auf Erden, des römischen Papstes ..., so sichtbar und greifbar wie die Gemeinschaft des römischen Volkes oder das Königreich Frankreich oder die Republik Venedig"[11]. Nach LG 8, 1 ist die Kirche „eine einzige komplexe Wirklichkeit, die aus menschlichem und göttlichem Element zusammenwächst", und ist so sowohl in ihrem sichtbar-strukturellen wie auch in ihrem geistlich-charismatischen Moment zu sehen.

Das für die Kirche nur sehr behutsam zu gebrauchende christologische Paradigma[12] kann nur in einer pneumatologischen Perspektive Anwendung finden,[13] die jedoch mit der traditionellen christologischen nicht nur nicht konkurriert, sondern diese erst recht ermöglicht.[14] Christus selbst ist im Geist gegenwärtig, in dessen „Offenheit und Weite und Freiheit, die zwar die institutionelle Form keineswegs ausschließt, aber ihren Anspruch begrenzt und nicht gestattet, sich einfach den weltlichen Institutionen gleichförmig zu machen"[15].

– Die Wirklichkeit der Kirche als sacramentum zu denken heißt weiter, sie im Horizont einer Sendungstheologie in funktionaler[16] Perspektive als veluti signum et instrumentum zu sehen (LG 1).

Findet die Ekklesiologie „ihren Ausgangspunkt in der Lehre vom Heiligen Geist und seinen Gaben", so liegt ihr Ziel „in einer Lehre von der Geschichte Gottes mit den Menschen bzw. von der Funktion der Christusgeschichte für die Menschheit als ganze"[17]. Das im „sacramentum" gegebene Ineinander von Transzendenz und Immanenz ist (heils-)geschichtlich wirksam und darin eindeutig, es wird „(als Zeichen) Mittel, Werkzeug, Instrument. Gott bedient sich seiner, um

---

[11] „Ecclesiam ... esse coetum hominum ejusdem Christianae fidei professione, et eorumdem Sacramentorum communione colligatum, sub regimine legitimorum pastorum, ac praecipue unius Christi in terris Vicarii Romani Pontificis ..." (Robert Bellarmin, Controversiae generales IV,3,2 [Roberti Bellarmini Opera omnia II, ed. J. Fèvre, Bd. II, Paris 1870, Nachdruck Frankfurt 1965, 317.318]).
[12] Vgl. z. B. Arnold, Das gott-menschliche Prinzip; ders., Pastoraltheologische Durchblicke 11–89.
[13] „Die Ekklesiologie ist eine Funktion der Pneumatologie. In der neuzeitlichen Theologie dagegen gewinnt man oft den Eindruck, daß die Pneumatologie zu einer Funktion der Ekklesiologie wird; der Geist wird zum Garanten der Institution Kirche, die Pneumatologie zum ideologischen Überbau über der Ekklesiologie." (Kasper, Einführung 121).
[14] Zur pneumatologischen Dimension der Kirche vgl. Kasper, Sakrament des Geistes; Kehl, Kirche – Sakrament des Geistes; Pottmeyer, Der eine Geist; Laminski, Entdeckung der pneumatologischen Dimension; Congar, Der Heilige Geist 147–153.157–212.
[15] Ratzinger, Einführung in das Christentum 277.
[16] ‚Funktional' meint nicht ‚instrumentell'.
[17] Ratzinger, Einführung in das Christentum 227.

Einführung

sein Heil in der Geschichte zu wirken; die Geschichte ihrerseits vermittelt die ihr zugehörigen Wirklichkeiten auf Gott hin, indem sie das Sakrament an sich selbst geschehen läßt, es ‚empfängt'"[18].

Die Bestimmung der Kirche als ‚des von der Einheit des Vaters und des Sohnes und des Heiligen Geistes her geeinten Volks' (LG 4, 2)[19] bedenkt diese in ihrer Herkunft, der sie sich verdankt und die sie zugleich engagiert als Instrument der trinitarisch begründeten und damit bestimmten Heilsökonomie. Diese Bestimmung verpflichtet das Instrument Kirche zur „Brauchbarkeit" in einer gerade nicht beliebigen, sondern stimmigen Gestalt. Das Konzil beschreibt diese brauchbare Gestalt in der Metapher des Spiegels: Christi Licht spiegelnd erleuchtet sie die Menschen (vgl. LG 1).[20]

Will man die Sendung und Funktion der Kirche inhaltlich fassen, dann darf sie als Evangelisierung gekennzeichnet werden: Sie will dem Evangelium des universalen Heilswillens Gottes Geltung verschaffen und im gläubig-werkzeuglichen Selbstvollzug die Menschheit auf ihr Ziel hinweisen und in Christus als „sacramentum mundi" hin vermitteln, nämlich die neue Schöpfung (2 Kor 5, 17) und die erlöste Welt, das Reich Gottes.

– Die Wirklichkeit der Kirche als sacramentum zu denken heißt schließlich, sie in einer Relation bzw. in Relationen zu sehen.

Eine sich in der Dynamik göttlicher Heilsökonomie verortende Kirche wird gerade dadurch in gewissem Sinn ort-los; der Modus der Sendung verweist sie in ihren trinitarischen Ursprung wie in ihr Ziel: das Heil der Menschen und die Erlösung der Welt. Solcherart Existenz kann weder aus sich selbst noch in sich selbst und auch nicht für sich selbst gelebt werden. Noch einmal wird eine „societas perfecta"-Ekklesiologie ihres Ungenügens überführt.[21]

Die Relation zählt in der klassischen Metaphysik zu den Akzidenzien,[22] also zu den Bestimmungen, die eine in sich stehende (‚esse in se') Substanz markieren und modifizieren: ‚accidens est id in quo subiectum est tale'. Das Wesen speziell der Relation ist ‚esse ad'. Vier Bestimmungen der Relation sind damit ausgesagt: Es muss ein *subiectum* geben, das sich auf ein *aliud* bezieht, zugleich dieses *aliud* selbst als terminus der Relation; weiter muss eine *ratio* unterstellt werden, aufgrund und wegen der das subiectum und der terminus diese Relation eingehen und sie selbst besteht, und schließlich muss dieser Grund und Sinn der relatio

---

[18] Beinert, Sakramentalität der Kirche 56.
[19] Weitere Stellen zur ‚ecclesia de trinitate' bei Moeller, Entstehung der Konstitution 89 f.
[20] „Diese Spiegelung muß weder, noch kann sie immer und auf allen Ebenen und in allen Teilbereichen im Raum der Kirche selbst oder auch in ihren Außenverhältnissen gleich leuchtend und klar und deutlich sein, sie kann auch in entfernte Abschattungen verschwimmen oder sogar vorübergehend da und dort sünden- und konkupiszenzbedingt verstellt sein, aber wo sie überhaupt nicht – in Gestalt und Struktur sowohl wie in Inhalt und Vollzug – ausgemacht werden könnte, dort könnte legitimerweise auch nicht mehr von Kirche die Rede sein. Das Maß der Kirche ist kein geringeres als das trinitarische Heilsmysterium." (Seybold, Kirche als Mysterium 51).
[21] Vgl. Congar, Lehre von der Kirche 53–56; Walf, Die katholische Kirche.
[22] Vgl. z. B. Dezza, Metaphysica generalis 308–348. – Zur Relation a. a. O. 325–340.

noch einmal vom subiectum und dem terminus unterschieden werden. Subiectum und terminus jeder relatio sind geschichtliche, sozial und kulturell konkrete Größen und bestimmen als solche die Relation wiederum als notwendig geschichtliche. Allein die *ratio relationis* hält sich durch, und in dieser Kontinuität gewinnt die Kirche ihre geschichtliche Identität. Die ratio relationis aber heißt für die Kirche nach der Beziehung zu ihrem Ursprung hin, dem sie sich bleibend verdankt, *eucharistia*, nach der Beziehung zu ihrem Ziel hin, das sie nie aus den Augen verlieren darf, *ministerium*.

Sollen die skizzierten Bestimmungen der Kirche als „sacramentum" zutreffen, dann betreffen sie auch all die Personengruppen, in die sich die eine Kirche differenziert:
– sie sollen sich vom berufenden Wort Gottes ansprechen und sich in Anspruch nehmen lassen zum Dienst in der Nachfolge der theozentrischen Proexistenz Jesu;
– sie sollen sich von den Menschen ihrer Zeit ansprechen lassen zu anspruchsvollen Begegnungen, in denen sich das Licht des Evangeliums in tausend Farben bricht und den Reichtum seiner Wahrheit entfaltet;
– sie sollen persönlich am Charme einer charismatischen Existenz erkennbar sein und in ihrem Handeln transparent auf den es ermöglichenden und tragenden Grund göttlicher Gnade;
– sie sollen schließlich die Heilsdynamik Gottes auf die Menschen hin und ihre Welt als „Evangelium" glaubwürdig bezeugen und in Solidarität mit diesen Menschen, besonders den Armen, wie in Augenhöhe zur Zeit wirksam betreiben.

Die folgenden Reflexionen sehen die Kirche als ganze wie in ihren Gliedern und Personengruppen zur *Evangelisierung* berufen, ermächtigt und darum verpflichtet. Die eingangs genannten einschlägigen Dekrete des Konzils kommen in unterschiedlicher Weise in ihren Perspektiven und Grenzen in diesem gemeinsamen Nenner überein. Dies soll im Folgenden in zusammenschauender Weise zur Darstellung kommen.

Zuerst soll die Kirche, das Volk Gottes selbst als Frucht des Evangeliums als des universalen Heilswillens des dreifaltigen Gottes bestimmt werden, dem sie sich verdankt und dem sie darum als Zeichen und Werkzeug unter den Menschen in der geschichtlichen Welt verpflichtet bleibt (I. Das Volk Gottes, die Evangelisierung und das Ministerium der Kirche *[Peter Hünermann]*).

Zu solcherart Evangelisierung im Heiligen Geist ermächtigt lebt die Kirche diese Sendung in institutionell-konkreter Gestalt, in vielfältiger Weise geschichtlich, gesellschaftlich und kulturell bedingt: ermöglicht und begrenzt (II. Evangelisierung in ihrer prophetischen und institutionellen Dimension *[Ottmar Fuchs]*).

Der gemeinsame Dienst der Evangelisierung geschieht und bewährt sich in wiederum geschichtlichen, kulturell geprägten Strukturen der communio der christifideles (laici et clerici), Strukturen, die die Teilnahme aller Glieder der Kir-

Einführung

che an deren Auftrag der Evangelisierung erlauben und fördern (III. „Evangelisierung in der communio aller Getauften *[Guido Bausenhart]*).

In besonderer Weise steht das institutionalisierte Ministerium des kirchlichen Amtes im Dienst an der Evangelisierung des ganzen Volkes Gottes (IV. Im Dienst am Dienst der Evangelisierung *[Guido Bausenhart]*).

Schließlich: ‚Bischofskirche' und ‚charismatische Kirche' sind jeweils Totalbestimmungen der Kirche. Neben der vom Konzil vornehmlich behandelten und favorisierten Bischofskirche dürfen die flüchtiger institutionalisierten bzw. implantierten Konkretionen des Geistes nicht aus dem Auge verloren werden, wie sie in den traditionellen Orden und neuen religiösen und geistlichen Gemeinschaften und Bewegungen begegnen. Beider durchaus spannungsreiches Miteinander muss sich im gemeinsamen Dienst der Evangelisierung finden (V. Konkretionen des Charismas in der Evangelisierung der nachkonziliaren Kirche *[Joachim Schmiedl]*).

I. Das Volk Gottes, die Evangelisierung und das Ministerium der Kirche

von Peter Hünermann

Das II. Vatikanische Konzil und seine Nachgeschichte sind geprägt von einer erheblichen Auseinandersetzung um das Ministerium in der Kirche, insbesondere um den presbyteralen Dienst. Schon die unmittelbar nach dem II. Vatikanischen Konzil stattfindende Bischofssynode beschäftigt sich damit, die anschließenden römischen Dokumente und Stellungnahmen von Bischofskonferenzen erstrecken sich bis in unsere Zeit. Umso wichtiger scheint es am Ende dieses Kommentars, die verschiedenen Linien, die sich aus den einzelnen Dokumenten des II. Vatikanums ergeben, sorgfältig zusammenzuführen, um eine entsprechende Orientierung zu gewinnen. Geht man aus von dem Trienter Ordo-Dekret und den theologischen Lehrbüchern nach dem I. Vatikanum, so kommt das gemeinsame Priestertum der Gläubigen, auf das die reformatorische Theologie solchen Wert legte, in der katholischen Theologie und in den korrespondierenden Lehraussagen faktisch nicht vor. Evangelisierung und Heilsvermittlung sind bei den ordinierten Amtsträgern konzentriert. Die Laien werden als passive Empfänger gesehen.

Dies ist die Position in der Main-stream-Theologie – es gibt selbstverständlich im 19. und 20. Jahrhundert Theologen, die hier abweichende Positionen vertreten[1] –, hinzu kommt die Entfaltung der Laienverbände im 19. und der Katholischen Aktion im 20. Jahrhundert.

Wie reagiert das II. Vatikanische Konzil in seinen beiden großen Kirchenkonstitutionen *Lumen gentium* und *Gaudium et spes* auf diese Problemlage? Das Konzil sieht die Aufgabe der Evangelisierung in ganz grundlegender Weise und primär als Aufgabe des gesamten Volkes Gottes. Höchst aufschlussreich ist, wie in *Lumen gentium* dafür zunächst die Fundamente gelegt werden, während sich in *Gaudium et spes* noch viel eindringlicher als in *Lumen gentium* die grundsätzlichsten Ausführungen über diese Evangelisierung finden.

Die dogmatische Konstitution über die Kirche spricht gleich im ersten Satz vom Evangelisierungsauftrag der Kirche im Ganzen. Christus ist das Licht der Völker. Aber dieses Licht erscheint in der Welt, unter den Völkern als Widerschein auf dem Antlitz der Kirche. Dieser Widerschein wird real durch die Verkündung des Evangeliums. Der hier anklingende Grundakkord durchzieht das ganze erste und zweite Kapitel von *Lumen gentium*. Es ist der Geist Christi, der in der Gemeinschaft der Glaubenden wohnt, in ihren Herzen Zeugnis gibt[2] und

---

[1] Vgl. zu Beginn der Epoche Möhler, Einheit, sowie Michael Schmaus in der Edition seiner Dogmatik vor dem II. Vatikanischen Konzil am Ende dieser Zeitspanne: Schmaus, Katholische Dogmatik IV/1, 571 f.
[2] LG 4,1.

sie so befähigt, das Reich Gottes unter allen Völkern anzukünden und anfänglich zu begründen.[3] Die Wahrnehmung dieser umfassenden Sendung geschieht nach den Charismen, die einem jedem Glaubenden zukommen. Zu diesen Charismen gehören auch die Gnade der Apostel, die Gaben, welche sich in den Diensten der Kirche manifestieren.[4]

Es ist die Kirche, das Volk Gottes im Ganzen, verfasst als sichtbares Gefüge, durch welche Gott seine Wahrheit und Gnade auf alle ausgießt[5] und die Früchte des Heils mitteilt.[6]

Gleich das zweite Kapitel in *Lumen gentium* charakterisiert das Volk Gottes als messianisches Volk, das Jesus Christus als dem Messias auch in seiner Sendung nachfolgt.[7] Bei aller Gebrechlichkeit und der Notwendigkeit zu immer neuer Bekehrung gilt doch, dass der Heilige Geist in diesem Volk wie in einem Tempel wohnt und so dieses Volk im Ganzen zur Keimzelle der Einheit der Menschheit, der Hoffnung und des Heils für die Menschen, für das Menschengeschlecht wird. Ausdrücklich wird gesagt, dass das Volk Gottes, Werkzeug der Erlösung, Licht der Welt, Salz der Erde ist.[8]

Wenn von diesem Volk Gottes gesagt wird, dass es mit geeigneten Mitteln für die sichtbare und gesellschaftliche Einheit ausgerüstet ist, so wird hier offensichtlich Bezug genommen auf das Ministerium in der Kirche. Durch das Ministerium und seine Dienste wird das Volk Gottes in Stand gesetzt, allen ein sichtbares Sakrament der heilbringenden, von Gott her gestifteten Einheit und Hoffnung zu sein.[9] Dieses Zueinander von Volk Gottes mit seiner grundlegenden Sendung der Evangelisierung und dem Ministerium wird in *Lumen gentium* 10 näher erläutert, indem das ministeriale Priestertum von seinem Dienst am gemeinsamen Priestertum aller Glaubenden her charakterisiert wird. In Bezug auf die Evangelisierung wird dann das gesamte Volk Gottes durch die Teilhabe am prophetischen Amt Jesu Christi gekennzeichnet, der durch dieses Volk die Evangelisierung der Völker real werden lässt.[10]

Während die Evangelisierung im zwölften Artikel von *Lumen gentium* aus einem noch relativ begrenzten Gesichtsfeld thematisiert wird, wird diese selbe Frage in *Gaudium et spes* 40–45 in einer wesentlich grundlegenderen Weise angegangen. Der Grund dafür liegt darin, dass an dieser Stelle Licht und Wahrheit des Evangeliums in seinen Auswirkungen auf das menschliche Leben und die modernen Gesellschaften thematisiert werden. Dadurch wird in einer neuen Weise deutlich, wie der Auftrag des Herrn an seine Jünger, das Evangelium allen Völkern zu verkünden, eine Aufgabe des Volkes Gottes unter den Völkern der Moderne ist.

---

[3] LG 5,2.
[4] LG 7,3.
[5] LG 8,1.
[6] LG 8,2.
[7] LG 9,2.
[8] LG 9,2.
[9] LG 9,3.
[10] LG 12,1.

Der Auftrag der Evangelisierung

„Die Kirche freilich teilt, indem sie ihr eigenes Heilsziel verfolgt, dem Menschen nicht nur das göttliche Leben mit, sondern gießt auch seinen Widerschein gewissermaßen über die gesamte Welt aus, vor allem dadurch, dass sie die Würde der menschlichen Person heilt und erhöht, das Gefüge der menschlichen Gesellschaft festigt und die alltägliche Tätigkeit der Menschen mit tieferer Sinnhaftigkeit und Bedeutung erfüllt."[11]

In GS 40,3 wird das Volk Gottes programmatisch als „Familie der Kinder Gottes" bezeichnet, die mit der ganzen Menschheit ihren Weg durch die Geschichte geht, das gleiche irdische Geschick teilt und zugleich „Sauerteig und gleichsam die Seele der in Christus zu erneuernden und in die Familie Gottes umzugestaltenden menschlichen Gesellschaft" ist. Wie geschieht dies?

GS 41 spricht davon, wie durch die Bezeugung, das Leben im Mysterium Gottes, das dem Volke Gottes anvertraut ist, dem Menschen Antworten gegeben werden auf die Frage nach dem „Sinn der eigenen Existenz", auf die „tiefsten Sehnsüchte des Herzens", das durch Irdisches nicht abzuspeisen ist: auf die Fragen nach der „Bedeutung des Lebens, der Tätigkeit, des Todes"[12]. Daraus ergibt sich eine Erhöhung und letzte Verbürgung der Würde des Menschen durch das Evangelium.

„Dieses Evangelium nämlich verkündet und proklamiert die Freiheit der Kinder Gottes, verwirft jede Knechtschaft, die letztlich aus der Sünde fließt, achtet die Würde des Gewissens und seine freie Entscheidung heilig, mahnt unablässig dazu, alle menschlichen Talente zum Dienst an Gott und zum Wohl der Menschen zu vermehren und empfiehlt schließlich alle der Liebe aller."[13]

Das Evangelium setzt damit die richtige Autonomie der Schöpfung und des Menschen voraus und stärkt diese Würde, die sich in der Moderne, vor allem in den Menschenrechten, ausspricht und manifestiert.

Es liegt auf der Hand, dass diese Art der Evangelisierung des modernen Menschen weder allein durch die Bischöfe noch durch die ordinierten Geistlichen erfolgen kann. Es ist vielmehr nur das ganze Volk Gottes in der Fülle seiner Lebensformen in der Lage, dieses Evangelium in angemessener Weise in der Geschichte zur Geltung zu bringen. Dabei wird selbstverständlich vorausgesetzt, dass die Ministri durch ihre Tätigkeit dazu beitragen, dass das Volk Gottes seiner umfassenden Sendung nachkommen kann.

In ganz ähnlicher Weise wird in GS 42 entfaltet, wie das Volk Gottes als Familie, die in Christus begründet ist, durch ihre Pro-Existenz für die Gesellschaft der Menschen die Einheit der Menschheitsfamilie, ihre Entfaltung und ihr Aufblühen fördert. So heißt es in GS 42, 2:

„Die eigentümliche Sendung, die Christus seiner Kirche anvertraut hat, bezieht sich zwar nicht auf die politische, wirtschaftliche oder gesellschaftliche Ordnung, das Ziel, das er ihr vorgegeben hat, gehört nämlich der religiösen Ordnung an. Doch fließen sicherlich aus ebendieser religiösen Sendung Aufgabe, Licht und Kräfte, die dazu dienen können, die Gemeinschaft der Menschen nach göttlichem Gesetz aufzubauen und zu festigen".

---

[11] GS 40,4.
[12] GS 41,1.
[13] GS 41,2.

Wie wird diese Evangelisierung erreicht? Die Antwort in *Gaudium et spes* lautet: „Das Volk Gottes zeigt der Welt, dass die wahre äußere gesellschaftliche Einheit aus einer Einheit der Gesinnung und Herzen fließt, aus jenem Glauben und jener Liebe nämlich, auf denen im Heiligen Geist ihre Einheit unauflöslich gegründet ist"[14].

Im Abschnitt GS 43 wird scharf die Trennung zwischen weltlichem und geistlichem Tun zurückgewiesen. Geistliches Tun bezieht sich nicht einfach auf Kultakte und einige sittliche Verpflichtungen. Es muss im Alltag, in der Arbeit, in den mannigfachen Formen menschlicher Tätigkeit Gestalt gewinnen. Umgekehrt erfordern alle diese alltäglichen Tätigkeiten eine Fundierung im Geist, in Glaube und Liebe.

Bei solchem Tun, das in sich Transformationen der Welt darstellt und so zur Evangelisierung der Völker gehört, haben die Gläubigen Hilfe, „Licht und geistliche Kraft" von den Ministri, den Priestern und Bischöfen, zu erwarten.

„Sie sollen jedoch nicht meinen, ihre Hirten seien immer so sachkundig, dass sie bei jeder – auch schweren – Frage, die sich erhebt, eine konkrete Lösung bereit haben könnten oder dass sie dazu gesandt seien; sie sollen selbst vielmehr, von christlicher Weisheit erleuchtet und auf die Lehre des Lehramts gewissenhaft achtend, ihre eigene Aufgabe wahrnehmen."[15]

Die höchst komplexe Evangelisierung der Welt bezeichnet dabei zugleich einen Lernprozess der Kirche:

„Die Erfahrung vergangener Jahrhunderte, der Fortschritt der Wissenschaften, die Schätze, die in den vielfältigen Formen der menschlichen Kultur verborgen sind, durch die die Natur des Menschen selbst vollständiger kund wird und neue Wege zur Wahrheit erschlossen werden, nützen auch der Kirche."[16]

Die christliche Arbeit an der Evangelisierung erfordert die „Hilfe derer, die, in der Welt lebend, die vielfältigen Institutionen und Fachgebiete kennen und die Mentalität, die ihnen innewohnt, verstehen, ob es sich nun um Glaubende oder Nichtglaubende handelt"[17]. Die Kirche lernt von der Welt, um so ihre eigene Sendung erfüllen zu können.

Es zeichnen sich so in diesen Abschnitten in *Gaudium et spes* die großen Perspektiven ab, in denen das Konzil die Evangelisierung der modernen Welt sieht. Der Schlussabschnitt GS 45 deckt dann abschließend nochmals die christologischen Fundamente dieses sakramentalen Tuns des Volkes Gottes auf:

„Das Wort Gottes, durch das alles geworden ist, ist nämlich selbst Fleisch geworden, so dass er als vollkommener Mensch alle rettete und alles zusammenfasste. Der Herr ist das Ziel der menschlichen Geschichte, der Punkt, auf den die Sehnsüchte der Geschichte und der Zivilisation zulaufen, der Mittelpunkt des Menschengeschlechts, die Freude aller Herzen und die Fülle ihrer Bestrebungen."[18]

---

[14] GS 42,3.
[15] GS 43,2.
[16] GS 44,2.
[17] GS 44,2.
[18] GS 45,2.

Es kann, was so in Jesus Christus grundgelegt ist, den Völkern nur durch das Volk Gottes im Ganzen und durch die Einbeziehung des vollen und ganzen menschlichen Lebens erschlossen werden.

Aus diesem Grundverhältnis ergibt sich dann auch die nähere Zuordnung der ordinierten Ministri zu diesem Volk und seiner großen umfassenden Sendung:

„Die Bischöfe aber, denen das Amt, die Kirche Gottes zu leiten, übertragen ist, sollen mit ihren Priestern die Botschaft Christi so predigen, dass alle irdischen Tätigkeiten der Gläubigen vom Licht des Evangeliums durchströmt werden."[19]

Dieser Aussage in *Gaudium et spes* entspricht der thesenhaft formulierte Einleitungssatz in *Lumen gentium* 18, mit dem das Kapitel über die hierarchische Verfassung der Kirche und insbesondere das Bischofsamt eingeleitet wird:

„Christus, der Herr, hat, um das Volk Gottes zu weiden und ständig zu mehren, in seiner Kirche verschiedene Dienste eingesetzt, die sich auf das Wohl des ganzen Leibes richten. Denn die Diener, die über heilige Vollmacht verfügen, dienen ihren Brüdern, damit alle, die zum Volk Gottes gehören und sich daher der wahren christlichen Würde erfreuen, zum Heil gelangen, indem sie frei und geordnet auf dasselbe Ziel hin zusammenwirken."

Erst wenn man die oben skizzierten Aussagen von GS über die Bezeugung des Evangeliums in der modernen Gesellschaft hinzunimmt, ergibt sich ein genauer Einblick in die Weise, wie der bevollmächtigte Dienst in der Kirche in Bezug auf die Evangelisierung wahrzunehmen ist.

Den Bischöfen wie den anderen ordinierten Ministri obliegt es primär, Jesus Christus zu verkünden, in dem das Evangelium des Vaters erschlossen ist. Sie sollen es so verkünden, „dass alle irdischen Tätigkeiten der Gläubigen vom Licht des Evangeliums durchströmt werden"[20]. Erst wo das Evangelium so zur „Realform" des gläubigen Lebens wird, ergibt sich die reale Evangelisierung der Menschen und der Gesellschaft.

Von hierher wird ein letzter und wesentlicher Grundzug in der Bestimmung der Sendung des Gottesvolkes einsichtig. An zentralen Passagen der Konzilsdokumente wird jeweils nachdrücklich die vorrangige Sendung der Kirche zu den Armen herausgestellt.[21] So enthält der zentrale Artikel 8 von LG eine knappe Synthesis der Ekklesiologie, in der die Sendung der Kirche in der Nachfolge Christi (Lk 4,18) als besondere Sendung zu den Armen gekennzeichnet wird, die „in Armut und Verfolgung" zu vollbringen ist.[22] Ebenso zentrale Aussagen finden sich in den abschließenden Grundreflexionen des ersten Teils von *Gaudium et spes*: Die „eigentümliche Sendung, die Christus seiner Kirche anvertraut hat, bezieht sich zwar nicht auf die politische, wirtschaftliche oder gesellschaftliche Ordnung", jedoch erleuchtet, orientiert und stärkt sie das Engagement in dieser Ordnung und erfordert es, dass die Kirche sich besonders den „Bedürftigen" zuwendet und auch selbst Werke ins Leben ruft, die „Werke der Barmherzig-

---

[19] GS 43,5.
[20] GS 43,5.
[21] So an zentralen Stellen von LG und GS, aber auch in CD, PO, PC, AA und AG. Vgl. hierzu den Systematischen Index in HThK Vat.II, Bd. 1, 777.780.
[22] LG 8,3.

keit"²³ sind. Im Ökumenismusdekret schließen die Ausführungen zum gemeinsamen Zeugnis des Glaubens in der Ökumene mit der Aufforderung zum gemeinsamen Wirken der Christen angesichts der „Nöte unserer Zeit, zu denen Hunger und Unglücke, Analphabetismus und Armut, Wohnungsmangel und ungerechte Verteilung der Güter gehören"²⁴. Ebenso wird hinsichtlich der Hirtenaufgabe der Bischöfe, der Sendung der Presbyter wie im Apostolat der Laien diese Besonderheit der Sendung zu den Armen unterstrichen (CD 13; PO 6,3; AA 8). Im Missionsdekret wird im grundlegenden Kapitel über das christliche Zeugnis die besondere Sendung zu den „Armen und Bedrängten" betont (AG 12,2).

Die besondere Sendung zu den Armen und Bedrängten, die in allen diesen zentralen theologischen Abschnitten der Dokumente auftaucht, lässt klar erkennen, dass die „Option für die Armen" zum Wesen der Kirche und ihrer Sendung gehört.

Der Grund dafür – an den einschlägigen Stellen der Konzilsdokumente immer wieder aufgeführt – liegt in der messianischen Sendung Jesu Christi, den Armen die Frohe Botschaft zu verkünden (Jes 61,1 ff.; Lk 4,18–20). Die Kirche ist messianisches Gottesvolk (LG 9,2). Deswegen gilt:

„Während jede Ausübung des Apostolates von der Liebe ihren Ursprung und ihre Kraft herleiten muss, sind einige Werke ihrer Natur nach dazu geeignet, sich in einen lebendigen Ausdruck der Liebe selbst zu verwandeln. Christus, der Herr, wollte, dass diese Zeichen seiner messianischen Sendung seien (vgl. Mt 11,4–5). Das größte Gebot im Gesetz ist, Gott aus ganzem Herzen zu lieben und seinen Nächsten wie sich selbst (vgl. Mt 22,37–40). Dieses Gebot der Liebe gegenüber dem Nächsten machte sich Christus zu eigen und stattete es mit einer neuen Bedeutung aus."²⁵

Es wird dann das Wort Mt 25,40 von den geringsten Brüdern zitiert. Gerade in der Zuwendung zu den Armen, Schwachen, Geringen prägen sich Liebe und Solidarität in prägnantester Weise aus. Daran, dass die Frohe Botschaft auch im Leben der Benachteiligten und Armen real werden kann, hat sich die Evangelisierung der Welt zu bewähren.

Diese reale Evangelisierung der Menschen und der Gesellschaft ist die Aufgabe des Volkes Gottes, der Gemeinschaft der Glaubenden. Die Verkündigung der Ministri kann in diesem Sinne mit der Spendung der Sakramente verglichen werden: Es wird Jesus Christus, sein Leben und Wirken, seine Passion und Auferstehung verkündet. Jesus Christus aber entfaltet als Wort Gottes erst in der charakterisierten Realform seine ganze Bedeutung. Das heißt selbstverständlich nicht, dass die Glaubenden nicht von Jesus Christus zu sprechen und zu zeugen hätten. Ihr Zeugnis vollzieht sich ebenso durch Worte und Werke, durch ihre ganze Existenz.

---

[23] GS 42,2.
[24] UR 12.
[25] AA 8.

II. Evangelisierung in ihrer prophetischen und institutionellen Dimension

von Ottmar Fuchs

1. Gottes Geheimnis gegen Selbstvergötzung und Götzendienst

Was Karl Rahner über das Verhältnis von theologischen Aussagen und dem Geheimnis Gottes sagt, gilt nicht nur für das erkennende Sprechen, sondern für alle menschlichen Ausdrucks- und Gestaltungsformen, für die sprachlichen genauso wie für die institutionellen. Was dort in Aussagen festgehalten wird, wird hier in Strukturen geregelt. Für beides gilt die elementare Einsicht des 4. Laterankonzils: „Denn zwischen dem Schöpfer und dem Geschöpf kann man keine so große Ähnlichkeit feststellen, dass zwischen ihnen keine noch größere Unähnlichkeit festzustellen wäre."[1] Rahner formuliert diesen Zusammenhang 1984 folgendermaßen. Wenn wir von Gott reden, dann müssen wir das, was wir sagen, auch wieder zurücknehmen: „die unheimliche Schwebe zwischen Ja und Nein als den wahren und einzigen festen Punkt unseres Erkennens aushalten und so unsere Aussagen immer auch hineinfallen lassen in die schweigende Unbegreiflichkeit Gottes selber, wenn auch unsere theoretischen Aussagen noch einmal mit uns selber zusammen unser existenzielles Schicksal teilen einer liebend vertrauenden Hingabe unseres Selbst an die undurchschaute Verfügung Gottes, an sein Gnadengericht, an heilige Unbegreiflichkeit."[2]

In diesem Zitat begegnen bereits jene Begriffe, die nicht nur mit der persönlichen Existenz, sondern auch mit der Existenz der Kirche in Verbindung zu bringen sind: die Schwebe des Geheimnisses und die vertrauende Hingabe.[3] Genauso wenig wie Rahner sagen würde, dass man überhaupt keine Aussagen machen dürfe, kann auch nicht gesagt werden, dass es keine kirchliche Institutionalisierung geben dürfe. Das ist ja das Eigenartige an der christlichen Botschaft, dass sie beides in nicht auflösbarer Dialektik zusammenbringt, eine in der Offenbarung und auch in ihrer kirchlichen Institutionalisierung zum Vorschein kommende Eindeutigkeit dessen, was der Wille Gottes für die Geschichte der Menschen ist, und die Einsicht, dass all dies, ohne dass es außer Kraft gesetzt würde, dann doch wieder dem unendlichen und unbegreiflichen Geheimnis Gottes unähnlicher ist als ähnlich. Aber gerade diese Formulierung lässt ja einen gewissen Rest an Ähnlichkeit übrig, der allerdings aufschwimmt auf einem Meer von göttlicher Unendlichkeit.

Die Evangelisierung der Kirche steht damit ebenfalls in dieser doppelten Ver-

---

[1] DH 361 f.
[2] Rahner, Erfahrungen 106 f.
[3] Vgl. zur entsprechenden Konsequenz für die Praktische Theologie Fuchs, Mysterium Dei.

antwortung, nämlich nichts von der Aussagbarkeit Gottes, wie er sie uns geschenkt hat, unter den Tisch fallen zu lassen, und gleichzeitig nie zu vergessen, dass Gott darin und „dahinter" unendliches Geheimnis ist und bleibt. Die formulierbaren Geheimnisse des Christentums im Plural „lassen sich so als Konkretheit des einen Geheimnisses verstehen, wenn nur die Voraussetzung gemacht wird, die allerdings nur durch Offenbarung gewusst werden kann, dass dieses heilige Geheimnis auch als das Geheimnis in absoluter Nähe gegeben ist und sein kann"[4]. Denn ein Geheimnis, das nicht als solches und dann an diesem Punkt wenigstens wahrnehmbar mit den Menschen zu tun hat, ist kein Geheimnis, sondern absolute Belanglosigkeit. Die in seiner Nähe erfahrbare Gnade ist die Bedingung der Möglichkeit, dass die Annahme von Gottes Unbegreiflichkeit „als die beseligende und nicht als vernichtende enthüllt"[5] wird. Auf Seiten des Menschen entspricht dies dem Akt „der sich selbst weggebenden und sich eben dieser Unbegreiflichkeit als solcher anvertrauenden Liebe, in der die Erkenntnis, sich selbst zu ihrem Überwesen überbietend, erst bei sich selber ist, indem sie Liebe wird"[6].

Bezogen auf die Sendung der Kirche bedeutet dies ein Dreifaches: Dass sie erstens die von der Offenbarung her benennbaren Beziehungsinhalte zwischen Gott und den Menschen allen Zeiten verkündigt, dass sie zweitens insofern die Dialektik des unendlichen Geheimnisses Gottes zur Geltung bringt, als niemand in die Versuchung der Magie gerät, nämlich mit dem von Gott her Erkannten etwas ihm gegenüber verrechnen zu wollen, und sie so die Doxologie Gott gegenüber ermöglicht, der unendliches Geheimnis bleibt, und drittens in der Spiritualität, der Unbegreiflichkeit Gottes in jener Form zu begegnen, die die Offenbarung von Gottes Liebe und die darin zugleich erfolgte Offenbarung seines unendlichen Geheimnisses mit einer bis auf den Grund dieses Geheimnisses sich bewegen lassenden und bewegenden liebevollen Hingabe verbindet.

Damit darf die Kirche auch in ihrer institutionellen Gestalt nicht der Versuchung erliegen, als hätte sie mit ihrer strukturellen Praxis mehr ‚Zugriff' auf das Geheimnis gewonnen als über die anderen Ausdrucksformen in der theologischen, spirituellen und pastoralen Praxis. In allen Bereichen ist uns das Letzte nur im Vorletzten gegeben, und wir wissen nicht, was dies letztlich vom Geheimnis Gottes her bedeutet. Die eschatologische Verifikation steht in jedem Fall aus. Die christliche Theologie der offenbarten Liebe und des offenbarten Geheimnisses Gottes blockiert nicht nur jede Wort- und Symbolmagie, sondern auch jede Institutionsmagie. Denn die Einfallstore des Unendlichen in das Endliche hinein werden darin nicht unendlich, sondern bleiben endlich. Diese Endlichkeit ist ihrerseits mit jener sich auf die Unendlichkeit der Liebe Gottes ausstreckenden Hingabe an den Gottes- und Menschendienst zu verbinden. So gilt der Satz, dass, wer sein Leben um der Nachfolge Christi willen verliert, es gewinnen werde (vgl. Mt 10,39), wenn schon für Menschen, dann erst recht für die Strukturen der Kirche. Und die Heiligkeit, die die Kirche für sich mit Recht beansprucht, besteht

---

[4] Rahner, Begriff des Geheimnisses 98.
[5] Rahner, Sinnfrage 124.
[6] Ebd. 123.

inhaltlich genau darin, dass sie sich mit all ihren Ausdrucksformen, besonders ihren amtlichen und strukturellen, in die Kenosis des heiligen Gottes selbst hineinbegibt, analog zu Gottes Hingabe im Mensch gewordenen Gottessohn. Darin besteht ihre „Vollkommenheit" (vgl. Mt 5,48).

In Zeiten historischer Extremfälle unterstützt die Kirche um anderer Menschen willen nicht nur Gläubige, die sich bis zur Selbsthingabe solidarisieren, sondern stellt auch ihre eigenen Institutionen für diese Solidarisierung bereit und bringt sie, wenn nötig, auch in höchste Gefahr, wie dies in der Kirchengeschichte um des Evangeliums willen geschehen und um der eigenen Selbsterhaltung und Herrschaft willen auch nicht geschehen ist.[7] In „normalen" Zeiten handelt es sich um die nötige Flexibilität von kirchlichen Strukturen und Ämtern, um die missionarische Identität der Kirche nach innen und nach außen zu ermöglichen. Das Zweite Vatikanum war in vieler Hinsicht eine solche „Reaktion" auf aktuelle lokale und globale Veränderungen und Probleme. Dies ist seit neutestamentlichen Zeiten so, wenn man bedenkt, wie feingliedrig die jeweiligen sozioreligiösen und kulturellen Vorgaben zur institutionellen Gestaltung der christlichen Gemeinschaften aufgenommen und zum Ausdruck der eigenen Identität hin modifiziert wurden.[8] GS klärt eindrücklich genug, dass es sich hier nicht nur um eine Anpassung zu Gunsten der Überlebensfähigkeit der Institution Kirche handelt, sondern um eine auch die eigene Institution betreffende Wahrnehmung der Zeichen der Zeit und um die entsprechende Selbstveränderung der Kirche zu Gunsten ihrer pastoralen und missionarischen Identität, die sie nicht für sich selbst, sondern um Gottes und der Menschen willen vertritt.[9] Der neuere Inkulturationsdiskurs thematisiert diese Zusammenhänge und ihre Problemzonen.[10]

Was ermöglicht nun, dass auch kirchliche Strukturen immer als etwas „Vorletztes" angesehen werden und die Heiligkeit der Kirche nicht einfach mit ihrem strukturellen Tatbestand identifiziert wird? In welchen Prozessen und mit welchen Kriterien verbindet sich ein mögliches oder auch notwendiges Loslassen-Können kirchlicher institutioneller Gegebenheiten mit der Hingabe der Kirche um des Evangeliums und darin um der Menschen willen? Wie lernt die Kirche, sich angesichts des unendlichen Geheimnisses Gottes in ihrer Endlichkeit und damit Veränderungsfähigkeit zu begreifen, und zwar so, dass in bestimmten Zeiten und Herausforderungen umso mehr die missionarische Sendung der Kirche nach innen und nach außen möglich ist? Ich möchte diese Fragen in zwei Bereichen angehen, im Verhältnis der Institution zur Prophetie und im Verhältnis der Institution zur Gnade.

---

[7] Vgl. Bendel (Hg.), Katholische Schuld?
[8] Vgl. Pock, Gemeinde.
[9] Vgl. Sander, Kommentar zu GS in Bd. 4.
[10] Vgl. Pankoke-Schenk, Inkulturation; Fuchs u. a., Das Neue wächst; Findl-Ludescher u. a. (Hg.), Die Welt in der Nussschale.

2. Institution und Prophetie

Es gibt einen Zusammenhang zwischen Individuum und Gemeinschaft im Horizont der Prophetie, bei dem das Prophetische nicht einseitig auf das Individuelle verlagert werden darf. Auch Strukturen und Institutionen, auch Ämter können prophetischen Charakter haben. Die Ausblendung des Institutionellen aus dem prophetischen Diskurs landet zwangsweise in der Moralisierung, weil eine diesbezüglich exklusive personalistische Perspektive permanent die Personen unter einen Erwartungs- und Leistungsdruck stellt, als könnten oder müssten sie „aus sich heraus" die Strukturen und Institutionen verändern und als wäre es allein immer ihr Fehler, wenn sie dies nicht können. Ein von daher geschärfter Blick auf biblische Texte lässt auch alte „theologische" Gegensätze, die nicht zuletzt auch aus einem bestimmten Gegensatz zwischen Altem und Neuem Testament heraus produziert wurden, „hintergehen" und differenzierter wahrnehmen. So sind in Israel Institution und Prophetie keine notwendigen Gegensätze und auch der Gegensatz zwischen Gesetz und Prophetie erweist sich als falsch. „Prophetie heißt, die Tora im jeweils neuen Kontext auszulegen aus der Perspektive JHWHs. ... Insofern sind die Kriterien prophetischen Redens ... nicht beliebig."[11] Gesetz und Prophetie sind also „zwei Pole, die aufeinander hingeordnet sind und sich gegenseitig brauchen. Tora ohne Prophetie ist toter Buchstabe. Prophetie ohne Tora ist keine Prophetie"[12].

Eine prophetiefähige Institution zeigt sich darin, dass sie zu zwei Operationen fähig ist: einmal dass sie nicht so erstarrt ist, dass sie sich diesbezüglich nicht mehr irritieren lässt; zum anderen darin, dass sie auf Grund ihrer Identität zu entscheiden hat, ob die jeweiligen prophetischen Inhalte integrierbar sind. So haben die Kirchen jenes Martyrium, mag es noch so heroisch erscheinen, abzulehnen, wenn es sich gegen Außenstehende auswirkt und „Feinde" mit in den Tod nimmt. Ein solches Martyrium wäre mit der Tora bzw. mit dem Evangelium nicht vereinbar. Hier gibt es dann so etwas wie eine Gegenprophetie der Institution gegenüber in dieser Weise destruktiv radikale Prophetien.

Dieses *extreme* Beispiel zeigt bereits, dass die Kirche ansonsten mit diesem Beurteilungsrecht sehr vorsichtig umgehen muss, immer in der Furcht davor, authentische Prophetien vorschnell auszugliedern zu wollen, weil sie zunächst fremd und unzugänglich erscheinen. Die in vielen biblischen Berufungsgeschichten zum Vorschein kommende „Ursprünglichkeit" bestimmter Prophetien (indem sie „direkt" von Gott berufen werden) kann als Ausdruck für Authentizität angesehen werden, die selbstverständlich immer eine bestimmte Irritationsfähigkeit hat. Kirchliche Strukturen und Ämter müssen damit rechnen, dass die Authentizität der Prophetien mit dem Tatbestand zu tun haben können, dass Personen und Basisgruppen erfahrungsgemäß mehr als Institutionen (bzw. ihre „Funktionäre") am „Puls der Zeit" sein können und mit einer gewissen „Unmittelbarkeit" Probleme erkennen und auf akute Situationen zu reagieren vermögen.

---

[11] Bechmann – Kügler, Biblische Prophetie 13.
[12] Fischer, Gotteskünderinnen 278 f.

Dies gilt umso mehr, als Taufe und Firmung ebenfalls eine bestimmte „Unmittelbarkeit" authentischen Inspiriertseins nahe legen. Die pünktliche Reaktionsschnelligkeit ist ein kairologisches Merkmal des prophetischen Vorgangs, was die schwerfälligere Normalität von institutionellen Gegebenheiten in Bewegung zu bringen vermag, wenn sie ihrerseits auf solche Bewegungen kreativ reagieren kann. Franz Weber hat hinsichtlich der Kirche in Lateinamerika eine ähnliche Frage aufgeworfen: nämlich ob die Propheten und Prophetinnen, die „Kleinen" nämlich, die aus der Armut kommen bzw. sich der Armut stellen, in der Kirche etwas zu sagen haben und ob die Strukturen der Kirche, vor allem hinsichtlich der Frauen, sich so verändern, dass diese außerordentliche prophetische Kraft zur Veränderung der Kirche als einer Institution, die sich als Ganze auf die Seite der Armen stellt, strukturelle Wirksamkeit gewinnt.[13]

Die prophetischen Entgrenzungszumutungen von außen nach innen, aber auch von innen nach außen, verbinden sich, traditionell formuliert, mit einer Dynamik der sich selbst riskierenden Hingabe, die weder von Einzelnen noch von Strukturen von vornherein blockiert und begrenzt werden darf, die aber auch bei beiden nicht einfach Gegenstand einer moralischen Forderung sein kann. Bei der Selbsthingabe zu Gunsten Gottes und anderer Menschen kann es sich nicht um ein allgemein moralisches Gesetz für alle Christen und Christinnen handeln, vielmehr ist der Sachverhalt so vorsichtig auszudrücken, aber auch so deutlich, wie ihn Johannes Paul II. formuliert hat: „Der Gläubige, der seine Berufung, für die das Martyrium eine schon in der Offenbarung angekündigte Möglichkeit ist, ernsthaft erwogen hat, kann diese Perspektive nicht aus seinem Lebenshorizont ausschließen."[14]

Dieses Zitat ist sehr interessant, weil es den prophetischen Dynamikzusammenhang zwischen Gemeinschaft und Personen innerhalb der Kirche verdeutlicht. Dieser weltweit kommunizierte offizielle Text verweist auf eine eigene durch die Jahrhunderte gehende wesentliche Erinnerung: auf das christliche Martyrium. Es kommuniziert in der „normalen" institutionellen Gemeinschaft die extreme Besonderheit einer personalen Glaubensexistenz. Zugleich wird aber diese Erinnerung nicht als Forderung weitergegeben, sondern auf dem Hintergrund einer christlichen Berufung, in der aus der Gnade Gottes heraus diese Perspektive des Martyriums im Kleinen und Dauerhaften oder im Großen und Akuten in den Blick genommen werden kann. Das Zitat selber ist ein Beleg dafür, dass sich die Gemeinschaft als eine Größe versteht, die diese Dynamik nicht ausschließt, sondern in Erinnerung bringt, aber zugleich von einem „kann" spricht, also nicht von einer Forderung, sondern von einer in der Tradition und in der Gnade Gottes selbst geschenkten Möglichkeit. Und niemand hat das Recht, diese Dynamik zu verhindern. Denn es gehört zum „kollektiven Gedächtnis" der Kirche, die Märtyrer und Märtyrerinnen nicht nur zu erinnern, sondern weiterhin entsprechende Prophetien zu ermöglichen und hervorzurufen.

Die Gemeinde ist demnach doppelt zu schützen: einmal vor diesbezüglichen

---

[13] Weber, Knecht und Mägde 190 f. 196 ff.
[14] Johannes Paul II., *Incarnationis mysterium* Nr. 18.

gesetzlichen Überforderungen, damit sie der Gnadenraum für die Radikalisierung christlicher Existenz zu werden vermag, die allein aus der Geschenktheit der Gnade, also aus dem Glauben an die unendliche Liebe Gottes heraus möglich ist; zum anderen aber auch vor solchen „bürgerlichen" oder auch etwas banalisierend-spirituellen Normalisierungen, die diese Dynamik im Bewusstsein der Personen voreilig besänftigen, blockieren oder gar ausschließen. Die Prophetie wird damit innerhalb der kirchlichen Gemeinschaft zu einer „Unruhe", die sie selber hervorbringt und die zugleich die Gemeinschaft rückwirkend davor bewahrt, Gottes Dynamik des „semper maior" in der Geschichte im eigenen Selbstvollzug zu ersticken. In diesem Fall kann man von einer nicht aufhebbaren Dialektik zwischen sozialem Normalfall und personalem Extremfall sprechen, entsprechend der geschichtlichen Erfahrung, dass das Prophetische mehr auf der personalen denn auf der strukturellen Seite stattfindet. Beide Dimensionen kirchlicher Gemeinschaft gehen nicht in einer Synthese auf, sondern stehen sich, sich gegenseitig tragend und provozierend gegenüber. Und sie befinden sich auch nicht in einer von vornherein sich ausschließenden Dialektik, wonach das eine für das andere nicht mehr kontakt- und auskunftsfähig wäre.

Soziologisch dürfte eindeutig sein: Während die allgemein plausibilisierbaren ethischen Maximen, z. B. der Solidarisierung im Motivfeld des daraus resultierenden eigenen Nutzens, die kollektive Folie des gesellschaftlichen ethischen Bewusstseins abgeben, kann nur im begrenzten Nahbereich menschlicher Beziehungen jene Ethik erlebt werden, die diese Paradigmen inhaltlich und sozial durchstößt. Dieser Nahbereich vermittelt jene Bedingungen, unter denen der Mensch dann tatsächlich entsprechend zu handeln vermag. Und umgekehrt gibt es keine solchen Gemeinschaften, wenn darin nicht personale Realitäten vorhanden sind, die diese Dynamik immer wieder eröffnen. So benötigt auch die Kirche die permanente Spannung von überlebensfähiger geschichtskontinuierlicher Gemeinschaft (in Strukturen und Personen) und den aus der darin kommunizierten Inhaltlichkeit herauswachsenden Selbstverausgabungen von Personen und dann auch von Institutionen, die ihrerseits wieder Material der kontinuierlichen Inhaltlichkeit der Kirche werden.

Für den insgesamten prophetischen Prozess der Kirche bedeutet dies: Ohne eine Sozietät, in der im normalen Verlauf der Verkündigung von den besonderen Geschichten des göttlichen Geistes in der Geschichte die Rede ist (in Predigt, Katechese, Religionsunterricht, Bibelkreisen usw.), gibt es gewissermaßen nicht das „Sprachgefüge", das den Einzelnen die Möglichkeit gibt, sich darin auszudrücken und zugleich diesem Ausdruck von der eigenen Person her ein eigenes Profil zu verleihen, das soweit gehen kann, dass es durchaus radikal in der eigenen Existenz genau das realisiert, was in der Verkündigung des Prophetischen bereits an Irritationspotenz vorhanden war. Das radikale Beispiel gelangt dann wieder als eine die bisherigen Texte bereichernde Erinnerung (Tradition) in das soziale Gefüge hinein, macht es theologisch reicher und einmal mehr in der Wirkung auf die Menschen radikalisierungsfähiger. Gerade von der Prophetie her darf man also nicht übersehen, dass es gerade die normale Weise ist, die die Kontinuität dieses Glaubens (einschließlich der Tradition seiner Prophetiegeschichten) durch die Geschichte hindurch garantiert. Prophetie und Kirche bleiben damit auf Gedeih oder Verderb aufeinander angewiesen.

So erreicht durch die Kirche jede Zeit die Erinnerung an die Propheten und Prophetinnen, an die extremen Selbsthingabeformen christlicher Existenz in Person und strukturierten Gemeinschaften und bewirkt in der jeweiligen Gegenwart dann ähnlich provozierende und verändernde Prophetie. Von daher kann man begreifen, dass die Identitätseinschreibung der Kirche, nämlich niemals die Märtyrer und Märtyrerinnen zu vergessen, die eine Einschreibung in den Normalbereich der Kirche selbst darstellt, diese permanent auf die radikalen Verwirklichungen der in der eigenen Gemeinschaft kommunizierten Inhalte bezieht und sich von diesen her als Institution in Frage stellen und sich die Frage gefallen lässt, ob denn die Institution noch in ihrem normalen institutionellen Zustand offen genug sei, um ein für die radikale Prophetie generativer narrativer und sozialer Ort zu sein oder wieder zu werden. Die prophetischen Vorgänge, getragen durch Personen, Gruppen und/oder Institutionen und Strukturen provozieren die theologisch gültige Unterscheidung zwischen einer nur auf sich schauenden und nur sich selber reduplizierenden Vereinskirche und einer missionarischen Kirche, die das Außen eines auch zu ihr geheimnisvollen, jedem Zugriff entzogenen Gottes als den Horizont für das eigene soziale Außen begreift und so zur Manifestation dieser Liebe Gottes in dieser Welt wird, selbst getragen von Gottes Gnade und in seiner Gerechtigkeit und Solidarität zu Gunsten der Menschen handelnd (vgl. LG 1 und GS 1).

3. Institution und Gnade

Karl Rahner hat eindrucksvoll den Gedanken verfolgt, dass die Unendlichkeit des Geheimnisses Gottes durch die Offenbarung als Unendlichkeit seiner Liebe geglaubt und erhofft werden darf. In der Theologie ist in diesem Zusammenhang von der Gnade die Rede, die Paulus rechtfertigungstheologisch als unbedingte Liebe den Sündern und Sünderinnen verdeutlicht. Schon im Zusammenhang mit der Prophetie, nämlich mit dem darin immer wieder neu zu entdeckenden Geheimnis Gottes in der Geschichte der Welt und der Kirche, war von der Gnade die Rede, weil gerade prophetische Existenz in ihrer oft radikalen Entfaltung der Hingabe bis zum tödlichen Abgrund nur auf dem Hintergrund einer Gnade ermöglicht sein kann, die unendlich tiefer reicht.[15]

Die Kirche gibt es nur, weil es die geschichtlich manifest gewordene Gnade Gottes gibt. Darin ist ihr nach katholischem Kirchenverständnis zugleich die Macht gegeben, diese Gnade authentisch zu verkünden und durch ihr eigenes Sein zu vermitteln. Diese „Gnadenmacht" der Kirche ist allerdings eine heikle Macht für diejenigen, denen gegenüber die Kirche durch Eigenmächtigkeit die Gnadenmacht Gottes verdunkelt, und anders für diejenigen, die in der Verkündigung und Vermittlung dieser Gnadenmacht die eigene Ohnmacht riskieren. Die

---

[15] Vgl. zum Folgenden Bucher – Krockauer (Hg.), Macht und Gnade.

Evangelisierung in ihrer prophetischen und institutionellen Dimension

vom Kreuz her auch denen geschenkte Liebe Gottes, die ihn nicht annehmen, schreibt der Kirche bereits hier, wenn auch in analogem Sinn, die Unbedingtheit ihrer Solidarität mit den Leidenden und die Versöhnungsbereitschaft mit den sündigen Menschen ein.[16]

Wenn Paulus der Gnade Gottes dadurch jede Art von Willkürlichkeit entzieht, dass diese unendliche Liebe nicht primär im semantischen Feld der Barmherzigkeit, sondern der Gerechtigkeit rekonstruiert wird, nämlich der Rechtfertigungstheologie, dann wird diese Liebe gewissermaßen zu einem neuen Gesetz, das allerdings nicht die Menschen zuerst zu Leistungen aufruft, um damit bei Gott etwas zu erreichen, sondern zu einem Gesetzten, das von vornherein von Gott her als die Ermöglichung aller Leistung grundgelegt ist, und zwar als unverrückbare, durch nichts zu erschütternde Basis. Hier wird in der Tat das göttliche Gesetz zum Ort der Liebe.[17] Gewissermaßen hat der Mensch ein Recht auf diese zur Gerechtigkeit gewordenen Liebe Gottes. Nicht weil er es selber genommen hätte, sondern weil es ihm von Gott geschenkt und verbrieft ist. Der Mensch kann darauf bauen.

Die diese Liebe bezeugende Grundsakramentalität der Kirche und die Sakramentalität der Einzelsakramente und die ganze Pastoral der Kirche sind Ausdruck dieser im Glauben geschenkten Gewissheit. Insbesondere die Sakramente und ihre pastoralen Vollzugsräume sind der Ort der zuverlässigen Gnadenerfahrung Gottes, insofern hier innere Gnade und äußeres Zeichen wirklichkeitsmächtig zusammenfallen. Dies gilt nicht nur in spezifischer Weise für die einzelnen Sakramente, vornehmlich für das Basissakrament der Taufe, sondern auch für die Kirche insgesamt, insofern sie sich nach katholischem Verständnis in der Kategorie der Sakramentalität begreift: Sie ist nicht „nur" in ihren getauften Personen, sondern auch in ihren Ämtern und Strukturen äußeres Zeichen für die innere Gnade. Auch die Institution hat von daher Maß zu nehmen an der „Unendlichkeit" und entgrenzenden Qualität dieser Gnade. Die Realpräsenz der Basileia im Handeln Jesu und in seiner Nachfolge im Handeln der Kirche bezieht sich dann nicht nur auf die Bereiche der Annahme der Botschaft, also auf jene, die sich in den christlichen Glauben integrieren, sondern auch, wenn denn nicht nur Leben, sondern auch Kreuz Jesu ernst genommen werden, auf diejenigen, die die Botschaft nicht annehmen. Exkommunikationen und Vergebungsverweigerungen können nur im Sinne des Paulus verhängt werden: um des Heiles des Betroffenen willen (vgl. 1 Kor 5, 1–5). Wenngleich sie aus geschichtlich akuten Gründen notwendig erscheinen, damit die Kirche nicht zur Kollaborateurin des Bösen wird, bleibt sie dabei nicht unschuldig, weil sie mit dem situativ notwendigen Ausschluss der Betroffenen die göttliche Unbedingtheit der Annahme des sündigen Menschen verdunkelt. Die Kirche muss dann auch dazu sagen, dass sie sich in diesem geschichtlichen Fall im Namen einer Solidarisierungsnotwendigkeit distanziert, dass aber das endgültige Urteil Gott zu überlassen ist und sie für den Betroffenen hoffe.

Dies ist eine erlösende Botschaft auch für die im Glauben selbst: Denn sie

---

[16] Vgl. dazu die Replik auf Johannes 20, 22–23 in meinem Kommentar zu PO 2 (Bd. 4).
[17] Vgl. Lienkamp, Theologie des Gesetzes 66 f.

erfahren sich gerade im Horizont ihres Glaubens als solche, die auf Gottes Gnade angewiesen sind und immer wieder weit hinter dem zurückbleiben, was durch sie ermöglicht wäre. Die Unendlichkeit der geheimnisvollen Liebe Gottes darf sich in der Gesetzlichkeit und Strukturalität der Kirche zeigen und darf nicht nur als deren Kompensation aufgerufen werden, weil sonst die strukturellen Blockaden immer wieder neu installiert werden. Die Pastoral ist nicht dafür da, die eigentlich harten kirchlichen Rechtsstrukturen und Entscheidungen abzupolstern und damit gleichzeitig zu legitimieren.[18] Vielmehr ist die Pastoral als Vollzug von Gericht und Gnade Gottes, analog dazu, wie das Kreuz Gericht und Gnade zugleich ist, das Zentrum der kirchlichen Identität.

Dies ist insbesondere für das sakramentale Amt selbst wichtig, versteht es sich denn als Sakrament der Verbindung von innerer Gnade und äußerem Zeichen, hier der Person in der Verantwortung für die Gnadenfähigkeit der Kirche nach innen und nach außen. Gerade im katholischen Kontext der Sakramentalität des geistlichen Leitungsamtes gilt dann umso mehr die Devise: Nicht pastoraler Kompromiss, sondern kompromisslose Pastoral!, nämlich bezogen auf die Pastoral des Hirten Jesus selbst und seines Kreuzwegs.

Spannungen zwischen unendlicher Vergebungsgnade Gottes auf der einen und seiner Repräsentanz im Volk Gottes, in den Strukturen der Kirche und bei den Hauptamtlichen auf der anderen Seite wird es immer geben, weil Menschen immer auf dem Weg zu dieser Repräsentanz sind und nicht selbst beanspruchen können, das fleischgewordene Wort zu sein. Aber die Analogie und damit approximative Unabgeschlossenheit dieser Dynamik ist der Kirche gegeben und aufgegeben. Diese Dynamik bewegt sich in ihr auf eine immer je größere und umfangreichere und intensivere Vergegenwärtigung von Gottes größerer Liebe zu. Entscheidend ist dabei, dass sich die Kirche selbst in ihren Gläubigen, in ihren Ämtern und in ihren Strukturen als diesbezüglich schuld- und sündenbewusst weiß, permanent der unbedingten Versöhnungsbereitschaft Gottes bedürftig und von daher genauso auch der Kraft bedürftig, die Entgrenzung zu schaffen. Nur diese Spannung und zugleich unablässige Verbindungsarbeit im Zusammenhang von Sakrament und Zeugnis, von Botschaft und Erfahrbarkeit, lassen dann in der Kirche selbst und in all ihren Vollzügen die je größere Gerechtigkeit Gottes aufscheinen und darin ansatzhaft die Inkarnation seiner Liebe in der menschlichen Geschichte erfahren.

Diese Einsicht verschärft nochmals die Frage nach der gesetzlichen Repräsentanz der Gnade Gottes in der Ordnung des christlichen Lebens und in den Strukturen der Kirche. Es hat ja keinen theologischen Sinn, wenn sich die Kirche in sich selber im Modus einer verkappten Zwei-Reiche-Vorstellung etabliert, nämlich dass sie ein die Institution zusammenhaltendes Gesetz hat (mit entsprechenden Härten und Ausgrenzungen) und dass ihr gegenüber und über sie hinaus es dann doch noch eine Wirklichkeit außerhalb des Gesetzes gibt, in der dann die Gnade erfahrbar wäre (z.B. im pastoralen Kompromiss). Es ist vielmehr neu darüber nachzudenken, wie Gnade im Gesetz, in der Alltagswirklichkeit der normalen

---

[18] Vgl. dazu Fuchs, Nicht pastoraler Kompromiss.

und geregelten Beziehungen zum Vorschein kommt. Denn erst so gibt es eine Analogie zu jenem Gesetz der unbedingten Liebe Gottes, die nicht neben seiner Gerechtigkeit und als Kompromiss mit ihr, sondern in ihr selbst begründet ist.

Wer die Gnade nur im zwischenmenschlichen Bereich, in der entsprechenden Barmherzigkeit ansiedelt und nicht auch im Bereich struktureller Gerechtigkeit und gesetzlich abgesicherter Barmherzigkeit bestehender Ordnungen, entzieht den Subjekten jene Unterstützung, die gnädige und gerechte Strukturen ermöglichen könnten. Es ist also zu unterscheiden zwischen einer konstruktiven und destruktiven Gesetzlichkeit. Und nur die Letztere steht im Gegensatz zur Gnade und zu der in ihr ermöglichten Freiheit, sich auf den Weg der Umkehr und der Kenosis zu begeben. So formuliert R. Bucher als „Kriterium der eröffneten Gnadenchance" bei kirchlichen Organisationsentwicklungsprozessen: „Alle jene kirchlichen Handlungs- und Organisations- (was auch immer heißt: Herrschafts-)Muster sollen präferiert werden, bei denen, wie risikoreich auch immer, die Chance besteht, Erfahrungen der Gnade Gottes einerseits zu machen, andererseits benennen zu können"[19].

Indem Bucher vom Risiko spricht, benennt er die Perspektive der Hingabe. Dies gilt für die einzelnen Christen und Christinnen und insbesondere für die im sakramentalen Amt genauso wie für die Institutionalität der Kirche selbst und für ihre Strukturen. Wo sich Christ und Christin und die Kirche in ihren Institutionen auf den unerschöpflichen Gnadenüberschuss Gottes sich selbst und den anderen gegenüber einlassen, konstituiert sich dieser Vorgang bei ihnen als Proexistenz bis zur Hingabe, sei es eigener Lebensmöglichkeiten, sei es struktureller Gegebenheiten, jeweils aus der Hingabe an die je größere Gnade Gottes in einer bestimmten Situation und bestimmten Menschen gegenüber heraus.

Dies kann die eigene Existenz und die eigene Institution beeinträchtigen, kann nicht nur das eigene Leben, sondern auch die eigene Institution kosten, wenn sich denn auch Letztere in die Repräsentanz der Gnade hinein begibt und diese nicht nur an Einzelpersonen wegdelegiert. Hier greift dann in besonderer Weise die Botschaft des Evangeliums, dass die Pforten der Hölle die Kirche nicht überwältigen werden (vgl. Mt 16,18). Der Glaube daran löst fixierte überkommene Strukturen, sei es dahingehend, dass sie neu bestätigt werden können, sei es dahingehend, dass sie um der je größeren Gnade willen zu verändern sind.

Nach Paulus gibt es noch eine andere negative Form der Gesetzlichkeit, die sich auf der Seite derer ereignen kann, die etwas Gutes geleistet haben, und zwar so sehr, dass es applaudierende Anerkennung oder strukturellen Niederschlag gefunden hat. Selbstverständlich gönnt Gott diesen Erfolg, will er doch selbst dazu die Kraft geben. Nur darf sich der Mensch nicht darüber täuschen, woher er die Kraft hat, sowohl in seinen Begabungen wie auch in anderen Formen der Erfahrung von Gnade. Diese Gefahr gibt es nicht nur in der destruktiven Gesetzlichkeit, sondern auch in der konstruktiven: Dass sich die Gläubigen vor Gott brüsten und sich (wie insgeheim und maskiert auch immer) einbilden, das alles sei ihre eigene Leistung vor und gegenüber Gott, worauf Gott dann entsprechend zu

---

[19] Bucher, Machttechniken 193.

reagieren habe. Die Gefahr der magischen Gesetzlichkeit und damit eines gnadenlosen Umgangs mit Gott lauert im Herzen des Glaubens selbst.

Paulus nennt dies die Kauchesis, den Selbstruhm des Menschen vor Gott, in dem er sich über seinen eigenen Status als Geschöpf, als sündige Kreatur und als gnadebedürftig täuscht. Bei Hauptamtlichen in der Pastoral zeigt sich ein solcher Selbstruhm zuweilen auch in einem Gotteskomplex, als müssten und könnten sie mit ihrer Arbeit das Reich Gottes herstellen und als gäbe es nicht die bleibende Analogie, also Differenz im Vergleich zwischen der Repräsentanz der Gnade Gottes im Mensch gewordenen Gottessohn und in christlicher und kirchlicher Existenz und als gäbe es nicht die Eschatologie, dass der wieder kommende Gottessohn selbst das ganze Reich Gottes herstellen wird. Beides schmälert nicht die Nachfolgefähigkeit, bringt aber immer ihre Ermöglichung durch Gottes Gnade und ihre Begrenzung durch des Menschen Grenzen ins Bewusstsein.

Im Bereich des Gebetes und der Spiritualität ist es die Doxologie, die dieses Bewusstsein bewahrt. Aus dieser Doxologie heraus wächst eine tiefe Dankbarkeit, nicht nur aktuell, sondern als Grundhaltung christlichen Lebens überhaupt. Auf dieser Basis hält die Doxologie gleichwohl auch gegenüber Gott wach, was in Erfahrungen nicht eingelöst werden kann, doch gibt sie die Spannung nicht auf, beinhaltet dann auch die Klage, aber so, dass der Spalt zum Mysterium der größeren Liebe Gottes nie ganz verschlossen wird.[20]

---

[20] Vgl. Steiof, Gotteslob 92 und 100.

III. Evangelisierung in der communio aller Getauften

von Guido Bausenhart

Wenn die Kirche als ganze sich dem in Jesus dem Christus offenbaren Evangelium als dem universalen Heilswillen des dreifaltigen Gottes verdankt und sich darum auch als ganze dem Auftrag der Evangelisierung verpflichtet weiß; wenn die Kirche diesen Auftrag in der Geschichte unter den Menschen vollzieht, in geschichtlich konkreter und kulturell bestimmter Gestalt, so dass das Evangelium immer auch in nur endlicher und begrenzter Weise, aber doch wirklich den Menschen gegenwärtig und wirksam wird, dann impliziert dieser Auftrag der Evangelisierung ein Zusammenwirken aller in diesem Auftrag Engagierten sowie Strukturen, die ein solches Zusammenwirken ermöglichen und fördern.

1. Ursprüngliche Vielfalt und gemeinsamer Grund

Der eine Auftrag der Evangelisierung engagiert alle Getauften als eine Gemeinschaft, die sich darin als eine erfährt, in der ‚wahre Gleichheit waltet' (LG 32,3). Diese Gleichheit wird jedoch in unterschiedlicher Weise gelebt, in einer Vielfalt, die nicht vorschnell in die Perspektive der Differenz zwischen Laien und Klerikern verengt werden darf. Diese Vielfalt ist biographisch begründet, kulturell geprägt und geschichtlich bestimmt: Die Begegnung mit dem Evangelium geschieht in persönlicher Weise und artikuliert sich entsprechend dieser persönlichen Erfahrung in originellen Glaubensgeschichten und -gestalten. Die Artikulation wiederum, das Zeugnis vom Evangelium, greift notwendig auf kulturelle Bestände zurück, mittels derer diese Erfahrung sich selber zu verstehen wie auch sich anderen gegenüber verständlich zu machen sucht: den Juden auf jüdische Weise, den Griechen auf die ihre ... (vgl. 1 Kor 9, 19–22). Geschichtlich bestimmt schließlich ist sowohl die Begegnung mit dem Evangelium selbst als auch das evangelisierende Zeugnis, will es die Menschen ‚in Augenhöhe', in ihrer jeweiligen geschichtlich-gesellschaftlichen Situation erreichen.

Die Einheit all dieser Vielfalt ist begründet in dem einen Geist, in dem allein die Begegnung mit dem Evangelium Jesu Christi gelingen kann, ja der diese Erfahrung wirkt; die Einheit ist aber auch bestimmt als der alle verbindende und allen verbindliche, aus dieser Begegnung resultierende gemeinsame Auftrag der Evangelisierung.

Das im Blick auf den gemeinsamen Auftrag unabdingbare Zusammenwirken aller darf nun aber die ‚wahre Gleichheit', die der skizzierten Vielfalt der unterschiedlichen Weisen zugrunde liegt, nicht beeinträchtigen oder gar aufheben. Der allen gemeinsame Auftrag der Evangelisierung muss also in Formen des Zusammenwirkens geschehen, die die Vielfalt fördern um der Authentizität und Glaubwürdigkeit des Zeugnisses willen und zugleich um seiner Einheit und Wirksamkeit willen die Beteiligung aller ermöglichen.

Das Konzil hat zögernd, dann aber unmißverständlich mit der Tradition gebrochen, nach der die Kirche „eine Gesellschaft von Ungleichen [sei], und das nicht nur, weil unter den Gläubigen die einen Kleriker und die andern Laien sind, sondern vor allem deshalb, weil es in der Kirche eine von Gott verliehene Vollmacht gibt, die den einen zum Heiligen, Lehren und Leiten gegeben ist, den anderen nicht"[1]. Jetzt kommt den Laien die Berufung zur Evangelisierung „ab ipso Domino" zu (AA 3,1; LG 3,1), sie haben in ursprünglicher, nicht von den Klerikern abgeleiteter Weise am „triplex munus" Christi und der Kirche teil. So kann auch das Engagement der Laien nicht als *Mit*arbeit am Evangelisierungsauftrag der Hierarchie gesehen werden, vielmehr sind in dieser Sendung alle Gläubigen in die *Zusammen*arbeit gerufen. Wiederholt und unermüdlich und konsequent hatte die für das Dekret über das Apostolat der Laien zuständige Kommission bis zuletzt Einwände, Vorschläge und Bitten abgewiesen, die darauf zielten festzuschreiben, dass das Apostolat der Laien in all seinen Formen stets „sub ductu Hierarchiae" zu erfolgen habe.

Jedem Ereignis einer gelungenen Begegnung mit dem Evangelium, d. h. jedem Glaubensakt – denn Glauben bedeutet zuerst nicht ein Für-wahr-Halten von Glaubensinhalten, vielmehr spricht sich der Glaubensakt in inhaltlich bestimmten Propositionen aus[2] – und jedem Glaubenszeugnis eignet eine genuine Autorität[3], die die des Ereignisses selbst ist[4], auf dessen Erfahrung hin das Zeugnis transparent sein will[5]. In diesem Zeugnis meldet sich der *sensus fidei* zu Wort, das aus der Begegnung mit dem Evangelium Jesu Christi und dem zunehmend vertrauteren Umgang mit ihm erwachsende Gespür für Gott und seine Offenbarung, eine „Fähigkeit (facultas) der ganzen Kirche, mittels derer sie im Glauben die überlieferte Offenbarung erkennt, indem sie Wahres und Falsches in Glaubensdingen unterscheidet und zugleich tiefer in ihn eindringt und ihn voller im Leben verwirklicht"[6].

Zwei Probleme tauchen hier auf und münden in ein und dieselbe Frage:

einmal artikuliert sich der *sensus fidei* immer als *sensus fidelium*, also im Plural und darum notwendig in der Pluralität der Zeugnisse. Der Grund liegt in der persönlichen Signatur des Glaubens, der um seiner Authentizität willen stets

---

[1] So im Entwurf zur (zweiten) Kirchenkonstitution des I. Vatikanum: NR 394.
[2] Zum Glaubensverständnis des Zweiten Vatikanischen Konzils vgl. den Kommentar zu *Dei Verbum* 5 (HThK Vat.II, Bd. 3, 745–748); Scheer, Der Begriff des Glaubens 7–186.
[3] Vgl. Böttigheimer, Mitspracherecht der Gläubigen in Glaubensfragen.
[4] Vgl. Schaeffler, Die religiöse Erfahrung 22.
[5] „Wir kennen das Ereignis nur in der Weise, wie es erfahren wurde, und die Erfahrung nur in der Weise, wie sie bezeugt wurde." (Schaeffler, Die religiöse Erfahrung 27).
[6] So die zuständige Subkommission der Theologischen Kommission 1964 (AS III/1, 199). Das Konzil spricht in LG 12 vom Glaubenssinn des ganzen Gottesvolkes. – Zum *sensus fidei/fidelium* vgl. Beinert, Bedeutung und Begründung des Glaubenssinns; Vorgrimler, Vom ‚sensus fidei' zum ‚consensus fidelium'; Fries, Sensus fidelium; Beinert, Der Glaubenssinn der Gläubigen; Ohly, Sensus fidei fidelium.

„vermittelt ist durch die schöpferische Freiheit des Menschen, der, im Glaubensgehorsam sich beugend, zugleich die ganze Fülle seiner eigenen Freiheitserfahrungen, seiner Denkmöglichkeiten, seiner kulturellen und geistigen Reichtümer in den Glauben und sein Überlieferungsgeschehen einbringen darf"[7]. Der *sensus fidelium* entlässt aus sich die Frage nach dem *consensus fidei*.

Auch von einer zweiten Seite her stellt sich diese Frage: Die dem in der Begegnung mit dem Evangelium Jesu Christi erfahrenen Anspruch angestrebte Entsprechung im Zeugnis kann nie in vollgültiger Weise gelingen; allein in den Heiligen erkennen wir eine asymptotische Annäherung der Antwort auf das erfahrene Angesprochen-Sein, die diesem Anspruch gerecht zu werden versucht.[8] Darum kann auch die Autorität in voller Maßgeblichkeit allein der im Glauben erfahrenen Wirklichkeit Gottes zukommen, nicht aber in gleicher Weise dem Zeugnis, das von dieser Wirklichkeit eher stammelnd und in immer neuen Anläufen Auskunft zu geben sucht.[9]

Die Identität des christlichen Glaubens steht auf dem Spiel, wenn dieser Glaube sich in einer Pluralität von Zeugnissen artikuliert, deren Harmonie nicht sogleich ins Auge springt, und wenn diese Zeugnisse zudem hinter dem zurückbleiben, was sie eigentlich zu sagen beanspruchen. Aber um gerade diese Identität muss es der Kirche gehen, will sie nicht zu einem ‚eingetragenen Verein' mutieren. Die Kirche ist in den *consensus fidelium* verwiesen, auf einen Weg der Vergewisserung, bis Glaubensaussagen und -gestalten Anerkennung finden können als Ausdruck authentisch christlicher Glaubenserfahrung. Dabei ist wichtig zu sehen, dass hier nicht nur Fragen der Lehre auf die Tagesordnung kommen, sondern auch praktische und strukturelle: Es gibt nicht nur dem Evangelium mehr oder weniger angemessene Glaubensaussagen, sondern auch gegenüber diesem Evangelium mehr oder weniger stimmige Sozialgestalten, in denen die Kirche sich in ihrer evangelisierenden Sendung den Menschen präsentiert. Diese Gestalt kann nicht schon immer für immer feststehen, sie muss gesucht, gefunden und durchgesetzt werden – und kann auch verfehlt werden.

Die Frage der Identität ist es folglich, die auf der Suche nach einem Konsens zunächst eine gewisse Zurückhaltung gebietet gegenüber einer angesichts der ‚wahren Gleichheit' aller Glieder der Kirche naheliegenden Orientierung an demokratischen Modellen der Meinungsbildung und Entscheidungsfindung.[10] Die Kirche kann ihre Identität nicht wie eine Gesellschaft ‚er-finden', sie muss sie finden, weil sie ihr vorgegeben ist; sie kann nicht fragen, wer sie sein will[11], sondern nur, wer sie sein soll. Sie muss in Kontinuität zu ihrem bleibend normativen

---

[7] Hünermann, Nachdenkliches zu einer Rede von Joseph Kardinal Ratzinger 307.
[8] Vgl. Balthasar, Theologie und Heiligkeit.
[9] Vgl. Rahner, Der Glaube des Christen und die Lehre der Kirche.
[10] Historisch war das Misstrauen der Kirche gegenüber der demokratischen Staatsform anders motiviert. – Wenige Jahre nach dem Konzil gab es heftige Diskussionen über eine mögliche Demokratisierung der Kirche: vgl. Rahner, Demokratie in der Kirche?; Alberigo, Ekklesiologie und Demokratie; Ratzinger – Maier, Demokratie in der Kirche; Themenheft „Demokratisierung der Kirche": Conc(D) 7 (1971) H. 3.
[11] Vgl. Habermas, Können komplexe Gesellschaften eine vernünftige Identität ausbilden?; Sartori, Demokratietheorie.

Ursprung im Evangelium Jesu Christi mit seinen Provokationen, Verheißungen und seinem Anspruch, in Treue zu ihrer ‚großen Geschichte' (Lyotard) nach dem jeweils reinsten und am wenigsten missverständlichen Ausdruck dieses Evangeliums suchen und nach der am meisten transparenten und förderlichen Gestalt ihrer Evangelisierung.

An diesem Suchprozess nun sind aber alle mit dem im Glauben wurzelnden und durch Gottes Geist geweckten und bestärkten „sensus fidei" Begabten zu beteiligen; denn „es sind der gelebte Glaube der Gläubigen und ihre Orthopraxis, die den ‚konkreten Katechismus', die unablässige und unersetzbare Bezeugung und Vergegenwärtigung der Menschenfreundlichkeit des Evangeliums darstellen"[12]. Die in einem Leben aus dem Glauben gewachsene spirituelle Kompetenz muss in ihrer ursprünglichen Stimme zu Wort kommen können und zu Gehör und ins Gespräch gebracht werden auf dem Weg hin zu einem *fidelium consensus fidei*.

2. Konsens und Kooperation

Vier Momente scheinen im Blick auf einen solchen Konsensfindungsprozess und eine ehrliche Kooperation im Auftrag der Evangelisierung von besonderer Bedeutung: eine Öffentlichkeit in der Kirche, ein sensibles Zusammenwirken aller Gläubigen, des kirchlichen Lehramtes und der Theologie, die Bindung aller an das Zeugnis der Schrift und der Tradition der Kirche sowie schließlich eine Strukturierung der Verantwortlichkeiten im Sinne des Subsidiaritätsprinzips.

Die Kirche tat und tut sich schwer mit der für die Moderne konstitutiven *Öffentlichkeit*[13] im eigenen Bereich. Erst nachdem das Konzil mit der Erklärung der ‚wahren Gleichheit' aller Glieder der Kirche Abschied genommen hat von einer Tradition hierarchisierter Kommunikation, in der die Laien nur als Sprachrohr oder aber Echo der Hierarchie in den Blick gekommen waren, zeichnet sich der Schritt „vom Kommunikationsprivileg zum Privileg der Kommunikation" (M. Kessler) ab. *Dei Verbum* einleitend bestimmt sich das Konzil als eines, das

---

[12] Alberigo, Ekklesiologie und Demokratie 365. Vgl. Wiederkehr (Hg.), Der Glaubenssinn des Gottesvolkes; Koch (Hg.), Mitsprache im Glauben?; Themenheft „Die Lehrautorität der Gläubigen": Conc(D) 21 (1985) H. 4; Scharr, Consensus fidelium.
[13] Zur Kategorie der Öffentlichkeit vgl. Habermas, Strukturwandel der Öffentlichkeit. – K. Rahner beschreibt die Mentalität, die sich mit einer öffentlichen Meinung in der Kirche schwer tut: „Ihre Autorität ist nicht von Volkes, sondern von Christi Gnaden; sie beruht letztlich nicht auf Wahl von unten, sondern auf Investitur von oben; die Gesetze ihres Handelns sind in ihrer bleibenden und unveränderlichen Verfassung gegeben, die ihr von ihrem Herrn eingestiftet wurde; sie ist in ihrem eigentlichen Wesen trotz all ihrer Geschichtlichkeit, Entwicklung und Überantwortung an äußere weltliche Mächte nicht das Ergebnis der veränderlichen Mächte der profanen Geschichte, sondern die einmalige und bleibende Stiftung des Herrn bis zum Ende der Zeiten; sie empfängt die letzten und entscheidenden Antriebe ihres Handelns in den wechselnden Situationen der Geschichte, in der sie lebt, nicht von den Menschen, sondern von dem Geist, der ihr als ihr bleibendes und sie stets aufs neue belebendes Prinzip für immer verheißen ist." (Das freie Wort 8).

„Gottes Wort ehrfürchtig hört und getreu verkündet" (Dei verbum religiose audiens et fidenter proclamans). Daraus erwächst Sprachfähigkeit in der Kirche. Etwas zu sagen hat, wer aus der Begegnung mit dem Evangelium Gottes kommt und diese Erfahrung zur Sprache zu bringen versucht. Sprachkompetenz resultiert aus solcher Erfahrung und begründet eine prinzipiell symmetrische und öffentliche Kommunikation. Die Kirche wird zu einer Kommunikations- und Verständigungsgemeinschaft[14], zumal die Grundwirklichkeit und das Grundgeschehen, dem sie sich verdankt, selbst Kommunikationscharakter hat. Glaubenserfahrung wie Glaubensfreiheit begründen die mündige Teilnahme am kirchlichen Kommunikationsgeschehen, die Teilnahme wiederum setzt Kenntnis und Kompetenz, also Bildung voraus wie auch die Transparenz des Austauschs[15] und impliziert eine Pluralität der Meinungen[16] wie auch den Dialog[17].

Ein tragfähiger Konsens über die Wahrheit des Glaubens und den Weg der Kirche erfordert zweitens ein *Zusammenwirken aller Gläubigen* mit der Autorität des kirchlichen Lehramts wie auch der Theologie[18], setzt eine Kommunikation voraus, in der das Lehramt als besonderer Anwalt des „consensus fidei" bzw. „Instanz der Vergewisserung"[19] „die Wahrheitsfindung dem Wirken des Heiligen Geistes in den vielen öffnet und so den Beitrag ihres Glaubens zu Wort kommen lässt"[20]; eine Kommunikation, in der die Theologie im Blick auf die Tradition der Kirche wie im Gespräch mit dem zeitgenössischen Denken den Geltungsanspruch einer Wahrheit bzw. der Richtigkeit eines Weges argumentativ einzulösen versucht[21]; eine Kommunikation schließlich, in der das Lehramt den Konsens fest-

---

[14] Vgl. Zirker, Ekklesiologie 126–167.
[15] Papst Johannes Paul II. sprach gar von der Kirche als einem „Haus aus Glas" (casa di vetro); vgl. Johannes Paul II., Durante l'udienza giubilare nell'Aula della Benedizione. Ai giornalisti: siamo compagni di viaggio nel servizio di pace tra gli uomini (27 gennaio), in: Insegnamenti di Giovanni Paolo II, Bd. VII/1: 1984 (gennaio – giugno), Città del Vaticano 1984, 172–180, 178.
[16] Nachdem Pius XII. 1950 über „die öffentlichen Meinungen im Schoß der Kirche (natürlich in den Dingen, die der freien Diskussion überlassen sind)" erklärte, „es würde etwas in ihrem Leben fehlen, wenn in ihr die öffentliche Meinung mangelte" (zit. n. Rahner, Das freie Wort 9), bekennt sich die nachkonziliare Pastoralinstruktion *Communio et progressio* (1971) ausdrücklich zum Öffentlichkeitsprinzip – in der Gesellschaft wie in der Kirche: Es müsse „jeder Gläubige das Recht und die Möglichkeit haben, sich über alles zu informieren, was notwendig ist, um im Leben der Kirche eine aktive Rolle zu übernehmen" (Nr. 119): AAS 63 (1971) 593–656, 636.
[17] Vgl. Fürst (Hg.), Dialog als Selbstvollzug der Kirche?
[18] Zum Verhältnis Lehramt – Theologie – „sensus fidei/fidelium" vgl. Seckler (Hg.), Lehramt und Theologie; Kern (Hg.), Die Theologie und das Lehramt; Böttigheimer, Lehramt, Theologie und Glaubenssinn.
[19] Wiederkehr, Sensus vor Consensus 203.
[20] Pottmeyer, Mitsprache der Gläubigen 145. Pottmeyer fährt a. a. O. fort: „Ein Lehramt, das den Glaubensdialog anstiftet, ihn anleitet und zu seiner Klärung im Licht des Evangeliums beiträgt, ist sogar notwendiger denn je. Denn eine größere katholische Pluralität lässt sich nur in einer Kirche verwirklichen, in der es eine anerkannte und wertgeschätzte lehramtliche Autorität gibt, die die Gemeinschaft der Glaubenden zusammenführt und ihrem Zerfall wehrt – eine Gefahr, die zweifellos bei größerer Pluralität gegeben sein kann." (146) – Böckenförde stellt fest: „Es fehlt bisher ein kirchenrechtlich garantierter Rahmen, in dem sich der sensus fidelium artikulieren kann, um mit den Charismen der Amtsträger zum consensus Ecclesiae zusammenzuwachsen." (Statement 210 f.).
[21] Das sensible Verhältnis zwischen Theologie und Lehramt ist nicht selten von Irritationen be-

stellt, in doppeltem Sinn: erhebt wie – in gestufter Verbindlichkeit[22] – affirmiert.[23] „Der jeweilige verbindliche Glaubensausdruck gewinnt dadurch die Gewähr seiner authentischen Zugehörigkeit zu der Geschichte Gottes mit den Menschen, dass er – in *Schrift* und *Tradition* wurzelnd – Ausdruck des subjekthaft vollzogenen sensus fidelium, Resultat theologischer Aufarbeitung des Zeugnisses der *Väter* und *Theologen* und sanktionierte, vom *Amt* verbindlich proklamierte Glaubensaussage ist."[24]

Seit den Zeiten der Alten Kirche steht im Synodalwesen, entstanden im 2. Jahrhundert, ein erprobtes Medium zur Ermittlung eines Konsenses über Glaubenswahrheiten und Weichenstellungen innerhalb der Kirche, auch zur Konfliktlösung im Sinne der Wiedergewinnung eines Konsenses zur Verfügung.[25] CD 36 will „die ehrwürdigen Institutionen der Synoden und Konzilien mit neuer Kraft aufblühen" sehen. Synoden sind ein Ort der Begegnung und Beratung, der Betroffene und Verantwortliche beteiligt. Die vom Konzil angestoßenen Räte auf Diözesanebene – Priesterrat, Apostolatsrat und Pastoralrat – sind in ihrer gegenseitigen Zuordnung nicht besonders gut durchdacht; was sie aber alle verbindet, ist die Intention, den ‚einsamen' Bischof in die Beratung mit denen zu bringen, die mit ihm sich bewusst und aktiv dem Auftrag der Evangelisierung verpflichtet wissen – eine Intention wohlgemerkt, die von den Bischöfen selbst stammte.

Synoden zielen traditionellerweise auf Einmütigkeit und wollen Kampfabstimmungen und knappe Mehrheiten vermeiden – das II. Vatikanum war selbst ein sehr gutes Beispiel dafür; der vornehmste Grund hierfür liegt in der respektvollen Demut, die weiß, dass nicht nur aus mir der Heilige Geist spricht – und aus mir auch nicht nur der Heilige Geist.

Damit in einem synodalen Zusammenspiel der Glieder der Kirche auch den Laien entscheidende Bedeutung zukommen könnte, ist wohl zuerst eine Frage des Stils oder des Respekts, den ihre Kompetenz mit ihrem Gewicht erfährt, nicht unbedingt eine des beratenden oder aber entscheidenden Stimmrechts. Wenn

---

lastet; vgl. die römische „Instruktion über die kirchliche Berufung des Theologen" (1990) und dazu auf der einen Seite Hünermann – Mieth (Hg.), Streitgespräch um Theologie und Lehramt, auf der anderen Ratzinger, Zur ‚Instruktion über die kirchliche Berufung des Theologen'; vgl. auch die Auseinandersetzungen um die „Professio fidei" und den „Treueid": vgl. Kongregation für die Glaubenslehre, Lehramtliche Stellungnahmen; Schmitz, „Professio fidei"; Glaubensbekenntnis und Treueid; Hünermann, Weitere Eskalation?; Lüdecke, Ein konsequenter Schritt.

[22] Vgl. Beinert – Riedel-Spangenberger, Lehramt, kirchliches; Beinert, Kirchliches Lehramt.
[23] A. Stock zeichnet das sich aus dem das I. Vatikanum bestimmenden ‚instruktionstheoretischen' Offenbarungsverständnis ergebende Lehramts-Modell: „In der Kirche als *societas perfecta* besitzt der Papst die *suprema potestas iurisdictionis*. Die Heilige Schrift ist *lex divina*; sie ist das *corpus iuris divini*, das die zur *salus hominum* notwendigen, von Gott geoffenbarten Glaubens- und Sittenlehren enthält. Die *salus hominum* ist gemäß dem Axiom *extra ecclesiam nulla salus* mit dem Sozialisiertsein in die Kirche identisch. Interpretation der Bibel ist ein jurisdiktioneller Akt. Rechtsverbindlich kann selbstverständlich nicht der wissenschaftliche Theologe auslegen, sondern nur der, der das entsprechende Rechtsmandat hat, das von Gott sein muß, weil es um die Interpretation der *lex divina* geht." (Stock, Überlegungen zur Methode 95).
[24] Hünermann, Tradition 62.
[25] Vgl. Kessler, Das synodale Prinzip; Alberigo, Synodalität; Heinemann, Demokratisierung der Kirche; kanonistisch: Aymans, Das synodale Element; Neumann, Synodales Prinzip; Gerosa, Rechtstheologische Grundlagen; Puza, Das synodale Prinzip.

auch die Synoden der frühen Kirche Bischofssynoden waren, wie die Unterschriftslisten zeigen, ist doch auch die Teilnahme von Presbytern, Diakonen und Laien überliefert. Nachdem die Laien dann innerhalb der Kirche zu wirklichen Laien, zu unbedarften Bedürftigen geworden waren, erübrigte sich eine solche Teilnahme von selbst. Gleichzeitig darf an den großen Einfluss der Theologen erinnert werden, denen über die Beratung der Bischöfe und ihre Mitarbeit in den Kommissionen ein überaus großer Beitrag an den Entscheidungen des Zweiten Vatikanischen Konzils zugeschrieben werden darf. Und nicht zuletzt sollte nicht in Vergessenheit geraten, dass das Konzil in seinen Beratungen über das Dekret über die Hirtenaufgabe der Bischöfe ausdrücklich die Möglichkeit eröffnet hat, dass in Zukunft auch wieder Laien an der Wahl von Bischöfen beteiligt werden könnten.[26] – Alles in allem harrt aber Cyprian von Karthagos „*nihil sine episcopo – nihil sine consilio vestro – nihil sine consensu plebis*"[27] – nach Joseph Ratzinger „das klassische Modell kirchlicher ‚Demokratie'"[28] – noch der befriedigenden ‚Instrukturierung'.

Synoden und Konzilien waren in der Kirchengeschichte immer auch Medien der Konfliktregelung. Konfliktfrei kommt auch in der Kirche ein Konsens nicht zustande, und konfliktfrei geschieht auch in der Kirche keine Kooperation – und dies nicht allein wegen der auch in der Kirche wirksamen Sünde, die sie zu einer ständigen Umkehrgemeinschaft werden läßt; Konflikte resultieren schon aus den notwendig unterschiedlichen subjektiven Perspektiven, die ein und denselben Sachverhalt unterschiedlich sehen und beschreiben lassen und so zu Missverständnissen Anlass geben, ebenso aus den unvermeidlich unterschiedlichen Einschätzungen und Bewertungen, die zu wenigstens zunächst verschiedenen Urteilen führen. Man muss nicht an ‚Apostasie', ‚Schisma' oder ‚Häresie', die gravierendsten Konfliktsituationen im Leben der Kirche, denken; auch ‚alltäglichere' Meinungsverschiedenheiten, die, weil es sich um ‚Glaubensmeinungen' handelt, immer Verschiedenheiten in Überzeugungen sind, in denen nicht leicht über den eigenen Schatten zu springen ist[29], bedürfen transparenter und akzeptierter Regelungsmechanismen. Den Idealfall beschreibt R. Schaeffler in den Ostererzählungen, die zwangsläufig von verschiedenen Ostererfahrungen auf unterschiedliche Weise berichten, in denen die jeweils Erzählenden aber in den Berichten der jeweils anderen die eigene Erfahrung wiedererkennen und so ehrlich und herzhaft zustimmen können: „Weil jeder sagt, was kein anderer an seiner Stelle sagen könnte, und weil gleichwohl von der gleichen Wirklichkeit die Rede ist, die von allen bezeugt wird, bekommt jeder etwas zu hören, was ihn in seiner Erfahrung betrifft und was dieser seiner eigenen Erfahrung doch erst als die Bewährungsprobe ihrer Objektivität dienen kann."[30]

---

[26] Vgl. den Kommentar zu CD 20 in: HThK Vat.II, Bd. 3, 273.
[27] Ep. 14,4 (CSEL 3/2, 512, 17–19: „nihil potui, quando a primordio episcopatus mei statuerim nihil sine consilio uestro et sine consensu plebis mea priuatim sententia gerere"). Mit den *uestri* sind die Presbyter gemeint.
[28] Ratzinger, Demokratisierung der Kirche? 44.
[29] Vgl. Joas (Hg.), Was sind religiöse Überzeugungen?; ders., Die Entstehung der Werte.
[30] Schaeffler, Die Kirche als Erzähl- und Überlieferungsgemeinschaft 210.

Der Auftrag der Evangelisierung

Das im Prinzip der Synodalität wirksam werdende Kriterium horizontalen, synchronen Konsenses ist immer zusammengedacht mit einem vertikalen, diachronen Konsens[31], ja, der „vertikale Konsens gibt dem horizontalen seine durchgängige Kraft"[32]. Damit ist das dritte Moment genannt: die *Bindung an die Schrift und die Tradition* der Kirche. Ein aktuelles Glaubenszeugnis muss nicht den Tausenden von Zeugnissen in der Kirchengeschichte nachgesprochen sein, wohl aber muss es, will es als Artikulation einer authentischen Begegnung mit dem Evangelium Jesu Christi anerkannt werden, in Einklang zu bringen sein mit der Tonart, in der die Schrift gestimmt ist, in der aus der Geschichte das Urzeugnis des eschatologischen Christusereignisses überkommen ist, in dem das letzte Wort gesagt ist, das endgültige Evangelium, mit dem christliche Identität steht und fällt. Ein aktuelles Glaubenszeugnis wird auch die Tradition im Ohr haben in ihrer Fülle von geschichtlich bedingten, immer wieder neuen Anläufen, den rechten Ton zu treffen in der Beschreibung und Reflexion der geheimnisvollen, gnadenhaft gewährten und im Glauben ergriffenen Nähe Gottes und seines Evangeliums unter den Menschen. Das Zeugnis jedes Glaubenden, jeder geschichtlichen Epoche und Kultur wird, sosehr es bemüht ist, am angemessenen Text einer neuen Strophe mitzuschreiben, Modulationen zu vermeiden suchen, denn die Melodie steht unter dem Vorzeichen *eines* Kreuzes, und das muss so bleiben.[33]

Tradition des christlichen Glaubens geschieht als jeweils aktuelle Evangelisierung, als Perichorese von ‚ressourcement' und ‚aggiornamento'. Glaubende werden in den Denk- und Sprachmöglichkeiten der eigenen Zeit und Kultur, sozusagen ‚auf der Höhe der Zeit' die Begegnung mit dem Evangelium Jesu Christi zu verstehen und anderen verständlich zu machen suchen. Und gerade weil sie sich der Begrenztheit und Befangenheit der eigenen Perspektive bewusst sind – auch wenn sie diese selbst nicht bis ins Letzte durchschauen –, werden sie kritisch auch gegenüber der Tradition stehen, deren jeweils geschichtliches Glaubenszeugnis es in seiner Authentizität wohl zu würdigen, aber nicht einfach nur zu repetieren gilt.

Für die soziale Gestalt der Kirche ist schließlich viertens das *Subsidiaritätsprinzip* von besonderer Bedeutung. Die Katholische Soziallehre hat in der Enzyklika *Quadragesimo Anno* (1931)[34] einen ethischen Grundsatz formuliert, der die Zuordnung von Zuständigkeiten, Aufgaben und Befugnissen in komplexeren sozialen Einheiten betrifft.

„Er besagt erstens, daß die Vielfalt der sich von unten her aufbauenden sozialen Einheiten in ihrer Eigenfunktion zu respektieren und zu bewahren ist, wo immer und solange diese sich gegenüber dem, was die ihnen übergeordnete Steuerungsinstanz zu leisten vermag, als die kompetenteren bewähren. Er enthält zweitens für den Fall, daß das Tätigwerden der übergeordneten Handlungseinheit erforderlich erscheint, eine Option für die jeweils scho-

---

[31] Vgl. Sieben, Konzilsidee 307.
[32] Sieben, Konzilsidee 313.
[33] Zu weiteren, sekundären „loci theologici" vgl. jetzt Hünermann, Dogmatische Prinzipienlehre.
[34] KAB Deutschland (Hg.), Texte zur katholischen Soziallehre 91–152.

nendere Form des Eingriffs, die zunächst nicht auf die Übernahme von Kompetenzen abzielt, sondern darauf, durch Hilfestellung (lat. *subsidium*) die Funktionsfähigkeit der kleineren Lebenskreise zu stärken und wiederherzustellen."[35]

Es hat Zeit gebraucht, bis sich die Einsicht durchgesetzt hatte, dass das Subsidiaritätsprinzip auch in der Kirche Geltung beanspruchen darf für die Ordnung der Zuständigkeiten im Rahmen kirchlicher Leitungsstrukturen.[36] 1946 hat Pius XII. in einer Ansprache an neu ernannte Kardinäle erstmals behutsam, ausgehend von Eph 4,14: Christen sollten keine „unmündigen Kinder" sein, das Subsidiaritätsprinzip zitiert und auf die Kirche angewandt: „Wahrhaft leuchtende Worte, die für das soziale Leben in allen seinen Stufungen gelten, auch für das Leben der Kirche", um sogleich fortzufahren: „unbeschadet ihrer hierarchischen Struktur (servata eius structura hierarchica)".[37]

Blickt man auf das Konzil, so ist explizit lediglich dreimal von Subsidiarität die Rede, jedesmal in nicht-kirchlichem Kontext (GS 86; GE 3.6). In der Diskussion über das Laienapostolat argumentierte der damalige Münsteraner Bischof Joseph Höffner ausdrücklich mit dem Subsidiaritätsprinzip, allerdings nicht ohne auch abschließend wiederum Pius XII. zu zitieren: „unbeschadet immer der hierarchischen Struktur der Kirche".[38]

Damit ist eine Verlegenheit oder auch ein Unbehagen benannt. Die legitime Sorge um die Einheit und der Respekt vor der evangelisierenden Kompetenz aller Getauften können konkurrieren. Das Konzil gibt für ein geordnetes Zusammenwirken aller im „munus regendi" die Perspektive vor: Christus will, dass – wie er – auch seine Jünger „in königlicher Freiheit stehen" (LG 36); Verheißung und Auftrag sehen die Konzilsväter darin: „Alles ist euer, ihr aber seid Christi, Christus aber ist Gottes" (1 Kor 3,23). In solcher Souveränität sind sie Glieder des Reiches Gottes und diesem in der Welt verpflichtet als dem Reich der Wahrheit und des Lebens, dem Reich der Heiligkeit und der Gnade, dem Reich der Gerechtigkeit, der Liebe und des Friedens.

Fruchtbar und ‚erfolgreich' kann alles Bemühen um Konsens und Kooperation der Glieder der Kirche im gemeinsamen Ministerium der Evangelisierung letztlich nur sein, wenn sich in allem Bemühen das Bewußtsein lebendig bleibt, daß es im Glaubensdialog zwischen Dissens und Konsens immer um ein geistliches Geschehen geht:

„Dieses Bewusstsein zeigt sich, wenn die Alte Kirche das Gelingen eines Glaubenskonsenses als Wunder des Heiligen Geistes preist, oder auch in der Liturgie der Konzilien. Es geht nicht nur darum, auf das Wort Gottes in der Heiligen Schrift und in seiner Überlieferung durch die Kirche zu hören, sondern wahrzunehmen, was Gott der Kirche heute im heiligen Geist sagen und wozu er sie heute bewegen will. Das schließt die Bekehrung der Herzen

---

[35] Baumgartner, Subsidiarität 1076.
[36] Vgl. Nell-Breuning von, Subsidiarität; Kasper, Geheimnischarakter; Furger, Subsidiaritätsprinzip; Stegmann, Subsidiarität in der Kirche; Kerber, Geltung des Subsidiaritätsprinzips. – dagegen: Beyer, Subsidiaritätsprinzip.
[37] Vgl. Freiling, Das Subsidiaritätsprinzip 88f.
[38] AS I/1, 630.

vom Beharren auf eigenem Meinen und Wollen zu der Bereitschaft ein, den ‚anderen' – Gott – und die ‚anderen' – die Mitglaubenden – ernstzunehmen – eben genau das, was Dialog heißt. Zur Wahrheit des Glaubens gehört nicht nur die Wahrheit des Inhalts, sondern auch die Wahrheit des Weges, auf dem diese gefunden und angenommen wird."[39]

---

[39] Pottmeyer, Mitsprache der Gläubigen 147.

IV. Im Dienst am Dienst der Evangelisierung

von Guido Bausenhart

Das dritte Kapitel der Dogmatischen Konstitution über die Kirche – das über ‚die hierarchische Verfassung der Kirche, insbesondere das Bischofsamt' – wird eingeleitet durch ein Prooemium, das auf dem Konzil selbst ‚geboren' wurde;[1] es markiert wie eine Präambel die Eckdaten zur Bestimmung der *ministeria* der Kirche:

„Christus, der Herr, hat, um das Volk Gottes zu weiden und ständig zu mehren, in seiner Kirche verschiedene Dienste eingesetzt, die sich auf das Wohl des ganzen Leibes richten. Denn die Diener, die über heilige Vollmacht verfügen, dienen ihren Brüdern, damit alle, die zum Volk Gottes gehören und sich daher der wahren christlichen Würde erfreuen, zum Heil gelangen, indem sie frei und geordnet auf dasselbe Ziel hin zusammenwirken." (LG 18,1)[2]

Diese „ministeria" sind gekennzeichnet durch ihre fundamentale Bindung an den „populus Dei" bzw. das „corpus Christi" als die soziale Einheit, die dynamisch (augendum) und so implizit auch geschichtlich verstanden wird und als deren Funktion dieser Dienst gilt (inserviunt). Die „ministri" stehen *in* der Kirche (in Ecclesia sua) und wirken in Relation zu ihr. Diese Relation ist eine zu Schwestern und Brüdern (fratribus), näher qualifiziert durch die allen (omnes) in der Kirche gemeinsame „vera dignitas christiana", also dadurch, dass die „ministri" auch selbst zum „populus Dei" gehören (qui de Populo Dei sunt): „Les ministres disposent d'un pouvoir véritable (potestas), mais qui les constitue serviteurs de leurs frères. S'ils en arrivaient à regarder ceux-ci, non comme des collaborateurs, mais comme de purs subordonnés, ils léseraient gravement la vraie dignité chrétienne des baptisés."[3] Auf deren Freiheit (libere) wird besonders hingewiesen. Die Hirtenaufgabe (pascendum) der „ministri" gehorcht einer Finalität (finis), ist gerichtet (tendunt) auf das Wohl der ganzen Kirche (ad bonum totius corporis) und zielt auf das Heil (ad salutem). Die Bedeutung des Heils für den „populus Dei" und seine Glieder bestimmt auch den Hirtendienst. Der hat es nicht mit passiven Rezipienten zu tun: Aus dem ‚ad salutem perducuntur' des Schemas von 1963 wird schließlich ‚ad salutem perveniant'. Der Hirtendienst begegnet in LG 18 als

---

[1] Vgl. Alberigo – Magistretti, Synopsis Historica 77,7–31. – Zur Textgeschichte vgl. auch Betti, La Dottrina sull'episcopato 85 f.122–125.242–245.
[2] „Christus Dominus, ad Populum Dei pascendum semperque augendum, in Ecclesia sua varia ministeria instituit, quae ad bonum totius corporis tendunt. Ministri enim, qui sacra potestate pollent, fratribus suis inserviunt, ut omnes qui de Populo Dei sunt, ideoque vera dignitate christiana gaudent, ad eundem finem libere et ordinatim conspirantes, ad salutem perveniant." (LG 18,1) – Vgl. zum Folgenden Bausenhart, Amt 227–297, woraus ich differenzierte Anleihen machen werde.
[3] Philips, L'Église et son mystère I, 225.

institutionalisierter und so als Amt, das seine Aufgabe geregelt (ordinatim) und in übertragener Vollmacht (potestas) erfüllt. Er wird darüber hinaus im Plural formuliert (ministeria); d.h. der Text rechnet mit Varianten (varia) des einen Dienstes am selben Ziel (ad eundem finem) des Volkes Gottes, dass es einer Vielfalt von ‚Dienstämtern' bedarf, damit die Kirche ihre vor- und aufgegebene Bestimmung erreichen kann. Die Einsetzung durch Christus (Christus Dominus instituit) legitimiert die Autorität solcher „ministeria" und qualifiziert die Vollmacht und damit den Dienst sakramental (sacra potestas): Der „populus Dei" wiederum erfährt den Dienst der „ministri" als Unterstützung in seinem Streben (conspirantes), in der Begegnung und Gemeinschaft mit seinem Herrn zum Heil (salus) zu finden, so dass es sich in Freiheit (libere) deren Wirken aussetzt, deren Wirksamkeit sucht und die „ministeria" wiederum darin Anerkennung und Legitimierung erfahren.[4]

Das Konzil nimmt bei der Bestimmung des kirchlichen Amtes Maß am Bischofsamt (LG 21,2), und das kirchliche Amt wird konsequent als Dienst (ministerium) beschrieben. Die Väter veränderten den Text des Kirchenschemas von 1963, wonach einige nach dem Willen Christi über die anderen gestellt seien (super alios constituuntur), und ersetzten das „super alios" durch „pro aliis",[5] damit „der Dienst besser zum Ausdruck käme"[6]. Dann gehört aber die Relation zum „populus Dei" wesentlich zur Bestimmung des Amtes und tritt nicht erst sekundär hinzu. Im Mittelalter hatte sich diese Beziehung gelockert bzw. verändert: Mittelalterliche, im Rahmen der Christologie verhandelte Ekklesiologie sieht die Kirche als Resultat des Gnadenhandelns Christi, der als erhöhter Herr seine Kirche über die Sakramente, besonders die Eucharistie – das „corpus Christi reale/ verum" –, als „corpus Christi mysticum" aufbaut.[7] Das Amt findet in diesem Kontext seinen Ort im Dienst der der Kirche vorgeordneten Sakramente, denen diese sich erst verdankt, wiederum besonders der Eucharistie.[8] Erst über diesen Dienst an den Sakramenten und als solcher wird das amtliche Handeln auch Dienst an der Gemeinde bzw. Kirche[9]. Die „potestas conficiendi corpus eucharisticum" legitimiert dann auch die Vollmacht über das „corpus mysticum" und macht im Blick auf die Sakramente eine einlinige Spender-Empfänger-Logik

---

[4] LG 18,1 bewegt sich auf der Linie von Eph 4,11, wenn auch im Text selbst der Hinweis darauf getilgt wurde.
[5] Vgl. Alberigo – Magistretti, Synopsis Historica 168,42.
[6] So die Relatio (vgl. AS III/1, 283: „ut melius indicetur ministerium seu diakonia"). M. Löhrer weist darauf hin, dass das hierarchische Amt gerade in der Gegenüberstellung zum gemeinsamen Priestertum (LG 10) „als ‚Priestertum des Dienstes' bezeichnet wird, kommt doch in dieser Redewendung zum Ausdruck, daß das Amt für die Gemeinde und nicht umgekehrt da ist" (Löhrer, Die Hierarchie 12). – Vgl. Congar, Quelques expressions traditionelles.
[7] Zum stufenweisen, nach der Mitte des 13. Jh. vollzogenen Wandel des „corpus mysticum"-Begriffs vgl. de Lubac, Corpus Mysticum.
[8] Zur mittelalterlichen Amtstheologie vgl. Ott, Das Weihesakrament 40–111; Osborne, Priesthood 200–218.
[9] Thomas von Aquin, STh suppl. q.40 a.4 resp.: „Der Priester übt zwei Tätigkeiten aus: die hauptsächliche besteht darin, den wahren Leib Christi zu konsekrieren; und die zweitrangige darin, das Volk auf den Empfang dieses Sakramentes vorzubereiten." (DThA 32 [1985] 335 f.).

Im Dienst am Dienst der Evangelisierung

ebenso plausibel wie im Blick auf das Verhältnis der Amtsträger zu den anderen Getauften überhaupt ein Denken in (asymmetrischen) Kategorien der potestas.[10]

Unter zweierlei Hinsicht verstärkte das Konzil von Trient diese aus der Betonung des Sacerdotalen resultierende Asymmetrie:

Zum einen gelingt kein Konsens über das Bischofsamt und seine Begründung, die sich mit der Frage verbunden hatte, ob die jurisdiktionelle Überordnung des Episkopats positiven kirchlichen Rechtes sei mit dem Papst als deren Quelle oder aber iuris divini,[11] eine Frage wiederum, die sich an der dann vom Papst verbotenen Diskussion über die Residenzpflicht der Bischöfe und ihrer Begründung entzündet hatte,[12] also an der Frage nach der Bedeutung der Relativität und ekklesialen Einbindung des Amtes. „Die Ausklammerung der jurisdiktionellen Fragen aus dem Ordo-Dekret führte faktisch zu einem neuen Ordo-Verständnis, das ihn ausschließlich sakramental fasste und dieses kultisch-sazerdotal füllte, was das Konzil weder intendiert noch festgeschrieben hatte."[13]

Zum anderen: Der Kritik der Reformatoren an der kultischen Engführung des Amtsverständnisses begegnet das Konzil von Trient, indem es gerade die sacerdotale Sicht des kirchlichen Amtes unter der Terminologie des ‚sacerdos' bzw. ‚sacerdotium' nachdrücklich unterstreicht und die Vollmacht (potestas) betont, „den wahren Leib und das Blut des Herrn zu konsekrieren und darzubringen sowie die Sünden zu vergeben und zu behalten" (DH 1771).[14] Die positiv, nicht exklusiv formulierten und darum auch so zu verstehenden Konzilsentscheidungen entwickelten wirkungsgeschichtlich ein Eigenleben. Die den Reformdekreten implizite Theologie blieb weitgehend unberücksichtigt.[15]

So wird bis ins 20. Jh. gelten: „Der Priester ist der Mann der Sakramente. Entsprechend war der Geistliche Jahrhunderte lang in der ‚Mystik' eines Priestertums gebildet und erzogen, die weniger auf die ekklesiale Lebensfunktion der Eucha-

---

[10] Vgl. Thomas, STh suppl. q.34 a.1 resp. (DThA 32 [1985] 227). – Zur geschichtlichen und theologischen Entwicklung von der relativen zur absoluten Ordination, der damit einhergehenden Trennung von *ordo* und *iurisdictio* sowie der sacerdotalen Engführung des kirchlichen Amtes vgl. Bausenhart, Amt 239–257 (Lit.). Noch das von der vorbereitenden Theologischen Kommission für das Konzil entworfene Kirchenschema parallelisiert die Unterscheidung von Klerikern und Laien mit der von ‚Vorgesetzten und Untergebenen, Lehrern und Schülern (praepositi et subditi, magistri et discipuli)' (AS I/4, 14).

[11] Zum Verhältnis zwischen Episkopat und Presbyterat in der Geschichte und nach dem II. Vatikanum, untersucht entlang der Geschichte der Konzilstexte, vgl. Müller, Zum Verhältnis zwischen Episkopat und Presbyterat.

[12] Vgl. Jedin, Abschluß des Trienter Konzils 25–29; ders., Geschichte des Konzils von Trient IV/1, 210–270; IV/2, 50–79; Ganzer, Primatsauffassung.

[13] Freitag, Sacramentum ordinis 49.

[14] Zur engen Verbindung von *sacerdotium* und *sacrificium* ist zu beachten, „daß sich das Konzil gleichzeitig neben der ‚Doctrina de sacramento ordinis' fast immer auch mit dem ... ‚Dekret über das Meßopfer' ... beschäftigte und so ein sachlicher Konnex den Vätern immer nahelag" (Lehmann, Das dogmatische Problem 144).

[15] Beispielsweise die sich in der Residenzpflicht ausdrückende Pflicht zur Seelsorge; vgl. Lehmann, Das dogmatische Problem 147f. (Lit. a.a.O. 148, Anm. 30); Becker, Der priesterliche Dienst 107–109.

ristie als vielmehr auf die Konsekrations-‚Vollmacht' konzentriert war."[16] Damit entrückt der Priester als ‚alter Christus'[17] dem übrigen Volk Gottes in eine schier unüberbrückbare Distanz: „Zwischen einem Priester und einem gewöhnlichen rechtschaffenen Menschen soll ein Unterschied sein wie zwischen Himmel und Erde." (Pius X.)[18]

Die konziliare Bestimmung des kirchlichen Amtes vom Bischofsamt her löst es aus der exklusiven Bindung an die Sakramente und begründet es im Horizont der Ekklesiologie als Dienst in und an der Kirche. Die in der alten Kirche selbstverständliche Relativität des Amtes[19] wird rehabilitiert und jetzt als Relation zu Subjekten gleicher Würde in der einen „communio" entworfen. Damit sind zwei wesentliche Einsichten mitausgesagt:

– Das kirchliche Amt ist relativ, von der Kirche bzw. Gemeinde her und auf sie hin zu denken, dazu bestimmt, ihrem ministerium der Evangelisierung zu dienen. Denn die Sakramentalität betrifft und begründet das Bischofsamt und damit das kirchliche Amt in allen amtlichen Vollzügen (LG 21,2). Vom ersten Kirchenschema bis zum textus prior hatte es noch geheißen, nur die ‚potestas sanctificandi' werde im ‚Sacramentum Ordinis' übertragen; ihr sei die ‚potestas authentice docendi et gubernandi' (nur) eng verbunden (arcto vinculo). Nun betrifft und umgreift die Sakramentalität des kirchlichen Amtes auch die Verkündigung und den Leitungsdienst; die Sakramentalität des kirchlichen Amtes wird umfassend als pastorale Sakramentalität bestimmt.

– Dieser in der Gestalt der drei munera vollzogene Dienst ist ein sakramentaler, denn darin findet die Kirche als Grundsakrament, das sich dem Ursakrament Christus verdankt, zu ihrer Identität und vollzieht ihr von Gott geschenktes eigenes sakramentales Wesen. Die Angewiesenheit der Kirche auf dieses ministerium in ihr legitimiert es ‚horizontal' und ‚vertikal' in einem: als den Dienst, durch den die Kirche sich in ihr theologisches Wesen als Kirche Jesu Christi vermittelt erfährt, in dem sie das Wirken ihres Herrn erkennt, anerkennt und an sich geschehen lässt und so sie selbst bleibt und als sündige wieder zu werden sucht. Die Christuswirklichkeit und -wirksamkeit begründet in der geistgewirkten Erfahrung der Kirche die Sakramentalität des kirchlichen Amtes.

Das neue Verständnis der Kirche und aller Getauften als „communio" von Subjekten zwingt zu einem Verständnis des kirchlichen Amtes, das dem nicht nur Rechnung trägt, es vielmehr fördert und eben darin seine Bestimmung erfährt:

---

[16] Lehmann, Das dogmatische Problem 151 f. – Zur Amtstheologie und zum Priesterbild nach Trient vgl. Ott, Das Weihesakrament 128–184; Baumgartner, Der Wandel des Priesterbildes; Osborne, Priesthood 280–306; Zirker, Leben im Dialog 9–49; Brosseder, Das Priesterbild in der Predigt. – Zum Einfluss der ‚École francaise' auf das Priesterbild: Martelet, Deux mille ans d'église III, 157–174; Deville, L'École française; Osborne, Priesthood 285–288.

[17] Pius XI., *Ad catholici sacerdotii* (1935): „Ja, der Priester ist, wie man mit voller Berechtigung zu sagen pflegt, in der Tat ein zweiter Christus, weil er in gewisser Weise Jesus Christus selbst fortsetzt" (zit. n. Rohrbasser, Heilslehre 21).

[18] *Haerent animo* (zit. n. Rohrbasser, Heilslehre 85 f.).

[19] Von Ausnahmen (z. B. Johannes Chrysostomus) braucht hier nicht die Rede zu sein.

dass nämlich die Kirche als ganze wie in all ihren Gliedern in der vom Geist ermöglichten Nachfolge ihres Herrn seinem Gott als ihrem Gott begegne und in der Gemeinschaft mit ihm ganz sie selbst wird, zu ihrer geschenkten Identität findet. Der Wechsel in der Formulierung, wonach die Glieder des Volkes Gottes zum Heil nicht mehr ‚geführt werden (perducuntur)'[20], sondern ‚gelangen (perveniunt)'[21], signalisiert auch einen Wechsel in der Perspektive: In eigener – geschenkter – Kraft geht das Volk Gottes seinen Weg durch die Geschichte seiner eschatologischen Vollendung als Reich Gottes entgegen, in ‚ermächtigter Macht' leben die Glieder des Volkes ihre ‚Berufung zur Heiligkeit in der Kirche' (LG V). Das kirchliche Amt ist diesem theologisch bestimmten Subjektsein der Kirche und ihrer Glieder verpflichtet und erfährt eben darin seine tiefste Begründung.

Dass das Konzil die Sendung des ganzen Gottesvolkes in derselben Terminologie der drei *munera* beschreibt (AA 2) wie die Sendung der Amtsträger (LG 10–12), macht die Bestimmung der Differenz zwischen ‚Herde' und ‚Hirten' schwieriger, da die Herde subjekthaft als Volk Gottes gedacht wird, die Hirten selber dazugehören und doch in einer „oppositionellen Reziprozität"[22] zur Herde agieren. Ein Begriff des kirchlichen Amtes ist verlangt, der nicht nur nicht auf Kosten und zu Lasten der Gemeinde bzw. aller Getauften entworfen ist, der vielmehr gerade ‚proportional' dazu konzipiert ist: Amt und Gemeinde/alle Getauften stehen nicht in einem einseitigen Konstitutionsverhältnis, sondern in einem perichoretischen Verhältnis gegenseitiger Vermittlung. Beide realisieren sich ‚im Gleichschritt': Amt wird in dem Maße *Amt*, in dem Gemeinde *Gemeinde* wird; beide wachsen gleichzeitig und gleichmäßig auf ihre Vollgestalt hin. Konsequent schließt LG 32 dann auch mit dem Augustinus-Wort: „Für euch (vobis) bin ich Bischof, mit euch (vobiscum) bin ich Christ. Jenes bezeichnet das Amt, dieses die Gnade, jenes die Gefahr, dieses das Heil."[23]

Die Bestimmung der Differenz zwischen den Amtsträgern und den anderen Gliedern der Kirche darf man „nicht von der Frage nach besonderen, exklusiv dem ordinierten Priester zukommenden Vollmachten ausgehen." Auch der Sinn der Ordination leitet sich „nicht davon ab, daß sie etwas gibt, was sonst in der Kirche überhaupt nicht gegeben wäre. Ihr Sinn ist vielmehr, den der Kirche als ganzer gegebenen Auftrag als Sendung der Kirche zu vollziehen"[24]. Ein von drei Vätern eingebrachter Modus, wonach die Gleichheit bezüglich Berufung, Gnade, Würde besser zu unterscheiden sei von der Ungleichheit bezüglich der Auferbauung des Leibes Christi, wurde von der Kommission mit dem Hinweis beschieden, der Text sage mit Bedacht, die Gleichheit bestehe bezüglich der Tätigkeiten um den Aufbau des Leibes Christi, die allen Gläubigen gemeinsam sind, damit der

---

[20] So noch im Text von 1963. Alberigo – Magistretti, Synopsis Historica 77.
[21] So dann in der beschlossenen Dogmatischen Konstitution von 1964: LG 18.
[22] Von Balthasar, Pneuma und Institution 366.
[23] Sermo 340,1 (PL 38, 1483); vgl. enarr. in Ps. 126,3 (PL 37,1674); de gestis cum Emer. 7 (PL 43,702); serm. ined. 17,8 (PL 46,880). – Vgl. dazu Genn, Trinität und Amt 153–162.
[24] Kasper, Das priesterliche Dienstamt 228.

Verschiedenheit in der Art (in modo) des Zusammenwirkens Rechnung getragen werde.[25]

Die Konzilstexte beschreiben die je spezifische Signatur amtlichen bzw. nichtamtlichen Handelns als *Modalität* und formulieren, um der Logik der Konkurrenz zu entrinnen, eine qualitative Differenz: „suo peculiari modo" (LG 10,2) bzw. „variis modis" nehmen Amtspriester und das gläubige Volk teil am Priestertum Christi (LG 62,2); „variis modis" verwirklicht die Kirche ihr Apostolat (AA 2,1). „Suo modo" sind die Laien der drei ‚munera' Christi teilhaftig (LG 31,1), „suo modo" nehmen sie an der Sendung der Kirche teil (AA 29,1), „pro sua parte" üben sie die Sendung des ganzen christlichen Volkes aus (LG 31,1) bzw. ihren eigenen Anteil („suas partes") daran (AA 2,2). „Eminenti ac adspectabili modo" haben wiederum die Bischöfe das dreifache Amt Christi inne (LG 21,2). Auch der Missionsauftrag sei „zweifellos der Hierarchie in besonderer Weise (speciali modo) übertragen, wenngleich er wahrlich die ganze Kirche betrifft und zu ihrem innersten Wesen gehört"[26].

Ist die Frage nach dem Proprium des kirchlichen Amtes als Frage nach den Amtsträgern exklusiv vorbehaltenen Tätigkeiten also „*so* falsch gestellt"[27], dann sind amtliche, institutionalisierte Vollzüge eingebettet in nicht-institutionalisierte Vollzüge derselben munera, d. h. getragen von ihnen wie auf sie auch wieder zurückwirkend, und sollen sicherstellen, dass es dem ganzen Volk Gottes gelingt, sein ministerium der Evangelisierung zu vollziehen.[28]

– Auf verschiedene Weise und in unterschiedlicher Intensität artikuliert sich die Angewiesenheit der Kirche auf die je neue Begegnung mit Jesus Christus als dem Wort Gottes; dem Hören auf dieses Wort im Zeugnis der Zeugen verdankt sie ihren Glauben: in der Vielfalt unthematischen glaubwürdig-überzeugenden Glaubenszeugnisses, in der ausdrücklichen Rechenschaft über den Grund der Hoffnung (1 Petr 3,15), schließlich in der Predigt, die „auch formal im Namen Jesu Christi und im Namen der Kirche geschieht"[29], in der nicht nur die Kirche handelt, sondern es *als* Kirche tut:[30] Darin erfährt sich die Gemeinde mit ihrem eigenen Wesen konfrontiert: als *creatura verbi*.

– Auf verschiedene Weise und in unterschiedlicher Intensität artikuliert sich auch die Angewiesenheit der Kirche auf die je neue Begegnung mit Jesus Christus, ihrem Erlöser. Seinem Leben, Sterben und seiner Auferweckung verdankt sie ihre eigene Konstitution, ihre neue, erlöste Existenz, die sie selbst in einer Vielfalt befreiend-heilender Liebe vollzieht: wiederum in unthematischen Formen alltäglicher Liebe unter den Menschen, dann in Formen, in denen christliches Handeln ausdrücklich als Nachvollzug des erlösenden und befreienden Handelns Jesu an

---

[25] Zu Modus Nr. 9: AS III/8, 112.
[26] Relatio particularis zu AG 5 (AS IV/6, 271): „... quod sine dubio hierarchiae speciali modo committitur, quamvis revera totam Ecclesiam afficiat et ad eius intimam essentiam ita pertineat".
[27] Rahner, Theologische Reflexionen 381.
[28] Zum Folgenden vgl. Hünermann, Lebensvollzüge der Kirche 41–53.
[29] Hünermann, Lebensvollzüge der Kirche 44.
[30] Rahner unterscheidet „Vollzüge der Gemeinschaft ‚quae agit', und solche, in denen die Gemeinschaft ‚qua', als Gemeinschaft, handelt" (ders. [– Zulehner], „Denn du kommst ..." 105).

den Menschen vollzogen wird und verstanden werden will, schließlich in den Sakramenten, in denen „die Kirche sich *als* die von Jesus Christus, seinem erlösenden Tod und seiner Auferstehung her konstituierte Gemeinschaft vollbringt"[31].

Alle Gestalten solchen kirchlichen Handelns sind für das Leben der Kirche wesentlich und verweisen aufeinander: Ohne die Vollzüge des ‚gemeinsamen Priestertums' degenerieren amtliche, sakramentale Vollzüge zu lebensleeren hohlen Riten, diese wiederum bringen jene in die Eindeutigkeit ihrer Wahrheit und den sie immer schon tragenden Grund, bringen die Wurzeln ihrer Kraft ans Licht.

Wenn und weil die Kirche in ihren amtlich-sakramentalen Vollzügen ganz zu sich selbst findet und ganz bei sich selbst ist als solche, die das Handeln des auferstandenen Herrn im Heiligen Geist an sich erfährt und dankbar feiert, tritt in diesen konstitutiven Handlungen „formell und als solches das fundierende Wirken Jesu Christi hervor"[32]. Die Tätigkeiten der Amtsträger, die wiederum nicht isoliert stehen, sondern ja von den anderen Gläubigen mitvollzogen werden, repräsentieren dieses Wirken; solch ‚darstellendes Handeln', das von der Transparenz lebt, lässt das Heilshandeln Christi selbst für die Gläubigen erfahrbar werden; die den Amtsträgern hierfür in der Ordination übertragene Vollmacht heißt in den Konzilstexten *sacra potestas*. So „übt der Priester den der ganzen Kirche aufgegebenen Dienst im Auftrag Jesu Christi amtlich und öffentlich aus"[33].

„Warum predige ich? Warum sitze ich auf der cathedra? Warum lebe ich? Nur in der Absicht, dass wir, ihr und ich, in Christus leben. Das ist die Ehre, die ich suche; das ist der Ruhm, den ich erstrebe; das ist die Freude, nach der ich mich sehne. Aber wenn ihr nicht auf meine Worte hört? Auch dann werde ich nicht schweigen. Ich will mein Leben retten. Ich will selig werden, aber selig mit euch."[34]

Augustinus spricht in diesen Worten sein Selbstverständnis als Bischof aus: Sein Amt vollendet sich darin, dass die ihm anvertrauten Gläubigen ‚in Christus leben', darin zu ihrer Erfüllung finden. Die Angewiesenheit der Kirche auf das Hören des Wortes und die Feier der Sakramente, worin ihr ihr Herr selbst entgegentritt, begründet die wesentliche Angewiesenheit der Kirche als ganzer und jedes einzelnen auf einen Dienst der Vermittlung. Im institutionellen Gegenüber des Amtes tritt den anderen Gläubigen die auf den Herrn verweisende Herausforderung entgegen, in der Nachfolge Jesu um seinetwillen das eigene Leben zu verlieren und es gerade darin in Wahrheit zu gewinnen (Mk 8,35) als Leben in der Freiheit der Kinder Gottes. Die in Christus eröffnete Gottunmittelbarkeit erlaubt vermittelnden Dienst in der Kirche wie den des Amtes nur als Dienst Christi,[35] der gekommen ist, „damit sie das Leben haben und es in Fülle haben"

---

[31] Hünermann, Lebensvollzüge der Kirche 50.
[32] Hünermann, Lebensvollzüge der Kirche 53.
[33] Würzburger Synode: ‚Dienste und Ämter': 5.1.1.
[34] „Quare loquor? Quare hic sedeo? Quare uiuo? nisi hac intentione, ut cum Christo simul uiuamus? Cupiditas mea ista et, honor meus iste est, possessio mea ista est, gaudium meum hoc est, gloria mea ista est. Sed si non me audieris et tamen ego non tacuero, liberabo ego animam meam. Sed nolo saluus esse sine uobis." (sermo 17,2 [CCL 46, 238, 46–52])
[35] „Das große Problem des kirchlichen und vor allem des priesterlichen Lebens wird es immer

(Joh 10,10). Darum kann es sich bei amtlichen Vollzügen in der Kirche „vom Wesen des Vorgangs" immer nur „um befreiende oder zu etwas ermächtigende Akte"[36] handeln.

Die bis zum Konzil leitende (und im CIC/1983 wieder aufgenommene) Kategorie der *potestas* vermag den Dienst-, Vermittlungs- und Ermächtigungscharakter des kirchlichen Amtes nicht adäquat zum Ausdruck zu bringen. Die bestimmende Perspektive von „potestas" ist die der Macht, nicht die der Autorität.[37] Ambrosius hatte den aus der römischen Rechtssprache stammenden Terminus „potestas" in der Anwendung auf den priesterlichen Dienst ausdrücklich abgelehnt.[38] Die rechtliche Konnotation von „potestas" erreicht lediglich die Dimension formaler Legalität, nicht die der Legitimität, die sich der freien Anerkennung seitens der Gläubigen verdankt; die politische Konnotation konstituiert über das Medium Macht und die Konzentration formaler Kompetenz im Amt (suprema et plena potestas) monologisch-asymmetrische Beziehungen.

Die Kategorie der *auctoritas* dagegen vermag die Stichworte Befreiung, Vermittlung und Ermächtigung in sich zu integrieren. Augustinus sieht Autorität, deren Konzept er vor allem im Kontext der Frage möglicher Erkenntnis entfaltet, „als hilfreiche Größe"[39], deren der Mensch aufgrund seiner Unvollkommenheit (infirmitas) am Anfang jedes Lernprozesses bedarf und der er vertraut, „damit dann mit Hilfe der ratio verstanden wird, was zunächst durch auctoritas geglaubt wird"[40]. Damit ist für Augustinus die „auctoritas" „in Zwecken und Mitteln ethisch gebunden. Sie ist nicht Macht um ihrer selbst willen, sondern zum Guten"[41]. Im Begriff der Autorität ist so auch kein blinder Gehorsam gefordert. „Zum Wesen der Autorität gehört, daß sie vom Glaubenden als eine Autorität, die ihm etwas zu sagen hat, anerkannt wird, so daß der Glaubende sein Glauben und Gehorchen nicht als ein Müssen empfindet, sondern gerne gehorcht. ... Die häufige Verbindung von *auctoritas* und *commovere* macht deutlich, daß die Autorität nicht nur fordert, sondern durch ihre Überzeugungskraft mithilft, die Forderung zu erfüllen."[42] Augustinus' didaktischer Dialog *De magistro* mündet in den Hinweis, dass der Lehrer nur weckt, was im Schüler Gott selbst – neben

---

sein, im realen Vollzug der kirchlichen Dienste sich ganz der Inklusion in Christus auszuliefern, nicht neben ihm zu bauen und zu sein, sondern nur in ihm und so, indem er der Allesumfassende wird, seine notwendige, nicht zerstörende, sondern alles in seine Weite hinein befreiende Exklusivität Wirklichkeit werden zu lassen." (Ratzinger, Theologische Prinzipienlehre 296).
[36] Imhof, Amt 5.
[37] Zu Macht und Vollmacht in der Kirche: Congar, Die Hierarchie 57–71; Lehmann, Zur dogmatischen Legitimation; Werbick, Kirche 353–364; Boff, Kirche: Charisma und Macht 92–123; Dassmann, Ämter und Dienste 129–141; Weber (Hg.), Macht – Dienst – Gemeinschaft (darin bes. Hünermann [9–20] und Herrmann [154–165]). – Vgl. Tellenbach, auctoritas (RAC 1); Lütcke, ‚Auctoritas' (für Augustin); Ring, Auctoritas (für Tertullian, Cyprian und Ambrosius).
[38] Vgl. Ring, Auctoritas 208 f.235.
[39] Ring, Auctoritas 255.
[40] Eschenburg, Über Autorität 43. – Zum Verhältnis von ratio und auctoritas vgl. Veit, Autorität. Für Augustinus vgl. auch *De vera religione* (CSEL 77, 171–260) und *De utilitate credendi* (CSEL 25/1; FC 9; dazu: Hoffmann, Augustins Schrift „De utilitate credendi").
[41] Eschenburg, Über Autorität 46.
[42] Lütcke, ‚Auctoritas' 163 f.

Im Dienst am Dienst der Evangelisierung

dem sich auf Erden ja niemand ‚Lehrer' nennen darf (Mt 23, 8–10) – an Einsicht grundgelegt hat (vgl. Kap. 14).[43]

„Das wechselseitige Sich-zu-sich-selbst-Vermitteln" vom einzelnen Glaubenssubjekt und der ‚objektiven Repräsentanz'[44] im Amt bedeutet jedoch „keineswegs eine völlig in sich beruhigte und befriedete Harmonie": einmal hieße das die Geschichtlichkeit der Kirche und die persönliche Signatur des Glaubens verkennen, dann aber auch den Charakter der Kirche selbst, die sich „als vom Geist bestimmtes ‚offenes System'" erweist, „als der freie, stets strittige Spielraum von Charisma und Institution, als Ort des Gesprächs (auch des Streitgesprächs!) und der Kritik, als das pilgernde Volk Gottes auf dem Weg zur vollendeten Gestalt der communio"[45].

Bis Gott alles in allem sein wird (1 Kor 15, 28), bis sich darin die Verheißung des Evangeliums erfüllen und die Kirche sich in der Welt und mit ihr im Reich Gottes vollendet haben wird, bedarf es der Kirche und ihres Ministeriums der Evangelisierung, wird aber auch diese der sie selbst evangelisierenden Konfrontation mit dem Evangelium bedürfen.

---

[43] Vgl. Genn, Trinität und Amt 145–152: „Der Amtsträger als ‚doctor' und ‚condiscipulus' unter dem einen ‚Magister'".
In der maieutischen Ermächtigung liegt auch die Wahrheit der traditionellen Vater-Metapher für den Amtsträger. Im II. Vatikanum lebt das besonders von Paulus verwendete (vgl. Gutierrez, La paternité) Vater-Bild differenziert fort: Die Presbyter sollen ihre Sorge „wie Väter in Christus" (LG 28, 4) wahrnehmen, den Laien „mit väterlicher Liebe" begegnen (LG 37, 3); den Bischöfen sei ein „väterliches Amt" übertragen (LG 21, 1), sie sollen ihre Untergebenen wie ihre „wahren Kinder" umsorgen (LG 27, 3). In PO 9, 1 heißt es klärend: „Auch wenn die Priester des Neuen Testamentes aufgrund des Sakramentes der Weihe das sehr hervorragende und notwendige Amt des Vaters und Lehrers im Volk und für das Volk Gottes ausüben, sind sie doch zusammen mit allen Christgläubigen Jünger des Herrn ..., Brüder unter Brüdern".
[44] Die Formel stammt von M. Seybold, Die Kirche als Mysterium 74.
[45] Kehl, Kirche 165.172. – Vgl. Rahner, Der Glaube des Christen; Fuchs, Persönlicher Glaube; Hünermann, Kirche und Konflikte 112–127.

V. Konkretionen des Charismas in der Evangelisierung der nachkonziliaren Kirche

von Joachim Schmiedl

Das Zweite Vatikanische Konzil war das Konzil der Bischöfe. Ihre Position wurde – eine notwendige Ergänzung des abgebrochenen Ersten Vatikanums – geklärt und gestärkt. Die ekklesiologische Konzeption der Kirche als „Volk Gottes" findet ihre Zentrierung in den Ortskirchen, die unter der Leitung des Bischofs stehen. Doch die lebendige Vielfalt der kirchlichen Wirklichkeit hat in den Jahrzehnten seit dem Konzil die gewohnten Strukturen durcheinander gewirbelt. Das betrifft sowohl die traditionellen Orden als auch die ihrer ekklesialen Berufung und Sendung neu bewusst gewordenen Laien und die Geistlichen Bewegungen. Eine neue Verhältnisbestimmung von Hierarchie und Charisma ist angesagt.

1. Charisma in den Texten des Konzils

Der grundlegende Konzilstext zu den Charismen ist LG 12. Die Charismen werden als Ausfluss des prophetischen Amtes Christi gedeutet. Sie sind Teil des übernatürlichen Glaubenssinns des Volkes Gottes. Für den Aufbau der Kirche werden Einzelnen besondere Gnadengaben vermittelt. Zu deren Beurteilung wird die kirchliche Leitung mit der Maßgabe einer konstruktiven Prüfung aufgefordert, um den Geist nicht auszulöschen. Dass es dabei nicht nur um außergewöhnliche Charismen geht, betont AA 3,4. In AA 30,6 wird auf die fortschreitende Entfaltung der Charismen im Lauf des Lebens hingewiesen. Da es bei den Charismen immer um die „Auferbauung des Leibes Christi" (LG 32,3) geht, gehören sie zu den fundamentalen Gaben an jeden einzelnen Christen. Die Kirche als Ganze und jedes einzelne ihrer Glieder ist somit als charismatisch zu qualifizieren.

Der große Schritt des Konzils war es, Charismen aus der Besonderheit des christlichen Anfangs und der Beschränkung auf wenige herausgeholt zu haben. Durch eine Erneuerung der trinitarischen Theologie und speziell der Pneumatologie konnte das Konzil dem Wirken des Geistes einen neuen Raum geben und eröffnen. Für die nachkonziliare Entfaltung war dieses „Aggiornamento" der Charismenlehre von fundamentaler Bedeutung.

2. Die Charismen der Orden

Ein erster Anwendungsfall ergab sich bei den Orden und religiösen Gemeinschaften. Die nachkonziliare Erneuerungsarbeit wies diese in vielfältiger Weise auf das Charisma ihrer Gründerpersönlichkeiten und deren Gründungen hin. Die Neuentdeckung des Ursprungsimpulses und deren Umsetzung ins Heute geschah in Kapitelsprozessen kreativen Suchens, in denen der Gründer- und Gründungsgeist neu erhoben, mit den „Zeichen der Zeit" konfrontiert und in erneuerte Lebensformen umgesetzt werden sollte. „Dynamische Treue" und „schöpferische Treue" (*Vita consecrata* 37) sind Ausdrücke für den Vorgang der Neugestaltung der Gemeinschaften im Rückgriff auf die grundlegenden Inspirationen des Anfangs, oft verbunden mit dem Wechsel in Aufgabengebieten und Einsatzorten. Die Orden haben – bei allen existenziellen Schwierigkeiten – ihren eigenwertigen Platz im pastoralen Gefüge der Kirche neu gefunden. Ihre Form des Apostolats ist dabei eher eine Ergänzung der diözesanen Pastoral, weniger ein Auffüllen personeller oder kategorialer Defizite.

Im Sinn der konziliaren Verortung der Charismenlehre stellt das nachsynodale Schreiben *Vita consecrata* (VC 36) die Treue zum Charisma in einen trinitarischen Kontext. Die Ausrichtung auf den Vater soll sich in einem dauernden Bekehrungsprozess der Hinwendung zu Gott realisieren. Die Lebensgemeinschaft mit dem Sohn soll zu missionarischer Haltung anspornen. Der Einzelne und die Gemeinschaften sollen sich vom Geist die spirituellen und apostolischen Wege zeigen und führen lassen. Bei aller Hinordnung auf den Bischof als Leiter der Teilkirche, in der auch die Orden tätig sind, dem sie ihre Charismen anbieten und der sie seinerseits beachten, fördern und koordinieren soll (VC 49), ist die fundamentale Ausrichtung auf die Sendung zu beachten. In diesem Sinn werden die Orden mit dem durchaus konfliktiven Auftrag ausgestattet, „in allem den Willen Gottes zu suchen, getreu aufzunehmen und dann mutig in Entscheidungen umzusetzen ..., die sowohl mit dem ursprünglichen Charisma als auch mit den Erfordernissen der konkreten geschichtlichen Situation übereinstimmen" (VC 73).

3. Mitgeteilte Charismen

In dieser Richtung sind viele religiöse Gemeinschaften bereits mehr als erste Schritte gegangen. Laien nehmen an der Spiritualität und am konkreten Leben von Orden teil, sie leben zeitweise in Kommunitäten mit und bilden eigene Gemeinschaften im Umfeld religiöser Zentren. Die Adaptierung von Spiritualitäten und Lebensformen geht dabei über bekannte Drittordens-Kategorien hinaus. Teilweise entstehen Lebensgemeinschaften von Ordenschristen und Laien, deren Beteiligung „nicht selten zu unerwarteten und fruchtbaren Vertiefungen mancher Aspekte des Charismas [führt], indem diese eine spirituellere Deutung dieses Charismas erweckt und den Anstoß gibt, Hinweise für neue apostolische Tatkräfte zu geben" (VC 55). In manchen Gemeinschaften wird über Formen gestufter oder zeitlicher Mitgliedschaft und Assoziierung nachgedacht und werden erste Schritte gegangen. Auch die Kontakte zu und Mitgliedschaften in Geistlichen Bewegungen haben zu Bereicherungen der Orden geführt, manchmal aber auch zu Unruhe und spiritueller Verwirrung.

4. Eine neue Wertschätzung der Laien

Die Entwicklung der kirchlichen Lehre zu den Charismen ist eng mit der Theologie der Laien[1] verbunden. Das nachsynodale Apostolische Schreiben Johannes Pauls II. *Christifideles laici* vom 30. Dezember 1988 verbindet die seit der zwanzig Jahre nach Konzilsschluss abgehaltenen Gedenksynode verbreitete Deutung des Kirchenbildes als Communio-Ekklesiologie – „gekennzeichnet von der Koexistenz der Verschiedenheit und der Komplementarität der Berufungen, Lebenssituationen, Dienste, Charismen und Verantwortungen" (CL 20) – mit der dankbaren Aufnahme und der Aufgabe zur klaren Unterscheidung der Charismen. In diesem Zusammenhang weist der Papst zunächst zwar auf die Pfarrei als unmittelbaren Ort des apostolischen Engagements hin, doch ist CL das erste Schreiben, das den Geistlichen Bewegungen einen breiten Raum einräumt. Ihnen wird im Kontext der pluralistischen und säkularisierten Welt auf der Grundlage des freien Vereinsrechts in der Kirche eine „verantwortliche Teilhabe an der Sendung der Kirche, das Evangelium Christi als Quelle der Hoffnung für die Menschen und der Erneuerung für die Gesellschaft zu künden" (CL 29), zugesprochen. Als Kriterien für ihre Kirchlichkeit werden genannt: Der Primat der Berufung eines jeden Christen zur Heiligkeit, die Verantwortung für das Bekenntnis des Glaubens, das Zeugnis der Gemeinschaft, die Übereinstimmung mit der apostolischen Zielsetzung der Kirche und die Verpflichtung zu engagierter Präsenz in der Gesellschaft (CL 30).

Die Anerkennung der Geistlichen Bewegungen bekommt ihre Bedeutung auch durch die kontroverse Diskussion auf der Bischofssynode von 1987. Aus unterschiedlichen Blickrichtungen kritisierten die Kardinäle Martini, Lorscheider und Tomasek die Bewegungen als „parallele Kirchen". Auf der Europa-Synode 1999 forderte Martini die Bewegungen auf, ihre Fähigkeiten der pfarrlichen und diözesanen Pastoral zur Verfügung zu stellen und sich zu integrieren. Doch lässt sich mit zunehmender Dauer seines Pontifikats bei Johannes Paul II. eine Wertschätzung der Bewegungen erkennen, die weit über das hinausgeht, was Paul VI. für die kirchliche Anerkennung der älteren Gründungen dieser Art beigetragen hat.[2]

5. Eine Theologie der Bewegungen

In mehreren Anläufen entwickelte Johannes Paul II. auch Ansätze einer Theologie der Bewegungen. Dabei folgte er in einem ersten Schritt Hans Urs von Balthasar. Nach diesem gibt es „menschliche Konstellationen" im Umkreis Jesu, zu denen nicht nur die Zwölf, sondern auch Maria, Johannes der Täufer und die Geschwister von Bethanien gehörten. Ihre Aufgabe sei je unterschiedlich: So stehe etwa das petrinische Prinzip in der Kirche, repräsentiert durch Petrus, für das Amt, die Sakramente und die Institution. Das marianische Prinzip hingegen stehe für die

---

[1] Zur historischen Entwicklung bis zum Konzil vgl. Fattori, Il tema dei laici 325–381.
[2] Zur nachkonziliaren Geschichte der Bewegungen vgl. Faggioli, Tra chiesa territoriale 677–705.

Konkretionen des Charismas in der Evangelisierung der nachkonziliaren Kirche

charismatische Seite der Kirche, die Nachfolge Christi und die Heiligkeit. Johannes Paul II. griff diese beiden Prinzipien auf. Für ihn gehörten beide Prinzipien eng zusammen, wenn auch seine Sympathie für die marianische Seite nicht zu verbergen war und er in diesem Zusammenhang die johanneische und paulinische Facette der Kirche nicht berücksichtigte: „Die Kirche lebt von diesem authentischen marianischen Profil, von dieser marianischen Dimension. Dieses marianische Profil ist mindestens ebenso, wenn nicht noch fundamentaler und charakteristischer für die Kirche wie das petrinische Profil, dem jenes marianische zutiefst verbunden ist."[3] In der Enzyklika zum Marianischen Jahr *Redemptoris Mater* führte Johannes Paul II. diese Grundlegung unter Hinweis auf die mütterliche Mitwirkung Marias weiter. Gal 4,19 ist ihm „ein interessanter Hinweis auf das mütterliche Bewußtsein der Urkirche ..., das mit ihrem apostolischen Dienst unter den Menschen verbunden ist" (RM 43). Die Spiritualität des Apostolats, des Zeugnisses, der Gemeinschaft, der Eucharistie, die Johannes Paul II. an Maria abliest, entdeckt er unter anderem in den religiösen Bewegungen der Gegenwart wieder.

Neben der das Petrinische ergänzenden marianischen Dimension der Kirche ist für Johannes Paul II. eine zweite Deutungslinie wichtig geworden, die ihren Ursprung im unmittelbaren Kontakt mit Geistlichen Bewegungen hatte. Die Bewegungen, deren Wesen es sei, „einer konkreten kirchlichen Realität, bei der vorwiegend Laien beteiligt sind, einen Weg des Glaubens und des christlichen Zeugnisses anzugeben, der die eigene Bildungs- und Erziehungsmethode auf ein bestimmtes Charisma gründet, das der Person des Gründers unter gewissen Umständen und Weisen geschenkt wurde"[4], bildeten innerhalb der Kirche „eine kräftige Unterstützung, einen beeindruckenden und überzeugenden Anruf, das Christsein voll und ganz, mit Intelligenz und Kreativität zu leben"[5]. Unter Hinweis auf LG 12 und in Fortführung der dort geäußerten Wertschätzung der charismatischen Kräfte in der Kirche kam Johannes Paul II. sogar zu einer Parallelisierung von Institution und Charisma:

„Das Institutionelle und das Charismatische sind für die Konstitution der Kirche gleichermaßen wesentlich, und sie tragen beide – wenn auch auf verschiedene Weise – zu ihrem Leben, ihrer Erneuerung und der Heiligung des Gottesvolkes bei. Aus dieser gottgewollten Neuentdeckung der charismatischen Dimension der Kirche ist, sowohl vor als auch nach dem Konzil, eine einzigartige Entwicklung der kirchlichen Bewegungen und neuen Gemeinschaften hervorgegangen."[6]

Johannes Paul II. griff mit diesen Worten die nachkonziliare Entwicklung der Charismenlehre auf und verband sie mit der ergänzenden ekklesiologischen Struktur der Bewegungen. Die theologische Valenz der Geistlichen Bewegungen ist nicht in Gegensatz zur institutionellen Seite der Ortskirchen zu sehen, sondern als Hilfe zu ihrer Beseelung. Geistliche Bewegungen leben, soziologisch gespro-

---
[3] Ansprache Johannes Paul II. an die römische Kurie 1987, zit. nach: Hagemann – Leahy, ‚Seht, wie sie einander lieben!' 181.
[4] Johannes Paul II., Botschaft 557.
[5] Johannes Paul II., Botschaft 557.
[6] Johannes Paul II., Charisma 559.

chen, von der Selbstorganisation ihrer sozialen Netzwerke und können als „Zukunftslaboratorien kirchlichen Gestaltwandels"[7] neue, niederschwellige Zugänge zum Christentum eröffnen.

Bei gleicher Gelegenheit Pfingsten 1998 vertiefte der damalige Kardinal Joseph Ratzinger die Suche nach dem Standort der Bewegungen. In einer gewissen Absetzung von Johannes Paul II. bezeichnete Ratzinger die dialektischen Prinzipien Institution und Charisma, Christologie und Pneumatologie, Hierarchie und Prophetie als wichtige Verstehenshilfen für die Bewegungen, sah aber den Schlüssel zu ihrem Verständnis in der historischen Perspektive. In der je neuen Vergegenwärtigung des Christusereignisses in der Kraft des Heiligen Geistes bleibe „die Neuheit und Kontinuität der lebendigen Kirche zugleich gewährleistet"[8]. Das geschehe durch apostolische Bewegungen, die nicht gemacht werden könnten, sondern geschenkt würden. Strömungen innerhalb der Kirche verdichteten sich zu konkreten Bewegungen. Apostolisches Leben in der Nachfolge Christi führe zu apostolischem Handeln, zur missionarischen Verkündigung des Evangeliums, zu sozialem Dienst aus einer persönlichen Christusbegegnung, zum Aufbau von Gemeinschaft, zu Heilung und Heiligung. Ratzinger ermahnte die Bewegungen, ihren Weg am Ganzen der Kirche zu orientieren, aber auch die Bischöfe, „keinem Uniformismus seelsorglicher Gestaltungen und Planungen" zu huldigen[9]. Konflikten dürfe nicht aus dem Weg gegangen werden: „Ein Konzept von Kircheneinheit, in dem Konflikte von vornherein als Polarisierung abgetan werden und die innere Ruhe durch den Verzicht auf die Ganzheit des Zeugnisses erkauft wird, wird sich bald als trügerisch erweisen."[10]

6. Anfragen an die Bewegungen

Die Mahnungen des gegenwärtigen Papstes geben grundsätzliche Anfragen an die Geistlichen Bewegungen wieder[11]. Die hierarchisch-lokale Struktur der Kirche aus Diözesen und Pfarreien werde durch sie in Frage gestellt oder zumindest aufgeweicht. In den Pfarreien würden sie elitäre Strukturen aufbauen und eine Sonderwelt neben der gewöhnlichen Seelsorge fordern. Die aktiven Gemeindechristen würden sie aus der Pfarrei herausziehen. Manche Bewegungen würden ihren spirituellen Weg verabsolutieren, obwohl die persönliche Heiligkeit ihrer Mitglieder zu wünschen übrig lasse und einige ihrer Anschauungen eher den Verdacht des Konservatismus und Fundamentalismus erweckten. Diese grundsätzlichen Anfragen sind in den letzten Jahren zwar weniger geworden. Sie bleiben aber für jede Form charismatischen Aufbruchs in der Kirche aktuell. Jede kirchliche Gruppierung muss sich auf ihre Ekklesialität befragen lassen, die nicht nur eine universalkirchliche, sondern immer auch eine ortskirchliche Dimension hat.

---

[7] Hochschild, Zukunftslaboratorien 30.
[8] Ratzinger, Bewegungen 47.
[9] Ratzinger, Bewegungen 52.
[10] Ratzinger, Bewegungen 52.
[11] Vgl. Schönborn, ‚Movimenti' 54–63.

Konkretionen des Charismas in der Evangelisierung der nachkonziliaren Kirche

Die zunehmend engeren Kontakte zwischen den Bewegungen haben in jüngster Zeit deren ökumenische Dimension deutlicher hervortreten lassen. Manche Bewegungen kennen überkonfessionelle Mitgliedschaften und Lebenszellen. In ökumenischen Gesprächen und Begegnungen werden die Grenzen der verfassten Kirchen gelegentlich überschritten. Die grundsätzlich positive Aufnahme der „Ökumene des Lebens" auch durch führende Persönlichkeiten aller christlichen Kirchen öffnet den Weg eines versöhnten Miteinanders, bei dem das Profil jeder kirchlichen Gruppierung geachtet wird. Sie stellt aber von Neuem die Frage nach dem jeweiligen Verständnis von Kirche, nach der Einbindung in Strukturen jenseits der eigenen Bewegung und der theologischen Fundierung des Selbstverständnisses.

7. Pluralität der Bewegungen

Die divergente Gestalt der religiösen Bewegungen, die ja nicht nur ein Phänomen der katholischen Kirche, sondern aller christlichen Kirchen und der Weltreligionen insgesamt sind, macht es schwer, sie unter eine einzige Kategorie einzuordnen. In dieser Pluralität sind sie den Orden verwandt. Soziologen sehen die Entstehung von Bewegungen als einen Teil der „Versektung" des Katholizismus.[12] Kirchenhistoriker weisen auf die Reformbewegungen hin, die es in der Kirche zu jeder Zeit gegeben hat und deren Konflikte mit den kirchlichen Autoritäten zu stärkerer Klärung der Positionen, nicht selten aber auch zum Verschwinden von Gruppierungen beigetragen haben.[13] Die Bewegungen können auch als Speerspitze der Kirche in die Gesellschaft interpretiert werden. Die Kirche selbst in ihrer Pluralität soll stärker Bewegungscharakter annehmen; sie darf in den Bewegungen gewissermaßen ihr eigenes Spiegelbild wahrnehmen.

Solche Deutungsmuster beziehen ihre Richtigkeit aus einem Globalblick auf die Bewegungen. Einzeln betrachtet weisen sie je eigengeartete Entstehungsgeschichten, spirituelle Akzente und apostolische Zielstellungen (Sendungen) auf. Michael Hochschild unterscheidet zwischen ekklesiastischen und holistischen Bewegungen. Erstere „konzentrieren sich besonders auf die binnenkirchliche Strukturarbeit", letztere beziehen „stets die gesamtgesellschaftliche Verkündigungssituation von heute mit ein" und „betreiben daher ein Engagement in Kirche und Welt, das mit gleichzeitiger Distanz denselben gegenüber gepaart ist"[14]. Die holistischen Bewegungen sind die ältesten; ihre Entstehungszeit fällt in die Jahre zwischen dem Ersten und Zweiten Weltkrieg (z. B. Schönstatt –, Fokolare-Bewegung) und sie verstehen sich als Ergänzung bzw. Ersatz der Katholischen Aktion. Die ekklesiastischen Bewegungen sind solche, die im Umfeld des Zweiten Vatikanischen Konzils entstanden sind und auf konkrete Herausforde-

---

[12] Vgl. Melloni, Bewegungen 260. Vgl. auch in demselben Concilium-Heft, das den Bewegungen gewidmet ist: Pace, Seid fruchtbar 314–325.
[13] Vgl. Riccardi, Kirche in Umbruch und Bewegung 35–54.
[14] Hochschild, Zukunftslaboratorien 18.

rungen in der Ehe- oder Gemeindepastoral eine Antwort suchten (z. B. Marriage Encounter, Equipe Notre Dame, Cursillo). In den Jahren nach dem Konzil kam es dann als Folge der Rezeption einer neuen Charismenlehre zum Durchbruch der Charismatischen Erneuerung. Der Appell Pauls VI. im Anschluss an die Bischofssynode von 1974 (Enzyklika *Evangelii nuntiandi*) zur Neuevangelisierung fand vor allem in Frankreich starke Resonanz[15]. Die dort zwischen den 1960er und 1990er Jahren gegründeten „communautés nouvelles" haben ihre spirituellen Wurzeln im konziliaren Aufbruch. Sie orientieren sich an einer biblischen Ortstheologie ebenso wie an der griechischen Patristik und der Orthodoxie des christlichen Orients. Auch ist das ökumenische Anliegen bei ihnen sehr stark. Gerade in Frankreich, dessen volkskirchliche Strukturen weitgehend zusammengebrochen waren, konnten die Bewegungen über die Präsenz an Geistlichen Zentren diese Stelle zumindest teilweise ausfüllen. In vielen Teilkirchen bilden die Bewegungen mittlerweile eine wichtige Ergänzung der ordentlichen Seelsorge. Meist an einem oder mehreren Orten lokalisiert, inspiriert von einem Gründer oder einer Gründerin, oft verbunden mit anderen charismatischen Gruppierungen, tendieren die Geistlichen Bewegungen auch zu einer Lebensentscheidung ihrer Mitglieder. Daraus entstehen wiederum Gemeinschaften, die sich um eine kirchliche Anerkennung als Vereinigung von Gläubigen, als Säkularinstitut oder als Gesellschaft des apostolischen Lebens bemühen. Die Geschichte der religiösen Gemeinschaften beginnt von Neuem.

---

[15] Vgl. Landron, Les Communautés nouvelles; Nientiedt, Aus den Kinderschuhen 65–70; Ganoczy, Ekklesiologie 325–337.

Bibliographie

Alberigo, Giuseppe – Magistretti, Franca, Constitutionis Dogmaticae Lumen gentium Synopsis Historica, Bologna 1975.
Alberigo, Giuseppe, Ekklesiologie und Demokratie. Konvergenzen und Divergenzen, in: Conc(D) 28 (1992) 362–370.
Alberigo, Giuseppe, Synodalität in der Kirche nach dem Zweiten Vatikanum, in: Geerlings – Seckler (Hg.), Kirche sein 333–347.
Arnold, Franz X., Pastoraltheologische Durchblicke, Freiburg – Basel – Wien ²1965.
Arnold, Franz X., Das gott-menschliche Prinzip der Seelsorge und die Gestaltung der christlichen Frömmigkeit, in: Alois Grillmeier – Heinrich Bacht (Hg.), Das Konzil von Chalkedon. Geschichte und Gegenwart, Band III: Chalkedon heute, Würzburg ⁵1979, 287–340.
Aymans, Winfried, Das synodale Element in der Kirchenverfassung (MThS III-30), München 1970.
Balthasar, Hans Urs von, Theologie und Heiligkeit, in: ders., Verbum Caro. Skizzen zur Theologie I, Einsiedeln 1960, 195–225.
Balthasar, Hans Urs von, Pneuma und Institution. Skizzen zur Theologie 3, Einsiedeln 1961.
Baumgartner, Alois, Art. Subsidiarität, in: LThK³ 9, 1076f.
Baumgartner, Konrad, Der Wandel des Priesterbildes zwischen dem Konzil von Trient und dem II. Vatikanischen Konzil, München 1978.
Bausenhart, Guido, Das Amt in der Kirche. Eine not-wendende Neubestimmung, Freiburg – Basel – Wien 1999.
Bechmann, Ulrike – Kügler, Joachim, Biblische Prophetie. Exegetische Perspektiven auf ein heikles Phänomen, in: Bucher – Krockauer (Hg.), Prophetie 5–23.
Becker, Karl J., Der priesterliche Dienst, Bd. 2: Wesen und Vollmachten des Priestertums nach dem Lehramt (QD 47), Freiburg – Basel – Wien 1970.
Beinert, Wolfgang, Bedeutung und Begründung des Glaubenssinns (sensus fidei) als eines dogmatischen Erkenntniskriteriums, in: Cath(M) 25 (1971) 271–303.
Beinert, Wolfgang, Die Sakramentalität der Kirche im theologischen Gespräch, in: Theologische Berichte 9, Zürich – Einsiedeln – Köln 1980, 13–66.
Beinert, Wolfgang, Art. Kirchliches Lehramt, in: ders. (Hg.), Lexikon der katholischen Dogmatik, Freiburg – Basel – Wien 1987, 315–320.
Beinert, Wolfgang (Hg.), Glaube als Zustimmung. Zur Interpretation kirchlicher Rezeptionsvorgänge (QD 131), Freiburg – Basel – Wien 1991.
Beinert Wolfgang – Riedel-Spangenberger, Ilona, Art. Lehramt, kirchliches, in: LThK³ 6, 751–754.
Beinert, Wolfgang, Der Glaubenssinn der Gläubigen in Theologie- und Dogmengeschichte. Ein Überblick, in: Wiederkehr (Hg.), Der Glaubenssinn des Gottesvolkes 66–131.
Bellarmin, Robert, Controversiae generales IV,3,2 (Roberti Bellarmini Opera omnia II, ed. J. Fèvre, Bd. II, Paris 1870, Nachdruck Frankfurt 1965, 317.318).
Bendel, Rainer (Hg.), Die katholische Schuld? Katholizismus im Dritten Reich – Zwischen Arrangement und Widerstand, Münster 2002.

Berg, Werner, „Volk Gottes" – Ein biblischer Begriff, in: W. Geerlings – M. Seckler (Hg.), Kirche sein 13–20.
Betti, Umberto, La Dottrina sull'episcopato del Concilio Vaticano II. Il capitulo III della Costituzione dommatica *Lumen gentium* (Spicilegium Pontificii Athenaei Antoniani 25), Roma 1984.
Beyer, Jean, Subsidiaritätsprinzip – auch für das Recht der Kirche?, in: Theologische Berichte XV: Die Kirche und ihr Recht, Zürich – Einsiedeln – Köln 1986, 113–137.
Böckenförde, Werner, Statement aus der Sicht eines Kirchenrechtlers, in: Wiederkehr (Hg.), Der Glaubenssinn des Gottesvolkes 207–213.
Boff, Leonardo, Die Kirche als Sakrament im Horizont der Welterfahrung. Versuch einer Legitimation und einer strukturfunktionalistischen Grundlegung der Kirche im Anschluß an das II. Vatikanische Konzil, Paderborn 1972.
Boff, Leonardo, Kirche: Charisma und Macht. Studien zu einer streitbaren Ekklesiologie, München – Zürich 1990.
Böttigheimer, Christoph, Mitspracherecht der Gläubigen in Glaubensfragen, in: StZ 214 (1996) 547–554.
Böttigheimer, Christoph, Lehramt, Theologie und Glaubenssinn, in: StZ 215 (1997) 603–614.
Brosseder, Hubert, Das Priesterbild in der Predigt. Eine Untersuchung zur kirchlichen Praxisgeschichte am Beispiel der Zeitschrift „*Der Prediger und Katechet*" von 1850 bis zur Gegenwart, München 1978.
Bucher, Rainer – Krockauer, Rainer (Hg.), Prophetie in einer etablierten Kirche? Aktuelle Reflexionen über ein Prinzip kirchlicher Identität (Werkstatt Theologie 1), Münster 2004.
Bucher, Rainer – Krockauer, Rainer (Hg.), Macht und Gnade. Untersuchungen zu einem konstitutiven Spannungsfeld der Pastoral (Werkstatt Theologie 4), Münster 2005.
Bucher, Rainer, Neue Machttechniken in der alten Gnadenanstalt? Organisationsentwicklung in der Kirche, in: ders. – Krockauer (Hg.), Macht und Gnade 183–199.
Congar, Yves, Quelques expressions traditionelles du service chrétien, in: ders. – Bernard-Dominique Dupuy (Hg.), L'Episcopat et l'Eglise universelle (Unam Sanctam 39), Paris 1962, 101–132.
Congar, Yves, Die Hierarchie als Dienst nach dem Neuen Testament und den Dokumenten der Überlieferung, in: ders., Für eine dienende und arme Kirche, Mainz 1965, 17–71 (= La hiérarchie comme service selon le Nouveau Testament et des documents de la Tradition, in: ders. – Bernard-Dominique Dupuy [Hg.], L'Episcopat et l'Eglise universelle [Unam Sanctam 39], Paris 1962, 67–99).
Congar, Yves, Die Lehre von der Kirche. Vom Abendländischen Schisma bis zur Gegenwart (HDG III, 3d), Freiburg – Basel – Wien 1971.
Congar, Yves, Le Concile de Vatican II. Son Église, peuple de Dieu et Corps du Christ (Théologie historique 71), Paris 1984.
Congar, Yves, Der Heilige Geist, Freiburg – Basel – Wien 1982.
Dassmann, Ernst, Ämter und Dienste in den frühchristlichen Gemeinden (Hereditas 8), Bonn 1994.
Deville, Raymond, L'École francaise de spiritualité, Paris 1987.
Dezza, Paolo, Metaphysica Generalis, Rom ²1948.
Döring, Heinrich, Grundriß der Ekklesiologie. Zentrale Aspekte des katholischen Kirchenverständnisses und ihre ökumenische Relevanz (Grundrisse 6), Darmstadt 1986.
Eschenburg, Theodor, Über Autorität, Frankfurt 1976.
Estrada, Juan A., Volk Gottes, in: Ignacio Ellacuría – Jon Sobrino (Hg.), Mysterium Liberationis I, Luzern 1996, 809–822.

Bibliographie

Faggioli, Massimo, Tra chiesa territoriale e chiese personali. I movimenti ecclesiali nel postconcilio Vaticano II, in: CrStor 24 (2003) 677–705.

Fattori, Maria T., Il tema dei laici dagli anni trenta al concilio Vaticano II. Rassegna delle fonti e dei percorsi (1930–1965), in: CrStor 20 (1999) 325–381.

Findl-Ludescher, Anna – Panhofer, Johannes – Prüller-Jagenteufel, Veronika (Hg.), Die Welt in der Nussschale. Impulse aus den Ortskirchen im Horizont der Weltkirche (FS Franz Weber), Würzburg 2005.

Fischer, Irmtraud, Gottesk̈underinnen. Zu einer geschlechterfairen Deutung des Phänomens der Prophetie und Prophetinnen in der „Hebräischen Bibel", Stuttgart 2002.

Freiling, Paul-Stefan, Das Subsidiaritätsprinzip im kirchlichen Recht (BzMK 13), Essen 1995.

Freitag, Josef, Sacramentum ordinis auf dem Konzil von Trient. Ausgeblendeter Dissens und erreichter Konsens (ITS 32), Innsbruck – Wien 1991.

Fries, Heinrich, Sensus fidelium. Der Theologe zwischen dem Lehramt der Hierarchie und dem Lehramt der Gläubigen, in: Theologie und Hierarchie (Theologische Berichte 17), Zürich – Einsiedeln – Köln 1988, 55–144.

Fuchs, Ottmar, Persönlicher Glaube und der Glaube der Kirche in der Glaubensvermittlung, in: KatBl 110 (1985) 90–102.

Fuchs, Ottmar – Greinacher, Norbert – Karrer, Leo – Mette, Norbert – Steinkamp, Hermann, Das Neue wächst. Radikale Veränderungen in der Kirche, München 1995.

Fuchs, Ottmar, Nicht pastoraler Kompromiss, sondern kompromisslose Pastoral! in: Theodor Schneider (Hg.), Geschieden, wiederverheiratet, abgewiesen? Antworten der Theologie (QD 157/Schriften der Europäischen Gesellschaft für Katholische Theologie 2), Freiburg – Basel – Wien 1995, 322–341.

Fuchs, Ottmar, Theologie aus der Erfahrung des „Mysterium Dei", in: PThI 24 (2004) 67–104.

Furger, Franz, Subsidiaritätsprinzip – Gestaltungsprinzip nur für die weltliche Gesellschaft oder auch für die Kirche?, in: Klemens Richter (Hg.), Das Konzil war erst der Anfang. Die Bedeutung des II. Vatikanums für Theologie und Kirche, Mainz 1991, 159–168.

Fürst, Gebhard (Hg.), Dialog als Selbstvollzug der Kirche? (QD 166), Freiburg – Basel – Wien 1997.

Ganoczy, Alexandre, Zur Ekklesiologie der charismatischen Gemeinden und Sekten, in: Conc(D) 39 (2003) 325–337.

Ganzer, Klaus, Gallikanische und römische Primatsauffassung im Widerstreit. Zu den ekklesiologischen Auseinandersetzungen auf dem Konzil von Trient, in: HJ 109 (1989) 109–163.

Geerlings, Wilhelm – Seckler, Max (Hg.), Kirche sein. Nachkonziliare Theologie im Dienst der Kirchenreform (FS Hermann J. Pottmeyer), Freiburg – Basel – Wien 1994.

Genn, Felix, Trinität und Amt nach Augustinus (Sammlung Horizonte NF 23), Einsiedeln 1986.

Gerosa, Libero, Rechtstheologische Grundlagen der Synodalität in der Kirche. Einleitende Erwägungen, in: Winfried Aymans – Karl-Theodor Geringer (Hg.), Iuri Canonico Promovendo (FS Heribert Schmitz), Regensburg 1994, 35–55.

Glaubensbekenntnis und Treueid. Klarstellungen zu den „neuen" römischen Formeln für kirchliche Amtsträger. Mit Beiträgen von Gustave Thils und Theodor Schneider, Mainz 1990.

Gutierrez, Pedro, La paternité spirituelle selon saint Paul, Paris 1968.

Habermas, Jürgen, Strukturwandel der Öffentlichkeit. Untersuchungen zu einer Kategorie der bürgerlichen Gesellschaft, Frankfurt (1962) 1990.

Habermas, Jürgen, Können komplexe Gesellschaften eine vernünftige Identität ausbilden?, in: ders. – Dieter Henrich, Zwei Reden. Aus Anlaß des Hegel-Preises, Frankfurt 1974, 23–84.

Hagemann, Wilfried – Leahy, Brendan, ‚Seht, wie sie einander lieben!'. Die Konsequenzen des marianischen Profils in den Neuen Geistlichen Gemeinschaften für Kirche, Gemeinde und Gesellschaft, in: Christoph Hegge (Hg.), Kirche bricht auf. Die Dynamik der Neuen Geistlichen Gemeinschaften, Münster 2005, 178–195.

Heim, Maximilian Heinrich, Joseph Ratzinger – Kirchliche Existenz und existentielle Theologie unter dem Anspruch von *Lumen gentium*. Ekklesiologische Grundlinien (Bamberger theologische Studien 22), Frankfurt ²2005.

Heinemann, Heribert, Demokratisierung der Kirche oder Erneuerung synodaler Einrichtungen? Eine Anfrage an das Kirchenverständnis, in: Fürst (Hg.), Dialog als Selbstvollzug der Kirche? 270–283.

Hochschild, Michael, Zukunftslaboratorien. Soziologische Aspekte der Neuen Geistlichen Gemeinschaften, in: Christoph Hegge (Hg.), Kirche bricht auf. Die Dynamik der Neuen Geistlichen Gemeinschaften, Münster 2005, 11–34.

Hödl, Ludwig, „Die Kirche ist nämlich in Christus gleichsam das Sakrament …". Eine Konzilsaussage und ihre nachkonziliare Auslegung, in: Wilhelm Geerlings – Max Seckler (Hg.), Kirche sein. Nachkonziliare Theologie im Dienst der Kirchenreform (FS Hermann Josef Pottmeyer), Freiburg – Basel – Wien 1994, 163–179.

Hoffmann, Andreas, Augustins Schrift „De utilitate credendi". Eine Analyse (MBTh 58), Münster 1997.

Hünermann, Peter, Nachdenkliches zu einer Rede von Joseph Kardinal Ratzinger, in: ThQ 164 (1984) 306 f.

Hünermann, Peter, Lebensvollzüge der Kirche. Reflexion zu einer Theologie des Wortes und der Sakramente, in: ders. – Richard Schaeffler (Hg.), Theorie der Sprachhandlungen und heutige Ekklesiologie (QD 109), Freiburg – Basel – Wien 1987, 27–53.

Hünermann, Peter, Tradition – Einspruch und Neugewinn. Versuch eines Problemaufrisses, in: Dietrich Wiederkehr (Hg.), Wie geschieht Tradition? Überlieferung im Lebensprozeß der Kirche (QD 133), Freiburg – Basel – Wien 1991, 45–68.

Hünermann, Peter – Mieth, Dietmar (Hg.), Streitgespräch um Theologie und Lehramt. Die Instruktion über die kirchliche Berufung des Theologen in der Diskussion, Frankfurt 1991.

Hünermann, Peter, Kirche und Konflikte, in: ders., Ekklesiologie im Präsens. Perspektiven, Münster 1995, 112–127.

Hünermann, Peter, Ekklesiologie im Präsens. Perspektiven, Münster 1995.

Hünermann, Peter, Weitere Eskalation? Die Problematik der neuen „Professio fidei" und des Amtseids, in: HerKorr 54 (2000) 335–339.

Hünermann, Peter, Dogmatische Prinzipienlehre. Glaube – Überlieferung – Theologie als Sprach- und Wahrheitsgeschehen, Münster 2003.

Imhof, Paul, Amt. Aspekte des neutestamentlichen Priestertums, in: GuL 64 (1991) 1–6.

Jedin, Hubert, Der Abschluß des Trienter Konzils 1562/65 (KLK 21), Münster 1963.

Jedin, Hubert, Geschichte des Konzils von Trient IV/1, Freiburg – Basel – Wien 1975.

Joas, Hans, Die Entstehung der Werte, Frankfurt 1999.

Joas, Hans (Hg.), Was sind religiöse Überzeugungen? (Preisschriften des Forschungsinstituts für Philosophie Hannover 1), Göttingen 2003.

Johannes Paul II., *Inkarnationis mysterium*. Verkündigungsbulle des Großen Jubiläums des Jahres 2000 (VAS 136), Bonn 1998.

Johannes Paul II., Institutionelle und charismatische Dimensionen gehören zum Wesen der Kirche. Botschaft an den Weltkongress der kirchlichen Bewegungen vom 27. Mai, in: Sekretariat der Deutschen Bischofskonferenz (Hg.), Der Apostolische Stuhl 1988.

Bibliographie

Ansprachen, Predigten und Botschaften des Papstes. Erklärungen der Kongregationen. Dokumentation, Köln 2001, 554–557.

Johannes Paul II., Jedes Charisma ist der ganzen Kirche geschenkt. Ansprache bei der Begegnung mit den kirchlichen Bewegungen am 30. Mai, in: Sekretariat der Deutschen Bischofskonferenz (Hg.), Der Apostolische Stuhl 1988. Ansprachen, Predigten und Botschaften des Papstes. Erklärungen der Kongregationen. Dokumentation, Köln 2001, 558–562.

KAB Deutschland (Hg.), Texte zur katholischen Soziallehre. Die sozialen Rundschreiben der Päpste und andere kirchliche Dokumente, Kevelaer ³1976.

Kasper, Walter, Das priesterliche Dienstamt. Bemerkungen zu der Vorlage für die Bischofssynode 1971, in: Diak 2 (1971) 222–232.

Kasper, Walter, Einführung in den Glauben, Mainz 1972.

Kasper, Walter, Sakrament des Geistes, in: ders. – Gerhard Sauter, Kirche – Ort des Geistes (Kleine ökumenische Schriften 8), Freiburg – Basel – Wien 1976, 37–55.

Kasper, Walter, Der Geheimnischarakter hebt den Sozialcharakter nicht auf. Zur Geltung des Subsidiaritätsprinzips in der Kirche, in: HerKorr 41 (1987) 232–236.

Kasper, Walter, Die Kirche als universales Sakrament des Heils, in: Klinger – Wittstadt (Hg.), Glaube im Prozeß 221–239.

Kehl, Medard, Kirche – Sakrament des Geistes, in: Walter Kasper (Hg.), Gegenwart des Geistes. Aspekte der Pneumatologie (QD 85), Freiburg – Basel – Wien 1979, 155–180.

Kerber, Walter, Die Geltung des Subsidiaritätsprinzips in der Kirche, in: StZ 202 (1984) 662–672.

Kern, Walter (Hg.), Die Theologie und das Lehramt (QD 91), Freiburg – Basel – Wien 1982.

Kessler, Michael, Das synodale Prinzip, in: ThQ 1968 (1988) 43–60.

Klinger, Elmar – Wittstadt, Klaus (Hg.), Glaube im Prozeß. Christsein nach dem II. Vaticanum (FS Karl Rahner), Freiburg – Basel – Wien 1984.

Koch, Günter (Hg.), Mitsprache im Glauben? Vom Glaubenssinn der Gläubigen, Würzburg 1993.

Kongregation für die Glaubenslehre, Lehramtliche Stellungnahmen zur „Professio fidei" (VAS 144), Bonn 1998.

Laminski, Adolf, Die Entdeckung der pneumatologischen Dimension der Kirche durch das Konzil und ihre Bedeutung, in: Fritz Hoffmann u. a. (Hg.), Sapienter ordinare (FS Ernst Kleineidam) (EThSt 24), Leipzig 1969, 392–405.

Landron, Olivier, Les Communautés nouvelles. Nouveaux visages du catholicisme français (Histoire), Paris 2004.

Lehmann, Karl, Das dogmatische Problem des theologischen Ansatzes zum Verständnis des Amtspriestertums, in: Georg Denzler (Hg.), Existenzprobleme des Priesters (Münchener Akademie-Schriften 50), München 1969, 121–175.

Lienkamp, Christoph, Theologie des Gesetzes aus dem Kontext des jüdisch-christlichen Gesprächs. Skizzen zu ihrer Bedeutung für eine praktisch-theologische Hermeneutik, in: Bucher – Krockauer (Hg.), Macht und Gnade 61–71.

Löhrer, Magnus, Die Hierarchie im Dienst des christlichen Volkes, in: Guilherme Baraúna (Hg.), De Ecclesia. Beiträge zur Konstitution „Über die Kirche" des Zweiten Vatikanischen Konzils, dt. Ausg. bes. v. O. Semmelroth, J. G. Gerhartz, H. Vorgrimler, Bd. 2, Freiburg – Basel – Wien – Frankfurt 1966, 9–23.

Lubac, Henri de, Corpus Mysticum. Kirche und Eucharistie im Mittelalter. Eine historische Studie, Einsiedeln 1969.

Lüdecke, Norbert, Ein konsequenter Schritt. Kirchenrechtliche Überlegungen zu „Professio fidei" und Treueid, in: HerKorr 54 (2000) 339–344.

Lütcke, Karl-Heinrich, ‚Auctoritas' bei Augustin. Mit einer Einleitung zur römischen Vorgeschichte des Begriffs (TBAW 44), Stuttgart u. a. 1968.

Martelet, Gustave, Deux mille ans d'église en question III: Du schisme d'Occident à Vatican II, Paris 1990.

Melloni, Alberto, Bewegungen. De significatione verborum, in: Conc(D) 39 (2003) 259–277.

Meyer zu Schlochtern, Josef, Sakrament Kirche. Wirken Gottes im Handeln der Menschen, Freiburg – Basel – Wien 1992.

Meyer zu Schlochtern, Josef, „Das neue Volk Gottes". Rückfrage nach einer umstrittenen Bestimmung der Kirche, in: Josef Ernst – Stephan Leimgruber (Hg.), Surrexit dominus vere. Die Gegenwart des Auferstandenen in seiner Kirche (FS Johannes Joachim Degenhardt), Paderborn 1996, 209–225.

Moeller, Charles, Die Entstehung der Konstitution, ideengeschichtlich betrachtet, in: Guilherme Baraúna (Hg.), De Ecclesia Beiträge zur Konstitution „Über die Kirche" des Zweiten Vatikanischen Konzils, dt. Ausg. bes. v. O. Semmelroth, J. G. Gerhartz, H. Vorgrimler, Bd. 1, Freiburg – Basel – Wien 1966, 71–105.

Möhler, Johann A., Die Einheit der Kirche oder das Princip des Catholicismus. Dargestellt im Geiste der Kirchenväter der drei ersten Jahrhunderte, Tübingen 1825.

Müller, Hubert, Zum Verhältnis zwischen Episkopat und Presbyterat im Zweiten Vatikanischen Konzil. Eine rechtstheologische Untersuchung (WBTh 35), Wien 1971.

Nell-Breuning, Oswald von, Subsidiarität in der Kirche, in: StZ 204 (1986) 147–157.

Neumann, Johannes, Synodales Prinzip. Der größere Spielraum im Kirchenrecht, Freiburg 1973.

Nientiedt, Klaus, Aus den Kinderschuhen heraus. Der Ort geistlicher Gemeinschaften in der katholischen Kirche Frankreichs, in: HerKorr 59 (2005) 65–70.

Ohly, Christoph, Sensus fidei fidelium. Zur Einordnung des Glaubenssinnes aller Gläubigen in die Communio-Struktur der Kirche im geschichtlichen Spiegel dogmatisch-kanonistischer Erkenntnisse und der Aussagen des II. Vaticanum (MThS.K 57), St. Ottilien 1999.

Osborne, Kenan B., Priesthood. A History of the Ordained Ministry in the Roman Catholic Church, New York – Mahwah 1988.

Ott, Ludwig, Das Weihesakrament (HDG IV, 5), Freiburg – Basel – Wien 1969.

Pace, Enzo, Seid fruchtbar und vermehrt euch. Von der organisatorisch-geschlossenen zur vielfältigen Organisationsstruktur im zeitgenössischen Katholizismus, in: Conc(D) 39 (2003) 314–325.

Pankoke-Schenk, Monika – Evers, Georg, Inkulturation und Kontextualität. Theologien im weltweiten Austausch (FS Ludwig Bertsch), Frankfurt/M. 1994.

Pastoralinstruktion *Communio et progressio* der Päpstlichen Kommission für die Instrumente der sozialen Kommunikationsmittel vom 23. Mai 1971, in: AAS 63 (1971) 593–656; dt. in: NKD 11 (1971) 150–291.

Pesch, Otto H., Das Zweite Vatikanische Konzil (1962–1965). Vorgeschichte – Verlauf – Ergebnisse – Nachgeschichte, Würzburg 1993.

Philips, Gerard, L'Église et son mystère au IIe Concile du Vatican. Histoire, texte et commentaire de la constitution Lumen gentium, Tome I, Paris 1967; Tome II, Paris 1968.

Pock, Johann Ignaz, Gemeinde zwischen Idealisierung und Planungszwang, Habilitationsschrift, Tübingen 2005.

Pontificio Consiglio per i Laici, Associazioni internazionali di fedeli. Repertorio, Città del Vaticano 2004.

Pottmeyer, Hermann J., Der eine Geist als Prinzip der Einheit der Kirche in Vielfalt. Auswege aus einer christomonistischen Ekklesiologie, in: PThI 2 (1985) 253–284.

Bibliographie

Pottmeyer, Hermann J., Die Mitsprache der Gläubigen in Glaubenssachen. Eine alte Praxis und ihre Wiederentdeckung, in: IKaZ 25 (1996) 134–147.
Puza, Richard, Das synodale Prinzip in historischer, rechtstheologischer und kanonistischer Bedeutung, in: Fürst (Hg.), Dialog als Selbstvollzug der Kirche? 242–269.
Rahner, Karl, Das freie Wort in der Kirche, in: ders., Das freie Wort in der Kirche. Die Chancen des Christentums. Zwei Essays (Christ heute III-2), Einsiedeln 1953, 5–36.
Rahner, Karl, Über den Begriff des Geheimnisses in der katholischen Theologie, in: ders., Schriften zur Theologie 4: Neuere Schriften, Zürich ³1962, 51–99.
Rahner, Karl, Demokratie in der Kirche?, in: StZ 182 (1968) 1–15.
Rahner, Karl, Theologische Reflexionen zum Priesterbild von heute und morgen, in: ders., Schriften zur Theologie 9, Einsiedeln – Zürich – Köln 1970, 373–394.
Rahner, Karl, Der Glaube des Christen und die Lehre der Kirche, in: ders., Schriften zur Theologie 10, Zürich – Einsiedeln – Köln 1972, 262–285.
Rahner, Karl, Die menschliche Sinnfrage vor dem absoluten Geheimnis Gottes, in: ders., Schriften zur Theologie 13: Gott und Offenbarung, Zürich 1978, 111–128.
Rahner, Karl – Zulehner, Paul M., „Denn du kommst unserem Tun mit deiner Gnade zuvor ...". Zur Theologie der Seelsorge heute, Düsseldorf 1984.
Rahner, Karl, Erfahrungen eines katholischen Theologen, in: Karl Lehmann (Hg.), Vor dem Geheimnis Gottes den Menschen verstehen, Freiburg – Basel – Wien 1984, 105–119.
Ratzinger, Joseph, Einführung in das Christentum. Vorlesungen über das Apostolische Glaubensbekenntnis, München ⁴1968.
Ratzinger, Joseph, Theologische Prinzipienlehre. Bausteine zur Fundamentaltheologie, München 1982.
Ratzinger, Joseph, Die Ekklesiologie des Zweiten Vatikanums, in: IKaZ 15 (1986) 41–52.
Ratzinger, Joseph, Zur ‚Instruktion über die kirchliche Berufung des Theologen', in: IKaZ 19 (1990) 561–565.
Ratzinger, Joseph, Demokratisierung der Kirche?, in: ders. – Hans Maier, Demokratie in der Kirche. Möglichkeiten und Grenzen, Limburg – Kevelaer (1970) 2000, 7–46.
Ratzinger, Joseph, Kirchliche Bewegungen und ihr theologischer Ort. Referat beim Weltkongress der kirchlichen Bewegungen und neuen Gemeinschaften. Rom, 26. Mai 1998, in: Peter Wolf (Hg.), Lebensaufbrüche. Geistliche Bewegungen in Deutschland, Vallendar 2000, 23–56.
Riccardi, Andrea, Kirche in Umbruch und Bewegung. Die geschichtlichen Wurzeln der Neuen Geistlichen Gemeinschaften, in: Christoph Hegge (Hg.), Kirche bricht auf. Die Dynamik der Neuen Geistlichen Gemeinschaften, Münster 2005, 35–54.
Ring, Thomas G., Auctoritas bei Tertullian, Cyprian und Ambrosius (Cass. 29), Würzburg 1975.
Sartori, Giovanni, Demokratietheorie, Darmstadt 1997.
Schaeffler, Richard, Die religiöse Erfahrung und das Zeugnis von ihr. Erkundung eines Problemfeldes, in: Bernd Jochen Hilberath (Hg.), Erfahrung des Absoluten – absolute Erfahrung? Beiträge zum christlichen Offenbarungsverständnis (FS Josef Schmitz), Düsseldorf 1990, 13–34.
Schaeffler, Richard, Die Kirche als Erzähl- und Überlieferungsgemeinschaft, in: Geerlings – Seckler (Hg.), Kirche sein 201–219.
Scharr, Peter, Consensus fidelium. Zur Unfehlbarkeit der Kirche aus der Perspektive einer Konsenstheorie der Wahrheit (StSSTh 6), Würzburg 1992.
Scheer, Werner, Der Begriff des Glaubens. Das Verständnis des Glaubensaktes in den Dokumenten des Vatikanum II und in den theologischen Entwürfen Karl Rahners und Hans Urs von Balthasars (EHS XXIII, 448), Frankfurt u. a. 1992.
Schmaus, Michael, Katholische Dogmatik, Bd. IV/1, München ³/⁴1952.
Schmitz, Heribert, „Professio fidei" und „Iusiurandum fidelitatis". Glaubensbekenntnis

und Treueid – Wiederbelebung des Antimodernisteneides?, in: AKathKR 157 (1988) 253–329.

Schönborn, Christoph, ‚Movimenti'. Chancen und Gefahren der neuen geistlichen Bewegungen, in: Ordensnachrichten 40 (2001) 54–63.

Seckler, Max (Hg.), Lehramt und Theologie. Unnötiger Konflikt oder heilsame Spannung? (Schriften der Katholischen Akademie in Bayern 103), Düsseldorf 1981.

Semmelroth, Otto, Die Kirche als Ursakrament, Frankfurt 1953.

Seybold, Michael, Die Kirche als Mysterium in ihren Ämtern und Diensten. Dogmatische Orientierung, in: Bernhard Mayer – ders., Die Kirche als Mysterium in ihren Ämtern und Diensten (Extemporalia 5), Eichstätt – Wien 1987, 43–88.

Sieben, Hermann Josef, Die Konzilsidee der Alten Kirche (Konzilsgeschichte, Reihe B: Untersuchungen), Paderborn u. a. 1979.

Stegmann, Franz Josef, Subsidiarität in der Kirche. Anmerkungen zu einem *gravissimum principium* der katholischen Soziallehre, in: Geerlings – Seckler (Hg.), Kirche sein 361–371.

Steiof, Dorothee, Das Gotteslob der Psalmen im Spannungsfeld von Macht und Gnade. Auf Spurensuche in alttestamentlicher Lobspiritualität, in: Bucher – Krockauer (Hg.), Macht und Gnade 88–102.

Stock, Alex, Überlegungen zur Methode eines Theologischen Kommentars, in: Evangelisch-Katholischer Kommentar zum Neuen Testament. Vorarbeiten H. 4, Neukirchen – Zürich – Einsiedeln – Köln 1972, 75–103.

Suenens, Léon-Joseph, Das II. Vatikanische Konzil 20 Jahre später, in: Klinger – Wittstadt (Hg.), Glaube im Prozeß 182–194.

Tellenbach, Gerd, Art. Auctoritas, in: RAC 1, 904–909.

Themenheft „Demokratisierung der Kirche", in: Conc(D) 7 (1971) H. 3.

Themenheft „Die Lehrautorität der Gläubigen", in: Conc(D) 21 (1985) H. 4.

Veit, Walter, Art. Autorität I, in: HWP 1, 724–727.

Vorgrimler Herbert, Vom ‚sensus fidei' zum ‚consensus fidelium', in: Conc(D) 21 (1985) 237–242.

Walf, Knut, Die katholische Kirche – eine „societas perfecta"?, in: ThQ 157 (1977) 107–118.

Weber, Franz, „Auch über meine Knechte und Mägde werde ich von meinem Geist ausgießen" (Apg 2,18). Ohnmacht und Macht der „kleinen" Prophetinnen und Propheten in der Kirche der Armen, in: Bucher – Krockauer (Hg.), Prophetie 184–199.

Weber, Wilhelm (Hg.), Macht – Dienst – Gemeinschaft in Kirche und Gesellschaft, Freiburg – Basel – Wien 1974.

Weiler, Thomas, Volk Gottes – Leib Christi. Die Ekklesiologie Joseph Ratzingers und ihr Einfluß auf das Zweite Vatikanische Konzil, Mainz 1997.

Werbick, Jürgen, Kirche. Ein ekklesiologischer Entwurf für Studium und Praxis, Freiburg – Basel – Wien 1994.

Wiederkehr, Dietrich (Hg.), Der Glaubenssinn des Gottesvolkes – Konkurrent oder Partner des Lehramts? (QD 151), Freiburg – Basel – Wien 1994.

Wiederkehr, Dietrich, Sensus vor Consensus: auf dem Weg zu einem partizipativen Glauben – Reflexionen einer Wahrheitspolitik, in: ders. (Hg.), Der Glaubenssinn des Gottesvolkes 182–206.

Wittstadt, Klaus, Léon-Joseph Kardinal Suenens und das II. Vatikanische Konzil, in: Klinger – ders. (Hg.), Glaube im Prozeß 159–181.

Zirker, Leo, Leben im Dialog. Perspektiven für ein zeitgemäßes Priesterbild, Mainz 1976.

Zirker, Hans, Ekklesiologie (Leitfaden Theologie 12), Düsseldorf 1984.

5. Kapitel
Identität und Dialog
Die Gestalt des Gotteszeugnisses heute

Moderator: Roman A. Siebenrock

Einführung

von Roman A. Siebenrock

1. Die konziliare Selbstverpflichtung zum Dialog

Eindeutig hat sich die römisch-katholische Kirche im Konzil auf einen umfassenden Dialog nach innen und nach außen verpflichtet. Nicht allein bei Meinungsverschiedenheiten (GS 28) ist die Bereitschaft zum Gespräch, das als urmenschliche Form der Beziehung und Begegnung qualifiziert wird (GS 23), für eine humane Entwicklung von hoher Bedeutung (GS 25; AA 12). Es umgreift die Generationen (AA 12) und darf deshalb auch als bevorzugtes Erziehungsziel hervorgehoben werden (GE 1.11). Der Dialog als ekklesiologische Handlungsorientierung wird in der Pastoralkonstitution, in den Dekreten über die Ökumene und die Missionen entfaltet und vor allem in der Offenbarungskonstitution grundgelegt. Der Dialog ist somit sowohl von seiner horizontalen als auch vertikalen Dimension her als unbeliebige Zeugnisgestalt der Kirche anzusehen.

Die Pastoralkonstitution wird durch die Bereitschaft und Ermahnung zum Dialog mit allen Menschen, bzw. der Welt, eingerahmt (GS 3.40.85.90.92). Deutlicher ist dessen Bedeutung kaum hervorzuheben. Er umfasst grundsätzlich alle. Kein Mensch guten Willens wird ausgeschlossen (AG 11; AA 14). Er bleibt daher auf alle geöffnet und verbürgt so die Katholizität der Kirche. Ausdrücklich werden die Andersdenkenden (GS 28) und sogar die Atheisten (GS 21) zum Dialog eingeladen, in dem es immer auch um die Wahrheit gehen muss (DiH 3). Mit der Stimme der Leidenden bekennt das Konzil, dass die Kirche auch von ihren Gegnern und Verfolgern gelernt habe (GS 44,3). Es sollte daher nicht verwundern, dass nach dem Konzil der Dialog zu einem konstitutiv-integralen, nicht taktisch-strategischen Aspekt der Mission und des Umgangs mit den anderen werden konnte. Nichtchristen (AG 16. 41.38; NA 2) sind auf Augenhöhe und in voller Freiheit und Anerkennung ihrer Würde (DiH) anerkannt. Der Dialog mit dem Judentum gewinnt in diesem Kontext eine besondere Qualität und Autorität (NA 4). Dass der Dialog als Königsweg der ökumenischen Anstrengung erscheint, ist aufgrund der Voraussetzungen und Zielsetzungen keine Überraschung (UR). Das Ökumenismusdekret nennt im Detail einzelne Kirchen und spezielle Themen des anzustrebenden Gesprächs sowie das Ziel: die Einheit der Christenheit.

Solche Dialogbereitschaft wird durch angemessene Vorbereitung und Ausbildung (PO 19) als auch durch Ermahnung an Bischöfe (CD 13) sowie Priester und Ordensleute (GS 43) ernsthaft gefördert. Dennoch blieben diese ‚horizontalen' Bestimmungen leer, wenn sie nicht durch die Wurzelidentität der Kirche, ihrem

Mysterium, getragen und bleibend erneuert würden. Der Dialog ist nur dann ein bleibendes Merkmal der Kirche, wenn er in der Herkünftigkeit der Kirche aus der Initiative Gottes verankert ist. Tatsächlich führt Gott mit der Kirche einen Dialog (DV 8.25), der sich besonders aus der Heiligen Schrift nährt (DV 21). Dieser nach innen ausgelegte Dialog ist jener Prozess der Überlieferung, durch den die Kirche immer tiefer in die Wahrheit Christi durch den Heiligen Geist eingeführt wird (Joh 16,13). Doch weil Gott in der Offenbarung die Menschen wie Freunde anspricht (DV 2), darf das dialogische Moment nicht auf die Aneignung der Wahrheit der endgültigen Offenbarung innerhalb der christlichen Glaubensgeschichte eingeengt werden, sondern prägt die Grundstruktur des Heilshandelns Gottes überhaupt. Weil dieses (DV 2; NA 1) alle Menschen umfasst und jeden einzelnen Menschen meint, darf das dialogische Moment als Grundbestimmung des Verhältnisses zwischen Gott und Mensch bezeichnet werden, wie es von Gott her konstituiert worden ist. Deshalb gilt: Gott führt mit jedem Menschen als dessen eigentümliche Berufung ein Gespräch, durch das er auf vielfältige Weise zu allen Menschen grundsätzlich, aber in besonderer Weise seit Abraham zum Volk Israel und in den letzten Tagen in Jesus Christus gesprochen hat (Hebr 1,1f.). Diese Perspektive eröffnet sich im Glauben an Jesus Christus, in dem Gott nicht nur einen Dialog mit den Menschen führt, sondern in seinem menschgewordenen Wort diese Bundesbeziehung durch sich trägt und vollendet (DV 3f.): Fleischwerdung des Heilsdialogs. Darf nicht gefolgert werden, dass die geschichtliche Gestalt des Bundes Gottes mit den Menschen dialogisch genannt werden muss?

Das Kapitel über den Atheismus leitet die Pastoralkonstitution daher mit der Aussage ein, dass in dieser Beziehung mit Gott die Menschenwürde begründet sei: „Ein hervorragender Grund für die menschliche Würde besteht in der Berufung des Menschen zur Gemeinschaft mit Gott. Zum Gespräch mit Gott wird der Mensch schon von seinem Ursprung her eingeladen: er existiert nämlich nur, weil er, von Gott aus Liebe geschaffen, immer aus Liebe erhalten wird; und er lebt nicht voll gemäß der Wahrheit, wenn er diese Liebe nicht frei anerkennt und sich seinem Schöpfer anvertraut" (GS 19). Dadurch aber ist in der Lehre des Konzils der Dialog anthropologisch und heilsgeschichtlich verankert. Weil im Dialog verschiedene Pole, Gott und Mensch letztlich, verbunden sind, ist der Dialog christologisch fundiert. Der Dialog, zu dem sich die Kirche im Konzil verpflichtet, hat daher in der Maxime kirchlicher Identität, in Christus, das Sakrament, bzw. Zeichen und Werkzeug für die innigste Vereinigung mit Gott und für die Einheit des ganzen Menschengeschlechts zu sein (LG 1), seine tiefste und robusteste Begründung. Ohne diese wahrhaft konstitutionelle Vorgabe des Anspruchs der Gnade an die kirchliche Gestalt wäre der Dialog bloße Diplomatie oder Taktik. Als Dialog ist daher jene Art und Weise zu bezeichnen, in der die Kirche ihre Sakramentalität in der Geschichte realisiert. Dies zu erkennen, ist heute umso dringlicher nötig, weil das Anliegen des Dialogs trotz seiner alle Bereiche des kirchlichen Lebens durchdringenden Realität aus verschiedenen Gründen ins Zwielicht geraten ist.

Einführung

2. Ist der Dialog am Ende? Eine Bestandsaufnahme

Wie stellt sich die Situation des Dialogs heute dar? Mehr als einige exemplarische Verweise können hier nicht gegeben werden. Durch die verschiedenen Dialog-Sekretariate[1], die während und nach dem Konzil eingerichtet worden sind, hat das dialogische Anliegen institutionelle Verfassungsstruktur in der Kurie erhalten und in vielen Ortskirchen tiefreichende Auswirkungen nach sich gezogen. Diese Institutionalisierung bildet eine verlässliche Gegenkraft zur leichtfertigen Infragestellung des Dialogs. Der Päpstliche Rat zur Förderung der Einheit der Christen, dem der Dialog mit dem Judentum anvertraut ist, kann auf eine so fruchtbare Dialoggeschichte zurückblicken, dass derzeitige Störungen und Stillstände umso schmerzlicher wirken. In umfassender Weise, wenn auch mit verschiedener Zielsetzung, wird der Dialog mit allen Religionen, insbesondere mit dem Islam und den verschiedenen Weltanschauungen und Kulturen, auch den atheistischen, geführt. Mit bemerkenswerten Zeichenhandlungen hat Johannes Paul II. in diesem Bereich bleibende Akzente gesetzt, die sich so tief in die Erinnerung der Menschheit und der Kirche eingeprägt haben, dass sie zu den menschheitsgeschichtlichen Sternstunden gezählt werden dürfen.[2] Die darin zum Ausdruck kommende neue Beziehungsqualität der Glaubensgemeinschaft zu Menschen unterschiedlichster Orientierung und kultureller Verortung hat so weite Kreise in der Kirche selber erfasst und eine so hohe Erwartungshaltung außerhalb geweckt, dass unzählige Menschen die Kirche immer wieder an dieser Haltung, die als prinzipielle Dialogfähigkeit und Dialogbereitschaft bezeichnet werden kann, messen. Dies ist vielleicht eine der bemerkenswerten, wenn auch indirekten Wirkungsweisen des Konzils, dass es bei aller Differenz und Distanz eine direkte und indirekte Aufmerksamkeit für das Handeln der Kirche auch bei ihren Kritikern und Gegnern geweckt hat. Die Ereignisse beim Tode Johannes Paul II. und der Wahl Benedikt XVI. können nicht einfach als mediale Inszenierung abgetan werden. Die Kirche ist auch jenen Hoffnungen verpflichtet, die sie durch das Konzil und seine Fortschreibung des Glaubens geweckt hat. Gerade deshalb ist es unverzichtbar, sich immer wieder einer Unterscheidung der Geister zu unterziehen. In der derzeitigen Krise, die auch als Krise des Dialogprogramms des Konzils verstanden werden kann, erscheint dies heilsam und hilfreich.

Gerade wegen der geweckten Hoffnungen werden Anzeichen einer Ernüchterung empfindlich registriert und es stellt sich die Frage, ob sich das Dialogprogramm des Konzils nicht als optimistische Sackgasse entpuppt.[3] Dass der inner-

---
[1] Gemeint sind die kurialen Einrichtungen während und nach dem Konzil: Sekretariat zur Förderung der Einheit der Christen (seit 1988: Päpstlicher Rat zur Förderung der Einheit der Christen); Sekretariat für die Nichtchristen (seit 1988: Päpstlicher Rat für den Interreligiösen Dialog); Sekretariat für den Dialog mit den Nichtglaubenden (seit 1998 in: Päpstlicher Rat für die Kultur).
[2] Vgl. Siebenrock, Kommentar zu NA 667–671 (Bd. 3 dieses Werks).
[3] Der amerikanische Biograph von Papst Johannes Paul II. sieht das Zeitalter des Dialogs, das er mit der Theologie Karl Rahners verbindet, bei aller Anerkennung am Ende, da jetzt Bekehrung anstehe (siehe: Weigel, The Century after Rahner).

kirchliche Dialog zu wünschen übrig lässt, wird schon lange beklagt.[4] Systematische Entwürfe mit besonderer Aufmerksamkeit für eine dogmatische Grundlegung der Ekklesiologie von der Trinitätslehre her, insbesondere unter dem Vorzeichen einer pneumatologisch vermittelten Christologie, haben die Absicht, der beklagten Zentralisierung und Gesprächsverweigerung entgegen zu wirken.[5] Auch der Streit um die Korrelation, sowohl in der Religionsdidaktik als auch grundsätzlich, steht in diesem Zusammenhang. Soll die kirchliche Verkündigung grundsätzlich Bezug nehmen auf Erfahrungen, auch wenn sie stark von den Mechanismen der Moderne, die sich nach den immanenten Gesetzen des Marktes und der Medien richten, geprägt zu sein scheinen?[6]

Der Trend zu einer Identitätssicherung ohne die anderen oder gar gegen sie ist eine fundamentale Gefährdung der global verfassten Menschheit. Sie kann als fundamentalistische Versuchung und sogar als Notwendigkeit der Moderne angesehen werden. Eine religionssoziologische Perspektive kann verdeutlichen[7], dass in einer radikal pluralen Gesellschaft, die die Lebensorientierung dem Einzelnen in einer immer unübersichtlicher werdenden Gesamtsituation anheim stellt, die Suche nach klaren und eindeutigen Antworten, nach leicht handhabbaren Handlungsorientierungen und damit in eins nach einfachen Mustern der Unterscheidung wächst. Auf dem Markt der Religionen gewinnen nicht die „mainstream-Bewegungen", sondern die profilierten und zumeist ‚nicht-dialogischen Angebote'.[8] Solche Entwicklungen werden durch die politisch-gesellschaftliche Entwicklungen verstärkt. Der Siegeszug der Evangelikalen nicht nur in den USA[9] oder der wachsende Einfluss sich radikalisierender Islamisten auf die Politik ist nicht nur zu verzeichnen. Er könnte sich noch aufschaukeln und verheerend auswirken.

Auf dem Hintergrund der Konfliktszenarien für das 21. Jahrhundert, die Huntington in seinem Szenario „Clash of Civilization"[10] nannte, hat der Generalsekretär der Vereinten Nationen Kofi Anan auf Initiative des damaligen iranischen Staatspräsidenten Chatami 2001 als Jahr für einen „Dialog der Kulturen"[11] ausgerufen. Wir wissen, was am 11. September eben dieses Jahres geschah. Ist der Dialog dann wenig mehr als eine Form von Diplomatie oder bloße Strategie, dessen man sich bedient, so lange man annehmen kann, dass dadurch die eigenen Ziele erreicht werden? Aber auch im gesellschaftspolitischen Bereich wird dem Dialog wenig Reformkraft zugebilligt. Monokratischen Entscheidungen, tiefe Einschnitte, die große Gruppen ausgrenzen, gilt der Beifall der Börse. China gilt

---

[4] Vgl. Fürst, Dialog als Selbstvollzug der Kirche; Schavan, Dialog statt Dialogverweigerung.
[5] Im Feld der Ekklesiologie sei auf die verschiedenen Entwürfe einer Communio-Ekklesiologie als Konsequenz des Konzils verwiesen. Siehe hier exemplarisch: Kehl, Die Kirche; Hilberath, Der dreieinige Gott. In grundsätzlicher Weise wird die Frage im Entwurf einer kommunikativen Theologie aufgenommen: Scharer – Hilberath, Kommunikative Theologie.
[6] Vgl. Siebenrock, Dramatische Korrelation.
[7] Vgl. Kaufmann, Religion und Modernität 84–86.
[8] Vgl. Finke – Stark, The Churching of America.
[9] Vgl. Freston, Evangelicals.
[10] Vgl. Huntington, Kampf der Kulturen.
[11] Vgl. Stiftung Entwicklung und Frieden (Hg.), Brücken in die Zukunft.

als Vorbild. Konfliktmanagement und Erfolgsstrategien sehen Kooperation als Mittel, nicht als Zweck an sich an. Andererseits stellt sich aber auch die Frage, ob auf die Selbstverpflichtung der Kirche zum Dialog überhaupt noch geantwortet wird oder ob das Lob über die Öffnung der Kirche zur Welt nicht doch von der falschen Seite gekommen ist[12] und sich daher jetzt verflüchtigt. Wer hat den vom Konzil geforderten und angebotenen Dialog nötig? Ist ein Dialog ohne Partner nicht sinnlos?

Trotz der angedeuteten Differenzen und Verwerfungen, ja gewalttätigen Abbrüche bleibt der anhaltende Ruf zum Dialog mit der Hoffnung verbunden, dass dadurch ein Weg aus der Gewalt und des unfruchtbaren Konflikts möglich werden könnte. Diese Hoffnung entsteht innerhalb todbringender Gegensätze. Aber auch in einer demokratisch orientierten Gesellschaft bleibt die Bemühung um Konsens und Dialog eine stets neu zu erringende Aufgabe, wenn eine Gesellschaft nicht zerfallen will. Totalitäre Staaten benötigen keinen Konsens, ihnen genügt die Erzeugung von Angst durch alle Formen des Terrors. Deshalb dürfen in einer freiheitlichen rechtsstaatlichen Demokratie die Gegensätze nicht die fundamentale Gemeinsamkeit überwiegen. Demokraten, so heißt es, müssen miteinander gesprächsfähig bleiben. Doch dieser Prozess wird heute unter Ausschluss der Wahrheitsfrage und eines gemeinsamen Strebens nach dem Guten als Sozialmanagement formalisiert. Eben aus diesem Grunde, dem Ausschluss der Wahrheitsfrage, erscheint nicht wenigen der Ruf nach mehr Dialogbereitschaft mit dieser Welt als Verrat an der Wahrheit des Glaubens.

Aber auch innerhalb der Kirche und ihrer dramatischen Geschichte gehört das Bemühen um Konsens im synodalen Prinzip zu den Wesensmerkmalen einer Kirche, die gerade wegen ihrer Hierarchie kein absolutistisches System oder gar totalitäre Gesellschaft sein kann. Dass beide Formen des Dialogs in noch zu klärender Weise zusammenhängen und sich unterscheiden, wird zu bestimmen sein.

Solche Fragen bilden den Ausgangspunkt dieses Kapitels, das sich auf die wesentlichen Elemente einer theologischen Grundlegung des dialogischen Zeugnisses der Kirche, wie es das Konzil entwickelte, konzentriert.[13] Angesichts der faktischen und theologisch-konzeptuellen Infragestellung des Dialogs ist eine grundsätzliche Besinnung nötig. Wie eingangs angezeigt, ist der Dialog für das Konzil keine Frage oberflächlichen Marketings, sondern deshalb die normative Form des Zeugnisses der Kirche, weil Dialog eine konstitutive Bestimmung der

---

[12] Ratzinger stellte bereits in seiner Rede auf dem Katholikentag in Bamberg (1966) eine „Stimmung der Ernüchterung und auch der Enttäuschung" (Das neue Volk Gottes 302) fest. Im gleichen Jahr hält er eine eigentümliche Frontverschiebung gegenüber früheren Konzilien fest, die früher stets eine verschärfte Weltdifferenz und das „Soli Deo gloria" einforderten: „Der Beifall kam zunächst von außen, von jenen, die nicht den Glauben und das Leben der Kirche teilen, während sich die treuen Teilhaber des kirchlichen Lebens eher als die Verurteilten fühlen konnten" (ebd. 283).
[13] Dieser Abschnitt nimmt nicht noch einmal jene Themen auf, die in diesem Band an anderer Stelle entfaltet werden. Über den ökumenischen und innerkirchlichen Dialog handelt Kapitel 3 zur Katholizität. Über die Form des Auftrags zur Evangelisierung spricht Kapitel 4. Die offenbarungstheologische Grundlegung ist weitgehend in Kapitel 2 zu finden, auch für die theologische Grundlegung des Dialogs mit den Religionen.

heilsgeschichtlichen Offenbarung selbst darstellt. Die darin zum Ausdruck kommende Öffnung der Kirche zur Welt versteht nur, wer sich das Gründungsgeschehen der Kirche in der Geschichte, das im Mysterium der Kirche selber zum Ausdruck kommt, in Erinnerung ruft: die Öffnung Gottes in seine Schöpfung und ihre Geschichte hinein zum Heil der ganzen Welt. Hierfür stand den Kirchenvätern ein Sinnbild vor Augen, das ihnen die Entstehung der Kirche erschloss: die geöffnete Seitenwunde Christi.[14] Wer Dialog fordert, möge zuvor seine Bereitschaft zur Passion prüfen.

3. Gliederung und Intention der Einzelbeiträge

Im ersten Unterkapitel wird ausgehend vom Konzil *Roman A. Siebenrock* die Reflexion auf den Dialog darstellen. Mehr als in den Texten des Konzils werden in den Ansprachen Papst Pauls VI. wesentliche Elemente zum adäquaten Verständnis des Dialogs entfaltet. *Peter Hünermann* zeichnet die Begründung des Dialogs mit den Religionen im Konzil nach (I.2.c). In der nachkonziliaren Diskussion wird im Bewusstsein seiner Gefährdungen ein vertieftes Verständnis erkennbar. Das dritte Unterkapitel skizziert zunächst ein umfassendes Verständnis des Dialogs. Darin wird die Frage nach den Grenzen und dem Scheitern des Dialogs unausweichlich (II.2: *Hans-Joachim Sander*). *Ottmar Fuchs* stellt daher in seinem Beitrag „Dialog im „Martyrium" der Wahrheit" die Frage, wie im Scheitern das Anliegen der Dialogizität gewahrt werden könne (II.3). Der Dialog, der heilsgeschichtlich begründet sein soll und die Erfahrungen der Geschichte nicht verdrängt, erweist sich als dramatisch (III.). Einige Orientierungen werden im letzten Abschnitt gesammelt.

---

[14] Vgl. Rahner, E Latere Christi.

I. Theologische Grundlegung des Dialogs

von Roman A. Siebenrock

Eine theologische Grundlegung des Dialogs hat immer den Begriff in seinem Missbrauch wahrzunehmen und aus seiner „Vernutzung"[1] zu retten. Theologische Besinnung ohne Reinigung des Gewissens der Worte bleibt hohl. Erinnerung bleibt hierfür die unverzichtbare Voraussetzung. Wirklicher Dialog ist immer prekär, und gerade wegen seiner Unwahrscheinlichkeit erscheint er als wunderbar.

Ein Verweis auf die Entwicklung des dialogischen Prinzips in der Philosophie vermag zu verdeutlichen, dass das Verständnis des Dialogs, wie er sich im und nach dem Konzil herausgebildet hat, innerhalb des kirchlichen Gesamtverständnisses eine eigene, authentische Bedeutung hat, die nicht als Adaption philosophischer Überlegungen eingeschätzt werden kann, auch wenn diese Anstöße nicht außer Acht bleiben dürfen. Deshalb sei in diesem Abschnitt an einigen Beispielen verdeutlicht, welches Verständnis von Dialog dem Konzil vor Augen stand und welche Gefahren und Gefährdungen schon bereits während oder nach dem Konzil geäußert worden sind. An Beispielen aus der Rezeptionsgeschichte des Konzils können Antworten auf mögliche Schieflagen studiert werden. Angestoßen aber dürfte die neue Bedeutung des Dialogs für die Kirche Johannes XXIII. mit seiner letzten Enzyklika *Pacem in terris* haben, die sich, erstmals in der Tradition päpstlicher Lehrschreiben, an alle Menschen guten Willens richtete. Wie aber ist die Beziehung zu diesen Menschen zu gestalten und was ereignet sich in einer solchen Offerte wirklich?

1. Philosophische Annäherung

In der philosophischen Analyse kann Dialog als eine Sprachhandlung eingeführt werden, die als Auseinandersetzung zwischen mehreren Personen in Rede und Gegenrede den Versuch darstellt, einen Dissens zu klären, um zu einer Gemeinsamkeit zu kommen.[2] Die Vorgehensweise durch Begriffsklärung in Frage und Antwort, der Gedankenentwicklung in Behauptung und Bestreitung sowie der Versuch, mit Beweisen und Argumenten, bzw. durch Widerlegungen und Gegen-

---

[1] Angesichts des vielfältigen und uneinheitlichen Sprachgebrauchs hat Kardinal Lehmann diese Bezeichnung geprägt (Lehmann, Eine Lebensfrage der Kirche 32).
[2] „Unter ‚Dialog' wird im Folgenden die sprachliche Kommunikation von Personen mit divergierenden oder konträren Überzeugungen verstanden. In diesem Sinn findet ein Dialog dort statt, wo ein Dissens aufbricht und zum Gegenstand einer noch näher zu spezifizierenden sprachlichen Auseinandersetzung wird" (Kreiner, Das Verhältnis von Dialog und Wahrheit 133).

Identität und Dialog

beispiele den anderen zu überzeugen, gehört zum Dialog selbst. Solche Elemente erweisen sich bei näherem Hinsehen nicht als harmlos, sondern markieren den Einbruch des Fremden und die Verfremdung des Eigenen.[3] Deshalb ist bereits der philosophische Dialog nicht beliebig, sondern hält sich an Regeln, in denen sich das Ethos der Rationalität im Umgang mit Differenzen und dem Fremden ausdrückt. Das bedeutet aber, dass jeder wirkliche Dialog über sich hinaus weist und nicht von den Teilnehmenden beliebig gehandhabt zu werden vermag. Der Dialog als Einbruch des Anderen entzieht sich der Macht der beteiligten Subjekte.[4]

Als philosophisch-literarische Gattung, wie der Dialog im europäischen Denken seit Platon unzählige Nachahmungen gefunden hat, hat er nichts mit einer unverbindlichen Unterhaltung nach dem Beispiel bekannter Talkshows zu tun. Er bezeichnet keine Dialektik als Monolog mit sich selbst, die nach eigener Macht die Gegensätze (‚dia-logos') zu versöhnen glaubt. Der Dialog stellt auch keine Didaktik oder Methodik dar. Dialog ist kein Lehrgespräch, das letztlich einen entfalteten Monolog darstellt; noch weniger sollte er mit standpunktloser Überredungskunst oder gar einem Streitgespräch mit Gewinnstrategien verwechselt werden. Der Dialog als Form gemeinsamen argumentierenden Denkens setzt sich vom Sophismus dadurch ab, dass er sich nicht nur dem Anspruch der Wahrheit unterstellt und die freie Zustimmung der Vernunft oder das rationale Gegenargument erwartet, sondern eine gemeinsame Vernunft der am Dialog beteiligten postuliert.[5] In der weiteren Analytik adäquater Dialoge, insbesondere auf dem Hintergrund seines Missbrauchs, wurden transzendentale Bedingungen für den Diskurs der Rationalität herausgearbeitet, die entweder als ideale Kommunikation[6] oder als Transzendentalpragmatik[7] das utopische und prinzipiell den Anderen anerkennende Element des Dialogs herausgestellt haben. Solche Analysen erheben einerseits unmittelbaren politischen Anspruch, andererseits bleiben sie unter den Bedingungen der Erfahrungen dieser Geschichte uneingelöst. Die Ansprüche und Ideale, die sich der Vernunft aufdrängen, können von ihr selbst prinzipiell nicht eingelöst werden.[8] Stellen sie sich am Ende gar als absurd heraus?

Wirksame Anstöße für ein erweitertes Verständnis von Dialog gingen zuvor von Philosophen aus, die in besonderer Weise in der Bibel verwurzelt waren. „Für die Ausprägung des Begriffs im Sinn der D[ialog]-Philosophie war jedoch nicht

---

[3] Vgl. Waldenfels, Der Stachel des Fremden 43–56.
[4] „Wir überschreiten den Diskurs, ohne anderswo anzukommen; einer ist dem andern immer auf der Spur" (ebd. 53). Und was liegt zwischen ihnen?
[5] Damit wird der Logos des Dia-logs als die Kraft verbindender Kommunikation und Wahrheitssuche auch in der bleibenden Differenz bestimmbar. Dialog ist die Kunst, mit dem bleibend Fremden auf dem Weg zu bleiben.
[6] Vgl. Habermas, Theorie kommunikativen Handelns. Es fällt hier nicht ins Gewicht, dass Habermas den Diskurs auf dem Hintergrund des Dissenses vom kommunikativen Handeln, auf der Basis gemeinsamer Überzeugungen abhebt. Wie sehr diese Theorie und die damit verbundenen politisch-gesellschaftlichen Vorstellungen auch von jüdisch-christlichem Potential nicht nur historisch zehrt, sondern auch gegenwärtig angewiesen bleibt, erweist nicht zuletzt die Diskussion zwischen Habermas und Ratzinger (siehe: dies., Dialektik der Säkularisierung).
[7] Vgl. Apel, Transformation der Philosophie, Bd. II.
[8] Im Blick auf die Opfer hat Helmut Peukert die offene Seite kommunikativer Vernunft analysiert (ders., Wissenschaftstheorie 317–332).

das vornehmlich kosmozentrische Denken der griechisch-römischen Antike bestimmend, sondern der jüdisch-christliche ‚Personalismus' einerseits und andererseits die fortschreitende methodische und existentielle Problematisierung des ‚Anderen' in der Folge des cartesischen ‚ergo cogito'."[9] Nach verschiedenen Anfängen bei Jacobi, Hamann, Fichte und Schleiermacher kam dieses Denken am Beginn des 20. Jahrhunderts bei Buber, Ebner und Rosenzweig zum Durchbruch. Nach dem von ihnen entwickelten dialogischen Prinzip ist der Dialog eine Qualität der menschlichen Beziehung und Existenz, die durch Anerkennung des Anderen (Ich und Du), Verzicht auf Instrumentalisierung und Achtung, bzw. Ermöglichung der Freiheit des Anderen so ausgezeichnet ist, dass in der dialogischen Beziehung ein transzendent Anderer zu Wort zu kommen vermag.[10] Sprache und Dialog gewinnen in diesem Verständnis eine vertiefte Bedeutung: Sie werden zu ausgezeichneten Formen des Lebens, das sich elementar in Beziehungen vollzieht. In diesem Denken wird die Kategorie der Relation als zentral entdeckt und erkundet.

In jüngster Zeit hat aus dieser Tradition in Kritik am europäischen Subjektivismus mit seiner Unfähigkeit, den anderen wahrzunehmen, Lévinas nachdrücklich die Bedeutung des Anderen, der nicht in meiner Vorstellung aufgeht, sondern mich einfordert, als ethisches Prinzip jeglichen Denkens in Erinnerung gerufen.[11] Der Dialog erscheint dem dialogischen Denken nicht nachträglich zur menschlichen Verfasstheit, sondern in der Beziehung allein geschieht menschliche Subjektwerdung. Personsein bedeutet „Sein-aus/in-Beziehung". Dies besagt, aus dem Wort, in einer gemeinsamen Sprache, in Anrede und Antwort dialogisch in Beziehung zu existieren. Menschliche Personen sind „creaturae verbi"; Kinder des „Logos". Philosophisch gesehen ist daher der Dialog als rationale sprachliche Verständigungsform im Dissens vom dialogischen Prinzip zu unterscheiden. Letzteres bietet jedoch den weiteren Rahmen für ein Verständnis des Dialogs als Auszeichnung menschlicher Existenz. Beiden Begriffsvarianten aber ist gemeinsam, dass der Dialog, so seinen bestimmenden Regeln gehorcht wird, zutiefst ein Wahrheitsgeschehen darstellt. Im Dialog ereignet sich daher immer „mehr" als das, was die einzelnen Dialogteilnehmer einbringen (können). „Der Dialog ist ein eigentümliches ‚Zwischenreich', dem alle angehören und das keinem gehört."[12] Deshalb ist der im Dialog herrschende „Dia-Logos" jene Kraft, die zwischen den Fremden vermittelt, ohne deren Eigenart in eine geschichtlich erkennbar einigende Synthese zu zwingen. Dadurch dass in einem vielgestaltigen Dialog, der sich stets als ‚Polylog' entpuppt, an der Kommunikation als Interesse am Anderen festgehalten wird, kann in der Differenz eine erstaunliche Einheit erfahrbar werden.

---

[9] Heinrichs, Dialog 226.
[10] Vgl. Casper, Das dialogische Denken. Dieses Denken ist von seinem Ursprung her nicht unmittelbar mit der Pluralisierung der Vernunft, wie sie in der Postmoderne behauptet wird, verbunden, auch wenn es mit dieser eine Kritik der neuzeitlichen Rationalität und ihres Subjektverständnisses teilt (siehe: Stegmaier, Heimsuchung).
[11] Zu Levinas siehe: Stegmaier, ebd. 25–28. Waldenfels erkundet diese Spur in seiner Phänomenologie des Fremden (siehe: Waldenfels, Der Stachel des Fremden).
[12] Lehmann, Eine Lebensfrage für die Kirche 34.

2. Elemente zu einem Verständnis des Dialogs im Verlauf des Konzils

Zwar darf den meisten Vätern ein Vorverständnis über den Dialog zugebilligt werden, doch wird das Profil dessen, was das Konzil unter Dialog versteht, nur im Prozess des Konzils selber deutlich. Das Konzil stellt ja selbst einen umfassenden Dialogprozess dar, weil es allen Teilnehmern Partizipation einräumt, das freie Wort nicht unterdrückt wird und dieser Gesamtprozess grundsätzlich auf Konsens ausgerichtet bleibt. Auch die „undialogischen" Interventionen der Päpste und regulativen Bestimmungen der Geschäftsordnungen dienen diesem Ziel, weil sie entweder das Konzil in seiner Komplexität arbeitsfähig halten wollen oder durch Aussetzung von Entscheidungen sich verhärtende Fronten und damit zu große Ablehnung und Frontenbildungen zu verhindern trachten.

a) Was heißt „ökumenischer Dialog"? Die Intervention von Bischof de Smedt

Die erste bedeutende Klärung für das konziliare Verständnis von Dialog[13] liegt in einer Intervention von Bischof de Smedt in der ersten Sitzungsperiode vor, in der er erläutert, was unter ökumenischem Dialog zu verstehen sei.[14] In seinen neun Punkt werden elementare Regeln der Hermeneutik mit der Kultur verbunden, dem anderen im Angesichte in Wahrheit und Redlichkeit begegnen zu können. Der Dialog muss unbedingt wahrheitsgetreu sein, die vollständige Wahrheit der Kirche vertreten und nicht zu wechselseitigen Täuschungen führen. Wenn aber dieses Zeugnis verstanden werden soll, dann müssen einige Bedingungen erfüllt werden, die sich am anderen orientieren. Wir müssen Leben und Lehre der anderen gut kennen. Wir sollten ihre Vorstellungen von uns danach unterscheiden können, was richtig und was nicht verstanden worden ist. Wir müssen wissen, was die anderen bei uns vermissen und was die anderen bei uns unzureichend erkennen können. Ist unsere Rede so, dass die anderen sie möglichst leicht verstehen können? In diesem Fall rät de Smedt zur Sprache der Väter und der Bibel, also zu einer gemeinsamen Grammatik. Unsere Rede muss auch von ihrer Wirkung her kritisiert werden. Auch der Gesamtzusammenhang unserer Aussagen sollte für die Nichtkatholiken annehmbar sein. Unsere Begründungen sollten so gewählt werden, dass sie die anderen überzeugen. Auf unfruchtbare Polemik ist ebenso zu verzichten wie auf verletzende Darstellung der Irrtümer der anderen. Ökumenisch ist ein Text daher nicht dadurch allein, dass er die Wahrheit vorlegt, sondern, dies ist meine Interpretation, dass sie beim anderen in ihrem Wahrheitsanspruch ankommen kann.

Nach dieser Ausführung steht im Dialog weder die Wahrheit zur Disposition noch kann ein Dialog ohne Standpunkt geführt werden. Sehr wohl aber kann die

---

[13] An dieser Stelle wird deshalb nur auf die Erläuterungen zum Konzilstext eingegangen, weil die Interpretation jener Stellen, die eingangs dieses Kapitels als kleines Summarium der Lehre des Konzils über den Dialog zusammengefasst worden sind, in den jeweiligen Kommentaren eingeschaut werden können.

[14] Vgl. De Smedt, Wir wünschen eine wahrhaft ökumenische Zwiesprache.

Wahrheit des Glaubens so gesagt werden, dass der andere auf sie hören und vielleicht sogar annehmen, zumindest sie erwägen kann. Dazu aber ist nicht nur ein tiefes Verständnis des anderen nötig, sondern auch eine realistische Kenntnis unseres Fremdbildes bei ihm. Der Dialog ist deshalb wesentlich durch einen Perspektivenwechsel gekennzeichnet. Ich muss mich in das Verstehen, Wahrnehmen und Urteilen eines anderen hineinversetzen und versuchen, von „seiner Wahrheit" her mich ansehen und das Eigene zu sagen lernen. De Smedt grenzt den Dialog vom theologischen Diskurs oder von dem Versuch ab, den anderen zu bekehren. Wenn das Konzil nach dem Willen Johannes XXIII. ökumenischen Geist atmen soll, dann sollte nicht nur der Endtext, sondern auch die Vorgehensweise von den genannten Regeln des Dialogs bestimmt werden.

b) Praxis und Theologie des Dialogs bei Paul VI.

Von nicht zu überschätzender Bedeutung für das Verständnis des Dialogs werden verschiedene Impulse von Papst Paul VI. Diese theoretischen Beiträge sind im Kontext seiner Konzilspragmatik zu lesen und werden deshalb wertvoll, weil sie den Verlauf des Konzils reflektieren und auf das Programm des Dialogs hin ausleuchten. In seinen Ansprachen wird eine bedeutsame Entwicklung erkennbar, die für ein realistisches Verständnis des Dialogs unverzichtbar ist. In seinen Reisen tritt er symbolisch in die ausgezeichneten Dialogfelder ein: Mit der Reise nach Palästina (1964) spricht er die Begegnung und Beziehung zum Judentum und zum Islam an und verankert damit „Nostra Aetate" auf Dauer in der Konzilsarbeit. Ähnlich ist seine Reise nach Indien (1964) zu werten, bei der zum ersten Mal von höchster kirchlicher Stelle zu einer interreligiösen Konferenz unter der Leitung von Kardinal König[15] eingeladen wurde. Mit seiner Reise zur UNO in der letzten Sitzungsperiode (1965) unterstreicht er die Solidarität der Kirche mit den Anliegen des Friedens und der Gerechtigkeit unter den Völkern. In den genannten Feldern, die Paul VI. beispielhaft akzentuierte, ereignete sich eine immense Wirkungsgeschichte seines Dialogimpulses. Wie aber kann die Kirche und die einzelnen Christen die Haltung des Dialogs bewahren oder die angemessene Haltung des Dialogs gerade dann gewinnen, wenn er in der Krise gerät und soziologische und andere weltliche Maßstäbe den Dialog als aussichtslos oder überholt ausweisen? Ohne eine Theologie des Dialogs, der die Haltung und Vollzugsgestalt der Kirche mit ihrem Gründungsgeschehen in der Bundesgeschichte Gottes mit den Menschen verbindet, lässt sich das Postulat des Dialogs nicht aufrechterhalten. Es zeigt sich hier in prägnanter Weise, dass eine Erneuerung der Kirche eine Neubesinnung auf die in der Schrift bezeugte Offenbarungsgeschichte Gottes mit den Menschen einfordert. Es gehört zur verdeck-

---

[15] Vgl. König, Worte zur Zeit 117–131. In diesem Beitrag setzt Kardinal König die Anliegen des Papstes sowohl praktisch als auch reflexiv um. Seine Analyse des Dialogs steht in tiefer Übereinstimmung mit den Ausführungen des Papstes.

ten Größe Papst Paul VI., dass er immer wieder diese Aufgabe einforderte und exemplarisch selber leistete.[16]

Die christologische Tiefengrammatik seiner ersten Eröffnungsrede (29. 9. 1963) kulminiert in einem „Solus-Christus-Hymnus".[17] Eine solche Christozentrik weitet den Blick auf die gesamte Menschheit. Die darin zum Ausdruck kommende ökumenische Aufmerksamkeit, wie sie de Smedt einforderte, führt Paul - VI. zu einer ausdrücklichen Vergebungsbitte, falls die Trennung Schuld der katholischen Kirche sein sollte.[18] Im vierten Abschnitt dieser Rede spricht er davon, dass durch das Konzil die Kirche ein Gespräch mit der Welt eröffnen wolle. Der Grund hierfür ist, dass dieses Konzil durch und durch von der Liebe Christi geprägt sein müsste. Die Sicht des Papstes aber auf eben diese Welt, mit der die Kirche ins Gespräch kommen möchte, ist alles andere als blauäugig. Realismus fordert er ein, und das bedeutet, dass zunächst jener gedacht werden soll, die verfolgt werden und deren Plätze im Konzil deshalb leer blieben. Auch mit Hilfe der Wissenschaft breite sich ein Atheismus aus, der die Gotteserkenntnis verdunkle und die Seelen und Herzen der Menschen veröden lässt. Wie aber muss auf diese Situation reagiert werden? Was Dialog bedeutet, spricht der Papst mit jener Haltung an, in der die Kirche dieser ambivalenten Welt, motiviert von der Liebe Christi, begegnen möchte: „Die Welt wird wohl erkannt haben, dass sie von der Kirche mit viel Liebe angesehen wird. Denn diese bringt ihr aufrichtige Bewunderung entgegen, und sie hat das ehrliche Verlangen, nicht über sie zu herrschen, sondern ihr zu dienen, nicht sie zu verachten, sondern ihre Würde zu erhöhen, nicht sie zu verurteilen, sondern ihr Trost und Heil zu bringen."[19] Die Aufmerksamkeit des Papstes für die Weltsituation ist jedoch nicht undifferenziert. Während die Kirche die Armen, Leidenden und Hungernden mit Anteilnahme anspricht, mahnt sie die politischen Führer, den Frieden zu fördern. Den Blick auf die anderen Religionen begründet Paul VI. mit der Liebe des Vatergottes, der seine Gnade allen zukommen lasse. Zwar sollen Defizite und Ungenügen in ihren jeweiligen Traditionen nicht überspielt werden, doch das ändert nichts daran, dass „die katholische Religion mit der schuldigen Hochachtung dem begegnet, was sie an Wahrem, Gutem und Menschlichem bei ihnen findet"[20].

Der Dialog oder das Gespräch, in das die Kirche eintritt, erstreckt sich daher so weit wie die Liebe Christi und die Gnade Gottes selbst. In diese Weite Gottes wird die Kirche durch eben ihre Sendung gestellt. Der Dialog und das Gespräch erscheinen als jene Vollzugsformen, die der Sendung und der Haltung Christi angemessen sind und gleichzeitig die Kirche eben diesem Licht Christi gleichförmi-

---

[16] In der Analyse beschränken wir uns auf die wichtigsten Textzeugnisse aus dem Konzilsgeschehen, die im Anhang dieses Bandes zu finden sind.

[17] „Christus! Christus Unser Ausgangspunkt, Christus Unser Weg und Führer, Christus Unsere Hoffnung und Unser Endziel" (s. u. 519).

[18] Auch wenn die Vergebungsbitte im Konditional formuliert wird (s. u. 526), erweist der Blickwechsel seine unbeliebige Kraft.

[19] Ebd. 529.

[20] Ebd. 530. Am Ende der Eröffnungsansprache zur dritten Sitzungsperiode wird er die Haltung der Welt zur Kirche und zum Konzil mit den Worten charakterisieren: Interesse, Gleichgültigkeit oder Feindseligkeit (s. u. 548).

ger werden lässt. Der Ruf in die Umkehr und das Bewusstsein eigener Schuld stellen sich unmittelbar ein. Dennoch darf die Kirche nie unrealistisch werden. Die Ambivalenz der Gegenwart wird bei Paul VI. nirgends verdrängt, sondern prägt jenen Spannungsbogen, in dem die Kirche steht und selber ausgedehnt wird. Der Dialog wird in der Selbstdefinition der Kirche, im Mysterium Christi des sich selbst mitteilenden dreifaltigen Gottes, verwurzelt. Denn nur in dieser Herkunft kann die Kirche Sakrament des Heils der Welt sein. Für die Verwirklichung ihres Wesens, das ihre Sendung ist, verlangt daher die Kirche keine andere irdische Autorität, „als diejenige, die es ihr erlaubt, den Menschen zu dienen und sie zu lieben".[21] Daher schließt sich die Kirche nicht von den Lebensgewohnheiten der Menschen ab, sondern bemüht sich um Verständnis und Hilfe.[22]

Mit einem visionären Blick eröffnet der Papst die letzte Sitzungsperiode. Die dreifache Liebe zu Gott, Kirche und Menschheit lässt ihn von einem erhöhten Standpunkt des Glaubens aus die heutige Welt erblicken, die vom Nebel des Zweifels und vom Dunkel der Glaubenslosigkeit gezeichnet wird. Die Menschenfreundlichkeit des christlichen Glaubens übersieht die Differenz der Kirche zu jenem Suchen nach einer vollkommenen und besseren Gesellschaft nicht, die der Papst als Hauptaufgabe der Geschichte ansieht. In der Kirche ist sie deshalb grundsätzlich verwirklicht, weil sie nicht auf persönlicher und gesellschaftlicher Vergötterung gegründet ist, sondern auf den Grundsatz der Liebe. Diese Liebe zu leben, aus der sie selber lebt, ist ihre einzige Aufgabe. Wieder weitet sich der Bezug von der Liebe zu Christus (nach Joh 21, 15). In solcher Liebe allein erweist sich die Wahrheit des Evangeliums und der Kirche als wahr (Eph 4, 15). Mit christologisch geschärftem Blick hat aber in der Realität diese Liebe ihren Preis. „Die Kunst zu lieben, verwandelt sich oft in die Kunst zu leiden. Wird die Kirche von ihrer Verpflichtung zur Liebe ablassen, weil es für sie riskant und schwierig ist?"[23] Eingedenk der verfolgten Kirche hat die Kirche diese Frage mit der Erinnerung an das Gebot Christi zur Gottes- und Nächstenliebe zu beantworten. Allein die Liebe möge die Menschen gewinnen, damit der Frieden siege. Damit aber hat der Papst ein weiteres Motiv in die Bestimmung des Dialogs eingebracht. Die Aufgabe, Frieden zu stiften, fordert ein christusförmiges Handeln der Kirche, das er als Primat der Liebe umschreibt. Der Dialog, den Papst Paul VI. meint, zielt auf eine Beziehung, die noch in der Ablehnung und in der Feindschaft neuen Anfang zu stiften versucht, weil in der Liebe niemand ausgeschlossen oder abgeschrieben wird.

In seiner Abschlussansprache am 7. 12. 1965 wird das Bewusstsein um die tiefliegende Differenz zwischen der Vorstellung von Welt und Mensch aus der Sicht des Glaubens und einer profanen Perspektive noch deutlicher. Die Differenz wird durch das Wort „Gottvergessenheit"[24] deutlich ausgesprochen. Die dem Glauben eigene Theozentrik allein erscheint der heutigen Zeit schon als Anachronismus

---

[21] Ebd. S. 544.
[22] Vgl. ebd. Dabei verweist Paul VI. ausdrücklich auf die Bedeutung der Schemata über die Religionsfreiheit und über die Kirche in der Welt von heute.
[23] Ebd. 564 f.
[24] Ebd. 582.

und Weltfremdheit. Die tiefste Identität der Kirche bestimmt den gravierenden Unterschied. Kann deshalb gegen das Konzil der Vorwurf einer ekklesiozentrischen Gottvergessenheit erhoben werden? Diese Schau nach innen war kein Selbstzweck, sondern Bereitung für die Begegnung mit einer Welt, die von tiefer Entfremdung, ja einem Bruch zur Kirche geprägt ist. Die umfassende Aufmerksamkeit für den Menschen und seine Welt, die dieses Konzil von allen vorangegangenen unterscheidet, hatte den Sinn, dem ganzen Phänomen Mensch gewahr zu werden. Was in dieser Begegnung geschah, formuliert Paul VI. prägnant: „Die Religion des Gottes, der Mensch wurde, ist der Religion (denn sie ist es) des Menschen begegnet, der sich zum Gott macht."[25] Diese Konfrontation scheute das Konzil nicht und darf deshalb auch nicht im Dialog überspielt werden. Entscheidend ist die Art und Weise der Begegnung. In der Geschichte vom Samariter erkennt der Papst die Geisteshaltung des Konzils. Im Licht des Evangeliums nimmt das Konzil die tiefe Ambivalenz des Menschen, seine Größe und sein Elend wahr. Deshalb konnte sie die Warnung vor den Unglückspropheten von Johannes XXIII. aus der Eröffnungsrede[26] beherzigen, ohne in eine unkritische Euphorie zu verfallen. Da die Kirche sich ausschließlich zum Dienen gerufen weiß, wird der pastorale Charakter, in dem sich die Kirche zum Dienst in der Welt gesandt weiß, vom religiösen Charakter, der Gott allein die Ehre gibt, nicht getrennt. Die Lösung dieser Spannung erläutert der Papst am Ende dieser ebenso nüchternen wie ermutigenden Rede in der christologisch begründeten Einheit von Anthropologie und Theologie. Um den Menschen kennen zu wollen, muss man Gott kennen. Im Antlitz besonders des weinenden und leidenden Menschen aber ist das Antlitz Christi zu erkennen. Das bedeutet: „,Wer mich sieht', sagt Jesus, ,sieht auch den Vater', dann wird unser Humanismus christlich und unser Christentum theozentrisch, so sehr, dass wir auch sagen können: um Gott zu kennen, muss man den Menschen kennen."[27] Deshalb darf sich das Konzil als mächtige und freundliche Einladung an die heutige Menschheit verstehen, auf dem Weg brüderlicher Liebe Gott wieder zu finden. Mit dieser eindringlichen Verschränkung gewinnt der Dialog eine weitere Vertiefung: Da der Papst das Konzil als große Schule der Liebe zu Gott und den Menschen auslegt, kann dieser Weg selber als Weg ausgelegt werden, Gott wieder zu finden. Der Dialog ist daher jene Weise, in der die Kirche den scheinbaren gottfernen Menschen einen Weg zur Gottesbegegnung bereitet, – besser gesagt: Der Dialog der Liebe ist bereits eins mit jenem Dialog des Heils, in dem Gott selber menschliches Antlitz angenommen hat.

Die universale Weite des Blicks kommt in der Ansprache zum Abschluss des Konzils am 8.12.1965 noch einmal eindringlich zum Ausdruck: „Für die katholische Kirche ist niemand fremd, niemand ist ausgeschlossen, niemand ist ferne. Jeder, …, ist ein Gerufener, ein Eingeladener; er ist im gewissen Sinne ein Anwesender."[28] In eindringlichen Worten buchstabiert Paul VI. diesen umfassenden

---

[25] Ebd. 585.
[26] Vgl. unten 500.
[27] Ebd. 587.
[28] S.u. 590.

Gruß mit GS 1. Dieser Gruß der Freundschaft, so der seinen Realismus nie verlierende Papst: Sollte der zum Traum, zur bloßen Dichtung werden? „Nein. Er wird zum Ideal, aber er wird deswegen nicht irreal."[29] Darin liegt das Drama des Menschen, dass ihm unauslöschlich der Drang nach idealer und totaler Vollkommenheit eigen ist, dass er diese aber von sich aus nicht zu erreichen vermag. In dieses Drama der Sehnsucht und des Scheiterns stellt der Papst am Fest Mariä Empfängnis die Mutter Christi als inspirierendes Modell, als eine tröstende Hoffnung.

Mit dem Abschluss des Konzils ist der Weg des Dialogs nicht beendet, er wird, wie es in den abschließenden Botschaften an Stände und Gruppen zum Ausdruck kommt, dadurch eröffnet. Die Absicht des Konzils, zur ganzen Menschheitsfamilie zu sprechen, die sich in der Botschaft an die Welt zu Beginn zeigte, wird am Ende des Konzils in diesen Botschaften verdichtet und konkretisiert.[30] Diese Botschaften ergehen an die Regierenden, die Denker und Wissenschaftler, die Künstler, die Frauen, die Arbeiter, die Armen und Kranken, sowie die Jugend. In allen Botschaften kommt eine grundsätzliche Partizipation an elementaren Anliegen und Sorgen dieser Gruppen zum Ausdruck. Mit der der Kirche eigenen Möglichkeit wird eine Mitarbeit und Unterstützung zugesagt. Es gibt also mit den unterschiedlichsten Gruppen eine Basis für einen Dialog, der für alle Menschen mehr Frieden und Gerechtigkeit ermöglichen soll. In allen diesen Solidaritätsadressen wird aber auch von unterschiedlichen Perspektiven aus der Blick auf Christus eröffnet. Zum Abschluss des Konzils zeigt sich überdeutlich die christologische Struktur des Dialogs der Kirche mit Welt und Menschheit von heute.

Die Bedeutung Papst Paul VI. für die Entfaltung des Dialogprogramms des Konzils, das er in seinen Ansprachen an markanten Stellen des konziliaren Prozesses einbrachte, wäre nicht erfasst, wenn nicht seine Antrittsenzyklika *Ecclesiam suam* zur Geltung gebracht würde. In diesem Lehrschreiben des Dialogs entwickelt er im dritten Teil die vertikale und horizontale Dimension des Dialogs. Seine Vorstellung von den drei Kreisen, die für LG 13–16 grundlegend geworden sind, sollen hier auf ihre Bedeutung für den Dialog befragt werden. Warum kann die Kirche, wie es ausdrücklich heißt, „sich selbst zum Wort, zur Botschaft, zum Dialog"[31] machen? Als Dialog in umfassendem Sinne definiert der Papst folgende Haltung, in dem allein die Sendung der Kirche vollzogen werden kann: „Diesem inneren Antrieb der Liebe, die danach strebt, sich zur äußeren Gabe der Liebe zu machen, wollen Wir den heute allgemein gewordenen Namen ‚Dialog' geben."[32] Dieser Dialog hat einen transzendenten Ursprung, ja Religion kann wegen des Gebets, der Offenbarung und der Mystik als Beziehung zwischen Gott und dem Menschen angesehen werden. Der „Dialog des Heils"[33], den Gott aus eigener Initiative eröffnete, entfaltet sich in der gesamten Heilsgeschichte als ein langer und vielgestaltiger Dialog. Dieser Dialog des Heils hat nun jene Kennzeichen, die den

---

[29] Ebd. 591.
[30] Ebd.
[31] Paul VI., *Ecclesiam suam* 65.
[32] Ebd. 64.
[33] Ebd. 70.73.

Dialog als Sendungsmerkmal der Kirche kennzeichnen. Er war nicht abhängig vom Verdienst des Menschen und selbst nicht vom Wohlgefallen der Angesprochenen. Er richtet sich an alle. Niemand wird gezwungen. Dennoch bedeutet diese unerhörte Einladung der Liebe eine erschreckende Verantwortung. Der Dialog hat verschiedene Formen und Abstufungen.

In Parallelität zur Bestimmung des heilsgeschichtlichen Dialogs entfaltet das Lehrschreiben jenen Dialog, den die Kirche zu führen hat. Deshalb hat die Kirche nur theoretisch unterschiedliche Möglichkeiten, ihre Beziehungen zu gestalten. Faktisch ist sie jener Vorgehensweise verpflichtet, die Gott selber vorgegeben hat. Ein Dialog kann zudem nicht ohne Präzisierungen geführt werden. Er darf sich nicht nach einem allgemeinen Schema richten und setzt eine angemessene innere Haltung voraus. Die verschiedenen Aspekte (Klarheit, Sanftmut, Vertrauen und pädagogische Klugheit) sind in richtiger Weise zu balancieren und besagen stets ein Wagnis, das Mut abfordert. Den Dialog richtig zu führen, darf vielleicht als die Kunst des Apostolates bezeichnet werden. Der Dialog entspricht zutiefst jener soteriologischen Logik, die in dem Satz zum Ausdruck kommt, dass die Welt nicht von außen gerettet werden könne, sondern im Einswerden mit der Lebensform der Menschen. Wie weit kann diese Anpassung aber gehen? Natürlich darf es nicht zu einer Disposition der Wahrheit kommen. Deshalb bleibt die Predigt, die Verkündigung des Evangeliums, die vorrangige Form des Apostolats.

In diesem Kontext entfaltet Paul VI. sein bekanntes Bild der konzentrischen Kreise, die durch das Kriterium der Vertrautheit und Nähe gebildet werden. Weil dem Herzen der Kirche niemand fremd ist, umspannen diese Kreise die ganze Menschheit, auch Fernstehende und Gegner. Angesichts der Realität verkennt die Kirche nicht ihre Schwäche, ihr Fehlverhalten und die Grenzen ihrer Kräfte. Dennoch hat sie eine Botschaft und eine Gabe, die alle Menschen angeht. Der erste Kreis ist der äußerste und umfasst die ganze Menschheit. Alles Menschliche kann daher zum Anliegen der Kirche werden. In der heutigen Zeit aber sticht eine Gottlosigkeit ins Auge, die sich politisch in eine gesellschaftliche Ideologie umgesetzt hat. Unter diesen Bedingungen wird der Dialog deshalb schwierig, ja unmöglich, weil dadurch die Kirche des Schweigens ausgeschlossen bleibt und die Voraussetzungen für einen wirklichen Dialog fehlen. Die Offenheit für den Dialog drückt sich in einer solchen Situation als Schweigen, Rufen, Dulden und immer Lieben aus. Eine solche Haltung mag dazu führen, dass auch die Atheisten nach Motiven ihrer Leugnung suchen. Es kann gesagt werden, dass die Verweigerung des Dialogs in einer Weise geschehen muss, dass die Möglichkeit zur Umkehr gewahrt bleibt. Das Grundthema des Dialogs in diesem äußersten Kreis ist die Möglichkeit, sich für einen umfassenden Frieden einzusetzen und sich über gemeinsame Wege dazu zu verständigen. Es ist dabei klar, dass der Beginn des Dialogs den ersten Schritt auf das Ziel hin darstellt.

Der zweite Kreis wird durch die Gottglaubenden gebildet. Es ist das Feld des Dialogs mit allen Religionen. Auch wenn die Kirche weder alle religiösen Formen teilen noch alle indifferent für gleichwertig halten oder gar die Verweigerung religiöser Suche begrüßen kann und deshalb mit ihrem Anspruch auftreten muss, verweigert sie die Anerkennung für viele sittliche Werte nicht. In diesem Zusammenhang werden die Religionsfreiheit, aber auch viele kulturellen und sozialen Fragen zu Themen des Dialogs. Im dritten Kreis geht es um die ökumenische Frage in all ihren Facetten. Papst Paul VI. ist sich bewusst, dass sein Amt als Haupthindernis angesehen wird. Ein letzte Dialogkreis, der oft übergangen wird, bildet den Abschluss dieses Abschnittes: der Dialog in der katholischen Kirche. Dass der Dialog auf allen Ebenen bereits im Gange ist, hält der Papst für ein Zeichen, dass die Kirche lebt.

Wenn wir die Impulse des Papstes für den Dialog betrachten, so kann festgehalten werden, dass Paul VI. den Dialog in einer heilsgeschichtlichen Interpretation aus dem Verhältnis Gottes zum Menschen her bestimmt und von der Bedeutung der Liebe Christi geprägt sehen möchte. Er macht sich keine Illusionen über die Schwierigkeit und Situation und setzt an jener Stelle eine Grenze des Dialogs, wo die Würde und Achtung vor Menschen durch Ideologie, insbesondere durch eine atheistische Staatsdoktrin, verletzt wird. Doch selbst diese Verweigerung muss an der Gestalt Christi Maß nehmen. Dialog bedeutet keineswegs Wahrheitsverzicht, wenn in ausdrücklicher Form auf die Verstehensbedingungen Rücksicht genommen wird. Der Dialog ist keine ausschließlich sprachliche Handlung im Sinne des rationalen Diskurses, auch wenn es solche Einzeldialoge geben muss, sondern die Existenzweise, in der die Kirche den Bund Gottes in der Liebe Christi mit allen Menschen durch ihre Vollzugsgestalt verkündet und lebt.

Wie aus dieser Grundhaltung der Dialog mit einer Gruppe, den anderen Religionen, begründet wird, soll eigens verdeutlicht werden. Mit dieser Verdeutlichtung werden weiterführende Aussagen zum Dialog aus der unmittelbaren Zeit nach dem Konzil verständlicher, die hernach dargelegt werden sollen.

c) Zur theologischen Begründung des Dialogs mit den Religionen.
  Die fundierenden Aussagen von Lumen gentium, Gaudium et spes *und*
  Ad gentes

von Peter Hünermann

Die Aussagen über die Haltung der Katholischen Kirche zu den anderen Religionen in *Nostra aetate* stehen nicht unvermittelt neben den anderen Konzilsaussagen und Konzilstexten. Sie erwachsen vielmehr aus den beiden großen Konstitutionen *Lumen gentium* und *Gaudium et spes* wie aus einem Wurzelgeflecht. Man wird zu diesen fundierenden Texten ebenso das Dekret über die Missionstätigkeit der Kirche *Ad gentes* hinzunehmen müssen. Zugleich wird durch eine solche Analyse der Fundierungsverhältnisse deutlich, wie die resultierende Neubestimmung des Verhaltens der Kirche zu den Religionen, insbesondere auch zum Judentum, aus der theologischen Tradition selbst erwächst. Es ergibt sich dieses Verhalten gleichsam als Konkretion einer vertieften Aneignung der kirchlichen Tradition in ihrem ursprünglichsten und authentischen Sinn.

Die auffälligste und gleichsam sichtbarste Brücke zwischen *Lumen gentium* und *Nostra aetate* bilden die Aussagen der Kirchenkonstitution über die Mitgliedschaft in der Kirche und die Hinordnung aller Menschen auf die Kirche und das in ihr geoffenbarte Heilsgeheimnis. In diesem Kontext heißt es in *Lumen gentium* 16: „Diejenigen endlich, die das Evangelium noch nicht empfangen haben, werden auf das Volk Gottes auf verschiedene Weise hingeordnet". Es werden dann unter Verweis auf Röm 9–11 die Juden genannt, „jenes Volk, dem der Bund und die Verheißung gegeben worden sind und aus dem Christus dem Fleische nach geboren ist". Ihnen gilt die Erwählung ohne Reue. Dann folgt die lange Skala der verschiedenen Religionen und religiösen Haltungen, angefangen von den Muslimen über jene, die „in Schatten und Bildern den unbekannten Gott suchen", und schließlich werden jene genannt, die „ohne Schuld noch nicht zur ausdrücklichen Anerkennung Gottes gelangt sind". Sie alle sind von der Heilsabsicht Gottes umgriffen.

In den unterschiedlichsten Wendungen wird vom Einfluss der Gnade Gottes im Leben dieser unterschiedlichen Menschengruppen geredet, vor allem von ihrem Suchen „mit aufrichtigem Herzen", dem Erkennen des Willens Gottes durch das Gewissen und der Entsprechung zu dem erkannten Guten mit Hilfe der göttlichen Gnade. Das Konzil nimmt damit die mittelalterliche Gnadentheologie wieder auf, wie sie Thomas von Aquin entwickelt hat. Für ihn ist klar, dass der Heilsratschluss Gottes alle Menschen umfasst. Daraus ergibt sich für ihn, dass jedem Menschen in allen seinen Gewissensentscheiden Gottes Gnade nahe ist, so dass er, wenn er sich dem Willen Gottes erschließt, durch die Gnade Gottes gerechtfertigt ist. Diese Gnadenlehre wird bei Thomas durch die entsprechende Konzeption des Glaubens ergänzt: Der sich offenbarende Gott ist jedem Menschen nahe, so dass von Adam ab dem Menschen die Möglichkeit des rechtfertigenden Glaubens offen steht. So gibt es nach Thomas keinen zum Vernunft- und Freiheitsgebrauch erwachten Menschen, der ohne persönliche Schuld von Gott verworfen wird. In jedem Freiheitsvollzug steht dem Menschen die Option für den rechtfertigenden Glauben offen. Thomas verbindet diese Lehre vom Glauben mit der Sakramentenlehre. Nach dem Sündenfall ist der Mensch von Anfang an auf Sakramente angewiesen. Thomas unterscheidet die Sakramente vor Christus von den Sakramenten nach Christus, insofern durch die vorchristlichen Sakramente Glaube und Hoffnung auf die kommende Erlösung bezeugt werden. Durch die christlichen Sakramente wird die durch Christus bewirkte Erlösung bezeugt, die aber noch nicht voll offenbar ist.[34]

Im Unterschied zur mittelalterlichen und gegenreformatorischen Theologie, die die Aussagen über die Heilsmöglichkeiten strikt auf die einzelnen Menschen bezog, nicht aber auf die Ausgestaltung ihrer Gottesbeziehung in den einzelnen Religionen, bezieht das II. Vatikanische Konzil die Religionen ausdrücklich mit ein. Das Konzil integriert ausdrücklich die sozialen und kulturellen Aspekte der Anthropologie und ermöglicht so eine Erweiterung der Gnadenlehre auf die realgeschichtliche Dimension hin. Dies gilt ebenso für das Judentum wie für den

---

[34] Vgl. STh III q. 60, a. 5 ad 3; q. 61, a. 3, c.; q. 61, a. 3 ad 2; q. 61, a. 4, c.

Islam. Zugleich sind die vielen religiösen Traditionen im Blick. So wird zu dem Ausdruck „die in Schatten und Bildern den unbekannten Gott suchen" auf Apg 17, 25–28 verwiesen, die Rede des Paulus auf dem Areopag. In *Gaudium et spes* wird diese Einbeziehung der Religionen begründet, insofern immer wieder von der Bestimmung des Menschen zum gesellschaftlichen Leben die Rede ist. In einlässlicher Weise wird diese Grundbestimmung des Menschen in GS 23–32 entfaltet.[35]

Weil Menschen grundsätzlich auf die Gesellschaft ausgerichtet sind, gewinnen die zahlreichen Aussagen darüber, dass sich Gottes Heilsratschluss auf alle Menschen erstreckt, dass Gott die Menschen wie Freunde anredet, weil er gut und barmherzig und väterlich gegen die Menschen ist, dass sein Geist in den Menschen gegenwärtig ist, eine neue, konkrete Bedeutung.

Mit diesen Aussagen aber verbindet das II. Vatikanische Konzil gerade keine nivellierende Gleichgewichtung der Religionen. In den Ausführungen von *Lumen gentium* 16 werden im Blick auf die Religionen Unterschiede im Grad der Offenbarkeit Gottes gemacht. So kann Gott als Mysterium im Leben der Menschen präsent sein, ohne dass sie ihn überhaupt bekennen, und dies ohne eigene Schuld. Das vom Mysterium Gottes geweckte Suchen nach Gott in „Bildern und Gleichnissen" wird vom Bekenntnis zu dem einen Gott, der sich Abraham geoffenbart hat, unterschieden. Ebenso wird nochmals eine Differenz zwischen der Offenbarkeit Gottes im Alten Bund und im Neuen Bund gemacht.[36]

Zugleich wird in *Lumen gentium* 16 aber auch von der Möglichkeit der menschlichen Perversion im religiösen Bereich gesprochen. „Aber ziemlich oft wurden die Menschen vom Bösen getäuscht, in ihren Gedanken eitel, und verwandelten die Wahrheit Gottes in Lüge, indem sie der Schöpfung mehr dienten als dem Schöpfer (vgl. Röm 1, 21.25), oder sie werden, ohne Gott in dieser Welt lebend und sterbend, der äußersten Verzweiflung ausgesetzt".

Mit dieser doppelten Aussagenreihe, mit der das Konzil ebenso die grundlegenden theologischen Aussagen der Tradition aufnimmt wie eine moderne Interpretation der religiösen Geschichte der Menschheit vorlegt, wie sie im biblischen Buch Genesis enthalten ist, sind selbstverständlich nur Andeutungen gegeben, die dringend einer theologischen und pastoralen Ausarbeitung bedürfen. Sie stellen in sich eine moderne Auslegung der Gnadenlehre dar. Sie repräsentieren ebenso eine heutige Auslegung der Heilsökonomie. Dass es sich bei dieser Aufgabe um eine immense Herausforderung handelt, zeigte sich nicht zuletzt in den zahlreichen kritischen Anmerkungen der Konzilsväter, man möge der Begründung der Mission eine besondere Aufmerksamkeit widmen.[37]

Die Antwort, die der Text von *Ad gentes* auf dieses Verlangen vieler Konzilsväter gibt, ist eine doppelte. Zum einen wird auf den Willen Gottes verwiesen, der

---

[35] Vgl. HThK Vat.II, Bd. 1, 777 (Systematischer Index C.IV.7: Die Bestimmung des Menschen zum gesellschaftlichen Leben).
[36] Vgl. LG 16 und den Kommentar: HThK Vat.II, Bd. 2, 397–400; ferner: Hünermann, Dogmatische Prinzipienlehre 237–245.
[37] Vgl. HThK Vat.II, Bd. 4, 242 f.

sich in dem einen Mittler Jesus Christus mitgeteilt hat. Christus selbst hat sich als Lösegeld für alle hingegeben.[38] Die sich hingebende Liebe Gottes, die alle Menschen zum Heil und zur Wahrheit führen will, ist auch die innerste Triebkraft der Evangelisierung, die darauf zielt, die Menschen ihrerseits zur Liebe zu Gott hinzuführen und ihnen an den geistlichen Gütern des gegenwärtigen und des künftigen Lebens Anteil zu vermitteln.

Diesem ersten Argumentationsgang in AG ist eine zweite Erörterung zugeordnet, die anzudeuten sucht, wie die menschliche Natur mit ihren Sehnsüchten auf den Offenbarungsmittler Christus hinzielt und wie das Evangelium in der Geschichte der Menschen ein „Sauerteig der Freiheit und des Fortschritts", ein „Sauerteig der Brüderlichkeit, der Einheit und des Friedens" ist.[39]

Die missionarische Tätigkeit liegt so nach *Ad gentes* zwischen erster und zweiter Wiederkunft des Herrn, sie ist Epiphanie des Ratschlusses Gottes ebenso, wie sie ein Tun in der Dunkelheit des Glaubens ist.[40]

Aus dieser wesentlichen Sendung der Kirche, ihrer Teilnahme an der herabsteigenden Liebe Gottes zu den Menschen, folgt, dass Kirche in Bezug auf die anderen Religionen grundsätzlich in die Position des Dialogs gewiesen ist.

Gaudium et spes zeigt, wie dieser Dialog mit den anderen Religionen nicht eine Besonderheit darstellt. Die Kirche ist grundsätzlich gewiesen, in der Kirche selbst den Dialog zu üben. Daraus ergibt sich, dass sie ebenso gegenüber den nicht-katholischen Kirchen und kirchlichen Gemeinschaften wie gegenüber allen Menschen den Dialog führen muss. Unter Berufung auf ihre Sendung, wie sie aus dem Heilsratschluss Gottes entspringt, wird in *Gaudium et spes* 92 festgestellt:

> „Die Kirche wird kraft ihrer Sendung, den gesamten Erdkreis mit der evangelischen Botschaft zu erhellen und alle Menschen jedweder Nation, Rasse oder Kultur zu einem Geist zu einen, zum Zeichen jener Brüderlichkeit, die einen aufrichtigen Dialog erlaubt und stärkt."

Dabei wird die Zielrichtung des Dialogs mit den anderen Religionen besonders sorgfältig beschrieben. „Unser Herz wenden wir sodann auch allen zu, die Gott anerkennen und in ihren Überlieferungen wertvolle religiöse und menschliche Elemente bewahren, im Wunsch, dass ein offenes Gespräch uns alle dazu winkt, die Anregungen des Geistes treu anzunehmen und eifrig zu erfüllen."[41] Das offene Gespräch, das von der Kirche gewünscht wird, soll Anregungen des Geistes vermitteln, die aufgenommen und erfüllt werden sollen. Damit wird dieser Dialog als eine die Würde der Partner respektierende Wechselrede charakterisiert, in der es um die Wahrheit geht, in der der Geist der Wahrheit und der Liebe Früchte trägt. Es ist ein Dialog, in dem der Geist Gottes auf seine Weise, die vom Menschen weder kalkulierbar noch erzwingbar ist, zum Zug kommen soll.

Dieses Gespräch wird als eine Kommunikation bezeichnet, die „allein von der Liebe zur Wahrheit" geleitet sein soll, und sie bezieht sich nicht nur auf freundlich

---

[38] In diesem Kontext wird 1 Tim 2, 4–6 zitiert.
[39] Vgl. AG 8.
[40] Vgl. AG 9.
[41] GS 92, 4.

aufgeschlossene Gesprächspartner, sondern selbst auf jene, die sich der Kirche und ihrer Botschaft entgegenstellen.⁴²

Es liegt auf der Hand, dass eine solche Dialogbereitschaft viele Voraussetzungen hat. Hier stellen sich nicht zuletzt die Fragen, wie in der Kirche die aktive Sprachkompetenz zu solchen Gesprächen vermittelt wird. Es gehören dazu nicht nur angemessene Kenntnisse der Gesprächspartner und ihrer religiösen Überzeugungen. Es gehört dazu nicht minder eine vertiefte Kenntnis des eigenen Glaubens. Gerade in Bezug auf den interreligiösen Dialog ist es dringlich, eine entsprechend theologisch-fundierte „Grammatik" des interreligiösen Gespräches zu entwickeln. Dazu bedarf es nicht nur der theologischen Vorarbeiten, sondern ebenso der angemessenen pastoralen Vermittlung solcher Sprachkompetenz. Es ist eine Aufgabe, die sich nicht nur in Bezug auf Theologie-Studierende oder pastorale Mitarbeiter stellt. Es sind Kompetenzen, die dem Volk Gottes als solchem zu vermitteln sind, damit es dieser seiner Sendung entsprechend nachkommen kann.

3. Anweisungen zum Dialog in einigen Durchführungsbestimmungen nach dem Konzil und Beispiele der theologischen Reflexion auf seine Situation und Gestalt

An zwei Beispielen kann aus der nachkonziliaren lehramtlichen Entwicklung die Debatte um das dialogische Prinzip in der Kirche verdeutlicht werden: An den Richtlinien des Sekretariats für die Nichtglaubenden und aus den Überlegungen des Päpstlichen Rates für den Interreligiösen Dialog und der Kongregation für die Evangelisierung der Völker „Dialog und Verkündigung". Darin wird einerseits die Vorgabe von *Gaudium et spes* und andererseits das Verhältnis von *Ad gentes* und *Nostra aetate* zum Thema. Die lehramtlichen Orientierungen sollen durch exemplarische theologische Ausführungen vertieft werden, damit die verschiedenen Aspekte der Fragestellung zur Sprache kommen können.

In sehr differenzierenden Unterscheidungen werden in den Richtlinien des Sekretariats für die Nichtglaubenden Wesen, Voraussetzungen und Ziel des Dialogs in den verschiedenen Typen analysiert.⁴³ Insofern der Dialog eine wechselseitige Beziehung zwischen den Gesprächspartnern darstellt, setzt er die Anerkennung der Menschenwürde der anderen Person als Person voraus. Da Christen mit ihrem Glauben in den Dialog eintreten, ist die transzendentaltheologische Bedingung der Dialogpragmatik in der übernatürlichen Berufung des Menschen zu sehen.⁴⁴ Damit werden andere Äußerungsformen nicht ausgeschlossen, aber auch diese sollen durch die innere Bereitschaft zur Hochachtung und Anerkennung

---

⁴² Vgl. GS 92, 5.
⁴³ Es versteht sich, dass hier vor allem auf jene Punkte verwiesen wird, die gegenüber den zuvor genannten Ausführungen von Paul VI. und dem Konzil neue Akzente setzen. Besonders wirkmächtig erweist sich neben der heilsgeschichtlichen Begründung des Dialogs die Kreistheorie der Enzyklika *Ecclesiam suam*.
⁴⁴ Vgl. Sekretariat für die Nichtglaubenden, Der Dialog mit den Nichtglaubenden 1 (S. 36).

der anderen bestimmt sein, weil die Wahrheit nur in jener Weise gesucht und angenommen werden kann, die der Würde der menschlichen Person entspricht (DiH). Der Dialog hebt daher die Wahrheitsfrage nicht auf, sondern entwickelt eine ihre gemäße Sozialform. Deshalb erweist sich der Wille zum Dialog als „starke Äußerung jener allgemeinen Erneuerung der Kirche, die auch eine größere Wertschätzung der Freiheit mit sich bringt"[45]. Dialogbereitschaft wird als wesentliches Element der Erneuerung der Kirche angesehen.

Drei Arten des Dialogs werden unterschieden. Eine Begegnung mit dem Ziel, Kontakte zu knüpfen und zu vertiefen, zielt auf Überwindung von Isolation, Misstrauen und Vorurteil, damit Grundbedingungen für einen vertieften Dialog wachsen können. Die Begegnung im Bereich der Wahrheit, die elementare Überzeugungen anspricht, wird als Erkenntnisprozess verstanden. Die Begegnung im Bereich des Handelns versucht, gemeinsame Ziele trotz doktrinärer Meinungsverschiedenheiten zu realisieren. Obwohl es ideal wäre, wenn alle drei Arten gleichzeitig erfolgten, behält jede einzelne ihre eigene Würde. Wechselseitiges Verstehen ist die gemeinsame Grundabsicht. Breiten Raum nimmt in der Erklärung der Dialog über die Lehre ein.[46] Die entsprechenden Maximen können als Operationalisierung des Verhältnisses von Glaube und Vernunft ausgelegt werden. Themen und Voraussetzungen werden eingehend diskutiert und durch konkrete Richtlinien vertieft.[47] Die Möglichkeit eines Dialogs im Bereich des praktischen Handelns bei bestehenden erheblichen theoretischen Differenzen unterstreicht, dass alle Menschen grundsätzlich Verantwortung füreinander und für die Gestaltung eines humanen Lebensraumes übernehmen können. Dabei dürfen die ethischen Grundüberzeugungen nicht übergangen werden. Kein Dialog ist voraussetzungslos, auch nicht in seinen Zielsetzungen. Die Ernsthaftigkeit der vielfach erklärten Dialogbereitschaft wird an den genauen Richtlinien zur Förderung des Dialogs erkennbar. Auch wenn der unmittelbare Anlass dieser Richtlinien durch die politischen Umwälzungen in Europa (1989) Geschichte sein mag, sind in diesen Orientierungen bis heute entscheidende Impulse zu entdecken. Vor allem zeigt sich auch hier, dass das durch Papst Paul VI. geförderte Dialogprogramm weder naiv noch theologisch unmotiviert war.

Als zweites Beispiel ist das Verhältnis von „Dialog und Verkündigung" anzusprechen.[48] In drei Abschnitten analysiert das gleichnamige Dokument den Inter-

---

[45] Ebd. 1 (S. 37).
[46] Dies ist verständlich aus dem Kontext. So entwickelte sich z.B. in der Paulus-Gesellschaft bis zum Einmarsch der Warschauer Pakt Staaten in die damalige Tschecheslowakei (1968) ein intensiver Dialog zwischen Christen und Marxisten (vgl. Garaudy – Metz – Rahner, Der Dialog).
[47] In einem späteren Schreiben des Sekretariats wird dieser Aspekt vertieft (vgl. Sekretariat für die Nichtglaubenden, Erklärung zum Studium des Atheismus). In den Ausführungen wird besonders betont, dass die dem Dialog entsprechende offene Geisteshaltung nur durch die Praxis und im Leben gewonnene Erfahrung erworben werden könne. Der Dialog erweist sich als weisheitliche Fähigkeit im Umgang mit der Wahrheit im Angesicht der Anderen.
[48] Nach einem ersten Dokument (Dialog und Mission), das das Päpstliche Sekretariat für die Nichtchristen alleine geschrieben hat, erschienen 1991 Überlegungen zum Verhältnis von „Dialog und Verkündigung", die vom Päpstlichen Rat für den Interreligiösen Dialog und der Kongregation für die Evangelisierung der Völker gemeinsam erarbeitet worden sind. In der Analyse beziehe ich mich vor allem auf das letztgenannte Dokument.

religiösen Dialog (I), die Aufgabe der Verkündigung (II) und das Verhältnis beider Sendungsaspekte der Kirche zueinander (III). In vielfältiger Hinsicht ist dieses Dokument die Frucht einer tiefen Erfahrung und vielfältiger theologischer Reflexionen. Die positive Sicht der anderen religiösen Traditionen wird vor allem in der pneumatologischen Vertiefung des Dialogprozesses in der jüngeren Lehrtradition von Johannes Paul II. aufgegriffen.[49] In der Interpretation der Heilsgeschichte fällt auf, dass die Verkündigung des Reiches Gottes durch Jesus, die eschatologische Hoffnung Israels im Bezug auf alle Völker, die weisheitliche Universalität und die patristische Theologie der vier Bundesschlüsse die theologische Grundlegung gegenüber dem Konzil erweitern.[50] Dabei überspielt der Text nicht, dass sowohl die Aussagen des Neuen Testamentes als auch die Einschätzungen der Kirchenväter hier nicht einheitlich sind, sondern widersprüchlich erscheinen können. Jedes echte Gebet, das ist die Erfahrung von Assisi, sei vom Heiligen Geist hervorgerufen.[51] Dadurch komme sowohl vom Ursprung aber auch durch die Ausrichtung auf das zu erhoffende Reich Gottes eine neue Sicht der Einheit der Menschheit zum Ausdruck, in dessen Dienst die Kirche stehe. Wichtig erscheint, dass der interreligiöse Dialog eine wechselseitige Herausforderung darstellt. Einerseits sollen die Christen durch ihren Glauben andere herausfordern, andererseits müssen sie sich auch von anderen befragen lassen.[52]

Die Kirche als universales Heilssakrament wird in ihrer Beziehung zum Reich Gottes wahrgenommen, das auch für sie in seiner Fülle noch aussteht. Einerseits kann sie als Samen und Beginn bezeichnet werden, andererseits nähert sie sich erst der Fülle der Wahrheit. Auch für sie steht die Erfüllung noch aus. Deshalb tritt die Kirche als Pilgerin in den Dialog des Heils ein. Diese Hoffnung auf die gemeinsame eschatologische Ausrichtung im Dienste des noch ausstehenden, aber bereits anfanghaft sich entfaltenden Reiches Gottes charakterisiert den theologischen Beitrag der Kirche in diesem Dialog. Deshalb haben alle mit hohem, d. h. existentiellem Einsatz, der stets Bekehrung verlangt, voller Ernsthaftigkeit auf Gottes persönlichen Anruf und seine gnädige Selbstmitteilung zu antworten. Auch wenn, so darf gefolgert werden, die Offenbarung in Christus abgeschlossen ist, wird die Entfaltung, Aneignung und universale Realisierung dieser Selbstmitteilung Gottes in Christus erst im Reiche Gottes erreicht sein. Dahin aber führt der Geist alle Menschen auf seine Weise.

Im Blick auf die Erfahrungen des Päpstlichen Rates werden vier Arten des Dialogs unterschieden. Der Dialog des Lebens fördert die gute Nachbarschaft, in der Menschen Freud und Leid des Lebens miteinander teilen. Im Dialog des Handelns, damit nimmt er ein zentrales Anliegen des Konzils auf (NA 2), wird

---

[49] Vgl. Dialog und Verkündigung Nr. 17.26.
[50] Vgl. ebd. Nr. 20–25. In 25 wird auch auf die Aussagen von Augustinus Bezug genommen, laut dem es in einem gewissen Sinn das Christentum schon mit dem Beginn der Menschheit gegeben habe.
[51] Vgl. ebd. Nr. 27. Mit dieser Spitzenaussage über das Wirken des Heiligen Geistes in anderen religiösen Traditionen zitiert das Dokument die bedeutende Weihnachtsansprache Johannes Paul II. an die Kurie vom 22.12.1986.
[52] Vgl. ebd. Nr. 32. Dabei wird ausdrücklich betont, dass die anderen auch eine Läuterungsfunktion für das Selbstmissverständnis von Christen haben können.

für eine umfassende Entwicklung und Befreiung aller Menschen zusammengearbeitet. Der Dialog des theologischen Austausches verlangt spezielle Ausbildung und ein gereiftes Ethos. Weiter reicht schließlich der Dialog der religiösen Erfahrung, in dem die spirituellen Reichtümer miteinander geteilt werden. Alle vier Dialoge sind miteinander verbunden und stehen im Dienst der Befreiung des Menschen und seiner Kultur. Als Voraussetzung für einen fruchtbaren Dialog hält das Dokument drei Dimensionen fest. Er sollte ausgewogen sein, also weder naiv noch überkritisch. Selbstlosigkeit und die Bereitschaft, sich durch die Begegnung wandeln zu lassen, sind ihm ebenso eigen. Dialog bedarf religiöser Identität. Da aber die Christen davon überzeugt sind, dass sich Gott auch „den Anhängern anderer religiöser Traditionen gezeigt hat"[53], sollen sie sich diesen mit Aufnahmebereitschaft nähern. Die Offenheit für die Wahrheit betont die Differenz zwischen der in Christus geschenkten Fülle der Wahrheit und der persönlichen Aneignung dieser Wahrheit durch die Glaubenden. Diese Differenz wird durch einen personalen Wahrheitsbegriff fundiert, wonach Wahrheit keine Sache und damit auch nicht allein ein Qualifikator für Behauptungssätze ist, sondern eine Person, die von uns Besitz ergreifen kann. Der dadurch eröffnete Prozess endet nicht. „Der Dialog kann sie bewegen, verwurzelte Vorurteile aufzugeben, vorgefaßte Meinungen zu revidieren und manchmal sogar einer Reinigung ihres Glaubensverständnisses zuzustimmen."[54] Dadurch gewinnt der Glaube, weil er ganz neue Dimensionen zu gewinnen vermag, weil er die wirkmächtige Gegenwart des Geheimnisses Jesu Christi jenseits der sichtbaren Grenzen der sichtbaren Kirche und der christlichen Gemeinschaft entdecken kann.

Das Dokument richtet aber auch den Blick auf die verschiedenen Hindernisse des Dialogs, die jedoch als überwindbar angesehen werden. Es werden persönliche Unzulänglichkeiten und Fehlinterpretationen der anderen und vom Sinn des interreligiösen Dialogs aufgelistet.[55] In dieser Perspektive kann das Friedensgebet von Assisi als zeichenhafte Vorwegnahme nicht nur einer eschatologischen Hoffnung bezeichnet werden, sondern auch als Beispiel, wie Gott selber den Weg dazu unter den Menschen gestalten möchte. Die verschiedenen Aspekte sind zuvor vor allem im Missionskonzept von Johannes Paul II.[56] angeklungen, doch erreicht dieser Text in seiner synthetischen Leistung eine neue Qualität. Im Blick auf die Unterscheidung und Wechselbeziehung zwischen Dialog und Verkündigung im Zusammenhang der Unterscheidung und Zusammengehörigkeit von Reich Gottes und Kirche einerseits, aber auch von der Fülle der Offenbarung in Jesus Christus und der Aneignung und Realisierung durch die Glaubenden andererseits, gibt er bemerkenswerte Perspektiven vor. Dabei darf nicht übersehen werden, dass eine Gegenwart des Mysteriums Christi außerhalb der sichtbaren Grenzen der Kirche ausdrücklich bekannt wird. Dadurch kann sich die Kirche im Dialog als lernbereite und offen für Hilfe (d.h. Korrektur) von Seiten anderer verstehen.

---

[53] Ebd. Nr. 48.
[54] Ebd. Nr. 49.
[55] Vgl. ebd. Nr. 52.
[56] Vgl. *Redemptoris missio;* siehe dazu die Darstellung bei: Bürkle, Der Mensch auf der Suche 87–91.

Theologische Grundlegung des Dialogs

Insofern aber die Hoffnung auf das Reich Gottes in säkularen Begriffen allgemein menschlich ausgelegt zu werden vermag, können alle Menschen sich zur Arbeit an dieser Hoffnung eingeladen wissen.[57] Ebenso werden scheinbare Gegensätze wie Mission und Dialog, Fülle der Wahrheit und Lernbereitschaft, kirchliches Zeugnis und Bekenntnis zur Universalität des Wirkens Christi im Geist miteinander ausbalanciert.[58] Aus dieser Sicht kann der Dialog tatsächlich als eine Lebensfrage für die Kirche angesehen werden.

War in den zuvor behandelten Dokumenten die Aufmerksamkeit vor allem auf die nichtchristlichen Religionen gerichtet, so soll jetzt mit zwei theologischen Analysen die Aufmerksamkeit noch auf den innerkirchlichen Dialog gelenkt werden. In seinen zahlreichen Beiträgen zum Dialog in der heutigen Gesellschaft und in der Kirche betont Karl Rahner nachdrücklich die Situation eines unaufhebbaren Pluralismus. Darunter versteht er die Erfahrung, dass die verschiedenen Weltanschauungen, wissenschaftlichen Weltbilder und Lebensentwürfe sich einer Synthese in eine höhere Einheit dem menschlichen Geist aufgrund seiner Begrenztheit und faktischen Verfasstheit entziehen. Dieser Pluralismus ist dadurch gekennzeichnet, dass partikuläre Überzeugungen und Aspekte universelle Geltung erheben müssen. Ist dann aber Dialog noch in einer solchen Gesellschaft möglich?[59] Er ist möglich, wenn die geschichtliche Bedingtheit der eigenen Position nicht resignativ angenommen, sondern unter das Gericht der Zukunft gestellt wird. Dadurch aber setzen sich alle Beteiligten einem anderen Urteil aus. Der Christ aber wird diesen Dialog im Bewusstsein des unaussprechlichen Geheimnisses führen, das von ihm nach Anselm von Canterbury Vernunft einfordert. So überschreitet der Mensch unendlich den Menschen, und er kann von der Ehrfurcht umfasst bleiben, dass alles Gesagte nicht ausreicht, das Unaussprechliche zu sagen. Auch im Dialog kann sich daher das Urgeheimnis der menschlichen Existenz zu Wort bringen. In der Fragestellung, ob in der Kirche ein essentieller Dialog im Glauben geführt werden könne[60], also nicht nur Dialoge über pragmatisches Handeln oder im Verhältnis zur Welt, greift er auf die pluralistische

---

[57] Vgl. ebd. Nr. 80.
[58] Der langjährige Präsident des Päpstlichen Rates für den interreligiösen Dialog, Francis Kardinal Arinze, hat diese Balance in verschiedenen Schriften vertieft (siehe: Arinze, Begegnung mit Menschen anderen Glaubens). Wenn Joseph Ratzinger (Das neue Volk Gottes 294f.) diese Fragen unmittelbar nach dem Konzil aufwirft und mit Recht die Wahrheit des Glaubens nicht als Verhandlungsgegenstand eines Dialogs ansehen kann, dann ist hier ein stark an der platonischen Tradition gewonnenes Wahrheitsverständnis zu vermuten. Wenn er den Dialog jedoch als Dialog an der Teilhabe an der Urfrage des Menschen, an der passio humana, ansieht, dann weitet unser Dokument diese anthropologische Frage auf ihren theologischen Ursprung hin: Auf den Dialog des Heils, den Gott mit jedem Menschen führt. In seinen Ausführungen zum interreligiösen Dialog verbindet der heutige Papst eine Theologie des Bundes mit einer religionsgeschichtlichen Analyse der Bedeutung Israels, insbesondere Jesu (siehe: Ratzinger, Die Vielfalt der Religionen). Dadurch weitet er seine frühe Sorge.
[59] Rahner benennt die Schwierigkeiten und Bedingungen eines freien Dialogs. Er sieht ebenfalls das utopisch-eschatologische Moment in ihm, weiß aber auch um die Gefahr radikaler Sinnlosigkeit, die sich in der Koexistenz der unterschiedlichsten Ansprüche auftun kann (siehe: ders., Über den Dialog 49–51).
[60] Rahner stellt also auch die Frage nach einem offenen Dialog in „eigentlichen Glaubensdingen" (Vom Dialog 427).

Grundsituation zurück, die nicht nur außerhalb, sondern auch innerhalb der Kirche gegeben ist. Weil sich die Christen in dieser gefährlichen Situation in ihrem Zeugnis gegenseitig helfen müssen und diese Aufgabe der Orientierung im Glauben und in der Gestaltung des Zeugnisses nicht durch einen Akt des Lehramtes ersetzt werden kann, ist ein Dialog notwendig. Dieser aber ersetzt andererseits auch nicht die Entscheidung des Amtes. Der Dialog hat daher seinen ursprünglichen Ort in der Frage, wie die gegebene Situation im kritischen Licht des Evangeliums verstanden werden soll und welches konkrete Handeln deshalb angesagt ist. Auch ein offen bleibender Dialog hat einen Sinn, weil er zur Bescheidenheit und Vorsicht gemahnt. Deshalb plädiert Rahner für die Institutionalisierung des Dialogs auf verschiedenen Ebenen. Der Dialog in theologischen Fragen hat indes bestimmte Voraussetzungen, die für ihn mit den wesentlichen Orientierungen der katholischen Theologie zusammenfallen und eine selbstverständliche Anerkennung des Lehramtes implizieren. Unter diesen Voraussetzungen kann Rahner die Kirche als Stätte eines reflexen offenen Dialogs ansehen.[61]

Die angemessene dialogische Zeugnisgestalt des Glaubens vertieft die verschiedenen Entwürfe einer „Communio-Ekklesiologie" durch ihre Rückfrage an das trinitarische Gottesbekenntnis.[62] In ihrer Bestimmung der Kirche kommen verschiedene Dimensionen, die in der nachkonziliaren Entwicklung zum Dialog entwickelt worden sind, prägnant zum Ausdruck. „Die katholische Kirche versteht sich als das ‚Sakrament der Communio Gottes'; als solches bildet sie die vom Hl. Geist geeinte, dem Sohn Jesus Christus zugestaltete und mit der ganzen Schöpfung zum Reich Gottes des Vaters berufene Gemeinschaft der Glaubenden, die synodal und ‚hierarchisch' zugleich verfaßt ist."[63] Das dialogische Prinzip der Kirche verweist einerseits auf das synodale Prinzip der Konsensfindung und andererseits weiß es um die Notwendigkeit von verbindlicher Entscheidung, die sich aus solchen Prozessen ergibt. Das hierarchische Prinzip verleiht dem Dialog seine Ernsthaftigkeit und dem Konsens seine Verbindlichkeit und Dauerhaftigkeit. Die darin liegende Verschränkung widerstreitet der Wahrheitsverbindlichkeit nicht. „Die Wahrheitsfindung in der Kirche muß dialogisch geschehen. Als Dialogsakrament Gottes mit der Welt ist die Kirche in sich selbst dialogisch verfasst. Anders ist Wahrheit heute nicht rezeptions- und konsensfähig."[64]

In diesem Ansatz wird nicht nur die Kirchenstruktur mit dem Gottesbekenntnis vermittelt, sondern das dialogische Verhältnis nach außen durch eine entsprechende innere Verfasstheit aufgenommen und vermittelt. Die oft empfundene Kluft zwischen Dialog nach außen und nicht auf Konsens beruhender Entscheidung nach innen wird zu überwinden getrachtet, ohne den Anspruch eines ver-

---

[61] Vgl. Rahner, Sämtliche Werke 19, 305–307. Es ist konsequent, wenn Rahner die Verkündigung und daher auch die Mission der Kirche, die er als obere Priorität in der Erneuerung der Kirche einklagt, als prinzipiell dialogisch herausstellt (siehe: ebd. 355 f.).
[62] Vgl. Hilberath, Der dreieinige Gott.
[63] Kehl, Die Kirche 51. Diese Ekklesiologie wird stellvertretend für zahlreiche ähnliche Entwürfe zitiert, die hier nicht ausführlich zu Wort kommen können.
[64] Vgl. Kasper, Theologie und Kirche 168. Diesem Anliegen sind viele Arbeiten von Weß (siehe: Gemeindekirche) gewidmet.

Theologische Grundlegung des Dialogs

bindlichen Zeugnisses, seines Wahrheitsanspruches und die damit verbundene Aufgabe des Lehramtes auszublenden. Dadurch wird eine kommunikative Einheit der verschiedenen Subjekte und Instanzen innerhalb der Kirche theologisch zu begründen versucht, die dem viel zitierten Wort von Papst Gregor d. Großen Leben einzuhauchen vermag: „Meine Ehre ist die Ehre der gesamten Kirche. Meine Ehre ist die ungebrochene Tatkraft meiner Brüder. Dann bin ich wahrhaft geehrt, wenn einem jeden einzelnen die gebührende Ehre nicht versagt wird" (zitiert in: DH 3061).

II. „... die Sendung Christi fortsetzen" (AG 5): Struktur und Grenzen des Dialogs

Unsere Analyse hat gezeigt, dass das Verständnis jenes Dialogs, den die Kirche führen will, nur aus Text und Pragmatik des Konzils gewonnen werden kann. Zwar ist hierzu ein Vorverständnis nützlich, doch kann es die im Konzilsprozess gewonnene Tiefe nicht ersetzen. Peter Hünermann hat die Texte des Konzils in Übereinstimmung mit Papst Paul VI., der davon sprach, dass das Konzil die wesentliche Ordnung der Kirche erarbeiten müsse, als konstitutionelle Texte charakterisiert.[1] In ihnen werden grundsätzliche Handlungsperspektiven und Richtungsvorgaben für die wesentlichen Aufgabenfelder geschildert. Diese Texte weisen naturgemäß eine große Spannweite und hohe Komplexität auf, zumal sie sich an einen universalen Adressatenkreis wenden. Diese ihre Eigentümlichkeit bringt es mit sich, dass sie nicht im Sinne einer „Gebrauchsanweisung" auf die unterschiedlichen Kontexte und Situationen kopiert werden dürfen. In einer grundsätzlichen Dialogizität des Verstehens verlangen sie einen „kreativen Leser", der dem Text dadurch zustimmt, dass er sich so auf den Text einlässt, dass er die im Verfassungstext liegenden „Leerstellen" oder offenen Räume durch die Anforderungen der jeweiligen Situation auffüllt. Dabei werden zwei Momente von Bedeutung. Einerseits erheben diese Texte durch ihren Verfassungscharakter den Anspruch von grundlegenden Normen und Prinzipien. Sie sind also unbeliebig. Andererseits ersetzen sie die jeweilige Herausforderung der Situation und der sich wandelnden Kontexte nicht. In dieser Spannweite steht die vielfach beschworene Einheit von Dogma und Pastoral des Konzils. Wenn die Sendung der Kirche aber Dienst bedeutet und der Adressat auch ins Reich Gottes berufen ist, dann kann die Aneignung der Texte und kreative Umsetzung in diesen „Leerstellen" und „offenen Handlungsräumen" nur in jener Weise geschehen, wie es das Konzil selber in seiner Arbeit exemplarisch vorgezeichnet hat. Im Kraftfeld von jeweiliger pastoraler Herausforderung und Orientierung an der wesentlichen Grundordnung der Kirche, die das Konzil entworfen hat, ereignet sich der Dialog, der nach innen und nach außen in verschiedenen Formen grundsätzlich niemanden ausschließt.[2] In diesem Abschnitt ist der Struktur, Grenze und dem scheinbaren Scheitern des umfassenden Dialogs, in der die Kirche ihre Identität gewinnt, systematisch nachzugehen. Die Spannweite der konstitutionellen Texte des Konzils, in dessen Weite der Dialog vernetzt ist, reicht von der Bestimmung der Kirche als Sakrament (LG 1) bis zur Öffnung auf einen umfassenden Dialog hin (GS 92). Der hier zu entwickelnde Begriff von „Dialog" muss diese Weite umfassen.

---

[1] Vgl. Hünermann oben im ersten Kapitel.
[2] Vgl. Sander, Kommentar zu GS 823–825 (Bd. 4 dieses Werkes).

"... die Sendung Christi fortsetzen" (AG 5): Struktur und Grenzen des Dialogs

1. Was heißt „Dialog"? Versuch einer Explikation

von Roman A. Siebenrock

„Dialog" wird auf vielfältige Weise ausgesagt. Wie bei fast allen Grundbegriffen theologischer Rede bleibt auch hier in einer Begriffsexplikation eine letzte Unschärfe. Daher kann es allein darum gehen, einen hinreichend klaren, d.h. verwendbaren Begriff von „Dialog" zu erarbeiten.[3] Vorausgesetzt in dieser Analytik ist jener Begriff des Dialogs, den der päpstliche Rat für den interreligiösen Dialog als die vierfache Form des Dialogs herausgestellt hat. Dieser Dialog wird als Dialog des Lebens, des Handelns, des theologischen Austauschs und der Erfahrung umschrieben. Zwar wird dieser Begriff vor allem aus der Erfahrung des Dialogs mit den nichtchristlichen Religionen gewonnen, doch können dessen Aspekte strukturell auch auf den Dialog nach innen übertragen werden. Die vier Dialogkreise, die Paul VI. in seinem programmatischen Schreiben *Ecclesiam suam* gezogen und die das Konzil am Ende der Pastoralkonstitution (GS 92) als Wegorientierung für den Aufbruch in die Zukunft umfassend erneuert hat, sind daher miteinander zu vernetzen. Dies ist schon deshalb notwendig, weil durch die unterschiedlichen Dialogkreise nach außen unterschiedliche Glaubensprofile nach innen entwickelt werden.[4] Wie sollen aber diese miteinander vermittelt werden? Das bloße Wort der Autorität kann bestenfalls Gefahren eingrenzen. Es kann aber auch Versuche glücklich oder schädlich abbrechen. Eine freie, von den jeweiligen Betroffenen innerlich mitgetragene Überzeugung kann nur in jener Form ermöglicht werden, die hier „Dialog" genannt wird. Daher muss der Begriff „Dialog" weit genug sein, unterschiedliche Formen des Gesprächs, der Beziehung und des Austausches zu integrieren. Jene Form des Dialogs, in der es um die Prüfung bzw. Durchsetzung von Wahrheitsansprüchen geht, wird deswegen besser, je nachdem, Streitgespräch, Disputation oder Diskurs genannt.

a) Das leitende Vorverständnis

Ein Dialog unterscheidet sich von einer zufälligen und flüchtigen Begegnung oder dem bloßen Nebeneinander dadurch, dass in ihm eine ausdrückliche Beziehung gestaltet wird.[5] Die Bedeutung des Dialogs als gestaltete und von Voraussetzungen und Bedingungen abhängige Beziehung, die in sich höchst anspruchsvolle Optionen birgt, kann dadurch verdeutlicht werden, dass durch die innige Ver-

---

[3] Die Verwendbarkeit bezieht sich auf dessen Gebrauch in der Reflexion und im praktischen Handeln (deren Weite wird innerkirchlich deutlich bei: Fürst (Hg.), Dialog). Der Begriff muss daher von anderen Handlungsformen oder Vorgehensweisen, die der Kirche und der Theologie ebenfalls eigentümlich sind, unterschieden werden können.
[4] Die Begründung der Vermittlung der beiden Dialogperspektiven darf deshalb, wie es oftmals geschieht, nicht allein auf das Argument der Glaubwürdigkeit der Kirche im Dialog gestützt werden (vgl. Siebenrock, Kommentar zu DiH 167, Anm. 3 [Bd. 4 dieses Werkes]).
[5] Vgl. Waldenfels, Begegnung 1 f.

flechtung und wechselseitige Abhängigkeit der Kulturen, Kontinente und Menschengruppen in der globalisierten Welt ein bloßes Nebeneinander nicht mehr möglich ist. Die Menschheit ist hintergründiger und nachdrücklicher miteinander verflochten, ja zu einer Schicksalsgemeinschaft geworden, als es die oberflächliche Rede von der Postmoderne suggeriert. Wenn wir nach dem Kontext des Dialogs fragen, wird dies deutlich werden. Im Dialog bringt die römisch-katholische Kirche nicht nur inhaltlich, sondern auch methodisch ihren Beitrag in die Gestaltung dieser neuen Menschheitsepoche ein. Dialog ist daher bestimmbar als spezifische Weise, Einheit und Unterschiedenheit zu vermitteln. Er stellt so gesehen einen Lernprozess dar, der von verschiedenen Ausgangspunkten ausgeht und von gemeinsamen Anliegen getragen sein muss; mindestens von dem, miteinander auf dem Weg bleiben zu wollen. Es stellt sich daher sofort die Frage, wie an der Dialogizität festgehalten werden kann, wenn er abgebrochen oder gar zerstört worden ist. Gibt es im Tod noch einen Samen für Neubeginn?

Der Dialog wird durch verschiedene Formen von Kommunikation gestaltet. Da der Dialog einen Lernprozess auf verschiedenen Ebenen und mit unterschiedlichen Zielsetzungen darstellen kann, müssen diese verschiedenen Formen dialogisch und partizipativ gelernt und eingeübt werden. Ein Dialog kann nicht undialogisch oktroyiert werden. Er bedarf stets rudimentärer Zustimmungen. Der Dialog, so kann vorläufig festgehalten werden, ist eine durch Kommunikation gestaltete Form der Beziehung, die bestimmte Bedingungen voraussetzt, nur bestimmte Mittel, Medien und Regeln anerkennen kann, bestimmte Ziele und Absichten ausweist und in diesem Äon eine Fundamentaloption in sich birgt, deren transzendentale Bedingungen alle menschlichen Möglichkeiten überschreitet. Im Folgenden sollen diese Aspekte einzeln etwas entfaltet werden.

b) Der Kontext

Mit der Bestimmung „in diesem Äon" ist der Kontext angesprochen, wie ihn das Konzil in beispielhafter Weise als Analyse der Zeichen der Zeit zu Beginn der Pastoralkonstitution (GS 4–11) skizziert. Die darin zum Ausdruck kommende Ambivalenz der Situation hat sich durch die Beschleunigung der Globalisierung mit allen ihren Konsequenzen und der Wahrnehmung der ökologischen Gefahr verschärft. Die Gegensätze sind schärfer geworden, der klassische Krieg wieder ein Mittel der (nationalen) Politik und verschiedene terroristische Gruppen können weltweit Anschläge gegen letztlich Jedermann führen. Das Konzil konnte auch noch nicht die veränderten Kommunikationsformen voraussehen. In diesem Kontext hat die Kirche als Weltkirche ihre Sendung zu erfüllen.

In einem solchen Kontext gibt es kein Nebeneinander mehr. Es gibt auch keine Inseln mehr, die sich gegenüber der Gesamtentwicklung abschotten können. Die Rede der Postmoderne vom Pluralismus und den vielen Geschichten erscheint aus dieser Sicht als intellektuelle Realitätsverweigerung. Das stärkste Argument dafür ist das Risiko der globalisierten Gesellschaft, das als apokalyptisch bezeichnet werden muss. Aufgrund der Waffentechnik, der möglichen ökologischen

"... die Sendung Christi fortsetzen" (AG 5): Struktur und Grenzen des Dialogs

Konsequenzen unseres Lebensstiles und der nicht geringer werdenden Konflikte lebt jede künftige Generation als möglicher Weise letzte Generation auf diesem Planeten: Wir leben jetzt und künftig immer in der Möglichkeit eines selbstgemachten Endes der Gattung Mensch. Dieser Kontext darf jedoch nicht einfach nur als ‚Außen' gesehen werden. Er ist auf vielfältige Weise in uns. Als Angst und leidenschaftliche Sehnsucht nach Frieden, als Begehrensstruktur und Machtstreben ebenso wie als Resignation und Verzweiflung; immer aber als Neigung zu den unterschiedlichen Formen der Gewalt. In Erinnerung nicht allein an die Geschichte des 20. Jahrhunderts und angesichts der aktuellen Situation erscheint es kaum möglich zu sein, den Menschen primär als rationales oder seine Entscheidungen vernünftig abwägendes Wesen anzusehen. Er ist zutiefst ein leidenschaftliches Wesen, das nicht nur von individuellen, sondern auch kollektiven Mächten und Gewalten getrieben wird. Dies ist für die implizite Anthropologie des Dialogs und dessen Gestaltung zu beachten.

Der Kontext des Dialogs der Kirche steht aber auch im Zusammenhang einer gemeinsamen Geschichte. Die Erinnerung, die andere mit der Kirche haben, ist deutlich von jener Haltung verschieden, die im Konzil als Merkmal der Kirche verkündet worden ist. Diese Erinnerung stellt immer auch eine Last der Geschichte dar. Das Schuldbekenntnis, das Johannes Paul II. öffentlich abgelegt hat, verdeutlicht ein Strukturmerkmal jener Haltung, mit der die Kirche diesen Dialog zu leben beabsichtigt. Ist uns und anderen zu trauen? Ist der Dialog nicht angesichts unverstellter Realitäten chancenlos, bloße Ablenkung? Ist er nicht letztlich absurd angesichts der Massengräber der Vergangenheit und Gegenwart? Jede Begründung eines Dialogs muss diesen Fragen und Erfahrungen standhalten.

c) Allgemeine Voraussetzungen

Aufgrund des skizzierten Kontextes sind die Voraussetzungen für einen Dialog nicht immer gegeben. Das Konzil hat aber durch seinen Gesamtprozess und das durch ihn in die Wege geleitete Handeln der Kirche eine neue Glaubwürdigkeit gestiftet. Ohne Minimalvertrauen, das dazu befähigt, Vorurteile abzubauen, Wunden und negative Erfahrungen in der Chance einer neuen Begegnung heilen zu können, kann ein Dialog nicht begonnen werden. Daher beruht der Dialog auf Vorleistungen, die Umkehr glaubhaft ausweisen und die Redlichkeit der Absicht begründen. Zu solchen Vorleistungen ist die Kirche deshalb befähigt und gerufen, weil sie in ihrer Mitte aus der „Vorleistung Gottes", dem Geschenk seiner Gnade, lebt. Ist der Dialog nicht die heute angemessene Realisierungsgestalt jener Gnade, die Gott in der Kirche sichtbar, aber allen Menschen grundsätzlich vorgegeben hat?

Zu den Voraussetzungen gehört weiterhin das Suchen und Ringen um eine gemeinsame Sprache, die einerseits der Verschiedenheit gerecht wird und andererseits auch kein künstliches Esperanto darstellt, das die Menschen außerhalb der Expertenrunden verliert. Dazu hat die Kirche durch ihre weltweite Verbreitung und ihre tiefe geschichtliche Erfahrung gute Voraussetzungen. Aus diesen

Erfahrungen wird eine Wachsamkeit und Aufmerksamkeit für hintergründige Rivalitäten und unbewusste Absichten nötig. Nie können wir uns sicher sein, gerade dort nicht, wo wir nur redliche Absichten zu haben meinen. Was wurde nicht schon alles als Wille Gottes ausgegeben? Die Unterscheidung der Geister ist eine Voraussetzung, aber auch eine durchgängige Aufgabe im Dialogprozess. Als Voraussetzung sehe ich auch die „dogmatische Vorgabe" an, eine tiefe Gemeinsamkeit zwischen den Menschen annehmen zu dürfen. Das ist einerseits in einem Dialog des Lebens und Handelns die gemeinsame Aufgabe der gegenwärtigen Menschheit, die nach einem Leben in Frieden und Gerechtigkeit sucht. Auf der anderen Seite muss eine Glaubensgemeinschaft eine gemeinsame „Tiefengrammatik der Seele" aller Menschen annehmen, die das Konzil in Übereinstimmung mit der Tradition in der Bezeichnung „Kinder Gottes" ausgedrückt hat. Die normierende Vorgabe der Konzilstexte für diese Vorgabe stellen die Aussagen über den universalen Heilswillen Gottes und die Zuordnung der Menschheit zum Volk Gottes dar (LG 13–16).

Zu den Voraussetzungen zähle ich aber aufgrund der Erfahrung der Geschichte die politisch-gesellschaftliche Garantie der Religionsfreiheit. Bischof Colombo hat deshalb mit Recht die Erklärung zur religiösen Freiheit als unbedingte Voraussetzung für jegliche Form von Dialog bezeichnet.[6] In ihr ist jene Anerkennung des Anderen in seiner Unterschiedenheit sozial garantiert, ohne die eine dialogische Anerkennung im Prozess unmöglich ist. Die Geschichte der Religionsgespräche lässt nur diesen Schluss zu.

d) Bedingungen

Während hier als Voraussetzungen jene Aspekte benannt werden, die gegeben sein müssen, bevor an einen Dialog gedacht werden oder dieser beginnen kann, bezeichne ich als „Bedingungen" jene Aspekte, die für die Teilnehmenden oder die Situation gelten müssen, damit der beginnende Dialog eine Chance auf einen guten Verlauf haben kann.[7] Der Päpstliche Rat hat die Bedingungen, die für die Teilnehmenden erfüllt werden sollen, aus der Erfahrung des Scheiterns und der Gefährdung erschlossen. Seine Liste lässt sich als kleine Tugendlehre des Dialogs verstehen.[8]

Zu den allgemeinen Bedingungen des Dialogs der römisch-katholischen Kirche als Weltkirche gehört, dass sie in einem ‚Polylog' steht, dem sich sonst keine

---

[6] Vgl. Siebenrock, Kommentar zu DiH 131 (Bd. 4). Da in der Regel dieser Aspekt nur dialogimmanent unter dem Stichwort „Anerkennung" verhandelt wird, ist es wichtig, die soziale Gestalt dieser Dialogbedingung als Voraussetzung unbedingt hervorzuheben. Es kommt zu keiner Begegnung, wenn ich mich allein schon wegen meiner Überzeugung zu fürchten habe.
[7] Während die Voraussetzungen daher auch als notwendige und vorausgehende ‚Bedingungen' des Dialogs bezeichnet werden können, erhellen die hier zu nennenden Bedingungen Aspekte im Dialog. Voraussetzungen und Bedingungen hängen sicherlich eng zusammen. Die Unterscheidung ist durchaus fließend. Es soll durch die Differenzierung aber vor allem verdeutlicht werden, dass ein Dialog nicht immer und überall stattfinden kann.
[8] Vgl. Päpstlicher Rat für den Interreligiösen Dialog, Dialog und Verkündigung 47–50.

„... die Sendung Christi fortsetzen" (AG 5): Struktur und Grenzen des Dialogs

Großinstitution aussetzt. Sie steht in einer spannungsreichen Beziehung nicht allein mit den unterschiedlichsten Kulturen, Religionen, und Weltanschauungen, sondern auch zu den verschiedensten Gruppen, Altersstufen und Geschlechtern. Wie sollte sie sonst Sakrament der Einheit genannt werden können? Da diese Gruppen untereinander mitunter höchst konfliktreich miteinander verflochten sind, wird die Kirche in diese Konflikte nicht allein hineingezogen; – sie findet sich darin immer schon vor. Verstärken sich die Divergenzen nicht unausweichlich auch in ihr? Eine Weltkirche führt immer einen höchst komplexen ‚Polylog'.

Für die Teilnehmenden ergeben sich spezielle Bedingungen, die in den verschiedenen Texten, die sich mit der Ausbildung und Befähigung zum Dialog beschäftigen, gesammelt werden. Insofern die Kontexte in uns sind und die Menschen nicht unkritisch als Wesen der Vernunft angesehen werden können, die den Regeln der akademischen Disputation in ihrem Handeln folgen, ist eine ideale Sprechsituation oder ideale Kommunikation nie anzunehmen. Sie stellt eine Hoffnung dar, die den Dialog als Wagnis der Utopie ausweist, der auf mehr hofft, als Menschen und die Erfahrung der Geschichte erwarten lassen. Die transzendentale Hoffnung des Dialogs wird besonders in jenen Brüchen ausdrücklich, in denen Menschen trotz Kreuz und Tod die Dialogizität offen halten. Deren Gedächtnis und die Erinnerung an alle, die zu Opfern geworden sind, lassen den Dialog faktisch gegen das scheinbar letzte Wort der Gewalt und des Todes protestieren. Für die Kirche bleibt die Gestalt Jesu Christi als der Gekreuzigte und der Auferstandene der einzig tragfähige Grund des Dialogs. Daraus schöpft sie auch die Kraft für den Anfang. Der für den Dialog unverzichtbare Raum des Vertrauens mag zu Beginn minimal, oder gar nur von pragmatischen Absichten in der Not hervorgerufen sein, er muss aber, wenn die Beziehung wachsen soll, auch durch persönliches Ethos ausgeweitet und vertieft werden.[9]

Für die unterschiedlichen Dialogformen sind jeweils verschiedene Bedingungen gegeben, die hier nicht alle aufgelistet werden sollen. Reflektieren aber müssen wir auf jene Bedingungen, die den Dialog als einen wirklichen Lernprozess ausweisen und ihn von einem didaktischen Verfahren unterscheiden.[10] Die hierfür notwendige Bedingung besteht darin, dass für alle Beteiligten noch etwas offen ist und diese Offenheit mit einer starken Identität in Einklang zu bringen ist. Alle empfangen und geben etwas, alle sind Lernende und Lehrende, wenn auch in unterschiedlicher Weise. Beides ist also notwendig: Identität und Offenheit. Das Konzil, hier liegen seine konkreten konstitutionellen Prinzipien und Vorgaben für den Dialog, hat diese Vermittlung in einer doppelten Unterscheidung dargelegt. Zum einen unterscheidet es verschiedene Aspekte des Volkes Gottes, das in Beziehung zu allen Menschen steht, von der Kirche (LG 13–16). Alle sind nach dem Willen Gottes zu ihm berufen. Dieser universale Aspekt ist der Grund der Katholizität der Kirche, weil sie im Dienst dieses neuen Volkes Gottes

---

[9] Ein umfassender Dialog setzt daher darauf, dass es in allen Unterschieden eine gemeinsame Grundübereinkunft geben kann. Hans Küng sieht in seinem Projekt Weltethos in der goldenen Regel eine solche Gemeinsamkeit, die die verschiedenen religiösen Kulturen verbindet (vgl. Küng, Spurensuche).
[10] Siehe: Muck, Rationalität und Weltanschauung.

steht. Wer volle Gemeinschaft mit der Kirche hat, ist ihr einverleibt. Alle Getauften sind mit der Kirche verbunden. Wer das Evangelium noch nicht empfangen hat, ist auf verschiedene Weise dem Volk Gottes zugeordnet. Dadurch, und vor allem durch die später entwickelte Unterscheidung von Reich Gottes und Kirche, steht auch für die Kirche noch etwas aus. Diese Differenz wird durch die Unterscheidung zwischen eschatologisch endgültig ergangener Offenbarung und der Aneignung und Verwirklichung derselben unterstützt. Vor allem Johannes Paul II. hat diesen Aspekt pneumatologisch vertieft. Einerseits geschieht jedes wirkliche Gebet in der Kraft des Heiligen Geistes. Andererseits hält er als Spitzenaussage fest: „Denn wir wissen, daß angesichts des an Dimensionen und möglichen Folgen für das Leben und die Geschichte des Menschen unendlich reichen Gnadengeheimnisses die Kirche selbst bei dessen Ergründung niemals an ein Ende kommen wird, obwohl sie auf die Hilfe des Beistandes, des Geistes der Wahrheit (vgl. *Joh* 14,17) zählen kann, dem es ja zukommt, sie ‚in die ganze Wahrheit' (*Joh* 16,13) einzuführen. Dieses Prinzip liegt nicht nur der unerschöpflichen theologischen Vertiefung der christlichen Wahrheit zugrunde, sondern auch des christlichen Dialogs mit den Philosophien, den Kulturen und Religionen. Denn nicht selten erweckt der Geist Gottes, ‚der weht, wo er will' (*Joh* 3,8), in der allgemeinen menschlichen Erfahrung trotz ihrer vielen Widersprüchlichkeiten Zeichen seiner Gegenwart, die selbst den Jüngern Christi helfen, die Botschaft, deren Überbringer sie sind, vollkommener zu verstehen."[11] Damit überträgt der Papst die traditionelle Lernbereitschaft gegenüber Philosophien auf Kulturen und Religionen. Die Kirche bringt also nicht nur etwas in den Dialog ein, sie lernt auch und empfängt viel.

Zu den Bedingungen eines gelingenden Dialogs gehört angesichts der Sünde, die bis ins Heiligtum einzudringen vermag, die stete Bereitschaft der wechselseitigen Korrektur, der Bekehrung und der Umkehr. Dieser unverzichtbare Aspekt muss durch Gebet und Fasten, wie es das Modell Assisi[12] verdeutlichte, auch öffentlich symbolisch ausgedrückt werden. Dass sich in dieser Geschichte auch das Wunder der Versöhnung, der Vergebung und des Neubeginnens ereignen kann, gehört zu den ermutigenden Erfahrungen im Dialog.

e) Mittel und Medien: Regeln, Sprache und Leib

Alle Regeln des Dialogprozesses dienen der Möglichkeit, dass die Wahrheit nur Kraft der Wahrheit selbst zur Geltung zu kommen vermag. Die unterschiedlichen Verfahrensprozesse erweisen die darin liegende Rationalität als die Kraft, Differenzen auf gewaltfreie und versöhnende Weise auszutragen. Die klassischen Regeln des Dialogs und des Diskurses werden für den Dialog der Wissenschaft und der Lehre vor allem bedeutsam: Offenheit, Nachfrage, Lerngemeinschaft, Argumentationsformen, Klarheit der Position und Offenheit für die überzeugenderen

---

[11] Johannes Paul II., *Novo millenio ineunte* 56.
[12] Vgl. Riedl, Modell Assisi.

Gründe. Diesem Dialog der Lehre stehen der Dialog des Lebens und des Handelns an der Seite, der völlig offen sein kann und von Voraussetzungen ausgehen kann, die von Sorge, Not und Ratlosigkeit geprägt sein mögen. Der Dialog des Handelns kann auf den verschiedenen politischen und gesellschaftlichen Ebenen bei der Wahrung der Unterschiede gemeinsame Interessen und Anliegen vertreten.[13] Von eigener Art ist der Dialog der spirituellen Erfahrung, in dem Lebensgemeinschaft geteilt und in die eigene Tiefenerfahrung Einblick gewährt wird.[14] In diesem Dialog wird besonders deutlich, was jeden Dialog prägen sollte: Vertrauen, die Leiblichkeit der Gegenwart, Fähigkeit zur Freundschaft, die Kommunikation aus der Stille, die Erfahrung des Geschenks als Offenheit für den Raum der Gnade. Im Dialog lassen wir uns berühren und werden berührbar. Deshalb werden wir verletzbar und fühlen uns gefährdet. Wie könnte ein wirklicher Dialog anhalten ohne Gebet, Bitte um Vergebung und geschenkte Ermutigung zum Neuanfang?[15]

Deshalb ist zu fragen, ob die Regeln des Dialogs einer Siegerlogik in einem Gewinnspiel ähneln können. Bestimmt die Absicht, den anderen zu besiegen, den Dialog, dann dürften die Rivalitätsmechanismen jeglichen Dialog verhindern. Wenn der Wahrheit die Ehre gegeben werden soll, dann können alle gewinnen, auch wenn sie sich im Prozess wandeln und die Differenzen deutlicher werden. Denn dann erfahren sie den Anspruch einer Wahrheit, die in der Geschichte nur als Anerkennung des Anderen wirklich wird.[16] Die Wahrheit, die es mit Gott zu tun haben soll, „haben" wir nur, wenn sie je neu gesucht wird. Sie bleibt unerschöpflich und kann von endlichen und sündigen Menschen immer nur aspektiv, vorläufig und in der Differenz der Analogie ausgesagt werden. Solche Bestimmtheit fordert aber Achtsamkeit.

f) Ziele und Absichten

Die verschiedenen Dialogformen weisen nach innen und nach außen unterschiedliche Ziele und Absichten auf. Sie können dennoch miteinander verglichen werden. Der Dialog des Lebens als gute Nachbarschaft, in dem Not und Leben

---

[13] Bei Weltkonferenzen oder in internationalen Anliegen wurden diese temporären Koalitionen Wirklichkeit.
[14] Das bekannteste Beispiel stellt hierfür die Bewegung des „Monastic interreligious Dialogue" (MID) dar.
[15] Wahrheit in Beziehung ereignet sich in der Begegnung, die für unerwartete Entwicklung und neue Kehren offen ist. Einen Dialog zu planen, ist nur möglich als Teilnehmende im Prozess (siehe dazu: Hilberath – Kraml – Scharer, Wahrheit in Beziehung).
[16] Mit dem Verweis auf Eph 4,15 (Wahrheit in Liebe reden bzw. tun) hat das Konzil diesen Zusammenhang herausgestellt. Deshalb ist der Begriff der Wahrheit im Dialog nicht nur als Qualifikation von Sätzen, sondern auch in seiner Verbindung zur Realisierungsgestalt im dialogischen Prozess zu verstehen. Dass Gott Liebe ist (1 Joh 4,8), verbindet Wahrheit und Liebe. „Dieser Satz ... ist die höchste Garantie der Toleranz; eines Umgangs mit der Wahrheit, deren einzige Waffe sie selbst und die Liebe ist" (Ratzinger, Glaube – Wahrheit – Toleranz 186). Kardinal König und Kardinal Kasper haben den Vers aus dem Epheserbrief als Leitorientierung ihres bischöflichen Amtes gewählt.

Identität und Dialog

miteinander geteilt werden, sollte innerhalb der kirchlichen Gemeinschaft als geschwisterlicher Gemeinschaft selbstverständlich sein. Der Dialog des Handelns zielt auf die Öffentlichkeit und fragt nach den Möglichkeiten, gemeinsame Optionen für die Gestaltung des gemeinsamen Lebens einzubringen. Dabei ist darauf zu achten, dass sich diese Koalitionen nicht primär gegen jemanden richten, sondern für etwas und jemanden eintreten. Dass dadurch Opposition und Ringen unausweichlich wird, ist selbstverständlich. Gerade an diesen Grenzen hat sich die dialogische Haltung zu bewähren. Es muss aber auch gefragt werden, welche Ziele vom Konzil ausgeschlossen sind. Alle jene Ziele sind ausgeschlossen, die mit dem Zeugnis und dem Dienst für das Reich Gottes nicht in Einklang zu bringen sind. Deshalb ist der Dialog kein anderes Mittel, um verlorene Machtpositionen zu erringen. Die konstantinische Epoche der Kirche kehrt nicht wieder. Doch ist immer zwischen den offiziellen Zielen des Dialogs, auf die sich die Teilnehmenden verständigt haben, und bewussten und unbewussten Absichten derselben zu unterscheiden. In der Diskrepanz beider Aspekte liegt oft die Ursache für das Misslingen des Dialogs.

g) Theologische Begründung und Anschauungsmodelle

Aus der biblisch verankerten Glaubenstradition kann auf zwei Modelle für den Dialog verwiesen werden. Zum einen ist es das Gebot und die Erfahrung der Gastfreundschaft. In ihr ist der Fremde heilig, weil Gott selbst mit ins Spiel kommt. Dass wir den Unerkannten beherbergen könnten, wird im Evangelium durch die Gerichtsrede des Menschensohns verstärkt (Mt 25). Die darin oftmals eruierte Einheit von Gottes- und Nächstenliebe erweist den Dialog als intellektuelle und lebensweltliche Form der Barmherzigkeit und des angemessenen Umgangs mit anderen. Das Konzil hat aber in der Tradition Papst Paul VI. den Dialog im heilsgeschichtlichen Handeln Gottes verankert.[17] Die Offenbarung wird als Dialog verstanden, in dem Gott ein Gespräch mit den Menschen aufgenommen hat. In diesen Dialog hat er seine Kirche gerufen. Deshalb hat sie sich in ihrem Vorgehen an jene Formen zu halten, die in ihrer Gründungsgeschichte grundgelegt werden. In einer narrativen Kurzfassung des Christusgeschehens hat das Konzil die Demut und Barmherzigkeit Christi als exemplarische Orientierung den kommenden Zeiten vor Augen gestellt (DiH 11). Dass damit keine Harmlosigkeit gemeint ist, zeigt sich im Handeln an den Grenzen oder im Abbruch. Der am Kreuz seinen Mördern vergebende Herr bleibt dem Dialog im Gewissen.

h) Abgrenzung zu anderen Handlungsformen der Kirche

Der Dialog ist nicht die einzige Handlungsform der Kirche, auch wenn er zu den anderen Formen in Beziehung steht. Die Verkündigung hat das autoritative Wort

---

[17] Vgl. Paul VI., *Ecclesiam suam* 70.

des Evangeliums weiterzugeben. Doch in allem anerkannten Wahrheitsanspruch bleibt die Frage, wie dies geschehen soll und ob die Predigt oder Katechese grundsätzlich die Aufmerksamkeit für die Zuhörenden vernachlässigen kann. Auch in einer prophetischen Mahnrede wird die Situation gerade nicht vernachlässigt. Die Leitungsaufgabe in der Kirche ist durch die Notwendigkeit der Entscheidung geprägt. Trotz aller Bemühung wird sich immer wieder die Erfahrung einstellen, dass Entscheidungen auch teilweise unvermittelt bleiben können. Sollte deswegen grundsätzlich auf Konsens und die Aufmerksamkeit der Rezeption verzichtet werden? Gegnerschaft ist nicht einfach ein Kriterium für die Wahrheit.

Aber auch in diesen anderen Handlungsformen bleibt das Anliegen des Dialogs unverzichtbar. In der Verkündigung haben wir Rechenschaft davon zu geben, wie wir von und über andere sprechen. Auch wenn sie nicht anwesend sind, sollten wir so von ihnen sprechen, als wären sie gegenwärtig. Das Konzil hat diese Aufgabe im Blick auf das Judentum beispielhaft angestoßen. Immer erwächst aus der Begegnung eine Reinigung der Sprache, des Gewissens und unseres Bildes vom anderen.

Dass der Dialog immer in Gefahr steht, werden die nächsten beiden Abschnitte vertiefen. Dass die ihn bestimmende Haltung noch im Angesicht der Mörder zum Ausdruck kommen kann, liegt im Geheimnis des Martyriums. In ihm wird die entscheidende Mitte der theologischen Wurzel des Dialogs ansichtig: Jesus Christus als Versöhner der Welt mit Gott (Eph 1–2).

2. Scheitern können. Ein Zeichen für die Qualität des Dialogs auf dem Konzil

von Hans-Joachim Sander

Das jüngste Konzil vollzog sich im Zeichen des Dialogs und wurde selbst zum Zeichen des Dialogs. Weil es den Dialog tatsächlich vollzog, von dem es ernsthaft sprach, wurde es selbst zu einem Ort, an dem eine Art Grundgrammatik des Dialogs für die Kirche und die Theologie zu erkennen ist. Man kann das Konzil als ein authentisches Zeichen der Befähigung zum Dialog auffassen, die vom christlichen Glauben ausgeht, sowie der Fähigkeit, im Dialog die Sprache des Glaubens nachhaltig weiter zu entwickeln. Das Konzil hat mit dieser Grammatik den nachkonziliaren Dialogen der Kirche die Möglichkeit eröffnet, selbst zu einem Ort für die Darstellung des Glaubens zu werden. Sie können die spezifische Autorität eines *locus theologicus* gewinnen und haben das auch im abklärenden Dialog auf dem Weg zur Gemeinsamen Erklärung zur Rechtfertigung und im betenden Dialog über die Friedensfähigkeit der Religionen in Assisi unter Beweis gestellt.[18] Diese herausgehobenen Dialoge mit Größen im Außen der Kirche zei-

---

[18] Vgl. Hoff, Passagen 112–124 und 140–156 sowie Hilberath – Pannenberg, Zukunft; für Assisi vgl. Siebenrock, Kommentar zu NA in Bd. 3, 669–671.

gen, dass die katholische Kirche sowie ihre Mitglieder fähig sind, einen Dialog zu führen, der vor der Frage nach der Identität nicht halt macht. Man kann sie als Repräsentanten für „Dialog als Selbstvollzug der Kirche"[19] ansehen. Angesichts des Gewichts der Themen, die diese Dialoge für die Kirche geradezu unausweichlich gemacht haben, liegt die These nahe, dass „der Dialog eine notwendige Konkretisierungsstrategie des christlichen Glaubens heute [ist]. Ohne ihn kann es den Glauben in der Moderne geradezu als kirchlichen überhaupt nicht geben"[20].

Eine solche Identifizierung des Zweiten Vatikanischen Konzils mit Dialog klingt emphatisch. Aber man kann sich auf das Konzil berufen; es fordert den Nachdruck selbst ein. In einem der drei Schlussartikel der Pastoralkonstitution, der den Titel „Dialog unter allen Menschen" trägt, heißt es: „Die Sehnsucht nach einem solchen Gespräch, die allein von der Liebe zur Wahrheit geleitet wird, schließt – freilich unter Wahrung der angemessenen Klugheit – von unserer Seite niemanden aus, weder jene, die die vortrefflichen Güter des menschlichen Herzens pflegen, ihren Urheber aber noch nicht anerkennen, noch jene, die sich der Kirche entgegenstellen und sie auf vielfältige Weisen verfolgen. Da Gott, der Vater, Ursprung und Ziel von allem ist, sind wir alle dazu berufen, Brüder zu sein. Und deshalb können und müssen wir, in eben dieser menschlichen und göttlichen Berufung berufen, ohne Gewalt, ohne List zusammenarbeiten, um eine Welt in wahrem Frieden aufzubauen." (GS 92, 5)

Trotz der eingeschobenen Relativierungen durch die angemessene Klugheit wird hier mit großer Entschiedenheit der Fähigkeit das Wort geredet, im Dialog nichts und niemanden auszuschließen, auch wenn es sich um Unkundige, Gegner, Verfolger handeln sollte. Diese Fähigkeit ist von elementarem Gewicht, um Kirche in der Welt von heute zu konstituieren und gehört zur pastoralen Qualität einer Weltkirche. Ist dieses Nicht-Ausschließungsprinzip blauäugig und so übergroß optimistisch, wie es dem Konzil gerne unterstellt wird? Oder wird damit vielleicht sogar einer letztlich harmlosen Utopie das Wort geredet, weil sie nur die andere Identität im Blick hat, aber die eigene nicht antastet?

a) Das Problem des Dialogs – die Differenz von innen und außen

Die Frage, ob die konziliare Position des Dialogs harmlos bleibt, stellt sich insofern, als eine nüchterne Durchsicht der Konzilstexte eine klare Differenz zwischen Innen und Außen zu Tage fördert: „Die Forderung nach Dialog wird um so intensiver, je weiter der andere von der katholischen Kirche und ihrer Lehre entfernt ist. Ein Dialog *in* der Kirche kommt dagegen in den Texten des II. Vatikanums kaum zur Sprache. ... An den ganz wenigen Stellen, wo im deutschen Text innerkirchliche Beziehungen mit ‚Dialog' bezeichnet werden, steht im Urtext jeweils *colloquium*. Offensichtlich wollte das Konzil zwischen dem Dialog nach außen und innerkirchlichem ‚*colloquium*' unterscheiden. Die Vermutung liegt

---

[19] Schavan, Selbstvollzug 13.
[20] Bucher, Glaube 224.

nahe, daß man vermeiden wollte, die Implikationen, die der Dialogbegriff nun einmal hat, auch innerkirchlich Platz greifen zu lassen. Um jede Vorstellung eines innerkirchlichen *par cum pari* von vorneherein nicht aufkommen zu lassen, bleibt Dialog im Konzil eine Sache der Außenbeziehungen."[21]

Der Sachverhalt ist nicht zu bestreiten, zumal er nicht zufällig zustande kommt. Er resultiert aus der elementaren Grammatik des Konzils, sich grundsätzlich in Zweiheiten zu positionieren wie den zwei Kirchenkonstitutionen LG und GS, wie der Gleichzeitigkeit von Religionsfreiheit und Mission (DiH und AG), wie der wechselseitigen Präsenz der Selbstmitteilung Gottes in Schrift und Tradition, wie der Kirche Jesu Christi und der katholischen Kirche, wie die Kennzeichnung der Kirche als „die sichtbare Versammlung und die geistliche Gemeinschaft" (LG 8,1), wie der Ökumene und dem Verhältnis zu anderen Religionen (UR und NA). Mit dieser zweiheitlichen Grammatik wird Innen und Außen im Konzil stets unterschieden und der Ort des Dialogs liegt für das Konzil eben im Außen.

Das hat das Konzil nicht erfunden; es gibt eine lange Geschichte von Dialogen, die sich nach außen richten.[22] Aber das Konzil hat gleichwohl einen weiteren Schritt gesetzt. Es trennt Innen und Außen nicht und es vermischt sie nicht, sondern es setzt sie stets in ein Wechselverhältnis. Deshalb geht das Konzil mit dem Dialog nach außen – um sich selbst von außen zu begreifen. „Eine Ekklesiologie des Dialogs denkt Kirche von den Andern her und macht ihre Perspektive zum Thema."[23]

Wenn der Dialog sich nach außen richtet, dann muss man sich also notwendigerweise fragen, was sich dann dabei nach innen richtet. Hier hält das Konzil eine überraschende Entdeckung bereit: scheitern zu können. Das, was einen ernsthaften Dialog, der sich stets nach außen richtet, für das Innen der Kirche kennzeichnet, ist die Fähigkeit zum Scheitern. Dieses Scheitern steht nicht dafür, dass ein Dialog sich als sinnlos erwiesen hat oder bedeutungslos geblieben ist. Es ist vielmehr ein Qualitätsmerkmal für einen guten, gelingenden und nachhaltigen Dialog. Zu einem ernsthaften Dialog gehört, dass die Beteiligten darin scheitern können. Jene Dialoge, die nicht scheitern können, bringen nicht weiter; sie weichen der Größe der Probleme aus. Und solche Dialoge, in denen nicht gescheitert werden darf, sind entweder Scheinveranstaltungen oder ihnen sind die Hände für das Ergebnis aus sachfremden Gründen schon gebunden. Dieser Zusammenhang zwischen dem Dialog nach außen und der Fähigkeit zum Scheitern nach innen trifft für elementare Dialoge des Konzils selbst zu.

---

[21] Neuner, Dialogmotiv 61.
[22] Vgl. Lutz-Bachmann, Religionsdialoge; Schurhammer, Disputationen.
[23] Klinger, Macht und Dialog 157.

Identität und Dialog

b) Ein Kennzeichen konziliarer Dialoge – die Fähigkeit zum Scheitern

Ein wichtiges Dialogangebot des Konzils richtet sich an diejenigen, die nicht an Gott glauben, die Atheisten (GS 19–21). Es unterscheidet darin zwischen dem Irrtum des Atheismus, den die Kirche strikt ablehnt und auch entschieden bekämpft, und den Atheisten selbst, zu denen ein intensives Verhältnis gesucht wird. Sie werden nicht wegen ihres Irrtums einfach abgelehnt, sondern ihnen wird ein ernsthaftes, ja sogar ein „herzliches" Angebot gemacht: „Die Kirche aber bekennt, auch wenn sie den Atheismus gänzlich verwirft, dennoch aufrichtig, dass alle Menschen, Glaubende und Nichtglaubende, zum richtigen Aufbau dieser Welt, in der sie gemeinsam leben, ihren Beitrag leisten müssen: das kann gewiss nicht geschehen ohne ein aufrichtiges und kluges Gespräch. Deshalb klagt sie über die Diskriminierung zwischen Glaubenden und Nichtglaubenden, die manche Staatslenker, die die grundlegenden Rechte der menschlichen Person nicht anerkennen, ungerechterweise einführen. Für die Glaubenden aber fordert die Kirche Handlungsfreiheit, damit man sie in dieser Welt auch den Tempel Gottes errichten lässt. Die Atheisten aber lädt sie herzlich ein, das Evangelium Christi mit offenem Herzen zu betrachten." (GS 21,6) Die Einladung zum Dialog richtet sich auf den Glauben, aber auch auf die Welt der damaligen Gegenwart.

Diese Vision des Konzils, eine Beziehung zu den Nicht-Glaubenden zu suchen, entspricht der basalen Positionierung, sich als Pastoralkonzil zu gestalten. Das Dialogangebot ist deshalb auch an der menschlichen Realität derer interessiert, die nicht an Gott glauben. Sie werden geachtet, weil sie als Menschen vor den Menschen und für die Kirche eben auch vor Gott ein humanes Potential darstellen, eine unantastbare Würde haben und in ihren elementaren Rechten zu respektieren sind. Daran kann die Kirche nicht nur nicht vorbei gehen, wenn sie einen Dialog mit ihnen führen will. Sie lernt dabei allerdings zugleich etwas über sich selbst kennen. Das betrifft die Herkunft des Atheismus. Sie zeigt ein Scheitern in der Kirche an ihrer eigenen Sache. Das wird vor dem genannten Dialogangebot in aller gebotenen und damals möglichen Deutlichkeit gesagt: „Der Atheismus ist nämlich, umfassend betrachtet, nichts Ursprüngliches, sondern er entsteht vielmehr aus verschiedenen Ursachen, zu denen auch die kritische Reaktion gegen die Religionen, und zwar in einigen Gebieten insbesondere gegen die christliche Religion, zählt. Deswegen können an dieser Entstehung des Atheismus die Glaubenden einen nicht geringen Anteil haben, insofern man sagen muss, dass sie durch Vernachlässigung der Glaubenserziehung, durch trügerische Darstellung der Lehre oder auch durch die Mängel ihres religiösen, sittlichen und gesellschaftlichen Lebens das echte Antlitz Gottes und der Religion eher verhüllen als offenbaren." (GS 19,3)

Die Kirche lernt am Atheismus eine zweifache Fähigkeit zum Scheitern – sie lernt ein Scheitern an sich selbst kennen und sie lernt, dieses Scheitern nicht zu verschweigen. Der Dialog mit den Atheisten lehrt die Kirche deshalb etwas über eine Schwäche in ihrem eigenen Innen und sie lernt dabei, das Scheitern an dieser Schwäche nicht zu verschweigen. Der Dialog nach außen mit den Atheisten ist mit dieser zweifachen Fähigkeit zu scheitern und zum Scheitern verbunden.

Ein zweiter Beleg für den Zusammenhang zwischen einem Dialog nach außen und einem Scheitern-können im Innen findet sich in der Erklärung über das Verhältnis der Kirche zu den nichtchristlichen Religionen. Er gehört zum Dialogangebot an die Juden.[24] Dieses steht voran: „Da also das den Christen und Juden gemeinsame geistliche Erbe so groß ist, will diese Heilige Synode die gegenseitige Kenntnis und Wertschätzung beider, die insbesondere durch biblische und theologische Studien sowie durch brüderliche Gespräche erlangt wird, fördern und empfehlen." (NA 4, 5)

Wenn man in dieser Weise das Gespräch fördern will, dann tritt unweigerlich ein Thema in den Raum, das Christen und Juden auf eine prekäre Weise trennt: die Gewaltgeschichte, die beide miteinander haben. Sie wird nicht nur nicht verschwiegen, sondern direkt in doppelter Weise zum Thema gemacht: auf die Gewalt an Jesus, dem Juden, hin wie auf die Gewalt an den Juden durch die Christen. Von entscheidender Bedeutung ist dabei, dass an die Adresse der Juden nicht mit einem Schuldvorwurf gearbeitet wird; vielmehr wird differenziert und die Schuldlosigkeit der heutigen Juden und der übergroßen Mehrheit des damaligen jüdischen Volkes am Tod Jesu betont. Wenn ein Dialog mit einem Schuldvorwurf an „die Juden" ansetzen wollte, dann wäre er zu Ende, ehe er begonnen hätte. Diese Fähigkeit, sich auf ein Scheitern einzustellen, die von dem Dialogangebot ausgelöst wird, wird in zwei Teilschritten gelernt. Der erste Teil lautet: „Auch wenn die Autoritäten der Juden mit ihren Anhängern auf den Tod Christi gedrungen haben, kann dennoch das, was bei seinem Leiden begangen worden ist, weder unterschiedslos allen damals lebenden Juden noch den heutigen Juden angelastet werden." (NA 4, 6) Das Konzil schärft der Kirche ein, dass das reale Scheitern Jesu an der Gewalt einiger seiner Mitmenschen nicht zu Lasten des jüdischen Volkes gehen darf. Die Mahnung Jesu beim letzten Abendmahl „Tut dies zu meinem Gedächtnis" wird hier in weitreichender Weise ernst genommen; nicht die Täter sollen im Zentrum des Gedächtnisses an Jesus stehen, sondern das Opfer selbst.

Dieser erste Teil des Scheitern-können ist noch vergleichsweise harmlos, auch wenn dabei bereits die – damals eben noch nicht ausgesprochene – Tatsache mitschwingt, dass gerade dieser Vorwurf über Jahrhunderte erhoben wurde und eine regelrechte christliche Brunnenvergiftung dieses Verhältnisses bedeutet hat. Schwerer lastet der zweite Teil des Lernens über das Scheitern-können der Kirche, bei dem denn auch damals vom Konzil das letzte entschiedene Auftreten noch nicht gewagt worden ist: „Auch wenn die Kirche aber das neue Volk Gottes ist, sollen die Juden dennoch weder als von Gott verworfen noch als verflucht dargestellt werden, als folge dies aus der Heiligen Schrift. Deshalb sollen alle dafür sorgen, weder in der Katechese noch, wenn sie die Predigt des Wortes Gottes halten, irgendetwas zu lehren, was mit der evangelischen Wahrheit und dem Geist Christi nicht übereinstimmt." (NA 4, 6) Was in diesem Lernschritt noch fehlt, ist

---

[24] Vgl. Siebenrock, Kommentar zu NA in Bd. 3, 661–663.

das Schuldbekenntnis; Johannes Paul II. hat es dann zum ersten Fastensonntag im Jahr 2000 nachgeholt. Er konnte das tun, weil hier auf dem Konzil das Scheitern der Kirche an den Juden und darin an ihrer eigenen Botschaft bereits verschwiegen in den Raum tritt und auf die Kirche zugreift. Es gab – und es gibt – dieses hier von NA angesprochene Lehren in kirchlichen Kreisen, das nicht mit der evangelischen Wahrheit und dem Geist Christi übereinstimmt. Und darin steckt massive Gewalt; der Antijudaismus ist eine unselige Tradition in der christlichen Religionsgeschichte. Angesichts der langen Dauer dieser bösartigen Tradition ist es geradezu ein Wunder, dass mit *Dabru Emet* im Judentum Stimmen laut werden, die nach der verhältnismäßig kurzen Dialoggeschichte der Christen mit den Juden die eigene Glaubensgemeinschaft auffordern, die christlichen Dialogangebote theologisch ernsthaft zu verarbeiten.[25] Das verpflichtet die Christen noch mehr auf diesen Dialog, wie prekär er auch immer sein mag.

Wenn auch nicht über die Schuld, so ist das Konzil doch über das christliche Scheitern an den Juden unmissverständlich. Es ist nicht jenes Scheitern der Kirche, dass die Juden nach Jesus eben keine Christen geworden sind, wie es lange Zeit zu Lasten der Juden traktiert wurde. Es geht um das Scheitern in der Kirche am Geist Christi und an den Lehren des Evangeliums. Darüber klärt NA die Kirche klar und deutlich auf. Sie lernt, dieses Scheitern einzugestehen. Das ist eine Frucht des Dialogangebotes an die Juden. Durch die Wechselseitigkeit von Dialog nach außen und die Fähigkeit, nach innen Scheitern aussagen zu können, entsteht ein eigener Ort für die Darstellung des Evangeliums, der zu seinem Zentrum gehört: die Umkehr.

c) Das Scheitern in Dialogen – ein Ortswechsel für die christliche Identität

Ein Dialogangebot richtet sich nach außen und steht nach innen wie außen unter dem Gebot der Wahrheit. Dialoge, die nicht auf Wahrheit zielen und auf Wahrhaftigkeit angelegt sind, können eigentlich auch nicht scheitern. Deshalb gehört die Wahrheit als Qualitätsmerkmal zu einem Dialog; an ihr kann man scheitern und dieses Scheitern ist besonders schmerzlich wie besonders lehrreich. Wahrheit ist deshalb ein entscheidender Faktor, der in Dialogen gesucht wird.

Aus der Wahrheit lässt sich aber im Verhältnis zu anderen stets auch eine Waffe schmieden, wenn sie zur Halbwahrheit verkommt oder ihrer Bedeutung ein Sinn gegeben wird, der Fehl am Platz ist und daraus eine Unwahrheit zieht. Deshalb ist es für einen Dialog wichtig, im richtigen Geist die Wahrheit zu suchen. In der oben zitierten Stelle aus NA wird deshalb auch bezeichnenderweise mit der Zweiheit aus „der evangelischen Wahrheit und dem Geist Christi" (NA 5,6) gearbeitet. Der Geist Christi, also der Heilige Geist, ist ein Garant der Wahrheit. Er ist für die Christen in Dialogen unverzichtbar.

Bernd Jochen Hilberath spricht in diesem Zusammenhang auch vom „Heiligen Geist des Dialogs". Was geschieht, wenn in einem Dialog dieser Geist präsent

---

[25] Vgl. Dirscherl – Trutwin, Redet Wahrheit; Kampling – Weinrich, Dabru emet.

wird, hat er als „Raum geben" beschrieben. Das richtet sich an die Beteiligten im Dialog; sie geben sich wechselseitig Raum. Anders ersticken Dialoge bald an mangelndem Atem. Und es richtet sich auf den Geist selbst: „Das Raumgeben gilt nicht nur hinsichtlich der Partner, es gilt vor allem – auch bei vorgegebener oder erreichter Egalität – dem Geist selber, der in und zwischen den Dialogpartnern und um sie herum, von ihnen her sich ausbreiten will, Raum greifen will, indem er – Dia-Logos in Person! – Raum gibt. In dieser Funktion präsentiert und bewährt sich der Heilige Geist Gottes als Geist der Wahrheit. ... Als der Geist des (menschgewordenen, gekreuzigten und auferstandenen) Herrn, den er in der Gemeinde (und der ‚Welt') vergegenwärtigt, führt der Heilige Geist in alle Wahrheit ein – in Analogie zur Inkarnation. Die Wahrheit Gottes ist zwar unverfügbar (das gilt aber dann für alle Jüngerinnen und Jünger!) und nicht von uns herstellbar, aber sie bringt sich menschlich, inkarniert, inkulturiert zur Geltung. Das Sprechen des Geistes der Wahrheit auf uns hin kann dann nicht (im Sinn der eingangs genannten Voraussetzungen) Dialog genannt werden, aber es kann nur im Dialog mit der Wirklichkeit, mit den Anderen kommuniziert werden. Dazu sind wir von uns aus nicht imstande, dazu befähigt uns der Geist."[26]

Diese Einsicht in den Heiligen Geist des Dialogs kann man auf das Dialogproblem des Verhältnisses von innen und außen anwenden und ausweiten. Ein Dialog richtet sich nach außen; er befindet sich dann in der Gegenwart dieses Geistes, wenn dabei nach außen und nach innen unterschiedlichen Qualitäten Raum gegeben wird. Im Außen treten die Stärken der anderen auf; sie erhalten Raum, sich zu entfalten. Nach innen treten die Schwächen zu Tage, die dem Dialog bisher hier im Wege gestanden hatten. Dieser Geist lässt dem Scheitern den Raum, der nötig ist, um dem Scheitern ansichtig zu werden und um die Fähigkeit zu gewinnen, sich darauf zu beziehen. Wenn dem Geist Gottes und der Wahrheit Raum im Dialog gegeben wird, dann geschieht für die Kirche etwas Entscheidendes nach innen – das Scheitern an der Wahrheit wird sichtbar, der sie verpflichtet ist. Es entsteht dann ein Ort, an dem die Kirche die Fähigkeit entwickelt, ihre eigenen Begrenzungen zu begreifen und durch den Dialog mit den anderen zu überwinden.[27]

Dieser Raum ist ein Lebensraum des Glaubens – er mutet eine Umkehr zu. Deshalb ist der Dialog keine Utopie, welche die eigene Identität nicht antastet. Sie verlagert die Auseinandersetzung nicht an einen Ort, der keinen Raum für die eigene Identität lässt, also ein Nicht-Ort bleibt, der dieser Identität keine Veränderung zumutet. Sie bringt vielmehr einen Ortswechsel zu Stande, der diese Identität einer elementaren Umkehr aussetzt. Der Dialog im Geist dieser Wahrheit, an der man gelernt hat, gescheitert zu sein, wird zu einem anderen Ort, zu einem Anders-Ort, einer Heterotopie.[28] An einem solchen Ort wird zum einen dem ein diskursiver Raum gegeben, was ohne diesen Dialog verschwiegen wurde und ausgegrenzt war, und zum anderen Platz geschaffen für eine andere Ordnung

---

[26] Hilberath, Vom Heiligen Geist 115.
[27] Für diesen Umschlag im Kommunikationsgeschehen vgl. Ankener, Dialog.
[28] Zum Konzept der Heterotopie vgl. Foucault, Espaces, sowie S. 199f. in diesem Band.

der Dinge, deren Diskurs nicht auf dieses Ausschließen setzen muss. Eine Umkehr wird möglich, die am Ort des Scheiterns einen Lebensraum des Glaubens stiftet. Dieser Vorgang trägt einen starken christologischen Anklang in sich; wer in dieser Weise scheitern kann, kann im Dialog Zeugnis für die erlösende Wahrheit Christi sein. Heterotopien, die sichtbar machen, wie sehr man scheitern kann, machen die Kirche im Dialog sprachfähig über ihre eigenen Wahrheiten.

Dieser Vorgang von der Ohnmacht des Scheiterns zur Einsicht in die notwendige Umkehr bricht mit dem, was in diesem Dialog im Außen zur Sprache kommt, dasjenige auf, womit dieses Scheitern bisher aus dem Diskurs im Innen ausgeschlossen wurde. Er legt die Ausschließungsmechanismen frei, die zum Verschweigen dieses Scheiterns geführt haben. Er zeigt auf das Nicht-können des Scheiterns in dem Sinn, dass dieses Scheitern nicht sein konnte, weil es nicht sein durfte, und deswegen mit aller Macht zu verschweigen war. In einer solchen Heterotopie wird einer veränderten Ordnung der Dinge Raum gegeben, die eben das Scheitern nicht verschweigt, sondern sich zu ihm bekennt, weil das Scheitern nur so seine Macht verliert, den Dialog zu verhindern oder zu blockieren, der für die Sprachfähigkeit über die Wahrheiten des Glaubens notwendig ist.

Das Konzil ist diesem Geist des Dialogs verpflichtet und hat ihn in die Buchstaben seiner Lehren eingetragen. Deshalb ist sein Dialogcharakter auch ein echtes Risiko für die Kirche; denn sie kann daran scheitern. Das aber ist ein Qualitätsmerkmal für die Lehren und Aussagen des Konzils. Sie muten der Kirche Dialoge zu, die einen Ortswechsel für die kirchliche Identität bedeuten. Scheitern zu können ist ein wichtiges Merkmal in diesen Ortswechseln. Wenn die Kirche einen Raum erreicht, in dem sie nachvollziehen kann, dass und wie sehr sie Fehler gemacht hat und dass sie sich mit eigenen Schwächen vor den anderen im Wege steht, wird sie nicht schwächer, sondern stärker. Wenn sie es lernt, dem Scheitern Autorität zu geben, dann setzt sie einen elementaren Schritt, um diese Schwächen zu überwinden. Der Weg zu diesem Lernen verläuft über Dialoge; denn ein ernsthafter Dialog lehrt zum einen, die Stärken der anderen zu respektieren, und nötigt, sich über die Schwächen des eigenen Scheiterns klar zu werden. Weil die Kirche in ihren Dialogen scheitern kann, und zwar im Sinne der Realität historischer Irrwege wie im Sinne der Fähigkeit, dem gerade nicht auszuweichen, hat sie die Stärken der anderen nötig. Aber gerade darum muss sie diese nicht fürchten, schließlich helfen diese Stärken ihr auf die eigenen Sprünge. Deshalb ist der Dialog als die elementare Außenbeziehung der Kirche so wichtig. Es gehört zu den entscheidenden Wahrheiten des Konzils, der Kirche eine Ekklesiologie des Dialogs von dieser Qualität zugemutet zu haben.

"... die Sendung Christi fortsetzen" (AG 5): Struktur und Grenzen des Dialogs

3. Dialog im „Martyrium" der Wahrheit

von Ottmar Fuchs

Wird der Dialog als integrale Vollzugsform christlicher und kirchlicher Existenz angesehen, der nicht nur zu „guten" Zeiten und in gelingenden und sich gegenseitig verstehenden Begegnungen realisiert werden kann, dann bedeutet dies, dass die Dialogizität in keiner, auch nicht in der nicht verständlichen, unfriedlichen und nicht gelingenden Konfrontation mit anderen oder auch mit Gewalttätigen verabschiedet werden kann, sondern darin eine eigene menschliche und theologische Qualität erreicht. Er nimmt dann, wenn nötig bis zum äußersten, den Begriff der nicht auflösbaren negativen Dialektik in sich auf, in der der Dialog nicht mehr nur mit den Mitteln des Wortes, mit dem zwanglosen Zwang der Argumente, sondern auch mit dem zwanglosen Zwang der eigenen Existenz weitergeführt wird, im Verzicht auf Gewalt, aber nicht im Verzicht auf einen Widerstand, der die Prinzipien des Dialogischen nicht verletzt, darin aber, weil sie von der anderen Seite verletzt werden, den massiven Widerstand des eigenen Daseins und des eigenen Körpers entgegen stellt. Im Extremfall endet eine solche nie aufgegebene Dialogizität darin, dass die gegnerische Seite keine anderen Mittel mehr hat, als mit Gewalt das personale Zeugnis des Dialogs aus der Welt zu schaffen.

Aus dieser Perspektive kann die Theologie des Kreuzes als der theologische Ort betrachtet werden, an dem Gott selbst denen gegenüber, die ihn ablehnen, sein rettendes Wort nicht zurücknimmt, sondern es auch noch diesen gegenüber aufrechterhält. In diesem Zusammenhang nimmt der theologische Begriff des Dialogs Gottes mit der Welt auch die Dimension seiner stellvertretenden Sühne für die Sünder und Sünderinnen auf.[29] Von daher gibt es nur Grenzen des Dialogs, wenn er sich am Erfolg misst und sich im Scheitern selbst aufgibt. Es kann keine Grenzen des Dialogs geben, wenn die Wahrheit des göttlichen Dialogs mit den Menschen zugunsten der Anderen bis zum äußersten bezeugt wird.

a) Unterscheidende Unterschiede sind meliore Unterschiede

Nicht in jedem Fall muss ein Besserwissen im Sprechakt des Besserwisserischen durchgeführt oder verdächtigt werden. Es kann sich auch um eine ganz ehrliche und ernste Frage der eigenen Identität in Abgrenzung zu anderen Identitäten handeln. Es gehört wohl zur religiösen Identität im tiefergehenden interkonfessionellen und interreligiösen Dialog, dass sie nicht insulär den Wahrheitskern ihrer selbst behauptet und nur an deren Rändern nach Konsens sucht, sondern dass sie sich auch mit ihrer Differenz produktiv in die Kontrastivität mit anderen Glaubensrealitäten hinein begibt.[30] Dann fällt es nicht mehr schwer, einer Glau-

---

[29] Vgl. Fuchs, Stellvertretung: Es wäre ein eigenes Forschungsanliegen, das Verhältnis von Stellvertretung und Dialog bibeltheologisch, systematisch und praktisch-theologisch zu vertiefen.
[30] Wohl die meisten Religionen haben in ihren Kernidentitäten selbst die inhaltlichen und mo-

Identität und Dialog

bensgemeinschaft das Recht auf eine differente Sicht des Eigenen zuzugestehen. Dabei ist nicht zu verhindern, dass sich in die Erfahrungen der gegenseitigen Andersheit auch die Konnotation einschleicht und mitbestimmend ist, dass das Eigene in Teilen oder im Ganzen das *Wahrere* und *Bessere* sei. Differenzbehauptungen regulieren meist auch Evaluationen. Von daher geschieht in den wenigsten Fällen der interreligiöse Dialog *inhaltlich* gleichstufig, sondern in einem graduellen oder partiell exklusiven Anspruch gegenüber den anderen, nicht im Sinne der Existenzabwertung, sondern im Sinne der Einsicht, vom eigenen Bereich her das für „uns" Einsichtigere und Bessere zu vertreten.

Das Melioritätsproblem muss also ernstgenommen werden[31] und darf nicht einfach als etwas verhandelt werden, das nicht existieren darf. Es darf allerdings niemals zu einem Superioritätsproblem werden, in dem sich diejenigen, die von sich meinen, das Richtigere zu vertreten, über die anderen erheben und so die gleichstufige Kommunikation und auch die prinzipielle Möglichkeit zerstören, dass sich das Eigene in anderen Bereichen durchaus als defizitär gegenüber dem zeigen kann, was beim Fremden zu erfahren und zu lernen ist.

Auch das Verhältnis der Konfessionen darf nicht äquilibrierend verstanden werden, sondern impliziert die durch die Geschichte hindurchgehende Rivalität um die je tiefere kognitive und existentielle Verbindung von Offenbarung und Geschichte. Entscheidend ist nicht die Reduktion von Rivalität, sondern wofür sie inhaltlich steht und dass sie nicht destruktiv, sondern produktiv realisiert wird.

Wir haben wohl noch nicht tief genug begriffen, was die Kategorie der „versöhnten *Verschiedenheit*" bedeutet, nämlich dass sie eine Versöhnung in eben diesem Widerspruch meint, der auszuhalten und produktiv zu gestalten ist. Wenn der Begriff der Verschiedenheit nicht die Kategorie der Widersprüchlichkeit nicht nur im Inhalt, sondern in der melioren Bewertung des eigenen Inhaltes aufnimmt, ist er sinnlos. Was die französischen Bischöfe 1973 bezüglich des Verhältnisses von Israel und Kirche formuliert haben, gilt strukturanalog für jeden Dialog: „Israel und die Kirche sind nicht zwei Institutionen, die einander ergänzen. Das permanente Gegenüber Israels und der Kirche ist das Zeichen für den noch unvollendeten Plan Gottes. Das jüdische und das christliche Volk befinden sich so in einem Zustand gegenseitigen Sich-in-Frage-Stellens oder, wie der Apostel Paulus sagt, gegenseitiger ‚Eifersucht' im Hinblick auf die Einheit (Röm 11,14; vgl. Dt 32,31)."[32]

Wer die andere Seite zur Eifersucht reizt, muss aber was „Besseres" als diese andere Seite „haben", und zwar in einer inhaltsspezifischen Form. So stellt sich

---

tivationalen Ressourcen für die Solidarität mit allen Menschen; zur entsprechenden Präzisierung des interreligiösen Dialogs vgl. Bechmann, Abraham.

[31] Ein integraler Bestandteil des Melioritätsproblems ist immer auch das Problem des Nichtverstehens: Denn das Bewusstsein der eigenen Wertigkeit verbindet sich gerne mit dem Argument der Unverständlichkeit und des Nichtverstehenkönnens der anderen Seite. Dass auch die Kategorie des Verstehens nicht zur Bedingung für die Anerkennung des Anderen wird, sondern dass es elementar notwendig ist, eine Kategorie zu entwickeln, die darüber hinaus Kommunikation und gegenseitiges Existenzrecht sichert, ist näher ausgeführt in: Fuchs, Plädoyer 69f.

[32] Französische Bischofskonferenz, Die Haltung der Christen gegenüber dem Judentum.

"... die Sendung Christi fortsetzen" (AG 5): Struktur und Grenzen des Dialogs

die Frage, welche Glaubensgemeinschaft gegenüber der anderen so erscheint, dass sie sie zu dieser Eifersucht reizen kann. Rekonstruiere ich den beanspruchten Wahrheitsbegriff nicht nur als eine Kategorie des Wortes, sondern auch als eine der Tat, so dass er Glaube und Leben, Einsichten und Handeln zusammen buchstabiert, dann kann z. B. die katholische Kirche noch so sehr ihre volle semantische Wahrheit behaupten: sie hat doch nur eine halbierte (oder genauer eine destruierte, weil destruierende), wenn sie diese Behauptungen mit ihrer eigenen Praxis einschließlich einer darin fehlenden Beziehungskultur durchkreuzt.

b) Integrale Wahrheit

Rekonstruiert man die christliche Wahrheit und den christlichen Glaubensbegriff in seiner Ganzheitlichkeit von Wort und Tat, von Glaube und Leben, dann gibt es eine pragmatische Begrenzung und Relativierung des Wahrheitsanspruchs. Denn die Fülle christlicher und wohl auch kirchlicher Existenz zeigt sich gleichwertig in beidem, in der Wahrheit und in der Wahrhaftigkeit, im Bekenntnis und im Bezeugen (vgl. Mt 22,39).

Die Form ist ein integraler Bestandteil des Inhalts. Anders hätte es eine Inkarnation nie gegeben. Dass das Wort also Fleisch wird, ist kein Akzidenz christlicher Wahrheitsbehauptung, sondern gehört zu ihrer Substanz dazu. Auf diesem Hintergrund sollte sich jede gesteigerte Wahrheitsbehauptung im christlichen Bereich immer zugleich des gesteigerten Gerichtes bewusst sein, inwieweit sich dieser komparative Wahrheitsanspruch auch mit einer diesbezüglich komparativen Praxis verbindet. Jede Zeigefingerhand, die auf die Wahrheitsdefizite anderer weist, deutet zugleich mit dem darunter liegenden Mittelfinger immer auch auf mögliche Wahrheitsdefizite im eigenen Praxisbereich (vgl. Mt 7,3). Gerade wenn man im semantischen Bereich es wagt, Meliorität zu beanspruchen und Defizite auszuteilen, sollte dies mit der Bescheidenheit geschehen, die hinsichtlich des pragmatischen Bereiches immer und dann um so nötiger am Platze ist. Christliche Wahrheitsbehauptung verliert ohne die diakonische Umkehr jeglichen Anspruch auf Authentizität.

Selbstverständlich darf umgekehrt diese Dialektik nicht darin aufgelöst werden, dass man auf der semantischen Ebene nur das zu sagen vermag, was man existentiell einlöst. Die christliche Wahrheit ist auch darüber hinaus zu formulieren, sonst verlöre sie jeden gnadentheologischen und eschatologischen Verheißungscharakter. Wenn aber nicht wenigstens mit jeder Wahrheitsbehauptung zugleich das „Damokles-Schwert", das durchaus ein Gerichtsschwert zu sein vermag, der Wahrheitspraxis mitschwingt, erweist sich letztlich doch als Einbildung, als klingende Schelle (vgl. 1 Kor 13,1 ff.), was auf der semantischen Ebene noch so sehr Wahrheit zu sein vermag. Ganz im Sinne des Wortes Jesu: Auf ihre Worte schaut, nicht aber auf ihre Taten (vgl. Mt 23,3). Denn im Blick auf Jesus Christus und die Art und Weise, wie er das Heil dargestellt und gebracht hat, erstreckt sich der Häresiebegriff nicht nur auf die dogmatische Seite, sondern auch auf die praktische Seite menschlicher Glaubensexistenz. Wenn jemand das dogmatisch Richtige glaubt, aber Menschen verachtet, befindet er sich im Bereich praktischer Häresie.[33]

So sollte man darauf zu sprechen kommen, dass es neben der Ökumene (bzw. ihrer Differenzen) im Bereich des Glaubens auch eine Ökumene in „Life and work" gibt, die sich im Bereich gemeinsamen Handelns für Gerechtigkeit, Friede und Bewahrung der Schöpfung, für die Diakonie im lokalen und globalen Sinne verausgabt und damit eine gemeinsame Wahrheitsqualität interkirchlicher Existenz erreicht, die insgesamt die melioren Ansprüche der Kirchen im Glaubensbereich (im engeren Sinne) *diesbezüglich* „relativieren", ohne beanspruchen zu wollen, ihre Differenzen über die gemeinsame Diakonie beseitigen zu können oder zu wollen. Die Praxis des Weltgebetstags der Frauen, die es seit über 100 Jahren weltweit und seit über 50 Jahren auch in Deutschland gibt, vermittelt ein eindrückliches Vor-Bild dieses Zusammenhangs.[34]

c) Kommunikative Basis der Eben-Bürtigkeit

Es ist zu unterscheiden zwischen der Gleichstufigkeit in der unbedingten gegenseitigen Existenzberechtigung, Lebenssicherung und damit Menschenwürde, und der gerade auf dieser Basis möglichen gegenseitigen Lizenz, im diskursiven und existentiellen Wahrheitsanspruch Ungleichstufigkeiten zu beanspruchen und zu gönnen.[35] Elementare Bedingung der Möglichkeit des Zweiten ist allerdings, dass das Erstere absolut gilt. Dabei handelt es sich um eine *Ebenbürtigkeit* im strikten und ursprünglichen Sinn dieses Wortes. Ich habe vor Jahren von der unbedingten „blinden" Anerkennung gesprochen, die sich auf das Existenzrecht von Menschen und Völkern bezieht, welche sich tautologisch allein dadurch begründet, dass diese Menschen und Völker in die Existenz gekommen sind.[36] Blind ist diese Anerkennung deswegen, weil sie prinzipiell ohne vorheriges Ansehen dieser Personen und Völker gilt: Und diese Unbedingtheit darf durch keine Bedingung eingeschränkt werden, weder durch die Bedingung des Verstehens, noch durch die Bedingung der Irrtumslosigkeit, noch durch die Bedingung der Fehlerfreiheit, noch durch die Bedingung der Sündenfreiheit, noch durch irgendeine andere Bedingung.

In seinem inhaltlichen Anspruch ist diese unbedingte Anerkennung geradezu formal, weil sie keine inhaltliche Bedingung dieses Anspruches zulässt. Theologisch steht hier der Aspekt der Schöpfungstheologie auf dem Spiel, nämlich

---

[33] Zum Gesamtbegriff des Glaubens vgl. Klinger, Armut 95 ff. 100 ff.
[34] Vgl. Hiller, Ökumene der Frauen.
[35] Diese Ungleichwertigkeit innerhalb der Melioritätseinschätzung bezieht sich ja nicht nur auf den eigenen Bereich, sondern kann sich durchaus auch wertschätzend auf den anderen Bereich beziehen, wenn zum Beispiel in der anderen Konfession bzw. Religion eine größere inhaltliche oder praktisch vollzogene Wahrheit anerkennbar ist als im eigenen Bereich. Ich vermute, dass dieser Sprechakt der Anerkennung und des Lobes bezüglich anderer Bereiche immer um so leichter fällt, als man im eigenen Bereich Meliorität auszusprechen wagt. Wo diese Ich- und Inhaltsstärke unterdrückt wird, kann dies allzu leicht auch zu Unterdrückungsbestreben „ad extra" führen.
[36] Vgl. Fuchs, Plädoyer 67.

"... die Sendung Christi fortsetzen" (AG 5): Struktur und Grenzen des Dialogs

der Praxis des Sein-Lassens, und des Sein-Schützens, weil dahinter die große göttliche Gut-Heißung des Schöpfungsaktes steht, die auch durch die „Fall" der Schöpfung in Sünde und Tod in der prinzipiellen Gutheißung des Da-Seins niemals zurückgenommen wurde, wohl aber in der Gutheißung ihres So-Seins. Man mag hier an JHWH erinnern, der Kain für das Leben zeichnet, aber eben für das Leben, und niemandem erlaubt, ihn ums Leben zu bringen (vgl. Gen 4,15). So plädiert Jesus in seinem Gleichnis dafür, dass bis zum Ende der Zeit weder Kraut noch Unkraut ums Leben gebracht werden dürfen.[37] Wer Existenz ablehnt, kritisiert nicht, sondern vernichtet. Wer Existenz in seinem Geschaffensein *lässt* und damit in seinem Dasein unbedingt anerkennt, kann sich um so mehr die Kritik seines bzw. des eigenen So-Seins leisten, weil es prinzipiell gesichert ist, dass diese Kritik niemals zur Vernichtung des Anderen (oder auch des Eigenen) ausarten kann.[38]

Die diakonischen Handlungen und Erfahrungen der Kirche können hier erkenntniserschließende Kraft entwickeln. Wenn die Glaubensgrenzen nicht die Grenzen der christlichen Diakonie sind, sondern wenn jeder *leidende* Mensch und auch jeder *andere* Mensch gleichstufig in die Diakoniebedürftigkeit und -verantwortung aufgenommen wird, dann gilt ähnliches für die Dialogverantwortung.[39] Der Begriff der Gleichstufigkeit bezieht sich hier nicht auf das Wahrheitsbewusstsein (denn der verwundete Verbrecher ist als solcher relativ wenig wahrheitsfähig), sondern auf die Würde und das Grundrecht des Menschen, auch des irrenden und sündigen, an Leib und Leben nicht beschädigt zu werden. Gleichstufigkeit im Dialog bedeutet dann Gleichstufigkeit in der Anerkennung der gegenseitigen Menschenwürde, wo Biographie und Überzeugung in ihrem Zusammenhang geachtet werden, wo spürbar ist, dass sich hier ein Gespräch zwischen Menschen ereignet, die sich für gleich wertvoll halten, auch wenn sie beanspruchen, nicht gleich Wertvolles zu sagen.

Gleichstufigkeit im Dialog meint also Gleichstufigkeit in diesem Umgang miteinander, was gerade nicht bedeutet, dass damit die eigene oder andere Wahrheit egalitär wird. Ganz im Gegenteil. Nur wenn im Dialog der andere Mensch nicht befürchten muss, bei anderer (auch irriger) Meinung um sein Wohlergehensrecht oder gar um sein Lebensrecht gebracht zu werden, ist gerade jener Dialog möglich, in dem das Bewusstsein um eine bessere Wahrheit nicht für den anderen Menschen mit einer aus eigener Perspektive defizitären Wahrheit gefährlich wird. Ohne Schutz gleichstufigen Lebens- und Würderechtes gibt es vor allem keinen Dialog, der Dissens aushält. Deswegen ist es von elementarer Bedeutung, dass wir im Dialog mit den Religionen und auch im interkonfessionellen Dialog an diesem Junktim „arbeiten", nämlich diese angesprochene gleichstufige Existenz-

---

[37] Was allerdings Kraut und Unkraut ist, darüber endgültig zu bestimmen, ist ein eschatologisches Datum, das sich am Ende wohl hauptsächlich von Mt 25,31–46 her bestimmt, nämlich inwiefern der behaupteten Glaubens- und Verkündigungswahrheit die diakonische Wahrhaftigkeit entspricht.

[38] Vgl. dazu Fuchs, „Sein-Lassen".

[39] Zur Diakonie als tragende interaktionale Basis im Dissens vgl. am Beispiel des so genannten Apostelkonzils: Fuchs, Dialog 223–229.

Achtung mit dem gleichzeitigen Anspruch auf ungleichstufige Meliorität[40] so zu verbinden, dass darin der Dialog zwar stellenweise schmerzlicher wird, aber auch darin um so intensiver heranreift. Denn der Begriff der Gleichstufigkeit bezieht sich nicht auf den Wahrheitsanspruch, als müsse im Dialog das eigene Proprium aufgegeben und in seiner Wertigkeit der Wahrheit der anderen (auch wenn sie different ist) gleichgestellt werden. Wohl kann von der Wahrheit anderer gelernt werden, doch kann gerade dies nicht gut geschehen, wenn der andere Teil von seiner Wahrheit nicht überzeugt wäre. Überzeugung hat aber auch immer etwas mit dem Bewusstsein zu tun, mehr existentielle bzw. kognitive Argumente auf der eigenen Seite zu haben als die andere Seite sie hat.

Dialog lebt also nicht vom gegenseitigen egalitären Ausverkauf, sondern stirbt daran. Jeder fruchtbringende Diskurs lebt davon, dass die TeilnehmerInnen glauben, dass das eigene besser, sachlicher, zutreffender und richtiger sei als das der anderen. Das Gefälle der im Selbstbewusstsein festgehaltenen (und im gleichstufigen Dialog vollzogenen) Höherstufigkeit des eigenen Wahrheitsanspruchs zum anderen hin ermöglicht erst einen Dialog, in dem eine fruchtbare Spannung angelegt ist, und einen Dialog, der im Ergebnis scheitern darf, ohne dass dabei die Dialogkultur scheitert. Denn wenn am Ende, obgleich nicht überzeugt, ein Teil die eigene Wahrheit aufgeben müsste, um zu einem Konsensergebnis zu kommen, wäre dies kein Dialog, sondern ein „Krampf". Dem anderen Menschen oder der anderen Glaubensgemeinschaft seine bzw. ihre bessere Wahrheit zu lassen, ist ein integraler Bestandteil dieses Zusammenhangs, der seinerseits um so mehr ermöglicht, dass ein hinhörender Dialog auch im Dissens weitergeführt wird.

d) Komparative Ökumene nach innen wie nach außen

So gibt es wohl kaum eine produktive Streitdynamik (und die innertheologischen Streitfälle in der Kirche und zwischen den Kirchen sind ein signifikantes Beispiel dafür), ohne dass die Beteiligten offen oder insgeheim glauben, dass ihre Theologie bzw. ihre Methode zumindest partiell die je bessere sei. Gegenüber den anderen Religionen sind sich die christlichen Kirchen in ihren melioren Wahrheitsansprüchen einig. Und selbstverständlich behaupten sie diese Meliorität auf dem Hintergrund einer interreligiösen Kommunikation, die nicht nur das Exis-

---

[40] Was ich hier „Meliorität" nenne, bespricht E. Klinger (Christliche Identität 119) als christliche Positionalität hinsichtlich des einzigen Gottes, „der sich zu allem Anderen verhält. Der andere aber ist eine ethische Herausforderung". Das „Meliore" christlicher Existenz besteht also gerade nicht darin, sich als „absolute Religion" zu verstehen, sondern den von Gott her absolut gültigen Zu- und Anspruch dialogisch und zeugnisgetragen einzubringen und sich darin immer wieder neu vom Anderen her zu begreifen, weil es die geschichtliche Kommunikation Gottes zum Anderen seiner selbst ist, die ihn so einzigartig und im „Zusammenfall" pluraler und differenter Beziehungen universal sein lässt (vgl. ebd. 116). Meliorität kann in rechtfertigungstheologischer Perspektive nicht bedeuten, dass man selbst besser als Andere ist, sondern dass man nicht darauf verzichten kann, aus der Rechtfertigungsgnade heraus das für die Gottes- und Menschenbeziehung „Bessere" an Gnade, Barmherzigkeit und Gerechtigkeit zu vertreten.

tenzrecht der anderen Religionen respektiert, sondern auch selber schützen will und zudem darauf aus ist, auch inhaltlicherseits in anderen Religionen die Heilsgegenwart Gottes zu vermuten. Aber eben *abgestuft* zum eigenen Bereich. Miroslav Volf formuliert diesen Zusammenhang in seinem grundlegenden Werk zu dieser Problematik „Exclusion and Embrace" folgendermaßen: „Obwohl jede Seite beanspruchen darf, dass das Eigene wahrer sei als das der anderen, teilen sie alle den Glauben, dass alle anderen Achtung verdienen. Man kann nicht mehr wünschen bezüglich der Versöhnung zwischen den Religionen – es sei denn, man ist daran interessiert, alle Religionen auf eine einzige Religion zu reduzieren."[41]

Was nun das Christentum nach außen ist, hat es auch nach innen, wenn auch im ökumenischen Bereich auf dem anderen Niveau des gemeinsamen Christusglaubens und der in der Taufe begründeten Zusammengehörigkeit, selbst zu gewärtigen. Was die Ökumene nicht nach innen ist, kann sie auch nicht nach außen sein (und umgekehrt). So könnte die Ökumene zu einem Lernfeld interreligiöser Beziehungen werden, wenn sie künftig mehr als bisher diesen Zusammenhang gegenseitiger Melioritätsbehauptung ernst nimmt und produktiv in die ökumenische Arbeit integriert. Auch die Konfessionen gehen in ihrer Kernkohärenz letztlich davon aus, dass sie in gewisser Weise und zumindest partiell die „größere Wahrheit" auf ihrer Seite haben, sonst gäbe es die Konfessionen nicht mehr.

So ist es unabdingbar, dass im interkonfessionellen Gespräch dieses jeweilige Wahrheitsselbstverständnis nicht ausgeblendet, sondern integriert wird. Ansonsten wirkt es unterirdisch weiter und bricht in destruktiven Gegenreaktionen hoch. Der aus dem interkonfessionellen Dialog herausgenommene Austausch der jeweils beanspruchten „Wahrheitsfülle" macht sich zuweilen Luft in entsprechenden Seitenhieben oder wird nur noch in der Heimatkonfession und dort dann umso intensiver ins Bewusstsein gehoben. Man darf gerade im interkonfessionellen Dialog nicht von der realitätsfernen Unterstellung ausgehen, dass die Beteiligten darin ihre melioren Wahrheitsansprüche aufs Spiel setzen.

Im Zweiten Vatikanum werden die anderen Konfessionen in ihren Inhalten und in ihrer Kirchlichkeit anerkannt, zugleich wird kein Zweifel darüber gelassen, dass die katholische Kirche gegenüber den anderen Kirchen die Fülle der Wahrheit beansprucht (vgl. LG 8). Wenn die Kirchen derart ihre Wahrheitsansprüche nicht zurückhalten, sondern beanspruchen, sind sie nicht etwa weniger für den Dialog fähig, sondern um so mehr, weil dann der Dialog nicht deswegen funktioniert, weil man sich nur auf das konzentriert, worin man sich einigermaßen einig ist bzw. werden kann. Vielleicht ist die Ökumene dominant schon zu lange diesen Weg gegangen und hat nun vor sich, den angedeuteten integralen Weg des Dialogs zu gehen, mit einer schärferen Profilierung der je gegenseitigen Identitätskerne, bei gleichzeitiger Intensivierung der gegenseitigen kommunikativen und dialogischen Kraft.[42]

---

[41] Volf, Exclusion and Embrace 284–285 (Übersetzung O. F.).
[42] Die gegenseitige Anerkennung von Melioritätsansprüchen darf nicht suggerieren, als hätte eine Seite die Möglichkeit, aus der Vogelperspektive auf diese Zusammenhänge zu schauen. Denn dann ergäbe sich ja doch wieder eine von außen festgestellte Gleichstufigkeit aller Melioritätsansprüche. Dies geht selbstverständlich im faktischen Dialog nicht, weil hier nicht die Vogel-

e) Christliche Wahrheitsbehauptung in theologischer Relativität

Dass sich die letzte Wahrheitsentscheidung am Ende der Zeit gerade auf die *Praxis* dieser Wahrheit beziehen wird, wie Mt 25, 31–46 in unüberbietbarer Dramatik verdeutlicht, müsste zur Vorsicht mahnen, nicht zur Vorsicht, mit der beanspruchten Wahrheit zurückzuhalten, sondern zur Vorsicht, wie mit ihr in Bezug auf die Menschen umzugehen ist.[43] Aus dieser Blickrichtung dürfen kein Christ und keine Christin und auch keine Kirche und kein Lehramt universale Wahrheit ausdrücken ohne gleichzeitig das eigene Schuldbekenntnis auszusprechen, wo diese Wahrheit nicht die eigene Existenz universal geprägt hat bzw. prägt. Denn dass diese Wahrheit nicht universal gilt, ist nicht nur ein Problem der Andersglaubenden und Andersdenkenden, sondern der Andershandelnden im eigenen Bereich. Eine solche Bescheidenheit bezüglich der eigenen Wahrheit, wie sie durch die eigene Existenz vertreten wird, soll nicht Bekenntnis und Lehre der kirchlichen Wahrheit auf der Wortebene schmälern, aber doch deutlich machen, dass auch die Kirche selber unter diesem Anspruch steht und zu diesem Vollbegriff der Wahrheit zwischen Bekenntnis und Leben auf dem Pilgerweg ist.

In der Verbindung von Glaube und Leben, von Wort und Tat, würde indes die meliore Grundstruktur des Glaubens um so mehr stimmen, nämlich dass es *dann* erst recht keine Gleichgültigkeit gibt, weil dafür einzustehen ist, dass alle Menschen und Völker zueinander gleich-*gültig* sind und auch dies gegenseitig erfahrbar machen. Dies aber kostet nicht nur das Bekenntnis, sondern auch das Zeugnis des insgesamten Lebens nicht nur von einzelnen, sondern auch der Kirche insgesamt in ihren Institutionen und Sozialformen, in ihren Texten und Regulationen. Gerade um der Rettung der Anderen und der Leidenden willen muss auf die eigene meliore Wahrheitsoption bestanden werden, dass alle Kinder Gottes sind bzw. dass alle die gleiche Menschenwürde haben, selbst wenn diese Anderen ihrerseits solche Wertschätzungen nur auf die eigene Religion bzw. Nation beziehen. Man muss dann die eigene Wahrheit gegen (und letztlich für) sie vertreten, um der Opfer willen, die von solchen Ideologien verursacht werden. Die eigene Wahrheitsbehauptung kann in dieser Verbindung mit dem Wahrheitszeugnis mit Recht nicht zur Disposition gestellt werden, notfalls bis zum Risiko eigener Nachteile. So kämpfte Jesus von seiner eigenen Gottesbeziehung her durchaus mit argumentativer Kraft, aber auch mit dem Einsatz der eigenen Existenz gegen diejenigen, die ganz bestimmten Menschen und Menschengruppen gegenüber Unbarmherzigkeit und Ungerechtigkeit an den Tag legten. So behauptete er aber auch noch vom Kreuz her seine Wahrheit als heilende und lebenssichernde Wahrheit für die, die gesündigt haben (vgl. Lk 23, 34).

So haben Christ und Kirche ihr Wahrheitsgeschenk nicht als Herrschaftswissen weiterzugeben, als wären sie die Herren dieses Wissens, als hätten sie diese Wahr-

---

perspektivisten miteinander reden, sondern die Vertreter und Vertreterinnen entsprechender meliorer Positionen, die aus ihrer Identität nicht aussteigen und in die egalitäre Luft der Vogelperspektive abheben können und wollen.

[43] Dietrich Bonhoeffer spricht von einer Satanswahrheit, wenn sie unter dem Anspruch, die Wahrheit zu sagen, die Scham, das Vertrauen und die Gemeinschaft verletzt: Ethik, 284 ff.

heit hergestellt (und nicht als Gnade empfangen), sondern als eine Glaubensüberzeugung, die sich für die anderen gut auswirkt, für die Kleinen als ermächtigend, für die Großen als machtbegrenzend. Auf dieser Basis der Menschenachtung kann und muss die Wahrheit auch gegen die Gegner argumentativ verteidigt werden. Wenn sich christliche und kirchliche Existenz auf diesen Weg begeben, können sie sukzessive die Unüberbietbarkeit ihrer Wahrheiten nicht nur formulieren, sondern auch in der Unüberbietbarkeit ihrer Solidarität darstellen. Das besondere christliche Wahrheitsgeschenk zeigt sich einmal im Credo und seiner narrativen und argumentativen Verkündigung, zum anderen aber verkommt dieses Besser-Wissen immer dann zur Besserwisserei, wenn die Christen und Kirchen ihren Wahrheitsanspruch nicht auch „gegen" sich wenden: als permanente Umkehr zur existentiellen Verkörperung dieser Wahrheit zugunsten der Menschen. Das äußerste Wahrheitssiegel christlicher Wahrheitsbehauptung ist nicht die Selbstbehauptung, sondern die Hingabe.

f) Christliches „Martyrium" in eschatologischer Relativität

Diese Einsicht reduziert nicht den inhaltlichen Anspruch der Offenbarungswahrheit, sondern radikalisiert ihn. Einmal mehr erweist sich die Geschichte der Märtyrer und Märtyrerinnen in der Kirche als jener Teil ihrer Erinnerung, den sie niemals vergessen darf. Denn diese Männer und Frauen in Vergangenheit und Gegenwart haben in ihrem Leben gezeigt und mit ihrem Leben besiegelt, sei es als Martyrium fidei, sei es als Martyrium caritatis, dass die Behauptung der Offenbarungswahrheit als universale Wahrheit für alle Menschen letztlich über die totale Selbstbeanspruchung läuft. Nur dieser Rückbezug auf die eigene Existenz, welche die Wahrheit vertritt, bewahrt die Offenbarungswahrheit vor totalitärem Missbrauch. Denn diese total gültige Wahrheit wird nicht totalitär gegen andere eingesetzt, sondern erweist ihre Totalität in der Lebenshingabe zugunsten der erlösenden Gottesbeziehungen, von daher zugunsten unterdrückter und notleidender Menschen sowie zugunsten des Gewaltverzichts gegenüber den Tätern und des Gebetes für sie.

Dies entspricht der inkarnatorischen Grundstruktur der Offenbarung. Gott selbst hat sich in einem bestimmten Menschen „relational" gemacht und in solcher Beziehungsaufnahme ein- für allemal verhindert, dass universale religiöse Ansprüche der Menschen beziehungslos universalistisch und damit bezüglich bestimmter Menschen immer menschenverachtend und unterdrückend missbraucht werden. So setzen Gläubige und Kirche ihre Überzeugung, dass sie die Wahrheit in Fülle geschenkt bekommen haben, gerade aus dieser gnadenhaften Fülle heraus „voll" für die Menschen ein. Sie mobilisieren ihre argumentative und existentielle Überzeugungskraft als Wissen und Erfahrung für die Menschen und riskieren dabei, nicht „mächtig" genug zu sein, um sich in der Kategorie des Sieges durchsetzen zu können. Das „Martyrium" (als Zeugenschaft in all ihren „kleinen" und „großen" Formen) ist die personale und kirchliche Funktion universaler Wahrheitsbehauptung.

Identität und Dialog

So gibt es das erkenntnistheoretische Axiom, das von frühem Anfang im Christentum bestand, nämlich dass von den Märtyrerinnen und Märtyrern der Kirche Entscheidendes für die Identität christlicher und kirchlicher Existenz zu erkennen sei. Die Kirchenväter der ersten Jahrhunderte wussten dies, indem sie diese Erinnerung als Herzstück der Kirche ansahen. An ihre Erschließungskraft für die Gestaltung des eigenen Lebens zu glauben, lag nicht zuletzt konsequent in der strukturanalogen Erinnerung an Jesus Christus begründet, an seine Selbsthingabe in Leben und Tod, an diesem Urmärtyrer im tiefsten Sinn des Wortes, insofern Gott selbst sich hier hineinziehen lässt in die Geschichte der Menschen und darin um der Opfer willen Opfer wird.

Interessanterweise erinnert Johannes Paul II. in seinem Apostolischen Schreiben zur Jahrtausendwende in einer programmatischen Weise daran, dass die Kirche aus dem Blut der Märtyrer hervorgegangen ist, und schreibt: „Das ist ein Zeugnis, das nicht vergessen werden darf."[44] Dieses Anliegen begegnet übrigens des öfteren in den Texten dieses Papstes. Es wäre sicher wichtig, die entsprechende Martyriumstheologie genauer zu analysieren, insbesondere in ihrer ekklesiologischen und ökumenischen Valenz. Die Märtyrer und Märtyrerinnen besiegeln nämlich eine Ökumene, die sich auf der Basis dieser tätigen Selbsthingabe ereignet, nicht unabgesehen von den jeweiligen Glaubens- und Kirchenhintergründen, aber doch so, dass die entscheidende Basis nicht der Glaubens- oder Kirchenkonsens, sondern diese radikale Selbstverausgabung bildet. Es scheint so, als rechne der Papst alle Menschen, die sich zugunsten von Menschen selbst aufgeopfert haben, zu diesem basalen Kreis der Ökumene.[45] So begegnet der interessante Satz: „Der Märtyrer ist vor allem in unseren Tagen Zeichen jener größeren Liebe, die jeden anderen Wert einschließt."[46] Hier scheint eine Ökumene auf der Basis christlichen Handelns auf. Lehramtlich haben wir damit einen Beleg dafür, dass die beanspruchte inhaltliche Ungleichstufigkeit zwischen katholischer Kirche und den anderen Kirchen (und ohne diese einfach beseitigen zu können), dennoch in dialektischer Weise unterlaufen wird von einer noch grundlegenderen Ökumene, nämlich der Ökumene aller, die ihren Glauben mit dem Siegel der proexistenten Selbsthingabe bewahrheiten. Auf diesem Niveau des „Martyriums" verliert die semantische Ungleichheit ihre Unterscheidungsfähigkeit und damit Bedeutung.

Aber selbst dann, selbst mit dem Gütesiegel der Selbsthingabe in der eigenen Wahrheitsbehauptung, kann die eigene Wahrheit nicht linear (was die Beziehung zu Gott anbelangt) behauptet werden. Dietrich Bonhoeffer mag hier für diese Grunderfahrung stehen. Ich beziehe mich auf einen Augenblick in seinem Leben, der wohl der entscheidende Beginn seiner Berufung zur christlichen Solidarität und zum Martyrium war. Im Sommer 1939 befindet er sich in New York. Alles ist dafür bereitet, dass er dort bleiben kann. Er hat gute Freunde dort und auch gute Möglichkeiten zu arbeiten. Es scheint alles klar zu sein. Doch er entscheidet sich

---

[44] Johannes Paul II., *Tertio Millennio adveniente* Nr. 37.
[45] Vgl. Johannes Paul II., *Incarnationis mysterium* Nr. 13; vgl. bereits ders., *Salvifici doloris* Nr. 28.
[46] Ebd. 17–18.

für die Rückkehr nach Deutschland. Am 20. Juli 1939 schreibt er in sein Tagebuch, nachdem er abgelehnt hatte, in New York zu bleiben: „Für mich bedeutet es wohl mehr, als ich im Augenblick zu übersehen vermag. Gott allein weiß es ... Am Ende des Tages kann ich nur bitten, daß Gott ein gnadenvolles Gericht üben möge über diesen Tag und alle Entscheidungen. Es ist nun in seiner Hand."[47] Obgleich diese Entscheidung in ihrer Unausweichlichkeit und bis zum Äußersten gehenden Konsequenz vor ihm steht, verbindet er damit keine selbstsichere und selbstrühmerische Sicherheit. Dass dieser Weg für ihn notwendig ist, ist nicht zugleich die Sicherheit, dass dieser Weg tatsächlich in den Augen Gottes richtig sei. So gibt er am Ende alles, auch die Wahrheit seiner Berufung, in Gottes Hand. Er selbst beansprucht sie nicht, jedenfalls nicht als Letztes, sondern weiß sich im Raum des Vorletzten Gott gegenüber. Auch die Radikalität der eigenen Entscheidung übersteigt nicht die Grenze zwischen dem Vorletzten und dem Letzten, obgleich sie für die eigene Existenz das Letztmögliche bedeutet. Hier begegnet keine fanatische religiöse Sicherheit, die Gott in der eigenen Entscheidung festnagelt, sondern eine, die Gott auch darüber hinaus noch einmal Gott sein lässt. Weder durch verstandesmäßige noch durch religiöse Sicherheit bildet sich Bonhoeffer ein, sein Leben restlos und linear der Wahrheit Gottes zuordnen zu können. Nichts kann mit Gott verwechselt werden (was immer Götzendienst wäre), weil er nur in dieser vorletztlichen Weise nahe (oder ferne) sein kann.[48] Denn es gilt: „Das erste, was wir zu beherzigen haben, wenn wir etwas von Jesus Christus lernen wollen, ist, *dass wir nicht Jesus Christus sind*. Bezogen auf die Wahrheitsfrage bedeutet dies, dass wir, anders als Jesus, nicht die Wahrheit sind und auch nicht sich selbst hingebende Zeugen der Wahrheit."[49]

g) Wahrhaftigkeitspraxis christlicher Wahrheit im „Martyrium"[50]

Von diesen Überlegungen her kann man so etwas wie eine kritische Hermeneutik des christlichen Martyriums[51] entwickeln, vor allem innerhalb des gegenwärtigen aktuellen Kontextes, in dem der Martyriumsbegriff in der Öffentlichkeit hauptsächlich im Zusammenhang mit Selbstmordattentätern gebraucht wird. Nicht zuletzt von daher steht eine neue, auch theologische Auseinandersetzung um

---

[47] Bonhoeffer, Gesammelte Schriften 303 f.
[48] Vgl. dazu Kallen, In der Gewissheit seiner Gegenwart 179 ff.
[49] Volf, Exclusion 271 (Übersetzung O. F.).
[50] Mit den folgenden Überlegungen führe ich einen Diskurs weiter, wie ihn Hans Maier kürzlich eröffnet hat: Politische Märtyrer?.
[51] Selbstverständlich geht es hier nicht nur um jene Selbstverausgabungen, die mit dem großen Wort des Martyriums verbunden werden, sondern zu diesem großen Wort gehört jede Hingabe, die oft jahrzehntelang für und mit anderen Menschen das Leben trägt und mit aushält. Deshalb ist diese Art von Martyrium den Menschen nicht nur als Vorbild hinzustellen, sondern sie selbst sind bereits in vielen solchen Vollzügen Vorbilder hingebungsvoller Liebe und Barmherzigkeit. Die offizielle Verkündigung müsste darauf achten und hindeuten, wo es bereits jene Solidarisierung mit Leidenden und Kranken gibt, die jene, die diese Solidarisierung üben, oft in verschiedener Hinsicht viel kostet.

Identität und Dialog

das christliche Martyrium an. Die Kriterien sind klar: Es darf sich nicht gegen die Menschen, sondern nur für sie, für ihr Leben, für ihre Gerechtigkeit und für ihre Erlösung von Armut und Unterdrückung ereignen; es darf nicht in sich abgelöst von diesen inhaltlichen Kriterien gesucht werden, Todessehnsucht allein ist kein Martyrium; es kann immer nur Konsequenz eines Lebens und einer Identität sein, die Maß nimmt am Leben des Jesus von Nazareth, der nicht andere, sondern sich geopfert hat; und christliches Martyrium darf nicht in die Versuchung geraten, sich selbst vergöttlichen zu wollen, als hätte man mit dieser unbedingten Selbsthingabe auch unbedingten Zugriff auf Gottes Willen. Auch im Martyrium bleibt der Mensch das, was er ist, erlösungsbedürftig und sündig.

Die Bezeugung einer derart den Menschen übersteigenden und in jene, die sich für das äußerste Martyrium öffnen, hineinsteigenden Transzendenz Gottes (bezüglich ihrer bisherigen Kontinuitäten und Rationalitäten) kann nicht die überfordernde Konsequenz einer „Über-Ich-Gesetzlichkeit" sein, sie kann nie zur Pflicht gemacht werden, sondern erwächst aus der lebendigen Beziehung zwischen Mensch und Gott und der von ihm auf den Menschen angelegten Dynamik des „Semper maior" und ist damit letztlich ein Ausdruck der Gratuität, der Gnade. Um eine Gnade handelt es sich hier, in der sich die Menschen in ihrer Existenz und in ihrer Würde von Gott anerkannt wissen, unverbrüchlich, treu und für alle Zeiten. Auch über den Tod hinaus. Die Angst vor dem Sterben wird damit nicht beseitigt, aber sie darf sich auf die Hoffnung hin transzendieren lassen, darüber hinaus mit Leben beschenkt zu werden.

Christen und Christinnen und auch die Kirchen haben wohl noch nicht intensiv genug entziffert, welche Herausforderung für das Christentum darin liegt, dass in einer fundamentalistischen Minorität im gegenwärtigen Islam Menschen bereit sind, ihr Leben in Selbstmordattentate hinein hinzugeben. Auch dies ist ein, wenn auch schreckliches „Zeichen der Zeit", in dessen Horizont sich das Christentum entsprechend, oder besser widersprechend und widerhandelnd zu profilieren und zu konstituieren hat. Radikale Selbsthingabe bis in den Tod allein ist selbst kein Gütezeichen, sondern ist gerade in dieser Radikalität hochambivalent. Und es stellt sich die Frage: Haben wir auf dem gleichen vitalen Niveau der Hingabe etwas *anderes* entgegen zu setzen?

Wobei das andere in der Hingabe zugunsten des Lebens der anderen geschieht und nicht zu ihrer Vernichtung; nicht zum Martyrium der Selbstmordattentäter (die den Teufelskreis der Gewalt nicht durchbrechen, sondern ins Unermessliche steigern), sondern zum Spezifikum des christlichen Martyriums, nämlich um der anderen willen Opfer zu sein und nicht gewalttätiger Sieger, auch nicht im Tod noch über andere siegen zu wollen. Und das andere, das entgegenzusetzen wäre, bestünde darüber hinaus darin, auch nicht die äußerste Hingabe mit Gott selbst zu verwechseln[52] und damit der Selbstvergötzung und der fanatischen Gottesbemächtigung Tür und Tor zu öffnen.

---

[52] Die absolute Sicherheit, mit der fundamentalistische Muslime wissen, dass ihre Selbstmordmärtyrer in die schönsten Bereiche des Paradieses gelangen, ist ein solcher Zugriff auf das Geheimnis Gottes. An dieser Stelle müsste unser Thema geöffnet werden für die christliche eschato-

Dieser Herausforderung ist nur auf dem Niveau der Herausforderung selbst zu begegnen, in der progressiven Solidarität, die Nachteile riskiert und sich diesbezüglich in eine zwar durch Rücksichten immer auch gebremste, aber nicht prinzipiell abschließbare Dynamik bis zum Äußersten begibt, bei gleichzeitiger Einsicht, dass dieses Letzte angesichts Gottes immer das Vorletzte bleibt. Damit vertrete ich eine praktische negative Theologie, insofern darin nicht um der Zerstörung, sondern um der Gerechtigkeit willen die Negierung des eigenen Lebens riskiert wird, bei gleichzeitigem und gerade darin realisiertem Verzicht auf jeden ungehörigen Zugriff auf das Geheimnis Gottes und seine in diesem Äon erfahrbare Negativität. Gottes Negativität ist nicht nur eine kognitive und ästhetische, sondern auch eine existentielle Erfahrung des jeweils entsprechenden Verzichts zu Gunsten der Menschen im Geheimnis Gottes.

So werden die Selbstmordattentäter zum „Zeichen der Zeit", dass sich das Christentum verschärft in eine Auseinandersetzung um das richtige Verständnis des christlichen Martyriums gegenüber einer jetzt anlaufenden gesellschaftlichen Rezeption dieses Begriffes zu wehren hat, und dies nicht nur auf der Ebene von Diskurs und Meinungsbildung, sondern auf der Ebene des Hindeutens auf entsprechende christliche Gegenbeispiele in Geschichte und Gegenwart.

Diese Herausforderung trifft eine allzu wohlfeile und selbstverständliche Plausibilisierung und neue Verbürgerlichung christlicher Existenz in die Verstehens- und Bedürfniswelt der Gesamtgesellschaft hinein (auch noch, was das Religiöse anbelangt) in Richtung auf die akute Frage: Was in den Selbstmordattentaten an religiös motivierter Hingabe für die Zerstörung von Menschen erreicht wird, haben wir noch lange nicht an Hingabe in der Proexistenz für die Barmherzigkeit und Gerechtigkeit erreicht. Diese massive Differenz bezüglich der Verausgabungskraft gibt ebenso massiv zu denken! Wenn das Christentum nicht ernst macht mit der radikalen Proexistenz für alle Menschen und Völker, in der Solidarität mit den Leidenden wie in der ebenso riskanten Versöhnungsarbeit mit den Tätern, wird es weder religionssoziologisch mithalten können (sondern an den Rand der geschichtlichen Bedeutungslosigkeit geraten), noch wird es seine eigene Identität zugunsten der menschlichen Gesellschaft und zugunsten der Herausforderung der Religionen im Horizont eines je gnädigeren Gottes retten.

Epilog

Möglicherweise gehört es zur Signatur der Kirche und der Gläubigen in diesem neuen Jahrhundert und Jahrtausend, dem gekreuzigten Herrn nachzufolgen, dessen Antwort auf die gegen ihn sich zusammenbrauenden Gewalt darin bestand, „dass er sich den dunklen Mächten (Lügen, Gewalt, diabolische Selbstsicherung) selbst auslieferte und sich von ihnen treffen ließ". Jesus hat „das lügnerische Urteil

---

logische Hoffnung, die in einer eigenartigen Weise, vor allem hinsichtlich der Gerichtstheologie, Gottesfurcht und Heilshoffnung für alle zu verbinden weiß; vgl. dazu Fuchs, Wohin mit der „Angst im Abendland"?.

und den gewalttätigen Angriff nicht mit gleicher Münze vergolten, sondern das gesteigerte Böse von seiner Seite her umgedreht und als verdoppelte Liebe zurückgegeben"[53]. Darin kommt die Dialogizität der Kirche mit der Welt auf ihren tiefsten Grund, nämlich einer Hingabe, die von Gottes Gnade ermöglicht und von seinem lebendig machenden Wort mit Hoffnung über den Tod hinaus beschenkt ist. Derart spiegelt sich der bis auf diesen Grund gehende Dialog Gottes mit der Welt im Dialog kirchlicher und christlicher Existenz mit der Welt in sich und außerhalb ihrer selbst. Ein solch kreuzestheologisches Verständnis des Dialoges präzisiert damit auch den missionarischen Auftrag der Kirche.

Ein bewegendes Beispiel für eine solche missionarische Zeugenschaft, die bis zuletzt auf Gewalt und Flucht verzichtet und bis zuletzt auch die Gottesebenbildlichkeit der Täter nicht aus dem Blick verliert – ganz in der Nachfolge des Jesus, der vom Kreuz herab noch für seine Peiniger bittet –, findet sich in einem Brief von Pater Christian de Chergé, des Priors des Klosters „Unsere Liebe Frau vom Atlas" 100 km südwestlich von Algier, der am 21. Mai 1996 zusammen mit sechs Ordensbrüdern von islamischen Fundamentalisten ermordet wurde. Bereits 1993 hat er diesen Abschiedsbrief geschrieben, in dem er seinem (zukünftigen) Mörder verzeiht. Es ist wirklich ein programmatisches Dokument, weil sich darin offenbart, was der Geist eines christlichen Dialogs zu bewegen vermag. Dieser Brief verdeutlicht am Ende besser als all die bisherigen Gedanken, was die dialogische Mission ausmacht:

„Wenn es eines Tages geschehen sollte – und das könnte schon heute sein –, daß ich ein Opfer des Terrorismus werde, der inzwischen alle in Algerien lebenden Ausländer im Visier zu haben scheint, dann wünsche ich, daß meine Gemeinschaft, meine Kirche und meine Familie mich daran erinnern, daß mein Leben Gott und diesem Land geschenkt war. Mögen sie es akzeptieren, daß der einzige Herr allen Lebens diesem brutalen Abschied nicht unbeteiligt gegenübersteht.

Ich habe lange genug gelebt, um zu wissen, daß ich mitschuldig am Bösen bin, das in dieser Welt leider zu überwiegen scheint, sogar jenem Bösen, das in seiner Blindheit gerade mich treffen kann. Ich wünsche, im entscheidenden Augenblick einen klaren Verstand zu haben, damit ich um die Vergebung Gottes und meiner Brüder hier auf Erden bitte, und um gleichzeitig von ganzem Herzen demjenigen zu vergeben, der Hand an mich gelegt hat.

Diesen Tod kann ich nicht wünschen, und ich halte es für wichtig, das zuzugeben. In der Tat sehe ich keinen Grund zur Freude, daß diesem Volk, das ich so liebe, unterschiedslos der Mord an mir angelastet wird. ... Ich kenne die Verachtung, die auf alle Algerier ausgedehnt worden ist. Ich kenne außerdem die Zerrbilder des Islam ... Es ist allzu einfach, das eigene Gewissen zu beruhigen, indem man diese Religion mit dem Integralismus seiner Extremisten identifiziert. Für mich sind Algerien und der Islam etwas anderes: Sie sind wie Leib und Seele. ... Wie oft habe ich darin sogar jenen ‚roten Faden' des Evangeliums wiedergefunden, das ich auf dem Schoß meiner Mutter, meiner allerersten Kirche, kennen-

---

[53] Die beiden Zitate: Schwager, Heilsdrama 146.

lernte, und zwar genau in Algerien und schon damals mit großer Achtung vor den muslimischen Gläubigen.

Natürlich wird mein Tod denen recht zu geben scheinen, die mich vorschnell für naiv oder einen Idealisten gehalten haben. ‚Soll er doch jetzt sagen, was er davon hält!' Diese Leute sollen jedoch wissen, daß meine größte Sehnsucht endlich befriedigt werden wird. Endlich werde ich, so Gott will, meinen Blick in den des Vaters tauchen, um zusammen mit ihm seine Kinder des Islam so zu betrachten, wie er sie sieht: gänzlich erleuchtet von der Herrlichkeit Christi, Früchte seiner Passion, erfüllt von der Gabe des Geistes, dessen verborgene Freude immer das Stiften von Gemeinschaft und Übereinstimmung – im Spiel mit den Unterschieden – bleiben wird.

Dieses verlorene Leben, das restlos mir und restlos ihnen gehört: Ich sage Gott Dank, denn er scheint dieses Leben ganz für jene Freude gewollt zu haben, gegen alles und trotz allem. In diesem Dank, in dem nunmehr alles über mein Leben gesagt ist, schließe ich selbstverständlich Euch alle ein, Freunde von gestern und heute und Euch hiesige Freunde zusammen mit meinem Vater und meiner Mutter, meinen Schwestern und Brüdern und ihren Familien: hundertfach – wie versprochen!

Und auch Du, Freund des letzten Augenblicks, der Du wohl nicht gewußt hast, was Du tatest. Ja, auch Dir gilt dieser Dank und dieses ‚À-Dieu'.

Möge es uns gegeben sein, uns als glückliche Schächer im Paradies wiederzusehen, wenn es Gott gefällt, der unser beider Vater ist. Amen! Insch'Allah."[54]

---

[54] Christian de Chergé, Abschiedsbrief, in: Weltkirche 16 (1996) 90–100.

III. Dramatischer Dialog des Heils

von Roman A. Siebenrock

Der Dialog ist keine beliebige Vermittlungsgestalt der Wahrheit des Evangeliums, sondern ihr heuristisches Prinzip und die einzige Form ihrer Gegenwart in einer Geschichte, die immer auch eine von Macht, Gewalt und Unterdrückung geprägte Geschichte darstellt. Da der Dialog in seiner theologischen Begründung auf Gottes Dialog des Heils zurückgeführt wird, hat er indessen an der Dramatik der Heilsgeschichte selber Anteil. Wie könnte der Dialog in seiner Einheit von Kontinuität und Diskontinuität, von Widerstand und Gemeinsamkeit dieser dramatischen Auszeichnung in einer Zeit entbehren, die nach der Analytik des Konzils oftmals dramatischen Charakter (GS 4) aufweist? Wenn der fulminante Hymnus auf den Dialog am Schluss der Pastoralkonstitution (GS 92), in der auch jenen ein Dialog angeboten wird, die die Kirche verfolgen, nicht bloße Rhetorik sein soll, dann steht eine Kirche des Dialogs heute immer im Schatten des Kreuzes. Dies haben im Konzil jene Bischöfe und Zeugen biographisch verbürgt, die aus den Gefängnissen in die Aula von St. Peter kommen konnten oder die während der Debatten den Preis des Glaubens mit ihrer Existenz einlösten. Das Konzil hat sie mit keinem Satz verraten oder gar vergessen. Was tun wir, wenn wir unter weniger dramatischen Umständen den Dialog vernachlässigen oder gar aufgeben?

Welche Perspektiven die Anerkennung der Dramatik eröffnet, soll abschließend kurz angedeutet werden. In der Theologie des 20. Jahrhunderts ist vor allem durch den theologischen Entwurf Hans Urs von Balthasars die Bedeutung der Dramatik für das Verständnis der Geschichte Gottes mit den Menschen entfaltet worden. Sein groß angelegtes Werk ringt durchgehend mit dem Verhältnis von menschlicher und göttlicher Freiheit im Anspruch der universalen Heilstat Jesu Christi. Die darin sich eröffnende Abgründigkeit[1], in der Gott selber auf dem Spiel steht oder mindestens vom geschichtlichen Geschehen betroffen wird, ist auch in anderen Entwürfen zum Ausdruck gekommen. In einer beiläufigen Notiz im Rahmen seiner Untersuchung zur Rede von Gott im Neuen Testament entwirft Karl Rahner[2] eine Grundvorstellung des Heilsdramas. Raymund Schwager

---

[1] Der Selbsteinsatz Gottes in der Offenbarung fordere dramatische Kategorien, weil nur in diesen ein geschichtsfähiger und beziehungswilliger Gott ausgelegt werden kann, der sich dazu bestimmt hat, sich von endlicher Freiheit bestimmen zu lassen. Die Kategorie des Dramas vermag allein das darin liegende Risiko auszudrücken (vgl. Tück, Der Abgrund der Freiheit 85).

[2] „Gottes Handeln im Laufe der Heilsgeschichte ist nicht gleichsam ein Monolog, den Gott für sich allein führt, sondern ein langer, dramatischer Dialog zwischen Gott und seinem Geschöpf, in dem Gott dem Menschen die Möglichkeit einer echten Antwort auf sein Wort erteilt und so sein eigenes weiteres Wort tatsächlich davon abhängig macht, wie die freie Antwort des Menschen ausgefallen ist. Die freie Tat Gottes entzündet sich immer auch wieder an dem Handeln

begründet auf dem Hintergrund eines scheinbaren Gegensatzes zwischen Reich-Gottes-Botschaft und Gerichtsrede Jesu seine biblische Erlösungslehre in fünf Akten, die als exemplarische Verdichtung das Drama zwischen Gott und Mensch in der Welt der Sünde interpretiert: Angebot der Gnade im Ruf in das Reich Gottes, Gerichtsrede als Mahnung gegen die sich bildende Ablehnung, verstärkter Einsatz Gottes in der Lebenshingabe Jesu am Kreuz, Bestätigung des Gekreuzigten durch den Vater in der Auferstehung und die universale Dynamik der Tat des Sohnes in der Kraft des Heiligen Geistes.[3] Besonders in diesem Entwurf wird deutlich, dass es unterschiedliche Prozessstadien in der Geschichte Jesu zu unterscheiden gilt, die für die christliche Nachfolge zu allen Zeiten von Bedeutung sind. Der Dialog wird daher niemals in harmonischer Bestätigung und hermeneutischer Leistung aufgehen, sondern kann auch Widerspruch, Mahnung und Passion bedeuten. Den JüngerInnen bleibt das Beispiel des Meisters vor Augen. Wirklicher Dialog, der offen und ohne Verstellung geführt wird, bedeutet immer eine Zumutung, die Abgründe zu überbrücken wagt. Insbesondere die Reflexionen Pauls VI. als theologische Orientierung des Konzilsprozesses lassen erkennen, dass der Einsatz der Liebe nicht harmlos und romantisch, sondern in der Erinnerung an die Gestalt Jesu blutig ernst sein kann. Deshalb kann auch der Dialog, den die Kirche während und im Auftrag des Konzils zu führen hat, nur jene Gestalt haben, die den heilsgeschichtlichen Dialog Gottes mit der Welt formt: Er ist dramatisch. Das aber bedeutet, dass die Kirche in dieses Drama der Welt verwickelt ist, an der Abgründigkeit von Mensch und Geschichte teilhat, um den Sinn menschlicher Existenz in der Erfahrung der Sinnlosigkeit, des Tragischen, ja sogar des Absurden immer wieder mit sich und den anderen zu ringen hat. Sie existiert nie nur im Licht des Ostermorgens oder im Wind des neuen Pfingsten, sondern auch ihr bleibt der Weg des Widerspruchs, der Passion und des Karsamstags nicht erspart. Der Dialog, den das Konzil wollte und begann, wird erst im Lichte des Lebensdramas Jesu deutlich. Es scheint bisweilen so, dass den ersten euphorischen Schritten und der anschließenden Kritik am Dialog dieses Bewusstsein nicht zu Eigen war.

Kann ein solcher Dialog vielleicht deshalb auch als Teil des sakramentalen Prozesses nach LG 1 verstanden werden, in dem die Welt verwandelt wird? Dann würde der Dialog unbedingt einer Kirche nach innen und nach außen anstehen, die sich als Zeichen unter den Nationen dazu gerufen weiß, Gottes Heil anzuzeigen. Der Begriff „Dialog" charakterisiert die Vollzugsgestalt des Wahrheitsanspruchs als Einheit von Orthodoxie und Orthopraxie oder als wechselseitige Auslegung von Dogma und Pastoral; – aber in dieser Welt von heute und morgen.

---

des Menschen. Die Geschichte ist nicht bloß ein Spiel, das Gott sich selber aufführt und in dem die Geschöpfe nur das Gespielte wären, sondern das Geschöpf ist ein echter Mitspieler in diesem gott-menschlichen Drama der Geschichte, und darum hat die Geschichte einen echten und absoluten Ernst, eine absolute Entscheidung, die für das Geschöpf nicht relativiert werden darf mit dem Hinweis – der recht und falsch zugleich ist – dass alles dem Willen Gottes entspricht und nichts ihm widerstehen könne" (Rahner, Hörer des Wortes. Sämtliche Werke 4, 373).
[3] Vgl. Schwager, Jesus im Heilsdrama. In der Konsequenz dieser Grundvorstellung liegt die Vorstellung vom interreligiösen Dialog als dramatischem Geschehen (siehe: Niewiadomski – Schwager – Larcher, Dramatisches Konzept).

Und diese Welt ist vor Abgründen aufgestellt. Das Heilsdrama entpuppt sich nur dann nicht als absurdes Stück oder gigantische Tragödie, weil der Glauben eine andere Perspektive öffnet und einen anderen Grund der Hoffnung kennt. Das bedeutet nicht, dass es keinen geschichtlichen Karfreitag geben könne; aber dieser hat nicht das letzte Wort. Deshalb stellt der Dialog jene Weise dar, in der die Glaubenden mit der Haltung des Wortes Gottes den Menschen begegnen. Denn im Letzten gehören Dialog und Verkündigung untrennbar zusammen: „So muß Verkündigung notwendig ein dialogischer Vorgang werden. Dem anderen wird nicht das gänzlich Unbekannte gesagt, sondern die verborgene Tiefe dessen erschlossen, was er in seinem Glauben schon berührt. Und umgekehrt ist der Verkündiger nicht nur der Gebende, sondern auch Empfangende. In diesem Sinn sollte im Dialog der Religionen geschehen, was der Kusaner in seiner Vision des Himmelskonzils als Wunsch und Hoffnung ausgedrückt hat: Der Dialog der Religionen sollte immer mehr zu einem Zuhören auf den Logos werden, der uns die Einheit mitten in unseren Trennungen und Widersprüchen zeigt."[4]

---

[4] Ratzinger, Die Vielfalt der Religionen 120 f.

Bibliographie

Lehramtliche Texte:

Johannes XXIII., Enzyklika *Pacem in terris* (1963), in: AAS 55 (1963) 257–301; dt.: HerKorr 15 (1960/61) 476–492.

Päpstlicher Rat für den Interreligiösen Dialog – Kongregation für die Evangelisierung der Völker, Dialog und Verkündigung. Überlegungen und Orientierungen zum Interreligiösen Dialog und zur Verkündigung des Evangeliums Jesu Christi, 19. Mai 1991 (VAS 102), Bonn 1991.

Paul VI., Enzyklika *Ecclesiam Suam* an die Ehrwürdigen Brüder, die Patriarchen, Primaten, Erzbischöfe, Bischöfe und die anderen Oberhirten, die in Frieden und Gemeinschaft mit dem Apostolischen Stuhle leben, an den Klerus und die Christgläubigen des ganzen Erdkreises sowie an alle Menschen guten Willens über die Wege, die die katholische Kirche in der Gegenwart gehen muss, um ihre Aufgabe zu erfüllen. Vom 6. August 1964, in: AAS 56 (1964) 609–659; dt.: *Ecclesiam Suam*. Enzyklika Papst Paul VI. Lateinischer Text und deutsche Übersetzung, Leipzig 1964.

Paul VI., Apostolisches Schreiben *Evangelii nuntiandi* über die Evangelisierung in der Welt von heute (8.12.1975). Lat.-dt., mit Einführung u. Kommentar v. Albert Brandenburg, Trier 1976.

Johannes Paul II., *Salvifici doloris*. Über den christlichen Sinn des menschlichen Leidens (VAS 53), Bonn 1984.

Johannes Paul II., Enzyklika *Redemptoris Missio* über die fortdauernde Gültigkeit des missionarischen Auftrages vom 7. Dezember 1990, in: AAS 83 (1991) 249–340; dt.: Sekretariat der Deutschen Bischofskonferenz (Hg.), VAS 100, Bonn 1990.

Johannes Paul II., Apostolisches Schreiben *Tertio Millennio adveniente* zur Vorbereitung auf das Jubeljahr 2000 (VAS 119), Bonn 1994.

Johannes Paul II., *Incarnationis mysterium*. Verkündigungsbulle des Großen Jubiläums des Jahres 2000 (VAS 136), Bonn 1998.

Johannes Paul II., Apostolisches Schreiben *Novo millenio ineunte* zum Abschluss des Großen Jubiläums des Jahres 2000 vom 6. Januar 2001, in: AAS 93 (2001) 266–309; dt.: Sekretariat der Deutschen Bischofskonferenz (Hg.), VAS 150, Bonn 2001.

Sekretariat für die Nichtglaubenden, Der Dialog mit den Nichtglaubenden, mit einem Kommentar v. Herbert Vorgrimler, Trier 1969.

Sekretariat für die Nichtglaubenden, Erklärung zum Studium des Atheismus und zur Ausbildung für den Dialog mit den Nichtglaubenden, eingel. v. Herbert Vorgrimler, Trier 1972.

Sekretariat für die Nichtchristen, Dialog und Mission. Gedanken und Weisungen über die Haltung der Kirche gegenüber den Anhängern anderer Religionen, in: OR (dt.) 14 (Nr. 34–35, 1984) 10f.

Weitere Literatur:

Ankener, Annette, Dialog als schöpferischer Prozess, Münster 2004.
Apel, Karl-Otto, Transformation der Philosophie, Bd. II: Das Apriori der Kommunikationsgemeinschaft, Frankfurt/M. 1973.
Arinze, Francis, Begegnung mit Menschen anderen Glaubens. Den interreligiösen Dialog verstehen und gestalten, München – Zürich – Wien 1999.
Bechmann, Ulrike, Abraham. Beschwörungsformel oder Präzisierungsquelle? Bibeltheologische und religionswissenschaftliche Untersuchungen zum Abrahamparadigma im interreligiösen Dialog (Habilitationsschrift), Bayreuth 2004.
Bonhoeffer, Dietrich, Gesammelte Schriften I, München 1958.
Bonhoeffer, Dietrich, Ethik, hg. v. Eberhard Bethge, München 1961.
Bucher, Rainer, Der Glaube, die Kirche, die Moderne. Wider die falsche Alternative Liberalität oder Entschiedenheit, in: Schavan (Hg.), Dialog 220–225.
Bürkle, Horst, Der Mensch auf der Suche nach Gott – die Frage der Religionen (AMATECA 3), Paderborn 1996.
Casper, Bernhard, Das dialogische Denken. Eine Untersuchung der religionsphilosophischen Bedeutung Franz Rosenzweigs, Ferdinand Ebeners und Martin Bubers, Freiburg – Basel – Wien 1967.
Dirscherl, Erwin – Werner Trutwin (Hg.), Redet Wahrheit – dabru emet. Jüdisch-Christliches Gespräch über Gott, Messias und Dekalog, Münster 2004.
Finke, Roger – Stark, Rodney, The Churching of America 1776–1990. Winners and Losers in Our Religious Economy, New Brunswick ²1994.
Foucault, Michel, Des espaces autres, in: ders., Dits et Écrits, vol. IV, Paris 1994, 752–762 (dt. in: Jan Engelmann (Hg.), Michel Foucault. Botschaften der Macht, Stuttgart 1999, 145–157).
Französische Bischofskonferenz, Die Haltung der Christen gegenüber dem Judentum, in: Rolf Rendtorff – Hans H. Henrix (Hg.), Die Kirchen und das Judentum. Dokumente von 1945–1985, Paderborn – München 1988, 149–156.
Freston, Paul, Evangelicals and Politics in Asia, Africa and Latin America, Cambridge 2001.
Fuchs, Ottmar, Plädoyer für eine radikale Pluralitätsethik, in: ZMR 77 (1993) 62–77.
Fuchs, Ottmar, „Sein-Lassen" und „Nicht-in-Stich-Lassen", in: Konrad Hilpert – Jürgen Werbick (Hg.), Mit den Anderen leben. Wege zur Toleranz, Düsseldorf 1995, 132–160.
Fuchs, Ottmar, Dialog und Pluralismus in der Kirche. Die Kirche als Lernort nicht-hegemonialer, existentiell bezeugter Geltungsansprüche, in: Fürst (Hg.), Dialog 109–129.
Fuchs, Ottmar, „Wohin mit der Angst im Abendland?", in: Adrian Loretan – Franco Luzatto (Hg.), Gesellschaftliche Ängste als Herausforderung, Münster 2004, 119–135.
Fuchs, Ottmar, „Stellvertretung" – eine christliche Möglichkeit!, in: ThQ 185 (2005) 95–126.
Fürst, Gebhard (Hg.), Dialog als Selbstvollzug der Kirche? (QD 166), Freiburg – Basel – Wien 1997.
Garaudy, Roger – Metz, Johann B. – Rahner, Karl, Der Dialog oder Ändert sich das Verhältnis zwischen Katholizismus und Marxismus?, Reinbek b. Hamburg 1966.
Goldschmidt, Hermann L., Dialogik. Philosophie auf dem Boden der Neuzeit, Frankfurt/M. 1964.
Habermas, Jürgen, Theorie kommunikativen Handelns, Bd. 1: Handlungsrationalität und gesellschaftliche Rationalisierung; Bd. 2: Zur Kritik der funktionalistischen Vernunft, Frankfurt/M. ²1982.
Habermas, Jürgen – Ratzinger, Joseph (Benedikt XVI.), Dialektik der Säkularisierung. Über Religion und Vernunft, Freiburg – Basel – Wien 2005.
Heinrichs, Johannes, Art. Dialog, dialogisch, in: HWP 2, 226–229.

Bibliographie

Hilberath, Bernd Jochen, Der dreieinige Gott und die Gemeinschaft der Menschen, Mainz 1990.
Hilberath, Bernd Jochen, Vom Heiligen Geist des Dialogs. Das Dialogische Prinzip in Gotteslehre und Heilsgeschehen, in: Fürst (Hg.), Dialog 93–116.
Hilberath, Bernd Jochen – Pannenberg, Wolfhart (Hg.), Zur Zukunft der Ökumene. Die „Gemeinsame Erklärung zur Rechtfertigungslehre", Regensburg 1999.
Hilberath, Bernd Jochen – Kraml, Martina – Scharer, Matthias (Hg.), Wahrheit in Beziehung. Der dreieine Gott als Quelle und Orientierung menschlicher Kommunikation (Kommunikative Theologie 4), Mainz 2003.
Hiller, Helga, Ökumene der Frauen. Anfänge und frühe Geschichte der Weltgebetstagsbewegung in den USA, weltweit und in Deutschland, Stein b. Nürnberg 1999.
Hoff, Gregor Maria, Ökumenische Passagen – zwischen Identität und Differenz. Fundamentaltheologische Überlegungen zum Stand des Gesprächs zwischen römisch-katholischer und evangelisch-lutherischer Kirche (Salzburger Theologische Studien 25), Innsbruck – Wien 2005.
Hünermann, Peter, Dogmatische Prinzipienlehre. Glaube – Überlieferung – Theologie als Sprach- und Wahrheitsgeschehen, Münster 2003.
Huntington, Samuel P., Kampf der Kulturen. Die Neugestaltung der Weltpolitik im 21. Jahrhundert, München 1998.
Kallen, Werner, In der Gewißheit seiner Gegenwart. Dietrich Bonhoeffer und die Spur des vermißten Gottes, Mainz 1998.
Kampling, Rainer – Weinrich, Michael (Hg.), Dabru emet – redet Wahrheit. Eine jüdische Herausforderung zum Dialog mit den Christen, Gütersloh 2003.
Kasper, Walter, Theologie und Kirche (I), Mainz 1987.
Kaufmann, Franz-Xaver, Religion und Modernität, Tübingen 1989.
Kehl, Medard, Die Kirche. Eine katholische Ekklesiologie, Würzburg ³1994.
Kiser, John, W., Die Mönche von Tibhirine. Märtyrer der Versöhnung zwischen Christen und Moslems, München 2002.
Klinger, Elmar, Armut. Eine Herausforderung Gottes. Der Glaube des Konzils und die Befreiung des Menschen, Zürich 1990.
Klinger, Elmar, Macht und Dialog. Die grundlegende Bedeutung des Pluralismus in der Kirche, in: Fürst (Hg.), Dialog 150–165.
Klinger, Elmar, Christliche Identität im Pluralismus der Religionen, in: ders. (Hg.), Gott im Spiegel der Weltreligionen, Regensburg 1997, 111–125.
König, Franz, Worte zur Zeit. Reden und Aufsätze, Freiburg – Basel – Wien 1968.
Kreiner, Armin, Das Verhältnis von Dialog und Wahrheit in der Kirche, in: Fürst (Hg.), Dialog 133–149.
Küng, Hans, Spurensuche. Die Weltreligionen auf dem Weg, München – Zürich ³1999.
Lehmann, Karl, Eine Lebensfrage der Kirche. Dialog als Form der Wahrheitsfindung, in: HerKorr 49 (1995) 29–35.
Lutz-Bachmann, Matthias (Hg.), Juden, Christen und Muslime. Religionsdialoge im Mittelalter, Darmstadt 2004.
Maier, Hans, Politische Märtyrer? Erweiterungen des Märtyrerbegriffs in der Gegenwart, in: StZ 129 (2004) 291–305.
Muck, Otto, Rationalität und Weltanschauung. Philosophische Untersuchungen, hg. v. Winfried Loffler, Innsbruck – Wien 1999.
Neuner, Peter, Das Dialogmotiv in der Lehre der Kirche, in: Fürst (Hg.), Dialog 47–70.
Niewiadomski, Józef – Schwager, Raymund – Larcher, Gerhard, Dramatisches Konzept für die Begegnung der Religionen, in: Raymund Schwager (Hg.), Christus allein? Der Streit um die pluralistische Religionstheologie (QD 160), Freiburg – Basel – Wien 1996, 83–117.

Peukert, Helmut, Wissenschaftstheorie – Handlungstheorie – fundamentale Theologie. Analysen zu Ansatz und Status theologischer Theoriebildung, Düsseldorf 1976.

Rahner, Karl, Über den Dialog in der pluralistischen Gesellschaft, in: ders., Schriften zur Theologie, Bd. 6: Neuere Schriften, Einsiedeln – Zürich – Köln 1965, 46–58.

Rahner, Karl, Vom Dialog in der Kirche, in: ders., Schriften zur Theologie 8, Einsiedeln – Zürich – Köln 1967.

Rahner, Karl, Selbstvollzug der Kirche. Ekklesiologische Grundlegung praktischer Theologie, bearb. v. Karl-Heinz Neufeld (Sämtliche Werke 19), Solothurn – Freiburg i. Br. 1995.

Rahner, Karl, Hörer des Wortes. Schriften zur Religionsphilosophie und zur Grundlegung der Theologie, bearb. v. Albert Raffelt (Sämtliche Werke 4), Solothurn – Freiburg i. Br. 1997.

Rahner, Karl, E Latere Christi, in: ders., Spiritualität und Theologie der Kirchenväter, bearb. v. Andreas R. Batlogg – Eduard Farrugia – Karl-Heinz Neufeld (Sämtliche Werke 3), Zürich – Freiburg i. Br. 1999, 1–84.

Ratzinger, Joseph, Das neue Volk Gottes. Entwürfe zur Ekklesiologie, Düsseldorf ²1970.

Ratzinger, Joseph, Glaube – Wahrheit – Toleranz. Das Christentum und die Weltreligionen, Freiburg – Basel – Wien 2003.

Ratzinger, Joseph (Benedikt XVI.), Die Vielfalt der Religionen und der Eine Bund (Urfelder Reihe 1), Bad Tölz ⁴2005.

Riedl, Gerda, Modell Assisi. Christliches Gebet und interreligiöser Dialog im heilsgeschichtlichen Kontext. Berlin – New York 1998.

Scharer, Matthias – Hilberath, Bernd Jochen, Kommunikative Theologie. Eine Grundlegung (Kommunikative Theologie 1), Mainz ²2003.

Schavan, Annette, (Hg.), Dialog statt Dialogverweigerung. Impulse für eine zukunftsfähige Kirche, Kevelaer 1994.

Schavan, Annette, Dialog als Selbstvollzug der Kirche, in: dies. (Hg.), Dialog 13–24.

Schurhammer, Georg, Die Disputationen des P. Cosme de Torres S.J. mit den Buddhisten in Yamaguchi im Jahre 1551. Nach den Briefen des P. Torres und dem Protokoll seines Dolmetschers Br. Juan Fernandez S.J., Tokyo 1929.

Schwager, Raymund, Jesus im Heilsdrama. Entwurf einer biblischen Erlösungslehre (ITS 29), Innsbruck – Wien ²1996.

Siebenrock, Roman A., Dramatische Korrelation als Methode der Theologie. Ein Versuch zu einer noch unbedachten Möglichkeit im Blick auf das Werk Raymund Schwagers, in: Józef Niewiadomski – Nikolaus Wandinger (Hg.), Dramatische Theologie im Gespräch. Symposion/Gastmahl zum 65. Geburtstag von Raymund Schwager (Beiträge zur mimetischen Theorie 14), Münster u. a. 2003, 41–60.

Smedt de, Emile J. M., Wir wünschen eine wahrhaft ökumenische Zwiesprache (19.11.1962), in: AS I/3, 184–187; dt. in: Johann C. Hampe (Hg.), Ende der Gegenreformation. Das Konzil. Dokumente und Deutung, Stuttgart – Köln – Mainz 1964, 283–286.

Stegmaier, Werner, Heimsuchung. Das Dialogische in der Philosophie des 20. Jahrhunderts, in: Fürst (Hg.), Dialog 9–29.

Stiftung Entwicklung und Frieden, Brücken in die Zukunft. Ein Manifest für den Dialog der Kulturen. Eine Initiative von Kofi Anan, Frankfurt/M. 2001.

Tück, Jan-Heiner, Der Abgrund der Freiheit. Zum theodramatischen Konflikt zwischen endlicher und unendlicher Freiheit, in: Magnus Striet – ders. (Hg.), Die Kunst Gottes verstehen. Hans Urs von Balthasars theologische Provokation, Freiburg – Basel – Wien 2005, 82–116.

Volf, Miroslav, Exclusion and Embrace. A Theological Exploration of Identity, Otherness and Reconciliation, Nashville 1996.

Bibliographie

Waldenfels, Hans, Begegnung der Religionen. Theologische Versuche I. Begegnung (Kontextuell-dialogische Studien zur Theologie der Kulturen und Religionen 1), Bonn 1990.
Waldenfels, Bernhard, Der Stachel des Fremden, Frankfurt/M. ³1998.
Weigel, George, The Century after Rahner, in: Arlington Catholic Herald, vol. 25, No. 6, 10.2.2000 (zit. n.: http://www.catholicculture.org/docs/doc_view.cfm?recnum=2604).
Weß, Paul, Gemeindekirche – Ort des Glaubens. Die Praxis als Fundament und als Konsequenz der Theologie, Graz 1989.

6. Kapitel
Von der Exklusion zur Wahrnehmung der pluralen modernen Welt

Moderator: Hans-Joachim Sander

Einführung:
Von der kontextlosen Kirche im Singular zur pastoralen Weltkirche im Plural – ein Ortswechsel durch Nicht-Ausschließung prekärer Fragen

von Hans-Joachim Sander

Mit dem jüngsten Konzil ist die Kirche zur Weltkirche geworden. Das ist seit langem bekannt und es wurde auch oft thematisiert.[1] Die Einsicht resultiert aus der Erfahrung, dass die katholische Kirche, die seit der Neuzeit auf dem ganzen Globus verbreitet ist, erst durch das Konzilsereignis zu einer Einheit von weltumspannender Größe zusammengewachsen ist. Die weltkirchliche Einheitsvision hat sich seither nicht aufgelöst. Von der Communio-Ekklesiologie wurde sie auf die Gemeinschaft aller Mitglieder der Kirche hin erweitert, und damit wurde ihr ein Zuschnitt auf die basale Gleichheit vor Gott gegeben, die allen in der Kirche von der Taufe her zufließt, gleich wo sie leben und ob sie kirchliche Positionen bekleiden. Von Johannes Paul II. wurde ihr mit dem Konzept der Pastoralreisen und Weltjugendtage ein Zuschnitt auf die kirchlich herausgehobene Person des Papstes gegeben, was einen durchschlagenden medialen Erfolg weltweit hatte. Die Gemeinsamkeit in der einen Weltkirche gilt durchaus in beiden Konzepten größer und bedeutsamer als die Differenzen.

Es zeigt sich aber zugleich, dass die Kirche je nach Region der Erde und historischen Entwicklungen vor sehr unterschiedliche Fragen und Probleme gestellt ist. Die vorrangige Option für die Armen wurde nicht zufällig zunächst von den Katholiken in Lateinamerika entwickelt. Und die Ökumene ist nicht ohne Grund in der deutschen katholischen Kirche eine besondere Frage, deren Bedeutung durch den Fall der Mauer deutlich verstärkt wurde. Die heftigen Auseinandersetzungen zwischen Muslimen und Christen in einigen Kriegs- und Bürgerkriegsgebieten der Erde wie zugleich eine große wertschätzende Aufmerksamkeit auf die religiöse Vielfalt in Asien zeigen ebenfalls, wie unterschiedlich die jeweilige Situation der kirchlichen Gemeinschaft vor Ort sein kann.

Es kommt hinzu, dass sich die Welt in den vierzig Jahren seit dem Konzil stark gewandelt hat, so dass ein Terminus wie „Weltkirche" selbst problematisch erscheint, weil er noch auf die „eine Welt" hin konzipiert ist. Es gibt die Welt nicht mehr im Singular, wenn es sie denn je gab. Was es heute gibt, ist eine Pluralität von Welten, die in großen Differenzen zueinander stehen und die diese gegenwärtig in den ökonomischen, politischen, kulturellen, wissenschaftlichen, sportlichen und medialen Globalisierungsprozessen auch austragen. Das muss nicht zwangsläufig gewalttätig verlaufen, auch wenn das eine der großen Befürchtungen ist.[2]

---

[1] Vgl. Rahner Konzil; Chenu, Volk Gottes; Fleckenstein, Ortskirche Weltkirche; Ratzinger, Weltdienst.
[2] So Huntington, Kampf.

Von der Exklusion zur Wahrnehmung der pluralen modernen Welt

Die Referenzgröße der Weltkirche begründet das berechtigte Anliegen, kirchliche Fragen zunächst vor Ort zu erheben und eben nicht schon vor dieser Erhebung zentral zu entscheiden. Aber es gibt auch das berechtigte Anliegen, die Gemeinsamkeiten in der einen Weltkirche vorrangig zu behandeln, weil die Kirche nur so in den heutigen globalisierten Formaten gesellschaftlicher und kultureller Landschaften nachhaltig wahrgenommen wird und weil eine Einheit über die Völker der Menschheit hinweg ein Prädikat der Kirche Jesu Christi ist. Zusammen mit der Vereinheitlichungstendenz, die strukturell mit dem Papsttum gegeben ist und während des historisch-langen Pontifikats von Johannes Paul II. auch kirchlich realisiert werden konnte, ergibt sich daraus der Disput um das Verhältnis von Ortskirche und Universalkirche. Es ist das weltkirchliche Thema, das am stärksten behandelt wurde.

1. Ortskirche und Weltkirche – Differenzen eines Pluralitätsproblems

Das Problem von ‚weltweit gemeinsam und vor Ort jeweils eigens' war schon auf dem Konzil selbst in der Sachfrage der bischöflichen Kollegialität präsent, wie sich an den Nota explicativa praevia zu LG zeigt.[3] Es hat sich in die nachkonziliaren Interpretationen der dogmatischen Kirchenkonstitution LG verlängert, wozu nicht zuletzt auch die lehramtliche Entwicklung nach dem Konzil angeregt hat.[4] Dieser Disput ist eine wichtige theologische Schaltstelle der heutigen Weltkirche, nicht nur, aber auch weil Papst Benedikt XVI. selbst einer der wichtigsten Protagonisten der bisherigen Debatten gewesen ist.[5] Ins Zentrum der Auseinandersetzung ist die Frage gerückt, ob der Universalkirche ein Vorrang in den bedrängenden Glaubensfragen gegeben werden muss, der bis auf die ortskirchliche Ebene durchzuhalten ist, oder ob dieser Vorrang sich vor Ort rechtfertigen muss und diesem Ort dabei eine eigene Autorität zukommt. Die Argumente für das zweite ergeben sich aus der Dignität der Ortskirche, für die das Konzil eingetreten ist: „Diese Kirche Christi ist wahrhaft in allen rechtmäßigen örtlichen Gemeinden der Gläubigen anwesend, die, wenn sie ihren Hirten anhangen, auch selbst im Neuen Testament Kirchen genannt werden. Diese sind nämlich an ihrem Ort das von Gott gerufene neue Volk, im Heiligen Geist und in großer Fülle (*vgl. 1 Thess 1,5*)." (LG 26) Aufgrund dieses Lehrstandpunktes muss daher die Fähigkeit der Ortskirchen, selbst Kirche zu sein, weiter entwickelt werden.[6] Die Argumente für die universalkirchliche Präferenz ergeben sich daraus, dass die Einheit der Kirche Jesu Christi auch real erfahrbar sein muss und dass gerade

---

[3] Vgl. Hünermann, Kommentar zu LG in Bd. 2, 539–547.
[4] Vgl. Franz, Streit.
[5] Vgl. den sog. „Streit der Kardinäle" bei Walter, Blick zurück 120–128.
[6] So etwa Hilberath, Ortskirchen, der die Zentralisierungsproblematik in der kurialen Vorstellung von Einheit vom Konzil her dekonstruiert: „Das von der Mehrheit der Konzilsväter, unter Rückgriff auf biblische Bilder und altkirchliche Realisierungen, favorisierte Bild der Kirche als Gemeinschaft verbietet ein Verständnis der Ortskirchen als Filialen Roms. Die Kirche existiert in den bischöflichen Ortskirchen, also den Diözesen, die selbst wiederum durch ein Netzwerk von Ortsgemeinden gebildet werden." (49).

darin der spezifische theologische Ort des Papstes ist. „Der Römische Bischof ist als Nachfolger des Petrus das immerwährende und sichtbare Prinzip und Fundament der Einheit der Vielheit sowohl von Bischöfen als auch von Gläubigen." (LG 23)

Es gibt also eine Differenz und es gibt ebenso gewichtige Argumente für beides, was diese Differenz miteinander konfrontiert. Man hat über diese Differenz des Konzils als einem „kontradiktorischen Pluralismus"[7] gesprochen, was auf eine Relativierung seiner weltkirchlichen Entdeckung hinausläuft, weil diese Entdeckung mit einer unweigerlichen Pluralität verbunden ist. Es mag eine Gefahr für die Konzeption von Universalkirche sein, dass sie durch eine vorrangige Aufmerksamkeit auf Pluralität gefährdet würde; das entscheidet sich je daran, was das Universale der Universalkirche ist. Für die Weltkirche ist Pluralität unausweichlich, weil sie schlichtweg eine Realität ist, der sie nur um den Preis ausweichen kann, es mit ihrer eigenen Vision doch nicht so ernst zu meinen. Das Unausweichliche zeigt sich unter anderem bereits daran, dass sich die vormalige eine Welt in die vielen Welten der globalisierten Realität von heute ausdifferenziert hat.

Die Widerspruchsbehauptung könnte dann noch diskursive Kraft beanspruchen, wenn sich auf dem Konzil Pluralität im Modus eines unbeherrschbaren Pluralismus zeigen würde und das Konzil es deshalb vorgezogen hätte, die realen Differenzen von Pluralität zu verschleiern. Es gibt jedoch eine Pluralität, die ausdrücklich und als solche im Zentrum einer konziliaren Lehre steht und die unmittelbar und ausdrücklich mit Differenzen zum Thema wird. Diese Pluralität gehört nicht zufällig zu dem Text, mit dem sich die Kirche schon im Titel als Weltkirche präsentiert, zur Pastoralkonstitution über die Kirche in der Welt von heute. Das sind die Zeichen der Zeit; auf sie wird in GS grundsätzlich nur im Plural verwiesen (GS 4 und auch GS 11). Es kann also nicht schon an der Pluralität hängen, dass Standpunkte, die konziliare Argumente für sich in Anspruch nehmen können, sich wechselseitig als Widerspruch verstehen. Die Frage stellt sich vielmehr umgekehrt, ob der Nicht-Diskurs über die Bedeutung dieser Pluralität zu jenem Augenschein beiträgt. Man kann sich deshalb auch fragen, ob der konziliare Ortswechsel zur Weltkirche mit der Aufmerksamkeit auf Pluralität über eine Strategie verfügt, den Gegensatz von Orts- und Universalkirche zu vermeiden. Man kann sich fragen, ob in der konziliaren Aufmerksamkeit auf die Zeichen der Zeit eine eigene strategische Ressource der Weltkirche steckt, die eine metaphysisch nahe liegende Unvereinbarkeit von Einheit und Vielheit aufzulösen vermag.

2. Die vielen Zeichen der Zeit und kontextuellen Differenzen – die Suche nach der einen weltkirchlichen Strategie

Karl Rahner hat diese Frage nach einer Strategie für die Weltkirche in einem seiner letzten Texte gestellt und darauf hingewiesen, dass bis zu der damaligen Zeit, also 1983, keine solche Strategie zu erkennen sei. Deshalb will er „eine Brü-

---
[7] Seckler, Spannungsfeld 109.

cke zwischen Dogmatik und Pastoral schlagen und eine Thematik behandeln, die es im allgemeinen Bewußtsein der Kirche und ihrer Pastoraltheologie eigentlich in wirklicher Deutlichkeit und Ausdrücklichkeit noch gar nicht gibt, aber doch wohl geben sollte. Was ich meine, ist schon schwer mit gängigen Worten zu bezeichnen und kann darum erst im Laufe dieser Überlegungen deutlich werden. Ich meine die Notwendigkeit der Entdeckung eines pastoral-strategischen Planes der Weltkirche als solcher. Natürlich ist nicht gemeint, daß dieser Plan von mir entdeckt und entwickelt oder gar hier auf ein paar Seiten vorgetragen werden könnte. Ich meine ja gerade, daß es diesen pastoral-strategischen Plan der Weltkirche als solcher noch gar nicht gibt, er also selbstverständlich von mir hier nicht entwickelt werden kann. Ich meine aber, man sollte in der Kirche allmählich sehen, daß ein solcher Plan, eine solch globale Strategie der Weltkirche als solcher als Postulat der Zeit der Weltkirche gesehen und entwickelt werden sollte. ... Und nun: Die Kirche ist (wenigstens anfanghaft) aktuelle Weltkirche geworden, und zwar in einem Stadium der Menschheit, in dem diese langsam das planend aktive Subjekt ihrer Selbstverwirklichung wird. In einer solchen Situation eines neuen theoretischen und praktischen Bewusstseins der Menschheit muß darum die Kirche sich und ihre Zukunft planen in einer neuen und bisher so nicht gegebenen Weise. Es muß eine globale, aktive pastoralstrategische Planung der Weltkirche als solcher geben."[8]

Bei der Suche nach einer weltkirchlichen Strategie geht es nicht um Organisationsleistungen, die angesichts einer gewachsenen Dimension nötig sind, auch nicht um weltkirchliche Verabredungen oder Maßregeln, wie sie etwa auf den unterschiedlichen Bischofssynoden in Rom getroffen werden, und auch nicht um einen Masterplan, der in kritischen Situationen wie dem Offenbarwerden des Ausmaßes von sexuellem Missbrauch in der US-amerikanischen Kirche nur hervorgeholt werden müsste. Der Horizont ist anders gezogen. Was aus der Kirche als Weltkirche nach außen geworden ist, muss sie nun nach innen auch wirklich sein. Ein unmittelbares Verhältnis zwischen außen und innen von den äußeren Herausforderungen her geht in die Basisformel dieser Strategie ein. Darin liegt ein Druck, der nicht zu vermeiden ist. Er bedeutet eine Zumutung, weil die innere Ordnung der Dinge dabei aus dem Tritt gerät. Das befremdet und dieser Umstand ist ebenfalls ein Bestandteil der Strategie. Als weiterer Gehalt der Zumutung kommt hinzu, dass die größere Dimension nicht zwangsläufig mit einem Machtgewinn einhergeht. Es stellt sich vielmehr oft die prekäre Erfahrung einer Marginalisierung bei gleichzeitiger weltweiter medialer Präsenz ein. Die Kirche ist zwar Weltkirche geworden, aber das bedeutet nicht, dass sie weltweit die Lage der Dinge bestimmen kann; vielmehr muss damit gerechnet werden, dass sie vielerorts Monopolstellungen verliert oder aufgeben muss. Das zeigt sich im Außen, aber es zeigt sich auch im Innen.[9] Mit der Ausweitung der Dimension auf die

---

[8] Rahner, Pastoral der Zukunft 220.226.
[9] „Die Stellung der Kirche im Leben ihrer eigenen Mitglieder hat sich in den letzten Jahrzehnten grundlegend geändert. Die Kirche hat nicht nur das Monopol auf menschliche Existenzinterpretation in der Gesellschaft verloren, sondern auch jenes auf religiöse Orientierung bei ihren Gläubigen selbst." (Bucher, Krise 13).

Einführung

ganze Erde stellt sich also gleichzeitig eine Ohnmachtserfahrung ein; das ist für die Kirche neu. Bis dahin hat sie räumliche Ausdehnung als Vergrößerung ihres Einflusses erfahren. Auf der diskursiven Ebene führt das dazu, dass der Missionsgedanke, der vor dem Konzil im Sinne einer Ausweitung der Weltkirche auf die Kontinente des Südens verwendet wurde, jetzt mit gewandeltem Vorzeichen auf traditionell kirchlich geprägte Regionen angewendet werden kann und muss. Das zeichnete sich in Frankreich schon vor dem Konzil ab; aber damals war nicht daran zu denken, dass „France – Pays de Mission" ein Blick in die Zukunft Europas sein würde.[10]

Die Kirche und ihre Mitglieder benötigen im weltkirchlichen Rahmen eine neue Einstellung zu ihrer Existenz vor Gott, zu ihrem Leben im Glauben, zu ihrem Handeln aus dem Evangelium, die es möglich macht, in der gegenwärtigen Welt und zugleich vor ihrer eigenen Herkunft zu bestehen. Es geht darum, der Zumutung ins Auge zu sehen, die mit dem neuen Zuschnitt „Weltkirche" auftritt, und dabei wie das jüngste Konzil den Aspekt des Mutes darin vorrangig aufzugreifen. In den Spannungsbögen dieser Zumutung ist eine Art Matrix verborgen, mit der Leben und Glauben, Sprechen und Handeln, Wille und Vision kirchlicher Existenz dann auf die jeweiligen konkreten Herausforderungen eines weltweiten Zuschnitts eingestellt werden können.

Als unvermeidliche Faktoren, die in diese Strategie eingehen, sind die realen Herausforderungen von heute zu nennen. Rahner mahnte bereits damals die Lösung des Zuordnungsproblems von Ortskirchen und Gesamtkirche an und nannte auch schon die Präsenz der Kirche in den verschiedenen Kulturen, also die Inkulturation. In beidem spielt Pluralität und ein direktes Verhältnis zwischen außen und innen eine Rolle. „Der kulturelle Pluralismus hat eine Dimension *ad extra*, nämlich die Beziehung zur Welt, und eine Dimension, die die inneren Beziehungen und das Leben der Kirche selbst verwandelt."[11] Die Partnerschaften über Kontinente hinweg, die durch den Zuschnitt Weltkirche von Ortskirche zu Ortskirche, von Pfarrei zu Pfarrei, von Gemeinschaft zu Gemeinschaft möglich und organisierbar sind, spielen auf dem Innen-Feld dieser Konstellation mit all ihrem Wohl und Wehe eine wichtige Rolle.[12] In den globalisierten Migrations- und Wirtschaftsszenarien zeichnet sich ab, dass die Inkulturation um die Dimension der Interkulturalität erweitert werden muss, weil man immer weniger nur von einer homogenen Kultur ausgehen kann, auf die Kirche mit ihrem Evangelium trifft. Menschen leben zunehmend gleichzeitig in mehreren Kulturen und sind in den globalisierten Wirtschaftskontexten gezwungen, sich interkulturelle Fertigkeiten anzueignen. Es ist gleichsam eine Pluralität zweiter Stufe, die den metaphysischen Gegensatz von Einheit und Vielheit in einen interkulturellen Kontrast von der einen unausweichlichen Vielfalt transformiert.[13]

Zu den strategisch einschlägigen Faktoren müssen auch die großen Ent-

---

[10] Vgl. Sellmann, Deutschland – Missionsland.
[11] Suess, Kontextualität 309. Vgl. auch Lienkamp – Lienkamp, Identität; Eckholt, Poetik.
[12] Vgl. Piepel, Lerngemeinschaft Weltkirche; Weber, Frischer Wind; Weltkirchliches Lernen.
[13] Vgl. Scheuerer, Interculturality, und für die interkulturelle Philosophie Schneider – Mall – Lohmar, Einheit und Vielfalt.

Von der Exklusion zur Wahrnehmung der pluralen modernen Welt

deckungen der nachkonziliaren Kirche gerechnet werden, die zwar schon länger bearbeitet werden, aber an Brisanz nach wie vor nichts verloren haben: die Armutsfrage, die Gender-Frage, die ökologische Frage, die Frage nach belastender Schuld aus der eigenen Vergangenheit. Befreiungstheologie, Feministische Theologien, Theologien nach Auschwitz und der Dialog mit dem Judentum um die christliche Mitschuld am Antijudaismus gehören zur Suche der Weltkirche nach gangbaren Wegen heute. Als weitere Realitäten kommen die anderen Religionen und gesellschaftliche Basisbewegungen hinzu, was sich im Dialog mit Repräsentanten nichtchristlicher Religionsgemeinschaften, in den Religionsgebeten von Assisi, im Projekt Weltethos, im Disput um die Theologien der Religionen und im Sinn für lokale Theologien niederschlägt.[14] Neue Themen zeichnen sich aus dem Bereich von Politik, Ökonomie und Wissenschaft ab wie die neuen Kriegsformen, die Macht des Kapitals und seiner ökonomischen Philosophien im Außen wie Innen der Kirche, die naturalistische Bestreitung der geistigen Eigenrealität von Menschen.[15]

Alle diese Faktoren markieren unterschiedliche Kontexte für den kirchlichen Text des Evangeliums. Das ist mehr als nur ein Verstehenshorizont, es handelt sich um vielfältige Lebensräume, die eben nicht auf einen Nenner zu bringen sind, gerade weil sie sich unter dem Globalisierungsdruck der Gegenwart nicht mehr wechselseitig ausweichen können. Daraus kann man einen theologischen Ansatz machen. In der Konzeption der kontextuellen Theologien oder in den Konzeptionen der kontextuellen Theologie ist das auch geschehen. Gleich ob man diesen Terminus „kontextuelle Theologie" nun in den Singular setzt oder lieber von „kontextuellen Theologien" spricht, den Plural wird man nicht los. Selbst wenn es nur eine kontextuelle Theologie gäbe, so muss sie sich auf die Differenzen in den jeweiligen Kontexten einstellen. Diese Differenzen lassen sich gar nicht in den Singular zu setzen. Entsprechend hat jede kontextuelle Theologie Modellcharakter.[16] Integrativ für alle möglichen Kontexte kann sie nicht sein, weil sie gar nicht alle übersehen kann. Kontextualität stellt schlichtweg ein Problem im Plural dar, auch wenn stets die Vorstellung lockt, den Gebrauch des spezifischen Kontextes, den man jeweils diskursiv eingegangen ist, als die einzige Möglichkeit überhaupt zu begreifen.[17]

In den genannten Faktoren ist ein Zweites präsent. In ihnen kommt die Situation von Menschen zu Wort, die um den Respekt vor ihrer Würde und um den Schutz ihrer elementaren Rechte fürchten müssen. Die unterschiedlichen weltkirchlichen Probleme werden ja nicht einfach um ihrer selbst willen behandelt oder im Stil der Kundenorientierung eines säkular-ökonomischen ‚mission-state-

---

[14] Vgl. Waldenfels, Religionen; Schmidt-Leukel, Theologie; Arinze, Religionen; Küng – Kuschel, Weltethos; Höhn, Sozialethik; Schreiter, Local Theologies. Vgl. auch Siebenrock, Kommentar zu NA in Bd. 3, bes. 671–674.
[15] Vgl. Schwager – Niewiadomski, Dramatische Theologie; Ruster, Der verwechselbare Gott; Fleck – Dyma, Bischöfe als mittleres Management; Neuner, Naturalisierung des Geistes.
[16] Vgl. Beavens, Models.
[17] Vgl. etwa die Bemerkung von Suess zur Inkulturationsstrategie: „Die inkulturierte Identität ist der einzige Ausweg, den die Kirche heute besitzt, um nicht zu einer Sekte im globalen Dorf zu werden." (Suess, Kontextualität 310).

ment' anvisiert. Die Aufmerksamkeit auf die bedrängenden Differenzen der jeweiligen Lebensräume führt die anthropologische Wende der Theologie in historisch-konkreter Weise weiter. Deshalb sind die genannten Faktoren jeweils auch mit unterschiedlichen Zeichen der heutigen Zeit verbunden. Es geht in ihnen nicht zuletzt um den Respekt vor der Würde der betroffenen Menschen, in denen der christliche Glaube eine Präsenz Gottes vermutet. Daran zeigt sich, dass die Weltkirche nicht einfach ein weites Feld ist, in dem man sich mit dem Glauben verlaufen kann. Sie ist ein plurales Feld, dessen Differenzen die Rede von Gott nicht ausweichen kann.

Entsprechend muss man die Vision Karl Rahners von der weltkirchlichen Strategie aufgreifen und zugleich muss man sie modifizieren. Bei dieser weltweiten Strategie ist nach Rahner eine Verhältnisbestimmung zwischen Dogma und Pastoral nötig.[18] Dazu dient seine Kennzeichnung „*pastoral*strategisch". Darin steckt eine elementare Identifizierung mit den Menschen, zu denen sich die Kirche gesandt sieht und die sie nun als Weltkirche auch erreichen muss. Das, was sie glaubt und lehrhaft festschreibt, unterliegt einer Grammatik der Zustimmung zu denen, denen sie diesen Glauben mitteilen will. Deshalb ist die Rahnersche Kennzeichnung dieser Strategie in der Perspektive des Konzils immer noch weiterführend. Pastoral umschreibt das weltkirchliche Feld, das vom Konzil anvisiert worden ist. Man kann deshalb auch von „Pastoral als Konkretisierungsprojekt der Welt-Kirche"[19] sprechen.

Zum anderen hat Rahner seine Vision in einen Singular gesetzt, der von ihm nicht weiter problematisiert wird. Der Singular des Menschen war für die anthropologische Wende, für die Rahner wie kaum ein anderer steht, selbstverständlich; aber das weist angesichts der genannten Differenzen auf einen impliziten Ausschließungsmechanismus in der Ordnung der Dinge dieser Wende hin. Die Zeichen der Zeit, die das Konzil als konstitutiv für seine anthropologische Ortsbestimmung aufgegriffen hat, lassen sich nicht auf einen Singular-Nenner bringen. Von ihnen her muss der Singular in der pastoral-strategischen Vision Rahners modifiziert werden, wenn die weltkirchliche Position des Konzils zu Grunde gelegt wird.

Das Problem ist nun aber, dass die gesuchte weltkirchliche Strategie sich auch nicht einfach in einen Plural setzen lässt. Mit dem Plural von Strategien löste sich die Weltkirche als Ort, an dem die Strategien greifen, auf; sie würde in den Differenzen zerrieben. Strategie besagt ja gerade, dass eine Größe wie die Kirche, die sich von vielen Problemen herausgefordert sieht, sich auf ebenso wechselnde wie noch unbekannte Szenarien einstellen kann und sich nicht jeweils neu in den eigenen Zielgrößen verwirren lassen will. Die Matrix der pastoralen Ortsbestimmung der Weltkirche steht in diesem Sinn nicht zur Disposition, es sei denn die Kirche würde für sich die Autorität des jüngsten Konzils leugnen. Damit gäbe sie aber die weltkirchliche Zumutung auf, die in ihrer missionarischen Aufgabe liegt.

---

[18] S. o. Vgl. auch die Deutung dieser Relation im Kontext der Globalisierung bei Hoping, Dialog mit der Welt.
[19] Fuchs, Ortskirche 246.

Man muss also in die Suche nach einer solchen Strategie den Plural einbringen, aber man kann ebenso wenig den Singular aufgeben. Ein Ausweg aus dem scheinbaren Dilemma besteht in einer elementaren Modifizierung. Rahner sucht nach der einen Strategie im Wege der direkten Benennung; er will sie positiv beschreiben. Dann wird aber das Plural-Problem dieser Strategie zu einer verschwiegenen Größe. Aber es ist auch möglich, die weltkirchliche Strategie negativ zu bestimmen. Man muss dann sagen, was sich verbietet. Das führt sogar zum Konzil zurück. Dort wird das positive Moment der Pastoral, mit dem es seine Lehren und Äußerungen versehen hat, mit einer elementaren Nicht-Ausschließung versehen. Von den Zeichen der Zeit, die jeweils in einer Gegenwart auftauchen, darf die Kirche keinen auswählenden Gebrauch machen. Es ist nicht ihre Aufgabe, sich auf die zu konzentrieren, die für ihren jeweiligen Zustand am ehesten zu verarbeiten sind. Sie hat sich auf alle zu beziehen und sie „im Licht des Evangeliums zu deuten" (GS 4). Diese Nicht-Ausschließung ist der Beitrag des Konzils zum notwendigen Singular einer Strategie der einen Weltkirche und zum unausweichlichen Plural der Zeichen der Zeit.

3. Die Nicht-Ausschließung der fremden Stärken und eigenen Schwächen – die pastorale Topologie einer Weltkirche

Je mehr die Menschen heute in eine planetarische Schicksalsgemeinschaft zusammenwachsen, desto offensichtlicher wird die weltkirchliche Aufgabe der Kirche. Ihre Evangelisierungsfähigkeit hängt davon ab, dass sie dieser Aufgabe nachgeht. Die Weltkirche ist von daher keine konziliare Utopie, sondern eine realistische Problembeschreibung. Die Weltkirche liegt nicht einfach erst noch in der Zukunft und wird Zug um Zug von der Kirchengeschichte erreicht. Sie ist eine Realität, welche die Kirche nicht mehr loswird und die sie nicht mehr los lässt. Eine Weltkirche entsteht nicht einfach dadurch, dass Kirche global vergrößert wird, sondern dass sie der pluralen Qualität des Ortes nicht ausweicht, an den sie gestellt ist. Eine Weltkirche schließt nicht alles in sich ein, was es heute gibt, so dass jeder Kontext verschwindet, weil er schon in ihren Text eingebaut wäre. Es bedeutet vielmehr, keinen Kontext zu scheuen, auch wenn er bisher keine Beachtung gefunden hat. Das Plural-Problem dieser Kontexte lässt sich nicht damit bewältigen, dass man sich auf die singuläre Welt-Dimension einer auf die ganze Erde ausgeweiteten Kirche beschränkt, sondern verlangt, dass man sich den Herausforderungen öffnet, die es gibt, gleich ob dafür bereits bewährte Standpunkte vorliegen. „Weltkirche" bedeutet deshalb keine kirchliche Ausweitung im Singular, sondern einen Ortswechsel im Plural.

Als Weltkirche wird Kirche nicht material größer und der Raum, zu dem sie sich gesandt fühlt, wird ebenfalls nicht größer. Für Christen galt der Missionsbefehl des Auferstandenen (Mt 28, 19 f.; Mk 16, 15 f.) immer schon. Das „gehet hin zu allen Völkern" umschreibt den Raum, den sie sich zutrauen müssen: nicht weniger als die ganze bewohnte Erde und alles, was dazugehört, seien es auch Stationen im Weltraum oder auf dem Meeresboden. Es ist entscheidend für die

Mission der Kirche, dass das Evangelium allen Völkern präsentiert wird. Kein Volk soll ausgeschlossen sein. Dieser Missionsauftrag begreift die Völker nicht als eine nur politische oder nur soziologische Größe, sondern als eine theologische Position: Sie sind in dieser Mission ein *locus theologicus alienus*. Nur wenn die Kirche fähig ist, ihren Glauben in einem Diskurs zu präsentieren, der für alle Völker wahrnehmbar ist, verstehbar bleibt und überzeugend wird, dann wird sie dieser Aufgabe gerecht. Die entscheidende Qualifizierung ist das ‚alle' in ‚alle Völker'. Es ist keine Inklusion, sondern eine Nicht-Ausschließung. Niemand soll für diese Ortsbestimmung ausgeschlossen sein, aber niemand kann dazu genötigt werden.

Auf dem Zweiten Vatikanischen Konzil spielte der Missionsbefehl von Beginn an eine wichtige Rolle. Kardinal Suenens hatte Johannes XXIII. in einer Audienz 1962 einen Plan gegeben, der aus diesem Missionsbefehl eine Perspektive für die *ecclesia ad extra* machte. Der Papst hat diesen Text sehr wahrscheinlich für seine Radiobotschaft unmittelbar vor dem Konzil verwendet. Der Plan war nach der Differenz Kirche nach innen – Kirche nach außen gearbeitet. Dort heißt es unter der „Section B ECCLESIA AD EXTRA": „On pourrait mettre cette partie sous le texte de saint Matthieu faisant suite aux mots ‚*Euntes …*': ‚*docentes eos servare quaecumque mandavi vobis*'. Ce que le monde attend: L'Église doit porter le Christ au monde. Ce monde a ses problèmes propres, pour lesquels il cherche avec angoisse une solution; certains de ces problèmes font obstacle à la diffusion de la vérité et de la grâce."[20] Was der Kirche gegenübersteht, ist ein entscheidender und nicht nur ein akzidenteller Faktor für ihre Präsentation des Glaubens. Die räumliche Angabe „Weltkirche" enthält in diesem Sinn eine topologische Qualität: Sie wird im Verlauf des Konzils zu dem Bezugspunkt, von dem her der Glaube zur Sprache kommt, und zu dem Ort, an dem sich die Kirche pastoral konstituiert.

Die Pastoralkonstitution führt die Perspektive von Suenens auf den Missionsbefehl weiter und weicht dem Plural nicht mehr aus, vor den das *mission statement* des Auferstandenen die Kirche stellt. Es soll nicht mehr nur kein Volk ausgeschlossen bleiben und nicht mehr nur kein Mensch aus der kirchlichen Aufmerksamkeit ausgeschlossen werden. Es gilt vielmehr und vor allem: Die jeweilige konkrete Situation von Menschen darf nicht ausgeschlossen werden, und diese Situation muss mit den vielfältigen Differenzen wahrgenommen werden, die sie betreffen und bedrängen. Dafür steht der berühmte erste Satz von GS „Freude und Hoffnung, Trauer und Angst der Menschen von heute, besonders der Armen und Bedrängen aller Art, sind auch Freude und Hoffnung, Trauer und Angst der Jünger Christi." (GS 1) Hier tauchen nur Größen im Plural auf und darin liegt eine strategische Option der pastoral konstituierten Weltkirche. Dieses weltkirchliche *mission-statement* ist ein pastorales Statement, das sich im Blick auf die Differenzen im Leben derer begreift, denen die kirchliche Mission gilt.

Das unterzieht die Weltkirche einer diskursiven Veränderung. Sie besteht auf einer Erweiterung der Orte und einer Konfrontation mit den Differenzen; sie besteht nicht einfach aus einer Ausweitung des Raumes und einer Reduktion auf

---

[20] Suenens, Souvenirs 77 f.

das schon Begriffene. Deshalb kann man „Weltkirche" als eine theologische Kategorie verwenden; ihre Bedeutung erschöpft sich nicht im geographischen oder historischen Sinn. Vielmehr soll der theologische Diskursraum weiter werden. Er muss nicht nur Entfernungen überbrücken können, die der Verbreitung des Evangeliums im Wege stehen. Er soll vielmehr überwinden können, was bis dahin aus dem Diskurs ausgeschlossen war, weil es sprachlos machte, beschämte, kritisch oder gefährlich wurde. Diese Weltkirche wird von diskursiven Nicht-Ausschließungen im Plural geprägt. Das ist die singuläre strategische Option, die das Konzil der Weltkirche mit auf den Weg gegeben hat.

Das ist nicht einfach nur eine formale Qualifizierung oder sogar ein pastoralkonziliarer Formalismus. Es bedeutet eine konkrete neue Einstellung zu den Diskursen, die der Kirche im Außen ihrer selbst entgegen kommen, ihr womöglich aufgenötigt werden oder für sie sogar bedrohlich sind. Es bedeutet eine vielfache Zumutung, die aber aus dem Mut angegangen werden kann, der aus ihrer singulären Aufgabe vor Christus entspringt. *Gaudium et spes* hat das auch näher beschrieben: „Da die Kirche eine sichtbare gesellschaftliche Struktur hat, nämlich das Zeichen ihrer Einheit in Christus, kann sie auch durch die Entwicklung des menschlichen gesellschaftlichen Lebens bereichert werden und wird durch sie bereichert, nicht als ob in der von Christus ihr gegebenen Verfassung etwas fehlte, sondern um sie tiefer zu erkennen, besser auszudrücken und unseren Zeiten besser anzupassen. Sie nimmt auch dankbaren Herzens wahr, dass sie, in ihrer Gemeinschaft nicht weniger als in ihren einzelnen Kindern, mannigfaltige Hilfe von Menschen jedweden Ranges und jedweder Stellung empfängt. Alle nämlich, die die menschliche Gemeinschaft auf der Ebene der Familie, der Kultur, des wirtschaftlichen und gesellschaftlichen Lebens und der sowohl nationalen als auch internationalen Politik fördern, leisten nach dem Ratschluss Gottes auch der kirchlichen Gemeinschaft, insoweit diese von Äußerem abhängt, eine nicht geringe Hilfe. Die Kirche bekennt sogar, dass sie selbst aus der Gegnerschaft derer, die sich ihr widersetzen oder sie verfolgen, großen Nutzen gezogen hat und ziehen kann." (GS 44,3)

Der letzte Satz ist ausgesprochen wichtig; er markiert eine prinzipielle Veränderung der kirchlichen Position. Was immer der Kirche begegnet an Menschen, Themen, Herausforderungen, wird nicht einfach abgewehrt, selbst wenn es für sie gefährlich, feindlich, kritisch ist. Es wird daraufhin durchmustert, was es an Stärken vor Gott und den Menschen zu bieten hat und der Kirche hilft, ihre Aufgabe zu erfüllen. All das wird nicht für die Kirche verzweckt, sondern stellt eine Art Ressource dar, damit die Weltkirche nicht sprachlos wird.

Die Zuordnung von Stärken und Schwächen bei diesem Nicht-Ausschließungsprinzip geht vielmehr kreuzweise mit Innen und Außen um. Die Schwächen im Außen dienen nicht zur Verherrlichung der Stärken im eigenen Innen. Sie sind vielmehr Probleme, die um der Menschen und ihrer göttlichen Berufung willen ausgeräumt werden müssen, und dafür stellt die Kirche ihre Stärken zur Verfügung. An den Stärken, die sich im Außen der Kirche finden, darf sich kein kirchliches Ressentiment kristallisieren. Eine Kirche, die nur darauf schielt, diese Stärken mit den Schwächen zu konterkarieren, die es dort unter den Menschen

Einführung

natürlich auch gibt, kann sich nicht auf Christus beziehen; seine Geschichte vom betenden Pharisäer und Zöllner in Lk 18 spricht eine andere Sprache. Die Stärken der anderen sind vielmehr nötig und hilfreich, um die eigenen Schwächen auszuräumen; sie bedeuten ein *empowerment* für weltkirchliche Projekte.

Bei dieser kreuzweisen Zuordnung verbinden sich jeweils Singular und Plural. Die Stärken im Außen gibt es im Plural; sie verlangen nach einer pluralitätsfähigen Aufmerksamkeit im Innen. Die Schwächen im Innen gibt es – mit großer Wahrscheinlichkeit – auch im Plural, aber sie müssen konkret, je für sich angegangen werden. Man darf sie weder mit dem Hinweis auf die vielen Stärken im Innen entschuldigen, noch unter Hinweis auf die vielen Schwächen im Außen relativieren. Sie sind jeweils eine singuläre Herausforderung, der die Kirche sich um ihrer Fähigkeit willen stellen muss, eine Weltkirche zu sein, die der Pluralität standhalten kann.

Diese Weltkirche, welche die moderne Entwicklung ausdifferenzierter Gesellschaften in die Kirche holt, ist nicht zwangsläufig an die Moderne gebunden. Sie hängt aber an der Fähigkeit, Exklusionen zu benennen und zu überwinden, die der Sprachfähigkeit der Kirche über ihre eigene Sache in den Lebensräumen heutiger Menschen im Wege stehen. Wenn die Moderne an ihr Ende gerät, was heute eine diskutable Frage ist, dann hört nicht schon die Epoche der Weltkirche auf. Vielmehr verfügt sie auf dem Boden des Konzils über Fähigkeiten, einen Epochenwechsel zu bestehen – indem sie sich topologisch mit den neuen Themen konfrontiert, denen sie nicht ausweichen kann. Das ist nicht zuletzt für das genannte Singular-Plural-Problem im kirchlichen Innenraum bedeutsam. Die Fähigkeit, die Ortskirchen als eine plurale Realität zusammenzuhalten, der die Weltkirche nicht ausweichen kann, weil sie darin ihre eigene plurale Gespanntheit erfasst sowie pastoral lebt, bedeutet eine singuläre Autorität. Wenn die Kirche über diese singuläre Autorität verfügt, dann kann es in ihr keine wechselseitige Ausschließung jenes Anliegens geben, das den Singular in dieser Autorität verteidigt, weil darin die Einheit der Weltkirche gesichert ist, gegenüber jenem Anliegen, das den Plural in dieser Autorität verteidigt, weil darin der Wert ortskirchlicher Vielfalt auflebt. Beiden Anliegen wird unvermischt und ungetrennt am Ort dieser singulären Autorität Rechnung getragen; sie stehen sich wie Innen und Außen gegenüber und muten den Mitgliedern der Kirche eine pastorale Balance zu. Mit dieser Autorität kann die Weltkirche auch ein Zeichen dafür sein, wie Menschen in den globalisierten Welten von heute nicht in den Differenzen ihrer pluralisierten Lebensräume versinken.

Beispiele für die Fähigkeit zur Nicht-Ausschließung werden in diesem Kapitel von den unterschiedlichen Texten des Konzils her erhoben, mit denen man sich Themen stellen kann, die bis dahin keine diskursive Valenz besaßen. Solche Themen finden sich im Ordensbereich (Joachim Schmiedl), in der Liturgie (Reiner Kaczynski), im Denken der Offenbarung (Helmut Hoping), in der Mission (Peter Hünermann), in Formen lange verfemter Pastoral (Ottmar Fuchs), in der Auseinandersetzung um bösartige Einstellungen im Innen der Kirche (Roman Siebenrock). Wenn die Nicht-Ausschließung ernst genommen wird, dann verändert sich der Blick auf die Zeichen der Zeit. Sie werden zu Größen, die sich wider Ausschließungsmechanismen in der herrschenden Ordnung der Dinge stellen. Die Themen dieses Kapitels schöpfen den Raum der Weltkirche natürlich nicht aus; aber sie diffundieren die weltkirchliche Ortsbestimmung auch nicht in eine lose Vielfalt. Vielmehr wollen sie dazu anregen, der Nicht-Ausschließung auf der Spur zu bleiben, die das Konzil für die Weltkirche gelegt hat. Diese Spur wird auf absehbare Zeit nicht zum leicht begehbaren, weil ausgetretenen Pfad einer Weltkirche werden, deren Gestaltungsräume mehr oder weniger ausgelotet sind. Aber das kennzeichnet gerade die Bedeutung, die diese Spur hat.

I. Zwischen dem Geist des Ursprungs und der Anpassung an die Zeit – die „angemessene Erneuerung des Ordenslebens" (PC 2)

von Joachim Schmiedl

Die „angemessene Erneuerung" des Ordenslebens war einer der wichtigen Programmpunkte des Pontifikats Pius' XII.[1] Sie war auch die Leitlinie der Ordenskommission in der Vorbereitungsphase des Konzils.[2] Nach ihrem Willen sollte das Konzil sehr detailliert zu allen konkreten Fragen und Problemen religiöser Gemeinschaften Stellung beziehen. Erst im Verlauf des Konzils wurde deutlich, dass eine solche Vorgehensweise die Möglichkeiten einer weltweiten Kirchenversammlung übersteigen würde. Die Halbwertszeit konziliarer Dokumente steht, so die wachsende Erkenntnis, in direkter Relation zu ihrer unmittelbaren Anwendbarkeit auf Einzelfragen. Ein Konzilsdekret ist eben nicht in erster Linie eine Zusammenfassung der bisherigen Rechtsprechung römischer Kongregationen oder eine Zitatensammlung wichtiger Äußerungen des jüngeren kirchlichen Lehramts, sondern soll neue Horizonte eröffnen und kann somit die Chance bieten, auch avantgardistische Wege in die Zukunft zu beschreiten und den Herausforderungen permanenter Erneuerung, ja Neugründung, zu begegnen.[3]

Das Ordensdekret PC mit seiner theologischen Grundlegung im sechsten Kapitel der Kirchenkonstitution LG[4] gehört zu den Dokumenten des Zweiten Vatikanischen Konzils, die diesen Umsetzungsmöglichkeiten am weitesten entgegengekommen sind. Es darf deshalb als ein gelungenes Beispiel der Akzeptanz von Pluralität durch das Konzil angesehen werden.

In den Jahrzehnten nach dem Konzil war diese Pluralität in vielfacher Hinsicht gefragt. Das Kirchenrecht von 1983[5] unterscheidet zwischen den Instituten des geweihten Lebens und den Gesellschaften des apostolischen Lebens.[6] In die erste Kategorie fallen dabei die meisten Gemeinschaften, nämlich die Frauen- und Männerorden bzw. -kongregationen[7] und die Säkularinstitute[8]. Hinzu kommen in der klassischen Aufteilung noch die Eremiten. Diese spirituelle Landschaft hat sich seitdem noch deutlich pluralisiert. Wenn auch in den westlichen Ländern die Zahl der Ordenschristen teilweise dramatisch abgenommen hat, zeigen sich Wachstumssegmente in den jungen Kirchen Afrikas und Asiens, aber auch im

---

[1] Vgl. den programmatischen Artikel: Lombardi, Erneuerung.
[2] Vgl. Schmiedl, Konzil 227–328.
[3] Vgl. Schaupp, Erneuerung; Plattig, Umformungsprozeß.
[4] Vgl. Jelich, Ordensverständnis.
[5] Die lehramtlichen und kirchenrechtlichen Dokumente zu den Orden sind gesammelt in: Enchiridion della vita consacrata.
[6] Zur wechselnden Benennung der für die Orden zuständigen römischen Kongregation vgl. Rocca, Art. Sacre Congregazione I.; Lesage, Art. Sacre Congregazione II.
[7] Vgl. Carey, Sisters in crisis.
[8] Vgl. Castenetto, Trasfigurare; Pollak, Säkularinstitute.

Einsiedlerleben[9] und im Stand der geweihten Jungfrauen[10]. Geistliche Lebensmodelle vergangener Jahrhunderte, wie die allein in einem lockeren Gemeinschaftsverbund lebenden Beginen, stoßen auf neue Resonanz. In den Geistlichen Bewegungen[11] und auch schon wieder neben ihnen sind neue Formen engagierten Christseins[12] entstanden, die in ihren inneren Gemeinschaften eine ähnliche Zielperspektive verfolgen wie die traditionellen religiösen Institute.

Für solche Gründungen und ihre Entwicklungen kann man sich auf PC 19 berufen. Die dortige Ermunterung, Formen des Ordenslebens in Anpassung an lokale und regionale Bedingungen ins Leben zu rufen[13], lässt sich aber nicht nur auf klassische Gründungen mit Profess und der Verpflichtung zu einem gemeinsamen Leben nach den drei evangelischen Räten beziehen, sondern öffnet den Weg für eine größere Vielfalt. Die Diskussionen über diese Möglichkeit drehen sich etwa um die Kanonizität der Trias evangelischer Räte, um die Bindungsformen (Profess mit Gelübde oder religiöse Weihe oder grundsätzlicher Verzicht auf ewige und Ablegung nur zeitlicher Versprechen) sowie um die Einfügung von Familiengemeinschaften unter die Institute des geweihten Lebens. Die Rückbesinnung auf das Gründungscharisma führte bei einigen Gemeinschaften, etwa bei den Franziskanern, zu einer neuen Anstrengung, die Gleichheit aller Mitglieder so zu betonen, dass auf allen Ebenen Leitungsverantwortung nicht an den Empfang der Priesterweihe gekoppelt zu werden braucht. Neuere Gründungen, etwa die Fokolare oder die ökumenische Bruderschaft von Taizé, kennen Mitgliedschaften von Christen aus verschiedenen Kirchen und kirchlichen Gemeinschaften, ja sogar von Nichtchristen.

Die theologische Frage hinter diesen Entwicklungen ist die nach dem Proprium des Ordenslebens. Nach LG ist dessen Voraussetzung in der allgemeinen Berufung aller Christen zur Heiligkeit gegeben. In LG 43, 1 werden „dauerhafte Lebensformen" als Essentials geweihten Lebens gefordert, wenn auch nicht ausgeschlossen, dass Einzelne sich nur auf Zeit einer solchen Gemeinschaft anschließen. Nicht festgelegt ist die Form dieser Bindung; sie kann durch Gelübde oder andere „heilige Bindungen" erfolgen, in jedem Fall ist sie Ausdruck der Beziehung zwischen Christus und seiner Kirche. Diese Nachfolge kann nach LG 46, 1 sehr unterschiedliche Facetten des Christuslebens akzentuieren. Wenn das Ziel des Rätelebens ist, beizutragen „zur Reinigung des Herzens und geistlichen Freiheit", die Liebe zu entfachen und die „Lebensweise zu gestalten, die sich Christus, der Herr, erwählt hat" (LG 46, 2), dann ergeben sich von hier aus zentrale Aspekte einer Ordenstheologie. Da eine solche Lebensweise immer auch auf die Sendung in der Kirche und für die Welt hinzielt[14], ergeben sich sehr differenzierte Realisierungsweisen.

---

[9] Vgl. Schlosser, Imago Ecclesiae.
[10] Vgl. Giordani, Donne consacrate.
[11] Vgl. Castellano Cervera, Carismi; Ciardi, Gli istituti; Hegge, Rezeption und Charisma; Wolf, Lebensaufbrüche.
[12] Vgl. Rocca, Nuove forme. Hier ist besonders auf die neuen Formen monastischen Gemeinschaftslebens hinzuweisen.
[13] Vgl. Weber, Inkulturation.
[14] Vgl. Hallensleben, Theologie der Sendung.

Das betrifft vor allem den Weltbezug der Orden und religiösen Gemeinschaften. Die Pastoralkonstitution des Konzils forderte dazu auf, das bisherige Engagement neu zu reflektieren. Gesellschaftlich relevante und sozial motivierte Tätigkeiten wurden neu strukturiert. Gerade bei Frauenorden lässt sich eine Transformation ihrer Einrichtungen in kirchlich und staatlich eingebundene Institutionen beobachten. Eine Ausschließung der Welt aus den religiösen Gemeinschaften ist weniger denn je möglich. Auch das Apostolat der Orden muss fortschreitend professionalisiert werden. Die Gemeinschaften und ihre Mitglieder stehen unter dem Anspruch, ein Jahrzehnte bis Jahrhunderte langes Leben neben den staatlichen Gesetzen, begründet in der durch die Nachfolge Christi gelebten Distanz zur Welt, zu ergänzen etwa durch die Teilnahme an Kranken-, Pflege- und Rentenversicherung. Die Auswirkungen auf das Selbstverständnis der dadurch gegenüber ihren Gemeinschaften autonom werdenden Mitglieder müssen sorgfältig beobachtet werden. Der Wandel der religiösen Gemeinschaften scheint jedenfalls noch am Anfang zu stehen.

Ebenso steht die Erarbeitung einer konsensfähigen Theologie des Ordenslebens, trotz aller in den letzten Jahren unternommenen Versuche[15], noch am Anfang. Sie muss auf der einen Seite die reiche Tradition der Kirche berücksichtigen und in Kontinuität zu ihr stehen. Sie muss aber auch Raum lassen für die spirituellen Aufbrüche der letzten Jahrzehnte und ihre Akzentsetzungen. Das Ganze im Fragment zu sehen und das Fragment in das Ganze[16] einzuordnen, diese Herausforderung bleibt der Ordenstheologie, weil sie Antwort geben muss auf die Pluralität des Lebens in der Nachfolge Christi und ihre Inkulturation.

---

[15] Zu unterschiedlichen Versuchen einer Theologie des Ordenslebens vgl.: Castellano Cervera, Vita consecrata; Codina, Ordensleben; Conner, Vita consecrata; Forotuna, Punti fermi; Herzig, Ordens-Christen; Rovira, La teologia; Schambeck, Gottessehnsucht; Schambeck – Schaupp, Lebensentscheidung; Schaupp – Kunz, Erneuerung; Schneiders, Wineskins; Schneiders, Finding; Schneiders, Selling; Schulte, Aufbruch; Secondin, La vita consacrata; Sudbrack, Charisma der Nachfolge; Tillard, Frei sein; Uríbarri Bilbao, Portar las marcas.
[16] Vgl. Balthasar, Ganze im Fragment.

II. Zur Einbeziehung des Gedenkens an die Schöpfung in den Gottesdienst

von Reiner Kaczynski

Um die Mitte des 2. Jahrhunderts n. Chr. richtete der aus Neapolis (Nablus) in Samarien stammende, in Rom dozierende Philosoph Justin seine 1. Apologie für die Christen an Kaiser Antoninus Pius. Darin befasst er sich eingehend mit dem Gemeindeleben der Christen, wobei er zweimal die Struktur der Eucharistiefeier beschreibt, einmal jener, die – anscheinend ohne Wortgottesdienst – im Anschluss an eine Taufe gefeiert wurde,[1] das andere Mal die einer gewöhnlichen Sonntagsfeier.[2] Im Anschluss an die als zweite geschilderte Feier kommt Justin auf die Fürsorge der Gemeinde für Waisen und Witwen, Kranke oder aus einem anderen Grund Bedürftige, Gefangene und Fremde zu sprechen, bevor er die Feier der Eucharistie am Sonntag begründet: „Am Sonntag aber kommen wir deswegen alle zusammen, weil es der erste Tag ist, an dem Gott durch Umwandlung der Finsternis und der Materie den Kosmos erschuf, und gleichzeitig der Tag, an dem unser Heiland Jesus Christus von den Toten auferstand"[3], denn am Vortag, also am Tag vor dem des Kronos, d. h. am Freitag, kreuzigte man ihn und am Tag nach dem des Kronos, also am Sonntag, erschien er seinen Aposteln und Jüngern und lehrte sie das, was jetzt auch Außenstehenden zur Überlegung vorgelegt wird.

Der Sonntag als erster Tag der Woche gilt also den Christen zumindest des 2. Jh. nicht nur als Tag der Auferstehung Jesu Christi und damit als Tag des Anfangs der Neuschöpfung, sondern entsprechend Gen 1,3–5 auch als Tag des Beginns des Schöpfungswerkes Gottes. Die Christen der ersten Generationen waren zu einem großen Teil vom Alten Testament her so stark geprägt, dass für sie eine Sonntagsfeier ohne Erwähnung des Schöpfungswerkes nicht denkbar war. Dagegen war die Ruhe Gottes am Sabbat kein Thema der Sonntagsfeier.

Erst im 20. Jh. setzte eine Neubesinnung auf die Symbolsprache der Liturgie und damit auch auf den Symbolgehalt der in der Liturgie verwendeten Naturdinge ein. Romano Guardini kann mit seiner erstmals 1927 erschienenen, später immer wieder nachgedruckten Schrift „Von heiligen Zeichen" als Wegbereiter für die bewusste Einbeziehung der Schöpfungswirklichkeit in den Gottesdienst gelten. Sieben der 24 kurzen Kapitel sind Betrachtungen über außermenschliche Elemente der Schöpfung gewidmet: Kerze, Weihwasser, Flamme, Asche, Weih-

---

[1] Vgl. Justin, 1 apol. 65, 1–5, in: Hänggi-Pahl 69 f.
[2] Vgl. ebd. 67, 3–5, in: Hänggi-Pahl 70.72.
[3] Ebd. 67,7: „τὴν δὲ τοῦ ἡλίου ἡμέραν κοινῇ πάντες τὴν συνέλευσιν ποιούμεθα, ἐπειδὴ πρώτη ἐστὶν ἡμέρα, ἐν ᾗ ὁ θεὸς τὸ σκότος καὶ τὴν ὕλην τρέψας κόσμον ἐποίησε, καὶ Ἰησοῦς Χριστὸς ὁ ἡμέτερος σωτὴρ τῇ αὐτῇ ἡμέρᾳ ἐκ νεκρῶν ἀνέστα"; zit. n.: Hänggi-Pahl 72.

rauch, Licht und Glut, Brot und Wein.[4] Im Jahr 1950 veröffentlichte Alois Winklhofer sein 13 etwas längere Kapitel umfassendes Buch „Schöpfung und Liturgie", in dem er etwas ausführlicher als Guardini seine Gedanken zu Licht, Wachs, Feuer, Weihrauch, Wasser, Salz, Öl, Asche, Luft und Hauch, Speichel, Erde, Brot und Wein, Mensch als „Naturdinge im liturgischen Dienst" darlegt.[5] Für besondere der Schöpfungswirklichkeit gewidmete Feste aber, wie das Erntedankfest, enthielt das Missale Romanum bis 1970 kein Messformular.

Die verstärkte Besinnung auf die Heilige Schrift und der Blick in die altchristlichen Quellen der Liturgie haben dazu geführt, bei der Revision liturgischer Texte im Zuge der Liturgiereform nach dem Zweiten Vatikanischen Konzil entsprechend dem gewandelten allgemein menschlichen, aber auch christlichen Bewusstsein unserer Tage, Fragen der Beziehung des Menschen zu der ihn umgebenden Schöpfungswirklichkeit, freilich in gebotener Zurückhaltung gegenüber den immer vorrangigen christologischen und soteriologischen Gegebenheiten, erhöhte Aufmerksamkeit zu widmen.

Im Bereich des Hochgebets ist dies besonders auffällig und natürlich auch am nächstliegendsten. Denn das eucharistische Hochgebet ist das wichtigste Gebet der Eucharistiefeier und damit der Höhepunkt der ganzen Messfeier.[6] Und wo sonst, wenn nicht in diesem „Gebet der Danksagung und Heiligung"[7], hat der Dank für die Schöpfung neben und am besten noch vor dem für die Erlösung seinen Platz?[8] Nur auf die wichtigsten und auffälligsten Stellen sei hier im Einzelnen aufmerksam gemacht:

Mehrfach wiederholt sich die Präfationseinleitung:
    In Wahrheit ist es würdig und recht, dir, Vater im Himmel, zu danken und dich mit der ganzen Schöpfung zu loben.
Präfation für die Sonntage 5:
    Denn du hast die Welt mit all ihren Kräften ins Dasein gerufen und sie dem Wechsel der Zeit unterworfen. Den Menschen aber hast du auf dein Bild hin geschaffen und ihm das Werk deiner Allmacht übergeben. Du hast ihn bestimmt über die Erde zu herrschen, dir, seinem Herrn und Schöpfer, zu dienen und das Lob deiner großen Taten zu verkünden durch unseren Herrn Jesus Christus.
Präfation für die Sonntage 6:
    Denn in dir leben wir, bewegen wir uns und sind wir. Jeden Tag erfahren wir aufs Neue das Wirken deiner Güte.
Präfation für die Werktage 2:
    Du hast den Menschen in deiner Güte erschaffen ...

---

[4] Vgl. Guardini, Von heiligen Zeichen.
[5] Vgl. Winklhofer, Schöpfung und Liturgie.
[6] Vgl. AEM 54.
[7] Ebd.: „prex scilicet gratiarum actionis et sanctificationis".
[8] Vgl. die gründliche Untersuchung von Steck, Schöpfungstheologische Implikationen in den Hochgebeten und Präfationen, bes. 137–301.317–333; darin auch weitere Literaturangaben.

Präfation für die Werktage 3:
Denn du bist der Schöpfer der Welt ...
Präfation von Hochgebet 2[9]:
Er ist dein Wort, durch ihn hast du alles erschaffen.
Präfation von Hochgebet 4[10]:
Alles hast du erschaffen, denn du bist die Liebe und der Ursprung des Lebens. Du erfüllst deine Geschöpfe mit Segen und erfüllst sie alle mit dem Glanz deines Lichtes. Vor dir stehen die Scharen der Engel und schauen dein Angesicht. Sie dienen dir Tag und Nacht, nie endet ihr Lobgesang. Mit ihnen preisen auch wir deinen Namen. Durch unseren Mund rühmen dich alle Geschöpfe und künden vor Freude das Lob deiner Herrlichkeit.
Post-Sanctus:
Wir preisen dich Heiliger Vater, denn groß bist du, und alle deine Werke künden deine Weisheit und Liebe. Den Menschen hast du nach deinem Bild geschaffen und ihm die Sorge für die ganze Welt anvertraut. Über alle Geschöpfe sollte er herrschen und allein dir, seinem Schöpfer, dienen.
Interzessionen:
Und wenn die ganze Schöpfung von der Verderbnis der Sünde und des Todes befreit ist, lass uns zusammen mit ihr dich verherrlichen in deinem Reich durch unseren Herrn Jesus Christus. Denn durch ihn schenkst du der Welt alle guten Gaben.
Als Letztes sei das „Hochgebet für Steinzeitmenschen" und das „Hochgebet für Kinder" angeführt, die beim eucharistischen Weltkongress von Melbourne 1973 erstmals verwendet werden durften.[11]
Präfation:
Vater im Himmel, du liebst uns, du hast alle Dinge gemacht.
    Vater, du bist gut.
Vater du hast die Flüsse gemacht, die uns Wasser geben und Fische.
Du hast die Berge gemacht und das flache Land, du hast für uns die Känguruhs gemacht und die Riesen-Eidechsen und die Vögel.
    Vater, du bist gut.
Vater, du schenkst die Sonne, um uns zu wärmen und den Regen, damit das Gras wächst und die Wasserlöcher voll werden.
    Vater, du bist gut.
Bei den „Steinzeitmenschen" handelt es sich um Menschen, die keine Abstraktion kennen, für die der Begriff „Schöpfung" also nichts besagt, sondern, wenn diese gemeint ist, die einzelnen Geschöpfe aufgezählt werden müssen.
Auch daher das besondere Hochgebet für Kinder:

---

[9] Vgl. Hipp., trad. apost. 4: FC 1,222.
[10] Der Text ist den Anaphoren des antiochenischen Typs nachempfunden.
[11] Vgl. Fischer, Die Hochgebete von Melbourne.

Zur Einbeziehung des Gedenkens an die Schöpfung in den Gottesdienst

Post-Sanctus:
Herr, du bist so gut wie nichts sonst. Alles was gut ist, kommt von dir, der leise Regen, die warme Sonne, die Farbe der Blumen, der tiefe Schatten, den die Bäume werfen, die Liebe unserer Freunde, all das kommt von dir, Vater.
Ähnlich lebensnah formulieren auch die in unserem Sprachgebiet zugelassenen Hochgebetstexte für Messfeiern mit Kindern. Sie müssten nur verwendet werden, anstatt dass sie überhaupt nicht zur Kenntnis genommen werden und man die geringe Kinderfreundlichkeit unserer liturgischen Texte beklagt.

Der letzte Satz der Interzessionen von Hochgebet 4 erinnert an den letzten Satz vor der Schlussdoxologie des Römischen Kanons:
Denn durch ihn erschaffst du immerfort alle diese guten Gaben, gibst ihnen Leben und Weihe und spendest sie uns.
Unmittelbar vor diesem Satz wurden im Altertum die Benediktionen von Naturalien in das Hochgebet eingefügt. Bis heute ist die Segnung des Krankenöls in der Missa Chrismatis an dieser Stelle vorgesehen, falls der Römische Kanon verwendet wird. So verweist dieser Text des eucharistischen Hochgebets über Brot und Wein auf ein weiteres Sakrament, bei dem ein anderes Naturprodukt, das Öl, benötigt wird. Die anderen Öle, das für die Taufe, vor allem von Erwachsenen, nötige Katechumenenöl, und der Chrisam für die Firmung, die Presbyter- und Bischofsordination sowie für die Dedikation von Kirchen und Altären werden erst am Ende der Chrismamesse benediziert.

Neben Brot, Wein und Öl ist als weiteres Naturelement nur noch das Wasser für ein Sakrament, die Taufe, nötig.

Sodann verweist der Schlusstext des Römischen Kanons aber auch auf das liturgische Buch, das für die Segnungen vorgesehen ist. In ihm kommt infolge der liturgischen Erneuerung die Schöpfungswirklichkeit auf ganz besondere Weise zur Geltung. Das mit Erlaubnis der Gottesdienstkongregation ohne lateinische Vorlage erarbeitete deutsche Benediktionale sagt zu den Segnungen: Sie sind „Zeichen dafür, dass auch die Schöpfung von der Sklaverei und Verlorenheit befreit werden" soll „zur Freiheit und Herrlichkeit der Kinder Gottes" (Röm 8, 21). Die Kirche bittet durch ihr vom Heiligen Geist getragenes Gebet, die schöpfungswidrige Macht des Bösen zu zerstören und die Dinge dieser Welt in die Ordnung der Schöpfung und des Heiles einzufügen. „Denn alles, was Gott geschaffen hat, ist gut, und nichts ist verwerflich, wenn es mit Dank genossen wird, es wird geheiligt durch Gottes Wort und durch das Gebet" (1 Tim 4, 4–5).

So erfahren der Einzelne und die Gemeinschaft in den Segnungen sich selbst, die Gaben der Natur und die Frucht ihrer Arbeit als Geschenk der Güte Gottes: Sie erkennen seine ordnende und schützende Macht und können mit seiner Hilfe besser in ihrem Leben und der Welt dem Reich Gottes dienen."[12]

Auf folgende Elemente der Schöpfung beziehen sich Segnungsformulare im deutschen Benediktionale:

---

[12] Benediktionale. Studienausgabe für die katholischen Bistümer des deutschen Sprachgebietes, Einsiedeln u. a. 1978, Pastorale Einführung 9.

Im Lauf des Kirchenjahres: Adventskranz und Kerzen; Wein; Wasser, Weihrauch und Kreide; Speisen; Kräuter; Erntegaben; Brot; Feuer.
Religiöse Zeichen: Wasser und Kerzen.
Im Leben der Familie: Speisen bei Tisch; Brot.
Arbeit und Beruf: Tiere, Felder, Weiden, Weingärten.
„Brauchen wir ein neues Fest?" fragte vor fünf Jahren ein Liturgiewissenschaftler.[13] Als Papst Johannes Paul II. sich bemühte, aufgrund seiner Verehrung für eine polnische Nonne den „Weißen Sonntag" zum „Sonntag von der Barmherzigkeit Gottes" umzubenennen, zuckte alle Welt die Achseln und beließ alles beim Alten. So wird es auch bleiben, wenn der Titel zusätzlich in die liturgischen Bücher aufgenommen wird. Feste zu feiern, kann nicht die Autorität befehlen. Die Feier muss aus dem Leben der Gemeinden erwachsen. Sinnvoller und beständiger als ein neues Fest ist die selbstverständliche Übernahme des Schöpfungsgedankens in bereits geltende Formulare, wie dies beim Hochgebet vorbildlich gelungen ist.

---

[13] Vgl. Haunerland, Brauchen wir ein neues Fest?.

III. Die Konfrontation des kirchlichen Dienstes mit „den sehr oft so grundlegend veränderten pastoralen und menschlichen Umständen" (PO 1) – Ermutigung zu einer topopraktischen Pastoral

von Ottmar Fuchs

1. Explikation impliziter Konsequenzen

a) Relevanz durch Resonanz

Verbindet man dieses Zitat aus PO 1 mit dem programmatischen Beginn der Pastoralkonstitution, worin die „engste Verbundenheit der Kirche mit der ganzen Menschheitsfamilie" damit präzisiert wird, dass „Freude und Hoffnung, Trauer und Angst der Menschen von heute, besonders der Armen und Bedrängten aller Art, auch Freude und Hoffnung, Trauer und Angst" der Christen und Christinnen sind (GS 1), und betrachtet man den entsprechenden Dienst der Priester, wie ihn PO zeichnet, als sakramental-amtliche Explikation des pastoralen Dienstes der gesamten Kirche und aller Gläubigen, insofern er in seinem proexistenten Dienst für den Dienst der ganzen Kirche letzteren widerspiegelt, interpretiert GS 1 das Titelzitat aus PO 1 in einer ganz bestimmten Weise: Die veränderten pastoralen und menschlichen Umstände haben ihre Ursache darin, dass die Sorgen und Freuden der Menschen gesehen und gehört werden. Wer sie nicht wahrnimmt, muss sich nicht verändern. Wer sich nicht verändern will, kann Augen und Ohren verschließen.

Was in beiden Texten zwar (im Plural der „Umstände" und der Menschen in verschiedenen Umständen) implizit enthalten ist, aber nicht entfaltet wird, ist die aus ihnen resultierende Pluralisierung der Pastoral. Denn wer sich um veränderte menschliche und pastorale Umstände kümmert, muss differenziert hinschauen und zuhören. Und diejenigen, die sich dafür öffnen, dass die Erfahrungen der Menschen auch ihre eigenen sind, gehen über die Wahrnehmung hinaus zu einem Ortswechsel, der von den Erfahrungen der anderen her das eigene Verhalten prägt. Es geht um mehr als das Hinschauen, sondern um eine bestimmte Reaktion auf das Gesehene, nämlich darum, dass alles Menschliche „im Herzen (der Gläubigen) seinen Widerhall" findet (GS 1). Das lateinische Wort heißt hier „resonet": Es geht also um die Resonanzfähigkeit kirchlicher Pastoral hinsichtlich dessen, was die Menschen, vor allem die Bedrängten, erfahren. Ohne diese Resonanzfähigkeit gibt es keine Evangelisierung. Letztere ereignet sich also in einem doppelten „Hörer/in des Wortes"-Sein: im Hinhören auf die Geschichten der Vergangenheit, wie sie in der Bibel und in der kirchlichen Tradition Gottes Handeln in der Geschichte zum Vorschein bringen, und im Hinhören auf die Menschen in der Gegenwart und auf ihre Geschichten, damit die ersteren tatsächlich als für das je eigene Leben relevant erfahren werden können. Resonanz der Pastoral und Relevanz des Evangeliums bedingen sich gegenseitig. Beides konstituiert die Wahrnehmung der „Zeichen der Zeit" in konkreten Verhältnissen und das Setzen neuer Wirklichkeit als Zeichen des Reiches Gottes in dieser Welt.

b) Wider den „Platonismus" in der Pastoral

Damit erteilt das Konzil jeder Art von „Platonismus" in der Pastoral eine deutliche Absage. Jedenfalls gilt dies, wenn man die Erschließung dieses Begriff durch Karl Popper zugrundelegt.[1] Nach Popper hasste Platon „das Individuum und seine Freiheit ebenso sehr wie die wechselnden besonderen Erfahrungen und die Vielfalt der veränderlichen Welt wahrnehmbarer Dinge"[2]. Elmar Klinger hat diese Analyse des Platonismus als Basis der Auseinandersetzung um die theologische Qualifizierung des Zweiten Vatikanums herangezogen.[3] Indem das Konzil einen „positiven Begriff von den einzelnen in der Berufung des Menschen" hat, indem es für die Freiheit und die Menschenrechte eintritt, indem es nicht assistentialistisch über die Armen Entscheidungen trifft, sondern letztere von der Begegnung mit ihnen abhängig macht,[4] indem es die Autorität des kirchlichen Amtes strikt an einen ganz bestimmten Dienst bindet und damit inhaltlich bedingt sein lässt und vom Missverständnis des Autoritarismus befreit, indem es die Menschenwürde auch der Priester achtet und in OT als Erziehungsziel nicht Gewöhnung und Dressur, sondern menschliche und theologische Bildung reklamiert, indem es die ganze Kirche auch in ihrer institutionellen Verfasstheit aus jeder Art von institutionalistischer Selbstwertigkeit herausholt und der Ekklesiologie, „sacramentum mundi" zu sein, unterwirft, überwindet es den Platonismus in der Kirche.

Damit überwindet das Konzil auch jegliche Höherbewertung von systematisch-theologischen bzw. dogmatischen Abstraktionen und von generalisierten ethischen Prinzipien gegenüber den vielfältigen Lebens- und Leidensverhältnissen. Nicht dass es den Diskurs um konzeptionelle Abstraktionen und generalisierbare ethische Prinzipien nicht geben dürfe: Sie bleiben weiterhin umso unerlässlicher, als sie ein Doppeltes beachten: einmal die Einsicht Adornos, dass auch die Erkenntnis dem „Bannkreis des Daseins" nicht entrücken kann und „mit der gleichen Entstelltheit und Bedürftigkeit geschlagen ist, der sie zu entrinnen vorhat"[5]. Zum anderen darf ein solches Denken nicht der Versuchung erliegen, die Verbindung zwischen dem Gedachten und der Wirklichkeit läge in der Deduktion bzw., wenn diese Deduktion herrschaftlich institutionalisiert ist, in der Unterwerfung der Einzelschicksale unter ein dann generalisiertes abstraktes oder ethisches „Gesetz". Die Beziehungsform ist vielmehr die der Begegnung und der gegenseitigen Ernstnahme von kognitiven Einsichten (die ja immer auch untereinander sehr vielfältig sind) und den vielfältig-unterschiedlichen Erfahrungen

---

[1] Vgl. Popper, Zauber Platons.
[2] Ebd. 148.
[3] Vgl. Klinger, Armut 280–287.
[4] Ebd. 285.
[5] Adorno, Schriften IV, 283; vgl. aus theologischer Perspektive dazu: Rahner, Erfahrungen 107.

bzw. Situationen. Schließlich dürfen Abstraktionen nicht zur idealistischen Ideologie verkommen, wenn sie ein Gedachtes, wie etwa ein Prinzip, in einer menschlichen oder institutionellen Wirklichkeit als bereits vollständig realisiert glauben, wie dies etwa dann geschähe, wenn man die Kirche einfach mit dem Reich Gottes identifizieren würde.[6]

c) Mut zur „Mikrologie"

Doch sind dies bislang selbst wieder „nur" konzeptionelle Überlegungen zum „topologischen Anspruch" (Sander[7]) des Zweiten Vatikanums. Wenn es in solcher Mikrologie[8] tatsächlich um die Geltung des Besonderen, vor allem die Bedürftigkeit der Leidenden, geht, und wenn darin Ort, Zeit, Situation und Erfahrungen der Betroffenen im Mittelpunkt der pastoralen Begegnung stehen, muss man schon noch einmal „topopraktisch" genau hinschauen, was man sich mit dieser „Wende" einholt, manchmal auch einhandelt.[9] Eine sich platonisch gebende Kirche und Pastoral hätte demgegenüber einige Vorteile, allerdings vom Evangelium her strikt unerlaubte, denn die Sehnsucht, Wirklichkeit über Abstraktionen und Idealisierungen im Griff haben zu wollen, entlastet zwar von der gründlichen Wahrnehmung der Wirklichkeit, entspricht aber ganz und gar nicht jener Geschichtstheologie, die mit der Theologie der „Zeichen der Zeit" im Horizont der topologischen Struktur der Heilsgeschichte überhaupt verbunden ist.[10]

Was sich die Kirche einholt, wenn sie das Leben der Menschen „einholt", sind in jedem Fall Turbulenzen und Konflikte, sowohl zwischen vorgestellten Prinzipien und Abstraktionen und dem wirklichen Leben auf der einen und zwischen unterschiedlichen wirklichen Leben auf der anderen Seite. Wer menschliches Le-

---

[6] Nach Adorno wäre es eine idealistische Ideologie, „die Versöhnung inmitten des Unversöhnten als geleistet [zu] glorifizieren" (Adorno, Schriften VI, 382).
[7] Vgl. Sanders Beitrag zum singulären Geschichtshandeln Gottes als einer Frage der pluralen Topologie der Zeichen der Zeit im zweiten Kapitel dieses Bandes.
[8] Der Begriff des Mikrologischen oder Topologischen darf nicht, analog etwa zur Unterscheidung zwischen makro- oder mikrosoziologischen Forschungen, so verstanden werden, als ginge es dabei nur um die näheren interpersonalen Bezüge. Vielmehr geht es um die Einsicht, dass jedes Engagement einen bestimmten Ausgangspunkt hat, auch das global interessierte, zum Beispiel eine bestimmte Institution, in der man sich engagiert. Auch der flächendeckende Begriff der Weltkirche kann kommunikativ nur in begrenzten Beziehungen zwischen Gemeinden bzw. Diözesen in unterschiedlichen Erdteilen erlebt werden.
[9] Zum Begriff des Topopraktischen in diesem Zusammenhang: Fuchs, Praktische Hermeneutik 415ff.: In der dort entwickelten „topopraktischen Kriteriologie biblischer Hermeneutik" wird das Verhältnis zur biblischen Botschaft als eine Begegnung verstanden, in der die personalen und situativen Voraussetzungen der Menschen, die biblischen Geschichten begegnen, eine eigene hermeneutische Bedeutungskraft entwickeln.
[10] Vgl. Sander, a.a.O. So kann man schwerlich sagen, dass die Frauenordination, weil sie doch eine theologische Frage sei, keine Sache der Gender-Gerechtigkeit sei, so dass eine aus theologischen Gründen ausgeschlossene Frauenordination nicht gegen die gleiche Würde von Mann und Frau verstoße: Hier gilt, was Klinger an einem anderen Beispiel zeigt: „Platonisch ist die Behauptung eines deutschen Generalvikars, der Priester trete mit der Priesterweihe seine Menschenwürde ab." (Klinger, Armut 285).

ben wahrnehmen will, ist immer zugleich gezwungen, die darin aufscheinende Vielfältigkeit, Pluralität und Widersprüchlichkeit ernst zu nehmen. Die generelle Aussage, menschliches Leben wahrzunehmen, macht zwar den Wirklichkeitsbezug zum Thema, erörtert aber noch lange nicht die pastorale Mikropraxis in ihrer Pluralität, Widersprüchlichkeit und darin immer weniger möglichen Exklusion, als wenn man die Innen-Außen-Regulierung über theoretische Abstraktionen bzw. institutionelle Merkmale bestimmen könnte.

Was in der Kirche bis zur Zeit des Konzils kein zentrales Thema sein durfte, nämlich der für die Kirche selbst konstitutive Bezug auf die Berufung der Menschen, wird zwar auf dem Konzil zum Thema gemacht, doch kommen in den Texten die daraus folgenden Konsequenzen praktischer Art noch nicht ins Bewusstsein. Genau daran, ob man diese Konsequenzen tatsächlich ernsthaft um der konziliaren Identität der Kirche willen riskiert oder nicht, geht der jahrzehntelange Streit um die richtige „Hermeneutik" des Konzils.[11] Das oft ängstliche Zurückschrecken vor diesen Konsequenzen hat mit der damit verbundenen notwendigen Abrüstung zu tun, hinsichtlich der in Christus geoffenbarten Wahrheit Gottes zwar alles zum Heil der Welt zu tun, aber diesbezüglich nichts im Zugriff der eigenen Herrschaft haben zu wollen, sondern in allem, in jeder pastoralen Handlung über das zu Tuende hinaus Gott die größere Ehre zu geben und am Ende auch auf jede Selbstgefälligkeit zu verzichten, es, mit dem Blick auf Prinzipien, total richtig gemacht zu haben. Solche Einstellungen gehen immer auf Kosten jener Menschen, die bei solcher „Richtigkeit" aufgrund ihrer Lebensverhältnisse nicht mithalten können.

d) Verlust pastoraler „Unschuld"

Die „topopraktischen" Beispiele, die ich nachher andeute, zeigen, dass sich eine Pastoral, die sich von den Freuden und Leiden der Menschen her konstituiert, nicht selbst so idealisieren kann, als wäre mit dem Bezug zur Begegnung und zum Handeln nun die Ambivalenzträchtigkeit, die auf Seiten des „Platonismus" in der Kirche analysiert wurde, nicht auch im eigenen Bereich, wenn auch in anderer Weise, wahrzunehmen. Es handelt sich aber um einen entscheidenden Unterschied: Die Ambivalenz, die die platonisierende Pastoral verwirklicht, ist vom Evangelium nicht notwendig. Jene Ambivalenz, die sich in eine mikrologische Pastoral hineinbegibt, ist von jenem Evangelisierungsbegriff her notwendig, in dem sich die Kirche für das Heil aller Menschen einsetzt, bedingungslos dem gegenüber, wie sündig sie sind. So kann es keine Bedingung geben, die dafür geeignet wäre, bestimmte Menschen aus der pastoralen Verantwortung der Kir-

---

[11] Das Anliegen des Konzils, Dogma und Pastoral als sich gegenseitig erschließende Kategorien zu verstehen, bekommt hier eine unerwünschte Bestätigung, insofern die bestehende Praxis der Kirche zu wenig die Lehre des Konzils zu erschließen vermag. Es ist gewissermaßen ein praktisch-hermeneutischer „Teufelskreis": Weil die personalen und sozialen Gestalten der Kirche noch nicht genug die Konsequenzen konziliarer Pastoral riskieren, können sie auch nicht deutlich genug verstehen, worauf die Texte des Konzils hinaus wollen.

che zu exkludieren. Eine Pastoral, die sich wirklich in die Schwierigkeiten, Unmöglichkeiten und Dunkelheiten von Menschen hineinbegibt, kann nie unschuldig bleiben im Sinne einer „Reinheit", die man nur behaupten kann, wenn man sich nicht in die „Niederungen" der Wirklichkeit hineinbegibt.

Unschuldig ist eine solche Pastoral auch deswegen nicht, weil die Kirche in ihren Institutionen, weil die Ämter und die Gläubigen insgesamt nicht aus der Ambivalenz und Schuldanfälligkeit menschlichen Lebens herausfallen, auch und gerade im pastoralen Handeln nicht. Es darf also, gerade um das Anliegen des Konzils konsequent ernst zu nehmen, dieses Anliegen nicht so idealisiert werden, als wäre mit dem Konkretionsbezug nicht auch eine größere Gefahr eines dann allerdings schmerzlich erlebbaren Scheiterns verbunden, das auch nicht durch eine allzu behände beanspruchte Kreuzestheologie „bereinigt" werden kann, sondern eher mit den eigenen Ambivalenzen zu tun hat. Dennoch kann nirgendwo anders als in solchen Zusammenhängen im Ernstfall tatsächlich von der Kreuzesnachfolge die Rede sein, wenn darin mit Anderen bestimmte Situationen ausgehalten werden bzw. zugunsten der Anderen eigene Nachteile riskiert werden.[12]

Diese Differenzerfahrung, die in sich zugleich die Dimension des antizipierten Gerichts und der darin geschenkten Gnade der Annahme des Sünders und der Sünderin hat, öffnet in einer ganz neuen Weise für die eschatologische Dimension der Pastoral, insofern darin ehrlich und zugleich hoffnungsvoll erlebt wird, dass die Pastoral der Kirche und aller Gläubigen immer nur punktuell geschehen kann, niemals flächig und flächendeckend, und dass an den kommenden Richter und Erlöser alle Gotteskomplexe abgegeben werden, wonach die Kirche selbst die letzte Herstellung des Reiches Gottes bewältigen könnte.[13] Eine solche eschatologische Offenheit blockiert die Verendlichung der Transzendenz, die mit jeder Platonisierung – zumindest implizit – gegeben ist. Damit würde zudem jene Menschwerdung Gottes in diesem Äon konterkariert, die sich selbst auf eine ganz bestimmte und gerade darin höchst aussagekräftige personale Topopraxie in einem bestimmten Volk, in einer bestimmten Zeit und an einem bestimmten Ort einlässt.

Allerdings darf selbstverständlich nicht übersehen werden, dass solche pastoralen Vorgänge nicht nur Verausgabungen sind, sondern dass darin auch oft die in der Berufung der Menschen gelebte Gnade Gottes zum Vorschein kommt, in ihren Handlungen, in ihren Lebenserfahrungen, in ihren Vorstellungen und in ihren Hoffnungen. Es ist dies immer auch ein reziprokes Geschehen im Horizont eines heiligen Geistes, der weht, wo er will. Wenn dies klar ist, kann aber auch das andere gesagt sein: Dass viele pastorale Begegnungen mehr „kosten" als sie „geben", wobei die Dialektik ebenfalls mitzudenken ist, dass auch leidvolle pastorale Erfahrungen ein elementares Lebens- und Glaubensgeschenk sein können.

Schuldfrei ist eine solche sich in die Wirklichkeit hineinbegebende Pastoral

---

[12] Dass nicht nur im Zusammenhang mit Gedanken und Worten, sondern auch mit Handlungen Götzendienst verbunden werden kann, indem mit ihnen ein größerer Zugriff auf Gott zu phantasiert wird als mit bloßen Worten, vgl. Fuchs, Theologie aus der Erfahrung 70–76.
[13] Vgl. Fuchs, Kommentar zu PO 495 (Bd. 4 dieses Werkes).

auch schon immer deswegen nicht, weil sie immer, ob sie es will oder nicht, positive Diskriminierungen schafft:[14] Es ist dies das Problem jeder entwicklungspolitischen und diakonischen Einrichtung oder Initiative, dass sie mit der Hilfe ganz bestimmten Menschen gegenüber zugleich schon ihre Energie und ihre Ressourcen verausgabt hat, und damit gleichzeitig anderen Menschen nicht helfen kann. Auch Jesus konnte nur eine bestimmte Anzahl von Menschen heilen und hat sich trotzdem nicht unter die ohnehin unmögliche Devise gestellt, alle Menschen heilen zu müssen: weil dies unmöglich ist! Dennoch hat sich Jesus die Zeit genommen, in die Wüste zu gehen und dort von seiner Gottesbeziehung her jene Kraft zu gewinnen, sich in der entscheidenden Situation endgültig hinzugeben. Dass die Kirche „nur" ein, allerdings ein hoffentlich punktuell die Wirklichkeit wirklich erreichendes *Zeichen* des Reiches Gottes in der Welt ist, kann sie vor Gott im Gebet beklagen, aber nicht verändern.[15] Wer sich in eine solche Pastoral begibt, lernt Ohnmacht auszuhalten, lernt aber auch, diese Ohnmacht nicht zum Anlass zu nehmen, sich selber im Sinne des Reiches Gottes als ohnmächtig einzuschätzen. Auch die letzte Ohnmacht des Kreuzes ist noch ein Widerstand gegen die destruktiven Mächte der Welt.[16]

2. Beispiele

a) Überforderte Dogmatik?

Dass der Übergang von einer platonisierenden hin zu einer evangelisierend-missionarischen Theologie nicht reibungslos ist, zeigen Operationen in den Texten, in denen die bisherige Art, flächendeckend zu denken, nun doch wieder auf den Erfahrungsbezug übertragen wird, was seinerseits nicht anders denn als hoffnungslose Überforderung bei den Betroffenen ankommen kann. Wenn in OT die Dogmatik dazu aufgerufen wird, sich nicht nur mit den biblischen Erfahrungen (vom Bezug auf die Väter und die Dogmengeschichte ganz zu schweigen), sondern auch auf die liturgischen Handlungen und auf die pastorale Verantwortung, die Wahrheit in angepasster Weise den Menschen mitzuteilen, zu konzentrieren (vgl. OT 16,3), dann ist eine solche „biblisch begründete pastoral und diakonisch ausgerichtete Glaubenshermeneutik"[17] zwar ein konzeptioneller Fort-

---

[14] Jede Topopraxie ist also immer auch mit einer gewissen Exklusion derer, die darin nicht vorkommen, verbunden. Es gibt nur einen, der wirklich alles inkludiert, und das ist Gott selbst. In den Begrenzungen der Geschichte und Geschichten ist der kirchlichen Pastoral gleichwohl von der bereits in der Offenbarung feststellbaren Dynamik zu immer weniger Exklusion aufgegeben, sich in die gleiche „göttliche" Dynamik hineinzubegeben und nicht vorschnell und aktiv Exklusionen herzustellen, die überschritten werden könnten.
[15] Deswegen ist im Evangelisierungskonzept, wie sie beispielsweise die Theologien der Befreiung in Lateinamerika vertreten, der Optionsbegriff so entscheidend, nämlich die notwendige Entscheidung für ein ganz bestimmtes Engagement bei gleichzeitigem schmerzlichem Bewusstsein, vieles andere dann nicht verfolgen zu können: vgl. Fuchs, Heilen und befreien 95–98.
[16] Vgl. Sander, Macht in der Ohnmacht 164 ff.
[17] Vgl. Hoping in seinem Beitrag in diesem Kapitel.

schritt, doch sind die damit verbundenen methodischen und kommunikativen Probleme erst noch zu lösen.

Methodisch geht es vor allem darum, wie die Dogmatik das Allgemeine und das Singuläre zusammenbringt (ob sie das Singuläre in ihrem Konzept nur als wichtig apostrophiert oder sich von einer realen Begegnung mit dem Singulären abhängig macht); und kommunikativ geht es darum, wie weit die Dogmatik von dieser neuen Aufgabenstellung her sich in eine für sie selbst konstitutive interdisziplinäre Verbindung mit den einschlägigen anderen theologischen Wissenschaften hineinbegibt, hier vor allem mit der biblischen Theologie, der Liturgiewissenschaft und der Pastoraltheologie. In beiden Fällen dringen Selbstbeschränkung und Partialität in die Dogmatik ein. Was *dann* die Identität der Dogmatik ausmacht, ist entsprechend neu zu präzisieren.

b) Pluralität der Ausbildungsorte

OT bemüht sich sehr, die neuen pastoralen Herausforderungen mit einer entsprechend veränderten Ausbildung zu verbinden, die die Stärkung der Person zu eigenen freien Entscheidungen genauso im Blick hat, wie die Bindung an die Inhalte des Evangeliums, und die danach strebt, beide miteinander und mit unterschiedlichen pastoralen Herausforderungen in gegenseitige Bedingungs- und Erschließungszusammenhänge zu bringen. Allerdings geschieht dies immer noch seminarbezogen (vgl. OT 18) und noch nicht mit der Konsequenz, dass sich dann auch die Ausbildungsinstitutionen selbst pluralisieren könnten und das Priesterseminar sein diesbezügliches Monopol verliert, ohne seine Existenz verlieren zu müssen. Allerdings wird es dann „nur" noch zu einem Faktor in der Gesamtausbildung: wenn beispielsweise Theologiestudierende einen Großteil ihrer Studienzeit in Gemeinden oder an anderen pastoralen Orten verbringen (wie z. B. in der Arbeitswelt oder im sozialen Bereich), so dass die Ausbildung polytopologisch wird, wobei sich Struktur und Zusammenhang dieser unterschiedlichen Orte nach den Kriterien der Charismen der Personen, ihren wissenschaftlichen Interessen und pastoralen Kompetenzen, ihren Spiritualitätsrichtungen und den pastoralen Notwendigkeiten richtet.

c) Dialektik biblischer Texte

Der Tisch des Wortes wird nicht nur in der Liturgiekonstitution neu gedeckt, sondern auch im Bibelbezug der vatikanischen Texte selbst, und zwar in quantitativer wie auch qualitativer Weise.[18] Vor allem ist dabei die Dynamik zu einer „pastoralen Horizontverschmelzung" wahrzunehmen, insofern die gegenwärtigen pastoralen Fragestellungen auch die Bibeltexte als pastorale Texte aufzufassen vermögen. Mit der Pluralität und Widerspenstigkeit biblischer Texte, auch derart,

---

[18] Vgl. dazu meinen Exkurs zum Bibelbezug des Zweiten Vatikanums in Kapitel 3 dieses Bandes.

dass sich ihre Widerspenstigkeit gegenüber der Gegenwart durchsetzt, wird in den Konzilstexten allerdings noch wenig gerechnet. Diese Pluralität liegt aber in der Konsequenz dessen, wie die konziliaren Texte das biblische Wort hochschätzen, sowohl konzeptionell wie auch im realisierten Selbstbezug.

In den Dokumenten kommt es noch nicht dazu, die eigene Pastoral möglicherweise im Widerspruch zu bestimmten biblischen Texten und in Übereinstimmung zu anderen biblischen Texten zu diskutieren und von daher in einer neuen Weise die pastorale Verantwortung der eigenen Entscheidung zu klären. Die Nachahmungshermeneutik zwischen Bibel und Gegenwart weicht dann einer Begegnungshermeneutik, in der erst einmal intergeschichtlich im Horizont des gemeinsamen heiligen Geistes Entsprechendes zu entscheiden ist.[19]

Damit kommt auch kaum jene biblische Gottesbegegnung in den Blick, die seine Verborgenheit, seine schmerzliche Ferne, ja seine Dunkelheit, seine tiefe Unverständlichkeit insbesondere hinsichtlich seines auch gewalttätigen Handelns in der Geschichte zur Sprache bringen.[20] In der Begegnung mit solchen Texten müsste die Kirche sich zugleich fragen lassen, wie sie selbst mit Herrschaft und zugunsten wessen sie mit Macht umgeht.

d) Neuer Umgang mit „Prinzipien"

Das Konzil leistet den Übergang von Prinzipien, die deduktiv und unterordnend mit der Wirklichkeit in Verbindung gebracht werden, zu Prinzipien, die angesichts konkreter Situationen in anderen Prinzipien ihre Begrenzungen finden, um bestimmten Betroffenen im Sinne einer an der sakramentalen Gestalt der Kirche zum Heil der Welt orientierten Pastoral gerecht zu werden.[21] Dies hat Konsequenzen für eine differenziertere Wahrnehmung: Wer total generalisierbare „saubere" Prinzipien vertritt, erliegt leicht dem Versuch, die Menschen schwarz-weiß danach einzuteilen, ob sie sich daran halten oder nicht. Mischverhältnisse werden wenig wahrgenommen, dass nämlich bei Menschen, die ein bestimmtes Prinzip nicht einhalten, dennoch anderweitig bezüglich anderer Prinzipien Gutes zu finden sein kann. Prinzipien haben oft totalitären Charakter, obgleich sie selbst immer nur für Teile menschlicher Lebensgestaltung zuständig sind.

Wer bestimmte sittliche Prinzipien im Bereich der Sexualität einhält, muss nicht auch automatisch im Umgang mit der Macht menschlich sein. Der vom Zweiten Vatikanum angezielte genaue Blick auf die Wirklichkeit provoziert eine partielle Art und Weise, mit generellen Vorstellungen umzugehen, damit nicht über das generell Gültige das singulär Vorhandene ausgegrenzt wird. Für Gott ist nicht einmal das zu ihm Feindlichste, nämlich die Sünde, ein Anlass für die Ausgrenzung der Sünder und Sünderinnen (vgl. 1 Joh 4, 10).

---

[19] Vgl. Fuchs, Praktische Hermeneutik 13–54.
[20] Vgl. ebd. 138–161: und dies gilt nicht nur für das Alte Testament, sondern auch für das Neue!
[21] Vgl. Kirschner, Kirche.

e) Rehabilitierung „verfemter" Pastoral

Indem das Zweite Vatikanum ernst nimmt, was die Menschen tatsächlich an Leid und Freude fühlen, erübrigt sich die immer wieder erfahrbare Differenz zwischen offizieller und inoffizieller bzw. geduldeter bis verfemter Pastoral. Dass diese Schere verschiedentlich immer weiter auseinander klafft, ist bereits mehrfach untersucht und ernst genommen worden.[22] Die Initiative des Hirtenbriefs der drei Bischöfe der oberrheinischen Kirchenprovinz (1993), hinsichtlich des pastoralen Umgangs mit wiederverheirateten Geschiedenen die angesprochene aufklaffende Schere zwischen offizieller und inoffizieller Pastoral so weit wie möglich zu verkleinern, stellt einen bislang singulären diesbezüglichen Versuch von kirchenoffizieller Seite dar.[23]

Dramatische Ausmaße nimmt dieser Widerspruch zwischen einer „Pastoral bei Tag" und einer „Pastoral bei Nacht" in der Aidsproblematik an, und dies vor allem in afrikanischen Ländern, wo die HIV-Infektion mehrheitlich längst das Gesicht der Frauen trägt.[24] Die Akzeptanz von Kondomen vor allem von Seiten der Männer würde die Infektionsrate um ein Vielfaches senken. Hier zeigt sich die Brisanz einer an den Problemen der Menschen, an ihren tatsächlichen Leiden orientierten Pastoral, die nicht als „Kompromiss" mit der eigentlichen Pastoral gelten kann, sondern die in der im Zweiten Vatikanum noch nicht in den Blick genommenen, aber buchstäblich notwendigen Konsequenz dieser Pastoral liegt.

Von der missionarischen Identität der Kirche her, für die Menschen auf allen Niveaus ihrer sittlichen Befindlichkeit ihr Schicksal teilend und soweit wie möglich heilend und befreiend zu wirken, ist gerade jene Pastoral die offizielle, die die Infektionsverhinderung als größeren Wert ansieht als die Kondomverhinderung (wobei ich die sittliche Position, wie sie lehramtliche Texte diesbezüglich vertreten, hier nicht problematisiere). Der Preis dafür, in rigider Weise Kondome zu verbieten, wäre zu hoch, weil er viele Menschenleben kostet. Jedenfalls ist letzteres aus soteriologischer Perspektive schwerwiegender als ersteres. Hier zeigt sich der Unterschied zwischen unbedingter diakonischer Pastoral und einer Pastoral, die nur bedingt diakonisch ist, nämlich wenn Menschen in bestimmter Hinsicht „nicht sündigen".

Die Konzilstexte haben diesen Zusammenhang noch nicht im Blick, provozieren ihn aber: nämlich dass eine soteriopraktisch orientierte Pastoral Menschen in jedem sittlichen Zustand ihrer selbst der ganzen Menschenwürde und damit des ganzen Einsatzes für ihr Leben und Überleben für wert hält. Erst dann gibt es überhaupt erst die Chance der angezielten sittlichen Bildung. Der diakonische und immer entgrenzende Anteil in der Pastoral kommt in Verbindung mit bestimmten komplexen Problemen und Leiderfahrungen vermehrt ins Gehege nicht nur mit den Grenzziehungen des Glaubens, sondern auch mit den Grenzziehungen der sittlichen Vorstellungen der Kirche. Hier kann nur im konkreten

---

[22] Vgl. Böckenförde, Neuere Tendenzen.
[23] Vgl. Schneider (Hg.), Geschieden.
[24] Vgl. Lindorfer, Pain.

Fall und immer in einer verantworteten Nähe zur Schuldfähigkeit der Pastoral selbst das je Schlimmere verhindert werden. Wenn sich die Pastoral in ihrem Handeln derart von den Betroffenen her rekonstruiert, ist sie genauso notwendig, wie sie darin auch ihre selbstrühmerische Unschuld verliert.[25] Die klassische Epikie wird zum Ernstfall authentischer Pastoral.[26] Der Komparativ der Notverhinderung ist wichtiger als der Superlativ der Prinzipienerfüllung.[27]

Dies gilt übrigens auch für ganz bestimmte Situationen in der Spiritualität. Nicht umsonst stehen die Fluchpsalmen in Israels Gebetbuch: In ihrem Durchgang kann in der Situation des größten Hasses dann doch das Schlimmste verhindert werden, nämlich dass man selbst am Anderen Hand anlegt und die Gewalt nicht, wie dies in den Fluchpsalmen geschieht, an Gott delegiert.[28] Mit der Exklusion dieser Psalmen spart man sich zwar ihre Problematik, doch wer weiß, wie viel Gewalt von Kirche und Christen verhindert worden wäre, wenn sie sich einen derartigen spirituellen Kompromiss mit ihrem Hass erlaubt hätten.

Der so genannte pastorale Kompromiss ist in bestimmten Situationen die unerlässliche Pastoral selbst. Diese pastoraltheologische „Hermeneutik" der Leiden und Sünden der Menschen stößt das Konzil kräftig an, was es aber in seinen tatsächlichen Konsequenzen dann wirklich „topopraktisch" bedeutet, wäre vielerorts noch durchzubuchstabieren. Vielleicht war die Rezeption des Zweiten Vatikanums deswegen so schwierig, weil die Flucht in die platonischen ruhigen Gewässer doch immer wieder näher lag als diese heikle pastoraltheologische Analyse und diese pastorale Nähe zur elenden Welt.

f) Strukturelle Pluralisierung der Pastoral

Das Eingehen auf die veränderten, insbesondere pluralisierten Lebenswelten, benötigt auf Seite der Kirche nicht nur den guten Willen der Personen, sondern auch eine Pluralisierung der kirchlichen Institutionen und ihrer pastoralen Orte. Die Texte des Konzils legen die Verantwortung der pastoralen Erneuerung hauptsächlich auf die Schultern der Personen. Was diese Verantwortung für die institutionelle Gestaltung der Kirche an Veränderung und Pluralisierung bedeutet, kommt nur zurückhaltend in den Blick, vor allem im Zusammenhang mit vom Volk Gottes her gestärkten Lizenzen zu synodalen Institutionalisierungen.

---

[25] Vgl. dazu Kruse – Wagner (Hg.), AIDS.
[26] Vgl. Virt, Epikie.
[27] Vgl. Fuchs, Kommentar zu PO 550 (in Bd. 4). Der Ausstieg der katholischen Kirche aus der gesetzlich geregelten Schwangerschaftskonfliktberatung in Deutschland ist hier ein echter Konfliktfall und abhängig von der Erfahrung, wieweit Frauen aus der kirchlichen Beratung heraus zwar den Beratungsschein erhalten, diesen aber nicht zur Tötung unschuldigen menschlichen Lebens benutzen, sondern gar nicht mehr benötigen, weil sie sich für das Leben ihres Kindes entschieden haben. Der tatsächliche Effekt zugunsten möglichst vieler geretteter Kinder ist wichtiger als die formale Kooperation mit der möglichen straffreien Abtreibung. Genau diese tatsächliche Rettung vieler Kinder war für viele deutsche Bischöfe der Grund, warum sie bis zuletzt auf der Seite ihrer Beratungsstellen waren.
[28] Vgl. Fuchs, Praktische Hermeneutik 451 ff.

Die Konfrontation des kirchlichen Dienstes mit „den ... menschlichen Umständen"

Die Entwicklung insbesondere der europäischen Pastoral hat mittlerweile gezeigt, dass den Herausforderungen der unterschiedlichen Lebensräume nicht mehr über eine Sozialform der Kirche, nämlich die Pfarrgemeinde, und auch nicht mehr hinreichend durch die bisherigen kategorialen Dienste so entsprochen werden kann, dass sich die Kirche nicht nur mit ihren Personen, sondern auch mit ihren Institutionen möglichst nahe an die Sorgen und Freuden der Menschen heranbegibt: wie etwa in der lebensraumorientierten Pastoral, die über die Wohnraumorientierung hinaus auf jene Begegnungsknoten von Menschen zugeht, wo sie ebenfalls einen Großteil ihres Lebens verbringen: wo sie arbeiten, Freizeit haben, Natur, Kunst oder Kultur erleben oder ganz bestimmte Anliegen verfolgen.[29] Eine solche strukturelle Pluralisierung in Hautnähe zu den Lebensräumen der Menschen nimmt zugleich ihre Freiheit ernst, zwischen diesen Formen zu wählen und dabei gleichzeitig die Ambivalenz dieser Freiheit zu bearbeiten, nämlich in der Unübersichtlichkeit von Angeboten überhaupt keine eigene konstruktive Freiheit entwickeln zu können. Entscheidend ist dabei allerdings, dass die verschiedenen Orte der Pastoral zueinander passagenfähig und miteinander vernetzt sind, so dass Menschen und Gruppen je nach der Veränderung ihrer Situation und Erfahrung die pastoralen Orte wechseln können und darauf hingewiesen werden. Diese Vernetzung suggeriert keine neue Flächendeckung, sondern vernetzt pastorale „Topopraxien" miteinander, mit vielen Zwischenräumen, die nicht „besetzt" werden können. Die pastoralen Orte verstehen sich außerdem zunehmend als Räume, in denen zwischen Innen und Außen Begegnungen und Vermittlungen entstehen. Hier lernt die Kirche nicht nur die Kräfte guten Willens zu benennen, sondern konkret mit ihnen zusammenzuarbeiten, wie dies ohnehin in den diakonischen pastoralen Orten und Institutionen längst geschieht.

Dabei wird es weiterhin unerlässlich sein, jene die Kontinuität mit der geschichtlichen Identität der Kirche erinnernden und feiernden Sozialformen zu unterstützen oder neu aufzubauen, in denen die gegenwartsbezogene Erfahrungsorientierung absichtsvoll und programmatisch mit der diachronen Erfahrungsorientierung verbunden wird, nämlich mit den verstorbenen Gläubigen in Bibel und Tradition und ihren diversen sozialen Kontexten.[30] „Gemeinden" in diesem Sinne tragen dann nicht nur das, was auf den ersten Blick schnell anschlussfähig ist, in die Gegenwart hinein, sondern auch das, was als sperrig und kritisch erfahren wird. Das tun andere Sozialformen der Kirche auch: Doch Gemeinden thematisieren diesen Zusammenhang auf der Basis einer sozialen Konditionierung, die diese Vorgegebenheit der Vergangenheit als Gnade und Gericht in die Gegenwart hinträgt und dort im Wort, in Symbolen und in den Sakramenten feiert. Über der Memoria werden die Erfahrungen des jetzigen Volkes Gottes mit den Erfahrungen des vergangenen Volkes Gottes in Verbindung ge-

---

[29] Vgl. dazu Ebertz u. a., Lernen, wo die Menschen sind; Bucher, Jenseits der Idylle; ders., Neue Zeiten.
[30] Vgl. Fuchs, Kommentar zu PO 565 (in Bd. 4).

bracht, vor allem mit den Offenbarungserfahrungen in der Bibel und in der Memoria der Eucharistie.

Aus dieser Perspektive benötigt eine Kirche, die ihrer pastoralen Identität in der Welt gerecht wird, die diachrone inhaltliche Verwurzelung und die synchrone strukturelle Vernetzung, wobei sich beides zugunsten einer intensiven Kommunikation und Inkulturation des Evangeliums bei den Menschen stützt und bereichert. Beide Präsenzformen der Kirche, die gemeindlichen und die anderen, sind nicht im Gegensatz von eigentlich und uneigentlich zu qualifizieren. Vielmehr wird in der sakramentalen Gestalt erlebt, was auch in den anderen Vollzugsformen der Kirche der Fall ist, nämlich dass dann, wenn zwei oder drei in seinem Namen versammelt sind, Christus gegenwärtig ist, bzw. dass er gegenwärtig ist in der Begegnung mit von Leid und Ungerechtigkeit betroffenen Menschen. Doch kann dies erst aus der Memoria der Kirche heraus *gesagt* werden.

Dies wäre dann der soziologische Niederschlag des konziliaren Programms der gegenseitigen Erschließungskraft von Dogma und Pastoral, wobei die Verkündigungsbereiche selbst diakonale Qualität haben, und wobei im Hinhören auf die diakonischen Bereiche deren Verkündigung explizit wird.[31]

---

[31] Ob künftig nur die Pfarrgemeinden „Gemeinden" sein werden, ist zweifelhaft, zumal viele Pfarrgemeinden längst durch den Entzug von sakramentalem Leitungsamt und Eucharistiefeier aus dem hier vertretenen Gemeindebegriff herausfallen. Neue Gemeindeformen entstehen in neueren Glaubensbewegungen und Gemeinschaftsgestalten.

IV. „... die Juden weder als von Gott verworfen noch als verflucht" darstellen (NA 4) – die Kirche vor den verletzten Menschenrechten religiös andersgläubiger Menschen

von Roman A. Siebenrock

Die kirchliche Anwaltschaft für die Rechte eines jeden Menschen, die mit der Enzyklika Johannes XXIII. *Pacem in terris* (1963) erstmals umfassend die Lehre der Kirche bestimmte und nach dem Konzil im Pontifikat von Johannes Paul II. pragmatisch, medial und reflexiv ausgeweitet und vertieft worden ist, beinhaltet eine der wesentlichen Ortsänderungen der Kirche in den letzten Jahrhunderten mit erheblichen Konsequenzen.[1] Eine solche Ortsänderung, die die Kirche als Ganze in all ihren Vollzügen tangiert, lässt sich nicht taktisch durchsetzen oder gar durchhalten, sondern ist nur mit einer theologischen Begründung aus der Mitte des Glaubens zu vollziehen. Nur in der Kraft der Wurzel hält eine Neupositionierung der Kirche den Zeitläuften stand. In Zeiten, in denen das Krisenbewusstsein aus unterschiedlichen Gründen mit Recht zunimmt, wird scharf nach der Berechtigung und Gültigkeit früherer Grundsatzentscheidungen gefragt. Ohne Zweifel leben wir in solchen Zeiten, weil sich eine künftige Gestalt der Kirche der Zukunft noch nicht abzeichnet, die Kontroversen darum auch aus Spargründen zunehmen, und manche Erwartungen, die (zu Recht oder ohne wirklichen Grund) mit dem Konzil verbunden waren, sich zerschlagen haben.[2] In solchen prinzipiellen Orientierungsdebatten müssen auch die Grundentscheidungen des Konzils auf dem Prüfstand stehen. Diese erweisen allein ihre theologische Dignität dadurch, dass sie sich darin bewähren und jeder Anfrage ausgesetzt werden dürfen. Dass das Konzil gerade im Fall des Verhältnisses von Kirche und der für die Neuzeit charakteristischen Entwicklung der Menschenrechte nicht oberflächlich operierte, sondern die Anfrage von außen in einer bis an den eigenen Grund rührende Besinnung nach innen eingeholt hat, zeigen einerseits die einschlägigen Stellen aus der Pastoralkonstitution und der Erklärung über die religiöse Freiheit, andererseits aber noch eindringlicher die Kenntnis des konziliaren Hintergrunds. Dadurch wird der scheinbar von außen aufgebürdete Ortswechsel zu einer Rückkehr an jenen Ort, an dem der Meister seine Jüngerinnen und Jünger sehen wollte.

Die Anerkennung der allgemeinen Menschenrechte erfolgt in eins mit dem Hinweis auf die entsprechenden Pflichten, die terminologisch immer mit dem Personbegriff verbunden werden.[3] Damit wird weniger ein Tatbestand denn eine Aufgabe benannt, weil die daraus resultierende Ordnung Tag für Tag entwickelt

---

[1] Sander, Macht in der Ohnmacht. Verdeutlichen lässt sich diese These am Ringen um die Erklärung *Dignitatis humanae;* siehe: Siebenrock, Kommentar zu DiH 125–218, v. a. 152–165 (in Bd. 4 dieses Werkes).
[2] Siehe z. B. die Erwartung in SC 1.
[3] GS 26.

werden muss.⁴ Auch werden die Menschenrechte nicht als Individualrechte allein, sondern immer in ihrer gemeinschaftlichen Ausprägung und in ihrer Bedeutung für das Gemeinwohl artikuliert. Der wesenhaften Gleichheit aller Menschen soll daher eine entsprechende Form sozialer Gerechtigkeit entsprechen.

Die Kirche rezipiert in diesen Konzilstexten nicht einfach die neuzeitlichen Entwicklungen. Sie werden vielmehr theologisch begründet und dadurch in einem anderen Licht gesehen und in einen neuen Kontext gestellt. Summarisch fasst das Konzil die traditionellen Argumente für die Gleichheit aller Menschen in einer längeren Aussage zusammen: „Da alle Menschen, über eine vernunftbegabte Seele verfügend und nach dem Bild Gottes geschaffen, dieselbe Natur und denselben Ursprung haben, und da sie, von Christus erlöst, sich derselben göttlichen Berufung und Bestimmung erfreuen, ist die grundlegende Gleichheit unter allen mehr und mehr anzuerkennen."⁵ Diese Begründung⁶ erhält darin eine vertiefende Erläuterung, als die Menschen durch den Dialog, den Gott mit ihnen führt, konstituiert werden.⁷ Gottes Anruf an den Menschen begründet seine Würde, die daher nicht innerweltlich begründbar ist, auch wenn sie in geschichtlichen Formen anerkannt werden muss. Das Konzil unterscheidet klar Begründung und Einlösungszusammenhang. Als Kind Gottes ist der Mensch darin „Bild" Gottes, dass er auf Gott hin offen und von ihm angesprochen wird. Diese dialogische Vertiefung der theologischen Auszeichnung des Menschen öffnet eine neue Sicht auf die Pastoral der Kirche, insofern diese auf das jedem kirchlichen Handeln vorausgehende Angesprochensein des Menschen durch Gott aufmerksam werden soll. Die Menschenrechte, insofern sie säkular verfassungsrechtlicher Ausdruck der in Gott begründeten Würde des Menschen sind, können deshalb in gnadentheologischer Sicht zu Grundorientierungen kirchlichen Handelns werden.⁸ Das bedeutet aber auch, dass der faktische Rekurs auf die Menschenrechte im gesellschaftspolitischen Alltagsgeschäft immer auf diese Sicht hin kritisch befragt werden muss. Die Väter in der Aula hatten zu viel Erfahrung mit politischen Lebenswelten, in den von Menschenrechten gesprochen und auch die UN-Konvention feierlich unterzeichnet wurde, aber tatsächlich massives Unrecht geschaffen worden ist.⁹ Daher ist bei allen großen Begriffen der Neuzeit die

---

⁴ GS 26,3.
⁵ GS 29,1.
⁶ Insofern in den Menschenrechten der unbedingte Anspruch von kontigenten Wesen anerkannt wird, stellt sich die Frage nach dem hinreichenden Grund dieser Zuschreibung. In der Diskrepanz zwischen Anspruch und möglicher Begründung ist die Frage nach dem unbedingten Grund der Anerkennung gestellt, die als implizite Gottesfrage der Menschenrechte interpretiert werden kann. Die theologische Begründung kann daher als Letztbegründung der Menschenrechte angesehen werden.
⁷ GS 19. Dieser Aussage entspricht eine Handlungsweise, die dieser Berufung entspricht: „Zum Gespräch mit Gott wird der Mensch schon von seinem Ursprung her eingeladen: er existiert nämlich nur, weil er, von Gott aus Liebe geschaffen, immer aus Liebe erhalten wird; und er lebt nicht voll gemäß der Wahrheit, wenn er diese Liebe nicht frei anerkennt und sich seinem Schöpfer anvertraut" (ebd.).
⁸ Niewiadomski, Herbergsuche (Menschenrechte versus Gnadenerfahrung) 115–132.
⁹ Es bleibt zu beachten, dass das 20. Jahrhundert auch (und nicht unwesentlich) ein Jahrhundert der Christenverfolgungen und Märtyrer war.

„… die Juden weder als von Gott verworfen noch als verflucht" darstellen (NA 4)

Gefahr der Äquivokation als taktischer Schachzug nicht auszuschließen. Meinen wir dasselbe, wenn wir von Freiheit, Würde und Person sprechen?

1. „Buon pastore": Die Urintention Johannes XXIII.

Die feierlichen Erklärungen des Konzils, die in der Aula von St. Peter verkündet wurden, weisen in jene Urintuition Johannes XXIII. zurück, die nicht nur sein lebenslanges Wirken prägt, sondern auch mit der Konzilsidee verknüpft werden kann. In der Homilie während seiner Krönungsmesse spielt er auf verschiedene biblische Bilder und Gestalten an, die das traditionelle Bild des Papstamtes, das er unverkürzt präsentiert, neu akzentuieren. Er spielt auf Josef an, der in Ägypten sich von der Not seiner Brüder betreffen ließ, später hebt er die Haltung der Sanftmut und Demut als evangelischen Weg hervor. Besonders aber lässt er sich von einem Vorgänger dazu ermahnen, „…, dass uns nämlich das Amt des Hirten der ganzen Herde ganz besonders am Herzen liegt. Alle anderen menschlichen Qualitäten – Wissen, Geschicklichkeit, diplomatischer Takt, organisatorische Fähigkeiten – können das Hirtenamt ergänzen und schmücken, können es aber niemals ersetzen."[10] Nichts kann das Amt des Hirten ersetzen: Guter Hirte sein! Dass ein Priester und Pfarrer ein guter Hirte sein soll, gehört zu den selbstverständlichen Metaphern geistlicher Identitätsbildung. Dass bei diesem Anlass auch das höchste Amt in der Kirche dadurch charakterisiert wird, ist in seinen Folgen ungewöhnlich. Dass er aber mit dieser Aufgabe alle menschlichen Fähigkeiten und alle kirchlichen Vollzüge durchdringen möchte, zeigt die ungewöhnliche Absicht seiner Identitätsbestimmung. Hirte zu sein, ist nicht nur eine persönlich-individuelle Auszeichnung, es soll das Amt als solches charakterisieren – und zwar in der Liebe zur ganzen Herde. Das höchste kirchliche Amt erhob zumeist einen erheblich anderen Anspruch. Es verkörperte Macht und Herrschaft[11], die sich symbolisch in der Tiara und den entsprechenden Riten der Hofhaltung ausdrückten.[12] Von dort aus strahlte es auf alle Geweihten aus. In diesem Bild lässt sich das Konzil verstehen als die Erneuerung der Kirche an Haupt und Gliedern und in allen ihren Institutionen und Vollzügen, damit sie dieser Aufgabe gemäß werde. Das besagt sein oftmals missverstandenes Aggiornamento.

Zwei Fragen stellen sich. Wie soll das realisiert werden? Und: Wer gehört zur Herde? Die letzte Frage beantwortet Papst Johannes XXIII. in seiner Enzyklika *Pacem in terris*. Diese ist an alle Menschen guten Willens gerichtet. Das Konzil hat schon zuvor eine Botschaft an die Welt gerichtet.[13] Von der kirchlichen Sendung und Intention her soll niemand ausgeschlossen sein. Aber wie soll diese Sendung realisiert werden? Die Kirche hat keine unbegrenzten Ressourcen. Sie kann auch beim besten Willen nicht allen Menschen in der gleichen Weise nahe

---

[10] Homilie in der Krönungsmesse, in: HerKorr 13 (1958/59) 116.
[11] Bislang mit universalem Anspruch (siehe die Bulle *Unam Sanctam*: DH 870–875).
[12] Alle diese Formen hat Papst Paul VI. abgeschafft und abgelegt.
[13] Siehe 507–510.

Von der Exklusion zur Wahrnehmung der pluralen modernen Welt

sein: Sie ist Gottes Kraft in menschlicher Schwäche.[14] Hier dürften verschiedene anekdotisch überlieferte Episoden aus dem Leben Angelos Roncallis weiter helfen. Seine Hilfe zur Flucht vieler Juden über Istanbul nach Palästina soll in folgender Weise angefangen haben. Als er dem Beauftragten der „Jewish Agency" begegnete, soll er geweint und gefragt haben: „Rabbi, wie kann ich helfen?"[15] Er lässt sich in die Not der anderen hineinziehen. Er reagiert wie ein Vater, dessen Kinder in Not sind. Er gibt den anderen das erste Wort, wie sein Dienst aussehen soll. Die darin auch zum Ausdruck kommende Glaubensüberzeugung, dass alle Menschen Kinder Gottes sind und daher untereinander Brüder und Schwestern, kommt in jenen Begrüßungsworten zum Ausdruck, mit denen er eine Gruppe amerikanischer Juden als Papst begrüßt haben soll: „Ich bin Josef, Euer Bruder!" Während der Kubakrise wendete er sich direkt und ohne Umschweife an die Mächtigen als glaubwürdiger Anwalt für die möglichen Opfer. In diesem Friedensappell[16], der nur wirkte, weil das Papstamt nicht als Partei, aber sehr wohl als besonderer Faktor im Mächtespiel angesehen wurde, liegt auch die nicht naive Überzeugung verborgen, dass die Welt in der Bedrohung klein geworden ist. Ist es dann im „Global Village" unangemessen, den Papst als Pfarrer der Welt zu verstehen?[17]

In ähnlicher Weise wird der Ursprung der Erklärung *Nostra aetate* erzählt.[18] Zuvor schon hatte er mit liturgischen Reformen Zeichen gesetzt, die Jules Isaac bewegen konnten, um eine Audienz zu bitten. Mit diesem Text, der über die Haltung der Kirche spricht, erfolgt der erste Schritt in diesem konziliaren Ortswechsel. Weil die Kirche den Ursprung ihrer selbst in der Verheißung im Glauben Israels findet[19], kann sowohl von einer verdankten Identität gesprochen werden als auch unter den Bedingungen der Neuzeit von einer prekären.[20] Heilsgeschichtlich führt diese Herkunft letztlich auf den erwählenden Gott selbst[21], der in der Erwählung immer eine Sendung für alle eingestiftet hat. Im Ursprung der Identitätsbestimmung des Glaubens und der Kirche ist die Öffnung, das Hö-

---

[14] Rahner, Die Kirche. Gottes Kraft in menschlicher Schwäche.
[15] Vgl. Alberigo, Johannes XXIII. 104f.; Hebblethwaite, Johannes XXIII. 242–245.
[16] Hebblethwaite, ebd. 497f.
[17] Wilhelm Hünermann hat diesen schönen Titel seinem Jugendbuch über Papst Johannes XXIII. gegeben.
[18] Vgl. Siebenrock, Kommentar zu NA in Bd. 3, 634f.
[19] NA 4,1.
[20] Hoff, Die prekäre Identität des Christlichen. Dass die Differenzproblematik von der postmodernen Diskussion angestoßen worden ist, sollte nicht über ihre tiefere theologische Berechtigung hinwegsehen lassen, die sich mit dem Ursprung moderner Subjektivität auseinander zu setzen hat. Im ersten Schritt seiner Suche nach einer untrüglichen Gewissheit angesichts eines universalen Zweifels konstituiert Descartes die Gewissheit in einer Selbstvergewisserung im bedachten Zweifel: „cogito ergo sum". Diese Form der Selbstkonstitution ist der Kirche versagt.
[21] LG, Kap. I. In drei der vier Konstitutionen wird eine analoge Figur an den Beginn gestellt. Diese Theologie der ersten Nummern verweist immer von der Kirche weg auf den sich selbstmitteilenden Gott. Die Kirchenkonstitution verweist auf Christus als Licht der Völker (LG 1). Die Offenbarungskonstitution bindet die Verkündigung an das vorhergehende ehrfürchtige Hören auf das Wort Gottes zurück (DV 1). Die Pastoralkonstitution erweitert die Perspektive insofern, als sie die pneumatologisch getragene Sendung des pilgernden Gottesvolkes in die Gemeinsamkeit mit allen Menschen hineinstellt (GS 1).

„... die Juden weder als von Gott verworfen noch als verflucht" darstellen (NA 4)

ren, die Aufmerksamkeit, die Bereitschaft zu empfangen. Daher ist die angemessene Antwort auf das Geschenk der Gnade Gottes nicht das Besitzen gegen die anderen, sondern der Dank und Lobpreis, dem der Dienst am Ziel dieser Gnade folgt: Gott will, dass alle Menschen gerettet werden.[22]

2. Wir im Spiegel der Erfahrung der anderen mit uns

Insofern das Hören auf Gottes Wort nicht getrennt werden kann von einer wachen Aufmerksamkeit für die Nächsten, und diese ihre eigene Geschichte und Erfahrung mit uns zur Sprache bringen sollen, wird uns ein fremdes und verdrängtes Bild unserer eigenen Geschichte zugemutet. Die Debatten um die Konzilserklärungen *Dignitatis humanae* und *Nostra aetate* sind hierfür Musterbeispiele. Jules Isaac hat dabei nicht nur das Leiden des jüdischen Volkes nachdrücklich mit der Geschichte des christlichen Antisemitismus verbunden. Er hat vielmehr die Kirche gelehrt, dass wir durch die Ablehnung des Judentums Jesus selbst entfremdet wären; ja, dass die Kirche jenen, den sie verkündet, deshalb gar nicht kennt. In der Erinnerung an Auschwitz wurde nicht nur eine Theologie Israels im Konzil grundgelegt. Darin verbirgt sich auch die Aufgabe, mit neuen Augen die verborgene Gegenwart Christi in der Geschichte zu sehen. Wenn Isaac auf den Trienter Katechismus verweist, in dem die Verantwortung für den Tod Jesu den Sünden, unseren, d. h. auch den Sünden der Christen zugemutet wird, dann ist damit keine historische Ursachenthese, sondern eine durch die Geschichte sich ziehende Bestimmung gewagt.[23] Wenn diese Aussage aber mit Mt 25 verbunden wird, dann ist die Verweigerung der Barmherzigkeit immer eine Absage an den Menschensohn. Die Frage nach den Menschenrechten wird dadurch zu einer Frage der Christusgegenwart. Deshalb kann Diakonie nicht mehr nur als Konsequenz des Glaubens ethisch verstanden, sondern muss fundamentaltheologisch als Wahrnehmungslehre begriffen werden. Die daraus folgende unbedingte Aufmerksamkeit definiert die Sendung der Kirche im jeweiligen Kontext. Damit liefert sich die Kirche in jener Weise der Zeit und Geschichte aus, wie es der Nachfolge Christi entspricht. Guter Hirte zu sein, ist ja eine Selbstaussage Christi. Die erstmals in der Begegnung mit dem realen Judentum öffentliche Selbstbekundung und Rechenschaft konnte nicht auf das Volk Israel beschränkt bleiben. Die Kirche musste die Grenzen überschreiten: des Landes, einer Gruppe oder gar einer einzigen Religion.

Deshalb ist die Fremdwahrnehmung des Eigenen vom anderen her nur konsequent. Diese aber ist zumeist schmerzlich. Das erste Schuldbekenntnis wurde von Papst Paul VI. im ökumenischen Zusammenhang in Bezug auf die Verant-

---

[22] SC 5
[23] Es ist fundamentaltheologisch kaum bedacht, dass in der Kritik am faktischen Christentum ein wacher Sinn für die Maßstäbe des Evangeliums verborgen liegt. Damit ist nicht nur gemeint, dass die härteste Kritik an uns Glaubenden immer an den Maßstäben des Evangeliums oder im Vergleich mit Jesus Christus gewonnen wird. Es liegt vielmehr auch nahe, darin die universale Fähigkeit vorauszusetzen, das Evangelium wahrzunehmen.

wortung für die Kirchenspaltung ausgesprochen.[24] In den Aussagen zu den Muslimen[25] wird die Konfliktgeschichte wohl eher übersprungen. Doch auch diese bezeugen ein Bewusstsein, das weitere Kreise zog. Johannes Paul II. hat in zahlreichen Ansprachen und bei unzähligen Gelegenheiten sich dieser Aufgabe gestellt.[26] Nachdrücklich ins Gedächtnis der Kirche eingeschrieben haben sich dabei vor allem Bilder. Das Schuldbekenntnis am Fastensonntag in St. Peter und der verstummende Papst in der Gedenkstätte für die Opfer des Holocausts in Yad Vashem sowie der zitternde alte Mann in weiß an der Klagemauer in Jerusalem.

Dass diese Schritte bleibend von Bedeutung sein werden, ist gewiss. Doch sie wären unzureichend, wenn sie nicht von einem gegenwärtigen und künftigen Blick- und Ortswechsel begleitet wären. Die Glaubwürdigkeit des Schuldbekenntnisses zeigt sich immer in der Glaubwürdigkeit konkreter Umkehr, die das Gedächtnis reinigt und neues Handeln in Gang setzt. Die Reinigung der Sprache der Verkündigung, der Dialog auf allen Ebenen, aber vor allem der gemeinsame Einsatz für Frieden, Gerechtigkeit und Freiheit aller Menschen ist der Rahmen, in dem die Erneuerung der Kirche steht.[27] Nur so, und mit der Enzyklika *Pacem in terris* im Rücken kann die Kirche öffentlich glaubwürdig seit der UNO-Ansprache Pauls VI. als Anwältin des Friedens auftreten. Johannes Paul II. hat diese Ansätze durch Handeln und Lehren auf die universalen Menschenrechte ausgedehnt. In allen seinen Aussagen spielt die Religionsfreiheit deshalb eine besondere Rolle, weil nach kirchlichem Verständnis die Wurzel der Religionsfreiheit der Grund der Menschenrechte darstellt. Die Kirche ist daher „Zeichen und Schutz der Transzendenz der menschlichen Person"[28].

3. Verdankter Ort, geschenkte Sprache, andere Identität

Nicht nur das Bild vom guten Hirten, auch das Gleichnis vom barmherzigen Samariter[29] kann den Ortswechsel verdeutlichen. Auf die für das Himmelreich entscheidende Schlüsselfrage, wer wohl als Nächster zu gelten habe, erzählt Jesus jene Geschichte, in der Jesus die Frage insofern umdreht, als der Nächste jener ist, dem ich zum Nächsten werde. Dadurch wird der Ort durch jene Nächsten bestimmt, denen ich (oder wir) zum Nächsten werden soll(en). Der Ort entsteht durch die Aufmerksamkeit und die wachen Herzen für die Not und das stumme Leid jener, die an den Rand geworfen worden sind.[30] Aus diesem Ortswechsel resultiert das Bewusstsein für Optionen, die zu Beginn der Pastoralkonstitution

---

[24] Siehe unten: 526.
[25] NA 3.
[26] Accatoli, Wenn der Papst um Vergebung bittet.
[27] Neben GS und DiH sind vor allem die Schlussaussagen von NA 2, 3, 4 und 5 instruktiv.
[28] GS 76, 2.
[29] Lk 10, 25–37.
[30] Der Grundtypus der Theologie der Befreiung setzt diese Aufgabe reflexiv-methodisch als Aufforderung zu einer neuen Praxis um. In ihrer „Option für die Armen" verdankt sie sich einer der zentralen Optionen des Konzils.

ausgedrückt werden: „besonders der Armen und Bedrängten aller Art"[31]. Dadurch gewinnt die Kirche einen Ort, der sie von einer politischen Macht oder einem Unternehmen unterscheidet. In dieser Ohnmacht liegt aber jene Macht, die sich an die Freiheit wenden kann. Und nichts ist stärker als in Liebe sich selbst bindende Freiheit. Deshalb ist der Ort nicht allein als ein Eintreten für die Würde der Menschen zu beschreiben. Es ist auch festzuhalten, wie dieser Ort allein eingenommen werden kann: in Anerkennung der Würde des mir jeweils begegnenden Menschen.

Daraus erwächst der Kirche eine neue Sprache und Kompetenz. Ihre politische Kraft aus einer geistlichen Autorität wird dann unverwechselbar, wenn sie sich nicht nur für ihr bevorzugtes Klientel einsetzt, sondern die Option für die Marginalisierten ohne Unterschied öffentlich einbringt.[32] Gerade die darin zum Ausdruck kommende Katholizität ist ihr Qualitätsmerkmal in der heutigen Welt. Christen unterscheiden sich durch ihren Umgang miteinander und mit anderen. Deshalb hat sie auch eine Pflicht zur Kritik. Wiederum war es Johannes Paul II., bereits als Erzbischof von Krakau, der die Bedeutung des Menschenrechts auf Religionsfreiheit unter totalitärer Herrschaft erkannte. Wie könnte heute die Kirche ohne Rekurs auf die Grammatik der Menschenrechte sonst noch öffentlich sprechen und auf Gehör hoffen? Was könnte sie sagen angesichts der anhaltenden Christenverfolgungen ohne diese Grammatik des Konzils? Wie sollte sie zur Debatte um die Genforschung, die Abtreibung oder die Euthanasiefrage sonst Stellung nehmen? Der Ortswechsel, den die Kirche auf unterschiedliche Anstöße hin, vor allem von außen und von ihren Kritikern, eingenommen hat, hat ihre eine neue Sprache und Sichtweise geschenkt. Auch in dieser konkreten Form ist die Identität der Kirche eine geschenkte.

Dieser Ortswechsel ist aber keineswegs harmlos. Unter den Bedingungen unserer von Kriegen, Interessen und Leidenschaften gezeichneten Welt, die immer noch unter der Herrschaft der Sünde und des Todes steht, bedeutet dieser Wechsel eine viel tiefere Gleichgestaltung mit dem Herrn: Er hat Leiden und Tod, Passion zur Folge. Und bisweilen werde ich den Eindruck nicht los, dass darunter die Christen aufgerieben werden. Es stellen sich Fragen ein, auf die ich keine Antwort finde. Was bedeutet die Tatsache, dass die Christen im Heiligen Land rapide geringer werden, und zwischen den Fronten zerrieben zu werden drohen? Warum gewinnen die Bomben und Attentäter in dieser Medienwelt stets mehr Aufmerksamkeit als die vielen Versöhnungsinitiativen die von Muslimen, Juden und Christen getragen werden?[33]

Die hier gestellte Frage hat, wenn sie in die Gegenwart gewendet und der Orts-

---

[31] GS 1,1. Mit dem kritischen Zusatz „nichts wahrhaft Menschliches" wird ein Kriterium eingeführt, das die Option verdeutlicht. Die Kirche kann nicht mit allem verbunden sein, was heute Menschen tun, hoffen oder was sie befürchten. Die Optionen, Ängste und Hoffnungen der Drogenbarone oder Kriegsspekulanten werden nicht geteilt (siehe: Weß, Glaube 126f., mit Anm. 45).
[32] Johannes XXIII. sprach davon, die Reichweite der uneigennützigen Liebe auszuweiten. Deshalb habe die Kirche nicht nur die eigenen Mitglieder zu verteidigen, sondern für jeden einzelnen Menschen und die ganze Welt (Alberigo, Johannes XXIII. 177.187).
[33] Raheb, Ich bin Christ und Palästinenser. Wie weit aber die Bandbreite reicht, zeigt: Gräbe, Kontextuelle palästinensische Theologie.

wechsel ernst genommen wird, eine weitere verborgene Tiefe. Die westliche Menschenrechtsauffassung steht bei uns in der Gefahr, am Lebensende und am Lebensanfang ausgehöhlt zu werden. Wir wollen nicht mehr wissen, oder wissen es tatsächlich nicht mehr, wann ein Mensch beginnt und wann er in diesem Äon zu leben aufgehört hat. Welche Mächte bestimmen aber dann die notwendigen, wesentlich pragmatischen Entscheidungen? Auf der anderen Seite sind diese Menschenrechte in vielen Staaten real nicht anerkannt, ja auf Grund der kulturellen und religiösen Tradition auch nicht so leicht anerkennbar. Wie soll die Kirche in jenen Regionen handeln, in denen die Maßstäbe ganz anders sind, und ihr diakonischer Dienst und ihr Eintreten für die Menschenrechte als Provokation, kulturelle Entfremdung oder gar Machtstreben ausgelegt werden? Nicht nur in Indien stellt sich diese Frage bei wachsendem hinduistischem Nationalismus, ebenso in manchen islamischen Staaten, in denen den Christen kaum jene Rechte gewährt werden, die ihnen als Besitzer des Buches zustünden. Aber auch in mehrheitlich katholischen Ländern wird diese Frage brennend. Bischöfe, Priester, Nonnen und Laien haben dies mit ihrem Leben bezahlt. Sind sie in der Erinnerung der Kirche wirklich lebendig? Deshalb ist es immer wieder notwendig in exemplarischen und symbolischen Handlungen daran zu erinnern und die Aufmerksamkeit zu schulen. Eine Kirche, die sich selbst dem außen in offener Umkehrbereitschaft stellt, hat auch ein Recht zurück zu fragen und auf das Schicksal der Getauften zu verweisen. Dabei stellt sich die Rückfrage ein, wo denn die Opfer geblieben sind? Sowohl die Hoffnung als auch das Bekenntnis der Schuld richtet sich daher im Angesichte der anderen an Gott. Glaube und Kirche scheinen immer in der Agonie des Ölberggartens zu sein, in der fast ohnmächtig in der Nacht um den Willen des verborgenen Gottes gerungen wird. Davon hat das Konzil die Kirche nicht befreit; es hat uns an die richtige Stelle zurückgerufen.

Ein letzter Aspekt darf in meiner Fragestellung vermutet werden. In der Kenntnis, dass menschliche Gruppen vielfach ihre Identität durch Feindbilder und Sündenböcke konstituieren[34], darf gefragt werden, ob nicht ein Grund der nachkonziliaren Krise auch darin bestehen könnte, dass wir Katholiken unseren gewohnten (und auch sub contrario) geliebten Feind verloren haben: Juden, Atheisten, Protestanten, die Moderne und die böse Welt. Können wir ohne Feindbilder, oder weniger dramatisch gefragt: Können wir ohne Gegenidentitäten, ohne Feinde glauben? Die „Gegenreformation" mag in der Sprache einer neuen Semantik gewichen sein, aber im Bauch halten sich alte Gewohnheiten erstaunlich lange. Es gilt aber, immer wieder den theologisch-mythischen Bodensatz hinter der politischen Konstitutionsfrage menschlicher Gesellschaften aufzudecken: Haben wir uns vom Stammesgott, sei es vorgeschichtlicher Horden, antiker Städte und Völker oder moderner Konfessionen, Staaten und Kulturen, zum einen Gott des

---

[34] Vgl. Girard, Ich sah den Satan vom Himmel stürzen. Den nicht ausschließenden Charakter des Evangeliums und seiner Sammlung hat Schwager in seiner biblischen Erlösungslehre herausgearbeitet (Jesus im Heilsdrama). Damit ist der vielleicht politisch brisanteste Aspekt der wesentlichen Grundordnung der Kirche genannt. Zu der darin liegenden Grundstruktur der Anerkennung und Nicht-Ausschließung gibt es in einer zu einem Hochhaus globalisierten Welt keine menschengemäße Alternative.

„… die Juden weder als von Gott verworfen noch als verflucht" darstellen (NA 4) Himmels und der Erde, dessen Kinder wir alle sind, der seine Sonne über Gute und Böse aufgehen lässt, dessen Vorsehung alle Menschen umfasst, der seine Gnade allen anbietet, dessen Messias für alle gestorben ist und der alle ins Reich Gottes zum himmlischen Hochzeitsmahl versammeln möchte, schon wirklich bekehrt? Ich denke, dass Papst Johannes XXIII. mit seiner Konzilsidee eine ganz einfache Absicht hatte. Er wollte die Kirche in ihren Institutionen, Erscheinungsweisen und in all den Glaubenden in der Welt von heute als glaubwürdige Verkünderinnen der Heilsbotschaft Gottes sehen: „Die Zeit ist erfüllt, das Reich Gottes ist nahe. Kehrt um, und glaubt an das Evangelium!" (Mk 1,15). Wer eine Alternative zum Konzil zu haben meint, sollte sie daran messen, diesem Urwort des Evangeliums eine heute glaubwürdigere Zeugnisgestalt zu ermöglichen. Im Handeln als Anerkennung der Würde jeder Person verwirklicht sich heute die Aufforderung der Bergpredigt: „Euch aber muss es zuerst um sein Reich und um seine Gerechtigkeit gehen; …".[35]

---

[35] Mt 6,33.

V. Wahrnehmung der Diachronie
Die Option des Konzils für Geschichtswissenschaft, historisch-kritische Exegese und Glaubenshermeneutik
von Helmut Hoping

Zu der mit dem *aggiornamento* des Konzils verbundenen Öffnung der katholischen Kirche gehört ein gegenüber der Neuscholastik verändertes Theologiekonzept, das sich dem historischen Denken, den Methoden der modernen Exegese und der Glaubenshermeneutik verpflichtet weiß. Dieses Theologiekonzept hat seine Wurzeln in einem geschichtlichen Verständnis der Offenbarung Gottes.[1] Die Einsicht, dass Gottes Offenbarung nicht durch eine Instruktion übernatürlicher, durch Wunder bestätigter Glaubenswahrheiten erfolgt, sondern sich im geschichtlichen Leben von Personen ereignet, die Zeugen des einen Gottes sind, den Patriarchen und Propheten, Johannes dem Täufer und dem letzten Zeugen, dem Messias Jesus, ermöglicht ein positives Verhältnis zur Geschichtswissenschaft, zur historisch-kritischen Bibelexegese und zu hermeneutischen Ansätzen in der Dogmatik. Überwunden wird ihre bisherige Ausschließung, ohne dass die Bedeutung der biblischen Theologie, der geistlichen Schriftauslegung und der inhaltlichen Bestimmtheit des christlichen Glaubens relativiert würde.

Mit den Kapiteln über das Alte und Neue Testament in der Offenbarungskonstitution *Dei Verbum* geht das Konzil über die zaghaft zustimmenden Aussagen der Bibelenzyklika *Divino afflante Spiritu* (1943)[2] zur historisch-kritischen Bibelexegese hinaus. Positiv aufgenommen wird zunächst das historische Denken, wie es sich in der Neuzeit entwickelt hat. Dies machte eine Abwendung vom Konzept der Verbalinspiration erforderlich. Die vom Konzil vertretene, historisch reflektierte Inspirationslehre schlägt sich in der von Augustinus übernommenen Aussage nieder, dass Gott durch Menschenart zu uns gesprochen hat (*Gotteswort im Menschenwort*).[3] In diesem Sinne werden die biblischen Schriftsteller als „wahre Verfasser"[4] bezeichnet, deren theologische Interessen und menschliche Begrenztheiten bei der Schriftinterpretation zu berücksichtigen sind. Gegenstand der Bibelexegese sind von Menschen einer bestimmten Zeit und Situation verfasste Glaubenstexte, die einem echten historischen Zugang nicht entzogen werden dürfen. Das Konzil anerkennt damit die wissenschaftlichen Methoden einer „diachronischen" Exegese.[5]

Die Offenbarungskonstitution entfaltet die Grundzüge einer modernen biblischen Hermeneutik, in der nicht nur der menschliche Charakter der biblischen Schriften, sondern ebenso die Freiheit der biblischen Forschung anerkannt wird.

---

[1] Vgl. dazu meinen Beitrag zum zweiten Kapitel des vorliegenden Schlussbandes.
[2] Vgl. DH 3825–3831.
[3] Vgl. DV 13.
[4] DV 11.
[5] Vgl. Söding, Einheit der Heiligen Schrift? 29.

Gleichwohl erfolgt keine Einengung der Schriftauslegung auf die historisch-kritische Exegese. Die geistliche Schriftauslegung behält ebenso ihre Berechtigung wie die Bedeutung der lebendigen Überlieferung der Kirche für die Schriftinterpretation.[6] Das Konzil widersetzt sich einem rationalistisch-intellektualistischen Verständnis der Bibel und einer entsprechenden Auslegung.[7] Wenn DV 12 vom „interpres Sacrae Scripturae", dem „Ausleger der Heiligen Schrift" spricht, ist der Fachexeget gemeint. Seine Forschung, die das ganze wissenschaftliche Methodenensemble der Exegese umfasst, wird mit *investigare*, dem neolateinischen Wort für „Wissenschaft" und „Forschung" bezeichnet.[8] Den Fachexegeten wird eine zweifache Aufgabe zugewiesen: Zum einen auf wissenschaftliche Weise zu erforschen, welche Aussageintentionen die einzelnen biblischen Schriftsteller zu ihrer Zeit hatten; zum anderen zu erheben, was Gott den Menschen durch die Worte der biblischen Schriftsteller offenbaren will. Dazu muss die „Einheit der Schrift", das heißt die aus dem Alten und Neuen Testament bestehende christliche Bibel als ein einziges Sinngefüge ausgelegt werden. Dabei wird vom Konzil die Tradition des geistlichen Schriftsinnes als besonders wichtig erachtet.[9]

In der Schriftwerdung setzt sich die Kirche das Evangelium Jesu Christi und die apostolische Tradition als normative Instanz gegenüber. Auch wenn sich die Frage der Schriftsuffizienz, die noch in Konzilsberatungen über das Offenbarungsschema im Vordergrund stand, so heute nicht mehr stellt[10], heißt dies doch nicht, dass die Schrift in sich klar und eindeutig wäre und sich selbst interpretieren würde. Nach katholischem Verständnis sind bei der Schriftinterpretation mehrere Instanzen der Glaubensbezeugung zu berücksichtigen, zum einen die wissenschaftliche Theologie mit der historisch-kritischen Exegese und biblischen Theologie als Grundlage, sodann der Glaubenssinn der Gläubigen (sensus fidelium) und schließlich das Lehramt der Kirche (Gemeinschaft der Bischöfe, Papst), dem die Aufgabe der letztinstanzlichen Auslegung der Schrift zukommt.[11] Alle Instanzen der Glaubensbezeugung und Glaubensvermittlung stehen im Dienste der Schriftinterpretation. So sind die Bischöfe bei der Wahrnehmung ihrer Verkündigungsaufgabe, soll diese sachgemäß geschehen, neben der Schrift auch auf die anderen Bezeugungsinstanzen des Glaubens, wie das begründete Urteil der Theologen und das Glaubenszeugnis des Volkes Gottes, das als ganzes im Glauben nicht irren kann, angewiesen.[12]

Der Entdeckung der Schrift als Grundlage des Glaubens entspricht das gewandelte Theologieverständnis, das sich vor allem in dem Dekret *Optatam totius* über die Priesterausbildung bemerkbar macht. An erster Stelle ist hier die Forderung

---

[6] Vgl. Riedlinger, Zur geschichtlichen und geistlichen Schriftauslegung.
[7] Vgl. Füglister, Das Alte Testament – Gottes Wort an uns 150.
[8] Vgl. Lohfink, Der weiße Fleck in Dei Verbum 22.
[9] Vgl. ebd. 26 f. – Dass auf bibelwissenschaftlicher Grundlage die Einheit der Schrift erschlossen werden kann, wird in der Fachexegese heute nicht selten in Frage gestellt. Darauf kann an dieser Stelle nicht näher eingegangen werden.
[10] Vgl. Hünermann, Dogmatische Prinzipienlehre 209.
[11] Vgl. DV 10.
[12] Vgl. LG 12.

zu nennen, dass die Heilige Schrift „die Seele der ganzen Theologie"[13] sein müsse. In der Offenbarungskonstitution heißt es dagegen, dass im „Studium" der Heiligen Schrift gleichsam die Seele der ganzen Theologie bestehe.[14] Mit dem von Papst Leo XIII. stammenden Bild von der Schrift als Seele der Theologie lässt die katholische Kirche die neuscholastische Dogmatik hinter sich, in der die Schrift fast ausschließlich als Beweis für die bestehende Kirchenlehre herangezogen wurde. Das Konzil weist der Bibelexegese innerhalb des Theologiestudiums ein besonderes Gewicht zu. So wird die Bibelexegese[15] im Entwurf zur Erneuerung des Studiums der Theologie[16] an erster Stelle, noch vor der Dogmatik, genannt.[17]

Das Studium der Schrift, das besonders sorgfältig erfolgen soll, besteht aus einer Einleitung in die Exegese und den unterschiedlichen exegetischen Methoden, die in der konkreten Textarbeit erlernt werden.[18] Die historisch-kritische Exegese ist nicht nur Sache exegetischer Spezialisten, sondern gehört wie die Dogmatik zum Kern des Theologiestudiums. Mit der Forderung nach dem wissenschaftlichen Studium der Schrift verbindet das Konzil die Forderung der geistlichen Schriftlesung „in der täglichen Lesung und Meditation der heiligen Bücher"[19]. Mit seiner Bejahung der historisch-kritischen Exegese grenzt sich das Konzil aber gegen jeden unkritischen Biblizismus ab. Die lehramtlichen Stellungnahmen zur Schriftinterpretation nach dem Konzil bekräftigen, dass die historisch-kritische Methode unerlässlich ist für die Erforschung des Sinns alter Texte.[20] Zugleich erheben sie die Forderung nach einer Weitung des exegetischen Instrumentariums für andere Methoden der Schriftinterpretation und betonen den bleibenden Wert der typologischen Schriftauslegung.[21] Die Erfahrungen, die man mit der historisch-kritischen Exegese gemacht hat, machen deutlich, dass sich die Schriftauslegung nicht in ihr erschöpfen darf. Denn die Stärke der historischen Methoden der Exegese, ihre Distanz zum Untersuchungsgegenstand, ist zugleich ihre innere Grenze, birgt sie doch, wird ihr Anspruch überdehnt, die Gefahr einer religionsgeschichtlichen Auflösung der biblischen Schriften in sich.

Die Aussagen des Konzils zur Schriftinterpretation markieren einen historischen Einschnitt. Die Texte der Hl. Schrift werden als Texte mit einer komplexen Textgeschichte wahrgenommen. Damit kommen Menschen unterschiedlicher Zeiten, Orte und kulturell-religiöser Identitäten in den Blick. Mit der Wahrnehmung der Diachronie der Glaubenstexte verbindet das Konzil die Option für die Geschichtswissenschaft, die historisch-kritische Exegese und eine biblisch fundierte Glaubenshermeneutik.

Zur Bedeutung des Konzils für die Bibelexegese schreibt der Exeget Thomas

---

[13] OT 16. Vgl. Fuchs, Kommentar zu *Optatam totius* (HThK Vat.II, Bd. 3, 433 f.).
[14] Vgl. DV 24; siehe Hoping, Kommentar zu *Dei Verbum* (HThK Vat.II, Bd. 3, 799 f.).
[15] Vgl. OT 16,2.
[16] Vgl. OT 13–18.
[17] Vgl. OT 16,3
[18] Vgl. OT 16,2.
[19] OT 16,2.
[20] Vgl. Päpstliche Bibelkommission, Die Interpretation der Bibel in der Kirche 30.
[21] Vgl. Hoping, Kommentar zu *Dei Verbum* (HThK Vat.II, Bd. 3, 815–817).

Söding: „Die katholische Theologie ist spätestens mit dem Zweiten Vatikanum zur biblischen Grundorientierung aller Theologie zurückgekehrt und hat in dieser hermeneutischen Reform auch dem geschichtlichen und literarischen Forschen der Exegese, wie es erst seit dem 19. Jh. in neuer Weise möglich geworden war, einen erstrangigen theologischen Stellenwert zuerkannt (DV 10–12)."[22] Der „weiße Fleck" der Aussagen, die das Konzil zu den „heiligen Texten" der christlichen Religion macht, besteht nach Norbert Lohfink in den Methodenfragen einer Schriftauslegung, die historisch-kritische Exegese und biblische Theologie miteinander verbindet.[23] Die Methodenfragen sind in der Exegese derzeit auch kontroverser denn je. Die Frage, was die Bibelwissenschaft zu einer theologischen Disziplin macht und sie von Geschichts- bzw. Literaturwissenschaft unterscheidet, ist ebenso umstritten wie die Frage nach dem Verhältnis von historisch-kritischer und bibeltheologischer Exegese.

Dies zeigt sich vor allem an der kontroversen Diskussion um eine kanontheologische Orientierung der Exegese am *final text* (*canonical approach*)[24], eine synchrone Erschließung des Endtextes, die den kanonischen Text nicht mehr unkritisch in Dienst nimmt, wie dies in der neuscholastischen Dogmatik der Fall war, sondern diachronische Textuntersuchungen zur Grundlage einer synchronen Texterschließung macht. Während etwa Lohfink davon ausgeht, dass der „Kanon der Heiligen Schriften" gleichsam als „einziges Buch" zu lesen sei, in welchem „alles aufeinander bezogen ist und sich gegenseitig erhellt"[25], sieht Walter Groß darin eine „Hypostasierung des Kanons"[26], dem er die Funktion zuschreibt, „den Rahmen der autoritativen Texte"[27] vorzugeben, die in sich vielfältig und in ihren Aussagen zum Teil sogar gegensätzlich sind.

Ein weitgehender Konsens besteht unter Exegeten darin, dass die Schriften des Alten Testamentes einen „doppelten Ausgang" (Klaus Koch) haben, nämlich in der Gestalt von Mischna und Talmud auf der einen und der Gestalt des Neuen Testamentes auf der anderen Seite. Dies steht noch nicht im Blickfeld der Konzilsaussagen zum zweiteiligen christlichen Kanon. Eine Würdigung der eigenständigen, von der christlichen Interpretation unabhängigen Schriftinterpretation der rabbinischen Schrift erfolgt erstmals in dem Dokument „Das jüdische Volk und seine Heilige Schrift in der christlichen Bibel" (2001). Damit verbunden ist die Wahrnehmung der Perspektivität der *interpretatio christiana* der Hebräischen Bibel.[28]

Beim Neuen Testament handelt es sich allerdings um mehr als einen „Kom-

---

[22] Söding, Einheit der Heiligen Schrift? 52.
[23] Vgl. Lohfink, Der weiße Fleck in *Dei Verbum*. Söding, Einheit der Heiligen Schrift? 54 schließt sich diesem Urteil Lohfinks an.
[24] Vgl. Childs, Die theologische Bedeutung der Endform eines Textes; ders., Die Theologie der einen Bibel; Dohmen – Oeming, Biblischer Kanon warum und wozu?; Sternberg, Neue Formen der Schriftauslegung?; Hossfeld, Wieviel Systematik erlaubt die Schrift?; Böhler, Der Kanon als hermeneutische Vorgabe biblischer Theologie.
[25] Lohfink, Der weiße Fleck in *Dei Verbum* 27.
[26] Groß, Ist biblisch-theologische Auslegung ein integrierender Methodenschritt? 131.
[27] Ebd. 129.
[28] Vgl. Hoping, Kommentar zu *Dei Verbum* (HThK Vat.II, Bd. 3, 818).

mentar" zur Hebräischen Bibel. Das Neue Testament verhält sich zum Alten Testament anders als Mischna und Talmud, denn es ist das Offenbarungszeugnis von der Selbstmitteilung Gottes in seinem Mensch gewordenen Sohn.[29] Die Metapher des Dialogs zwischen Altem und Neuem Testament setzt deshalb voraus, dass beide innerhalb der einen christlichen Bibel zusammenstehen und aufeinander bezogen werden. Dabei kann die Einheit der Schrift nicht rein formal, sondern muss inhaltlich, unter dem Aspekt der Christus- und der Heilsbotschaft, das heißt exegetisch-theologisch, beantwortet werden. Dies heißt nicht, dass die Glaubensgeschichte Israels zur bloßen Vorgeschichte für Gottes Heilshandeln in Jesus Christus erklärt werden dürfte. Vielmehr gehört sie konstitutiv zur Identität des Christlichen. Denn sie ist die in und durch Christus bejahte „Verheißungsgeschichte Israels, von der die Kirche aller Zeit lebt – bis ans Ende der Zeit Schulter an Schulter mit den Juden"[30].

Die Aussagen, die das Konzil zu einer bibeltheologisch verantworteten Dogmatik und ihrer hermeneutischen Aufgabe[31] macht, entfalteten in der Nachkonzilszeit eine breite Wirkung. Durch sie wurde die heilsgeschichtliche Dogmatik angestoßen, die sich innerhalb der katholischen Theologie allgemein durchsetzte und die sich, im Unterschied zur Neuscholastik, der biblischen Theologie als Ausgangspunkt und Grundlage ihres hermeneutischen Geschäfts verpflichtet weiß.[32] Von der Dogmatik erwartet das Konzil aber zugleich die Anleitung dazu, die Heilsmysterien des Glaubens in der Liturgie der Kirche zu erkennen[33], damit so der innere Zusammenhang der Dogmatik mit der Liturgiewissenschaft deutlich werde.[34] Denn die Dogmatik bezieht sich in ihrer Glaubenshermeneutik nicht auf einen abstrakten Lehrbestand, sondern hat die mit der christlichen Lehre verbundenen religiösen Deutungen des menschlichen Lebens zu erschließen, die in der Symbolik und Pragmatik der Liturgie sowie in den Handlungsvollzügen von Pastoral und Diakonie eingeschrieben sind.

So geht die Option des Konzils in die Richtung einer Dogmatik, die als biblisch begründete und pastoral sowie diakonisch ausgerichtete Glaubenshermeneutik die Überlieferungsgeschichte des Glaubens sowie seine inhaltliche Bestimmtheit erschließt.[35] Damit gewinnen historische Methoden und hermeneutische Ansätze für die Dogmatik eine ganz neue Bedeutung. Es ist die gemeinsame Aufgabe von Exegese, Fundamentaltheologie und Dogmatik, die Wahrheit zu erschließen, die „Gott um unseres Heiles willen in heiligen Schriften aufgezeichnet haben wollte"[36]. Im Gespräch zwischen Exegese, Fundamentaltheologie und Dogmatik wäre auch zu klären, wie sich die Normativität der Heiligen Schrift für die Kirche und

---

[29] Kritisch zur These vom Neuen Testament als „Kommentar" zum Alten Testament vgl. Söding, Einheit der Heiligen Schrift? 44 f.
[30] Söding, Einheit der Heiligen Schrift? 45 f.
[31] Vgl. OT 16,3; DV 24.
[32] Vgl. das Dogmatikkonzept der heilsgeschichtlichen Dogmatik „Mysterium salutis" (1965–1981).
[33] Vgl. OT 16,3.
[34] Vgl. SC 7.16.
[35] Vgl. Hoping – Tück, Thesen zur inhaltlichen Bestimmtheit des Glaubens.
[36] DV 12.

die Bedeutung der authentischen Glaubensüberlieferung für die Schriftauslegung zueinander verhalten. Zugleich müsste das Verhältnis der beiden Testamente innerhalb der einen Heiligen Schrift der christlichen Bibel sowie das Verhältnis von Israel und Kirche genauer bestimmt werden. Hier liegen zugleich die zentralen Themen für eine Fortschreibung der ökumenischen Verständigung zur Schriftauslegung. Für die sichtbare Einheit der Kirchen kommt dieser Verständigung eine besondere Bedeutung zu, weil sich die Frage nach dem Verhältnis von Vielfalt und Einheit nicht erst mit Blick auf die Vielfalt der christlichen Kirchen und Gemeinschaften, sondern schon innerhalb der Hl. Schrift stellt.[37]

---

[37] Vgl. Söding, Einheit der Heiligen Schrift? 56.

VI. Moderne Welt und Mission?

von Peter Hünermann

In den fünfziger Jahren bricht zunächst im Bereich der evangelischen Mission und Missionstheologie, dann aber auch im Bereich der katholischen Theologie und in den Missionsgemeinschaften mit allem Nachdruck eine Kritik an der Evangelisierung der christlichen Kirchen auf. Die Bewegung der Entkolonialisierung bringt zugleich eine starke Affirmation der eigenen geschichtlichen, kulturellen, aber auch religiösen Identität der Kolonialvölker mit sich. Christliche Mission wird weitgehend des Eurozentrismus, der kulturellen Hegemonie, der religiösen Verfremdung des autochthonen Erbes angeklagt. Mission scheint einer vergangenen Epoche anzugehören. Sie gehört anscheinend zur Christianitas, der kirchlichen Ordnung seit Konstantin, und vollzieht sich als religiös-kulturelle Integration nicht christianisierter Völker in den Dominanzbereich eines christlichen Abendlandes.[1]

In diesem Zusammenhang markiert das Dekret über die Missionstätigkeit, *Ad gentes*, einen Neueinsatz im katholischen Missionsverständnis, der auf die genannten Herausforderungen antwortet und zugleich Engführungen der vorkonziliaren Missionstheologie korrigiert. Zu nennen ist insbesondere:

- der Ansatz bei der missionarischen Sendung des ganzen Gottesvolkes ersetzt ein Konzept von Mission als Aufgabe von „Spezialisten", den Missionaren, im Auftrag und unter Leitung des Papstes und der römischen Propaganda-Kongregation;
- eine umfassende Sicht der Inkulturation des Evangeliums im Leben der Völker ersetzt eine Anpassungs- oder Akkommodationstheorie, die dem Evangelium äußerlich blieb; die jeweiligen Kulturen der Völker werden – in ihrem guten Kern – zum Konstitutivum christlichen Lebens der jungen Gemeinden;
- es werden institutionelle und organisatorische Konsequenzen gezogen: hinsichtlich lebendiger und selbständiger Ortskirchen, einer Neuordnung der Propaganda als Organ dynamischer Leitung und weltkirchlicher Vernetzung, in Bezug auf neue Organisationsformen der Mission im Austausch mit der Zivilgesellschaft und ihren Akteuren.

Ad gentes ist – wie die großen Dokumente des II. Vatikanischen Konzils – geprägt von einer inneren Spannweite. Die Sendung der Kirche wird aus dem trinitarischen Kommunikationsgeschehen und dem Heilsratschluss Gottes für alle Menschen entfaltet und erstreckt sich im Bogen bis zum anderen Pol: der konkreten missionarischen Arbeit in ihren mannigfaltigen Umfeldern. Deswegen wird in den grundlegenden Ausführungen über die missionarische Tätigkeit nicht nur sofort die grundsätzliche Berücksichtigung der unterschiedlichen Kulturen, Traditionen und Lebensformen gefordert.[2] Es wird zugleich auch von einem wech-

---
[1] Vgl. HThK Vat.II, Bd. 4, 223–233.
[2] Vgl. AG 6.

Moderne Welt und Mission?

selseitigen Prozess gesprochen: Riten und Kulturen der Völker sollen in das entstehende kirchliche Leben aufgenommen und integriert werden, damit die Kirche so zugleich zu einer wahren, inneren, qualitativen Katholizität heranreift.[3]

Damit ist eine grundlegende Abkehr vom vielfach „selbstverständlichen" Eurozentrismus kultureller Art gegeben. Es ist aber auch eine Barriere gegenüber dem Bestreben einer kulturell-politischen Dominanz westlicher Prägung ausgesprochen.

Diese allgemeinen Zielvorgaben werden in den Kapiteln, die sich der missionarischen Tätigkeit im Einzelnen zuwenden, näher konkretisiert.

Das Bild der Menschen, das den Konzilsvätern vor Augen steht, ist nicht einfach das Bild der einzelnen, erlösungsbedürftigen Menschen. Es sind die Menschen in ihren gesellschaftlichen, kulturellen, politischen, religiösen Einbindungen.[4] Daher kann Evangelisierung sich nur vollziehen durch die Präsenz von Christen in diesen Kulturen, in einem Ernstnehmen und Anerkennen der gegebenen gesellschaftlichen, kulturellen, religiösen Verhältnisse und im praktischen Unterscheiden dessen, was in einer gegebenen Kultur und öffentlichen Lebensform an Gutem und Wertvollem enthalten ist. Die Frage nach den „Zeichen der Zeit", nach den „Samen des WORTES" in einer gegebenen Situation wird somit leitend. Zugleich gilt es, im Geist des Evangeliums diese Ansätze des Guten, d. h. die rechte Ordnung wirtschaftlicher und sozialer Angelegenheiten, zu befördern, den Kampf gegen Hunger und Unwissenheit aufzunehmen, Krankheiten einzudämmen, Bildungsarbeit, insbesondere mit Kindern und Jugendlichen zu leisten.[5] Dabei verschließen die Konzilsväter ihre Augen nicht vor den oftmals auftretenden Folgen, dass die Ausbildung einer Bildungsgesellschaft, die von Wissenschaft und Technik geprägt ist, auch zur Beeinträchtigung des religiösen Sinnes der Menschen beitragen kann. In diesem Kontext ist die Kirche gerufen, durch die Evangelisierung zu einer neuen Erweckung des religiösen Sinns und der Spiritualität beizutragen.[6]

Die so geforderte Einwurzelung und der Beitrag der Christen zu einer Evangelisierung der Kultur im Zuge der Missionsarbeit kann nicht durch Missionare allein gelingen. Dies setzt vielmehr die Entstehung von Ortskirchen voraus, mit breiten Schichten aktiver Laien, die sich in dieser Weise engagieren.[7] Das Bild einer modernen Ortskirche, das in *Ad gentes* entworfen wird, ist beachtenswert. Es ist eine Kirche, die ihre eigenen Ministri hervorbringt, ein inkulturiertes religiöses und liturgisches Leben entfaltet, sich für Gerechtigkeit und Liebe in den öffentlichen Verhältnissen einsetzt, die kulturellen Schätze der Vergangenheit mit zu bewahren weiß und zugleich ihren Beitrag im Bereich der wirtschaftlichen und sozialen wie der kulturellen Entwicklung leistet.[8] Solche Teilkirchen, die in ihrem

---

[3] Vgl. AG 8.9.
[4] *Gaudium et spes* hat die gesellschaftliche Bestimmung des Menschen in einer besonders prägnanten Weise herausgearbeitet. Vgl. GS 23–32 u. ö.
[5] Vgl. AG 11.12.
[6] Vgl. AG 11,2.
[7] Vgl. AG 15.
[8] Vgl. AG 19–21.

Aufbau selbstverständlich auf die Unterstützung ihrer Schwesterkirchen angewiesen sind, werden aufgefordert, gemeinsame Institutionen für notwendige Dienste zu errichten. So wird eine eigenständige Theologie für die verschiedenen kulturellen Großräume gefordert, die die Philosophie und Weisheit der jeweiligen Völker rezipiert. Es wird eine Zusammenarbeit der Bischofskonferenzen für vertiefte pastorale Studien und pastorale Unternehmungen angemahnt.

Diesem Ansatz entsprechend wird eine Umwandlung in der Organisation und in der Arbeitsweise der bisherigen römischen Missionskongregation, der Propaganda Fide, gefordert. Den verantwortlichen Bischöfen in den Missionsgebieten soll ein Mitbestimmungsrecht eingeräumt werden. Zugleich soll aus der bisherigen Kongregation, einer juristisch geprägten Verwaltungsstruktur, ein Organ der Verwaltung *und* der „dynamischen Leitung"[9] werden.

Wie die einzelnen Teilkirchen aufgerufen werden, sich in der gesellschaftlichen Öffentlichkeit durch die Kommunikationsmedien zu melden und den Geist des Evangeliums auszuprägen, so soll diese Kongregation ebenso die Public-Relation-Arbeit fördern, Informationen sammeln, aufbereiten und weitergeben, wie sie in einer kreativen Weise die Missionsarbeit durch neue Ideen, Organisationsformen etc. fördern soll. Dazu bedarf es nach Ansicht der Konzilsväter selbstverständlich einer Einbeziehung von Fachleuten und der Schaffung von entsprechenden Foren, um solche neuen Ansätze mitzuteilen. Generell wird für die missionarische Tätigkeit der Kontakt zur Wissenschaft, zur Entwicklungshilfe, die Kooperation mit den NGOs etc. angemahnt.

Überblickt man die Ausführungen von *Ad gentes*, so wird hier sicherlich ein Gegenbild zum voraufgehenden Typus von missionarischen Tätigkeiten im Rahmen einer Christianitas entworfen. Nicht in den Blick kommt die Bedeutung der „unternehmerischen Dynamik" der Missionare, wie sie sich in den zahllosen autonomen bzw. freien christlichen Gemeindegründungen, sogenannten autochthonen christlichen Kirchen, manifestiert. Das ungeheuer rasche Anwachsen dieser Gemeinden, ihre Missionserfolge, zeigen, wie zur modernen, globalen Wirtschafts- und Sozialverfassung auch im missionarischen Bereich die Kreativität unternehmerischer Persönlichkeiten gehört.[10] Eine gewisse Balance zwischen der relativ festgefügten und eng geknüpften hierarchischen Struktur und einer größeren Entfaltungsmöglichkeit charismatischer und „unternehmerischer" Dynamik der Einzelnen, seien sie Bischöfe, Presbyter, Missionare, Religiosen, Katecheten oder Laien, bleibt ein wichtiges Desiderat.

Eine weitere Schwierigkeit der katholischen Missionsarbeit, die aus der globalen Situation herrührt, wird in AG kaum hinlänglich thematisiert: die Auswirkungen der rapiden und weltweiten Ausdehnung des modernen Markt- und Wirtschaftsgeschehens, der technischen Produktion und der ungeheuren kulturellen Transformationen, die traditionell geprägte Gesellschaften dadurch erfahren. Während in *Gaudium et spes*, und zwar in der einleitenden Skizze der Situa-

---

[9] Vgl. AG 29, 5.
[10] Vgl. Barrett – Johnson, World Christian Trends.

tion des Menschen in der heutigen Welt[11], diese Phänomene angesprochen werden, wird in AG ihre Bedeutung für die Missionierung nicht entsprechend bedacht. So nimmt es nicht wunder, dass etwa die Bischöfe Afrikas in der Wahrnehmung der Sendung der Kirche in den jeweiligen Ländern erst langsam in jene öffentliche Rolle hineingewachsen sind, die sie zusammen mit ihren Ortskirchen in der Evangelisierung der Kultur und der Gesellschaft ihrer jeweiligen Länder einzunehmen haben.

---

[11] GS 4–10.

VII. Ein Ortswechsel des Evangeliums – die Heterotopien der Zeichen der Zeit

von Hans-Joachim Sander

Mit dem Evangelium verbinden Christen eine religiöse Botschaft, die Gute Nachricht von Tod und Auferstehung Jesu. Von Haus aus steht „Evangelium" aber für einen säkularen Vorgang, bei dem eine gute Nachricht – etwa eine Siegesbotschaft – durch den jeweiligen Herrschaftsbereich getragen wird, weil er einer Gefahr entronnen ist oder einer Last enthoben wurde. Evangelium kann sogar für den Lohn stehen, den ein Siegesbote erhält. Diese Doppelung verweist auf eine bezeichnende Polarität in christlichen Glaubensbegriffen. Sie haben einen religiösen Sinn, aber weisen zugleich eine weltliche Bedeutung auf. Sie sind also zweigleisig bestimmbar.

In den Geschehnissen, die von der Guten Nachricht der biblischen Evangelisten erzählt werden, findet sich diese Zweiheit wieder. Aber dabei ist die Relation von positivem und negativem Anteil gegenüber dem profanen Evangelium verändert. Dort bringt die Positivität der guten Nachricht eine Relativierung des Negativen mit sich, das abgewehrt wurde. Was Markus, Matthäus und Lukas ausführlich zu berichten haben, ist dagegen eigentlich eine schlechte Nachricht: die Kreuzigung Jesu. Mit der Guten Nachricht von der Auferstehung Christi wird der Bericht von der Kreuzigung nicht relativiert. Seine Bedeutung wird im Gegenteil noch deutlicher herausgestellt. Die Konfrontation mit der Gewalt, der Jesus zum Opfer fällt, und die Berichte davon, dass Gott ihn auferweckt hat, passen offensichtlich für das Evangelium zusammen. Das zweite nimmt der Gewalt die Macht über Jesus und über diejenigen, die an ihn glauben, aber es hebt die Konfrontation damit nicht auf. Es findet keine Relativierung von der Auferstehung zur Kreuzigung statt. Beide zusammen ergeben die Zweiheit, aus der der christliche Glaube seine Sprache bezieht. Positivität und Negativität schließen einander darin nicht aus, sondern setzen sich wechselseitig ins Recht.

Das Konzil wird von seinen Kritikern eines allzu großen Optimismus verdächtigt. Im Zentrum dieses Vorwurfs steht dabei die Pastoralkonstitution, die von denen, die sich wegen des jüngsten Konzils von der Kirche getrennt haben, auch lediglich als Dekret bezeichnet wird.[1] Für die Lehre von GS ist die Konzeption der Zeichen der Zeit ein elementarer Bestandteil; die Konstitution wurde um sie herum gebaut. Man hat sich dabei an ihrer erstmalige lehramtliche Verwendung in

---

[1] So schreibt Franz Schmidberger, ein Regens der traditionalistischen Kirche der Priesterbruderschaft Pius X.: „Das Dekret ‚Gaudium et spes' ist vielleicht zeitgeschichtlich und gesellschaftswirksam das verderblichste im ganzen Konzil; denn es verkündet unter dem Mäntelchen der bloßen Beschreibung von Tatsachen einen unbegrenzten, schrankenlosen Heilsoptimismus, die Einrichtung des Paradieses auf Erden durch Technik, Wissenschaft und Fortschritt." (Schmidberger, Zeitbomben 21 f.).

Ein Ortswechsel des Evangeliums – die Heterotopien der Zeichen der Zeit

Pacem in terris, der letzten Enzyklika von Johannes XXIII., orientiert. Wenn der Vorwurf des übergroßen Optimismus zuträfe, dann müssten die Zeichen der Zeit davon geprägt sein. Dann wären sie keine Darstellungsmittel für das Evangelium von Kreuz und Auferstehung.

Der Begriff Zeichen der Zeit fällt in der Konstitution nur ein einziges Mal, in GS 4. In GS 11 wird er umschrieben. Für den Optimismusverdacht kann man sich auf GS 4 beschränken. Die bekannte Stelle lautet: „Zur Erfüllung dieser Aufgabe obliegt der Kirche durch alle Zeit die Pflicht, die Zeichen der Zeit zu erforschen und im Licht des Evangeliums auszulegen, so dass sie in einer der jeweiligen Generation angemessenen Weise auf die beständigen Fragen der Menschen nach dem Sinn des gegenwärtigen und des zukünftigen Lebens und nach ihrem gegenseitigen Verhältnis antworten kann." (GS 4,1) In der Pastoralkonstitution gehören die Überschriften der Artikel direkt zum Text; das wurde eigens so vereinbart, und darin unterscheidet sich die Konstitution auch von den anderen Konzilstexten. Die Überschrift zum Artikel 4 lautet: „Hoffnung und Angst". Hier kehrt die oben angesprochene Zweiheit wieder: Zum einen Hoffnung als Glaubensgut, das mit der Macht Gottes auch in Situationen bedeutsam ist, die keinen Grund zur Hoffnung geben. Und zum anderen Angst, eine existentielle Reaktion aus der Menschheitsgeschichte auf bedrohliche und zerstörerische Erfahrungen oder vorgestellten Szenarien in der Welt. Wenn man von einem Optimismus in den Zeichen der Zeit sprechen will, dann bezieht sich das auf die Hoffnung; die Angst wird man nicht dazu rechnen können. Sie ist aber ebenfalls eine Eigenschaft, die den Zeichen der Zeit zuzurechnen ist.

Eine weitere Beobachtung kommt hinzu. Der Satz, der sich an die zitierte Stelle mit den Zeichen der Zeit unmittelbar anschließt, lautet: „Es ist deshalb nötig, dass die Welt, in der wir leben, sowie ihre Erwartungen, Bestrebungen und ihr oft dramatischer Charakter erkannt und verstanden werden." (GS 4,1) Die Geschichte, aus deren Verlauf die Zeichen der Zeit hervorstechen, hat einen dramatischen Charakter. Sie ist von Wohl und Wehe, von Gut und Böse, von menschlicher Wärme und sozialer Kälte, vom Menschen als Ebenbild Gottes und vom Menschen als Wolf des Menschen geprägt. Es gibt sie nicht unter nur einer Rücksicht; beide müssen jeweils beachtet werden.

Das prägt auch die Zeichen der Zeit. Sie markieren Dramen der Geschichte, in denen Menschen in die Differenz dieser zwei Rücksichten gestellt werden. In den Zeichen der Zeit Arbeiterfrage, Frauenfrage, Entkolonisierung der Völker, Grundrechtskataloge in Verfassungen, die u. a. von *Pacem in terris* als Zeichen der Zeit genannt werden,[2] zeigt sich der dramatische Charakter. Das Ringen der Arbeiter um gerechten Lohn verweist auf die historische Auseinandersetzung zwischen Kapitalseignern und den abhängig Beschäftigten. Das Ringen der Frauen um gesellschaftliche Anerkennung ist ebenfalls nicht konfliktfrei; es markiert einen Verteilungsstreit um die gesellschaftlichen Machtbereiche zwischen den Geschlechtern. Man kann auch in postfeministischen Zeiten nicht davon sprechen, dieses

---

[2] AAS 55 (1963) 257–304; dt. Übersetzung in KAB, Texte 271 ff.

Von der Exklusion zur Wahrnehmung der pluralen modernen Welt

Ringen sei in hochentwickelten Gesellschaften bereits erfolgreich abgeschlossen. Die Entkolonisierung der Völker zeitigt immer noch leidvolle Wirkungen, die sich in den notwendigen Schuldenerlassen für einstige Kolonien oder in Vertreibungsszenarien unter umgekehrten Vorzeichen wie in Simbabwe niederschlagen. Grundrechtskataloge sind immer noch in weiten Teilen der Welt umstritten oder werden nicht wirklich implementiert, weil sie die Macht der im Staat Mächtigen beschneiden.

Zeichen der Zeit sind von dramatischen historischen Differenzen bestimmt, einen einlinigen Optimismus wird man ihnen nur vorwerfen können, wenn der Kontext des Begriffs nicht beachtet wird. Sie sind zweiheitlich geprägt von Wohl und Wehe einer gesellschaftlichen, kulturellen, politischen, religiösen Situation. Deshalb startet die Pastoralkonstitution auch mit einer elementaren Solidaritätserklärung gegenüber Freude und Hoffnung, Trauer und Angst heutiger Menschen. Eine Trennung der beiden Bereiche verbietet sich, die Bestimmung der Relation in der Zweiheit muss anders verlaufen.

Orientieren kann man sich dabei an der Art, wie die Pastoralkonstitution argumentiert. Sie vollzieht eine Ortsbestimmung der Kirche in der Welt von heute. Die Zeichen der Zeit sind deshalb topologisch bestimmt. Sie markieren einen spezifischen Ort im Verlauf der Geschichte. Der Nicht-Ort, die Utopie, kommt für die Bestimmung dieses Ortes nicht in Frage, wenn die historischen Auseinandersetzungen, die *Pacem in terris* nennt, tatsächlich Zeichen der Zeit sind. Es handelt sich dabei ja nicht um ersehnte Entwicklungen auf einen Zustand hin, in dem die beschworenen Probleme einfach inexistent oder überwunden sind. Kein Arbeiter sehnt sich danach, dass er um seinen gerechten Lohn kämpfen muss. Frauen dürften sich auch nicht gerade danach sehnen, dass sie mit Männern um gesellschaftlichen Einfluss ringen müssen; es wäre einfacher, diesen Einfluss als selbstverständliche Möglichkeit zu erfahren. Kein Volk sehnt sich danach, von einem anderen unterjocht zu sein, so dass es in eine gefährliche Auseinandersetzung für seine Freiheit eintreten muss. Und nur wenige dürften ein erhebendes Gefühl davon haben, dass sie vor Gericht ziehen müssen, um die eigenen elementaren Rechte einzuklagen. In den Zeichen der Zeit werden keine utopischen Szenarien vorgestellt, sondern Hinweise auf reale Auseinandersetzungen gegeben, die den Lebensraum von Menschen unmittelbar bedrängen und beschneiden. Entsprechend muss auch der Ort, den diesen Zeichen einnehmen, den dramatischen Charakter der Geschichte widerspiegeln.

Wo lässt sich ein solcher Ort finden? Eine Möglichkeit bietet der gesellschaftliche Diskurs, sofern es sich dabei um einen tatsächlich bedeutsamen Vorgang für das Leben der Menschen in dieser Gesellschaft handelt. In solchen Diskursen gibt es Anteile, die etwas benennen, was offensichtlich ist, und es gibt Anteile, die das benennen, was bis dahin nicht benannt worden ist oder werden sollte oder werden durfte. Sie bestehen aus Bezügen zu Tatsachen und sie machen Verweise auf verschwiegene Seiten. Die Benennung von etwas Un-Benennbarem hat einen dramatischen Charakter, weil es mit einer elementaren Macht konfrontiert: der Macht von Ausschließungen. Wenn etwas in einem gesellschaftlichen Diskurs nicht benannt werden darf, dann sind diejenigen, die davon betroffen sind, automatisch mit Ohnmacht belegt. Sie können ihre Anliegen nicht vorbringen, wie berechtigt sie auch immer sein mögen. Zeichen der Zeit haben es deshalb auch mit solchen Sprachlosigkeiten zu tun. Es handelt sich nicht um das Fehlen von Worten, von Ausdrucksmöglichkeiten. Es geht nicht darum, bessere Übersetzungen oder Übersetzer zu finden, damit das Noch-Nicht-Benannte endlich diskursive Qualität findet. Es geht um die Benennung von Machtkonstellationen, die nur dann wirksam sein können, wenn sie im Verborgenen bleiben: Arbeitern den Lohn zu beschneiden, Frauen auf wenig einflussreiche Rollen zu verweisen, Völker zu paternalisieren, Grundrechte nicht einklagbar zu machen. Bereits das Brechen des jeweiligen Tabus löst die Macht des Verschweigens auf.

Es ist wie im Märchen von des Kaisers neuen Kleidern. Der Kaiser verfügt über eine Macht, die es allen anderen verbietet, darauf hinzuweisen, wie nackt er ist. Sobald der Hinweis erfolgt, wird er zur lächerlichen Figur und seine Macht löst sich auf. Ein Verschweigen ist aber nicht einfach aufzubrechen. Wer das erzwingen will, bestätigt nur die Macht, die im Verschweigen sitzt. Im Märchen ist es ja auch ein Kind, das den Bann löst. Es unterliegt noch nicht den erwachsenen Mechanismen des Verschweigens und hat (noch) keinen Vorteil von dem Ausschließungsmechanismus im herrschenden Diskurs der kaiserlichen Kleiderordnung. Und es hat drittens keinen Machtgewinn aus der Lösung des Bannes.

Daran lassen sich Eigenschaften des spezifischen Ortes erkennen, der den Zeichen der Zeit zukommt. Dort, wo sie zur Sprache kommen, werden Ausschließungsmechanismen im gesellschaftlichen Diskurs benannt. Deshalb beziehen sie sich oft auf Opfer, die im gesellschaftlichen Fortschritt entstehen, aber mehr oder weniger kommentarlos hingenommen werden. Um sie wirklich benennen zu können, ist es nötig, einerseits einen alternativen Blick auf die Machtkonstellationen in einer Gesellschaft zu werfen und andererseits die Auflösung des Bannes nicht mit eigenen verborgenen Machtabsichten zu konterkarieren.

Beides muss man sich leisten können. Deshalb sind die Zeichen der Zeit auch für diejenigen kritisch, die auf sie hinweisen. Es fragt sich dann, ob sie an der Auflösung der diskursiven Ausschließung nur deshalb interessiert sind, weil sie auf die Macht im Verschwiegenen selbst zugreifen wollen. Und es muss sich zeigen, ob das Brechen des Tabus denen zu Gute kommt, die von den diskursiven Ausschließungen an den Rand gedrängt werden, oder ob diese Menschen weiter am diskursiven Rand stehen bleiben müssen.

Darin liegen sowohl die Chance wie auch das kritische Moment für die Kirche, wenn sie mit den Zeichen der Zeit arbeitet. Sie hat durchaus die gesellschaftliche Position, auf des Kaisers nackte Kleider hinzuweisen, wenn alle im Bann des herrschenden Diskurses sind, und Verschwiegenes eben laut zu sagen, weil sie keine Rücksichten auf heimliche Verabredungen nehmen muss. Darin liegt ihre Machtposition begründet und deshalb fürchten die Mächtigen sie auch in der Regel. Aber wenn die Kirche diese Macht, Verschwiegenes zu brechen, gebraucht, darf sie sich nicht wundern, dass die Fragen nach den heilvollen Konsequenzen laut werden. Unter Machtaspekten, die allein der Kirche zugute kämen, lassen sich die Zeichen der Zeit nicht für die Botschaft vom Evangelium verwenden. Aber unter Ermächtigungsaspekten für die, die von den darin wirkenden Ausschließungen betroffen sind, werden sie zu einem diskursiven Ort, an dem Hoffnung in der Situation der Angst und Heil mitten im Unheil erfahrbar werden.

Deshalb ist der Ort, an dem Zeichen der Zeit auf dem Konzil zum Thema werden, pastoral bestimmt. Es geht nicht um die Macht derer, die gegen die diskursiven Ausschließungen zu Felde ziehen. Es geht um die Rückgabe der Hoffnung an die, deren Leben vom gesellschaftlichen Verschweigen bedroht ist. Es geht um die Lebensalternativen, denen im Evangelium Raum gegeben wird: Dem Tod wird die Macht genommen und die Auferstehung löst den Bann der Gewalt, die Menschen im Griff hat.

Eine Verkündigung des Evangeliums, die sich um eine Erforschung der Zeichen der Zeit bemüht und diese Zeichen dann wider die herrschenden Tabus zur Sprache bringt, mutet deshalb einen gesellschaftlichen Ortswechsel zu. Wer so verkündigt, tritt in den Raum des Verschwiegenen ein, um darin eine Alternative zu den Diskursen zu finden, die Menschen unter Bann stellen und mit Ausschließungen belegen. Der Eintritt in den verschwiegenen Raum kann aber selbst nicht verschwiegen bleiben, weil sonst diejenigen, die dort gesellschaftlich eingeschlossen sind, weiter ausgeschlossen bleiben. Die Auflösung des Bannes muss deshalb öffentlich stattfinden, es eignet sich nicht, um eine neue religiöse Macht auf der Basis verschwiegener Mysterien zu bilden. Deshalb gehört zur christlichen Wahrheit ein elementarer Widerstand gegen Mysterienkulte – im Innen und im Außen des Christentums. Die Gute Nachricht des Evangeliums gehört allen und eben nicht nur denen, die sie zur Sprache bringen. Im Aufbrechen des Verschweigens findet darum auch eine elementare Solidarisierung mit jenen Menschen statt, die von der diskursiven Ausschließung zu Opfern gemacht werden. Das kann nicht verborgen bleiben, weil es die Textur der Macht, die aus dem Verschweigen stammt, aufreißt. Wer mit dem Evangelium gesellschaftlich unterwegs ist, muss sich auf diese Solidarisierungs- und Aufklärungsvorgänge befragen lassen. Ist er oder sie darüber nicht auskunftsfähig, hat der Ortswechsel nicht stattgefunden, den das Evangelium bedeutet.

Das Evangelium bringt deshalb eine eigene topologische Herausforderung mit sich. Seine Botschaft vom liebenden Gott, vom auferstandenen Christus und vom schöpferischen Geist kann zugleich von den Lebensräumen her zur Sprache kommen, die Menschen nötig haben, um eine Hoffnung wider die erlebten und befürchteten Szenarien der Angst zu entwickeln. Sein Ort in den gesellschaftlichen Diskursen besteht aus einem Heterotopos, einem Anders-Ort. Der Lebensraum, den dieser Ort darstellt, setzt sich gegen die gewalttätigen Anteile in einer gesellschaftlichen Ordnung der Dinge zur Wehr, aber kann zugleich einen Lebensraum für die eröffnen, die bisher vom Verschweigen beherrscht wurden.[3] In der Botschaft von Christus, dem Auferstandenen, kann man das nachvollziehen. Sie er-

---

[3] Michel Foucault hat mit Heterotopien gesellschaftliche Lebensräume benannt wie Friedhöfe, Kolonien, Bordelle, Bibliotheken, in denen alternative Ordnungen präsent sind, die in den herrschenden Ordnungen der Dinge ausgeschlossen werden. Wichtig ist dabei der Zusammenhang des alternativen Diskurses zu realen Lebensräumen, die aufgeschlossen werden, weil Ausgeschlossenes zum Thema wird. Vgl. Foucault, Espaces, sowie die Auseinandersetzung mit Foucault bei Bauer – Hölzl (Hg.), Gottes und des Menschen Tod.

zeugt im Brechen des Bannes, der durch die Kreuzigung Jesu auf seinen Jüngern und Jüngerinnen liegt, einen eigenen Lebensraum. Bereits die Botschaft bedeutet diesen Lebensraum, weil sie den knechtenden Ausschließungsmechanismus aufbricht, der in der Erfahrung der Kreuzigung liegt. Auch hier sind die mit der Auferstehungsbotschaft betrauten Menschen Größen, die keinen neuen Machtdiskurs daraus erzeugen können. Es sind die Frauen am Grab, und sie triumphieren nicht angesichts der Nachricht, die ihnen aufgetragen wird. Es dauert auch lange, bis die anderen fähig werden, auf den Ortswechsel einzugehen, den ihre Osterbotschaft ermöglicht. Er verheißt ihnen eben nicht die Lösung des Problems, wie sie sich nicht in die Gefahr der Botschaft von Jesus begeben können.

Für den Ortswechsel des Evangeliums ist beides wichtig: die Negation des diskursiven Ausschlusses und die Position eines alternativen Lebensraumes, das Auflösen des Verschweigens und das Einräumen der Hoffnung. Das eine verstärkt jeweils das andere. Darum besteht das Evangelium aus den beiden Grundbotschaften von Kreuz und Auferstehung. Und darum ist das, was auf dem Konzil Zeichen der Zeit bedeutet, auf diese Zweiheit hin benennbar und kein Ausdruck eines Optimismus. Es ist der Ausdruck einer neuen Lebensweise, die den Tod nicht fürchtet, sondern seiner Macht alternative Lebensräume entgegenstellt.

Bibliographie

Accatoli, Luigi (Hg.), Wenn der Papst um Vergebung bittet. Alle ‚mea culpa' von Papst Johannes Paul II. An der Wende zum dritten Jahrtausend, Innsbruck – Wien 1999.
Adorno, Theodor W., Gesammelte Schriften, Bde. IV und VI (hg. v. Rolf Tiedemann u. a.), Darmstadt 1998.
Alberigo, Giuseppe, Johannes XXIII. Leben und Wirken des Konzilspapstes, Mainz 2000.
Arinze, Francis, Religionen gegen die Gewalt. Eine Allianz für den Frieden, Freiburg – Basel – Wien 2002.
Balthasar, Hans Urs von, Das Ganze im Fragment. Aspekte der Geschichtstheologie, Einsiedeln ²1990.
Barrett, David B. – Johnson, Todd M., World Christian Trends, AD 30 – AD 2200. Interpreting the annual Christian megacensus, Pasadena 2001.
Bauer, Christian – Hölzl, Michael (Hg.), Gottes und des Menschen Tod? Die Theologie vor der Herausforderung Michel Foucaults, Mainz 2003.
Beavens, Stephen B., Models of Contextual Theology, Maryknoll 1992.
Böckenförde, Ernst-Wolfgang, Neue Tendenzen im katholischen Kirchenrecht, in: ThPr 27 (1972) 119–127.
Böhler, Dieter, Der Kanon als hermeneutische Vorgabe biblischer Theologie. Über aktuelle Methodenprobleme in der Bibelwissenschaft, in: ThPh 77 (2002) 161–178.
Bucher, Rainer, Neue Zeiten und welche Kirche?, in: Walter Krieger – Balthasar Sieberer (Hg.), Wie religiös ist die Welt?, Limburg 2002, 25–51.
Bucher, Rainer (Hg.), Die Provokation der Krise. Zwölf Fragen und Antworten zur Lage der Kirche, Würzburg 2004.
Bucher, Rainer, Jenseits der Idylle, in: ders. (Hg.), Provokation der Krise 106–130.
Bühlmann, Walbert, Weltkirche – neue Dimensionen. Modell für das Jahr 2001, Graz 1984.
Carey, Ann, Sisters in crisis. The tragic unraveling of women's religious communities (Our Sunday Visitor books 655), Huntington, Ind. 1997.
Castellano Cervera, Jesús – Amato, Angelo – Ciardi, Fabio – Gonzáles Silva, Santiago – Militello, Concetta – Secondin, Bruno (Hg.), Vita consecrata. Una prima lettura teologica (Vita Consacrata), Milano 1996.
Castellano Cervera, Jesús, Carismi per il terzo millennio. I movimenti ecclesiali e le nuove comunità, Morena 2001.
Castenetto, Dora, Trasfigurare il mondo dal di dentro. La sfida degli Istituti secolari, in: Vita consacrata 36 (2000) 85–90.
Chenu, Marie-Dominique, Volk Gottes in der Welt, Paderborn 1968.
Childs, Brevard S., Die theologische Bedeutung der Endform eines Textes, in: ThQ 167 (1987) 242–251.
Childs, Brevard S., Die Theologie der einen Bibel, 2 Bde., Freiburg – Basel – Wien 1994–1995.
Ciardi, Fabio, Gli istituti di vita consacrata e i movimenti ecclesiali insieme per la causa del Regno, in: Vita consacrata 38 (2002) 140–152.
Codina, Victor – Zevallos, Noé, Ordensleben (Bibliothek Theologie der Befreiung. Die Kirche, Sakrament der Befreiung), Düsseldorf 1991.

Bibliographie

Conner, Paul M., Vita consecrata. An ultimate theology of the consecrated life, in: Ang 76 (1999) 245–273.

Dohmen, Christoph – Oeming, Manfred, Biblischer Kanon warum und wozu? Eine Kanontheologie (QD 137), Freiburg – Basel – Wien 1992.

Ebertz, Michael E. – Fuchs, Ottmar – Sattler, Dorothea (Hg.), Lernen, wo die Menschen sind. Wege lebensraumorientierter Seelsorge, Mainz 2005.

Eckholt, Margit, Poetik der Kultur. Bausteine einer interkulturellen dogmatischen Methodenlehre, Freiburg – Basel – Wien 2002.

Enchiridion della vita consacrata. Dalle Decretali al rinnovamento post-conciliare (385–2000) (Strumenti), Bologna 2001.

Fischer, Balthasar, Die Hochgebete von Melbourne. Gottesdienstkongregation approbiert zwei bemerkenswerte Texte, in: Gd 7 (1973) 36 f.

Fleck, Michael – Dyma, Oliver, Bischöfe als mittleres Management des Weltkonzerns Kirche. Pastorale Konsequenzen für das Bischofsamt im Spannungsfeld zwischen Orts- und Weltkirche, in: Bernd Jochen Hilberath – Bernhard Nitsche (Hg.) Ist Kirche planbar? (FS Urs Baumann), Mainz 2002, 167–176.

Fleckenstein, Heinz u. a. (Hg.), Ortskirche, Weltkirche (FS Julius Döpfner), Würzburg 1973.

Forotuna, Michele, Punti fermi della vita consacrata per il Terzo Millennio (Sacra doctrina. Monografie 45,2), Bologna 2000.

Foucault, Michel, Des espaces autres, in: ders., Dits et Écrits, vol. IV, Paris 1994, 752–762 (dt. in: Jan Engelmann, (Hg.), Michel Foucault. Botschaften der Macht, Stuttgart 1999, 145–157).

Franz, Albert (Hg.), Was ist heute noch katholisch? Zum Streit um die innere Einheit und Vielfalt der Kirche (QD 192/Schriften der Europäischen Gesellschaft für Katholische Theologie 5), Freiburg – Basel – Wien 2001.

Fuchs, Ottmar, Heilen und befreien. Der Dienst am Nächsten als Ernstfall von Kirche und Pastoral, Düsseldorf 1990.

Fuchs, Ottmar, Ortskirche – Weltkirche – Romkirche. Eine praktisch-theologische Verhältnisbestimmung im Kontext heutiger Globalisierungsprozesse, in: Franz (Hg.), Was ist heute noch katholisch? 227–265.

Fuchs, Ottmar, Praktische Hermeneutik der Heiligen Schrift, Stuttgart 2004.

Fuchs, Ottmar, Theologie aus der Erfahrung des „Mysterium Dei", in: PThI 24 (2004) 68–104.

Füglister, Notker, Das Alte Testament – Gottes Wort an uns. Die Konzilskonstitution „Dei Verbum" und das Alte Testament, in: Hans Paarhammer – Franz-Martin Schmölz (Hg.), Uni trinoquo Domino. Karl Berg. Bischof im Dienst der Einheit, mit einem Geleitwort v. Franz Kardinal König (FS Erzbischof Karl Berg), Thaur 1989, 139–160.

Giordani, Bruno, Donne consacrate. Una lettura psicologica (Vita consacrata), 2. ed. riv. e ampliata, Milano 2001.

Girard, René, Ich sah den Satan vom Himmel fallen wie ein Blitz. Eine kritische Apologie des Christentums. Mit einem Nachwort von Peter Sloterdijk, München – Wien 2002.

Gräbe, Uwe, Kontextuelle palästinensische Theologie. Streitbare und umstrittene Beiträge zum ökumenischen und interreligiösen Gespräch (Missionswissenschaftliche Forschungen. NF 9), Erlangen 1999.

Groß, Walter, Ist biblisch-theologische Auslegung ein integrierender Methodenschritt?, in: Hossfeld (Hg.), Wieviel Systematik erlaubt die Schrift? 110–149.

Guardini, Romano, Von heiligen Zeichen, Mainz 1927.

Hallensleben, Barbara, Theologie der Sendung. Die Ursprünge bei Ignatius von Loyola und Mary Ward (FTS 46), Frankfurt/M. 1994.

Haunerland, Winfried, Brauchen wir ein neues Fest? Schöpfungsfrömmigkeit und Liturgie, in: ThPQ 148 (2000) 251–261.

Hebblethwaite, Peter, Johannes XXIII. Das Leben des Angelo Roncalli, Zürich 1986.

Hegge, Christoph, Rezeption und Charisma. Der theologische und rechtliche Beitrag kirchlicher Bewegungen zur Rezeption des Zweiten Vatikanischen Konzils (Forschungen zur Kirchenrechtswissenschaft 29), Würzburg 1999.

Henrix, Hans Hermann, Judentum und Christentum. Gemeinschaft wider Willen, Kevelaer 2004.

Herzig, Anneliese, Ordens-Christen. Theologie des Ordenslebens in der Zeit nach dem Zweiten Vatikanischen Konzil (StSSTh 3), Würzburg 1991.

Hilberath, Bernd Jochen, Zum Verhältnis von Ortskirchen und Weltkirche nach dem II. Vatikanum, in: Franz (Hg.), Was ist heute noch katholisch? 36–49.

Hoff, Gregor Maria, Die prekäre Identität des Christlichen. Die Herausforderung postmodernen Differenzdenkens für eine theologische Hermeneutik, Paderborn u. a. 2001.

Höhn, Hans-Joachim, Ökologische Sozialethik. Grundlagen und Perspektiven, Paderborn 2001.

Hoping, Helmut, Die Kirche im Dialog mit der Welt und der sapientiale Charakter christlicher Lehre. Pragmatik und Programmatik des II. Vatikanums im Kontext der Globalisierung, in: Peter Hünermann (Hg.), Das II. Vatikanum – Christlicher Glaube im Horizont globaler Modernisierung. Einleitungsfragen (Programm und Wirkungsgeschichte des II. Vatikanums 1), Paderborn u. a. 1998, 83–99.

Hoping, Helmut – Tück, Jan H., Thesen zur inhaltlichen Bestimmtheit des Glaubens und zur Aufgabe der Dogmatik, in: SaThZ 7 (2003) 26–32.

Hossfeld, Frank-Lothar (Hg.), Wieviel Systematik erlaubt die Schrift? Auf der Suche nach einer gesamtbiblischen Theologie (QD 185), Freiburg – Basel – Wien 2001.

Hünermann, Peter, Dogmatische Prinzipienlehre. Glaube – Überlieferung – Theologie als Sprach- und Wahrheitsgeschehen, Münster 2003.

Hünermann, Wilhelm, Der Pfarrer der Welt. Das Leben Johannes XXIII., Innsbruck – Wien 1989.

Huntington, Samuel P., Kampf der Kulturen, München ^{3}1998.

Jelich, Georg, Kirchliches Ordensverständnis im Wandel. Untersuchungen zum Ordensverständnis des Zweiten Vatikanischen Konzils in der dogmatischen Konstitution über die Kirche *Lumen gentium* und im Dekret über die zeitgemäße Erneuerung des Ordenslebens (EThSt 49), Leipzig 1983.

Johannes XXIII., Die Homilie der Krönungsmesse, in: HerKorr 13 (1958/59) 116–117.

KAB (Hg.), Texte zur katholischen Soziallehre, 4., erw. Auflage, o. O. 1977.

Kirschner, Martin, Kirche – Zeugin Gottes in der Gesellschaft. Theologische und sozialwissenschaftliche Reflexion zur Sozialgestalt des christlichen Gotteszeugnisses in der Spätmoderne, Diss. Tübingen 2005.

Klinger, Elmar, Armut. Eine Herausforderung Gottes. Der Glaube des Konzils und die Befreiung des Menschen, Zürich 1990.

Kruse, Torsten – Wagner, Harald (Hg.), AIDS. Anstöße für Unterricht und Gemeindearbeit, München 1988.

Küng, Hans – Kuschel, Karl-Josef (Hg.), Erklärung zum Weltethos. Die Deklaration des Parlamentes der Weltreligionen, München – Zürich 1993.

Lesage, Germain, Art. Congregazione religiosa. II. Struttura interna, in: Giancarlo Rocca (Hg.), Dizionario degli istituti di perfezione. Vol. II: Cambiagio – Conventualesimo, Roma 1975, 1568–1572.

Lienkamp, Andreas – Lienkamp, Christoph (Hg.), Die ‚Identität' des Glaubens in den Kulturen. Das Inkulturationsparadigma auf dem Prüfstand, Würzburg 1997.

Bibliographie

Lindorfer, Simone, Sharing the Pain of the Bitter Hearts. Liberation psychology and Gender-Related Violence in Eastern Africa, Diss. Tübingen 2005.

Lohfink, Norbert, Der weiße Fleck in Dei Verbum, Art. 12, in: TThZ 101 (1992) 20–35.

Lombardi, Riccardo, Die Erneuerung des Ordenslebens, in: GuL 24 (1951) 81–92.

Neuner, Peter (Hg.), Naturalisierung des Geistes – Sprachlosigkeit der Theologie? Die Mind-Brain-Debatte und das christliche Menschenbild, Freiburg – Basel – Wien 2003.

Niewiadomski, Józef, Herbergsuche. Auf dem Weg zu einer christlichen Identität in der modernen Kultur (Beiträge zur mimetischen Theorie 7), Münster – Thaur 1999.

Päpstliche Bibelkommission, Die Interpretation der Bibel in der Kirche (VAS 115), Bonn 1993.

Piepel, Klaus, Lerngemeinschaft Weltkirche. Lernprozesse in Partnerschaften zwischen Christen der Ersten und der Dritten Welt, Aachen 1993.

Plattig, Michael, Ordensleben als Umformungsprozeß, in: Ordensnachrichten 42 (2003) 34–48.

Pollak, Gertrud, Der Aufbruch der Säkularinstitute und ihr theologischer Ort. Historisch-systematische Studien, Vallendar-Schönstatt 1986.

Popper, Karl R., Der Zauber Platons, München ³1973.

Raheb, Mitri, Ich bin Christ und Palästinenser. Israel, seine Nachbarn und die Bibel, Gütersloh ³1998.

Rahner, Hugo, Die Kirche. Gottes Kraft in menschlicher Schwäche, Freiburg i. Br. 1957.

Rahner, Karl, Das Konzil – ein neuer Beginn. Vortrag beim Festakt zum Abschluß des II. Vatikanischen Konzils im Herkulessaal der Residenz in München am 12. Dezember 1965, Freiburg 1966.

Rahner, Karl, Erfahrung eines katholischen Theologen, in: Karl Lehmann (Hg.), Vor dem Geheimnis Gottes den Menschen verstehen. Karl Rahner zum 80. Geburtstag, München – Zürich 1984, 105–109.

Rahner, Karl, Perspektiven der Pastoral der Zukunft, in: Bühlmann (Hg.), Weltkirche, 220–235.

Ratzinger, Joseph, Der Weltdienst der Kirche. Auswirkungen von Gaudium et Spes im letzten Jahrzehnt, in: Andreas Bauch – Alfred Gläßer – Michael Seybold (Hg.), Zehn Jahre Vaticanum II, Regensburg 1976, 36–53.

Riedlinger, Helmut, Zur geschichtlichen und geistlichen Schriftauslegung. Erwägungen im Rückblick auf die hermeneutischen Weisungen der Dogmatischen Konstitution „Dei Verbum" des Zweiten Vatikanischen Konzils, in: Werner Löser – Karl Lehmann – Matthias Lutz-Bachmann (Hg.), Dogmengeschichte und katholische Theologie, Würzburg 1985, 423–450.

Rocca, Giancarlo, Art. Sacre Congregazione Romane. I. L'istituzione delle S.C. romane, in: Giancarlo Rocca (Hg.), Dizionario degli istituti di perfezione. Vol. VIII: Saba – Spirituali, Roma 1988, 181–185.

Rocca, Giancarlo, Nuove forme di vita consacrata, in: Vita consacrata 38 (2002) 563–575.

Rovira, José, La teologia della vita consacrata dal Vaticano II ad oggi, in: Vita consacrata 36 (2000) 4–12.

Ruster, Thomas, Der verwechselbare Gott. Theologie nach der Entflechtung von Christentum und Religion (QD 181), Freiburg – Basel – Wien ⁵2000.

Sander, Hans-Joachim, Macht in der Ohnmacht. Eine Theologie der Menschenrechte (QD 178), Freiburg – Basel – Wien 1999.

Schambeck, Mirjam – Schaupp, Walter (Hg.), Lebensentscheidung – Projekt auf Zeit oder Bindung auf Dauer? Zu einer Frage des Ordenslebens heute, Würzburg 2004.

Schambeck, Mirjam, Aus der Gottessehnsucht leben – Ordenstheologie in Zeiten des Übergangs, in: GuL 76 (2003) 243–253.

Schaupp, Klemens – Kunz, Claudia E. (Hg.), Erneuerung oder Neugründung? Wie Orden und kirchliche Gemeinschaften lebendig bleiben können, Mainz 2002.
Scheuerer, Franz Xaver, Interculturality. A Challenge for the Mission of the Church, Bangalore 2001.
Schlosser, Marianne, ‚Imago Ecclesiae desponsatae'. Zur Theologie der Jungfrauenweihe, in: Rivista teologica di Lugano 8 (2003) 99–112.
Schmidberger, Franz, Die Zeitbomben des Zweiten Vatikanischen Konzils, Jaidhof 1997.
Schmidt-Leukel, Perry, Theologie der Religionen. Probleme, Optionen, Argumente (Beiträge zur Fundamentaltheologie und Religionsphilosophie 1), Neuried 1997.
Schneider, Notker – Mall, R. A. – Lohmar, Dieter (Hg.), Einheit und Vielfalt. Das Verstehen der Kulturen, Amsterdam 1998.
Schneider, Theodor, Geschieden, wiederverheiratet, abgewiesen? Antworten der Theologie (QD 157/Schriften der Europäischen Gesellschaft für Katholische Theologie 2), Freiburg – Basel – Wien 1995.
Schneiders, Sandra M., New Wineskins. Re-imagining Religious Life Today, New York 1986.
Schneiders, Sandra M., Finding the Treasure. Locating Catholic Religious Life in a New Ecclesial and Cultural Context (Religious Life in a New Millennium. Volume One), New York 2000.
Schneiders, Sandra M., Selling All. Commitment, Consecrated Celibacy, and Community in Catholic Religious Life (Religious Life in a New Millennium. Volume Two), New York 2001.
Schreiter, Robert J., Constructing local theologies, Maryknoll, NY ^{8}1999.
Schulte, Ludger, Aufbruch aus der Mitte. Zur Erneuerung der Theologie christlicher Spiritualität im 20. Jahrhundert – im Spiegel von Wirken und Werk Friedrich Wulfs SJ (1908–1990), Würzburg 1998.
Schwager, Raymund, Jesus im Heilsdrama. Entwurf einer biblischen Erlösungslehre (ITS 29), Innsbruck – Wien ^{2}1996.
Schwager, Raymund – Niewiadomski, Józef, Dramatische Theologie als Forschungsprogramm, in: dies. (Hg.), Religion erzeugt Gewalt – Einspruch! Innsbrucker Forschungsprojekt „Religion – Gewalt – Kommunikation – Weltordnung" (Beiträge zur mimetischen Theorie 15), Thaur – Münster 2003.
Seckler, Max, Im Spannungsfeld von Wissenschaft und Kirche, Freiburg – Basel Wien 1980.
Secondin, Bruno, La vita consacrata tra teologia e spiritualità, in: Rivista teologica di Lugano 8 (2003) 9–25.
Sellmann, Matthias (Hg.), Deutschland – Missionsland. Zur Überwindung eines pastoralen Tabus (QD 206), Freiburg – Basel – Wien 2004.
Söding, Thomas, Einheit der Heiligen Schrift? Zur Theologie des biblischen Kanons (QD 211), Freiburg – Basel – Wien 2005.
Steck, Wolfgang, Schöpfungstheologische Implikationen in den Hochgebeten und Präfationen des Missale Romanum, dargestellt vor dem Hintergrund ausgewählter universalkirchlicher Dokumente, Habil. Masch. München 2004, bes. 137–301.317–333; darin auch weitere Literaturangaben.
Sternberg, Thomas (Hg.), Neue Formen der Schriftauslegung? (QD 140), Freiburg – Basel – Wien 1992.
Sudbrack, Josef, Das Charisma der Nachfolge. Um die zukünftige Gestalt geistlicher Gemeinschaften, Würzburg 1994.
Suess, Paulo, Kontextualität, Identität, Universalität. Der Streit um das Inkulturationsparadiga, in: Lienkamp – Lienkamp (Hg.), Idenität 309–328.
Suenens, Léon Joseph Cardinal, Souvenirs et Espérances. o. O. (edition Fayard) 1991.
Tillard, Jean-Marie R., Frei sein in Gott. Zur Praxis des Ordenslebens heute, Freiburg 1979.

Uríbarri Bilbao, Gabino, Portar las marcas de Jesús. Teología y espiritualidad de la vida consagrada (Biblioteca de teología Comillas 6), Madrid 2001.

Virt, Günter, Epikie und verantwortlicher Umgang mit Normen, Mainz 1983.

Waldenfels, Hans, Christus und die Religionen, Regensburg 2002.

Walter, Peter, Ein Blick zurück und nach vorne aus dem Abstand von fast vierzig Jahren am Beispiel des Verhältnisses von Orts- und Universalkirche, in: Günther Wassilowsky (Hg.), Zweites Vatikanum – vergessene Anstöße, gegenwärtige Fortschreibungen (QD 207), Freiburg – Basel – Wien 2004, 116–136.

Weber, Franz (Hg.), Frischer Wind aus dem Süden. Impulse aus den Basisgemeinden, Innsbruck 1998.

Weber, Franz, Inkulturation auf dem ‚Missionskontinent' Europa. Orden als Träger inkulturierter Evangelisierung, in: ZMR 86 (2002) 192–205.

Weltkirchliches Lernen (Themenheft), in: LS 56 (2005) 134–157.

Winklhofer, Alois, Schöpfung und Liturgie. Naturdinge im liturgischen Dienst, Ettal 1950.

Wolf, Peter (Hg.), Lebensaufbrüche. Geistliche Bewegungen in Deutschland. Mit einem Beitrag von Joseph Kardinal Ratzinger, Vallendar-Schönstatt 2000.

Schlusswort
Eine „kalligraphische Skizze" des Konzils

Einleitung: Das II. Vatikanum – Ereignis[1] in Geschichte

Schlussworte haben eine eigene Funktion: sie fassen Ergebnisse eines oft langen Argumentationsganges zusammen. Zugleich erwartet der Leser der voraufgehenden Erörterungen, dass das Gesagte in einer neuen Form vorgelegt wird, so dass er noch etwas Interessantes dazulernt. Jener Leser aber, der Bücher wissenschaftlicher Art jeweils vom Schlusswort her zu lesen beginnt, um zu sehen, ob sich die Lektüre des gesamten Bandes lohnt, erwartet einen Überblick, und zwar in einer Form, die ihn Interesse für die Gesamtdarstellung finden lässt. Schlussworte sind so fast die Quadratur des Kreises. Sollen sie nicht Wiederholungen und Kurzfassungen unzulänglicher Art sein, so ist hier eine andere Darstellungsart vonnöten. Sie müssen das Ergebnis in einem gleichsam „verdichteten Bild" darbieten. Kalligraphische Skizzen besitzen die Eigenart, dass sie im Wort einen ganzen Lebenskontext wachrufen und zugleich die Bewegung veranschaulichen, die Bewegung der Hand, die Dynamik des Wortgeschehens, die das Wortfeld eröffnet und den Betrachter einbezieht. Das folgende Schlusswort möchte eine solche kalligraphische Skizze des II. Vatikanischen Konzils sein, das in dieser Kommentarreihe vorgestellt und interpretiert wurde.

Das II. Vatikanische Konzil, in diesem Kommentar ausgelegt, stellt das bedeutendste Ereignis der katholischen Kirchengeschichte des 20. Jahrhunderts dar. Dieses Ereignis steht nicht unvermittelt da. Es resultiert aus einer Geschichte, es schreibt sich ein in eine Geschichte, es generiert oder erwirkt eine Geschichte. Gehen wir diesen drei Perspektiven nach.

---

[1] Ereignis wird hier – in einer Heideggers Rede vom Ereignis theologisch wendenden Weise – vom *Wesen* der Wahrheit Gottes her gedacht, der das Volk Gottes, die glaubenden Menschen in der Geschichte in Anspruch nimmt. Vgl. Heidegger, Nietzsche II, 489 f.; Hünermann, Prinzipienlehre.

I. Das II. Vatikanische Konzil resultiert aus der Geschichte

Das II. Vatikanische Konzil ist nicht nur das bedeutendste Ereignis der katholischen Kirchengeschichte des 20. Jahrhunderts. Es beansprucht zugleich einen herausragenden Platz in der Geschichte der Religionen. Hier hat eine Religionsgemeinschaft, die ein Sechstel der Weltbevölkerung repräsentiert, eine aus der eigenen Tradition gespeiste Neupositionierung in der modernen Welt vorgenommen. Eine solche Identitätsbestimmung innerhalb der sich rapide entwickelnden Moderne mit ihren politischen, gesellschaftlichen und kulturellen Umbrüchen, ist ein Unikum. Zwar gibt es im Islam, Buddhismus und Hinduismus intensive Diskussionen um den angemessenen Weg in die Zukunft, es gibt aber nichts Vergleichbares zu diesem Konzil, das in 16 Dokumenten eine theologisch fundierte Selbstbestimmung im Blick auf die moderne Welt vorgelegt hat. Diese 16 Dokumente sind Konsensdokumente, die mit überwältigenden Mehrheiten von mehr als 2000 Bischöfen aus aller Welt verabschiedet worden sind. Selbst die verdienstlichen Dokumente des Weltrates der Kirchen erreichen in der Regel nicht die Umfassendheit und Grundsätzlichkeit dieser Dokumente. Sie sind lediglich Angebote an die Mitgliedskirchen.

Dieses Ereignis resultiert aus der Geschichte. Zwei Bewegkräfte treffen aufeinander: die geistliche Kraft christlicher Glaubensüberlieferung, die sich im Aufruf Johannes XXIII. zum Konzil als einem „neuen Pfingsten", einem „Aggiornamento" der Kirche, einer neuen Bewusstwerdung der Sendung der Kirche in die moderne Welt zu den Menschen, ausspricht. Zum Anderen die moderne Menschheitsgeschichte, die in einer neuen Weise zusammenwächst, in einen globalen Dialog, eine Auseinandersetzung der Religionen, Kulturen, Gesellschaftssysteme tritt, um die weitgehend gemeinsame Zukunft – angesichts umfassender Gefährdungen der Menschheit durch diesen selben technischen Fortschritt und die gesellschaftlichen Entwicklungen – zu gestalten.

Dieses Konzil resultiert damit aus einer ganz anderen Konstellation als die früheren Konzilien. Es sind nicht spezifische Streitfragen, die die Kirchen beunruhigen und zu drohenden Abspaltungen führen, wie vom Konzil von Nikaia 325 bis zum Trienter Konzil, das sich mit den Thesen der Reformation auseinander setzte. Alle diese Konzilien und ihre Lehrdekrete münden in definitorische Abgrenzungen, in Canones, in denen ein kategorisches Urteil über zu verwerfende Positionen ausgesprochen wird. Als Johannes XXIII. 1959 das II. Vatikanische Konzil ankündigt und die Veranlassung zur Einberufung skizziert, zeichnet er ein ganz ungewohntes Bild. Es sind nicht vorgegebene Streitpunkte, die aufgearbeitet werden müssen, es geht um eine Erneuerung der Kirche, die aus Engführungen herausführen soll, welche sich in der Auseinandersetzung mit Reformation und Moderne herausgebildet haben. Johannes XXIII. geht es nicht um eine Anpassung an die Zeitumstände, wohl aber um eine angemessene, aus dem Geist des Evangeliums geborene Antwort auf die neuen Lebensbedingungen in der Moderne. Er spricht deshalb von einem Pastoralkonzil. Zugleich gibt er bei seiner Einladung dem Konzil keine inhaltlichen Fragestellungen vor. Die Bischöfe, theologischen Fakultäten und Universitäten, die Orden, die Verbände werden aufgefordert, in ihren Eingaben jene Sachverhalte zur Geltung zu bringen, die sie für reformbedürftig und zukunftsweisend halten.

Was bringt dieses Konzil hervor? Es sind 16 Dokumente, die inhaltlich und formal ein Textcorpus bilden.

Wie die *Regula Benedicti* die innere und äußere Lebensform der Klöster und ihrer Mönche bestimmt, wie Verfassungstexte die rechtlich-politische Grundordnung von Staaten vorgeben[1], so beschreibt dieses Textcorpus Selbstverständnis und grundlegende Beziehungen der Kirche, ihre Organe, Gruppen und wesentlichen Lebensvollzüge. Dieser Texttypus, das literarische Genus, bildet sich erst in einem langwierigen Prozess aus dem Konzil selbst heraus. Es stellt ein völliges Novum in der langen Konziliengeschichte dar.

Inhaltlich bilden die Dokumente einen Zusammenhang. Die Konstitution über die Offenbarung *Dei Verbum* erörtert Voraussetzung und Fundamente der Kirche und des kirchlichen Lebens: das Wesen der Offenbarung Gottes, der sich in der Geschichte sein Volk sammelt. Damit stehen das Verständnis des Alten und Neuen Testament wie der Überlieferung auf dem Prüfstand.

Die große Kirchenkonstitution *Lumen gentium* und *Gaudium et spes*, die Pastoralkonstitution über die Kirche in der Welt von heute, bestimmen die Identität der Gemeinschaft der Glaubenden: Kirche ist der von Gott selbst erwirkte und aufgespannte Raum der Gemeinschaft der Menschen mit Gott und der Menschen miteinander, das Mysterium Kirche, die Civitas Dei, die sich vom Anfang der Geschichte bis zu ihrer Vollendung erstreckt.[2] Zur Kirche als Mysterium und Volk Gottes gehört die sichtbare, greifbare Institution. Sie ist als äußere Erscheinung dieses Mysteriums damit identisch, aber nicht deckungsgleich. Sie ist vielmehr Zeichen und Ausdruck der wahrhaften Wirklichkeit von Kirche. Kirche ist deswegen Sakrament und spielt auf unterschiedlichen Ebenen.

Kirche ist Kirche in der Welt. Mit dieser Welt und ihrer schöpfungsgemäßen Autonomie, ihrer sündhaften Widerständigkeit gegen Gott und ihrer Sehnsucht nach Erlösung ist Kirche unlöslich verbunden. Sie muss sich folglich in dieser modernen Welt positionieren. Die Frage, was es heißt, zu dieser vielschichtigen Kirche und zur modernen Welt zu gehören, wird in *Gaudium et spes* in prinzipieller Weise thematisiert.

Um diese zentralen Dokumente gruppieren sich fünf Texte, die von einzelnen Gruppen in der Kirche und ihrer jeweiligen Sendung handeln: das Laiendekret, das Ordensdekret, die Dokumente über Leben und Dienst der Presbyter und die Ausbildung der Priesteramtskandidaten, sowie das Dekret über die Aufgaben der Bischöfe.

Eine Gruppe von vier weiteren Dokumenten spricht von wichtigen Vollzügen der Kirche: von der Liturgie und der Mission, der Erziehung und vom Gebrauch der Medien.

Schließlich gibt es vier Dokumente, die von Relationen der Kirche bzw. in der Kirche sprechen: Es handelt sich um das Dekret zur Ökumene, das Dokument *Nostra aetate* mit

---

[1] Ähnliche Konstitutionstexte gibt es für die WTO, die UNO etc., vgl. oben S. 12.
[2] Vgl. Augustinus, civ. XV–XVIII; Congar, Ecclesia ab Abel; Ratzinger, Volk und Haus Gottes; vgl. auch HThK Vat.II, Bd. 2, 357 f.

der herausragenden Frage nach der Beziehung zum Judentum, und das Dokument über die Religionsfreiheit. Nur wo Religion in Freiheit ausgeübt werden kann, ist ja eine freiheitliche Beziehung zwischen den Religionen und ein Dialogverhältnis möglich. Damit aber verweist die Erklärung auf die Notwendigkeit, eine angemessene Anthropologie auszuformulieren. Das Eintreten für die Religionsfreiheit zieht die gesellschaftlichen und politischen Konsequenzen aus der christlichen Glaubenslehre: Der Glaube muss als Antwort auf das Wort Gottes frei sein. Deswegen ist die Freiheit des Glaubensaktes nicht nur für das Verhältnis der Glaubenden zu anderen von unverzichtbarer Bedeutung, sondern auch für seine innere Bestimmung. Schließlich ist in diesem Kontext noch das Dekret über die Beziehung der unierten Ostkirchen mit der katholischen Kirche zu nennen. Es betrifft gleichsam den innerkatholischen Ernstfall der Katholizität.

Die Gesamtbotschaft des Konzils ist in sich eine und zugleich eine reich gegliederte. Man kann sie in dem Satz zusammenfassen, mit dem die dogmatische Konstitution über die Kirche beginnt: Christus, das „Licht der Völker" scheint auf dem Antlitz der Kirche wider, die „in Christus das Sakrament bzw. Zeichen und Werkzeug für die innigste Vereinigung mit Gott und für die Einheit des ganzen Menschengeschlechtes ist" (LG 1). Diese innere Einheit der Botschaft zeigt sich in der starken Verknüpfung der 16 Dokumente, in der gleichartigen Strukturierung der Texte[3] wie in den gemeinsamen Grundzügen. So ist von der Ökumene und der Beziehung zu den anderen Religionen nicht nur in den entsprechenden Dokumenten die Rede, sondern – wenngleich knapp – in der Kirchenkonstitution *Lumen gentium*[4]. Von der Beziehung der Kirche und der modernen Welt wird nicht nur in der Pastoralkonstitution, sondern ebenso im Bischofsdekret, im Missionsdekret gehandelt. Wo das Wesen der Offenbarung Gottes, Schrift und Überlieferung erörtert werden, tönt bereits an, wie alle, auch die Laien, an der Bezeugung dieser Offenbarung Gottes und an der Weitergabe seines Evangeliums verantwortlich teilzunehmen haben. So ist ein reich gegliedertes, kohärentes Ganzes entstanden, das die Grundlinien und die wesentliche Ordnung kirchlichen und christlichen Lebens widerspiegelt.

---

[3] Vgl. oben S. 60 ff.
[4] Vgl. LG 15 f.

II. Das Konzil schreibt sich ein in die Geschichte: die erneuerte Tradition

Das Ereignis des Konzils und sein Ergebnis resultieren aus der Geschichte. Zugleich schreibt sich dieses Konzil in die Geschichte ein. Sein Textcorpus stellt gleichsam einen Brennpunkt dar, in dem die Tradition des Glaubens in erneuerter Form in Erscheinung tritt. Die Grundorientierungen, welche die Konzilsbotschaft vermittelt, sind aus einer Rückbesinnung auf die Schrift, insbesondere das Neue Testament und auf die Patristik gewonnen. Die Positionen mittelalterlicher und gegenreformatorischer Theologie werden in einen neuen, umfassenderen Horizont gestellt, differenziert und damit aus einer gewissen Enge befreit. Durch die Bezugnahme auf die neuzeitliche Lage der Menschheit gewinnen sie zugleich einen anderen Bewandtniszusammenhang. Der überlieferte Glaube erscheint in neuer Lebendigkeit.

Um dieses Profil der verlebendigten, erneuerten Tradition herauszustellen, sollen im Folgenden einige zentrale Aussagen aufgegriffen und mit den Aussagen von Trient und dem I. Vatikanum verglichen werden.

1. Das WORT Gottes – Offenbarung und Glaube

Bis zum I. Vatikanischen Konzil gibt es keine lehramtliche Behandlung des *Wesens der Offenbarung*. Erst durch philosophische Werke der Moderne wird die Offenbarung Gottes als solche radikal in Frage gestellt. Der Vernunftbegriff der Aufklärung beansprucht, Offenbarung Gottes auszuschließen. Offenbarung wird damit auch für Kirche und Theologie zur Frage.[1]

Das I. Vatikanum behandelt im 2. Kapitel seiner dogmatischen Konstitution *Dei Filius* Aspekte der Offenbarung. Drei Aussagen sind grundlegend: 1. Gott, „der Ursprung und das Ziel aller Dinge kann mit dem natürlichen Licht der menschlichen Vernunft aus den geschaffenen Dingen gewiss erkannt werden".[2] 2. Aufgrund seiner Weisheit und Güte hat es Gott gefallen, „auf einem anderen und zwar übernatürlichen Weg sich selbst und die ewigen Dekrete seines Willens dem Menschengeschlecht zu offenbaren."[3] 3. Dass es sich um *Gottes* Mitteilung seiner Willensentschlüsse handelt, wird durch die Wunder und Weissagungen

---

[1] Zur neuzeitlichen Offenbarungskritik vgl. Seckler – Kessler, Kritik der Offenbarung; zur Ausbildung der Offenbarung als zentraler apologetischer Kategorie in Auseinandersetzung mit der Aufklärung, vgl. Eicher, Offenbarung 73–162; Waldenfels – Scheffczyk, Offenbarung.
[2] DH 3004.
[3] Ebd.

seiner Boten klar und deutlich erwiesen. Zu diesen äußeren Argumenten kommen die inneren Hilfen des Heiligen Geistes.[4]

Glaube wird damit als Bejahen übernatürlich mitgeteilter Dekrete Gottes verstanden.[5] Gott gibt Instruktionen.[6] Mit dieser Konzeption der Offenbarung verbindet die Theologie nahtlos das Konzept einer Verbalinspiration der Heiligen Schrift[7] und die Lehre von einer absoluten Irrtumslosigkeit der Bibel.[8] Diese Irrtumslosigkeit wird in einem engen historischen Sinn ausgelegt.[9] Ein Beispiel: Moses ist mit eigener Hand der Autor der ersten fünf Bücher der Bibel. Ein Übergang deutet sich mit der Enzyklika *Divino afflante Spiritu* an.[10]

Wie antwortet das II. Vatikanische Konzil auf die Frage nach der Offenbarung?[11]

Die Konzilsväter sind mit der exegetischen Forschung und den besten Theologen des 20. Jahrhunderts der Überzeugung, dass die Worte, welche Matthäus oder Johannes von Jesus berichten, nicht in jedem Fall jenen Wortlaut repräsentieren, der von Jesus selbst stammt. Man kann die Heilige Schrift nicht als unmittelbares Diktat des Heiligen Geistes verstehen.[12] Hier spielen das Verständnis der Autoren, ihr kultureller Hintergrund, ihre zeitbedingten Ausdrucksformen eine entscheidende Rolle.

Wie aber ist dann von Offenbarung Gottes im Ernst zu sprechen? *Dei Verbum* stellt an den Anfang zwei Zitate: 1. Im großen Loblied Eph 1 wird Gott gepriesen, weil er uns in Christus

„vor der Erschaffung der Welt erwählt hat, damit wir heilig und untadelig leben vor Gott; er hat uns aus Liebe im Voraus dazu bestimmt, seine Söhne (und Töchter, d. Verf.) zu werden … Durch sein Blut haben wir die Erlösung, die Vergebung der Sünden. In ihm hat er uns das ‚Geheimnis seines Willens‘ (mysterion thelematos) kundgetan … Er hat beschlossen, die Fülle der Zeiten heraufzuführen, in Christus alles zu vereinen."[13]

In diesem Heilsratschluss Gottes, der Christus *ist*, sind Juden und Heiden zur Einheit berufen. Schöpfung *und* Geschichte sind in Christus grundgelegt. Wie dies zu denken ist, wird im zweiten Zitat gesagt: Im Loblied des Kolosserbriefes wird Jesus Christus das „Bild des unsichtbaren Gottes, der Erstgeborene der ganzen Schöp-

---

[4] DH 3009f. Vgl. auch schon die Enzyklika Pius IX., *Qui pluribus* vom 9.11.1846: DH 2777–2779.
[5] Vgl. z.B. DH 3011.3020; bezeichnend auch das Sprechen von den göttlichen Mysterien (im Plural): DH 3016. Vgl. dazu Eicher, Offenbarung 73–162; HThK Vat.II, Bd. 3, 703–706.
[6] Max Seckler hat dieses „instruktionstheoretische Modell" von Offenbarung herausgearbeitet, vgl. Seckler, Begriff 45–47.
[7] Vgl. z.B. DH 3006.3291.3650f.
[8] Vgl. Leo XIII., *Providentissimus Deus* vom 18.11.1893: DH 3291–3294; Benedikt XV., *Spiritus Paraclitus* vom 15.9.1920: DH 3652–3654. Vgl. dazu auch HThK Vat.II, Bd. 3, 707f.717.722.766–771.
[9] Vgl. DH 3652f.
[10] Pius XII., Enzyklika *Divino afflante Spiritu* vom 30.9.1943: AAS 35 (1943) 297–326; DH 3825–3831.
[11] Vgl. dazu den Kommentar zu *Dei Verbum*: HThK Vat.II, Bd. 3, 695–831.
[12] Vgl. dagegen das Konzil von Trient: DH 1501.
[13] Vgl. Eph 1,3–14.

fung" genannt. „Denn in ihm wurde alles erschaffen im Himmel und auf Erden ... Alles ist durch ihn und auf ihn hin geschaffen. Er ist vor aller Schöpfung, in ihm hat alles Bestand." (Vgl. Kol 1, 15–20).

Christus: das Ebenbild des unsichtbaren Gottes. Nach dem Buch Genesis sind die Menschen nach dem Bild und Gleichnis Gottes geschaffen. Es gibt kein Bild Gottes außer den Menschen – deswegen das Bilderverbot. Die Menschen aber sind dieses Bild Gottes lediglich ihrer Anlage, ihrer geistigen Natur nach.[14] Sie müssen dies bewähren, vollziehen, persönlich ratifizieren. Erst so beginnt das Bild Gottes zu leuchten. Der Mensch muss werden, was er – seiner Anlage nach – ist. Durch die Sünde aber wird dieses Bild Gottes im Menschen verdunkelt, wenngleich es der Anlage nach unauslöschlich ist. Die Theologie hat von den ältesten Zeiten an deswegen unterschieden zwischen dem Menschen, der seiner Berufung nach Bild Gottes ist, und dem gerechtfertigten bzw. heiligen Menschen, der durch seinen Glauben in seinem Lebensvollzug dieses Bild-Gottes-Sein bewährt. Vom gerechtfertigten und heiligen Menschen wird Jesus Christus unterschieden, in dem das Bild Gottes in Vollendung aufstrahlt: Seine Speise ist es, den Willen des Vaters zu tun. Er hat die Liebe des Vaters bis zum Äußersten vollbracht: „bis zum Tod am Kreuz ... deswegen hat Gott ihn auch erhöht" (vgl. Phil 2, 6–11). In ihm leuchtet das Mysterium Gottes in seiner Vollendung auf. Er ist der Sohn Gottes, sein fleischgewordenes Wort.

Wie unterscheidet sich das Offenbarungskonzept des II. Vatikanums von jenem, das in Trient bzw. im I. Vatikanum anklingt? Offenbarung Gottes bedeutet nicht: Gott „plaudert aus dem Nähkästchen", indem er Gesetze oder Bestimmungen kundtut. Er teilt vielmehr *sich selbst* mit, und diese Mitteilung ist sein WORT. Daraus entspringt seine Schöpfung. Die Schöpfung aber – Setzung der Kreaturen – ist der Anfang eines Kommunikationsprozesses. Der vollendete Ort des Offenbarwerdens Gottes ist Jesus Christus.[15] Das bedeutet: Es ist das Menschsein des Menschen selbst – von der Anlage her Bild Gottes –, das in Jesus Christus zum vollendeten Bild Gottes wird: durch sein Personsein, durch seine freiheitlichen Selbstvollzüge, durch seine Einheit mit dem Vater. Alle voraufgehenden Formen der Offenbarung – in Art. 3 wird die alttestamentliche Offenbarungsgeschichte charakterisiert – sind „Anweg" zu dieser endgültigen Offenbarung der Selbstmitteilung Gottes in seinem WORT, das Fleisch wird.

Der Glaube des Menschen ist Antwort auf das Offenbarungshandeln Gottes.[16] Veranlasst durch das Evangelium und im Geist des Evangeliums nimmt der sündige Mensch Schöpfung und Geschichte vom sich selbst mitteilenden Gott entgegen. Das WORT Gottes ergeht in der Geschichte. Dabei muss selbstverständlich unterschieden werden, was in der Geschichte aus der Finsternis der Sünde

---

[14] Vgl. Maximus Confessor, ambig.: PG 91; Johannes von Damaskus, Expositio fidei; vgl. dazu Bausenhart, In allem; Hünermann, Jesus Christus 187–192; Merklein, Christus.
[15] Vgl. Rahner, Weltgeschichte und Heilsgeschichte; ders., Grundkurs 178–312; Balthasar, Theologie der Geschichte; ders., Das Ganze im Fragment; Lubac, Göttliche Offenbarung 69–91; eine ausdrückliche Christologie hat de Lubac zum eigenen Bedauern nicht verfasst: vgl. ders., Schriften im Rückblick 479.
[16] Vgl. DV 5.

stammt und wo Gott in der Geschichte aufleuchtet. Die Heilsgeschichte geschieht in der Geschichte und die Geschichte gewinnt ihren Sinn durch die Heilsgeschichte. Damit aber wird die Bedeutung von Welt, Mensch und Geschichte in Gott selbst und in seiner Selbstmitteilung verortet und verankert.

Das Verständnis der Offenbarung Gottes, wie es sich im Christusereignis vollendet, ist infolgedessen kein mythisch-vorstellungsmäßiges Reden, das einen verborgenen, gleichsam hinter einem Vorhang der Wirklichkeit sitzenden Gott imaginiert, der auf mirakulöse Weise Wahrheiten diktiert.

Ebenso weit aber ist dieses Offenbarungsverständnis von der Kritik der Aufklärung entfernt. Nach Lessing führt die Offenbarung den Menschen so zu sich selbst, dass er schließlich sich selbst einholt.[17] Das Konzil lehnt dies ab. Der Mensch holt sich nicht selbst ein. Menschliches Selbstsein ist wesentlich ein dialogisches – durch die Anrede Gottes und die Antwort darauf – bestimmtes Menschsein. Die Anrede Gottes aber ist sein WORT. Es gibt keine in sich schwingende Identität des Geschöpfes, es sei denn von und auf seinen Schöpfer und Erlöser hin. Man kann von dieser Glaubenslehre aus relativ leicht grundlegende Übereinstimmungen, aber auch Differenzen zum islamischen Glauben ausmachen. Doch auch zum alttestamentlichen Offenbarungs- und Gottesverständnis ergeben sich Unterschiede, insofern hier Gestalten von Gottesoffenbarung auftauchen, die den Kern des Offenbarungsgeschehens, das Wort Gottes selbst und das Menschsein des Menschen voraus in mannigfachen Weisen deuten.[18]

Von diesem Offenbarungsverständnis her ergibt sich der rechte Umgang mit AT und NT.[19]

2. Kirche und Kirchen – Dimensionen und Beziehungen

Das Kirchenkonzept im zweiten Millennium ist wesentlich durch die weitgehende Fixierung des Blickes auf die sichtbare, institutionell verfasste Kirche geprägt. Dies zeigt sich deutlich ab dem 11. und 12. Jahrhundert.[20] Bei den großen Kirchenlehrern der Patristik hingegen ist die Kirche das Heilsmysterium, in das alle Gott wohlgefälligen Menschen, angefangen von Abel bis zum letzten Gerechten am Jüngsten Tag, hineingehören. Die sichtbare Kirche ist die sakramentale Darstellung dieses Geheimnisses.[21] Christus, das ewige Wort des Vaters, hat durch seinen Tod und sein Hinabsteigen zu den Vätern und Müttern alle in sein Reich einbezogen.[22] *Dieser* Gemeinschaft werden Menschen durch Taufe und Glaube einverleibt. Die historische Kirche ist nur ein „Aspekt" und „Teil" dieser Gemein-

---

[17] Vgl. Lessing, Erziehung des Menschengeschlechts.
[18] Vgl. hierzu Hebr 1,1 f.: „Viele Male und auf vielerlei Weise hat Gott einst zu den Vätern gesprochen durch die Propheten; in dieser Endzeit aber hat er zu uns gesprochen durch den Sohn …"
[19] Vgl. DV 11–20.
[20] Vgl. Gregor VII., *Dictatus Papae;* dazu Congar, Lehre von der Kirche 61–65; HThK Vat.II, Bd. 2, 272–277.
[21] Congar, Ecclesia ab Abel.
[22] Balthasar, Theologie der drei Tage.

schaft. Gleichwohl wird vom Mittelalter ab bis ins 20. Jahrhundert das Interesse fast ausschließlich auf die sichtbare Kirche in ihrer Verfasstheit konzentriert.

Für das I. Vatikanum war ein Schema über die Kirche Christi erarbeitet worden. Im 1. Kapitel heißt es, dass Christus, der menschgewordene Sohn Gottes, die Glaubenden durch das Bad der Wiedergeburt mit sich verbindet. Das 2. Kapitel erläutert den Satz: „Die christliche Religion kann nur in und durch die von Christus gegründete Kirche ausgeübt werden".

„Diese allen sichtbare Gesellschaft ist eben jene Kirche der göttlichen Verheißung und Erbarmungen, die Christus durch so viele Vorzüge und Vorrechte hervorheben und schmücken wollte. Die Kirche ist in ihrer Verfassung so völlig abgegrenzt und bestimmt, dass keine Gesellschaft, die von der Einheit des Glaubens oder von der Gemeinschaft dieses Leibes getrennt ist, irgendwie Teil oder Glied der Kirche genannt werden könnte."[23]

Es wird im ganzen Text nicht mit einem Wort Bezug genommen auf die Gerechten und Vorväter aus den Heiden – Abel, Seth, Noach – auf Abraham und das von ihm sich herleitende Volk Gottes, in das die Heiden als Zweige des wilden Ölbaums eingepfropft sind.[24] Es wird nirgendwo von Heilsmöglichkeiten gesprochen, die Nichtmitglieder der römisch-katholischen Kirche haben. Die getrennten christlichen Kirchen sind für diesen Entwurf keine Heilsgemeinschaften.[25]

Greift man zu *Lumen gentium*, so ist der Kontrast erstaunlich. Das 1. Kapitel charakterisiert die Kirche als Mysterium, d. h. als jene Gemeinschaft der Menschen, die aus dem Heilshandeln Gottes entspringt. Selbstverständlich umgreift dieses Heilshandeln Gottes die gesamte Geschichte der Menschheit. Die Kirche war „schon seit dem Ursprung der Welt vorausgestaltet ... (praefigurata), [wurde] in der Geschichte des Volkes Israel und im Alten Bund auf wunderbare Weise vorbereitet, in den letzten Zeiten gegründet, durch die Ausgießung des Geistes offenbart ... und [wird] am Ende der Zeiten in Herrlichkeit vollendet werden."[26]

Von dieser Kirche wird gesagt, sie „subsistiere" in der katholischen Kirche.[27] In der offiziellen Erläuterung in der Konzilsaula zu diesem Text heißt es:

„Die Absicht aber ist zu zeigen, dass die Kirche, deren innerste und geheime Natur beschrieben worden ist, durch die sie mit Christus und seinem Werk auf ewig vereint ist, hier auf Erden konkret in der katholischen Kirche zu finden ist. Diese empirische Kirche offenbart das Mysterium aber nicht ohne Schatten."[28]

Kirche als Mysterium und institutionelle Kirche sind selbig und doch nicht einfach deckungsgleich.

Damit ist die Grundlage gelegt für die Zuordnungsbestimmungen der verschiedenen Menschengruppen zur Kirche: Menschen guten Willens sind auf die Kirche hingeordnet; Menschen, die das göttliche Geheimnis oder den einen Gott verehren, wie die Muslime, stehen in enger Beziehung. Es ist von den Christen die

---

[23] NR 390.
[24] Röm 11,17–24; NA 4,2; DV 14.
[25] Vgl. NR 388–390.
[26] LG 2,1.
[27] LG 8.
[28] AS III/2, 176.

Rede, die in ihren Gemeinschaften fundamentale Momente des Kirche-Seins wahren bis hin zu jenen, die nicht nur Schrift und Überlieferung annehmen, die Sakramente in ihrer Gesamtheit praktizieren, sondern sich auch zur Einheit unter Papst und Bischöfen bekennen.

Das II. Vatikanum muss darum in anderer Weise von den Kirchen des Orients und den Kirchen und kirchlichen Gemeinschaften aus der Reformation sprechen: aber auch von Israel, dem Judentum und den anderen Religionen: und zwar positiv – nicht einfach negativ ausgrenzend wie der Entwurf des I. Vatikanums – weil es unterschiedliche Übereinstimmungen, wenn auch Differenzen gibt.

Die Tatsache, dass die römisch-katholische Kirche sich in Beziehung zu den anderen Kirchen und zu den anderen Religionen sieht, belegt, dass das Mysterium der Kirche für das Konzil die leitende Sicht von Kirche ist.

Ebenso wird von dieser Sicht der Kirche als Mysterium die Wendung der Kirche zur Weltoffenheit und das Ernstnehmen der Moderne verständlich: es ist der Geist des Evangeliums, es ist der Geist Jesu Christi, es ist der Geist Gottes selbst, der die Welt der Menschen und die Schöpfung zur Vollendung führt. Bezeugt die Kirche gerade diese Erlösung, dann gehört sie nicht nur hinein in diese Welt. Die „fremden" Sorgen und Nöte sind ihre eigenen. Im Geist des Evangeliums muss sie sie aufnehmen, auch wenn in dieses Wechselverhältnis Sünde, Bosheit, Gottesverweigerung eingemischt sind.

Es wird im zweiten Millennium bis zum II. Vatikanum von Kirche immer wieder im Sinne der „Universalkirche" gesprochen. Auf Grund der Identität und der Differenzierung von Kirche als Mysterium und als empirischer Größe ist es den Vätern des II. Vatikanums möglich – wie in der Patristik – von den Ortskirchen als Kirchen zu sprechen und von der Universalkirche als Kirche aus und in Kirchen. Versteht das II. Vatikanum unter Ortskirche die durch einen Bischof geleitete Kirche, so verweist sie darüber hinaus auf die eucharistische Gemeinschaft als Ort der Präsenz von Kirche.

Kirchliche Einheit ist wesensgemäß Einheit in Vielheit. Die Kollegialität und Mitverantwortung der Bischöfe für die eine Kirche ist Ausdruck dessen.

3. Sendung, Charismen, Dienste

Auch hier zunächst ein Blick in die Geschichte.

Theologie und Kirchenrecht betonen seit dem Mittelalter, dass es zwei unterschiedliche Stände in der Kirche gibt, Kleriker und Laien. Das bereits zitierte Schema über die Kirche des I. Vatikanums sagt: Kirche ist eine „Gesellschaft von Ungleichen, und das nicht nur, weil unter den Gläubigen die einen Kleriker und die anderen Laien sind, sondern vor allem deshalb, weil es in der Kirche eine von Gott verliehene Vollmacht gibt, die den einen zum Heiligen, Lehren und Leiten gegeben ist, den anderen nicht."[29] Den mit dem Sakrament des Ordo ausgezeichneten Klerikern – hier gibt es nach dem Trienter Konzil und der Praxis der Kirche

---

[29] NR 394.

Das Konzil schreibt sich ein in die Geschichte: die erneuerte Tradition

eine reiche Staffel von Abstufungen – ist alleine die Vollmacht zum Heiligen, Lehren und Leiten gegeben. Sie sind aktive Subjekte in der Kirche. Die Laien *werden* geheiligt, belehrt, geleitet. Sie sind Untergebene. Diese Aussagen kommen noch im vorbereiteten Schema über die Kirche vor, welches zum II. Vatikanischen Konzil angefertigt wurde.[30]

Das II. Vatikanische Konzil greift in ganz anderer Weise auf die Lehre der Schrift zurück: Durch den Glauben und die Taufe nehmen alle Christgläubigen an der Sendung Jesu Christi teil: an seiner prophetischen Aufgabe, das Evangelium durch Wort und Tat zu bezeugen, an seiner priesterlichen Heiligungsaufgabe, die er durch Leben und Tun ausgeübt und zuhöchst durch seine Passion und die Auferweckung vollbracht hat, an seinem königlichen Walten, das er ausgeübt hat in der Freiheit seines Dienstes, seinem daraus resultierenden vollmächtigen Reden und Tun, so dass er vom Vater den Namen geerbt hat, „der über allen Namen ist, und im Namen Jesu sich jedes Knie beuge" (Phil 2, 9 f.).

Das II. Vatikanum bekräftigt ausdrücklich[31] das gemeinsame königliche Priestertum, das allen Christgläubigen zukommt.[32] Damit sind Würde und Pflicht des Christseins wiederum ins helle Licht gerückt, die Luther gegenüber einer sich als Klerikerkirche verstehenden Kirche zur Geltung gebracht hat.

Wie wird in diesem Kontext der Dienst in der Kirche, das Ministerium der Bischöfe, Priester, Diakone bestimmt? Für Trient wie für die mittelalterliche und die gegenreformatorische Kirche bildet die Konsekrationsvollmacht des Presbyters das Zentrum priesterlichen Dienstes. Die Begründung lautet:

„Opfer und Priestertum sind nach Gottes Anordnung so verbunden, dass es in jedem Bunde beides gibt. Da also die katholische Kirche im Neuen Testament das heilige Opfer der Eucharistie auf Grund der Einsetzung des Herrn sichtbar empfangen hat, muss man auch bekennen, dass es in ihr ein neues, sichtbares und äußeres Priestertum gibt, in welches das alte überführt wurde. Dass dieses aber von demselben Herrn und Erlöser eingesetzt wurde und dass den Aposteln und ihren Nachfolgern im Priestertum die Vollmacht übergeben wurde, seinen Leib und sein Blut zu konsekrieren, darzubringen und auszuteilen, sowie auch die Sünden zu vergeben und zu behalten, das zeigt die Heilige Schrift und hat die Überlieferung der katholischen Kirche immer gelehrt."[33]

Deswegen spricht das Konzil von Trient davon, dass der Herr beim letzten Abendmahl die Apostel „damals als Priester des Neuen Bundes einsetzte"[34].

Weil der sakramentale Dienst der Ordinierten ganz von der Konsekrationsvollmacht her bestimmt wird, sprechen – entgegen der patristischen Tradition – die meisten mittelalterlichen Theologen der Bischofsweihe den sakramentalen Charakter ab. Trient schweigt darüber. Es fasst alles, was nicht unter die eng verstan-

---

[30] Vgl. HThK Vat.II, Bd. 2, 291–317.
[31] In der Liturgiekonstitution, in der Kirchenkonstitution, in dem Dekret über das Laienapostolat, aber auch im Dekret über Dienst und Leben der Presbyter (vgl. SC 14; LG 9.10; AA 3; AG 15; PO 2).
[32] In der gegenreformatorischen Theologie kommt diese theologische Grundaussage nicht vor.
[33] DH 1764, Lehre und Canones über das Sakrament der Weihe.
[34] DH 1740.

dene Potestas sacramentalis des Ordinierten gehört, zusammen in der Potestas iurisdictionis. Aber passen Verkündigung und Seelsorge unter diese Überschrift?

Demgegenüber charakterisiert das II. Vatikanische Konzil den Dienst als *öffentliche Funktion*, als von Christus legitimierten Dienst, das Volk Gottes aufzuerbauen und zu weiden. Dabei wird betont, dass dieses Volk Gottes aus Brüdern und Schwestern besteht, die sich „der wahren christlichen Würde erfreuen" und die „frei und geordnet auf dasselbe Ziel hin zusammenwirken" sollen. Christgläubige sind aktive Subjekte. Der öffentlich bestellte Dienst soll ihnen ermöglichen, ihre Sendung wahrzunehmen.

Dieser Dienst wird als *sakramentaler* Dienst gekennzeichnet: Christus wirkt durch seine Diener als Prophet, Priester und König. Der öffentliche, sakramentale Dienst umfasst die Breite der Sendung Jesu Christi, ist nicht eingeengt auf eine Konsekrationsvollmacht. Verkündigung und pastorale Arbeit sind zeichenhafte Dienste, die Gnade vermitteln. Allerdings ist die Eucharistie Höhepunkt kirchlichen Lebens und den ordinierten Ministri kommt der Vorsitz in der Eucharistiegemeinschaft zu.

Gestiftet ist dieser öffentliche sakramentale Dienst nicht einfach in der Abendmahlsstunde. Der Dienst stellt eine spezifische Fortsetzung der Sendung der Apostel dar. Apostel sind jene, die die Osterbotschaft bezeugen, sie sind konstitutiv für den Glauben der Kirche. Zugleich haben sie die Aufgabe, dieses Evangelium allen Völkern zu verkünden, die Gläubigen zu stärken, die Gemeinden aufzubauen. Ihr Dienst umfasst den öffentlichen, sakramentalen Auftrag, den sie ihren Nachfolgern anvertrauen. Der öffentliche Dienst ist sakramentaler und *apostolischer* Dienst.[35]

Bischöfe und Presbyter sind nicht primär Opferpriester, sie sind zuerst Missionare, Verkündiger des Evangeliums, Verantwortliche für Bildung und Aufbau von Gemeinden, erst dann kommt der gemeinsame Gottesdienst, in dem sie den Vorsitz haben.

Die erneute Würdigung aller Christgläubigen als aktiver Subjekte, die Fundierung dieser Würde in Taufe und Glauben, wie die Teilhabe am geistgeschenkten göttlichen Leben bedeutet eine Wiedergewinnung der Charismenlehre, wie sie im Neuen Testament grundgelegt ist. Die Gläubigen haben Recht und Pflicht, ihre Sendung entsprechend ihren Charismen zu entfalten. Die Lehre von den Charismen aber besitzt ihre unmittelbare Rückwirkung auf die Kirche, ihre Lebens- und Handlungsformen. Sie gibt den Orts- und Regionalkirchen ihre Buntheit und

---

[35] Wenn von einem öffentlichen, sakramentalen und apostolischen Dienst gesprochen wird, so mag die Frage entstehen: Auch die Laien haben vollen Anteil an der Sendung Jesu Christi. Ist ihr Wirken nicht öffentlich? Der Verweis auf eine Analogie im staatlichen bzw. zivilen Bereich mag hier hilfreich sein: Auch der Journalist wirkt öffentlich und jeder Bürger kann bei der Beurteilung eines Verbrechens öffentlich sein Urteil vertreten. Das Urteil aber, das der Richter fällt, ist ein hoheitliches Urteil: er urteilt im Namen des Volkes. Ähnlich ist der öffentliche Dienst der Kirche, der Dienst der Bischöfe, der Priester, der Diakone ein hoheitlicher Dienst, er wird ausgeführt im Namen Jesu Christi und im Namen der Kirche. Nur in dieser doppelten Funktion ist er sakramentaler Dienst. Zu einer solchen Autorität werden Bischöfe, Priester und Diakone durch die Ordination bestellt. Dadurch ist der Ordinierte nicht „mehr" Christ als die anderen, wie der Richter nicht Bürger-Bürger, gleichsam „Doppelbürger" ist.

Vielfältigkeit. Sie repräsentieren das Volk Gottes in einer spezifischen Färbung. Das II. Vatikanum hat die charismatische Dimension der Kirche vor allem in Bezug auf die Orden, Kongregationen und Säkularinstitute entfaltet, statt die Religiosen – wie noch Pius XII. – den Ordinierten als Mitgliedern eines status perfectionis nahe zu rücken.

Die Vielfalt und Einheit der Ortskirchen, die Vielfalt der Charismen in der Kirche, die Kollegialität der Bischöfe, machen es erforderlich, dass Momente der Synodalität in der Kirche entfaltet werden. Kirche kann keine zentralistisch geführte, uniforme Marscheinheit sein. Weil Kirche eine Gemeinschaft von Glaubenden ist, die alle mit der Sendung Jesu Christi betraut sind, grundlegende Rechte und Pflichten haben, weil sie mit unableitbaren und unvorhersehbaren Gnadengaben beschenkt sind, ohne die die Gemeinden und Kirchen nicht leben können, haben die Dokumente des II. Vatikanums auf Formen gemeinsamer Wahrnehmung von Verantwortung, d. h. synodale Elemente auf den unterschiedlichsten Ebenen hingewiesen, ohne die Autorität des Ministeriums in Frage zu stellen.

Das II. Vatikanum hat damit ein Anliegen aufgegriffen, das in eingegrenzter Form in den Reformdekreten von Trient vorgeschrieben worden ist, faktisch aber nicht realisiert wurde.[36]

4. Evangelisierung und Leiturgia

Vom Beginn des 19. Jahrhunderts ab werden die Arbeiten der Evangelisierung der Völker von Rom aus nicht nur organisiert. Dem Papst schreibt der CIC von 1917 die exklusive Verantwortung für die Missionen zu. Die Apostolischen Vikare und Präfekten sind Vertreter des Papstes, keine Ortsbischöfe. Der Missionsklerus bildet eine Form „päpstlichen Klerus". Mission wird in eurozentrischer Perspektive betrieben. Das Schema über die Missionen, welches für das I. Vatikanum vorbereitet wurde, ist ganz von dieser Sicht geprägt. Zwar drängen die Päpste nach dem Ersten Weltkrieg auf die Heranbildung eines autochthonen Klerus und beginnen, einheimische Bischöfe zu nominieren. Aber der Prozess schreitet nur langsam vorwärts.

Die Väter des II. Vatikanischen Konzils konzipieren demgegenüber die Missionsarbeit von missionierenden Ortskirchen aus. Missionsarbeit setzt das Wirken von Laien und entstehenden Gemeinden zusammen mit speziell ausgebildeten Ordensangehörigen und Laienmissionaren wie entsprechend motivierten Priestern voraus. Evangelisierung umschließt ebenso das persönliche alltägliche Zeugnis der Christen, der Familien, ihr Engagement für das Gemeinwohl wie die ausdrückliche Verkündigung. Evangelisierung erfordert die Einwurzelung in der jeweiligen Kultur, die Erfüllung der gesellschaftlichen Institutionen mit dem Geist des Evangeliums. Die neue Sicht der Kirche und ihrer verschiedenen Mitglieder

---

[36] Vgl. Trient, 24. Sitzung; Kanon 2: COD 3, 761.

wird im Dekret über die Missionstätigkeit *Ad gentes* in die mühevolle Arbeit der Basis übersetzt.

Im Unterschied zum Missionsdekret, das Ende der vierten Sitzungsperiode verabschiedet wird, wird die Liturgiekonstitution des II. Vatikanums als erstes Dokument fertiggestellt. In erstaunlicher Weise nimmt dieses Dokument die mehrdimensionale Ekklesiologie der zentralen Konstitutionen und die damit verbundenen Vollzüge des Glaubens durch alle Gläubigen in je verschiedenen Formen und Gestalten vorweg.[37] Liturgie gewinnt damit eine Neubestimmung, die sich gravierend von der Definition von Liturgie unterscheidet, wie sie bis zur vorsichtigen Korrektur durch die Enzyklika *Mediator Dei* Pius' XII. gang und gäbe war: Liturgie ist der durch Christus begründete, „von der Kirche in Christi Auftrag und Gewalt allmählich weiter ausgebildete und normierte öffentliche Kult". „Dieser Kult wird ausgeübt von gottesdienstlichen Personen, die entweder durch das Sakrament des Ordo eine göttliche oder durch konstitutive Sakramentalien (auch durch vota religiosa) eine kirchliche Autorisation erlangt haben."[38]

Wegen des exklusiven Rechtes des Heiligen Stuhles, die Liturgie zu ordnen, ist nur der römisch approbierte Kult als Liturgie zu bezeichnen.[39] Jetzt aber heißt es:

„Mit Recht gilt also die Liturgie als Vollzug des priesterlichen Amtes Jesu Christi; in ihr wird durch sinnfällige Zeichen die Heiligung des Menschen bezeichnet und in je eigener Weise bewirkt und vom mystischen Leib Jesu Christi, nämlich dem Haupt und seinen Gliedern, der gesamte öffentliche Kult vollzogen.

Infolgedessen ist jede liturgische Feier als Werk Christi, des Priesters und seines Leibes, der die Kirche ist, in vorzüglichem Sinn heilige Handlung, deren Wirksamkeit keine andere Handlung der Kirche durch dieselbe Bedeutung und denselben Rang gleichkommt."[40]

Dabei wird nicht vergessen, auf Evangelisierung und Verkündigung als Voraussetzung, wie auf die Glaubenspraxis als Bewährung der Umkehr und Frucht aller Gottesverehrung zu verweisen. Als Konsequenz ergeben sich die Aussagen über die Liturgiesprache, die Kompetenz der Bischöfe und der Regional- bzw. Ortskirchen für die Ausgestaltung der Liturgie.

5. Welt – Kirche

Die Väter des II. Vatikanischen Konzils kennzeichnen Kirche als „Welt-Kirche".

Die mittelalterliche und gegenreformatorische Kirchensprache unterscheidet „Zeitliches", „Weltliches" vom „Geistlichen" und „Ewigen", ordnete jenes den Laien, dieses dem Klerus zu. Diese Rede von Welt und Weltlichem verliert nie

---

[37] Vgl. das theologisch so bedeutsame Vorwort SC 1–2.
[38] So Eisenhofer, Liturgik 613.
[39] Vgl. CIC/1917 can. 1257.
[40] SC 7. Diese Charakteristik bestimmt das gesamte Verständnis von SC. In diesem ersten großen Dokument des Konzils ist allerdings die früher leitende kirchenrechtliche Differenzierung zwischen römisch approbierter „Liturgie" und „pia exercitia" für ortskirchlich approbierte liturgische Formen gewahrt. Vgl. SC 13 u. ö.

Das Konzil schreibt sich ein in die Geschichte: die erneuerte Tradition

die Nähe zur Rede des Johannesevangeliums von „dieser Welt", die sich der Botschaft Jesu widersetzt und somit etwas anderes meint.

Mit dem Entstehen der „modernen Welt" am Ende des 18. und im Verlauf des 19. Jahrhunderts ergibt sich eine so grundlegend gewandelte Sicht der Wirklichkeit, dass die Kirche dazu Stellung nehmen muss. Das I. Vatikanische Konzil ist bereits eine erste Stellungnahme und Ortsbestimmung gegenüber der modernen Welt. Weithin vorherrschend ist dabei eine Abwehr moderner Entwicklung, die als fortschreitende Verfallsgeschichte beschrieben wird: beginnend mit der Reformation, sich fortsetzend in Bibelkritik, Rationalismus und Naturalismus, mündend schließlich in Pantheismus, Materialismus und Atheismus.[41] Das I. Vatikanum verortet Kirche in einer Gegenposition zur modernen Kultur, die als gesellschaftliche Form der Glaubenslosigkeit erscheint:

„Schon ist es so weit, dass sie die vernünftige Natur und jegliche Norm von gut und gerecht verneinen und so auf die Zerstörung der Fundamente menschlicher Gesellschaft aus sind. Im Gefolge dieser überall grassierenden Glaubenslosigkeit geschah es unglücklicherweise, dass auch mehrere Söhne und Töchter der katholischen Kirche vom rechten Weg der Frömmigkeit abirrten. ... Muss nicht angesichts all dessen die Kirche zutiefst erschüttert werden?"[42]

In der Abwehr dieser Gefährdung der Kirche und des Glaubens legt das Konzil in der Dogmatischen Konstitution über die Kirche, *Pastor aeternus*, „die Lehre von der Einsetzung, Fortdauer und Natur des heiligen apostolischen Primats" dar, da Christus in Petrus „das dauerhafte Prinzip der zweifachen Einheit und ihr sichtbares Fundament, auf dessen Stärke der ewige Tempel errichtet werden sollte, eingesetzt [hat]"[43]. Die Situation in der modernen Welt wird auch hier als fundamentale Gefährdung der Kirche gedeutet:

„... da sich die Pforten der Unterwelt von Tag zu Tag mit größerem Hass gegen das von Gott gelegte Fundament erheben, um die Kirche – wenn möglich – bis auf den Grund zu zerstören ..."[44]

Angesichts der Autonomie der Wissenschaften und des unbedingten Souveränitätsanspruches der Nationalstaaten greift das I. Vatikanum auf die mittelalterliche Unterscheidung der philosophischen Erkenntnisordnung der Ratio von der auf Offenbarung gründenden Erkenntnisordnung des Glaubens zurück: Staatliche Autorität gründet in der rationalen, sozialen Natur des Menschen, kirchliche Autorität in der Offenbarung Gottes für die Glaubenden. Beide Ordnungen stammen aus der einen Hand Gottes, des Schöpfers und Erlösers, beide Ordnungen finden durch ihn zur Vollendung am Ende der Zeiten. Dabei verkennt das Konzil das Böse in der Weltgeschichte nicht. Diese Einheit am Anfang und am Ende aber spart die Frage nach der Wechselbeziehung im Lauf der Zeit aus. Das Feld ist geöffnet für Kämpfe, die sich – von Seiten der Kirche – ebenso im *Syllabus*

---

[41] Vgl. die Einleitung der Dogmatischen Konstitution über den katholischen Glauben *Dei Filius*: COD 3, 804 f.
[42] Zitiert nach COD 3, 804 f.
[43] COD 3, 812.
[44] Ebd.

Pius' IX., der Amerikanismus-Verurteilung Leos XIII., in den Modernismusanklagen Pius' X., in den Dekreten der Bibelkommission oder den Nachwehen des Modernismus unter Pius XII. niederschlagen. Die Gegenrechnung auf Seiten der modernen Staaten, ihrer souveränen Kultur- und Wissenschaftspolitik, ist nicht weniger lang und schreckenerregend. Sie reicht von Formen des Josephinismus und absolutistischer Kirchenbevormundung bis zu offenen Kirchenverfolgungen.

Das II. Vatikanische Konzil vollzieht einen wesentlichen Schritt über das I. Vatikanum hinaus. Es behandelt „die gegenseitige Beziehung von Kirche und Welt"[45], und zwar „in dieser Zeit"[46].

Grundlage für die wechselseitige Beziehung sind die Würde der menschlichen Person, die menschliche Gemeinschaft und die menschliche Tätigkeit, jeweils verstanden aus der Sicht „der Glaubenden und der Nichtglaubenden"[47]. In Bezug auf Verständnis, Förderung und Sicherstellung der Personenwürde, der Unersetzlichkeit, Dignität und Ordnung der menschlichen Gemeinschaft wie in Bezug auf die menschliche Tätigkeit vermag die Kirche wesentliche Hilfen durch das Licht des Evangeliums zu bieten. Und dies gilt ebenso für die zahlreichen, in der heutigen Zeit damit verknüpften Probleme. Umgekehrt erfährt die Kirche durch den Fortschritt der Wissenschaften, die Weisheit der Philosophen, die Schätze der menschlichen Kulturen und Sprachen, Förderung in der Erkenntnis der menschlichen Natur und im Verständnis der eigenen Botschaft. Die Entwicklung der gesellschaftlichen Verhältnisse erlaubt ihr, die eigenen Strukturen besser zu realisieren. Ja, die Kirche bekennt, dass sie selbst aus den Verfolgungen Nutzen gezogen hat.

Kirche und Welt fördern sich so – der rechten Ordnung und Wahrheit nach – jeweils ins Eigene, wobei Kirche nicht aus der Welt abgeleitet werden kann und Welt in der Autonomie ihrer Sachbereiche von Kirche nicht aufzuheben ist. Beiden ist zugemutet, die andere Instanz ernst zu nehmen, von ihr ausgehend auch das Eigene zu betrachten. Damit hat das II. Vatikanum – bei aller Betonung der Abgrenzung zur Moderne – gleichwohl wesentliche Schritte in der Positionierung der Kirche in der modernen Welt der Wissenschaft und in der Begründung der eigenen kirchlichen Autorität vollzogen.[48]

Das Mittelstück von GS, das die grundsätzlichen und eher praktisch-zeitbedingten Problemfelder und Aussagereihen auf die gekennzeichnete Weise zusammenbindet, endet mit dem Bekenntnis zum WORT Gottes, „durch das alles geworden ist", das „als vollkommener Mensch alle rettete und zusammenfasste", der das „Ziel der menschlichen Geschichte" ist.

Damit endet die Identitätsbestimmung der Kirche in der modernen Welt – nach einem großen Durchgang durch die unterschiedlichen Dimensionen und Lebensgestalten der Kirche und einem ersten und anfänglichen Weg durch die Problemfelder der zeitgenössischen Menschheit – wiederum bei jenem Portal, das den Eingang zu jenem Weg eröffnete.

---

[45] GS 40.
[46] Vgl. Titel von GS: „Pastoralkonstitution über die Kirche in der Welt von heute".
[47] GS 12,1, vgl. oben S. 64–66.
[48] Vgl. oben S. 83 f.

III. Das Konzil erwirkt eine Geschichte

Der voraufgehende Abschnitt konnte lediglich einige zentrale Sachverhalte des II. Vatikanums herausheben, an denen in besonderer Weise greifbar wird, wie hier eine Verlebendigung der Überlieferung christlichen Glaubens angelegt ist. Da das Textcorpus des II. Vatikanums in sich den Charakter einer Grundordnung der Kirche, eines konstitutionellen Textes des Glaubens besitzt, so macht erst die Wirkungsgeschichte des Konzils seine Bedeutung aus. In diesem Sinn erwirkt das Konzil eine Geschichte.

Überblickt man die ersten etwa 20 Jahre nach dem Abschluss des Konzils, so springen die großen Maßnahmen ins Auge, die in sich eine Rezeption des Textes darstellen. Eine große Anstrengung erfordert eingangs die Ausgestaltung und Umgestaltung der Liturgie. Die Ergebnisse können sich sehen lassen, auch wenn es hier und dort Verbesserungswünsche gibt bzw. Missbräuche vorkommen. Missstände aber gab es auch vor der Liturgiereform! Der überarbeitete Codex Iuris Canonici erscheint 1983, 18 Jahre nach dem Konzil. Die Codexreform hat zweifellos eine Fülle von Momenten und Anregungen des II. Vatikanischen Konzils aufgenommen. Eine Reihe von Wünschen der Bischofskonferenzen werden nicht berücksichtigt. Inzwischen zeigen sich auch Nachbesserungsbedürfnisse von der Praxis her. Ein Gleiches gilt von den römischen Bischofssynoden, die bald nach dem II. Vatikanischen Konzil alle drei Jahre zu tagen beginnen. Auch hier hat die Praxis Grenzen der gegenwärtigen Regelung deutlich werden lassen. Es liegen eine Fülle von Anregungen zur Verbesserung der Verfahren vor. Ähnliches gilt hinsichtlich der von Paul VI. und von Johannes Paul II. durchgeführten Kurienreformen. Es ist zweifellos eine Internationalisierung der Kurie erfolgt. Zugleich aber hat sich mit dieser Einbindung von Bischöfen in die jeweiligen beratenden Gremien der Zug zum Zentralismus nochmals verstärkt.

Zur Wirkungsgeschichte der ersten zwanzig Jahre gehört zweifellos die breite Aufnahme eines ökumenischen Dialogs mit den Ostkirchen und den Kirchen und kirchlichen Gemeinschaften, die aus der Reformation stammen. Eine gewisse Bilanz der Ergebnisse findet sich in der Enzyklika Johannes Pauls II. *Ut unum sint* vom 25.5.1995. Es bleiben hier nach den Gesprächen und den damit verknüpften Annäherungen die entscheidenden weiterführenden Schritte offen. Zwar finden mit einer davon verschiedenen Zielsetzung und in eingeschränkterem Maße interreligiöse Gespräche und gemeinsame Aktionen auf den unterschiedlichsten Ebenen statt, doch haben vor allem die Neubestimmung des Verhältnisses zum Judentum und der Einsatz für den Frieden unter den Völkern in hohem Maße die Grundgestalt kirchlichen und christlichen Handelns erneuert.

Was in der ersten Rezeptionsperiode von etwa zwei Jahrzehnten nicht in gleicher Weise gelingt, ist die innere Verlebendigung des Glaubens für breite Kreise. Die Untersuchungen zur kirchlichen Zeitgeschichte zeigen, wie das Konzil in eine Zeit fällt, in der die bis dahin geltende gesellschaftliche Akzeptanz des Christentums in Mittel- und Westeuropa, aber beispielsweise auch in Kanada, den USA und in Lateinamerika zu schwinden beginnt. Diese Prozesse tragen in den genannten kulturellen Großräumen und Kontinenten unterschiedliche Züge. Die Tendenzen wachsen offensichtlich nochmals in den auf die erste Rezeptionsphase folgenden zwei Jahrzehnten. Es zeigen sich in der katholischen Kirche gewisse Stagnationseffekte.

Sucht man diese Stagnation in ihren Grundzügen zu erfassen, so wird man drei wesentliche Defizite benennen müssen:

1. Die Gemeinschaft der Glaubenden hat noch nicht realisiert, was es bedeutet, dass – nach dem II. Vatikanischen Konzil – Kirche das Volk Gottes unter den Völkern der Welt ist. Die tausendfünfhundertjährige Geschichte des Christentums, die voraufgeht, war eine Geschichte der Christenheit, in der christlicher Glaube zur öffentlichen Ordnung gehörte. In der modernen, globalisierten und pluralen Welt hat sich dies grundlegend geändert. Nur sehr mühselig und langsam wächst die katholische Kirche in diese neue Daseinsweise hinein.
2. Die Gemeinschaft der Glaubenden – und dies schließt ebenso Bischöfe wie Priester und Diakone, pastorale Mitarbeiter wie Ordensleute ein – realisiert nur sehr langsam und in kleinen Schritten, was es heißt, dass die Kirche im Ganzen mit der Sendung Jesu Christi, mit der Evangelisierung der heutigen Welt beauftragt und wie dies zu vollbringen ist. Dass Evangelisierung und Missionierung in einer Gesellschaft, die von einem breiten „Sinnangebot" gekennzeichnet ist und über ein hohes Freiheits- und Selektionspotential verfügt, einen anderen Zuschnitt braucht als die frühere Form der Glaubensweitergabe in fest sanktionierten gesellschaftlichen und öffentlich anerkannten Formen, bricht sich nur sehr langsam Bahn.
3. Die Gemeinschaft der Glaubenden hat bislang nicht hinreichend wahrgenommen, dass sie wesentlich diakonische Kirche, dienende Kirche sein muss, die sich in der Nachfolge Jesu Christi in besonderer Weise der Armen und Kranken, der Elenden und Ausgegrenzten anzunehmen hat. Sie ist gesandt, Sünder zu berufen. Diese Aspekte werden in den unterschiedlichen Dokumenten des II. Vatikanums immer wieder genannt.

Die 1980er und 1990er Jahre sind auf Seiten des Papstes und vieler Bischöfe vor allem von der Sorge um diese Stagnation und von der Arbeit um eine Verlebendigung des christlichen Glaubens im Hinblick auf die genannten drei Kernanliegen geprägt. Sie sind begleitet von zahlreichen Maßnahmen, welche die mit der Stagnation verbundenen Schwierigkeiten eindämmen und zu einer Konsolidierung führen sollen. Dabei greift man weitgehend auf bestehende, vorkonziliare Ordnungsfunktionen zurück. Die Folge ist, dass eine Reihe wichtiger Probleme nicht ausreichend angepackt und aufgearbeitet werden. Solche Probleme betreffen das Verhältnis der Ortskirchen zur Universalkirche, angefangen von den Bischofsernennungen bis hin zu den bis ins Einzelne gehenden pastoralen Anweisungen der Kurie. Die Ausgestaltung der synodalen Strukturen in der Kirche wäre dringlich.

Ein zweiter Problemkreis hängt eng damit zusammen: Er betrifft die Stellung

Das Konzil erwirkt eine Geschichte

der Laien in der Kirche und die Wahrnehmung ihrer Verantwortung in synodalen Gremien auf allen Ebenen.

Ein ganz schwerwiegendes Problem ist die Frage nach der Gestaltung des Ministeriums in der Kirche. Wenn nach dem statistischen Jahrbuch des Vatikans von 2004 auf einen ordinierten Geistlichen sieben „pastoral workers" kommen, dann zeigt sich hier, dass in der Folgezeit des II. Vatikanischen Konzils eine neue Situation in der Kirche entstanden ist. Die Frage, wie jene zahlreichen Männer und Frauen, die durch ihre Arbeit wesentliche Dienste für die Kirche leisten, in einer sinnvollen Weise in den Klerus integriert werden können, lässt sich nicht länger umgehen.

Schließlich ist die Frage nach der Stellung der Frauen in der Kirche und ihre Zulassung zu amtlichen Funktionen neu und in einer differenzierten Weise zu stellen. Eine tiefer reflektierte Besinnung auf das II. Vatikanische Konzil als konstitutionellen Text des Glaubens dürfte auch für diese schwierigen Problemfelder ebenso wie für die innere Verlebendigung des Glaubens Orientierung bieten.

Der vorliegende Kommentar ist von der Hoffnung beseelt, einen Beitrag zu dieser Verjüngung und Erneuerung der Kirche zu leisten.

„Siehe, ich habe vor dir eine Tür aufgetan ..." (Offb 3, 8).

Tübingen, den 15. Oktober 2005   *Herausgeber und Kommentatoren*
Peter Hünermann (Verfasser), Bernd Jochen Hilberath;
Guido Bausenhart, Ottmar Fuchs, Helmut Hoping, Reiner Kaczynski,
Hans-Joachim Sander, Joachim Schmiedl, Roman A. Siebenrock

Bibliographie

Balthasar, Hans Urs von, Das Ganze im Fragment. Aspekte der Geschichtstheologie, Einsiedeln 1963.
Balthasar, Hans Urs von, Theologie der Geschichte, Einsiedeln ⁵1985.
Balthasar, Hans Urs von, Theologie der drei Tage, Einsiedeln 1990.
Bausenhart, Guido, „In allem uns gleich außer der Sünde". Studien zum Beitrag Maximos' des Bekenners zur altkirchlichen Christologie, mit einer kommentierten Übersetzung der „Disputatio cum Pyrrho" (TSThPh 5), Mainz 1992.
Congar, Yves, Ecclesia ab Abel, in: Marcel Reding (Hg.), Abhandlungen über Theologie und Kirche (FS Karl Adam), Düsseldorf 1952, 79–108.
Congar, Yves, Die Lehre von der Kirche. Von Augustinus bis zum abendländischen Schisma (HDG III, 3c), Freiburg – Basel – Wien 1971.
Eicher, Peter, Offenbarung. Prinzip neuzeitlicher Theologie, München 1977.
Eisenhofer, Ludwig, Art. Liturgik, in: LThK¹ 6, 613–615.
Gregor VII., Dictatus Papae, zit. n.: Gregorii VII. Registrum, hg. v. Erich Caspar (MGH.ES 2), 2 Bde., Berlin ²1955.
Heidegger, Martin, Nietzsche, II. Band, Pfullingen 1961.
Hünermann, Peter, Dogmatische Prinzipienlehre. Glaube – Überlieferung – Theologie als Sprach- und Wahrheitsgeschehen, Münster 2003.
Johannes von Damaskus, Expositio fidei, in: Die Schriften 2, hg. v. Byzantinischen Institut d. Abtei Scheyern, bes. v. Bonifatius Kotter (PTS 12), Berlin 1973.
Lessing, Gotthold Ephraim, Die Erziehung des Menschengeschlechts. Historisch-kritische Edition mit Urteilen Lessings und seiner Zeitgenossen, Einleitung, Entstehungsgeschichte und Kommentar von Louis Ferdinand Helbig (Germanic studies in America 38), Bern 1980.
Lubac, Henri de, Meine Schriften im Rückblick (Theologia Romanica 21), Einsiedeln 1996.
Lubac, Henri de, Die göttliche Offenbarung. Kommentar zum Vorwort und zum ersten Kapitel der dogmatischen Konstitution „Dei verbum" des Zweiten Vatikanischen Konzils (Theologia Romanica 26), Freiburg – Einsiedeln 2001.
Merklein, Helmut, Christus als Bild Gottes im Neuen Testament, in: Ingo Baldermann (Hg.), Die Macht der Bilder (JBTh 13/1998), Neukirchen-Vluyn 1999, 53–75.
Rahner, Karl, Weltgeschichte und Heilsgeschichte (1962), in: ders., Schriften zur Theologie 5, Einsiedeln – Zürich – Köln 1962, 115–135.
Rahner, Karl, Grundkurs des Glaubens. Einführung in den Begriff des Christentums, Freiburg – Basel – Wien 1976.
Ratzinger, Joseph, Volk und Haus Gottes in Augustins Lehre von der Kirche, unveränd. Nachdr. d. Aufl. 1954 mit neuem Vorwort (MThS 2, 7), St. Ottilien 1992.
Seckler, Max, Über den Kompromiss in Sachen der Lehre, in: ders. u. a. (Hg.), Begegnung. Beiträge zu einer Hermeneutik des theologischen Gesprächs, Graz – Wien – Köln 1972, 45–57.
Seckler, Max – Kessler, Michael, Die Kritik der Offenbarung, in: Walter Kern – Hermann J. Pottmeyer – Max Seckler (Hg.), Handbuch der Fundamentaltheologie, Bd. 2: Traktat Offenbarung, Tübingen – Basel ²2000, 13–39.

Bibliographie

Seckler, Max, Der Begriff der Offenbarung, in: Walter Kern – Hermann J. Pottmeyer – ders. (Hg.), Handbuch der Fundamentaltheologie, Bd. 2: Traktat Offenbarung, Tübingen – Basel ²2000, 41–61.

Waldenfels, Hans – Scheffczyk, Leo, Die Offenbarung. Von der Reformation bis zur Gegenwart (HDG I/1), Freiburg 1977.

Anhang

I. Wichtige Ansprachen während des Zweiten Vatikanischen Konzils
Zusammengestellt und eingeleitet von Joachim Schmiedl

Obwohl nicht selbst Teilnehmer an den Generalkongregationen des Konzils, nehmen die beiden Päpste Johannes XXIII. und Paul VI. aktiv Anteil an dessen Arbeiten, moderieren sie und greifen an zentralen Stellen in die Diskussionen und Entscheidungsprozesse ein. Programmatische Ansprachen und symbolträchtige Handlungen begleiten die Beratungen der Konzilsväter und die Reaktionen der Öffentlichkeit darauf. Diese Ansprachen gehören nicht zu den offiziellen Konzilsdokumenten. Gleichwohl lassen sich die Dynamik der Beratungen, die Entwicklung der Vorlagen, der Fortschritt in der theologischen Durchdringung der Themen und die zunehmende Einbeziehung von Kirche und Gesellschaft an ihnen ablesen.

Die erste Konzilssessio ist begleitet von der motivierenden Kraft des Roncalli-Papstes. Die Initiative zum Konzil ging von Johannes XXIII. aus. In der viel beachteten Rundfunkansprache vom 11. September 1962, einen Monat vor der Konzilseröffnung, greift er den Plan des belgischen Kardinal Suenens zur thematischen Gliederung auf. Aufgabe des Konzils sei es, das innere Gefüge und die äußeren Beziehungen der Kirche zu erneuern. Ohne die Kategorie „Zeichen der Zeit" eigens zu nennen, zählt der Papst Lebensbereiche auf, die der pastoralen Sorge der Kirche anvertraut seien – damit das Licht Christi zum Licht aller Völker werde, wie der Papst in Vorwegnahme des Titels der Kirchenkonstitution formuliert.

Die Eröffnungsansprache des Zweiten Vatikanums gehört zu den bedeutenden Dokumenten des Pontifikats von Papst Johannes XXIII. In einer für viele Beobachter unerwarteten Offenheit deutet er die Geschichte der Konzilien als Bezeugung der Lebenskraft der Kirche. Gegen die „Unglückspropheten" plädiert der Papst für eine positivere Sicht der Welt und ihrer Zukunftsfähigkeit. Er tritt für eine neue Ordnung der Beziehungen unter den Menschen ein und spricht sich gegen die Einmischung der staatlichen Autoritäten in kirchliche Belange aus. Bei aller Wahrung der Tradition habe das Konzil die Aufgabe, den veränderten Lebensbedingungen der Gegenwart Rechnung zu tragen und dabei die Substanz des Glaubens von ihren zeitbedingten sprachlichen Formen zu unterscheiden.

Diese optimistische Haltung greifen die Konzilsväter in der auf Marie-Dominique Chenu zurückgehenden Botschaft an die Welt vom 20. Oktober 1962 auf. Sie durchzieht auch die Schlussansprache zur ersten Konzilssessio vom 8. Dezember 1962, in der Johannes XXIII. um Verständnis dafür wirbt, dass die Beratungen langsamer als von vielen erwartet vorangingen. Mit der Perspektive, dass das Konzil für die Kirche ein neues Pfingstereignis sei, verabschiedet sich der Papst von der Konzilsöffentlichkeit.

Formal und inhaltlich unterscheiden sich die Ansprachen des zweiten Konzilspapstes, Pauls VI., erheblich von denen seines Vorgängers. Sie bringen in weitaus stärkerem Maß als bei Johannes XXIII. den Anspruch des Amtes an seinen Träger zum Ausdruck. Sie lassen aber auch einen näheren Blick auf die Verhandlungen des Konzils werfen. Inhaltlich übernimmt Paul VI. zunächst die Akzente seines Vorgängers – ausgedrückt etwa in den ausführlichen Zitaten aus der Ansprache zur Konzilseröffnung. In der Rede zur Eröffnung der zweiten Sessio spannt der Papst dann den Bogen von Jesus Christus als Licht der Welt, darin Johannes XXIII. aufgreifend, zur Kirche, die er nicht nur als „mystischen Leib Christi", sondern mit vielen anderen biblischen Bildern beschreibt, die in die Kirchenkonstitution Eingang finden sollten. Die Kirche selbst sei also, so der Papst, das Hauptthema des Konzils, von dem aus sich etwa die Lehre über den Episkopat und seine Beziehungen zum päpstlichen Primat, aber auch der Erneuerung der Kirche und der Einheit der Christen erschließen. Die „Ökumenizität" des Zweiten Vatikanums gehört für Paul VI. zu den zentralen, immer wiederholten und bekräftigten Grundzügen des Konzils. Beeindruckend ist nach wie vor die in der Eröffnungsansprache zur zweiten Sessio ausgesprochene Vergebungsbitte des Papstes für die Kirchentrennung. Zusammen mit der Aufhebung des 1054 ausgesprochenen Banns zwischen den Kirchen Roms und Konstantinopels ist diese Vergebungsbitte der ökumenische Rahmen, innerhalb dessen das Konzil die Einheit der Christen behandelt und eine neue Beziehung zwischen den christlichen Konfessionen ermöglicht.

Die Ansprachen Pauls VI. bringen das Zueinander von Konzil, Papst und Kurie zum Ausdruck. Dem Konzil obliegt es nach diesem Verständnis, die wesentlichen theologischen Linien vorzugeben (inhaltlicher Aspekt der Erneuerung der Kirche). Der Papst rezipiert die Arbeit des Konzils durch die Promulgation der Dekrete und Konstitutionen, aber auch durch eigene theologische Schwerpunktsetzungen. Sein Anliegen ist es, einen möglichst breiten Konsens unter den Konzilsvätern herzustellen, wozu er eigene Modifikationsvorschläge einbringt. Für die Realisierung der konziliaren Vorgaben sind dann die vom Papst eingesetzten Reformkommissionen, die Kurie sowie die zu Beginn der dritten Sessio angekündigte Institution der Bischofssynode zuständig. Deren Arbeiten transparent zu machen, ist mehrfach Thema der päpstlichen Ansprachen. Dabei ist sich der Papst bewusst, dass die eigentliche Aufgabe des „Aggiornamento" nach dem Konzil zu leisten sei und in dem spannungsreichen Umgehen mit dem „Geist des Konzils" und den daraus abgeleiteten Normen bestehe. Der Papst sieht diese Nachkonzilsphase ausdrücklich als geistliche Chance für die Kirche an, was durch die Ankündigung eines außerordentlichen Jubiläumsjahrs unterstrichen wird.

Überhaupt hat Paul VI., der als letzter Papst gekrönt wird und am 13. November 1964 zu Gunsten der Armen der Welt die Tiara ablegt, einen Sinn für symbolische Handlungen. Mit ihnen begleitet er auch die Konzilsarbeit. Die drei Reisen in das Heilige Land, zum Eucharistischen Kongress nach Bombay (Indien) und zur Vollversammlung der Vereinten Nationen nach New York sieht der Papst als Ausdruck der Konzilsprogrammatik. Er kündigt diese Reisen den Konzilsvätern an und erstattet ihnen Bericht darüber. Die Proklamation des Titels „Maria, Mutter der Kirche" am Ende der dritten Sessio kann ebenfalls als Symbolhandlung verstanden werden, auch wenn sie unter den Konzilsvätern umstritten ist. Ganz aus dem theologischen Denken Pauls VI. sind die Grußbotschaften formuliert, die bei der Schlussfeier am 8. Dezember 1965 an verschiedene Stände und Berufsgruppen verlesen werden. Diese Akte begleiten die Beratungen. Sie öffnen das Konzil zur Welt und lassen andere Personengruppen daran teilnehmen. Sie verdeutlichen den Stilwandel, den das Papsttum in den Jahren des Konzils vollzieht und den Paul VI. mit dem Stichwort der „demütigen Kirche" charakterisiert.

Eine Bilanz der Konzilsarbeiten zieht Paul VI. in der Ansprache vom 7. Dezember 1965. Das Konzil habe sein Hauptaugenmerk auf Gott gerichtet. Von der religiösen Warte aus habe es seinen Blick auf die Evangelisierung der Kultur und die Situation des Menschen gerichtet. *Gaudium et spes* erscheint somit in der Konzilsinterpretation des Papstes als Schlüsseldokument zum Verständnis der Diskussionen überhaupt.

Die Dokumentation der wichtigen Ansprachen und Botschaften des Zweiten Vatikanischen Konzils kann neben der Kommentierung der verabschiedeten Konstitutionen und Dekrete eine ergänzende Perspektive eröffnen. Die Päpste und das Konzil selbst interpretieren darin ihre Arbeiten. Sie kommunizieren die mitunter schwer durchschaubaren, weil parallelen Prozesse der Verarbeitung von Vorlagen an zwei Adressatenkreise: an das Konzil selbst, seine Teilnehmer und Mitarbeiter, und an die Weltkirche, welche ihrerseits im Dialog mit der Gesellschaft (Welt) steht. Die Papstansprachen wollen gelesen werden als Teil des im Konzil selbst zwar noch erschwerten, vom Konzil aber gewünschten Kommunikationsprozesses zwischen Kirche und Welt.

Anhang

Johannes XXIII.:
Rundfunkbotschaft vom 11. September 1962[1]

Die große Erwartung auf das Ökumenische Konzil leuchtet, einen Monat vor dessen offiziellen Eröffnung, in den Augen und den Herzen aller Kinder der heiligen und gebenedeiten katholischen Kirche. In den drei aufeinanderfolgenden Jahren der Vorbereitung hat eine Anzahl auserlesener Persönlichkeiten aus allen Ländern und Sprachen in Einmütigkeit des Denkens und der Zielsetzung eine überreiche Fülle an Themen für Lehre und Seelsorge gesammelt, um dem Episkopat der ganzen Welt, der sich unter den Wölbungen der Vatikanischen Basilika versammelt, Anregungen zu geben für die weise Anwendung des evangelischen Lehramtes Christi, seit zwanzig Jahrhunderten das Licht der durch sein Blut erlösten Menschheit.

Wir befinden uns also mit Gottes Hilfe am rechten Ausgangspunkt. Die prophetischen Worte Jesu, die er im Blick auf das Ende der Zeiten ausgesprochen hat, bilden eine Ermutigung für die guten und hochherzigen Unternehmungen der Menschen, besonders in jenen historischen Stunden der Kirche, die für einen neuen Aufschwung zur Erhebung auf die höchsten Gipfel offen sind: „Erhebet eure Häupter, denn es naht eure Erlösung"[2]. Im Hinblick auf seine geistige Vorbereitung scheint das Ökumenische Konzil wenige Wochen vor seiner Zusammenkunft der Einladung des Herrn würdig zu sein: „Wenn ... alle Bäume bereits Frucht aus sich hervorbringen, so sollt ihr wissen ..., dass das Reich Gottes nahe ist"[3]. Seht alle die Bäume, wenn sie wieder Blätter ansetzen, so wisst ihr schon beim bloßen Anblick, dass der Sommer nahe ist; zugleich sollt ihr, wenn ihr diese Dinge sich ereignen seht, wissen, dass das Reich Gottes nahe ist.

Dieses Wort „Reich Gottes" bezeichnet umfassend und genau die Arbeiten des Konzils. Das Reich Gottes bezeichnet in Wirklichkeit die Kirche Christi: die eine, heilige, katholische und apostolische, wie Jesus, das menschgewordene Wort Gottes, sie gegründet hat, sie seit 20 Jahrhunderten erhält, wie er sie heute noch durch seine Gegenwart und seine Gnade belebt, immer bereit, durch sie die alten Wunderzeichen zu erneuern, die sie in den nachfolgenden, manchmal rauen und schweren Zeiten von Höhe zu Höhe, von Übergang zu Übergang geführt haben, zu immer neuen Siegen des Geistes, Siegen der Wahrheit über den Irrtum, des Guten über das Böse, der Liebe und des Friedens über die Spaltungen und Gegensätze.

---

[1] Text entnommen aus: HerKorr 17 (1962/63) 43–46.
[2] Lk 21,27.
[3] Lk 21,30–31.

Die ewige innere Lebenskraft der Kirche

Die Ausgangspunkte des Widerspruches, das Gute und das Böse, bleiben und werden auch in Zukunft bestehen bleiben, weil der freie Wille des Menschen immer die Möglichkeit haben wird, Stellung zu nehmen und in die Irre zu gehen. Aber Christus und der Kirche wird in jeder ausgewählten Seele und in den auserwählten Seelen eines jeden Volkes der endgültige Sieg gehören.

Hier scheint Uns ein Hinweis auf die Symbolik der Osterkerze angezeigt und nützlich: Plötzlich erklingt in der Liturgie sein Name: Lumen Christi. Die Kirche Jesu antwortet aus allen Teilen der Erde: Deo gratias, Deo gratias, gleichsam als ob sie sagte: ja, Licht Christi, Licht der Kirche, Licht der Völker.

Was ist ein Ökumenisches Konzil anderes als die erneute Begegnung mit dem Antlitz Christi, des Auferstandenen, des glorreichen und ewigen Königs, das seinen Glanz ausstrahlt zum Heile, zur Freude und zur Verherrlichung der Menschheit?

Das Licht dieser Vision erinnert Uns an den alten Psalm: „Lass das Licht deines Angesichts über uns leuchten, o Herr! Freude hast du ins Herz mir gelegt"[4].

Wahre Freude für die gesamte Kirche Christi will das neue Ökumenische Konzil sein.

Der Grund seiner Einberufung, der Grund dafür, dass es gewünscht, vorbereitet und erwartet wird, ist die Fortsetzung oder besser die kraftvollere Erneuerung der Antwort der ganzen Welt auf das Vermächtnis des Herrn, das er in jenen mit göttlicher Feierlichkeit ausgesprochenen Worten verkündet hat, die Hände zu den Enden der Welt erhoben: „Gehet hin, lehret alle Völker, taufet sie im Namen des Vaters und des Sohnes und des Heiligen Geistes, und lehret sie alles halten, was ich euch geboten habe"[5]. Die Kirche muss gesucht werden als das, was sie ihrer inneren Struktur nach ist, Lebenskraft nach innen (ad intra), bereit, vor allem ihren Kindern die Schätze erleuchtenden Glaubens und heiligender Gnade zu zeigen, die in jenen letzten Worten ihren Ursprung haben. Diese bezeichnen die hervorragendste Aufgabe der Kirche, ihren Dienst- und Ehrentitel, ihre Aufgabe, Leben zu spenden, zu lehren und zu beten.

Apostolische Entfaltung

Betrachtet man die Kirche in ihren Lebensäußerungen nach außen (ad extra), in ihrem Bezug auf die Bedürfnisse und Nöte der Völker, die durch menschliches Schicksal eher zur Wertschätzung und zum Genuss der Güter der Erde hingelenkt werden, so fühlt sie die Pflicht, durch ihre Lehrtätigkeit ihrer Verantwortung nachzukommen: „Auf dass wir durch die zeitlichen Güter so hindurchgehen, dass wir die ewigen nicht verlieren."[6]

---

[4] Ps 4,7–8.
[5] Mt 28,19–20.
[6] Postcommunio vom 3. Sonntag nach Pfingsten.

Dies ist der Sinn für Verantwortung angesichts der Pflichten des Christen, der gerufen ist, als Mensch unter Menschen zu leben, als Christ unter Christen, damit alle anderen, die es nicht sind, durch das gute Beispiel sich anregen lassen sollen, es zu werden.

Das ist das Durchgangstor zu der so genannten äußeren, aber durch und durch apostolischen Tätigkeit der Kirche. Von hier empfangen die Worte: „Lehret sie alles halten, was ich euch geboten habe", ihre Kraft und ihre Ausstrahlung.

Die Welt braucht in der Tat Christus. Und es ist die Kirche, die der Welt Christus bringen muss. Die Welt hat ihre Probleme, für die sie manchmal ängstlich eine Lösung sucht.

Es versteht sich von selbst, dass die angstvolle Sorge um deren schnelle, aber auch gerechte Lösung ein Hindernis sein kann für die Verbreitung der vollen Wahrheit und der heiligenden Gnade.

Der Mensch sucht die Liebe einer Familie rings um den häuslichen Herd, das tägliche Brot für sich und die Seinen, seine Kinder und seine Gattin. Er wünscht und spürt die Verpflichtung, in Frieden zu leben in der nationalen Gemeinschaft wie mit der übrigen Welt. Er ist empfänglich für die Anziehungskraft des Geistes, die ihn antreibt, sich zu bilden und zu entfalten; eifersüchtig auf seine Freiheit bedacht, lehnt er deren erlaubte Einschränkungen nicht ab, um besser seinen sozialen Verpflichtungen entsprechen zu können.

Lösungen der sozialen Fragen

Diese äußerst schwierigen Probleme liegen der Kirche immer am Herzen. Sie hat sie deshalb zum Gegenstand eines sorgfältigen Studiums gemacht, und das ökumenische Konzil wird in klarer Sprache Lösungen anbieten können, die von der Würde des Menschen und dessen christlicher Berufung gefordert werden.

Hier einige davon. Die grundsätzliche Gleichheit aller Völker in der Ausübung der Rechte und Pflichten innerhalb der gesamten Völkerfamilie; die wachsame Verteidigung des heiligen Charakters der Ehe, der den Eheleuten bewusste und großmütige Liebe auferlegt. Damit hängt die Zeugung der Kinder unter ihrem religiösen und sittlichen Aspekt zusammen, im Rahmen weitest gehender sozialer Verantwortung für Zeit und Ewigkeit.

Lehren, die den religiösen Indifferentismus fördern oder Gott und die übernatürliche Ordnung leugnen, Lehren, die die Vorsehung in der Geschichte nicht anerkennen und in übertriebener Weise die Person des einzelnen Menschen verherrlichen unter der Gefahr, ihn der sozialen Verantwortung zu entziehen, müssen die mutige und hochherzige Sprache der Kirche wieder vernehmen, die schon in dem wichtigen Lehrschreiben *Mater et magistra* ihren Ausdruck gefunden hat, wo die Gedanken zweier Jahrtausende christlicher Geschichte zusammengefasst sind.

Ein weiterer Punkt: Gegenüber den unterentwickelten Ländern erweist sich die Kirche als das, was sie ist und sein will, die Kirche aller, vornehmlich die Kirche der Armen.

Jede Verletzung des fünften und sechsten Gebotes des heiligen Dekalogs; die Vernachlässigung der Pflichten, die sich aus dem siebten Gebot ergeben: das soziale Elend, das um Rache schreit vor dem Angesicht des Herrn; das alles muss deutlich in Erinnerung gebracht und beklagt werden. Pflicht eines jeden Menschen, dringende Pflicht des Christen ist es, den Überfluss mit dem Maß der Not der anderen zu messen und genau darüber zu wachen, dass die Verwaltung und Verteilung der geschaffenen Güter allen zum Vorteil gereichen.

Das nennt sich Verbreitung des Sozial- und Gemeinschaftssinnes, der innerlich zum wahren Christentum gehört. Alles das wird nachdrücklich bekräftigt werden.

Recht auf religiöse Freiheit

Was ist zu sagen zum Verhältnis zwischen Kirche und Staat? Wir leben in einer neuen politischen Welt. Eines der grundlegenden Rechte, auf das die Kirche nicht verzichten kann, ist die religiöse Freiheit, und sie ist nicht bloß Freiheit des Kultes.

Diese Freiheit fordert und lehrt die Kirche. Ihretwegen erleidet sie in verschiedenen Ländern schmerzvolle Bedrängnis. Die Kirche kann auf die Freiheit nicht verzichten, weil sie wesentlich zur Natur des Dienstes gehört, den zu leisten sie gehalten ist. Dieser Dienst will kein Korrektiv oder keine Ergänzung dessen sein, was andere Institutionen tun müssen oder sich zu eigen gemacht haben, sondern ist ein unersetzliches Instrument des Planes der göttlichen Vorsehung, den Menschen auf den Weg der Wahrheit zu führen. Wahrheit und Freiheit sind die (Grund-)Steine, auf denen sich das Gebäude der menschlichen Kultur erhebt.

Gerechtigkeit und Friede

Das ökumenische Konzil steht vor seinem Zusammentritt 17 Jahre nach dem Ende des Zweiten Weltkrieges. Zum erstenmal in der Geschichte werden die Konzilsväter wirklich allen Völkern und Nationen angehören, und jeder wird seinen Beitrag an Wissen und Erfahrung leisten zur Heilung der Narben der beiden Kriege, die das Antlitz aller Länder tief verändert haben.

Die Familienmütter und -väter verabscheuen den Krieg. Die Kirche, Mutter aller ohne Unterschied, wird noch einmal den Ruf erheben, der aus der Tiefe der Jahrhunderte von Bethlehem und später von Kalvaria aufsteigt, um dann in ein eindringliches Friedensgebot einzumünden, eines Friedens, der bewaffnete Auseinandersetzungen vermeidet, eines Friedens, der seine Wurzeln und seine Sicherheit im Herzen eines jeden Menschen haben muss.

Es ist natürlich, dass das Konzil in seiner Lehrstruktur und in der pastoralen Tätigkeit, die es auslösen wird, die Sehnsucht aller Völker ausdrücken will, den von der Vorsehung einem jeden vorgezeichneten Weg zu durchlaufen und mitzuwirken am Triumph des Friedens, um das irdische Dasein für alle edler, gerechter und verdienstvoller zu gestalten.

Die Bischöfe, die Hirten der Herde Christi, „aus allen Völkern unter dem Himmel"[7] werden den Begriff des Friedens nicht nur unter seinem negativen Aspekt entfalten, als Verabscheuung bewaffneter Konflikte, sondern mehr in seinen positiven Erfordernissen, die von jedem Menschen Erkenntnis und ständige praktische Übung der eigenen Pflichten verlangen; rechte Ordnung, Harmonie und Dienst an den geistigen Werten, die allen offen stehen; Besitz und Anwendung der Kräfte der Natur und der Technik ausschließlich zum Zwecke der Verbesserung der geistigen und wirtschaftlichen Lebensverhältnisse der Völker.

Zusammenleben, Zusammenarbeit und Integration sind sehr edle Vorhaben, die in internationalen Versammlungen ihr Echo finden, Hoffnung erwecken und Mut einflößen.

Das Konzil wird auch in heiligeren und feierlicheren Formen die vollkommensten Verwirklichungen der Brüderlichkeit und der Liebe, der natürlichen Erfordernisse des Menschen, verherrlichen, die dem Christen als Verhaltensregel zwischen Mensch und Mensch, zwischen Volk und Volk auferlegt sind.

Geistliche Führung des Apostolischen Stuhles

O Geheimnis der göttlichen Vorsehung, durch die die bevorstehende Feier des Zweiten Vatikanischen Konzils noch einmal in unvergleichlichem Lichte die Pflicht des Dienstes und der geistlichen Leitung des Apostolischen Stuhles, der über das Schicksal der ganzen Menschheit erhoben ist, offenbaren und verherrlichen wird. Zu Recht besingt Prudentius, der antike christliche Dichter, zu seiner Zeit den Triumph des göttlichen Erlösers, indem er Rom als Zentrum der neuen Geschichte des Universums bezeichnet, das von Christus Geist und Namen erhalten hatte.[8]

Während dieser Vorbereitung des Konzils konnte man eine Feststellung machen. Die kostbaren Glieder der Liebeskette, die die Gnade des Herrn seit den ersten Jahrhunderten des christlichen Zeitalters um die verschiedenen Länder Europas und der damals bekannten Welt zur Vervollkommnung katholischer Einheit geschlungen hat und die sich in der späteren Zeit auf Grund verschiedener Umstände zu lockern schienen und in der Tat auseinanderbrachen, zeigen sich jetzt in der Erwartung aller derer, die für den neuen Hauch, der da und dort vom Konzilsplan ausging, nicht unempfänglich waren, als Sehnsucht nach brüderlicher Vereinigung in den Armen der heiligen und allgemeinen Mutter Kirche. Das ist ein Grund zuversichtlichen Trostes, der den ersten Funken am Beginn der Vorbereitung der weltweiten Zusammenkunft überstrahlt.

O Schönheit der liturgischen Bitte: „Dass du dem ganzen christlichen Volke Frieden und wahre Eintracht schenken wollest." O überströmende Freude der

---

[7] Apg 2,5.
[8] Vgl. Prud. perist. hym. II, 461–470: PL 60, col. 324.

Herzen bei der Lesung des 17. Kapitels des Johannesevangeliums: „dass alle eins seien", eins im Denken, Reden und Handeln.

Der antike Sänger der Ruhmestaten des Christentums liebt es, wenn er von dem Grund seiner Aufmunterung zur Zusammenarbeit aller Völker in Gerechtigkeit und brüderlicher Eintracht spricht, mit tiefer Eindringlichkeit allen Kindern der Kirche in Erinnerung zu rufen, dass in Rom immer die beiden Apostelfürsten Petrus und Paulus gegenwärtig sind: der eine als großes Gefäß der Auserwählung, in besonderer Weise berufen für die Verkündigung des Evangeliums unter den Völkern, die es noch nicht vernommen haben, der andere, Simon Petrus, der seit 20 Jahrhunderten auf dem höchsten Lehrstuhl sitzt und die Pforten des Himmels öffnet und schließt, die Pforten öffnet, geliebte Söhne, ihr versteht es, im gegenwärtigen Leben und für die Ewigkeit.

Mit geflügelten Worten ruft er den heidnischen Götzenbildern zu: Gebt euren Platz frei, lasst das Volk Christi in voller Freiheit. Es ist Paulus, der euch vertreibt. Es ist das Blut des Petrus und Paulus, das gegen euch schreit.

In milderer Form möchte sich der niedrige Nachfolger von Petrus und Paulus in der Leitung und im Apostolat der Kirche in dieser Vigil vor der Konzilsversammlung an alle Söhne eines jeden Landes, aus dem Osten und Westen, wenden mit der Bitte des zwölften Sonntags nach Pfingsten. Man könnte keinen glücklicheren Ausdruck finden, der der Einmütigkeit in der individuellen und gemeinsamen Vorbereitung und des Flehens für den Erfolg des ökumenischen Konzils mehr entspräche.

Wir möchten diese Worte der ganzen Welt wiederholen und nochmals eindringlich wiederholen lassen in diesen Wochen vom 11. September bis zum 11. Oktober, dem Eröffnungstag der großen Konzilsversammlung. Diese Worte scheinen vom Himmel zu kommen. Sie werden den Ton angeben für den Chorgesang des Papstes, der Bischöfe, des Klerus und des Volkes. Ein einziger Gesang erhebt sich mächtig, harmonisch und eindringlich: Lumen Christi, Deo gratias. Dieses Licht strahlt und wird strahlen durch die Jahrhunderte. Ja, Licht Christi, Kirche Christi, Licht der Völker.

„Allmächtiger und barmherziger Gott, Dein Gnadengeschenk ist es, wenn Deine Gläubigen Dir würdig und untadelig dienen; wir bitten Dich daher: verleihe uns, dass wir unaufhaltsam Deinen Verheißungen entgegeneilen." So flehen wir Dich an von allen Enden der Erde und des Himmels. Durch die Verdienste Jesu Christi, des Lehrers und Erlösers aller. Amen. Amen.[9]

---

[9] Vgl. Kirchengebet vom 12. Sonntag nach Pfingsten.

Anhang

Johannes XXIII.:
Ansprache anlässlich der feierlichen Eröffnung des Zweiten Vatikanischen Konzils am 11. Oktober 1962[1]

Ehrwürdige Brüder!
Es jubelt die Mutter Kirche, weil durch besondere Gnade der göttlichen Vorsehung dieser hochersehnte Tag angebrochen ist, an dem hier am Grabe des hl. Petrus unter dem Schutz der jungfräulichen Gottesmutter, deren Mutterwürde heute festlich begangen wird, das Zweite Vatikanische Ökumenische Konzil seinen Anfang nimmt.

Die Ökumenischen Konzilien in der Kirche

Alle Konzilien – sowohl die zwanzig ökumenischen wie die unzähligen Provinzial- und Regionalkonzilien von nicht geringer Bedeutung –, die im Laufe der Geschichte gefeiert wurden, bezeugen offensichtlich die Lebenskraft der katholischen Kirche und zählen in ihren Annalen zu den strahlenden Lichtern.

Der letzte geringe Nachfolger des Apostelfürsten, der zu Euch spricht, wollte bei der Einberufung dieser hochansehnlichen Versammlung wiederum, dass das kirchliche Lehramt, das niemals fehlte und das bis ans Ende der Tage bestehen wird, befestigt wird; es soll, indem es den Irrtümern, den Notwendigkeiten und Chancen unserer Zeit Rechnung trägt, durch dieses Konzil allen Menschen auf Erden in außerordentlicher Weise vorgestellt werden. Der Stellvertreter Christi, der zur Eröffnung dieser allgemeinen Synode zu Euch spricht, blickt natürlich in die Vergangenheit zurück und hört gleichsam jene Stimmen, die uns lebhaft ermutigen. Gern erinnert er sich der Verdienste der Päpste aus vergangenen und jüngsten Zeiten. Feierliche und ehrwürdige Stimmen sind es, deren Zeugnis in den Konzilien von Ost und West seit dem 4. Jahrhundert bis auf unsere Tage zu uns gekommen ist. Sie verkünden beständig den Ruhm dieser göttlichen und menschlichen Institution, der Kirche Christi, die vom göttlichen Erlöser Namen, Gnade und jegliche Vollmacht erhält.

Aber neben diesen Gründen geistlicher Freude können Wir auch nicht leugnen, welche Schmerzen und Bitternisse seit 1900 Jahren in langer Reihenfolge diese Geschichte verdunkelt haben. Wahrlich, es galt und gilt immer noch, was einst der greise Simeon zu Maria, der Mutter Jesu, aus prophetischer Eingebung sagte: „Dieser ist bestimmt zum Falle und zur Auferstehung vieler und zu einem

---

[1] Text entnommen aus: HerKorr 17 (1962/63) 85–88. Johannes XXIII. hinterließ zu dieser Ansprache viele Vorarbeiten, die seine intensive Beschäftigung damit dokumentieren. Sie sind von Alberto Melloni kritisch ediert und kommentiert: Melloni, Alberto, Sinossi critica dell'allocuzione di apertura del Concilio Vaticano II Gaudet Mater Ecclesia di Giovanni XXIII, in: Giuseppe Alberigo – Giuseppe Battelli – Alberto Melloni – Stefano Trinchese, Fede Tradizione Profezia. Studi su Giovanni XXIII e sul Vaticano II (Testi e ricerche di Scienze religiose 21), Brescia 1984, 239–283.

Zeichen, dem widersprochen wird"[2]. Auch Jesus selbst sagte später zum Erweis, wie die Menschen verschiedener Zeiten gegen ihn auftreten würden, diese geheimnisvollen Worte: „Wer euch hört, der hört mich"[3], und: „Wer nicht mit mir ist, der ist gegen mich; wer nicht mit mir sammelt, der zerstreut"[4].

Die schwersten Sorgen und Fragen, die der Menschheit zur Lösung aufgegeben sind, haben sich nach fast zweitausend Jahren nicht verändert. Denn Christus Jesus ist immer noch die Mitte der Geschichte und des Lebens. Und die Menschen hängen entweder Ihm und seiner Kirche an, dann haben sie Licht, Güte und die Früchte rechter Ordnung und des Friedens, oder sie leben ohne Ihn, ja handeln Ihm entgegen und verweilen bewusst außerhalb der Kirche, dann herrscht bei ihnen Verwirrung, sie verbittern die Beziehungen untereinander und beschwören mörderische Kriege herauf.

Jedes Mal, wenn Ökumenische Konzilien begangen werden, bezeugen sie diese Vereinigung zwischen Christus und seiner Kirche in feierlicher Weise und verbreiten weithin das Licht der Wahrheit. Sie lenken das Leben der einzelnen Menschen wie der Familien und der Gesellschaft auf rechten Pfaden. Sie erwecken und stärken geistliche Kräfte und richten die Herzen beständig auf die wahren und ewigen Güter.

Vor uns stehen die außerordentlichen Zeugnisse dieses Lehramts der Kirche bzw. der universalen Synoden in den verschiedenen Epochen dieser zwanzig Jahrhunderte christlicher Geschichte, gesammelt in vielen und eindrucksvollen Bänden, die hier in Rom wie in den berühmtesten Bibliotheken der ganzen Welt ein heiliges Erbe der kirchlichen Archive sind.

Entstehungsursache des Zweiten Vatikanums

Was die Entstehung dieses großen Ereignisses betrifft, das uns hier versammelt, so möge wiederum ein demütiges Zeugnis genügen, das Wir auch selber aus eigener Erfahrung bestätigen können: Zuerst haben Wir fast unerwartet dieses Konzil im Geiste erwogen, dann haben Wir es in schlichten Worten vor dem heiligen Kollegium der Kardinale an jenem denkwürdigen 25. Januar 1959, am Fest der Bekehrung des hl. Apostels Paul, in eben jener St.-Pauls-Basilika an der Via Ostia ausgesprochen. Sogleich wurden die Anwesenden durch eine plötzliche Bewegung des Geistes, wie vom Strahl eines überirdischen Lichtes, berührt, und alle waren freudig betroffen, wie ihre Augen und Mienen zeigten. Zugleich entbrannte in der ganzen Welt ein leidenschaftliches Interesse, und alle Menschen begannen eifrig auf die Feier des Konzils zu warten.

Inzwischen ist in drei Jahren ein arbeitsreiches Werk zur Vorbereitung des Konzils bewältigt worden. Es führte dazu, dass genau und ausgiebig erforscht wurde, in welchem Ansehen heute der Glaube, das religiöse Leben und die Kraft

---

[2] Lk 2,34.
[3] Lk 10,16.
[4] Lk 11,23.

des christlichen, vor allem des katholischen Volkes stehen. Daher ist uns diese Zeit der Vorbereitung des ökumenischen Konzils nicht unverdient als ein erstes Zeichen und eine Gabe himmlischer Gnade erschienen.

Erleuchtet vom Licht des Konzils, so vertrauen Wir fest, wird die Kirche an geistlichen Gütern zunehmen und, mit neuen Kräften von daher gestärkt, unerschrocken in die Zukunft schauen. Denn durch eine angemessene Erneuerung und durch eine weise Organisation wechselseitiger Zusammenarbeit wird die Kirche erreichen, dass die Menschen, Familien und Völker sich mehr um die himmlischen Dinge sorgen.

Deshalb ist die Feier des Konzils ein Grund zu großer Dankespflicht gegenüber dem Geber alles Guten, um mit Lobgesängen die Ehre unseres Herrn Jesus Christus zu verherrlichen, der der unbesiegte und unsterbliche König der Zeiten und der Völker ist.

Der zeitgeschichtliche Sinn des Konzils

Da ist aber, ehrwürdige Brüder, noch ein anderer Punkt zu beachten, der Euch zum Verständnis hilft. Um auch Eure Freude vollkommener zu machen, die in dieser feierlichen Stunde Unser Herz erfüllt, wollen Wir hier berichten, unter welch glücklichen Umständen diese Ökumenische Synode ihren Anfang nahm.

In der täglichen Ausübung Unseres apostolischen Hirtenamtes geschieht es oft, dass bisweilen Stimmen solcher Personen unser Ohr betrüben, die zwar von religiösem Eifer brennen, aber nicht genügend Sinn für die rechte Beurteilung der Dinge noch ein kluges Urteil walten lassen. Sie meinen nämlich, in den heutigen Verhältnissen der menschlichen Gesellschaft nur Untergang und Unheil zu erkennen. Sie reden unablässig davon, dass unsere Zeit im Vergleich zur Vergangenheit dauernd zum Schlechteren abgeglitten sei. Sie benehmen sich so, als hätten sie nichts aus der Geschichte gelernt, die eine Lehrmeisterin des Lebens ist, und als sei in den Zeiten früherer Konzilien, was die christliche Lehre, die Sitten und die Freiheit der Kirche betrifft, alles sauber und recht zugegangen.

Wir aber sind völlig anderer Meinung als diese Unglückspropheten, die immer das Unheil voraussagen, als ob die Welt vor dem Untergange stünde. In der gegenwärtigen Entwicklung der menschlichen Ereignisse, durch welche die Menschheit in eine neue Ordnung einzutreten scheint, muss man viel eher einen verborgenen Plan der göttlichen Vorsehung anerkennen. Dieser verfolgt mit dem Ablauf der Zeiten, durch die Werke der Menschen und meistens über ihre Erwartungen hinaus sein eigenes Ziel, und alles, auch die entgegengesetzten menschlichen Interessen, lenkt er weise zum Heil der Kirche.

Das lässt sich leicht feststellen, wenn man aufmerksam die schweren politischen und wirtschaftlichen Probleme sowie die heute schwebenden Streitfragen durchdenkt. Die Menschen werden von diesen Sorgen so erfüllt, dass sie keine Zeit mehr haben, sich um religiöse Fragen zu kümmern, mit denen sich das heilige Lehramt der Kirche beschäftigt. Ein solches Verhalten ist sicher nicht frei von Bösem, und es ist füglich zu verurteilen. Niemand kann aber leugnen, dass diese neuen Verhältnisse des modernen Lebens wenigstens den Vorzug haben, die zahllosen Hindernisse zu beseitigen, durch welche einst die Kinder dieser Welt das freie Wirken der Kirche zu behindern pflegten.

Es genügt ein kurzer Blick auf die Kirchengeschichte, um sofort zu erkennen, wie die Ökumenischen Konzilien selber, die doch eine Reihe ruhmreicher Taten der Kirche waren, oft durch unzulässige Einmischung der staatlichen Autoritäten nicht ohne große Schwierigkeiten und Schmerzen begangen werden konnten. Die Fürsten dieser Welt nahmen sich zwar zuweilen vor, mit aller Aufrichtigkeit dem Schutz der Kirche zu dienen, aber das geschah meistens nicht ohne geistlichen Schaden und Gefahr, da jene Herren oft von politischen Gesichtspunkten geleitet wurden und eine recht eigensüchtige Politik trieben.

Wir möchten Euch heute gestehen, wie sehr Wir darunter leiden, dass viele unserer Bischöfe hier abwesend sind, Uns aber sind sie sehr teuer. Sie wurden wegen ihrer Treue zu Christus eingekerkert, oder sie werden durch sonstige Hindernisse festgehalten. Der Gedanke an sie veranlasst Uns, glühende Gebete an Gott zu richten. Dennoch erkennen Wir nicht ohne Hoffnung und zu Unserem großen Trost, wie die Kirche heute, endlich von so vielen Hindernissen irdischer Art befreit, aus dieser Vatikanischen Basilika wie aus einem neuen apostolischen Abendmahlssaal durch Euch ihre Stimme in voller Majestät und Größe erheben kann.

Erste Aufgabe: Schutz und Verbreitung der Lehre

Die Hauptaufgabe des Konzils liegt darin, das heilige Überlieferungsgut (depositum) der christlichen Lehre mit wirksameren Methoden zu bewahren und zu erklären.

Diese Lehre umfasst den ganzen Menschen, der aus Leib und Geist besteht, und sie heißt uns, die wir diese Erde bewohnen, als Pilger unserem himmlischen Vaterland entgegenzugehen.

Das zeigt auch, warum dieses sterbliche Leben so zu führen ist, dass wir unsere Pflichten gegenüber dem irdischen wie gegenüber dem himmlischen Reich erfüllen müssen, um das uns von Gott gewiesene Ziel erreichen zu können. Das heißt, alle Menschen, die Einzelnen wie die zur Gesellschaft vereinten, haben die Pflicht, ohne Unterlass nach den himmlischen Gütern zu streben, solange dieses Leben währt, und die irdischen Güter nur für diesen Zweck zu gebrauchen, so dass ihr zeitlicher Nutzen den Menschen nicht an ihrer himmlischen Seligkeit Schaden zufügt.

Christus, der Herr, hat wahrlich gesagt: „Suchet zuerst das Reich Gottes und seine Gerechtigkeit"[5]. Dieses Wort „zuerst" erklärt, wohin wir vor allem unsere Gedanken und Anstrengungen wenden müssen. Man darf jedoch nicht die anderen Worte dieses Herrengebotes vernachlässigen: „und dies alles wird euch hin-

---

[5] Mt 6,33.

zugegeben werden"[6]. Aber in Wirklichkeit gab es und gibt es in der Kirche immer Menschen, die mit allem Fleiß nach der evangelischen Vollkommenheit streben und gleichzeitig der bürgerlichen Gemeinschaft dienen, so dass ihres Lebens Beispiel und ihre heilvolle Nächstenliebe alles, was es in der menschlichen Gesellschaft an Hohem und Edlem gibt, beträchtlich stärkt und bereichert.

Damit diese Lehre die vielfältigen Bereiche des menschlichen Wirkens erreicht, sowohl den Einzelnen wie die Familien und das soziale Leben, ist es vor allem nötig, dass die Kirche ihre Aufmerksamkeit nicht von dem Schatz der Wahrheit abwendet, den sie von den Vätern ererbt hat. Sodann muss sie auch der Gegenwart Rechnung tragen, die neue Umweltbedingungen und neue Lebensverhältnisse geschaffen und dem katholischen Apostolat neue Wege geöffnet hat.

Darum hat die Kirche den wunderbaren Entdeckungen menschlichen Geistes und dem Fortschritt der Erkenntnisse, die wir uns heute zunutze machen, nicht untätig zugesehen, noch hat sie es an der rechten Wertschätzung fehlen lassen. Aber in der wachsamen Sorge um diese Entwicklung hat sie es nicht versäumt, die Menschen zu mahnen, über diese Art irdischer Erwartungen hinaus auf Gott zu schauen, die Quelle aller Weisheit und Schönheit, damit sie, denen gesagt wurde: „Macht euch die Erde untertan!"[7], niemals jenes ernste Gebot vergessen: „Du sollst den Herrn, deinen Gott, anbeten und ihm allein dienen!"[8]. Sonst würde der flüchtige Zauber des Irdischen den wahren Fortschritt verhindern.

Wie heute die christliche Lehre verkündet werden soll

Aus dem Gesagten, Ehrwürdige Brüder, wird hinreichend deutlich, was dem Ökumenischen Konzil für die Verkündigung der Lehre im Einzelnen aufgetragen ist.

Das heißt, das 21. Ökumenische Konzil, dem eine wirksame und hoch zu bewertende Unterstützung durch erfahrene Gelehrte des Kirchenrechts, der Liturgie, des Apostolats und der Verwaltung zur Verfügung steht, will die katholische Lehre rein, unvermindert und ohne Entstellung überliefern, so wie sie trotz Schwierigkeiten und Kontroversen gleichsam ein gemeinsames Erbe der Menschheit geworden ist. Dieses Erbe ist nicht allen genehm, aber es wird allen, die guten Willens sind, als ein überreicher und kostbarer Schatz angeboten.

Doch es ist nicht unsere Aufgabe, diesen kostbaren Schatz nur zu bewahren, als ob wir uns einzig und allein für das interessieren, was alt ist, sondern wir wollen jetzt freudig und furchtlos an das Werk gehen, das unsere Zeit erfordert, und den Weg fortsetzen, den die Kirche seit zwanzig Jahrhunderten zurückgelegt hat.

Es ist auch nicht unsere Sache, gleichsam in erster Linie einige Hauptpunkte der kirchlichen Lehre zu behandeln und die Lehre der Väter wie der alten und neueren Theologen weitläufig zu wiederholen, denn Wir glauben, dass Ihr diese

---

[6] Mt 6,33.
[7] Gen 1,28.
[8] Mt 4,10; Lk 4,8.

Lehren kennt und sie Eurem Geiste wohl vertraut sind. Denn für solche Disputation musste man kein Ökumenisches Konzil einberufen. Heute ist es wahrhaftig nötig, dass die gesamte christliche Lehre ohne Abstrich in der heutigen Zeit von allen durch ein neues Bemühen angenommen werde. Heiter und ruhigen Gewissens müssen die überlieferten Aussagen, die aus den Akten des Tridentinums und des I. Vatikanums hervorgehen, daraufhin genau geprüft und interpretiert werden. Es muss, was alle ernsthaften Bekenner des christlichen, katholischen und apostolischen Glaubens leidenschaftlich erwarten, diese Lehre in ihrer ganzen Fülle und Tiefe erkannt werden, um die Herzen vollkommener zu entflammen und zu durchdringen. Ja, diese sichere und beständige Lehre, der gläubig zu gehorchen ist, muss so erforscht und ausgelegt werden, wie unsere Zeit es verlangt.

Denn etwas anderes ist das Depositum Fidei oder die Wahrheiten, die in der zu verehrenden Lehre enthalten sind, und etwas anderes ist die Art und Weise, wie sie verkündet werden, freilich im gleichen Sinn und derselben Bedeutung. Hierauf ist viel Aufmerksamkeit zu verwenden; und, wenn es Not tut, muss geduldig daran gearbeitet werden, das heißt, alle Gründe müssen erwogen werden, um die Fragen zu klären, wie es einem Lehramt entspricht, dessen Wesen vorwiegend pastoral ist.

Wie die Irrtümer abzuwehren sind

Am Beginn des Zweiten Vatikanischen Ökumenischen Konzils ist es so klar wie jemals, dass die Wahrheit des Herrn in Ewigkeit gilt. Wir beobachten ja, wie sich im Lauf der Zeiten die ungewissen Meinungen der Menschen einander ablösen, und die Irrtümer erheben sich oft wie ein Morgennebel, den bald die Sonne verscheucht.

Die Kirche hat diesen Irrtümern zu allen Zeiten widerstanden, oft hat sie sie auch verurteilt, manchmal mit großer Strenge. Heute dagegen möchte die Braut Christi lieber das Heilmittel der Barmherzigkeit anwenden als die Waffe der Strenge erheben. Sie glaubt, es sei den heutigen Notwendigkeiten angemessener, die Kraft ihrer Lehre ausgiebig zu erklären, als zu verurteilen. Das bedeutet nicht, dass es keine falschen Lehren und keine gefährlichen Meinungen gebe, die man vermeiden und zerstreuen muss. Aber diese widerstreiten so offensichtlich den rechten Grundsätzen der Ehrbarkeit, und sie haben so verheerende Früchte gezeitigt, dass heute bereits die Menschen von sich aus solche Lehren verurteilen. Das gilt besonders von jenen Sitten, die Gott und seine Gebote verachten, vom blinden Vertrauen auf den technischen Fortschritt und auf einen Wohlstand, der sich ausschließlich auf den Lebenskomfort stützt. Sie erkennen selber mehr und mehr, dass es sehr auf die Würde der menschlichen Person und die daraus folgenden Verpflichtungen ankommt. Was aber am meisten zählt: sie haben aus Erfahrung gelernt, dass die Anwendung äußerer Gewalt gegen andere, das Potential der Rüstungen und politische Vorherrschaft nicht genügen, um die ihnen aufliegenden schweren Probleme glücklich zu lösen.

Angesichts dieser Lage erhebt die katholische Kirche durch dieses Ökumenische Konzil die Leuchte der Glaubenswahrheit. Sie will sich damit als eine sehr liebevolle, gütige und geduldige Mutter erweisen, voller Erbarmung und Wohlwollen zu ihren Kindern, die sie verlassen haben. Schon Petrus sagte einst angesichts einer Menschheit, die unter großen Nöten litt, zu einem Armen, der ihn um Almosen anging: „Gold und Silber besitze ich nicht, doch was ich habe, gebe ich dir: Im Namen Jesu Christi von Nazareth stehe auf, und gehe umher!"[9] So bietet die Kirche den modernen Menschen keine vergänglichen Reichtümer und auch kein irdisches Glück. Sie schenkt ihnen vielmehr die Gaben der göttlichen Gnade, die den Menschen zur Würde der Gotteskindschaft erheben und die zur wirksamen Bewahrung und Förderung des menschlichen Lebens dienen. Sie öffnet ihnen die lebendigen Quellen ihrer Lehre, die die Menschen mit dem Lichte Christi erleuchten, so dass sie erkennen können, was sie in Wahrheit sind, welche Würde ihnen zukommt und welchem Ziel sie nachzustreben haben. Schließlich verbreitet sie durch ihre Söhne überall die Fülle christlicher Liebe, die am besten jeden Streit beseitigt und Einheit, gerechten Frieden wie die brüderliche Einheit aller bewirkt.

Für die Einheit der Christen und der Menschheit

So ergibt sich die Sorge der Kirche für die Ausbreitung und Bewahrung der Wahrheit daraus, dass nach Gottes Heilsplan, „der alle Menschen retten und zur Erkenntnis der Wahrheit gelangen lassen will"[10], die Menschen nur mit Hilfe der ungeschmälerten Offenbarung zur absoluten und sicheren Einheit der Herzen gelangen können, mit der ein wahrer Frieden und das ewige Heil verbunden sind.

Diese sichtbare Einheit in der Wahrheit hat aber leider die gesamte christliche Familie noch nicht in Vollendung und Vollkommenheit erreicht. Daher sieht es die katholische Kirche als ihre Pflicht an, alles Erdenkliche zu tun, damit das große Mysterium jener Einheit erfüllt werde, die Christus Jesus am Vorabend seines Opfertodes von seinem himmlischen Vater mit glühenden Gebeten erfleht hat. Sie erfreut sich des stillen Friedens im Bewusstsein, dass sie darin aufs innigste mit diesem Gebet Christi verbunden ist. So freut sie sich auch von Herzen, wenn sie bemerkt, welche reichen Früchte dieses Gebet auch bei denen trägt, die von ihren Hürden getrennt leben. Ja, genau betrachtet, erstrahlt diese Einheit, die Jesus Christus für seine Kirche erlangte, in einem dreifachen Licht: die Einheit der Katholiken untereinander, die als leuchtendes Beispiel ganz fest bewahrt bleiben muss, sodann die Einheit, die im Gebet und den leidenschaftlichen Erwartungen der vom Apostolischen Stuhl getrennten Christen besteht, wieder mit uns vereint zu sein, und schließlich die Einheit der Hochachtung und Ehrfurcht gegenüber der katholischen Kirche, die ihr von anderen, noch nicht christlichen Religionen erwiesen wird.

Dabei bereitet es Uns großen Schmerz, dass bisher der größte Teil der Mensch-

---

[9] Apg 3,6.
[10] 1 Tim 2,4.

heit noch nicht von den Quellen der göttlichen Gnade lebt, die in der katholischen Kirche fließen, obwohl alle Menschen von Geburt an durch das Blut Christi erlöst worden sind. So kommen Uns beim Gedanken an die katholische Kirche, deren Licht alles erleuchtet und deren übernatürliche Einheit zum Nutzen der ganzen Menschheit dient, diese Worte des hl. Cyprian in den Sinn: „Die Kirche, erfüllt vom göttlichen Licht, strahlt hinaus in die ganze Welt. Dennoch ist es nur ein Licht, das überallhin flutet, ohne dass die Einheit des Körpers aufgelöst wird. Ihre Zweige streckt sie in reicher Fülle aus über die ganze Erde hin, mächtig hervorströmende Bäche lässt sie immer wieder sich ergießen. Und dennoch gibt es nur eine Quelle, nur einen Ursprung, nur eine Mutter, die mit überquellender Fruchtbarkeit gesegnet ist: aus ihrem Schoß werden wir geboren, mit ihrer Milch genährt, von ihrem Geist beseelt."

Ehrwürdige Brüder!

Dieses ist die Absicht des Zweiten Vatikanischen Ökumenischen Konzils: da es die hervorragendsten Kräfte der Kirche vereint und da es sich eifrig bemüht, dass die Heilsbotschaft von den Menschen bereitwillig aufgenommen werde, bereitet und festigt es auf diese Weise den Weg zu jener Einheit des Menschengeschlechts, die das notwendige Fundament bildet für eine Verähnlichung der irdischen mit der himmlischen Stadt, „in der die Wahrheit herrscht, deren Gesetz die Liebe, deren Existenz aber die Ewigkeit ist".

Schluss

Nun aber „wendet sich Unsere Stimme an euch"[11], Ehrwürdige Brüder im Bischofsamt. Wir sind hier vereinigt in der Vatikanischen Basilika, wo der Angelpunkt der Kirchengeschichte ist und Himmel und Erde jetzt eng verbunden sind, hier am Grabe des hl. Petrus, bei so vielen Ruhestätten Unserer heiligen Vorgänger, deren sterbliche Reste sich in dieser feierlichen Stunde gleichsam in verborgenem Jubel mitfreuen.

Mit dem beginnenden Konzil hebt in der Kirche ein Tag strahlenden Lichtes an. Noch ist es wie Morgenröte, und schon berühren die Strahlen der aufgehenden Sonne Unser Herz. Alles atmet hier Heiligkeit, alles erweckt Jubel. Betrachten wir doch die Sterne, die mit ihrer Klarheit die Majestät dieses Heiligtums mehren. Diese Sterne seid Ihr, nach dem Zeugnis des Apostels Johannes.[12] Und mit Euch sehen Wir gleichsam goldene Leuchter um das Grab des Apostelfürsten, nämlich die Euch anvertrauten Kirchen.[13] Zugleich sehen Wir Männer von Rang und Würden, die aus fünf Erdteilen nach Rom gekommen sind, um ihre Nationen zu vertreten, sie sind hier mit großer Ehrfurcht und menschlichster Erwartung zugegen.

So darf man wohl sagen, dass sich Himmel und Erde zur Feier des Konzils in

---

[11] 2 Kor 6,11.
[12] Offb 1,20.
[13] Offb 1,20.

gemeinschaftlichem Werk vereinen. Die Heiligen des Himmels schützen unsere Arbeit, die Gläubigen auf Erden beten unablässig zu Gott, und Ihr folgt gewissenhaft den Eingebungen des Heiligen Geistes und gebt Euch eifrig Mühe, dass Eure Arbeit den Erwartungen und Bedürfnissen der verschiedenen Völker in höchstem Maße entspricht. Damit dies geschehe, werden von Euch ein erhabener Friede des Geistes, brüderliche Eintracht, Mäßigung in den Vorschlägen, Würde in den Beratungen und weise Überlegung gefordert.

Mögen Eure Mühen und Eure Arbeit, auf die so viele Völker schauen und ihre Hoffnung setzen, alle Erwartungen recht erfüllen.

Allmächtiger Gott, auf Dich setzen wir unser ganzes Vertrauen, da wir uns nicht auf unsere eigene Kraft verlassen können. Sieh gnädig auf diese Hirten Deiner Kirche. Das Licht Deiner Gnade helfe uns, wenn wir Beschlüsse fassen und Gesetze erlassen. Und erhöre die Gebete, die wir in einmütigem Glauben, mit einer Stimme und einigen Herzens an Dich richten.

O Maria, Hilfe der Christen, Hilfe der Bischöfe, in Deinem Heiligtum von Loreto haben Wir das Geheimnis der Menschwerdung betrachtet und erst kürzlich Deine Liebe besonders erfahren. So führe denn alles zum guten Ende. Bitte für uns bei Gott mit dem hl. Joseph, Deinem Bräutigam, mit den heiligen Aposteln Petrus und Paulus, mit dem hl. Johannes dem Täufer und dem Evangelisten.

Jesus Christus, Unserem lieben Erlöser, dem unsterblichen König aller Völker und Zeiten, sei Liebe, Macht und Herrlichkeit in Ewigkeit. Amen!

Das tägliche Gebet der Konzilsväter[1]

Hier sind wir, Herr, Heiliger Geist.
Hier sind wir, mit ungeheueren Sünden beladen, doch in Deinem Namen ausdrücklich versammelt.
Komm in unsere Mitte, sei uns zugegen,
ergieße Dich mit deiner Gnade in unsere Herzen!
Lehre uns, was wir tun sollen,

---

[1] Der lateinische Text lautet:
„Adsumus, Domine Sancte Spiritus, / Adsumus peccati quidem immanitate detenti, / sed in Nomine Tui specialiter congregati,
Veni ad nos, et esto nobiscum, / dignare illabi cordibus nostris,
Doce nos quid agamus, / quo gradiamur, / et ostende quid efficere debeamus, / ut, Te auxiliante, / Tibi in omnibus placere valeamus.
Este solus suggestor et effector iudiciorum nostrorum, / Qui solus cum Deo Patre et eius Filio nomen possides gloriosum. / Non nos patiaris perturbatores ignorantia trahat, / non favor inflectat, non acceptio muneris vel personae corrumpat.
Sed iunge nos Tibi efficaciter solius Tuae gratiae dono. / Ut simus in Te unum, et in nullo deviemus a vero. / Quatenus in Nomine Tuo collecti, / sic in cunctis teneamus cum moderamine pietatis iustitiam, / ut et hic a Te in nullo dissentiat sentantia nostra, / et in futuro pro bene gestis consequamur praemia sempiterna. / Amen." (AS I/1, 159).

weise uns, wohin wir gehen sollen,
zeige uns, was wir wirken müssen,
damit wir durch deine Hilfe dir in allem wohlgefallen!

Du allein sollst unsere Urteile wollen und vollbringen
Denn Du allein trägst mit dem Vater und dem Sohne den Namen der Herrlichkeit.
Der Du die Wahrheit über alles andere liebst,
lass nicht zu,
dass wir durcheinanderbringen, was Du geordnet hast!
Unwissenheit möge uns nicht irreleiten,
Beifall der Menschen uns nicht verführen,
Bestechlichkeit und falsche Rücksichten uns nicht verderben!
Deine Gnade allein möge uns binden an Dich!

In Dir lass uns eins sein
Und in nichts abweichen vom Wahren!
Wie wir in Deinem Namen versammelt sind,
so lass uns auch in allem, vom Geist der Kindschaft geführt,
festhalten an der Gerechtigkeit des Glaubens,
dass hier unser Denken nie uneins werde mit Dir,
und in der Welt, die da kommt,
für rechtes Tun wir ewigen Lohn empfangen!
Amen.

Wege zur Erneuerung der Kirche.
Botschaft der Konzilsväter an die ganze Menschheit[1]

An alle Menschen und an alle Nationen möchten wir die Botschaft des Heiles, der Liebe und des Friedens senden, die Jesus Christus, der Sohn des lebendigen Gottes, der Welt gebracht und der Kirche anvertraut hat. Aus diesem Grund haben wir uns auf den Ruf des Hl. Vaters Papst Johannes XXIII. hier versammelt, wir, die Nachfolger der Apostel, im Gebet mit Maria, der Mutter des Herrn, einträchtig vereint, die wir eine einzige apostolische Körperschaft bilden, deren Haupt der Nachfolger Petri ist.

---

[1] Text entnommen aus: Katholische Nachrichten-Agentur: KNA-Sonderdienst zum Zweiten Vatikanischen Konzil, Nr. 28, 22. Oktober 1962, 12–14 (Übersetzung: KNA, approbiert vom Generalsekretariat des Konzils).

Es leuchte auf das Antlitz Christi Jesu

Bei dieser Versammlung wollen wir unter der Führung des Heiligen Geistes Wege suchen, uns selber zu erneuern, um dem Evangelium Jesu Christi immer treuer zu entsprechen. Wir wollen uns bemühen, den Menschen unserer Zeit die Wahrheit Gottes in ihrer Fülle und Reinheit so zu verkünden, dass sie von ihnen verstanden und bereitwillig angenommen werde.

Im Bewusstsein unseres Hirtenamtes verlangen wir brennend danach, den Erwartungen all derer zu entsprechen, die Gott suchen, „auf dass sie ihn erfahren und finden, ihn, der ja keinem von uns ferne ist"[2].

Treu dem Auftrag Christi, der sich selbst in den Tod gab, „um sich die Kirche herrlich ohne Flecken und Runzeln zu gestalten; denn heilig sollte sie sein und makellos"[3] – richten wir alle unsere Kräfte, alle unsere Gedanken darauf hin, uns selbst und alle uns anvertrauten Gläubigen zu erneuern, damit allen Völkern sichtbar werde das milde Antlitz Jesu Christi, der in unseren Herzen aufleuchtet als Widerschein der Herrlichkeit Gottes.[4]

So sehr hat Gott die Welt geliebt

Wir glauben: So sehr hat der Vater die Welt geliebt, dass er seinen eingeborenen Sohn zu ihrer Erlösung dahin gab. Durch diesen seinen Sohn hat er uns von der Knechtschaft der Sünde befreit. „Durch ihn hat er das all auf ihn hin versöhnt, indem er Frieden stiftete durch sein Blut am Kreuz"[5], so dass wir „Kinder Gottes genannt werden und sind"[6]. Zudem ist uns der Geist vom Vater gegeben, damit wir das Leben Gottes leben, Gott und die Brüder lieben, die wir alle eins sind in Christus.

Aber wir, die wir Christus anhangen, sind noch weit davon entfernt, uns von den irdischen Geschäften und Arbeiten so frei zu machen, dass der Glaube, die Hoffnung und die Liebe zu Christus uns antreibe, unseren Brüdern zu dienen und dadurch dem Beispiel des göttlichen Meisters zu folgen, der „nicht gekommen ist, sich bedienen zu lassen, sondern zu dienen"[7].

Deshalb ist auch die Kirche nicht zum Herrschen geboren, sondern zum Dienen. „Er hat sein Leben für uns dahingegeben; so müssen auch wir unser Leben für unsere Brüder dahingehen"[8].

Da wir nun hoffen, dass durch die Arbeiten des Konzils das Licht des Glaubens heller und kraftvoller erstrahle, erwarten wir eine geistige Erneuerung. Aus ihr mögen auch glückliche Impulse hervorgehen für die Förderung menschlicher

---

[2] Apg 17,27.
[3] Eph 5,27.
[4] Vgl. 2 Kor 7,6.
[5] Kol 1,20.
[6] 1 Joh 3,1.
[7] Mt 20,25.
[8] 1 Joh 3,16.

Werte, nämlich für die Ergebnisse der Wissenschaft, für den Fortschritt der Technik und eine weite Verbreitung der Bildung.

Die Liebe Christi drängt uns

Aus allen Völkern unter der Sonne vereint, tragen wir in unseren Herzen die Nöte der uns anvertrauten Völker, die Ängste des Leibes und der Seele, die Schmerzen, die Sehnsüchte, Hoffnungen. Alle Lebensangst, die die Menschen quält, brennt uns auf der Seele. Unsere erste Sorge eilt deshalb zu den ganz Schlichten, zu den Armen und Schwachen. In der Nachfolge Christi erbarmen wir uns über die Vielen, die von Hunger, Elend und Unwissenheit geplagt sind. Ständig stehen uns jene vor Augen, die noch kein menschenwürdiges Leben führen können, weil es ihnen an der rechten Hilfe fehlt.

Deswegen legen wir bei unseren Arbeiten besonderes Gewicht auf jene Probleme, die mit der Würde des Menschen zusammenhängen, auf alles, was damit zusammenhängt, die wahre Völkergemeinschaft zu fördern. „Christi Liebe drängt uns"[9]; denn „wer seinen Bruder Not leiden sieht und doch sein Herz vor ihm verschließt, wie kann die Liebe Gottes in ihm bleiben"[10]?

Zwei wichtige Probleme

Papst Johannes XXIII. hat in seiner Rundfunkbotschaft vom 11. September 1962 zwei Dinge besonders herausgestellt:

Erstens: Die Frage des Völkerfriedens. Es gibt niemand auf der Welt, der nicht den Krieg verabscheut. Es gibt niemand, der nicht mit glühendem Herzen nach dem Frieden verlangt. Aber von allen ersehnt ihn am dringlichsten die Kirche, sie, die aller Mutter ist. Sie hat nie aufgehört, durch den Mund der römischen Päpste in aller Öffentlichkeit ihre Liebe zum Frieden zu bekunden. Sie war stets bereit, jede ernsthafte Bemühung um den Frieden aufrichtig zu unterstützen. Sie ist bemüht, mit allen Kräften die Menschen miteinander zu verbinden und sie zu gegenseitiger materieller Hilfe und menschlicher Wertschätzung zu führen.

Bezeugt nicht unser Konzil wie ein leuchtendes Zeichen in seiner großartigen Mannigfaltigkeit der Rassen, der Völker und Sprachen die Gemeinschaft brüderlicher Liebe? Wir bekennen, dass die Menschen insgesamt Brüder sind, gleich welcher Nation und Rasse.

Zweitens drängt der Hl. Vater auf die Verwirklichung der sozialen Gerechtigkeit. Die Lehre der Enzyklika *Mater et magistra* beweist in aller Klarheit, wie sehr die heutige Welt der Botschaft der Kirche bedarf, um die Ungerechtigkeiten und unwürdigen Ungleichheiten bloßzustellen und die rechte Ordnung des Besitzers

---

[9] 2 Kor 5,14.
[10] 1 Joh 3,17.

und der Wirtschaft herzustellen, damit das Leben, gestaltet nach den Grundsätzen des Evangeliums, menschenwürdiger werde.

Die Kraft des Heiligen Geistes

Wir sind ohne menschliche Reichtümer und irdische Macht. Aber wir setzen unser Vertrauen auf die Kraft des Gottesgeistes, den unser Herr Jesus Christus der Kirche verheißen hat. Darum rufen wir nicht nur unsere Brüder, denen wir als Hirten dienen, sondern auch alle jene Brüder, die an Christus glauben, sowie alle anderen Menschen guten Willens, „die Gott erlösen und zur Erkenntnis der Wahrheit führen will"[11], in aller Demut, aber auch in aller Dringlichkeit, mit uns ans Werk zu gehen, eine gesundere und mehr brüderliche Ordnung der menschlichen Gesellschaft in dieser Welt zu bauen. Das ist nämlich Gottes Ratschluss, dass durch die Liebe in einem ersten Aufleuchten bereits hier auf Erden das Reich Gottes in etwa sichtbar werde, wie ein verhülltes Aufleuchten des ewigen Gottesreiches.

Inmitten dieser Welt – noch so sehr entfernt vom ersehnten Frieden, bedroht von einem an sich bewundernswerten Fortschritt der Wissenschaften, aber nicht immer orientiert an einem höheren Sittengesetz – bitten wir flehentlich, es möge das Licht einer großen Hoffnung ausstrahlen auf Jesus Christus unseren einzigen Erlöser.

Johannes XXIII.:
Ansprache zum Abschluss der ersten Sitzungsperiode des Zweiten Vatikanischen Konzils (8. Dezember 1962)[1]

Ehrwürdige Brüder!

Die Erste Sitzungsperiode der ökumenischen Versammlung, die am Feste der Gottesmutterschaft Mariens eröffnet wurde, schließt heute, am Tage der Unbefleckten Empfängnis, im Glanze der Gnade, der von der Mutter Gottes und unserer Mutter ausgeht. Ein mystischer Bogen verbindet gleichsam die heutige Feier mit dem glanzvollen Beginn des 11. Oktober. Die beiden liturgischen Gedächtnistage bilden daher eine gute Gelegenheit, Gott den geschuldeten Dank abzustatten.

Die tiefere Bedeutung dieser Feiern tritt um so eindrucksvoller hervor, wenn

---

[11] 1 Tim 2,4.
[1] Text entnommen aus: HerKorr 17 (1962/63) 191–193.

wir uns in Erinnerung rufen, dass Unser Vorgänger Pius IX. das Erste Vatikanische Konzil an diesem gleichen Tage eröffnete.

Es ist von Nutzen, diesen zeitlichen Zusammenhang zu sehen. Er verdeutlicht, wenn er genauer beachtet wird, wie viele große Ereignisse in der Kirche sich im Lichte Mariens abspielen, gleichsam als Zeugnis ihres mütterlichen Schutzes.

Das Konzil ist seiner Wirklichkeit nach ein Akt des Glaubens an Gott, des Gehorsams gegenüber seinen Gesetzen, der ehrlichen Anstrengung, dem Plan der Erlösung zu entsprechen, auf Grund dessen das Wort Fleisch geworden ist aus Maria der Jungfrau. Während wir also heute das unbefleckte Reis aus der Wurzel Jesse feiern, aus dem die Blüte hervorging,[2] werden unsere Herzen mit unermesslicher Freude erfüllt. Denn diese Blüte erstrahlt immer herrlicher, besonders jetzt, zur Zeit des Advents.

Während sich nun die Bischöfe aus den fünf Erdteilen anschicken, diese Basilika des heiligen Petrus zu verlassen und in ihre geliebten Diözesen zurückzukehren, um den Dienst als Hirten, die ihrer Herde folgen, fortzusetzen, verweilen Unsere Gedanken bei dem, was bisher geleistet wurde, und schauen, indem Wir neuen Mut schöpfen und den bisherigen Gang der Dinge überprüfen, in die Zukunft, in Erwartung des Weges, der noch zurückzulegen ist, damit das große Werk voll verwirklicht werden kann.

Folgende drei Punkte möchten Wir in Unserer Ansprache behandeln: den Beginn des Ökumenischen Konzils, seine Fortsetzung und die Früchte, die von ihm erwartet werden, seine Ausstrahlungskraft auf den Glauben, die Heiligkeit und das Apostolat in der Kirche und in der heutigen Gesellschaft.

Der Beginn des Konzils

Unserem Geiste ist noch der Beginn des Ökumenischen Konzils gegenwärtig, die Erinnerung an das Bild jener riesigen Versammlung der Bischöfe, die sich aus allen Teilen der Welt hier zusammengefunden hatten. Ein einmaliges Ereignis in der bisherigen Geschichte! Die eine, heilige, katholische und apostolische Kirche zeigte sich den Menschen in dem Glanze, der in ihrer immerwährenden Sendung seinen Ursprung hat, in der Geschlossenheit ihrer Struktur, in der überzeugenden und anziehenden Kraft ihrer Einrichtungen. Wir möchten auch an die Delegationen erinnern, die aus den verschiedenen Ländern gekommen sind und als Vertreter ihrer Regierungen an der feierlichen Eröffnung des Konzils teilgenommen haben. Es sei Uns gestattet, immer wieder Unseren Dank dafür auszusprechen, dass die Menschen unserer Tage mit Bewunderung auf den Beginn dieser ökumenischen Versammlung blickten. Von überall her wurden Uns die Eingebungen derer zugetragen, die mit hervorragendem Eifer, großer Ehrfurcht und Hochachtung diesem großen Ereignis ständig gefolgt sind.

---

[2] Vgl. Jes 11,1.

An jenem denkwürdigen 11. Oktober hat die gemeinsame Arbeit begonnen. Jetzt, am Ende dieses ersten Abschnittes, scheint es angebracht, über die bisher geleistete Arbeit einige zweckmäßige Überlegungen anzustellen.

Die Erste Sitzungsperiode ist gleichsam eine bedachtsame und feierliche Einleitung zu dem großen Werk des Konzils gewesen. Sie war ein Anfang für die Väter, um mit bereitem Herzen sich in die Materie einzuarbeiten und zum Kern dieses Ereignisses und des göttlichen Ratschlusses vorzudringen. Es war notwendig, dass die Brüder, die von ferne gekommen sind, um sich um diesen ehrwürdigen Sitz zu versammeln, sich aus nächster Nähe kennen lernten. Sie mussten sich erst in die Augen sehen, um die gegenseitige Gesinnung zu erkennen. Das Wissen, das auf Grund eigener Erfahrung ein jeder erworben hat, musste den anderen bedachtsam und in wirksamer Weise zugänglich gemacht werden, um jene Sachverhalte zu verdeutlichen, die in den verschiedenen Gegenden und Schichten für das Apostolat bedeutsam sind.

Es ist auch leicht einzusehen, dass in einer so breit angelegten Versammlung ein gutes Stück Zeit dafür verwendet werden musste, um zu einem Einvernehmen zu gelangen über das, was, ohne gegen die Liebe zu verstoßen, zu kaum verwunderlichen, aber doch ein wenig erregenden Meinungsverschiedenheiten führte. Auch das entspricht übrigens dem Plane der göttlichen Vorsehung, die Wahrheit ins rechte Licht zu stellen und vor aller Welt die heilige Freiheit der Kinder Gottes, die in der Kirche einen Platz hat, zu offenbaren.

Nicht zufällig hat das Konzil mit der Beratung des Schemas über die heilige Liturgie, die die Art und Weise der Beziehungen zwischen Gott und den Menschen ausdrückt, begonnen. Es sind nämlich Dinge von höchster Bedeutung, die auf dem soliden Fundament der Offenbarung und des Apostolischen Lehramtes aufruhen müssen, um dem Wohl der Seelen mit jenem Weitblick zu dienen, der nichts zu tun hat mit der Leichtfertigkeit und Überstürzung, die oft die rein menschlichen Beziehungen kennzeichnen.

Im weiteren Verlauf wurden fünf Schemata vorgelegt und deren allgemeine Grundlinien beraten. Wir halten diese für die sichere und endgültige Billigung der einzelnen Konstitutionen für äußerst bedeutsam. Man kann also mit Recht sagen, dass ein solider Anfang gesetzt worden ist für die Fragen, die noch zu behandeln sein werden.

Die Zwischenzeit bis zum nächsten Herbst

Wir möchten Uns nun, ehrwürdige Brüder, dem zuwenden, was in der Zwischenzeit der nächsten neun Monate im Verborgenen, aber mit nicht geringerem Eifer zu leisten sein wird, nach eurer Heimkehr in eure Diözesen. Wenn sich nun Unser Blick euch in euren Diözesen zuwendet, werden Wir mit tiefer Freude erfüllt. Wissen Wir doch, dass ihr nach der Rückkehr aus dieser Stadt dem euch anvertrauten Volk die Fackel des Vertrauens und der Liebe weiterreichen werdet. Und noch tiefer werdet ihr mit Uns im Gebet vereint sein, so dass man an die wunderbaren Worte des Buches Ecclesiasticus über den Hohenpriester Simon denken muss: „Er stand am Altar und rings um ihn der Kranz der Brüder"[3].

Wie ihr also seht, geht unsere Arbeit weiter, verbunden durch das gemeinsame Gebet und den gemeinsamen Willen. Das gemeinsame Werk wird durch diese Feier nicht unterbrochen. Im Gegenteil. Die Arbeitslast, die uns bleibt, wird größer und gewichtiger sein, als dies bei den Unterbrechungen früherer Konzilien der Fall war. Die Lebensbedingungen der einzelnen Menschen und die Apostolatsverhältnisse erleichtern schnelle Kontaktnahmen jeglicher Art.

Auch die Einsetzung einer neuen Kommission, in die hervorragende Männer aus dem Kardinalskollegium und dem Episkopat stellvertretend für die Gesamtkirche berufen worden sind, beweist, dass die Arbeiten des Konzils nicht ruhen werden. Es wird Aufgabe dieser Kommission sein, die Arbeit während der nächsten Monate zu überwachen und zu koordinieren. Sie wird in gemeinsamer Beratung mit den anderen Kommissionen die geeigneten Voraussetzungen schaffen für einen glücklichen Abschluss der ökumenischen Versammlung. Unser Konzil wird also während der Zwischenpause der nächsten neun Monate den eingeschlagenen Weg mit Energie fortsetzen.

Die einzelnen Bischöfe werden trotz ihrer seelsorglichen Beanspruchung die ihnen zur Verfügung gestellten Schemata und alles, was ihnen sonst noch zu gegebener Zeit zugesandt werden wird, aufmerksam prüfen und vertiefen. Aus diesem Grunde wird die Sitzung, die im September nächsten Jahres, nach der ersehnten neuerlichen Rückkehr der Konzilsväter nach Rom beginnen wird, gestützt auf die Erfahrung aus den Sitzungen dieser Ersten Periode, sicher, gleichmäßig und unbehinderter voranschreiten, so dass die Arbeiten, auf deren Abschluss alle Unsere geliebten Völker warten, im nächsten Jahr, 400 Jahre nach dem Abschluss des Konzils von Trient, in der heiligen Freude über den Tag der Geburt unseres Herrn Jesus Christus, während wir die Herrlichkeit des menschgewordenen Wortes Gottes schauen und anbeten werden, beendet werden können.

Die Früchte des Konzils

Wenn Wir nun mit Unserem geistigen Auge den übergroßen Aufgabenbereich überblicken, dem wir uns in gemeinsamer Arbeit vertrauensvoll zuwenden, sind Wir voller Erwartung und hoffen sehr, dass jene wichtigen Beratungen das Ziel erreichen, das Wir vor Augen hatten, als Wir sie einberiefen, dass nämlich „die Kirche, gefestigt im Glauben, gestärkt in der Hoffnung, glühender in der Liebe, voll neuer und jugendlicher Kraft erblühe, damit sie mit heiligen Gesetzen ausgerüstet, kraftvoller und ungehinderter sei in der Ausbreitung des Reiches Christi"[4].

Wenn auch, was sich von selbst versteht, noch keine Konzilserlasse vorliegen – diese werden ja erst nach Abschluss der Konzilsarbeiten verkündet werden –, so

---

[3] Sir 50,12.
[4] Brief an den deutschen Episkopat vom 11. Januar 1961; vgl. HerKorr 15 (1960/61) 484.

ist es doch von Nutzen, jetzt schon erwartungsvoll nach den heilsamen Früchten, die daraus erwachsen werden, Ausschau zu halten. Möge es Gott fügen, dass diese Früchte nicht nur von den Katholiken erkannt werden, sondern auch bei unseren getrennten Brüdern, die mit dem christlichen Namen ausgezeichnet sind, ja sogar bei den zahllosen Menschen, die noch nicht vom Licht Christi erleuchtet sind, die sich aber eines altehrwürdigen und wertbeständigen, von den Vätern ererbten Kulturgutes rühmen, ein Echo finden. Es gibt nichts, was diese vom Lichte des Evangeliums zu befürchten hätten. Im Gegenteil! Dieses kann, wie es in früheren Zeiten oft geschehen ist, viel beitragen zur Pflege und zur Entwicklung jener religiösen und kulturellen Werte, die man bei ihnen vorfindet.

Mit ahnungsvollem Herzen halten Wir Ausschau, ehrwürdige Brüder, und Wir wissen, dass ihr Unsere Sorgen teilt. Wenn jene Zeit gekommen sein wird, wird es darum gehen, in allen Bereichen des kirchlichen Lebens, den sozialen Bereich nicht ausgenommen, all das anzuwenden, was auf der ökumenischen Versammlung beschlossen worden ist und den Bestimmungen der Versammlung entsprechend in großmütiger Bereitschaft zu verwirklichen. Ein solches Werk, das in der Tat von großer Bedeutung ist, verlangt von den Bischöfen, dass sie sich um die Verkündigung der gesunden Lehre und um die Durchführung der Konzilsbeschlüsse besonders nachdrücklich bemühen. Um das zu erreichen, muss die Hilfe des Klerus und der Ordensleute in Anspruch genommen werden, ebenso die Mithilfe der Laien jeweils entsprechend den Aufgaben und Fähigkeiten eines jeden einzelnen. Das gemeinsame Anliegen aller wird es sein müssen, dass alle Gläubigen auf die Arbeiten des Konzils eine großmütige und treue Antwort geben.

Dann wird ohne Zweifel jenes heißersehnte „neue Pfingsten" aufleuchten, das die Kirche mit größerer geistiger Kraft erfüllen und ihre mütterliche Sorge und ihre heilbringende Kraft in allen Tätigkeitsbereichen besser zur Geltung bringen wird. Dann wird das Reich Christi auf Erden einen neuen Aufschwung erfahren. Dann endlich wird auf dem Erdkreis heller und vernehmbarer die Frohbotschaft von der Erlösung des Menschen widerhallen in den höchsten Rechten des allmächtigen Gottes, in den Banden der Liebe zwischen den Menschen und der Friede, der auf dieser Welt den Menschen guten Willens versprochen worden ist, neu erstarken.

Ehrwürdige Brüder! Das sind die Sorgen, die Uns drängen, die Unsere Hoffnungen und Unsere Gebete begleiten. Ihr werdet nun nach Abschluss der Arbeiten der Ersten Sitzungsperiode in eure Länder zu den vielgeliebten, euch anvertrauten Herden zurückkehren. Wir begleiten euch auf eurer Reise mit Unseren Wünschen und bitten euch, ihr möchtet euren Priestern und Gläubigen Unser Wohlwollen kundtun und Unsere Wünsche wirksam vertreten. Aus diesem Grunde möchten Wir die Worte Pius' IX. wiederholen, mit denen sich dieser einmal auf dem Ersten Vatikanischen Konzil an die Bischöfe gewandt hat: „Seht, geliebte Brüder, wie groß und herrlich es ist, im Hause Gottes in Eintracht zu wandeln. Möget ihr immer so wandeln. Und da unser Herr Jesus Christus seinen Aposteln den Frieden gab, so entbiete auch ich als seines Namens unwürdiger Stellvertreter euch in seinem Namen den Frieden. Der Friede, wie ihr wisst, vertreibt die

Furcht, der Friede verschließt die Ohren den Reden, die ohne Erfahrung gehalten werden. Dieser Friede möge euch alle Tage eures Lebens begleiten"[5].

In den vergangenen Monaten haben wir, hier miteinander versammelt, den tiefen Sinn dieser Worte Pius' IX. erfahren.

Ein weiter Weg bleibt noch zurückzulegen. Aber ihr sollt wissen, dass der oberste Hirte an einen jeden von euch mit übergroßer Liebe denkt, während ihr euren seelsorglichen Aufgaben obliegt. Diese werden uns in der Sorge um das Konzil immer gegenwärtig sein. Wir haben euch das dreifache der gemeinsamen Arbeit obliegende Tätigkeitsfeld angezeigt, um euch Mut zu machen. Durch den strahlenden Beginn des Konzils ist ein erster Zugang eröffnet worden zu jenem großen Unternehmen. Die gemeinsame Arbeit wird in den nächsten Monaten eifrig und mit Bedacht fortgeführt werden, damit die ökumenische Versammlung einmal der Menschheitsfamilie die heißersehnten Früchte des Glaubens, der Hoffnung und der Liebe bringen kann, die so sehr davon erwartet werden. Diese dreifache Charakterisierung offenbart die große Bedeutung des Konzils.

Es erwarten uns also schwierige Arbeiten und große Mühen. Doch Gott selbst wird uns auf dem Wege beistehen.

Immer sei mit uns die unbefleckte Jungfrau! Der heilige Joseph, ihr keuscher Bräutigam, der Patron des Ökumenischen Konzils, dessen Name seit heute auf der ganzen Welt im Kanon der Messe erstrahlt, möge uns auf dem Wege begleiten, so wie er die Heilige Familie mit seiner gottgewollten Hilfe begleitet hat. Zugleich mit ihnen mögen uns schützen der heilige Petrus und Paulus und alle Apostel mit dem heiligen Johannes dem Täufer, mit den heiligen Päpsten, Bischöfen und Lehrern der Kirche Gottes!

Wir befinden uns in dieser Basilika des heiligen Petrus im Mittelpunkt der Christenheit, beim Grabe des Apostelfürsten. Doch Wir möchten daran erinnern, dass die Kathedralkirche der Diözese Rom die Lateranbasilika ist, die Mutter und das Fundament aller Kirchen. Sie ist Christus dem göttlichen Erlöser geweiht. Ihm also, dem unsterblichen und unsichtbaren König der Zeiten und Völker, sei die Ehre und die Herrlichkeit von Ewigkeit zu Ewigkeit.[6]

In dieser Stunde bewegter Freude ist der Himmel über unseren Häuptern gleichsam offen, und von dorther erstrahlt über uns der Glanz des himmlischen Hofes. Dieser Glanz schenkt uns übermenschliche Sicherheit, übernatürlichen Glaubensgeist, Freude und tiefen Frieden. In diesem übernatürlichen Lichte grüßen Wir euch alle, ehrwürdige Brüder, in Erwartung eurer künftigen Rückkehr „mit heiligem Kusse"[7], während Wir auf euch die reichsten Segnungen des Herrn herabrufen, deren Unterpfand und Verheißung der Apostolische Segen sein soll.

---

[5] Mansi, 1869–1870, S. 765, 188.
[6] Vgl. Röm 1, 17.
[7] Röm 16, 16.

Paul VI.:
Ansprache bei der Eröffnung der zweiten Sitzungsperiode des Zweiten Vatikanischen Konzils (29. September 1963)[1]

Seid gegrüßt, geliebteste Brüder in Christus! Wir haben euch aus allen Teilen der Welt, in denen die katholische Kirche ihre hierarchische Ordnung aufgerichtet hat, herbeigerufen. Seid gegrüßt, die ihr auf Unsere Einladung hin hier zusammengeströmt seid, um gemeinsam mit Uns an der Zweiten Sitzungsperiode des Zweiten Vatikanischen Ökumenischen Konzils teilzunehmen, die Wir heute unter dem Schütze des Erzengels Michael, des Verteidigers des christlichen Volkes, freudigen Herzens eröffnen.

Ja, diese feierliche Versammlung von Brüdern, zu der von Ost und West, von Nord und Süd hervorragende Männer zusammengekommen sind, verdient zu Recht den erhabenen, prophetischen Namen Kirche, d.h. den Namen Gemeinschaft, Berufung. Ja, hier erfüllt sich offenbar von neuem jenes Wort, das Uns beim Anblick dieser Versammlung in den Sinn kommt: „Über die ganze Erde ging aus ihr Schall und bis an die Enden des Erdkreises ihre Worte"[2]. Mögen doch alle jene geheimnisvollen Kennzeichen der Kirche aufleuchten, deretwegen wir sie als die eine und katholische bezeichnen! Durch diese Versammlung, in der die ganze Kirche sichtbar wird, werden wir angeleitet, nicht nur über ihren apostolischen Ursprung nachzudenken, der uns in dieser Feier gleichsam vor Augen gemalt wird, sondern auch über ihr Ziel, die wirksame Heiligung der Menschen, das die von Uns geliebte Kirche anstrebt. Hier werden die der Kirche eigentümlichen Merkmale sichtbar. Hier leuchtet das Antlitz der Braut Christi. Wir alle werden von jener sichtbaren, aber immer geheimnisvollen Erfahrung ergriffen, die uns sagt, dass wir der mystische Leib Christi sind. Zugleich erleben wir jene große, beispiellose und der Welt noch unbekannte Freude, die sich in dem Satz ausdrückt: „Wie schön ist es, wenn Brüder in Eintracht zusammen wohnen"[3]. Wir glauben also, es sei keineswegs nutzlos, gleich zu Beginn zu bedenken und zu erwägen, was bei der feierlichen Begehung dieses Ereignisses an Göttlichem und Menschlichem sich anzeigt. Wir befinden uns hier gleichsam wiederum wie in einem zweiten Abendmahlssaal, der sich als zu eng erweist, nicht zwar als Raum, wohl aber wegen der großen Zahl der darin versammelten Menschen. Sicher ist vom Himmel aus die Jungfrau Maria, die Mutter Christi, bei uns. Hier habt ihr, ehrwürdige Brüder, euch mit Uns versammelt, dem der Zeit und dem Verdienst nach letzten Nachfolger des Apostels Petrus, der aber mit der gleichen Autorität und der gleichen Verantwortung ausgestattet ist. Ihr aber seid selbst Apostel. Ihr selbst geht auf das Apostelkolleg zurück und seid dessen wahre Erben. Hier sind wir durch denselben Glauben und dieselbe Liebe im Gebete vereint. Wir werden hier ohne Zweifel unter dem übernatürlichen Schutz des Heiligen Geistes stehen.

---

[1] Text entnommen aus: HerKorr 18 (1963/64) 76–83.
[2] Röm 10,18; Ps 19 (18),5.
[3] Ps 132,1.

Er wird bei uns sein, uns beleben, uns lehren und uns stärken. Hier werden alle Sprachen aller Völker zu einer werden, und ein und dieselbe Botschaft wird der Welt zu verkünden sein. Hierher kommt mit sicherem Schritt die Kirche nach fast 2000jähriger Pilgerschaft auf dieser Erde. Hier wird das aus der ganzen Welt versammelte Apostelkollegium gestärkt gleichsam wie an einer Quelle, die jeden Durst stillt und doch immer neuen Durst weckt, und von hier nimmt es neu den Pilgerweg durch die Welt und die Zeit auf, dem Ziel entgegen, das über diese Erde und diese Weltzeit hinausweist.

Seid gegrüßt, ehrwürdige Brüder! So empfängt euch der Geringste unter euch, der Diener der Diener Gottes, obwohl beladen mit der von Christus Jesus dem Petrus übertragenen obersten Schlüsselgewalt. So dankt er euch für die Zeichen des Gehorsams und des Vertrauens, die ihr ihm entgegenbringt. So will er euch konkret zeigen, dass er mit euch zusammen sein, mit euch beten, sprechen, überlegen und arbeiten will. Gleich zu Beginn der Zweiten Session dieser großen Synode bezeugen Wir Gott, dass Wir keinerlei menschliche Machtansprüche erheben und keinerlei Verlangen nach persönlicher Herrschaft hegen, sondern nur den Wunsch und den Willen haben, den göttlichen Auftrag zu erfüllen, durch den Wir, Brüder, unter euch zum obersten Hirten von euch allen berufen worden sind. Dieser Auftrag verlangt von euch, was Unsere Freude und Unsere Krone ist,[4] die „Gemeinschaft der Heiligen", eure Treue, eure Verbindung und eure Zusammenarbeit mit Uns. Dafür schenken Wir euch, was Uns zu geben besonders freut, Unsere Verehrung, Unsere Hochachtung, Unser Vertrauen und Unsere Liebe.

Wir hatten vor, der Tradition entsprechend, euch Unsere Antrittsenzyklika zu senden. Aber warum – so überlegten Wir – schriftlich mitteilen, was Wir bei dieser so glücklichen und einzigartigen Gelegenheit, eben in diesem Konzil, mündlich vor euch aussprechen können. Selbstverständlich können Wir nicht alles vorlegen, was Uns beschäftigt und was sich schriftlich leichter darstellen lässt. Aber Wir glauben, dass die jetzige Ansprache ein Vorspiel sein kann für das Konzil wie für Unser Pontifikat. Sie möge also für jetzt die Enzyklika ersetzen, die Wir, so Gott will, nach Abschluss dieser arbeitsreichen Tage an euch richten möchten.

Nachdem Wir nun aber euch begrüßt haben, glauben Wir auch Uns selbst vorstellen zu sollen. Denn Wir sind neu im päpstlichen Dienst, den Wir ausüben oder besser erst beginnen. Ihr wisst ja, dass Uns am vergangenen 21. Juni, auf den durch einen glücklichen Umstand das Fest des heiligsten Herzens Jesu fiel, das Kardinalskollegium, dem Wir hier nochmals Unsere Ergebenheit und Verehrung bekunden möchten, trotz Unserer menschlichen Schwäche zum Bischof von Rom und zum Hirten über die ganze Kirche wählen wollte.

---

[4] Vgl. Phil 4,1.

Lob Johannes' XXIII.

Wir können aber nicht an dieses Ereignis denken, ohne Uns zugleich Unseres unvergesslichen Vorgängers Johannes XXIII. zu erinnern, den Wir sehr geliebt haben. Sein Name ruft Uns und sicher all denen, die ihn hier an derselben Stelle, die Wir selbst innehaben, erleben durften, seine gütige und priesterliche Gestalt in Erinnerung, als er am 11. Oktober des vergangenen Jahres die Erste Sitzungsperiode dieses Zweiten Vatikanischen Ökumenischen Konzils eröffnete und jene Ansprache hielt, die nicht nur der Kirche, sondern der ganzen menschlichen Gesellschaft als Vorausschau eines prophetischen Geistes in Bezug auf unsere Zeit erschien. Jene Rede klingt noch in Unserem Gedächtnis und in Unserem Bewusstsein nach, weil sie den Weg anzeigt, den das Konzil vor sich hat. Sie wird völlig ausreichen, um Uns von jedem Zweifel und jeder Ermüdungserscheinung zu befreien, wenn Uns solche einmal auf diesem sehr schwierigen Weg überkommen sollten.

Lieber und verehrter Papst Johannes! Lob und Dank sei Dir, dass Du, gleichsam einem göttlichen Plan instinktiv Folge leistend, dieses Konzil einberufen hast, um damit zugleich der Kirche neue Wege zu eröffnen und durch die Gnade der Erde neue und befruchtende, wenn auch noch verborgene Wasser zuzuführen. Du wolltest ganz aus Dir selbst, ohne irgendeinen Anreiz irdischer Dinge und durch keine besonderen Umstände gezwungen, gleichsam die Pläne der göttlichen Vorsehung erratend und die schweren Nöte dieser unserer Zeit durchschauend, den abgerissenen Faden des Ersten Vatikanischen Konzils wiederaufnehmen. Indem Du das tatest, hast Du auch aus eigenem Antrieb das Misstrauen zerstreut, das manche in Bezug auf jenes Konzil hegen, so als ob die von Christus Jesus dem römischen Papst übertragene und von dem genannten Konzil anerkannte oberste Gewalt ohne Hilfe der ökumenischen Konzilien ausreichen würde. Du hast außerdem die Brüder, die Nachfolger der Apostel, nicht nur zusammengerufen, damit sie das unterbrochene Studium aufnehmen und die in Schwebe gelassenen Gesetze wieder in Angriff nehmen, sondern auch damit sie sich mit dem Papst gleichsam wie in ein und demselben Leibe vereint fühlten und um, von ihm gestärkt und geleitet, „das heilige Überlieferungsgut (depositum) der christlichen Lehre mit wirksameren Methoden zu bewahren und zu erklären"[5]. Aber dieser obersten Zielsetzung des Konzils hast Du noch eine andere hinzugefügt, die pastorale, die jetzt als noch dringender und noch fruchtbringender erscheint als früher. Du sprachst ja die Mahnung aus: „Es ist auch nicht unsere Sache, gleichsam in erster Linie einige Hauptpunkte der kirchlichen Lehre zu behandeln ... Diese sichere und beständige Lehre, der gläubig zu gehorchen ist, muss so erforscht und ausgelegt werden, wie unsere Zeit es verlangt"[6]. Du hast außerdem bei denen, die das kirchliche Lehramt ausüben, die Überzeugung bekräftigt, dass die christliche Lehre nicht nur eine Wahrheit ist, die es mit der vom Glauben erleuchteten Vernunft zu erforschen gilt, sondern auch Leben spendendes und

---

[5] AAS 54 (1962) 790.
[6] AAS 54 (1962) 791–792.

Tat setzendes Wort, und dass sich die Autorität der Kirche nicht darauf beschränken darf, die sie gefährdenden Irrtümer zu verurteilen, sondern dass sie auch die unmittelbare lebendige Lehre zu verkünden hat, deren fruchtbare Trägerin sie ist. Da aber die Aufgabe des kirchlichen Lehramtes weder eine rein theoretische noch eine rein negative sein darf, muss es in diesem Konzil mehr und mehr die Leben spendende Kraft der Lehre Christi erweisen. Christus hat ja gesagt: „Die Worte, die ich zu euch gesprochen habe, sind Geist und Leben"[7] (Joh 6, 63).

Wir werden also keinesfalls die Richtlinien vergessen, die von Dir als erstem Vater dieses Konzils mit klugem Rat vorgezeichnet worden sind und die Wir hier wiederholen möchten: „... Es ist nicht unsere Aufgabe, diesen kostbaren Schatz der katholischen Lehre nur zu bewahren, als ob wir uns einzig und allein für das interessieren, was alt ist, sondern wir wollen jetzt freudig und furchtlos an das Werk gehen, das unsere Zeit erfordert, und den Weg fortsetzen, den die Kirche seit zwanzig Jahrhunderten zurückgelegt hat." Daher sind „die Fragen zu klären, wie es einem Lehramt entspricht, dessen Wesen vorwiegend pastoral ist"[8]. Es wird von Uns auch jenes schwerwiegende Problem nicht vernachlässigt werden, das sich auf die Einheit all derer bezieht, die an Christus glauben und zu seiner Kirche gehören wollen, die Du, Johannes, als das allen offenstehende Haus des Vaters bezeichnet hast. So möge der Verlauf der Zweiten Sitzungsperiode des von Dir einberufenen und begonnenen Konzils glücklich den Weg fortsetzen, den Du eröffnet hast, und mit Gottes Hilfe zu den von Dir so ersehnten Zielen gelangen.

So nehmen Wir also, ehrwürdige Brüder, den eingeschlagenen Weg wieder auf. Dieser offenkundige Entschluss führt Uns zu einem weiteren Gedanken. Und dieser ist von so großer Bedeutung und so wichtig, dass es Uns drängt, ihn euch mitzuteilen, obwohl ihn diese ganze Versammlung bereits kennt und gleichsam von seiner Leuchtkraft durchdrungen wird.

Christus das Haupt der Kirche

Wo, ehrwürdige Brüder, wird der Ausgangspunkt unseres Weges liegen? Welche Richtung muss er zudem verfolgen, wenn wir mehr noch als auf die eben genannten Gesichtspunkte auf die göttlichen Gesetze achten, denen wir folgen müssen? Und schließlich, welches Ziel wird unserem Wege zu setzen sein? Ein Ziel, das, solange wir auf Erden weilen, wohl der Zeit und den Umständen unseres vergänglichen Lebens Rechnung tragen, sich aber trotzdem immer nach der übernatürlichen Bestimmung des Menschen richten muss, zu der wir nach dieser irdischen Pilgerschaft gelangen müssen.

Auf diese drei zwar leicht einsichtigen, aber doch sehr wichtigen Fragen gibt es nur eine Antwort. Eine Antwort, von der Wir glauben, dass Wir sie in dieser feierlichen Stunde und in dieser Versammlung selbst in Erinnerung bringen und der ganzen Welt verkünden müssen: Christus. Christus ist unser Ausgangspunkt.

---

[7] Joh 6, 63.
[8] AAS 54 (1962) 791–792.

Christus ist unser Führer und unser Weg, Christus ist unsere Hoffnung und unser Ziel.

Möge dieses ökumenische Konzil diese eine und zugleich vielfältige, feste und doch dynamische, geheimnisvolle und doch klare, zwingende und zugleich beglückende Bindung, durch die wir Jesus Christus zugehören, ganz und gar erkennen. Durch dieses Band wird diese lebendige und heilige Kirche, das heißt wir, an Christus gebunden, von dem wir ausgehen, von dem wir leben und nach dem wir streben. Möge diese Versammlung hier durch kein anderes Licht erleuchtet werden als durch Christus, das Licht der Welt. Suchen wir keine andere Wahrheit als das Wort des Herrn, unseres einzigen Lehrers! Suchen wir nichts anderes, als seinen Gesetzen treu zu gehorchen. Kein anderes Vertrauen soll uns aufrecht halten, außer das Vertrauen zu seinem Herrenwort, das unsere klägliche Schwachheit stärkt: „Seht, ich bin bei euch alle Tage bis ans Ende der Welt"[9]. Erheben wir doch in dieser Stunde unsere Stimme zu unserem Herrn Jesus Christus, wie sie seiner würdig ist. Beten wir mit den Worten der Liturgie: „Christus, dich allein kennen wir, dich suchen wir einfachen und aufrichtigen Herzens, klagend und singend, blicke auf unser Flehen"[10]. Während Wir diese Worte aussprechen, sehen Wir mit Unseren verwunderten und zitternden Augen gleichsam Jesus selbst, und zwar in solcher Majestät, wie er in euren Basiliken, ehrwürdige Brüder aus den Ostkirchen, aber auch in denen des Westens, als Pantokrator dargestellt ist. Wir sehen Uns selbst gleichsam in die Rolle Unseres Vorgängers Honorius III. versetzt, wie er Christus anbetend in der Apsis der Basilika St. Paul vor den Mauern in einem wunderschönen Mosaik dargestellt wird. Jener Papst, klein von Gestalt, kniet wie zunichte geworden auf dem Boden und küsst die Füße Christi, der in seiner überragenden Größe wie ein königlicher Lehrer dem in der Basilika versammelten Volk, der Kirche, vorsteht und sie segnet. Diese Szene, so scheint Uns, wiederholt sich hier, aber nicht mehr in einem in prächtigen Farben an die Mauer gemalten Bild, sondern leibhaftig in dieser unserer Versammlung selbst, die Christus als den Ursprung und die Quelle ansieht, der das menschliche Erlösungswerk und die Kirche entspringen und die zugleich die Kirche als dessen irdische und geheimnisvolle Ausstrahlung und Fortsetzung versteht, und zwar so, dass vor Unserem geistigen Auge jene apokalyptische Vision erscheint, die der Apostel Johannes mit den Worten beschreibt: „Und er zeigte mir einen Strom mit dem Wasser des Lebens, glänzend wie Kristall, der vom Throne Gottes und des Lammes hervorkam"[11].

Es scheint Uns ganz und gar richtig, dass dieses Konzil von diesem Bilde, ja vielmehr von dieser mystischen Feier ausgeht. Denn diese Feier verkündet unseren Herrn Jesus Christus als das menschgewordene Wort, als Sohn Gottes und Menschensohn, als Erlöser der Welt, als Hoffnung des Menschengeschlechtes, als einzigen und obersten Lehrer des Hirten, als Brot des Lebens, als unseren Bischof und als unsere Opfergabe, als einzigen Mittler zwischen Gott und den Menschen,

---

[9] Mt 28,20.
[10] Hymnus der Laudes am Mittwoch.
[11] Offb 22,1.

als Retter der Welt und als König der Ewigkeit. Diese selbe Feier zeigt uns außerdem, dass wir von Christus gerufen und seine Schüler, seine Apostel, seine Zeugen, seine Diener, seine Gesandten sind und zugleich mit allen übrigen Gläubigen seine lebendigen Glieder, zusammengefasst in jenen alles umfassenden einzigen mystischen Leib, den er sich durch den Glauben und die Sakramente in dem geschichtlichen Ablauf der Welt selbst fortwährend bildet, seine Kirche also, die eine geistliche und sichtbare, brüderliche und hierarchische, jetzt noch zeitliche, aber einmal ewig währende Gemeinschaft ist.

Ehrwürdige Brüder, wenn wir diese äußerst bedeutsame Lehre aufmerksam erwägen, dass nämlich Christus unser Gründer und unser zwar unsichtbares, aber wirkliches Haupt ist und dass wir von ihm alles empfangen, so dass wir mit ihm „der ganze Christus" werden, von dem der heilige Augustinus spricht und von dem die ganze Lehre von der Kirche durchdrungen ist, dann werden wir die Hauptziele dieses Konzils klarer sehen, die Wir der Kürze und der Klarheit wegen in vier Punkte zusammenfassen: der Begriff, oder wenn man lieber will, das Selbstverständnis der Kirche, ihre Erneuerung, die Wiederherstellung der Einheit zwischen allen Christen und das Gespräch der Kirche mit den Menschen unserer Zeit.

Vertiefung des Selbstverständnisses der Kirche

Zweifellos ist es zunächst einmal Wunsch, ja Bedürfnis und Pflicht der Kirche, endlich eine ansprechende Begriffsbestimmung von sich selbst zu geben. Wir kennen alle die wunderschönen Bilder, mit denen in der Heiligen Schrift das Wesen der Kirche umschrieben wird. Sie wird an verschiedenen Stellen bezeichnet als der Bau Christi, als Haus Gottes, als Tempel und Wohnstatt Gottes, als sein Volk, seine Herde, sein Weinberg, sein Acker, seine Stadt und schließlich als die Braut Christi und sein mystischer Leib. Dieser Reichtum von wunderbaren Bildern ist der Grund dafür, dass durch deren Betrachtung die Kirche sich erkannte als eine in dieser Welt aufgerichtete, sichtbare und hierarchisch geordnete, zugleich aber als eine von innerer geheimnisvoller Kraft belebte Gemeinschaft. Das bekannte Rundschreiben Pius' XII., das mit den Worten *Mystici corporis* beginnt, hat schon zum Teil dem Wunsch der Kirche nach klarer Selbstdarstellung entsprochen, zum anderen Teil wurde sie durch diese Enzyklika noch mehr dazu angeregt, eine eigene und ausreichende Begriffsbestimmung ihrer selbst zu geben. Bereits das Erste Vatikanische Konzil hatte einen derartigen Entwurf vorbereitet, und Gelehrte von innerhalb und außerhalb der katholischen Kirche wurden durch eine Reihe von äußeren Umständen veranlasst, in dieser Richtung zu arbeiten. Solche Umstände waren: die gesellschaftliche Verdichtung der Kultur unserer Zeit, die Zunahme der wechselseitigen Beziehungen zwischen den Menschen, die Notwendigkeit, die verschiedenen christlichen Bekenntnisse nach einer zutreffenden und einheitlichen, in der göttlichen Offenbarung enthaltenen Begriffsbestimmung zu beurteilen, und ähnliche Umstände mehr.

Es nimmt nicht wunder, wenn nach fast 20 Jahrhunderten seit der Begründung der christlichen Religion, nach so breitem Wachstum der katholischen Kirche in aller Welt und der übrigen religiösen Gemeinschaften, die ihre Namen von Christus herleiten und Kirchen genannt werden, es nimmt nicht wunder, sagen Wir, wenn der wahre, erschöpfende und volle Begriff der Kirche, wie sie Christus gegründet hat und die Apostel sie aufzubauen begannen, noch einer genaueren Verdeutlichung bedarf. Denn die Kirche ist ein Geheimnis, eine verborgene Wirklichkeit, die von Gottes Gegenwart ganz durchdrungen wird. Ihre Natur ist dergestalt, dass sie immer eine Vertiefung ihres Selbstverständnisses zulässt.

Der menschliche Geist vervollkommnet durch fortschreitende Erkenntnis und Forschung sich selbst. Durch Wahrheiten, die er Erfahrungstatsachen entnimmt, gelangt er zu einer deutlicheren und detaillierteren Vernunfterkenntnis. Von den einen Wahrheiten leitet er dialektisch andere Wahrheiten ab. Und während er bei der Ergründung einer komplexen und eben erst erkannten Tatsache verweilt, erforscht er sie bald unter diesem, bald unter jenem Gesichtspunkt. So wird durch diesen Forschergeist des Menschen verständlich, was in der Geschichte des Menschengeschlechtes sich anzeigt.

Uns scheint jetzt auf jeden Fall die Zeit gekommen zu sein, wo die Wahrheit über die Kirche Christi besser erforscht, erörtert und verdeutlicht werden muss, wohl nicht durch solche feierliche Erklärungen, die man dogmatische Definitionen nennt, sondern eher durch Erklärungen, durch die die Kirche sich selbst durch eine besonders ausdrückliche lehramtliche Kundgebung vergegenwärtigt, was sie über sich selbst denkt.

Das Selbstverständnis der Kirche wird verdeutlicht durch den treuesten Gehorsam gegenüber den Worten und Lehren Christi, durch das Festhalten an den sicheren Gesetzen der heiligen Überlieferungen, durch die Gefolgschaft gegenüber dem Lichte des Heiligen Geistes, der jetzt von der Kirche offenbar verlangt, dass sie alles tut, um vor den Menschen als das zu erscheinen, was sie ist.

Wir glauben, der Geist der Wahrheit wird in diesem Ökumenischen Konzil der lehrenden Kirche noch strahlungskräftigeres Licht schenken und eine noch einsichtigere Lehre über das Wesen der Kirche vorlegen; dann wird sie gleichsam als Christi Braut in ihm selbst ihr eigenes Spiegelbild suchen und in ihm selbst, von brennender Liebe getrieben, ihre eigene Gestalt zu entdecken suchen, jenen Glanz nämlich, mit dem er selbst die Kirche ausgestattet sehen will.

Aus diesem Grunde wird das Hauptthema dieser Zweiten Sitzungsperiode des Ökumenischen Konzils die Kirche selbst betreffen: Es wird also ihr eigenes, innerstes Wesen erforscht werden, um, soweit das der menschlichen Sprache möglich ist, eine Begriffsbestimmung zu erarbeiten, die uns über die wahre Grundverfassung der Kirche besser belehrt und ihren vielfältigen Heilsauftrag klarer hervorhebt.

Die Theologie kann von daher große Entwicklungsmöglichkeiten erhalten, die auch von Seiten der getrennten Brüder ein aufmerksames Studium verdienen, Entwicklungsmöglichkeiten, von denen Wir sehnlichst wünschen, dass sie ihnen den Weg zur Zustimmung zur Verwirklichung der Einheit leichter machen.

Von den vielen verschiedenen Fragen, die auf dem Konzil zur Beratung kommen werden, gehört zu den ersten eine, die euch selbst, die Bischöfe der Kirche

Gottes, angeht. Wir möchten euch nicht verschweigen, dass Wir mit großer Hoffnung und ehrlichem Vertrauen diese Diskussion erwarten. Denn unbeschadet der dogmatischen Erklärungen des Ersten Vatikanischen Ökumenischen Konzils über den Römischen Papst, wird die Lehre vom Episkopat, dessen Aufgaben und dessen notwendige Verbindung mit Petrus zu untersuchen sein. Daraus werden sich auch für Uns Richtlinien ergeben, aus denen Wir in der Ausübung Unserer Apostolischen Sendung lehrhaften und praktischen Nutzen ziehen werden. Denn obwohl Wir in der Ausübung dieser universalen Sendung von Christus mit der Fülle und dem rechten Maß an Gewalt ausgestattet worden sind, so können Wir Uns dabei, wie ihr wisst, doch zur Hilfe und Unterstützung weitere Kräfte zugesellen, wenn die geliebten und ehrwürdigen Brüder im Bischofsamt nach einem noch entsprechend festzulegenden Modus eine wirksamere und in Bezug auf die übernommenen Aufgaben bewusstere Mitarbeit anbieten werden.

Wenn diese Lehre verabschiedet sein wird, muss ihr die Diskussion eines weiteren Kapitels folgen, das den Aufbau des sichtbaren und mystischen Leibes Christi betrifft, die kämpfende und pilgernde Kirche auf Erden, d. h. die Priester, die Ordensleute, die Gläubigen und auch die von uns getrennten Brüder, da auch sie zur vollen Mitgliedschaft in ihr berufen sind.

Niemandem wird das Gewicht und die Bedeutung der theologischen Aufgabe dieses Konzils entgehen. Die Kirche wird daraus ihr Selbstverständnis, ihre Kraft, ihr Licht, ihre Freude und ihre heiligende Wirkung schöpfen. Möge Gott Unsere Hoffnungen erfüllen!

Innerkirchliche Erneuerung

Diese Hoffnungen erstrecken sich auch auf ein weiteres erstrangiges Problem, dessentwegen das Konzil einberufen wurde, auf das, was man die Erneuerung der Kirche nennt.

Wir meinen, dass eine solche Erneuerung ebenfalls von dem Wissen um die notwendige Verbindung der Kirche mit Christus ausgehen muss. Die Kirche will, so sagten Wir, in Christus ihr Urbild suchen. Wenn sie nach dieser Selbstprüfung irgendwelche Schatten oder irgendwelche Verunstaltungen in ihrem Gesicht oder an ihrem hochzeitlichen Kleide entdecken sollte, was gilt es dann freiwillig und eilends zu tun? Sie wird ihr Bemühen auf nichts anderes richten, als sich zu erneuern, zu korrigieren und ihre Gleichförmigkeit mit dem göttlichen Urbild wiederherzustellen, denn das ist ihre vornehmliche Aufgabe.

Wir wiederholen hier die Worte Jesu Christi, die er vor seinem bevorstehenden Kreuzestod im hohenpriesterlichen Gebet gesprochen hat: „Ich heilige mich selbst, damit auch sie in Wahrheit geheiligt seien"[12].

Das Zweite Vatikanische Ökumenische Konzil muss nach Unserer Meinung diese feste Lebensordnung, wie Christus sie gewollt hat, bekräftigen und sich zu eigen machen. Nur wenn das Werk der inneren Vervollkommnung der Kirche voll

---
[12] Joh 17,18.

gelungen sein wird, nur dann wird die Kirche der ganzen Welt ihr Gesicht zeigen können mit den Worten: „Wer mich sieht, sieht den Vater"[13]. So muss das Ökumenische Konzil als ein neuer Frühling angesehen werden, der große geistige Kräfte wecken will, die im Schoße der Kirche gleichsam verborgen sind. Es ist ganz offenkundig Aufgabe des Konzils, die inneren Kräfte der Kirche und die Normen, die ihr rechtliches Gefüge und ihre rituellen Formen regeln, auf ihren ursprünglichen Wert zurückzuführen. Diese allgemeine Synode wird also das Wachstum jener Vollkommenheit und Heiligkeit erstreben, die ihr nur die Nachfolge Jesu Christi und die geheimnisvolle Vereinigung mit ihm durch den Heiligen Geist bringen kann.

Ja, das Konzil strebt nach einer sichtbaren Erneuerung. Man darf aber nicht aus dem, was Wir sagen und wünschen, den Schluss ziehen, Wir wollten damit bestätigen, dass man der Kirche unserer Tage den Vorwurf machen könnte, sie habe in entscheidenden Punkten den Absichten des Erlösers zuwidergehandelt. Vielmehr erfüllt sie die genauere Erkenntnis ihrer Treue zu Christus in den wesentlichsten Punkten mit dankbarer und demütiger Freude. Von daher kommt auch der Mut und das Bestreben, sich von jenen Verunstaltungen zu reinigen, die menschlicher Schwäche eigen sind. Deswegen soll man nicht meinen, das Konzil wolle mit diesen Erneuerungsbestrebungen das kirchliche Leben der Gegenwart von Grund auf verändern noch mit ihrer Tradition, soweit sie brauchbar und verehrungswürdig ist, brechen, sondern sie im Gegenteil zu Ehre bringen und durch Beseitigung überholter und unpassender Formen, was gut und fruchtbar an ihnen ist, herausstellen.

Sagte nicht Jesus zu seinen Jüngern: „Ich bin der wahre Weinstock, und mein Vater ist der Weingärtner. Jede Rebe an mir, die keine Frucht bringt, nimmt er weg, und jede, die Frucht bringt, reinigt er, damit sie mehr Frucht bringe"[14]? Diese Worte der Bibel reichen sehr wohl aus, um zu zeigen, welches die wesentlichen Punkte der Erneuerung sind, die die Kirche in unserer Zeit anstrebt und verwirklichen will. Im Zentrum dieser Erneuerung steht ihre Verlebendigung nach innen und außen. Dem lebendigen Christus muss eine lebendige Kirche entsprechen. Wenn aber der Glaube und die Liebe die Fundamente ihres Lebens sind, so darf nichts übersehen werden, was den Glauben neu festigt und stärkt und die christliche Durchformung und Erziehung für die Erreichung dieses Zieles geeigneter machen kann. Wir sagen, es darf ein noch gründlicheres Studium und eine noch hingebungsvollere Verehrung des Wortes Gottes nicht unterlassen werden. Dieses Studium und diese Verehrung bilden ja gerade das Fundament dieser Erneuerung. Dann muss die Übung der Liebe einen bevorzugten Platz erhalten. Denn wir müssen eine Kirche der Liebe anstreben, wenn wir wollen, dass sie imstande sei, durch und durch sich selbst und – was sehr schwierig und mühevoll ist – die ganze Welt zu erneuern, auch weil die Liebe die Königin und die Wurzel aller anderen christlichen Tugenden ist: der Demut, der Armut, der Frömmigkeit,

---

[13] Joh 14,9.
[14] Joh 15,1–2.

der Selbstverleugnung, der kraftvollen Bezeugung der Wahrheit, des Strebens nach Gerechtigkeit und aller anderen, die der neue Mensch in sich entfaltet.

Hier eröffnen sich dem Ökumenischen Konzil breite Bereiche für seine Arbeit. Einer davon, ein sehr wichtiger und liebevoll gepflegter, ist die Liturgie. Da darüber während der Ersten Sitzungsperiode lang und ausführlich beraten worden ist, hoffen Wir, dass er nunmehr glücklich abgeschlossen werden kann. Auch auf andere Gebiete wird sich derselbe Eifer und der gleiche Fleiß der Väter erstrecken, obwohl zu befürchten ist, dass wegen der Kürze der Zeit nicht alle Fragen behandelt werden können, wie sie es verdienten, und deshalb noch Arbeit für eine weitere Sitzung übrigbleiben wird.

Das Konzil und die Einheit der Christen

Es gibt eine dritte Aufgabe, die dem Ökumenischen Konzil von Unserem Vorgänger Johannes XXIII. vorgezeichnet wurde. Eine Aufgabe, die im Hinblick auf die Hebung des geistlichen Lebens von ganz besonderer Bedeutung ist. Eine Aufgabe, die auf die „anderen Christen" gerichtet ist, die zwar an Christus glauben, die wir aber nicht zu jenen zählen können, die mit uns durch das Band der vollkommenen Einheit in Christus verbunden sind. Diese Einheit, zu der sie an sich kraft der Taufe gehören müssten, kann ihnen nur von der einen katholischen Kirche angeboten werden und wird von ihnen in ihrem Wesen bereits angestrebt.

Was in neuester Zeit innerhalb der von uns getrennten christlichen Gemeinschaften vor sich geht und was von dort immer stärker anwächst, beweist ein Doppeltes: Die Kirche Christi ist nur eine und darf nur eine sein. Diese geheimnisvolle und zugleich sichtbare Einheit kann nur in dem einen Glauben, in der Teilnahme an denselben Sakramenten und durch eine geeignete Verbindung mit einer einzigen obersten Kirchenleitung verwirklicht werden, wenngleich verschiedene Sprachen, Riten, von den Vorfahren ererbte Überlieferungen, örtliche Vorrechte, geistige Strömungen, rechtmäßige Einrichtungen und frei gewählte eigene Lebensformen zugelassen werden können.

Wie wird das Konzil angesichts der großen Zahl von uns getrennter Brüder und dieser möglichen Vielfalt in der Einheit sich verhalten, was wird es tun? Die Sache ist ganz klar. Auch aus diesem Grunde wurde gerade dieses Konzil einberufen. Es strebt, wie man zu sagen pflegt, nach einer vollen und allumfassenden Ökumenizität; wenigstens im Wunsche, wenigstens im Gebet, wenigstens in der Vorbereitung. Heute entsteht eine Hoffnung, morgen wird diese Hoffnung vielleicht Wirklichkeit. Während nämlich das Konzil jene Schafe ruft, zählt und in Christi Schafstall sammelt, die diesen ganz und mit vollem Rechte bilden, öffnet es alle Türen und ruft und lädt alle Schafe Christi ein, die noch nicht von dem einzigen Schafstall Christi umschlossen werden. Diesbezüglich wird es also ein Konzil sein, das ruft, wartet und vertraut, dass in Zukunft sich mehr in brüderlicher Gesinnung sowie echter ökumenischer Haltung anschließen.

Hier wenden Wir Uns an die Delegierten der von der katholischen Kirche getrennten christlichen Gemeinschaften, die von diesen gesandt wurden, um als Beobachter dieser feierlichen Versammlung beizuwohnen.

Wir entbieten ihnen Unsern herzlichen Gruß. Wir danken ihnen, dass sie gekommen sind.

Durch sie senden Wir Unsere Botschaft als Ausdruck Unserer väterlichen und brüderlichen Liebe an die ehrwürdigen christlichen Gemeinschaften, deren Stelle sie hier vertreten.

Unsere Stimme zittert, Unser Herz bebt, weil ihre Gegenwart hier für Uns ein unaussprechlicher Trost und eine große Hoffnung ist, gleich wie ihre lange Trennung Uns zutiefst schmerzt.

Wenn uns eine Schuld an dieser Trennung zuzuschreiben ist, so bitten wir demütig Gott um Verzeihung und bitten auch die Brüder um Vergebung, wenn sie sich von uns verletzt fühlen. Was uns betrifft, sind wir bereit, der Kirche zugefügtes Unrecht zu verzeihen und den großen Schmerz ob der langen Zwietracht und Trennung zu vergessen.

Möge der himmlische Vater diese Unsere Erklärung gnädig annehmen und zwischen uns allen den wahren brüderlichen Frieden wiederherstellen. Wir wissen, dass noch schwierige und verwickelte Fragen zu studieren, zu klären und zu lösen sind. Wir möchten, dass das bald geschieht, um der Liebe Christi willen, die Uns drängt, aber Wir wissen, dass für die Klärung und Lösung solcher Probleme viele Voraussetzungen gefordert werden, Voraussetzungen, die heute noch nicht so weit gegeben sind, um die Sache zu einem guten Ende führen zu können. Wir haben keine Angst, gelassen jene glückliche Zeit abzuwarten, wo die vollkommene Wiederversöhnung endlich Wirklichkeit wird.

Indessen möchten Wir den hier anwesenden Beobachtern die Kriterien neu bestätigen, von denen Wir Uns im Streben nach kirchlicher Einheit mit den getrennten Brüdern leiten lassen wollen, damit sie sie an ihre christlichen Gemeinschaften weiterleiten. Zugleich möchte Unsere Stimme auch jene von Uns getrennten ehrwürdigen christlichen Gemeinschaften erreichen, die Unsere Einladung zur Teilnahme an diesem Konzil, die freilich ohne gegenseitige offizielle Verpflichtung an sie ergangen ist, abgelehnt haben. Wir glauben zwar, dass sie diese Kriterien bereits kennen. Wir glauben aber, dass es gut ist, sie hier auszusprechen. Unsere Sprache ihnen gegenüber ist friedlich und absolut ehrlich. Sie enthält keinerlei Fallen und verfolgt keinerlei verschleierte weltliche Interessen. Wir müssen unseren Glauben, von dem wir mit Sicherheit annehmen, dass er göttlichen Ursprungs ist, offen und ehrlich bekennen. Trotzdem glauben Wir, dass er in keiner Weise ein Hindernis darstellt für die ersehnte Wiederherstellung der Einmütigkeit zwischen Uns und den von Uns getrennten Brüdern. Es handelt sich ja um die göttliche Wahrheit, die das Fundament der Einheit und nicht der Zwietracht und Spaltung ist. Auf keinen Fall wollen Wir, dass unser Glaube ein Anlass zur Polemik mit ihnen sei.

Dann sehen wir mit der geschuldeten Achtung auf von alters überliefertes und allen gemeinsames religiöses Erbe, das die getrennten Brüder bewahrt und zum Teil gut entfaltet haben. Gerne anerkennen Wir das Bestreben derjenigen, die bemüht sind, die echten Schätze der Wahrheit und des religiösen Lebens der getrennten Brüder ins Licht zu stellen und zu Ehren zu bringen, mit dem Ziele, die Hindernisse, die zwischen ihnen und uns liegen, zum Besseren zu wenden. Wir vertrauen darauf, dass auch sie den gleichen Willen bekunden, unsere Lehre besser kennen zu lernen und zu erforschen, die man auf Grund von Vernunfteinsichten aus der göttlichen Offenbarung herleiten kann, und sie sich auch eine umfassendere Kenntnis unserer Geschichte und unseres religiösen Lebens anzueignen versuchen werden.

Außerdem möchten Wir darauf hinweisen, dass Wir Uns der übergroßen Schwierigkeiten bewusst sind, die der so sehr ersehnten Einheit immer noch entgegenstehen, und dass Wir Unser Vertrauen ganz auf Gott setzen. Wir werden also fortfahren, zu beten und Uns zu bemühen, ein besseres Beispiel echten christlichen Lebens und brüderlicher Liebe zu geben. Sollten die Ereignisse Unserer Hoffnung und Unseren Erwartungen nicht entsprechen, so werden Wir Uns mit dem Gedanken an das Wort des Herrn trösten: „Was dem Menschen unmöglich ist, ist möglich bei Gott"[15].

Eine Brücke zur Welt

Schließlich will das Konzil gleichsam eine Brücke schlagen zur menschlichen Gesellschaft unserer Tage. Es ist ein erregendes Phänomen: Indem die Kirche ihre innere Kraft mit der Hilfe des Heiligen Geistes immer mehr zu beleben bemüht ist, hebt sie sich von der sie umgebenden weltlichen Gesellschaft ab und unterscheidet sich von ihr. Zugleich aber wird sie zum Leben spendenden Ferment und zum Heilsinstrument für diese menschliche Gesellschaft, sie entdeckt und bekräftigt so von neuem ihre missionarische Sendung, ihre oberste Aufgabe, die dahin zielt, der Menschheit, in jeder Situation ihrem Auftrag entsprechend, das Evangelium eifrig zu verkünden.

Ihr selbst, ehrwürdige Brüder, habt diesen wunderbaren Vorgang erlebt. Denn nach der Eröffnung der Ersten Sitzungsperiode wolltet ihr, durch die Eröffnungsrede Johannes' XXIII. gleichsam entflammt, die Tore dieser Versammlung sozusagen weit aufschließen und von da aus mit lauter Stimme eine Botschaft des Grußes, der Brüderlichkeit und der Hoffnung aus den geöffneten Toren an alle Menschen richten. Ein ungewöhnliches, aber großartiges Ereignis! Das der Kirche geschenkte prophetische Charisma, um es so auszudrücken, schien damals plötzlich lebendig geworden zu sein. Und wie sich am Pfingsttage Petrus getrieben fühlte, ohne zu zaudern seinen Mund zu öffnen und zum Volke zu predigen, so wolltet auch ihr euch nicht sogleich euren Arbeiten, sondern dem zuwenden, was die Menschheitsfamilie angeht, und nicht unter euch sprechen, sondern euch an die Menschen wenden.

Daraus ist zu entnehmen, ehrwürdige Brüder, dass dieses Konzil von der Liebe besonders gezeichnet ist, von einer großen und drängenden Liebe, die mehr an die anderen als an den eigenen Vorteil denkt, von der alles umfassenden Liebe

---

[15] Lk 18,27.

Christi. Möge diese Liebe uns aufrechterhalten. Denn blicken wir auf das Leben der Menschen, so wie es jetzt ist, so werden Wir ganz von selbst mehr mit Furcht als mit Trost, mehr mit Schmerz als mit Freude erfüllt und zur Verurteilung von Fehlern als zum Vertrauen und zur Freundschaft hingezogen.

Man muss die Dinge sehen, wie sie sind, und darf die Wunden nicht verbergen, die aus mehreren Gründen dieser allgemeinen Synode zugefügt wurden. Oder sind wir blind und sollten die leeren Sitze in dieser Versammlung nicht sehen? Wo sind unsere Brüder aus den Ländern, wo der Kirche der Krieg erklärt worden ist, und in welcher Lage befindet sich die Religion dort? Diese Dinge erscheinen Uns als sehr schlimm, wenn Wir an das denken, was Wir wissen, und als noch schlimmer in Bezug auf das, was Wir nicht wissen dürfen, über die Lage der Hierarchie, der Ordensleute und Ordensfrauen und über die große Zahl Unserer Söhne, die wegen ihrer unerschütterlichen Treue zu Christus und zur Kirche Ängsten, Qualen, Leiden und Verfolgungen ausgesetzt sind. Welch große Trauer empfinden Wir angesichts solcher Leiden, und wie schmerzt es Uns, wenn Wir sehen, wie in manchen Ländern die religiöse Freiheit und andere Rechte der Menschen unterdrückt werden durch Gesetze und Praktiken, die die andersgearteten politischen Meinungen, Rassen und religiösen Bekenntnisse nicht tolerieren. Wir beklagen außerdem all das Unrecht, das wo immer denen zugefügt wird, die ihre Religion ehrbar und frei bekennen möchten. Wenn Wir aber diese Übel beklagen, so wollen Wir nicht so sehr bittere Worte aussprechen als vielmehr jene ehrlich und menschlich von neuem ermahnen, die die Schuld an dieser traurigen Lage trifft. Mögen sie endlich aufhören, die katholische Religion grundlos zu verfolgen. Die Bekenner der katholischen Religion dürfen nicht als Feinde und Verräter, sondern als ehrenhafte und arbeitsame Bürger ihrer Staaten angesehen werden. Den Katholiken aber, die um ihres Glaubens willen zu leiden haben, möchten Wir bei dieser Gelegenheit Unseren liebevollen Gruß entbieten. Wir erflehen für sie den besonderen göttlichen Beistand.

Unser Schmerz ist noch nicht zu Ende. Wenn Wir auf die Menschheit sehen, empfinden Wir übergroße Trauer wegen vieler anderer Übel, mit denen sie zu kämpfen hat, allem voran wegen des Atheismus, der einen Teil der Menschheit durchdringt und die kulturelle, sittliche und soziale Ordnung erschüttert, so dass die Menschen nach und nach das Wissen um das ursprüngliche und eigentliche Wesen dieser Ordnung verlieren. Während die naturwissenschaftliche Erkenntnis klarere Fortschritte erzielt, verflüchtigt sich bei der Menschheit das Wissen von Gott und damit auch die rechte Erkenntnis vom Menschen. Der technische Fortschritt verbessert zwar die Instrumente jeglicher Art, deren sich der Mensch bedient, aber zugleich fühlt er sich müder, einsamer, leerer, verlassener.

Über die komplexe und aus vielen Gründen tragische Situation des Menschen unserer Zeit haben Wir noch mehr zu sagen. Aber heute bleibt Uns keine Zeit, darüber zu sprechen. Heute sprechen Wir, wie Wir eben sagten, ganz in Liebe, wie auch die im Konzil versammelte Kirche von Liebe erfüllt ist. Wir verfolgen diese unsere Gegenwart und ihre vielfältigen und gegensätzlichen Erscheinungen mit größtem Wohlwollen und setzen all Unser Bemühen darauf, die Botschaft der Liebe, des Heils und der Hoffnung, die Christus der Welt gebracht hat, nahe zu bringen: „Denn Gott hat seinen Sohn nicht in die Welt gesandt, damit er die Welt richte, sondern damit die Welt durch ihn das Heil erlange"[16].

Die Welt wird wohl erkannt haben, dass sie von der Kirche mit viel Liebe angesehen wird. Denn diese bringt ihr aufrichtige Bewunderung entgegen, und sie hat das ehrliche Verlangen, nicht über sie zu herrschen, sondern ihr zu dienen, nicht sie zu verachten, sondern ihre Würde zu erhöhen, nicht sie zu verurteilen, sondern ihr Trost und Heil zu bringen.

In diesem Konzil, von dem aus der Blick über die ganze Welt hin frei ist, richtet die Kirche ihr geistiges Auge auf einige besondere Gruppen von Menschen. Sie sieht auf die Armen, die Bedürftigen, die Traurigen: auf die, die Hunger und Schmerz ertragen müssen und die im Gefängnis sind. Sie sieht aber besonders auf jenen Teil der Menschheit, der leidet und trauert, da sie weiß, dass diese Menschen nach dem Recht des Evangeliums zu ihr gehören. Deshalb freut sie sich, auf sie die Worte des Herrn anzuwenden: „Kommet alle zu mir"[17].

Die Kirche blickt außerdem auf die Männer der Wissenschaft, auf die Vertreter der Geisteswissenschaften wie auf die naturwissenschaftliche Forschung. Auch diese hält die Kirche hoch in Ehren. Sie ist sehr bemüht, sich ihre Erfahrungen zu eigen zu machen, den geistigen Fortschritt zu fördern, ihre Freiheit zu schützen und ihrem skeptischen und schwankenden Herzen den Zugang zum Worte Gottes und zur Gnade zu öffnen.

Sie blickt auf die Arbeiter, auf die Würde ihrer Person und ihres Tuns, ihre legitimen Forderungen, auf die Nöte, in denen sie sich noch häufig befinden, damit ihre soziale Lage verbessert und ihre geistige Belebung vervollkommnet werde, so dass sie Aufgaben, die ihnen übertragen werden können, richtig und in christlichem Geiste zu erfüllen vermögen. Sie denkt an die Verpflichtung, eine neue Ordnung zu schaffen, in der die Menschen frei sind und wissen, dass sie Brüder sind. Die Kirche, Mutter und Lehrmeisterin, ist mit ihnen.

Sie blickt auf die Lenker der Völker. Anstelle der ernsten Mahnungen, die die Kirche oft an sie richten muss, spricht sie heute zu ihnen nun diese ermunternden und vertrauensvollen Worte. Seid guten Mutes, die ihr die Völker regiert! Viele Güter, die die Menschen zum Leben brauchen, könnt ihr heute euren Völkern vermitteln: Brot, Bildung, Ordnung, die Würde, wie sie freien und friedliebenden Bürgern entspricht, aber nur dann, wenn ihr erkennt, was der Mensch ist. Das kann euch nur die christliche Weisheit mit voller Klarheit sagen. Wenn ihr nach den Normen der Gerechtigkeit und Liebe zusammenarbeitet, könnt ihr den Frieden verwirklichen, dieses kostbarste aller Güter, das alle so sehr herbeisehnen und das die Kirche so nachdrücklich schützt und fördert. So könnt ihr aus der ganzen Menschheitsfamilie eine Gesellschaft aufbauen. Gott sei mit euch!

Die katholische Kirche blickt aber noch über die Grenzen des Christentums hinaus. Wie könnte sie ihrer Liebe Grenzen setzen, da sie die Liebe des göttlichen Vaters nachahmen soll, der seine Güter allen austeilt[18] und die Welt so sehr liebt,

---

[16] Joh 3, 17.
[17] Mt 11, 28.
[18] Vgl. Mt 5, 48.

dass er zu ihrem Heil seinen eingeborenen Sohn dahingab?[19] Sie schaut also über das christliche Lager hinaus und blickt auf die anderen Religionen, die den Sinn für das Göttliche und den Begriff des einen höchsten, transzendenten Schöpfergottes und Erhalters bewahrt haben, die in echter Religiosität Gott verehren. Und die aus solchem Tun und solchem Glauben die Grundlagen für das sittliche und soziale Leben herleiten. In diesen Religionen sieht die katholische Kirche nicht ohne Bedauern Lücken, Mängel und Irrtümer. Aber sie kann nicht umhin, sich auch ihnen zuzuwenden, um ihnen zu sagen, dass die katholische Religion mit der schuldigen Hochachtung dem begegnet, was sie an Wahrem, Gutem und Menschlichem bei ihnen findet, und zugleich zu versichern, dass sie in vorderster Reihe steht, wenn es darum geht, den Sinn für Religion und Gottesverehrung, die Vorbedingung und zugleich Verpflichtung für das irdische Gemeinwohl sind, in den Menschen unserer Tage zu schützen, gleichsam um die Rechte Gottes über die Menschen wirksam zu verteidigen.

Schließlich blickt die Kirche noch auf andere unendlich weite Bereiche der menschlichen Gesellschaft, in der die heranwachsenden jungen Generationen leben und sich ihren Aufstieg sichern wollen, in der die jungen Völker, die sich ihrer Rechte und ihrer Freiheit bewusst geworden sind und ihr eigenes Gesellschaftsgefüge aufzubauen verlangen, in der unzählige Menschen ihre Einsamkeit ertragen müssen, obwohl sie mitten im Treiben der Gesellschaft leben, die ihnen kein heilendes Wort zu sagen vermag. An sie alle wendet sie sich voller Hoffnung. Sie wünscht ihnen und bietet ihnen allen das Licht der Wahrheit, des Lebens und des Heils an, weil Gott will, „dass alle Menschen gerettet werden und zur Erkenntnis der Wahrheit gelangen"[20].

Ehrwürdige Brüder! Unsere Sendung als Diener des Heils ist groß und schwer. Damit wir diesen Dienst würdiger bestehen können, haben wir uns hier versammelt. Unsere feste und brüderliche Eintracht führe und stärke uns. Die Gemeinschaft mit der Kirche der Heiligen möge uns Stütze sein. Es mögen uns beistehen die Heiligen, die in den verschiedenen Diözesen und Ordensfamilien besonders verehrt werden. Alle heiligen Engel mögen uns beistehen und besonders die heiligen Petrus und Paulus, der heilige Johannes der Täufer und ganz besonders der heilige Joseph, der zum Patron dieses Konzils erklärt worden ist. Es helfe uns die seligste Jungfrau Maria, die wir inständig anrufen, mit ihrem mütterlichen und mächtigen Schutz. Christus führe den Vorsitz. Und alles geschehe zur Ehre des dreifaltigen Gottes, dessen Segen Wir euch erteilen wollen im Namen des Vaters und des Sohnes und des Heiligen Geistes.

---

[19] Vgl. Joh 3, 16.
[20] 1 Tim 2, 4.

Paul VI.:
Ansprache zum Abschluss der zweiten Sitzungsperiode des Zweiten Vatikanischen Konzils (4. Dezember 1963)[1]

Ehrwürdige Brüder!
Nunmehr ist die Zeit gekommen, die Zweite Sitzungsperiode dieses Zweiten Vatikanischen Ökumenischen Konzils zu beenden. Lange seid ihr, eifrige Hirten, von euren Diözesen fern gewesen, wo die Ausübung des heiligen Dienstes eure Anwesenheit, euren Rat und euer Wirken fordert. Ihr habt hier während der Zeit des Konzils eine schwere, anstrengende und langwierige Arbeit auf euch genommen, bei den kirchlichen Feiern, beim Studium und bei den Zusammenkünften. Wir befinden uns nun bereits in den ersten Tagen des Advents, durch den wir vorbereitet werden zur würdigen Feier des jährlich wiederkehrenden, immer feierlichen, immer bewundernswerten, immer zutiefst religiösen Festes der Geburt unseres Herrn Jesus Christus. Und niemand von uns soll sich in dieser Zeit anderen Gedanken zuwenden, mögen sie noch so groß und heilig sein, außer der Feier des unaussprechlichen Geheimnisses, durch das das Wort Gottes Fleisch geworden ist. Und keiner von uns soll diese heiligen Riten an einem anderen Ort vollziehen, mag er noch so groß und erhaben sein, als dort, wo die Vorsehung Gottes einem jeden von uns eine bestimmte Kirche, eine bestimmte Gemeinschaft oder einen bestimmten priesterlichen oder seelsorglichen Dienst anvertraut hat.

Es heißt also den Lauf dieser äußerst wichtigen Synodalen Versammlungen wiederum unterbrechen. Es heißt wiederum sich mit gegenseitigem brüderlichem und friedlichem Gruß voneinander verabschieden. Es heißt wiederum den Wandel der erfahrbaren Erscheinungen bedenken, die die Zeit hervorbringt und wieder verschwinden lässt. Wir müssen uns wieder voneinander verabschieden, nachdem wir wie Brüder über äußerst schwierige Dinge miteinander gesprochen und Tage und Ereignisse in Freude erlebt haben.

Aber wir können das nicht tun, bevor wir Gott nicht für die Wohltaten gedankt haben, die er uns in dieser Zeit und bei dieser Gelegenheit erwiesen hat. Und Wir können es nicht unterlassen, jenen Unsere Anerkennung auszusprechen, die an diesem Vatikanischen Konzil teilgenommen und in irgendeiner Weise zu seinem glücklichen Verlauf beigetragen haben. Ein ganz besonderes Zeichen der Dankbarkeit möchten Wir den Vätern des ökumenischen Konzils erweisen, dem Präsidialrat, der Koordinierungskommission, den Moderatoren und in besonderer Weise dem Generalsekretariat, den verschiedenen Kommissionen, den Periten und jenen, die unsere Arbeit unterstützt haben, den Presseberichterstattern und den Fernsehleuten, denen, die die Vatikanische Basilika für die Bedürfnisse des Konzils vorbereitet und ausgestattet haben, aber auch denen, die die Konzilsväter gastlich aufgenommen haben und ihnen behilflich waren. Ein besonderes Wort des Dankes möchten Wir jenen Vätern sagen, die sich an den Kosten für die Organisation dieses Konzils beteiligt oder ihren bedürftigeren Brüdern im Bi-

---
[1] Text entnommen aus: HerKorr 18 (1963/64) 207–210.

schofsamt geholfen haben oder zur Deckung der ungeheuer großen Bedürfnisse der Kirche beigetragen oder den Menschen geholfen haben, die in letzter Zeit von Katastrophen heimgesucht wurden.

Die geleistete Arbeit

Bevor wir diese unsere Arbeiten beenden, ist es sicher gut, kurz Rückschau zu halten und zu überlegen, wie die Arbeit gelaufen und welches ihr Ergebnis ist. Aber das gäbe eine zu lange Rede, und Wir könnten doch nicht alles bis auf den Grund erklären, denn vieles an diesem Konzil gehört in jenen Bereich der Gnade oder in jene innere Sphäre des Menschen, zu der man nicht immer leichten Zugang hat. Hinzu kommt, dass viele Mühen der Arbeit noch nicht zur Reife gelangt sind, aber doch als in die Furchen gestreuter Samen der kommenden Zeit harren und mit Gottes Hilfe wirksame und heilbringende Frucht tragen werden.

Es sollte indessen nicht den Anschein haben, als verließen wir die Konzilsaula, ohne der göttlichen Wohltaten zu gedenken, die von diesem Ereignis ausgingen. Vor allem können wir feststellen, dass das Konzil einige seiner Zielsetzungen wenigstens zum Teil bereits glücklich erreicht hat. Nachdem sich nämlich die Kirche zum Ziel gesetzt hatte, zu einem tieferen Bewusstsein und tieferen Erkenntnis ihrer selbst zu gelangen, hat nun tatsächlich zwischen den Hirten und Lehrern der Kirche ein großes Nachdenken über das Geheimnis begonnen, aus dem die Kirche ihren Ursprung und ihre Gestalt herleitet. Dieses Nachdenken ist noch nicht zu Ende. Schon allein die Schwierigkeit, diese Überlegungen zum Abschluss zu bringen, zeigt jedoch zur Genüge die Tiefe und Breite dieser Lehre und spornt uns alle dazu an, zu ihrer Erforschung und Klärung alle Anstrengungen und Kräfte zu vereinen. Diese Anstrengungen haben den Vorzug, dass sie unsere Gedanken und die Gedanken unserer Gläubigen, die aufmerksam unseren Versammlungen gefolgt sind, von selbst auf Christus hinlenken, von dem wir alles empfangen haben und auf den wir alles beziehen müssen, um nach den Worten des heiligen Paulus „alles mit ihm zu versöhnen"[2]. Zugleich vergrößern sie nicht nur unsere Freude über unsere Zugehörigkeit zum mystischen Leib Christi, sondern fördern auch unsere gegenseitige Liebe, von der die ganze Kirche gehalten und geleitet wird. Freuen wir uns also, ehrwürdige Brüder! Denn zu welcher Zeit ist die Kirche wie jetzt zu einem so vollen Bewusstsein ihrer selbst gelangt, hat sie mit so viel Liebe Christus geliebt, mit so freudigem, so einmütigem und so festem Willen Christus nachzufolgen versucht und schließlich sich mit so viel Eifer den ihr übertragenen Aufgaben gewidmet? Freuen wir uns, ehrwürdige Brüder! Denn wir haben einander kennen- und miteinander sprechen gelernt. Waren wir, bevor wir hier zusammenkamen, gleichsam Fremde, so sind wir jetzt Freunde geworden. Oder haben wir nicht leibhaftig erfahren, wie wahr die Worte sind, die der heilige Paulus auf die Kirche selbst anwendet: „So seid ihr nun nicht mehr Fremdlinge und Beisassen, sondern Mitbürger der Heiligen und Hausgenossen Gottes,

---

[2] Kol 1,20.

aufgebaut auf dem Fundament der Apostel und Propheten, während Christus Jesus selbst der Eckstein ist"³.

Kann man da nicht schon jetzt die Richtung ins Auge fassen, die die künftige Weiterentwicklung des kanonischen Rechts nehmen wird, mit dessen Hilfe die Kirche geleitet wird? Diese Weiterentwicklung kann, so glauben Wir, auf nichts anderes gerichtet sein als darauf, dass den einzelnen Gliedern der Kirche und den einzelnen Ämtern eine größere Würde und breitere Vollmachten zuerkannt werden, dann aber auch auf die immer größere Stärkung der heiligen Gewalt, durch die das ganze Gefüge der Gemeinschaft der Gläubigen durch die verschiedenen Grade der Hierarchie seinen festen Bestand hat, und zwar aus einem inneren Bedürfnis, die Liebe und die gegenseitige Eintracht und Achtung zu fördern. Für ein großes Ereignis und für ein großes Gnadengeschenk Gottes an seine Kirche müssen wir dieses Konzil halten, wenn wir uns entschlossen von solchen Überlegungen und Zielsetzungen leiten lassen.

Arbeitsreich und frei

Wenden Wir Uns aber den Konzilsarbeiten selbst zu, an denen ihr so reichen, so eifrigen und so lebhaften Anteil hattet, so finden Wir darin einen weiteren Grund zur Freude. Wiederum zeigte diese Vatikanische Basilika jenes wunderbare Schauspiel, zu dem wir in so großer und ehrwürdiger Zahl hier zusammengekommen sind. Dieses Schauspiel hat Uns mit Bewunderung und mit frommer und übernatürlicher Freude ganz erfüllt. Wir haben Uns wiederum sehr gefreut, die verehrten Beobachter hier zu sehen, die in so entgegenkommender Weise Unserer Einladung gefolgt sind und den Arbeiten des Konzils beigewohnt haben. Eine Ursache väterlichen Trostes waren für Uns auch die Auditoren, die zwar schweigend, aber sehr aufmerksam euren Versammlungen gefolgt sind. Diese Uns sehr lieben Söhne vertreten hier die zahllose Menge der Katholiken aus dem Laienstande, die unter der Leitung der kirchlichen Hierarchie an der Ausbreitung des Reiches Gottes mitarbeiten. Hier in dieser Aula und in dieser feierlichen Stunde ist alles von symbolhafter Bedeutung, wird alles sprechend, wird für die Umstehenden alles ein Anlass, die Gedanken auf das Himmlische und auf die übernatürliche Hoffnung zu lenken.

Nicht weniger erfreut sind Wir, wenn Wir auf die Richtung und den Weg sehen, dem dieses Konzil bis zum heutigen Tage gefolgt ist. Einen zweifachen Aspekt seiner Tätigkeit möchten Wir auch hier festhalten. Wir können feststellen, dass die Konzilsarbeit einerseits sehr arbeitsreich, anderseits aber in der Darlegung der Meinungen völlig frei war. Dieser zweifache Vorzug muss, so meinen Wir, sehr hoch veranschlagt werden, weil er die besondere Eigenart dieses Konzils gekennzeichnet hat und auf diese Weise ein dauerhaftes Beispiel für spätere Zeiten geworden ist. Das ist nämlich die Arbeitsweise der Kirche heute, dort, wo ihre

---

³ Eph 2, 19–20.

Tätigkeit zur größten Entfaltung und höchsten Bedeutung gelangt ist: eine intensive und spontane Arbeit.

Wenn im Konzil auch vielerlei verschiedene und manchmal auch gegensätzliche Meinungen zu hören waren, so vermindert dieser Umstand Unsere Freude keineswegs. Im Gegenteil! Er macht sehr deutlich, dass die auf den Sitzungen behandelten Gegenstände von größtem Gewicht waren. Er ist zudem ein Beweis für das Interesse und die Freiheit, mit der, wie Wir schon sagten, darüber diskutiert wurde.

Die ersten Früchte

Im übrigen fehlt es dieser schwierigen und komplexen Diskussion keineswegs an reicher Frucht: Das Thema, das vor allen anderen behandelt worden ist und in gewisser Hinsicht von allen das wichtigste ist, sowohl wegen seiner Natur wie auch wegen seiner Würde, die ihm in der Kirche zukommt, die heilige Liturgie, ist zu einem glücklichen Abschluss gekommen und wird heute in feierlicher Form von Uns promulgiert. Wir empfinden darüber aufrichtige Freude. Wir können nämlich feststellen, dass auf diese Weise die rechte Ordnung der Gegenstände und Pflichten gewahrt worden ist. Wir haben dadurch bekannt, dass Gott der erste Platz zukommt, dass das Gebet unsere erste Pflicht ist, dass die heilige Liturgie die erste Quelle jener Verbindung mit Gott ist, in der das göttliche Leben uns selbst mitgeteilt wird, die erste Schule unseres geistlichen Lebens, das erste Geschenk, das wir dem christlichen Volk anbieten können, das mit uns im Glauben und im Gebet verbunden ist, dass es schließlich die erste Einladung an die Welt ist, damit ihre stumme Zunge sich zu beglückendem und wahrhaftem Gebet löse und jene unaussprechliche und die Seele stärkende Kraft spüre, die aus dem gemeinsamen Lob Gottes und der menschlichen Hoffnung durch Christus im Heiligen Geiste fließt.

Wir können hier nicht mit Schweigen übergehen, wie sehr bei den Gläubigen der orientalischen Kirche der göttliche Kult in Ehren gehalten wird. Für diese ist die heilige Liturgie immer eine Schule der Wahrheit und ein Ansporn christlicher Liebe gewesen.

Darum wird es gut sein, diese Frucht unseres Konzils zu erhalten wie einen Schatz, der das Leben der Kirche anregen und in gewisser Hinsicht auch bestimmen muss. Denn die Kirche ist vor allem eine religiöse Gesellschaft, eine betende Gemeinde, ein Volk mit reichem Innenleben und voll religiösem Eifer, der vom Glauben und von der übernatürlichen Gnade genährt wird. Wenn nun manche Formen vereinfacht werden, damit sie von den Gläubigen besser verstanden werden und mit der Sprache unserer Zeit immer mehr übereinstimmen, so haben Wir gewiss nicht im Sinne, dem Gebet weniger Bedeutung beizumessen noch es den übrigen Aufgaben der Seelsorge nachzustellen, noch dem Kult etwas von seiner Ausdruckskraft und Schönheit zu nehmen. Die heilige Liturgie soll nur vereinfacht werden, damit sie mit ihren eigenen Wesensmerkmalen besser übereinstimme, damit sie die Quellen der Wahrheit und Gnade reiner widerspiegle und so leichter zum geistlichen Besitz des Volkes werden kann.

Damit das möglich werde, darf niemand die öffentliche Gebetsordnung der Kirche verletzen durch Einführung privater Riten. Niemand darf sich die Gewalt anmaßen, die Konstitution über die heilige Liturgie, die Wir heute promulgieren, nach eigenem Gutdünken anzuwenden, bevor entsprechende Durchführungsbestimmungen erlassen und die Veränderungen gesetzlich approbiert werden, die die Kommissionen ausarbeiten, die zu diesem Zweck nach dem Konzil errichtet werden. Das erhabene Gebet der Kirche soll in einträchtiger Weise auf dem ganzen Erdkreis vernommen werden. Niemand störe es, niemand verletze es.

Eine andere Frucht unseres Konzils von nicht geringem Gewicht ist das Dekret über die so genannten Mittel sozialer Kommunikation. Dieses bezeugt die Fähigkeit der Kirche, mit dem inneren Leben das äußere zu verbinden, mit der Kontemplation die Aktion, mit dem Gebet das Apostolat. Auf diese Weise wird unsere Synode auch erreichen, dass verschiedene Aktionsformen richtig geleitet und gefördert werden, die als Instrument und Dokument ihren Beitrag leisten in der Ausübung der Seelsorge und zur Erfüllung der Sendung der Katholiken in der Welt.

Zu den Früchten dieses Konzils sind auch verschiedene Vollmachten zu zählen, von denen Wir im Blick auf dessen pastorale Zielsetzung meinten, sie gehörten zum Amt der Bischöfe, vor allem jener, die eine ordentliche Jurisdiktion ausüben.

Aber das ist keineswegs alles. Das Konzil hat viel gearbeitet. Es hat, wie ihr wisst, viele Probleme in Angriff genommen, deren Verdeutlichung bereits in richtungweisenden Abstimmungen ihren Niederschlag gefunden haben und die nach der Behandlung des Gegenstandes, zu dem sie gehören, zur gegebenen Zeit vorgelegt und rechtmäßig promulgiert werden.

Andere Fragen bleiben offen und müssen neu studiert werden. Wir hoffen, dass auch diese während der Dritten Session im Herbst kommenden Jahres zu einem glücklichen Abschluss gebracht werden. Wir bedauern keineswegs, wenn unsere Gedanken etwas länger bei so schwerwiegenden Fragen verweilen müssen. Wir vertrauen darauf, dass in der Zwischenzeit die Kommissionen, die dafür zuständig sind und von deren Hilfe Wir viel erwarten, unter Beachtung des Willens der Väter, wie er besonders in den Generalkongregationen zum Ausdruck kam, auf den kommenden Konzilsversammlungen tief durchdachte, klare, komprimierte und verkürzte Entwürfe vorlegen können, so dass die Diskussionen, die Wir immer frei geführt wissen wollen, schneller und ungehinderter voranschreiten können.

Zu diesen Problemen gehört, um nur ein Beispiel zu nennen, die Frage über die göttliche Offenbarung. Diese Frage wird das Konzil in einer Weise lösen, dass einerseits das heilige Gut der von Gott geoffenbarten Wahrheiten gegen Irrtum, Missbrauch und Zweifel geschützt wird, die ihre subjektive Gültigkeit in Frage stellen, anderseits das Studium der Heiligen Schrift, der Werke der Väter und der theologischen Wissenschaft richtig orientiert wird. Die katholischen Gelehrten sollen in Treue zum Lehramt der Kirche und unter Ausnutzung aller modernen wissenschaftlichen Hilfsmittel diese Studien eifrig, klug und vertrauensvoll zu fördern fortfahren.

Das Bischofsamt

Ähnlich verhält es sich mit der äußerst wichtigen und vielschichtigen Frage des Bischofsamtes, die in der Ordnung der zu behandelnden Gegenstände, aber auch wegen ihrer Wichtigkeit den ersten Platz in diesem Zweiten Vatikanischen Ökumenischen Konzil einnimmt, das – niemandem sollte das entgehen – die natürliche Fortsetzung und Ergänzung des Ersten Vatikanischen Konzils bildet. Dieses unser Konzil wird also nicht gegen, sondern unter Voraussetzung der von Christus kommenden und dem Petrus zuerkannten Vorrechte, in denen alle für die Leitung der Gesamtkirche notwendige Autorität enthalten ist, Wesen und Sendung des von Gott eingesetzten Bischofsamtes nach der Lehre Jesu Christi und der echten christlichen Tradition ins rechte Licht zu stellen versuchen und erklären, welches seine Vollmachten sind und wie diese zu gebrauchen sind, sowohl was den einzelnen wie was die Gesamtheit der Bischöfe angeht. So wird das hohe Amt des Bischofs in der Kirche Gottes in würdiger Weise dargestellt werden, nicht als ob es sich um eine Einrichtung eigenen Rechts handelte, die vom Petrusamt völlig zu trennen wäre, sondern so, dass sie mit ihm und unter ihm dem allgemeinen Wohl der Kirche und ihren obersten Zielsetzungen in Eintracht diene. So möge das hierarchische Amt der Kirche durch neue Kräfte gestärkt, nicht geschwächt werden, die interne Zusammenarbeit verstärkt, nicht vermindert, die apostolische Wirksamkeit erweitert, nicht eingeschränkt werden, die gegenseitige Liebe neu entflammen, nicht erlahmen. Wir hoffen – das ist Unser Wunsch –, dass das Konzil dieses wichtige Thema gründlich studiere und darstelle.

Schließlich hoffen Wir, dass dieselbe Synode die Frage bezüglich des Schemas über Maria in der besten und geeignetsten Weise löst, und zwar so, dass einmütig und ehrfürchtig anerkannt wird, dass der Mutter Gottes der weitaus hervorragendste Platz in der Kirche zukommt, von der ja dieses Konzil hauptsächlich handelt, der Platz, der nach Christus der höchste und in Bezug auf uns zugleich der nächste ist, so dass wir sie mit dem Titel „Mutter Kirche" schmücken können. Und das zu ihrer Ehre und zu unserem Trost.

Weitere Verbesserung der Schemata

Außer diesen Fragen, die das Konzil bereits berührt hat, bleiben noch mehrere andere, die von ihm noch zu behandeln, die aber schon weitgehend vorbereitet worden sind. Wir werden dafür sorgen, dass diese Fragen weiter vertieft werden, damit auf der nächsten Session kürzere Schemata vorgelegt werden können, wie Wir bereits sagten, und diese so abgefasst werden, damit das Konzil ohne große Schwierigkeiten einen Beschluss fassen und, was dann noch bleibt, zur weiteren Bearbeitung an die nachkonziliaren Kommissionen verweisen kann. Von diesen Kommissionen wird ohne Zweifel jener, die die Codices der Lateinischen und der Orientalischen Kirche neu zu redigieren hat, die größte Arbeitslast zufallen. Bei der Durchführung dieser nachkonziliaren Arbeiten werden Uns in dankenswerter Weise die Bischöfe hilfreich unterstützen, und zwar in neuer Form, so wie sie die

Bedürfnisse und die Natur des hierarchischen Amtes fordern. Gerne und bereitwillig werden Wir dann Bischöfe aus der ganzen Welt und aus den religiösen Orden ausgezeichnete und erfahrene Brüder auswählen, so wie das bei den Vorbereitenden Konzilskommissionen der Fall war. Diese werden den zuständigen Vätern des Heiligen Kollegiums mit Rat und Tat behilflich sein, die allgemeinen Bestimmungen des Konzils in geeignete und konkrete Normen umzuwandeln. Auf diese Weise wird Uns, unbeschadet der definierten Lehre des Ersten Vatikanischen Konzils, die konkrete Erfahrung mit Hilfe der göttlichen Vorsehung eingeben, wie das fromme und eifrige Wirken der Bischöfe zum Wohle der ganzen Kirche besser gestaltet werden kann.

So können Wir am Schluss dieser Sitzungsperiode gerne bestätigen, dass diese Sitzungsperiode des Ökumenischen Konzils, aufs ganze gesehen, positiv verlaufen ist. Auf ihr wurde viel gearbeitet. Einige Programmpunkte des Konzils konnten zu Ende geführt werden. Andere Themen wurden auf ihr diskutiert. Sie hat erwiesen, dass sich verschiedene Meinungen frei äußern können. Sie hat gezeigt, dass Einmütigkeit in den wichtigsten Fragen, über die diskutiert wird, gewünscht wird und auch zustande kommen kann. Sie hat klargemacht, dass alle die dogmatischen Wahrheiten, die zur Lehre der Kirche gehören, fest und offen bekennen. In uns allen war jene Liebe lebendig, die bei uns von der Erforschung und dem Bekenntnis der Wahrheit niemals getrennt werden darf. Diese Session hatte immer die pastorale Zielsetzung dieses Konzils vor Augen. Sie hat immer nach Worten und Wegen gesucht, durch die die getrennten Brüder mit uns wieder versöhnt werden können. Schließlich hat sie bei aller Arbeit das Gebet nicht vernachlässigt, die Quellen und das Prinzip aller guten Hoffnung.

Was noch fehlt

Aber nachdem diese Session beendet ist, halten wir noch mehr Ausschau nach dem, was noch zu tun bleibt. Wir fühlen jetzt noch stärker die Verpflichtung, die Kirche für die Verkündigung der Botschaft der Wahrheit und des Heils in dieser unserer Zeit geeigneter zu machen.

Wir haben die Situation unserer Zeit niemals aus dem Auge verloren, noch ist unsere Liebe zu den Menschen schwächer geworden. Und es wird das Bemühen um eine wirksamere Liebe sein, das ein jeder von uns in sich tragen wird, wenn er wieder zu seinem Wohnsitz und zu seinen gewohnten Verpflichtungen zurückkehrt.

Bevor diese Versammlung die sehr schwierigen Fragen des modernen Apostolates in Angriff nehmen wird, haben wir alle schon in dieser oder jener Weise erfahren, wie sie zu lösen sind. Denn sowohl die Lehre der Kirche, die hierin über reiche Schätze verfügt, wie das Beispiel der besten Brüder haben uns gezeigt, welcher Weg einzuschlagen ist. Könnt ihr also nicht jetzt schon nach der Rückkehr in eure Heimat das Beispiel eines noch stärkeren pastoralen Eifers geben, indem ihr euren Gläubigen und allen denen, die ihr über euer Hirtenamt erreichen könnt, ein Wort der Ermunterung und des Trostes sagt? Können wir nicht bereits jetzt schon, gleichsam als Vorbereitung der nächsten Sitzungsperiode des Konzils, unser geistliches Leben mit größerer Intensität pflegen und gehorsamer auf das Wort Gottes hören? Könnt ihr nicht an euren Klerus eine Botschaft der Ermunterung und der Liebe richten? Und einen ermutigenden und vertrauensvollen Gruß an unsere Laien? Die Jugend zum Streben nach höheren Werten aneifern? Der Wissenschaft das Licht der Wahrheit zeigen? Den Arbeitern und der werktätigen Bevölkerung Hoffnung und Liebe bezeugen? Und den Armen und Bedürftigen sagen, dass die erste Seligpreisung des Evangeliums vor allem ihnen gilt?

Wir sind davon überzeugt, dass eine solche, noch sorgfältigere Ausübung des heiligen Dienstes uns helfen kann, das zu verwirklichen, was dieses große Konzil an heilsamen Früchten für das christliche Leben bringen wird.

Als Pilger ins Heilige Land

Nun möchten Wir euch ein Vorhaben mitteilen, über das Wir schon lange nachgedacht haben und das Wir heute vor dieser auserlesenen und hochbedeutsamen Versammlung bekannt geben möchten.

Wir sind so sehr überzeugt, dass für einen glücklichen Abschluss des Konzils die Gebete und frommen Werke vervielfältigt werden müssen, dass Wir Uns nach langen Überlegungen und vielen Gebeten entschlossen haben, als Pilger in jenes Land zu reisen, das die Heimat Unseres Herrn Jesus Christus war.

Wir haben Uns vorgenommen, im nächsten Januar, so Gott will, selbst nach Palästina zu reisen, um die heiligen Orte zu besuchen, in denen Christus geboren wurde, gelebt hat, gestorben, auferstanden und in den Himmel aufgefahren ist, um dort der wichtigsten Mysterien unseres Heils zu gedenken: der Menschwerdung und der Erlösung. Wir werden jenes verehrungswürdige Land sehen, aus dem der heilige Petrus ausgezogen und in das keiner seiner Nachfolger zurückgekehrt ist. Wir werden ganz bescheiden und ganz kurz dorthin kommen im Zeichen des Gebetes, der Buße und der geistlichen Erneuerung, um Christus die Kirche darzubieten, um zu ihr, der einen und heiligen, die getrennten Brüder zu rufen, um die göttliche Barmherzigkeit für die Erhaltung des Friedens anzuflehen, der in unseren Tagen immer noch schwach und ungesichert erscheint, um Christus den Herrn zu bitten für das Heil des ganzen Menschengeschlechtes. Die seligste Jungfrau Maria möge Uns Führerin sein. Die Apostel Petrus und Paulus mögen Uns vom Himmel aus gnädig beistehen.

Wie Wir bei dieser Pilgerfahrt an euch denken werden, so bitten Wir auch euch, ehrwürdige Brüder, dass ihr mit euren Gebeten mithelft, dass dieses Konzil zu einem glücklichen Abschluss gelange, zur Ehre Christi und zum Wohl der Kirche.

Allen danken Wir, und alle grüßen Wir. Wir entbieten den Beobachter-Delegierten Unseren dankbaren und ergebenen Abschiedsgruß. Wir grüßen auch die lieben Auditoren und alle, die für dieses Konzil gebetet und gearbeitet haben.

In Liebe und Betrübnis gehen Unsere Gedanken besonders zu jenen Brüdern im Bischofsamt, die hier nicht anwesend sind und Leid zu tragen haben. Mit der größten Freude hätten Wir sie umarmen wollen. Ihre Gebete, durch ihre Leiden noch wertvoller geworden, haben – Wir sind dessen sicher – sehr wirksam zum Fortschritt der Arbeiten dieser Zweiten Session beigetragen. Ihnen gelte zugleich mit Unserem väterlichen Gedenken und der Ermunterung, in der Treue zu Christus und seiner Kirche auszuharren, Unser ganz besonders liebevoller Segen, Allen katholischen Gläubigen und denen, die vom Lichte Christi des Erlösers erleuchtet werden, erteilen Wir als Unterpfand der Fülle göttlicher Gaben von Herzen den Apostolischen Segen. Für alle Menschen guten Willens aber erbitten Wir, was zu ihrem Glück und zu ihrem Heile ist.

Paul VI.:
Ansprache bei der Eröffnung der dritten Sitzungsperiode des Zweiten Vatikanischen Konzils (14. September 1964)[1]

Ehrwürdige Brüder und geliebte Söhne!

Im Zeichen des Heiligen Kreuzes, zu dessen Ehre wir das eucharistische Opfer gemeinschaftlich zelebriert haben, beginnt heute die Dritte Session des Zweiten Vatikanischen Ökumenischen Konzils. Hier ist in Wahrheit die Kirche. Wir selbst bewirken hier Kirche, und zwar, weil wir die Glieder des mystischen Leibes Christi sind. Gott nämlich gab uns durch das Geschenk seiner unschätzbaren Gnade, dass wir an ihn glauben, dass wir durch die Taufe gereinigt worden sind, dass wir durch seine Liebe dem heiligen und sichtbaren Volk Gottes zugehören dürfen. Wir bewirken die Kirche, weil wir ihre Verwalter sind, das heißt Priester, mit besonderem Weihecharakter gezeichnet, durch dessen Kraft wir in dieses Amt bestellt worden sind, da wir eine sakramentale Ordination empfangen haben; und diese übertrug auf uns wunderbare und schwerwiegende Vollmachten. Sie machte uns zu Genossen des Ordo der heiligen Hierarchie, der es obliegt, das heilbringende Werk Christi durch die geeigneten Dienste in den Zeiten auszurichten und über die Erde zu verbreiten. Die Kirche bewirken wir schließlich, weil wir als Lehrer des Glaubens, Hirten der Seelen und Verwalter der Geheimnisse Gottes[2] alle ihre Teile hier darstellen, nicht als Vertreter und Delegierte der Gläubigen, denen unsere geistliche Sorge gilt, sondern als Väter und Brüder, die im Namen der einem jeden von uns anvertrauten Gemeinden handeln, und als die Vollversammlung, die Wir, mit euch allen als euer Bruder vereint, mit Fug und Recht als Bischof von Rom einberufen haben, dieser durch den Ratschluss der göttlichen Vorsehung hervorragenden Hauptstadt, als der niedrigste zwar,

---
[1] Text entnommen aus: HerKorr 19 (1964/65) 42–47.
[2] 1 Kor 4,1.

aber auch der gewisse Nachfolger des Apostels Petrus, an dessen Grab wir fromm zusammengekommen sind, und somit als der unwürdige, aber wahre Lenker der katholischen Kirche und Stellvertreter Christi, Knecht der Knechte Gottes.

Wir also, die Wir die ganze Kirche in Unserer Person und Unserem heiligen Amt zusammenfassen, erklären dieses Konzil für ökumenisch: hier wird die Einheit feierlich begangen, hier wird das katholische Kennzeichen der Kirche gefeiert, und dadurch wird diese ihre wunderbare Kraft und einzigartige Gabe bezeugt, die Menschen durch einen brüderlichen Bund miteinander zu vereinen, die verschiedenen Formen der menschlichen Kultur und die so verschiedenen Sprachen aufzunehmen, die charakteristischen Liturgien und Frömmigkeitsformen, die unterschiedlichsten Lebensweisen, Gesellschaftsordnungen, Bildungsstufen und Lehren, die die Völker bestimmen. Das alles wird glücklich zur Einheit geführt, und doch werden die legitimen und natürlichen Verschiedenheiten gewahrt.

Die Heiligkeit der Kirche wird hier gefeiert, weil sie hier das Erbarmen Gottes anruft, dass er nicht ansehe die Schwachheit und Irrtümer der sündigen Menschen, als die wir uns bekennen, und weil wir hier im Dienst des heiligen Amtes ganz besonders erkennen, dass wir schöpfen können aus dem „unergründlichen Reichtum Christi"[3] die herrlichen Gaben des Heils und der Heiligung, durch die alle Menschen reich gemacht werden. Auch sind wir uns dessen bewusst, dass uns nichts anderes aufgegeben ist, als „dem Herrn ein wohlgeordnetes Volk zu bereiten"[4].

Hier endlich wird das apostolische Kennzeichen der Kirche gefeiert, das uns als ihr wunderbares Vorrecht erscheint. Im Bewusstsein unserer erfahrenen Schwachheit und der geschichtlichen Gebrechlichkeit auch der festesten menschlichen Institutionen wissen wir doch auch, wie beständig und treu der Auftrag Christi an die Apostel bis auf uns gekommen ist, die wir uns nur in Demut darüber wundern können, wie unerklärlich und wie sieghaft die Kirche die Jahrhunderte überdauert hat, immer lebendig, immer fähig, in sich jene Kräfte zu erwecken, durch die sie unwiderstehlich sich verjüngt.

Dazu sagt Tertullian diese Worte: „Diese Repräsentation des gesamten christlichen Namens wird mit großer Verehrung begangen. Und wie würdig versammeln sie sich unter Führung des Glaubens von überall her um Christus. Sieh, wie gut und freundlich die Brüder zusammenwohnen"[5].

Apostolat und Heiliger Geist

Wenn dies die Kirche ist, so ist hier auch der Geist, der Tröster, den Christus seinen Aposteln zum Auferbauen dieser Kirche verheißen hat, als er sagte: „Ich werde den Vater bitten, und er wird euch einen anderen Beistand geben, damit er

---

[3] Eph 3, 8.
[4] Lk 1, 17.
[5] De ieiuniis, Cap. XIII: PL 2, 1024.

immerfort bei euch bleibe, den Geist der Wahrheit, den die Welt nicht empfangen kann, weil sie ihn nicht sieht und nicht kennt. Ihr aber kennt ihn, denn er bleibt bei euch und wird in euch sein"[6]. Daher wissen wir, dass Christus das Wirken der beiden Prinzipien versprochen hat: das apostolische Amt und den Heiligen Geist, und er hat sie auf verschiedene Weise übermittelt, damit sein eigenes Amt fortdauert, das von ihm begründete Reich über Zeiten und Räume sich ausbreitet und er die von ihm erlösten Menschen in seiner Kirche versammelt, in seinem mystischen Leibe, dass sie seine ganze Fülle seien, bis seine Wiederkunft in Herrlichkeit am Ende der Tage erwartet wird.

Das apostolische Amt als äußeres und objektives Wirkprinzip vollbringt sozusagen den materiellen Leib der Kirche und verleiht ihm die sichtbare und soziale Struktur. Aber der Heilige Geist handelt von innen her und erfüllt mit seiner Kraft nicht nur die Herzen der einzelnen Menschen, sondern er bewegt, belebt und heiligt die ganze Gemeinschaft.

Beide, das apostolische Amt, das die heilige Hierarchie durch Sukzession empfängt, und der Geist Jesu, der sich eben dieser Hierarchie als des ordentlichen Werkzeugs bedient durch den Dienst des Wortes und der Sakramente, sie handeln gleichzeitig. Am Pfingsttage nämlich waren sie beide auf wunderbare Weise miteinander verbunden, als die Fülle des Werkes Christi ihren Anfang nahm; obwohl noch nicht sichtbar, war es immer gegenwärtig in den Aposteln und deren Nachfolgern, die „als Hirten und Vorsteher dein Werk fortsetzen"[7]. Beide geben, wenn auch auf verschiedene Weise, doch zusammenwirkend, Zeugnis von Christus, in einer Art Bündnis, das dem apostolischen Handeln übernatürliche Kraft verleiht.[8]

Glauben wir denn nicht, dass dieser Plan des Heilswerkes, durch welchen die Erlösung Christi zu uns gelangt und sich in uns vollendet, auch heute noch in Kraft ist? Sicherlich, ehrwürdige Brüder! Daher müssen wir glauben, dass jener Plan durch uns fortgeführt und zur Wirkung gebracht wird, weil wir von Gott eine ausreichende Vollmacht empfangen haben, „der uns auch befähigt hat zu Dienern des Neuen Bundes, nicht durch den Buchstaben, sondern durch den Geist ..., der lebendig macht"[9]. Wenn jemand daran zweifeln sollte, täte er der Treue Christi unrecht, der seine Verheißungen ausführt, er verfehlte unseren apostolischen Auftrag und beraubte die Kirche ihrer gewissesten Eigenschaft, in der sie nie fehlen kann. Durch das göttliche Wort wird sie bestätigt und durch die Erfahrungen der Jahrhunderte erwiesen.

Der Geist ist hier gegenwärtig, nicht um mit sakramentaler Gnade das Werk zu ergänzen, das wir alle, die zum Konzil versammelt sind, vollbringen, sondern um es zu erleuchten und es zum Nutzen der Kirche wie der ganzen Menschheit zu leiten. Der Geist ist hier, ihn rufen wir an, ihn erwarten wir, ihm folgen wir. Der Geist ist hier! Denken wir besonders an dieses Kapitel der Lehre, an diese seine

---

[6] Joh 14, 16–17.
[7] Apostelpräfation.
[8] 1 Petr 1, 12.
[9] 2 Kor 3, 6.

wahre Gegenwart, damit wir abermals und auf die vollkommenste und fast unaussprechliche Weise die Gemeinschaft mit dem lebendigen Christus erfahren. Denn der Geist vereinigt uns mit ihm. Dazu ermahnen Wir euch, damit wir uns bereitwilligen und aufmerksamen Sinnes ihm aussetzen, damit wir unser Elend und unsere Leere bedenken, durch die wir gedemütigt werden, und die Notwendigkeit, seine Erbarmung und seine Hilfe anzurufen. Wir wollen auch diese Worte des Apostels hören, die er uns ins innerste Herz spricht: „Betraut mit diesem Dienst, wie er uns aus Erbarmen zuteil wurde, sind wir nicht mutlos"[10]. In dieser Stunde des Konzils werden wir zur höchsten inneren Folgsamkeit gerufen, zum äußersten Gehorsam gegenüber dem Worte Gottes, wie es Kindern geziemt, zum innigsten Gebet und zur Liebe, um unseren Geist zu geistlicher Glut zu entzünden. Diese Worte des hl. Ambrosius, der ein dichterischer Geist war, scheinen uns in dieser Stunde sehr passend: „Freudig lasst uns trinken die besonnene Nüchternheit des Geistes"[11]. Das sind wir der heiligen Stunde des Konzils schuldig.

Die Aufgaben des Konzils

Und endlich bekräftigen wir dies: Es ist nun im Fortschritt der Ereignisse so weit gekommen, dass die Kirche, die von uns repräsentiert wird und durch uns Struktur und Leben empfängt, über sich das sagt, was Christus mit ihrer Gründung im Sinne hatte und wollte und was die Väter, Päpste und Theologen in ihrer Weisheit durch Nachdenken in Jahrhunderten fromm und treu erforscht haben. Die Kirche muss sich selber definieren und aus ihrem authentischen Selbstbewusstsein die Lehre schöpfen, die ihr der Heilige Geist schon nach der Verheißung des Herrn eingegeben hat: „Der Beistand aber, der Heilige Geist, den der Vater senden wird in meinem Namen, er wird euch alles lehren und euch an alles erinnern, was ich euch gesagt habe"[12].

In dieser Weise ist die Lehre zu vollenden, die das Erste Vatikanische Ökumenische Konzil sich anfangs zur Verkündung vorgenommen hatte, die sie aber wegen plötzlicher äußerer Behinderung nicht mehr definieren konnte, es sei denn nur ihren ersten Teil, der, wie ihr wisst, vom obersten Hirten der Kirche oder dem römischen Bischof handelt und von seinen höchsten Vorrechten. Sie betreffen den Jurisdiktionsprimat und die Unfehlbarkeit des Lehramts, die Jesus Christus dem Apostel Petrus verlieh als seinem sichtbaren Stellvertreter auf Erden und jenen, die ihm in diesem erhabenen und schweren Amt nachfolgen würden.

Es bleibt noch zu erledigen, dass der Traktat über diese Lehre ergänzt wird und die Gedanken Christi über seine Gesamtkirche und besonders über Wesen und Auftrag derer dargelegt werden, die die Nachfolger der Apostel sind, nämlich die Bischöfe. Mit dieser Würde und diesem Amt ist der größere Teil von euch, ehr-

---

[10] 2 Kor 4, 1.
[11] PL 16, 1411.
[12] Joh 14, 26.

würdige Väter, und sind auch Wir, ehrwürdige Brüder, durch den gnädigen Willen Gottes ausgestattet.

Auch über die vielen anderen Dinge wird das Konzil zu sprechen haben, aber die Entscheidung, die in dieser Sache ansteht, scheint vor allen anderen das größte Gewicht zu haben und die größte Klugheit zu erfordern. Diese Frage wird im Gedächtnis der Nachwelt zweifellos dieser feierlichen Synode den besonderen historischen Wert verleihen. Darüber sind einige schwierige Kontroversen zu bereinigen. Es ist zu bestimmen das Wesen und das heilige Amt der Hirten der Kirche, es sind zu unterscheiden die Vorrechte, die sich legitim aus dem Bischofsamt ergeben, und es ist mit Hilfe des Heiligen Geistes über sie ein sicheres Urteil zu fällen. Ferner sind die Beziehungen zwischen diesem Apostolischen Stuhl und den Bischöfen zu umschreiben. Es sind aufzuweisen die Ordnungen und Formen der Kirche sowohl im Osten wie im Westen, und zu entscheiden, ob die Eigenarten, die sie hier und dort haben, zu ihrem Wesen gehören. Schließlich ist den Gläubigen der katholischen Kirche und den von ihrer Gemeinschaft getrennten Brüdern verständlich zu machen, was der wahre Begriff der Ordnung der heiligen Hierarchie ist, worüber dieses Wort gesagt ist: „Der Heilige Geist hat euch bestellt zu Bischöfen, um die Kirche Gottes zu leiten"[13], und zwar mit bestimmter Autorität, die in Zweifel zu ziehen nicht erlaubt ist. Dennoch sollen sie sich bemühen, den Brüdern demütig und geduldig zu dienen, wie es Hirten als Dienern des Glaubens und der Liebe geziemt.

Diese Themen bewegen Unser und euer Herz, ehrwürdige Brüder, mit lebhaftem Nachdenken, weil in der Dritten Session des Ökumenischen Konzils unter den verschiedenen dort zu entscheidenden Materien besonders dies für die Hauptfrage gehalten wird, um die Lehre vom Wesen und Auftrag der Kirche mit Sorgfalt zu behandeln und zu erklären. So fügt es sich, dass die in den beiden früheren Sessionen begonnene Verhandlung wiederaufgenommen und sauber zu Ende geführt wird, so dass diese feierliche Generalsynode die passende Fortsetzung und Vollendung des Ersten Vatikanischen Ökumenischen Konzils sei. Die Kirche will nämlich sich selbst betrachten oder vielmehr sich im Geiste Jesu Christi, ihres göttlichen Stifters, erforschen. Das bedeutet, dass sie der Weisheit und Liebe ihres Gründers zu ihrer Ehre Gehorsam erweist; und indem sie abermals Glauben und Treue erneuert, wird sie sich gelehriger machen, um das Werk zu leisten, für das sie errichtet worden ist.

Niemand aber möge glauben, dass die Kirche, die so handelt, sich in Selbstgefälligkeit ausruht und sowohl Christus, von dem sie alles empfängt, wie auch die Menschheit vergisst, zu deren Dienst sie entstanden ist. Wohl steht die Kirche in der Mitte zwischen Christus und der menschlichen Gesellschaft, aber ganz und gar nicht, um mit sich selbst zufrieden zu sein, und erst recht nicht als Schirm, der die Sicht verdeckt, ebenso wenig als ein Selbstzweck, sondern ständig darauf bedacht, dass sie ganz Christus zu eigen ist, in Christus, für Christus, und dass sie ganz den Menschen gehört, unter Menschen und für die Menschen lebt, als ein wahrhaft demütiger und herausgehobener Verbindungsweg zwischen dem gött-

---

[13] Apg 20, 28.

lichen Diener und dem menschlichen Geschlecht eingerichtet, um die Wahrheit und Gnade des übernatürlichen Lebens zu hüten und auszubreiten.

Dieses ist in der gegenwärtigen Zeitenwende, die in dem Lauf der Jahrhunderte sehr geheiligt erscheint, überaus schwerwiegend und höchst bedeutsam. Bei der zu leistenden Erwägung über die Kirche ist für Uns und am meisten für euch etwas als vor allem wichtig herauszustellen, was die hierarchische Verfassung der Kirche selbst betrifft samt dem Ursprung, dem Wesen, dem Auftrag und der Gewalt des Bischofsamtes. Wie Wir bereits einschärften, ist in der kirchlichen Hierarchie der Episkopat der erhabenste und höchste Teil, den „der Heilige Geist bestellt hat ..., die Kirche Gottes zu leiten"[14].

Daher glauben Wir dem Plan der göttlichen Vorsehung zu folgen, wenn Wir bei dieser historischen Feier, die eurer würdig ist, ehrwürdige und geliebte Brüder im Episkopat, euch die Ehre gewähren, die Unser Herr den Aposteln gemeinsam mit Petrus zuerkannt wissen wollte.

Von den Vätern des Ersten Vatikanischen Ökumenischen Konzils wurden definiert und erklärt die in der Tat wahrhaft einzigartigen und höchsten Vollmachten, die Christus dem Petrus und seinen Nachfolgern übertragen hat. Diese Verkündigung hat bei manchen den Eindruck erweckt, dass sie die Autorität der Bischöfe als der Nachfolger der Apostel mindert. Solche Leute haben sogar gemeint, es sei nun überflüssig und unerlaubt, in Zukunft ein Ökumenisches Konzil einzuberufen, dem ebenfalls die höchste kanonische Gewalt über die universale Kirche zuerkannt wird.

Diese gleichermaßen Ökumenische Synode wird die Lehre des früheren Ökumenischen Konzils über die Vorrechte des Summus Pontifex zu bestätigen haben. Anderseits aber beabsichtigt sie auch und vor allem, die Vorrechte des Episkopats zu beschreiben und ehrenvoll zu beleuchten. Sicher wissen es alle, dass die Einberufung des gegenwärtigen Konzils übrigens in voller Freiheit durch Unseren Vorgänger glücklichen Gedenkens, Johannes XXIII., erfolgte und von Uns sofort gern bestätigt worden ist, der Wir wohl wussten, dass diese hochheilige Versammlung sofort sich geradewegs mit der Frage des Episkopats befassen werde. Es konnte auch gar nicht anders sein; denn nicht umsonst wurden die damit zusammenhängenden Lehren so sehr diskutiert, sondern es bestand auch der ernsthafte Wille, den Ruhm, die Sendung, die Verdienste, die Freundschaft Unserer Brüder zu bezeugen, die teilnehmen am Lehren, Heiligen und Lenken der Kirche Gottes.

Es sei erlaubt, das berühmte Wort zu wiederholen und Uns zu eigen zu machen, das Unser entfernter und heiliger Vorgänger Gregor der Große an Eulogius, den Bischof von Alexandrien, schrieb: „Meine Ehre ist die Ehre der ganzen Kirche. Meine Ehre ist die sichere Kraft meiner Brüder. Dann werde auch ich wahrhaft geehrt, wenn die Ehre eines jeden nicht verleugnet wird"[15].

---

[14] Apg 20,28.
[15] Gregor der Große, 8, 30: PL 77, 933.

Die Lehre vom Episkopat

Die Integrität der katholischen Wahrheit erfordert es jetzt, das Lehrstück zu erklären, das, in Übereinstimmung mit der Lehre vom römischen Bischof, in glänzendem Licht die Würde und die Aufgaben des Episkopats darstellt. Die Grundzüge seiner Würde und Aufgaben zu beschreiben, wird die Aufgabe dieses Ökumenischen Konzils sein, das nichts anderes erstrebt, als den Geist Jesu Christi richtig zu deuten, den die Quellen der göttlichen Offenbarung und die aus ihr fließende katholische Lehre sicher erweisen. Und was Uns betrifft, so freuen Wir Uns schon jetzt, die Bischöfe anzuerkennen als Unsere Brüder und sie mit dem Apostel Petrus „Älteste" (Seniores) zu nennen, für Uns aber gern den ähnlichen Titel „Mitältester" (Consenior) in Anspruch zu nehmen.[16] Das ist Unsere Freude, dass Wir sie auch mit den Worten des Apostels Paulus nennen können „Genossen im Leiden und im Trost"[17]. Und das ist Unsere Sorge, dass Wir ihnen die Verehrung, Hochschätzung, Liebe und die Gemeinschaft mit Unserem Herzen bezeugen können. Schließlich ist es Unseres Amtes, sie anzuerkennen als Lehrer, Hirten, Heiligmacher des christlichen Volkes, als „Verwalter der Mysterien Gottes"[18], als Zeugen des Evangeliums, Diener des Neuen Bundes, gleichsam als Abglanz des Ruhmes des Herrn.[19]

Obwohl Wir als der Nachfolger Petri und somit im Besitz der Vollgewalt über die gesamte Kirche, wenn auch unverdient, Unser Amt als euer Lenker ausüben, so bedeutet das nicht, dass eure Autorität verkleinert wird, denn gerade Wir verehren sie zuallererst. Wenn aber Unser apostolisches Amt Uns verpflichtet, bezüglich der Ausübung der bischöflichen Gewalt Vorbehalte zu machen, Grenzen festzusetzen, Formen vorzuschreiben und Verwaltungsvorschriften zu erlassen, so ist das alles, wie ihr wohl wisst, zum Wohl der Gesamtkirche erforderlich, auch die Einheit der Kirche erfordert das, denn sie bedarf um so mehr einer höchsten Führung, je weiter die Grenzen des katholischen Namens reichen, je ernster die Gefahren werden und je dringlicher die Bedürfnisse des christlichen Volkes in verschiedenen Ereignissen der Geschichte, ja, je schneller heute die Möglichkeiten einer Verbindung funktionieren. Diese Zusammenfassung der kirchlichen Gewalt gleichsam in einem Zentrum, die immer maßvoll ausgeübt und immer durch eine sorgsame Verteilung angemessener Vollmachten und nützlicher Dienste für die örtlichen Oberhirten ausgeglichen wird, diese Organisation auf ein Zentrum hin, so sagen Wir, ist kein künstliches Verlangen aus Herrschbegierde. Sie hat, ehrwürdige Brüder, den Charakter eines wahren Dienstes, und sie antwortet auf das innere Wesen der Kirche, die Eine und hierarchisch ist, sie bewirkt jenen Schmuck, jene Kraft und Schönheit, die Christus ihr verheißen und im Laufe der Zeiten gewährt hat.

In dieser Sache sei das Wort zitiert, das Unser Vorgänger seligen Gedenkens

---

[16] Vgl. 1 Petr 5,1.
[17] Nach 2 Kor 1,4.7.
[18] Vgl. 1 Kor 4,1.
[19] Vgl. 2 Kor 3,6–18.

Pius XII. vor einer Versammlung von Bischöfen sagte: „Diese Vereinigung und sachgemäße Verbindung mit dem Heiligen Stuhl entspringt nicht dem Bestreben, alles zu zentralisieren und zu konformieren, sondern aus dem göttlichen Recht und aus einem elementaren Prinzip, das der Verfassung der Kirche Christi eigentümlich ist"[20].

Aber diese Norm löscht in keiner Weise die Autorität der Bischöfe aus, sondern sie stärkt noch ihre Kraft, sei es, dass man den einzelnen Bischof betrachtet oder das ganze Kollegium der Bischöfe. Oh, wie sehr widmen Wir Uns der Bewunderung der heiligen Hierarchie, wie sehr möchten Wir ihre besonderen Aufgaben schützen! Denn sie stammt aus der Liebe Christi, damit jener heilige Glaube erfüllt, verbreitet und immer rein und fruchtbar überliefert werde als ein Schatz der Vorbilder, Gebote und Charismata, die Christus seiner Kirche als Erbteil hinterließ. Sie selber erzeugt die Gemeinschaft der Gläubigen und ordnet in rechter Weise ihren sichtbaren Organismus. Dadurch wird es möglich, dass die Kirche Mutter und Lehrerin genannt wird. Ihr Amt spendet uns die Reichtümer der Sakramente, durch ihre Vermittlung werden Gott Gebete dargebracht, und sie fördert die Werke und Taten der christlichen Liebe. Wir, die Wir die oberste Leitung dieser Institution ausüben, wie sollten Wir ihr nicht Unsere ganze Sorge, Unser Vertrauen, Unseren Schutz widmen? Wie könnten Wir ihre Verteidigung vernachlässigen? Welche andere Aufgabe kehrte öfter wieder, wäre Uns wichtiger und teurer, als die Rechte, die Freiheit, die Würde der heiligen Hierarchie bei den verschiedenen Völkern zu schützen? Macht nicht diese mühevolle Tätigkeit die ganze Geschichte des Papsttums aus, zumal in diesem Jahrhundert politischer Umwälzungen?

Dieser Unserer Verherrlichung des katholischen Episkopats fügen Wir noch einen weiteren Grund hinzu, um zu zeigen, wie viel seine Würde und seine Liebe durch die Bindungen dieser hierarchischen Gemeinschaft gewinnt, die ihn mit dem Apostolischen Stuhl vereinigt, und wie sehr dieser Apostolische Stuhl euch braucht, geliebte Brüder! Wie sehr ihr, die ihr über die Erde verstreut seid, zum Bestand und zur Gestaltung der wahren Katholizität der Kirche eines Mittelpunktes bedürft, eines Prinzips der Einheit im Glauben und in der Gemeinschaft, einer einheitlichen Gewalt, die ihr gerade in diesem Stuhle Petri habt, so verlangen Wir, dass ihr Uns mit eurem Wirken stets nahe bleibt, damit der Apostolische Stuhl immer mehr seine Vortrefflichkeit erweise und ihm nicht jene Kraft, jene menschliche und geschichtliche Wirklichkeit fehle, ja auch damit seinem Glauben einmütig gedient werde, seine Pflichten vorbildlich erfüllt werden und er in seinen Widrigkeiten Trost erfahre.

In der Erwartung also, dass von dieser Versammlung die Lehre über den Episkopat genau festgelegt werde, erweisen Wir ihm jetzt schon Unsere Ehre, versichern Wir ihm unsere brüderliche und väterliche Gesinnung und bitten Wir ihn um seine Zustimmung, die Wir von Herzen begehren. Möge aus diesem Konzil der Zusammenschluss der Herzen, der in einem belebenden Band des Glaubens und der Liebe die katholische Hierarchie vereint, noch mehr vertieft, verstärkt

---

[20] AAS 1954, 676.

und geheiligt hervorgehen. Das wird eine Verherrlichung für Christus bedeuten, Frieden für die Kirche und Licht für die Menschheit.

Weit mehr noch hätten Wir über dieses Thema und über viele andere, ebenfalls sehr wichtige und dem Konzil zur Prüfung vorgelegte Gegenstände zu sagen, müssten Wir nicht fürchten, eure Geduld zu sehr zu beanspruchen.

Grüße

Wir wollen Uns jedoch die Freude nicht versagen, von hier aus und in diesem Augenblick einen besonderen Gruß an die kirchlichen Gemeinschaften zu richten, die ihr hier vertretet. Unser Denken wendet sich vor allem an die lieben und verehrten Priester der ganzen Welt, wahre und tüchtige Mitarbeiter des bischöflichen Amtes. Es wendet sich an die Ordensleute, die sich um jede Art und Form bemühen, die sie Christus ähnlich und den Brüdern nützlich macht. Es wendet sich an alle katholischen Laien, die mit der Hierarchie zur Auferbauung der Kirche und im Dienst an der menschlichen Gesellschaft zusammenarbeiten. Es wendet sich an alle Leidenden, an die Armen, die Verfolgten: Unser Denken kann im Besonderen jene nicht vergessen, die die fehlende Freiheit noch fernhält von diesem Konzil.

Wir grüßen sodann die anwesenden Auditoren, deren edle Gesinnung und ausgezeichnete Verdienste Wir kennen. Ebenso ist es Uns eine Freude, Unsere geliebten Töchter in Christus, die Auditorinnen zu begrüßen, die zum ersten Mal zur Teilnahme an den Konzilsversammlungen zugelassen wurden. Auditoren und Auditorinnen mögen in diesem Unserem Entgegenkommen Unsere väterliche Gesinnung für alle Kreise des Volkes Gottes und Unseren Wunsch erkennen, der christlichen Gemeinschaft eine immer größere Fülle von Eintracht, Zusammenarbeit und Liebe zu verleihen.

Und endlich ihr, hochverehrte und geschätzte Beobachter, die ihr es nochmals übernommen habt, unserer dritten Konzilsversammlung beizuwohnen! Wir begrüßen euch, Wir danken euch, Wir bestätigen euch Unseren Vorsatz und Unser Bemühen, eines Tages jedes Hindernis, jedes Missverständnis, jedes Misstrauen beheben zu können, was uns noch hindert, uns vollständig in Christus, in seiner Kirche als „ein Herz und eine Seele"[21] fühlen zu können. Von Unserer Seite werden Wir alles tun, was Uns hierfür gestattet ist. Wir begreifen, dass die Wiederherstellung dieser Einheit eine schwierige Sache ist, und Wir werden ihr die erforderliche Sorge und Zeit widmen. Sie ist etwas Neues, wenn man die lange und schmerzliche Geschichte bedenkt, die den verschiedenen Trennungen vorausging, und Wir werden geduldig warten, bis die Umstände heranreifen, um sie positiv und in Freundschaft zu lösen. Es ist eine große Angelegenheit, deren Wurzeln in die geheimnisvollen Absichten Gottes hinabreichen, und Wir werden demütig und fromm danach trachten, Uns einer so großen Gnade wert zu machen. Eingedenk der Worte des Apostels Paulus, der allen Völkern das Geschenk des Evan-

---

[21] Apg 4,32.

geliums angeboten hat, indem er „allen alles"²² zu werden suchte durch ein Entgegenkommen, das Wir heute einen praktischen Pluralismus nennen möchten, eingedenk ferner, dass der gleiche Apostel uns beschworen hat, „die Einheit des Geistes zu wahren durch das Band des Friedens", weil ja „nur ein Herr ist, ein Glaube, eine Taufe, ein Gott und Vater aller"²³, werden Wir in der Treue zur Einzigkeit der Kirche Christi suchen, das besser kennen zu lernen und aufzunehmen, was an Echtem und Annehmbaren sich in den verschiedenen von Uns noch getrennten christlichen Gemeinschaften findet. Gleichfalls bitten Wir sie, sie mögen den Glauben und das katholische Leben besser kennen lernen und Unsere Einladung zu ihrer Integration in der Fülle der Wahrheit und der Liebe nicht als Beleidigung, sondern als ehrerbietige und brüderliche Geste ansehen, eine Geste jener Liebe, die zu bewahren uns das Gebot Christi als unverdientes Glück und als erschreckende Verantwortung auferlegt hat und die durch die Wiedervereinigung in der Einheit all derer, die den Namen Christi tragen, eine größere Ausdruckskraft erhalten wird.

Möge indessen durch eure Vermittlung, verehrte und geschätzte Gäste und Beobachter bei diesem Konzil, Unser herzlicher Gruß an die entsprechenden, durch euch vertretenen christlichen Gemeinschaften gelangen! Und ein ehrerbietiges Gedenken Unserseits gelange auch zu jenen, die hier nicht vertreten sind. In Unserem Gebet und in Unserem Wohlwollen nehmen Wir alle noch von der vollen geistigen und sichtbaren Vollständigkeit des mystischen Leibes Christi getrennten Glieder zusammen, und in dieser Bemühung der Liebe und der Frömmigkeit wächst Unser Schmerz und wächst Unsere Hoffnung. Ihr fernen und Uns so nahen Kirchen! Kirchen, Gegenstand Unserer aufrichtigen Sehnsucht! Kirchen Unseres ruhelosen Heimwehs! Kirchen Unserer Tränen und Unseres Verlangens, euch ehren zu können mit Unserer Umarmung in der wahren Liebe Christi! Von diesem Mittelpunkt der Einheit, den das Grab des Apostels und Märtyrers Petrus darstellt, von diesem ökumenischen Konzil der Brüderlichkeit und des Friedens gelange zu euch Unser liebevoller Ruf! Vielleicht hält uns noch ein großer Abstand getrennt und wird noch viel Zeit verstreichen müssen, bevor die volle und wirksame Begegnung sich vollzieht. Aber ihr möget wissen, dass Wir euch schon im Herzen tragen. Der Gott der Erbarmungen möge so große Sehnsucht und so große Hoffnung aufrecht halten!

Und endlich möge Unser Denken zur Welt gehen, die Uns mit ihrem Interesse oder auch mit ihrer Gleichgültigkeit und vielleicht sogar mit ihrer Feindseligkeit umgibt. Wir erneuern ihr gegenüber den Gruß, den Wir schon von Bethlehem aus an sie gerichtet haben, mit dem neu bekräftigten Vorsatz, die Kirche in den Dienst ihrer geistigen Rettung und ihres kulturellen Gedeihens zu stellen, zu ihrem Frieden und zu ihrem wahren Glück.

Und indem Wir euch alle, verehrte Brüder, einladen zur einmütigen Anrufung des Heiligen Geistes, schicken Wir Uns an zur Eröffnung der Dritten Sitzung dieses Zweiten Vatikanischen Ökumenischen Konzils und erteilen euch allen im

---

²² 1 Kor 9,22.
²³ Eph 4,2.5–6

Namen des Herrn und mit dem Vertrauen auf den Beistand der seligsten Jungfrau Maria und der heiligen Apostel Petrus und Paulus Unseren Apostolischen Segen.

Paul VI.:
Ansprache zum Abschluss der dritten Konzilssession (21. November 1964)[1]

Ehrwürdige Brüder!
Nach zwei Monaten eifriger und brüderlicher Mühsal sagen wir Gott Dank für die glückselige Feier dieses Zweiten Vatikanischen ökumenischen Konzils, dessen arbeitsreiche Dritte Session Wir mit dieser feierlichen und heiligen Zusammenkunft beschließen. Oh, wir sind wahrhaft verpflichtet, Gott für seine Wohltaten zu danken und uns zu freuen, dass er uns die einmalige Gnade erwiesen hat, diesem historischen Ereignis der Vorsehung beizuwohnen und ihm als geringe und glückliche Veranstalter Bedeutung und Fülle zu verleihen. Oh, wir müssen dieses Gotteswort hören, als sei es uns gesagt: „Selig aber sind eure Augen, weil sie sehen, und eure Ohren, weil sie hören!"[2] Seht dort vor unseren Augen die heilige Kirche Gottes, vertreten von ihren Hirten, denen ihre Herden folgen, die Kirche, die sich von Gott her durch Unseren Ruf gleichzeitig versammelt hat. Da ist die katholische Hierarchie, die das heilige Volk Gottes zu verfassen und zu lenken hat. Sie kommt hier an einem Bischofssitz zusammen, von einer Gesinnung beseelt, und eine Verkündigung, ein Glaube, eine Liebe ist in aller Mund und Herz. Seht hier diese unvergleichliche Versammlung, die Wir stets bewundert haben. Nie werden Wir vergessen, wie sie sich um die Ehre des Vaters und des Sohnes und des Heiligen Geistes bemüht hat, um die erhabene Botschaft der Offenbarung zu vergegenwärtigen und ihre wahre und innerste Bedeutung zu erforschen.

Seht eine Versammlung von Menschen, die gemeinsam tagen, so frei wie niemand vom Suchen nach dem eigenen Nutzen und eitlen Dingen, wie niemand sonst bestrebt, die göttliche Wahrheit zu bezeugen. Menschen, schwach und nicht frei von Irrtum, doch voller Überzeugung, dass sie die Wahrheit verkünden können, die sie nicht bestreiten und beschränken lassen. Menschen, sagen Wir, dieses Zeitalters und dieser Erde, doch hocherhaben über Zeit und Ort, um die Last der Brüder auf ihren Schultern zu tragen und sie dem geistlichen Heil zuzuführen. Menschen mit dem Willen zu ganzer Hingabe ausgezeichnet, von Liebe entbrannt, die stärker ist als die Herzen selber, die sie entzündet hat, von Impulsen getragen, die manchmal unbedacht erscheinen, die aber verbunden sind mit dem ruhigen Vertrauen, den Sinn des menschlichen Lebens und der Geschichte zu erkunden und ihnen die Kraft, Größe, Schönheit und Einheit in Christus zuzu-

---
[1] Text entnommen aus: HerKorr 19 (1964/65) 179–184.
[2] Mt 13,16.

sprechen, allein in Christus dem Herrn! Das ist bewundernswert, Ehrwürdige Brüder, die ihr hier zugegen seid! Das ist erstaunlich, ihr Menschen, die ihr uns von draußen her betrachtet. Werden wir jemals ein größeres Schauspiel sehen, ein frömmeres, das geeigneter ist, die Herzen zu ergreifen, ein feierlicheres?

Diese unsere Freude wird noch vermehrt, wenn Wir in diesem Augenblick der Konzilssession, die Wir nunmehr schließen, nochmals die Themen in Erinnerung rufen, die behandelt und schließlich entschieden wurden. Es wurde durchberaten und entfaltet die Lehre von der Kirche und somit das Lehrstück des Ersten Vatikanischen ökumenischen Konzils vollendet. Es wurde das Mysterium der Kirche und der göttliche Plan zu ihrer grundlegenden Verfassung erforscht.

Abermals sagen wir: Gott sei gedankt für dieses glückliche Ereignis, und mit Recht ist unser Herz erfüllt von Freude: von nun an erkennen wir leichter die Gedanken Gottes vom Mystischen Leibe Christi, und aus dieser Erkenntnis werden wir für das Leben der Kirche klarere und gewissere Normen schöpfen können, auch größere Energien werden uns helfen bei der ständigen Anstrengung, die Menschen zum Heil zu führen, und größere Hoffnung auf den Fortschritt des Reiches Christi in der Welt. Darum lasst uns Gott danken! Vielerlei wäre über die geleistete Arbeit zu sagen: über das hingebende und scharfsinnige Studium, das dazu geführt hat, dass alles mit der Wahrheit aus der Heiligen Schrift und mit der eigensten Tradition der Kirche voll übereinstimmt; über die dabei aufgewandte Mühe, um den innersten Sinn und die primäre Wahrheit des Verfassungsrechts der Kirche selbst zu entdecken, damit unterschieden werden kann zwischen dem, was unveränderlich und sicher ist, und dem, was aus den Prinzipien durch natürlichen und legitimen Fortschritt entwickelt wird; über den Eifer schließlich, wie das Mysterium der Kirche nach allen Seiten in sein Licht gestellt worden ist, so dass das Leben des Mystischen Leibes Christi in allen Teilen, in allen Ämtern und allen zu erlangenden Zielen mit angemessenen Gründen dargelegt wird. Aber das schwierigste und denkwürdigste Kapitel dieser geistigen Leistung ist die Lehre vom Episkopat. Darum sei Uns erlaubt, über dieses Kapitel kurz einiges zu sagen, was Wir dazu meinen.

Dies eine nur wollen Wir bekennen: Sehr hat es Uns gefallen, dass die Lehre mit einer derartigen Fülle von Denkarbeit und Diskussion und mit nicht geringer Klarheit der Schlussfolgerungen untersucht worden ist. Das war ja auch notwendig, damit das Erste Vatikanische Ökumenische Konzil vollendet werde. Die günstige Zeit kam der Sache entgegen, denn das forderten auch hinreichend die große Zunahme der theologischen Studien unserer Tage wie die Ausbreitung der Kirche in der Welt, die Probleme, die der Kirche in ihrer täglichen Hirtenarbeit zur Lösung erwachsen, und schließlich die Voten vieler Bischöfe, die eine Klärung der sie betreffenden Lehre erwarteten. Es entsprach dem auch die angewandte Methode, so dass Wir nicht mehr im geringsten zweifeln – nachdem Wir Uns überzeugt haben von den beigefügten Erklärungen zur Interpretation der verwendeten Begriffe wie auch vom theologischen Sinn, der der vom Konzil vorgelegten Lehre zukommt –, dass Wir also nicht im geringsten zweifeln, sagen Wir, mit Gottes Hilfe diese Konstitution über die Kirche in Kraft zu setzen.

Der beste Kommentar zu dieser Promulgierung scheint wahrhaftig der zu sein, dass durch sie die überlieferte Lehre in keiner Weise verändert worden ist. Was Christus gewollt hat, eben das wollen auch Wir. Was war, verbleibt in Geltung. Was im Wechsel der Zeiten die Kirche gelehrt hat, eben das lehren auch Wir. Es wurde lediglich das, was früher selbstverständlich gelebt worden ist, nunmehr in klare Lehre gefasst. Was bis jetzt erwogen, disputiert und zum Teil noch Kontroversen ausgesetzt war, ist in die sichere Formel der Lehre geprägt worden. Wir können wirklich bekennen, dass der Ratschluss des vorausschauenden Gottes Uns die herrliche Stunde der Erleuchtung bereitet hat, eine Stunde, sagen Wir, deren Nahen gestern noch langsam voranschritt, deren heilbringende Kraft künftig sicher das Leben der Kirche durch neues Wachstum der Lehre, vermehrte Kraft und geeignetere Ordnung bereichern wird.

Auch das muss vermerkt werden, welche Ehre durch diese Konstitution dem Volke Gottes erwiesen wird. Nichts Erfreulicheres konnte Uns begegnen, als zu sehen, dass die Würde aller Unserer Brüder und aller Unserer Söhne, aus denen das heilige Volk besteht, so feierlich anerkannt wird, da eben zu seiner Berufung, zu seiner Heiligung, zu seiner Leitung und zu seinem ewigen Heil der gesamte Dienst der heiligen Hierarchie geschieht; denn das ist ihre Bestimmung. Mit nicht geringerer Genugtuung erfüllt Uns, was durch diese Konstitution über Unsere Brüder im Episkopat festgelegt wird. Wie freuen Wir Uns, festzustellen, dass auch ihre Würde feierlich verkündet wird, dass ihre Ämter gefeiert und ihre Vollmachten anerkannt werden! Wie sehr danken Wir Gott, dass Wir das Glück hatten, die heilige Würde eures Dienstes und die Fülle eures Priestertums mit gebührender Ehre auszustatten und ebenfalls die Bande gegenseitiger Verpflichtung zu erklären, die zwischen Uns und euch, Ehrwürdige und geliebte Brüder, bestehen.

Nicht ohne fromme Ergriffenheit haben Wir dies betrachtet, dass das vornehmste, einzigartige und universale Amt, das Christus der Herr dem Petrus übertragen hat und das auf seine Nachfolger, die römischen Päpste, weitergegeben worden ist – deren Amt Wir heute unverdient bekleiden –, dass dieses Amt, so sagen Wir, in dem feierlichen Dokument, das Wir soeben promulgiert haben, voll und ganz und oftmals anerkannt und ihm Verehrung geleistet wird. Das hat Uns wirklich gefallen, und zwar nicht nur wegen der Würde, die davon auf Uns zurückfällt, die Wir ein so großes Amt eher fürchten als gerne tragen, sondern wahrhaftig wegen der Ehre, die dem Worte Christi damit erwiesen wird, wegen des erneut bestätigten Einvernehmens mit der heiligen Tradition und dem Lehramt der Kirche und schließlich wegen der unverbrüchlichen Garantie im Interesse der Einheit der Kirche wie auch wegen der geschlossenen und wirksamen Handlungsfähigkeit, die überhaupt dem Kirchenregiment sicher verbürgt bleiben muss. Es war auch von höchster Bedeutung, die Vorrechte des obersten Pontifikats so klar und entschieden anzuerkennen, weil die Frage der Autorität der Bischöfe in der Kirche zu lösen war, so dass eine solche Autorität in keiner Weise der Vollmacht des Statthalters Christi und Hauptes des Bischofskollegiums entgegenstehend erscheint, sondern nach dem Verfassungsrecht der Kirche in voller Übereinstimmung mit ihr.

Wegen dieser innigen und im Wesen der Sache gründenden Verbindung wird der Episkopat zu einer Art von in sich geschlossenem Körper, der in dem Bischof, der Nachfolger des hl. Petrus ist, nicht eine verschiedene, von außen wirkende Vollmacht besitzt, sondern im Gegenteil sein eigenes Haupt und gleichsam seinen Mittelpunkt. Dadurch werden Wir genötigt, mit sorgendem Eifer eure Rechte zusammen mit den Unseren zu verkünden, und Wir freuen Uns über deren Mehrung, Wir sichern ihre Größe und fördern gleichermaßen ihre und Unsere Erhöhung und Vollendung.

Aus diesem Grunde erkennen Wir dem bischöflichen Amt die volle Kraft und Wirksamkeit zu, und Wir nehmen wahr, dass die Gemeinschaft des Glaubens, der Liebe, der übernommenen Verantwortung und der Beistand gegenseitiger Hilfe mit Uns gemehrt wird. Daher fürchten Wir nicht im geringsten, dass Unsere Autorität gemindert oder beeinträchtigt wird, wenn Wir eure Autorität anerkennen und herausstellen. Im Gegenteil, Wir fühlen Uns stärker werden durch die Gemeinschaft der Herzen, durch die wir zu Brüdern werden. Wir wissen, dass Wir künftig besser die universale Kirche leiten können, da Wir Uns dessen bewusst sind, dass jeder von euch durch seinen Rat daran mitwirkt. Wir spüren endlich, dass Wir dem Beistand Jesu Christi noch mehr vertrauen können, da wir alle in seinem Namen innig miteinander verbunden werden und dies auch künftig sein wollen.

Welches die Auswirkungen dieser Lehrerklärung in der Praxis sein werden, ist nicht leicht zu sagen. Aber nicht schwer vorauszusehen ist, dass sie reiche geistliche Einsichten und kanonische Einrichtungen bringen wird. Das Ökumenische Konzil schließt mit der nächsten, Vierten Session. Damit aber seine Dekrete ins Werk gesetzt werden, müssen zahlreiche postkonziliare Kommissionen bestellt werden, bei deren Einrichtung es nötig ist, dass der Episkopat tätige Hilfe leistet. Und damit Wir Fragen allgemeinen Interesses erfassen, die unserer Zeit eigentümlich sind und andauernd neu auftreten, sind Wir aus diesem Grunde um so bereitwilliger, einige von euch, Ehrwürdige Brüder, auszuwählen und jeweils für eine bestimmte Zeit herbeizurufen zu gemeinsamer Beratung, damit Wir den Trost eurer Gegenwart, den Beistand eurer Klugheit und Erfahrung, die Stütze eures Rates und die Stimme eurer Autorität nicht entbehren. Das wird nützlicherweise dadurch geschehen, dass die Römische Kurie in eine neue Form gebracht wird, eine Sache, die bereits sorgfältig geprüft wird. So kann man eure Erfahrung als Hirten der Diözesen nutzen; und somit werden die Kurienämter, die schon jetzt in treuem Dienst sehr wirkungsvoll arbeiten, durch die Beteiligung der Bischöfe aus verschiedenen Regionen, durch den Beistand ihrer Weisheit und Liebe zur Vollendung und Vollkommenheit gebracht.

Was die Praxis betrifft, so bringt wahrscheinlich die Kühnheit der Ratschläge und die Vielzahl der Untersuchungen eine Schwierigkeit mit sich, denn immer bereiten mehr Mitwirkende auch mehr Hindernisse als bei einem persönlichen Regiment. Wenn sie aber der Beschaffenheit der zugleich monarchischen wie hierarchischen Kirche mehr entspricht, so wird durch den Erweis eures Beistandes auch Unsere große Arbeit mehr erleichtert. Mit Klugheit und Liebe wollen Wir die Schwierigkeiten überwinden, die zur komplizierten Disziplin dieser Kirchenleitung ihrem Wesen nach gehören.

Wir möchten hoffen, dass aus der Lehre vom Mysterium der Kirche, die das

Zweite Vatikanische Konzil dargelegt und verkündet hat, jetzt schon viel Gutes für die Menschen hervorgeht, besonders für die Katholiken, damit alle Christgläubigen das wahre Antlitz der Braut Christi besser gezeichnet und dargestellt sehen, so dass sie die Schönheit ihrer Mutter und Lehrmeisterin erkennen, die Schlichtheit und ehrwürdige Majestät dieser Institution. Sie mögen dieses Wunderwerk des geschichtlichen Glaubens bewundern, eines bedeutenden Gemeinschaftslebens, mit der Weite der besten Gesetze, auch ein gewisses Zeichen, das beständigen Fortschritt verheißt. Denn der göttliche und der menschliche Anteil sind hier verbunden, so dass in der Gemeinschaft der an Jesus glaubenden Menschen der Plan der Inkarnation wie der Auferstehung aufstrahlt, wie es beim hl. Augustinus heißt: der ganze Christus wird sichtbar, unser Erlöser.

An diesem herrlichen Schauspiel freuen sich zuallererst die Ordensmänner und Ordensfrauen, die ausschließlich und beständig christliche Vollkommenheit geloben. Sie sind die besten Glieder der Kirche, ihre großmütige Verteidigung und ihre geliebten Kinder.

Aber an diesem Schauspiel müssen sich auch diejenigen Unserer Brüder und Söhne erfreuen, die in jenen Ländern leben, wo immer noch eine gerechte und würdige Freiheit des Glaubensbekenntnisses entweder überhaupt verhindert oder derart beschränkt wird, dass man sie zur Kirche des Schweigens und der Tränen zählen muss. Ebenso freuen sich an der großartigen Lehre, die die Kirche erhellt, jene, die durch die Not ihrer Leiden und durch ihr herrliches Glaubenszeugnis beitragen. Die das tun, verdienen höchsten Ruhm als die Christus ähnlichen Opfer zur Erneuerung der Menschheit.

Zur Hoffnung werden Wir sodann ermutigt, dass auch die von Uns getrennten Brüder diese Lehre von der Kirche gerecht und wohlwollend bedenken. Oh, wie sehr wünschen Wir, diese Lehre, ergänzt durch die Erklärungen des Schemas De Oecumenismo, die dieses Konzil ebenfalls gebilligt hat, möge ihre Herzen wie mit einem Ferment der Liebe bei ihren Gedanken erfüllen und ihr Forschen zu der Erkenntnis führen, dass sie mehr und mehr zur Gemeinschaft mit uns hinneigen und sie endlich mit Gottes Hilfe darin ganz mit uns gleich sind. Unterdessen bewirkt diese Lehre in Uns eine so große Freude, und Wir beobachten, wie die Kirche, die die Linien ihrer Gestalt auszieht, die Grenzen ihrer Liebe nicht verengt, sondern erweitert. Auch unterdrückt sie nicht die vielfältige Bewegung ihrer Katholizität, wie man sie nennt, diese breitet sich vielmehr weiter aus und lädt immer zu sich ein. An dieser Stelle möchten Wir die Gelegenheit ergreifen und den Beobachtern, die hier als Vertreter ihrer noch von Uns getrennten Kirchen oder christlichen Konfessionen weilen, Unseren ehrfürchtigen Gruß sagen. Wir bezeugen ihnen Unsere Dankbarkeit, dass sie den Sitzungen des Konzils beiwohnen wollten, und wünschen ihnen weiteres Gedeihen.

Zuletzt wünschen Wir, dass die heilige Lehre von der Kirche auch die profane Welt, in der sie lebt und von der sie umgeben ist, mit den Strahlen ihres wohltuenden Lichtes erleuchte. Denn die Kirche soll sich als „das erhobene Zeichen der Völker"[3] erweisen, damit sie alle auf ihrem Lebensweg sicher zur Wahrheit

---

[3] Jes 11,9.

und zum Leben führe. Wie jedermann erkennen kann, hält sich die Darbietung dieser Lehre treu an die strengen Gründe und Methoden der heiligen Theologie, die sie bestätigt und auszeichnet, aber sie vergisst dennoch nicht das menschliche Geschlecht, die Menschheit, sagen Wir, die in der Kirche zusammenströmt oder geschichtliche und soziale Vereinigungen an bestimmten Orten bildet, in denen die Kirche ihres göttlichen Amtes waltet. Die Kirche ist für die Menschheit gegründet. Die Kirche beansprucht keine andere irdische Autorität als diejenige, die es ihr erlaubt, den Menschen zu dienen und sie zu lieben. Die heilige Kirche, die ihre Denkweise und ihren Organismus zur Vollkommenheit entwickelt, schließt sich nicht von den Lebensgewohnheiten der Menschen ab, mit denen sie lebt, sondern sie trachtet vielmehr danach, sie besser zu verstehen, ihre Nöte und ihre berechtigten Wünsche zu teilen und ihre Versuche zu unterstützen, Wohlstand, Freiheit und Frieden zu erreichen.

Die hierüber geführten Diskussionen werden wir auf der letzten Session des Konzils fortsetzen, wenn das Schema „Über die Religionsfreiheit", das aus Zeitmangel vor dem Abschluss dieser Session nicht mehr durchberaten werden konnte, wie auch das andere Schema „Die Kirche in der Welt dieser Zeit" – das das Konzil bereits beschäftigt hat, das aber in dieser Session nur kurz behandelt worden ist – auf der nächsten und letzten Session nach allen Seiten hin dargelegt sein wird.

Nachdem dies gesagt ist und ehe Wir Unsere Rede beschließen, bewegt noch ein anderes Thema sanft Unser Nachdenken.

Denn, Ehrwürdige Brüder, es drängt Uns, Unsere Gedanken noch mit lauterer und dankbarer Gesinnung, wie es Söhnen ansteht, der seligen Jungfrau Maria zuzuwenden. Sie haben wir gerne zur Schutzherrin dieses Konzils, zur Zeugin unserer Mühen, zur liebenswürdigen Ratgeberin. Denn ihrem und des heiligen Josephs himmlischem Patronate sind die Versammlungen des Konzils von Anbeginn anvertraut.[4]

In diesem Sinne haben Wir im vergangenen Jahr die heilige Gottesmutter durch einen öffentlichen Akt in der Liberianischen Basilika gefeiert vor dem ehrwürdigen Bilde mit dem ruhmvollen Namen „Salus Populi Romani" – „Heil des römischen Volkes". In diesem Jahre aber ist die Ehrung, die das Konzil ihr widmen will, weitaus großartiger und bedeutsamer: diese Konstitution über die Kirche, die heute zu verkünden war. Ihr Höhepunkt und ihre Krönung ist das ganze Kapitel über die Jungfrau Maria. Mit Recht sei Uns daher erlaubt, diese Sitzungsperiode wie mit einem einzigartigen Lobgesang zu Ehren der jungfräulichen Gottesmutter zu beenden.

Zum ersten Male – Wir sagen das mit tiefer innerer Bewegung – hat ein ökumenisches Konzil die katholische Lehre über die Stellung der Jungfrau Maria im Heilsgeheimnis Christi und der Kirche zu einem einzigen und zugleich so eingehenden Werk zusammengefasst. Dies entspricht ganz den Absichten des Konzils, das ja das Bild der heiligen Kirche darzustellen sich bemüht. Mit ihr ist die Gottesmutter eng verbunden, und sie ist nach einem treffenden Ausspruch „ihr größ-

---

[4] Vgl. AAS 53 (1961) 37–38.211–213; 54 (1962) 727.

ter Anteil, ihr bester Anteil, ihr vorzüglicher Anteil, ihr erlesenster Anteil"[5]. Die Kirche wird nicht nur von ihrer hierarchischen Ordnung, der heiligen Liturgie, den Sakramenten und dem Gefüge ihrer Einrichtungen geschaffen. Ihre innere und eigentliche Kraft, die Hauptquelle ihrer Wirksamkeit, durch die sie die Menschen heiligt, ist ihre mystische Einheit mit Christus. Und diese Einheit kann man nicht losgelöst betrachten von ihr, der Mutter des fleischgewordenen Wortes, die Christus selbst innigst mit sich verbunden hat, um für unser Heil zu sorgen. Wenn wir also die Kirche anschauen, müssen wir liebend die Wunderwerke erwägen, die Gott an seiner heiligen Mutter getan hat. So ist die Erfassung der wahren katholischen Lehre über die Jungfrau Maria immer eine wirksame Hilfe zum rechten Verständnis des Heilsgeheimnisses Christi und der Kirche.

Wenn Wir die engen Beziehungen zwischen Maria und der Kirche erwägen, die in dieser Konzilskonstitution so lichtvoll ausgeführt sind, so legen sie Uns nahe, diesen hochfeierlichen Augenblick auch für den am besten geeigneten zu halten, um einen Wunsch zu erfüllen, den Wir am Ende der vorigen Sitzungsperiode angedeutet und den sehr viele Väter mit der Bitte aufgegriffen haben, es solle auf diesem Konzil ausdrücklich das mütterliche Amt Mariens über das christliche Volk verkündet werden. Darum möchten Wir in dieser öffentlichen Sitzung feierlich den Ehrentitel der Jungfrau Maria einführen, der aus vielen Teilen der katholischen Welt erbeten worden und der Uns in besonderer Weise willkommen ist. In eindrucksvoller Kürze drückt er die Vorzugsstellung aus, die dieses Konzil der Gottesmutter in der Kirche zuerkennt.

So erklären Wir denn zum Ruhme der heiligen Jungfrau und zu unserem Tröste die heilige Maria zur Mutter der Kirche, das heißt des ganzen christlichen Volkes, der Gläubigen wie der Hirten, die sie ihre liebevolle Mutter nennen. Und Wir legen fest, dass mit diesem holden Namen von nun an das ganze christliche Volk die Gottesmutter noch mehr ehrt und anruft.

Es handelt sich um eine Bezeichnung, Ehrwürdige Brüder, die der christlichen Frömmigkeit wohlvertraut ist. Ja mit gerade diesem Namen rufen die Christgläubigen und die ganze Kirche Maria besonders gerne an. Dieser Name gehört in der Tat zum ursprünglichen Kern marianischer Frömmigkeit, da er in eben jener Würde gründet, mit der Maria als Mutter des fleischgewordenen Gotteswortes ausgezeichnet ist.

Wie die Gottesmutterschaft der Grund ist für die einzigartigen Beziehungen zwischen Christus und Maria und sie im Wirken Jesu Christi für das menschliche Heil zugegen ist, so erwachsen gleichfalls aus der Gottesmutterschaft die besonderen Beziehungen zwischen Maria und der Kirche. Denn so wie Maria die Mutter Christi ist, der alsbald nach seiner Menschwerdung in ihrem jungfräulichen Schoße sich, dem Haupte, seinen Mystischen Leib – die Kirche – anschloss, so ist Maria als die Mutter Christi zugleich als die Mutter aller Gläubigen und Hirten, also der Kirche, zu betrachten.

Darum wollen wir, obgleich unwürdig und schwach, dennoch im Vertrauen und kindlicher Liebe zu ihr die Augen erheben. Sie hat uns einst Jesus, den Quell

---

[5] Rupertus, in Apoc. I. VII, c. 1: PL 169, 1043.

der göttlichen Gnade, geschenkt; sie kann ihre mütterliche Hilfe der Kirche nicht verwehren, zumal nicht jetzt, da die Braut Christi mit frischem Eifer ihr Heilsamt auszufüllen strebt.

Dieses Vertrauen aber weiter zu nähren und zu stärken, raten uns die engen Bande zwischen unserer himmlischen Mutter und der Menschheit. Wenn sie auch von Gott mit reichen und herrlichen Gaben überhäuft worden ist, dass sie dem fleischgewordenen Wort eine würdige Mutter wäre, steht Maria uns Menschen dennoch überaus nahe. Wie wir ist auch sie ein Nachkomme Adams und darum unsere Schwester nach der gemeinsamen menschlichen Natur. Sie war freilich auf die späteren Verdienste Christi hin unberührt von der Erbsünde, doch fügte sie zu den göttlichen Gaben das hohe Vorbild ihres vollendeten Glaubens, so dass sie das rühmende Wort des Evangeliums verdiente: „Selig, die du geglaubt hast."

In diesem Erdenleben verwirklichte sie den reinen Inbegriff des Jüngers Christi, war sie ein Spiegel aller Tugenden, entfaltete in ihrem Wandel jene Seligpreisungen, die Christus verkündet hat. Darum nimmt die ganze Kirche in ihrem vielfältigen Wirken und ihrem tatkräftigen Eifer die jungfräuliche Gottesmutter zum vollkommenen Vorbild, das notwendig zur ganzen Nachfolge Christi führt.

So haben Wir nun der feierlich verkündeten Konstitution über die Kirche dadurch, dass Wir Maria zur Mutter aller Gläubigen und Hirten, also der Kirche, erklärt haben, den Höhepunkt gegeben. Wir vertrauen darum zutiefst, dass das christliche Volk mit größerer Hoffnung und glühenderem Eifer die seligste Jungfrau anruft und ihr die rechte Verehrung erweist.

Wir selbst haben getreu der Mahnung Unseres Vorgängers Johannes XXIII. am Anfang diese Konzilsaula betreten zusammen „mit Maria, der Mutter Jesu", und gleicherweise wollen Wir im holden und heiligen Namen Mariens, der Mutter der Kirche, dieses Gotteshaus verlassen.

Jeder von euch, Ehrwürdige Brüder, trachte danach, Mariens Namen und Ehre beim christlichen Volke inständiger zu rühmen. So bezeuge er seine Dankbarkeit für die mütterliche Hilfe, die Maria im Laufe dieser Sitzungsperiode gütig gewährt hat. Ihr Vorbild empfehle er zur Nachahmung: im Glauben, im willigen Gehorsam gegen jeden Antrieb der himmlischen Gnade, schließlich im Leben nach den Geboten Christi und den Eingebungen der christlichen Liebe. Dann werden gewiss alle Gläubigen, durch den Namen der gemeinsamen Mutter verbunden, sich immer stärker fühlen zum Bekenntnis des Glaubens und zur Nachfolge Christi Jesu. Zugleich werden sie, von glühenderer Bruderliebe ergriffen, die Liebe zu den Bedürftigen, das Streben nach Gerechtigkeit und die Sicherung des Friedens fördern. So hat schon der große heilige Ambrosius treffend gemahnt: „In jedem einzelnen sei Mariens Seele, dass sie hochpreise den Herrn; in jedem einzelnen sei Mariens Geist, dass er frohlocke in Gott"[6].

Vor allem hoffen Wir, dass dies in volles Licht gerückt werde: Maria, die demütige Magd des Herrn, ist ganz auf Gott und Christus Jesus, unseren einzigen Mittler und Erlöser, gerichtet. Zugleich wünschen Wir, dass deutlich dargestellt werde, was die rechte Verehrung der Jungfrau Maria ausmacht und worauf sie

---

[6] Ambrosius, in Luc. 2, 26: PL 15, 1642.

zielt. Besonders wichtig ist das in den Gebieten, in denen unsere getrennten Brüder in größerer Zahl wohnen. Wer immer außerhalb der katholischen Kirche lebt, soll klar erkennen, dass die kindliche Anhänglichkeit an die jungfräuliche Gottesmutter nicht in sich selbst ruht; dass sie vielmehr als eine Hilfe zu betrachten ist, die ihrem Wesen nach die Menschen zu Christus führt und sie mit dem ewigen Vater im Himmel durch das Liebesband des Heiligen Geistes verbindet.

So wenden Wir Uns denn mit heißem Flehen an die heilige Jungfrau Maria, dass sie für das ökumenische Konzil und die Kirche ihre Fürsprache einlege. Weiter bitten wir sie, dass die ersehnte Zeit eilends nahe, in der alle Anhänger Jesu Christi wieder unter sich geeint sind. Doch unterdessen schweifen Unsere Blicke über den weiten Erdkreis, der sich ins schier Endlose dehnt. Auf ihn richtet diese Kirchenversammlung ihre lebhafte und liebevolle Sorge; auf ihn, den im gleichen Sinne Unser hochverehrter Vorgänger Pius XII. auf gewiss himmlische Eingebung hin dem Unbefleckten Herzen Mariens in feierlicher Form geweiht hat. Dieses heiligen und frommen Aktes möchten Wir heute auf eine besondere Weise gedenken. Darum also haben Wir Uns entschlossen, durch eine eigens bestellte Gesandtschaft in Kürze eine Goldene Rose zum Heiligtum von Fatima zu senden. Jenes Heiligtum ist ja nicht nur dem edlen portugiesischen Volke überaus teuer – diese Nation ist immer, besonders aber heute, in Unser Herz geschlossen –; es ist vielmehr bei allen katholischen Gläubigen heute angesehen und in Ehren. Darum vertrauen auch Wir dem Schutz der himmlischen Mutter das ganze Menschengeschlecht an, seine Beschwerden und Nöte, seine rechten Bestrebungen und brennenden Hoffnungen.

Du jungfräuliche Mutter Maria, erhabene Mutter der Kirche, dir anempfehlen wir die ganze Kirche und das ökumenische Konzil.

Du wirst mit einem rührenden Namen „Hilfe der Bischöfe" genannt. Beschütze die Hirten der Kirche in ihrem Amt und steh ihnen bei. Steh bei auch allen Priestern, Ordensleuten und Gläubigen aus dem Laienstand, die jenen in den mühevollen Aufgaben des Hirtendienstes ihre Hilfe leihen.

Du bist vom göttlichen Heiland, deinem Sohn, als er am Kreuze starb, dem Jünger, den er lieb hatte, zur liebevollen Mutter gegeben worden. Gedenke des christlichen Volkes, das sich dir anvertraut.

Gedenke aller deiner Kinder. Ihren Bitten füge deine Macht und Geltung vor Gott hinzu. Bewahre ihren Glauben rein und standhaft, stärke ihre Hoffnung, entzünde ihre Liebe.

Gedenke derer, die in Angst, Not und Gefahr schweben; besonders derer, die ob ihres christlichen Glaubens Folter leiden und in Ketten liegen. Du jungfräuliche Mutter, erflehe ihnen innere Kraft und Stärke, und bringe rasch herbei den ersehnten Tag des Rechtes und der Freiheit. Wende deine gütigen Augen unseren getrennten Brüdern zu. Dir möge es gefallen, dass wir bald wieder miteinander verbunden werden. Du hast ja Christus geboren, den Brückenbauer der Einheit zwischen Gott und den Menschen.

Du Heiligtum des reinen, niemals verfinsterten Lichtes. Bitte bei deinem eingeborenen Sohn, durch den wir nun die Versöhnung mit dem Vater empfangen haben,[7] dass er mit unseren Fehlern Nachsicht habe, alle Zwietracht fernhalte und die Freude der Bruderliebe in uns senke.

Deinem Unbefleckten Herzen, jungfräuliche Gottesmutter, anempfehlen wir die ganze Menschheit. Führe sie zur Anerkennung des einzigen und wahren Erlösers Christus Jesus. Treibe von ihr das Unheil, das der Sünde entstammt, und schaffe ihr Frieden, der gegründet ist in Wahrheit, Gerechtigkeit, Freiheit und Liebe. Endlich gewähre der ganzen Kirche, dass sie es bei der Feier dieses großen ökumenischen Konzils vermag, dem Gott der Erbarmungen den Hochgesang des Lobes und des Dankes anzustimmen, den Hochgesang der Freude und des Jubels; denn durch dich hat Großes getan, der da mächtig ist, du milde, du gute, du holde Jungfrau Maria.

Paul VI.:
Ansprache zur Eröffnung der vierten Sitzungsperiode des Zweiten Vatikanischen Konzils (14. September 1965)[1]

Ehrwürdige Brüder!

Wir freuen Uns, dass Wir im Namen des Herrn die Vierte Sitzungsperiode des Zweiten Vatikanischen Konzils für eröffnet erklären können.

Lob und Dank sei Gott, unserm allmächtigen Vater, durch Jesus Christus, seinen Sohn und unsern Erlöser, im Heiligen Geist, der die heilige Kirche belebt und leitet, dafür, dass wir glücklich zu der jetzigen letzten Sitzungsperiode dieser heiligen ökumenischen Synode geführt wurden in dem höchsten und gemeinsamen Vorsatz eines ergebenen und entschlossenen Willens gegenüber dem Wort Gottes, in der brüderlichen und tiefen Eintracht im katholischen Glauben, im freien und eifrigen Studium der vielfachen Fragen über unsere Religion und besonders über die Natur und Sendung der Kirche Gottes, in dem einmütigen Verlangen, ein engeres Band der Gemeinschaft mit den von uns getrennten christlichen Brüdern herzustellen, in dem von Herzen kommenden Bestreben, an die Welt eine Botschaft der Freundschaft und des Heils zu richten, und in dem demütigen und festen Vertrauen, von Gottes Barmherzigkeit die Gnaden zu erlangen, deren wir, ohne sie zu verdienen, bedürfen, um mit liebevoller und großmütiger Hingabe unsere pastorale Sendung zu verwirklichen.

---

[7] Vgl. Röm 5,11.
[1] Text entnommen aus: HerKorr 19 (1964/65) 627–631.

Das Konzil ist eine große Sache

Dieses Konzil ist eine große Sache! Wir freuen uns über die feierliche und geordnete Kundgebung der Einheit der sichtbaren Kirche, einer Einheit, die nicht nur äußerlich, sondern mehr noch im Herzen durch das gegenseitige Kennenlernen und durch das betende, denkende, beratende und schließlich zustimmende gründliche Gespräch zustande kam; so haben wir hier, mit dem Ziel, sie eifrig und glücklich widerzuspiegeln und zu fördern, die mystische Einheit erfahren und bekannt, die Christus seinen Aposteln als das kostbarste und authentische Erbe und als oberstes Gebot hinterließ! Wir freuen uns auch, weil während dieser einzigartigen Feier, die regelmäßig jedes Jahr in dieser Basilika, die dem Gedächtnis des Apostels Petrus, dem sichtbaren Fundament der Kirche Christi geweiht ist, bereits dreimal stattgefunden hat und nun zum viertenmal beginnt, die katholische Hierarchie die Bande einer solidarischen und eindeutigen Gemeinschaft zum Ausdruck gebracht, bestärkt und erläutert hat, die die vielfache Verschiedenheit unserer menschlichen Herkunft und die unversöhnlichen Gegensätze, die die Menschen voneinander trennen, unmöglich zu machen schienen. Und statt dessen haben wir vor uns und durch uns als beglückende Tatsache die geheimnisvolle und lebendige katholische Wirklichkeit.

Die Worte des großen Kirchenlehrers, Unseres ehrwürdigen und heiligen Vorgängers Leo des Großen, kommen Uns hierbei in den Sinn: „Wenn ich diese wahrhaft großartige Schar meiner ehrwürdigen Mitbrüder im Priestertum sehe, dann meine ich inmitten so vieler Heiliger mich bei einer Zusammenkunft von Engeln zu befinden"[2].

Mit uns freue sich die ganze Kirche darüber, deren Hirten und Repräsentanten wir hier sind, dass sie sich mit uns eins weiß und fühlt in zustimmender innerer Harmonie, die sie ganz durchdringen und, wenn auch mit der notwendigen Nüchternheit, berauschen möge.

Eine große Sache ist dieses Konzil! Obwohl die regelmäßige Wiederkehr seiner Sitzungen den Eindruck des Neuartigen dieser historischen Begegnung abschwächt, betrachten Wir dieses Ereignis nicht weniger aufmerksam und bewundernd, sondern selbst die Gewohnheit, die aus der Aufeinanderfolge dieser Sitzungen entstand, soll uns geeigneter und frömmer machen, um dessen großen, vielseitigen und geheimnisvollen Sinngehalt zu ergründen. Lassen wir diese große Stunde nicht unbeachtet an uns vorübergehen. Man verwechsle nicht diese einzigartige Erfahrung mit den vielen und gewohnten Ereignissen, mit denen unser gewöhnliches Leben verwoben ist. An der gemeinsamen Gegenwart, die uns hier eint – vergessen wir es nicht –, nehmen ja nicht nur wir allein teil, weil jener Christus mit uns ist, in dessen Namen wir versammelt sind[3] und dessen Beistand unsern Weg durch die Zeit stets geleitet.[4]

---

[2] Sermo I – De annivers.
[3] Vgl. Mt 18,20.
[4] Vgl. Mt 28,20.

Anhang

Hören auf den Heiligen Geist

Die Verpflichtung, diese Schlussphase des Konzils ganz bewusst mitzuleben, stellt für uns eine Verantwortung dar, die jeder in seinem Gewissen bewerten und der er mit besonderer sittlicher und geistlicher Haltung entsprechen muss. Brüder, es sei uns nicht lästig, den vielen und schweren Arbeiten, die uns erwarten, diesen Augenblick des Nachdenkens voranzustellen, damit wir uns in die für die uns hier gestellte Aufgabe günstige Verfassung versetzen, nämlich das geheimnisvolle Zusammenwirken des göttlichen Tuns mit dem unsern. Ein Zusammenwirken, das immer im Reich der Gnade tätig ist, aber in hervorragender Form und in besonderem Ausmaß, wo es sich um das Schicksal der heiligen Kirche handelt, wie es gerade bei einem Konzil der Fall ist. Hier können wir tatsächlich das Wort des heiligen Paulus ganz auf uns anwenden: „Gottes Mitarbeiter sind wir"[5], nicht weil wir uns anmaßen könnten, dem Wirken Gottes zum Erfolg zu verhelfen, sondern weil wir hoffen, dass unser demütiges und bereitwilliges Tun Kraft und Verdienst vom göttlichen Wirken erhält. Wir sind uns dessen voll bewusst, dass es dieser Versammlung am Schluss aufgegeben sein wird, mit den heiligen und gewaltigen Worten der Apostel ihr Urteil zu fällen: „Es hat dem Heiligen Geist und uns gefallen"[6]. Darum ist es erforderlich, dass wir alle Kraft aufwenden, um zu erreichen, dass das Wirken des Heiligen Geistes sich mit dem unsern verbinde und es ganz durchdringe, erleuchte, stärke und heilige. Um welchen Eifer es sich handelt, wissen wir ebenfalls. Siebenmal fordert die Botschaft des Apostels im Buch der Geheimen Offenbarung[7] die Hirten – Engel werden sie genannt – der Urgemeinden auf: „Wer Ohren hat, der höre, was der Geist zu den Gemeinden spricht." Hören! Die geheimnisvolle Stimme des Trösters zu hören muss in den nun folgenden Tagen der Schlusssitzung des Konzils unsere erste Pflicht sein. Den Heiligen Geist jene Liebe in unsere Herzen ausgießen lassen, die sich in Weisheit wandelt, d. h. in jene Richtigkeit des Urteils aus den tiefsten Gründen des Wissens, durch die der menschliche Geist zu Gott zurückkehrt, von dem er jene unaussprechliche Gabe erhalten hat, und zur Liebe werde. Die Liebe, die von Gott herabsteigt, wandle sich in Liebe, die zu Gott aufsteigt und die vom Menschen zu Gott zurückzukehren strebt.

Dieser Vorgang sollte den Abschluss unserer ökumenischen Synode kennzeichnen. Wir müssten mehr denn je imstande sein, ihn in uns selbst zu vollziehen, um dadurch diesem Augenblick der Lebensfülle der Kirche seine tiefste Sinnbedeutung und seine wirksamste Auswertung zu schenken. Aus der Liebe sollten wir Antrieb und Wegweisung gewinnen hin zu den Wahrheiten, die wir ins rechte Licht stellen wollen, und hin zu den Vorsätzen, die nichts anderes als Ausdruck der Liebe sind: sind sie doch von diesem Konzil verkündet worden, das ja selbst Träger der höchsten und von Liebe getragenen Hirtengewalt ist.

Bei diesem Suchen nach der Wahrheit, sei sie lehrhaft oder richtungweisend,

---

[5] 1 Kor 3,9.
[6] Apg 15,28.
[7] Offb 2,7–3,22.

möge uns die Liebe leiten, eingedenk des Wortes des hl. Augustinus: „Kein Gut kann vollkommen erkannt werden, wenn es nicht vollkommen geliebt wird"[8].

Es dürfte auch nicht schwierig sein, unserem ökumenischen Konzil den Charakter der Liebe zu geben, einer großen, dreifachen Liebe: gegenüber Gott, der Kirche und der Menschheit.

Ein Akt der Liebe

1. Schauen wir zunächst auf uns selbst, verehrte Brüder. Wie könnte man die Lage, in die uns die Einberufung des Konzils versetzt hat, anders kennzeichnen als einen Zustand geistiger Spannung und Anstrengung? Diese Einberufung hat uns aus der Erstarrung des gewohnten Lebens herausgerissen, hat uns zum vollen Bewusstsein unserer Berufung und unseres Sendungsauftrags neu erweckt, hat schlummernde Kräfte in uns aufgerüttelt, hat in unserer Seele den Geist der Prophetie, der der Kirche eigen ist, entzündet, hat in uns den Drang und die Verantwortung erweckt, unsern Glauben zu verkünden, Gott zu loben, uns enger Christus anzuschließen, das Geheimnis der Offenbarung und der Erlösung der Welt laut zu verkünden. Verdient das etwa nicht den Namen Liebe?

Auf dieser Bühne, von der aus man die heutige Welt betrachtet, die vom Nebel des Zweifels verdeckt ist, vom Dunkel der Glaubenslosigkeit, mutet es uns an, als wären wir emporgehoben in die Sphäre des Lichtes Gottes, wenn wir auch selbst Gefährten und Brüder der Menschen sind, unter denen wir leben. Von dieser Höhe des Geistes kam es uns vor, als wären wir herausgehoben aus dieser Erde, aus ihren Wirren und Trümmern und sähen, strahlend und wärmend, die Sonne des Lebens – „und das Leben ward das Licht der Menschen"[9] –, als sprächen wir, demütig, kindlich und froh, in Geist und Wahrheit, mit Gott unserm Vater, als sagten wir ihm Lob mit Liedern und, vor Freude weinend, das Lob seiner gewaltigen Herrlichkeit, die uns Heutigen wegen des Fortschrittes in der Erforschung des Weltenraums noch viel zugänglicher geworden ist, als sprächen wir von unserm Glück, dass er uns seinen Namen, sein Reich, seinen Willen geoffenbart hat. Dann könnten wir den Schmerz der Welt lindern, die Not, die Ungeheuerlichkeit unseres Elends und der sich ausbreitenden Irrungen; aber in diesem Punkt fühlen wir uns, mehr denn je, stark in der Gewissheit, die in uns lebt und uns erfüllt mit einzigartiger Macht und die uns erinnert, dass wir die Verteidiger des Geistes, die Behüter des menschlichen Geschickes und die Künder der echten Hoffnung sind. Und ist das nicht Liebe, die in der Heiligen Schrift ihren großartigen und plastischen Ausdruck findet: „Wir haben an die Liebe geglaubt, die Gott zu uns hat"[10]?

Das Konzil wird wohl in die Weltgeschichte eingehen als die höchste, die glänzendste und menschenfreundlichste Bestätigung einer erhabenen Religion, die

---

[8] Augustinus, divers. quaest., 83: PL 40, 24.
[9] Joh 1, 4.
[10] 1 Kor 4, 16.

nicht von Menschen erfunden, sondern von Gott geoffenbart wurde und die er, der unfassbare Vater, in großer Liebe zur Menschheit durch Christus, seinen Sohn, im Heiligen Geiste, dem Lebensspender, begründet hat.

In der Praxis die Einheit verwirklichen

2. Und nun das zweite Moment unserer Liebe, die das Konzil wecken will. Denn wenn wir so sprechen, finden wir uns nicht allein. Wir sind eine besondere Gemeinschaft, sichtbar und geistig zugleich. Das Konzil lässt uns deutlicher erkennen, dass unsere Kirche eine Gemeinschaft ist, gegründet auf der Einheit des Glaubens und auf der allumfassenden Liebe. Das Suchen nach einer vollkommenen und besseren Gesellschaftsförmigkeit, die die Hauptaufgabe der Geschichte ist, aber unlösbar zu sein scheint, wenn wir an das ständig wiederkehrende Geschick Babylons denken, das tragischerweise in unserem Zeitalter bezeugt wird, ist im Gegenteil für uns in seinen Grundzügen vollendet, auch wenn es in seiner Verwirklichung nicht vollends zufrieden stellt. Und wir wissen, dass unsere Lösung nicht als falsch erwiesen werden kann, nämlich die Gemeinschaft, die uns vereint und die wir verkünden, weil sie nicht auf der Auffassung der persönlichen oder kollektiven Vergötzung gegründet ist, sondern auf einem unwiderlegbaren Grundsatz: der Liebe, der Liebe zu den Menschen nicht wegen ihrer Verdienste noch wegen unserer Vorteile, sondern aufgrund der Liebe zu Gott. Und niemals bis heute, vom Tage an, an dem die werdende Kirche „ein Herz und eine Seele war"[11], hat sie die wirkliche und mystische Einheit, die Christus ihr geschenkt hat, so erlebt und sich ihrer gefreut, gebetet und danach verlangt, dass diese Einheit vollkommen werde, wie bei der Feier des gegenwärtigen Konzils. In der Unruhe der heutigen Ereignisse, in Voraussicht anderer künftiger Umwälzungen, in der enttäuschenden Erfahrung der immer wieder aufbrechenden menschlichen Zwietracht, im unaufhaltsamen Drängen der Völker nach Vereinigung, müssen wir in der Praxis die Einheit verwirklichen, die uns alle zur Familie und zum Tempel Gottes und zum mystischen Leib Christi macht. Wir müssen uns begegnen und uns wirklich als Brüder fühlen, den Friedenskuss schenken und einfach uns lieben, wie Christus uns geliebt hat.

Ökumenischer Umschwung

Unsere Liebe hier hat das schon gezeigt und wird es noch weiterhin tun, so dass dieses Konzil heute und in Zukunft gerade dadurch gekennzeichnet ist. Diese Zeichen der Liebe werden eines Tages dem Geschichtsforscher, der sich bemüht, die Kirche in diesem entscheidenden Höhepunkt ihrer Existenz zu charakterisieren, und der fragen wird: „Was tat die katholische Kirche in diesem Zeitpunkt?", antworten: „Sie liebte!" Sie liebte mit dem Herzen eines Hirten; wir alle wissen,

---

[11] Apg 4,32.

auch wenn es sehr schwer ist, in die Tiefe und in den Reichtum dieser Liebe einzudringen, die Christus dreimal aus dem reuigen und glühenden Herzen des Simon Petrus aufbrechen ließ. Ihr erinnert euch! Jesus sagte zu Simon Petrus: „Simon, Sohn des Johannes, liebst du mich mehr als diese?" Er antwortete ihm: „Ja, Herr, du weißt, dass ich dich liebe." Er sagte zu ihm: „Weide meine Herde!"[12] Und dieser Auftrag, seine Herde zu weiden, der von der Liebe zu Christus ausgeht, dauert noch an und gibt dieser Kathedra ihre Existenzberechtigung, und er weitet sich aus und gilt auch für eure einzelnen Bischofssitze, ehrwürdige Brüder; und er wird heute gestärkt mit neuem Bewusstsein und neuer Kraft. Dieses Konzil sagt: die Kirche ist eine Gesellschaft, gegründet auf der Liebe und von der Liebe geleitet! Die Kirche unseres Konzils war erfüllt von Liebe, wird man weiter sagen, sie liebte mit einem missionsbegeisterten Herzen. Alle wissen, wie diese heilige Synode jedem guten Katholiken nahegelegt hat, Apostel zu sein, und wie sie die Ziele ihrer apostolischen Sendung ausgedehnt hat auf die Menschen aller Rassen, Nationen und Klassen: die allumfassende Liebe, auch wenn sie verfolgt wurde oder wenn man von ihr volle und heldenmütige Hingabe verlangte, hier hat sie ihr feierliches Wort gesprochen, und sie möge es immer sprechen.

Die Kirche des Zweiten Vatikanischen Ökumenischen Konzils hat mit ökumenischem Herzen, d.h. mit weiter Offenheit, demütig und innig alle christlichen Brüder geliebt, die noch außerhalb der vollkommenen Einheit mit dieser unserer einen, heiligen, katholischen, apostolischen Kirche stehen. Wenn in den Konzilsverhandlungen ein Zug immer wieder eindrucksvoll hervorgetreten ist, dann ist es gewiss der Umschwung in dem großen Problem der Wiederherstellung der von Christus für alle Christen gewollten Einheit, seiner Schwierigkeiten und Hoffnungen. Ist das nicht, ehrwürdige Brüder, und Sie, geliebte und verehrte Beobachter, ein Zeichen der Liebe?

Der Welt zugewandt

3. Diese Konzilsversammlung ist zwar ganz auf den Namen Christi und seine Kirche ausgerichtet und hat daher einen ganz bestimmten Charakter und genau umschriebene Grenzen; doch kann man deswegen nicht sagen, sie befasse sich nur mit sich selbst, sie sei verschlossen, ohne Verständnis, ohne Mitgefühl für die Interessen anderer, für die großen Menschenmassen, die nicht das Glück haben wie wir, ohne unser Verdienst diesem heiligen Reich Gottes, der Kirche anzugehören.

Nein, nicht so! Die Liebe, die unsere Gemeinschaft beseelt, schließt sich nicht gegen die Menschen ab; sie macht uns nicht abseitig, egoistisch. Da die Liebe von Gott kommt, erschließt sie uns vielmehr den Sinn für Universalität, unsere Wahrheit drängt uns vielmehr zu tätiger Liebe – erinnert euch an die Mahnung des Apostels: „veritatem autem facientes in caritate", wir werden uns an die Wahrheit

---

[12] Joh 21, 15.

halten und sie in Liebe wirken.[13] Und hier in dieser Versammlung hat das Wort vom Gesetz der Liebe einen heiligen und bedeutungsvollen Namen: dieser heißt Verantwortung. Der heilige Paulus würde sagen Dringlichkeit: „Caritas Christi urget nos – die Liebe Christi drängt uns"[14]. Wir fühlen uns der ganzen Menschheit gegenüber verantwortlich.[15] In dieser Welt ist die Kirche nicht Selbstzweck. Sie dient allen Menschen. Sie muss Christus allen gegenwärtig machen, den einzelnen und den Völkern, möglichst weit, möglichst großzügig. Das ist ihre Sendung. Sie ist die Trägerin der Liebe, Förderin des wahren Friedens. Sie wiederholt die Worte Christi: ignem veni mittere in terram – ich bin gekommen, Feuer auf die Erde zu werfen.[16] Auch dieses Bewusstsein, diese Selbstdarstellung braucht die Kirche. Das Konzil hat ihr dazu die Gelegenheit gegeben.

Können wir wirklich vergessen, dass hier die Heilsgeschichte und die irdische Geschichte in den Strom der göttlichen Liebe mündet? Könnten Wir es etwa unterlassen, darauf hinzuweisen, dass dieses Konzil für die Kirche selbst die Offenbarung eines volleren, vertieften Selbstverständnisses ist – der geheimnisvollen Gedanken Gottes, der die Welt geliebt hat[17] –, die Offenbarung ihrer für die Menschheit ewig reichen, fruchtbaren und erneuernden Sendung?

Das Konzil bietet der Kirche, und besonders uns, eine Oberschau über die ganze Welt. Kann die Kirche, können wir etwas anderes tun, als schauen und sie lieben?[18] Diese schauende Betrachtung sei etwas vom Wichtigsten, das wir am Anfang unserer Konzilssession zu tun haben: nochmals und vor allem: Liebe! Liebe zu den Menschen von heute, wer immer und wo immer sie sind, zu allen. Während andere Ideologien und Bewegungen ganz andere Prinzipien für den Aufbau der menschlichen Kultur verkünden, Macht, Reichtum, Wissenschaft, Kampf, Interessen oder anderes, verkündet die Kirche die Liebe. Das Konzil ist ein feierlicher Akt der Liebe zur Menschheit. Christus stehe uns bei, dass es wirklich so sei.

Die Kirche in der Verfolgung

Hier drängt sich Uns ein Gedanke auf, der Unserer christlichen und menschlichen Sympathie zu widersprechen scheint, die jedem einzelnen und jedem Volk der Erde lebendig und liebevoll begegnen möchte. Wir wissen leider aus bitterer und immer sich wiederholender Erfahrung, dass auch die Liebe, und vielleicht gerade die Liebe, Gleichgültigkeit, Widerspruch, Geringschätzung, Feindschaft begegnet oder hervorruft. Kein Drama, keine Tragödie kommt dem Opfer Christi gleich, der gerade wegen seiner Liebe und der Feindschaft der anderen den Kreuzestod fand. Die Kunst, zu lieben, verwandelt sich oft in die Kunst, zu leiden.

---

[13] Eph 4,15.
[14] 2 Kor 5,14.
[15] Vgl. Röm 1,14.
[16] Lk 12,49.
[17] Joh 3,16.
[18] Vgl. Mk 10,21.

Wird die Kirche von ihrer Verpflichtung zur Liebe ablassen, weil es für sie riskant und schwierig ist?

Hört das Wort des heiligen Paulus: „Wer wird uns von der Liebe Christi trennen?"[19], und denkt noch einmal an die vielen Widerwärtigkeiten, die der Apostel, als ob er herausfordern wollte, vorlegt, um daran zu erinnern, dass nichts von der Liebe trennen kann und nichts von ihr trennen darf. Und auch dieses Konzil erbittet vom Herrn demütig die Gnade, würdig zu sein, dass es sich freue wie die ersten Apostel,[20] für den Namen Jesu Schmach zu leiden. Denn die Schmach ist auch schwer und schmerzlich spürbar, die diesem den Frieden suchenden Konzil angetan wird: nicht wenige von denen, die hier mit uns sitzen sollten, ehrwürdige Brüder, konnten Unserer Einladung nicht folgen, weil sie ungerechterweise zu kommen gehindert sind. Das ist ein Anzeichen dafür, dass es noch eine schwere und harte Unterdrückung gibt, die in nicht wenigen Ländern die katholische Kirche bedrängt und mit berechnetem Despotismus sie zu ersticken und auszulöschen sucht. Wir empfinden es schmerzlich, wenn Wir daran denken müssen, wie die Welt noch weit weg ist von der Wahrheit, Gerechtigkeit, Freiheit und von der Liebe, d.h. vom Frieden, um die Worte Unseres verehrten Vorgängers Johannes XXIII. zu gebrauchen.[21] Aber treu dem Geist des Konzils reagieren wir mit einem doppelten Akt der Liebe zu unseren Brüdern in der Verfolgung: mögen zu ihnen die Engel Gottes unseren Gruß bringen und unser Gedenken. Es sei ihnen Ermutigung, zu wissen, dass ihr Schmerz, ihr Beispiel Ehre für die Kirche Gottes sind, und statt vor Trauer zu vergehen, mögen sie aufleben in der Hoffnung der Verbindung der Liebe, die sie mit uns eint. Und die andere Reaktion gegen die, die Christus und seine Kirche bekämpfen und die in Gott Glaubenden einschüchtern und lähmen wollen, sei demütige und höhere Güte, wie sie uns der göttliche Meister gelehrt hat: Liebt eure Feinde und betet für die, die euch verfolgen und schmähen. Dieses Konzil, auch wenn es fest und unzweideutig sein muss in dem, was die Richtigkeit der Lehre betrifft, wird gegen jene, die aus Gründen antireligiösen Vorurteiles oder durch ungerechtes antikirchliches Verhalten die Kirche noch immer viel leiden lassen, Gefühle der Güte und des Friedens haben und beten. Beten wir alle mit Liebe, damit ihnen von Gott jene Barmherzigkeit zuteil werde, die wir für uns selbst erbitten. Die Liebe allein möge alle für sich gewinnen.

Friedensruf

Und siegen möge der Friede unter den Menschen! Der Friede, der gerade in diesen Tagen blutig verletzt ist durch bittere Konflikte von Völkern, die des Friedens so sehr bedürften! Auch in diesem Augenblick können Wir Unser dringendes Verlangen nicht verschweigen: Der Krieg nehme ein Ende! Die Völker mögen

---

[19] Röm 8,35.
[20] Vgl. Apg 4,41.
[21] Vgl. Johannes XXIII., Enzyklika *Pacem in terris*.

zu gegenseitiger Achtung und Eintracht zurückkehren, und der Friede möge wirklich rasch und für immer siegen!

Und hier findet diese Unsere Rede ein Ende, die nichts anderes will als Klarheit schaffen und den Geist der letzten Sitzung des ökumenischen Konzils beleben. Wie ihr seht, ehrwürdige Brüder, haben Wir keines der Themen berührt, die der Untersuchung und den Überlegungen dieser Versammlung unterworfen werden. Aber Unser Schweigen ist nicht stumm, sondern es zeigt Unseren wohlüberlegten Vorsatz, mit Unserem Wort nicht der freien Orientierung eurer Meinungen über die vorgelegte Materie zuvorzukommen.

Wir können trotzdem einige Punkte nicht übergehen. Das erste ist Unsere Anerkennung für alle, die gearbeitet haben, und Wir wissen, mit welcher Sorgfalt in den Kommissionen und Subkommissionen für eine bessere Redaktion der Schemata, die zunächst diskutiert werden, gearbeitet wurde. Was auch immer das Urteil sein wird, das ihr euch vorbehaltet über diese Schemata, alle, die dafür Studium, Zeit und Mühen aufgewandt haben, verdienen Zustimmung und Dankbarkeit.

Einsetzung eines Bischofsrats

Das zweite ist die Vorankündigung, die Wir mit Freude euch machen über die Einrichtung einer Bischofssynode, die dieses Konzil gewünscht hat, die aus Bischöfen zusammengesetzt sein wird, deren größerer Teil von den Bischofskonferenzen mit Unserer Zustimmung ernannt wird, die vom römischen Bischof zusammengerufen wird nach den Bedürfnissen der Kirche, zu seiner Beratung und zur Mitarbeit mit ihm, wenn es Uns für das allgemeine Wohl der Kirche notwendig zu sein scheint. Wir halten es für überflüssig darauf hinzuweisen, dass diese Zusammenarbeit des Episkopats für den Heiligen Stuhl und die ganze Kirche von größtem Nutzen sein muss, und vor allem wird sie der täglichen Arbeit der römischen Kurie behilflich sein können, der Wir großen Dank schulden für ihre tatkräftige Hilfe, und die Wir genauso wie die Bischöfe in ihren Diözesen für Unsere apostolischen Aufgaben ständig brauchen. Bekanntmachungen und Normen werden so bald wie möglich dieser Versammlung zur Kenntnis gebracht. Wir wollten Uns nicht der Ehre und der Freude berauben, euch diese kurze Mitteilung zu machen, um noch einmal persönlich Unser Vertrauen, Unsere Hochschätzung und Unsere Brüderlichkeit zu bezeugen. Stellen Wir diese schöne und vielversprechende Neuigkeit unter den Schutz der Gottesmutter.

Die Reise zur UN

Das dritte, euch schon bekannt, ist der Entschluss, die Einladung anzunehmen, die an Uns gerichtet wurde, in New York aus Anlass des 20. Jahrestages der Gründung dieser Welteinrichtung die Organisation der Vereinten Nationen zu besuchen. Und das werden Wir, so Gott will, während dieser Konzilssitzung tun, mit einem ganz kurzen Besuch, um den Vertretern der Völker, die dort vereint sind, eine Botschaft der Ehre und des Friedens zu bringen. Wir wollen hoffen, dass Unsere Botschaft eure Zustimmung finde, da Wir keine andere Absicht haben, als in Übereinstimmung mit euch im Dienst und in der Kraft der apostolischen Sendung, die euch und Uns von Christus anvertraut ist, um Eintracht, Gerechtigkeit und Frieden unter den Menschen, die von Gott geliebt und guten Willens sind, zu verkünden und zu wünschen.

Und Wir vergessen nicht den herzlichen Gruß in Christus an alle und an jeden von euch, Unsere Brüder, die ihr hier im Konzil aus dem Osten und Westen versammelt seid. Einen besonderen Ausdruck der Verehrung und der Anerkennung auch den Mitgliedern des Diplomatischen Korps. Wir danken auch allen und jedem einzelnen der Beobachter, voll Freude und geehrt, dass wir sie unter uns haben, und Wir versichern ihnen Unsere herzliche Hochachtung. Dann grüßen Wir Unsere lieben Auditoren und Auditricen, die theologischen Berater und alle, die irgendwie zum guten Verlauf des Konzils beitragen, besonders die Presse, das Radio und das Fernsehen. Allen gilt Unser apostolischer Segen.

Paul VI.: Ansprache vor der Generalversammlung der UNO (4. Oktober 1965)[1]

Im Augenblick, da Wir vor diesem auf der Welt einzigartigen Auditorium das Wort ergreifen, wollen Wir zunächst Ihrem Generalsekretär, U Thant, Unseren tiefen Dank dafür sagen, dass er Uns eingeladen hat, den UN anlässlich des 20. Jahrestages dieser Weltinstitution für den Frieden und die Zusammenarbeit unter den Völkern der ganzen Erde einen Besuch abzustatten.

Dank auch dem Herrn Präsidenten der Versammlung, Amintore Fanfani, der seit dem Tag seines Amtsantritts so freundliche Worte für Uns fand.

Dank Ihnen allen, die hier gegenwärtig sind, für Ihren wohlwollenden Empfang. Einem jeden von Ihnen entbieten Wir Unseren herzlichen und ehrerbietigen Gruß. Ihre Freundschaft hat Uns eingeladen und lässt Uns zu dieser Versammlung zu: als Freund stellen Wir uns Ihnen vor.

Neben Unserer persönlichen Ehrerbietung überbringen Wir Ihnen auch die des derzeit in Rom versammelten Zweiten Ökumenischen Vatikanischen Konzils, dessen hervorragende Vertreter die Uns begleitenden Kardinale sind. In ihrem wie in Unserem Namen Ihnen allen Ehre und Begrüßung!

---

[1] Text entnommen aus: HerKorr 19 (1964/65) 648–652.

Anhang

„... ein Mensch ... Ihr Bruder ..."

Diese Begegnung – Sie sind sich dessen voll bewusst – hat einen doppelten Charakter: sie ist zugleich von Einfachheit und von Größe geprägt. Von Einfachheit, denn der, der zu Ihnen spricht, ist ein Mensch wie Sie. Er ist Ihr Bruder und sogar einer der kleinsten unter Ihnen, die Sie souveräne Staaten vertreten, da er – wenn Sie Uns unter diesem Gesichtspunkte betrachten wollen – nur mit einer winzigen und fast symbolischen zeitlichen Macht ausgestattet ist, gerade das nötige Minimum, um seine geistliche Mission frei auszuüben und jene, die mit ihm verhandeln, versichern zu können, dass er von jeglicher Souveränität dieser Welt frei ist. Er hat keine weltliche Macht, keinerlei Ehrgeiz, mit Ihnen in Wettstreit zu treten. Wir haben denn auch nichts zu verlangen, keine Frage aufzuwerfen, sondern lediglich einen Wunsch zu äußern, eine Erlaubnis zu erbitten: die Erlaubnis, Ihnen in dem was in Unseren Zuständigkeitsbereich fällt, uneigennützig, bescheiden und in Liebe dienen zu können.

Das ist die erste Erklärung, die Wir abzugeben haben. Wie Sie sehen, ist sie so einfach, dass sie für diese Versammlung, die gewohnt ist, äußerst wichtige und schwierige Angelegenheiten zu behandeln, unbedeutsam erscheinen mag.

Und doch – Wir sagten es Ihnen, und Sie spüren es alle – ist dieser Augenblick von einer eigenartigen Größe erfüllt; er ist groß für Uns, er ist groß für Sie.

Im Namen der christlichen Brüder

Einmal für Uns. Sie wissen sehr wohl, wer Wir sind. Welches auch immer Ihre Meinung über den römischen Papst sein mag, Sie kennen Unsere Mission: Wir sind Träger einer Botschaft für die ganze Menschheit. Und Wir sind das nicht nur in Unserem eigenen Namen und in dem der großen katholischen Familie, sondern auch im Namen der christlichen Brüder, die die Gefühle, die Wir ausdrücken, teilen, und namentlich derer, die Uns ausdrücklich aufgetragen haben, ihr Sprecher zu sein.

Dem Boten gleich, der nach langer Reise das ihm anvertraute Schreiben überreicht, so haben auch Wir das Bewusstsein, den – wenn auch noch so kurzen – ausgezeichneten Augenblick zu erleben, da sich ein Wunsch erfüllt, den wir seit fast zwanzig Jahrhunderten im Herzen tragen. Ja, Sie wissen es. Seit langem sind wir unterwegs. Wir sind Träger einer langen Geschichte. Wir feiern hier den Epilog einer mühsamen Pilgerfahrt auf der Suche nach einem Zwiegespräch mit der ganzen Welt, seit dem Tag, da uns aufgetragen wurde: „Gehet hin und verkündet allen Völkern die Frohe Botschaft!" Und Sie sind es, die alle Völker vertreten.

Lassen Sie Uns Ihnen sagen, dass Wir für Sie alle eine Botschaft haben, ja dass Wir einem jeden von Ihnen eine frohe Botschaft zu übermitteln haben.

Anerkennung der UN

Unsere Botschaft will zunächst eine moralische und feierliche Bestätigung dieser hohen Institution sein. Diese Botschaft kommt aus Unserer geschichtlichen Erfahrung. Gewissermaßen als Experte für Menschlichkeit überbringen Wir dieser Organisation nun die Unterstützung Unserer letzten Vorgänger, des ganzen katholischen Episkopats und Unsere eigene, überzeugt davon, dass diese Organisation der gebotene Weg für die moderne Zivilisation und den Weltfrieden ist.

Wenn Wir dieses sagen, sind Wir Uns bewusst, sowohl im Namen der Toten als auch der Lebenden zu sprechen: der Toten, die in den schrecklichen Kriegen der Vergangenheit fielen und die von Eintracht und Weltfrieden träumten. Der Lebenden, die überlebt haben und die in ihrem Herzen im Voraus jene verurteilen, die versucht sein sollten, solche Kriege zu wiederholen. Und noch anderer Lebender: der heutigen jungen Generationen, die vertrauensvoll vorwärts schreiten und mit gutem Recht eine bessere Menschheit erwarten. Wir machen auch die Stimme der Armen, der Enterbten, der Unglücklichen zu der Unseren, und jener, deren Sehnen und Trachten nach Gerechtigkeit geht, nach der Würde zu leben, nach Freiheit, nach Wohlstand und Fortschritt. Die Völker wenden sich zu den Vereinten Nationen als zu ihrer letzten Hoffnung auf Eintracht und Frieden: Wir überbringen hier, mit dem Unseren, ihren Tribut an Ehre und Hoffnung. Darum ist dieser Augenblick auch für Sie groß.

Wir wissen, dass Sie sich dessen voll bewusst sind. Hören Sie weiter Unsere Botschaft! Sie ist ganz auf die Zukunft ausgerichtet. Das Gebäude, das Sie erbaut haben, darf niemals mehr in Trümmer gehen. Es muss vervollkommnet werden und den Erfordernissen der Weltgeschichte angepasst. Sie repräsentieren eine Stufe in der Entwicklung der Menschheit. Von nun an ist es unmöglich, zurückzuweichen, man muss voranschreiten.

Der Vielheit von Staaten, die einander nicht mehr ignorieren können, schlagen Sie eine äußerst einfache und fruchtbare Form der Koexistenz vor: damit, dass Sie zunächst die einen wie die anderen anerkennen und unterscheiden. Gewiss verleihen Sie den Staaten nicht deren Existenz, Sie erklären aber jede Nation für würdig, in der geordneten Versammlung der Völker einen Platz einzunehmen. Sie verleihen jeder nationalen Gemeinschaft eine Anerkennung von hohem moralischem und rechtlichem Wert und garantieren ihr eine ehrenhafte internationale Bürgerschaft. Das ist bereits ein großer, der Sache der Menschheit geleisteter Dienst: die nationalen Subjekte der Weltgemeinschaft genau zu definieren und zu ehren, ihnen rechtliche Grundlagen zu verschaffen, die ihnen die Anerkennung und die Achtung aller sichern und woraus sich ein geordnetes und stabiles System internationalen Lebens ableiten lässt. Sie sanktionieren das große Prinzip, dass die Beziehungen unter den Völkern durch Vernunft, Gerechtigkeit, Recht und Verhandlungen und nicht durch Gewalt, Kraft, Krieg und auch nicht durch Furcht und Täuschung geregelt werden müssen.

So muss es auch sein. Gestatten Sie, Sie dafür zu beglückwünschen, dass Sie den Zugang zu dieser Versammlung auch den jungen Völkern freigaben, den Staaten, die erst vor kurzem zur Unabhängigkeit und nationalen Freiheit gelangt sind. Deren Anwesenheit hier ist der Beweis für die Universalität und die Großherzigkeit, die die Prinzipien dieser Institution beseelen.

So muss es auch sein. Das ist Unser Lob und Unser Wunsch. Und wie Sie sehen, spenden Wir dies nicht von außen, sondern von innen her, aus dem Genius Ihrer Institution.

Eine Weltautorität

Ihr Statut geht noch weiter, und Unsere Botschaft schreitet zusammen mit ihm fort. Sie bestehen und arbeiten daran, die Nationen zu einen und die Staaten zu verbinden. Nehmen wir die Formel: Die einen mit den anderen zusammenzutun. Sie sind eine Vereinigung, eine Brücke zwischen den Völkern. Sie sind ein Netz von Beziehungen unter den Staaten. Wir wären versucht, zu sagen, dass Ihr Charakteristikum in der zeitlichen Ordnung gewissermaßen das widerspiegelt, was Unsere katholische Kirche in der geistlichen Ordnung sein will: einzig und universal. Man kann auf der natürlichen Ebene im ideologischen Bau der Menschheit nichts Höheres ersinnen. Ihre Berufung ist, nicht nur einige Völker, sondern alle Völker zu verbrüdern. Ein schwieriges Unterfangen? Ganz sicher. Das ist aber Ihre Sache, Ihr edles Bemühen. Wer sähe nicht die Notwendigkeit, allmählich dazu zu kommen, eine Weltautorität einzusetzen, die in der Lage ist, im rechtlichen und politischen Bereich wirksam tätig zu sein?

Hier wiederholen Wir nochmals Unseren Wunsch: Schreiten Sie voran! Ja, Wir sagen noch mehr: Wirken Sie dahin, dass jene, die sich von Ihnen abgewendet haben, zurückkehren. Überlegen Sie, wie jene in Ehre und Loyalität zu Ihrem Pakt der Brüderlichkeit gerufen werden können, die ihm noch nicht angehören. Machen Sie, dass die noch Außenstehenden das gemeinsame Vertrauen wünschen und verdienen, und seien Sie dann edelmütig, es ihnen zu gewähren. Und Sie, die Sie das Glück und die Ehre haben, in dieser Versammlung der friedlichen Gemeinschaft zu tagen, hören Sie Uns: Das wechselseitige Vertrauen, das Sie eint und Ihnen gestattet, Gutes und Großes zu tun, sorgen Sie dafür, dass diesem Vertrauen niemals Schaden zugefügt wird, dass es nie verraten wird.

Die Formel der Gleichheit

Die Logik dieses Wunsches, der, so kann man sagen, zur Struktur Ihrer Organisation gehört, lässt Uns ihn noch durch weitere Aussagen ergänzen: Niemand soll als Mitglied Ihrer Union über einem anderen stehen. Keiner sei über dem anderen. Das ist die Formel der Gleichheit. Wir wissen natürlich, dass noch andere Faktoren als die bloße Zugehörigkeit zu Ihrer Organisation in Betracht zu ziehen sind. Die Gleichheit gehört aber auch zur Verfassung Ihrer Organisation. Nicht, dass Sie gleich seien, doch hier machen Sie sich gleich. Es mag sein, dass dies für mehrere von Ihnen ein Akt großer Tugend ist. Gestatten Sie, dass Wir Ihnen das sagen, Wir, der Vertreter einer Religion, die das Heil durch die Demut ihres göttlichen Stifters bewirkt. Es ist unmöglich, Bruder zu sein, wenn man nicht demütig ist. Denn der Stolz, so unabwendbar er scheinen mag, ruft Spannungen, Prestige-, Vorherrschafts- und Egoismuskämpfe hervor. Stolz bricht die Brüderlichkeit.

Niemals mehr Krieg!

Und nun erreicht Unsere Botschaft ihren Höhepunkt. Zuerst negativ: Es handelt sich um das Wort, das Sie von Uns erwarten und das Wir nicht aussprechen können, ohne seiner Schwere und Feierlichkeit bewusst zu sein: Niemals mehr die einen gegen die anderen, niemals, niemals mehr! Ist nicht die Organisation der Vereinten Nationen gerade aus dieser Zielsetzung entstanden: gegen den Krieg und für den Frieden? Hören Sie die klaren Worte eines großen Verstorbenen, John F. Kennedys, der vor vier Jahren erklärte: „Die Menschheit muss dem Krieg ein Ende setzen, sonst setzt der Krieg der Menschheit ein Ende." Es bedarf keiner weiteren Worte, um die erhabene Zielsetzung Ihrer Organisation zu verkünden. Man muss nur daran erinnern, dass das Blut von Millionen Menschen, dass unerhörte und unzählige Leiden, dass unnütze Massaker und schreckliche Ruinen den Pakt, der sie eint, heiligen, in einem Eid, der die zukünftige Geschichte verändern muss: Niemals Krieg, niemals mehr Krieg! Der Friede, der Friede muss das Geschick der Völker und der ganzen Menschheit leiten!

Dank Ihnen und Ehre, die Sie seit zwanzig Jahren für den Frieden arbeiten und die Sie diesem heiligen Anliegen sogar berühmte Opfer gebracht haben! Dank Ihnen und Ruhm für die Konflikte, die Sie verhindert oder beigelegt haben. Die Ergebnisse Ihrer Anstrengungen zugunsten des Friedens bis in die allerletzten Tage verdienen, selbst wenn sie noch nicht endgültig sind, dass Wir Uns zum Sprecher der ganzen Welt machen und Ihnen in ihrem Namen Glückwunsch und Dank abstatten.

Die große Schule

Meine Herren, Sie haben ein großes Werk vollbracht und vollbringen es weiterhin. Sie lehren die Menschen den Frieden. Die UN sind die große Schule, wo man diese Erziehung erhält, und Wir sind hier in der Aula Magna dieser Schule. Wer immer hier Platz nimmt, wird Schüler und Lehrer in der Kunst, den Frieden zu bauen. Und wenn Sie diesen Saal verlassen, dann schaut die Welt auf Sie als die Architekten, die Erbauer des Friedens.

Der Frieden, Sie wissen das, wird nicht nur durch Politik und durch ein Gleichgewicht der Kräfte und Interessen aufgebaut. Der Friede wird mit Geist, mit Ideen, mit Friedenswerken errichtet. Sie arbeiten an diesem großen Werk. Sie stehen noch am Anfang Ihrer Bemühungen. Wird die Welt einmal dazu kommen, die partikularistische und kriegerische Mentalität, die bislang einen so großen Teil ihrer Geschichte gewoben hat, zu ändern? Es fällt schwer, eine Voraussage zu machen, doch es ist leicht, zu bekräftigen, dass man sich entschlossen auf den Weg zur neuen, zur friedlichen Geschichte machen muss, zu jener, die echt und voll menschlich sein wird, zu jener, die Gott den Menschen guten Willens versprochen hat.

Abrüstung

Die Wege sind Ihnen vorgezeichnet: Der erste ist der der Abrüstung. Wenn Sie Brüder sein wollen, dann legen Sie die Waffen aus den Händen! Man kann nicht lieben mit Angriffswaffen in den Händen. Die Waffen, vorab die verheerenden Waffen, die die moderne Wissenschaft Ihnen gegeben hat, verursachen, ehe sie überhaupt Opfer und Ruinen fordern, wüste Träume, nähren üble Gefühle, bewirken Alpdruck, Misstrauen, finstere Entschlüsse. Sie erheischen Riesenausgaben, unterbrechen Planungen der Solidarität und nützlicher Arbeit und verfälschen die Psychologie der Völker.

Solange der Mensch schwach, unbeständig und sogar böse, wie er sich oft zeigt, sein wird, so lange werden Defensivwaffen leider nötig sein. Aber Sie, Ihr Mut und Ihr Wert drängen dazu, die Mittel zu studieren, um die Sicherheit des internationalen Lebens ohne Zuflucht zu den Waffen zu gewährleisten. Das ist ein würdiges Ziel Ihrer Anstrengungen. Das erwarten die Völker von Ihnen. Das muss erreicht werden! Darum muss das einhellige Vertrauen in diese Institution wachsen, darum muss Ihre Autorität wachsen, und dann wird – so kann man hoffen – das Ziel erreicht. Sie werden sich den Dank der Völker verdienen, die von den drückenden Rüstungsausgaben erleichtert und vom Alpdruck des ständig drohenden Krieges befreit werden.

Wir wissen – wie sollte man sich nicht darüber freuen? –, dass viele von Ihnen mit Wohlwollen die Einladung betrachtet haben, die Wir für die Sache des Friedens von Bombay aus im Dezember letzten Jahres an alle Staaten erlassen haben: Einen Teil der durch Rüstungsbeschränkung erzielten Einsparungen für die Entwicklungsländer zu opfern. Wir erneuern diese Einladung mit dem Vertrauen, das Ihre Gefühle der Menschlichkeit und der Großherzigkeit Uns einflößen.

Von Humanität und Edelmut sprechen, heißt, auf ein weiteres Grundprinzip der UN eingehen, ihren positiven Gipfel. Man ist hier nicht nur am Werk, um Konflikte unter den Staaten zu beschwören, sondern um die Staaten zu befähigen, füreinander zu arbeiten. Sie begnügen sich nicht damit, die Koexistenz unter den Nationen zu erleichtern. Sie tun einen viel größeren Schritt vorwärts, der Unseres Lobes und Unserer Unterstützung würdig ist: Sie organisieren die brüderliche Zusammenarbeit unter den Völkern. Hier entsteht ein System der Solidarität. Es bewirkt, dass hohe Zielsetzungen in der Ordnung der Zivilisation die einmütige und geordnete Unterstützung der ganzen Völkerfamilie zum Wohl aller erhalten. Das ist das Schönste an der Organisation der Vereinten Nationen: Ihr authentisch menschliches Antlitz. Das ist das Ideal, das die Menschheit auf ihrer Pilgerschaft durch die Zeiten erträumt. Das ist die größte Hoffnung der Welt.

Wir wagen zu sagen: Das ist der Abglanz des Planes Gottes – ein alles übersteigender Plan voller Liebe – für den Fortschritt der menschlichen Gesellschaft auf Erden, ein Abglanz, wo die himmlische evangelische Botschaft irdisch wird. Hier scheint Uns tatsächlich, daß Wir das Echo der Stimmen Unserer Vorgänger vernehmen und namentlich die des Papstes Johannes XXIII., dessen Botschaft *Pacem in terris* unter Ihnen eine so ehrenvolle und bedeutende Resonanz ausgelöst hat.

Grundrechte und Grundpflichten des Menschen

Was Sie hier verkünden, sind die Grundrechte und Grundpflichten des Menschen, seine Würde, seine Freiheit und vor allem die Religionsfreiheit. Wir spüren, dass Sie die Interpreten dessen sind, was am höchsten – Wir würden fast sagen: ihr heiliger Charakter – in der menschlichen Weisheit ist. Denn es handelt sich vor allem um das Leben des Menschen, und das Leben des Menschen ist geheiligt. Niemand darf es antasten. In Ihrer Versammlung muss die Achtung vor dem Leben, auch in dem, was das große Problem der Geburten betrifft, ihr höchstes Bekenntnis und ihre vernünftige Verteidigung finden. Ihre Aufgabe besteht darin, dafür zu sorgen, dass genügend Brot auf dem Tisch der Menschheit ist, und nicht darin, eine künstliche Kontrolle der Geburten zu fördern, die unvernünftig wäre, insofern man damit die Zahl der zum Tisch des Lebens Geladenen vermindern würde.

Es genügt aber nicht, die Hungernden zu nähren. Man muss auch jedem Menschen ein Leben sichern, das mit seiner Würde in Einklang steht. Sie mühen sich darum. Ist das nicht, in Unseren Augen und dank Ihnen, die Erfüllung der prophetischen Botschaft, die sich so gut auf Ihre Institution anwenden lässt: „Sie werden ihre Schwerter einschmelzen, um daraus Pflüge zu machen, und ihre Lanzen, um daraus Sensen zu schmieden"[2]. Stellen Sie nicht mehr die wunderbaren Energien der Erde und die prächtigen Erfindungen der Wissenschaft in den Dienst des Todes, sondern in den des Lebens für das neue Zeitalter der Menschheit!

Wir wissen, mit welch wachsender Intensität und Wirksamkeit die Organisation der Vereinten Nationen und die von ihr abhängigen Weltorganismen arbeiten, um den Regierungen, die es nötig haben, zu helfen, ihren wirtschaftlichen und sozialen Fortschritt zu beschleunigen.

Wir wissen, mit welchem Eifer Sie daran gehen, das Analphabetentum zu besiegen und die Kultur in der Welt auszubreiten, den Menschen den richtigen und modernen sanitären Beistand zu geben, die wunderbaren Quellen der Wissenschaft, der Technik und der Organisation in den Dienst des Menschen zu stellen: All das ist großartig und verdient das Lob und die Unterstützung aller, inbegriffen Unsere eigene.

---

[2] Jes 2,4.

Anhang

Der Papst sagt Hilfe zu

Auch Wir selber möchten versuchen, selbst wenn Uns die Geringfügigkeit Unserer Mittel behindert, die praktische und mengenmäßige Auswirkung zu ermessen. Wir wollen Unseren caritativen Institutionen eine neue Ausrichtung gegen den Hunger in der Welt und für ihre hauptsächlichen Bedürfnisse geben. So und nicht anders schafft man den Frieden.

Noch ein Wort, meine Herren, ein letztes Wort: der Bau, den Sie errichten, beruht nicht auf rein materiellen und irdischen Grundlagen, denn dann wäre er ein Haus auf Sand gebaut. Der Bau ruht vor allem auf unserem Gewissen. Ja, der Augenblick der „Umkehr" ist da, der persönlichen Umwandlung, der inneren Erneuerung. Wir müssen uns daran gewöhnen, auf eine neue Art den Menschen zu denken, auf eine neue Art auch das gemeinsame Leben der Menschen, auf eine neue Art endlich auch die Wege der Geschichte und die Geschicke der Welt. Nach dem Wort des heiligen Paulus: „Zieht den neuen Menschen an, der nach Gott geschaffen ist, in wahrer Gerechtigkeit und Heiligkeit"[3]. Nun ist die Stunde gekommen, da sich ein Halt aufdrängt, ein Moment der Sammlung, der Besinnung, fast des Gebetes: unseren gemeinsamen Ursprung zu überdenken, unsere Geschichte, unser gemeinsames Geschick. Niemals wie heute, in einer von solchem Fortschritt der Menschen gekennzeichneten Epoche, war der Appell an das moralische Gewissen der Menschen so nötig.

Die Gefahr liegt im Menschen

Denn die Gefahr kommt weder vom Fortschritt noch von der Wissenschaft, die, wenn sie gut eingesetzt werden, im Gegenteil eine große Zahl schwerer Probleme lösen können, die die Menschheit bedrängen. Die wahre Gefahr lauert im Menschen, der über immer mächtigere Instrumente verfügt, die sowohl den Ruin wie die höchsten Errungenschaften ermöglichen.

In einem Wort: Der Bau der modernen Zivilisation muss auf geistigen Prinzipien errichtet werden, die allein fähig sind, ihn nicht nur zu stützen, sondern ihn auch zu erleuchten und zu beseelen. Und diese unerlässlichen Prinzipien höherer Weisheit können nur, das ist Unsere Überzeugung, Sie wissen es, auf dem Glauben an Gott gründen. Der unbekannte Gott, von dem der hl. Paulus zu den Athenern auf dem Areopag sprach? Unerkannt von jenen, die doch, ohne es zu ahnen, ihn suchten und ihn nahe bei sich hatten, wie das bei so vielen Menschen unseres Jahrhunderts der Fall ist? – Für Uns, auf jeden Fall, und für alle jene, die die unaussprechliche Offenbarung annehmen, die Christus uns von ihm gemacht hat, ist es der lebendige Gott, der Vater aller Menschen.

---

[3] Eph 4, 23.

Paul VI.:
Botschaft an die Vollversammlung der Vereinten Nationen (4. Oktober 1965)[1]

Als Botschafter des Evangeliums des Friedens haben Wir den Ozean überquert, um dieser erlauchten Versammlung der Vereinten Nationen zu begegnen. Wir hätten Uns leicht in einer anderen Weise oder durch andere Personen an sie, die Mitglieder dieser Organisation wenden können, um Unsere Gedanken darzulegen. Doch Wir hatten den lebhaften Wunsch, sie persönlich zu sehen und Unser Wort direkt an sie zu richten, um ihnen in einer direkten Weise die Hochachtung zu bezeugen, die tief in Unserem Herzen verankert ist, die Hochachtung, die Wir für sie und für das Werk haben, dem sie ihre Kräfte widmen.

Sie bilden eine Versammlung des Friedens, die den Zweck hat, unter den Völkern, die sie mit gleichem Stimmrecht vertreten, Eintracht in Frieden, Sicherheit und gegenseitiger Zusammenarbeit zu fördern und zu sichern – und das gegen die Drohungen und die Gefahren der Gewalt und des Krieges, die immer gegeben sind. Es kann kein anderes System geben, das fähig ist, für das die ganze Menschheit interessierende Öffentliche Wohl zu sorgen, als das ihre, das auf der Achtung des Rechtes, der gerechten Freiheit, der Personenwürde fußt, und mit dem Bemühen, die verbrecherische Torheit des Krieges und die verderbliche Raserei der Tyrannei auszuräumen.

„Das Geschenk des Friedens ist so erhaben, dass – selbst in der Sphäre irdischer und vergänglicher Dinge – nichts lieblicher, nichts sehnlicher herbeizuwünschen und nichts besser als der Friede ist."[2]

Fahren sie fort alsdann, mit Ausdauer, Fleiß und Geduld für dieses unschätzbare Gut menschlicher Gesellschaft zu arbeiten, für die zunehmende Entwicklung solch fruchtbarer Unternehmungen, die ergebene und stets wachsame Sorge verdienen.

Wir sind Uns der Tatsache wohl bewusst, dass Ihre Reise zu den höchsten Gipfeln nicht selten durch Schwierigkeiten und Hindernisse führt. Alle Ihre Bemühungen, diese zu überwinden, sind unserer von Herzen kommenden Aufmerksamkeit, unserer Zustimmung und unserer Ermutigung sicher.

Zugleich im Namen der Väter des Zweiten Vatikanischen Konzils, die sich in Rom versammelt haben, bringen Wir Ihnen eine Botschaft des Friedens, Worte der Güte und des Trostes. Seien sie fest davon überzeugt, dass die Katholische Kirche ihrem Werk, den Frieden durch Gerechtigkeit zu fördern, alles Gute wünscht, dass sie ihnen mit herzlicher Sympathie, mit geistigem Beistand und mit unaufhörlichem Interesse für das erhoffte glückliche Ergebnis nahe ist. Nichts ist ihr lieber, als in den Herzen der Menschen die Flamme brüderlicher Liebe zu

---

[1] Text entnommen aus: Katholische Nachrichten-Agentur: KNA-Sonderdienst zum Zweiten Vatikanischen Konzil, Nr. 58, 6. Oktober 1965, 11 (KNA-Übersetzung aus dem Englischen). Der Text lag dem Konzil in der Generalkongregation am 1. Oktober 1965 vor.
[2] Augustinus, civ., 19,11.

entzünden, und sie allzeit durch ihre vollste Mitarbeit zu nähren. Möge der Gott des Friedens sie und das edle Werk, dem sie ihre großmütigen Anstrengungen widmen, mit seinem fortwährenden Schutze behüten.

Am vierten Tage des Oktobers im Jahre tausendneunhundertundfünfundsechzig, dem dritten Unseres Pontifikates.

Paulus pp. VI.

Paul VI.:
Ansprache in der Öffentlichen Sitzung des Zweiten Vatikanischen Konzils (18. November 1965)[1]

Diese öffentliche Sitzung unseres ökumenischen vatikanischen Konzils geht der Sitzung voraus, die in knapp drei Wochen das Konzil beenden wird. Deshalb bietet sich, über die äußerst wichtigen Konzilsveröffentlichungen hinaus, die Ihr kennt, die Gelegenheit, mit Euch einige praktische Punkte zu besprechen, die verbunden sind mit dem Abschluss des großen Geschehens in der Kirche, das Wir in vier arbeitsreichen Abschnitten regelmäßig feierlich begangen haben.

Wir werden diesmal nichts sagen über den außerordentlichen Wert dieses Konzils, sei er religiös, doktrinär, spirituell, pastoral oder historisch; nichts über das Geheimnis der Weisheit und der Gnade, das es Uns offenbart und das noch auf lange Zeit Gegenstand Unserer Meditation sein wird; auch nichts über die Neuerungen, die die Konzilsbeschlüsse mit sich bringen, sei es innerhalb der Kirche, sei es in den Beziehungen zu ihrer Umwelt: alles Dinge, die jeder von uns in sich trägt als fruchtbare Themen für Denken und Handeln. Etwas darüber haben Wir schon in früheren Ansprachen gesagt und schließlich in Unserer „apostolischen Exhorte" vom 4. November dieses Jahres. Wir möchten jetzt auch keine Konzilsbilanz ziehen. Uns genügt vielmehr festzustellen, wie der Konzilsablauf in jeder Hinsicht geordnet war, regelmäßig, frei und friedlich, durch Eure Gegenwart und Teilnahme feierlich, arbeitsreich, fruchtbar und sicher segenbringend. Kein anderes Konzil in der Kirche Gottes hat größeres Ausmaß angenommen, intensivere und ungestörtere Arbeit gefordert, verschiedenartigere und interessantere Themen geboten: das eigene Leben der Kirche, die noch von ihrer Gemeinschaft getrennten christlichen Brüdern; die anderen nichtchristlichen Religionen, wie die Menschheit im Allgemeinen, die wir in diesem Konzil besser kennen gelernt haben mit ihren vielfältigen und gewaltigen Problemen. Wir haben gelernt, sie mehr zu lieben, damit sie Wohlstand, Friede und Heil finde. Gelobt sei Gott, Lob ihm allein unserem höchsten und besten Vater durch Jesus Christus unsern einzigen

---

[1] Text entnommen aus: Katholische Nachrichten-Agentur: KNA-Sonderdienst zum Zweiten Vatikanischen Konzil, Nr. 83/84, 19. November 1965, 8–11 (KNA-Übersetzung).

und geliebten Herrn, im Heiligen Geist, dem Tröster, der mit seiner Liebe uns nährt, führt und stärkt. Gelobt sei Gott!

Uns genügt es in diesem Augenblick, Unsere Gedanken auf einige Folgerungen zu richten, die sich, wie Wir gesagt haben, auf das Ende des Ökumenischen Konzils beziehen. Dieses Ende ist ja viel eher ein Anfang für Vieles, beginnend von der Einrichtung der Stellen, die mit Uns zusammenarbeiten sollen bis zur Festlegung der durch die Konzilsdekrete angekündigten Normen. Wir beabsichtigen baldmöglichst diese Einrichtung zu verwirklichen, da es Unser Vorsatz ist, unverzüglich die Beschlüsse dieses ökumenischen Konzils in die Tat umzusetzen. Drei nachkonziliare Kommissionen haben wir schon eingesetzt: eine für die heilige Liturgie, eine für die Reform des Codex iuris canonici und eine, die bemüht ist, die Anforderungen des Konzilsdekrets über die Kommunikationsmittel zu verwirklichen. Wir haben ferner die Billigung des Schemas „Über das Hirtenamt der Bischöfe in der Kirche" abgewartet, um dem darin enthaltenen Wunsch großzügig nachzukommen und die Einrichtung einer Bischofssynode anzukündigen. Wir hoffen diese, wenn es Gott gefällt, zum ersten Mal zusammenrufen zu können, wenn nicht im kommenden Jahr, das ganz von nachkonziliaren Anliegen ausgefüllt sein wird, so doch im darauffolgenden Jahr 1967, in dem wir auf gebührende Weise die Jahrhundertfeier des Martyriums des heiligen Apostels Petrus begehen werden, wie es schon im vergangenen Jahrhundert unser Vorgänger gesegneten Andenkens, Pius IX., festgesetzt hat.

Gleichermaßen wird es Unser Bemühen sein, möglichst bald jene Kommissionen einzusetzen, deren Einrichtung das Konzil anordnen wird, um die Normen der Konzilsdekrete zu ergänzen oder die entsprechenden Arbeiten auszuführen, die für deren Anwendung nötig sind (vgl. das Dekret über das Hirtenamt der Bischöfe Nr. 44). Es werden auch neue Ämter eröffnet für jene neuen Aufgaben, die gegebenenfalls die Statuten dieses Konzils und die Erfordernisse des erneuerten Lebens der Kirche verlangen. Von Unserer Seite fehlt es nicht am Vorsatz, diese Folgen, die sich aus der Feier dieses ökumenischen Konzils ergeben, zu einem guten Ende zu führen und die Arbeiten fortzusetzen, die es angefangen hat, wie die der drei Sekretariate, die schon ausgezeichnet wirken: eines, um die Wiedervereinigung aller Christen in der Einheit derselben Kirche zu fördern, das andere für die Beziehungen mit den nichtchristlichen Religionen, und das dritte für das Studium und für die Betreuung der Ungläubigen. So möge der Herr Unser Wollen unterstützen und Uns Mittel und Kraft schenken, den neuen Pflichten zu entsprechen. Aber dies, geliebte Brüder, wird einige Zeit fordern. Man möge deshalb nicht in jedem Fall Mangel an Treue gegenüber den Vorsätzen, die Wir gerade angekündigt haben, annehmen, wenn dieses und anderes bei den zentralen Stellen der Kirchenregierungen sich im vernünftigen Rahmen stufenweise entwickelt, und wenn sie so bemüht und darauf ausgerichtet sein werden, auf diese Weise außergewöhnliche bürokratische Erschwernisse und unnützige ökumenische Lasten zu vermeiden.

Wir möchten nicht eine künstliche hierarchische Konzentration bilden, sondern die Bischöfe für die Arbeit gewinnen, die Konzilsgesetze durchzuführen. Wir möchten Uns auch, soweit es möglich ist, ihrer Mitwirkung bedienen, um besser

Anhang

Unseren Apostolischen Aufgaben zu entsprechen, die Gesamtkirche zu leiten. Die neue Wirksamkeit, die man den Bischofskonferenzen zuerkannt hat, ist eine wichtige Tatsache für die organische Entwicklung des Kirchenrechts, und wie Wir sie bereitwilligst begrüßt und vorangetrieben haben, so hoffen Wir auch, dass sie der heiligen Kirche ein heilsames und ruhmvolles Wachstum in den verschiedenen Nationen und Regionen bringe, entfernt davon die sichtbaren Glieder des mystischen Leibes Christi einander zu entfremden, und dass sie sie mehr und mehr geschmeidig mache und in harmonischer brüderlicher Einheit verbinde.

Was die römische Kurie betrifft, so möchten Wir sie am Ende dieser großen geistlichen und organisatorischen Festigkeitsprüfung der katholischen Kirche Eurem Wohlwollen und Eurer Dankbarkeit empfehlen. Wenn die Zustände in der Kirche heute gut sind, wie Wir es Dank der Gnade Gottes feststellen dürfen, so ist das zum guten Teil dem Dienst und der Arbeit dieses treuen Instruments des apostolischen Amtes zuzuschreiben. Zu Unrecht hält man sie für veraltet, ungeeignet, egoistisch und korrupt. Wir müssen ihr vielmehr das Zeugnis guten Dienstes ausstellen. Die Fehler, die in anderen Zeiten diesen Männern, die den Papst umgeben und ihm dienen, vorgeworfen wurden, sind heute, wieder Dank der göttlichen Barmherzigkeit nicht vorhanden. Wohl aber herrschen religiöser Geist, wahre Liebe zu Jesus Christus, Treue und Gehorsam, Eifer für die Kirche, Bereitschaft zur Förderung des Fortschritts in glücklicher Weise an der Kurie und machen sie dadurch nicht nur zu ihrem großen Dienste geeignet, sondern auch des Vertrauens der ganzen Kirche würdig. Damit wollen Wir jedoch nicht ausschließen, dass nicht auch die römische Kurie einer Vervollkommnung bedarf, alles Menschliche und alles, was in der Zeit lebt, ist hinfällig und kann versagen; im Gegenteil, die Fehler eines Menschen sind um so augenscheinlicher und um so bedauernswerter je höher sein Amt ist und je höher die Anforderungen an moralischer Haltung und christlicher Heiligkeit sind, die seine Stellung von ihm verlangen. Wir sind die ersten, das nicht nur anzuerkennen, sondern auch die nötigen Dispositionen zu treffen, dass die römische Kurie in angemessener Weise erneuert werde, entsprechend Paragraph 9 des jüngsten Dekrets: „Über das Hirtenamt der Bischöfe in der Kirche", und darüber zu wachen, dass der wahre Geist Jesu Christi jene immer vollkommener durchdringe, die die Ehre haben, ihr anzugehören.

So möchten Wir Euch denn, Ehrwürdige Brüder, davon in Kenntnis setzen, dass Wir trotz der Überlast an Sorgen in dieser Zeit nicht müßig gewesen sind. Die Vorarbeiten für die Reform der römischen Kurie sind gut vorangegangen und zu einem gewissen Abschluss gekommen. Wir können Euch sagen, dass für strukturelle Änderungen keine große Notwendigkeit besteht, hingegen muss, außer einigen Personaländerungen, nicht wenig erneuert, manches vereinfacht und vervollkommnet werden, Es müssen die allgemeinen richtunggebenden Normen für diesen Organismus klarer umschrieben und festgelegt werden. Es wird den Eindruck machen, dass die erwünschte Umgestaltung langsam vor sich geht und nur Stückwerk sei, aber anders ist es nicht möglich, wenn sie auf Personen und Traditionen die gebührende Rücksicht nehmen will; doch sie wird kommen. Um Unsere Worte durch ein Beispiel zu belegen, können Wir Euch mitteilen, dass in

Kürze das neue Statut der ersten unter den hl. römischen Kongregationen, des Heiligen Offiziums, veröffentlicht werden wird.

Doch, Ehrwürdige Brüder, wir dürfen unsere Aufmerksamkeit nicht nur auf diese, wenn auch notwendigen Reformen richten, sondern ebenso sehr auch auf die geistliche und moralische Erneuerung, die uns unserem göttlichen Meister gleichförmiger und mehr geeignet machen sollen, den Pflichten unserer persönlichen Berufung nachzukommen. Das müssen wir vor allem im Auge behalten: das wirksame Bemühen um unsere Heiligung und um die Fähigkeit, den Menschen unserer Zeit die Botschaft des Evangeliums zu verkünden.

Sehr wichtig scheint es Uns nun zu sein, Uns darüber Rechenschaft zu geben, welches Unsere innere Einstellung in der Zeit nach dem Konzil sein muss. Das Konzil hat Unserer Ansicht nach drei verschiedene geistige Phasen geschaffen. Die erste war die des Enthusiasmus. Es war recht so: Staunen, Freude, Hoffnung, ein fast messianischer Traum begleitete die Ankündigung (des Konzils). Ein Hauch des Frühlings bewegte am Anfang die Herzen aller. Dann folgte eine zweite Phase: der eigentliche Ablauf des Konzils, sie war charakterisiert durch ihre Problematik. Diesen Zug musste eine Konzilsarbeit aufweisen, die, wie Ihr selber wisst, von ungeheuren Ausmaßen war. Es war das besondere Verdienst der Mitglieder der Kommissionen und der Subkommissionen, in denen die Arbeit der Periti, besonders einiger von ihnen, überaus schwierig war und viel Gelehrtenarbeit erforderte. Um ihnen öffentliche Anerkennung zu zollen, wollten Wir, dass wenigstens einige von ihnen heute mit Uns zusammen das hl. Messopfer feierten.

Aber in einigen Sektoren der öffentlichen Meinung wurde über alles diskutiert und alles wurde diskutabel, alles erschien problematisch und kompliziert; alles wurde der Kritik unterworfen und ungeduldig wartete man auf Neuerungen; es zeigten sich Unruhe, Strömungen, Befürchtungen, Übertreibungen, Willkürlichkeiten, Zweifel wurde hie und da laut, die selbst an den Grundsätzen der Wahrheit und der Autorität rührten – bis die Stimme des Konzils sich vernehmen ließ: langsam, überlegt, feierlich. Und nun in diesem letzten Abschnitt des Konzils wird es in gewichtigen und ermutigenden Worten sagen, wie die Lebensform der Kirche sein muss. Es kommt deshalb die dritte Phase, die der Vorsätze, der Annahme und Durchführung der Konzilsdekrete. Und das ist der Abschnitt, für den jeder sich selbst disponieren muss. Die Diskussion ist zu Ende, jetzt geht es um das rechte Verständnis. Nach dem Pflügen und Umwälzen des Feldes folgt das planmäßige und fruchtbringende Pflanzen. Die Kirche gestaltet sich neu in den neuen Normen, die das Konzil ihr gegeben hat: ihr charakteristischer Zug ist die Treue, ein neuer Zug ist ihr eigen: das gesteigerte Bewusstsein der kirchlichen Gemeinschaft, ihres wunderbaren Gefüges, der größeren Liebe, welche die hierarchische Gemeinschaft der Kirche einen, beseelen und heiligen muss. Das ist die Periode des eigentlichen Aggiornamento, die von Unserem Vorgänger seligen Andenkens Johannes XXIII. angekündigt wurde. Er wollte diesem programmatischen Wort gewiss nicht die Bedeutung geben, die ihr vielleicht jemand beilegen möchte, als besage es etwa eine Relativierung all dessen, was die Kirche beinhaltet, Dogmen, Gesetze, Strukturen, Traditionen, gemäß dem Geist der Welt. In Wirklichkeit war in ihm der Sinn für die Stabilität der Lehre und der Struktur der

Kirche so lebendig, dass er sie zum Angelpunkt seines Denkens und seines Wirkens machte. Aggiornamento will von jetzt an sagen: alles klug mit dem Geist des Konzils durchdringen und gewissenhaft die Normen anwenden, die es aufgestellt hat.

Wir glauben, dass die neue Psychologie der Kirche sich in diesem Sinne entwickeln muss. Klerus und Gläubige werden auf geistlichem Gebiet eine wundervolle Arbeit finden, um im Geiste Christi des Herrn an der Erneuerung von Leben und Wirken mitzuarbeiten. Und zu dieser Arbeit laden Wir Unsere Brüder und Unsere Söhne ein. Wer Christus und die Kirche liebt, soll nun mit Uns den Wahrheitsgehalt gerade jener Lehrtraditionen, die von Christus und den Aposteln stammen, klarer bekennen und damit auch den Geist kirchlicher Ordnung und herzlicher Einheit, die uns allen Vertrauen und Solidarität gibt als Glieder desselben Leibes.

Damit wir alle in dieser geistlichen Erneuerung gestärkt seien, schlagen Wir der Kirche vor, sich der Worte und Beispiele der beiden letzten Vorgänger, Pius XII. und Johannes XXIII. denen die Kirche selbst und die Welt viel schulden, zu erinnern, und wir ordnen zu diesem Zweck an, dass die Seligsprechungsprozesse dieser hervorragenden frommen und Uns sehr teuren Päpste eingeleitet werden. So wird dem Wunsch entsprochen, der für beide von unzähligen Stimmen geäußert wurde, so wird der Geschichte ihr geistliches Erbe gesichert sein, und es wird verhindert werden, dass irgend ein anderes Motiv als der Kult wahrer Heiligkeit, die Ehre Gottes und die Erbauung seiner Kirche ihre authentischen und teuren Gestalten darstelle zu unserer Verehrung und der der kommenden Jahrhunderte. Die Prozesse können bekanntlich nicht schnell sein, aber sie werden mit Nachdruck und Gewissenhaftigkeit durchgeführt werden. Möge Gott geben, dass wir zum erhofften Ziel gelangen.

Das baldige Ende des Konzils legt Uns nahe, die Summe der Ergebnisse zu ziehen, die es bis jetzt gebracht hat, sei es im Bereich der Lehre, wo es der Kirche herrliche und reiche Dokumente der Wahrheit und der Aktion gegeben hat, sei es im Bereich der Liebe, in der sich alle mit Uns vereint haben von den Enden der Erde, um einander kennen zu lernen, gemeinsam zu beten, zu studieren, zu überlegen, unsere Treue zu Christus und zu seinem Evangelium zu bekennen und um unsere Liebe zu einander, zu den getrennten Brüdern, zu den Armen und Leidenden, zu der Welt des Denkens und der Arbeit, zur ganzen Menschheit zu vermehren. Aber jetzt reicht die Zeit nicht für eine so weite Synthese. Wir werden andere Gelegenheit für ein ähnliches Studium haben, und ebenso unsere Nachkommen.

Für jetzt beschließen wir, indem Wir einfach den Vorschlag machen, der ein Ansporn sein will, um das Andenken an das Konzil zu erhalten, eine neue Kirche in Rom zu errichten, wo die pastorale Not sie verlangt, geweiht sei sie der Mutter der Kirche, Maria, die ihre größte und begnadetste Tochter ist.

An zweiter Stelle wollen Wir ein besonderes Jubiläum für die ganze Kirche ankündigen, vom Ende des Konzils bis zum nächsten Pfingstfest, mit dem Ziel, durch die Predigt die Botschaft der Wahrheit und der Liebe des Konzils zu verbreiten und unter den Gläubigen das Gefühl der Zusammengehörigkeit mit der eigenen Diözese zu vertiefen, wenn Wir alle und jeden Einzelnen ermahnen, aus dem „Dienst der Versöhnung"² geistlichen Gewinn und Freude zu erlangen. Dies soll soweit nur möglich, jedem Menschen guten Willens offen und angeboten sein. Nähere Bekanntmachungen und Normen dazu werden bald ergehen. Jetzt ist Zeit, dass Wir, indem Wir diese Rede und damit diese Sitzung beenden, Euch allen danken für Eure Gegenwart und Teilnahme an diesen feierlichen und ergreifenden heiligen Riten. Wir grüßen Euch alle im Herrn und segnen Euch in seinem heiligsten Namen.

Paul VI.:
Ansprache in der Öffentlichen Sitzung des Zweiten Vatikanischen Ökumenischen Konzils (7. Dezember 1965)[1]

Wir bringen heute das Zweite Vatikanische Ökumenische Konzil zum Abschluss. Wir beenden es, während es noch in voller Arbeitskraft ist: Eure zahlreiche Anwesenheit beweist es; Ordnung und Zusammenhalt dieser Versammlung bezeugen es, der planmäßige Abschluss der Konzilsarbeiten bestätigt es, die Einmütigkeit der Meinungen und Entschließungen verkünden es. Wenn auch nicht wenige Fragen, die erst im Laufe des Konzils selbst aufgeworfen wurden, noch einer befriedigenden Lösung harren, so zeigt das nur, dass seine Arbeiten nicht in Müdigkeit zu Ende gehen, sondern mit jener lebensvollen Kraft, die diese allgemeine Synode geweckt hat und die in der Zeit nach dem Konzil mit Gottes Hilfe sich ganz und planmäßig diesen Fragen widmen wird. Dieses Konzil hinterlässt in der Geschichte das Bild der katholischen Kirche, wie sie hier in diesem Raum versinnbildlicht ist, der ganz erfüllt ist von Seelsorgern, die den gleichen Glauben bekennen, die von der gleichen Liebe beseelt sind, die in der gleichen Gemeinschaft des Gebetes, der kirchlichen Ordnung, der Arbeit vereint sind, und – was das Wunderbare ist – die alle von dem einzigen Wunsch durchdrungen sind, sich wie Christus, unser Herr und Meister, ganz für das Leben der Kirche und für das Heil der Welt zu opfern. – Dieses Konzil übergibt aber der Nachwelt nicht nur das Bild der Kirche, sondern auch das Erbgut ihrer Lehre und ihrer Gebote, den anvertrauten Schatz, den sie von Christus empfangen und durch Jahrhunderte betrachtet, gelebt, zum Ausdruck gebracht hat, und den sie heute in vielen Teilen geklärt, festgelegt und bei Wahrung seiner Unversehrtheit neu geordnet hat. Er ist ein Schatz voll Leben, kraft der göttlichen Wahrheit und Gnade, die er in sich birgt, und daher geeignet jeden mit Leben zu erfüllen, der ihn ehrfürchtig aufnimmt und sein eigenes menschliches Dasein davon nährt.

---

[2] 2 Kor 5, 18.
[1] Text entnommen aus: Katholische Nachrichten-Agentur: KNA-Sonderdienst zum Zweiten Vatikanischen Konzil, Nr. 93/94, 8. Dezember 1965, 8–12 (KNA-Übersetzung).

Was ist also dieses Konzil gewesen – was hat es geleistet: das sollte eigentlich das Thema dieser Unserer Schlussbetrachtung sein. Doch es würde zuviel Zeit und Aufmerksamkeit beanspruchen und Wir würden es wohl auch kaum zustande bringen, in dieser letzten großen Stunde in aller Ruhe einen Gesamtüberblick zu geben. Wir wollen diesem kostbaren Augenblick nur einen Gedanken widmen, der Uns demütig macht, Uns zugleich aber auch auf den Gipfel unserer Hoffnung erhebt. Es ist der Gedanke: Welches ist der religiöse Ertrag des Konzils? Wir meinen die unmittelbare religiöse Beziehung zum lebendigen Gott, jenes Verhältnis, das die Daseinsberechtigung der Kirche bildet, aus dem heraus sie glaubt, hofft und liebt, existiert und handelt.

Können wir sagen, dass wir Gott die Ehre gegeben haben, dass wir seine Erkenntnis und Liebe gesucht haben, dass wir Fortschritte gemacht haben in dem Bemühen, ihn zu betrachten, in dem Verlangen nach seiner Verherrlichung, in der Fertigkeit, ihn den Menschen zu verkünden, die auf uns als auf die Hirten und die Lehrer der Wege Gottes schauen?

Wir glauben in aller Schlichtheit: ja. Schon deshalb, weil dies die erste und grundlegende Absicht war, aus der der Gedanke, ein Konzil abzuhalten, entsprang und Gestalt annahm. Wir hören noch die Worte, die Unser verehrter Vorgänger Johannes XXIII., den Wir mit Recht als den Urheber dieser großen Synode bezeichnen können, bei der Eröffnungsansprache dieses Konzils in dieser Basilika gesprochen hat. Damals sagte er: „Die Hauptaufgabe des Konzils ist es, das heilige Erbgut der christlichen Lehre wirksamer zu bewahren und zu verkünden ... denn es ist wahrhaftig so: Christus hat das Wort gesprochen: ‚Suchet zuerst das Reich Gottes und seine Gerechtigkeit'. Dieses Wort sagt uns, worauf wir vor allem unsere Kräfte und Gedanken richten müssen"[2].

Der Absicht entsprach die Tat. Um sie gebührend zu bewerten, muss man sich die Zeitverhältnisse vor Augen halten, in denen sie vollbracht wurde. Es war eine Zeit, die, wie jeder zugeben wird, eher auf die Eroberung der Welt als auf das Himmelreich eingestellt ist, eine Zeit, in der die Gottvergessenheit zur Regel geworden ist und scheinbar – aber zu Unrecht – vom Fortschritt der Wissenschaft verlangt wird, eine Zeit, in welcher der grundlegende typische Akt der menschlichen Persönlichkeit, die zum vollen Bewusstsein ihrer selbst und ihrer Freiheit gekommen ist, sich zu einer absoluten Autonomie bekennen und sich von transzendenter Bindung befreien will, eine Zeit, in welcher der Laizismus, die logische Folgerung moderner Weltanschauung und die letzte Weisheit der diesseitigen Ordnung der Gesellschaft zu sein scheint, eine Zeit ferner, in der das geistige Schaffen den Gipfel des Irrationalen und der Verzweiflung erreicht, eine Zeit endlich, in der auch in den großen nichtchristlichen Weltreligionen Erschütterungen und Niedergangserscheinungen zu verzeichnen sind, die man früher nicht gekannt hat. In dieser Zeit wurde unser Konzil abgehalten zur Ehre Gottes, im Namen Christi, unter dem Antrieb des heiligen Geistes, der alles durchdringt, „alles erforscht" und der noch immer die Kirche beseelt, „damit wir erkennen,

---

[2] Johannes XXIII., Discorsi 1962, 583.

was uns von Gott gegeben ist"³ und ihr die Tiefe und zugleich umfassende Schau von Welt und Leben gibt. Die theozentrische und theologische Auffassung von Mensch und Universum hat sich wie eine Herausforderung auf die Anklage des Anachronismus und der Weltfremdheit mit diesem Konzil inmitten der Welt erhoben mit Ansprüchen, die das Urteil der Welt anfangs als töricht bezeichnen wird, dann aber, so hoffen wir, als echt menschlich, weise und heilsam erkennen wird: nämlich dass es einen Gott gibt, dass er wirklich ist, dass er lebendig, persönlich, dass er Vorsehung und unendlich gut ist, ja dass er nicht nur in sich gut ist, sondern unendlich gut auch zu uns – unser Schöpfer, unsere Wahrheit, unser Glück in dem Maße, dass die Fähigkeit auf ihn unsere Blicke und unsere Herzen zu richten – wir nennen das Beschauung – zum höchsten und reichsten Akt des Geistes wird, zu einem Akt, der auch heute der unermesslichen Pyramide der menschlichen Tätigkeit eine hierarchische Ordnung verleihen kann und muss.

Man wird sagen, dass das Konzil sich in der Hauptsache eher mit der Kirche, mit ihrer Natur, ihrer Gliederung, ihrer ökumenischen Berufung, ihrer apostolischen und missionarischen Tätigkeit beschäftigt hat als mit den göttlichen Wahrheiten. Als jahrhundertealte Religionsgemeinschaft hat die Kirche den Versuch unternommen, eine Reflexion über sich selbst anzustellen, um sich besser kennen zu lernen, um sich klarer zu umschreiben und um daraus ihre Meinung und ihre Vorschriften zu ordnen. Das stimmt. Aber die Schau nach Innen war nicht Selbstzweck, war kein Akt rein menschlicher Weisheit und nur diesseitiger Kultur. Die Kirche hat sich in ihrem inneren geistlichen Bewusstsein gesammelt, nicht um sich in gelehrten Analysen der Religionspsychologie oder der Geschichte ihrer Erfahrungen zu gefallen, noch auch, um sich der erneuten Behauptung ihrer Rechte und der Umschreibung ihrer Gesetze zu widmen, sondern um in sich selbst, in ihrem Leben und Wirken, im Heiligen Geiste das Wort Christi wiederzuentdecken und tiefer in ihr Geheimnis einzudringen, d.h. den Plan Gottes mit ihr und seine Gegenwart in ihr, und um in sich den Glauben zu beleben, der das Geheimnis ihrer Sicherheit und Weisheit ist und jener Liebe, die sie verpflichtet, ohne Unterlass das Lob Gottes zu singen: Cantare amantis est (der Gesang ist ein Kennzeichen des Liebenden), sagt der hl. Augustinus.⁴ Die Konzilsdokumente, vor allem die über die göttliche Offenbarung, die Liturgie, die Kirche, die Priester, die Ordensleute und die Laien, lassen deutlich diese unmittelbare und erste religiöse Absicht durchscheinen und zeigen, wie klar, frisch und reich der geistliche Strom ist, den der lebendige Kontakt mit dem lebendigen Gott im Schoß der Kirche aufbrechen und von ihr sich ergießen lässt über die ausgetrockneten Schollen unserer Erde.

Wir können aber eine entscheidende Bemerkung nicht unterlassen bei der Untersuchung der religiösen Bedeutung dieses Konzils: es wurde stark vom Studium der modernen Welt beansprucht. Vielleicht noch nie wie bei dieser Gelegenheit hat die Kirche das Verlangen verspürt, die sie umgebende Gesellschaft kennen zu lernen, sich ihr zu nähern, sie zu verstehen, zu durchdringen, ihr zu dienen, ihr

---
³ Vgl. 1 Kor 2,10–12.
⁴ Augustinus, Sermo 336: PL 38, 1472.

die Botschaft des Evangeliums zu verkünden und sie aufzunehmen, gleichsam um ihr nachzugehen in ihrer raschen und fortwährenden Wandlung. Diese Haltung, die bestimmt ist durch die Entfremdung und den Bruch zwischen der Kirche und der profanen Kultur, die sich im Laufe der vergangenen Jahrhunderte, im vergangenen und besonders in diesem Jahrhundert vollzogen, hat ihren Ausgangspunkt in der wesentlichen Heilssendung der Kirche und ist im Konzil nachhaltig und unaufhörlich wirksam gewesen, ja in einem Maße, dass sie bei einigen den Verdacht aufkommen ließ, dass ein toleranter und übermäßiger Relativismus gegenüber der äußeren Welt, der ständig fortschreitenden Geschichte, der kulturellen Modeströmung, den zufälligen Bedürfnissen und dem Denken der anderen Personen und Handlungen des Konzils bestimmt hätte zum Schaden der Treue, die der Tradition gebührt, und auch zum Schaden der religiösen Ausrichtung des Konzils selbst. Wir glauben nicht, dass dieser Vorwurf gegen das Konzil selbst in seinen wahren und tiefen Absichten und in seinen authentischen Verlautbarungen erhoben werden müsste.

Vielmehr möchten Wir hervorheben, dass die religiöse Haltung unseres Konzils vornehmlich in der Liebe ihren Ausdruck fand. Niemand wird es wegen dieser Hauptorientierung der Irreligiosität oder der Untreue gegenüber dem Evangelium zeichnen können, wenn wir uns vor Augen halten, dass es Christus selbst ist, der uns lehrt, dass die Liebe zu den Brüdern das Unterscheidungsmerkmal seiner Jünger ist[5] und wenn wir die Worte des Apostels vernehmen: „Eine reine und unbefleckte Frömmigkeit vor Gott dem Vater ist diese: Waisen und Witwen besuchen und sich selbst unbefleckt bewahren von der Welt"[6], ferner: „Wer seinen Bruder nicht liebt, den er sieht, vermag Gott nicht zu lieben, den er nicht sieht"[7].

Ja, die Kirche des Konzils hat sich – außer mit sich selbst und der Beziehung, die sie mit Gott eint – mit dem Menschen beschäftigt, und zwar mit dem Menschen, wie er heute wirklich ist: der lebendige Mensch, der ganz mit sich selbst beschäftigte Mensch, der Mensch, der sich nicht nur zum Mittelpunkt jeglichen Interesses macht, sondern der es wagt, von sich zu sagen, dass er Prinzip und Grund aller Wirklichkeit sei. Das ganze Phänomen Mensch, d.h. angetan mit den Masken seiner zahllosen Aufmachungen, hat sich gleichsam vor die versammelten Konzilsväter hingestellt, die ja auch Menschen sind, und darum aufmerksame und lieberfüllte Hirten und Brüder: der tragische Mensch mit seinem eigenen Schicksal, der Übermensch von gestern und heute, der deshalb stets gebrechlich und unaufrichtig, egoistisch und voll Leidenschaft ist, denn der über sich selbst unglückliche Mensch, der lacht und weint, der vielschichtige Mensch, der bereit ist, jede Rolle zu spielen, der starre Mensch, der nur die wissenschaftliche Wirklichkeit pflegt, der Mensch, wie er ist, der denkt, liebt, arbeitet, der stets auf etwas wartet, der „filius accrescens" der wachsende Sohn,[8] der durch die Unschuld seiner Kindheit, durch das Geheimnis seiner Armut und durch seinen

---

[5] Vgl. Joh 13,35.
[6] Jak 1,27.
[7] 1 Joh 4,20.
[8] Gen 49,22.

Reueschmerz heilige Mensch; der Mensch als Individuum und als Gemeinschaftswesen, der Mensch, der die Vergangenheit preist, und der Mensch, der von der Zukunft träumt; der sündige Mensch und der heilige Mensch, und so weiter. Der laizistische und profane Humanismus ist schließlich in seiner furchtbaren Gestalt erschienen und hat in einem gewissen Sinn das Konzil herausgefordert. Die Religion des Gottes, der Mensch wurde, ist der Religion (denn sie ist es) des Menschen begegnet, der sich zum Gott macht. Was ist geschehen? Ein Zusammenstoß, ein Kampf, ein Anathem? Es hätte sein können, aber es ist nicht geschehen. Die alte Geschichte vom Samariter wurde zum Beispiel für die Geisteshaltung des Konzils. Eine ganz große Sympathie hat es ganz und gar durchdrungen. Die Entdeckung der menschlichen Bedürfnisse (je größer sie sind, desto größer macht sich auch der Sohn der Erde) hat die Aufmerksamkeit unserer Synode gefesselt. Erkennt ihm wenigstens dieses Verdienst zu, ihr modernen Humanisten, die ihr die Transzendenz der höchsten Dinge leugnet, und erkennt unseren neuen Humanismus an: auch wir, und wir mehr als alle, sind die Förderer des Menschen. Was hat dieser hohe Senat in der Menschheit betrachtet, was hat er im Lichte der Gottheit zu studieren unternommen? Er hat das ewige Doppelspiel ihres Antlitzes betrachtet: das Elend und die Größe des Menschen, sein tiefsitzendes, unleugbares, aus sich selbst unheilbares Übel und seine ihm verbliebene Gutheit, die immer von hoher Schönheit und unbesieglicher Erhabenheit gezeichnet ist. Aber man muss anerkennen, dass dieses Konzil, das über den Menschen ein Urteil zu fällen hatte, weit mehr bei dieser guten Seite des Menschen verweilte als bei der traurigen. Seine Einstellung war ausgesprochen und bewusst optimistisch. Ein Strom von Zuneigung und Bewunderung hat sich vom Konzil über die moderne Welt des Menschen ergossen. Ja, die Irrtümer wurden zurückgewiesen, weil Liebe und Wahrheit es verlangen, für die Personen gab es nur Einladung, Achtung und Liebe. Anstelle deprimierender Diagnosen aufmunternde Heilmittel; statt unheilvoller Voraussagen wurden vom Konzil an die heutige Welt Botschaften des Vertrauens gerichtet; ihre Werte wurden nicht nur respektiert, sondern geehrt, ihre Bemühungen unterstützt, ihre Bestrebungen geläutert und gesegnet.

Nur ein Beispiel: den zahllosen Sprachen der heute existierenden Völker wurde es gestattet, in der Liturgie das Wort der Menschen zu Gott und das Wort Gottes an die Menschen zum Ausdruck zu bringen. Dem Menschen als solchem wurde die grundlegende Berufung zum Besitz seiner Rechte und der Transzendenz seiner Bestimmung zuerkannt. Seine höchsten Bestrebungen nach Existenz, Personwürde, wahrer Freiheit, Kultur, Neuordnung der Sozialgefüge, Gerechtigkeit und Friede wurden geläutert und ermutigt. An alle Menschen erging die pastorale und missionarische Einladung zum Licht des Evangeliums. Nur kurz streifen Wir die vielfachen und vielschichtigen Fragen über das Wohlergehen des Menschen, mit denen sich das Konzil befasste. Es wollte aber nicht alle drängenden Probleme des modernen Lebens lösen. Einige davon wurden zum Zweck weiteren Studiums zurückgestellt, das die Kirche darüber anstellen will, viele von ihnen wurden in begrenzten und allgemeinen Ausdrücken dargestellt, sie können daher weitere Vertiefung und verschiedene Anwendungen finden.

Aber es ist gut, eine Sache zu bemerken: Das Lehramt der Kirche, auch wenn es sich nicht außerordentlicher dogmatischer Aussagen bedienen wollte, hat seine verbindliche Unterweisung über eine Menge von Fragen geäußert, die heute das Bewusstsein und die Tätigkeit des Menschen in Anspruch nehmen; es ist sozusagen einen Dialog mit ihm eingegangen, unter Beibehaltung seiner Autorität und der ihm eigenen Kraft, hat es die leicht fassliche und freundschaftliche Sprache der Hirtenliebe angenommen.

Sie hat gewünscht, sich bei allen Gehör zu verschaffen und von allen verstanden zu werden; sie hat sich nicht nur an den spekulativen Verstand gewandt, sondern hat danach getrachtet, sich in der heute üblichen Umgangssprache auszudrücken, die von der gelebten Erfahrung ausgeht und dem herzlichen Empfinden eine ansprechendere Lebendigkeit und größere Überzeugungskraft verleiht; sie hat den Menschen von heute so angesprochen, wie er ist.

Noch eine andere Sache müssen Wir hervorheben: all dieser Reichtum an Lehre hat sich in einer einzigen Richtung bewegt: dem Menschen zu dienen. Wir meinen den Menschen in jeder Lage, in jeder Schwäche, in jeder Not. Die Kirche hat sich gewissermaßen zur Dienerin der Menschheit erklärt, gerade in dem Augenblick, in dem ihr Lehramt und ihr Hirtenamt durch die Konzilsfeierlichkeit größeren Glanz und größere Kraft erhalten haben: die Idee des Dienstes hat eine zentrale Stelle eingenommen.

Hat vielleicht all dies und alles, was Wir über den menschlichen Wert des Konzils sagen könnten, den Geist der Kirche im Konzil in die anthropozentrische Richtung der modernen Kultur abgelenkt? Abgelenkt, nein, hingelenkt, ja. Aber wer dieses vorherrschende Interesse des Konzils für die menschlichen und zeitlichen Werte aufmerksam betrachtet, kann nicht leugnen dass dieses Interesse notwendig zum pastoralen Charakter gehört, den das Konzil gewissermaßen als Programm gewählt hat, und er wird anerkennen müssen, dass dieses Interesse niemals von dem ganz echten religiösen Interesse getrennt ist, das sich in der Liebe zeigt, die es einzig beseelt (wo die Liebe ist, da ist Gott!) und in der Beziehung der menschlichen und zeitlichen Werte zu den eigentlich geistlichen, religiösen und ewigen, die das Konzil immer betont und gefördert hat: sie beugt sich zum Menschen und zur Erde, aber sie erhebt sich zum Gottesreich.

Die moderne Mentalität, die gewohnt ist, alles unter dem Aspekt des Wertes, das ist seines Nutzens, zu beurteilen, wird zugeben müssen, dass der Wert des Konzils wenigstens dadurch groß ist, dass alles auf den menschlichen Nutzen gelenkt wurde, darum soll also niemals gesagt werden, dass eine Religion wie die katholische ohne Nutzen sei, die in ihrer bewusstesten und wirkkräftigsten Erscheinungsform, wie es bei einem Konzil der Fall ist, sich ganz und gar zu Gunsten und zum Dienst des Menschen erklärt. Die katholische Religion und das menschliche Leben bestätigen so erneut ihre Verbindung, ihre Konvergenz in einer einzigen menschlichen Wirklichkeit: die katholische Religion ist für die Menschheit, in einem gewissen Sinn das Leben der Menschheit. Sie ist das Leben durch die endlich genaue und hohe Bedeutung, die unsere Religion über den Menschen gibt (ist nicht der Mensch allein schon für sich selbst ein Geheimnis?). Sie gibt diese Erklärung gerade wegen ihres Wissens von Gott: um den Menschen zu kennen, den wahren Menschen, den ganzen Menschen, muss man Gott kennen. Zum Beweis mag es jetzt genügen, an das glutvolle Wort der hl. Katharina von Siena zu erinnern: „In deiner Natur, ewige Gottheit, werde ich meine Natur erkennen." Sie ist das Leben, denn sie beschreibt die Natur und die Bestimmung des Lebens. Sie gibt ihm seinen wahren Sinn. Sie ist das Leben, denn sie konstituiert das höchste Gesetz des Lebens, und sie gibt dem Leben die geheimnisvolle Energie, die es, so können Wir sagen, göttlich macht.

Wenn wir, verehrte Brüder und Söhne, die ihr hier anwesend seid, uns daran erinnern, wie im Antlitz eines jeden Menschen, besonders wenn es durch Tränen und Schmerzen durchscheinend geworden ist, das Antlitz Christi, des Menschensohnes, wiedererkennen können und müssen,[9] und wenn wir im Antlitz Christi dann das Antlitz des himmlischen Vaters wiedererkennen können und müssen: „Wer mich sieht", sagt Jesus, „sieht auch den Vater"[10], dann wird unser Humanismus christlich, und unser Christentum wird theozentrisch, so sehr, dass wir auch sagen können: um Gott zu kennen, muss man den Menschen kennen.

Wäre also jetzt dieses Konzil, das seine unermüdliche Aufmerksamkeit hauptsächlich dem Menschen gewidmet hat, dazu bestimmt, der modernen Welt den Weg eines befreienden und tröstenden Aufstiegs aufzuzeigen? Wäre es nicht schließlich eine einfache und feierliche Unterweisung, den Menschen zu lieben, um Gott zu lieben? Wir meinen damit, den Menschen nicht als Instrument zu lieben, sondern als ein erstes Ziel in Richtung auf das transzendente höchste Ziel, den Ursprung und den Grund jeder Liebe. So offenbart sich dieses Konzil ganz und gar in seiner tiefsten religiösen Bedeutung als nichts anderes als eine mächtige und freundliche Einladung an die heutige Menschheit, auf dem Weg brüderlicher Liebe den Gott wiederzufinden: „Von ihm sich abwenden heißt: fallen, zu ihm sich bekehren, heißt: auferstehen, in ihm bleiben heißt: feststehen, zu ihm zurückkehren heißt: wiedergeboren werden, in ihm wohnen heißt: leben"[11].

So hoffen Wir am Ende dieses Zweiten Vatikanischen Ökumenischen Konzils und am Anfang der menschlichen und religiösen Erneuerung, die zu studieren und zu fördern es sich vorgenommen hat. So hoffen Wir, Brüder und Väter dieses Konzils, für Uns, so hoffen Wir für die ganze Menschheit, die Wir hier mehr zu lieben und der besser zu dienen Wir hier gelernt haben.

Indem Wir zu diesem Ziel noch die Fürsprache des heiligen Johannes des Täufers und des heiligen Josefs, Patrone der ökumenischen Synode, der heiligen Apostel Petrus und Paulus, Fundamente und Säulen der heiligen Kirche anrufen und mit ihnen den hl. Bischof Ambrosius, dessen Fest wir heute feiern und in ihm gleichsam die Kirche des Ostens und des Westens verbinden, erflehen wir von Herzen ebenfalls den Schutz der seligsten Jungfrau, der Mutter Christi und deshalb auch von uns Mutter der Kirche genannte, und wollen einstimmig und einmütig danken und Ehre erweisen dem lebendigen und wahren Gott, dem einzigen und höchsten Gott, dem Vater und dem Sohn und dem Heiligen Geist. Amen.

---

[9] Vgl. Mt 25,40.
[10] Joh 14,9.
[11] Vgl. Augustinus, Soliloqu. I, 1,3: PL 32, 870.

Anhang

Aufhebung der Bannbullen zwischen Rom und Konstantinopel (7. Dezember 1965)

„Wandelt in der Liebe, wie auch Christus uns geliebt hat"[1]: diese mahnenden Worte des Völkerapostels schweben uns vor Augen, die wir Christen nach dem Namen des Retters genannt werden, und treiben uns an, zumal in einer Zeit, die eindringlicher dazu mahnt, die Gelegenheiten für die Liebe häufiger wahrzunehmen; unsere Herzen sind nämlich durch die Gnade Gottes mit dem Verlangen erfüllt, mit aller Macht danach zu streben, dass die Menschen in der Einheit bewahrt werden, die an der Bewahrung der Einheit gehindert sind, wo sie doch in Christus vereinigt sind. Wir selbst aber, die Wir gemäß dem Heilsplan der göttlichen Vorsehung den Stuhl des Hl. Petrus innehaben und an dem Auftrag des Herrn festhalten, haben schon mehrmals unsere feste Absicht verkündigt, alle nützlichen und günstigen Gelegenheiten des göttlichen Willens zur Einheit zu ergreifen.

Wir denken jedoch an jene traurigen Ereignisse, durch die es nach vielen Streitigkeiten im Jahre 1054 geschehen ist, dass zwischen der Römischen und der Kirche von Konstantinopel die bittere Feindschaft entstanden ist. Daher hat mit vollem Recht unser Vorgänger, der hl. Papst Gregor VII. danach geschrieben: „Wie viel zuerst die Eintracht genutzt hat, soviel hat danach das geschadet, was die Liebe von beiden Seiten hat erkalten lassen."[2] Ja, vielmehr ist es soweit gekommen, dass zwei Legaten des Papstes gegen den Patriarchen von Konstantinopel, Michael Kerrularios und zwei Männer der Kirche den Beschluss der Exkommunikation aussprachen, dieser aber und seine Synode in gleicher Weise gegen jene zwei vorgegangen ist. Heute jedoch nach Veränderung von Zeit und Geist erfüllt es Uns mit großer Freude, dass der Patriarch von Konstantinopel, Unser verehrter Bruder Athenagoras I. und seine Synode Uns gegenüber dasselbe Wohlwollen hegen, das gar soweit reicht, dass wir in Liebe und „dem liebevollen wie heilbringenden Band der Herzen miteinander verbunden sind."[3] Daher wollen Wir auf dem Weg der brüderlichen Liebe weiter fortschreiten, die uns zu zur vollkommenen Einheit führen soll, und das beseitigen, was hinderlich im Wege steht, sowie vor den versammelten Bischöfen im Zweiten Ökumenischen Vatikanischen Konzil bestätigen, das Wir die Worte und Taten aus damaliger Zeit nur schmerzvoll ertragen und nicht gutheißen können. Außerdem wollen Wir den Beschluss der Exkommunikation aus dem Gedächtnis tilgen und dem Vergessen anheimfallen lassen. Wir sind aber erfreut darüber, dass Uns diese Gefälligkeit zur brüderlichen Liebe erwiesen wird, hier in Rom, beim Grab des Apostels Petrus an dem Tag, an dem in Konstantinopel, welches das neue Rom genannt wird, dasselbe zu tun gelingt, dass nämlich die Ostkirche und die Orientalische Kirche gemeinsam in ehrwürdiger Erinnerung das Fest des Bischofs und Kirchenlehrers

---

[1] Eph 5, 2.
[2] Gregor VII., Ep. ad Michael Constantinop. imp., Reg. I, 18, ed. Caspar, p. 30.
[3] Vgl. Augustinus, Serm. 350, 3: PL 39, 1534.

des hl. Ambrosius feiern. Der sehr gütige Gott, und Urheber des Friedens erwies uns die Kraft für diesen gegenseitigen guten Willen und möge gnädig gewähren, dass dieses öffentliche Zeugnis der christlichen Brüderlichkeit sich zu seiner Ehre und zum Nutzen der Seelen wende.

Gegeben in Rom, beim Hl. Petrus, unter dem Ring des Fischers am 7. Dezember, dem Fest des Bischofs, des Bekenners und Kirchenlehrers, des Hl. Ambrosius im Jahre 1965, im 3. Jahr Unseres Pontifikates.

Paulus PP. VI.

Paul VI.:
Ansprache zum Abschluss des Zweiten Vatikanischen Konzils
(8. Dezember 1965)[1]

Ihr Herren Kardinäle! Verehrte Brüder! Vertreter der Völker! Ihr Herren der Stadt Rom! Autoritäten und Bürger aus aller Welt! Ihr, Beobachter, die ihr so vielen verschiedenen christlichen Denominationen angehört, und ihr, hier anwesende Gläubige und Söhne, und auch ihr, die ihr zerstreut seid auf der ganzen Erde, aber mit uns vereint im Glauben und in der Liebe!

Ihr werdet binnen kurzem am Schluss dieser heiligen Messe die Verlesung einiger Botschaften hören, die das ökumenische Konzil zum Abschluss seiner Arbeiten an verschiedene Kategorien von Personen richtet, in der Absicht, die zahllosen Formen zu berücksichtigen, in denen das menschliche Leben sich ausdrückt. Und ihr werdet ebenso hören die Verlesung unseres amtlichen Dekrets, mit dem Wir das Zweite Vatikanische Ökumenische Konzil für beendet und geschlossen erklären. Jetzt bleibt also der Augenblick – ein kurzer Augenblick – der Grüße. Nachher wird Unsere Stimme schweigen. Das Konzil ist vollends abgeschlossen. Diese große und außerordentliche Versammlung löst sich auf.

Der Gruß, den Wir an euch richten, gewinnt also eine besondere Bedeutung, die Wir eben nur kurz andeuten möchten, nicht um vom Gebet abzulenken, sondern um eure Aufmerksamkeit stärker auf die gegenwärtige Feier zu verpflichten.

Dieser Gruß ist vor allem universal. Er richtet sich an euch alle, die ihr hier anwesend seid und an diesem heiligen Ritus teilnehmt. Er richtet sich an euch, verehrte Brüder im Episkopat, an euch, Vertreter [der Völker], an euch, das Volk Gottes. Und er dehnt sich aus und erstreckt sich auf alle, auf die ganze Welt. Wie könnte es auch anders sein, da dieses Konzil sich als ökumenisch, d. h. allumfassend, definiert hat und es auch gewesen ist? Wie ein Glockenschlag sich im Äther fortsetzt und im Weiterschwingen seiner Schallwellen zu allen und jedem kommt,

---

[1] Text entnommen aus: HerKorr 20 (1966) 41–43.

so wendet sich in diesem Augenblick Unser Gruß an alle und an jeden. An die, die ihn aufnehmen, und an die, die ihn nicht aufnehmen: er tönt und pocht an das Ohr jedes Menschen. Von diesem katholischen römischen Zentrum aus ist grundsätzlich niemand unerreichbar; im Prinzip können und müssen alle erreicht werden. Für die katholische Kirche ist niemand fremd, niemand ist ausgeschlossen, niemand ist ferne. Jeder, an den sich Unser Gruß richtet, ist ein Gerufener, ein Eingeladener; er ist im gewissen Sinne ein Anwesender.

Das Herz des Liebenden sagt es uns: jeder Geliebte ist anwesend. Und wir lieben kraft Unserer universalen pastoralen und apostolischen Sendung, besonders in diesem Augenblick, alle!

Wir sagen das also euch, gute und gläubige Seelen, die ihr zwar persönlich von diesem Forum der Gläubigen und der Völker abwesend seid, aber dabei seid in eurem Geiste und mit eurem Gebete: auch an euch denkt der Papst und feiert mit euch diesen erhabenen Augenblick universaler Gemeinschaft.

Wir sagen das euch Leidenden, die ihr gleichsam die Gefangenen eurer Krankheit seid und die ihr, fehlte euch der Trost dieses Unseres Grußes, euren Schmerz wegen der geistlichen Einsamkeit doppelt empfinden würdet. Und Wir sagen das besonders euch, Brüder im Episkopat, die ihr nicht aus eigener Schuld beim Konzil gefehlt habt und jetzt in den Reihen der Mitbrüder und noch mehr in ihren und Unserem Herzen eine Leere zurücklasst, die Uns so sehr leiden macht und die das Unrecht anzeigt, das eure Freiheit bindet; und wäre es nur die Freiheit, die euch gefehlt hat, um zu Unserem Konzil zu kommen! Gruß euch, Brüder, die ihr immer noch ungerechterweise im Schweigen verharren, in der Unterdrückung aushalten müsst und der legitimen und heiligen, jedem ehrenhaften Menschen geschuldeten Rechte beraubt seid; Rechte, die euch um so mehr zukommen, als ihr nur Täter des Guten, des Frommen und des Friedens seid! Die Kirche, behinderte und gedemütigte Brüder, ist mit euch! Und sie ist mit euren Gläubigen und mit allen, die euer leidvolles Los teilen; und so möge mit euch sein das Gewissen der Welt!

Und schließlich richten Wir diesen universalen Gruß auch an euch Menschen, die ihr uns nicht kennt; Menschen, die ihr uns nicht versteht; Menschen, die ihr uns nicht glaubt, dass wir nützlich und notwendig und dass wir Freunde sind; und auch an euch Menschen, die ihr uns bekämpft und dabei vielleicht denkt, ihr tätet etwas Gutes. Es ist ein ehrlicher Gruß, ein diskreter Gruß, aber ein Gruß voller Hoffnung, und heute, glaubt es uns, voll der Achtung und Liebe.

Das ist also Unser Gruß. Aber habt acht alle, die ihr Uns hört! Wir bitten zu bedenken, dass Unser Gruß im Unterschied zu dem, was für gewöhnlich in weltlichem Gespräch mit den Grüßen geschieht, die dazu dienen, eine Nachbarschaftsbeziehung oder ein Gespräch zu beenden, die geistliche Beziehung, von der er seinen Sinn und seinen Ausdruck bezieht, stärken und, wenn notwendig, hervorbringen will.

Unser Gruß ist nicht ein Gruß des Abschieds, der trennt, sondern ein Gruß der Freundschaft, die fortdauert und die gegebenenfalls neu entstehen will. Ja, Unser Gruß möchte in diesem höchsten Ausdruck einerseits zum Herzen eines jeden kommen, dort eintreten wie ein herzlicher Gast und im inneren Schweigen eurer

Seele das gewohnte und unaussprechliche Wort des Herrn sagen: „Meinen Frieden hinterlasse ich euch, meinen Frieden gebe ich euch; aber nicht, wie die Welt ihn gibt"[2]; (Christus hat seine eigene einzigartige und originelle Art, in der Stille des Herzens zu sprechen); anderseits zielt Unser Gruß auf eine andere und höhere Ziehung, weil er nicht nur zweiseitiger Austausch von Worten zwischen uns, Menschen dieser Erde, ist, sondern einen anderen Anwesenden, den Herrn selbst, miteinbezieht, der zwar unsichtbar, aber im Gewebe menschlicher Beziehungen am Werke ist. Und er lädt ihn ein, bittet ihn, in dem, der grüßt, und in dem, der gegrüßt wird, neues Gutes zu wecken, von dem das erste und höchste die Liebe ist.

Das ist also Unser Gruß. Möge er diese neue Flamme der göttlichen Liebe in unseren Herzen entzünden; eine Flamme, die die Grundsätze, die Lehren und Vorsätze, die das Konzil angeordnet hat, belebt, und mögen diese, von der Liebe so entflammt, in der Kirche und in der Welt tatsächlich jene Erneuerung des Denkens, des Tuns, der Sitten, der moralischen Kraft, der Freude und der Hoffnung bewirken, die das Ziel des Konzils gewesen ist.

Unser Gruß wird also zum Ideal. Wird er zum Traum? Zur Dichtung? Wird er zur konventionellen und leeren Übertreibung, wie es oft mit unseren alltäglichen Wünschen geschieht? Nein. Er wird zum Ideal, aber er wird deswegen nicht irreal. Noch einen Augenblick eurer Aufmerksamkeit! Wenn wir Menschen unsere Gedanken und unsere Wünsche auf eine ideale Auffassung des Lebens hinorientieren, begeben wir uns gleich in die Gefahr der Utopie, der rhetorischen Karikatur oder der Täuschung oder Enttäuschung. Dem Menschen ist der unauslöschliche Drang nach idealer und totaler Vollkommenheit eigen, aber er vermag sie nicht von sich aus zu erreichen, weder im Begriff und noch viel weniger in der Erfahrung und in der Wirklichkeit. Wir wissen das; es ist das Drama des Menschen, des gestürzten Königs. Aber beachtet, was an diesem Morgen geschieht: Während Wir das ökumenische Konzil schließen, feiern wir Maria, die Mutter Christi, und deswegen, wie Wir ein anderes Mal sagten, die Mutter Gottes und unsere geistliche Mutter. Maria, sagten Wir, die Unbefleckte, d. h. die Unschuldige, die Wunderbare, die Vollkommene; d. h. die Frau, die wahre ideale und wirkliche Frau zugleich; das Geschöpf, in dem das Ebenbild Gottes sich in vollendeter Klarheit ohne jede Störung, wie es sonst bei jedem menschlichen Geschöpf der Fall ist, widerspiegelt.

Können Wir nicht vielleicht hier, mit dem Blick auf diese demütige Frau, unsere Schwester und zugleich unsere himmlische Mutter und Königin, heller und heiliger Spiegel der unendlichen Schönheit, Unsere konziliare Erhebung und diesen Unseren Gruß schließen? Und kann nicht hier unsere nachkonziliäre Arbeit beginnen? Wird diese Schönheit der Immakulata für uns nicht ein inspirierendes Modell, eine tröstende Hoffnung?

Wir, Brüder, Söhne und Herren, die ihr Uns hört, Wir glauben das, im Bezug auf Uns und im Bezug auf euch, und es ist das Unser höchster und, wolle es Gott, Unser wirksamster Gruß.

---

[2] Joh 14,27.

Anhang

Botschaften des Konzils an Stände und Gruppen (8. Dezember 1965)[1]

Paul VI.

Ehrwürdige Brüder, die Stunde des Weggangs und der Trennung ist gekommen. In wenigen Augenblicken werdet ihr die Konzilsversammlung verlassen, um der Menschheit zu begegnen und ihr die frohe Botschaft des Evangeliums Christi und der Erneuerung der Kirche zu verkünden, an der wir seit vier Jahren gemeinsam arbeiten.

Der Augenblick ist einmalig. Er ist von unvergleichlicher Bedeutung und Fülle. In dieser universalen Versammlung, in dieser bevorzugten Stunde laufen Vergangenheit, Gegenwart und Zukunft im Glauben zusammen. Die Vergangenheit, denn hier ist die Kirche Christi vereint, mit ihrer Tradition, mit ihrer Geschichte, mit ihren Konzilien, mit ihren Kirchenlehrern, mit ihren Heiligen … Die Gegenwart, denn wir gehen auseinander und hinein in die Welt von heute mit all ihren Nöten, mit ihrem Leid, ihren Sünden, aber auch mit ihren wunderbaren Mitteln, ihren Werten, ihren Tugenden … Die Zukunft schließlich: im mächtigen Streben der Völker nach größerer Gerechtigkeit, in ihrem Friedenswillen, in ihrem bewussten oder unbewussten Dürsten nach einem höheren Leben.

Wir meinen, überall in der Welt eine gewaltige und unbestimmte Unruhe zu vernehmen: die Fragen all derer, die auf das Konzil schauen und mit Bangen fragen: Habt ihr uns nichts zu sagen? – uns, den Regierenden? – uns, den Intellektuellen, den Arbeitern, den Künstlern? – uns, den Frauen? den Jugendlichen? den Kranken und den Armen?

Diese Stimmen bleiben nicht ohne Antwort. Für alle menschlichen Kategorien hat das Konzil seit vier Jahren gearbeitet. Für alle hat es jene „Konstitution über die Kirche in der Welt von heute" erarbeitet, die Wir gestern unter dem begeisterten Applaus eurer Versammlung promulgiert haben.

Aus dem langen Nachdenken über Christus und seine Kirche muss in diesem Augenblick ein erstes Wort der Verkündigung des Friedens und des Heils für die wartende Menge kommen. Bevor das Konzil auseinandergeht, will es diese prophetische Funktion erfüllen und die Frohbotschaft, die es für die Welt hat, in kurzen Botschaften in einer leichter verständlichen Sprache fassen.

An die Regierenden (vorgetragen von Kardinal Achille Liénart)

In diesem feierlichen Augenblick wenden wir, Väter des XXI. ökumenischen Konzils der katholischen Kirche, im Begriffe, uns nach vier Jahren des Gebetes und der Arbeit im vollen Bewusstsein unserer Sendung für die Menschheit zu trennen, uns mit Ehrerbietung und Vertrauen an jene, die das Geschick der Völker auf

---

[1] Text entnommen aus: HerKorr 20 (1966) 43–47.

dieser Erde in ihren Händen tragen, an alle Verwalter zeitlicher Macht. Wir verkünden laut: Wir erweisen eurer Autorität und eurer Souveränität Ehre; wir achten eure Funktion; wir anerkennen eure gerechten Gesetze; wir schätzen die, die sie machen, und die, die sie anwenden. Wir haben euch ein sakrosanktes Wort zu sagen. Es ist dies: Gott allein ist groß. Gott allein ist Anfang und Ende. Gott allein ist die Quelle eurer Autorität und das Fundament eurer Gesetze.

Eure Aufgabe ist es, auf der Erde Förderer der Ordnung und des Friedens unter den Menschen zu sein. Aber vergesst es nicht: Gott, der lebendige und wahre Gott, ist der Vater der Menschen. Es ist Christus, sein ewiger Sohn, der gekommen ist, uns zu sagen und uns zu belehren, dass wir alle Brüder sind. Er ist der große Erbauer der Ordnung und des Friedens auf Erden, weil er es ist, der die menschliche Geschichte lenkt und der allein die Herzen bewegen kann, den bösen Leidenschaften zu entsagen, die Krieg und Unglück erzeugen. Er ist es, der das Brot der Menschheit segnet, der ihre Arbeit und ihr Leiden heiligt, der ihr Freuden schenkt, die ihr ihr nicht geben könnt, und ihr Trost spendet in dem Schmerz, den ihr nicht lindern könnt.

In eurer irdischen und zeitlichen Stadt baut er geheimnisvoll seine geistige und ewige Stadt, seine Kirche. Und um was bittet euch diese Kirche, nach fast 2000 Jahren Wechselfällen jeglicher Art in ihren Beziehungen zu euch, den Mächten der Erde, was will sie heute von euch? Sie hat es euch in einem der wichtigsten Texte dieses Konzils gesagt: sie verlangt von euch nichts als die Freiheit. Die Freiheit, zu glauben und ihren Glauben zu verkünden, die Freiheit, ihren Gott zu lieben und ihm zu dienen, die Freiheit, zu leben und den Menschen die Botschaft des Lebens zu bringen. Habt keine Furcht vor ihr: sie ist gemacht nach dem Bild ihres Meisters, dessen geheimnisvolles Wirken eure Vorrechte nicht usurpiert, aber das Menschliche von seiner Hinfälligkeit heilt, es verklärt, es mit Hoffnung, Wahrheit und Schönheit erfüllt. Lasst zu, dass Christus diese reinigende Aktion in der Gesellschaft ausübt. Kreuzigt ihn nicht von neuem: das wäre ein Sakrileg, denn er ist der Sohn Gottes; das wäre Selbstmord, denn er ist der Menschensohn. Und uns, seinen demütigen Dienern, gestattet, dass wir überall und ohne Hindernisse die „Frohe Botschaft" des Evangeliums des Friedens verkünden, die wir während dieses Konzils bedacht haben. Eure Völker werden deren Nutznießer sein, denn die Kirche bildet für euch loyale Bürger, Freunde des sozialen Friedens und des Fortschritts heran.

An diesem feierlichen Tage, an dem sie die Sitzungen des XXI. ökumenischen Konzils abschließt, bietet euch die Kirche durch uns ihre Freundschaft, ihre Dienste, ihre geistlichen und sittlichen Kräfte an. Sie richtet an euch alle ihre Botschaft des Heils und der Segnung. Nehmt sie so auf, wie sie sie euch anbietet, mit freudigem und ehrlichem Herzen, und tragt sie zu allen euren Völkern.

An die Denker und Wissenschaftler
(vorgetragen von Kardinal Paul-Émile Léger)

Einen ganz besonderen Gruß euch, den Suchern nach der Wahrheit, an euch, Menschen des Denkens und der Wissenschaft, Erforscher des Menschen, des Universums und der Geschichte, an euch alle, Pilger auf dem Wege zum Licht, und ein Gruß auch jenen, die auf dem Wege stehen geblieben sind, müde und enttäuscht von vergeblicher Forschung.

Warum einen besonderen Gruß für euch? Weil wir alle hier, Bischöfe, Konzilsväter, Hörer der Wahrheit sind. Was ist unser Mühen in diesen vier Jahren anderes gewesen, wenn nicht ein besonders aufmerksames Suchen und eine Vertiefung der Botschaft der der Kirche anvertrauten Wahrheit, was ist es gewesen, wenn nicht eine Anstrengung vollkommenster Gelehrigkeit gegenüber dem Geist der Wahrheit?

Wir mussten euch also begegnen. Euer Weg ist der unsere. Eure Pfade sind den unseren niemals fremd. Wir sind die Freunde eurer Berufung als Forscher, die Verbündeten eurer Mühen, die Bewunderer eurer Eroberungen und, wenn notwendig, die Tröster in euren Entmutigungen und bei euren Misserfolgen.

Auch für euch haben wir also eine Botschaft. Sie ist diese: Fahrt fort zu suchen, ohne zu ermüden, ohne jemals an der Wahrheit zu verzweifeln! Erinnert euch des Wortes eines eurer großen Freunde, des heiligen Augustinus: „Suchen mit dem Wunsch zu finden, und beweisen mit dem Wunsch weiterzusuchen." Glücklich jene, die im Besitz der Wahrheit weitersuchen, um sie zu erneuern, sie zu vertiefen, sie anderen zu schenken. Glücklich jene, die sie noch nicht gefunden haben, aber mit ehrlichem Herzen auf sie zu wandern. Dass sie doch mit dem Licht von morgen, mit dem Licht von heute suchen, bis zur Fülle des Lichtes!

Aber vergesst es nicht: wenn Denken eine große Sache ist, so ist es vor allem eine Pflicht; wehe dem, der freiwillig vor dem Licht die Augen verschließt! Denken ist auch Verantwortung; wehe denen, die den Geist verdunkeln mit tausend künstlichen Konstruktionen, die ihn unterdrücken, ihn stolz machen, ihn in Irrtum führen, ihn missbilden! Welches ist die Basis für die Menschen der Wissenschaft, wenn nicht: sich anstrengen, recht zu denken?

Deswegen wollen wir, ohne eure Schritte zu behindern, ohne eure Blicke niederzuschlagen, euch das Licht unserer geheimnisvollen Lampe anbieten: den Glauben. Der, der sie uns anvertraut hat, ist der souveräne Meister des Denkens, der, dessen demütige Jünger wir sind, der einzige, der gesagt hat und sagen konnte: „Ich bin das Licht der Welt, ich bin der Weg, die Wahrheit und das Leben."

Dieses Wort geht euch an. Gott sei Dank, vielleicht nie wie heute ist die Möglichkeit eines tiefen Einverständnisses zwischen der wahren Wissenschaft und dem wahren Glauben, die eine wie der andere Diener der einen Wahrheit, so evident in Erscheinung getreten. Behindert diese kostbare Begegnung nicht! Habt Vertrauen zum Glauben, dem großen Freund der Intelligenz! Erhellt euch an seinem Lichte, um zur Wahrheit, zur ganzen Wahrheit zu kommen! Das ist der Wunsch, die Ermunterung, die Hoffnung, die die in Rom zum Konzil versammelten Väter der ganzen Welt euch aussprechen, bevor sie auseinandergehen.

An die Künstler (vorgetragen von Kardinal Léon-Jozef Suenens)

Jetzt an euch alle, Künstler, die ihr die Geister der Schönheit seid und für die Schönheit arbeitet: Dichter und Literaten, Maler, Bildhauer, Architekten, Musiker, Menschen des Theaters und des Films ... euch allen sagt die Kirche des Konzils mit unserer Stimme: „Wenn ihr die Freunde der wahren Kunst seid, so seid ihr unsere Freunde!"

Die Kirche hat sich seit langer Zeit mit euch verbündet. Ihr habt ihre Tempel erbaut und ausgestattet, ihre Dogmen gefeiert, ihre Liturgie bereichert. Ihr habt ihr geholfen, ihre göttliche Botschaft in die Sprache der Formen und Figuren zu übersetzen, die unsichtbare Welt mitteilsam zu machen.

Heute wie gestern braucht euch die Kirche und wendet sich an euch. Sie sagt euch durch uns: Lasst eines der fruchtbarsten Bündnisse nicht verfallen! Verschließt nicht euren Geist vor dem Wehen des Heiligen Geistes! Diese Welt, in der wir leben, braucht die Schönheit, um nicht in der Verzweiflung sich zu verdüstern. Die Schönheit bringt wie die Wahrheit Freude in die Herzen der Menschen; sie ist die kostbare Frucht, die dem Verschleiß durch die Zeit widersteht, die die Generationen eint und sie verbindet in der Bewunderung. Und das dank eurer Hände ...

Mögen diese Hände sauber und uneigennützig sein! Denkt daran, dass ihr die Wächter der Schönheit der Welt seid: dass das genügt, um euch freizuhalten von Geschmacksrichtungen bloßer Mode und ohne wahren Wert, euch fernzuhalten von der Suche nach sonderbaren und ungeziemenden Ausdrucksformen.

Erweist euch immer überall eures Ideales würdig, und ihr werdet der Kirche wert sein, die durch uns an diesem Tage eine Botschaft der Freundschaft, des Heils, der Gnade und der Segnung an euch richtet.

An die Frauen (vorgetragen von Kardinal Léon-Étienne Duval)

Die Kirche ist, wie ihr sehr wohl wisst, stolz darauf, dass sie die Frau erhoben und befreit hat und ihre grundsätzliche Gleichheit mit dem Mann in der Verschiedenheit der Charaktere im Lauf der Jahrhunderte hat aufstrahlen lassen.

Aber es kommt die Stunde, und sie ist schon da, in der sich die Berufung der Frau in ihrer Fülle vollendet, die Stunde, in der die Frau in der Gesellschaft einen Einfluss, eine Entfaltung, eine Macht erwirbt, die sie bis jetzt noch nie erreicht hat.

Darum können die vom Geist des Evangeliums erfüllten Frauen in diesem Augenblick, da sich die Menschheit einer so tiefgreifenden Umwandlung bewusst wird, viel dazu beitragen, dass die Menschheit ihr Ziel erreiche. Ihr Frauen habt immer die Sorge um den Herd, die Liebe zum Leben, das Gefühl für die Wiege in eurer Hut. Ihr kennt das Geheimnis des beginnenden Lebens. Ihr tröstet im Augenblick des Todes. Unsere Technik läuft Gefahr, unmenschlich zu werden. Versöhnt die Männer mit dem Leben. Und vor allem – wir bitten euch inständig darum – wacht über die Zukunft unserer Art. Haltet die Hand des Menschen zurück, der in einem Augenblick des Wahnsinns versuchen könnte, die menschliche Kultur zu zerstören.

Bräute, Familienmütter, erste Erzieherinnen des Menschengeschlechtes in der Verborgenheit des häuslichen Herdes, vermittelt euren Söhnen und euren Töchtern die Traditionen eurer Väter in dem gleichen Augenblick, in dem ihr sie auf die unergründliche Zukunft vorbereitet. Erinnert euch immer daran, dass eine Mutter in ihren Kindern immer an dieser Zukunft Anteil hat, die sie selbst vielleicht gar nicht erlebt.

Auch ihr, alleinstehende Frauen, wisst, dass ihr eure Berufung zur Hingabe ganz erfüllen könnt. Die Gesellschaft ruft euch von allen Seiten. Und auch die Familien können nicht leben ohne die Hilfe derer, die keine Familie haben.

Vor allem aber seid ihr, gottgeweihte Jungfrauen, in einer Welt, in der der Egoismus und die Vergnügungssucht die Gesetze diktieren, die Hüterinnen der Reinheit, der Uneigennützigkeit und der Frömmigkeit. Jesus, der der ehelichen Liebe ihre ganze Fülle geschenkt hat, hat auch den Verzicht auf diese menschliche Liebe hoch erhoben, wenn dieser Verzicht vollbracht wird für die Liebe, die unendlich ist, und für den Dienst an allen.

Und schließlich ihr, leidgeprüfte Frauen, die ihr gleich Maria direkt unter dem Kreuze steht, ihr, die so oft in der Geschichte den Männern die Kraft gegeben habt, den Kampf bis zum Ende durchzustehen, Zeugnis abzulegen bis zum Martyrium – helft ihnen noch einmal, dass sie den Wagemut der großen Unternehmungen bewahren und gleichzeitig auch die Geduld und den Geist für bescheidenen Beginn.

Ihr Frauen, die ihr die Wahrheit süß, zart und zugänglich zu machen versteht, setzt euch dafür ein, dass der Geist dieses Konzils die Institutionen, die Schulen und die Häuser und das ganze tägliche Leben durchdringe. Frauen der ganzen Welt, christliche und nichtgläubige, euch, denen das Leben in diesem so schweren Augenblick der Geschichte anvertraut ist, euch obliegt es, den Frieden in der Welt zu retten.

An die Arbeiter (vorgetragen von Kardinal Paul Zoungrana)

Während des Konzils haben wir katholischen Bischöfe der fünf Erdteile zusammen unter anderen Überlegungen über die großen Probleme nachgedacht, die die wirtschaftlichen und sozialen Bedingungen der gegenwärtigen Welt dem Gewissen der Menschheit stellen, das Zusammenleben der Nationen, das Problem der Rüstungen, des Krieges und des Friedens. Und wir sind uns voll bewusst der Auswirkungen, die die Lösung dieser Probleme auf das konkrete Leben der Arbeiter und Arbeiterinnen der ganzen Welt haben kann. So wünschen wir am Schluss unserer Beratungen, eine Botschaft des Vertrauens, des Friedens und der Freundschaft an euch zu richten. Liebe Söhne, lasst euch vor allem versichern, dass die Kirche eure Leiden, eure Kämpfe, eure Hoffnungen kennt; dass sie die Tugenden, die euch adeln, hoch einschätzt: den Mut, die Ergebenheit, die berufliche Gewissenhaftigkeit, die Gerechtigkeitsliebe. Sie anerkennt vollkommen die ungeheuren Dienste, die ein jeder von euch an seiner Stelle, oft in den bescheidensten und am wenigsten geachteten Stellungen, der ganzen Gesellschaft erweist. Die Kirche ist euch dafür dankbar und sagt euch Dank durch uns.

In diesen letzten Jahren hat sich die Kirche mehr und mehr bemüht, sich die Probleme der Welt der Arbeit, die von einer ständig wachsenden Komplexität, sind, vor Augen zu halten. Und das Echo, das die letzten päpstlichen Enzykliken in euren Reihen gefunden haben, hat gezeigt, wie sehr der Arbeiter unserer Tage in Übereinstimmung war mit seinen höchsten geistlichen Führern. Johannes XXIII., der das Erbgut der Kirche durch jene unvergleichlichen Botschaften bereichert hat, hatte den Weg zu eurem Herzen gefunden. Er hat ganz deutlich in seiner Person die ganze Liebe der Kirche für die Arbeiter und für die Wahrheit, die Gerechtigkeit, die Freiheit, die Liebe vorgelebt, auf denen der Friede der Welt begründet ist.

Für diese Liebe der Kirche zu euch Arbeitern wollen auch wir Zeugen bei euch sein, und wir sagen euch mit unserer ganzen Überzeugung: die Kirche ist eure Freundin, habt Vertrauen zu ihr. Schlimme Missverständnisse haben in der Vergangenheit allzu oft Misstrauen und Unverständnis zwischen uns aufgerichtet; die Kirche und die Arbeiterklasse haben beide darunter gelitten. Heute hat die Stunde der Wiederversöhnung geschlagen, und die Kirche des Konzils lädt euch ein, sie ohne Hintergedanken zu feiern.

Die Kirche sucht euch immer besser zu verstehen. Aber ihr eurerseits müsst versuchen zu verstehen, was die Kirche für euch Arbeiter ist, die ihr die hauptsächlichen Träger der verheißungsvollen Veränderungen seid, die die Welt heute kennt. Denn ihr wisst sehr wohl, dass diese, werden sie nicht von einer starken geistigen Kraft beseelt, die Menschen ins Unglück stürzen, anstatt sie glücklich zu machen. Nicht der Hass rettet die Welt! Nicht das Brot der Erde allein stillt den Hunger der Menschen.

Nehmt also die Botschaft der Kirche an. Nehmt den Glauben an, den sie euch anbietet, um euren Weg zu erhellen. Es ist der Glaube des Nachfolgers des Petrus und der zweitausend im Konzil versammelten Bischöfe, es ist der Glaube des ganzen christlichen Volkes. Er soll euch erleuchten, er soll euch führen. Möget ihr durch ihn Christus kennen lernen, euren Arbeitskameraden, den Meister, den Erlöser der ganzen Menschheit.

An die Armen und Kranken
(vorgetragen von Patriarch Kardinal Paul Pierre Meouchi)

Für euch alle, geprüfte Brüder, heimgesucht vom Leiden in tausenderlei Weise, hat das Konzil eine ganz besondere Botschaft.

Das Konzil sieht eure flehenden Augen auf sich gerichtet, die entzündet sind im Fieber oder ermattet in der Mühsal; Blicke, die fragen, die vergebens nach dem Warum des menschlichen Leidens suchen und die angstvoll fragen, wann und wo der Trost kommen wird.

Geliebte Brüder, wir fühlen zutiefst in unseren Vater- und Hirtenherzen eure

Seufzer und euer Weinen. Und unsere Pein wächst beim Gedanken, dass es nicht in unserer Macht liegt, euch körperliche Gesundheit zu schenken noch eure physischen Schmerzen zu verringern wie die Ärzte, Krankenpfleger und alle jene, die im Dienst der Kranken stehen und, so gut es geht, ihnen ihre Last zu erleichtern suchen.

Aber wir haben euch etwas Tieferes, etwas Kostbareres anzubieten, die Wahrheit, die allein in der Lage ist, auf das Geheimnis des Leidens eine Antwort zu geben und euch Tröstung ohne Illusion zu bringen: den Glauben und die Vereinigung mit dem Schmerzensmann, mit Christus, dem Sohn Gottes, der für unsere Sünden und zu unserem Heil gekreuzigt wurde.

Christus hat das Leiden nicht getilgt. Und er hat uns nicht einmal voll dessen Geheimnis enthüllt. Er hat es aber auf sich genommen, und das reicht aus, damit wir seinen vollen Preis verstehen.

Ihr alle, die ihr viel schwerer die Last des Kreuzes verspürt, ihr, die ihr arm und verlassen seid, ihr, die ihr weint, ihr, die ihr verfolgt seid um der Gerechtigkeit willen, ihr, die ihr die Unbekannten des Schmerzes seid, habt von neuem Mut: ihr seid die Bevorzugten des Reiches Gottes, des Reiches der Hoffnung, der Güte und des Lebens. Ihr seid die Brüder des leidenden Christus, und mit ihm rettet ihr, wenn ihr wollt, die Welt.

An die Jugend (vorgetragen von Kardinal Gregorio Pietro Agagianian)

Und schließlich will das Konzil an euch, Jungen und Mädchen der ganzen Welt, seine letzte Botschaft richten. Denn ihr schickt euch an, die Fackel aus den Händen eurer Eltern in Empfang zu nehmen und in der Welt zu leben in einem Augenblick der riesenhaftesten Umformungen ihrer Geschichte. Ihr seid es, die, das Beste aus dem Beispiel und den Lehren eurer Eltern und Lehrer aufnehmend, euch darauf vorbereitet, die Gesellschaft von morgen aufzubauen: ihr werdet euch mit ihr retten oder mit ihr untergehen.

Die Kirche hat vier Jahre daran gearbeitet, ihr Antlitz zu verjüngen, um besser den Plan ihres Gründers, des wahren Lebens, Christi, des ewig Jungen, zu entsprechen. Und am Schluss dieser eindrucksvollen „Lebensüberprüfung" wendet sie sich an euch. Sie hat vor allen für euch junge Leute durch ihr Konzil ein Licht angezündet: ein Licht, das die Zukunft, eure Zukunft, erhellt.

Die Kirche ist darauf bedacht, dass die Gesellschaft, die ihr aufzubauen beginnt, die Würde, die Freiheit und das Recht der Personen respektiert: und diese Personen, das seid ihr.

Sie ist vor allem darauf bedacht, dass diese Gesellschaft ihren immer alten und zugleich immer neuen Schatz entfalten kann: den Glauben, und dass eure Seelen sich frei in seinem Licht bewegen können. Sie vertraut darauf, dass ihr eine solche Kraft und eine solche Freude finden werdet, dass ihr nicht versucht sein werdet, wie manche eurer Vorfahren der Verführung der Philosophien des Egoismus und des Vergnügens zu erliegen, oder der Verzweiflung und dem Nichts; und dass ihr gegenüber dem Atheismus – Phänomen der Erschlaffung und der Vergreisung –

euren Glauben an das Leben und an das, was dem Leben einen Sinn gibt, zu behaupten vermögt: die Gewissheit der Existenz eines gerechten und gütigen Gottes.

Im Namen dieses Gottes und seines Sohnes Jesus fordern wir euch auf, eure Herzen nach den Dimensionen der Welt zu weiten, den Appell eurer Brüder zu hören und eure jungen Kräfte energisch in ihren Dienst zu stellen. Kämpft gegen allen Egoismus. Weigert euch, den Instinkten der Gewalt und des Hasses, die zu den Kriegen und ihren elenden Folgen führen, freien Lauf zu lassen. Seid großherzig, sauber, respektvoll, ehrlich. Und baut in der Begeisterung eine bessere Welt als die eurer Vorfahren! Die Kirche sieht auf euch in Vertrauen und Liebe. Reich geworden durch eine lange Vergangenheit, die immer noch in ihr lebendig ist, und auf dem Wege zur menschlichen Vollkommenheit in der Zeit und zu den letzten Bestimmungen der Geschichte und des Lebens, ist sie die wahre Jugend der Welt. Sie besitzt, was die Kraft und den Charme der Jungen ausmacht: die Fähigkeit, sich an dem zu freuen, was beginnt, sich einzusetzen ohne Rückzieher, sich zu erneuern und auf neue Ziele zuzugehen. Bedenkt das, und ihr werdet in ihr das Antlitz Christi finden, des wahren Helden, des Demütigen und Weisen, des Propheten der Wahrheit und der Liebe, des Kameraden und des Freundes der Jungen. Wir grüßen und ermuntern euch und segnen euch im Namen Christi.

Paul VI.:
Breve zum Abschluss des Zweiten Vatikanischen Konzils (8. Dezember 1965)

Papst Paul VI. zum ständigen Gedächtnisses des Ereignisses.

Das Zweite Vatikanische Ökumenische Konzil, das sich im Heiligen Geist versammelt hat und unter dem Schutz der seligen Jungfrau Maria, die Wir zur Mutter der Kirche erklärt haben, des seligen Joseph, ihres Bräutigams, und der heiligen Apostel Petrus und Paulus steht, muss ohne Zweifel zu den bedeutendsten Ereignissen der Kirche gezählt werden. In der Tat war es das größte der Zahl der Väter nach, die aus allen Teilen der Welt zum Sitz Petri gekommen sind, auch von dort, wo die Hierarchie erst seit kurzem errichtet ist. Es war das umfangreichste nach der Zahl der Themen, die es in vier Sitzungsperioden sorgfältig und gründlich behandelt hat. Es war schließlich das am meisten entsprechende, weil es die Erfordernisse der heutigen Zeit vor Augen hatte, weil es sich vor allem den pastoralen Erfordernissen zuwandte, weil es die Flamme der Liebe nährte und weil es sich mit aller Anstrengung bemühte, nicht nur zu den von der Gemeinschaft mit dem Apostolischen Stuhl noch getrennten Christen, sondern auch zur ganzen Menschheitsfamilie zu sprechen.

Anhang

Die ganze Konzilsarbeit ist jetzt endlich mit der Hilfe Gottes abgeschlossen. Alle Konstitutionen, Dekrete, Erklärungen und Voten sind vom Konzil approbiert und von Uns promulgiert. So erklären Wir dieses Ökumenische Konzil, das von Unserem Vorgänger Papst Johannes XXIII. am 24. Dezember 1961 einberufen, am 11. Oktober 1962 eröffnet und nach seinem Tod von Uns weitergeführt wurde, kraft Unserer Apostolischen Vollmacht für beendet.

Wir bestimmen, dass alle Konzilsbeschlüsse von den Gläubigen eingehalten werden, zur Ehre Gottes, zum Wohle der Kirche und für die Ruhe und den Frieden aller Menschen. Wir haben das alles gebilligt und festgesetzt. Wir bestimmen deswegen, dass diese Dokumente immer fest, gültig und wirksam bleiben. Sie sollen eine volle und ungeschmälerte Wirkung erreichen. Sie sollen von allen, denen dies zukommt, jetzt und in Zukunft bestätigt werden. Was immer auch von irgendjemand oder von irgendeiner Autorität bewusst oder aus Unwissenheit gegen diese Beschlüsse unternommen wird, soll von diesem Augenblick an ungültig und ohne Wert sein.

Gegeben zu Rom bei Sankt Peter unter dem Fischerring am 8. Dezember, dem Fest der Unbefleckten Empfängnis Mariens, im Jahr 1965, dem dritten Unseres Pontifikats.

Papst Paul VI.

II. Chronik des Zweiten Vatikanischen Konzils

Zusammengestellt von Joachim Schmiedl

Die Einberufung
28. Oktober 1958: Wahl von Kardinal Angelo Giuseppe Roncalli zum Papst unter dem Namen Johannes XXIII.
25. Januar 1959: Im Anschluss an einen Gottesdienst in der Basilika St. Paul vor den Mauern kündigt Johannes XXIII. den Kardinälen an, eine römische Diözesansynode, ein ökumenisches Konzil und die Reform des kirchlichen Gesetzbuches durchführen zu wollen.

Vor-Vorbereitungsphase
16. Mai 1959: Bekanntgabe der Errichtung einer Vor-vorbereitenden Konzilskommission unter Leitung von Kardinal Domenico Tardini und Generalsekretär Pericle Felici.
18. Juni 1959: Beginn der Konsultation der zukünftigen Konzilsväter über die zu behandelnden Themen (2812 Personen bzw. Institutionen; 76,4 % werden antworten).
29. Juni 1959: Enzyklika *Ad Petri Cathedram* über die kirchliche Einheit und den Zweck des Konzils.
15. Juli 1959: Johannes XXIII. entscheidet den Namen des Konzils: Zweites Vatikanisches Konzil.
24.–31. Januar 1960: Römische Diözesansynode im Lateran.
20. Februar 1960: Versand der „Rapporti sintetici" (Kurzzusammenfassungen der vorgeschlagenen Themen) an die römischen Kongregationen.

Vorbereitung des Konzils
05. Juni 1960: Mit dem Motu Proprio *Superno Dei nutu* werden die Zentralkommission, zehn Kommissionen und drei Sekretariate als Vorbereitungsorgane benannt.
06. Juni 1960: Ernennung der Präsidenten der Kommissionen und der vorbereitenden Sekretariate sowie des Generalsekretärs der Vorbereitenden Zentralkommission (Msgr. Felici).
07. Januar 1961: Johannes XXIII. genehmigt die Gründung eines Sekretariates für die Einheit der Christen.
30. Juli 1961: Tod von Kardinalstaatssekretär Domenico Tardini.
12. August 1961: Ernennung von Amleto Cicognani zum neuen Kardinalstaatssekretär.
12. Oktober 1961: Ernennung von Msgr. Angelo Vallainc zum Direktor des künftigen Presseamtes für das Konzil.

25. Dezember 1961: Mit der Bulle *Humanae salutis* wird das Konzil offiziell einberufen.
02. Februar 1962: Das Datum der Konzilseröffnung wird auf den 11. Oktober 1962 festgesetzt.
13. Juli 1962: Ein erster Teil der Schemata wird an die Konzilsväter versandt.
06. August 1962: Mit dem Motu Proprio *Appropinquante Concilio* wird die Geschäftsordnung des Konzils festgesetzt (veröffentlicht am 06. September).
11. September 1962: Radiobotschaft des Papstes an die Welt[1].
04. Oktober 1962: Wallfahrt des Papstes nach Loreto und Assisi.

Erste Sessio

11. Oktober 1962: Feierliche Eröffnung des Konzils unter Teilnahme von mehr als 2500 Vätern.[2]
13. Oktober 1962: 1. Generalkongregation: Kardinal Liénart und Kardinal Frings beantragen die Verlegung der Wahlen zu den Konzilskommissionen.
16. Oktober 1962: 2. Generalkongregation: Wahl der 160 Mitglieder der Kommissionen aus 34 Listen.
20. Oktober 1962: 3. Generalkongregation: Bekanntgabe der Wahlresultate. Vorschlag und Annahme der „Botschaft an die Welt"[3].
22. Oktober – 14. November 1962: 4.–19. Generalkongregation: Diskussion des Schemas *De sacra Liturgia* (327 mündliche und 360 schriftliche Voten). Annahme der Grundstruktur des Liturgieschemas (2162 Ja-, 46 Nein-, 7 ungültige Stimmen).
14.–20. November 1962: 19.–23. Generalkongregation: Präsentation und Diskussion des Schemas *De fontibus revelationis* (86 mündliche Voten).
20. November 1962: 23. Generalkongregation: Abstimmung über die Fortsetzung der Diskussion (1368 für Unterbrechung, 822 für Fortsetzung der Diskussion); Antrag gilt als nicht angenommen, Fortsetzung der Diskussion.
21. November 1962: 24. Generalkongregation: Auf Anordnung des Papstes wird das Schema *De fontibus revelationis* zurückgezogen und einer Gemischten Kommission zur Überarbeitung übergeben.
23. November 1962: 25. Generalkongregation: Verteilung der Schemata *De Ecclesia* und *De Beata Maria Virgine*.
23.–26. November 1962: 25.–27. Generalkongregation: Präsentation und Diskussion des Schemas *De instrumentis communicationis socialis* (54 mündliche und 42 schriftliche Voten).
27.–30. November 1962: 27. Generalkongregation: Präsentation und Diskussion des Schemas *De Ecclesiae unitate: ‚Ut omnes unum sint'* (52 mündliche und 54 schriftliche Voten).

---

[1] Wortlaut siehe Dokumentenanhang.
[2] Wortlaut der Papstansprache siehe Dokumentenanhang.
[3] Wortlaut der Botschaft siehe Dokumentenanhang.

27. November 1962: 28. Generalkongregation: Annahme einer Vorlage über die Massenmedien zur weiteren Bearbeitung (2138 Ja, 15 Nein, 7 ungültig).

01. Dezember 1962: 31. Generalkongregation: Schema *De unitate Ecclesiae* soll aus Vorlagen des Einheitssekretariats und der Glaubenskommission erarbeitet werden.

01.–07. Dezember 1962: 31.–36. Generalkongregation: Präsentation und Diskussion des Schemas *De Ecclesia* (80 mündliche und 57 schriftliche Voten).

04. Dezember 1962: 33. Generalkongregation: Kardinal Suenens fordert eine Neuordnung der Konzilsthemen; am Tag darauf sekundiert Kardinal Montini.

08. Dezember 1962: Schlusszeremonie der ersten Konzilsperiode[4].

Erste Intersessio

17. Dezember 1962: Bekanntgabe der Zusammensetzung der Koordinierungskommission.

21.–27. Januar, 25.–29. März 1963: Sitzungen der Koordinierungskommission.

28. März 1963: Gründung der Kommission zur Revision des Kirchenrechts.

11. April 1963: Veröffentlichung der Enzyklika *Pacem in terris*.

03. Juni 1963: Papst Johannes XXIII. stirbt. Damit ist das Konzil suspendiert.

21. Juni 1963: Kardinal Giovanni Battista Montini wird als Paul VI. zum Papst gewählt.

22. Juni 1963: Paul VI. kündigt die Fortsetzung des Konzils an.

03.–04. Juli 1963: Sitzungen der Koordinierungskommission.

12. September 1963: Brief *Quod apostolici* an Kardinal Tisserant zur Neuordnung und Straffung der Konzilsarbeiten.

13. September 1963: Die zweite Auflage des „Regolamento del Concilio" wird veröffentlicht.

14. September 1963: Paul VI. ernennt die Kardinäle Agagianian, Döpfner, Suenens und Lercaro zu „Delegati seu Moderatores".

Zweite Sessio

29. September 1963: Feierliche Eröffnung der zweiten Konzilsperiode[5].

30. September – 01. Oktober 1963: 37.–38. Generalkongregation: Diskussion und Prüfung des verbesserten Schemas *De Ecclesia* (20 mündliche Voten). Das Schema wird zur weiteren Bearbeitung angenommen.

01.–04. Oktober 1963: 38.–41. Generalkongregation: Diskussion *De Ecclesia*, Kapitel I „De Ecclesiae mysterio" (45 mündliche Voten).

02. Oktober 1963: 39. Generalkongregation: Botschaft der Laienauditoren an die Konzilsväter.

04.–16. Oktober 1963: 41.–49. Generalkongregation: Diskussion *De Ecclesia*, Kapitel II „De constitutione hierarchica Ecclesiae, in specie de Episcopatu" (118 mündliche Voten).

08.–10. Oktober 1963: Abstimmungen über Kapitel II von *De sacra liturgia*.

---

[4] Wortlaut der Papstansprache siehe Dokumentenanhang.
[5] Wortlaut der Papstansprache siehe Dokumentenanhang.

14. Oktober 1963: 47. Generalkongregation: Abstimmung über das ganze Kapitel II des Liturgieschemas erreicht nicht die erforderliche Mehrheit.
15.–17. Oktober 1963: 48.–50. Generalkongregation: Abstimmungen über Kapitel III von *De sacra liturgia*.
15. Oktober 1963: Ankündigung einer Abstimmung über vier „Testfragen".
16.–25. Oktober 1963: 49.–56. Generalkongregation: Diskussion *De Ecclesia*, Kapitel III „De populo Dei et speciatim de laicis" (90 mündliche Voten).
18. Oktober 1963: 51. Generalkongregation: Abstimmung über das Kapitel III des Liturgieschemas erreicht nicht die erforderliche Mehrheit.
21.–24. Oktober 1963: 52.–54. Generalkongregation: Abstimmungen über das Kapitel IV des Liturgieschemas und Annahme.
24.–29. Oktober 1963: 55.–57. Generalkongregation: Abstimmungen über das Kapitel V des Liturgieschemas und Annahme.
25.–31. Oktober (07. November) 1963: 56.–59. Generalkongregation: Diskussion von Kapitel IV des Kirchenschemas „De vocatione ad sanctitatem in Ecclesia" (49 mündliche Voten).
28. Oktober 1963: Gedenkfeier für Johannes XXIII.
29.–30. Oktober 1963: 57.–58. Generalkongregation: Abstimmungen über das Kapitel VI des Liturgieschemas und Annahme.
29. Oktober 1963: Abstimmung über die Eingliederung des Marienschemas in das Schema *De Ecclesia*; knapp angenommen.
30. Oktober 1963: 58. Generalkongregation: Abstimmung über die Bischofsweihe als höchsten Grad des Weihesakraments, das Kollegium der Bischöfe, die höchste Gewalt der Bischöfe zusammen mit dem Papst, den Charakter göttlichen Rechts dieser Gewalt und die Einrichtung des ständigen Diakonats als eigenen Weihegrad.
31. Oktober 1963: 59. Generalkongregation: Annahme des Kapitels VII des Liturgieschemas.
05.–06. November 1963: 60.–61. Generalkongregation: Allgemeine Diskussion über das Schema *De episcopis ac de dioecesium regimine* und Annahme als Diskussionsgrundlage.
06.–08. November 1963: 61.–63. Generalkongregation: Diskussion von Kapitel I von *De episcopis ac de dioecesium regimine* (35 mündliche Voten).
08.–12. November 1963: 63.–65. Generalkongregation: Diskussion von Kapitel II von *De episcopis ac de dioecesium regimine* (32 mündliche Voten).
12.–15. November 1963: 65.–68. Generalkongregation: Diskussion von Kapitel III von *De episcopis ac de dioecesium regimine* (33 mündliche Voten).
14. November 1963: 67. Generalkongregationen: Abstimmungen über das Schema *De instrumentis communicationis socialis*.
14.–18. November 1963: 67.–69. Generalkongregation: Diskussion von Kapitel IV von *De episcopis ac de dioecesium regimine* (19 mündliche Voten).
18.–22. November 1963: 69.–73. Generalkongregation: Vorstellung und allgemeine Diskussion des Schemas *De oecumenismo* (41 mündliche Voten).
20.–25. November 1963: Abstimmungen über Verbesserungen des Liturgieschemas.

21.–26. November 1963: 72.–75. Generalkongregation: Diskussion von Kapitel I von *De oecumenismo* (27 Reden).
25.–28. November 1963: 74.–77. Generalkongregation: Diskussion von Kapitel II von *De oecumenismo* (38 Reden).
27. November – 02. Dezember 1963: 76.–79. Generalkongregation: Diskussion von Kapitel III von *De oecumenismo* (37 Reden).
02. Dezember 1963: 79. Generalkongregation: Präsentation des Schemas *De apostolatu laicorum*.
03. Dezember 1963: Feier zum Gedenken an den Abschluss des Konzils von Trient vor 400 Jahren.
04. Dezember 1963: III. öffentliche Sitzung des Konzils: Annahme und Promulgation der Liturgiekonstitution *Sacrosanctum Concilium* (2147 Ja, 4 Nein) und des Dekrets *Inter mirifica* (1960 Ja, 164 Nein)[6].

Zweite Intersessio
04.–06. Januar 1964: Wallfahrt Pauls VI. ins Heilige Land, Begegnung mit Patriarch Athenagoras.
25. Januar 1964: Motu Proprio *Sacram liturgiam* zur Ausführung der Liturgiekonstitution und Ankündigung der Gründung des „Consilium ad exsequendam constitutionem de sacra Liturgia".
16.–17. April 1964: In der Sitzung der Koordinierungskommission wird die Tagesordnung der dritten Konzilsperiode festgesetzt.
17. Mai 1964: Paul VI. kündigt die Errichtung des Sekretariats für Nichtchristen an.
23. Mai 1964: Grundsatzrede des Papstes an die höheren Oberen verschiedener Ordensinstitute.
06. August 1964: Antrittsenzyklika Pauls VI. *Ecclesiam suam*.
08. September 1964: Paul VI. kündigt die Zulassung von „Auditorinnnen" an.

Dritte Sessio
14. September 1964: IV. öffentliche Sitzung zur Eröffnung der dritten Konzilssessio[7].
15.–16. September 1964: 80. Generalkongregation: Präsentation und Diskussion von Kapitel VII von *De ecclesia* (17 Reden).
16.–18. September 1964: 81.–83. Generalkongregation: Präsentation und Diskussion von Kapitel VIII von *De ecclesia* (33 Reden).
16. September 1964: 81. Generalkongregation: Abstimmung über die Verbesserungen von Kapitel I von *De Ecclesia*.
17.–18. September 1964: 82.–83. Generalkongregation: Abstimmungen über die Verbesserungen von Kapitel II von *De Ecclesia*.
18.–23. September 1964: 83.–86. Generalkongregation: Präsentation und Diskussion von *De pastorali episcoporum munere in Ecclesia* (40 Reden).

---
[6] Wortlaut der Papstansprache siehe Dokumentenanhang.
[7] Wortlaut der Papstansprache siehe Dokumentenanhang.

21.–30. September 1964: 84.–91. Generalkongregation: Präsentation und Abstimmungen über Kapitel III von *De Ecclesia*.

23.–28. September 1964: 86.–89. Generalkongregation: Präsentation und Diskussion von *De Libertate religiosa* (43 Reden).

25.–30. September 1964: 88.–91. Generalkongregation: Präsentation und Diskussion der Erklärung *De Iudaeis et de non christianis* (34 Reden).

30. September 1964: 91. Generalkongregation: Verteilung der Adnexa zum Schema *De Ecclesia in mundo huius temporis* mit dem Vermerk auf den Faszikeln, dass sie nicht diskutiert werden dürfen. Nach Aussage von Generalsekretär Felici seien sie lediglich private Texte.

30. September 1964: 91. Generalkongregation: Abstimmung über Kapitel IV-VI des Schemas *De Ecclesia*.

30. September – 02. Oktober 1964: 91.–93. Generalkongregation: Präsentation und Diskussion des Vorworts und der Kapitel I-II des Schemas *De divina revelatione* (39 Reden).

02.–06. Oktober 1964: 93.–95. Generalkongregation: Präsentation und Diskussion von Kapitel IV-VI des Schemas *De divina revelatione* (30 Reden).

05.–06. Oktober 1964: 94.–97. Generalkongregation: Präsentation und Abstimmungen über das Schema *De oecumenismo*.

06.–13. Oktober 1964: 95.–100. Generalkongregation: Präsentation und Diskussion des Schemas *De apostolatu laicorum*.

13.–15. Oktober 1964: 100.–102. Generalkongregation: Präsentation und Diskussion des Schemas *De vita et ministerio sacerdotali* (41 Reden). Nach negativer Abstimmung geht das Schema zur Neubearbeitung an die Kommission zurück.

15.–20. Oktober 1964: 102.–105. Generalkongregation: Präsentation und Diskussion des Schemas *De Ecclesiis Orientalibus* (30 Reden).

16. Oktober 1964: 103. Generalkongregation: Die Entscheidung der Koordinierungskommission über die Behandlung der „Propositiones" wird bekannt gegeben.

19. Oktober 1964: 104.–105. Generalkongregation: Präsentation und Abstimmungen über die Verbesserungen von Kapitel VII *De Ecclesia*.

20.–21. Oktober 1964: 105.–106. Generalkongregation: Abstimmungen über das Schema *De Ecclesiis Orientalibus*.

20. Oktober – 10. November 1964: 105.–119. Generalkongregation: Präsentation und Diskussion von Schema 13 *De Ecclesia in mundo huius temporis* (171 Reden, davon zwei Laienauditoren).

29. Oktober 1964: 112. Generalkongregation: Präsentation und Abstimmung über die Verbesserungen von Kapitel VIII von *De Ecclesia*.

04.–06. November 1964: 114.–116. Generalkongregation: Präsentation und Abstimmungen über die Verbesserungen des Schemas *De pastorali episcoporum munere in Ecclesia*.

06.–09. November 1964: 116.–118. Generalkongregation: Präsentation und Diskussion des Schemas *De missionibus* (28 Reden). Danach wird das Schema zur Neubearbeitung zurückgezogen.

10.–14. November 1964: 119.–122. Generalkongregation: Abstimmungen über die expensio modorum des Schemas *De oecumenismo*.

10.–12. November 1964: 119.–121. Generalkongregation: Präsentation und Diskussion des Schemas *De accommodata renovatione vitae religiosae* (26 Reden); Abstimmungen bis 16. November.

10. November 1964: 119. Generalkongregation: Übermittlung einer Nota explicativa praevia des Papstes für die Kirchenkonstitution zur Präzisierung einiger Punkte in Kapitel III (im Konzil verlesen am 16. November).

12.–17. November 1964: 121.–124. Generalkongregation: Präsentation und Diskussion des Schemas *De institutione sacerdotali* (32 Reden); Abstimmungen bis 18. November.

17.–19. November 1964: 124.–126. Generalkongregation: Präsentation und Diskussion des Schemas *De educatione christiana* (21 Reden); Abstimmungen positiv.

18. November 1964: 125. Generalkongregation: Abstimmungen über die expensio modorum der Kapitel VI-VIII des Schemas *De Ecclesia*.

19. November 1964: 126. Generalkongregation: Entgegen der Ankündigung wird die Abstimmung über das Schema *De libertate religiosa* abgesetzt. Unterschriftensammlung dagegen in der Konzilsaula.

19.–20. November 1964: 126.–127. Generalkongregation: Präsentation und Diskussion des Votums über das Ehesakrament (14 Reden); Rückgabe des Textes an den Papst.

19. November 1964: 126. Generalkongregation: Eine Reihe von Textveränderungen des Papstes zum Schema *De oecumenismo* wird vorgeschlagen. Das Schema *De Ecclesia* wird angenommen (2134 Ja, 10 Nein und 1 Ungültig).

20. November 1964: 127. Generalkongregation: Schlussabstimmungen über *De Ecclesiis orientalibus catholicis* (1964 Ja, 135 Nein, 5 Ungültig) und *De oecumenismo* (2054 Ja, 64 Nein, 11 Ungültig). Präsentation und Abstimmung über das Schema *De Ecclesiae habitudine ad religiones non christianas*.

21. November 1964: V. öffentliche Sitzung: Abstimmung und Promulgierung der Konstitution *Lumen gentium* (2151 Ja, 5 Nein), des Dekretes *Unitatis redintegratio* (2137 Ja, 11 Nein) und des Dekretes *Orientalium Ecclesiarum* (2110 Ja, 39 Nein). Paul VI. proklamiert Maria zur „Mutter der Kirche"[8].

Dritte Intersessio

02.–05. Dezember 1964: Reise des Papstes nach Bombay zum Internationalen Eucharistischen Weltkongress.

06. April 1965: Errichtung des Sekretariats für die Ungläubigen (Präsident Kardinal Franz König).

---

[8] Wortlaut der Papstansprache siehe Dokumentenanhang.

Vierte Sessio

14. September 1965: VI. öffentliche Sitzung: Beginn der vierten Konzilssessio[9].
15.–22. September 1965: 128.–133. Generalkongregation: Präsentation und Diskussion des Schemas *De libertate religiosa* (64 Reden).
20.–22. September 1965: 131.–133. Generalkongregation: Abstimmungen über die Verbesserungen von *De divina revelatione*.
20. September 1965: Die leitenden Konzilsorgane lehnen eine Grundsatzabstimmung über *De libertate religiosa* ab, die nach päpstlicher Intervention doch zugelassen wird; Abstimmung am 21. September (1997 Ja, 224 Nein, 1 Ungültig).
21. September – 08. Oktober 1965: 132.–145. Generalkongregation: Präsentation und Diskussion über *De Ecclesia in mundo huius temporis* (160 Reden).
23.–27. September 1965: 134.–136. Generalkongregation: Präsentation und Abstimmungen über die Verbesserungen des Schemas *De apostolatu laicorum*.
29. September – 01. Oktober 1965: 138.–140. Generalkongregation: Präsentation und Abstimmungen über die expensio modorum des Schemas *De pastorali episcoporum munere in Ecclesia*.
04.–05. Oktober 1965: Reise von Papst Paul VI. nach New York zur UNO[10].
06. Oktober 1965: 143. Generalkongregation: Annahme des Schemas *De pastorali episcoporum munere in Ecclesia* (2167 Ja, 14 Nein).
06.–08. Oktober 1965: 143.–145. Generalkongregation: Präsentation und Abstimmungen über die expensio modorum des Schemas *De accommodata renovatione vitae religiosae*; Annahme am 11. Oktober (2126 Ja, 13 Nein, 3 Ungültig).
07.–13. Oktober 1965: 144.–148. Generalkongregation: Präsentation und Diskussion des Schemas *De activitate missionali Ecclesiae* (49 Reden).
11. Oktober 1965: 146. Generalkongregation: Der Papst lässt die Frage des priesterlichen Zölibats aus den Diskussionen ausklammern.
11.–12. Oktober 1965: 146.–147. Generalkongregation: Präsentation und Abstimmungen über die expensio modorum des Schemas *De institutione sacerdotali*; Annahme am 13. Oktober (2196 Ja, 15 Nein, 1 Ungültig).
13.–14. Oktober 1965: 148.–149. Generalkongregation: Präsentation und Abstimmungen über das Schema *De educatione christiana*; Annahme am 14. Oktober (1912 Ja, 183 Nein, 1 Ungültig).
13.–26. Oktober 1965: 148.–153. Generalkongregation: Präsentation und Diskussion des Schemas *De ministerio et vita presbyterorum* (56 Reden).
14.–15. Oktober 1965: 149.–150. Generalkongregation: Präsentation und Abstimmungen über das Schema *De Ecclesiae habitudine ad religiones non christianas*; Annahme (1763 Ja, 250 Nein, 10 Ungültig).
25.–29. Oktober 1965: 152.–155. Generalkongregation: Präsentation und Abstimmungen über *De libertate religiosa*.
28. Oktober 1965: VII. öffentliche Sitzung: Schlussabstimmung und Promulgie-

---

[9] Wortlaut der Papstansprache siehe Dokumentenanhang.
[10] Wortlaut der Papstansprache siehe Dokumentenanhang.

rung von: *De pastorali episcoporum munere in Ecclesia* (2319 Ja, 2 Nein, 1 Ungültig); *De accommodata renovatione vitae religiosae* (2325 Ja, 4 Nein); *De institutione sacerdotali* (2318 Ja, 3 Nein); *De educatione christiana* (2290 Ja, 35 Nein); *De Ecclesiae habitudine ad religiones non christianas* (2221 Ja, 88 Nein, 1 Ungültig).

29. Oktober 1965: 155. Generalkongregation: Präsentation und Abstimmungen über die expensio modorum des Schemas *De divina revelatione.*

09.–10. November 1965: 156. Generalkongregation: Präsentation und Abstimmungen über die expensio modorum des Schemas *De apostolatu laicorum;* Annahme (2201 Ja, 2 Nein, 5 Ungültig).

09. November 1965: 156.–160. Generalkongregation: Präsentation der Voten der Bischofskonferenzen über die Ablässe.

10.–11. November 1965: 156.–157. Generalkongregation: Präsentation und Abstimmungen über die Veränderungen des Schemas *De activitate missionali Ecclesiae.*

12.–13. November 1965: 159.–160. Generalkongregation: Präsentation und Abstimmungen über das Schema *De ministerio et vita presbyterorum.*

15.–17. November 1965: 161.–163. Generalkongregation: Präsentation und Abstimmungen über die Verbesserungen des Schemas *De Ecclesia in mundo huius temporis.*

17. November 1965: Abstimmung über die Titelqualifizierung des Schemas *De Ecclesia in mundo huius temporis.* Weniger als ein Drittel (541) sprechen sich dagegen aus.

18. November 1965: VIII. öffentliche Sitzung: Schlussabstimmung und Promulgierung von: *De divina revelatione* (2344 Ja, 6 Nein) und *De apostolatu laicorum* (2340 Ja, 2 Nein).

19. November 1965: 164. Generalkongregation: Präsentation und Abstimmungen über die expensio modorum des Schemas *De libertate religiosa;* Annahme (1954 Ja, 249 Nein, 13 Ungültig).

29. November 1965: Errichtung der Päpstlichen Kommission für die Revision der Vulgata.

30. November 1965: 165. Generalkongregation: Präsentation und Abstimmungen über die expensio modorum des Schemas *De activitate missionali Ecclesiae;* Annahme (2162 Ja, 18 Nein, 2 Ungültig).

02. Dezember 1965: 166. Generalkongregation: Präsentation und Abstimmungen über die expensio modorum des Schemas *De ministerio et vita presbyterorum;* Annahme (2243 Ja, 11 Nein, 3 Ungültig).

02.–04. Dezember 1965: 166.–167. Generalkongregation: Präsentation und Abstimmungen über die expensio modorum des Schemas *De Ecclesia in mundo huius temporis;* Abstimmung über die eingefügte Fußnote zum Titel der Pastoralkonstitution am 4. Dezember, Abst.-Nr. 539; 239 Nein-Stimmen; Annahme des Schemas am 06. Dezember (2111 Ja, 251 Nein, 11 Ungültig).

07. Dezember 1965: IX. öffentliche Sitzung: Schlussabstimmung und Promulgation von: *De libertate religiosa* (2308 Ja, 70 Nein, 6 Ungültig); *De activitate missionali Ecclesiae* (2394 Ja, 5 Nein); *De presbyterorum ministerio et vita*

(2390 Ja, 4 Nein); *De Ecclesia in mundo huius temporis* (2309 Ja, 75 Nein, 7 Ungültig). Aufhebung des gegenseitigen Banns zwischen der römisch-katholischen Kirche und der orthodoxen Kirche von Konstantinopel[11].

08. Dezember 1965: Feierlicher Abschluss des Konzils auf dem Petersplatz. Botschaft des Konzils an verschiedene Personengruppen[12].

Erste Umsetzung der Konzilsbeschlüsse

01. Januar 1966: Beginn des außerordentlichen Jubiläumsjahrs.

03. Januar 1966: Mit dem Motu Proprio *Finis Concilio* werden fünf nachkonziliare Kommissionen errichtet.

18. März 1966: Instruktion *Matrimonii sacramentum* der Kongregation für die Glaubenslehre über die Mischehen.

14. Juni 1966: Erklärung der Kongregation für die Glaubenslehre *Post litteras apostolicas* zur Änderung der Praxis des Index der verbotenen Bücher.

15. Juni 1966: Motu Proprio *De Episcoporum muneribus* über Vollmachten der Bischöfe.

06. August 1966: Motu Proprio *Ecclesiae sanctae* mit Ausführungsnormen zu den Konzilsdekreten über das Amt der Bischöfe, die Missionen, Dienst und Leben der Priester und über die Erneuerung des Ordenslebens.

---

[11] Wortlaut der Papstansprache und der Erklärung zur Aufhebung der Bannbullen siehe Dokumentenanhang.
[12] Wortlaut der Papstansprache und der Botschaften siehe Dokumentenanhang.

III. Corrigenda zu den Bänden 1–4

Bd. 1
S. IX: Streiche 3. Absatz „Eine weitere Hilfe ... z.T. gekürzt.".
S. 3, Vorbemerkung: 2. Satz muss lauten: Er wurde von den Konzilsvätern am 4.12.1963 mit 2147 Placet und 4 Non placet angenommen (AS II/6, 407).
S. 57, Vorbemerkung: statt A.A.S. lies: AAS.
S. 57, Vorbemerkung: 2. Satz muss lauten: Er wurde von den Konzilsvätern am 4.12.1963 mit 1960 Placet und 164 Non placet angenommen (AS II/6, 409).
S. 284, Vorbemerkung: Datum der Schlussabstimmung statt 18.11.1965 lies: 28.10.1965.
S. 305, Vorbemerkung: Datum der Schlussabstimmung statt 18.11.1965 lies: 28.10.1965.
S. 355, Titel: statt „Decretum" lies: Declaratio.
S. 355, Vorbemerkung: Datum der Schlussabstimmung statt 18.11.1965 lies: 28.10.1965.

Bd. 2
S. IX: bei Eintrag AS korrigiere 1970–1998 in: 1970–1999.
S. XI: unter Litt. Apost. ergänze:
Synopsis historica   Constitutionis dogmaticae Lumen gentium synopsis historica, a cura di Giuseppe Alberigo, Bologna 1975.
S. 321, Anm. 196: statt „Vgl. S. 70" lies: Vgl. S. 324.
S. 322, Anm. 198: streiche Grootaers, ebenso in Bibliographie (S. 574) und die S. 322 im Register-Eintrag Grootaers (S. 585)
S. 362, Anm. 38: statt „S. 34 f." lies: S. 296 f.
S. 370, Anfang letzter Absatz: statt „mysterium inignitatis" lies: mysterium iniquitatis.
S. 371, erster Absatz: statt „mysterium inignitatis" lies: mysterium iniquitatis.
S. 393, Anm. 134 und Register S. 584: statt „Feeny" lies: Feeney.
S. 572, Zeile 11: statt Antonio lies: Antonino.

Bd. 3
S. V, letzte Zeile: statt „Christiani" lies: Cristiani.
S. IX: bei Eintrag AS korrigiere 1970–1980 in: 1970–1999.
S. 82, Zeile 2: statt NAe lies: NA.
S. 194, Zeile 1: statt Lerin lies: Lérins.
S. 219, Zeile 22: statt „Kircen" lies: Kirchen.

S. 222, letzte Zeile: nach „in:" ergänze: Alberic Stacpoole (Hg.), Vatican II by those who were there, London 1986.
S. 373: streiche den letzten Satz.
S. 374, Anm. 180 und S. 482, 3. Zeile von unten: statt „Formatione" lies: Formazione.
S. 640, Anm. 214: statt „Pellgrino" lies: Pellegrino.
S. 707, Zeile 1: statt Oskar Semmelroth lies: Otto Semmelroth.
S. 727, Zeile 4: statt Pericle Kardinal Felici lies: Pericle Felici.
  Zeile 21: statt: der Kardinäle Ruffini und Felici: durch Ruffini und Felici.
  Zeile 9 von unten: statt Kardinal Felici: Felici.
S. 730, letzter Abs., 1. Zeile: statt Kardinal Felici: Felici.
S. 752, Zeile 9 u. 15: statt „suggurente" lies: suggerente.
S. 757, Zeilen 15 u. 16 von unten: statt Lérin lies: Lérins.
S. 767, Zeile 6: statt „revlelatione" lies: revelatione.
S. 824, Zeile 8: nach „Vatikanischen" ergänze: Konzils.
S. 824, Zeile 19 von unten: statt Antonio lies: Antonino.
S. 834, Registereintrag Colombo, G.: statt G. lies: Giov. und streiche: 373–374.
S. 834: ergänze neuen Registereintrag: Colombo, Gius.   373–374.
S. 841, Zeile 1, Spalte 2: statt Lerin lies: Lérins.
S. 845: im Stichwort Ekklesiologie –, Communio-Ekklesiologie korrigiere: siehe Communio-Ekklesiologie (-Theologie).
S. 845, Stichwort Ekklesiologie –, Volk-Gottes-Ekklesiologie: statt „Theolgoie" lies: Theologie.

Bd. 4
S. 209, Zeile 6: statt „Evangelium" lies: Evangelii.
S. 513, Anm. 309, Zeile 1: statt „Raktion" lies: Reaktion.
S. 539, Zeile 22: statt „jene Sündigkeit" lies: mit jener Sündigkeit.
S. 550, Zeile 19: statt „sitlichen" lies: sittlichen.
S. 550, Zeile 23: hinter „recht" setze einen Punkt.
S. 550, Anm. 28, letzte Zeile: statt „Patoral" lies: Pastoral.
S. 560, Anm. 61: streiche das zweite „schon" in der 3. Zeile.
S. 568, Zeile 4 von unten: statt „ihrer Theologie" lies: seiner Theologie.

IV. Mitwirkende am gesamten Kommentarwerk

Herausgeber und Kommentatoren

Prof. Dr. Bernd Jochen Hilberath, geb. 1948, Professor für Dogmatische Theologie und Dogmengeschichte sowie Direktor des Instituts für Ökumenische Forschung an der Universität Tübingen.

Prof. Dr. Dr. h. c. Peter Hünermann, geb. 1929, Professor em. für Dogmatik an der Universität Tübingen.

Prof. Dr. Guido Bausenhart, geb. 1952, Professor für Systematische Theologie an der Universität Hildesheim.

Prof. Dr. Ottmar Fuchs, geb. 1945, Professor für Praktische Theologie an der Universität Tübingen.

Prof. Dr. Helmut Hoping, geb. 1956, Professor für Dogmatik und Liturgiewissenschaft an der Universität Freiburg i. Br.

Prof. Dr. Reiner Kaczynski, geb. 1939, Professor em. für Liturgiewissenschaft an der Universität München.

Prof. Dr. Hans-Joachim Sander, geb. 1959, Professor für Dogmatik an der Universität Salzburg.

Prof. Dr. Joachim Schmiedl, geb. 1958, Professor für Kirchengeschichte an der Philosophisch-Theologischen Hochschule Vallendar.

Prof. Dr. Roman A. Siebenrock, geb. 1957, a. o. Professor für Fundamentaltheologie an der Universität Innsbruck.

Co-Autoren

Dr. Dirk Steinfort, geb. 1966, Projektassistent von 1999–2001; seit 2001 Persönlicher Referent des Bischofs von Rottenburg-Stuttgart.

Dipl.-theol. Volker Sühs, geb. 1970, Projektassistent und wissenschaftlicher Angestellter am Institut für Ökumenische Forschung an der Universität Tübingen.

Mitarbeiterinnen und Mitarbeiter

Amor, Christoph (Innsbruck)
Bär, Martina (Tübingen/Erfurt)
Bargfeldt, Jennifer (Hildesheim)
Bechmann, Dr. Ulrike (Bayreuth)
Beck, Barbara (Tübingen)
Boll, Katharina (Würzburg)
Brandt, Ursula (Tübingen)
Brüske, Dr. Gunda (München)
Dürnberger, Martin (Salzburg)
Finster, Andrea (Salzburg)
Frey-Dupont, Bernadette (Tübingen)
Funk, Susanne (Tübingen)
Gams, Thomas (Innsbruck)
Grätz, Hildegard (Tübingen)
Gronover, Matthias (Tübingen)
Hack, Angelika (Tübingen)
Hanebeck, Martina (Hildesheim)
Horat, Matthias
   (Luzern/Freiburg i. Br.)
Kästle, Philipp (Tübingen)
Kaufner-Marx, Eva (Freiburg i. Br.)
Kirschner, Martin (Tübingen)
Kirsten, Dr. Elke (Rottenburg)
Klein, Theresia (Tübingen)
Körber-Hübschmann, Dr. Barbara
   (Bamberg)
Krezdorn, Ulrike
   (Innsbruck/Tübingen)
Martins, Pedro (Tübingen)
Meinzold, Claudia (München)
Mohr-Braun, Dr. Daniela (Mainz)
Mück, Sonja (Tübingen)
Müller, Renate (Freiburg i. Br.)
Peter, Teresa (Innsbruck)
Piontek, Monika (Luzern)
Preisenhammer, Gerhild (Tübingen)
Proft, Ingo (Vallendar)
Ramsauer, Christoph Bernhard
   (Salzburg)
Rettenbacher, Sigrid (Salzburg)
Rünker, Eva (Innsbruck)
Rupp, Stephanie (Tübingen)
Sauter, Jörg (Innsbruck/Tübingen)

Schieszl-Rathgeb, Karin (Tübingen)
Schlauch, Karin (Tübingen)
Schmidt, Sabine
   (Tübingen/Rottenburg)
Schmitt, Patricia (Tübingen)
Siebert, Andrea (Neuendettelsau)
Stadel, Ulrike (Rottenburg)
Steinfort, Dr. Dirk (Hechingen)
Sühs, Volker (Tübingen)
Traut, Andreas (Tübingen)
Trautmann, Silke (Tübingen)
Wehrmann, Mascha Sofia (Hamburg)
Weihing, Markus (Tübingen)
Weß, DDr. Paul (Innsbruck)
Wimmer, Cornelia (München)

Register
Personenverzeichnis

Abel 451, 456 f.
Abraham 120, 126, 331, 457
Accatoli, L. 420
Adam 330
Adorno, Th. W. 404
Alberigo, G. 7, 12 f., 15, 20–24, 34, 68–70, 74, 88, 96, 186, 239, 418, 421
Albertus Magnus 70 f.
Alfrink, B. J. 32, 65
Ambrosius 294
Anan, K. 316
Ankener, A. 355, 376
Anselm von Canterbury 337
Antonelli, P. F. 37
Apel, K.-O. 320
Arinze, F. 121, 129 f., 337, 388, 440
Aristoteles 10
Aubert, R. 24
Aufderbeck, H. 180
Augustinus 73, 291, 293 f., 424, 451
Autiero, A. 15
Aymans, W. 16

Bacht, H. 41
Balthasar, H. U. von 298, 372, 455 f.
Barrett, D. B. 432
Barth, H.-M. 232
Bauer, C. 438, 440
Bausenhart, G. 152, 455, 467
Bayer, O. 230
Bea, A. 23, 28, 32–35, 41 f., 46, 201, 204, 215
Beavens, S. 388, 440
Bechmann, U. 269, 319, 358
Beinert, W. 15
Bekkers, W. 38
Bellarmin, R. 256
Benedikt von Nursia 84
Benedikt XV. 454
Benedikt XVI. 7, 210, 315, 384
Beozzo, J. O. 26
Böckenförde, E.-W. 12
Bonaventura 70 f.
Bonhoeffer, D. 11, 366
Bornkamm, K. 235
Braudel, F. 141
Buber, M. 127, 321

Bucher, R. 275, 350, 376, 386, 440
Bugnini, A. 31, 184
Bühlmann, W. 440
Burigana, R. 33
Bürkle, H. 336
Bydlinski, F. 76

Cano, M. 135
Capovilla, L. 23
Casper, B. 321
Chenu, M.-D. 22, 35, 137, 383, 440
Chergé de, C. 15, 370
Cicognani, A. G. 32
Colombo, C. 344
Congar, Y. 15, 41 f., 201, 215, 451, 456
Cyprian von Karthago 206, 283

Daniélou, J. 42
Dante, E. 38
De Smedt, E.-J. 43, 323
Descartes, R. 418
Dilthey, W. 18
Dirscherl, E. 354, 376
Döpfner, J. 32, 39, 41, 51, 125
Dulles, A. 7
Dupuis, J. 127
Dyma, O. 388, 441

Ebner, F. 321
Eckholt, M. 387, 441
Eco, U. 14, 18, 76
Eicher, P. 453 f.
Eisenhofer, L. 462
Essen, G. 139
Etchegaray, R. 50

Felici, P. 29
Fichte, J. G. 321
Figal, G. 77
Finke, R. 316
Fischer, I. 269
Fisichella, R. 15
Fleck, M. 388, 441
Fleckenstein, H. 383, 441
Fogarty, G. P. 35, 41 f.
Foucault, M. 199, 241, 355, 438, 441

Personenverzeichnis

Fouilloux, E. 26–29
Franic, F. 45
Franz, A. 384, 441
Frei, B. 180
Freston, P. 316
Frings, J. 34, 38, 46, 70, 168, 170, 215, 255
Fritzsche, H.-G. 232
Fuchs, O. 389, 441
Fürst, G. 316, 341, 376

Gadamer, H.-G. 10, 76f., 155, 203
Garaudy, R. 334
Garofalo, S. 43
Girard, R. 422
Gräbe, U. 421
Gregor der Große 168, 183, 339
Gregor VII. 456
Gregor XVI. 83
Grillmeier, A. 15, 41, 59
Grimm, D. 12
Grootaers, J. 32
Groß, W. 427
Gruber, F. 139
Guano, E. 196
Guardini, R. 398f.

Habermas, J. 132, 320
Hakim, G. 45
Hamann, J. G. 321
Häring, B. 196
Härle, W. 232
Hebblethwaite, P. 418
Heer, F. 125
Hegel, G. W. F. 18
Hegge, Chr. 15
Heidegger, M. 449
Heinrichs, J. 321
Heinz, A. 185
Hervás y Benet, J. 39
Heubach, J. 231
Hilberath, B. J. 189, 192, 201, 229, 231, 316, 338, 347, 354f., 377, 384, 441f.
Hirschmann, J. 41
Hochschild, M. 301
Hoff, G. M. 191, 242, 349, 377, 418
Höffner, J. 285
Höhn, H.-J. 388, 442
Hölzl, M. 438, 440
Hoping, H. 106f., 126, 190, 389, 408, 424, 442
Hünermann, P. 7, 10f., 87, 120, 136, 191, 212f., 215–217, 225f., 234, 331, 340, 377, 384, 442, 449, 455, 467
Hünermann, W. 418
Huntington, S. P. 316, 383, 442
Hurley, D. E. 32, 39

Indelicato, A. 26, 28–30

Isaac, J. 419
Iser, W. 18, 76

Jacobi, F. H. 321
Jauß, H. R. 76
Jeanrond, W. G. 77, 82
Jesaja 133
Jesus Christus 1, 3, 16, 19, 21f., 24, 31, 35–37, 45–50, 53–55, 61–64, 69, 73, 79f., 83, 89, 201, 203, 208, 260–262, 264f., 330, 332, 452, 454–463, 466
Johannes, Evangelist 454
Johannes XXIII. 4, 8, 11, 13, 20–25, 29, 32–37, 43, 46–48, 54, 79, 127, 186, 190, 204, 215, 319, 323, 326, 391, 415, 417, 421, 423, 435, 450f.
Johannes Paul II. 129f., 155, 171, 175, 177, 182, 185, 270, 281, 298–300, 315, 335f., 343, 346, 354, 366, 383f., 402, 415, 420f., 465
Johannes von Damaskus 455
Johnson, T. M. 432
Jossua, J.-P. 15
Justin 398

Kampling, R. 354, 377
Kasper, W. 7f., 151f., 154, 195, 201, 210, 216, 226, 243, 338
Kaufmann, F.-X. 316
Kehl, M. 338
Kessler, M. 453
Kirschner, M. 7
Klinger, E. 8f., 42, 135, 351, 362, 377, 404
Koch, K. 427
Komonchak, J. A. 7, 20f., 23f., 26f., 29, 190, 244
König, F. 41, 70, 121, 323
Konstantin (Kaiser) 430
Kraml, M. 347
Kreiner, A. 319
Kuhn, T. S. 203
Küng, H. 203, 345, 388, 442
Kuschel, K.-J. 388, 442

Lamberigts, M. 26
Lambruschini, F. 24
Larraona, A. 32, 37
Latourelle, R. 15
Léger, P. E. 32, 39
Lehmann, K. 7, 96, 151f., 319, 321
Leo I. 164, 170
Leo XIII. 166f., 426, 454, 464
Lercaro, G. 38f., 47
Lessing, G. E. 456
Levillain, P. 24
Lévinas, E. 321
Liénart, A. 45, 51
Lienkamp, A. 387, 443
Lienkamp, C. 273, 387, 443
Lockwood, R. 18

Personenverzeichnis

Lohfink, N. 427
Lohmar, D. 387, 444
Lorscheider, A. 298
Lubac, H. de 455
Luther, M. 459
Lutz-Bachmann, M. 351, 377

Maier, H. 12, 367, 387, 444
Mall, R. A. 387, 444
Manzo, M. 20
Maria, Mutter Jesu 26, 50, 53, 63, 88, 92, 298 f., 327
Marín de San Martín, L. 20–24, 35
Martelet, G. 41
Martini, C. M. 298
Marty, F. 19, 52
Matthäus, Evangelist 454
Maximus Confessor 455
McGrath, M. 39
Melanchthon, Ph. 236
Melloni, A. 21 f., 26
Menozzi, D. 7
Merklein, H. 455
Metz, J. B. 139, 334
Mieth, D. 202
Moeller, Ch. 41, 196, 245
Möhler, J. A. 260
Montini, G. B. 34 f., 39, 47
Mose 454
Muggeridge, A. R. 7
Muhammad 129

Nettesheim, M. 12
Neuner, P. 351, 377, 443
Nietzsche, F. 449
Niewiadomski, J. 388, 416, 444
Nitsche, B. 441
Noach 127, 457

O'Malley, J. W. 7
Oppermann, T. 12
Ott, H. 77
Ottaviani, A. 32 f., 37 f., 43 f.

Paiano, M. 32
Pannenberg, W. 139, 349, 377
Paul VI. 2, 4, 48–56, 72, 74, 79, 157, 160–162, 173, 185, 204, 214 f., 253, 298, 302, 323–329, 334, 340 f., 348, 417, 419 f., 465
Paulus 273, 276, 331
Pelegrino, M. 70, 99
Pesch, O. H. 7 f., 87
Petrus 69, 463
Peukert, H. 320
Philips, G. 45, 255
Piepel, K. 387, 443
Pius V. 182

Pius VII. 83
Pius IX. 167, 173, 454, 464
Pius X. 24, 37, 290, 464
Pius XII. 24, 37, 39, 72, 206, 281, 285, 395, 454, 461 f., 464
Pizzardo, G. 24
Platon 404
Pöhlmann, H.-G., 130
Pombeni, P. 13
Popper, K. 404
Pottmeyer, H. J. 15
Pulikkan, P. 26

Quitterer, J. 123

Raheb, M. 421
Rahner, H. 418
Rahner, K. 1, 41 f., 58 f., 135, 151, 153, 214, 266, 272, 280, 315, 318, 334, 337 f., 373, 383, 385, 389, 443, 455
Ratzinger, J. 7, 9, 15, 41 f., 87, 127, 132, 154, 210, 254, 283, 300, 317, 320, 337, 347, 383, 443, 451
Reuß, J. M. 41
Riccardi, A. 34 f.
Riedl, G. 346
Ritschl, D. 227
Ritter, J. 45
Rosenzweig, F. 321
Rössler, D. 233
Routhier, G. 15
Rugambwa, L. 38
Ruggieri, G. 7, 23, 41–44
Rush, O. 7, 15
Ruster, T. 388, 443

Sander, H.-J. 106, 155, 340, 405
Sattler, D. 237
Sauer, H. 41
Schaeffler, R. 123, 283
Scharer, M. 316, 347
Schavan, A. 316, 350, 378
Scheffczyck, L. 453
Scheuerer, F. X. 387, 444
Schillebeeckx, E. 41
Schleiermacher, F. D. E. 18, 321
Schlemmer, K. 180
Schmaus, M. 260
Schmidberger, F. 434
Schmidt-Leukel, P. 388, 444
Schmiedl, J. 218
Schneider, N. 387, 444
Schreiter, R. J. 140, 388, 444
Schurhammer, G. 351, 378
Schwager, R. 15, 370, 372, 388, 422, 444
Seckler, M. 8, 110, 385, 444, 453 f.
Sedmak, C. 124
Sellmann, M. 387, 444

Semmelroth, O. 41
Seper, F. 32
Seth 457
Sieben, H. J. 7, 87
Siebenrock, R. A. 106, 130, 315, 341, 344, 349, 353, 388
Silva Henríquez, R. 182
Söding, Th. 427
Soetens, C. 24, 26, 50
Stakemeier, E. 41
Stark, R. 316
Stegmaier, W. 321
Steinfort, D. 7, 20
Stolz, F. 122
Stransky, T. F. 23
Suenens, L.-J. 34 f., 45, 47, 58, 254, 391
Suess, P. 387 f., 444
Sühs, V. 155

Tardini, D. 25, 27
Terricabras, J.-M. 10
Theobald, Ch. 59 f., 216
Thomas von Aquin 10, 70 f., 330
Tomasek, F. 298
Tracy, D. 77, 82, 203
Tromp, S. 33
Trutwin, W. 354, 376
Tück, J. H. 372
Turbanti, G. 196

Vagnozzi, E. 39
Velati, M. 33
Verdross, A. 12
Vilanova, E. 51
Vilmar, A. 236
Vischer, L. 196–198, 248
Volf, M. 7, 363
Volk, H. 39, 41

Vorgrimler, H. 58 f.
Wagner, K. 181
Waldenfels, B. 320 f., 341
Waldenfels, H. 388, 445, 453
Walter, P. 384, 445
Wassilowsky, G. 7, 445
Weß, P. 421
Weber, F. 387, 445
Weers, A. 219
Weigel, G. 315
Weinrich, M. 354
Wenz, G. 234 f.
Werbick, J. 139
Willebrands, J. G. M. 226
Winklhofer, A. 399
Wittgenstein, L. 10, 61
Wittstadt, K. 42

Zenger, E. 126

Sachverzeichnis

Abendland 430
Abendmahl 353
Abgrenzung 11, 19, 21, 36
Ablehnung 25, 41, 43 f., 74
Absolutheitsanspruch 132
Abstimmung 35 f., 40, 43, 47 f., 51, 56, 74
Abstinenz 90
Abstraktionen 404
Abtreibung 421
ad extra – ad intra 120, 133
Ad gentes 3, 52, 58–61, 65, 71, 264 f., 329, 331 f., 430–433, 452, 459, 462
Ad Petri cathedram 23
Adressat 9 f., 44, 61 f., 78 f.
Afrika 433
Aggiornamento 1, 8 f., 11, 13, 15, 21, 23, 48, 186, 284, 450
Ähnlichkeit 11–15, 17, 44, 61
Aidsproblematik 411
Akkommodationstheorie 430
Alltagsleben 26
Altes Testament 43, 63, 68, 72, 451, 455 f.
Altes und Neues Testament 126
Alumne 94
Ambivalenz 406
Amt 53, 206, 264
– ordiniertes 232
– priesterliches 462
– prophetisches 261
– sakramentales 274
Amtsausübung 84
Amtsführung 11
Amtstheologie 71, 155
Amtsträger 260
Andere 321
Änderungsvorschlag 18
Anerkennung 5, 344, 360
Anfechtung 63
Angst 34, 36
Ansprache 22–24, 29, 53 f., 72 f.
Antepraeparatoria 24, 26–28, 88
Anthropologie 131 f., 330, 452
– und Theologie 326
– anthropologische Wende 389
Antijudaismus 354, 388
Antimodernismus 24

Antisemitismus 419
Apokalyptik 342
Apostel 16, 69, 261, 459 f.
Apostelkollegium 69
Apostolat 3, 28, 34, 71, 88, 90, 92 f., 265
Apostolicam actuositatem 3, 55, 58 f., 264 f., 451, 459
Apostolische Sukzession 155
Apostolischer Stuhl 67
Approbation 40, 44, 184
Arbeiterpriester 222
Arbeitsweise 9, 28
Archäologismus 39
Areopagrede 331
Argument 24, 37, 70, 74
Argumentation 9 f., 70, 86
Arme 22, 47, 50, 264 f., 466
Armut 8, 264 f., 270, 388
Atheismus 3, 50, 60, 314, 324, 352, 463
Auctoritas 294
Audienz 23, 33
Auferstehung 38, 265, 434
Aufklärung 453, 456
Aufmerksamkeit 31, 42, 89
Aula 25, 41, 43
Ausbildungsorte 409
Auschwitz 388, 419
Auseinandersetzung 7, 41, 60, 77, 85, 87
Auslegung 7–9, 16, 39, 63, 69, 75, 80, 82, 89
Auslegungsprinzipien 8
Auslegungsweisen 17
Ausschließung 350, 356, 389, 393, 437, 439
Außen 351
Auswertung 8, 26
Autonomie 4, 262, 451, 463 f.
Autor 7 f., 14, 18 f., 454
Autorenintention 8, 19
Autorität 15–17, 48, 83 f., 87, 192, 195, 460 f.
– kirchliche 463 f.
– staatliche 463

Barmherzigkeit 15, 22, 275, 369, 419
Basisökumene 156
Bedeutung 5, 7, 9 f., 14 f., 17, 19 f., 31, 33, 36, 39–41, 47 f., 51, 63, 65, 74, 76–78, 80–82, 87
Bedeutungswandel 12

603

Sachverzeichnis

Bedrängnisse 3
Beerdigung 180 f.
Befreiungstheologie 388
Begegnung 21–23, 76, 132, 201, 204 f., 208 f., 313
Behörde, kuriale 26
Beichte 90
Bekehrung 132, 261
Bekenntnis 16, 124, 331
Benediktinerkloster 85
Benediktusregel 82
Benefizien 88, 90, 93
Beobachter, ökumenische 23, 73, 190, 201 f., 204–206, 208 f.
Berater 25, 29 f., 33
Bergpredigt 128, 423
Berufung 270, 396, 404, 406 f., 455
– des Menschen 333
Berufungen 88, 91, 94
Berufungsgeschichten 269
Bescheidenheit 38
Bevölkerung 13, 89
Bewährung 56
Bewegung, liturgische 30
Bewegungen, Geistliche 297–301, 396
– Charismatische Erneuerung 302
– Cursillo 302
– Equipe Notre Dame 302
– Fokolare-Bewegung 301
– Marriage Encounter 302
– Schönstatt-Bewegung 301
Beweis 10
Bewusstsein 37 f., 49 f., 66
Beziehung 313
Bibel 68, 116 f., 119, 219, 223, 454
Bibelbezug 225
Bibelkritik 463
Bibeltexte 409
Biblische Hermeneutik 424
Biblizismus 426
Bild 54, 56, 69 f., 79, 84, 330 f., 449 f.
– Gottes 454 f.
Bilderverbot 455
Bildung 73, 90 f., 93, 281, 404
Bildungsarbeit 431
Bildungsgesellschaft 74, 431
Bindung 396
Bischof 11 f., 15 f., 20 f., 24–29, 32, 35, 37–39, 41–45, 49, 51 f., 58 f., 67, 70, 73–75, 78 f., 81, 86–90, 93 f., 262–264, 432 f., 450 f., 458–462, 465 f.
– bischöfliche Verfassung 151, 154, 212, 227 f.
Bischofsamt 52, 264
Bischofsernennung 466
Bischofskonferenz 27, 29, 38, 40–44, 51, 66, 78, 163, 169, 171 f., 177, 260, 432, 465
Bischofssynode 8, 51, 87, 162, 260
– römische 465

Bischofsweihe 50, 84, 459
Bitttage 180 f.
Böse 331
Botschaft 9, 16, 18, 22, 35, 43 f., 46, 50, 68
– Christi 264
Brevier 88, 91
Brief 19, 33
Bruder 23, 31 f., 49, 79, 264
Brüderlichkeit 21, 23, 67, 332
Bruderschaften 90
Bücher, liturgische 37
Buddhismus 450
Bund 127, 131, 330, 335, 459
– Alter 331, 457
– Neuer 331, 459
Bundesrepublik Deutschland 13
Buße 88, 90, 93

Canones 12, 450, 459
Canonical approach 427
CCEE 173
CELAM 42 f., 173
Charakter 234
Charisma 63, 230, 261, 296–300, 302, 458, 460 f.
– Gründungscharisma 296, 396
Charismenlehre 460
Christ 21–23, 28, 33 f., 36, 40, 43–46, 48, 50, 53, 60, 62, 68, 72 f., 78, 83, 91, 94 f., 265, 431, 457, 460 f.
Christenheit 2, 466
Christentum 466
Christenverfolgung 416, 422
Christgläubige 3, 67, 459 f.
Christianitas 430, 432
Christologie 3, 131, 300, 455
Christozentrik 324
Christus Dominus 3, 51, 58 f., 61, 67, 264 f., 451 f.
Christusereignis 456
Christusgegenwart 419
Christusrepräsentation 234
Circular-Depesche 167
Codex Iuris Canonici 16, 20, 27, 30, 34, 51
Codexreform 52, 465
Collektiv-Erklärung 167
Common sense 73, 75
Communicatio in sacris 91, 94, ,228
Communio 338
Communio Ecclesiarum 163–165, 172
Communio et progressio 281
Communionis notio 164
Conceptus partiales tridentinos et vaticanos 46
Conciliorum Oecumenicorum Decreta 68, 70
Confessio Augustana 232
consensus fidei/fidelium 279–281
Consuetudines 84
Convocatio 20 f., 25, 33, 36, 47, 54

604

Sachverzeichnis

Dabru Emet 354
De fontibus 35, 41, 44
Debatte, hermeneutische 41
Deduktion 404
Defectus toni pastoralis 43
Definition 27, 38, 41, 49, 78, 84 f., 87 f.
– dogmatische 12, 31
Dei Filius 57, 453
Dei Verbum 3, 42, 44 f., 52, 55, 57–59, 61–63, 71, 73, 82, 451, 454–457
Dekret 41, 57, 62, 65, 74
Demokratie/Demokratisierung 279, 283, 317
– Demokratisierung der Kirche 279
Demutsgestalt Christi 132
Denken 22
Deutsches Reich 13
Diachronie 424, 426
Diakon 78, 459 f., 466
Diakonat 50, 90
Diakonie 6, 16, 228, 237, 361
Dialektik 271, 409
Dialog 1, 3, 8, 44, 72, 77, 85 f., 132 f., 281, 329, 332, 349 f., 356 f., 363, 450, 452
– als Drama 373
– als Kommunikation 342
– als Lernprozess 336
– Anschauungsmodelle 348
– Bedingungen 344
– Bereitschaft zum 333
– Bund 323
– Christus 348
– der Lehre 334, 347
– der religiösen Erfahrung 336
– der Wahrheit, der Liebe 215
– des Handelns 335
– des Heils, dramatisch 131, 326 f., 372
– des Lebens 335, 347
– des theologischen Austausches 336
– Entscheidung 349
– Explikation 341
– Formen 328, 334
– Freundschaft 347
– Gastfreundschaft 348
– Haltung 323
– Heilsgeschichte 348
– Hindernisse 336
– interreligiöser 332 f., 341, 465
– Kirche des Dialogs 372
– Kontext 342
– mit allen Menschen 328
– Mittel und Medien 346
– Offenheit 347
– ökumenischer 41, 322, 465
– philosophisch 319
– sprachphilosophisch 319
– theologische Begründung 319, 348
– und Gnade 343

– und Identität 345
– und Macht 348
– und Verkündigung 333 f., 348, 374
– Voraussetzungen 343
– voraussetzungsloser 334
– Vorverständnis 341
– Ziele und Absichten 347
Dialogizität 15, 370
Dialogkreise 341
Dialogsekretariate 315
Dicta probantia 68
Dienst 1, 11, 36, 45, 49, 53, 65, 70 f., 79, 90 f., 261 f., 264, 403, 432, 451, 458–460, 467
– apostolischer 460
– der Ordinierten 459
– Jesu Christi 459
– öffentlicher 3, 460
– presbyteraler 260
– priesterlicher 220, 459
– sakramentaler 3, 460
Differenz 12, 15, 17, 29, 45, 66, 76, 82 f.
Differenzierung 20, 23, 44, 57 f., 66, 69 f.
Dignitatis humanae 57–59, 62, 71, 452
Dikasterie 26, 28
Dimension, eschatologische 407
Diözesanklerus 26, 89
Diözesansynode 20, 85
Diözese 26, 28, 67, 89 f., 92 f.
Diskrepanz 34
Diskriminierung, positive 408
Diskurs 320, 346, 436
Disputation 345
Disquisitio 42
Dissens 6, 361
Disziplin 12, 24, 27–30, 36, 39, 66, 88–91, 93 f.
Disziplinardokument 57
Disziplinarschema 29
Divinitas 24
Divino afflante Spiritu 454
Dogma 26, 78
Dogmatik 9, 260, 408 f., 424, 426, 428
– heilsgeschichtliche 428
– neuscholastische 426 f.
Dokumente 8, 11, 19, 26 f., 30–32, 44, 51, 56–62, 66–68, 70–74, 89
Dominus Iesus 174
Doxologie 267, 276
Drama 372
– des Menschen 327
Dramatische Theologie 372
Dreieiner, dreieiniger Gott 206, 226

Ebenbürtigkeit 5, 360
Ecclesia ad extra 47, 58, 195 f., 391
Ecclesia ad intra 47, 58, 191, 196
Ecclesiae ipsius hierarchicam constitutionem 52

Sachverzeichnis

Ecclesiam suam 23, 327, 333, 341, 348
Ehe 22, 26, 88–90, 92–94
Ehre 49
– Gottes 16
Ehrfurcht 64
Einberufungsbulle 21
Einfachheit 37
Einführung 37, 44, 58, 76, 81 f.
Einführungsrede 43
Einheit 16, 19, 21, 23, 27, 33, 36 f., 40, 45, 48, 54, 56–58, 60, 62 f., 65, 67 f., 90, 94 f., 208 f., 261–263, 332, 452, 454 f., 457 f., 463
– der Gesinnung 263
– der Menschheit 261
– der Schrift 116 f., 425, 428
– des römischen Ritus 178, 185
– gesellschaftliche 261, 263
– in Vielheit 458, 461
– kirchliche 458
Einheitssekretariat 23, 28, 32–34, 41, 62, 73, 154, 189, 201, 204 f., 208, 215
Einladung 21, 23
Einmütigkeit 25
Einpflanzung 71
Einsprüche 8
Ekklesiologie 11 f., 22 f., 26, 59, 88, 151–153, 156, 210, 264, 296, 298, 351
– Bipolarität 153–156
– christomonistische 206
– communial-pneumatologische 208
– Communio-Ekklesiologie 152, 154, 210 f., 228, 316, 383
– gegenreformatorische 1
– Volk-Gottes-Ekklesiologie 154, 206
Elemente (von Kirche) 208
Elemente der Schöpfung 398, 401
Eltern 91
Emendation 37, 40
Endtext 8
Engagement 36, 86
Entkolonialisierung 430
Entstehung 10, 74, 78
Entstehungsmoment 20 f.
Entstehungszusammenhang 8
Entwicklung 2, 12, 64, 431
Entwicklungshilfe 432
Entwurf 16, 24, 35, 41 f., 44 f., 51, 53, 58–60, 62, 68, 73
Enzyklika 24, 39, 42, 72
Epidosis eis hauto 10
Epikie 412
Epiphanie 332
Episkopat 52 f., 70, 73, 84, 86, 88 f.
Episkopé 228
Erbauung 21
Erbe 22, 30, 68, 93
Erde 21, 55, 64

Ereignis 449 f., 453
– geistliches 21
Erfahrung 10, 13 f., 39, 41, 51, 66, 76, 201–204, 206, 208 f.
Ergebnis 20 f., 44, 51, 56, 61
Erinnerung 49
Erkenntnis 10, 53
Erlöser 126, 456, 459, 463
Erlösung 16, 38, 261, 330, 451, 454, 458
Erlösungswerk 31
Erneuerung 1, 8, 12, 21–23, 34, 36, 40, 49, 56, 58 f., 62, 79, 90, 467
– biblische 220
– der Kirche 450
Erntedankfest 399
Eröffnung 33–35, 54
Eröffnungsansprache 22, 34, 36, 43, 48, 51–53
Erwachsenenkatechese 90
Erwählung 330, 418
Erwartung 20, 34, 38, 40, 76
Erwartungshorizont 76, 78 f., 81
Erzählungen, heilsgeschichtliche 105, 110, 118
Erziehung 451
Eschatologie 64, 276
Ethik 71
Ethos 345
Eucharistie 70 f., 88, 414, 459 f.
Eucharistiegemeinschaft 460
Europäische Union 12
Eurozentrismus 430 f.
Euthanasie 421
Evangelikale 316
Evangelisierung 3, 16, 115, 221, 260–265, 332, 403, 431, 433, 461 f., 466
– Kritik 430
Evangelisierungsaufgabe 31
Evangelisierungsauftrag 260
Evangelium 16, 33–36, 40, 43 f., 49 f., 132, 260–262, 264, 330, 332, 430–432, 434, 451 f., 455, 458–461, 464
Exegese 41, 117, 222, 424–428, 454
– historisch-kritische 116 f., 130, 424–427
Exeget 89
Exemtion 26, 88–90
Existenz 262, 265
Exklusion 406, 412
Exkommunikation 273
Expertenkommission 31

Fachleute 14, 74
Fakultät 34, 72
– theologische 451
Familie 12, 22, 26, 92, 262
Familienähnlichkeit 61, 63
Fasten 90
Feier 16
Feiertage 90

Sachverzeichnis

Feindbilder 422
Feindschaft 392
Feministische Theologie 388
Feuer 54 f.
Film 28, 92, 95
Firmung 88, 90 f., 93
Fluchpsalmen 412
Formel 38, 92
Forschung 32, 54, 69
Forschungsergebnis 41
Fortschritt 22, 39, 53, 64, 263, 332, 450, 464
Fragebogen 24
Fragen 123
Fragmentarität 58
Frauen 224
Freiheit 4, 16, 22, 24 f., 34, 59, 262, 330, 332, 452, 459
– Gott-Mensch 372
Freiheitsraum 131
Fremde 3
Freude 22, 38, 53, 55, 64
Freunde 331
Freundschaft 16, 50
Frieden 24, 35 f., 325, 328, 332, 465
Friedensgebet von Assisi 133, 388
Fröhlichkeit 21
Frömmigkeit 11
Fronleichnamsfest 180 f.
Fülle des Lebens 121

Gastmahl 21, 23
Gaudet Mater Ecclesia 22 f., 34, 36, 43, 48
Gaudium et spes 3 f., 8 f., 57–62, 64, 66 f., 71 f., 80, 193, 195, 198, 260–264, 313, 329, 331–333, 431–433, 450-352, 385, 464
Gebet 49, 95, 121, 130
Gefahr 41, 85
Gefährdung 21
Gegenreformation 23, 43 f., 70, 81, 330, 422, 453
Gegenwart 8, 24, 39, 47, 54, 58, 61
Gegenzeugnis 129
Geheimnis 54, 337
– Christi 125
– Gottes 14, 266, 369
Gehorsam 49, 89, 91, 94
Geist 7 f., 16, 21–23, 35 f., 38–40, 42, 44 f., 48, 55, 63, 67 f., 72, 75, 80, 90, 92, 260, 263, 332, 354
– Christi 260, 458
– des Evangeliums 431 f., 451, 455, 458, 461
– Gottes 331 f., 458
Geld 388
Gemeinde 63, 66, 413, 430, 432, 460 f.
– reformierte 11
Gemeindegründung 432
Gemeindereferenten 85
Gemeinsame Synode der Bistümer in der Bundesrepublik Deutschland 180

Gemeinschaft 14, 16, 24, 39, 63 f., 66, 75, 79 f., 82, 87, 93, 262, 451, 456 f., 464
– der Glaubenden 16, 260, 265, 451, 461, 466
– eucharistische 458
– kirchliche 11, 21, 33, 63, 72, 74, 78, 83, 90
Gemeinwesen 14, 34
– öffentliches 13
Gemüt 81
Gender 388
Generalkongregation 35, 52
Generalsekretär 29
Generalsynode 71, 86
Genforschung 421
Genus, literarisches 3, 9, 451
Gerechtigkeit 15, 24, 36, 273, 369, 431
Gericht 86, 413
Gesamtintention 52
Gesamtmotto 8
Geschäftsordnung 24, 29
Geschichte 3, 12, 15, 18, 23, 54, 63 f., 68, 77, 82 f., 85, 103, 105–109, 111–119, 134, 217, 262 f., 332, 435, 449–451, 453–458, 464–466
– des Christentums 466
– religiöse 331
Geschichtsmächtigkeit Gottes 105–109, 113 f., 118
Geschichtsphilosophie 107–109
Geschichtstheologie 109, 137, 405
Geschichtswissenschaft 68, 424
Gesellschaft 12, 36, 39, 45, 49, 60, 64 f., 79 f., 86, 262, 264, 331, 433
– moderne 4, 261, 264
– traditionell geprägte 432
Gesetz 13, 51, 54, 71, 76, 90, 265, 273 f.
– göttliches 262
Gesetzlichkeit 275
Gesichtspunkte, hermeneutische 9
Gespräch 49, 64, 77, 332 f.
– interreligiöses 333
Gestalt 5, 9–11, 15, 47, 63, 73, 78 f., 81 f., 87
Gestaltung, institutionelle 412
Gewalt 1, 343, 353, 357
Gewaltverzicht 10, 365
Gewichtung 8
Gewissen 54, 59 f., 75, 92, 262, 330
Glaube 11–13, 15–17, 22, 27, 31–33, 36, 39–42, 44, 48, 54, 61, 64–66, 75, 78–87, 89, 92, 207, 263, 265, 330, 332 f., 452–457, 459 f., 462 f., 465–467
– islamischer 456
– Lehre vom Glauben 330
– rechtfertigender 330
Glaubende 15, 19, 31, 62–64, 75, 80 f., 84, 263
Glaubensakt 278, 452
Glaubensbekenntnisses 92
Glaubensgeschichten 277
Glaubenshermeneutik 424, 426, 428

607

Sachverzeichnis

Glaubenshinterlassenschaft 92
Glaubenskongregation 86
Glaubenslehre 31, 40, 452, 456
Glaubenslosigkeit 463
Glaubenssinn der Gläubigen 296, 425
Glaubenstradition 43
Glaubensüberlieferung 14, 16, 450
Glaubensüberzeugung 34, 44
Glaubensverständnis 75, 81
Glaubenswahrheit 41
Glaubensweitergabe 466
Glaubenszeugnis 17
Glaubenszustimmung 85
Gläubige 19, 21, 24, 32, 37, 40, 42, 46, 49, 61–63, 66–68, 72 f., 78, 81–83, 87, 93, 260
Glaubwürdigkeit 31, 78
Gleichheit 22, 61, 277, 280
– aller Menschen 416
Gleichnis 331
Gleichstufigkeit 4, 360
Globalisierung 141, 383
Gnade 13, 21, 54, 77, 79, 261, 267, 270, 272, 330, 368, 407, 413, 460
Gnadenerfahrung 273
Gnadengeschenk 230
Gnadenlehre 331–331
Gnadenmacht 272
Gnadentheologie 229, 330
Gnadenvermittlung 71
Gnadenzusage 235
Gott 1, 3, 15–17, 21, 23 f., 33, 35 f., 41 f., 47, 49, 52–55, 59 f., 63–66, 68, 71, 77 f., 83, 87, 92, 95, 261 f., 264 f., 331 f., 451–459, 463
– Dialog mit Mensch 416
– unbekannter 331–331
Gottes- und Nächstenliebe 325
Gottesbegegnung 410
Gottesbeziehung 330
Gottesbild 126
Gottesdienst 460
Gottesgnadentum 83
Gotteskomplex 276, 407
Gottesliebe 326
Gottesmutter 54
Gottvergessenheit 325
Götzendienst 12, 367
Gravissimum educationis 57–61
Gremien 465, 467
Grundgesetz 13
Grundintention 8, 21
Grundordnung 12, 55, 82 f.
– der Kirche 120, 465
Grundorientierung 31, 66
Grundrecht 86
Gutachten 41–43
Güte 453
– Gottes 401

Handauflegung 230
Handeln 3, 359
– Gottes 3, 103, 105–110, 113, 118, 130
Heiden 36, 454, 457
Heil 16, 22, 37, 50, 53, 61, 87, 90, 261, 264, 332
Heilige 28, 31, 34, 37–39, 54, 63, 69, 71, 91
Heilige Schrift 3, 32, 38 f., 42 f., 46, 48, 53, 56, 59, 63, 68 f., 73, 78, 81, 88 f., 91, 201, 208, 284, 452–454, 458 f.
Heilige Woche 180 f.
Heiliger Geist 4, 16, 21, 41, 49, 52, 54, 56, 63, 79, 125, 130, 207–209, 213 f., 261, 263, 354, 454, 457
Heiliger Stuhl 31
Heiliger Vater 34 f.
Heiliges Offiz 27, 37
Heiligkeit 15, 46, 63, 71, 88, 93, 396
– der Kirche 268
Heiligung 46, 49
Heiligungsdienst 70
Heilsabsicht Gottes 330
Heilsgeheimnis 330
Heilsgeschichte 105, 109, 116, 121, 335, 372, 418, 455 f.
Heilshandeln Gottes 314
Heilsmittel, Fülle der 225 f., 228
Heilsmöglichkeit 330
Heilsökonomie 63, 331
Heilsplan Gottes 121, 127, 129
Heilsratschluss 63, 65, 124 f., 331 f., 430, 454
Heilssakrament 7
Heilsvermittlung 260
Heilswege 129
Heilswille Gottes 105 f., 109 f., 113–115, 344
Heilsziel 262
Hermeneutik 7 f., 18, 60, 76 f., 155, 216 f.
– Begegnungs- 410
– der Autoren 60
– Nachahmungs- 410
– pastorale 224
Hermeneutische Leitlinien 2
Herrschaft 36, 406, 410
Herz 22, 53, 260, 262 f., 330, 332
Heterotopie 143, 186, 198–200, 355
Heterotopos 438
Hierarchie 50, 52 f., 63, 92, 278
Himmelfahrt des Herrn 38
Hinduismus 450
Hingabe 10, 266, 275, 365
Hinterlassenschaft 54
Hirt 36, 67, 263
– guter 417, 420
Historizität 43
Hochgebet 399–402
Hochgebetstexte, neue 183
Hoffnung 20, 34, 49 f., 79, 124, 126, 261, 330, 336, 438

Sachverzeichnis

Holocaust 420
Homo sapiens 134
Horizontverschmelzung 225
Humanae salutis 21
Humani generis 24
Humanismus 326
Humanität 352
Hunger 431

Identität 2, 12 f., 61, 187, 191, 194 f., 198, 200, 202, 208 f., 279, 311, 350, 357, 418, 430
– der Kirche 413, 421
– missionarische 268
Identitätsbestimmung 450, 464
Ideologie 329, 405
Immigranten 89
Impuls 32, 36 f.
Inamovibilität 89 f.
Inbild 63
Indikativ 230
Informationsaustausch 25
Initiation 45
Initiative 35, 53, 79
Inkarnation 38, 314
Inkonvenienz 31
Inkulturation 115, 160, 179, 182 f., 268, 387, 397, 430
Innen-Außen 351, 354 f.
Innenbestimmung 34
Innovation 11, 37
Inspiration 38, 63
Inspirationslehre 424
Institution 17, 24, 71 f., 79, 86 f., 263, 272, 299 f., 432, 451
Institutionalisierung 266
Integration 430
Intention 2, 4, 7, 9 f., 12, 14, 18–21, 25 f., 29, 31, 40, 47, 60
– des Konzils 2
Inter mirifica 51, 58–60, 62
Interkulturalität 387
Internationalität 28
Interpret 9, 77
Interpretatio christiana 427
Interpretation 7–9, 18–20, 41, 43, 76–78, 80, 85, 87 f., 331
Interpretationsmöglichkeit 18
Interpretationsrahmen 202 f., 206–208
Intervention 34, 38 f.
Irrtum 22, 42, 77, 88 f., 91
Irrtumslosigkeit 43, 454
Islam 16, 315, 331, 370, 450
Israel 3, 120, 125 f., 128, 133, 358, 419, 457 f.

Josephinismus 464
Juden 33, 51, 330, 353, 454

Judentum 3, 11, 132, 313, 329 f., 349, 452, 458, 465
Jugendliche 431
Jünger 261
Juridismus 20
Jurisdiktion 45, 90

Kaiser 83
Kalender 88, 91, 94
Kampf 20 f., 23 f., 29
Kanada 466
Kanon 427
Kanonprinzip 116 f.
Katecheten 432
Katechismus 90, 94
Kategorie 15
Katholische Aktion 88, 92, 260
Katholizität 46, 125, 151–153, 155, 205, 209–211, 215 f., 225 f., 228, 313, 345, 431, 452
Kauchesis 276
Kenosis 268
Keuschheit 92
Kinder 61, 91, 431
– Gottes 9, 364
Kirche(n) 1–4, 7 f., 11–13, 15 f., 19, 21–24, 27, 29, 31–40, 42, 45–71, 73 f., 79–81, 83–89, 91 f., 94, 260–264, 308, 329 f., 332 f., 405, 430 f., 433, 450–453, 456–464, 466 f.
– als Communio 152, 154, 210 f., 228
– als Sakrament der Welt 153
– Anglikanische Gemeinschaft 205, 227
– Arme 324
– autochthone 432
– in und aus Kirchen 3, 458
– Bischofskirche 458
– charismatische Dimension 461
– diakonische 466
– empirische 457 f.
– Gefährdung 463
– gegenreformatorische 459
– Gestalt 1
– getrennte 201 f., 205–207, 209, 457
– Heilssakrament 335
– institutionelle 457
– junge 133
– Katholische Ostkirchen 151, 211, 228
– Kirche und Welt 153
– Klerikerkirche 459
– Lehramt 151, 155, 211 f., 216
– messianische Pilgerin 3
– messianisches Gottesvolk 265
– missionarische 272
– mittelalterliche 459
– Modelle von Kircheneinheit 155, 214, 227
– Mysterium 457 f.
– Öffnung zur Welt 318

609

Sachverzeichnis

- orientalische 27 f., 30, 41, 58 f., 61, 65, 70, 91, 94, 458, 465
- Orthodoxie, Orthodoxe Kirchen 12, 210, 215, 226–228
- Ortsänderung 415
- Ortskirchen 66 f., 86, 179, 181, 384, 430 f., 433, 458, 460–462, 466
- Ortskirche – Weltkirche 151–154, 210–212
- Regionalkirche 86
- römisch-katholische 202, 205–207, 209, 329, 452, 457–459, 463, 466
- sacramentum (auch Sakrament) 125, 254–258
- Sakramentalität 314
- Schwesterkirche 174, 432
- sichtbar – verborgen 206, 456 f.
- societas perfecta 254 f., 257
- synodale Strukturen 466
- Teilkirche 431 f.
- und kirchliche Gemeinschaften der Reformation 226, 228, 332, 458, 465
- Universalkirche 178 f., 184, 458, 466
- Veränderung 125
- Volk Gottes 254
- Vollzüge von Kirche 451
- Weltkirche 186, 193, 200 f., 383 f., 386, 389, 391 f., 462
- Wesen 265
- Zukunft 415

Kirchengebote 90, 93 f.
Kirchengeschichte 83, 85, 90, 449 f.
Kirchenlehrer 32
Kirchenpolitik 24
Kirchenrecht 57, 66, 395, 458
Kirchenväter 32, 38, 45, 70
Kirchenverfolgung 464
Kirchenverständnis 272
Kirchenzugehörigkeit 125
Klarheit 37, 87
Klerus 11, 24, 28, 88 f., 91–94, 458, 461 f., 467
- autochthoner 461
Kloster 84, 451
Knechtschaft 16, 262
Kollegialität 50, 86 f., 170 f., 458, 461
Kollegium 78
Kolonialvölker 430
Kommentierung 9
Kommission 14, 19, 24 f., 27–34, 37–39, 41, 48, 51–53, 57, 69, 73 f., 89–95
Kommissionsarbeit 19
Kommissionsmitglied 25, 30, 51
Kommunikation 95, 281, 332
Kommunikationsgeschehen, trinitarisches 430
Kommunikationsmedien 432
Kommunikationsprozess 73 f.
Kommunion 90
Kommunismus 89, 93

Kompetenz 29, 40, 83, 86, 90
- lehramtliche 12
Kompromiss 8, 411
Konfessionskirche 83
Konflikt 41 f., 132, 283, 405
Konfliktlizenz 223
Kongregation 26–28, 32, 88 f., 92 f.
Kongress 24
- liturgischer 32
König 24, 83
Konsekrationsvollmacht 459 f.
Konsens 2, 13, 20, 26, 47, 75, 94, 317, 322, 338, 357
Konsens-Ökumene 156
Konsensbildung 13
Konsistorialkongregation 27 f., 89
Konstitution, dogmatische 12
Kontext 390
Kontextualität 388
Kontextuelle Theologie 388
Kontinuität 8
Kontinuität – Innovation (Diskontinuität) 203, 208
Kontroverse 8 f.
Konvergenz 235
- ökumenische 236
Konversion 33
Konzil/Konzilien 162, 450
- pastorales 27
Konzil im Lateran, Fünftes, 71
Konzil von Florenz/Ferrara 71
Konzil von Lyon, Zweites 71
Konzil von Nikaia 450
Konzil von Trient 11 f., 19, 24, 28, 37, 39, 41, 43, 46, 57, 70 f., 74, 171, 182, 260, 289, 450, 453–455, 458 f., 461
Konziliengeschichte 57, 61, 451
Konzilsankündigung 20–22, 24, 34
Konzilsarbeit 14, 17, 25, 27, 35 f., 47, 51, 62, 73, 83
Konzilsbeschluss 11, 13
Konzilsdauer 20
Konzilsdokumente 12, 16
Konzilseinberufung 23
Konzilsentscheidung 84
Konzilseröffnung 20
Konzilsgeschichte 10
Konzilsidee 7, 11
Konzilsidee Johannes XXIII. 417
Konzilskommission 37
Konzilskongregation 27
Konzilssprache 25
Konzilsteilnehmer 25, 27
Konzilstext 8, 11, 16 f., 19, 25, 30, 68, 78, 84, 87
Konzilsväter 2–4, 8 f., 14, 16, 18, 22, 25, 30, 33–38, 40, 42, 44, 48, 50, 52 f., 70, 74, 81, 201, 204, 331, 431 f., 454

Sachverzeichnis

Konzilsverlauf 20 f.
Kooperation 25, 29, 74
Koordinierungskommission 25, 48, 51 f.
Korrelation 316
Kraft 8, 14–16, 24, 36, 48 f., 54–56, 84 f.
Krankheit 431
Kreativität 7, 14, 76, 432
Kreuz 9, 273, 364, 455
Kreuzesnachfolge 407
Kreuzigung 434
Krise 13
Kristallisationsprozess 20, 36
Kriterien 7–9, 27, 76, 80, 90 f.
Kritik 7, 17, 32, 38, 41, 46 f., 53, 69 f., 81, 236
Kritiker 38 f., 44
Kubakrise 418
Kult 46, 88, 92, 263, 462
Kultur 4, 40, 44, 50, 62, 66 f., 78, 263, 332, 431, 433, 450, 461, 464
– moderne 463
Kulturelle Hegemonie 430
Kunstform 18
Künstler 92
Kurie 11, 15, 25, 27, 29, 66, 72, 78, 86, 88 f., 93, 162, 465 f.
Kurienkommission 27
Kurienreform 86, 465
Kurzfassung 52

Laien 1, 11, 26, 28, 33, 63, 67, 73, 78, 81, 88, 92, 260, 265, 278, 280, 282, 297 f., 431 f., 452, 458–462, 467
Laienapostolat 59, 95
Laienkongress 28
Laienverbände 260
Laikat 88 f.
Laizismus 89
Langfassung 52
Langform 53
Lateinamerika 466
Leben 11, 14–19, 21 f., 31, 33 f., 38–40, 42, 46–49, 53–55, 57–59, 62 f., 65 f., 71, 74, 78 f., 82–85, 88, 90, 93, 261 f., 264 f., 331 f., 451, 459
– christliches 430, 452
– gesellschaftliches 331
– gläubiges 264
– göttliches 262, 460
– Jesu Christi 265
– kirchliches 4, 431, 451 f., 460
– liturgisches 431
– religiöses 431
Lebensform 2, 4, 12, 15, 17, 66, 262, 430 f., 451
Lebensordnung 82, 85
Lebensregel 84
Leerfelder 14
Leerstelle 18, 76, 79–81, 85
Legitimation 15, 17, 83 f.

Lehramt 31, 42, 45, 48 f., 63, 72, 81, 87–89, 91, 94, 263, 281, 338
Lehramtstheologie 41
Lehraussagen 8, 15, 44
Lehrdefinition 66, 87
Lehrdekrete 450
Lehrdokument 29, 31, 40–42, 57, 73
Lehre 10, 12, 22–24, 27–30, 33, 36, 38 f., 42 f., 46, 48, 52–54, 60 f., 64, 66–68, 70, 72, 84, 87–89, 91 f., 263, 454, 459 f., 463
Lehrentwicklung 29
Lehrfragen 33
Lehrschema 29
Lehrschreiben 43, 71
Lehrtradition 37
Leib Christi 45, 48 f., 53, 69, 79 f., 88 f.
Leid/Leidende 36, 38, 313, 325
Leitung 12, 24, 27, 32, 35, 67, 70, 79, 88–90, 93 f., 430, 432
Leitungsgremium 24
Lernprozess 201 f., 263
Leser 14 f., 18, 76–78, 81, 84 f.
Leserintention 18
Letzte Ölung 88, 91
Leuenberger Kirchengemeinschaft/Konkordie 155, 213, 227
Lex Ecclesiae Fundamentalis 16
Licht 21, 31, 41, 49, 53, 80, 260–264, 452 f., 459
– des Evangeliums 464
– Christi 324
Liebe 8, 16, 33, 35, 55, 67, 79, 262 f., 265, 267, 325, 332, 431, 454 f.
– Christi 324
Literarkritik 116 f.
Literaturtheorie 7
Literaturwissenschaft 117
Liturgiam authenticam 183 f.
Liturgie 1, 16, 26, 28, 31–33, 37–40, 54, 57–59, 62, 65, 67, 90 f., 94, 431, 451, 461 f., 465
Liturgiefamilien 178, 182
Liturgiekommission 41
Liturgiereform 11, 14, 31, 49, 152 f., 465
Liturgieschema 36
Liturgiesprache 40
Liturgiewissenschaft 428
Liturgiewissenschaftler 30
Lob Gottes 16
Local theology 388
Loci theologici 135, 186 f., 198, 284, 349, 391–391
Lüge 331
Lumen gentium 3, 8 f., 19, 35, 44–47, 50, 52, 57–59, 61–65, 67–71, 78, 260 f., 264 f., 329–331, 451 f., 457, 459

Macht 36, 77, 187, 410, 437
Magie 267

611

Sachverzeichnis

Magisterium 68, 74 f.
Majorität 8
Marginalisierte 421
Marginalisierung 386
Mariologie 53, 70
Markt- und Wirtschaftsgeschehen 432
Märtyrer/Märtyrerinnen 10, 365
Martyrium 10, 269 f., 365, 416
– christliches 12, 367
Massenmedien 29
Materialismus 89, 463
Mediator Dei 39, 72, 462
Medien 316, 451
Mehrheit 8, 36 f., 48, 57, 70
Meinungsbildung 41 f.
Meliorität 2, 358
Memorandum 34
Memoria 414
Mensch 15 f., 22–24, 33–36, 40–47, 49 f., 53–55, 59–64, 66–68, 71 f., 77 f., 84, 92, 261–265, 326, 331 f., 430 f., 433, 449–451, 455–458, 462, 464
– Bild Gottes 416
– gerechtfertigter 455–457
– guten Willens 457
– Kind Gottes 416
– soziale Natur 463
– sündiger 455
Menschenbild 431
Menschenfreundlichkeit 325
Menschengeschlecht 261, 263, 452 f.
Menschenrechte 86, 262, 352, 388, 415 f.
Menschenrechtsethos 64
Menschenrechtskonvention 64
Menschenwürde 64, 314, 334, 352, 388, 411
Menschheit 4, 13, 16, 37, 64, 72, 80 f., 83, 126, 261 f., 327, 331, 342, 450, 453, 457, 464
Menschheitsfamilie 262
Menschheitsgeschichte 450
Mentalität 42, 263
Messe 39, 88, 91
Messias 261
Messstipendien 93
Methode 7 f., 10, 45, 76
– historisch-kritische 130
Methodologie 48, 57
Migration 387
Mikrologie 405
Minderheit 8, 13
Ministerium 3, 260 f., 459, 461, 467
Ministri 262–265, 431
Minorität 8
Mischehe 33, 94
Mission 3, 14, 26, 28, 31, 53, 88, 91 f., 94, 115, 133, 387, 430, 451, 461
– Begründung 331
– dialogische 16, 370
– evangelische 430

Mission statement 389, 391
Missionar 78, 91 f., 430–432, 460
Missionarische Tätigkeit 332, 430–432
Missionen 313
Missionierung 433, 466
Missionsarbeit 431 f.
– katholische 432
Missionsgebiet 432
Missionsgemeinschaften 430
Missionstätigkeit 11, 58 f.
Missionstheologie 430
Missionsverständnis, katholisches 430
Missstand 22
Missverständnis 37, 54
Mitarbeiter, pastoraler 40, 333, 466 f.
Mitbestimmungsrecht 432
Mitgliedschaft in der Kirche 330
Mittel (des Heils) 207
Mittelalter 11, 69–71, 73, 330, 453, 457 f.
Mitteleuropa 466
Mittlerin der Gnaden 26
Moderne 1, 3 f., 13, 17, 21, 23 f., 44, 66, 72, 84, 261 f., 316, 450 f., 453, 458, 464
Modernismus 24, 464
Modo vitali 39
Mönch 451
Monitum 32
Monophysitismus
– ekklesiologischer 213
– pneumatologischer 214
Monotheismus 422
Moral 89
Munus docendi 58 f.
Munus regendi 58 f., 285
Munus sanctificandi 58 f.
Muslime 125, 128, 330, 420, 457
Mysterien 45, 64, 454
Mysterion 63, 70
Mysterium 3, 45, 47 f., 53, 57, 60 f., 63–65, 72, 78–80, 87, 124, 126, 262, 331, 451, 455, 457 f.
– Christi 336
– der Kirche 314
Mystici corporis 72, 206 f.
Mystik 129, 327

Nachfolge 396
– Christi 264, 419, 466
Nachfolger 32
Nächster 420
Nachteile 9, 14, 364, 369
Nation 332
Naturalismus 89, 123, 388, 463
Negative Theologie 14, 369
Neuer Bund 63
Neues Testament 43, 63, 68, 72, 451, 453, 456, 459 f.
Neuscholastik 8, 27, 29

Sachverzeichnis

Neuzeit 68, 71, 415
NGO 432
Nicht-Ausschließung 391 f.
Nichtchristen 36, 44, 51, 58
Nichtglaubende 263, 333
Nichtkatholiken 33 f., 62
Nizza-Vertrag 12
Nonne 90
Norm 9, 31 f., 39, 49, 53, 89–91
Nostra aetate 57–60, 62, 329 f., 353, 451, 457
Not 22, 36
Nota explicativa praevia 160 f., 163, 168, 172
Novize 90

Objekt 84
Offenbarung 3, 11, 16 f., 31, 40–42, 45, 51, 59, 61, 78, 82–84, 89, 92, 126, 190, 282, 451–456, 463
– Einzigkeit und Universalität 103, 110, 112, 114, 119
– in Jesus Christus 120
– instruktionstheoretisches Modell 454
– Konzeption 454
– Kritik 453
– Verständnis 1, 456
Offenbarungsgeschichte 63, 455
Offenbarungstheologie 118 f.
Öffentlichkeit 22, 230, 280, 432
Offiz, göttliches 39
Offizium, Heiliges 174
Ohnmacht 272, 408
Ökologie 388
Ökumene 3, 11, 23, 26, 31, 33, 40–44, 46–50, 52, 86, 88, 186 f., 194, 198, 225, 265, 301, 313, 322, 366, 383, 451 f.
Ökumene des Lebens 201, 208
Ökumenische Bewegung 195, 201, 209
Ökumenismus 58 f., 61 f., 65, 67, 95
Ökumenizität 49
Opfer 9, 14, 73, 364, 368, 422, 459
Optatam totius 11, 52, 58 f., 61, 71, 451
Optimismus 20
Optimismusvorwurf 434, 436
Option für die Armen 265, 383
Optionen 420
Orden 11, 26, 83, 296 f., 395–397, 451, 461
– Theologie 397
Ordensleute 49, 59, 466
Ordination 230, 236, 460
Ordinierte 459–461
Ordnung 12, 14, 25, 27, 49–51, 54, 56, 58 f., 79, 82, 84, 89, 91–93, 262, 264, 431, 452, 464
– kirchliche 430
– öffentliche 466
– religiöse 262
Ordo 88, 458, 462
Organisation 12, 22, 25, 27, 275, 432

Organisationsform 17
Orientalium Ecclesiarum 3, 57–59, 61, 452
Orientierung 15 f., 36, 48, 54, 56, 65, 79, 260
Orientierungskraft des Konzils 2
Ortsbestimmung 12, 35, 84
Ortskirche, siehe Kirche(n), Ortskirchen
Ortskirchliche Eigenliturgien 179
Ortswechsel 354–356, 390, 403
Ostern 94

Pacem in terris 319, 415, 420
Pantheismus 463
Papst 4, 7, 11, 15, 20–25, 27–29, 32, 34, 38 f., 41 f., 48–50, 52–55, 66, 72, 74 f., 78, 81, 83, 86 f., 89, 151 f., 212, 214 f., 228, 430, 458, 461, 466
Päpstliche Akademie 24
Papsttum 383, 385
Paradigmenwechsel 203, 208 f.
Partikularkirchliche Liturgien 181
Partnerschaften 387
Pascendi Dominici Gregis 24
Passagen 413
Passion 265, 421
Pastor aeternus 57, 68, 83, 157 f., 166, 463
Pastoral 9, 22 f., 29, 31, 41, 43–45, 48, 57, 70, 136, 195, 223 f., 274, 389, 403, 414
– diakonische 411
– lebensraumorientierte 413
– topopraktische 405
– verfemte 410
Pastoralbezug 225
Pastoralkonzil 352, 451
Pastoralreferenten 85
Pastoralreisen 383
Pastoraltheologie 91
Patriarch 25, 29, 94
Patristik 68–70, 72 f., 81, 453, 456, 458
Pax Christi 24
Pentarchie 175
Perfectae caritatis 55, 58 f., 61, 65, 264, 451
Peritus 25, 35, 74
Person 37, 71, 80, 262, 321, 336, 415, 420
Personalismus 321
Personalpfarrei 89
Personalpolitik 32
Personenwürde 417
Perversion 331
Pfarrei 24, 67, 88, 93
Pfarrer 88–90, 93
Pfingsten 22, 79, 127, 450
Pfingstpredigt 93
Pflicht 50, 86, 88, 91, 93
Philologie 68
Philosophie 18, 68, 432
Pius-Päpste 29
Platonismus 404

613

Sachverzeichnis

Plausibilität 31, 36, 66
Plenarsitzung 25, 31, 74
Plenum 14
Plural 141, 388
Pluralisierung 403
– der Pastoral 412
– strukturelle 413
Pluralismus 8, 58, 337, 385
– religiöser 121, 127
Pluralität 142, 281, 383, 385, 395, 397, 406, 410
Pneumatologie 296, 300, 335, 346
Politik 388
Polylog 321, 344
Pontifikalmesse 91
Postmoderne 321
Potestas 289, 294
– iurisdictionis 46, 460
– magisterii 46
– ordinis 46
– sacramentalis 460
Praeparatio 21, 26
Praeparatoria 26
Präfation 399 f.
Präfekt 28
Pragmatik 25, 60
Präsident 23, 25, 32, 37
Präsidium 42
Praxis 10, 15, 23, 26, 30, 40, 63, 67, 70, 90
Predigt 42
Presbyter 14, 67, 70, 78 f., 81, 432, 459 f.
Presbyterat 70
Presbyterorum ordinis 3, 11, 19, 52, 55, 58 f., 61, 65, 70 f., 79, 219, 264 f., 451, 459
Priester 11, 40, 46, 49, 59, 65, 73, 79, 85, 88, 90, 94, 213, 263 f., 459–462, 466
Priesterausbildung 11
Priesterschaft 221
Priesterseminar 409
Priestertum 73, 79, 459
– allgemeines 232
– gemeinsames 33, 206, 260 f., 459
– ministeriales 261
Primaria veritas iuris constitutivi Ecclesiae 53
Primat 11 f., 83, 86
Prinzip 8, 31 f., 38, 46, 53, 67, 85, 92, 404, 410
Prinzipienlehre 9, 81
– theologische 9, 15
Proexistenz 262, 275
Progressismus 24
Promissio 230
Proömium 64, 80
Propaganda Fide 27 f., 430, 432
Prophet 460
Prophetie 269
Prophetisches Amt (Jesu Christi) 296
Providentissimus Deus 454
Prüfung 18, 36

Pseudoreligion 122
Public-Relation-Arbeit 432

Qui pluribus 454

Rasse 332
Räte, evangelische 396
Rationalismus 463
Rationalität 320
Ratschluss 54, 63, 68
Raum 140 f., 355
Realform 264
Recht 54
– kanonisches 11, 16
Rechtfertigung (-stheologie) 273, 330
Rechtgläubigkeit 12
Rechtsdokument 16
Rechtskodex 14
Rechtsstrukturen 274
Referenzen, biblische 218
Referenzpunkt 9
Reflexion 25, 42, 60
– hermeneutische 5, 7, 9, 30
Reform 11, 38, 48 f., 88, 132
Reformation 42, 65, 229, 450 f., 458, 463, 465
Reformatoren 11
Reformbeschluss 13
Reformvorschläge 65
Regel 32, 38, 82–84
Regierung 13, 28 f., 90
Regierungsprogramm 48
Regula Benedicti 12, 82 f., 85, 451
Reich Gottes 22, 125 f., 130, 206, 261, 335 f., 423
Reichtum 36
Relatio 32, 45, 52
Relation 257
Relativität 134 f.
Relator 19, 25, 51, 61, 69
Relevanz 403
Religion 327, 452, 457
– wahre 122
Religionen 1, 3, 11, 23, 33, 50, 57 f., 60, 62, 65, 72, 74, 78, 83, 86, 328–332, 450, 452, 458
Religionsbegriff 122 f.
– funktional 122
Religionsfreiheit 3, 27, 33 f., 53, 57, 95, 112 f., 116, 131, 329, 344, 420, 452
Religionsgemeinschaft 54, 450
Religionskritik 124, 133
Religionspathologien 130
Religionspsychologie 54
Religiosen 28, 53, 61, 71, 78, 88–90, 93 f., 432
Religioseninstitute 90
Religiosenkongregation 27 f.
Resonanz 403
Ressourcement 8, 284
Resultate 9

Sachverzeichnis

Revision 37, 44, 86
Revisionsprozess 11
Rezeption, Rezeptionsgeschichte 2, 7f., 15, 56, 67f., 70, 81, 151, 155, 212f., 215f., 223, 226, 238, 465
Rezeptionsphase, erste 465f.
Rezeptionstheorie 7
Risiko 9, 364
Ritenkongregation 27f., 31
Ritus 37, 40, 88, 91, 94, 431
Rituskirche 16
Rom 461
Romana Rota 27
Rückkehr-Ökumene 201, 207, 210f., 228
Rundfunkbotschaft 22

Sacram Liturgiam 184
Sacramentum 63, 70
Sacrosanctum Concilium 3, 16, 19, 31f., 34f., 40, 44, 46f., 51, 55, 57, 59, 62, 64f., 67f., 72, 459, 462
Sakrament 28, 39, 47, 54, 63, 71, 87, 90f., 93f., 261, 273, 330, 451f., 458f., 462
– christliche 330
– Spendung 70, 265
– vorchristliche 330
Sakramentalität 50, 70, 84, 273
– des Amtes 231f
Sakramentenlehre 71, 330
Säkularinstitut 461
Säkularisierung 129
Salz der Erde 261
Sauerteig 262, 332
Scheitern 351f., 354f.
Schema 8, 18, 20, 24, 27, 29f., 32–47, 51–53, 57f., 60, 68–70, 72–74, 92
Schlussansprache 51, 53–55
Schlüsseltexte 221
Schlussformel 16
Schlusswort 66
Scholastik 42
Schöpfer 331, 456, 463
Schöpfung 5, 63, 262, 331, 361, 398–401, 454f., 458
Schrift und Tradition 3
Schriftauslegung 117f., 425f., 429
– geistliche 424f.
– typologische 426
Schriftgebrauch 224
Schriftzitate 217
Schuld 331–331, 388
Schuldbekenntnis 343, 354, 420
Schule 44, 91, 94
Schweigepflicht 29
Seele 21f., 89, 92
Seelsorge 43, 65, 88f., 93, 460
Segnung 91

Sehnsucht 22, 36, 262f.
Sekretär 25, 27f., 31, 37
Selbständigkeit 17
Selbsterkenntnis 54
Selbstgerechtigkeit 187
Selbsthingabe 270
Selbstkritik 124
Selbstmitteilung/Selbstoffenbarung Gottes 15, 105, 107, 109–113, 116–119, 455f.
Selbstmordattentate 13, 368
Selbstveräusgabung 11, 366
Selbstverständnis 48, 58, 66, 77, 80
Sendung 3, 11, 15f., 19, 23, 31f., 49, 55, 58f., 61, 261f., 265, 332f., 418, 451, 458
– der Apostel 460
– der Gläubigen 460
– der Kirche 61, 113–115, 263–265, 267, 332, 430, 433, 450
– der Presbyter 265
– des Volkes Gottes 264
– Jesu Christi 3, 61, 264, 459–461, 466
– messianische 265
– missionarische 430
– religiöse 262
– zu den Armen 264f.
Sendungsauftrag 23
Sensus fidei/fidelium 75, 278, 280
Sicherheit 12, 367
Sieger 14, 368
Simultanübersetzung 25
Singular 141, 389
Sinn 9, 12, 19, 22, 40, 43, 46, 49, 53, 64, 69, 75–77, 87, 89, 262, 456, 465
– religiöser 431
Sitte 54, 78, 89, 92
Sittenfrage 13, 75
Situation, ökumenische 31
Sitzungsperiode 34–36, 44, 47f., 50f., 53f., 56, 73
Societas perfecta 206
Solidarisierung 271
Solidarität 10, 14, 265, 273, 327, 365, 369
Sonntag als Gedenktag von Schöpfung und Auferstehung/Neuschöpfung 398
Sorge 22, 38, 42, 55, 90
Soteriologie 356
Souveränität 11
Soziallehre 26, 65, 88–90
Spannweite 62–65, 68, 72, 78, 80
Spiritualität 297, 299, 431
Spiritus Paraclitus 454
Sprache 17f., 22, 25, 38, 42, 60, 65, 81, 88, 91, 94
Sprachgebrauch 10, 12, 69
Sprachkompetenz 333
Sprachphilosophie 10
Staat 91
Staaten 13, 83, 85f., 451, 464

Sachverzeichnis

Staatskirchentum 83
Staatssekretär 24 f.
Staatsverfassung 12
Stagnation 466
Stände 458
Status quo 38
Stellvertretung 235
Stil 9, 11, 14, 28 f., 36, 39–44, 67, 72, 87
Strafrecht 88
Strategie 18, 81, 386, 389
Streit 7, 362
Struktur 9–11, 15, 31, 33, 49, 56, 59–61, 65–68, 266, 274
Strukturmerkmale 9
Subjekt 84, 321, 459 f.
Subsidiaritätsprinzip 284
Subsistit 207
Substanz 22, 39, 45
Sünde 63, 77, 90, 126, 262, 283, 406, 410, 454 f., 458 f.
Sündenfall 330
Sünder 466
Superiorität 2, 358
Superno Dei nutu 28 f., 32
Syllabus 463
Synodalität 461
Synodalwesen 13, 282
Synode 8, 20, 52, 66, 85
Synthesis 9, 28
System 18

Tagesordnung 25
Taufe 88, 91, 201, 207, 456, 459 f.
Technik 431
Teilhabe 261
Terrorismus 16, 370
Textanalyse 18, 60, 76
Textanalytik 14
Textcorpus 1, 3, 9 f., 12, 17, 19 f., 48, 50, 55 f., 58–61, 66–69, 71–74, 78 f., 81–87, 451, 453, 465
Textentwurf 18
Textgenese 9 f., 25 f., 30, 37, 40, 44–46, 56–58
Textgenus 17, 25, 28, 87
Textgeschichte 19, 52
Textgestalt 12, 19, 72 f., 81
Textintention 10, 14, 18–21, 25 f., 32, 34 f., 37, 40, 43 f., 50 f., 56, 58, 73, 78 f., 81
Textinterpretation 77
Textprofil 10, 12
Textsignale 8
Textwerkstatt 73 f.
Theodizeedebatte 108
Theologe 7, 14, 25, 27, 31, 35, 37, 41–45, 58, 63, 70, 72 f.
Theologie 1, 11, 20, 24, 29, 44, 46, 59, 68–70, 74, 77, 81, 260, 281, 330, 333, 432, 453–456, 458
– biblische 222

– der Religionen 388
– des Kreuzes 1, 357
– gegenreformatorische 459
– Israels 419
– katholische 260, 430
– natürliche 127
– reformatorische 260
Theologiestudium 426
Theologische Fakultät 26–28
Theologische Kommission 33
Theorie 18, 40
Theorie kommunikativen Handelns 320
Tiara 417
Tisch des Wortes 409
Tod 32, 262, 455 f.
Toleranz 130
Topologie 195, 390, 436, 438
Topos 81
Tradition 3 f., 8, 13, 30, 32, 39 f., 43 f., 46, 48 f., 53, 56, 59, 63, 68–70, 77 f., 81 f., 89, 92, 271, 281, 284, 329, 331, 430, 450, 453
– patristische 459
– religiöse 331
Traditionsbezüge 223
Traktat 38 f., 59
Transparenz 281
Transzendentalpragmatik 320
Transzendenz 122
Treue, schöpferische 297
Trinität 130
Trinitätslehre 296 f., 316
Triplex munus 278
Trost 20

Überarbeitung 20, 35, 51, 53, 66
Überforderung 408
Überlieferung 17, 60, 63, 314, 332, 451 f., 458 f., 465
Überlieferungsgeschichte 428
Übersetzbarkeit 127, 131
Übersetzungsaufgabe 132
Umkehr 56, 77 f., 208, 354
Umsetzungsarbeit 2
Unam Sanctam 417
Unendlichkeit 272
Unitatis redintegratio 3, 52 f., 57–61, 67, 192, 265, 451
Universalgeschichte 116
Universität 26–29, 94, 451
UNO 12, 451
Unschuld 406
Unterkommission 31–34, 73 f.
Unterscheidung der Geister 4, 130, 315, 344
Unterschied 1, 357
Unüberbietbarkeit 10, 365
Unwissenheit 431
Urknall 134

Sachverzeichnis

Urteilsbildung 41
USA 466
Ut unum sint 175, 465
Utopie 143, 186, 188f., 198–200, 350, 355, 390, 436

Varietates legitimae 179, 183
Vater 264, 455f., 459
Vatikanum I 1, 11f., 24, 26, 28, 37, 39, 41, 52f., 57, 68, 72, 83, 89, 165–167, 201, 206, 260, 453, 455, 457f., 461, 463f.
Vatikanum II 1–4, 260, 331–331, 430, 449f., 454f., 458–462, 464–467
Vera et primaria constitutio 49
Verantwortlichkeit 24f.
Verantwortung 15, 21f., 77, 81
Verbalinspiration 424, 454
Verbesserung 30
Vereinskirche 272
Verfahrenskodex 14
Verfassung 12–16, 53, 81–83, 85f., 92
– der Kirche 264
Verfassungsbegriff 12
Verfassungsgebung 12
Verfassungsordnung 12
Verfassungsrecht 53
Verfassungsreform 13
Verfassungsstaat 84, 86
Verfassungstext 11–14, 16, 50, 58, 82, 84, 451
Verfolgung 50, 264
Verfremdung 430
Vergebung 454
Verheißung 330
Verkündigung 61, 70, 120, 265, 271, 328, 460–462
Verlebendigung 8, 65, 465–467
Vernetzung 413
Vernunft 4, 48, 81, 83f., 132, 330, 453
– Begriff 453
Versammlung 11, 34, 42, 80, 93
– verfassunggebende 12–15, 17
Verstand 36
Verstehen 9, 43, 76f.
Verstehensmodell 203
Verstorbene 63
Versuchung 63
Verteidigung 43
Vertiefung 22, 56, 82
Vertrauen 22, 36, 86
Verurteilung 27, 36, 41
Verwaltung 432
Verwurzelung 413
Verzweiflung 331
Vielfalt 208f.
Vielfalt und Anpassung (römischer Ritus) 179
Vision 352
Volk Gottes 3, 15, 50, 53, 63, 66, 79, 85, 87, 125, 206, 260–265, 330, 333, 345, 430, 449, 451, 457, 460f., 466
Volk, christliches 21, 24, 28, 89, 93f.
Völker 22, 35f., 38f., 53, 63–65, 67, 92f., 260f., 263f., 430–432, 452, 461
Völkerbund 12
Völkergemeinschaft 12
Volksentscheid 15
Volksfrömmigkeit 11
Volkssprache 91, 94, 183
Volkswille 83
Vollkommenheit 71, 93
Vollmacht 15f., 38, 40, 45, 52, 88f., 264, 458f.
Vorbegriff 10, 17, 19
Vorbereitung 24, 34, 41f., 49, 94
Vorbereitungsarbeiten 20, 22f., 25f., 33
Vorbereitungskommission 20, 27–30, 32f., 38, 41, 47, 57, 89
Vorbereitungsphase 26, 33f., 57
Vorbereitungsprozess 32
Vorbereitungsschema 42
Vorbereitungszeit 22, 34
Vorgehensweise 24
Vorgeschichte 8, 51
Vorrechte 52
Vorstellungskraft 81
Vorurteil 76, 78
Vorverständnis 9, 76
Vorwort 27, 31–31, 38, 61, 94
Votum 24, 26–29, 32f., 47, 73f.

Wahrheit 3, 10, 33, 36, 46, 48f., 53f., 60, 69, 76, 78f., 82, 261, 263, 322, 329, 331f., 336, 338, 346, 354f., 359, 449, 456, 464
– des Glaubens 317
– Fülle der 8, 363
Wahrheit in Beziehung, Dialog 347
Wahrheitsanspruch 3, 7, 124, 131f., 359, 362
Wahrheitsgeschehen 77
Wahrheitspraxis 4, 359
Wandel 23
Weg 19, 22, 34, 48, 54, 63, 69, 77, 83, 86
Weihe 90f., 93, 459
Weihnachten 20
Wein 93
Weisheit 29, 55, 263, 432, 453, 464
Weissagung 454
Welt 2, 11, 13, 15f., 19, 21f., 31, 34–36, 49–51, 53, 57, 61, 63f., 66f., 72, 76f., 81, 260–263, 265, 325, 331, 396f., 450f., 454, 456–458, 462–464, 466
– heutige 433
– moderne 1, 3f., 430, 450–452, 463f., 466
– säkulare 3
Weltbevölkerung 450
Weltepiskopat 72
Weltgeschichte 455, 463

Sachverzeichnis

Welthandelsorganisation 12
Weltjugendtage 383
Weltkirchliche Liturgie 178
Weltkrieg 13
Weltoffenheit 458
Weltöffentlichkeit 62, 83 f., 86
Weltrat der Kirchen 33, 201, 206, 450
Weltregion 30
Werke der Barmherzigkeit 265
Wert 32
Wesen 18 f., 45 f., 52, 61, 65
Westeuropa 466
Wiederherstellung der Einheit 207
Wildwuchs 40
Wille 8, 36, 455, 457
– Gottes 331–331, 453 f.
Wirklichkeit 4, 45, 49, 63, 80, 451, 456, 463
Wirkungsgeschichte 2, 12, 18, 77 f., 80–82, 465
– des II. Vatikanums 465
Wirtschaft 82
Wirtschafts- und Sozialverfassung 432
Wirtschaftsrecht 12
Wissen 12, 75
Wissenschaft 4, 50, 68, 84, 132, 263, 431 f., 463 f.
– theologische 2
Wissensgesellschaft 11
Wort Gottes 263, 265, 452 f., 455 f., 464
Wort und Tat 3, 359
Wortgottesfeier 180
WTO 12, 82, 451
Wunder 453
Würde 15 f., 36, 64, 67, 80, 262, 332, 460
– christliche 264, 460

– der Person 262, 464
– des Christseins 459
– des Gewissens 262
– des Menschen 262, 421

Zaire (Kongo) 185
Zeichen
– der Zeit 2, 4, 14, 21, 23, 64, 106, 116, 120, 136, 140, 193 f., 222, 225, 268, 297, 369, 385, 389, 404, 431, 434, 437
– des Reiches Gottes 408
Zeit 3, 13, 19, 24, 32, 34, 36, 48, 50, 59, 62, 64, 67, 71–74, 87, 95, 260, 463 f., 466
Zensur 93
Zentralkommission 29 f., 33 f.
Zeremoniar 38
Zeremonie 28
Zeuge 63, 75, 209
Zeugenschaft, missionarische 15, 370
Zeugnis 1, 3, 209, 260, 265, 277 f., 284, 461
Ziel 10, 14, 21, 32–34, 39, 48–52, 54, 71, 82, 87
Zielsetzung 9, 11, 25 f., 35, 43, 48, 66
Zitat 13, 17, 21, 42
Zivilgesellschaft 430
Zivilisation 263
Zölibat 88, 219, 223
Zukunft 8, 22, 450
Zusammengehörigkeit 50, 56–58, 60 f.
Zusammenschau 1 f., 4
Zustimmung 8, 15, 20, 32, 84 f.
Zuwendung 36, 41
Zwang 34, 18